비즈니스 애널리틱스

데이터 분석을 통한 소통

BUSINESS ANALYTICS

COMMUNICATING WITH NUMBERS

BUSINESS ANALYTICS
COMMUNICATING WITH NUMBERS

Sanjiv Jaggia
Alison Kelly
Kevin Lertwachara
Leida Chen

비즈니스 애널리틱스

데이터 분석을 통한 소통

| 장혜정 · 이상규 · 오세환 · 변종복 옮김 |

Mc Graw Hill

BUSINESS ANALYTICS: Communicating with Numbers

1 2 3 4 5 6 7 8 9 10 MH-KOREA 20 21

Original: BUSINESS ANALYTICS: Communicating with Numbers
By Sanjiv Jaggia, Alison Kelly, Kevin Lertwachara, Leida Chen
ISBN 978-126-057-601-6

Korean ISBN 979-11-321-0852-8 93320

Printed in Korea

비즈니스 애널리틱스

데이터 분석을 통한 소통

발 행 일 | 2021년 7월 20일 초판발행
저 자 | Sanjiv Jaggia, Alison Kelly, Kevin Lertwachara, Leida Chen
역 자 | 장혜정, 이상규, 오세환, 변종복
발 행 처 | 맥그로힐코리아 유한회사
발 행 인 | 총텍멩(CHONG TECK MENG)
등록번호 | 제2013-000122호(2012.12.28)
주 소 | 서울시 마포구 양화로 45, 8층 801호(서교동, 메세나폴리스)
전 화 | (02)325-2351
편집 · 교정 | (주)우일미디어

I S B N | 979-11-321-0852-8

판 매 처 | 한빛아카데미(주)
문 의 | 02-336-7112
정 가 | 38,000원

저자 소개

About the Authors

Sanjiv Jaggia

Sanjiv Jaggia는 캘리포니아 폴리테크닉 주립대학(California Polytechnic State University in San Luis Obispo)의 경제학과 재무학 교수이다. Jaggia 박사는 인디애나대학(Indiana University)에서 박사학위(Ph.D)를 취득하였고 공인재무분석사(CFA)이다. 그는 다양한 경영학 분야에 적용되는 통계학과 계량경제학 연구를 즐긴다. Jaggia 박사는 선도적 학술저널에 다수의 논문들을 출간하였고 2권의 성공적인 경영통계학 교재를 공저하였다. 강의실에서 그의 소통 능력은 수차례 우수강의상 수상으로 확인되었다. Jaggia 박사는 그의 아내와 딸과 함께 San Luis Obispo에서 살고 있으며, 여유로운 시간에 그는 요리, 하이킹, 다양한 음악 듣는 것을 즐긴다.

Alison Kelly

Alison Kelly는 보스턴에 있는 서퍽대학(Suffolk University)의 경제학 교수이다. Kelly 박사는 보스턴칼리지(Boston College)에서 박사학위(Ph.D)를 취득하였고 공인재무분석사(CFA)이다. Kelly 박사는 매우 다양한 학술 논문들을 출간하였고 2권의 성공적인 경영통계학 교재를 공저하였다. 그녀가 가르치는 응용통계학과 계량경제학 과목은 전문직 직장인뿐만 아니라 학생들로부터 좋은 평가를 받고 있다. Kelly 박사는 그녀의 남편, 딸, 아들과 함께 매사추세츠주 해밀턴(Hamilton)에서 살고 있으며, 여유로운 시간에 그녀는 운동과 원예를 즐긴다.

Kevin Lertwachara

Kevin Lertwachara는 캘리포니아 폴리테크닉 주립대학(California Polytechnic State University in San Luis Obispo)의 정보시스템 교수이다. Lertwachara 박사는 코네티커트대학(University of Connecticut)에서 생산운영과 정보관리 박사학위(Ph.D)를 취득하였다. Lertwachara 박사의 연구는 기술기반 기술혁신, 전자상거래, 의료관리정보학, 비즈니스 애널리틱스에 초점을 맞추고 있으며 그의 논문들이 학술서적과 선도적 학술저널에 출간되었다. 그는 학부와 대학원에서 비즈니스 애널리틱스를 가르치고 있으며 수차례 우수강의 교수상을 수상하였다. Lertwachara는 그의 아내와 3명의 아들과 함께 캘리포니아주의 중부 해안가에서 살고 있으며, 여유로운 시간에 그는 그의 아들이 참여하는 축구와 풋살 팀의 코치를 하고 있다.

Leida Chen

Leida Chen은 캘리포니아 폴리테크닉 주립대학(California Polytechnic State University in San Luis Obispo)의 정보시스템 교수이다. Chen 박사는 멤피스대학(University of Memphis)에서 경영정보시스템 박사학위(Ph.D)를 취득하였다. 그의 연구와 컨설팅 분야는 비즈니스 애널리틱스, 기술전파, 글로벌 정보시스템이다. Chen 박사는 선도적인 정보시스템 저널에 30편 이상의 논문과 국내외 컨퍼런스 프로시딩스, 편집된 책의 장들과 모바일 응용발전에 대한 책을 출간하였다. 그는 학부와 대학원에서 비즈니스 애널리틱스를 가르치고 있다. 여유로운 시간에 그는 하이킹, 그림 그리기, 그의 아내와 아들과 함께 세계의 흥미로운 곳으로의 여행을 즐긴다.

저자 서문
From the Authors

데이터와 데이터분석 능력은 최근에 크게 발전하였고 기업의 의사결정 방식을 변화시켰다. 이 분야가 비약적으로 발전한 것은 부분적으로는 방대한 데이터의 이용가능성 증가, 계산능력의 개선, 정교한 알고리즘의 개발에 기인한다. 어느 때보다도 대학들은 비즈니스 애널리틱스를 강조하는 교육과정이 필요하고 기업들은 데이터를 통찰력과 행동으로 전환시키는 데이터 지식 전문가들이 필요하다. 이러한 니즈를 충족시키기 위해, 경영대학은 학부교육과정에 비즈니스 애널리틱스 과목을 재빨리 도입하고 있다. 대학원 수준에서 비즈니스 애널리틱스 과목은 MBA 프로그램, 전문석사과정, 비즈니스 애널리틱스 자격증 프로그램에서 빠르게 필수과목이 되고 있다.

저자들은 학생들이 데이터를 이해, 관리, 시각화하고, 적정한 분석기법을 적용하며 분석결과와 타당성을 소통할 수 있도록 준비시키기 위해 *Business Analytics: Communicating with Numbers*를 저술하였다. 전통적인 통계학과 생산운영분야의 주제를 단순하게 재포장하는 다른 교재들과 달리, 본 교재는 데이터 랭글링, 기술분석, 예측분석, 처방분석의 주제들을 전체적으로 일관되게 설명한다.

비즈니스 애널리틱스와 같은 복잡한 응용주제를 가르치는 데 경험에 의한 학습기회를 제공하는 것이 효과적이라는 것이 증명되었다. 이 교재에서는 '명료'하지 않거나 데이터의 크기가 '작지' 않은 실제 데이터를 처리하는 것을 포함하여 일관성 있는 데이터분석 과정이 제공된다. 이와 유사하게, 각 장에서 도입사례 분석결과와 샘플보고서와 같은 부분들을 포함시켜 분석결과를 효과적으로 소통하는 것의 중요성을 강조한다. 이러한 요소들은 학생들이 기술적이지 않은 관점에서 획득한 통찰력을 소통함으로써 데이터분석의 비즈니스 가치를 분명하게 설명하는 능력을 개발하는 데 도움을 준다.

이 교재에서 모든 관련된 비즈니스 애널리틱스 주제를 광범위하게 다루는 것이 교수들에게 과목 목적에 가장 적합한 주제를 선택할 수 있는 유연성을 제공한다. 모든 장들은 교수들이 다루기 원하는 주요 장들과 각 장의 절들만 포함시키는 것을 용이하게 하도록 모듈 방식으로 디자인되어 있다. 예를 들면, 이 교재는 데이터 랭글링(2장), 데이터 시각화(3장), 요약척도(3장), 통계이론(4장과 5장), 회귀분석(6장과 7장)을 다루는 입문 과목 또는 예측모형화(8장, 9장, 10장, 11장, 12장)와 처방모형화(13장)에 초점을 맞추는 고급 비즈니스 애널리틱스 과목을 위해 사용될 수 있다.

이 교재에서 사용의 접근성과 용이성뿐만 아니라 실제로 애널리틱스 개념을 명료하게 보여주고 실제 데이터에 대한 분석을 수행하는 강력한 특성 때문에 소프트웨어 패키지로 Excel과 R을 선택하였다. 대부분의 장들에서 교수들은 과목목적과 학생들의 기술적 능력에 기초하여 Excel 또는 R을 선택할 수 있다. 이러한 소프트웨어들은 대학 컴퓨터 랩, 교육목적 라이

선스, 무료 오픈소스 라이선스를 통해 학생들이 사용할 수 있다. 이 교재에서는 모든 예제와 연습문제는 저술 시점에 가장 최신 버전인 Microsoft Office Professional 2016과 R version 3.5.3을 이용하면서 풀 수 있다. 이 교재에 제시된 결과를 다시 구해보기 위해 이러한 소프트웨어들의 동일한 버전을 사용하기를 권한다. 이러한 소프트웨어들의 새로운 버전들이 미래에 출시될 때, 이 교재의 미래 에디션에서 상당한 변화를 포함시키거나 차이가 상대적으로 적으면 온라인상에 업데이트 내용을 제공할 계획이다.

Sanjiv Jaggia
Alison Kelly
Kevin Lertwachara
Leida Chen

역자 소개

장혜정

경희대학교 경영학과 교수로 재직하고 있으며 경영통계학과 통계기반 데이터분석을 강의하고 있다. 서울대학교에서 학사, University of Iowa에서 석사, 미국 University of Illinois at Urbana-Champaign에서 계량심리학(Quantitative Psychology) 박사학위를 취득하였다. 주요 연구관심분야는 계량분석방법론, 경영커뮤니케이션, 의료정보학 등이며, 국내외 학술지에 다수의 논문을 게재한 연구성과로 경희펠로우에 선정되었다. 현재 한국경영학회 수석부회장이며, 한국경영커뮤니케이션학회 학술지 BCRP (Business Communication Research and Practice)와 대한의료정보학회 학술지 HIR (Healthcare Informatics Research)의 편집위원장 임무를 맡고 있다.

이상규

경희대학교 경영학과 명예교수로 재직하고 있으며 경영통계학을 강의하고 비즈니스 애널리틱스에 관한 저술활동을 하고 있다. 서울대학교 경제학과를 졸업한 후 미국 University of Illinois at Urbana-Champaign에서 경제학 석사 및 경제학 박사(Financial Econometrics)학위를 취득하였다. 주요 연구관심분야는 통화와 금융, 금융경제, 금융리스크관리, 금융시계열분석, 계량경제, 경영통계, 비즈니스 애널리틱스 등이다. Review of Economic Studies, Journal of Business and Statistics, Indian Journal of Statistics 등 국제학술지와 금융연구, 재무연구, 경제분석, 리스크관리연구 등 국내학술지에 다수의 논문을 게재하였다.

오세환

현재 경북대학교 경영학부 부교수로 재직하고 있으며 빅데이터시각화, 경영데이터분석, 데이터베이스관리 등을 강의하고 있다. 서울대학교 경제학부를 졸업했으며 미국 Carnegie Mellon University에서 e-비즈니스 석사(MSIT), 서울대학교에서 경영학 박사(Management Information Systems)학위를 취득하였다. 경북대 교수로 부임 전 한국무역협회 국제무역연구원에서 수석연구원으로 근무했으며 주요 연구관심분야는 전자상거래, 온라인 구전, 국제무역에서의 ICT 활용 등이다. International Journal of Mobile Communications, Internet Research 등의 국제학술지와 정보시스템연구, 인터넷전자상거래연구, 무역학회지 등의 국내학술지에 다수의 논문을 게재하였다.

변종복

성균관대학교 경영학과 부교수로 재직하고 있으며 경영정보학, 비즈니스 데이터분석, 전자상거래 등을 강의하고 있다. 서강대학교 경영학과를 졸업하고, 서강대학교 대학원 경영정보학 석사, 미국 Claremont Graduate University에서 경영정보학 (Management Information Systems) 박사학위를 취득하였다. KT에서 선임연구원으로 근무했으며, 미국 Point Loma Nazarene 대학에서 교수로 근무하였다. 주요 연구관심분야는 데이터분석, 데이터 품질관리, 전자상거래 및 정보통신분야 등이다. European Journal of Information Systems, Communications of AIS, IEEE Network 등 국제학술지와 경영교육연구, 전자상거래 연구 등에 다수의 논문을 게재하였다.

역자 서문

21세기 들어 급격한 디지털화로 사물인터넷, 인공지능, 블록체인, 빅데이터 등 첨단 정보기술이 확산되면서 기업 환경도 달라지고 있다. 비즈니스모델, 이해관계자 협력관계, 가치사슬 및 의사결정구조가 기존의 전통적인 방식과는 다른 디지털 플랫폼으로 빠르게 전환 중이다. 이러한 변화의 근간에는 급증하는 다양한 형태의 빅데이터가 있다. 따라서 새로운 비즈니스 환경에서 요구되는 역량도 대규모 데이터의 수집, 접근, 통합, 분석, 예측 및 추론에 기반한 종합적인 문제해결 능력으로 관심이 집중되고 있다. 이와 같은 디지털 전환의 시대적 요구에 부응하는 데이터 애널리틱스 교육의 필요성이 증대함에 따라 국내에서도 학부와 대학원 경영학 프로그램에서 비즈니스 애널리틱스 교과목이 새롭게 개설되고 있다.

비즈니스 애널리틱스는 더 나은 의사결정을 위해 데이터를 통찰력으로 변환하는 과학적 프로세스로서 기업의 경영활동에서 성과 및 효율성 제고를 지원하는 비즈니스 도구이다. 즉, 비즈니스 애널리틱스는 과거 및 실시간으로 축적되는 내외부 데이터를 통합하고 분석하여 경영의사결정에 도움이 되는 실행 가능한 대안을 제시하는 데 초점을 맞춤으로써 실질적인 데이터 기반 변화를 주도한다. 이를 위해서는 통계학 및 정보처리 분야에 대한 지식을 바탕으로 경영학 전반에 대한 폭넓은 이해가 필요하다. 따라서 비즈니스 애널리틱스 교육을 위해서는 데이터를 관리하고 목적에 맞게 분석할 수 있는 실무 능력과 함께, 실제 경영사례 교육을 통해 비즈니스 차원의 응용 능력 또한 학습할 수 있는 교재가 필요하다.

그러나 현재 사용할 수 있는 비즈니스 애널리틱스 관련 교재는 계량적 모델링 또는 컴퓨터 프로그래밍에 초점을 맞추고 있어서, 학습 이후에도 데이터를 처리하고 분석하는 과정에서 경영 실무로의 접목이 미흡한 한계가 있다. 따라서 이러한 어려운 과제에 대한 해결방안을 제시한 입문 교재 중 하나인 Jaggia, Kelly, Lertwachara, Chen이 저술한 Business Analytics: Communicating with Numbers, 1st Edition(2021년, McGraw Hill)을 번역하여 국내 비즈니스 애널리틱스 교육의 발전에 도움이 되고자 한다.

이 교재의 가장 큰 특징이자 강점은 각 장별로 먼저 도입사례를 제시한 후 다소 어렵고 딱딱한 주제들을 흥미를 잃지 않게 사례를 이용하여 경영학적 관점에서 학습할 수 있도록 연계한 것이다. 이는 CRISP-DM 프레임워크의 도입으로 비즈니스 이해 – 데이터 이해 – 데이터 준비 – 모형화 – 평가 – 활용의 6단계로 본문을 체계적으로 구성함으로써 가능하였던 것 같다. 우선 각 장별로 실제 사례연구로 비즈니스 전략 또는 행동으로 이어지는 질문을 제시한 후, 데이터를 비즈니스 상황에 맞게 설명하고, 후속 분석을 위해 데이터를 준비하고 처리하며, 의사결정 및 예측을 위한 모형을 개발한 후, 비즈니스 관점에서 모형 성능을 평가하고 분석결과 보고서를 통한 효과적인 소통방법을 제시한다.

또한, 다양한 비즈니스 문제를 분석하기 위한 도구로서 일반 학생들에게 익숙한 Excel 프로그램과 대표적인 오픈소스 통계 패키지인 R 프로그램을 활용한 점도 학습자의 분석역량 함양에 큰 도움이 될 것으로 기대한다. Excel은 데이터 관리를 위해 널리 사용될 뿐만 아니라 추가기능인 데이터 분석도구의 간단한 설치만으로도 상당한 수준의 다양한 통계분석과 비즈니스 애널리틱스를 수행할 수 있게 해준다. R은 다양한 통계분석 라이브러리와 강력한 시각화 기능을 포함하고 있을 뿐만 아니라 여러 가지 비즈니스 애널리틱스 기법을 제공하여 대규모 데이터셋을 분석할 수 있게 해주는 소프트웨어이다. 본 역서가 원서와 다른 단 한 가지는 Excel과 연계된 Analytic Solver 부분을 제외시킨 것이다. Analytic Solver 애드인은 분석 해결사 및 데이터마이닝 탭을 통하여 데이터탐색 및 시각화, 예측 및 데이터마이닝, 최적화 등을 수행할 수 있는 솔루션을 제공하지만, 라이선스를 구매해야 하는 제약이 있기 때문이다. (추후에 필요하다고 판단되면 Analytic Solver 사용을 역서에 포함시킬 예정이다.) 학습자들은 각 장의 예제들뿐만 아니라 절별로 제공되는 다양한 연습문제를 통한 데이터분석 실습으로 Excel 및 R 프로그램의 실전적 활용에 능숙해질 수 있을 것이다.

이 교재는 학부 및 대학원의 경영학 교육과정에서 비즈니스 애널리틱스, 데이터 애널리틱스, 빅데이터 분석, 통계기반 데이터 분석 등 유사한 교과목에서 한 학기 또는 두 학기 교재로 교육목표에 따라 융통성 있게 사용할 수 있을 것이다. 이 교재를 통하여 데이터를 이해, 관리, 시각화하고, 적정한 분석기법을 적용하며, 분석결과와 타당성을 소통할 수 있도록 준비시키기 위한 역자들의 노력이 이 교재를 사용하는 교수자들과 학습자들을 통해 결실을 맺기를 기대한다. 끝으로 본 역서의 출간을 위해 기획에서부터 완성단계에 이르기까지 전폭적으로 지원해주신 맥그로힐 코리아의 직원 여러분과 독자들이 읽기 쉽도록 편집하는 데 수고해주신 편집진 여러분들 모두에게 진심으로 감사의 마음을 전한다.

2021년 6월

장혜정 hjchang@khu.ac.kr
이상규 sklee@khu.ac.kr
오세환 sehwano@knu.ac.kr
변종복 jbyun@skku.edu

교재의 주요 특성

Business Analytics: Communicating with Numbers

데이터 분석에 대한 통전적 접근

비즈니스 애널리틱스는 통계학, 컴퓨터 사이언스, 경영정보시스템으로 구성되는 매우 폭넓은 주제이며 마케팅, 인력관리, 경제학, 회계학, 재무학에서 매우 다양한 응용이 이루어진다.

이 교재는 주요 기업문제를 식별하고 데이터분석을 기업성과를 개선시키는 의사결정으로 전환시키기 위해 정성적 사고와 정량적 수단을 결합시키면서 비즈니스 애널리틱스의 주제들을 일관성 있게 설명하는 접근방법을 사용한다.

통합적 도입사례의 사용

각 장은 도입사례로부터 시작된다. 이러한 도입사례는 각 장에서 논의되는 예제들의 기초가 된다. 예제들에 포함된 질문들은 각 장에서 가장 중요한 학습결과들을 완전히 익히기 위한 로드맵을 제시해준다. 각 장에 있는 도입사례 분석결과는 도입사례와 관련된 질문들에 대한 해답을 제시한다.

도입사례_*Introductory Case*

24/7 피트니스센터 연간 회원

FILE ***Gym.*** 24/7 피트니스센터(24/7 Fitness Center)는 모든 고급 서비스를 완비한 체육관으로 광고 및 월간 공개일(open house) 행사를 통해 회원을 모집한다. 각 공개일 참석자에게는 관람권과 1일 이용권이 제공된다. 잠재적 회원들은 개인정보와 운동 루틴에 대한 몇 가지 질문에 답하여 공개일 행사에 등록한다. 피트니스센터 직원들은 잠재적 회원들에게 확인 전화를 걸고 잠재 회원이 연간회원에 가입할 수 있도록 메일로 공개일 참석자에게 정보를 보낸다.

24/7 피트니스센터의 관리자인 자넷 윌리엄스(Janet Williams)는 연락해야할 새로운 공개일 참석자들을 선정하기 위한 데이터 기반 전략을 개발하려고 한다. 그녀는 ***Gym*** 데이터 파일의 Gym_Data 워크시트에서 과거 공개일 참석자 1,000명의 정보를 추려냈다. 데이터에는 참석자가 클럽 회원권을 구매했는지 여부(Enroll: 구매하면 1, 그렇지 않으면 0), 참석자의 연령 및 연간 수입, 참석자의 주당 평균 운동시간이 포함된다. 자넷은 또한 23명의 새로운 공개일 참석자로부터 연령, 소득, 주당 운동 시간을 수집하고 ***Gym*** 데이터 파일에 Gym_Score라는 별도의 워크시트에 관리하고 있다. 이들은 신규 공개일 참석자들이기 때문에 이 워크시트에 등록 관련 정보는 없다. 두 워크시트의 일부는 표 9.1와 같다.

표 9.1 24/7 피트니스 데이터

a. ***Gym_Data*** **워크시트**

Enroll	Age	Income	Hours
1	26	18000	14
0	43	13000	9
⋮	⋮	⋮	⋮
0	48	67000	18

b. ***Gym_Score*** **워크시트**

Age	Income	Hours
22	33000	5
23	65000	9
⋮	⋮	⋮
51	88000	6

자넷은 데이터를 활용하여 다음을 수행하려고 한다.

1. 잠재적인 체육관 회원이 체육관 회원권을 구매할지 여부를 예측하기 위한 데이터 기반 분류 모형 개발
2. 23명의 신규 공개일 참석자 중 어떤 사람이 피트니스 멤버십을 구매할지 확인

이 도입사례에 대한 분석결과는 9.2절에 제시되어 있다.

도입사례 분석결과

체육관 및 운동시설들은 일반적으로 회원들 간 높은 이탈률을 보인다. 다른 체육관과 마찬가지로 24/7 피트니스센터는 비즈니스 및 재정적 안정을 유지하기 위해 정기적인 신규회원 모집에 의존하고 있다. 데이터 애널리틱스 기법에 매우 익숙한 24/7 피트니스센터 관리자인 자넷 윌리엄스는 KNN 방법을 사용하여 체육관의 과거 공개일 데이터를 분석한다. 그녀는 이 행사에 참석한 어떤 참석자들이 체육관 회원권을 구매할 가능성이 있는지에 대해 더 나은 통찰력을 얻고자 한다.

전반적으로 자넷은 KNN 분석이 잠재적인 체육관 회원이 회원권을 구매할지 여부를 예측하는 데 상당히 높은 정확도를 제공한다는 사실을 발견한다. 테스트 데이터셋으로부터 정확도, 민감도, 특이성 비율은 80%를 훨씬 초과한다. 더욱 중요한 것은 KNN 분석이 체육관 회원권을 구매할 가능성이 있는 개별 공개일 참석자를 식별한다는 것이다. 예를 들어, 분석결과에 따르면 연소득이 상대적으로 높은 50세 이상의 공개일 참석자와 매주 9시간 이상을 운동하는 데 보내는 같은 연령층의 참석자들이 공개일 참석 후 등록할 가능성이 더 높다. 이러한 유형의 실행 가능한 통찰력을 바탕으로 자넷은 24/7 피트니스센터가 회원 기반을 늘리는데 도움이 되도록 직원으로 하여금 월간 공개일 데이터를 정기적으로 분석하도록 교육하기로 결정한다.

빅데이터의 사용

이 교재의 독특한 특성은 학생들이 관심을 가질 수 있는 많은 응용과 관련된 빅데이터셋을 선택하여 사용할 수 있다는 것이다. 각 장에서 소개된 개념들에 기초하여 문제를 제시하고 가능한 해답을 구하며 분석결과를 소통하는 것을 돕기 위해 빅데이터셋을 사용하는 부분이 제공된다. 분석보고서를 사용하면서 학생들에게 기술적이지 않은 방식으로 획득한 통찰력을 소통함으로써 데이터분석의 비즈니스 가치를 분명하게 표현하는 방법을 제시한다.

13.5 데이터 분석

사례연구

유기농 식품에 대한 수요는 수년간 꾸준히 증가해 왔다. 유기농 딸기 재배는 식품 및 농업분야에서 앞으로도 꾸준한 증가가 예상되는 부분 가운데 하나이다. 캘리포니아 해안에 있는 과일농장회사인 에스츄리 오가닉(Estuary Organic)은 인증된 유기농제품을 만든다는 사명을 지키는 동시에 생산비를 절감하기 위해 노력하고 있다.

비용문제를 해결하기 위해 에스츄리 오가닉은 톰 리처드(Tom Richards) 교수를 컨설턴트로 고용하여 회사가 사용하고 있는 여러가지 종류의 유기농 비료를 검토하고자 한다. 그가 해야할 일은 토양에 필요한 세가지 유기농 비료 즉 질소(N), 인산염(P_2O_5), 그리고 칼륨(K_2O)의 배합비율을 찾는 것이다. 그와 동시에 리처드 교수는 인증된 유기농 비료의 비용을 고려할 필요가 있다.

딸기를 파종할 때마다, 농부들은 토양에 알맞은 질소, 인산염, 칼륨의 비율을 맞춰야 한다. 이런 영양소들이 너무 많거나 너무 적으면 식물의 성장과 과일의 생산에 좋지 않다. 질소와 인산염, 그리고 칼륨의 비율을 NPK라고 하는데, 일반적으로 에이커당 최소 NPK는 각각 100파운드, 50파운드, 50파운드이다.

리처드 교수는 또한 현재의 토양 상태와 토질 검사결과를 바탕으로 NPK의 최대치를 각각 125파운드, 55파운드, 55파운드로 결정했다. 현재 이 지역에서, 그리고 에스츄리 오가닉에서 사용하고 있는 비료는 보통 발효된 알팔파(alfalfa)와 콩, 생선액(보통 폴락, 고등어 또는 멸치 등으로 만든), 그리고 동물의 분뇨로 만든 퇴비가 포함되어 있다. 각 요소의 비율과 비용은 표 13.4에 나와 있다.

FamVeld/Shutterstock

표 13.4 유기농 비료, 비용과 영양성분

Organic fertilizers	Cost per 50 lbs	N	P_2O_5	K_2O
Alfalfa meal	$14.00	3.0%	2.0%	2.5%
Soybean meal	23.00	5.0	2.0	1.0
Fish meal	32.00	5.0	3.0	2.0
Animal manure compost	6.50	1.5	1.0	1.0

이 컨설팅의 목적은 에스츄리 오가닉에게 최소의 비용으로 필요한 NPK의 비율을 맞출 수 있는 비료의

샘플보고서— 유기농 딸기 농장

이 보고서는 에스츄리 오가닉 농장에서 제공된 비용과 NPK 정보를 활용하여 토양에서 필요로 하는 NPK의 비율을 제공할 수 있는 최적의 비료 구성요소 조합을 최소의 비용으로 찾을 수 있는 모형을 제시하고 있다. 선형계획 모형을 이용하여 다음과 같은 공식을 개발했다.

최소화 $\quad$ *비료비용* $= 0.28x_1 + 0.46x_2 + 0.64x_3 + 0.13x_4$

제약조건

질소최소량 $\quad 0.030x\ 1 + 0.050x\ 2 + 0.050x\ 3 + 0.015x\ 4 \geq 100$
인산염 최소량 $\quad 0.020x\ 1 + 0.020x\ 2 + 0.030x\ 3 + 0.010x\ 4 \geq 50$
칼륨 최소량 $\quad 0.025x\ 1 + 0.010x\ 2 + 0.020x\ 3 + 0.010x\ 4 \geq 50$
질소 최대량 $\quad 0.030x\ 1 + 0.050x\ 2 + 0.050x\ 3 + 0.015x\ 4 \leq 105$
인산염 최대량 $\quad 0.020x\ 1 + 0.020x\ 2 + 0.030x\ 3 + 0.010x\ 4 \leq 55$
칼륨 최대량 $\quad 0.025x\ 1 + 0.010x\ 2 + 0.020x\ 3 + 0.010x\ 4 \leq 55$
비음수 조건 $\quad x_1, x_2, x_3, x_4 \geq 0$

네 가지 결정변수, x_1, x_2, x_3, x_4는 각각 비료 혼합물에 포함될 알팔파, 콩, 생선액, 퇴비의 양(파운드)을 나타낸다. 또한 각각의 요소의 비용은 파운드당 환산하여 나타낸다(예를 들어 알팔파는 파운드당 0.28달러, 콩은 0.46달러 등). 파운드당 비용은 목표함수의 계수로 사용된다.

선형프로그래밍 분석을 바탕으로 얻은 결과에 따라 표 13.5에 나온 것처럼 에이커당 유기비료의 혼합량량을 추천한다.

표 13.5 에이커당 비료의 추천배합비율

Organic Fertilizers	Recommended Amount (lbs)	Cost
Alfalfa meal	750	$210.00
Soybean meal	875	$402.50
Fish meal	0	$ 0.00
Animal manure compost	2,250	$292.50
Total cost:		$905.00
Total NPK amount (in lbs): 100-55-50		

최적의 조합은 에이커당 100파운드의 질소, 55파운드의 인산염, 그리고 50파운드의 칼륨을 제공할 수 있다. 비료 혼합물의 기본은 동물퇴비인데, 가장 값싼 재료이지만 네 가지 구성요소 가운데 가장 적은 NPK 값을 가진다. 그 다음 필요한 질소와 칼륨을 확보하기 위해 알팔파와 콩을 추가한다. 네 가지 비료 가운데 가장 비싼 생선액을 사용하지 않기 때문에 에이커당 905달러의 최저비용으로 필요한 비료를 만들 수 있다.

또한 비료의 비용변화에 따른 영향을 분석할 수 있다. 예를 들어 동물 퇴비의 비용이 50파운드당 6.50달러에서 7.00달러로 증가한다면, 비료의 조합을 바꿔야 한다. 가능한 한 가지 방법은 비용을 낮추면서 동시에 NPK 비율을 맞추기 위해서 알팔파와 콩만 사용하는 것이다. 초기 분석에 따르면 1,578.95파운드의 알팔파와 1,052.63파운드의 콩을 사용하면 에이커당 비용은 926.31달러가 될 것이다.

우리가 고려한 또 다른 경우는 알팔파의 비용이 50파운드당 14달러에서 13달러로 하락하는 경우이다(이 경우 퇴비의 비용은 50파운드당 6.50달러로 유지된다). NPK의 균형을 맞추면서 동시에 총비용을 낮추기 위해 더 많은 양의 알팔파를 사용할 수 있다. 구체적으로 이 경우에는 1,750파운드의 알팔파, 875파운드의 콩, 그리고 250파운드의 동물퇴비를 사용하게 되며, 에이커당 총 890달러의 비용이 든다.

데이터 마이닝의 강조

데이터 마이닝은 경영자가 대학졸업생들이 보유하기를 원하는 가장 선호하는 능력 중 하나이다. 데이터 마이닝은 의사결정을 지원하는 예측모형을 만들기 위해 대규모 데이터셋과 컴퓨터 능력을 활용한다. 선형회귀모형과 로지스틱 회귀모형을 포괄적으로 논의하는 2개의 장과 비즈니스 예측을 논의하는 1개의 장에 더하여, 이 교재는 데이터 마이닝을 전적으로 논의하는 4개의 장을 포함하고 있다. 이러한 4개의 장은 주성분 분석, *k*-최근접 이웃, 나이브 베이즈, 분류와 회귀나무, 앙상블 나무, 계층적 군집과 *k*-평균 군집, 연관규칙과 같은 주제들을 논의하면서 지도학습과 비지도학습에 대한 상세한 분석을 포함하고 있다. 각 장은 관련된 실제 문제, 개념적 설명과 쉽게 따라서 할 수 있는 컴퓨터 지시사항을 제공한다. 이러한 4개의 장에는 200개 이상의 연습문제들이 제공되어 있다.

그림 8.5
누적 향상도 그래프

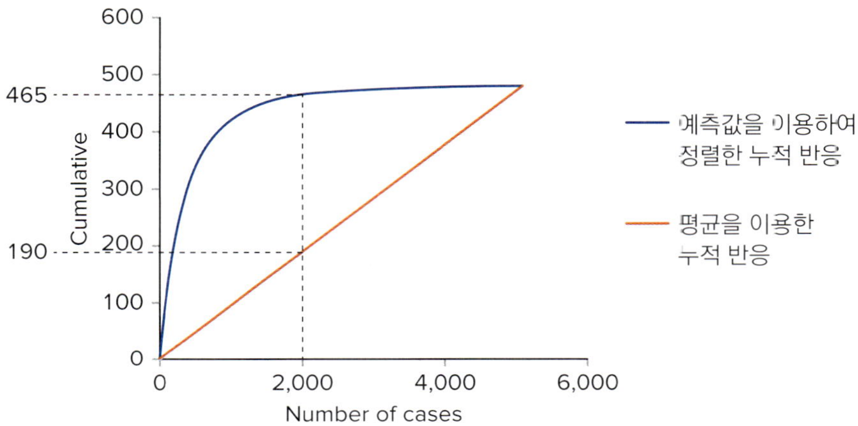

데이터 마이닝을 논의하는 4개의 장

- 데이터 마이닝 소개(8장)
- 지도학습 데이터 마이닝: *k*-최근접 이웃과 나이브 베이즈(9장)
- 지도학습 데이터 마이닝: 의사결정나무(10장)
- 비지도학습 데이터 마이닝(11장)

표 8.14 예측성능척도

Performance Measure	Model 1	Model 2
RMSE	171.3489	174.1758
ME	11.2530	12.0480
MAD	115.1650	117.9920
MPE	−2.05%	−2.08%
MAPE	15.51%	15.95%

그림 10.1
단순화된 의사결정나무

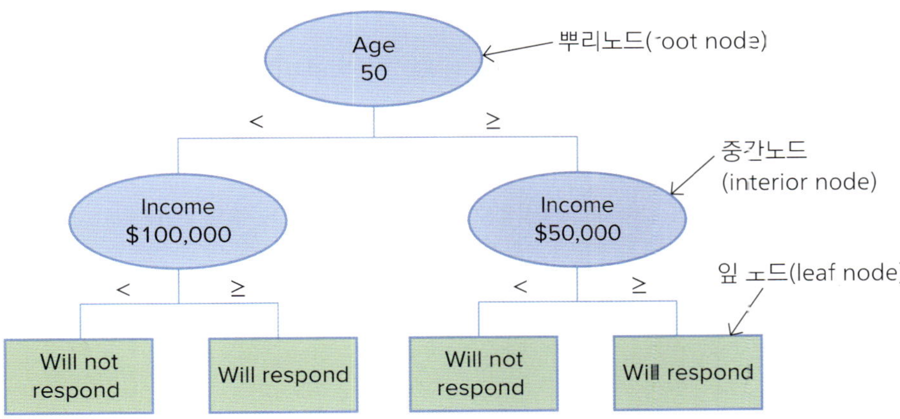

컴퓨터 소프트웨어

이 교재는 Microsoft Excel과 R(통계 패키지의 편의성과 코딩능력을 결합한 강력한 소프트웨어)을 사용하면서 직접 해보는 지시사항과 문제해결 예제들을 포함하고 있다.

이 교재의 도처에서 학생들은 실제 문제를 풀고 각 장에서 논의된 개념들을 더 깊이 있게 이해하기 위해 이러한 소프트웨어를 사용하는 방법을 배운다. 또한 학생들은 소프트웨어를 사용하여 차트와 정보가 담겨져 있는 그래프를 사용하면서 데이터를 시각화하는 방법을 배운다.

Excel과 R을 이용하여 선형회귀모형 추정하기

Excel 이용

FILE ***College.*** Excel을 이용하면서 표 6.2의 회귀분석 결과를 얻기 위해서 다음 단계들을 따라 하라.

A. *College* 데이터 파일을 열어라.

B. 메뉴로부터 **데이터(Data) > 데이터 분석(Data Analysis) > 회귀분석(Regression)**을 선택하라. [3장으로부터, 당신이 **데이터(Data)** 아래에 있는 **데이터 분석(Data Analysis)** 옵션을 발견하지 못하면 **분석도구(Analysis Toolpak)** 옵션을 추가로 설치해야 한다는 것을 기억하라.]

C. 그림 6.3을 참조하라. *회귀분석(Regression)* 대화상자에서, *Y축 입력 범위(Input Y Range)* 옆에 있는 상자에서 클릭하고 Earnings 데이터를 선택한다. *X축 입력 범위(Input X Range)* 옆에 있는 상자에서 클릭하고 *동시에* Cost, Grad, Debt, City 데이터를 선택한다. 변수이름을 사용하고 있기 때문에 *이름표(Labels)*를 선택하라.

D. **확인(OK)**을 클릭하라.

R 이용

FILE ***College.*** R을 이용하면서 표 6.2의 회귀분석 결과를 얻기 위해서 다음 단계들을 따라 하라.

A. *College* 데이터를 데이터 프레임(테이블)으로 불러오고 그것을 myData라고 이름 붙여라.

B. R은 자동적으로 과학적 표기법(* 숫자를 m × 10^n으로 표기하는 방식)을 사용하면서 회귀분석 결과를 보고한다. 이러한 옵션이 작동하지 않도록 선택하기 위해 다음과 같은 명령어를 사용하라.

```
> options(scipen=999)
```

과학적 표기법로 돌아가기 위해서 >options(scipen=0)을 입력하라..

C. 선형모형을 생성하기 위해 **lm** 함수를 사용하고 Multiple이라고 이름 붙여라. 반응변수와 예측변수 간에 음의 관계가 존재할 수 있다고 믿을 지라도, 예측변수를 추가하기 위해 '+' 부호를 사용하는 것에 주목하라. 당신은 이 단계를 실행한 후에도 결과를 보지 못할 것이다.

```
> Multiple <- lm(Earnings ~ Cost + Grad + Debt + City, data = myData)
```

D. 요약된 회귀분석 결과를 보기 위해 **summary** 함수를 사용하라. 그림 6.4는 R의 회귀분석 결과를 보여준다. 절편과 기울기 계수를 볼드체로 표시하였다. 예상한 대로 이 값들은 Excel을 이용하여 얻은 값들과 같다.

```
> summary(Multiple)
```

연습문제와 맥그로힐 Connect®

각 장마다 경영, 경제, 스포츠, 건강, 주거, 환경, 여론조사, 심리학 등을 포함한 각계 각층의 적용 사례가 포함되어 있다.

강의를 위한 강의자료—강의 ppt, 솔루션 매뉴얼—그리고 온라인 자료, 특히 Connect와 같은 디지털 재원 등을 강화하여, *Business Analytics*는 이러한 자료들이 교재의 내용과 완벽히 부합하도록 쓰여졌다.

맥그로힐은 그 동안의 많은 경험을 통해 이러한 구성 요소를 따로 분리하여 개발할 수 없다는 것을 알고 있다. 모든 Connect 연습 문제를 검토하고 반올림 규칙을 평가하고 허용 오차 수준을 수정했다. Jaggia의 비즈니스 통계 교재 사용자들의 긍정적인 피드백을 반영하여, 비즈니스 분석에서도 동일한 접근 방식을 따랐다.

Exercise 3.25

A researcher at a marketing firm examines whether the age of a consumer matters when buying athletic clothing. Her initial feeling is that Brand A attracts a younger customer, whereas the more established companies (Brands B and C) draw an older clientele. For 600 recent purchases of athletic clothing, she collects data on a customer's age (Age equals 1 if the customer is under 35, 0 otherwise) and the brand name of the athletic clothing (A, B, or C). A portion of the data is shown in the accompanying table.

Purchase	Age	Brand
1	1	A
2	1	C
⋮	⋮	⋮
600	0	B

Click here for the Excel Data File

a-1. Construct a contingency table that cross-classifies the data by Age and Brand. Provide the frequencies in the accompanying table.

	Brand		
Age	**A**	**B**	**C**
≥ 35 years old (0)	54	72	78
< 35 years old (1)	174	132	90

Exercise 9.13

Daniel Lara, a human resources manager at a large tech consulting firm has been reading about using analytics to predict the success of new employees. With the fast-changing nature of the tech industry, some employees have had difficulties staying current in their field and have missed the opportunity to be promoted into a management position. Daniel is particularly interested in whether or not a new employee is likely to be promoted into a management role after 10 years with the company He gathers information about 300 current employees who have worked for the firm for at least 10 years. The information was based on the job application that the employees provided when they originally applied for a job at the firm. For each employee, the following variables are listed: Promoted (1 if promoted within 10 years, 0 otherwise), GPA (college GPA at graduation), Sports (number of athletic activities during college), and Leadership (number of leadership roles in student organizations). A portion of the ***HR_Data*** worksheet is shown in the accompanying table.

Promoted	GPA	Sports	Leadership
0	3.28	0	?
1	3.93	6	Exercise 3.25
⋮		⋮	
0	3.54	5	0

Click here for the Excel Data File : *HR_Data*

Click here for the Excel Data File: *HR_Score*

a-1. Use the HR_Data worksheet to help Daniel perform KNN analysis to determine the optimal *k* between 1 and 10. Partition the data set randomly into 50% training, 30% validation, and 20% test and use 12345 as the default random seed. Use 0.5 as the cutoff value for this analysis. Enter the optimal *k* in the box below:

Optimal k	8

connect®

맥그로힐Connect®: 학생들의 성적향상을 위한 3년 연속 US CODiE 수상에 빛나는 가장 안정적이고 사용하기 편리한 개인맞춤형 학습

Adaptive Learning(개인 맞춤형 솔루션)

- Connect를 통한 과제 수행은 내용과 연관 있는 내용부터 적용 할 수 있게 함으로써 내용 이해와 비판적 사고를 도와 줍니다.
- Connect는 SmartBook 2.0® 을 통해 각각의 개인에 맞추어진 개별화된 학습 방향을 제시합니다.
- SmartBook 2.0의 개인 맞춤 하이라이팅과 연습문제 출제는 학생들로 하여금 양방향 학습경험을 제공하여 더욱 효율적인 학습을 도와줍니다.

Connect를 이용한 후 학생들의 성적향상

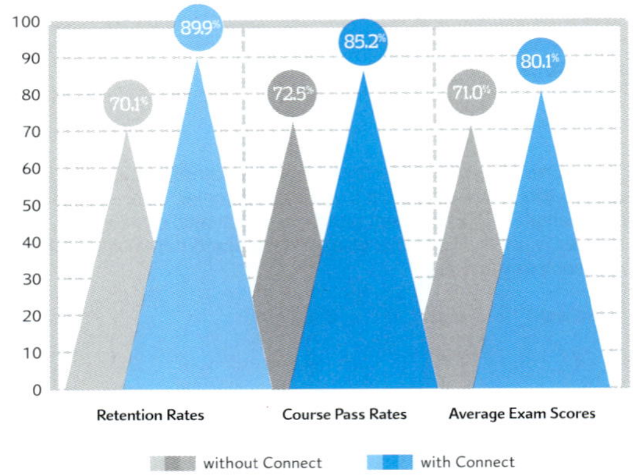

학생들이 대답한 **70억 개가 넘는 연습 문제**의 방대한 데이터는 Mcgrawhill의 Connect를 보다 지능적이고, 믿을 수 있고 정확한 제품으로 만들어줍니다.

Connect를 활용한 학생들의 평균 **10% 이상**의 코스 합격률과 성적 향상

Connect를 사용한 73%의 교수님들의 강의평가가 평균 28% **향상**되었습니다.

양질의 최신 강의자료

- Connect 안에는 강의를 위한 자료가 단순하고 직관적인 인터페이스로 구성이 되어 있습니다.
- Connect의 SmartBook 2.0은 모바일과 태블릿PC에 최적화되어 있어, 어디서나 인터넷 환경에 구애받지 않고 접속하여 공부 할 수 있습니다.
- Connect에는 동영상, 시뮬레이션, 게임 등과 같이 학생들의 비판적 사고를 길러줄 수 있는 다양한 콘텐츠가 있습니다.

Connect Insight: 강력한 분석과 리포트

- Connect Insight는 개별 학생들의 분석과 성취도를 전체 또는 특정 과제로 분류하여 한눈에 보기 쉬운 형태로 보고서를 작성합니다.
- Connect Insight는 학생들의 과제 소요 시간, 개별학습 태도, 성취도 등의 모든 데이터를 대시 보드로 제공합니다. 교수님들은 어떤 학생이 어떤 분야에 취약한지 바로 알아볼 수 있습니다.
- Connect을 통해 과제와 퀴즈의 자동 성적 평가가 가능하며, 개별 그리고 전체 반 학생들의 성취도를 한눈에 알아볼 수 있는 보고서로 제공됩니다.

©Hero Images/Getty Images RF

학생들은 Connect로 강의를 들을 때, 더 많은 A와 B를 취득합니다.

신뢰할 수 있는 서비스와 기술지원

- Connect는 대학 학사관리시스템(LMS)과 통합로그인(Single Sign On)으로 접속하며 성적평가도 자동으로 연동됩니다.
- Connect는 종합적인 서비스와 기술지원 그리고 솔루션 사용을 위한 각 단계에 맞는 사용법 트레이닝을 제공합니다.
- Connect 사용법에 대해 궁금하다면 주소창에 https://www.mheducation.com/highered/connect.html을 쳐보세요.

www.mheducation.com/connect

감사의 글
Acknowledgments

저자들은 본 교재의 개발 과정에서 세심한 검토를 하고 개선을 위한 의견을 제시해주신 다음 교수님들께 감사드린다.

Sung K. Ahn, Washington State University
Triss Ashton, Tarleton State University
Anteneh Ayanso, Brock University
Matthew Bailey, Bucknell University
Palash Beram Saint Louis University
Matthew Brenn, University of Akron
Paul Brooks, Virginia Commonwealth University
Kevin Brown, Asbury University
Kevin Caskey, SUNY New Paltz
Paolo Catasti, Virginia Commonwealth University
Michael Cervetti, University of Memphis
Jimmy Chen, Bucknell University
Jen-Yi Chen, Cleveland State University
Rex Cheung, San Francisco State University
Alan Chow, University of South Alabama,
Matthew Dean, University of Southern Maine
Alisa DiSalvo, St. Mary's University Twin Cities
Mark Dobeck, Cleveland State University
Joan Donohue, University of South Carolina
Kathy Enget, University at Albany- SUNY
Kathryn Ernstberger, Indiana University Southeast
Robertas Gabrys, University of Southern California
Ridvan Gedik, University of New Haven
Roger Grinde, University of New Hampshire
Thomas Groleau, Carthage College
Babita Gupta, California State University Monterey Bay
Serina Al Haddad, Rollins College
Dan Harpool, University of Arkansas Little Rock
Fady Harfoush, Loyola University Chicago
Paul Holmes, Ashland University
Ping-Hung Hsieh, Oregon State University
Kuang-Chung Hsu, University of Central Oklahoma
Jason Imbrogno, University of Northern Alabama
Marina Johnson, Montclair State University
Jerzy Kamburowski, University of Toledo
Reza Kheirandish, Clayton State University
Esther Klein, St. Francis College
Bharat Kolluri, University of Hartford
Mohammad Merhi, Indiana University
Jacob Miller, Southern Utah University
Sinjini Mitra, California State University Fullerton
Kyle Moninger, Bowling Green State University
Rex Moody, Angelo State University
Ebrahim Mortaz, Pace University
Kristin Pettey, Southwestern College
Daniel Power, University of Northern Iowa
Zbigniew Przasnyski, Loyola Marymount University
Sharma Pillutla, Towson University
Roman Rabinovich, Boston University
Michael Ratajczyk, Saint Mary's College
R. Christopher L. Riley, Delta State University
Leslie Rush, University of Hawaii West Oahu
Avijit Sarkar, University of Redlands
Dmitriy Shaltayev, Christopher Newport University
Mike Shurden, Lander University
Pearl Steinbuch, Boston University
Alicia Strandberg, Villanova University School of Business
David Taylor, Sacred Heart University
Stan Taylor, California State University Sacramento
Pablo Trejo, Miami Dade College
Nikhil Varaiya, San Diego State University
Timothy Vaughan, University of Wisconsin Eau Claire
Fen Wang, Central Washington University
Kanghyun Yoon, University of Central Oklahoma
John Yu, Saint Joseph's University
Oliver Yi, San Jose State University
Liang Xu, Slippery Rock University of Pennsylvania
Yong Xu, Ferris State University
Jay Zagorsky, Boston University

저자들은 추가적인 자료를 개발하고 평가내용을 검토하는 데 도움을 준 다음의 분들께 감사드린다.

Anteneh Ayanso, Brock University
John Draper, The Ohio State University
Alex Firsov, Oracle Corporation
Stephanie Henry, Workday, Inc.
Phuong Lam (Rose) Hoang, California Polytechnic State University
Eric Lee Kambestad, California Polytechnic State University
Vincent Mastuntano, Suffolk University
Corey Pang, California Polytechnic State University
Kristen Pettey, Southwestern College
Matthew Spector, California Polytechnic State University
Wendi Sun, Rockland Trust
Zhaowei (Justin) Wang, Citizens Financial Group
Brie Winkles, University of West Alabama

이에 더하여 저자들은 McGraw-Hill의 우수한 지원팀에게도 특별히 감사드린다.

요약목차
Brief contents

목차
Contents

비즈니스 애널리틱스

데이터 분석을 통한 소통

1 비즈니스 애널리틱스 소개

Introduction to Business Analytics

학습목차_*Chapter Contents*

학습목표_Learning Objectives

이 장을 학습한 후에,

LO **1.1** 비즈니스 애널리틱스의 중요성을 설명할 수 있어야 한다.

LO **1.2** 데이터의 다양한 유형을 설명할 수 있어야 한다.

LO **1.3** 변수와 측정척도의 유형을 기술할 수 있어야 한다.

LO **1.4** 다양한 데이터의 소스 및 파일 형식을 기술할 수 있어야 한다.

매 순간마다 데이터는 셀 수 없이 많은 소스로부터 증가하는 속도로 엄청난 양으로 생성되고 있다. 현대의 거의 모든 인간 활동에서 대량의 데이터 분석은 (비즈니스 또는 데이터 애널리틱스의 범위에서) 더 나은 의사결정을 하도록 돕는다. 회사의 수익을 높이고, 고객의 참여도를 제고하고, 소비자의 상품 선택에서 더 좋은 대안을 찾고, 위협과 사기를 방지하고, 대출의 위험성을 평가하고, 스포츠와 선거에서 성공하고, 질병의 더 나은 진단과 치료를 제공하는 등을 위해 경영자, 소비자, 금융인, 스포츠 애호가, 정치인 및 의료 전문가들은 점점 더 많이 데이터를 사용하고 있다. 가장 넓은 의미에서 비즈니스 애널리틱스(business analytics)는 데이터로부터 정보와 지식을 추출하는 방법론을 포함하며, 데이터와 데이터 유형을 이해하는 것이 중요한 첫 단계이다.

이 장에서는 비즈니스 애널리틱스의 개요와 실생활의 사례를 제공한다. 또한 나중에 데이터 분석을 위해 적절한 기법을 선택하는 데 도움이 될 다양한 데이터 유형과 변수의 측정척도를 설명한다. 마지막으로 공개적으로 사용가능한 데이터 출처를 활용하는 방법에 대해 논의하고, 데이터를 저장 및 배포하는 데 사용하는 몇 가지 표준형식을 검토한다.

©CampPhoto/iStock/Getty Images

도입사례_*Introductory Case*

벨리즈(Belize)[1]에서의 휴가

에밀리 헤르난데스(Emily Hernandez)는 남부 캘리포니아에 소재한 대학을 졸업한 후에 친구들과 함께 벨리즈로 휴가를 가려고 신나있다. 남부 캘리포니아에서 벨리즈 시티(Belize City)까지 가는 항공편은 여러 항공사가 제공하고 있는데, 에밀리는 로스앤젤레스(Los Angeles)에서 출발하는 직항편을 선호하지만 예산범위 안에 있을 지도 걱정이다. 다른 저렴한 대안은 벨리즈 시티로 가는 도중 1~2회의 환승을 해야 함을 의미한다. 벨리즈 시티에 도착해서는 앰버그리스 케이(Ambergris Caye) 섬의 리조트 호텔 중 한 곳으로 페리를 타고 이동할 계획이다. 이들 호텔 중 한 곳에서 휴가패키지를 구매하는 것이 가장 비용효율적이지만, 에밀리는 선택한 호텔에 조기 체크인 옵션, 무료 아침식사, 레크리에이션 활동 및 관광 서비스와 같은 원하는 모든 편의서비스가 가능한지 확인하길 원한다. 그녀는 또한 호텔의 평판과 고객평가가 좋은지도 확인하고 싶다.

에밀리는 인터넷에서 특가상품을 검색하여 항공편과 호텔의 대안을 조사하기 시작한다. 그녀는 모든 대안을 비교할 수 있도록 자신이 찾은 정보에 대한 기록을 꼼꼼히 정리하고 저장했다. 그녀는 이 정보를 사용하여 다음을 수행하려고 한다.

1. 지불가능한 범위 안에서 편리한 항공편을 찾는다.
2. 하루에 200불 미만의 가격이 책정된 평판 좋은 호텔을 선택한다.

이 도입사례에 대한 분석결과는 1.2절의 마지막에 제시되어 있다.

1.1 비즈니스 애널리틱스 개요

LO 1.1

비즈니스 애널리틱스의 중요성을 설명할 수 있어야 한다.

데이터 및 분석 역량은 최근 수년 동안 급속히 발전했으며 비즈니스가 의사결정을 내리는 방식을 변화시켰다. 넓은 의미에서 비즈니스 애널리틱스(데이터 애널리틱스라고도 함)는 데이터로부터 회사의 수익을 높이고 고객의 경험을 향상시키는 정보와 지식을 추출하는 방법론을 포함한다. 초점은, 비즈니스 애널리틱스는 더 나은 마케팅 전략을 개발하고, 고객 참여를 심화하고, 조달의 효율성을 높이고, 비용을 절감하는 방법을 발견하고, 새로운 시장동향을 파악하고, 위험과 사기를 최소화하는 등 기업에 이익을 제공한다. 이 분야의 폭발적인 확장은 방대한 양의 데이터에 대한 가용성 증가, 컴퓨터 능력의 향상, 그리고 정교한 알고리즘의 개발에 부분적으로 기인한다. 그 어느 때보다 대학들은 비즈니스 애널리틱스를 강조하는 커리큘럼이 필요하고 기업은 데이터를 통찰력과 실행으로 전환시킬 수 있는 데이터에 능통한 전문가가 필요하다.

비즈니스 애널리틱스(business analytics)는 마케팅, 인적자원관리, 경제, 금융, 의료, 스포츠, 정치 등 다양한 응용분야에 통계, 컴퓨터 과학 및 정보시스템을 연계하는 광범위한 영역이다. 최종 사용자를 위한 애플리케이션을 개발하는 고급 컴퓨터 알고리즘에 초점을 맞춘 데이터 사이언스(data science)와 달리, 비즈니스 애널리틱스는 가용한 데이터의 분석에 더 초점을 맞추는 경향이 있다.

원자료(raw data)는 가치나 통찰력을 거의 제공하지 않는다. 데이터 및 분석 기능이 발전함에 따라 많은 양의 데이터를 습득하고 복잡한 통계모형을 구현하는 작업이 단순화되었다. 그러나 데이터에서 가치를 추출하기 위해서는 비즈니스 상황을 이해하고, 데이터에서 올바른 문제를 도출하고, 적절한 분석모형을 찾아내고, 정보를 구두 및 서면 언어로 전달할 수 있어야한다. 수치 결과는 명확하게 기술된 실행가능한 비즈니스 통찰력과 함께 제공되지 않으면 그다지 유용하지 않다는 점에 유의하는 것이 중요한다.

> **비즈니스 애널리틱스**
>
> 비즈니스 애널리틱스(business analytics)는 정성적인 추론과 정량적인 도구를 결합하여 주요 비즈니스 문제를 식별하고 데이터 분석을 비즈니스 성과를 개선하는 의사결정으로 변환한다.

데이터로부터 가치를 추출하도록 고안된 다양한 유형의 분석기법은 세 범주로 그룹화 할 수 있는데, 기술분석, 예측분석, 그리고 처방분석이다.

- **기술분석(descriptive analytics)**은 데이터를 수집, 조직화, 표로 구성하고 시각화하여 '*어떤 일이 일어났는지?*'를 요약하는 유형을 말한다. 기술분석의 예로는 재무보고, 공중보건통계, 대학등록, 학생 성적표, 그리고 지역별 시기별 범죄율 등이 있다. 기술적인 정보는 서면 보고서, 표, 그래프 및 지도를 포함한 다양한 형식으로 표현될 수도 있다.
- **예측분석(predictive analytics)**은 과거의 데이터를 사용하여 '*미래에 어떤 일이 일어날 수 있을까?*'를 예측하는 유형을 말한다. 분석적 모형은 변수 간의 관계를 식별하는 데 도

움이 되며, 이러한 연관성은 특정 결과의 가능성을 추정하는 데 사용된다. 예측분석의 예로는 특정 마케팅 캠페인에 반응할 가능성이 가장 높은 고객, 등록할 가능성이 높은 합격 학생, 사기일 것 같은 신용카드 거래, 또는 특정 지역과 시기에서의 범죄 발생을 식별하는 등이 포함된다.

- **처방분석(prescriptive analytics)**은 최적화 및 시뮬레이션 알고리즘을 사용하여 *'우리가 무엇을 해야 하나?'*에 대한 조언을 제공하는 유형을 말한다. 이 유형은 여러 가능한 대안을 탐색하고 실행과정을 제안한다. 예로는 고객의 수요에 부응하는 직원의 근무시간 배치 및 공급량에 대한 조언 제공, 제조할 생산품의 혼합비율 선택, 재무목표를 달성하기위한 투자 포트폴리오 구성, 그리고 제한된 예산에서 특정 고객그룹에 대한 마케팅 캠페인 타겟팅 등이 포함된다.

이 세 가지 분석유형은 문제해결 과정에서 서로 다른 기능을 제공한다. 기술분석은 주로 **비즈니스 인텔리전스(business intelligence, BI)**라고 불리며 조직과 사용자에게 보고서, 대시보드, 애플리케이션과 시각화 도구를 통해 상호작용하면서 데이터에 접근하고 조작할 수 있는 능력을 제공한다. BI는 여러 출처로부터 통합된 과거 데이터를 사용하여 의사결정 과정에 문제점과 해결책을 식별하기 위한 정보를 제공한다. 대부분의 BI 질문은 기업 데이터베이스의 복잡한 쿼리를 사용하여 해결될 수 있다. 예를 들면, 온라인 음원 스트리밍 회사의 전형적인 BI 질문은 "2020년 1분기 동안에 음원서비스에서 추천한 컨트리 음악을 미국 여성 청취자들이 시작 5초 이내에 이탈한 곡이 몇 개인지?"이다. 이 질문에 대한 답은 과거 데이터를 쿼리하고 요약하여 찾을 수 있으며 회사의 음원추천 시스템의 효과성과 관련된 결정을 내리는 데 유용한다.

반면에 예측 및 처방 분석은 일반적으로 더 발전된 예측으로 간주된다. 이들은 미래에 일어날 일을 조직이 이해하는 데 도움이 되는 예측 및 처방 모형을 구축하는 데 초점을 둔다. 발전된 예측 문제들은 통계학과 데이터마이닝 기법을 사용하여 해결된다. 온라인 음원 스트리밍 회사의 경우, 발전된 예측 질문은 "미국 여성 청취자의 음원 선택에 영향을 미치는 주요 요인은 무엇인가?"이다. 이 질문에 대한 답은 기업 데이터베이스에서 직접 찾을 수 없으며, 적절히 기록된 데이터의 복잡한 학습과 분석이 요구된다.

비즈니스 애널리틱스의 세 가지 범주는 각 범주가 제공하는 정교함과 비즈니스 가치의 수준에 따라서 볼 수도 있다. 많은 사람들에게 예측분석을 사용하여 미래를 예측하는 것은 단순히 데이터를 요약하고 과거에 일어난 일을 설명하는 것보다 더 중요한다. 추가적으로 예측기법은 대부분의 기술기법보다 더 복잡한 모델링과 분석도구를 필요로 하는 경향이 있다. 마찬가지로, 실행가능한 권고안을 제공하는 처방기법은 미래의 수많은 가능한 결과를 예측하는 것보다 더 가치가 있을 수 있다. 또한 데이터에 기반한 권고안을 실행에 옮기는 데는 기술과 예측 분석모형을 개발하는 것 이상의 깊이 있는 사고력과 조직적 몰입이 필요하다.

그림 1.1은 비즈니스 애널리틱스를 가치와 데이터에 기반한 의사결정에 대한 조직몰입 수준에 따라 개발 3단계로 분류하였다. 이 교재의 대부분의 장들은 그림 1.1과 같이 3단계 분석범주 각각으로 분류될 수도 있다.

그림 1.1에 제시된 장들에 추가적으로 1장(비즈니스 애널리틱스 소개), 4장(확률 및 확률분포), 5장(통계적 추론) 및 8장(데이터 마이닝 소개)은 이 교재의 다른 주제에 대한 사전지식을 포함한다. 사용하는 분석기법에 상관없이 애널리틱스의 전체적인 목표는 비즈니스 의사결

정을 개선하는 것이다. 이 목표의 핵심은 데이터의 통찰력과 가치를 의사소통하는 능력이다. 이 교재 전체를 통하여 학생들은 데이터 분석을 수행하는 방법뿐만 아니라 통계학적이고 기술적인 정보처리 방법을 알지 못하는 사람들에게 서면 형식으로 영향력 있는 이야기를 전달하는 방법을 배우게 된다.

그림 1.1 비즈니스 애널리틱스의 3단계

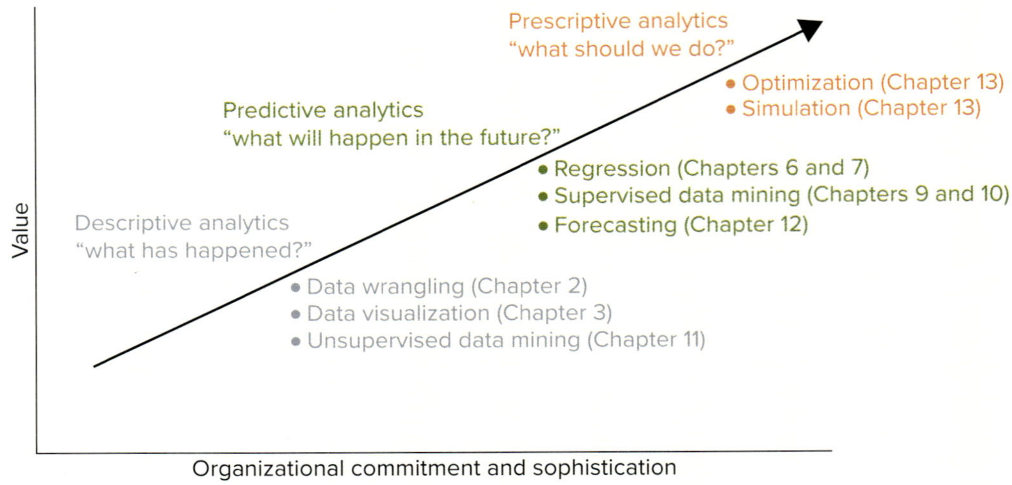

중요한 비즈니스 애널리틱스 응용

데이터와 분석은 일상생활에 퍼져 있다. 옷 구매, 은퇴를 위한 저축, 이메일 확인, 소셜미디어에서의 상호작용, TV 쇼 시청과 같은 가장 일상적인 활동에 미치는 애널리틱스의 영향을 거의 인식하지 못한다. 이제 비즈니스 애널리틱스의 중요한 응용사례 몇 가지를 강조한다.

패션 소매업체. 의류회사에서부터 식품소매업체에 이르는 전통적인 비즈니스는 경쟁력과 수익성을 유지하기 위해 데이터와 분석기법에 막대한 투자를 한다. *뉴욕타임즈(The New York Times)*에서 한때 "미국의 복장을 선도하는" 회사로 찬사를 받았던 갭(The Gap, Inc.)은 최근 자라(Zara), 에이치앤엠(H&M), 유니클로(Uniqlo) 등 주요 국제적인 경쟁업체들이 미국 시장에 진입하면서 패스트 패션 산업이 점점 더 혼잡해짐에 따라 최근 몇 년 동안 실망스러운 매출을 경험했다. 회사를 변화시키기 위해 갭의 CEO인 아트 팩(Art Peck)은 거래 및 고객 데이터베이스와 소셜 미디어 데이터에서 얻은 통찰력을 사용하여 회사에 혁명을 일으켰다. 크리에이티브 디렉터 실장의 비전에만 의존하는 대신 갭은 예측분석을 사용하여 다음 시즌의 다양한 제품을 결정한다. 또한 CEO는 직원들에게 충성도 높은 고객 식별, 고객과 제품 매칭, 고객의 만족도 향상, 제품 재구매 관리 등 광범위한 의사결정에 정보를 주는 빅데이터를 사용하도록 권장했다. 이러한 변화의 결과로 회사는 이제 데이터에서 확인된 추세를 실시간 매장 판매와 결합하고 더 적절한 제품을 시장에 신속하게 출시할 수 있게 되었다.

온라인 구독. 가장 큰 콘텐츠 스트리밍 회사 중 하나인 넷플릭스(Netflix)는 혁신적인 비즈니스 모델로 엔터테인먼트 산업을 변화시켰다. 성공으로 이끈 엔진 중 하나는 영화와

TV 프로그램에 대한 추천시스템인 씨네매치(CineMatch)라는 정교한 분석도구였다. 씨네매치는 넷플릭스가 고객기반을 유지하고 성장시키는 데 매우 중요하므로 넷플릭스는 씨네매치 추천 알고리즘을 개선하기 위해 참가자들에게 100만 달러 규모의 대회를 개최했다. 넷플릭스는 대회 참가자들에게 약 20,000편의 영화에 대한 1억 건 이상의 사용자 평가 데이터셋을 제공했다. 우승팀인 "벨코어의 실용적 카오스(BellKor's Pragmatic Chaos)"는 넷플릭스 자체 알고리즘보다 시청자의 영화 평가를 10% 더 정확하게 예측하는 알고리즘을 개발했다. 오늘날 빅데이터 및 분석을 기반으로 한 유사한 추천시스템이 산업 전반에 걸쳐 기업에서 널리 사용되고 있다.

게임산업. 게임산업의 치열한 경쟁에 직면한 하라스 엔터테인먼트(Harrah's Entertainment)는 데이터 분석을 사용하여 고객에게 호화로운 리조트와 매력적인 혜택을 선전하는 라이벌과 경쟁하기로 결정했다. 어느 카지노에 방문했는지, 어떤 게임을 하고 얼마나 오랜 시간 게임을 했는지, 어디에서 식사를 했는지 등 방대한 고객데이터의 웨어하우스를 구축하여 하라(Harrah)는 방문자에 대해 알게 된 사실에 기초하여 맞춤형 방문자를 정의하고, "아무 곳이나 가는" 고객을 하라스에만 가는 "충성" 고객으로 전환했다. 또한 분석은 호텔 객실의 가격, 슬롯머신의 배치와 같은 하라스의 운영에서 의사결정을 내리는 데도 도움이 되었다. 이러한 분석 노력은 재정적인 성과로 돌아왔다. 조정주당순이익(adjusted earnings per share)은 7년 만에 5배 증가했고, 데이터기반 의사결정을 통해 창출된 수익 향상으로 Harrah's는 시설 업그레이드 및 글로벌 확장에 투자할 수 있었다.

스포츠. 스포츠 분석은 의사결정을 내리기 위해 선수들의 통계 및 기타 스포츠 관련 정보에 관한 데이터를 사용한다. 애널리틱스가 유행하기 훨씬 전에 오클랜드 애슬레틱스(Oakland Athletics) 야구 팀(이후 A라고 표기)은 애널리틱스를 사용하여 플레이 오프에 진출할 팀을 구성했다. (시합에 대한 A의 접근 방법은 영화 *머니볼*(*Moneyball*)에도 묘사되어 있다.) 전통적으로 프로 야구 채용 담당자는 스카우트 선수들의 체형, 속도, 예상되는 신뢰도 등 주관적인 척도에 크게 의존했다. 이러한 단점을 인식한 A는 통계분석을 야구에 적용한 세이버메트릭스(sabermetrics)를 활용하여 저평가된 선수의 숨겨진 가치를 평가했다. 이 모델은 출루율이 높은 팀이 더 많은 득점을 하여 더 많은 게임을 이길 가능성이 있다는 전제하에 구축되었다. A는 다른 클럽의 의사결정을 좌우하는 신체 유형 및 기타 주관적인 특징에 반드시 적합하지 않지만 이 시스템에 적합한 선수들을 계약하고 트레이드했다. 메이저 리그 야구에서 가장 자금이 부족한 팀 중 하나임에도 불구하고 A는 재능 있는 선수를 저렴하게 선택할 수 있었고 2002년과 2003년에 가장 성공적인 프랜차이즈 중 하나가 되었다. 이러한 성공은 이후 모든 주요 프로 스포츠에 혁명을 일으켜서 각 팀에는 자체 분석부서 또는 분석전문가를 갖게 되었다.

보건의료. 빅데이터 및 분석은 의료분야에서도 점점 더 많이 사용되고 있다. 구글(Google)의 인공지능 시스템은 20만 명 이상의 성인 환자에 대한 460억 개의 데이터를 분석하여 병원방문 결과 및 최종 진단명을 예측하는 모델을 개발했다. Google의 시스템은 기존 병원 모델보다 24~48시간 전에 환자의 사망을 예측할 수 있어 인명구조 절차를 시행할 수 있다고 주장한다. 의학에서 빅데이터의 또 다른 예는 암 치료법 개발이라는 야심찬 목표로 미국국립암연구소(National Cancer Institute)가 후원하는 암 정복(Cancer

Moonshot) 프로그램이다. 이 프로그램은 의학 연구자들에게 방대한 양의 암 환자 데이터에 액세스 하도록 했다. 연구자들은 생체검사 보고서, 치료계획 및 환자의 회복률을 분석함으로써 특정 암 단백질이 서로 다른 치료법과 상호작용하는 방식에 대한 추세를 연구하고 개별 환자에게 가장 유망한 치료계획을 추천할 수 있다.

이러한 예는 애널리틱스가 조직의 의사결정 능력을 향상시키기 위해 급진적인 접근방식을 취하고 있음을 보여준다. 데이터 기반 접근방식은 소수의 전문가와 그들의 주관적인 판단에 크게 의존하는 전통적인 의사결정 프로세스를 대체하고 보완한다. 이로 인해 자주 간과되고 예상 못했던 더 정확한 결과가 나왔으며, 이는 올바른 도메인 전문성의 도움으로 경쟁우위로 변모했다.

빅데이터 애널리틱스에 대한 전망은 흥미롭지만, 조직들은 새롭게 획득한 파워와 함께 수반되는 더 큰 책임성을 무시할 수 없다. 고객과 구성원으로부터 수집된 데이터를 활용함에 따라 이러한 데이터를 사용하는 데 엄청난 위험(특히 데이터 보안 및 개인정보 보호의 형태)이 있음을 인식해야 한다. 데이터 유출 및 오용에 대한 많은 이야기는 이러한 위험에 대한 소름끼치는 경고 역할을 한다. 예를 들어, 2018년 메리어트(Marriott International)는 최대 5억 명의 게스트에게 영향을 미치는 대규모 데이터 유출을 공개했다. 해커가 접근한 개인 데이터에는 이름, 주소, 전화번호, 이메일 주소, 여권 번호 및 암호화된 신용카드 정보가 포함되었다. 이와 같은 유출은 신원도용 또는 금융사기로 이어질 수 있다. 또 다른 예로, 도날드 트럼프 대통령의 2016년 선거 캠페인에서 고용된 정치데이터 회사인 캠브리지 애널리티카(Cambridge Analytica)는 5천만 개가 넘는 페이스북(Facebook) 프로필에서 개인정보를 수집하여 유권자를 위한 개인특성 모델을 만들었으며, 나중에 유권자 행동에 영향을 미치는 디지털 광고를 만드는 데 사용되었다. 페이스북은 이후 사용자 프로필에 대한 제3자 액세스에 대한 정책을 강화했지만, 이 사건은 소셜미디어 회사에 대한 엄청난 반발을 불러일으켰다. 이러한 사례들에서 알 수 있듯이 애널리틱스는 책임감 있고 윤리적인 방식으로 수행되어야 한다.

애널리틱스 애플리케이션의 다양한 본성으로 인해 데이터와 데이터유형에 대한 깊은 이해가 필요하다. 이 장의 나머지 부분에서는 데이터를 분석하기 위한 적절한 기법을 선택하는 데 도움이 되는 다양한 유형의 데이터와 측정척도에 대해 설명할 것이다. 또한 공개적으로 사용가능한 데이터 소스를 활용하는 방법에 대해 논의하고, 사람들이 데이터를 저장 및 배포하는 데 사용하는 몇 가지 표준 형식을 검토할 것이다.

1.2 데이터 유형

LO 1.2

데이터의 다양한 유형을 설명할 수 있어야 한다.

매일 소비자와 기업은 의사결정을 돕기 위해 다양한 소스의 많은 종류의 데이터를 사용한다. 의사결정을 위한 중요한 첫 단계는 올바른 데이터를 찾아서 분석을 준비하는 것이다. 일반적으로 **데이터(data)**는 수치적 및 비수치적인 사실, 숫자 또는 다른 콘텐츠의 집합체이다. 모든 유형과 형식의 데이터는 다중 출처로부터 생성된다. 이러한 모든 데이터로부터 도출된 통찰력을 통해 기업은 고객참여 심화, 운영 최적화, 위협 및 사기 방지, 새로운 수익원 활용과 같은 더 나은 결정을 내릴 수 있다. 우리는 흔히 우리가 처리하고 있는 다량의 데이터를 발견한다. 그러나 우리는 소비자 포커스 그룹, 마케팅조사 또는 정부기관의 보고서와 같이 비교적 작은 데이터셋에서도 통찰력을 도출한다.

의미 있고 목적 있는 방식으로 구성, 분석 및 처리된 데이터는 **정보(information)**가 된다. 특정 상황에서 적용하고 실행에 옮길 수 있는 **지식(knowledge)**을 도출하기 위해서 데이터, 상황적 정보, 경험 및 직관을 조합한다.

> **데이터, 정보 및 지식**
>
> 데이터(data)는 수치형 및 비수치형인 사실, 숫자 또는 기타 콘텐츠의 모음이다. 정보(information)는 의미 있고 목적이 있는 방식으로 구성되고 처리된 데이터의 집합이다. 지식(knowledge)은 데이터, 상황적 정보, 경험 및 직관의 조합으로부터 도출된다.

도입사례에서 에밀리는 로스앤젤레스 국제공항(LAX)에서 벨리즈시티(BZE)로 가는 항공편과 벨리즈의 호텔을 찾고 있다. Orbitz.com에서 온라인 검색을 하면 총 1,420개 조합의 항공스케줄이 산출된다. 그녀는 또한 예산범위 내에서 19개 호텔에 대한 정보를 찾는다. 그림 1.2는 에밀리가 인터넷에서 찾은 항공료와 호텔 정보의 일부를 보여준다.

그림 1.2 Orbitz.com의 항공료 및 호텔 검색 결과의 스크린 샷 화면

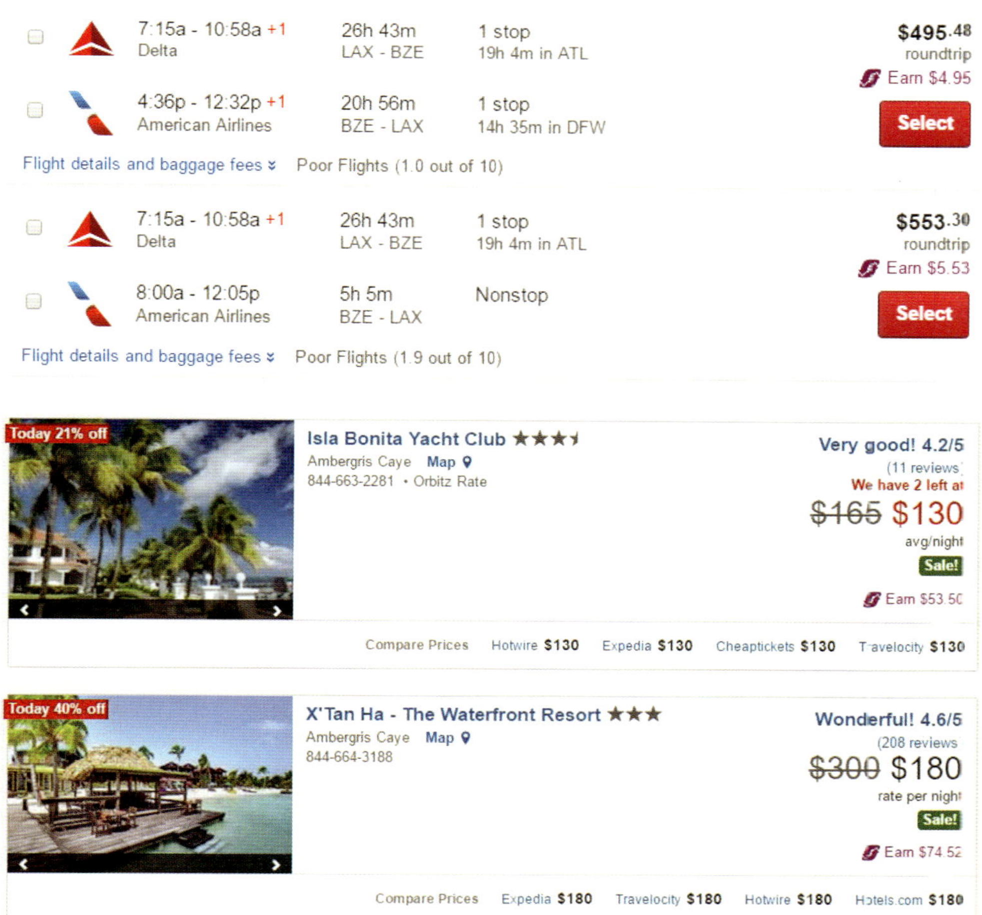

출처: Orbitz.com

에밀리가 수집한 정보를 분석하기 전에 다양한 유형의 데이터를 이해하는 것이 중요한다. 이 절에서는 다양한 데이터 분류에 초점을 맞춘다.

표본 및 모집단 데이터

데이터 분류에는 수집방법, 데이터 형식, 데이터가 표현하는 특정 값에 따라 여러가지 방법이 있다. 대부분의 경우 관심있는 모든 요소의 **모집단(population)**을 구성하는 데이터를 수집하는 것은 불가능하다. 따라서 데이터의 부분집합인 **표본(sample)**이 분석에 사용된다. 전통적인 통계기법은 표본의 정보를 사용하여 모집단에 대한 결론을 도출한다.

> **모집단 대 표본**
>
> 모집단(population)은 분석에서 관심이 되는 모든 관측치 또는 항목으로 구성된다. 표본(sample)은 모집단의 부분집합이다. 표본 데이터를 조사하여 모집단에 대해 추론한다.

일반적으로 한정된 비용 및 실현가능성으로 인해 모집단의 데이터를 구하는 것은 가능하지 않다. 따라서 다음 두 가지 주요 이유로 모집단 데이터를 사용할 수 없기 때문에 표본에 의존한다.

- **전체 모집단에 대한 정보를 구하는 데는 고비용이 든다.** 듀라셀(Duracell) AAA 배터리의 평균 수명에 관심이 있다고 가정해 보자. 각 배터리를 테스트하는 것은 엄청나게 비싸다. 게다가 결국에는 모든 배터리가 소진되어 원래 질문에 대한 답은 쓸모가 없게 된다.
- **모집단의 모든 구성원을 조사하는 것은 불가능하다.** 미국 노동통계국(Bureau of Labor Statistics, BLS)에서 미국의 월별 실업률을 계산하는 방법을 고려해보자. BLS가 노동인구 각 개인에게 연락하여 고용여부를 묻는다고 가정하는 것이 합리적인가? 노동인구가 1억 6천만 명 이상이라는 점을 감안할 때 이 과업을 30일 이내에 완수한다는 것은 불가능하다. 대신 BLS는 미국의 실업 정도를 측정하기 위해 약 6만 가구를 대상으로 매월 표본 조사를 실시한다.

도입사례에서 에밀리는 표본 데이터로 작업하고 있다. 모집단은 모든 항공사와 호텔로 구성되었을 것이며, 일부는 온라인 검색에서 나타나지 않았을 수도 있다.

횡단면 및 시계열 데이터

표본 데이터는 일반적으로 두 방법 중 하나로 수집된다. **횡단면 데이터(cross-sectional data)**는 동일 시점 또는 시간 차이에 관계없이 많은 대상의 특성을 기록함으로써 수집된 데이터를 의미한다. 대상에는 개인, 가구, 기업, 산업, 지역 및 국가가 포함될 수 있다. 표 1.1에 제시된 미국농구협회(National Basketball Association, NBA) 데이터는 2018~2019 시즌이 끝나는 시점에서의 팀 순위를 표시하므로 횡단면 데이터의 예이다. 8개 팀이 정확히 같은 날과 같은 시간에 시즌을 종료하지 않았을 수 있지만, 시간 차이는 이 예에서 무관하다. 횡단면 데이터의 다른 예로는 학급에서 기록된 학생 성적, 지난달 판매된 단독주택의 매매가, 미국 내 여러 도시의 현재 휘발유 가격, 최근 코네티컷 대학교를 졸업한 경영학 전공의 초임 연봉 등이 있다.

표 1.1 2018~2019 NBA 동부 컨퍼런스

Team name	Wins	Losses	Winning percentage
Milwaukee Bucks	60	22	0.732
Toronto Raptors*	58	24	0.707
Philadephia 76ers	51	31	0.622
Boston Celtics	49	33	0.598
Indiana Pacers	48	34	0.585
Brooklyn Nets	42	40	0.512
Orlando Magic	42	40	0.512
Detroit Pistons	41	41	0.500

* Toronto Raptors는 2018~2019 시즌 동안 첫 NBA 타이틀을 획득했다.

시계열 데이터(time series data)는 특정 그룹의 사람, 사건 또는 대상에 중점을 두고 여러 기간 동안 수집된 데이터를 의미한다. 시계열 데이터에는 시간별, 일별, 주별, 월별, 분기별 또는 연도별 관찰이 포함될 수 있다. 시계열 데이터의 예로는 병원의 집중치료실에 있는 환자의 시간별 체온, 제너럴 일렉트릭(General Electric) 주식의 2020년 1분기의 일별 가격, 미국 달러와 유로화 간의 지난 6개월간 주별 환율, 자동차 대리점의 2020년 월별 판매량, 인도의 지난 10년간 연도별 인구증가율 등이 있다. 이들 예에서 시간의 순서는 적절하고 의미가 있다.

그림 1.3은 2000년부터 2018년까지 미국 전체의 주택소유 비율을 보여준다. 미국 인구조사국(U.S. Census Bureau)에 따르면 2016년 1분기 주택소유 비율은 고점인 2004년 69.4%에서부터 63.6%로 급락했다. 주택소유율 하락에 대한 이유는 금융위기와 심각한 경기침체를 촉발한 2007년 주택시장 붕괴에 기인한 더 엄격한 대출관행으로 설명된다. 이러한 하락은 표본 기간 동안 주택가격이 임금을 앞지르는 데 기인할 수도 있다.

그림 1.3 2000년부터 2018년까지 미국의 주택소유 비율(%)

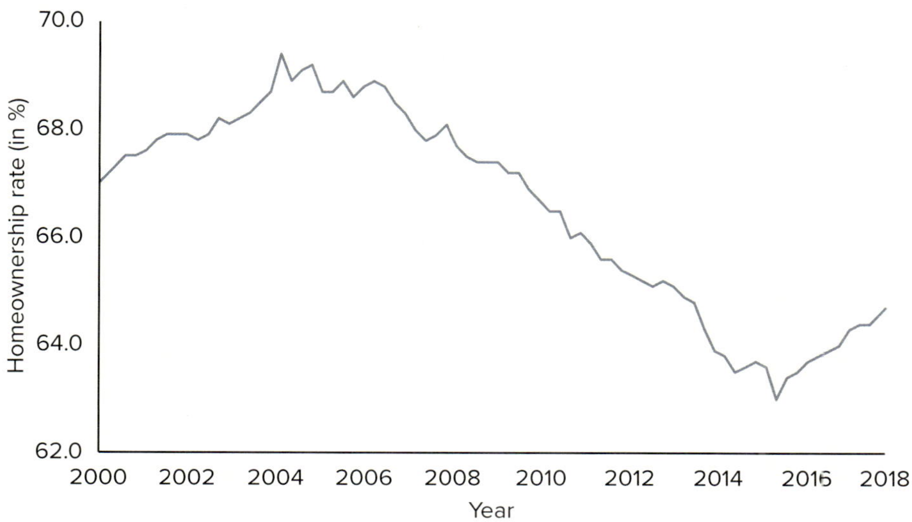

출처: Federal Reserve Bank of St. Louis

정형 및 비정형 데이터

데이터를 생각할 때 머리에 떠오르는 첫 이미지는 아마도 많은 숫자와 차트, 그래프일 것이다. 실제로 데이터는 여러 형태로 제공될 수 있다. 예를 들어, 페이스북(Facebook), 링크드인(LinkedIn), 트위터(Twitter)와 같은 소셜 네트워킹 웹사이트에서의 정보 교환도 데이터를 구성한다. 다양한 형태의 데이터를 더 잘 이해하기 위해 정형과 비정형 데이터를 구별한다.

일반적으로 **정형 데이터(structured data)**는 사전에 정의된 행-열 형식으로 구성된다. 정형 데이터를 입력, 저장, 쿼리 및 분석하기 위해 스프레드시트 또는 데이터베이스 애플리케이션(2.1절 참조)을 사용한다. 정형 데이터의 예로는 일반적으로 표 형식으로 저장되는 숫자, 날짜, 단어와 숫자 그룹이 있다. 정형 데이터는 흔히 객관적이고 해석할 수 없는 숫자 정보로 구성된다.

판매 및 재무 데이터는 정형 데이터의 예이며 일반적으로 비즈니스 프로세스와 거래 정보를 수집하도록 설계되었다. 예로는 소매 제품의 판매, 은행계좌 간 송금, 대학강좌의 학생 등록 등이 포함된다. 개인 소비자가 소매점에서 상품을 구매할 때, 각 거래는 정형 데이터의 기록으로 수집된다.

그림 1.4에 제시된 판매 송장을 고려해보자. 고객이 이와 같은 주문을 할 때마다 거래일, 배송 주소, 구매하는 제품의 수량과 같은 미리 정의된 데이터셋이 수집된다. 영수증이나 송장이 항상 행과 열로 표시되는 것은 아니지만 사전 정의된 구조를 통해 기업과 조직은 문서의 데이터를 행-열 형식으로 변환할 수 있다. 예제 1.1에서 볼 수 있듯이, 도입사례를 위해 수집된 항공정보는 표 형식에 정확하게 맞지 않을 수 있지만 데이터의 구조적 특성으로 인해 쉽게 행과 열로 요약할 수 있다.

그림 1.4 소매 거래의 청구서 샘플

Tranquility Home and Garden
8 Harmony Drive
San Francisco, CA 94126
Phone: (415) SOL-SAVE

Date: July 1, 2020
Invoice number: A9239145-W

Customer Name: Kevin Lau
Street Address: 123 Solstice Circle
State/Province: California
Telephone: (415) 234-4550
Account Number: KL0927
City: San Francisco
Postal Code: 94126

Product code	Product description	Units ordered	Price per unit	Extended Price
421-L	8W LED light bulbs	27	$7.59	$204.93
389-P	Chlorine removing shower filter	6	$19.99	$119.94
682-K	Compostable cutlery (box sets)	5	$14.99	$74.95

Total amount: $399.82
Sales Tax: $31.99
Shipping fee: $6.99
Grand total: $438.80

과거에는 데이터 저장 및 처리의 높은 비용과 성능 제한으로 인해 기업과 조직은 스프레드 시트 및 데이터베이스 애플리케이션으로 효과적으로 관리할 수 있는 정형 데이터에 주로 의존했다. 수십 년 동안 그들은 이러한 유형의 데이터에 의존하여 비즈니스와 기업을 경영했다. 오늘날 디지털 시대의 도래와 함께 대부분의 전문가들은 비즈니스 의사결정에 사용되는 모든 데이터의 약 20%만이 정형 데이터라는 데 동의한다. 나머지 80%는 정형화되지 않았다.

정형 데이터와 달리 **비정형 데이터(unstructured data)**(또는 모델링되지 않은 데이터)는 사전 정의된 행-열 형식을 따르지 않는다. 비정형 데이터는 텍스트 형식(예: 서면 보고서, 이메일 메시지, 의사의 메모 또는 개방형 설문응답)이거나 멀티미디어 콘텐츠(예: 사진, 비디오 및 오디오 데이터)인 경향이다. 이러한 데이터는 일부 내포된 구조(예: 보고서의 제목, 이메일 제목 라인 또는 사진의 타임스탬프)를 가질 수 있지만 대부분의 데이터베이스 시스템에서 요구되는 행-열 모델을 따르지 않기 때문에 여전히 정형화되지 않은 것으로 간주된다. 트위터, 유투브, 페이스북 및 블로그와 같은 소셜 미디어 데이터는 비정형 데이터의 예이다.

정형 및 비정형 데이터 모두 **인간이 만들거나(human-geneated) 기계에서 생성될(machine-geneated)** 수 있다. 정형 데이터의 경우, 인간이 생성한 데이터에는 가격, 수입, 소매 판매량, 연령, 성별 등에 대한 정보가 포함되고, 기계 생성 데이터에는 기계센서(분당 회전수), 속도카메라(시간당 마일), 웹서버 로그(방문자 수) 등의 정보가 포함된다. 비정형 데이터의 경우, 인간이 생성한 데이터에는 내부 이메일 텍스트, 소셜 미디어 데이터, 프레젠테이션, 휴대전화 대화, 문자메시지 데이터 등이 포함되며, 기계 생성 데이터에는 위성 이미지, 기상 데이터, 감시 비디오 데이터, 교통 카메라 이미지 등이 포함된다. 이 교재는 정형 데이터에 중점을 두며, 비정형 데이터를 분석하기 위한 텍스트 분석(text analytics) 및 기타 복잡한 도구는 이 교재의 범위를 넘어선다.

빅데이터

오늘날 기업과 조직은 증가하는 속도로 점점 더 많은 데이터를 생성하고 수집한다. **빅데이터(big data)**라는 용어는 기존의 데이터 처리 도구를 사용하여 관리, 처리하고 분석하기가 극히 어려운 정형 및 비정형 데이터의 방대한 양을 의미하는 캐치프레이즈이다. 이러한 도전에도 불구하고 빅데이터는 기업의 수익, 경쟁 우위 및 조직의 효율성에 대해 잠재적으로 획기적인 영향을 미칠 수 있는 지식과 비즈니스 인텔리전스를 얻을 좋은 기회를 제공한다. 보다 공식적으로, 널리 통용되는 빅데이터의 정의는 "향상된 통찰력, 의사결정 및 프로세스 자동화를 가능하게 하는 비용효과적이고 혁신적인 정보처리 유형이 요구되는 대규모, 고속 및 다양한 정보 자산"이다(가트너닷컴, www.gartner.com). 빅데이터의 세 가지 특성(3V)은 다음과 같다:

- **규모(volume)**: 막대한 양의 데이터가 비즈니스 거래, 가구 및 개인 기기, 제조 장비, 소셜 미디어 및 기타 온라인 포털을 포함하는 단일 또는 광범위한 소스로부터 수집된다.
- **속도(velocity)**: 규모에 추가적으로 다양한 소스로부터의 데이터는 빠른 속도로 생성된다. 이러한 데이터 스트림을 관리하는 것은 많은 조직에서 심각한 문제가 될 수 있다.
- **다양성(variety)**: 또한 데이터는 정형 및 비정형의 모든 유형, 형식 및 단위로 제공된다. 이러한 데이터에는 숫자, 텍스트와 그림은 물론 오디오, 비디오, 이메일 및 기타 멀티미디어 요소가 포함될 수 있다.

빅데이터의 세 가지 정의 특성 외에도 데이터의 진실성과 데이터가 생성할 수 있는 비즈니스 가치에 세심한 주의를 기울일 필요가 있다. **진실성(veracity)**은 데이터의 신뢰성과 품질을 의미한다. 데이터에 의존하여 의사결정을 내리기 전에 데이터 콘텐츠의 신뢰도와 정확성을 확인해야 한다. 이는 소셜 미디어와 자동적인 데이터 수집으로 인해 데이터 양이 빠르게 증가함에 따라 점점 더 어려워지고 있다. 빅데이터에서 산출된 **가치(value)**는 아마도 모든 분석 계획에서 가장 중요한 측면일 것이다. 대량의 데이터가 있다고 해서 유용한 통찰력이나 측정 가능한 개선사항이 생성된다는 보장은 없다. 조직은 비즈니스 질문을 만들고 올바른 데이터를 준비하며 빅데이터 안에 숨겨진 잠재력을 밝히기 위한 체계적인 계획을 개발해야 한다.

그러나 빅데이터가 반드시 완전한 (모집단) 데이터를 의미하는 것은 아니다. 예를 들어 모든 페이스북 사용자의 분석을 살펴보자. 확실히 빅데이터가 포함되지만, 만약 우리가 전세계의 모든 인터넷 사용자를 고려한다면 페이스북 사용자는 단지 매우 큰 표본일 뿐이다. 페이스북을 사용하지 않는 인터넷 사용자가 많으므로 페이스북에 있는 데이터는 모집단을 나타내지 않는다. 모집단을 온라인 소셜 미디어를 사용하는 사람들과 관련하여 정의하더라도 페이스북은 여전히 소비자가 사용하는 많은 소셜 미디어 포털 중 하나이다.

그리고 서로 다른 소셜 미디어가 다른 목적으로 사용되기 때문에 이러한 사이트에서 수집된 데이터는 서로 다른 인터넷 사용자 집단을 반영할 수 있다. 이러한 차이는 특히 전략적 비즈니스 관점에서 중요한다. 그러므로 페이스북 데이터는 단순히 매우 큰 표본이다.

또한 빅데이터가 사용가능 하더라도 전부를 사용하지 않는 방식으로 선택할 수 있다. 때로는 너무 큰 데이터셋 분석이 단지 불편할 수 있는데, 이는 현대의 고성능 컴퓨터 시스템에서도 정보처리에 부담이 되기 때문이다. 다른 경우에서는 빅데이터로 작업하는 추가적인 이점이 관련 비용을 정당화하지 못할 수 있다. 요약하면, 우리는 흔히 빅데이터에서 추출된 표본인 작은 데이터셋으로 작업하기로 선택한다.

정형, 비정형 데이터와 빅데이터

정형 데이터(structured data)는 사전에 정의된 행-열 형식으로 구성된 데이터이지만, 비정형 데이터(unstructured data)는 사전에 정의된 행-열 형식을 따르지 않는다. 빅데이터는 전통적인 데이터 처리 도구를 사용하여 관리, 처리 및 분석하기가 극히 어려운 방대한 양의 정형 및 비정형 데이터를 설명하는 데 사용되는 용어이다. 그러나 빅데이터(big data)가 반드시 완전한 (모집단) 데이터를 의미하는 것은 아니다.

예제 1.1

도입사례에서 에밀리는 캘리포니아 로스앤젤레스에서 벨리즈 시티까지 여러 항공사에서 제공하는 왕복 항공편 일정을 찾고 있다. 벨리즈 시티에 도착한 그녀는 앰버그리스 케이 섬의 리조트 호텔 중 한 곳에서 휴가패키지를 구매할 계획이다. 그녀는 Obitz.com의 검색 결과에서 항공편 일정 및 호텔 대안에 대한 정보를 수집했다. 첫 검색에서 1,420개의 항공편과 19개 호텔이 산출되었다. 에밀리는 현재 형태에서는 데이터의 양에 압도되어 검색을 구체화해야 한다는 것을 알고 있다. 그녀는 편리하고(짧은 비행시간) 비교적 저렴한 항공편에 초점을 맞추고 싶고, 호텔의 경우 좋은 리뷰(5점 척도의 평균 초과)가 있는 적절한 가격의 호텔(1박당 200달러 미만)을 원한다. 에밀리의 선호도에 따라서 온라인 정보를 표 형식으로 요약하라.

해답:

우선 짧은 비행시간과 저렴한 가격을 우선으로 하는 왕복 항공편을 검색한다. 비행정보가 완벽한 행-열 형태가 아니더라도 데이터의 정형적인 특성을 통해 정보를 표 형식으로 요약할 수 있다. 네 개의 가장 적절한 대안이 표 1.2의 패널 A에 정리하였다. 이들 대안을 고려할 때 어메리칸/델타(American/Delta) 선택이 그녀에게 가장 좋은 것 같다. 가찬가지로, 1박당 200달러 미만의 예산에 속하고 5점 척도에서 고객의 평균 평점이 4점보다 높은 호텔만 포함하도록 검색을 구체화하면 호텔 대안의 수는 19개에서 5개로 감소한다. 이 5개 대안은 표 1.2의 패널 B에 정리하였다. 이 경우 그녀의 호텔 선택은 명확하지 않다. 가장 높은 등급을 받은 호텔(X'Tan Ha – The Waterfront)은 역시 가장 비싸고, 가장 낮은 가격의 호텔(Isla Bonita Yacht Club)은 가장 낮은 평점이며 이 평점은 단지 11개의 리뷰에 근거한다. 에밀리는 이제 온라인 리뷰를 토대로 최종 호텔 선택을 할 것인데, 이들 리뷰는 행-열 형식을 따르지 않는 비정형 데이터로 구성된다.

표 1.2 표 형식의 항공편 검색 및 호텔 결과

패널 A. 항공편 검색 결과

Airlines	Price	Los Angeles to Belize City			Belize City to Los Angeles		
		Departure time	Duration	Number of stops	Departure time	Duration	Number of stops
Delta/American	$495.48	7:15am	26h 43m	1	4:36pm	20h 56m	1
Delta/American	$553.30	7:15am	26h 43m	1	8:00am	5h 5m	0
United/Delta	$929.91	6:55am	6h 58m	1	10:30am	5h 2m	0
American/Delta	$632.91	7:00am	7h 41m	1	10:30am	5h 2m	0

패널 B. 호텔 결과

Hotel under $200	Average Rating	Number of Reviews	Price per night
Isla Bonita Yacht Club	4.2	11	$130
X'Tan Ha – The Waterfront	4.6	208	$180
Mata Rocks Resort	4.2	212	$165
Costa Blu	4.5	8	$165
Blue Tang Inn	4.2	26	$179

도입사례 분석결과

에밀리 에르난데스는 친구들과 함께 벨리즈로 휴가를 가게 되어 기쁘다. 그녀는 편리하고 적절한 가격의 항공편을 Orbitz.com에서 검색하기로 결정한다. 그녀는 또한 앰버그리스 케이 섬에서 1박당 200달러 미만의 평판이 좋은 호텔을 찾고 싶다. 1,420개의 항공편 대안을 찾았지만, 그녀는 낮은 가격과 짧은 비행시간을 우선순위로 오전 항공편에 초점을 맞춘다.

David Schulz Photography/Shutterstock

그녀가 적합하다고 찾은 네 가지 항공편 대안이 있다. 495.48달러의 가격으로 델타/어메리칸(Delta/American) 대안이 가장 저렴하지만 비행시간이 편도 20시간 이상이다. 유나이티드/델타(United/Delta) 대안은 가장 짧은 비행시간을 제공하지만, 가격은 929.91달러이다. 에밀리는 어메리칸/델타(American/Delta) 대안으로 결정하는데, 이는 632.91달러의 가격, 벨리즈까지의 비행시간 8시간 미만, 돌아올 때 5시간밖에 걸리지 않아 가장 합리적으로 보인다. 호텔과 관하여 보니타요트클럽(Bonita Yacht Club)은 130달러의 가장 낮은 가격을 제공하지만 상대적으로 낮은 평점인 4.2이다.

또한 에밀리는 그 평점이 11개의 리뷰만을 기반으로 했기 때문에 신뢰성에 대해 우려하고 있다. 에밀리는 가장 저렴하지는 않지만 엑스탄하-더워터프론트(X'Tan Ha – The Waterfront)로 결정한다. 이 호텔은 가장 높은 평점인 4.6이고 가격은 여전히 그녀의 예산범위인 200달러 미만에 속한다. 리뷰에서 에밀리는 "훌륭한 위치", "깨끗한 방", "안락한 침대", "도움되는 직원"과 같은 핵심 문구를 일관성 있게 발견한다. 마지막으로 고객이 게시한 사진들은 리조트가 웹사이트에 공개한 이미지와 일치한다.

연습문제 1.2

1. 수년 전 놀랍게도 애플(Apple)의 아이폰(iPhone) 4에 문제가 있는 것으로 밝혀졌다. 사용자들은 약한 수신을 불평했고, 가끔 특별한 방식으로 휴대전화를 손에 쥐었을 때 전화가 끊기기도 했다. 지역 상점에서 실시한 설문조사에 따르면 아이폰 4 사용자의 2%가 이러한 수신 문제를 경험했다.

a. 적절한 모집단을 설명하라.

b. 2%는 모집단과 관련 있는가 또는 표본과 관련 있는가?

2. 많은 사람들이 비디오 게임을 젊은이들의 전유물로 여기지만, 사실 비디오 게임 플레이어의 평균 연령은 35세이다. 이 값 35가 모집단의 실제 평균연령 같은가 또는 추정된 평균연령 같은가? 설명하라.

3. 회계학 교수가 자신의 강좌에 등록한 학생들의 평균 학점(GPA)을 알고 싶다. 그녀는 수업에 등록한 학생들에 대한 정보를 블랙보드(blackboard)에서 찾아서 평균 학점을 3.29로 계산했다. 적절한 모집단을 설명하라.

4. 최근 공학학위를 가진 대학 졸업생들이 계속 높은 급여를 받고 있다. 온라인 검색에 따르면 공학계열의 신입사원 평균 연봉은 65,000달러인 것으로 나타났다.

a. 적절한 모집단은 무엇인가?

b. 65,000달러의 평균 연봉이 모집단으로부터 계산되었다고 생각하는가? 설명하라.

5. 연구에 따르면 우울증은 나중에 치매에 걸릴 위험을 유의하게 증가시킨다고 한다. 949명의 노인을 대상으로 한 연구에서 우울증이 없는 사람은 단지 17%가 치매에 걸린 것에 비해, 우울증을 앓고 있는 사람의 22%가 치매에 걸린 것으로 나타났다.

a. 적절한 모집단과 표본을 설명하라.

b. 22%와 17%의 숫자는 모집단과 관련 있는가 또는 표본과 관련 있는가?

6. 질로닷컴(www.zillow.com)에서 지난 30일 동안 네바다주 라스베이거스(Las Vegas, Nevada)에서 판매된 단독주택 20채의 판매가격을 찾아라. 데이터를 표 형식으로 구성하고 판매가격, 침실 수, 면적(square footage) 및 주택연령을 포함하라. 이 데이터는 횡단면 데이터를 나타내는가 또는 시계열 데이터를 나타내는가?

7. 야후금융(www.finance.yahoo.com)에서 홈데포(Home Depot)의 현재 주가를 확인하라(ticker symbol = HD). 티커심볼을 사용하여 과거 주가를 검색하여 지난 12개월 동안 홈디포 주식의 월별 조정된 종가를 포함하는 표를 만들어라. 이 데이터는 횡단면 데이터를 나타내는가 또는 시계열 데이터를 나타내는가?

8. *뉴욕타임즈*(*New York Times*) 웹사이트 www.nytimes.com의 첫 화면을 검토하라. 첫 페이지의 데이터를 정형 데이터로 고려할 것인가 또는 비정형 데이터로 고려할 것인가? 설명하라.

9. 온라인 검색을 수행하여 소형 하이브리드 차량(예: Toyota Prius, Ford Fusion, Chevrolet Volt)의 가격, 연비 및 기타 사양을 비교하라. 검색 결과를 정형 데이터로 고려할 것인가 또는 비정형 데이터로 고려할 것인가? 설명하라.

10. 언더아머(Under Armour)의 지난 10년간 연도별 수익을 찾아라. 이 데이터를 정형 데이터로 고려할 것인가 또는 비정형 데이터로 고려할 것인가? 설명하라. 이들은 횡단면 데이터인가 또는 시계열 데이터인가?

11. 친구 20명에게 온라인 소셜미디어(social media) 사용, 특히 페이스북(Facebook), 인스타그램(Instagram) 및 스냅챗(Snapchat)의 사용 여부, 각 소셜미디어 포털을 얼마나 자주 사용하는지, 그리고 이들 각 포털에 대한 전반적인 만족도를 질문하라. 이 정보를 나타내는 표를 만들어라. 이 데이터는 정형 데이터로 고려되는가 또는 비정형 데이터로 고려되는가? 이들은 횡단면 데이터인가 또는 시계열 데이터인가?

12. 친구 20명에게 그들이 기숙사, 임대용 주택 또는 다른 형태의 숙소에 살고 있는지 질문하라. 또한 대략적인 월 주거비용을 알아보라. 이 정보를 이용하여 표를 만들어라. 이 데이터는 정형 데이터로 고려되는가 또는 비정형 데이터로 고려되는가? 이들은 횡단면 데이터인가 또는 시계열 데이터인가?

13. 미국 인구조사국(U.S. Census Bureau) 웹사이트 www.census.gov에서 앨라배마, 애리조나, 캘리포니아, 플로리다, 조지아, 인디애나, 아이오와, 메인, 매사추세츠, 미네소타, 미시시피, 뉴멕시코, 노스다코타, 워싱턴 주의 가장 최근의 가구 소득 중앙값을 찾아라. 이 데이터는 횡단면 데이터인가 또는 시계열 데이터인가? 소득의 지역별 차이에 대하여 설명하라.

1.3 변수 및 측정척도

LO 1.3

변수와 측정척도의 유형을 기술할 수 있어야 한다.

비즈니스 애널리틱스를 위해 우리는 항상 특별한 특성을 가진 사람, 기업 또는 사건에 초점을 둔다. 관심있는 특성이 다양한 관찰(기록)간에 종류나 정도가 다를 때, 특성은 **변수(variable)** 라고 할 수 있다. 결혼상태와 소득은 개인마다 다르기 때문에 변수의 예이다. 변수는 정성적인 **범주형(categorical)** 또는 정량적인 **수치형(numerical)**으로 더 분류된다. 범주형 변수의 관측치는 범주를 나타내는 반면, 수치형 변수의 관측치는 의미 있는 숫자를 나타낸다. 예를 들어, 결혼상태는 범주형 변수인 반면 소득은 수치형 변수이다.

범주형 변수의 경우, 각 관측치의 구별되는 특성을 식별하기 위해 레이블 또는 이름을 사용한다. 예를 들어, 대학은 학생들을 학부생 또는 대학원생 수준으로 구별할 수 있는데, 여기서 교육수준은 두 가지 범주를 나타내는 범주형 변수이다. 범주형 변수는 세 가지 이상의 범주로 정의할 수도 있다. 예를 들면 결혼상태(미혼, 기혼, 사별, 이혼, 별거), IT 기업(하드웨어, 소프트웨어, 클라우드) 및 교과목 학점(A, B, C, D, F)이 포함된다. 범주는 데이터 처리를 위해 보통 숫자 코드로 변환된다는 점에 유의해야 하며, 이에 대해서는 2장에서 설명할 것이다.

수치형 변수의 경우 각 관측치의 구별되는 특성을 식별하기 위해 숫자를 사용한다. 또한 수치형 변수는 이산형 또는 연속형이다. **이산형 변수(discrete variable)**는 셀 수 있는 값의 수를 가정한다. 가구의 자녀 수 또는 농구 경기에서 얻은 점수를 고려하자. 가구의 3명 자녀 또는 농구 경기에서 획득한 90점과 같은 값을 볼 수 있지만, 1.3명의 자녀 또는 92.5점을 볼 수는 없을 것이다. 이산형 변수가 가정하는 값이 정수일 필요는 없다. 예를 들어, 특정 기업의 주식 가격은 이산형 변수이다. 주가는 20.37달러 또는 20.38달러의 값을 가질 수 있지만, 두 포인트 사이의 값을 가질 수는 없다. **연속형 변수(continuous variable)**는 구간 내에서 셀 수 없는 값을 특징으로 한다. 체중, 키, 시간, 투자수익 등은 모두 연속형 변수의 예이다. 예를 들어, 100.3, 100.625, 100.8342 등과 같이 100파운드와 101파운드 사이의 값은 무제한이다. 그러나 실제로 연속형 변수는 흔히 이산형 값으로 측정된다. 한 신생아의 체중(연속형 변수)을 이산형 용어로 6파운드 10온스로 보고하고, 다른 신생아의 체중도 6파운드 11온스와 같이 유사한 이산형 용어로 보고할 수 있다.

범주형 및 수치형 변수

변수(variable)는 사람, 개체 또는 사건의 집합에서 관찰되는 일반적인 특성으로, 각 관측치는 종류 또는 정도가 각각 다르다.

- 범주형(categorical) 변수의 관측치는 이름이나 레이블을 가정한다.
- 수치형(numerical) 변수의 관측치는 의미 있는 수치 값을 가정한다. 수치형 변수는 이

산형 또는 연속형으로 더 분류될 수 있다. 이산형 변수는 셀 수 있는 값의 수를 가정하는 반면, 연속형 변수는 셀 수 없는 값으로 특징지어진다.

예제 1.2

도입사례에서 에밀리는 앰버그리스 케이 섬으로의 계획된 휴가를 위해 항공료와 호텔에 대한 온라인 검색을 수행했다. 그녀는 정보를 표 1.2에 요약했다. 항공료 및 호텔 데이터에는 포함된 변수들은 어떤 유형인가?

해답:

항공사와 호텔은 관측치(이름)가 단순히 레이블이기 때문에 범주형 변수이다. 반면 왕복가격, 평균 평점, 리뷰 수, 1박 가격은 관측치가 모두 의미있는 숫자이기 때문에 수치형 변수이다. 왕복가격, 리뷰 수 및 1박 가격은 셀 수 있는 값만 가정할 수 있으므로 이산형 변수를 나타내고, 평균 평점은 0~5 구간 안에서 셀 수 없는 값을 특징으로 하기 때문에 연속형이다.

측정척도

변수를 요약하고 분석하기 위한 적절한 기법을 선택하기 위해서는 서로 다른 측정척도(measurement scale)를 구별해야 한다. 모든 변수에 대한 데이터는 명목, 서열, 등간 또는 비율의 4종의 주요 측정척도로 분류될 수 있다. 범주형 변수에는 명목 및 서열 척도가 사용되는 반면, 수치형 변수에는 등간 및 비율 척도가 사용된다. 우리는 이들 척도를 정교함의 오름차순으로 논의한다.

명목척도(norminal scale)는 가장 낮은 정교한 수준의 측정을 나타낸다. 명목 데이터가 제공되는 경우 우리가 할 수 있는 일은 데이터를 분류하거나 그룹화하는 것이다. 데이터셋의 값들은 단지 이름이나 레이블만 다를 뿐이다. 표 1.3은 다우존스산업평균지수(Dow Jones Industrial Average, DJIA)를 구성하는 30개의 대형 상장기업을 나열한다. DJIA는 이러한 미국기반 회사들이 주식시장의 표준거래시간 동안 어떻게 거래되었는지를 보여주는 주식시장 지수이다. 표1.3은 또한 이러한 회사의 주식이 어디에서 거래되는지를 나타낸다: 미국증권거래협회(National Association of Securities Dealers Automated Quotations, Nasdaq) 또는 뉴욕증권거래소(New York Stock Exchange, NYSE). 이러한 데이터는 단순히 그룹화하거나 범주화할 수 있기 때문에 명목척도로 분류된다. 특히 나스닥(Nasdaq)에서는 5개 주식만 거래되고, 나머지 25개 주식은 NYSE에서 거래된다.

일반적으로 그룹화하는 특정 범주의 특성이나 속성을 숫자로 대체한다. 예를 들어 숫자 0을 사용하여 한 회사 주식이 Nasdaq에서 거래되고 있음을 표시하고, 숫자 1을 사용하여 NYSE에서 거래되고 있음을 표시할 수 있다. 이렇게 하는 한 가지 이유는 쉽게 설명할 수 있기 때문이다. 항상 미국증권거래협회 또는 나스닥을 언급하는 것은 어색하고 처리하기 어렵다.

표 1.3 다우지수(DJIA)의 기업 및 주식이 거래되는 거래소

Company	Exchange	Company	Exchange
3M (MMM)	NYSE	Johnson & Johnson (JNJ)	NYSE
American Express (AXP)	NYSE	JPMorgan Chase (JPM)	NYSE
Apple (AAPL)	Nasdaq	McDonald's (MCD)	NYSE
Boeing (BA)	NYSE	Merck (MRK)	NYSE
Caterpillar (CAT)	NYSE	Microsoft (MFST)	Nasdaq
Chevron (CVX)	NYSE	Nike (NKE)	NYSE
Cisco (CSCO)	Nasdaq	Pfizer (PFE)	NYSE
Coca-Cola (KO)	NYSE	Procter & Gamble (PG)	NYSE
Disney (DIS)	NYSE	Travelers (TRV)	NYSE
DowDupont (DWDP)	NYSE	United Health (UNH)	NYSE
ExxonMobil (XOM)	NYSE	United Technologies (UTX)	NYSE
Goldman Sachs (GS)	NYSE	Verizon (VZ)	NYSE
Home Depot (HD)	NYSE	Visa (V)	NYSE
IBM (IBM)	NYSE	Wal-Mart (WMT)	NYSE
Intel (INTC)	Nasdaq	Walgreen (WBA)	Nasdaq

출처: https://money.cnn.com/data/dow30/; 2019년 2월 16일에 검색된 정보

명목척도에 비해 **서열척도(ordinal scale)**는 더 강한 측정수준을 의미한다. 서열 데이터를 사용하면 어떤 특성 또는 속성에 따라 데이터를 분류하고 순위를 정할 수도 있다. 서열 데이터의 약점은 사용된 숫자가 임의적이기 때문에 순위 값 간의 차이를 해석할 수 없다는 점이다. 예를 들어, 도입사례에서 에밀리는 고객들이 특정 호텔의 서비스를 탁월함(별 5개), 매우 좋음(별 4개), 좋음(별 3개), 보통(별 2개), 미흡함(별 1개)으로 분류한 호텔 리뷰를 살펴본다. 표 1.4에 범주와 해당되는 각각의 평가점수가 요약되어 있다.

표 1.4 호텔 리뷰 범주와 평가점수

범주	평가점수
탁월함	5
매우 좋음	4
좋음	3
보통	2
미흡함	1

표 1.4에서는 탁월함(별 5개)에 부여된 값이 좋음(별 3개)에 부여된 값보다 높으며, 이는 탁월함의 응답이 좋음보다 선호됨을 나타낸다. 그러나 표 1.5 에서와 같이 평가점수는 쉽게 재정의 할 수 있다.

표 1.5 호텔 리뷰 범주와 재정의된 평가점수

범주	평가점수
탁월함	100
매우 좋음	80
좋음	70
보통	50
미흡함	40

표 1.5에서 탁월함은 여전히 좋음보다 더 높은 값을 받지만, 첫 번째 분류를 사용할 때의 2점(5 – 3) 차이에 비해 이제 두 범주의 차이는 30점(100 – 70)이다. 즉, 서열 데이터에서는 범주 간의 차이가 의미가 없다. (예를 들어, 탁월함이 40이고 미흡함이 100이 되도록 순서를 역순으로 할 수도 있음을 주목해야 하며, 이러한 점수 부여는 데이터의 본질을 바꾸지 않는다.)

앞서 언급했듯이 범주형 변수의 관측치는 전형적으로 단어로 표현되지만 데이터 처리의 목적으로 숫자로 코딩된다. 범주형 변수의 결과를 요약할 때 일반적으로 각 범주에 속하는 관측치 수를 계산하거나 각 범주에 속하는 관측치의 백분율을 산출한다. 그러나 범주형 변수로 덧셈과 뺄셈과 같은 의미 있는 산술연산을 수행할 수 없다.

등간척도(interval scale)로 측정된 데이터를 사용하여, 데이터를 분류하고 순위를 매길 수 있을 뿐만 아니라 관측치 간의 의미있는 차이를 찾을 수 있다. 기온에 대한 화씨 척도는 등간척도 데이터의 예이다. 화씨 60도는 화씨 50도보다 더 더울 뿐만 아니라 동일한 10도 차이가 화씨 90도와 80도 사이에도 존재한다.

등간척도 데이터의 가장 큰 단점은 0의 값이 임의로 선택된다는 것이다. 등간척도 데이터의 0점은 측정되고 있는 데이터의 완전한 부재를 의미하지 않는다. 화씨 0도는 화씨 10도보다 10도 더 춥다는 것 외에 특별한 의미가 없다. 임의의 0점을 사용하는 경우 의미 있는 비율을 계산할 수 없다. 예를 들어, 80도는 40도보다 두 배 더 덥다고 말하는 것은 무의미하다. 즉, 80/40 비율은 의미가 없다.

비율척도(ratio scale)는 가장 강력한 측정수준을 나타낸다. 비율척도는 등간척도의 모든 특성과 실제 0점을 가지고 있어 관측치 간의 비율을 해석할 수 있다. 비율척도는 많은 비즈니스 애플리케이션에서 사용된다. 매출, 수익 및 재고수준과 같은 변수들은 비율척도로 표현된다. 예를 들어, 의미 있는 0점은 회사 A의 수익이 회사 B의 두 배라는 것을 말할 수 있게 해준다. 무게, 시간, 거리와 같은 변수들도 0이 의미가 있기 때문에 비율척도로 측정되는 것이다.

명목 및 서열 척도 변수(범주형 변수)와 달리 산술연산은 등간 및 비율 척도 변수(수치형 변수)에서 유효한다. 이후 장에서는 수치형 변수에 대한 평균, 중앙값, 분산과 같은 요약 측정값을 계산한다. 변수가 본질적으로 범주형인 경우에는 이러한 측정값을 계산할 수 없다.

측정 척도

모든 변수에 대한 관측치는 명목, 서열, 등간 또는 비율의 네 가지 주요 측정척도로 분류할 수 있다.

- 명목(nominal): 관측치는 이름이나 레이블에 의해서만 다르다.

- 서열(ordinal): 관측치는 범주화 되고 순위가 있다. 그러나 순위 관측치 간의 차이는 의미가 없다.
- 등간(interval): 관측치는 범주화 되고 순위가 있으며, 관측치 간의 차이는 의미가 있다. 등간척도의 주요 약점은 0값이 임의로 선택된다는 것이다.
- 비율(ratio): 관측치는 등간척도 데이터의 모든 특성뿐만 아니라 실제 0점을 갖는다. 따라서 의미 있는 비율을 계산할 수 있다.

명목 및 서열 척도는 범주형 변수로 사용되는 반면, 구간 및 비율 척도는 수치형 변수로 사용된다.

예제 1.3

FILE ***Tween_Survey.*** 매사추세츠주 보스턴(Boston, Massachusetts) 외곽에서 2시간 거리에 있는 스키 리조트 소유주는 "트윈(Tween)" 인구(8~12세 어린이)의 니즈를 충족시키는 데 관심이 있다. 그는 트윈 소비력이 지난 수년 동안 성장했다고 믿고 있으며, 재방문하고 싶도록 스키경험이 기억에 남기를 원한다. 지난해 스키 시즌이 끝날 무렵 그는 20명의 트윈에게 다음 네 가지 질문을 했다.

- Q1. 리조트까지 운전한 자동차에서 어떤 음악 스트리밍 서비스를 들었는가?
- Q2. 리조트의 음식 품질을 1~4등급으로 평가하라. (1은 미흡, 2는 보통, 3은 양호, 4는 우수).
- Q3. 현재 주 식당은 오후 3시에 폐점한다. 몇 시에 문을 닫아야 한다고 생각하는가?
- Q4. 오늘 리조트에서 개인의 돈을 얼마나 사용했는가?

응답의 일부는 표 1.6에 나와 있다. 조사에 사용된 각 변수에 대한 측정척도를 식별하라. 트윈 응답에 기초하여 소유자에게 개선안을 제공하라.

표 1.6 리조트 서베이에 대한 8~12세 어린이 응답

Tween	Music Streaming	Food Quality	Closing Time	Own Money Spent ($)
1	Apple Music	4	5:00 pm	20
2	Pandora	2	5:00 pm	10
⋮	⋮	⋮	⋮	⋮
20	Spotify	2	4:30 pm	10

해답:

- Q1. 음악 스트리밍 서비스에 대한 응답은 단순히 레이블만 다르기 때문에 명목이다. 20 트윈 중 12명(60%)이 스포티파이(Spotify)를 들었다. 만약 리조트가 이 수단을 사용하여 트윈에게 연락하기를 원하면, 광고 비용을 이 스트리밍 서비스에 배정할 수 있다.
- Q2. 식품품질 반응은 관측치를 범주화하고 순위를 매길 수 있기 때문에 서열척도이

다. 20 트윈 중 11명(55%)은 음식의 질이 기껏해야 보통이라고 느꼈다. 아마 음식의 질에만 초점을 맞춘 광범위한 설문조사가 그들의 명백한 불만의 이유를 밝힐 수 있을 것이다.

- Q3. 마감시간 응답은 등간척도이다. 오후 3시 30분은 오후 3시보다 30분 늦고, 오후 6시는 오후 5시 30분보다 30분 늦다고 말할 수 있다. 즉, 관측치 간의 차이에 의미가 있다. 그러나 마감시간 응답에는 명백한 영점이 없다. 오전 12시에 영점을 임의로 정의할 수 있지만, 비율은 여전히 의미가 없다. 즉, 오후 6시/오후 3시의 비율을 만들어 오후 6시가 오후 3시보다 두 배 더 길다고 결론을 내리는 것은 이치에 맞지 않는다. 마감시간 응답을 검토한 결과, 압도적인 대다수(20 중 19명)가 식사공간이 더 늦게까지 개방되기를 원하는 것으로 나타났다.
- Q4. 리조트에서 지출한 그들의 돈에 대한 트윈의 반응은 비율척도이다. 관측치를 범주화하고 순위를 매길 뿐만 아니라 의미 있는 차이를 계산할 수 있다. 또한 자연스러운 영점이 있기 때문에 유효한 비율도 계산할 수 있다. 20명의 트윈 중 17명이 리조트에서 개인 돈을 썼다. 이 연령층의 자유재량에 의한 지출이 상당히 큰 것으로 보인다. 리조트 소유자는 트윈의 선호도 중 일부를 충족시키는 것이 현명할 것이다.

연습문제 1.3

14. 다음 변수 중 어느 것이 범주형이고 어느 것이 수치형인가? 변수가 수치형이라면 이산형인지 연속형인지 지정하라.

a. 축구경기에서 얻은 점수.

b. 고등학교 교실의 인종 구성.

c. 15세의 키.

15. 다음 변수 중 어느 것이 범주형이고 어느 것이 수치형인가? 변수가 수치형이라면 이산형인지 연속형인지 지정하라.

a. 쇼핑몰 주차장에 있는 자동차의 색상.

b. 각 학생이 학기말 시험을 완료하는 데 걸린 시간.

c. 식당을 자주 찾는 고객의 수.

16. 다음 각 시나리오에서 측정척도의 유형을 정의하라.

a. 유치원 교사가는 각 학생이 남학생인지 여학생인지 표시한다.

b. 스키 리조트는 1월 한 달 동안의 일별 기온을 기록한다.

c. 한 레스토랑에서 고객에게 웨이터의 질에 대해 1~4점 척도로 조사한다. 여기서 1은 미흡이고 4는 우수이다.

17. 다음 각 시나리오에서 측정척도의 유형을 정의하라

a. 투자자는 일년 내내 금의 주별 종가에 대한 데이터를 수집한다.

b. 분석가는 채권발행 샘플에 신용품질의 내림차순(채무불이행의 증가하는 확률)에 따라 다음 신용등급 중 하나를 부여한다: AAA, AA, BBB, BB, CC, D.

c. 지역 대학의 경영대학장은 향후 강좌개설을 결정하는 데 도움이 되기 위해 학생들을 전공(예: 회계, 재무, 마케팅 등)별로 범주화한다.

18. 다음 각 시나리오에서 측정척도의 유형을 정의하라

a. 기상학자는 지난 1년 동안의 월별 강우량을 기록한다.

b. 사회학자가 50명의 출생년도를 기록한다.

c. 투자자가 멕시코만에서 발생한 2010년 석유재해 이후 BP의 일일 주가를 모니터링한다.

19. **FILE** ***Major.*** 한 교수가 30명 학생의 전공을 기록한다. 데이터의 일부가 첨부된 표에 나와 있다.

Student	Major
1	Accounting
2	Management
⋮	⋮
30	Economics

a. 이 데이터의 측정척도는 무엇인가?

b. 표 형식으로 결과를 요약하라.

c. 데이터로부터 어떤 정보를 추출할 수 있는가?

20. **FILE** ***DOW.*** 첨부된 표는 다우존스 산업평균지수(Dow Jones Industrial Average, DJIA)를 구성하는 30개 기업의 일부를 보여준다. 각 기업에 대하여 데이터셋은 2019년 2월 15일 현재 DJIA에 가입한 연도, 해당 산업 및 주가($)를 나열한다.

Company	Year	Industry	Price
3M (MMM)	1976	Health Care	208.9
American Express (AXP)	1982	Finance	107.4
⋮	⋮	⋮	⋮
Walgreen (WBA)	2018	Health Care	73.43

a. 산업(Industry) 변수의 측정척도는 무엇인가?

b. 연도(Year) 변수의 측정척도는 무엇인가? 이 측정척도 유형의 강점은 무엇인가? 약점은 무엇인가?

c. 가격(Price) 변수의 측정척도는 무엇인가? 이 측정척도 유형의 강점은 무엇인가?

1.4 데이터 소스 및 파일 형식

LO 1.4

다양한 데이터의 소스 및 파일 형식을 기술할 수 있어야 한다.

매순간, 데이터는 엄청난 양의 수많은 소스에서 증가하는 속도로 생성되고 있다. 많은 전문가들은 오늘날 전 세계 데이터의 90%가 지난 2년 동안 생성되었다고 생각한다. 당연히 기업은 대량의 데이터를 어떻게 가장 잘 수집, 이해 및 운영할 수 있는지를 계속 고민하고 있다.

이 교재에서는 단순히 구글(Google)과 같은 검색엔진을 사용하여 많은 데이터에 접근한다. 이러한 검색엔진은 우리를 데이터 제공 사이트로 안내한다. 예를 들어 경제 데이터를 검색하면 경제분석국(Bureau of Economic Analysis, http://bea.gov), 노동통계국(Bureau of Labor Statistics, http://www.bls.gov), 연방준비은행 경제통계(Federal Reserve Economic Data, https://research.stlouisfed.org) 및 미국 인구조사국(U.S. Census Bureau, http://www.census.gov)으로 이끈다. 이들 웹사이트는 유용한 국제적인 데이터를 포함하여 인플레이션, 실업, 국내총생산(GDP) 등 많은 데이터를 제공한다. 마찬가지로 훌륭한 세계개발지표 데이터는 http://data.worldbank.org에서 확인할 수 있다.

월스트리트 저널(*Wall Street Journal*), *뉴욕타임즈*(*The New York Times*), *USA 투데이*(*USA Today*), *이코노미스트*(*The Economist*), *비즈니스위크*(*Business Week*), *포브스*(*Forbes*) 및 *포춘*(*Fortune*)은 모두 다양한 종류의 데이터를 제공하는 유명한 출판물이다. 여기에서 이러한 모든 데이터 소스는 공개적으로 사용가능한 데이터의 일부에 불과하다는 점을 지적하고 싶다. 이 교재에서 우리는 교재 전반적으로 통합사용될 여러 빅데이터셋을 온라인 데이터 소스를 기반으로 수집했다.

정형 데이터는 오랜 기간 동안 광범위하게 사용되어 왔으며 흔히 표 형식으로 제공된다. 사람들이 점점 더 서로 협력하며 일을 함에 따라 일반적으로 서로 다른 당사자 간에 정보를 교환할 수 있는 능력이 필요해진다. 다른 사람들이 파일에 포함된 데이터를 이해할 수 있도록 데이터를 합의된 또는 표준화된 방식으로 형식을 갖추는 것이 중요하다. 파일 형식에 대한 많은 표준들이 있다. 예를 들어, 텍스트 파일을 행과 열로 구성하여 테이블로 저장할 수 있다. 단순 텍스트 파일에 대한 두 가지 일반적인 레이아웃은 고정너비 형식(fixed-width format)과 구분자 형식(delimited format)이다. 텍스트 파일 외에도 마크업 언어를 사용하여 데이터에 구조를 제공할 수 있다. 널리 사용되는 세 가지 마크업 언어는 XML (eXtensible Markup Language), HTML (HyperText Markup Language) 및 JSON (JavaScript Object Notation)이다. 이제 이러한 형식과 마크업 언어에 대한 개요를 제공한다.

고정너비 형식(Fixed-Width Format)

고정너비 형식(또는 고정길이 형식)의 데이터 파일에서 각 열은 모든 행의 동일한 위치에서 시작하고 끝난다. 실제 데이터는 디지털 파일에 일반 텍스트 문자로 저장된다. 표 1.7의 정보를 고려하자. 표 1.7은 3명의 이름, 전화번호, 연봉을 보여준다.

표 1.7 형식(Format) 예시를 위한 샘플데이터

Name	Telephone	Salary
Rich	419-528-0915	160000
Benjamin	203-991-3608	93000
Eduardo	618-345-1278	187000

표 1.7의 정보는 그림 1.5에서 보이는 바와 같이 고정너비 형식으로 구성할 수 있다. 그림 1.5의 첫 번째, 두 번째 및 세 번째 열은 각각 8, 12, 7자의 열 너비를 갖도록 정의된다. 모든 관측치 또는 기록은 정확히 동일한 열 너비를 갖는다. 고정너비 파일은 모든 레코드에 대해 특정 데이터를 정확히 동일한 위치에서 찾을 수 있는 디자인의 단순성을 가지고 있다. 이렇게 하면 데이터셋이 매우 클 때 레코드 검색속도를 높일 수 있다. 더욱이 원시 데이터만 저장되기 때문에 고정너비 파일은 데이터 레이블과 태그를 포함하는 XML과 같은 다른 데이터 형식에 비해 크기가 훨씬 더 작은 경향이 있다. 그러나 각 열의 문자 수(열 너비)를 미리 결정해야 한다. 그림 1.5에서 Name 열은 최대 8자까지 미리 정의되어 있으며, 8자를 초과하는 이름은 끝이 잘린다. 마지막으로, 때때로 열들이 서로 만나는 것처럼 보인다. 이러한 이유로 다른 형식이 더 많이 사용되고 있다.

그림 1.5 고정너비 파일 형식

```
Name    Telephone   Salary
Rich    419-528-0915160000
Benjamin203-991-3608 93000
Eduardo 618-345-1278187000
```

구분자 형식(Delimited Format)

테이블 형태의 데이터를 저장하는 데 널리 사용되는 또 다른 파일 형식은 **구분자 형식**이다. 그림 1.6에서는 표 1.7의 정보를 구분자 형식으로 보여주며, 여기서 각 데이터는 쉼표로 구분된다.

그림 1.6 쉼표로 구분된 값(comma-separated value, csv) 파일 형식

```
Name,Telephone,Salary
Rich,419-528-0915,160000
Benjamin,203-991-3608,93000
Eduardo,618-345-1278,187000
```

구분자 형식에서 쉼표를 구분자라고 하고, 파일을 쉼표 구분자(comma-delimited) 또는 쉼표로 구분된 값(comma-separated value, csv) 파일이라고 부른다. 때로는 세미콜론과 같은 다른 문자가 구분자로 사용된다. 구분자 파일에서 각 데이터 조각은 해당하는 만큼 많은 문자를 포함할 수 있다. 예를 들어, 그림 1.5에 표시된 고정너비 파일과 달리 csv 파일은 사람의 이름을 8자로 제한하지 않는다.

고정너비와 구분자 파일에는 일반적으로 마이크로소프트 윈도우(Microsoft Windows)의 워드(Microsoft Word) 및 메모장(Notepad), 맥(Mac)의 텍스트에딧(TextEdit), 그리고 구글닥(Google Docs)과 같은 온라인 도구와 같은 대부분의 텍스트 편집 소프트웨어에서 열 수 있는 일반 텍스트 데이터가 포함된다.

XML 형식

XML (eXtensible Markup Language)은 정형 데이터를 표현하기 위한 간단한 언어이다. XML은 컴퓨터 프로그램 간, 사람 간, 컴퓨터와 사람 간에 정형화된 정보를 공유하는 데 가장 널리 사용되는 형식 중 하나이다. XML은 마크업 태그를 사용하여 데이터의 구조를 정의한다. 그림 1.7은 표 1.7의 정보를 사용하여 XML 형식으로 코딩된 데이터의 예를 보여준다.

그림 1.7 XML 파일 형식

```
<Data>
<Person>
    <Name>Rich</Name>
    <Telephone>419-528-915</Telephone>
    <Salary>160000</Salary>
</Person>
<Person>
    <Name>Benjamin</Name>
    <Telephone>203-991-608</Telephone>
    <Salary>93000</Salary>
</Person>
<Person>
    <Name>Eduardo</Name>
    <Telephone>618-345-278</Telephone>
    <Salary>187000</Salary>
</Person>
</Data>
```

각 데이터는 일반적으로 특정 XML 구문을 따르는 '태그' 쌍으로 묶여 있다. 예를 들어

전화번호는 여는 태그 (〈Telephone〉)로 시작하고 닫는 태그 (〈/ Telephone〉)로 끝난다. XML 코드는 대소문자를 구분한다. 따라서 〈Telephone〉과 〈telephone〉은 서로 다른 두 가지 정보를 나타낸다. 그림 1.7의 태그는 사전 정의된 표준을 기반으로 하고 있지 않다. 각 사용자가 XML 언어를 사용하여 자신의 태그와 문서구조를 정의할 수 있지만, XML 태그 이름은 일반적으로 자명해야 한다. XML 파일 형식은 가독성을 지원하도록 설계되었다. 따라서 XML 파일 형식은 데이터의 의미를 손실하지 않고 컴퓨터 응용 프로그램 간에 데이터를 전송하는 데 특히 적합하다. 그러나 추가적인 레이블과 태그로 인해 XML 데이터 파일은 동일한 데이터를 포함하는 고정너비와 구분자 데이터 파일보다 크기가 훨씬 더 크기 때문에 데이터 다운로드 및 구문분석에 더 많은 시간이 소요되고 높은 컴퓨터 활용능력이 필요하다.

HTML 형식

XML과 마찬가지로 **HTML** (HyperText Markup Language)은 태그를 사용하여 웹페이지에서 데이터를 정의하는 마크업 언어이다. XML과 HTML의 주요 차이점은 XML은 데이터가 무엇인지 사용자나 컴퓨터 응용프로그램에게 알려주는 반면, HTML은 데이터를 표시하는 방법을 웹브라우저에게 알려준다는 것이다. 그림 1.8은 표 1.7의 정보를 사용하여 HTML로 코딩된 데이터의 예를 보여준다.

그림 1.8 HTML 파일 형식

```
<table>
  <tr>
    <th>Name</th>
    <th>Telephone</th>
    <th>Salary</th>
  </tr>
  <tr>
    <td>Rich</td>
    <td>419-528-0915</td>
    <td>160000</td>
  </tr>
  <tr>
    <td>Benjamin</td>
    <td>203-991-3608</td>
    <td>93000</td>
  </tr>
  <tr>
    <td>Eduardo</td>
    <td>618-345-1278</td>
    <td>187000</td>
  </tr>
</table>
```

〈table〉과 같은 태그는 제목, 단락 및 표와 같은 텍스트 데이터의 구조를 제공하는 데 사용된다. 그림 1.8에서 여는 〈table〉 및 닫는 〈/table〉 태그는 테이블의 시작과 종료를 나타낸다. 사용자가 자신의 마크업 태그를 정의할 수 있는 XML과 달리 HTML 태그는 W3C (World Wide Web Consortium)와 같은 조직에서 유지 관리하는 표준을 따른다. 구글 크롬(Google

Chrome)과 사파리(Safari)와 같은 웹 브라우저는 이러한 표준을 따르는 HTML 코드를 해석하도록 설계되었다. 예를 들어, 〈th〉 태그는 웹 브라우저에서 테이블 제목으로 이해된다. 예에는 세 개의 열과 제목(예: Name, Telephone, Salary)이 있다. 한편, 〈tr〉 태그는 행을 정의하고 〈td〉 태그는 행 안의 각 셀을 정의한다. XML과 달리 HTML은 대소문자를 구분하지 않는다.

JASON 형식

JSON (JavaScript Object Notation)은 개방형 데이터 공유의 인기가 상승하면서 최근 몇 년 동안 XML의 인기 있는 대안이 되었다. JSON은 사람이 읽을 수 있는 데이터를 압축 파일로 전송하기 위한 표준이다. 원래 JavaScript 구문의 부분집합인 JSON은 현재 C, Java 및 Python과 같은 광범위한 최신 프로그래밍 언어에서 지원되는 데이터 표준이다. 그림 1.9는 표 1.7의 정보를 사용하여 JSON 형식으로 코딩된 데이터의 예를 보여준다.

그림 1.9 JSON 파일 형식

```
{
  "Person":    [
     {
       "Name": "Rich",
       "Telephone": "419-528-0915",
       "Salary": "160000"
     },
     {
       "Name": "Benjamin",
       "Telephone": "203-991-3608",
       "Salary": "93000"
     },
     {
       "Name": "Eduardo",
       "Telephone": "618-345-1278",
       "Salary": "187000"
     }
           ]
}
```

JSON 형식은 XML 형식처럼 자명하지만 XML 형식 이상의 몇 가지 장점을 제공한다. 첫째, JSON 형식은 XML 형식만큼 장황하지 않으므로 데이터 파일 크기가 더 작아진다. 크기 차이는 특히 매우 큰 데이터셋에서 특히 주목할 만하다. 둘째, JSON 형식은 XML 형식에서 쉽게 사용할 수 없는 광범위한 데이터 유형을 지원한다. 마지막으로 JSON 데이터 파일의 구문 분석은 더 빠르며 자원 집약적이지 않다. 이러한 이유로 JSON 형식은 개방형 데이터 공유를 위해 널리 채택된 표준이 되었다.

데이터 파일 형식 및 마크업 언어

데이터 파일 형식에 대한 많은 표준이 있다. 단순 텍스트 파일에 대한 두 가지 일반적인 레이아웃은 고정너비 형식과 구분자 형식이다.

- 고정너비 형식(fixed-width format)의 경우, 각 열은 고정된 너비를 가지며 모든 행에서 동일한 위치에서 시작하고 끝난다.
- 구분자 형식(delimited format)의 경우, 각 열이 쉼표와 같은 구분자로 분리된다. 각 열은 해당되는 만큼 많은 문자를 포함할 수 있다.

마크업 언어는 또한 데이터에 구조를 제공한다. 널리 사용되는 세 가지 언어는 XML (eXtensible Markup Language), HTML (HyperText Markup Language)과 JSON (JavaScript Object Notation)이다.

- XML은 정형 데이터를 표현하기 위한 단순한 텍스트 기반 마크업 언어이다. 데이터 구조를 지정하기 위해서 사용자 정의 마크업 태그를 사용한다.
- HTML은 웹 브라우저에 콘텐츠를 표시하기 위한 단순한 텍스트 기반 마크업 언어이다.
- JSON은 사람이 읽을 수 있는 데이터를 압축파일로 전송하기 위한 표준이다.

연습문제 1.4

21. 한 중고차 영업사원이 최근에 Mercedes 2대, Toyota 3대, Ford 6대, 현대 4대의 세단을 판매했다. 그는 판매량 데이터를 기록하려고 한다.

a. 데이터를 고정너비 형식으로 구성하라(브랜드 이름은 8자, 판매된 차량수는 4자).

b. 구분자 형식으로 데이터를 구성하라.

c. XML 형식으로 데이터를 코딩하라.

d. HTML 테이블 형식으로 데이터를 코딩하라.

e. JSON 형식으로 데이터를 코딩하라.

22. 작년에 오라클(Oracle)은 지역 대학에서 재무전공 4명을 고용했다. 로버트 슈나이더(Robert Schneider)는 56,000달러, 장춘(Chun Zhang)은 52,000달러, 수닐 바너지(Sunil Banerjee)는 58,000달러, 린다 존스(Linda Jones)는 60,000달러의 급여로 시작했다. 오라클은 채용 데이터를 기록하려고 한다.

a. 데이터를 고정너비 형식으로 구성하라(이름 10자, 성 10자, 급여 6자).

b. 구분자 형식으로 데이터를 구성하라.

c. XML 형식으로 데이터를 코딩하라.

d. HTML 테이블 형식으로 데이터를 코딩하라.

e. JSON 형식으로 데이터를 코딩하라.

23. 다음 표에는 2013년부터 2017년까지 세계에서 가장 인구가 많은 두 국가인 인도와 중국의 인구가 백만 단위로 제시되어 있다.

Year	India	China
2013	1278.56	1357.38
2014	1293.86	1364.27
2015	1309.05	1371.22
2016	1324.17	1378.67
2017	1339.18	1386.40

a. 데이터를 고정너비 형식으로 구성하라(연도 4자, 인도 8자, 중국 8자).

b. 데이터를 구분자 형식으로 구성하라.

24. 다음 표는 10점 척도의 행복지수 측면에서 세계 상위 5개 국가와 이들의 2017년 유엔에서 보고한 1인당 GDP를 나열하고 있다.

Country	Happiness	GDP
Finland	7.769	45670
Denmark	7.600	57533
Norway	7.544	75295
Iceland	7.494	73060
Netherlands	7.488	48754

a. 데이터를 고정너비 형식으로 구성하라(국가 11자, 행복 10자, GDP 6자).

b. 데이터를 구분자 형식으로 구성하라.

25. 다음 세 명의 학생들은 명문대학에서 입학허가를 받은 데 대해 지역 고등학교에서 상을 받았다.

Name	University
Bridget	Yale
Minori	Stanford
Matthew	Harvard

a. 데이터를 고정너비 형식으로 구성하라(이름 10자, 대학 10자).

b. 구분자 형식으로 데이터를 구성하라.

c. XML 형식으로 데이터를 코딩하라.

d. HTML 테이블 형식으로 데이터를 코딩하라.

e. JSON 형식으로 데이터를 코딩하라.

26. *포브스*(Forbes)에 따르면 로스앤젤레스 엔절스(Los Angeles Angels)의 마이클 트라웃(Michael Trout)은 3,900만 달러의 수입으로 2019년 야구에서 가장 높은 연봉을 받은 선수였다. 필라델피아 필리스(Philadelphia Phillies)의 브라이스 하퍼(Bryce Harper)는 3,650만 달러로 2위를 차지했다. 보스턴 레드삭스(Boston Red Sox) 투수 데이비드 프라이스(David Price)는 3,200만 달러로 야구에서 세 번째로 높은 연봉을 받은 선수였다.

a. 선수 이름, 야구 팀, 급여에 대한 데이터를 XML 형식으로 코딩하라.

b. HTML 테이블 형식을 사용하여 a 항목을 반복하라.

c. JSON 형식을 사용하여 a 항목을 반복하라.

27. *미국 뉴스 & 월드 리포트*(*U.S. News and World Report*)에 따르면, 통계학자는 2019년에 12,600개의 예상 일자리와 84,060달러의 급여 중앙값으로 최고의 비즈니스 직업이었고, 수학자는 900개의 예상 일자리와 103,010달러의 급여 중앙값을 받은 두 번째로 좋은 직업이었다. 흥미롭게도 두 직업 경로 모두 데이터 애널리틱스와 관련이 있다.

a. 직업(profession), 예상 일자리 수(projected jobs) 및 급여 중앙값(median salary)에 대한 정보를 XML 형식으로 코딩하라.

b. HTML 테이블 형식을 사용하여 a 항목을 반복하라

c. JSON 형식을 사용하여 a 항목을 반복하라.

1.5 데이터 분석

본 장의 시작부분에서 언급했듯이 데이터는 서면 또는 구두 언어로 명확하게 표현된 통찰력 있는 정보로 변환되지 않는 한 별로 유용하지 않다. 따라서 비즈니스 애널리틱스의 중요한 측면은 숫자 처리에 초점을 맞추지 않고 숫자와 소통하는 것이다. 이 장과 후속 장에는 정보를 서면 형식으로 전달하기 위해 관찰과 데이터 분석을 기반으로 한 샘플 보고서를 포함한다. 이 보고서는 세부적인 통계학적 및 정보처리 기법에 익숙하지 않은 비기술적인 독자를 위한 것이다. 음악 인기 데이터를 기반으로 한 다음 사례연구와 관련 보고서를 고려해보자.

사례연구

1940년부터 *빌보드*(*Billboard*) 잡지는 다양한 주간 음악 인기차트를 발행했다. 오늘날 이 잡지는 차트 순위를 결정하기 위해 판매량, 라디오 방송, 디지털 다운로드 및 온라인 스트림을 조합하여 사용한다. 가장 많이 시청되는 빌보드 차트 중 하나는 Hot 100으로, 매주 상위 100곡의 음악 싱글 순위를 제공한다. Hot 100 차트의 각 항목에는 현재 순위, 지난주 순위, 최고 순위 및 해당 음악이 차트에 포함된 주의 수가 제시된다. 다른 *빌보드* 차트는 팝, 록, R&B 및 라틴과 같은 장르별로 음악 순위를 매기거나 음악 앨범 및 아티스트의 인기순위를 제시한다.

마야 알렉산더(Maya Alexander)는 대학신문인 *더캠퍼스가젯*(*The Campus Gazette*)의 기자이다. 그녀는 해설, 요약된 데이터 및 음악 인기에 대한 통계를 포함하는 새로운 영화와 음악 칼럼을 시작하려고 한다. 편집자가 그녀에게 이 과제를 부여하도록 설득하기 위해 마야는 빌보드 웹사이트(http://www.billboard.com)에서 *더캠퍼스가젯*이 무엇을 사용할 수 있을지를 조사하고 평가한다.

샘플보고서—빌보드 차트

음악은 캠퍼스 생활의 필수적인 부분이다. *더캠퍼스가젯*(*The Campus Gazette*)의 새로운 영화와 음악 칼럼은 캠퍼스 청중들 사이에서 매우 인기가 있을 것이다. *빌보드* 웹사이트는 상위 100개 싱글(Hot 100)부터 음악장르별 디지털 판매에 이르기까지 음악 인기차트에 대한 주간 데이터를 게시한다. 대학생들에게 가장 인기 있는 음악 장르에 대한 수치 데이터를 요약하여 새로운 영화 및 음악 칼럼에 게시할 수 있다. 빌보드 웹사이트의 인기차트는 HTML 데이터 형식으로 코딩이 되어 있으며 테이블로 쉽게 가져올 수 있다. 예를 들어, HTML 테이블로 코딩된 그림 1.10에 보이는 Hot 100 차트는 텍스트 문서의 테이블로 쉽게 다운로드될 수 있다.

그림 1.10 *빌보드*(Billboard)의 Hot 100 차트

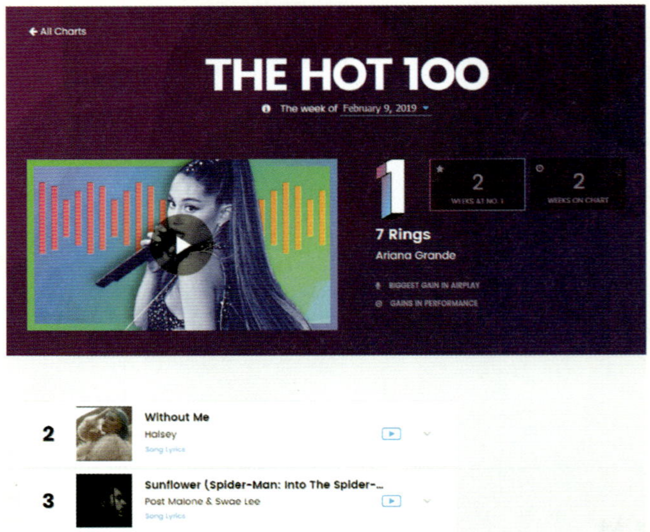

출처: Billboard.com

독자들은 장르별로 최상위의 음악 싱글을 팔로우하는 데도 관심이 있을 수 있다. 예를 들어, 표 1.8은 컨트리, 팝, 록의 상위 5개 싱글을 나열한 요약표의 예이다. 이는 3개의 서로 다른 빌보드 차트에서 쉽게 수집된다. 이 요약표는 인기차트에서 제공하는 정보(예: 각 음악에 대한 최고 차트 순위, 차트에 포함된 주의 수)에 근거한 해설로 보완할 수 있다.

표 1.8 음악장르별 상위 5 Hot 싱글

	Country		Pop		Rock	
Rank	Song	Artist	Song	Artist	Song	Artist
1	Tequila	Dan + Shay	Without Me	Halsey	High Hopes	Panic! At the Disco
2	Speechless	Dan + Shay	Thank U, Next	Ariana Grande	Natural	Imagine Dragons
3	Meant To Be	Bebe Rexha	High Hopes	Panic! At the Disco	Broken	lovelytheband
4	Beautiful Crazy	Luke Combs	East Side	benny blanco	Bad Liar	Imagine Dragons
5	Girl Like You	Jason Aldean	Sunflower	Post Malone	Harmony Hall	Vampire Weekend

가장 최근의 판매 및 시장 실적에 따라 *빌보드* 웹사이트는 '실적상승(Gains in Performance)', '스트림에서 최대 상승(Biggest Gain in Streams)' 및 '디지털 판매에서 최대 상승(Biggest Gain in Digital Sales)'과 같은 범주로 노래와 앨범을 구성하기도 한다. 이러한 노래와 앨범은 아직 상위 5위 자리에 오르지는 못했지만 인기차트에서 순위가 빠르게 상승하고 있다. *더캠퍼스가젯*은 독자들에게 새로운 영화와 음악 칼럼에서 이러한 떠오르는 노래와 앨범을 소개함으로써 캠퍼스에서 음악 유행의

선도자로 자리매김할 수 있다. 그림 1.11은 Hot 100 차트에서 떠오르는 싱글의 예를 보여준다. 인기 차트와 유사하게 이러한 음악 카테고리도 *빌보드* 웹사이트의 HTML 표준을 사용하여 형식이 지정되며 텍스트 문서로 쉽게 가져올 수 있다. 이들 목록에서 선택한 노래와 앨범에 대한 해설을 만들어 독자들에게 떠오르는 음악을 소개할 수 있다.

그림 1.11 *빌보드* 차트의 떠오르는 음악

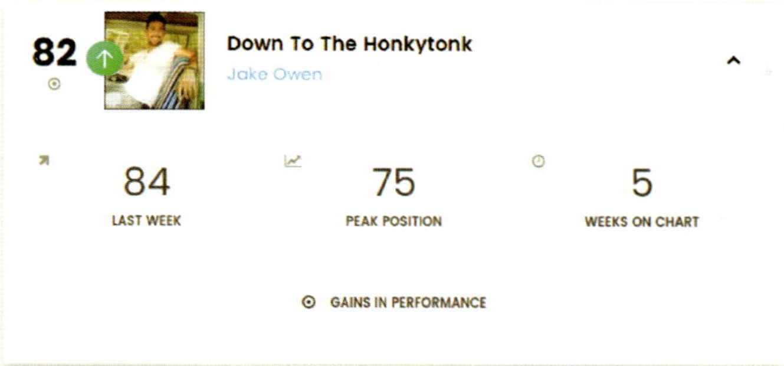

출처: Billboard.com

사례연구 제안

이 장을 통해서 배운 바와 같이 기업, 비영리 조직 및 정부기관과 같은 수많은 온라인 출처의 데이터를 사용하여 탐색하고 분석할 수 있다. 공개적으로 사용가능한 온라인 데이터를 사용하는 다음과 같은 사례연구들이 제안된다.

보고서 1.1. 유엔(United Nations, UN)의 2018년 행복지수 보고서(http://www.worldhappiness.report)에 따르면 핀란드는 세계에서 가장 행복한 나라이다. 실제로, 지난 몇 년간 여러 스칸디나비아 국가들은 연도별 행복지수 보고서에 포함된 156개 국가 중 지속적으로 최고의 자리를 차지했다. 행복지수 웹사이트를 방문하여 탐색하고 웹사이트에서 제공하는 최신 데이터를 근거로 보고서를 작성하라.

보고서 1.2. 매년 수백만 명의 관광객이 캘리포니아의 요세미티 국립공원을 방문한다. 상징적인 공원의 주요 명소 중에는 멋진 폭포, 거대한 삼나무, 화려한 화강암 암석이 있다. 그러나 요세미티 계곡으로 이어지는 구불구불한 도로는 악천후로 인해 때때로 폐쇄될 수 있다. http://www.weather.com과 같은 일기예보 웹사이트를 방문하여 요세미티 공원 주변의 날씨 데이터를 탐색하라. 방문을 계획하는 관광객에게 조언하는 보고서를 작성하라.

2 데이터 관리 및 랭글링

Data Management and Wrangling

학습목차_Chapter Contents

학습목표_Learning Objectives

이 장을 학습한 후에,

LO 2.1 데이터 관리와 관련된 주요 개념을 설명할 수 있어야 한다.
LO 2.2 데이터를 점검하고 탐색할 수 있어야 한다.
LO 2.3 결측치를 처리하고 데이터를 부분집합화하는 데이터 준비 기법을 적용할 수 있어야 한다.
LO 2.4 수치형 변수를 변환할 수 있어야 한다.
LO 2.5 범주형 변수를 변환할 수 있어야 한다.

데이터 랭글링(wrangling)은 분석을 지원하기 위해 데이터를 검색, 정제, 통합, 변환 및 보강하는 프로세스이다. 분석 프로젝트에서 가장 중요하고 시간이 많이 소요되는 단계 중 하나로 간주된다. 이 장에서는 데이터 랭글링 프로세스 중에서 데이터 관리(management), 데이터 점검(inspection), 데이터 준비(preparation) 및 데이터 변환(transformation)이라는 네 가지 주요 작업에 중점을 둔다.

먼저 데이터 관리에 대한 개요를 제공한다. 데이터 관리는 주로 정보기술(IT) 그룹의 책임이지만, 분석전문가의 성공을 위해서는 관련 개념, 데이터 구조 및 데이터의 검색 기술을 이해하는 것이 필수적이다. 대부분의 분석전문가는 관련 데이터를 확보한 후 후속 분석을 위해 데이터를 점검, 정제 및 준비하는 데 상당한 시간을 보낸다. 이러한 작업에는 기본적인 정보와 잠재적인 데이터 품질 문제를 검토하기 위해 관련 변수들을 집계하고 정렬하는 작업이 흔히 포함된다. 데이터 준비를 위해 일반적으로 사용되는 두 가지 기법, 즉 결측치 처리와 데이터 부분집합화에 대해 설명한다. 그 다음 결측치를 처리하기 위한 두 가지 전략인 제거와 대체 방법을 살펴본다. 마지막으로 수치형 및 범주형 변수 모두에 대한 데이터 변환 방법에 초점을 맞춘다. 수치형 변수의 경우 일반적인 데이터 변환 방법에는 구간화, 새로운 변수 생성 및 척도 변환이 있으며, 범주형 변수의 경우 일반적인 데이터 변환 방법에는 범주축소, 더미변수 생성 및 범주점수 생성이 포함된다.

©Yuliia Mazurkevych/Shutterstock

도입사례_*Introductory Case*

소매점 고객 데이터에 대한 통찰력 확보

FILE ***Customers***. 유기농 식품 슈퍼스토어(Organic Food Superstore)는 건강에 민감한 소비자에게 유기농 식품 공급을 특화한 온라인 식료품점이다. 이 회사는 셰프가 고안한 다양한 음식에 대한 신선한 재료를 회원들의 가정으로 배송하는 멤버십기반 서비스를 제공한다. 캐서린 힐(Catherine Hill)은 유기농 식품 슈퍼스토어의 마케팅 매니저이다. 그녀는 회사의 새로운 아시아식 식사라인을 마케팅하는 임무를 맡았다. 연구에 따르면 건강한 에스닉 요리에 대해 가장 가능성이 높은 고객은 대학교육을 받은 밀레니얼 세대(1982년에서 2000년 사이에 태어난)이다.

캐서린은 회사의 마케팅 비용을 효율적으로 사용하기 위해 마케팅 캠페인을 설계할 때 이 타겟 인구에 초점을 맞추고자 한다. 정보기술(IT) 그룹의 도움으로, 캐서린은 대표성 있는 표본을 수집했는데, 표본은 각 고객의 식별번호(CustID), 성별(Sex), 인종(Race), 생년월일(BirthDate), 대학학위 보유여부(College), 가구규모(HouseholdSize), 우편번호(ZipCode), 연간소득(Income), 2017년 총지출(Spending2017), 2018년 총지출(Spending2018), 지난 24개월간 총주문수(NumOfOrders), 마지막 주문 이래 경과일수(DaysSinceLast), 마지막 구매에 대한 고객평점(Satisfaction), 고객이 처음 가입한 채널(Channel)을 포함한다. 표 2.1은 데이터셋의 일부를 보여준다.

표 2.1 유기농 식품 슈퍼스토어 고객의 표본

CustID	Sex	Race	BirthDate	...	Channel
1530016	Female	Black	12/16/1986	...	SM
1531136	Male	White	5/9/1993	...	TV
⋮	⋮	⋮	⋮	⋮	⋮
1579979	Male	White	7/5/1999	...	SM

캐서린은 Customers 데이터셋을 사용하여 다음을 수행하려고 한다.

1. 유기농 식품 슈퍼스토어의 대학교육을 받은 밀레니얼 세대 고객을 식별한다.
2. 대학교육을 받은 밀레니얼 세대 고객의 여성과 남성 프로필을 비교한다.

이 도입사례에 대한 분석결과는 2.3절의 마지막에 제시되어 있다.

2.1 데이터 관리

LO 2.1

데이터 관리와 관련된 주요 개념을 설명할 수 있어야 한다.

데이터 랭글링(data wrangling)은 후속 데이터 분석을 지원하기 위해 데이터를 검색, 정제, 통합, 변환 및 보강하는 프로세스이다. 이 중요한 프로세스는 원자료를 보다 더 적절하고 분석하기 쉬운 형식으로 변환하는 데 중점을 둔다. 데이터 랭글링의 목적은 데이터 품질을 개선하고, 분석을 수행하는 데 필요한 시간과 노력을 줄이며, 데이터의 진정한 정보를 드러내는 데 도움을 주는 것이다.

데이터 랭글링은 비즈니스 애널리틱스의 필수적인 부분이다. 1장에서 언급한 바와 같이, 데이터의 양과 다양성 증가는 조직에게 분석을 수행하기 전에 데이터를 수집, 정제 및 정리하는 데 많은 시간과 자원을 소비하도록 한다. 데이터의 양이 증가함에 따라 데이터 랭글링과 관련된 필요성과 어려움이 증가한다. 실제로 빅데이터를 정제하고 정리할 수 없는 것이 조직이 비즈니스 애널리틱스를 최대한 활용하는 것을 막는 주요 장애요인 중 하나이다. 분석전문가는 데이터 검색과 준비를 위해 기업 IT 부서에만 더 이상 의존할 수 없다. 인터뷰와 전문가의 추정에 따르면 분석전문가는 애널리틱스가 적용될 수 있기 전에 무질서의 데이터를 수집하고 준비하는 일상적인 작업에 50~80%의 시간을 소비한다(*뉴욕타임즈*, 2014년 8월 17일).

따라서 분석전문가는 더 자립적이어야 하고, 데이터 분석 수행뿐만 아니라 데이터 랭글링에 필요한 기술을 보유해야 한다. 이러한 실행은 조직이 비즈니스 문제를 훨씬 더 신속하게 확인하고 더 나은 정보에 근거한 의사결정을 내릴 수 있게 한다. 동시에 셀프서비스 모델은 분석전문가가 통계 및 데이터마이닝 기법보다 더 광범위한 기술을 보유할 것을 요구한다.

> **데이터 랭글링**
>
> 데이터 랭글링(data wrangling)은 후속 데이터 분석을 지원하기 위해 데이터를 검색, 정제, 통합, 변환 및 보강하는 프로세스이다.

우선 **데이터 관리(data management)**에 대한 개요를 제공한다. 매우 넓은 의미에서 데이터 관리는 조직이 데이터를 수집, 정리, 저장, 처리 및 배포하는 데 사용하는 프로세스이다. 오늘날 조직들은 보통 서로 다른 호환되지 않는 기술을 사용하여 생성 및 저장되는 수많은 데이터를 보유하고 있다. 지난 수십 년간 대부분의 조직에서는 데이터를 저장하고 관리하기 위해 데이터베이스 접근방식을 채택해왔다. 이를 통해 데이터 관리 프로세스의 효율성과 효과성, 그리고 궁극적으로 데이터의 품질이 매우 크게 향상되었다. **데이터베이스(database)**는 데이터의 쉬운 검색, 관리 및 배포가 가능할 수 있도록 논리적으로 구성된 데이터 모음이다.

오늘날 조직들에서 사용되는 데이터베이스의 가장 일반적인 유형은 **관계형 데이터베이스(relational database)**이다. 관계형 데이터베이스는 하나 이상의 논리적으로 연결된 데이터 파일(흔히 테이블 또는 릴레이션으로 불림)로 구성된다. 각 테이블은 행(또한 레코드(record) 또는 튜플(tuple)이라고도 함)과 열(또한 필드(field) 또는 속성(attribute)이라고도 함)로 구성된 2차원 격자무늬(grid)이다. 열(예: 고객의 성별, 제품 가격 등)은 물체(예: 제품 또는 장소), 사건(예: 비즈니스 거래) 또는 사람(예: 고객, 학생)의 특성을 포함한다. 관련 필드의 집합은 개체, 사건 또는 사람을 나타내는 레코드를 구성한다. 데이터베이스에서 데이터를 정의, 처리 및 관리하기 위한 소프트웨어 응용 프로그램을 **데이터베이스 관리 시스템(database management system, DBMS)**이라고 한다. 대중적인 DBMS 패키지에는 Oracle, IBM DB2, SQL Server, MySQL 및 Microsoft Access가 포함된다.

> **데이터 관리**
>
> 데이터 관리(data management)는 조직이 데이터를 획득, 정리, 저장, 조작 및 배포하기 위해 사용하는 프로세스이다.
>
> 데이터베이스(데이터 집합)의 가장 일반적인 유형은 관계형 데이터베이스이다. 관계형 데이터베이스는 하나 이상의 논리적으로 연관된 데이터 파일들로 구성되며, 여기서 각 데이터 파일은 행과 열로 구성된 2차원 격자형태이다.

데이터 모델링: 개체관계도

데이터가 어떻게 그리고 어디에서 추출되는지를 이해하기 위해서는 데이터 모델이라고도 하는 데이터의 구조를 이해해야 한다. **데이터 모델링(data modeling)**은 데이터비이스의 구조를 정의하는 프로세스이다. 관계형 데이터베이스는 뛰어난 유연성과 데이터 검색의 용이성을 제공하는 방식으로 모델링된다.

개체관계도(entity-relationship diagram, ERD)는 데이터의 구조를 모델링하는 데 사용되는 그래프 표현이다. **개체(entity)**는 데이터베이스 테이블에 데이터를 저장하고 싶은 사람, 장소, 사물 또는 사건을 나타내는 일반화된 범주이다. 개체의 단일 발생을 **인스턴스(instance)**라고 한다. 대부분의 상황에서 인스턴스는 데이터베이스 테이블의 레코드로 표시된다. 예를 들어, 클레어 존슨(Claire Johnson)은 CUSTOMER 개체의 인스턴스이며, 유기농 오트밀은 PRODUCT 개체의 인스턴스이다. 각 개체는 속성(attribute) 또는 필드(field)라고 불리는 특성이 있는데, 데이터베이스 테이블의 열로 표시된다. 고객의 성(last name)과 제품 설명은 데이터베이스 테이블에 있는 속성의 예이다.

개체 관계

두 개체는 특정 비즈니스 사실이나 규칙을 나타내는 일대일(1:1), 일대다(1:M) 또는 다대다(M:N)의 **관계(relationship)**를 서로 가질 수 있다. 1:1 관계는 다른 두 유형보다 덜 일반적이다. 비즈니스 설정에서는 각 부서에 한 명의 관리자만 있을 수 있으며 각 관리자가 한 부서만 관리할 수 있는 상황을 설명하기 위해 1:1 관계를 사용할 수 있다. 도입사례의 유기농 식품 슈퍼스토어를 기억하자. 그림 2.1은 1:M 및 M:N 관계의 예를 설명하는 스토어에 대한 ERD를 보여준다. 다이어그램은 CUSTOMER, ORDER, PRODUCT 3개의 개체를 보여준다. 한 고객은 시간의 흐름에 따라 많은 주문을 할 수 있지만 각 주문은 한 고객에게만 속할 수 있기 때문에 CUSTOMER와 ORDER 개체 간의 관계는 1:M이다. ORDER와 PRODUCT 간의 관계는 M:N인데, 한 주문에는 많은 제품이 포함될 수 있고 동일한 제품이 여러 주문에 나타날 수 있기 때문이다.

그림 2.1에서 각 개체는 개체의 속성이 나열된 직사각형 형태의 상자로 표시된다. 각 개체에 대해 **기본키(primary key, PK)**라는 특별한 유형의 속성이 있는데, 이것은 개체의 각 인스턴스를 고유하게 식별하는 속성이다. 예를 들어 각 고객이 고유한 ID 번호를 가지기 때문에 Customer_ID는 CUSTOMER 개체에 대한 기본키이다. 기본키 속성은 개체의 각 인스턴스를 고유하게 식별하므로 빠른 데이터 검색 및 탐색을 위한 인덱스라고 하는 데이터 구조를 생성하는 데 자주 사용된다.

일부 개체(예: ORDER)에는 **외래키(foreign key, FK)**라고 하는 또 다른 특별한 유형의 속성을 가지고 있다. 외래키는 연계된 개체의 기본키로 정의된다. Customer_ID는 CUSTOMER 개체의 기본키이며 ORDER 개체와 관계를 공유하므로 ORDER 개체에서는 외래키로 간주된다. 기본키와 외래키 쌍은 두 개체 간의 1:M 관계를 설정하는 데 사용된다. CUSTOMER와 ORDER 개체의 Customer_ID 필드에 있는 값을 일치시켜 어느 고객이 어떤 주문을 했는지 빠르게 알 수 있다.

그림 2.1 개체관계도(ERD)의 예

그림 2.1의 ERD는 ORDER 개체에서 주문상품과 구매수량이 누락되었기 때문에 아직 완전하지 않다. 이러한 데이터를 ORDER 개체에 저장하는 것은 각 주문에서 얼마나 많은 제품이 나올지 미리 알지 못하기 때문에 적절하지 않으며, 따라서 정확한 수의 속성을 생성할 수 없다. 이 문제를 해결하기 위해 그림 2.2와 같이 ORDER와 PRODUCT 개체 사이에 중간 개체인 ORDER_DETAIL을 생성하기만 하면 된다. 그 결과 M:N 관계는 두 개의 1:M 관계로 분해된다. 주문에는 많은 세부 품목명들이 있지만, 각 품목명은 하나의 주문에만 속할 수 있다. 제품이 여러 주문 및 주문 라인에 나타날 수 있지만, 주문 라인에는 단지 하나의 제품만 포함할 수 있다.

그림 2.2 확장된 개체관계도(ERD)

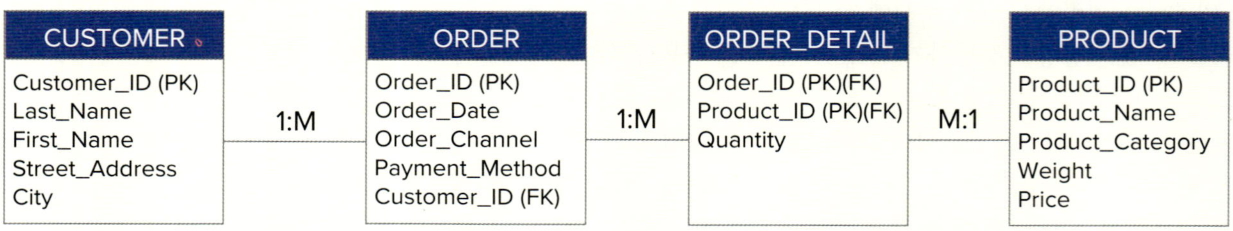

ORDER_DETAIL 개체에서 두 속성인 Order_ID와 Product_ID는 함께 각 인스턴스에

대한 고유 식별자를 생성한다. 이 경우, Order_ID와 Product_ID는 둘 이상의 속성으로 구성된 기본키인 **복합기본키(composite primary key)**라고 한다. 개별 속성만으로는 개체의 각 인스턴스를 고유하게 식별할 수 없는 경우 복합기본키를 사용한다. 예를 들어 Order_ID 또는 Product_ID 개별로는 주문의 각 품목명을 고유하게 식별할 수 없지만, 이들의 조합은 각 품목명을 고유하게 식별할 수 있다. Order_ID와 Product_ID 모두 ORDER_DETAIL과 관련된 다른 개체들의 기본키이기 때문에, 외래키 역할도 한다. 기본키와 외래키 쌍을 일치시킴으로써 시스템은 특정 제품에 대한 품목명을 포함한 주문을 신속하게 찾을 수 있다.

개체관계도

개체관계도(ERD)는 데이터의 구조를 설명하는 데 사용되는 도식이다.

- 개체(entity)는 사람, 장소, 사물 또는 사건을 나타내는 일반화된 범주이다.
- 개체 간의 관계(relationship)는 특정 비즈니스 사실 또는 규칙을 나타낸다. 관계의 유형에는 일대일(1:1), 일대다(1:M), 다대다(M:N)가 포함된다.
- 기본키(primary key)는 개체의 각 인스턴스를 고유하게 식별하는 속성인 반면, 외래키(foreign key)는 연관된 개체의 기본키이다. 복합 기본키(composite primary key)는 두 개 이상의 속성을 포함하는 기본키이다.

ERD에 표시된 데이터 모델은 데이터베이스 테이블로 변환될 수 있다. 그림 2.2의 ERD를 기반으로, 표 2.2는 유기농 식품 슈퍼마켓 샘플 데이터를 사용하여 생성될 수 있는 다양한 테이블을 보여준다. 2018년 10월 15일에 유기농 고구마를 주문한 고객을 찾을 수 있는가? 이 고객이 다른 제품을 주문했는가? CUSTOMER, ORDER, ORDER_DETAIL, 그리고 PRODUCT 테이블의 기본키와 외래키를 일치시킴으로써 이러한 테이블 간의 관계를 설정할 수 있다. 이러한 관계를 통해, 여러 테이블에서 유용한 정보를 추출할 수 있다. 예를 들어, 고객 ID(즉, 1531136)를 사용하여, 제임스 앤더슨(James Anderson)이 2018년 10월 15일에 휴대폰을 사용하여 자신의 PayPal 계정으로 주문을 결제한 고객임을 알 수 있다. 또한, 그가 유기농 고구마와 유기농 오트밀을 구입했음을 알 수 있다.

표 2.2 유기농 식품 슈퍼스토어의 데이터베이스 테이블

a) CUSTOMER 테이블

Customer_ID	Last_Name	First_Name	Street_Address	City	...
1530016	Johnson	Claire	532 Main Street	Los Angeles	...
1531136	Anderson	James	1322 Cary Street	Los Angeles	...
⋮	⋮	⋮	⋮	⋮	⋮
1532160	Smith	Terry	663 Johnson Ave.	Los Angeles	...

(계속)

표 2.2 유기농 식품 슈퍼스토어의 데이터베이스 테이블(계속)

b) ORDER 테이블

Order_ID	Order_Date	Order_Channel	Payment_Method	. . .	Customer_ID
1484001	09/12/2018	Web	Credit/Debit Card	. . .	1530016
1484212	3/24/2018	Web	Credit/Debit Card	. . .	1530016
⋮	⋮	⋮	⋮	⋮	⋮
1482141	10/15/2018	Mobile	Paypal	. . .	1531136

c) ORDER_DETAIL 테이블

Order_ID	Product_ID	Quantity
1484001	4378	1
1482141	4305	1
⋮	⋮	⋮
1482141	4330	2

d) PRODUCT 테이블

Product_ID	Product_Name	Product_Category	Weight	Price	. . .
4305	Organic Oatmeal	Cereals	2	2.49	. . .
4330	Organic Sweet Potato	Produce	1	1.39	. . .
⋮	⋮	⋮	⋮	⋮	⋮
4378	Gluten-Free Bread	Bakery	1.5	6.99	. . .

데이터베이스 환경의 데이터 검색

데이터가 관계형 데이터베이스에 저장되면 데이터베이스 쿼리를 사용하여 데이터를 검색할 수 있다. 오늘날 가장 많이 사용되는 쿼리 언어는 **구조화 질의 언어(Structured Query Language, SQL)**이다. SQL은 비교적 간단하고 직관적인 명령문을 사용하여 관계형 데이터베이스에서 데이터를 조작하기 위한 언어이다. SQL에 대한 포괄적인 설명은 이 교재의 범위를 벗어나지만, 데이터베이스로부터 데이터를 검색하기 위해 얼마나 간단한 SQL 문을 사용할 수 있는지 간략하게 보여준다.

SQL 문의 기본 구조는 비교적 단순하며 일반적으로 Select, From, Where의 세 가지 키워드로 구성된다. Select 키워드는 검색하려는 속성 이름 뒤에 나온다. From 키워드는 데이터를 검색할 테이블을 지정하며, 일반적으로 Where 절에서 지정된 선택기준에 따라 데이터를 검색한다. 다음 SQL 문은 CUSTOMER 테이블에서 로스엔젤레스에 거주하는 고객의 성과 이름을 검색한다.

Select Last_Name, First_Name
From CUSTOMER
Where City = "Los Angeles"

앞의 쿼리와 같은 간단한 질의문은 유용하지만, 우리는 흔히 여러 테이블에서 데이터를 수집하고 둘 이상의 선택기준을 적용할 필요가 있다. 예를 들어 2018년 10월 15일에 유기농 고구마를 구매한 고객명, 주문 ID 및 주문수량을 검색하고 싶을 수 있다. 다음 SQL 질의어는 이 정보를 반환한다.

> *Select CUSTOMER.Last_Name, CUSTOMER.First_Name, ORDER.Order_ID,*
> *ORDER_DETAIL.Quantity*
> *From CUSTOMER, ORDER, ORDER_DETAIL, PRODUCT*
> *Where PRODUCT.Product_Name = "Organic Sweet Potato"*
> *and ORDER.Order_Date = "10/15/2018"*
> *and CUSTOMER.Customer_ID = ORDER.Customer_ID*
> *and ORDER.Order_ID = ORDER_DETAIL.Order_ID*
> *and ORDER_DETAIL.Product_ID = PRODUCT.Product_ID*

Select 절에서는 검색할 속성을 지정하고 이러한 속성은 다른 테이블에서 가져올 수 있기 때문에, *table_name.attribute_name* 서식을 사용하여 어떤 테이블에서 해당 속성을 검색할 것인지 DBMS에 알려준다[예: *CUSTOMER.Last_Name*은 CUSTOMER 테이블에 있는 성(last name) 속성을 나타낸다]. From 절에는 검색할 속성과 선택기준에 사용된 속성을 포함한 모든 테이블이 나열된다. Where 절은 여러 조건을 나열하고 "and" 키워드를 사용하여 연결한다. 마지막 세 조건은 그림 2.2에 표시된 관계를 기반으로 기본키와 외래키 쌍의 값을 일치시킨다.

구조화 질의 언어(SQL)

관계형 데이터베이스에서 데이터는 구조화 질의 언어(Structured Query Language, SQL) 문을 사용하여 검색될 수 있으며, 이 문의 기본 구조는 Select, From 및 Where 키워드로 구성된다. SQL 문은 검색된 데이터가 충족해야 하는 속성, 테이블 및 기준을 지정한다.

앞의 두 예제의 SQL 명령어는 데이터 검색의 유연성을 제공하지만 Microsoft Access, Oracle, SQL Server와 같은 많은 최신 DBMS 패키지는 사용자가 쿼리 구성요소(예: 필드, 테이블, 조건 등)를 양식에 끌어서 놓는 방식으로 데이터베이스 쿼리를 구성하는 그래픽 인터페이스 옵션을 제공한다. 그런 다음 DBMS는 사용자 선택 항목을 SQL 문으로 변환하여 데이터를 검색한다.

데이터 웨어하우스와 데이터 마트

관계형 데이터베이스 환경은 기업에서 데이터를 관리하는 효율적이고 효과적인 방법을 제공하지만, 다양한 비즈니스 부서에서 관리하는 고립형 데이터베이스의 확산으로 인해 부서와 사업부 간에 데이터를 분석하기가 어렵다. 이러한 현상은 또한 데이터의 중복과 불일치를 야기했다. 그 결과, 많은 조직에서 의사결정을 지원하는 통합되고 정확한 "단일 버전의 진실"을 제공하는 엔터프라이즈 데이터 웨어하우스를 개발했다.

엔터프라이즈 데이터 웨어하우스 또는 **데이터 웨어하우스(data warehouse)**는 조직 내 여러 부서로부터의 데이터의 중앙 저장소이다. 주요 목적 중 하나는 경영 의사결정을 지원하는 것이므로 데이터 웨어하우스의 데이터는 일반적으로 비즈니스 의사결정과 관련된 판매,

고객, 제품과 같은 주제를 중심으로 구성된다. 다양한 비즈니스 부서에서 생성된 서로 다른 데이터베이스의 데이터를 통합하기 위해 추출, 변환 및 로드(extraction, transformation, and load, ETL) 프로세스를 수행하여 데이터를 검색, 조정, 일관된 서식으로 변환한 다음 최종 데이터를 데이터 웨어하우스에 로드한다. 데이터 웨어하우스는 조직 전체에 대한 역사적이고 포괄적인 관점을 제공한다.

상상할 수 있듯이, 데이터 웨어하우스의 데이터 양은 매우 빠르게 커질 수 있다. 데이터 웨어하우스는 조직 전체에 걸쳐 데이터를 통합하는 반면, **데이터 마트(data mart)**는 특정 주제 또는 의사결정 영역에 초점을 맞춘 소규모 데이터 웨어하우스 또는 엔터프라이즈 데이터 웨어하우스의 부분집합이다. 예를 들어, 데이터 마트는 고객의 행동 분석을 위해 마케팅 부서를 지원하도록 설계될 수 있으며, 이러한 분석에 적절한 데이터만 포함한다.

데이터 마트의 구조는 특수 관계형 데이터베이스 모델인 **스타 스키마(star schema)**라고 불리는 다차원 데이터 모델을 따른다. 그림 2.3은 유기농 식품 슈퍼스토어에 대한 스타 스키마를 보여준다. 스타 스키마에는 두 유형의 테이블이 있는데, 차원과 사실 테이블이다. **차원 테이블(dimension table)**은 고객, 제품, 위치 및 시간과 같은 관심 있는 비즈니스 차원을 설명한다. **사실 테이블(fact table)**은 비즈니스 운영에 대한 사실을 포함하며, 흔히 정량적 형식으로 되어 있다.

> **데이터 웨어하우스 및 데이터 마트**
>
> 데이터 웨어하우스(data warehouse)는 경영 의사결정을 지원하기 위한 조직 내 여러 부서 데이터의 중앙 저장소이다. 분석전문가들은 특정 주제나 의사결정 영역과 관련된 데이터만 포함하는 소규모 데이터 웨어하우스인 데이터 마트(data mart)로부터 데이터를 수집하는 경향이 있다. 데이터 마트의 데이터는 차원과 사실 테이블을 포함하는 스타 스키마(star schema)라고 하는 다차원 데이터 모델을 사용하여 구성된다.

각 차원 테이블은 사실 테이블과 1:M 관계를 갖는다. 따라서 차원 테이블의 기본키는 또한 사실 테이블의 외래키이다. 동시에 차원 테이블의 기본키의 조합은 사실 테이블의 복합 기본키를 형성한다. 사실 테이블은 일반적으로 별 모양을 이루는 여러 차원 테이블로 둘러싸인 중심에 표시된다. 실제로 데이터 마트에서 여러 개의 사실 테이블이 차원 테이블 그룹과 관계를 공유하는 것을 흔히 볼 수 있다.

스타 스키마의 주요 장점 중 하나는 다양한 차원을 기반으로 데이터를 "분할(slice and dice)"하는 기능이다. 예를 들면, 그림 2.3에 표시된 데이터 모델에서 판매 데이터는 고객이 누구인지, 어느 제품 또는 제품 범주가 관련되었는지, 주문한 연도, 분기 또는 월, 고객의 거주지, 또는 차원 테이블의 기본키를 사실 테이블의 외래키와 일치시켜 주문이 제출된 채널을 기준으로 검색할 수 있다.

최근 몇 년간 빅데이터를 지원하는 새로운 형태의 데이터베이스가 등장했다. 가장 주목할 만한 것은 NoSQL 또는 "Not Only SQL" 데이터베이스이다. NoSQL 데이터베이스는 구조화된, 반구조화된 및 비구조화된 데이터를 포함한 광범위한 데이터 유형의 저장을 지원하는 비관계형 데이터베이스이다. 또한 매우 많은 양의 데이터를 처리하는 데 필요한 유연성,

성능 및 확장성을 제공한다. 분석전문가들은 오늘날의 환경에서 조직의 데이터 요구를 지원하기 위해 관계형 데이터베이스와 함께 구현된 NoSQL 데이터베이스를 볼 수 있을 것이다.

그림 2.3 유기농 식품 슈퍼스토어에 대한 데이터 마트의 스타 스키마

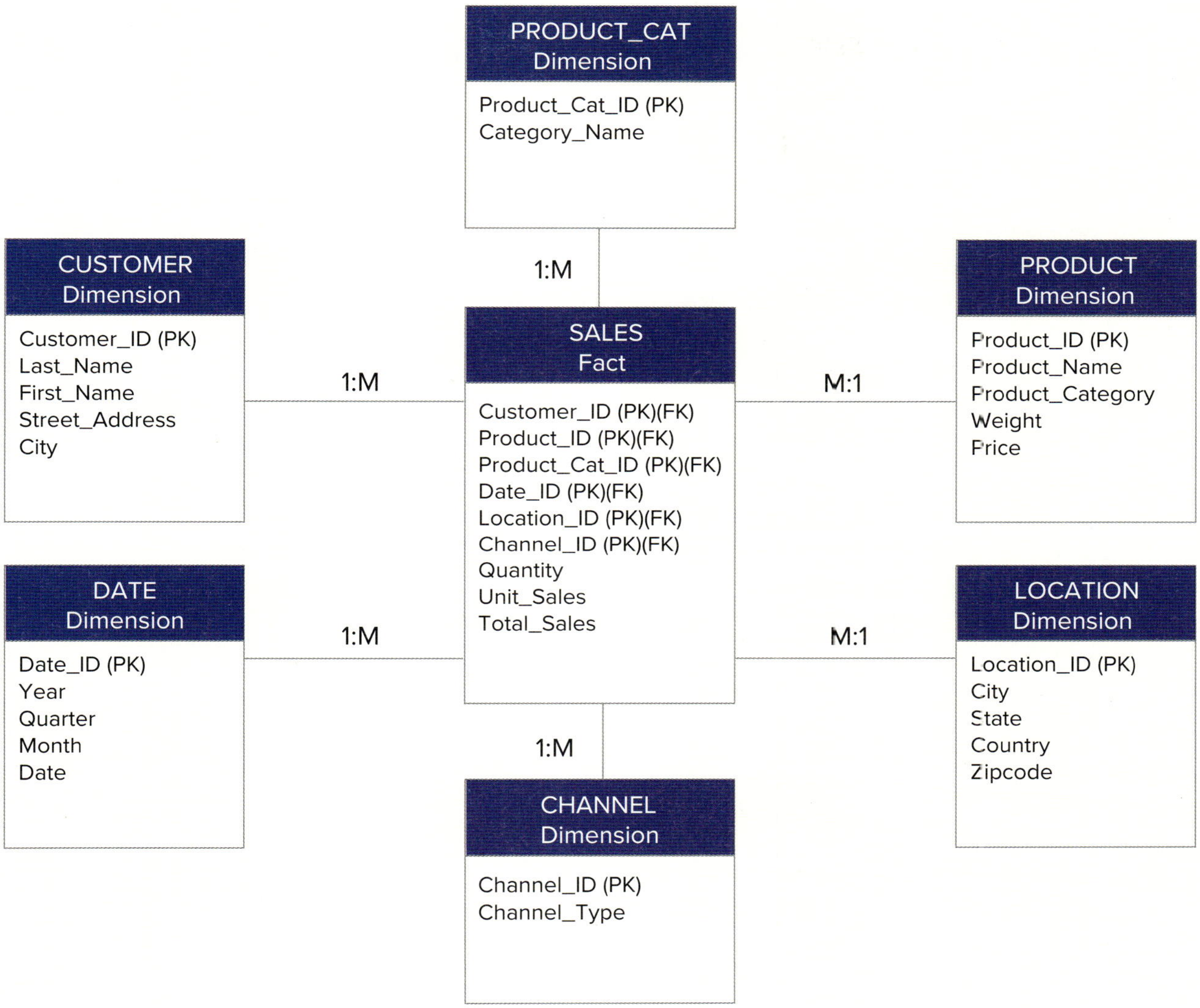

연습문제 2.1

1. 다음 설명 중 데이터 랭글링 프로세스를 옳게 기술한 것은? 해당되는 항목을 모두 선택하고, 틀린 경우에는 설명하라.
   a. 데이터 랭글링은 데이터를 검색, 정제, 통합, 변환 및 보강하는 프로세스이다.
   b. 데이터 랭글링은 실세상의 사건을 표현하기 위해 데이터베이스의 구조를 정의하고 모델링하는 과정이다.
   c. 데이터 랭글링의 목적은 데이터 품질을 개선하고 분석을 수행하는 데 필요한 시간과 노력을 줄이는 것이다.
   d. 데이터 랭글링은 원자료를 더 적절하고 분석하기 쉬운 형식으로 변환하는 데 초점을 둔다.
2. 개체관계도(ERD)에 대한 다음 설명 중 옳은 것은? 해당되는 항목을 모두 선택하고, 틀린 경우에는 설명하라.

a. 개체는 일반적으로 데이터를 저장하려는 사람, 장소, 사물 또는 사건을 나타낸다.
b. 외래키는 개체의 각 인스턴스를 고유하게 식별하는 속성이다.
c. 복합키는 둘 이상의 속성으로 구성된 키이다.
d. 개체 간의 관계는 특정 비즈니스 사실 또는 규칙을 나타낸다.

3. 다음 설명 중 관계형 데이터베이스의 핵심 요소를 옳게 식별하고 기술한 것은? 해당되는 항목을 모두 선택하고, 틀린 경우에는 설명하라.
   a. 관계형 데이터베이스의 테이블은 실제 데이터를 포함하는 2차원 격자형태이다.
   b. 필드 또는 열은 물리적 개체, 사건 또는 사람의 특성을 나타낸다.
   c. 관계형 데이터베이스는 고급 데이터 시각화를 위한 소프트웨어 도구를 포함한다.
   d. 테이블의 튜플 또는 레코드는 물리적 개체, 사건 또는 사람을 나타낸다.
4. 다음 설명 중 외래키가 무엇인지 가장 잘 기술한 것은? 해당되는 항목을 모두 선택하고, 틀린 경우에는 설명하라.
   a. 개체의 각 인스턴스를 고유하게 식별하는 속성이다.
   b. 여러 속성으로 구성된 기본키이다.
   c. 관련 데이터베이스 테이블의 기본키이다.
   d. 개체의 단일 발생이다.
5. 일대일(1:1), 일대다(1:M), 다대다(M:N)의 관계 유형 중 다음 비즈니스 규칙을 설명하는 것은?
   a. 한 명의 관리자는 여러 직원을 감독할 수 있으며, 한 명의 직원이 여러 관리자에게 보고할 수 있다.
   b. 사업부서에는 여러 명의 직원이 있지만, 각 직원은 한 부서에만 배정될 수 있다.
   c. 기업은 CEO가 한 명만 있을 수 있으며, 각 CEO는 한 회사에서만 일할 수 있다.
   d. 지도교수는 여러 학생과 함께 일할 수 있으며, 각 학생은 한 명의 지도교수에게만 배정된다.
   e. 골프장은 많은 회원들에게 회원권을 제공하며, 골프선수는 여러 골프장에서 회원권을 등록할 수 있다.
   f. 한 축구팀은 여러 명의 선수로 구성되어 있으나, 한 명의 선수는 한 번에 한 팀에서만 경기를 할 수 있다.
6. 다음 설명 중 구조화 질의 언어(SQL)의 장점을 옳게 기술한 것은? 해당되는 항목을 모두 선택하고, 틀린 경우에는 설명하라.
   a. SQL은 정형, 반정형 및 비정형 데이터를 조작하는 데 사용될 수 있다.
   b. SQL 명령어를 사용하면 다중 선택기준에 따라 데이터를 선택할 수 있다.
   c. SQL은 여러 테이블의 데이터를 컴파일하는 데 사용될 수 있다.
   d. SQL 명령어는 비교적 간단하고 직관적이다.
7. 데이터 웨어하우스 및 데이터 마트에 대한 다음 설명 중 옳은 것은? 해당되는 항목을 모두 선택하고, 틀린 경우에는 설명하라.
   a. 데이터 웨어하우스는 하나의 특정 주제 또는 의사결정 영역에 초점을 맞춘 엔터프라이즈 데이터베이스의 하위 집합이다.
   b. 차원 테이블은 고객, 제품, 위치, 시간 등 관심 있는 비즈니스 차원을 기술하는 반면, 사실 테이블은 비즈니스 운영에 관한 사실을 포함한다.
   c. 스타 스키마는 다차원 데이터 모델을 나타낸다.
   d. 데이터 웨어하우스는 경영 의사결정을 지원하기 위한 비즈니스 기업 내 여러 부서 데이터의 중앙 저장소이다.

2.2 데이터 점검

LO 2.2

데이터를 점검하고 탐색할 수 있어야 한다.

데이터베이스, 데이터 웨어하우스 또는 데이터 마트에서 원자료를 추출하면 일반적으로 데이터셋을 검토하고 점검하여 이후 분석을 위한 데이터 품질과 관련 정보를 평가한다. 데이터를 시각적으로 검토할 뿐만 아니라, 집계 및 정렬은 대부분의 데이터 분석가들이 데이터에 대한 더 나은 이해와 통찰력을 얻기 위해 수행하는 첫 번째 작업 중 하나이다. 데이터를 집계하고 정렬하면 데이터셋이 완전한지, 결측치가 있는지(특히 중요한 변수에 대한) 확인하는 데 도움이 된다. 또한 데이터를 정렬하면 각 변수에 대한 값 범위도 검토할 수 있다. 우리는 단일 변수 또는 여러 변수를 기준으로 데이터를 정렬할 수 있다.

예제 2.1에서는 Excel과 R의 집계 및 정렬 기능을 사용하여 데이터를 검사하고 통찰력을 얻는 방법을 보여준다. 이러한 기능을 통해 결측치 또한 감지할 수 있으며, 2.3절에서 결측치의 처리에 대해 논의한다.

예제 2.1

FILE ***Gig.*** BalanceGig는 독립 근로자들을 건설, 자동차, 하이테크 산업의 기업들과 단기 계약을 위해 매칭하는 회사이다. 'gig' 직원들은 보통 특별한 프로젝트나 특정 업무에서 단기간 동안만 일한다. BalanceGig의 한 매니저는 가장 최근의 참여 업무로부터 직원 데이터를 추출하는데, 시간당 임금(HourlyWage), 고객의 산업(Industry), 직원의 직종 분류(Job)를 포함한다. ***Gig*** 데이터셋의 일부는 표 2.3에 나와 있다.

표 2.3 Gig 직원 데이터

EmployeeID	HourlyWage	Industry	Job
1	32.81	Construction	Analyst
2	46	Automotive	Engineer
⋮	⋮	⋮	⋮
604	26.09	Construction	Other

매니저는 직원들의 짧은 참여와 일시적인 속성 때문인지, gig 사원에 대한 데이터가 종종 불완전하다고 의심한다. 매니저는 HourlyWage, Industry 및 Job 변수에 대한 결측 관측치의 수를 찾고자 한다. 또한 (1) 자동차 산업에서 일하는 직원의 수, (2) 시간당 30달러보다 많이 받는 직원의 수, (3) 자동차 산업에서 일하고 시간당 30달러보다 많이 받는 직원의 수에 대한 정보를 얻고자 한다. 마지막으로, 매니저는 회사 전체에서 최저와 최고 급여를 받는 직원의 시간당 임금과 자동차와 기술 산업에서 근무한 최저와 최고 급여를 받는 회계사의 시간당 임금을 알고 싶어 한다.

매니저가 요청한 관련 정보를 찾기 위해 Excel과 R의 계산 및 정렬 함수를 사용하고, 결과를 요약하라.

중요: 글꼴 및 유형 설정이 다르기 때문에 이 교재에서 Excel과 R 함수를 복사하여 Excel 또는 R로 직접 붙여 넣으면 오류가 발생할 수 있다. 이러한 오류가 발생하면 따옴표, 괄호 등의 특수문자를 대체하거나 함수에서 추가 공백을 삭제해야 할 수 있다.

해답:

Excel 이용

a. ***Gig*** 데이터 파일을 연다. 직원 데이터는 현재 A열의 직원 ID별로 정렬되어 있다. 데이터셋의 끝으로 스크롤하여 마지막 레코드가 605행에 있음을 확인한다. 1행에 열제목이 있고, 데이터셋에는 총 604개의 레코드가 있다.

b. 두 개의 Excel 함수인 **COUNT** 및 **COUNTA**를 사용하여 각 열에 있는 값의 수를 점검한다. **COUNT** 함수는 수치형 값을 포함하는 셀의 수를 계산하므로 EmployeeID 및 HourlyWage 변수에만 적용할 수 있다. **COUNTA** 함수는 비어 있지 않은 셀 수를 계산하며 4개의 변수 모두에 적용할 수 있다. HourlyWage는 수치형 변수이므로

빈 셀에 =COUNT(B2:B605) 또는 =COUNTA(B2:B605)를 입력하여 HourlyWage의 값의 수를 계산할 수 있다. 우리는 604 값을 얻는데, 이는 결측치가 없음을 나타낸다. 마찬가지로 Industry (C열) 및 Job (D열) 변수의 값의 수를 계산하기 위해 빈 셀에 =COUNTA(C2:C605) 및 =COUNTA(D2:D605)를 입력한다. 이 두 변수는 수치형이 아니므로 **COUNT** 대신 **COUNTA**를 사용한다. Industry 및 Job에 대한 레코드 수가 각각 594와 588임을 확인한다. 이 두 변수에는 각각 10개 및 16개의 공백 또는 결측치가 있음을 나타낸다.

c. 각 산업의 직원의 수를 계산하기 위해 **COUNTIF** 함수를 사용한다. 빈 셀에 =COUNTIF(C2:C605, "=Automotive")를 입력하면 604명의 직원 중 190명이 자동차 산업에서 일했음을 보여줄 것이다. 마찬가지로, 빈 셀에 =COUNTIF(B2:B605, ">30")를 입력하면 536명의 직원이 시간당 30달러보다 많이 받았음을 보여줄 것이다. **COUNTIF** 함수의 첫 번째 매개변수는 계산될 셀의 범위이며, 두 번째 매개변수는 선택기준을 지정한다. 또한, >=, <, <=, <>(같지 않음)과 같은 다른 논리 연산자도 **COUNTIF** 함수에서 사용될 수 있다.

d. 다중 선택기준을 가진 직원 수를 계산하기 위해, **COUNTIFS** 함수를 사용한다. 예를 들어, 빈 셀에 =COUNTIFS(C2:C605, "=Automotive", B2:B605, ">30")를 입력하면 181명의 직원이 자동차 산업에서 일하고 시간당 30달러보다 많이 받았다는 것을 보여줄 것이다. 그 밖의 데이터 범위와 선택기준이 해당 쌍으로 추가될 수 있다. 또한, >=, <, <= 및 <> 연산자는 **COUNTIFS** 함수에서도 사용될 수 있다.

e. 모든 직원을 시간당 임금 순으로 정렬하기 위해 A1부터 D605까지 셀을 하이라이트 표시한다. 메뉴로부터 **데이터(Data)** > **정렬(Sort)**[정렬 및 필터(Sort & Filter) 그룹에 있는]을 클릭한다. *내 데이터에 머리글 표시(My data has headers)* 체크박스가 선택되어 있는지 확인한다. *정렬기준(Sort by)* 옵션에 대해 HourlyWage를 선택하고 *오름차순(Smallest to Largest)*(또는 ascending) 순서를 선택한다. **확인(OK)**을 클릭하라.

   정렬된 목록의 맨 위에 최저 시급 24.28 달러의 직원 3명이 있는지 확인한다. 데이터를 내림차순으로 정렬하려면 단계 e를 반복하되 *내림차순(Largest to Smallest)*(또는 descerding) 순서를 선택한다. 가장 높은 시간당 임금이 51.00달러인지 확인한다.

f. 여러 변수를 기준으로 데이터를 정렬하려면 A1:D605 셀을 다시 하이라이트 표시하고 **데이터(Data)** > **정렬(Sort)**로 이동한다. *정렬기준(Sort by)* 옵션에서 Industry와 *오름차순*(또는 *A to Z*) 순서를 선택한다. *기준추가(Add Level)* 버튼을 클릭하고 *다음기준(Then by)* 옵션에서 Job과 *오름차순(A to Z)* 순서를 선택한다. *기준추가(Add Level)* 버튼을 다시 클릭하고 두 번째 *다음기준*(Then by) 옵션에서 HourlyWage와 *오름차순(Smallest to Largest)* 순서를 선택한다. **확인(OK)**을 클릭하라. 자동차 산업에서 일한 회계사의 최저와 최고 임금이 각각 시간당 28.74달러와 49.32달러였음을 알 수 있다.

   마찬가지로, 데이터를 산업별로 *내림차순(Z to A)*으로 정렬한 다음, 직종 및 시간당 임금으로 오름차순으로 정렬하면 기술(Tech) 산업에서 최저와 최고 임금을 받는 회계사는 각각 시간당 36.13달러와 49.49달러를 받았음이 나타난다.

g. 데이터셋을 원래 순서로 재정렬하려면 A1:D605 셀을 다시 하이라이트 표시하고 **데이터(Data)** > **정렬(Sort)**로 이동한다. 각 행별로 *다음기준(Then by)*을 선택하고 *기준삭제(Delete Level)* 버튼을 클릭한다. *정렬기준(Sort by)* 옵션에서 EmployeeID와 *오름차순(Smallest to Largest)* 순서를 선택한다.

R 이용

모든 R 지시사항을 따르기 전에, 부록 C ("R 시작하기")를 읽었는지 확인하라. R과 RStudio를 다운받았고, Excel 파일을 가져오는 방법을 알고 있다고 가정한다. 교재 전체에서 목표는 관련 출력을 구하는 가장 간단한 방법을 제공하는 것이다. 함수명은 **굵은 글꼴(boldface)**로 표시하고 함수 내의 모든 옵션은 *기울임 꼴(italics)*로 표시한다.

a. ***Gig*** 데이터 파일을 데이터프레임(테이블)으로 가져와서 myData라는 이름으로 지정한다. R 언어는 대소문자를 구분함을 명심하라.

b. R의 **dim** 함수를 사용하여 관측치와 변수의 수를 계산한다. R 출력에 604개의 관측치와 4개의 변수가 표시되는지 확인한다. 다음과 같이 입력하라.

```
> dim(myData)
```

c. 데이터의 일부를 나타내는 두 가지 일반적인 함수는 **head**와 **View**이다. **head** 함수는 데이터셋의 처음 몇 개의 관측치를 표시하고, **View** 함수(대소문자 구분)는 사용자가 행과 열을 스크롤할 수 있는 스프레드시트 스타일의 데이터 뷰어를 나타낸다. 데이터셋의 첫 번째 직원이 건설업에서 일하고 시간당 32.81달러를 받는 분석가임을 확인한다. 다음과 같이 입력하라.

```
> head(myData)
> View(myData)
```

d. R은 결측치를 *NA*로 저장하고, **is.na** 함수를 사용하여 결측치가 있는 관측치를 식별한다. R은 결측치가 있는 관측치를 "True"로, 결측치가 없는 관측치를 "False"로 표시한다. Industry 변수에서 결측치를 검사하기 위해 다음과 같이 입력하라.

```
> is.na(myData$Industry)
```

e. 대규모 데이터셋의 경우 모든 관측치를 살펴보는 것은 불편하다. 대안으로 **is.na** 함수와 함께 **which** 함수를 사용하여 "어느" 관측치에 결측치가 있는지 식별할 수 있다. 다음 명령문은 Industry 변수에 결측치를 가진 10개의 관측치를 행 번호별로 식별한다. Industry 값이 누락된 첫 번째 관측치가 24행에 있는지 확인한다. 다음과 같이 입력하라.

```
> which (is.na(myData$Industry))
```

f. 24번째 관측치를 점검하기 위해 myData 데이터프레임에 24행을 지정한다. 다음과 같이 입력하라.

```
> myData[24,]
```

대괄호 안에는 쉼표로 구분된 두 개의 요소가 있다. 첫 번째 요소는 행 번호(행 인덱스라고도 함)를 식별하고, 쉼표 뒤의 두 번째 요소는 열 번호(열 인덱스라고도 함)를 식별한다. 두 번째 요소를 공백으로 두면 모든 열이 표시된다. 24행과 3열인 관측치를 점검하기 위해 myData[24, 3]을 입력한다. 작은 데이터셋에서는 **View** 함수에서 생성된 데이터 뷰어의 특정 행과 열로 스크롤하여 결측치를 검토할 수도 있다. 앞서 언급한 바와 같이, 결측치의 처리는 2.3절에서 논의한다.

g. 다중 선택기준을 가지고 직원의 수를 파악하고 계산하기 위해, **which**와 **length** 함수를 사용한다. 다음 명령문에서는 **which** 함수를 사용하여 어느 직원이 자동차 산업에서 일했는지 식별하고 **length** 함수를 사용하여 이들 직원의 수를 계산한다. 등호 연산자라고도 하는 이중 등호(==)는 산업이 자동차인지 여부를 확인하는 데 사용된다. R에서 'Automotive'와 같은 텍스트 문자는 따옴표 안에 포함한다. 다음과 같이 입력하라.

```
> length(which(myData$Industry=='Automotive'))
```

또한 >, >=, <, <=, 그리고 != (같지 않음) 연산자를 선택기준에 사용할 수 있다. 예를 들어, 다음 명령문을 사용하여 시간당 30달러보다 많이 받는 직원의 수를 결정할 수 있다. 다음과 같이 입력하라.

```
> length(which(myData$HourlyWage > 30))
```

자동차 산업에는 190명의 직원이 있고, 시간당 30달러보다 많이 받는 직원은 536명임을 주목하라.

h. 얼마나 많은 직원이 특정 산업에서 근무하고 특정 임금 이상을 받는지 계산하기 위해 **and** 연산자(&)를 사용한다. 다음 명령문은 181명의 직원이 자동차 산업에서 근무하면서 시간당 30달러보다 많이 받았다는 것을 보여준다. 다음과 같이 입력하라.

```
> length(which(myData$Industry=='Automotive' & myData$HourlyWage >
30))
```

i. 변수의 관측치를 정렬하기 위해 **order** 함수를 사용한다. HourlyWage 변수를 정렬하여 sortedData1이라는 새로운 데이터프레임에 정렬된 데이터셋을 저장하려면 다음과 같이 입력하라.

```
> sortedData1 <- myData[order(myData$HourlyWage),]
> View(sortedData1)
```

View 함수는 최저 및 최고 시간당 임금이 각각 24.28달러와 51.00달러임을 보여준다. 기본적으로 정렬은 오름차순으로 수행된다. 내림차순으로 정렬하려면 다음과 같이 입력하라.

```
> sortedData1 <- myData[order(myData$HourlyWage, decreasing =
TRUE),]
```

j. 여러 변수로 데이터를 정렬하기 위해 **order** 함수에 변수를 지정한다. 다음 명령문은 산업, 직종 분류 및 시간당 임금별로 데이터를 모두 오름차순으로 정렬하고, 정렬된 데이터를 sortedData2라는 데이터프레임에 저장한다. 다음과 같이 입력하라.

```
> sortedData2 <- myData[order(myData$Industry, myData$Job,
myData$HourlyWage),]
> View(sortedData2)
```

View 함수는 자동차 산업에서 일한 최저 임금의 회계사가 시간당 28.74달러를 받았음을 보여준다.

k. 산업 및 직종별 데이터를 오름차순으로 정렬한 다음 시간당 임금을 내림차순으로 정렬하기 위해 시간당 임금 변수 앞에 마이너스 부호를 삽입한다. 자동차 산업에서 최고 임금을 받는 회계사가 시간당 49.32달러를 받았는지 확인한다. 다음과 같이 입력하라.

```
> sortedData3 <- myData[order(myData$Industry, myData$Job,
-myData$HourlyWage),]
> View(sortedData3)
```

l. 산업과 직종 변수는 수치형이 아니다. 그 결과, 데이터를 산업별로 내림차순으로 정렬한 다음 직종과 시간당 임금별로 오름차순으로 정렬하려면 산업 변수 앞에 마이너스 부호가 있는 **xtfrm** 함수를 사용한다. 다음과 같이 입력하라.

```
> sortedData4 <- myData[order(-xtfrm(myData$Industry), myData$Job,
myData$HourlyWage),]
> View(sortedData4)
```

View 함수는 기술 산업에서 최저와 최고 임금을 받는 회계사가 각각 시간당 36.13달러와 49.49달러를 받았음을 나타낸다.

m. 산업, 직종 및 시간당 임금별로 데이터를 모두 내림차순으로 정렬하기 위해 **order** 함수에서 *decreasing* 옵션을 사용한다. 기술 산업에서 최고의 급여를 받는 영업 담당자가 48.87달러를 받았는지 확인한다. 다음과 같이 입력하라.

```
> sortedData5 <- myData[order(myData$Industry, myData$Job,
myData$HourlyWage, decreasing = TRUE),]
> View(sortedData5)
```

n. 단계 m에서 정렬된 데이터를 쉼표 구분자 파일로 내보내려면 **write.csv** 함수를 사용

한다. 내보낸 파일이 기본 폴더(예: Microsoft Windows의 내 문서(My Document))에 있는지 확인한다. R의 다른 데이터프레임들도 유사한 명령문을 사용하여 내보낼 수 있다. 다음과 같이 입력하라.

```
> write.csv(sortedData5,"sortedData5.csv")
```

요약

- 데이터셋에는 총 604개의 레코드가 있다. 시간당 임금(HoulyWage) 변수에는 결측치가 없고, 산업(Industry)과 직종(Job) 변수에는 각각 10개와 16개의 결측치가 있다.
- 190명의 직원이 자동차 산업에서 일했고, 536명의 직원이 시간당 30달러보다 많이 받았으며, 자동차 산업에서 일한 181명의 직원이 시간당 30달러보다 많이 받았다.
- 데이터셋에서 최저 및 최고 시간당 임금은 각각 24.28달러와 51.00달러이다. 최저 시간당 임금인 24.28달러를 받은 3명의 직원들은 모두 건설업에 종사하며 각각 엔지니어(Engineer), 영업사원(Sales Rep), 회계사(Accountant)로 고용되었다. 흥미롭게도, 시간당 임금이 51달러로 가장 높은 직원도 기타(Other)로 분류된 직종에서 건설업에 종사했다.
- 자동차 산업에서 일한 최저 및 최고 급여를 받는 회계사는 각각 시간당 28.74달러와 49.32달러를 받았다. 기술 산업에서 최저와 최고 급여를 받는 회계사는 각각 시간당 36.13달러와 49.49달러를 받았다. 회계사의 최저 시급은 자동차 산업에 비해 기술 산업에서 상당히 높다(36.13달러 > 28.74달러).

유용한 통찰력을 얻기 위해 데이터를 집계하고 정렬하는 여러 방법이 있다. 더 많은 통찰력을 얻기 위해 학생들은 예제 2.1에 사용한 옵션과 다른 집계 및 정렬 옵션의 조합을 사용하여 ***Gig*** 데이터를 실습하도록 권장된다.

연습문제 2.2

8. **FILE** ***Exercise_2.8.*** 첨부한 데이터셋에는 두 개의 수치형 변수 x_1과 x_2가 포함되어 있다.
   - **a.** x_2의 경우 관측치 중 2가 몇 개인가?
   - **b.** x_1과 x_2를 모두 오름차순으로 정렬하라. 변수를 정렬한 후, x_1과 x_2에 대한 첫 번째 관측치는 무엇인가?
   - **c.** x_1과 x_2를 모두 내림차순으로 정렬하라. 변수를 정렬한 후, x_1과 x_2에 대한 첫 번째 관측치는 무엇인가?
   - **d.** x_1를 오름차순으로, x_2를 내림차순으로 정렬하라. 변수를 정렬한 후, x_1과 x_2에 대한 첫 번째 관측치는 무엇인가?
   - **e.** x_1과 x_2에는 결측치가 몇 개 있는가?
9. **FILE** ***Exercise_2.9.*** 첨부한 데이터셋에는 세 개의 수치형 변수 x_1, x_2, x_3가 포함되어 있다.
   - **a.** x_1의 경우 30보다 큰 관측치가 몇 개인가?
   - **b.** x_1, x_2, x_3을 모두 오름차순으로 정렬하라. 변수를 정렬한 후, x_1, x_2, x_3에 대한 첫 번째 관측치는 무엇인가?
   - **c.** x_1와 x_2를 내림차순으로, x_3을 오름차순으로 정렬하라. 변수를 정렬한 후, x_1, x_2, x_3에 대한 첫 번째 관측치는 무엇인가?
   - **d.** x_1, x_2, x_3에 결측치가 몇 개 있는가?
10. **FILE** ***Exercise_2.10.*** 첨부한 데이터셋에는 세 개의 수치형 변수 x_1, x_2, x_3와 하나의 범주형 변수 x_4가 포함되어 있다.
    - **a.** x_4의 경우, 3 미만인 관측치가 몇 개인가?

b. x_1, x_2, x_3, x_4를 모두 오름차순으로 정렬하라. 변수를 정렬한 후, x_1, x_2, x_3, x_4에 대한 첫 번째 관측치는 무엇인가?

c. x_1, x_2, x_3, x_4를 모두 내림차순으로 정렬하라. 변수를 정렬한 후, x_1, x_2, x_3, x_4에 대한 첫 번째 관측치는 무엇인가?

d. x_1, x_2, x_3, x_4에 결측치가 몇 개 있는가?

e. x_4의 각 범주에는 몇 개의 관측치가 있는가?

11. FILE ***SAT.*** 다음 표는 대학입시위원회(College Board)가 보고한 대로 2017년 50개 주와 컬럼비아 특별구(District of Columbia), 푸에르토리코(Puerto Rico), 미국령 버진아일랜드(U.S. Virgin Islands)의 쓰기 및 수학 SAT 점수 평균의 일부를 나열한 것이다.

State	Writing	Math
Alabama	595	571
Alaska	562	544
⋮	⋮	⋮
Wyoming	633	635

a. 데이터를 쓰기점수의 내림차순으로 정렬하라. 평균 쓰기점수가 가장 높은 주는 어디인가? 그 주의 평균 수학점수는 얼마인가?

b. 데이터를 수학점수의 오름차순으로 정렬하라. 평균 수학점수가 가장 낮은 주는 어디인가? 그 주의 평균 쓰기점수는 얼마인가?

c. 평균 수학점수가 600점보다 높다고 보고한 주는 몇 개인가?

d. 평균 쓰기점수가 550점 미만이라고 보고한 주는 몇 개인가?

12. FILE ***Fitness.*** 사회과학 연구에서는 418명의 개인을 대상으로 얼마나 자주 운동하는지, 결혼상태, 연소득에 대한 설문조사를 실시한다. ***Fitness*** 데이터의 일부가 첨부된 표에 나와 있다.

ID	Exercise	Married	Income
1	Always	Yes	106299
2	Sometimes	Yes	86570
⋮	⋮	⋮	⋮
418	Often	No	92690

a. 데이터를 연소득을 기준으로 정렬하라. 소득이 가장 높은 10명 중, 결혼하여 항상 운동하는 사람은 몇 명인가?

b. 데이터를 결혼상태와 운동을 기준으로 둘 다 내림차순으로 정렬하라. 결혼하고 때때로(sometimes) 운동하는 개인 중 몇 명이 연간 110,000달러보다 많이 벌고 있는가?

c. 각 변수에 결측치가 몇 개 있는가?

d. 결혼한 사람과 미혼인 사람은 몇 명인가?

e. 항상 운동을 하는 결혼한 사람은 몇 명인가? 전혀(never) 운동하지 않는 미혼인 사람은 몇 명인가?

13. FILE ***Spend.*** 한 회사가 주택 소유(OwnHome: Yes/No), 자동차 소유(OwnCar: Yes/No), 식품에 대한 연간가계지출(Food), 여행에 대한 연간가계지출(Travel)에 대한 질문으로 소비자 설문조사를 수행한다. 데이터의 일부는 첨부된 표에 나와 있다.

ID	OwnHome	OwnCar	Food	Travel
1	Yes	Yes	5472.43	827.4
2	No	Yes	9130.73	863.55
⋮	⋮	⋮	⋮	⋮
500	No	No	6205.97	3667.5

a. 데이터를 주택 소유, 자동차 소유, 여행 지출을 기준으로 모두 내림차순으로 정렬하라. 정렬된 목록의 첫 번째 고객은 음식에 얼마를 지출했나?

b. 데이터를 여행 지출금액만 기준으로 내림차순으로 정렬하라. 여행에 가장 많이 지출하는 10명의 고객 중, 주택 소유자는 몇 명인가? 그들 중 주택과 자동차 둘다 소유자는 몇 명인가?

c. 각 변수에 결측치가 몇 개 있는가?

d. 주택 소유자는 몇 명인가?

e. 주택 소유자이지만 자동차는 소유하지 않은 고객은 몇 명인가?

14. FILE ***Demographics.*** 첨부한 표는 개인의 소득(Income: 1,000달러), 연령(Age), 성별(Sex: F = 여성, M = 남성), 결혼상태(Married: Y=예, N=아니오) 데이터의 일부를 보여준다.

Individual	Income	Age	Sex	Married
1	87	46	F	Y
2	97	52	M	Y
⋮	⋮	⋮	⋮	⋮
890	69	44	F	N

a. 데이터에서 남성과 여성의 수를 계산하라.

b. 남성과 여성의 결혼한 비율은 몇 퍼센트인가?

c. 소득이 가장 높은 10명 중, 결혼한 남성은 몇 명인가?

d. 남성과 여성의 최고와 최저 소득은 얼마인가?

e. 결혼한 남성과 미혼 남성의 최고와 최저 소득은 얼마인가?

15. FILE *Admission.* 대학 입학은 무엇보다도 학생들의 SAT와 고등학교 GPA 점수를 평가하여 입학 결정을 내리는 경쟁적인 과정이다. 첨부한 데이터셋에는 1,230명의 학생에 대한 입학 결정(Decision: Admit/Deny), SAT 점수, 여성(Female: Yes/No), 고등학교 GPA (HSGPA)가 포함되어 있다. 데이터의 일부가 첨부된 표에 나와 있다.

Student	Decision	SAT	Female	HSGPA
1	Deny	873	No	2.57
2	Deny	861	Yes	2.65
⋮	⋮	⋮	⋮	⋮
1230	Admit	1410	No	4.28

a. 남학생과 여학생 수를 계산하라.
b. 남학생과 여학생의 몇 퍼센트가 입학허가를 받았는가?
c. HSGPA가 가장 높은 10명의 학생 중, 남학생은 몇 명인가?
d. SAT가 가장 낮은 10명의 학생 중, 여학생은 몇 명인가?
e. 입학한 남학생과 여학생의 최고와 최저 SAT 점수는 얼마인가?

2.3 데이터 준비

LO 2.3

결측치를 처리하고 데이터를 부분집합화하는 데이터 준비 기법을 적용할 수 있어야 한다.

데이터를 점검하고 탐색한 후에는 데이터 준비 프로세스를 시작할 수 있다. 이 절에서는 두 가지 중요한 데이터 준비 기법인 결측치 처리 및 데이터 부분집합화를 검토한다. 2.2절에서 언급한 바와 같이 후속 분석에 중요한 핵심 변수에 결측치가 있을 수 있다. 또한 대부분의 데이터 분석 프로젝트는 전체 데이터셋이 아니라 데이터의 일부(부분집합)에만 초점을 맞추거나, 때로는 분석의 목적이 데이터의 두 하위그룹을 비교하는 것이다.

결측치 처리

결측치(missing values)는 크고 작은 모든 데이터셋에서 발견되는 일반적인 데이터 품질의 문제이다. 이 문제는 사용가능한 관측치의 수를 크게 감소시키고 분석 결과의 편향을 초래할 수 있다. 예를 들어, 20개의 변수가 있는 데이터셋에서 만약 5%의 값이 관측치와 변수에 무작위로 분산되어 누락되어 있다면, 잠재적으로 $(1 - 0.05)^{20} = 0.3585$ 또는 35.85%의 관측치만 완전하며 사용할 수 있다. 값이 왜 누락되었는지를 이해하는 것은 결측치를 처리하는 첫 번째 단계이다.

때로는 응답자가 정보의 민감한 속성(예: 인종, 성적 성향, 경제적 지위 등)으로 인해 정보 제공을 거부하기 때문에 데이터가 누락되는 경우가 있다. 이러한 경우 결측치는 일반적으로 관측치에 무작위로 분포되지 않고 하나 이상의 하위그룹 내에 집중되는 경향이 있다. 예를 들어, 연구에 따르면 남성 응답자들은 설문조사에서 우울증과 관련된 질문을 자주 건너뛰는 것으로 나타났다.

다른 경우로는 일부 항목이 모든 응답자에게 적용되지 않기 때문에 데이터 값이 누락된다. 예를 들면, 아직 병원에 있는 환자는 퇴원일 열에 값이 없다. 또한 결측치는 사람의 실수, 엉성한 데이터 수집 및 장비 고장으로 인해 발생할 수도 있다.

결측치는 실생활에서 피할 수 없는 경우가 많기 때문에 결측치가 있는 관측치를 처리하는 방법을 배우는 것이 중요하다. 결측치를 처리하기 위한 두 가지 일반적인 전략이 있는데, **제**

거(omission)와 **대체(imputation)**이다. 완전사례(complete-case) 분석이라고도 불리는 제거 전략은 결측치를 가진 관측치를 분석에서 제외하도록 권장한다. 이 접근방식은 결측치의 양이 작거나 결측치가 소수의 관측치에 집중된 경우에 적합하다. 그렇지 않으면 앞에서 설명한 것처럼 데이터의 심각한 손실을 초래할 수 있다.

대체전략은 결측치를 합리적으로 대체되는 값으로 변경한다. 수치형 변수에 가장 일반적으로 사용되는 대체전략은 결측치를 관련 관측치의 평균(average)값으로 대체하는 단순평균 대체이다. 예를 들어, 관측치에 대한 연간 가구소득이 누락된 경우 결측치를 모든 관측치 또는 동질 그룹(예: 동일한 우편번호가 있는 가구)의 평균 가구소득으로 대체한다.

단순평균 대체는 쉽게 구현할 수 있으며 데이터셋에 더 많은 변동성을 추가하지 않고도 결측치를 가진 관측치를 분석에 포함시킬 수 있다. 그러나 많은 수의 결측치를 대체해야 하는 경우 단순평균 대체가 변수 간의 관계를 왜곡하여 편향된 결과를 초래할 수 있다. 예를 들어, 주택의 총면적은 주택의 가치와 양의 관계를 갖는 경향이 있다. 데이터셋에 누락된 총면적 값이 많이 포함되어 있고 이러한 결측치가 데이터셋의 나머지 주택의 평균 총면적으로 대체된다면, 총면적과 주택 가치 간의 관계는 왜곡될 수 있다. 이러한 경우에 변수 간의 관계를 더 잘 보존하는 회귀평균 대체와 같은 고급 대체방법이 사용될 수 있는데, 고급 대체방법은 이 교재의 범위를 벗어난다.

범주형 변수의 경우 가장 빈도가 높은 범주가 대체된 값으로 자주 사용된다. 예를 들어 데이터셋에서 일부 성별 값이 누락된 경우 이러한 결측치를 나머지 관측치 중에서 우세한 성별 범주로 대체할 수 있다. 범주형 변수의 경우 결측치를 나타내기 위해 "알 수 없음(Unknown)" 범주를 생성할 수 있다. 이 접근방법은 데이터가 이유가 있어서 누락된 경우에 특히 유용하다. 이러한 관측치에 대한 값이 누락되었다는 사실은 데이터의 특정 패턴과 관계를 나타낼 수 있다.

제거 및 대체 전략 외에도 결측치를 처리할 때 다른 접근방식을 고려할 수 있다. 결측치가 많은 변수가 중요하지 않거나 결측치가 없는 대용(proxy) 변수를 사용하여 나타낼 수 있는 경우에는 해당 변수를 분석에서 제외시킬 수 있다. 마지막으로 의사결정나무(10장에서 논의)와 같은 일부 분석기법은 강인(robust)하여 결측치가 포함된 경우에도 데이터셋에 적용할 수 있다.

결측치 처리

결측치(missing values)를 처리하기 위한 두 가지 일반적인 전략이 있다.

- 제거(omission) 전략은 결측치가 있는 관측치를 후속 분석에서 제외하도록 권장한다.
- 대체(imputation) 전략은 결측치를 합리적으로 대체되는 값으로 변경할 것을 권장한다. 수치형 변수의 경우 평균 대체를 사용하는 것이 일반적이다. 범주형 변수의 경우 가장 빈도가 높은 범주를 대체하는 것이 일반적이다.

예제 2.2에서는 Excel과 R을 사용하여 제거 및 대체 전략으로 결측치를 처리하는 방법을 보여준다.

예제 2.2

FILE ***Restaurant_Reviews.*** 한 지역 레스토랑의 매니저인 사라 존슨(Sarah Johnson)은 식당에 대한 고객의 인식을 측정하기 위해 설문조사를 실시했다. 각 고객은 레스토랑의 분위기(Ambience), 청결도(Cleanliness), 서비스(Service) 및 음식(Food)에 대해 1(최저)에서 7(최고)의 척도를 사용하여 레스토랑을 평가했다. 표 2.4는 설문조사 데이터의 일부를 표시한 것이다.

표 2.4 레스토랑 리뷰

RecordNum	Ambience	Cleanliness	Service	Food
1	4	5	6	4
2	6	6		6
⋮	⋮	⋮	⋮	⋮
150	3	5	6	7

사라는 설문조사에 많은 결측치가 있음을 알게 되었다. ***Restaurant_Reviews*** 데이터를 사용하여 우선 결측치를 파악하라. 그 다음 결측치를 처리하기 위해 제거와 대체 전략을 모두 사용하라.

해답:

Excel 이용

a. ***Restaurant_Reviews*** 데이터 파일을 연다.

b. Excel에서 조건부 서식 지정 기능을 사용하여 결측치를 검색한다. 데이터 범위 B2:D151을 선택한다. **홈(Home) > 조건부 서식(Conditional Formatting) > 새 규칙(New Rule)**을 선택한다. 규칙 유형으로 *다음을 포함하는 셀만 서식 지정(Format only cells that contain)*을 선택한다. 규칙 설명으로 *다음을 포함하는 셀만 서식 지정: 빈 셀(Format only cells with: Blanks)*을 선택한다. *서식(Format)* 버튼을 클릭한다. *채우기(Fill)* 탭을 선택하여 빨간색 색상을 선택한다. **확인(OK)**을 클릭한다. **확인(OK)**을 다시 클릭한다. 이제 결측치가 있는 셀이 빨간색으로 하이라이트 표시된다.

c. 여기에서 **COUNTBLANK** 함수를 사용하여 각 관측치에 대한 결측치 수를 탐색한다. F열에 "결측치 개수(# of Missing Values)"라는 열제목이 있는 새 열을 생성한다. F2 셀에 공식 =COUNTBLANK(B2:E2)를 입력한다. F3:F151 범위를 F2의 공식으로 채운다. 이 공식은 결측치가 없는 관측치의 결과에 "0"을 표시한다. 결측치가 있는 관측치에 대해 공식은 결측치가 있는 변수의 수를 표시한다. 관측치 2, 13, 26과 100에 각각 하나의 결측치가 있고, 관측치 134에는 두 개의 결측치가 있는지 확인한다.

d. 전체 데이터셋에서 결측치의 총 수를 계산하려면 F152 셀에 공식 =SUM(F2:F151)을 입력한다. 결과는 총 6개의 결측치가 있음을 보여준다.

e. 결측치가 있는 변수를 식별하려면 B152 셀에 공식 =COUNTBLANK(B2:B151)를 입력한다. 범위 C152:E152를 B152의 공식으로 채운다. 결과는 Ambience(B열),

Cleanliness(C열), Food(E열) 변수들은 각각 한 개의 결측치가 있고, Service 변수(D열)에는 3개의 결측치가 있음을 보여준다.

R 이용

a. ***Restaurant_Reviews*** 데이터를 데이터프레임(테이블)으로 가져와서 myData라는 이름으로 지정한다.

b. 데이터셋에서 결측치를 확인하려면 **is.na** 함수를 사용한다. 예제 2.1에서 결측치가 R에서 *NA*로 표시되고, **is.na** 함수는 결측치가 확인되면 TRUE를 반환하고 그렇지 않으면 FALSE를 반환함을 기억하자. 다음과 같이 입력하라.

```
> is.na(myData)
```

그림 2.4는 결측치를 하이라이트 표시한 출력의 일부를 보여준다. 관측치 2에 대한 서비스 평가와 관측치 13에 대한 청결도 평가는 누락되었기 때문에 TRUE로 표시된다. 나머지 값은 누락되지 않았기 때문에 FALSE로 표시된다.

그림 2.4 결측치 확인을 위한 R 출력

```
      RecordNum Ambience Cleanliness Service  Food
 [1,]     FALSE    FALSE       FALSE   FALSE FALSE
 [2,]     FALSE    FALSE       FALSE    TRUE FALSE
 [3,]     FALSE    FALSE       FALSE   FALSE FALSE
 [4,]     FALSE    FALSE       FALSE   FALSE FALSE
 [5,]     FALSE    FALSE       FALSE   FALSE FALSE
 [6,]     FALSE    FALSE       FALSE   FALSE FALSE
 [7,]     FALSE    FALSE       FALSE   FALSE FALSE
 [8,]     FALSE    FALSE       FALSE   FALSE FALSE
 [9,]     FALSE    FALSE       FALSE   FALSE FALSE
[10,]     FALSE    FALSE       FALSE   FALSE FALSE
[11,]     FALSE    FALSE       FALSE   FALSE FALSE
[12,]     FALSE    FALSE       FALSE   FALSE FALSE
[13,]     FALSE    FALSE        TRUE   FALSE FALSE
[14,]     FALSE    FALSE       FALSE   FALSE FALSE
[15,]     FALSE    FALSE       FALSE   FALSE FALSE
```

예컨대, Service 변수에서 결측치를 확인하려면 다음과 같이 입력하라.

```
> is.na(myData$Service)
```

c. 큰 데이터셋이 있는 경우 **is.na** 함수를 사용하여 결측치를 확인하는 것은 번거로울 수 있다. 대안으로 **complete.cases** 함수를 사용하여 완전한 케이스 또는 데이터프레임의 행을 식별할 수 있다. 쉼표 뒤 두 번째 요소를 공백으로 두면 모든 열이 표시됨을 기억하자. 다음과 같이 입력하라.

```
> myData[complete.cases(myData), ]
```

d. 데이터가 대부분 완전하기 때문에 완전한 케이스를 모두 나열하는 것이 불편할 수 있다. 대신 **complete.cases** 함수와 함께 not 연산자(! 문자)를 사용하여 결측치가 있는 관측치를 식별할 수 있다. **complete.cases** 함수 앞의 ! 문자는 완전하지 않은 개별 행(또는 결측치가 있는 경우)을 식별한다. 다음과 같이 입력하라.

```
> myData[!complete.cases(myData), ]
```

그림 2.5는 관측치 2, 13, 26, 100, 134에 결측치가 있음을 보여준다.

그림 2.5 결측치를 갖는 관측치

	RecordNum	Ambience	Cleanliness	Service	Food
1	2	6	6	NA	6
2	13	6	NA	7	5
3	26	6	7	5	NA
4	100	6	6	NA	3
5	134	NA	5	NA	6

e. 제거전략을 구현하기 위해 **na.omit** 함수를 사용하여 결측치가 있는 관측치를 제거하고 결과 데이터셋을 omissionData 데이터프레임에 저장한다. **View** 함수가 업데이트된 데이터를 보여준다. 다음과 같이 입력하라.

```
> omissionData <- na.omit(myData)
> View(omissionData)
```

R은 145개의 완전한 케이스를 포함하는 새로운 데이터프레임 omissionData를 생성한다. 새로운 데이터셋에 결측치가 없는지 확인한다. 이 데이터셋은 데이터 분석을 위해 준비되어 있다.

f. 단순평균 대체전략을 구현하기 위해, 원래 데이터프레임인 **myData**로 시작한다. 그런 다음 **mean** 함수를 사용하여 평균값을 계산한다. **na.rm = TRUE** 옵션은 평균값을 계산할 때 결측치를 무시한다. Ambience와 Service 변수의 평균값을 계산하려면 다음과 같이 입력하라.

```
> ambienceMean <- mean(myData$Ambience, na.rm = TRUE)
> serviceMean <- mean(myData$Service, na.rm = TRUE)
```

Ambience와 Service 변수의 평균이 각각 4.42953와 5.965986인지 확인한다.

g. Ambience와 Service 변수에서 결측치를 대체하려면 **is.na** 함수를 다시 사용하여 결측치를 식별하고 f 단계에서 계산된 평균으로 대체한다. 다음과 같이 입력하라.

```
> myData$Ambience[is.na(myData$Ambience)] <- ambienceMean
> myData$Service[is.na(myData$Service)] <- serviceMean
```

학생들은 Cleanliness와 Food 변수의 평균을 계산하여 결측치를 대체하고 결과 데이터셋을 점검하여 결측치가 평균 값으로 대체되었는지 확인하길 권장한다. 이제 결과 데이터셋은 데이터 분석을 위한 준비가 되어 있다.

또 다른 중요한 데이터 준비 작업에는 이상치(outlier)라고 하는 매우 작거나 큰 값의 처리가 포함된다. 이상치가 있는 경우에는 결측치를 대체하기 위해 일반적으로 사용되는 평균 대신 중앙값 사용이 선호된다는 점을 주목해야 한다. Excel의 **MEDIAN(*data range*)** 함수 또는 R의 **median** 함수를 사용하여 산출된 중앙값으로 쉽게 대체할 수 있다. 이상치와 중앙값에 대한 자세한 설명은 3장을 참조하라.

부분집합화

분석과 관련된 데이터셋의 일부를 추출하는 프로세스를 **부분집합화(subsetting)**라고 하는데, 일반적으로 분석하기 전 데이터를 사전 처리하는 데 사용된다. 예를 들어 다국적 기업은 글로벌 운영에 대한 판매 데이터를 보유하고 있으며, 국가별로 판매 데이터의 부분집합을 생성하고 그에 따라 분석을 수행한다. 시간 순으로 색인된 시계열 데이터의 경우, 최근의 관측치와 먼 과거의 관측치를 분리하여 분석하기 위해 부분집합 생성을 선택할 수 있다. 또한 부분집합화는 결측치, 저품질 데이터 또는 이상치를 포함하는 관측치와 같은 원하지 않는 데이터를 제거하는 데 사용될 수도 있다. 때로 부분집합화는 관측치 대신 변수를 제외한다. 예를 들어 문제와 관련이 없는 변수, 중복 정보가 포함된 변수(예: 자산가치와 재산세 또는 직원의 연령과 경력) 또는 결측치가 너무 많은 변수를 제거할 수 있다.

부분집합화

부분집합화(subsetting)는 분석전문가가 관심 있는 데이터셋의 일부를 추출하는 프로세스이다.

부분집합화는 데이터에서 통찰력을 드러내는 데 도움이 되는 기술적(descriptive) 분석의 일부로 수행할 수도 있다. 예를 들어, 학생 성적을 다양한 학업성취 수준을 가진 그룹으로 세분화함으로써, 성취도가 높은 학생과 그들의 성공에 기여하는 관련 속성을 식별할 수 있을 것이다. 마찬가지로, 서로 다른 치료 결과를 가진 의무기록의 부분집합을 비교함으로써, 치료에서 성공의 잠재적인 기여 요인을 식별할 수 있다.

표 2.5는 개발도상국에서 시행된 결핵 치료에 대한 의무기록의 두 부분집합에서 산출된 중요한 요약 측정치를 보여준다. 여기서 부분집합 1과 2는 성공적인 치료법과 실패한 치료법을 각각 나타낸다.

표 2.5 결핵 치료에 대한 요약 데이터

Summary Measures	Successful Treatments	Unsuccessful Treatments
% of Male Patients	64.3%	12.7%
Average Education Level	3.8	2.1
% of Patients with Good Incomes	92.7%	28.1%

환자의 성별, 교육수준(1: 최저, 5: 최고) 및 소득은 두 부분집합 간에 상당히 다르다. 남성 환자, 특히 교육과 소득수준이 높은 남성 환자가 교육과 소득수준이 낮은 여성 환자보다 결핵 치료에 더 높은 성공률을 갖는 것은 놀랄 일이 아니다. 이 간단한 분석은 결핵 통제 노력에서 기여요인의 중요성을 강조한다.

예제 2.3에서는 Excel과 R에서 부분집합 함수를 사용하여 원래의 데이터셋으로부터 변수

그리고/또는 관측치를 선택하거나 제외하는 방법을 보여준다.

예제 2.3

FILE *Customers.* 도입사례에서 캐서린 힐은 1982년에서 2000년 사이에 태어난 대학교육을 받은 밀레니얼 세대인 유기농 식품 슈퍼스토어의 고객들에 대해 더 잘 이해하고 싶다. 그녀는 성별, 가구규모, 수입, 2018년 총지출, 지난 24개월 동안의 총 주문수, 고객이 가입한 채널이 고객의 프로필을 만드는 데 유용하다고 생각한다. 우선 Excel 및 R을 사용하여 ***Customers*** 데이터 파일에서 대학교육을 받은 밀레니얼 고객을 식별하라. 그런 다음, 여성 및 남성 대학교육을 받은 밀레니얼 고객 부분집합을 생성하라. 이 예제 다음에는 도입사례 분석결과의 요약이 나와 있다.

해답:

Excel 이용

a. ***Customers*** 데이터 파일을 연다.

b. 우선 대학교육을 받은 밀레니얼 세대만 포함하기 위해 데이터셋을 필터링한다. 데이터 범위 A1:N201을 선택한다. 메뉴에서 **홈(Home)** > **정렬 및 필터(Sort & Filter)** > **필터(Filter)**를 선택한다. 열제목(A1:N1)은 드롭다운 상자로 바뀐다.

c. E1(College)의 드롭다운 상자를 클릭한다. *모두 선택(Select all)*을 선택 취소한 다음, *예(Yes)* 옆에 있는 상자를 선택한다. **확인(OK)**을 클릭한다. 이 단계에서는 데이터셋에 대학학위가 없는 고객(No)을 숨김으로써 대학학위를 가진 고객(Yes)만 표시한다.

d. D1 (BirthDate)의 드롭다운 상자를 클릭한다. **날짜 필터(Date filters)** > **해당범위(Between)**를 선택한다. 그림 2.6을 참조하라. *사용자 지정 자동 필터(Custom AutoFilter)* 대화상자에서 *이후 또는 같음(is after or equal)* 상자 옆에 "1/1/1982"를 입력하거나 달력개체에서 날짜를 선택한다. *그리고(And)*를 선택하고 *이전 또는 같음(is before or equal)* 옆에 "12/31/1999"를 입력하거나 달력개체에서 날짜를 선택한다. **확인(OK)**을 클릭한다. 현재 이 데이터셋에는 1982년에서 2000년 사이에 태어난 대학교육을 받은 밀레니얼 세대만 표시된다.

그림 2.6 Excel의 자동필터(AutoFilter) 대화상자

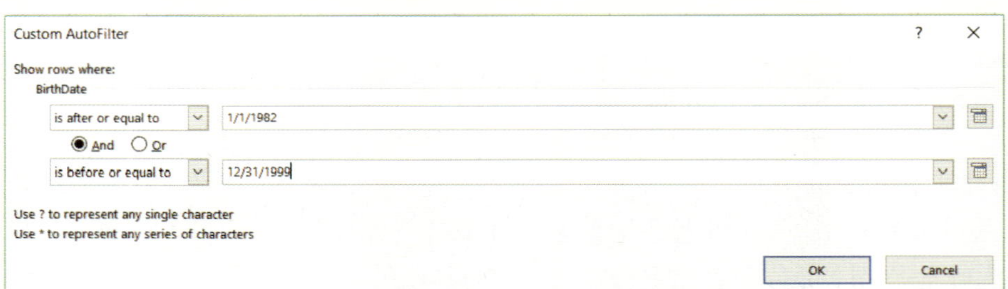

e. 워크시트에 남아 있는 필터링된 전체 데이터를 선택한다. 필터링된 데이터를 복사하여 새 워크시트에 붙여 넣는다. 새로운 워크시트에 대학교육을 받은 밀레니얼 세대의 59 관측치가 포함되어 있는지 확인한다. 새 워크시트의 이름을 *College-Educated Millennials*로 바꾼다.

f. 이제 현재 분석과 관련이 없는 변수를 제외한다. *College-Educated Millennials* 워크시트에서 A1 (CustID) 셀을 선택한다. 메뉴에서 **홈(Home) > 삭제(Delete) > 시트 열 삭제(Delete Sheet Columns)**를 선택하여 CustID 열을 제거한다. 데이터셋의 Race, BirthDate, College, ZipCode, Spending2017, DaysSinceLast, Satisfaction 열에 대해 이 단계를 반복한다.

g. 대학교육을 받은 밀레니얼 세대의 데이터를 성별로 부분집합화 하려면 A열을 선택한다. 메뉴에서 **홈(Home) > 정렬 및 필터(Sort & Filter) > 텍스트 오름차순 정렬(Sort A to Z)**을 선택한다. 메시지가 나타나면 *정렬경고(Sort Warning)* 대화상자에서 *선택 영역 확장(Expand the selection)*을 선택하고 *정렬(Sort)*을 클릭한다. 이제 관측치는 성별에 따라 알파벳 순서로 정렬된다. 여성고객 기록 다음에 남성고객 기록이 있다.

h. 두 개의 새로운 워크시트를 만들고 워크시트 이름을 *Female*과 *Male*로 *지정한다*. 열 제목을 포함한 여성 및 남성 고객 기록을 새로운 *Female*과 *Male* 워크시트에 각각 복사하여 붙여 넣는다. 표 2.6은 결과의 일부를 보여준다.

표 2.6 대학교육을 받은 밀레니얼 세대 고객

a) 대학교육을 받은 여성 밀레니얼 세대

Sex	HouseholdSize	Income	Spending2018	NumOfOrders	Channel
Female	5	53000	241	3	SM
Female	3	84000	153	2	Web
⋮	⋮	⋮	⋮	⋮	⋮
Female	1	52000	586	13	Referral

b) 대학교육을 받은 남성 밀레니얼 세대

Sex	HouseholdSize	Income	Spending2018	NumOfOrders	Channel
Male	5	94000	843	12	TV
Male	1	97000	1028	17	Web
⋮	⋮	⋮	⋮	⋮	⋮
Male	5	102000	926	10	SM

R 이용

a. ***Customers*** 데이터를 데이터프레임(테이블)으로 가져와서 myData라는 이름으로 지정한다.

b. 대학교육을 받은 밀레니얼 세대를 선택하기 위해 먼저 대학학위를 가진 도든 고객을 선택한다. 이중 등호(==)를 사용하여 College 값이 "Yes"인지 확인한다는 점을 기억하자. 다음과 같이 입력하라.

```
> college <- myData[myData$College=='Yes', ]
```

c. 이제 BirthDate 변수를 사용하여 1982년에서 2000년 사이에 태어난 밀레니얼 세대를 선택한다. R은 일반적으로 날짜 값을 텍스트 문자로 가져오므로 먼저 **as.Data** 함수를 사용하여 BirthDate 변수를 날짜 데이터 유형으로 변환해야 한다. 옵션 서식 = "%m/%d/%Y"는 BirthDate 변수가 mm/dd/yyyy 형식임을 나타낸다. 예를 들어 R이 01/13/1990과 같은 날짜를 읽게 하려면, 다음과 같이 입력하라.

```
> college$BirthDate <- as.Date(college$BirthDate, format =
"%m/%d/%Y")
```

기타 일반적인 날짜 서식으로는 1990-01-13, Jan 13, 1990 및 January 13, 1990로 지정된 날짜를 읽는 "%Y-%m-%d", "%b%d, %Y", "%B%d, %Y"가 각각 있다.

d. 또한 **as.Date** 함수를 사용하여 January 1, 1982와 December 31, 1999을 기준일자로 지정한 후 데이터에서 밀레니얼 세대를 선택하기 위한 선택기준으로 사용한다. 다음과 같이 입력하라.

```
> cutoffdate1 <- as.Date("01/01/1982", format = "%m/%d/%Y")
> cutoffdate2 <- as.Date("12/31/1999", format = "%m/%d/%Y")
> millenials <- college[college$BirthDate >= cutoffdate1 &
college$BirthDate <= cutoffdate2, ]
```

millenials 데이터프레임에 59명의 대학교육을 받은 밀레니얼 세대가 포함되어 있는지 확인한다.

e. millenials 데이터프레임에 Sex, HouseholdSize, Income, Spending2018, NumOfOrders, Channel 변수만 포함하려면 **c** 함수를 사용하여 이들 변수의 열 인덱스를 지정한다. 다음과 같이 입력하라.

```
> subset1 <- millenials[ , c(2,6,8,10,11,14)]
```

대안으로 포함할 변수의 이름을 지정하여 새로운 데이터프레임을 만들 수 있다. 다음과 같이 입력하라.

```
> subset2 <- millenials[ , c("Sex", "HouseholdSize", "Income",
"Spending2018", "NumOfOrders", "Channel")]
```

subset1과 subset2의 데이터는 동일한다.

f. R은 Sex와 Channel 같은 비수치형 변수를 텍스트 문자로 가져온다. 데이터를 추가로 부분집합화 및 점검하기 전에 **as.factor** 함수를 사용하여 Sex와 Channel을 범주형 변수(R에서는 factor라고 함)로 변환한다. 다음과 같이 입력하라.

```
> subset1$Sex <- as.factor(subset1$Sex)
> subset1$Channel <- as.factor(subset1$Channel)
```

Channel 변수가 factor 또는 범주형 변수로 변환되었는지 확인하기 위해 다음과 같이 입력하라.

```
> is.factor(subset1$Channel)
```

이 명령문은 변수가 factor이면 TRUE를 반환하고 그렇지 않으면 FALSE를 반환한다.

g. Sex를 기준으로 데이터의 두 부분집합을 생성하기 위해 **split** 함수를 사용한다. 다음과 같이 입력하라.

```
> sex <- split(subset1, subset1$Sex)
```

sex 데이터프레임에는 Female과 Male이라는 두 개의 부분집합이 포함되어 있다. 이제 Female과 Male 부분집합에 접근하여 볼 수 있다. 다음과 같이 입력하라.

```
> sex$Female
> sex$Male
> View(sex$Female)
> View(sex$Male)
```

대학교육을 받은 밀레니얼 세대의 21명 여성과 38명 남성이 있는지 확인한다. 결과는 표 2.6과 유사해야 한다.

h. 경우에 따라서는 단순히 데이터 범위를 기준으로 데이터를 부분집합화할 수 있다. 예를 들어 관측치 1에서 50까지와 관측치 101에서 200을 포함하는 데이터를 부분집합화 하기 위해 다음 명령문을 사용한다. 다음과 같이 입력하라.

```
> dataRanges <- myData[c(1:50, 101:200),]
```

도입사례 분석결과

hbpictures/Shutterstock

캐서린 힐은 유기농 식품 슈퍼스토어의 새로운 아시아풍의 식사 제품군의 판매를 돕기 위해 파견되었다. 이 제품의 잠재적 목표 시장을 이해하기 위해 캐서린은 회사 고객의 대표성 있는 표본을 포함하는 데이터를 부분집합화하여 대학교육을 받은 밀레니얼 세대만 포함시켰다. 그녀는 또한 여성과 남성 대학교육을 받은 밀레니얼 세대의 프로필을 비교하기 위해 성별에 따라 데이터셋을 두 개의 부분집합으로 분할하였다.

여성과 남성 고객 간의 차이는 캐서린에게 그녀가 디자인하려고 하는 마케팅 캠페인에 대한 몇 가지 아이디어를 주었다. 예를 들어, 이 자료에 따르면 압도적으로 많은 남성 고객이 소셜 미디어 광고를 통해 들어온 반면, 여성 고객은 웹 광고나 추천에 의해 유인되는 경향이 있다. 그녀는 남성 고객을 대상으로 하는 콘텐츠로 새로운 제품군에 대한 일련의 소셜 미디어 광고를 디자인하고 운영할 계획이다. 여성 고객을 위해 캐서린은 웹 배너 광고와 회사의 추천 프로그램에 마케팅 활동을 집중하고자 한다.

더욱이 남성 고객들이 여성 고객들보다 더 빈번하지만 더 소량의 주문을 하는 것처럼 보이기 때문에, 캐서린은 마케팅 팀과 협력하여 남성 고객들을 대상으로 하는 교차판매와 상향판매 전략을 개발할 계획이다. 이 회사의 남성 대학교육을 받은 밀레니얼 세대 고객은 고소득층인 경향이 있다는 사실을 감안할 때, 캐서린은 옳은 메시지와 제품 제안을 통해 마케팅 팀이 이들 고객의 총 지출을 증가하기 위한 전략을 개발할 수 있을 것이라고 확신한다.

연습문제 2.3

16. 다음 표에는 세 개의 변수와 결측치가 있는 5개의 관측치가 포함되어 있다.

x_1	x_2	x_3
248	3.5	
124	3.8	55
150		74
196	4.5	32
	6.2	63

a. 제거전략을 사용하여 결측치를 처리하라. 데이터셋에 남아 있는 완전한 케이스의 관측치는 몇 개인가?

b. 단순평균 대체전략을 사용하여 결측치를 처리하라. 몇 개의 결측치가 대체되는가? x_1, x_2, x_3의 평균은 무엇인가?

17. **FILE** ***Exercise_2.17.*** 첨부한 데이터셋에는 4개의 변수인 x_1, x_2, x_3, x_4가 포함되어 있다.

a. 데이터셋을 x_3에 대해 1975년 5월 1일 이후의 날짜가 있는 관측치만 포함하도록 부분집합화 하라. 부분집합 데이터에 몇 개의 관측치가 있는가?

b. x_4의 이진값을 기준으로 데이터셋을 분할하라. 두 부분집합의 x_1의 평균값은 얼마인가?

18. **FILE** ***Exercise_2.18.*** 첨부한 데이터셋에는 5개의 변수인 x_1, x_2, x_3, x_4, x_5가 포함되어 있다.

a. 데이터셋을 x_2, x_3, x_4만 포함하도록 부분집합화 하라. 남아 있는 3개의 변수에 몇 개의 결측치가 있는가?

b. x_2 값이 "Own"이고 x_3 값이 150보다 작은 관측치를 제거하라. 데이터셋에 몇 개의 관측치가 남아 있는가? x_3와 x_4의 평균값은 얼마인가?

19. **FILE** ***Exercise_2.19.*** 첨부한 데이터셋에는 5개의 변수, x_1, x_2, x_3, x_4, x_5가 포함되어 있다. 데이터셋에는 결측치가 있다.

a. 어떤 변수에 결측치가 있는가?

b. 어떤 관측치에 결측치가 있는가?

c. 데이터셋에 결측치가 몇 개인가?

d. 제거전략을 사용하여 결측치를 처리하라. 데이터셋에 남아 있는 완전한 케이스의 관측치는 몇 개인가?

20. **FILE** ***Exercise_2.20.*** 첨부한 데이터셋에는 5개의 변수, x_1, x_2, x_3, x_4, x_5가 포함되어 있다. 데이터셋에 결측치가 있다. 수치형 변수에 대해 단순평균 대체전략과 범주형 변수에 대해 고빈도 범주 전략을 사용하여 결측치를 처리한다.

a. 각 변수별로 결측치가 몇 개인가?

b. x_1, x_2, x_3, x_4, x_5에서 결측치를 대체하는 값은 무엇인가?

21. **FILE** ***Exercise_2.21.*** 첨부한 데이터셋에는 5개의 변수, x_1, x_2, x_3, x_4, x_5가 포함되어 있다.

a. x_1에 결측치가 있는가? 그렇다면 x_1의 평균값을 사용하여 결측치를 대체하라. 대체 후, x_1의 평균은 얼마인가?

b. x_2에 결측치가 있는가? 그렇다면 x_2의 평균값을 사용하여 결측치를 대체하라. 대체 후, x_2의 평균은 얼마인가?

c. x_4에 결측치가 있는 경우 x_4의 중앙값을 사용하여 결측치를 대체하라. (힌트: Excel에서 **MEDIAN(*data range*)** 함수 또는 R의 **median** 함수를 사용하라.) 대체 후 x_4의 중앙값은 얼마인가?

22. **FILE** ***Exercise_2.22.*** 첨부한 데이터셋에는 5개의 변수, x_1, x_2, x_3, x_4, x_5가 포함되어 있다. 데이터셋에 결측치가 있다.

a. 어느 변수에 결측치가 있는가?

b. 어느 관측치에 결측치가 있는가?

c. 데이터셋에 몇 개의 결측치가 있는가?

d. 제거전략을 사용하여 결측치를 처리하라. 데이터셋에 남아 있는 완전한 케이스의 관측치는 몇 개인가?

23. **FILE** ***Exercise_2.23.*** 첨부한 데이터셋에는 4개의 변수, x_1, x_2, x_3, x_4가 포함되어 있다. 데이터셋에 결측치가 있다.

a. x_1, x_2, x_3만 포함하는 데이터셋으로 부분집합화 하라.

b. 어느 변수에 결측치가 있는가?

c. 어느 관측치에 결측치가 있는가?

d. 데이터셋에 결측치가 몇 개인가?

e. 제거전략을 사용하여 결측치를 처리하라. 데이터셋에 남아 있는 완전한 케이스의 관측치는 몇 개인가?

f. x_2의 범주에 따라 데이터셋을 분할하라. 각 부분집합에 몇 개의 관측치가 있는가?

24. **FILE** ***Exercise_2.24.*** 첨부한 데이터셋에는 7개의 변수인 x_1, x_2, x_3, x_4, x_5, x_6, x_7이 포함되어 있다. 데이터셋에 결측치가 있다.

a. 데이터셋에서 x_2, x_6, x_7 변수를 제거하라. 남아 있는 변수 중 결측치가 있는 변수는 무엇인가?

b. 어떤 변수에 결측치가 있는가?

c. 데이터셋에 결측치는 몇 개인가?

d. x_1에 결측치가 있다면 결측치를 "Unknown"으로 변경하라. 몇 개의 결측치가 변경되었는가?

e. 대체전략을 사용하여 수치형 변수에 대한 결측치를 처리하라. x_3에 결측치가 있는 경우 x_3의 평균값을 사용하여 결측치를 대체하라. x_4에 결측치가 있는 경우 x_4의 중앙값을 사용하여 결측치를 대체하라. x_5에 결측치가 있는 경우 x_5의 평균값을 사용하여 결측치를 대체하라. 대체 후 x_3, x_4, x_5의 평균값은 얼마인가?

f. x_1에 대해 "F" 값을 갖고 x_4에 대해 1,020보다 낮은 값을 갖는 관측치를 제거하라. 데이터셋에 몇 개의 관측치가 남아 있는가?

25. **FILE** ***Population.*** 미국 인구조사국(The US Census Bureau)은 매년 50개 주의 인구를 기록하고 있다. 첨부된 표는 2010년에서 2018년 기간의 데이터의 일부를 보여준다.

State	2010	2011	...	2018
Alabama	4,785,448	4,798,834	...	4,887,871
Alaska	713,906	722,038	...	737,438
⋮	⋮	⋮	⋮	⋮
Wyoming	564,483	567,224	...	577,737

a. 주 인구 데이터의 두 부분집합을 생성하라. 한 개는 2018년 인구가 500만 명 이상이고, 다른 한 개는 2018년 인구가 500만 명 미만이다. 각 부분집합에 몇 개의 관측치가 있는가?

b. 인구가 500만 명 이상인 주의 부분집합에서 인구가 1천만 명 이상인 주를 제거하라. 몇 개의 주가 제거되었는가?

26. **FILE** ***Travel_Plan.*** 제리 스티븐슨(Jerry Stevenson)은 여행사의 매니저이다. 그는 고객이 내년 안에 여행할 것인지 여부를 예측할 수 있는 모형을 구축하고자 한다. 그는 다음과 같은 변수를 포함하는 데이터셋을 수집했다: 대학학위를 가지고 있는지(College), 신용카드를 가지고 있는지(CreditCard), 음식에 대한 연간 가계지출(FoodSpend, 달러), 연소득(Income, 달러), 고객이 내년 안에 여행할 계획이 있는지(TravelPlan: 1 = 여행계획 있음, 0 = 여행계획 없음). ***Travel_Plan*** 데이터의 일부를 첨부된 표에 보여준다.

College	CreditCard	FoodSpend	Income	TravelPlan
Yes	No	1706.89	49412	1
No	No	2892.9	55416	0
⋮	⋮	⋮	⋮	⋮
No	Yes	2617	50900	0

a. 데이터셋에 결측치가 있는가? 결측치가 있는 경우 어느 변수에 결측치가 있는가? 데이터셋에 결측치는 몇 개인가?

b. 제거전략을 사용하여 결측치를 처리하라. 결측치로 인해 제거되는 관측치는 몇 개인가?

27. **FILE** ***Travel_Plan.*** 문제와 데이터셋에 대한 설명은 이전 연습문제를 참조하라.

a. 과거 경험을 바탕으로 제리는 개인이 신용카드를 가지고 있는지 여부는 여행계획과 무관하다는 것을 알고 있어서 이 변수를 삭제하려고 한다. 데이터셋에서 변수 CreditCard를 제거하라.

b. 고소득 고객을 더 잘 이해하기 위해 제리는 연소득이 75,000 달러보다 높고 내년 안에 여행을 계획하고 있는 고객만 포함하는 데이터의 부분집합을 만들고자 한다. 이러한 기준을 충족하는 고객 목록을 작성하기 위해 데이터를 부분집합으로 만들어라. 이 부분집합에는 몇 개의 관측치가 있는가?

c. 원래의 데이터셋으로 돌아가자. 결측치를 처리하기 위해 대체전략을 사용하라. FoodSpend 변수에 결측치가 있는 경우 변수의 평균을 사용하여 결측치를 대체하라. Income 변수에 대한 결측치가 있는 경우 변수의 중앙값을 사용하여 결측치를 대체하라. 대체한 후 FoodSpend과 Income의 평균값은 얼마인가?

28. **FILE** ***Football_Players.*** 데니스 라우(Denise Lau)는 열렬한 축구 팬이며, 내셔널 풋볼 리그(National Football League)의 모든 경기를 어김없이 본다. 2017년 시즌 동안 그녀는 시즌 내내 각 쿼터백이 어떻게 경기했는지 꼼꼼하게 기록하고 있다. 데니스는 지역 NFL 팬 클럽에서 이 쿼터백들에 대해 프레젠테이션을 하고 있다. 다음 표는 데니스가 기록한 데이터의 일부이며, 포함된 변수는 선수명(Player), 팀명(팀), 성공한 패스(Comp), 시도한 패스(Att), 성공률(Pct), 던진 총야드(Yds), 시도당 평균야드(Avg), 게임당 던진 야드(Yds/G), 터치다운 수(TD), 인터셉트 수(Int) 등의 변수를 포함한다:

Player	Team	Comp	...	Int
Aaron Rodgers	GB	154	...	6
Alex Smith	KC	341	...	5
⋮	⋮	⋮	⋮	⋮
Tyrod Taylor	BUF	263	...	4

a. 데이터셋에 결측치가 있는가? 있다면, 어느 변수에 결측치가 있는가? 어느 관측치에 결측치가 있는가? 데이터셋에 결측치가 몇 개인가?
b. 제거전략을 사용하여 결측치를 처리하라. 결측치로 인해 제거된 관측치는 몇 개인가?

29. FILE ***Football_Players.*** 데이터셋에 대한 설명은 이전 연습문제를 참조하라. 데니스는 프리젠테이션에서 선수명과 팀명을 숨기면 일부 편견을 없앨 수 있다고 생각한다. 데이터셋에서 이들 변수를 제거하라.
   a. 데니스는 또한 선수가 터치다운이 5회 미만이거나 인터셉트가 20회보다 많은 특이한 사례도 제거하려고 한다. 데이터셋에서 이들 관측치를 제거하라. 데이터에서 제거된 관측치는 몇 개인가?
   b. 원래의 데이터셋으로 돌아가자. 결측치 처리를 위해 대체전략을 사용하라. Comp, Att, Pct, Yds, Avg, Yds/G에 대한 결측치가 있는 경우, 변수의 평균을 사용하여 결측치를 대체하라. TD 또는 Int에 결측치가 있는 경우 변수의 중앙값을 사용하여 결측치를 대체하라. 대체한 후, Comp, Att, Pct, Yds, Avg, Yds/G의 평균값은 얼마인가?

30. FILE ***Salaries.*** 이언 스티븐스(Ian Stevens)는 시애틀시에서 일하는 인사분석가이다. 그는 시 직원들에 대한 보상(Compensation) 분석을 수행하고 있다. 첨부한 데이터셋에는 Department, Job Title, Hourly Rate(달러)의 세 변수가 포함되어 있다. 데이터에는 몇 개의 시간당 금액이 누락되어 있다.

Department	Job Title	Hourly Rate
Public Utilities	Res&Eval Asst	32.81
Sustainability & Environ Dept	StratAdvsr3,Exempt	62.27
⋮	⋮	⋮
Public Utilities	Capital Prjts Coord, Asst	42.71

   a. 데이터셋을 부서에 따라 여러 부분집합으로 분할하라. 몇 개의 부분집합이 생성되는가?
   b. 결측치를 포함하는 부분집합은 어느 것인가? 해당 데이터셋에 결측치는 몇 개인가?
   c. 결측치를 변수의 평균으로 변경하기 위해 대체전략을 사용하라. 각 부분집합의 평균 시간당 금액은 얼마인가?

31. FILE ***Stocks.*** 투자자들은 일반적으로 투자 결정을 내리기 위해 다양한 정보를 고려한다. 다음 표는 대규모 상장기업과 그들의 재무정보 샘플을 보여준다. 관련 정보에는 주가(Price), 주가 대비 배당금(Dividend), 주가 대비 수익률(PE), 주당순이익(EPS), 장부가치(Book Value), 지난 52주간의 최저와 최고 주가(52 wk low와 52 wk high), 회사주식의 시장가치(Market cap), 이자, 세금, 감가상각, 상각 전 이익(EBITDA, 십억달러)이 포함된다.

Name	Price	Dividend	. . .	EBITDA
3M	189.09	2.48	. . .	8.70
Abbott Lab	45.00	2.34	. . .	4.59
⋮	⋮	⋮	⋮	⋮
Zoetis	53.07	0.79	. . .	1.70

   a. 보통 주가 대비 수익률은 주가 또는 주당순이익보다 주가의 더 나은 평가로 간주되기 때문에, 재무분석가는 데이터셋에서 Price와 EPS를 제거하려고 한다. 데이터셋에서 이들 변수를 제거하라.
   b. 재무분석가는 시장가치보다 장부가치가 높은 기업에 가장 관심이 있다. 시장가치보다 장부가치가 낮은 관측치를 모두 제거하라. 데이터셋에 몇 개의 관측치가 남아 있는가?

32. FILE ***Stocks.*** 문제와 데이터셋에 대한 설명은 이전 연습문제를 참조하라. 재무분석가는 데이터셋에 결측치가 있는지 알아보고자 한다.
   a. 데이터셋에 결측치가 있는가? 있다면, 어느 변수에 결측치가 있는가? 어느 관측치에 결측치가 있는가? 데이터셋에 결측치가 몇 개인가?
   b. 결측치를 처리하기 위해 제거전략을 사용하라. 결측치로 인해 제거된 관측치는 몇 개인가?
   c. 원래의 데이터셋으로 돌아가자. 만약 Price, Dividend, Book Value, 52 wk low, 또는 52 wk high에 결측치가 있다면, 결측치를 "Missing"을 나타내는 "M"으로 대체하라. 만약 PE, EPS, Market cap 또는 EBITDA에 결측치가 있다면, 대체전략을 사용하여 결측치를 변수의 중앙값으로 대체하라. 결측 데이터가 있는 변수에 대체된 값은 무엇인가?

33. FILE ***Longitudinal_Partial.*** 첨부한 표에는 미국 내 12,000명 이상의 개인들이 시간의 흐름에 따라 추적되는 National Longitudinal Survey (NLS)의 데이터 일부가 포함되어 있다. 이 분석 변수에는 개인에 대한 다음 정보가 포함된다. Urban(도시지역 거주 1, 그렇지 않으면 0), Siblings(형제자매 수), White(백인 1, 그렇지 않으면 0), Christian(기독교인 1, 그렇지 않으면 0), FamilySize, Height, Weight(파운드), Income(달러)이다.

Urban	Siblings	White	. . .	Income
1	8	1	. . .	0
1	1	1	. . .	40000

Urban	Siblings	White	...	Income
⋮	⋮	⋮	⋮	⋮
1	2	1	...	43000

a. 데이터셋에서 Height, Weight를 제거하라.

b. 데이터를 부분집합화 하여 두 개의 데이터셋을 생성하라. 하나는 도시 지역에 살고 있으며 소득이 40,000달러보다 높은 관측치를 포함하고 다른 하나는 나머지 관측치를 포함한다.

34. **FILE** ***Longitudinal_Partial.*** 데이터셋에 대한 설명은 이전 연습문제를 참조하라.

a. 데이터셋에 결측치가 있는가? 있다면, 어느 변수에 결측치가 있는가? 어느 관측치에 결측치가 있는가? 데이터셋에 결측치는 몇 개인가?

b. 결측치를 처리하기 위해 제거전략을 사용하라. 결측치로 인해 제거되는 관측치는 몇 개인가?

c. 원래의 데이터셋으로 돌아가자. Height, Weight에 결측치가 있는 경우, 대체전략을 사용하여 결측치를 변수의 평균으로 변경하라. Siblings, FamilySiz, Income에 결측치가 있는 경우, 결측치를 변수의 중앙값으로 대체하라. 결측 데이터가 있는 변수의 대체된 값은 무엇인가?

2.4 수치형 데이터 변환

LO 2.4

수치형 변수를 변환할 수 있어야 한다.

데이터 변환(data transformation)은 한 형식 또는 구조에서 다른 것으로의 데이터 전환 프로세스이다. 이는 분석을 위해 사용되는 통계 및 데이터마이닝 기법의 요구사항을 충족하기 위해 수행된다. 수치형 데이터 변환의 예로는 개인의 생년월일을 연령으로 변환하고, 키와 체중을 결합하여 체질량 지수로 생성하거나, 백분율을 계산하거나, 값을 자연로그로 변환하는 등이 있다. 때로는 광범위한 숫자 값을 소수의 "구간(bins)"으로 그룹화하는 것이 이해가 쉽다. 예를 들어, 숫자 연령을 20~39세, 40~59세, 60~80세와 같이 연령 구간으로 정리하거나, 날짜를 봄, 여름, 가을, 겨울과 같은 계절로 변환하기를 원할 수 있다.

데이터 변환

데이터 변환(data transformation)은 한 형식 또는 구조에서 다른 형식으로의 데이터 변환 프로세스이다.

이 절에서는 수치형 변수를 범주형 값으로 변환(또는 구간화)하고 수학적으로 변환하는 기법을 설명한다. 2.5절은 범주형 변수를 변환하는 기법을 논의한다.

구간화

구간화(binning)는 숫자 값을 소수의 그룹 또는 구간으로 그룹화하여 수치형 변수를 범주형 변수로 변환하는 프로세스이다. 구간은 연속적이고 겹치지 않으므로 각 숫자 값이 단지 한 개의 구간에만 속하도록 하는 것이 중요하다. 예를 들어 소득 값을 50,000달러 미만, 50,000달러에서 100,000달러 사이, 100,000달러 초과의 세 그룹으로 변환하기를 원할 수 있다. 이 세 소득 그룹은 "낮음", "중간", "높음" 또는 "1", "2", "3"으로 표시될 수 있다.

구간화

구간화(binning)는 숫자 값을 작은 수의 구간(bins)으로 그룹화하여 수치형 변수를 범주형 변수로 변환하는 일반적인 데이터 변환방법이다.

만약 우리가 동일 구간에 있는 모든 관측치가 동일한 방식으로 작동하는 경향이 있다고 믿는다면, 구간화는 데이터의 노이즈를 줄이는 효과적인 방법이 될 수 있다. 예를 들어, 소득 값을 세 그룹으로 변환하는 것은 실제 소득 값보다 개인의 소득능력(낮음, 중간 또는 높음)에 더 관심이 있을 때 의미가 있다.

위에서 언급한 바와 같이, 구간화는 사소한 관측 오류로 인한 흔한 데이터의 노이즈를 감소시킨다. 예를 들어, 구간화를 사용하면 데이터의 이상치(예: 소득이 매우 높은 개인, 아마도 잘못 기록된)는 마지막 구간의 일부가 되므로 후속 데이터 분석을 왜곡하지 않을 것이다. 구간화는 또한 관측치를 범주화하여 나이브 베이즈(naïve Bayes)(9장에서 설명)와 같은 데이터 마이닝 분석기법의 범주형 데이터 요구사항을 충족시키는 데도 유용하다.

사용자가 정의한 경계에 따라 숫자 값을 구간화하는 것 외에도 흔히 구간이 동일한 간격을 갖도록 생성된다. 예를 들어, 온도 10도 또는 연령 10년의 간격을 나타내는 구간을 만들 수 있다. 또한 동일한 빈도의 구간을 생성할 수 있는데, 여기서 개별 구간은 동일한 수의 관측치를 갖는다. 예를 들어, 200명 학생의 수업을 성적에 따라 동일한 크기의 그룹 10개로 구간화함으로써 학생들의 상대적 학업 위치를 확인할 수 있다. 가장 높은 성적의 구간에 있는 학생들은 수업의 상위 10%를 나타낸다.

예제 2.4에서는 R을 사용하여 동일한 크기, 동일한 간격, 그리고 사용자 정의 간격을 갖는 구간을 만드는 방법을 보여준다.

예제 2.4

FILE ***Customers.*** 고객을 더 잘 이해하기 위해 캐서린 힐은 고부가가치 고객을 식별하는 데 사용되는 인기 마케팅 기법인 RFM 분석을 수행하고자 한다. RFM은 최근성(recency), 빈도(frequency)와 금액(monetary)을 의미한다. RFM 등급은 DaysSinceLast(최근성), NumOfOrders(빈도), Spending2018(금액) 변수에서 생성할 수 있다.

캐서린은 80/20 비즈니스 법칙(즉, 비즈니스의 80%가 최고 고객의 20%에서 비롯됨)에 따라 3개의 RFM 변수 각각에 대해, 캐서린은 고객을 동일한 크기의 5개 그룹으로 나누고 각 그룹에 20%의 고객을 포함하려고 한다. 각 그룹에는 1부터 5까지의 점수가 할당되며, 5가 가장 높다. RFM 등급이 555인 고객은 회사의 가장 가치 있는 고객으로 간주된다.

캐서린은 RFM 구간화 외에도 소득변수를 5개의 동일한 간격으로 구간화 하고자 한다. 마지막으로, 그녀는 2018년에 지출한 금액에 따라 고객에게 다양한 서비스와 보상을 제공하는 계층화 멤버십을 시작하고자 한다. 그녀는 250달러 미만을 지출한 고객에게 Bronze 멤버십, 250달러 이상 1,000달러 미만을 지출한 고객에게는 Silver 멤버십, 그리고 1,000달러 이상을 지출한 고객에게 Gold 멤버십을 부여하고 싶다.

R을 사용하여 캐서린의 사양에 따라 변수들을 구간화하고, 결과를 요약하라.

해답:

R 이용

a. ***Customers*** 데이터를 데이터프레임(테이블)으로 가져와서 myData라는 이름으로 지정한다.

b. 최근성 점수를 생성하려면, 마지막 구매 후 일수가 적을수록 최근성 점수가 크기 때문에 데이터 순서를 역으로 하도록 우선 DaysSinterLast 변수를 변환한다. DaysSinterLast에 −1을 곱하여 새로운 변수 DaysSinceLastReturn를 생성한다. **as.numeric** 함수를 사용하여 DaysSinceLastReverse 변수가 수치형인지 확인한다. 다음과 같이 입력하라.

```
> myData$DaysSinceLastReverse <- as.numeric(myData$DaysSinceLast
* -1)
```

c. 이제 DaysSinceLastReverse(최근성), NumOfOrders(빈도), Spending2018(금액)에 대해 5개의 동일한 크기의 구간을 생성한다. 구간이 20%, 40%, 60%, 80%, 100% 분위수를 나타내므로 먼저 **quantile** 함수를 사용하여 각 구간의 범위를 찾아 저장한 다음 recencyBins라는 개체에서 범위를 본다. 다음과 같이 입력하라.

```
> recencyBins <- quantile(myData$DaysSinceLastReverse,
probs=seq(0, 1, by=0.20))
> recencyBins
```

그림 2.7은 5개의 동일한 크기의 구간에 대한 범위를 보여준다.

그림 2.7 최근성 구간에 대한 범위

```
     0%    20%    40%    60%    80%   100%
-360.0 -294.2 -218.4 -146.8  -76.0   -6.0
```

NumOfOrders (frequencyBins)와 Spending2018 (monetaryBins) 변수에 대해 유사한 명령문을 반복한다. 다음과 같이 입력하라.

```
> frequencyBins <- quantile(myData$NumOfOrders, probs=seq(0, 1,
by=0.20))
> monetaryBins <- quantile(myData$Spending2018, probs=seq(0, 1,
by=0.20))
```

동일한 크기의 빈을 10개 생성하려는 경우, *probs* 옵션을 `probs=seq(0, 1, by=0.10)`로 변경한다.

d. **cut** 함수를 사용하여 데이터를 구간화한다. **cut** 함수의 *breaks* 옵션은 c 단계에서 생성된 구간의 범위를 지정한다. *labels* 옵션은 각 구간에 레이블을 부여한다. right= FALSE 옵션을 사용하면 구간이 왼쪽에서 닫히고 오른쪽에서 열리도록 한다. include.lowest=TRUE 옵션이 right=FALSE 옵션과 함께 사용되어야 최대값이 마지막 구간에 포함된다. 다음과 같이 입력하라.

```
> myData$Recency <- cut(myData$DaysSinceLastReverse,
breaks=recencyBins,labels=c("1", "2", "3", "4", "5"), include.
lowest=TRUE, right=FALSE)
> myData$Frequency <- cut(myData$NumOfOrders, breaks=frequencyBins,
labels=c("1", "2", "3", "4", "5"), include.lowest=TRUE, right=FALSE)
> myData$Monetary <- cut(myData$Spending2018, breaks=monetaryBins,
labels=c("1", "2", "3", "4", "5"), include.lowest=TRUE, right=FALSE)
```

이전 명령문은 3개의 RFM 변수에 대해 동일한 크기의 구간에 숫자 1에서 5를 부여한다. RFM 지수들은 새로운 변수인 Recency, Frequency와 Monetary에 저장된다. 10개의 동일한 크기의 구간에 레이블을 만들어 부여하려면, `labels=c("1", "2", "3", "4", "5", "6", "7", "8", "9", "10")`를 사용한다. 또한 다른 레이블도 적절하게 구간에 부여할 수 있다.

e. RFM 점수를 생성하려면 **paste** 함수를 사용하여 3개의 RFM 지수를 결합한 다음, **head** 함수를 사용하여 처음 몇 개의 관측치를 확인한다. 다음과 같이 입력하라.

```
> myData$RFM <- paste(myData$Recency, myData$Frequency,
myData$Monetary)
> head(myData$RFM)
```

RFM 변수의 첫 번째 관측치가 411인지 확인한다.

f. 이제 Income 변수를 **cut** 함수를 사용하여 동일한 간격의 5개의 그룹으로 구간화한다. *breaks* 옵션은 동일한 간격으로 5개의 구간을 지정한다. 구간에 숫자 1(최저)에서 5(최고)를 부여한 다음 **head** 함수를 사용하여 처음 몇 개의 관측치를 확인한다. 다음과 같이 입력하라.

```
> myData$BinnedIncome <- cut(myData$Income, breaks=5, labels=
c("1", "2", "3", "4", "5"), include.lowest=TRUE, right=FALSE)
> head(myData$BinnedIncome)
```

BinnedIncome 변수의 첫 번째 관측치가 1인지 확인한다. 다른 수의 구간을 생성하려면, **breaks** 값을 변경한다(예: `breaks = 3`은 3개의 구간을 만든다).

g. **levels**와 **cut** 함수를 사용하여 f 단계에서 생성된 5개 구간의 범위를 보여준다. 다음과 같이 입력하라.

```
> levels(cut(myData$Income, breaks=5))
```

첫 번째 간격이 (3.09e+04,5.82e+04] 또는 30,900달러에서 58,200달러까지 인지를 확인한다.

h. 각 구간에 속하는 관측치 수를 확인하기 위해 **table** 함수를 사용한다. 다음과 같이 입력하라.

```
> table(myData$BinnedIncome)
```

첫 번째 구간 또는 최저 소득범주에 67명의 고객이 있는지 확인한다.

i. 캐서린이 제안한 멤버십 등급 또는 사용자 정의 구간을 생성하기 위해 다시 **cut** 함수를 사용한다. 250달러 미만을 지출한 고객은 Bronze 멤버십, 250달러 이상 1,000달러 미만을 지출한 고객은 Silver 멤버십, 그리고 1,000 달러 이상을 지출한 고객은 Gold 멤버십을 받게 됨을 기억하자. *breaks* 옵션을 사용하여 사용자 정의 범위를 지정한다. Inf 키워드는 1,000달러 이상의 모든 값을 마지막 구간에 할당한다. 그런 다음 **head**와 **View** 함수를 사용하여 다양한 형식으로 출력한다. 다음과 같이 입력하라.

```
> myData$MembershipTier <- cut(myData$Spending2018, breaks =
c(0, 250, 1000, Inf),labels = c("Bronze", "Silver", "Gold"))
> head(myData$MembershipTier)
> View(myData)
```

첫 번째 고객의 멤버십 등급이 Bronze인지 확인한다.

요약

표 2.7은 이제 캐서린의 사양에 따른 구간 변수가 포함된 ***Customers*** 데이터의 일부를 보여준다. 첫 번째 고객은 RFM 점수가 411점인데, 이는 이 고객이 유기농 식품 슈퍼스토어에서 최근에 구입했지만 지난 1년간 거의 구매하지 않았고 매우 적은 금액을 지출했음을 의미한다. 당연히 이 고객은 가장 바람직하지 않은 Bronze 멤버십도 가지고 있다. 또한 소득 측면에서 대부분의 고객은 처음 3개의 구간에 속한다. 두 개의 가장 높은 소득 그룹에 속하는 고객은 단 9명뿐이다.

표 2.7 구간화된 변수를 포함한 고객 데이터

CustID	. . .	RFM	Binned Income	Membership Tier
1530016	. . .	411	1	Bronze
1531136	. . .	244	3	Silver
⋮	⋮	⋮	⋮	⋮
1579979	. . .	434	3	Silver

학생들은 ***Customers*** 데이터를 가지고 다른 구간화 옵션을 실습하기를 권장한다. 예를 들어, 소득을 높음과 낮음의 두 범주로 구간화 하는 실습을 하거나, 4 또는 5계층으로 멤버십 프로그램을 재설계할 수 있다. 수치형 변수를 범주로 변환해야 하는 실생활의 응용 프로그램이 많으며, 범주의 수는 분석의 맥락에 따라 적절하게 결정해야 한다. 예를 들어 학생의 시험 점수를 범주로 변환하기 위해 두 구간(Pass와 Fail) 또는 5개의 구간(A, B, C, D, F 학점)을 사용할 수 있다.

수학적 변환

앞에서 설명한 바와 같이, 데이터 변환은 데이터셋의 정보를 가져오는 중요한 단계이며, 이는 추가 데이터 분석에 사용될 수 있다. 구간화 외에도 또 다른 일반적인 접근방식은 기존 변수의 수학적 변환을 통해 새로운 변수를 만드는 것이다. 예를 들어, 당뇨병 위험을 분석하기 위해 의사와 영양사들은 보통 체중 또는 키에 초점을 맞추기보다는 킬로그램 단위의 체중을 미터 단위의 키 제곱으로 나눈 체질량지수(body mass index, BMI)에 중점을 둔다. 마찬가지로 추세를 분석하기 위해 원자료의 값을 자주 백분율로 변환한다.

때때로 소득, 기업규모, 주택가격과 같은 변수의 데이터는 심하게 비대칭이다. 비대칭도는 3장의 3.4절에서 논의된다. 예를 들어, 연방준비제도(Federal Reserve) 보고서에 따르면, 2016년 미국에서 가장 부유한 1%의 가정이 미국 재산의 38.6%를 차지했다(*CNN*, 2017년 9월 27일). 비대칭 변수의 매우 높은(또는 낮은) 값은 전체 데이터셋의 평균을 상당히 부풀려(또는 축소하여) 비대칭 변수와의 의미 있는 관계를 탐지하기 어렵게 만든다. 데이터의 비대칭을 줄이는 일반적인 수학적 변환방법은 자연로그 변환이다. 데이터 비대칭을 줄이기 위한 또 다른 변환방법은 제곱근 변환이다.

또 다른 일반적인 데이터 변환에는 달력 날짜가 포함된다. 통계 소프트웨어는 일반적으로 날짜 값을 숫자로 저장한다. 예를 들어 R에서 날짜 개체는 1970년 1월 1일 이후의 일(days) 수로 저장되며, 이전 날짜에는 음수를 사용한다. 예를 들어, 1970년 1월 31일은 30의 값을 갖고, 1969년 12월 15일은 −17의 값을 갖는다. Excel도 날짜 값을 저장하기 위해 유사한 접근방식을 구현하지만 1900년 1월 1일에 기준값 1을 사용한다. 데이터에서 유용한 정보를 가져오는 데 도움이 되도록 날짜 값 변환이 자주 수행된다. 소매업체는 연령대별 구매행동의 차이를 조사하기 위해 고객의 생년월일을 연령으로 변환할 수 있다. 마찬가지로 항공사는 실제 여행 날짜에서 비행기 티켓 예약 날짜를 뺄셈하여 조기 계획자들과 매우 다르게 행동할 수 있는 막바지 여행객을 식별할 수 있다.

때로 날짜 값을 계절로 변환하면 후속 분석을 지원하는 적절한 변수를 생성하여 데이터셋을 강화하는 데 도움이 된다. 예를 들어, 헬스클럽 회원이 헬스클럽에 처음 가입한 월(month)을 추출하여 집중함으로써, 여름철에 가입한 회원은 수중운동 프로그램에 더 관심이 있는 반면, 겨울철에 가입한 회원은 근력훈련 프로그램에 더 관심이 많다는 것을 알 수 있다. 이러한 통찰력은 헬스클럽이 계절성을 기반으로 마케팅 전략을 수립하는 데 도움이 될 수 있다.

예제 2.5는 Excel과 R을 사용하여 다음과 같은 수학적 변환을 수행하는 방법을 보여준다. (1) 두 값 간의 차이비율을 계산하고, (2) 로그변환을 수행하고, (3) 날짜 값에서 정보를 추출한다.

예제 2.5

FILE ***Customers.*** 고객에 대한 면밀한 검토를 마친 캐서린 힐은 고객의 2017년과 2018년 지출 간의 차이와 차이비율이 연간지출 값보다 고객의 지출패턴을 이해하는 데 더 유용할 수 있다고 생각한다. 따라서 캐서린은 지출에서의 연도별 차이와 차이비율을 보여주는 2개의 새로운 변수를 생성하려고 한다. 그녀는 또한 소득변수가 매우 치우쳐 있어 대부분의 고객의 소득은 40,000달러에서 100,000달러 사이이며 고소득자는 극소수에 불과하다는 사실을 발견했다. 그녀는 소득변수를 자연로그로 변환하여 데이터의 비대칭을 줄이도록 조언을 받았다.

또한 캐서린은 고객의 연령대별 구매행태 차이를 조사하기 위해, 고객의 생년월일을 2019년 1월 1일 기준의 연령으로 변환하고자 한다. 마지막으로, 그녀는 고객의 출생월을 보여주는 새로운 변수를 생성하여 고객이 출생한 달에 계절상품을 마케팅할 수 있도록 하려고 한다.

Excel 및 R을 사용하여 캐서린의 사양에 따라 변수를 변환하라.

해답:

Excel 이용

a. ***Customer*** 데이터 파일을 연다.

b. O1셀에서 열제목 SpendingDiff를 만든다. O2셀에 공식 =J2 - I2를 입력한다. O2셀의 결과값이 −46인지 확인한다. O2의 공식으로 O3:020 범위를 채운다.

c. P1셀에 열제목 PctSpendingDiff를 만든다. P2셀에 공식 =(J2 − I2)/I2를 입력한다. 홈(Home) 메뉴 탭의 드롭다운 메뉴에서 *일반(General)*을 *백분율(Percentage, %)*로 변경한다. P2셀의 값이 −16.03%인지 확인한다. P2의 공식으로 P3:P201 범위를 채운다.

d. R1셀에 열제목 IncomeLn을 만든다. **LN** 함수는 자연로그 변환을 제공한다. R2셀에 공식 =LN(H2)를 입력한다. R2셀의 값이 10.8780인지 확인한다. R2의 공식으로 R3:R201 범위를 채운다.

e. S1셀에 열제목 Age를 만든다. **YEARFRAC** 함수는 두 날짜 간의 연도 차이를 계산하고 **INT** 함수는 값의 정수 부분만 표시하고 소수점 자리는 버린다. S2셀에 공식 =INT(YEARFRAC(D2, "01-01-2019"))를 입력한다. 고객의 2019년 1월 1일 기준 연령이 32세인지 확인한다. S2의 공식으로 S3:S201 범위를 채운다.

f. T1셀에 열제목 BirthMonth를 만든다. **MONTH** 함수는 날짜 값에서 월 요소를 추출한다. T2셀에 공식 =MONTH(D2)을 입력한다. T2셀의 값이 12인지 확인한다. T2의 공식으로 T3:T201 범위를 채운다.

표 2.8은 변환된 변수들 5개를 포함하는 데이터의 일부를 보여준다. 날짜 값과 관련된 다른 유용한 Excel 함수에는 **DAY, YEAR, WEEKDAY, TODAY, NOW**가 포함된다. **DAY**와 **YEAR** 함수는 각각 날짜와 연도 요소를 추출한다. **WEEKDAY** 함수는 요일을 1에서 7 정수값으로 식별한다(일요일 1, 토요일 7). 마지막으로 =TODAY()와 =NOW()는 각각 현재 날짜와 현재 시간의 값을 반환한다.

표 2.8 5개의 변환된 변수

CustID	. . .	SpendingDiff	PctSpendingDiff	IncomeLn	Age	BirthMonth
1530016	. . .	−46	−16.03%	10.8780	32	12
1531136	. . .	−384	−31.30%	11.4511	25	5
⋮	⋮	⋮	⋮	⋮	⋮	⋮
1579979	. . .	−154	−14.26%	11.5327	19	7

R 이용

a. ***Customers*** 데이터를 데이터프레임(테이블)으로 가져와서 myData라는 이름으로 지정한다.

b. 지출 차이를 찾은 다음, **head** 함수를 사용하여 처음 몇 개의 관측치를 보여준다. 다음과 같이 입력하라.

```
> myData$SpendingDiff <- myData$Spending2018 - myData$Spending2017
> head(myData$SpendingDiff)
```

SpedingDiff 변수의 첫 번째 관측치가 –46인지 확인한다.

c. 지출차이비율을 만들고 **round** 함수를 사용하여 소수점 이하 두 자리로 반올림한다. 그런 다음 **paste** 함수를 사용하여 "%" 기호를 배치하고 **head** 함수를 사용하여 처음 몇 개의 관측치를 보여준다. 다음과 같이 입력하라.

```
> myData$PctSpendingDiff <- round((myData$SpendingDiff /
myData$Spending2017)*100, digits = 2)
> myData$PctSpendingDiff <- paste(myData$PctSpendingDiff, "%")
> head(myData$PctSpendingDiff)
```

PctSpendingDiff 변수의 첫 번째 관측치가 –16.03%인지 확인한다.

d. 자연로그 변환에 **log** 함수를 사용한 다음, **head** 함수를 사용하여 처음 몇 개의 관측치를 보여준다. 다음과 같이 입력하라.

```
> myData$IncomeLn <- log(myData$Income)
> head(myData$IncomeLn)
```

IncomeLn 변수의 첫 번째 관측치가 10.87805인지 확인한다. 표 2.8의 값이 소수점 네 자리만 표시하도록 형식이 지정되어 있기 때문에 IncomeLn 값은 표 2.8의 값과 약간 다르다. 밑이 10인 로그 변환의 경우 **log** 함수 대신 **log10** 함수를 사용한다.

e. 2019년 1월 1일 기준으로 고객의 연령를 계산하기 위해, 우선 Birthdate 변수를 날짜 값으로 변환하고 2019년 1월 1일 날짜에 대한 새로운 변수를 생성해야 한다. 다음과 같이 입력하라.

```
> myData$BirthDate <- as.Date(myData$BirthDate, format = "%m/%d/%Y")
> endDate <- as.Date("01/01/2019", format = "%m/%d/%Y")
```

f. **difftime** 함수를 사용하여 고객의 생년월일과 2019년 1월 1일 사이의 일수를 알아낸다 일수의 차이를 365.25로 나눔으로써 윤년을 고려하고(365 대신 365.25를 사용) 연도의 차이를 구한다. **as.numeric** 함수를 사용하여 Age 변수가 수치형인지 확인한

다. 마지막으로, **floor** 함수를 사용하여 소숫점 자리를 제거하여 고객의 연령이 정수가 되도록 하고 **head** 함수를 사용하여 처음 몇 개의 관측치를 보여준다. 다음과 같이 입력하라.

```
> myData$Age <- difftime(endDate, myData$BirthDate)/365.25
> myData$Age <- as.numeric(myData$Age)
> myData$Age <- floor(myData$Age)
> head(myData$Age)
```

첫 번째 고객의 2019년 1월 1일 기준 연령이 32세인지 확인한다.

g. **months** 함수를 사용하여 Birthdate 변수에서 월 이름을 추출하고, **match** 함수를 사용하여 월 이름(January to December)을 숫자(1~12)로 변환하고, **head** 함수를 사용하여 처음 몇 개의 관측치를 보여준다. 다음과 같이 입력하라.

```
> myData$BirthMonth <- months(myData$BirthDate)
> myData$BirthMonth <- match(myData$BirthMonth, month.name)
> head(myData$BirthMonth)
```

첫 번째 고객의 생일이 12월(December)에 있는지 확인한다.

h. **View** 함수를 사용하여 스프레드시트 스타일의 데이터를 표시한다. 출력이 표 2.8과 일치해야 한다. 다음과 같이 입력하라.

```
> View(myData)
```

다른 유용한 날짜 관련 함수에는 **weekdays**와 **format**이 포함된다. **weekdays** 함수는 요일을 반환한다. 예를 들어, `> weekdays(as.Date("2000-12-25"))`는 "Monday"를 반환한다. **format** 함수는 날짜 값의 지정된 요소를 반환한다. 예를 들어, `> format(as.Date("2000-12-25"), "%Y")`는 연도요소 "2000"을 반환한다. "%Y" 매개변수 외에도 "%d"와 "%m"은 날짜 및 월 요소를 지정한다. `Sys.Date()`와 `Sys.time()` 함수는 현재 날짜 및 시간 값을 각각 반환한다.

수치형 데이터의 또 다른 일반적인 변환은 척도변환으로, 데이터셋의 변수들이 서로 다른 척도를 사용하여 측정될 때 수행된다. 예를 들어, 달러로 측정되는 연간 소득은 일반적으로 수천에서 수백만에 이르는 반면, 어린이의 수는 일반적으로 낮은 한 자릿수의 값을 포함한다. 측정척도의 변동성은 더 큰 척도의 변수에 과도한 영향을 미쳐 부정확한 결과를 초래할 수 있다. 따라서 특히 데이터마이닝 기법에서는 표준화 또는 정규화를 사용하여 데이터의 척도를 변환하는 것이 일반적이다. 이러한 변환에 대한 자세한 논의는 8장에서 확인할 수 있다.

연습문제 2.4

35. **FILE** ***Exercise_2.35.*** 첨부한 데이터에는 3개의 변수와 6개의 관측치가 포함되어 있다.

x_1	x_2	x_3
248	3.5	78
124	3.8	55
210	1.6	66
150	4.8	74
196	4.5	32
234	6.2	63

a. x_1의 값을 2개의 동일한 크기 그룹으로 구간화하라. 숫자 1(낮은 값)과 2(높은 값)로 그룹에 레이블을 지정한다. 그룹 1에 대한 x_1의 평균값은 얼마인가? (힌트: 평균을 계산하기 전에 데이터를 그룹 번호로 정렬하라.)

b. x_2의 값을 3개의 동일한 간격 그룹으로 구간화하라. 숫자 1(최소값)에서 3(최대값)으로 그룹에 레이블을 지정한다. 그룹 1에 할당된 관측치는 몇 개인가?

c. x_3의 값을 ≤ 50과 > 50의 두 그룹으로 구간화하라. 숫자 1(낮은 값)과 2(높은 값)로 그룹에 레이블을 지정한다. 그룹 2에 할당된 관측치는 몇 개인가?

36. **FILE** ***Exercise_2.36.*** 첨부한 데이터셋에는 x_1, x_2, x_3의 3개 변수가 포함되어 있다.

a. x_1의 값을 3개의 동일한 크기 그룹으로 구간화하라. 숫자 1(최소값)에서 3(최대값)으로 그룹에 레이블을 지정한다. 그룹 1에 할당된 관측치는 몇 개인가?

b. x_2의 값을 3개의 동일한 간격 그룹으로 구간화하라. 숫자 1(최소값)에서 3(최대값)으로 그룹에 레이블을 지정한다. 그룹 2에 할당된 관측치는 몇 개인가?

c. x_3의 값을 다음 세 그룹으로 그룹화한다: 5만 미만, 5만~10만, 그리고 10만 초과. 숫자 1(최소값)에서 3(최대값)으로 그룹에 레이블을 지정한다. 그룹 1에 할당된 관측치는 몇 개인가?

37. **FILE** ***Exercise_2.37.*** 첨부한 데이터셋에는 x_1, x_2, x_3의 3개 변수가 포함되어 있다.

a. x_1의 값을 3개의 동일한 크기 그룹으로 구간화하라. "low"(최소값), "medium", "high"(최대값)로 그룹에 레이블을 지정한다. 그룹 medium에 몇 개의 관측치가 할당되는가?

b. x_2의 값을 3개의 동일한 간격 그룹으로 구간화하라. "low"(최소값), "medium", "high"(최대값)로 그룹에 레이블을 지정한다. 그룹 high에 몇 개의 관측치가 할당되는가?

c. x_3의 값을 다음 3개의 그룹으로 구간화하라: 20 미만, 20과 30 사이, 30 초과. "low"(최소값), "medium", "high"(최대값)로 그룹에 레이블을 지정한다. 그룹 low에 몇 개의 관측치가 할당되는가?

38. **FILE** ***Exercise_2.38.*** 첨부한 데이터셋에는 x_1, x_2, x_3의 3개 변수가 포함되어 있다

a. x_1, x_2, x_3의 값을 5개의 동일한 크기 그룹으로 구간화하라. 숫자 1(최소값)에서 5(최대값)로 그룹에 레이블을 지정한다.

b. x_1, x_2, x_3의 그룹 레이블을 결합하여 연습문제 2.4에 설명된 RFM 점수와 같은 점수를 생성하라. 점수가 "431"인 관측치는 몇 개인가? 점수가 "222"인 관측치는 몇 개인가?

39. 다음 표에는 2개의 변수와 5개의 관측치가 포함되어 있다.

x_1	x_2
248	350
124	148
150	130
196	145
240	180

a. 각 관측치에 대한 x_1과 x_2 값의 합계를 포함하는 "Sum"이라는 새로운 변수를 생성하라. Sum의 평균값은 얼마인가?

b. 각 관측치에 대한 x_1과 x_2 값의 절대차이(absolute difference)를 포함하는 "Difference"라는 새로운 변수를 생성하라. Difference의 평균값은 얼마인가?

40. **FILE** ***Exercise_2.40.*** 첨부한 데이터셋에는 x_1, x_2, x_3의 3개 변수가 포함되어 있다

a. 각 관측치에 대해 x_1과 x_2 값의 차이(즉, $x_2 - x_1$)를 포함하는 "Difference"라는 새로운 변수를 생성하라. 차이 평균은 얼마인가?

b. 각 관측치에 대해 x_1과 x_2 값의 차이비율(즉, $(x_2 - x_1)/x_1$)을 포함하는 "PercentDifference"라는 새로운 변수를 생성하라. 차이비율 평균은 얼마인가?

c. x_3에 대해 자연로그를 포함하는 "Log"라는 새로운 변수를 생성하라. 로그값 평균은 얼마인가?

41. **FILE** ***Exercise_2.41.*** 첨부한 데이터셋에는 x_1, x_2, x_3의 3개 변수가 포함되어 있다

a. 각 관측치에 대해 x_1과 x_2 값의 차이(즉, $x_2 - x_1$)를 포함하는 "Difference"라는 새로운 변수를 생성하라. 차이 평균은 얼마인가?

b. 각 관측치에 대해 x_1과 x_2 값의 차이비율(즉, $(x_2 - x_1)/x_1$)을 포함하는 "PercentDifference"라는 새로운 변수를 생성하라. 차이비율 평균은 얼마인가?

c. x_3에 대해 자연로그를 포함하는 "Log"라는 새로운 변수를 생성하라. 로그값을 5개의 동일한 간격 그룹으로 구간화하라. 숫자 1(최소값)에서 5(최대값)를 사용하여 그룹에 레이블을 지정한다. 그룹 2에는 몇 개의 관측치가 있는가?

42. **FILE** ***Exercise_2.42.*** 첨부한 데이터셋에는 2개의 변수 *Date1*과 *Date2*가 포함되어 있다.

a. 각 관측치에 대해 연도의 *Date1*과 *Date2*의 차이를 포함하는 "DifferenceInYear"라는 새로운 변수를 생성하라. 연도의 차이 평균은 얼마인가? (힌트: Excel을 사용하여 이 문제를 완성하려는 경우 YEARFRAC 함수를 사용하라.)

b. *Date1*에서 추출한 월 값을 포함하는 새로운 변수를 "Month"로 생성하라. 월 값 평균은 얼마인가?

c. 4개의 동일한 간격 그룹으로 월 값을 구간화하라. 숫자 1(최소값)에서 4(최대값)를 사용하여 그룹에 레이블을 지정한다. 관측치가 가장 많은 그룹은 어디인가?

43. **FILE** ***Population.*** 미국 인구조사국은 매년 50개 주에 대한 인구를 기록하고 있다. 첨부한 표는 2010년에서 2018년까지의 이러한 데이터의 일부를 보여준다.

State	2010	2011	. . .	2018
Alabama	4,785,448	4,798,834	. . .	4,887,871
Alaska	713,906	722,038	. . .	737,438
⋮	⋮	⋮	⋮	⋮
Wyoming	564,483	567,224	. . .	577,737

a. 2017년 인구 값을 4개의 동일한 크기의 그룹으로 구간화하라. 숫자 1(최소값)에서 4(최대값)를 사용하여 그룹에 레이블을 지정한다. 그룹 4에 몇 개의 주가 할당되는가?

b. 2018년 인구 값을 4개의 동일한 크기의 그룹으로 구간화하라. 숫자 1(최소값)에서 4(최대값)를 사용하여 그룹에 레이블을 지정한다. 그룹 2에 몇 개의 주가 할당되는가? 파트 a와 b의 그룹을 비교하라. 2018년 인구가 2017년 인구보다 더 높은 그룹에 있는 주는 어디인가?

c. 2018년 인구 값을 다음 세 그룹으로 구간화하라: 100만 미만, 100만~500만, 500만 초과. 숫자 1(최소값)에서 3(최대값)을 사용하여 그룹에 레이블을 지정한다. 그룹 2에 할당된 관측치는 몇 개인가?

44. **FILE** ***Population.*** 데이터셋에 대한 설명은 이전 연습문제를 참조하라.

a. 각 주의 2018년 인구와 2017년 인구 간의 차이(즉, 2018년 인구 - 2017년 인구)를 포함하는 "Difference"라는 새로운 변수를 생성하라. 차이 평균은 얼마인가?

b. 주에 대한 2017년과 2018년 인구 값간의 차이비율(즉, 2018년 인구 - 2017년 인구)/2017년 인구)을 포함하는 "PercentDifference'라는 새로운 변수를 생성하라. 차이비율 평균은 얼마인가?

c. 주에 대한 2018년 인구 값에 대한 자연로그를 포함하는 "Log"라는 새로운 변수를 생성하라. 로그값을 5개의 동일한 크기의 그룹으로 구간화하라. 숫자 1(최소값)에서 5(최대값)를 사용하여 그룹에 레이블을 지정한다. 그룹 2에는 몇 개의 관측치가 있는가?

d. 주별로 2018년 인구 값의 제곱근을 포함하는 "SquareRoot"라는 새로운 변수를 생성하라. 제곱근값을 5개의 동일한 크기의 그룹으로 구간화하라. 숫자 1(최소값)에서 5(최대값)를 사용하여 그룹에 레이블을 지정한다. 그룹 2에는 몇 개의 관측치가 있는가?

e. 파트 c와 d의 그룹을 비교하라. 그룹이 같은가 아니면 다른가?

45. **FILE** ***Credit_Cards.*** 그렉 메트칼프(Greg Metcalf)는 국가 신용카드 회사에서 일하고 있으며, 신용카드 고객 중 일부에 대해 고객가치 분석을 수행하고 있다. 고객에 대한 RFM 분석을 수행하기 위해 그렉은 다지막 거래일(LastTransactionDate), 지난 2년간 총 거래수(Frequency)와 지난 2년간 총 지출액(Spending)을 포함하는 데이터셋을 작성했다. 데이터셋의 일부가 첨부된 표에 나와있다.

LastTransactionDate	Frequency	Spending
5/20/2017	407	41903
8/16/2018	454	35918
⋮	⋮	⋮
8/14/2017	49	27918

a. 그렉은 2019년 1월 1일과 마지막 거래일 사이의 일수를 계산하려고 한다. 마지막 거래 이후의 일수를 포함하는 새로운 변수 "DaysSinceLast"를 생성하라. (힌트: Excel을 사용하여 이 문제를 완성하려는 경우 DATEDIF 함수를 사용하라.) 모든 고객에 대해 마지막 구매 이후 평균 일수는 얼마인가?

b. 각 고객에 대한 RFM 점수를 생성하라. RFM 점수가 555인 고객은 몇 명인가? 그들의 평균 지출은 얼마인가?

c. 지난 2년간 총 지출액에 대한 자연로그를 포함하는 "LogSpending"이라는 새로운 변수를 생성하라. 로그값을 5개의 동일한 크기의 그룹으로 구간화하라. 숫자 1(최소값)에서 5(최대값)를 사용하여 그룹에 레이블을 지정한다. 그룹 2에는 몇 개의 관측치가 있는가?

d. 주문당 평균 지출액을 포함하는 "AverageOrderSize"라는 새로운 변수를 생성하라. 이는 지난 2년간의 총 지출액(Spending)을 총 거래수(Frequency)로 나누어 계산한다. AvergebinOrderSize 값을 5개의 동일한 간격 그룹으로 구간화하라. 숫자 1(최소값)에서 5(최대값)를 사용하여 그룹에 레이블을 지정한다. 그룹 2에는 몇 개의 관측치가 있는가?

e. 파트 c와 d의 그룹을 비교하라. 그룹이 같은가 아니면 다른가?

46. **FILE** ***Game_Players.*** TurboX는 액션, 역할극, 스포츠 등 3개 유형의 비디오 게임을 만드는 온라인 비디오 게임 회사이다. 이 회사는 밀레니얼 세대 고객을 이해하는 데 관심이 있다. 고객 데이터베이스와 고객 설문조사의 데이터를 결합하여 TurboX는 다음과 같은 변수를 갖는 데이터셋을 수집했다: 온라인 게임 구매경험에 대한 만족도(Satisfaction), 게임의 즐거움 수준(Enjoyment), 다른 사람에게 게임을 추천할지 여부(Recommend), 플레이한 게임의 유형(Type), 작년 게임에 지불한 총 지출(SpendingLastYear), 올해 게임에 지불한 총 지출(SpendingThisYear), 플레이어의 생년월일(BirthDate)이다.

Satisfaction	Enjoyment	Recommend	...	BirthDate
Satisfied	High	Neutral	...	7/30/1992
Very Satisfied	High	Will	...	10/17/1984
⋮	⋮	⋮	⋮	⋮
Neutral	High	Will	...	8/11/1988

a. 작년 게임에 지불한 총 지출을 4개의 동일한 크기의 그룹으로 구간화하라. 숫자 1(최소값)에서 4(최대값)을 사용하여 그룹에 레이블을 지정한다. 그룹 4에 할당된 고객은 몇 명인가?

b. 올해 게임에 지불한 총 지출을 4개의 동일한 간격의 그룹으로 구간화 하라. 숫자 1(최소값)에서 4(최대값)를 사용하여 그룹에 레이블을 지정한다. 그룹 3에 할당된 고객은 몇 명인가?

c. 올해 게임에 지불한 총 지출을 다음 세 그룹으로 묶는다: 250 미만, 250~500, 500 초과. 숫자 1(최소값)에서 3(최대값)을 사용하여 그룹에 레이블을 지정한다. 그룹 2에 할당된 관측치는 몇 개인가?

d. 플레이어에 대한 올해와 작년의 게임 지출 간의 차이(즉, SpendingThisYear - SpendingLastYear)를 포함하는 "Difference"라는 새로운 변수를 생성하라. 차이 평균은 얼마인가?

e. 플레이어에 대한 올해와 작년 게임 지출 간의 차이비율(즉, (SpendingThisYear - SpendingLastYear)/SpendingLastYear)을 포함하는 "PercentDifference"라는 새로운 변수를 생성하라. 차이비율 평균은 얼마인가?

f. 2019년 1월 1일을 기준으로 플레이어의 연령을 포함하는 새로운 변수 "Age"를 생성하라. 플레이어의 평균 연령은 얼마인가?

g. 플레이어의 생년월일로부터 추출한 출생 월을 포함하는 새로운 변수 "BirthMonth"를 생성하라. 가장 빈도가 높은 출생 월은 언제인가?

47. **FILE** ***Engineers.*** 엔지니어링 회사의 HR 관리자인 에린 토마스(Erin Thomas)는 회사의 엔지니어에 대한 데이터 분석을 수행하려고 한다. 데이터에 포함된 변수는 생년월일(BirthDate), Myers-Briggs 인성평가에 따른 성격유형(Personality), 연봉(Salary), 직급(Level), 취득한 전문자격증 수(Certificates)이다. 첨부된 표는 데이터셋의 일부를 보여준다.

BirthDate	Personality	Salary	Level	Certificates
7/31/1973	Explorer	48000	Engineer I	0
8/29/1967	Diplomat	44000	Engineer I	5
⋮	⋮	⋮	⋮	⋮
6/9/1972	Explorer	76000	Engineer II	4

a. 엔지니어의 2019년 1월 1일 기준 연령을 포함하는 새로운 변수 "Age"를 생성하라. 엔지니어의 평균 연령은 얼마인가?

b. 연령값을 3개의 동일한 크기의 그룹으로 구간화하라. 숫자 1(최소 연령값)에서 3(최고 연령값)을 사용하여 그룹에 레이블을 지정한다. 그룹 3에는 몇 개의 관측치가 있는가?

c. 연봉값을 4개의 동일한 간격의 그룹으로 구간화하라. 숫자 1(최저 연봉값)에서 4(최고 연봉값)를 사용하여 그룹에 레이블을 지정한다. 그룹 4에는 몇 명의 엔지니어가 있는가?

d. 취득한 전문자격증의 수를 다음의 3 그룹으로 구간화하라: 2개 미만, 2~4개, 4개 초과. 그룹에 "Low", "Medium", "High"로 레이블을 지정한다. "High" 그룹에는 몇 명의 엔지니어가 있는가?

48. **FILE** ***Patients.*** 제리 스티븐슨(Jerry Stevenson)은 애리조나주 스코츠데일(Scottsdale, AZ)에 있는 한 클리닉의 관리자이다. 그는 환자의 데이터를 분석하여 심혈관 질환에 대한 고위험 환자를 식별하려고 한다. 의학 문헌을 통해 그는 심혈관 질환의 위험이 환자의 연령, 체질량 지수(BMI), 운동량, 인종 및 교육수준에 의해 영향을 받는다고 알게 되었다. 제리는 그의 클리닉 환자에 대해 다음 변수를 포함한 데이터셋을 작성했다: 인종(Race), 교육수준(Education), 체중(분)(Weight), 키(미터)(Height), 생년월일(BirthDate), 주당 운동 시간(분)(Exercise). 첨부된 표는 데이터셋의 일부를 보여준다.

Race	Education	Weight	Height	BirthDate	Exercise
Non-Hispanic White	College	57	1.58	3/1/1982	138
Non-Hispanic Black	HS	80	1.71	2/14/1960	249
⋮	⋮	⋮	⋮	⋮	⋮
American Indian	Graduate	50	1.69	7/11/1992	264

a. 환자의 체질량 지수를 포함하는 "BMI"라는 새로운 변수를 생성하라. BMI는 킬로그램 단위의 체중/(미터단위의 키)^{2}로 계산된다. 환자의 평균 BMI는 얼마인가?

b. 환자의 2019년 1월 1일 기준 연령을 포함하는 새로운 변수 "Age"를 생성하라. 환자의 평균 연령은 어떻게 되는가?

c. 환자의 연령을 5개의 동일한 크기의 그룹으로 구간화하라. 숫자 1(가장 저연령)에서 5(가장 고연령)를 사용하여 그룹에 레이블을 지정한다. 그룹 4에는 몇 명의 환자가 있는가?

d. 환자의 주당 총 운동시간을 5개의 동일한 크기의 그룹으로 구간화하라. 숫자 1(최소값)에서 5(최대값)를 사용하여 그룹에 레이블을 지정한다. 그룹 5에는 몇 명의 환자가 있는가?

e. 환자의 BMI를 5개의 동일한 크기의 그룹으로 구간화하라. 숫자 1(최소값)에서 5(최대값)를 사용하여 그룹에 레이블을 지정한다. 그룹 1에는 몇 명의 환자가 있는가?

f. 파트 c, d, e에서 얻은 그룹 번호를 연결하여 각 환자에 대한 위험 점수를 생성하라. 555의 위험 군에는 몇 명의 환자가 있는가?

2.5 범주형 데이터 변환

LO 2.5

범주형 변수를 변환할 수 있어야 한다.

1장에서 논의한 바와 같이, 범주형 변수의 구별되는 특성을 식별하기 위해 레이블이나 이름을 사용한다. 예를 들어, 기업은 각 고객을 남성 또는 여성으로 식별할 수 있다. 여기서 고객의 성별은 두 범주를 나타내는 범주형 변수이다. 범주형 변수는 3개 이상의 범주로 정의할 수도 있다. 예를 들면 결혼상태(미혼, 기혼, 사별, 이혼, 별거)와 매니저의 성과(탁월, 좋음, 보통, 미흡)가 있다. 범주형 변수를 나타내기 위해 명목과 서열 척도를 사용한다는 것을 기억하자. 위의 예에서, 결혼상태와 매니저의 성과에 대한 측정척도는 각각 명목과 서열이다.

범주형 변수는 덜 정교한 측정수준을 나타내는 것으로 알려져 있지만, 분석에서 흔히 가장 중요한 변수이다. 예를 들어, 고객의 성별에는 고객의 지출 행동에 대한 가장 유용한 정보가 포함될 수 있다. 그러나 범주형 데이터는 데이터 랭글링에서 고유한 문제를 제시한다. 많은 분석기법들이 범주형 데이터를 직접 처리할 수 있는 능력이 제한되어 있기 때문에, 범주형 데이터를 단순화하거나 숫자 형식으로 변환하는 단계가 분석 전에 자주 수행된다. 이 절에서는 범주형 데이터 변환을 위한 세 가지 일반적인 접근방식인 범주축소, 더미변수 및 범주점수에 대해 논의한다.

범주축소

때로는 명목 또는 서열 변수에 너무 많은 범주가 있다. 이러한 경우 여러 가지 잠재적인 문제가 나타난다. 첫째, 범주가 너무 많은 변수는 수치형 변수의 단일 모수와 달리 범주형 변수의 범주들과 관련된 여러 모수들이 분석되어야 하기 때문에 모델 성능을 저하시킨다. 둘째, 변수에 거의 발생하지 않는 범주가 있는 경우 이러한 범주의 영향을 정확하게 파악하기 어렵다. 또한 상대적으로 작은 표본에는 특정 범주의 관측치가 포함되지 않을 수 있으므로, 나중에 모든 범주에 관측치가 있는 더 큰 데이터셋에 분석 모델을 적용할 때 오류가 발생한다. 셋째, 한 범주가 발생 측면에서 명백히 지배적이라면 범주형 변수는 긍정적인 영향을 미치지 못할 것이다. 모델링의 성공은 관측치를 구별할 수 있는지에 달려 있기 때문이다.

이러한 문제를 처리하는 효과적인 전략은 범주축소(category reduction)이며, 이는 더 적은 수의 겹치지 않는 범주를 생성하기 위해 일부 범주를 합치는 것이다. 적절한 범주의 수를 결정하는 것은 보통 데이터, 상황 및 분야의 기준에 따라 다르지만 몇 가지 일반적인 지침이 있다.

첫 번째 지침은 관측치가 거의 없는 범주를 결합하여 “기타(Other)” 범주를 생성할 수 있음을 나타낸다. 예를 들어 잠재 고객에 대한 인구학적 데이터를 포함하는 데이터셋에서 만약 많은 우편번호 범주에 몇 개의 관측치만 있는 경우, 이러한 관측치들에 대해 “기타(Other)” 범주를 만들도록 권장된다. 이 접근방식의 근거는 “기타(Other)” 범주에 대한 임계 질량을 생성하여 데이터의 패턴과 관계를 파악할 수 있도록 하는 것이다.

또 다른 지침에 따르면 유사한 영향을 미치는 범주들이 결합될 수 있다고 명시한다. 예를 들어, 대중교통 이용 패턴을 연구할 때, 탑승률이 주중에는 비교적 안정적으로 유지되고 주말에는 급격하게 변화하는 경향이 있다. 따라서 월요일부터 금요일까지의 데이터를 “주중(Weekdays)” 범주로, 토요일과 일요일을 “주말(Weekends)” 범주로 통합하여 데이터를 7개에서 단지 2개 범주로 단순화할 수 있다.

예제 2.6은 범주축소를 위해 R을 사용하는 방법을 보여준다.

예제 2.6

FILE ***Customers.*** 캐서린은 ***Customers*** 데이터셋에서 몇 가지의 통찰력을 얻은 후 인종을 분석하고자 한다. 그러나 현재의 형태에서는 데이터셋에 인종 변수의 범주의 수가 많아 의미 있는 분석을 수행할 능력이 제한된다. 게다가 일부 범주에는 관측치가 거의 없다. 따라서 후속 분석에 대한 데이터를 준비하기 위해 일련의 데이터 변환을 수행해야 한다. R을 사용하여 빈도가 가장 낮은 두 범주를 나타내는 기타(Other)라는 새로운 범주를 생성하라.

해답:

R 이용

a. ***Customers*** 데이터를 데이터프레임(테이블)으로 가져와서 myData라는 이름으로 지정한다.

b. 우선 각 Race 카테고리의 빈도를 점검하여 가장 빈도가 낮은 범주 2개를 식별한다. 다음과 같이 입력하라.

```
> table(myData$Race)
```

이 표는 American Indians와 Pacific Islanders가 각각 5개와 3개의 관측치만으로 가장 빈도가 낮은 두 범주임을 보여준다.

c. **ifelse** 함수를 사용하여 American Indians와 Pacific Islanders을 나타내는 Other 범주를 사용하기 위해 NewRace라는 새로운 변수를 생성한다. 다음과 같이 입력하라.

```
> myData$NewRace <- ifelse(myData$Race %in% c("American Indian",
"Pacific Islander"), "Other", myData$Race)
```

ifelse 함수는 Race 변수의 값을 평가하고, 만약 값이 American Indians 드는 Pacific Islanders인 경우 Other로 대체한다. 그렇지 않으면 원래 인종 값이 유지된다.

d. **table** 함수를 다시 사용하여 Other 범주에 8개의 관측치가 있는지 확인한다. 다음과 같이 입력하라.

```
> table(myData$NewRace)
```

e. **View** 함수를 사용하여 스프레드시트 스타일의 데이터를 보여준다. 다음과 같이 입력하라.

```
> View(myData)
```

19번째 고객이 Other 범주의 첫 번째 고객인지 확인한다.

더미변수

이후 장에서 논의되는 회귀모형과 같은 많은 분석모형에서 범주형 변수는 먼저 수치형 변수로 변환되어야 한다. 다른 모형의 경우 수치형 데이터를 처리하는 것이 변수의 각 범주와 관련된 의미론적 복잡성을 피하기 때문에 범주형 데이터보다 더 쉬운 경우가 많다. 지시변수 또는 이항변수라고도 하는 **더미변수(dummy variable)**는 변수의 두 범주를 설명하는 데 일반적으로 사용된다. 범주 중 하나에 대해 1의 값을 가정하고, 기준 또는 벤치마크 범주라고 하는 다른 범주에 대해 0의 값을 가정한다. 예를 들어, 여성을 기준 범주로 하여, 성별을 남성이 대해 1, 여성에 대해 0을 사용하여 분류하는 더미변수를 정의할 수 있다. 더미변수는 범주의 어떤 순위도 나타내지 않으므로 일반성의 손실 없이 남성을 기준 범주로 사용하여 여성의 경우 1, 남성이 경우 0으로 정의할 수 있다. 결과의 모든 해석은 기준 범주와 관련하여 이루어진다.

더미변수

지시변수 또는 이항변수라고도 하는 더미변수(dummy variable)는 1 또는 0값을 사용하여 범주형 변수의 두 범주를 설명한다.

종종 범주형 변수는 3개 이상의 범주로 정의된다. 예를 들어, 통근에 사용되는 교통수단은 대중교통(Public Transportation), 혼자 운전(Driving Alone) 및 카풀(Car Pooling)의 세 범주로 설명될 수 있다. 변수의 k개 범주가 주어지면, 일반적인 법칙은 마지막 범주를 기준으로 사용하여 $k-1$개의 더미변수를 생성하는 것이다, 교통수단 예제의 경우 두 개의 더미변수만 정의하면 된다. 두 더미변수 d_1과 d_2를 정의한다고 가정해보자. d_1은 대중교통의 경우 1, 그렇지 않으면 0이고, d_2는 혼자 운전의 경우 1, 그렇지 않으면 0이다. 여기서 기준 범주인 카풀은

$d_1 = d_2 = 0$일 때로 표시된다. 따라서 카풀에 세 번째 더미변수를 추가하면 정보 중복성이 발생할 수 있으며, 특정 분석모형은 k개의 더미변수로는 추정조차 할 수 없다.

예제 2.7은 R을 사용하여 더미변수를 생성하는 방법을 보여준다.

예제 2.7

FILE ***Customers.*** 새로운 아시아 지역풍의 식사세트를 위해, 캐서린은 고객의 미래행동을 예측하기 위해 고객이 가입한 채널을 이해하는 것이 중요하다고 생각한다. 예측모형에 Channel 변수를 포함시키기 위해 캐서린은 Channel 범주를 더미변수로 변환해야 한다. 웹 배너 광고가 유기농 식품 슈퍼스토어에서 사용되는 가장 일반적인 마케팅 도구이기 때문에, 그녀는 Web 채널을 기준 범주로 사용하여 다른 채널의 효과를 Web 채널과 관련하여 평가할 계획이다. R을 사용하여 Channel 변수에 대한 관련 더미변수를 생성하라.

해답:

R 이용

a. ***Customers*** 데이터를 데이터프레임(테이블)으로 가져와서 myData라는 이름으로 지정한다.
b. **ifelse** 함수를 사용하여 Channel 변수의 개별 범주에 대한 더미변수를 생성한다. **ifelse** 함수는 Channel 변수의 범주를 평가하여, 예를 들어 범주가 Referral인 경우 함수는 새로운 Channel_Referral 변수에 1을 할당하고 그렇지 않으면 0을 할당한다. 2개의 다른 더미변수인 Channel_SM과 Channel_TV가 유사하게 생성된다. 마지막 채널인 Web은 기준범주이므로 생략한다. 다음과 같이 입력하라.

```
> myData$Channel_Referral <- ifelse(myData$Channel == "Referral",
1, 0)
> myData$Channel_SM <- ifelse(myData$Channel == "SM", 1, 0)
> myData$Channel_TV <- ifelse(myData$Channel == "TV", 1, 0)
```

c. **View** 함수를 사용하여 스프레드시트 스타일 데이터를 보여준다. 다음과 같이 입력하라.

```
> View(myData)
```

첫 번째 관측치의 더미변수 값이 각각 0, 1, 0인지 확인한다.

R에는 더미변수를 생성하는 데 도움이 되는 dummy, dummies, fastDummies와 같은 패키지가 있다. 학생들은 이러한 다른 옵션을 탐색하고 실습하도록 권장한다.

범주점수

마지막으로 범주형 변수의 또 다른 일반적인 변환은 범주점수(category scores)를 생성하는 것이다. 이 접근방식은 데이터가 서열형이고 본질적인 순서가 있는 범주를 갖는 경우에 가장 적절하다. 예를 들어, 고객만족도 조사에서 만족도를 나타내기 위해 매우 불만족, 다소 불만족, 중립, 다소 만족, 매우 만족과 같은 서열척도를 사용하는 경우가 많다. 만족도 변수는 범주형이지만, 범주에 순서가 지정된다. 이러한 경우, 1은 매우 불만족하고 5는 매우 만족함을 나타내는 숫자 1부터 5까지를 사용하여 범주를 수치로 재코딩할 수 있다. 이 변환을 통해 특정 분석모형에서 범주형 변수를 수치형 변수로 처리할 수 있다. 이러한 변환을 사용하면, 범주형 변수를 여러 더미변수로 변환하거나 범주를 축소할 필요가 없다. 그러나 효과적인 변환을 위해, 범주점수 간 동일한 증가량를 가정하는데, 이는 특정 상황에서는 적절하지 않을 수 있다.

예제 2.8에서는 Excel과 R을 사용하여 범주형 변수를 범주점수로 변환하는 방법을 보여준다.

예제 2.8

FILE ***Customers.*** 새로운 아시아풍의 식사세트를 위해, 캐서린은 고객만족에 주의를 기울이고자 한다. 고객만족도 등급이 서열데이터를 나타내므로, 예측모형에서 변수를 더 쉽게 사용할 수 있도록 1 (Very Dissatisfied)에서 5 (Very Satisfied)까지의 범주점수로 변환하려고 한다. Excel과 R을 사용하여 Satisfaction 변수에 대한 범주점수를 생성하라.

해답:

Excel 이용

a. ***Customers*** 데이터 파일을 연다.
b. 셀 O1에 열제목 Satisfaction_Score를 입력한다. 셀 O2에 공식 =IF(M2="Very Satisfied", 5, IF(M2="Somewhat Satisfied", 4, IF(M2="Neutral", 3, IF(M2="Somewhat Dissatisfied", 2, 1))))를 입력한다. O2의 공식으로 O3:O201 범위를 채운다. 점수는 이제 고객이 유기농 식품 슈퍼스토어의 서비스에 만족하는 정도에 따라 정렬된다. 중첩된 IF문에 대한 자세한 내용은 예제 2.6을 보라. 처음 4개의 만족도 점수가 각각 1, 3, 5, 1임을 확인한다.

R 이용

a. ***Customers*** 데이터를 데이터프레임(테이블)으로 가져와서 myData라는 이름으로 지정한다.
b. 중첩 형식의 **ifelse** 함수를 사용하여 Satisfaction 변수에 대한 범주점수를 생성한다. 다음과 같이 입력하라.

```
> myData$Satisfaction_Score <- ifelse(myData$Satisfaction ==
"Very Dissatisfied", 1, ifelse(myData$Satisfaction == "Somewhat
Dissatisfied", 2, ifelse(myData$Satisfaction == "Neutral", 3,
ifelse(myData$Satisfaction == "Somewhat Satisfied", 4, 5))))
```

ifelse 함수는 Satisfaction 변수의 값을 평가하여, 만약 값이 Very Dissatisfied라면 함수는 새로운 Satisfaction_Score 변수에 1을 부여한다. 중첩 형식이므로 값이 Very Dissatisfied가 아니라 Somewhat Dissatisfied이면 함수는 2를 부여하는 식이다. Satisfaction 변수의 값이 처음 4개의 점수 중 하나가 아닌 경우, 함수는 Satisfaction_Score 변수에 5를 부여한다.

c. **View** 함수를 사용하여 스프레드시트 스타일의 데이터를 보여준다. 다음과 같이 입력하라.

```
> View(myData)
```

처음 4개의 만족도 점수가 각각 1, 3, 5, 1인지 확인한다.

연습문제 2.5

49. 다음 표에는 3개의 변수와 6개의 관측치가 있다.

Sex	Income	Decision
Female	95000	Approve
Male	65000	Approve
Female	55000	Need More Information
Male	72000	Reject
Male	58000	Approve
Male	102000	Approve

a. Sex를 더미변수로 변환하라. 가장 빈도가 높은 범주를 기준범주로 사용하라. 어느 범주가 기준범주인가?

b. Decision을 더미변수로 변환하라. 가장 빈도가 높은 범주를 기준범주로 사용하라. 어느 범주가 기준범주인가?

c. Decision 값을 범주점수 Approve = 1, Reject = 2, 그리고 Need More Information = 3으로 변환하라. 범주점수가 2인 관측치는 몇 개인가?

50. **FILE** ***Exercise_2.50.*** 첨부한 데이터셋에는 3개의 변수 x_1, x_2, x_3가 포함되어 있다.

a. 변수 x_1에는 "A"에서 "F"까지 범위의 6개 범주가 포함된다. 빈도가 가장 낮은 두 범주를 결합하여 범수 수를 5개로 축소하고, 새로운 범주의 이름을 "Other"라고 지정하라. "Other" 범주에는 몇 개의 관측치가 있는가?

b. 변수 x_2에는 "A"에서 "F"까지 범위의 6개 범주가 포함된다. 이 변수는 서열이며 범주가 정렬됨을 의미한다. "A"는 가장 낮은 수준을 나타내는 반면, "F"는 가장 높은 수준을 나타낸다. 범주 이름을 1(가장 낮음)에서 6(가장 높음)까지 범위의 범주점수로 변경하라. x_2의 평균 범주점수는 얼마인가?

c. 변수 x_3에는 순서 없는 4개의 범주가 포함되어 있다. 후속 분석을 용이하게 하기 위해 x_3을 더미변수로 변환해야 한다. 몇 개의 더미변수를 생성해야 하는가? Category1을 기준범주로 사용하여 더미변수를 생성하라.

51. **FILE** ***Exercise_2.51.*** 첨부한 데이터셋에는 2개 변수 Birthdate와 LoanDecision이 포함되어 있다.

a. LoanDecision에는 순서 없는 3개의 범주가 포함되어 있다. 후속 분석을 용이하게 하려면 LoanDecision을 더미변수로 변환해야 한다. 몇 개의 더미변수를 생성해야 하는가? "Need more information"을 기준범주로 사용하여 더미변수를 생성하라.

b. LoanDecision을 기반으로 새로운 변수를 생성하라. 새로운 변수에는 2개 범주 "Approve"와 "Not approve"가 있어야 한다. "Not approve" 범주는 "Reject"와 "Need more information" 범주를 결합한다. "Not approve" 범주에는 몇 개의 관측치가 있는가?

52. **FILE** ***Exercise_2.52.*** 첨부한 데이터셋에는 2개의 변수

x_1, x_2가 포함되어 있다.

a. 변수 x_1에는 "Low"에서 "High"까지 범위의 3개 범주가 포함되어 있다. 범주 이름을 범주점수로 변환하라(즉, 1 = "Low", 2 = "Medium", 3 = "High"). 범주점수가 3인 관측치는 몇 개인가?

b. x_2의 가장 빈도가 낮은 3개 범주를 결합하여 범주 수를 축소하라. 새로운 범주의 이름을 "Other"라고 지정하라. "Other" 범주에는 몇 개의 관측치가 있는가?

c. 새로운 x_2를 더미변수로 변환하라. 몇 개의 더미변수를 생성해야 하는가? "Other" 범주를 기준범주로 사용하여 더미변수를 생성하라.

53. **FILE** ***Exercise_2.53.*** 첨부한 데이터셋에는 3개의 변수 x_1, x_2, x_3가 포함되어 있다.

a. 변수 x_1에는 S, M, L의 3개 범주가 포함되어 있다. 범주 이름을 범주점수로 변환하라(즉, S = 1, M = 2, L = 3). 범주점수가 3인 관측치는 몇 개인가?

b. x_2를 적절한 수의 더미변수로 변환하라. 몇 개의 더미변수를 생성해야 하는가?

c. 변수 x_3에는 A, B, C 및 D의 4개 범주가 포함되어 있다. 2개의 최소 빈도 범주를 새로운 범주 E로 결합하여 범주 수를 축소하라. E범주에는 몇 개의 관측치가 있는가?

54. **FILE** ***Home_Loan.*** 주택대출 신청에 대한 정보를 포함하는 데이터의 다음 부분을 고려하라. 각 신청에서의 변수는 신청번호(Application), 신청이 통상적인지 연방주택기관의 보조금인지(LoanType), 부동산이 단독주택 또는 다세대 주택인지(PropertyType), 그리고 신청이 최초구매인지 재융자인지(Purpose)를 포함한다.

Application	LoanType	PropertyType	Purpose
1	Conventional	Single-family	Purchase
2	Conventional	Multi-family	Refinancing
⋮	⋮	⋮	⋮
103	Federal Housing	Single-family	Purchase

a. LoanType, PropertyType, Purpose 변수는 명목데이터인가, 서열데이터인가? 그 이유는 무엇인가?

b. LoanType, PropertyType, Purpose에 대해 가장 빈도가 높은 범주는 무엇인가?

c. 후속 분석을 용이하게 하기 위해 LoanType, PropertyType, Purpose를 더미변수로 변환하라. 가장 빈도가 높은 변수 범주를 기준범주로 사용하라. LoanType, PropertyType, Purpose의 기준범주는 어느 범주인가? 총 몇 개의 더미변수가 생성되는가?

55. **FILE** ***Shipment.*** 한 지역 택배 매장의 관리자는 너무 많은 택배물이 파손되거나 분실되었다고 생각한다. 그녀는 다음 변수를 갖는 75개의 패키지 샘플을 추출한다: 택배번호(Package), 택배상태(Status: Delivered, Damaged, Lost), 배달유형(Delivery: Standard, Express, Same day), 패키지 크기(Size: S, M, L, XL). 데이터의 일부가 첨부된 표에 나와있다.

Package	Status	Delivery	Size
1	Delivered	Standard	XL
2	Damaged	Express	S
⋮	⋮	⋮	⋮
75	Lost	Same day	M

a. Delivery 변수를 더미변수로 변환하라. 가장 빈도가 높은 범주를 기준범주로 사용하라. 몇 개의 더미변수를 생성해야 하는가? Delivery의 어느 범주가 기준범주인가?

b. Size 변수에서 빈도가 가장 낮은 두 범주를 Other라는 새로운 범주로 결합하라. 새 범주에는 몇 개의 관측치가 있는가?

c. Status 변수의 범주 이름을 점수 1 (Lost), 2 (Damaged) 또는 3 (Delivered)으로 변경하라. 75개 택배의 평균 상태점수는 얼마인가?

56. **FILE** ***Technician.*** 뇌우가 발생할 때마다 정비사는 서비스 지역의 송신탑을 점검해야 한다. 방문할 때마다 정비사는 데이터베이스에 타워번호(Tower), 단위모델(Model: A, B) 및 단위손상의 정도(Damage: None, Minor, Partial, Severe와 Total for a total loss)를 기록한다. 데이터의 일부는 첨부된 표에 나와있다.

Tower	Model	Damage
1	A	Minor
2	A	None
⋮	⋮	⋮
98	B	Partial

a. Model 변수를 더미변수로 변환하라. 몇 개의 더미변수를 생성해야 하는가?

b. Damage 변수를 4 (Total)에서 3 (Severe), 2 (Partial), 1 (Minor), 0 (None) 범위의 범주점수로 변환하라. 기지국의 평균 손상점수는 얼마인가?

57. **FILE** ***Game_Players.*** 문제 및 데이터셋에 대한 설명은 연습문제 2.46을 참조하라.

a. Satisfaction 변수는 Very Dissatisfied, Dissatisfied, Neutral, Satisfied, Very Satisfied의 5개 서열 범주

를 포함한다. 범주 이름을 1 (Very Dissatisfied)에서 5 (Very Satisfied)까지 범위의 점수로 변경하라. 플레이어들의 평균 만족도 점수는 얼마인가?

b. Enjoyment 변수는 Very Low, Low, Neutral, High, Very High의 5개 서열 범주를 포함한다. 범주 이름을 1 (Very Low)에서 5 (Very High)까지 범위의 점수로 변경하라. 플레이어들의 평균 즐거움 점수는 얼마인가?

c. Recommend 변수는 Definitely Will Not, Will Not, Neutral, Will, Definitely Will의 5개 서열 범주를 포함한다. 범주 이름을 1 (Definitely Will Not)에서 5 (Definitely Will)까지 범위의 점수로 변경하라. 플레이어들의 평균 추천점수는 얼마인가?

d. Type 변수는 순서가 없는 3개 게임범주(Action, Role Play, Sports)를 포함한다. 후속 분석을 용이하게 하기 위해 Type을 더미변수로 변환하라. 가장 빈도가 낮은 범주를 기준범주로 사용하라. 어느 범주가 기준범주인가? 몇 개의 더미변수를 생성해야 하는가?

58. **FILE** ***Engineers.*** 문제 및 데이터셋에 대한 설명은 연습문제 2.47을 참조하라.

a. Personality 변수에는 순서 없는 4개 개성 유형이 포함되어 있다: Analyst, Diplomat, Explorer, Sentinel. 후속 분석을 용이하게 하기 위해 에린은 이 변수를 더미변수로 변환해야 한다. 몇 개의 더미변수를 생성해야 하는가? Analyst 유형을 기준범주로 사용하여 더미변수를 생성하라. 기준범주에 있는 관측치는 몇 개인가?

b. Level 변수에는 Engineer I(가장 낮음), Engineer II, Senior Engineer(가장 높음)의 순서 있는 3개의 수준이 포함되어 있다. 직급이름을 1(가장 낮음)에서 3(가장 높음)까지 범위의 점수로 변경하라. 엔지니어의 평균 직급점수는 얼마인가?

59. **FILE** ***Patients.*** 문제 및 데이터셋에 대한 설명은 연습문제 2.48을 참조하라.

a. Race 변수는 American Indian, Asian/Pacific Islander, Hispanic, Non-Hispanic Black, Non-Hispanic White의 순서 없는 5개 범주를 포함한다. 가장 빈도가 낮은 두 범주를 결합하여 범주 수를 4개로 축소하라. 새로운 범주의 이름을 “Other”라고 지정하라. “Other” 범주에는 몇 개의 관측치가 있는가?

b. 새로운 범주가 있는 Race 변수를 더미변수로 변환하라. 데이터에서 가장 빈도가 높은 인종 범주를 기준범주로 사용하라. 어느 범주가 기준범주인가? 몇 개의 더미변수를 생성해야 하는가?

c. Education 변수는 HS(가장 낮은 학력수준), Some College, College, Graduate(가장 높은 학력수준)의 4개 서열 범주를 포함한다. 범주 이름을 1(가장 낮음)에서 4(가장 높음)까지 범위의 범주점수로 변경하라. Education의 평균 범주점수는 얼마인가?

2.6 데이터 분석

사례연구

카시우스 웨더비(Cassius Weatherby)는 소프트웨어와 하드웨어 제품을 생산하는 주요 기술 회사의 인사관리자이다. 그는 회사의 영업전문가의 순추천의향지수(net promoter score, NPS)를 분석하려고 한다. NPS는 0(가능성 없음)에서 10(매우 가능성 있음)의 척도로 고객에게 다른 사람에게 회사를 추천할 가능성을 질문하여 고객만족도와 충성도를 측정한다. 이 척도는 영업 기회의 많은 부분이 고객 추천에서 나오기 때문에 회사의 소프트웨어 비즈니스에 특히 중요한 지표이다. 카시우스는 영업전문가가 받는 NPS와 관련된 요인을 식별하려고 한다. 이러한 통찰력은 회사가 더 나은 채용 결정을 내리고 더 효과적인 교육 프로그램을 개발하는 데 도움이 될 수 있다.

회사 IT 그룹의 도움으로 20,000명 이상의 영업전문가의 기록이 포함된 데이터셋을 엔터프라이즈 데이터 웨어하우스에서 추출한다. 관련 변수에는 영업전문가가 할당된 제품라인, 연령, 성별, 회사 근무연수, 영업전문가가 대학학위를 받았는지, 마이어스-브릭스(Myers-Briggs) 인성평가에 따른 성격유형, 취득한 전문자격증의 수, 360도 연간 평가의 평균 점수, 기본 급여, 받은 NPS의 평균 점수가 포함된다. 카시우스는 데이터를 점검 및 검토하고 회사의 최고 경영진을 위한 보고서를 준비하는 임무를 맡고 있다.

샘플보고서—순추천의향지수(Net Promoter Scores) 평가

dizain/Shutterstock

순추천의향지수(NPS)는 고객만족도와 충성도의 핵심 지표이다. 이는 고객이 제품이나 회사를 다른 사람에게 추천할 가능성을 측정한다. 비즈니스용 소프트웨어 라인은 영업 기회를 창출하기 위해 고객 추천에 크게 의존하고 있기 때문에, 영업전문가가 받는 NPS는 향후 회사의 성공을 나타내는 핵심 지표이다.

총 2만 건의 영업전문가 레코드 중에서 소프트웨어 제품 그룹의 영업전문가만 선택하여 평균 NPS가 9 미만인 사람과 평균 NPS가 9 또는 10인 사람의 2범주로 나눈다. 고객이 영업전문가에게 NPS를 9 또는 10을 줄 경우, 고객은 "열정적 충성도"로 간주되는데, 이는 고객이 우리로부터 구매를 계속하고 그들의 동료들을 우리 회사에 의뢰할 가능성이 매우 높다는 것을 의미한다. 그런 다음 전문자격증의 수에 따라 영업전문가를 두 가지 범주로 나눈다: 0~3개의 전문자격증을 보유한 사람과 4개 이상의 전문자격증을 보유한 사람이다. 표 2.9에 결과가 나와있다. 소프트웨어 제품 그룹에 속한 12,130명의 영업전문가 중 65.57%가 4개 미만의 전문자격증을 취득한 반면, 34.43%는 4개 이상을 취득했다. 그러나 4개 이상의 전문자격증과 NPS 값 사이에는 연관성이 있는 것으로 보인다. NPS 9 또는 10을 받은 경우, 62.60%가 최소 4개의 전문자격증을 취득했다. 마찬가지로, NPS가 9 미만인 경우 73.00%가 4개 미만의 전문자격증을 취득한 것으로 나타났다.

이는 단순히 높은 성과를 내는 직원들이 전문자격증을 취득하기 위해 스스로 동기를 부여하는 경향이 있음을 시사할 수 있지만, 우리는 또한 충분한 기술지식을 갖춘 영업전문가가 고객과 효과적으로 의사소통하고 기술 솔루션을 찾는 데 도움을 주어 고객만족도와 충성도를 높일 수 있다고 생각한다. 교육 및 개발 프로그램은 직원들이 관련 자격증을 취득하고 필요한 기술지식을 습득할 수 있도록 돕는 데 더 중점을 두어야 한다.

표 2.9 자격증 수 및 NPS 값별 영업전문가

Number of certificates	Full Sample (n = 12,130)	NPS < 9 (n = 9,598)	NPS ≥ 9 (n = 2,532)
0 to 3	65.57%	73.00%	37.40%
4 or more	34.43%	27.00%	62.60%

다음 NPS 분류에 따라 영업전문가를 성격유형에 기초한 범주로 분류한다. 표 2.10은 결과를 보여준다. 전문자격증 외에도 성격유형이 NPS 값과 연결되어 있음을 발견했다. 4개 성격유형 중, Diplomats과 Explorers가 소프트웨어 그룹 모든 영업전문가 중 72.69%를 차지한다. 그러나 NPS 값을 기준으로 직원을 나눌 때, 이 두 성격유형은 평균 NPS가 9 또는 10인 그룹의 91.63%를 차지하는 반면, 9개 미만의 NPS 그룹은 67.69%에 불과하다.

표 2.10 성격유형 및 NPS 값별 영업전문가

Myers-Briggs Personality Type	Full Sample (n = 12,130)	NPS < 9 (n = 9,598)	NPS ≥ 9 (n = 2,532)
Analyst	12.13%	14.47%	3.24%
Diplomat	35.62%	33.07%	45.30%
Explorer	37.07%	34.62%	46.33%
Sentinel	15.19%	17.84%	5.13%

또한 연령, 성별, 학력, 판매량 및 수수료와 같은 다른 변수에 의한 NPS의 차이를 검사했지만 NPS 범주에서 상당한 차이를 찾지 못했다. 직원의 급여 및 재직기간과 같은 다른 변수는 초기 분석에 포함되지 않았다.

이 분석의 통찰력을 바탕으로 영업전문가에 대한 보다 포괄적인 분석을 수행하기 위해 회사가 분석 태스크포스를 임명할 것을 요청한다. 우리는 분석이 NPS 값을 결정하기 위한 관련 요소들 중에서 전문자격증과 성격에 초점을 맞출 것을 강력히 제안한다. 최소한으로 태스크포스의 두 가지 목표에는 (1) 직원들이 관련 전문자격증을 취득할 수 있도록 돕기 위한 교육 및 개발 프로그램을 재설계하고 (2) 채용 결정의 일부로 성격유형을 사용하는 것의 효과성에 대한 권장사항을 포함해야 한다.

사례연구 제안

데이터 랭글링은 모든 데이터 분석 프로젝트에서 중요한 단계이다. 이 장에서 설명하는 데이터 점검, 준비 및 변환 방법은 많은 데이터셋에 적용할 수 있다. 이 교재와 함께 제공되는 빅데이터를 사용하는 다음과 같은 사례연구들이 제안된다.

보고서 2.1 **FILE** ***Car_Crash.*** 위치, 요일, 충돌 유형 및 조명 조건에 따라 데이터셋을 부분집합화 하라. 이러한 데이터 부분집합을 비교하여 흥미로운 패턴을 찾아라. 충돌 사망률과 앞서 언급한 변수들 사이의 연관성을 식별할 수 있는가? 결측치가 있는가? 결측치를 처리하는 데 어떤 전략을 사용해야 하는가? 많은 변수가 범주형이므로, 분석 전에 더미변수로 변환하는 것을 고려해야 한다.

보고서 2.2 **FILE** ***House_Price.*** 침실 수, 욕실 수, 집 면적, 대지 면적, 집의 연령과 같은 변수를 기반으로 데이터를 부분집합화 하라. 주택 가격을 예측할 때 제거할 수 있는 변수는 무엇인가? 치우친 분포를 보이는 변수가 있는가? 만약 있다면, 이들 변수에 대해 로그 변환을 수행하라. 구간화 전략을 사용하여 일부 숫자 값을 범주값으로 변환하는 것이 합리적인가? 이러한 상황에서 동일한 크기 또는 동일한 간격 중 어느 구간화 전략이 더 적절한가?

보고서 2.3 **FILE** ***Longitudinal_Survey.*** 연령, 성별 또는 인종을 기준으로 데이터를 부분집합화 하라. 데이터에 결측치가 있는가? 결측치를 처리하는 데 어떤 전략을 사용해야 하는가? 기존 변수를 사용하여 새로운 변수가 생성될 수 있는지 고려하라. 구간화를 통해 수치형 변수를 변환하고 더미변수를 생성하여 범주형 변수를 변환할 수 있는 기회를 탐색하라.

보고서 2.4 **FILE** ***TechSales_Reps.*** 수치형 변수의 일부에 데이터 분포의 비대칭이 존재하는지 고려하고, 만약 있다면 데이터를 덜 치우친 분포로 변환하는 방법을 결정하라. 일부 변수의 범주 수를 줄이는 것이 합리적인가? 데이터의 부분집합화 하고 평균 및 빈도수와 같은 간단한 요약 측정치를 사용하여 부분집합 간에 어떤 차이가 있는지 확인하라.

3 데이터 시각화 및 요약척도

Data Visualization and Summary Measures

학습목차_Chapter Contents

학습목표_Learning Objectives

이 장을 학습한 후에,

LO **3.1** 범주형 및 수치형 변수를 시각화할 수 있어야 한다.
LO **3.2** 분할표와 누적막대그래프를 작성하고 해석할 수 있어야 한다.
LO **3.3** 산점도를 작성하고 해석할 수 있어야 한다.
LO **3.4** 범주형 변수를 포함한 산점도, 버블차트, 선그래프 및 히트맵을 작성하고 해석할 수 있어야 한다.
LO **3.5** 요약척도를 계산하고 해석할 수 있어야 한다.
LO **3.6** 이상치를 식별하기 위해 상자그림 및 z-점수를 사용할 수 있어야 한다.

사람들은 흔히 데이터에 의해 제공된 정보를 원시 형태로 처리하는 데 어려움을 겪는다. 이 장에서는 데이터를 정리하여 제시하는 데 도움이 되는 요약척도와 함께 표와 그래픽 도구를 소개한다. 우선 빈도분포를 작성하여 단일 변수를 요약한다. 빈도분포는 데이터를 축약하고 요약하는 표 형식의 방법이다. 빈도분포를 시각적으로 표현하기 위해 범주형 변수에 대한 막대그래프, 수치형 변수에 대한 히스토그램을 작성한다.

다음으로 범주형 변수에 대한 분할표와 누적 수직막대그래프를 작성하고 수치형 변수에 대한 산점도를 작성하여 두 변수 간의 관계를 검토한다. 또한 범주형 변수를 가진 산점도, 버블차트, 선그래프 및 히트맵을 포함한 추가적인 데이터 시각화에 대해서도 설명한다.

그 다음, 요약척도에 초점을 맞춘다. 이러한 척도는 계산, 해석 및 서로 비교가 쉬운 정확하고 객관적으로 결정된 값을 제공한다. 마지막으로, 이상치를 탐지하는 두 가지 일반적인 방법인 상자그림과 z-점수(표준화점수)를 검토한다.

©Tzido Sun/Shutterstock

도입사례 _Introductory Case_

투자 결정

FILE ***Growth_Value.*** 도로시 브레넌(Dorothy Brennan)은 한 대형 투자회사의 재정 고문으로 일하고 있다. 그녀는 뮤추얼펀드 투자에 대한 두 가지 접근방법, 즉 성장투자 대 가치투자에 대해 몇 가지 질문을 가지고 있는 경험이 없는 투자자를 만난다. 투자자는 성장펀드가 전체 주식시장에 비해 주가가 더 빠른 속도로 성장할 것으로 예상되는 기업에 투자한다고 들었다. 반면 가치펀드는 주가가 실제 가치보다 낮은 기업에 투자한다. 또한 투자자는 투자수익의 주요 구성요소가 성장펀드의 자본가치 상승과 가치펀드의 배당수익을 통한 것이라고 들었다.

투자자는 도로시에게 피델리티 성장지수(Fidelity's Growth Index) 뮤추얼펀드(Growth)와 피델리티 가치지수(Fidelity's Value Index) 뮤추얼펀드(Value)의 연간수익률 데이터를 보여준다. 표 3.1은 1984년부터 2018년까지 이 두 뮤추얼펀드의 연간수익률(%)을 나타낸다.

표 3.1 Growth와 Value의 연수익률(%)

Year	Growth	Value
1984	−4.53	−17.34
1985	36.76	15.67
⋮	⋮	⋮
2018	−5.5	−8.59

투자자가 현재 형태의 데이터로 결론을 내리기는 어렵다. 도로시는 성장투자 대 가치투자의 스타일 차이를 명확히 하기 위해 샘플 정보를 사용하여 다음을 수행하려고 한다.

1. 두 뮤추얼펀드의 일반적인 수익을 계산하고 해석한다.
2. 두 뮤추얼펀드의 투자 위험을 계산하고 해석한다.
3. 어느 뮤추얼펀드가 위험 대비 더 큰 수익을 제공하는지 결정한다.

이 도입사례에 대한 분석결과는 3.4절의 마지막에 제시되어 있다.

3.1 범주형 및 수치형 변수 시각화 방법

LO 3.1

범주형 및 수치형 변수를 시각화할 수 있어야 한다.

이 절에서는 단일 변수에 관한 데이터를 정리하여 제시하는 데 도움이 되는 몇 가지 표와 그래프 도구를 제시한다. 범주형 변수와 수치형 변수를 모두 요약하기 위한 일반적인 방법을 검토한다.

범주형 변수 시각화 방법

1장에서 범주형 변수(categorical variable)는 레이블 또는 이름을 나타내는 관측치로 구성된다는 사실을 기억하자. 예를 들어, 설문조사 참가자는 흔히 자신의 성별이나 인종을 표시하거나 제품의 등급을 제공하도록 요청받는다. 범주형 변수로 표시되는 경우에는 보통 빈도분포 또는 막대그래프로 데이터를 요약하는 것이 유용하다. 우선 빈도분포의 작성에 대해 논의한다. 다음 예를 고려하자.

범주형 변수에 대한 빈도분포

FILE *Myers_Briggs.* 대형 기술회사의 인사부서가 마이어스-브릭스(Myers-Briggs) 평가에 기초하여 각 직원의 성격유형에 관한 인사정보를 유지한다고 가정하자. 마이어스-브릭스 평가는 성격유형을 네 가지 범주로 분류한다.

- 분석가형(Analysts): 분석가는 개방적이고 의지가 강한 경향이 있다. 독립적으로 일하는 것을 좋아하고, 일반적으로 매우 실용적인 관점을 가지고 문제에 접근한다.
- 외교관형(Diplomats): 외교관은 사람들에 관심이 있고, 다른 사람들에 대해 상당한 공감 능력을 가지고 있다.
- 탐험가형(Explorers): 탐험가는 어려운 상황에서 신속하고 합리적인 결정을 하는 데 능숙한 경향이 있다.
- 관리자형(Sentinels): 관리자는 안정성, 질서, 보안성을 좋아하고, 열심히 일하고 꼼꼼한 경향이 있다.

표 3.2는 직원 1,000명에 대한 마이어스-브릭스 평가 결과의 일부를 보여준다. 마이어스-브릭스 변수는 명목척도인 범주형 변수이며 표 3.2의 관측치는 단순히 레이블을 나타낸다. 이 형식 즉 원시 형태로 표시되는 데이터는 해석하기가 매우 어렵다. 원자료를 **빈도분포(frequency distribution)**로 변환하는 것은 데이터를 보다 쉽게 관리하고 평가하기 위한 첫 단계이다.

표 3.2 마이어스-브릭스 평가 결과

Employee	Myers-Briggs Assessment
1	Diplomat
2	Diplomat
⋮	⋮
1000	Explorer

표 3.3에서 보이는 바와 같이 변수의 범주는 빈도분포의 첫 번째 열을 형성한다. 그런 다음 각 범주에 속하는 직원 수를 기록한다. 표 3.3으로부터 탐험가 성격유형이 가장 높은 빈도

로 발생하는 반면 분석가 성격유형은 가장 적은 빈도로 발생한다는 것을 쉽게 알 수 있다. 일부 애플리케이션에서는, 특히 크기가 다른 데이터셋을 비교할 때, 빈도보다는 각 카테고리의 상대빈도에 초점을 맞추어 요구에 더 잘 제공할 수 있다. 각 범주의 상대빈도는 빈도를 표본 크기로 나누어 계산하며, 100을 곱하여 상대빈도를 백분율로 쉽게 변환할 수 있다. 표 3.3은 직원의 40.4%가 탐색가 성격유형에 속한다는 것을 보여준다.

표 3.3 마이어스-브릭스 변수에 대한 빈도분포

Personality Type	Frequency	Relative Frequency
Analyst	116	0.116
Diplomat	324	0.324
Explorer	404	0.404
Sentinel	156	0.156

빈도분포를 사용하여 범주형 변수 표시

범주형(categorical) 변수에 대한 빈도분포(frequency distribution)는 데이터를 범주로 그룹화하고 각 범주에 속하는 관측치 수를 기록한다. 각 범주의 상대빈도는 각 범주에 속한 관측치의 비율과 같다.

막대그래프

다음으로, 빈도분포의 그래픽 표현을 보여준다. 우선 수직의 **막대그래프(bar chart)**를 작성하고, 때로 열(column) 차트라고 한다. 각 막대의 높이는 해당 범주의 빈도 또는 상대빈도와 같다. 그림 3.1은 마이어스-브릭스 변수에 대한 막대그래프를 보여준다.

그림 3.1 마이어스-브릭스 변수에 대한 막대그래프

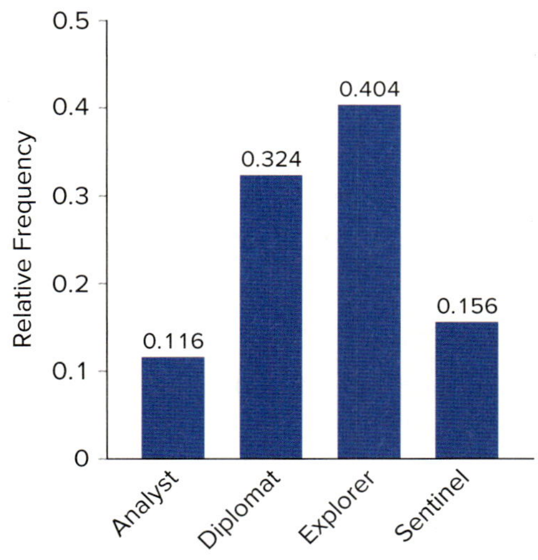

막대그래프를 사용하여 범주형 변수 표시

막대그래프(bar chart)는 범주형 변수의 각 범주에 대한 빈도 또는 상대빈도를 일련의 수평 또는 수직 막대로 나타내며, 그 길이는 표시할 값에 비례한다.

예제 3.1

FILE ***Transit_Survey.*** 최근 한 도시의 대학이 탄소 배출량을 줄이고 연방 청정공기법(Clean Air Act)를 준수하기 위한 노력의 일환으로 교통수단 조사를 실시했다. 이 조사는 하루의 출퇴근 패턴을 파악하기 위해 학생, 교수, 교직원에게 배포되었다. 질문 중 하나는 다음과 같다: 일반적인 학교 주간에 집에서 학교로 어떻게 통근하는가? 가능한 응답으로는 자가운전(Drive_Alone), 대중교통(Public_Transit), 자전거(Bicycle), 도보(Walk), 기타(Other)가 있다. 600명이 조사에 응답했고, 표 3.4는 조사결과의 일부를 보여준다.

표 3.4 Transit_Survey 데이터

Respondent	Mode of Transportation
1	Bicycle
2	Public_Transit
⋮	⋮
600	Walk

Excel과 R을 사용하여 빈도분포와 막대그래프를 작성하고 결과를 요약하라.

중요: 글꼴 및 유형 설정이 다르기 때문에 이 텍스트에서 Excel과 R 함수를 복사하여 Excel 또는 R로 직접 붙여 넣으면 오류가 발생할 수 있다. 이러한 오류가 발생하면 따옴표, 괄호 등의 특수문자를 대체하거나 함수에서 추가 공백을 삭제해야 할 수 있다.

해답:

Excel 이용

a. ***Transit_Survey*** 데이터 파일을 연다.

b. 열(column) 제목인 교통수단(Mode of Transportation)과 응답자수(Number of Respondents)를 D1셀과 E1셀에 각각 입력한다. D2셀에 행(row) 제목 자가운전(Drive_Alone)을 입력한다. E2셀에 수식 =COUNTIF(A2:A601, "Drive_Alone")을 입력하고, D3셀에 행 제목 대중교통(Public_Transit)을 입력한다. E3셀에 =COUNTIF(A2:A601, "Public_Transit") 수식을, D4셀에 행 제목 자전거(Bicycle)를 입력한다. E4셀에 수식 = COUNTIF(A2:A601, "Bicycle")를 입력하고, D5셀에 행 제목 도보(Walk)를 입력한다. E5셀에 수식 = COUNTIF(A2:A601, "Walk")를, D6셀에는 행 제목 기타(Other)를 입력한다. E6셀에 수식 = COUNTIF(A2:A601, "Other")를 입력한다. 표 3.5는 빈도분포를 보여준다.

표 3.5 Transit_Survey 데이터에 대한 빈도분포

Mode of Transportation	Number of Respondents
Drive_Alone	57
Public_Transit	273
Bicycle	111
Walk	141
Other	18

c. D2:E6셀을 선택한다. **삽입(Insert) > 막대형 차트 삽입(Insert Bar Chart)**을 선택한다. 왼쪽 상단에서 옵션을 선택한다. [**삽입(Insert)**을 선택한 후 이 옵션을 찾는 데 문제가 있는 경우, **차트(Charts)** 위의 수평막대그래프를 찾는다.] 그림 3.2는 막대그래프를 보여준다. 이 경우 수평 막대그래프를 작성한다. 수직막대그래프를 작성하려면 **삽입(Insert) > 세로 막대형 차트(Column Chart)**를 선택한다.

그림 3.2 ***Transit_Survey*****에 대한 막대그래프**

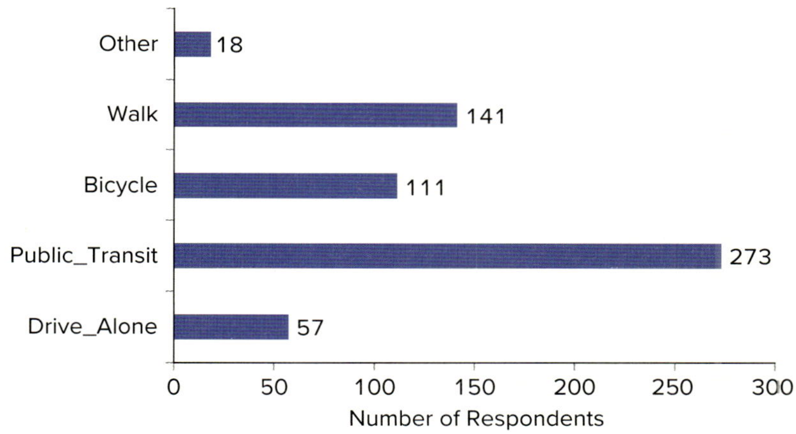

d. 그래프의 오른쪽 상단에 있는 '+' 기호를 선택하거나 메뉴에서 **차트요소 추가(Add Chart Elements)**를 선택하여 서식(축 제목, 눈금선 등)을 지정할 수 있다. 막대그래프(또는 수직막대그래프)에 빈도를 표시하려면 차트요소 팝업 상자에 있는 데이터 레이블 옆의 상자를 선택한다.

R 이용

2장에서 언급한 바와 같이, 모든 R 지침을 따르기 전에 부록 C ("R 시작하기")를 읽었는지 확인하라. R과 RStudio를 다운받았고, Excel 파일을 가져오는 방법을 알고 있다고 가정한다. 교재 전체에서 목표는 관련 출력물을 구하는 가장 간단한 방법을 제공하는 것이다. 모든 함수명은 **굵은 글꼴(boldface)**로 표시하고 함수 내의 모든 *옵션은 기울임꼴(italics)*로 표시한다. R은 대소문자를 구분한다는 점을 명심하는 것이 중요하다.

a. ***Transit_Survey*** 데이터를 데이터프레임(테이블)으로 가져와서 myData라는 이름으로 지정한다.

b. table 함수를 사용하여 Frequency로 레이블된 빈도분포를 작성한다. 부록 C에 요약된 바와 같이 일반적으로 $var 표현을 사용하여 데이터프레임 내에서 변수를 식별한다. 여기서 var는 변수명을 나타낸다. 여기서 변수명 Mode of Transportation은 둘 이상의 단어로 구성되어 있으므로 변수명을 따옴표로 묶어야 한다. Frequency를 다시 입력하면 결과로 나타나는 빈도분포가 그다지 매력적이지 않다는 것을 알 수 있다. 이러한 이유로, 우리는 더 매력적인 빈도분포를 만들기 위해 **View** 함수를 사용한다. 2장에서 **View** 함수가 스프레드시트 스타일의 데이터 뷰어를 생성한다는 사실을 상기한다. 다음과 같이 입력하라.

```
> Frequency <- table(myData$'Mode of Transportation')
> Frequency
> View(Frequency)
```

표 3.5에 나타나는 것과 비교하여 R이 작성하는 빈도분포의 유일한 차이점은 범주명이 알파벳 순서로 정렬된다는 것이다.

c. barplot 함수를 사용하여 막대그래프를 작성한다. R은 서식을 위한 다양한 옵션을 제공한다. 여기에서 *main*을 사용하여 제목을 추가하고, *xlab*을 사용하여 x축 레이블을 제공하고, *horiz*를 사용하여 수평 막대그래프를 표시하고, *col*을 사용하여 색상을 정의하고, *xlim*을 사용하여 가로 축 단위를 0에서 300까지 확장하고, *las* = 1을 사용하여 범주명을 y축에 수직으로 표시하고, *cex.names*으로 범주명이 잘리지 않도록 글꼴크기를 줄인다. 마지막으로 **abline** 함수를 사용하여 y축을 삽입한다.

```
> barplot(Frequency,main="Bar Chart for Transit Survey",
xlab="Number of Respondents", horiz=TRUE, col="blue",
xlim=c(0,300), las=1, cex.names=0.5)
> abline(v=0)
```

그림 3.2에 나타난 것과 비교하여 R이 작성하는 막대그래프에는 몇 가지 차이점이 있지만 이들은 외견상 차이이다.

요약

표 3.5와 그림 3.2는 이 도시 대학의 가장 일반적인 통근수단은 대중교통임을 보여준다. 걷기와 자전거 타기는 다음으로 일반적인 통근수단이다. 이러한 결과는 도시에 위치한 대학에서는 놀라운 일이 아니다.

수치형 변수 시각화 방법

수치형 변수(numerical variable)를 사용하면 각 관측치는 의미 있는 양 또는 개수를 나타낸다. 제약회사가 보유한 특허 수(개수)와 가계소득(금액)이 수치형 변수의 예이다. 범주형 변수와는 본질적으로 다르지만 여전히 빈도분포를 사용하여 수치형 변수를 요약한다.

수치형 변수에 대한 빈도분포

범주형 변수에 대한 빈도분포를 작성할 때 원자료는 잘 정의된 방식으로 범주화할 수 있다; 단순히 각 범주의 관측치 수를 계산하면 된다. 수치형 변수의 경우 범주 대신 일련의 구간(때로 클래스라고도 함)을 작성한다. 각 구간의 폭뿐만 아니라 구간의 수에 대해서도 어떤 결정을 내려야한다. 이러한 결정을 할 때 다음 지침을 고려한다.

- *구간(intervals)은 상호배타적(mutually exclusive)이다.* 예를 들어 빈도분포의 처음 두 구간이 $300 < x \leq 400$ 및 $400 < x \leq 500$으로 정의된다고 가정하자. 여기서 x는 관측치의 값이다. $x = 400$이면 첫 번째 구간에 속한다. 즉, 구간이 겹치지 않고, 각 관측치는 하나의 구간에만 속한다.
- *빈도분포의 총 구간 수는 일반적으로 5~20이다.* 작은 데이터셋은 큰 데이터셋보다 더 적은 수의 구간을 갖는 경향이 있다. 빈도분포를 작성하는 목표는 그룹 전체를 정확하게 나타내는 형태로 데이터를 요약하는 것임을 기억하자. 구간이 너무 많으면 빈도분포의 이점이 없어진다. 마찬가지로 빈도분포에 클래스가 너무 적으면 상당한 정확도와 상세성이 손실된다.
- *구간은 전체포괄적(exhaustive)이다.* 총 구간수는 전체 표본(또는 모집단)을 포함한다.
- *구간한계(interval limits)는 쉽게 인식하고 해석할 수 있다.* 예를 들어, $-8 < x \leq 2$, $2 < x \leq 12$ 등 구간보다 $-10 < x \leq 0$, $0 < x \leq 10$ 등이 선호된다. 또한 각 구간의 폭을 근사하기 위한 시작점으로서 우리는 보통 공식을 사용한다: (최대 관측치 − 최소 관측치) / (구간 수).

> **빈도분포를 사용하여 수치형 변수 표시**
>
> 수치형(numerical) 변수의 경우 빈도분포는 데이터를 구간으로 그룹화하고 각 구간에 속하는 관측치의 수를 기록한다. 각 구간에 대한 상대빈도는 각 구간에 있는 관측치의 비율과 같다.

도입사례의 Growth 변수는 데이터가 1984년부터 2018년까지 피델리티 성장지수 뮤추얼펀드에 대한 연간수익률(%)을 반영하기 때문에 수치형 변수이다. 여기에서 6개의 구간으로 빈도분포를 만들 것이다. Growth 변수에 대한 최소 및 최대 관측치는 각각 −40.9와 79.48이다. (요약척도를 구하는 방법은 3.4절에서 논의된다.) 각 구간의 폭을 구하기 위해 근사공식을 사용하여 $(79.48 - (-40.9))/6 = 20.0633$을 산출하라. 그러나 폭이 20.0633인 구간에는 쉽게 인식할 수 있는 한계가 없다. 이러한 이유로 첫 번째 구간의 하한을 −50으로 정의하고 각 구간의 폭을 25, 즉 $-50 < x \leq -25$, $-25 < x \leq 0$ 등으로 지정한다. 여기서 x는 연간수익률이다.

표 3.6에 제시된 바와 같이 데이터는 빈도분포를 사용하여 더 잘 관리할 수 있지만, 실제 관측치를 더 이상 볼 수 없기 때문에 일부 세부정보가 손실된다. 빈도분포에서, 이제 Growth 변수에 대한 가장 가능성이 높은 수익률이 0%와 25% 사이라는 것을 쉽게 관찰할 수 있다; 이 구간에 17개의 관측치가 있었다. 또한 어떤 관측치도 50%와 75% 사이에 속하지 않으며, 단 한 개의 관측치만 75%와 100% 사이에 속한다는 점에 주목한다; 나중에 이 관측치를 이상치라고 한다는 것을 알게 될 것이다. 빈도 열의 값을 합산하면 표본크기(또는 n)가 35임을 나타

낸다. 각 구간에 대한 상대빈도는 빈도를 표본크기로 나누어 다시 계산된다. 이전과 마찬가지로 상대빈도는 100을 곱하여 백분율로 변환할 수 있다. 표 3.6의 세 번째 열은 Growth 변수에 대한 수익률의 48.57%가 0%에서 25% 사이에 속한다는 것을 보여준다.

표 3.6 Growth에 대한 빈도분포

Interval (in %)	Frequency	Relative Frequency
$-50 < x \leq -25$	3	0.0857
$-25 < x \leq 0$	5	0.1429
$0 < x \leq 25$	17	0.4857
$25 < x \leq 50$	9	0.2571
$50 < x \leq 75$	0	0
$75 < x \leq 100$	1	0.0286

히스토그램

다음은 빈도분포의 그래프 표현을 보여준다. 수치형 데이터의 경우 **히스토그램(histogram)**은 근본적으로 범주형 데이터에 사용되는 수직막대그래프에 해당한다.

히스토그램을 작성할 때 일반적으로 수평 축을 따라 구간한계를 표시하며, 각 막대의 높이는 각 구간에 대한 빈도 또는 상대빈도를 나타낸다. 구간한계 사이에 간격이 나타나지 않는다.

> **히스토그램을 사용하여 수치형 변수 표시**
>
> 히스토그램(histogram)은 각 직사각형의 너비와 높이가 각 구간의 간격 폭과 빈도(또는 상대빈도)를 나타내는 일련의 직사각형이다.

그림 3.3은 표 3.6의 빈도분포에 대한 히스토그램을 보여준다. 시각적 표현의 장점은 대부분의 관측치가 군집화 하는 경향이 있는 위치뿐만 아니라 데이터의 분포와 모양을 빠르게

그림 3.3 Growth의 연수익률(%)에 대한 히스토그램

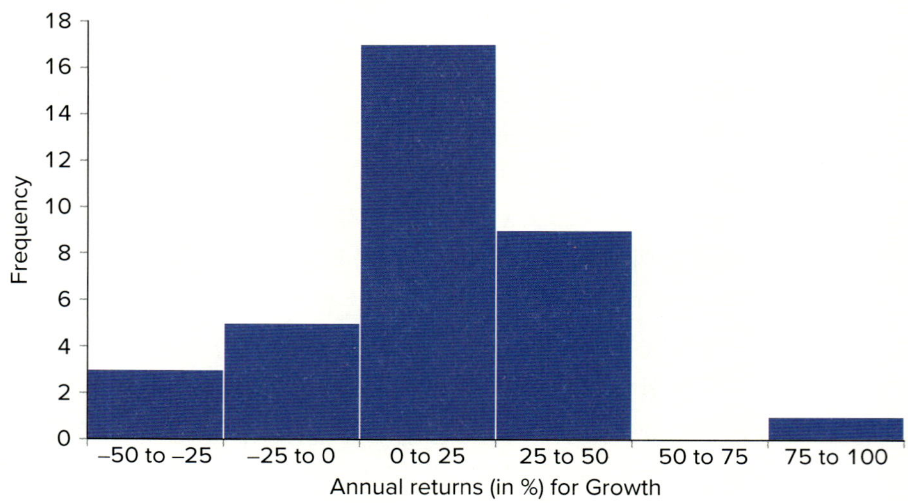

확인할 수 있다는 것이다. 그림 3.3에서 Growth 변수의 연간수익률은 −50%에서 100%까지의 범위임을 알 수 있다. 0%에서 25%까지의 연간수익률이 가장 가능성이 높은 반면, 연간수익률이 50% 이상일 가능성은 거의 없다.

히스토그램은 또한 분포의 형태에 대한 정보도 제공한다. 일반적으로 대부분의 분포 모양은 대칭 또는 비대칭으로 분류할 수 있다. 대칭 분포는 중심의 양쪽에 거울 이미지가 있는 분포이다. 즉, 중심 아래 값의 위치는 중심 위의 값에 대응한다. 4장에서 볼 수 있듯이, 많은 데이터셋에 대한 평활화된 히스토그램은 잘 알려진 정규분포를 나타내는 종 모양의 곡선에 근사한다. 그림 3.4(a)는 대칭분포의 히스토그램을 보여준다. 가장자리가 매끄러워지면 이 히스토그램은 다소 종 모양으로 보일 것이다.

분포가 대칭이 아니면 양의 비대칭 또는 음의 비대칭으로 치우쳐 있다. 그림 3.4(b)는 양적 왜도 또는 오른쪽 방향으로 비대칭인 분포의 히스토그램을 보여준다. 오른쪽으로 확장되는 긴 꼬리는 상대적으로 큰 값이 적은 수로 존재함을 반영한다. 그림 3.4(c)는 긴 꼬리가 왼쪽 방향으로 뻗어 있기 때문에 음의 왜도 또는 왼쪽 방향으로 비대칭인 분포의 히스토그램을 보여준다. 음의 왜도 분포를 가진 데이터는 상대적으로 작은 값이 적은 수를 갖는다.

그림 3.3의 Growth 변수에 대한 히스토그램은 대칭 분포가 아님을 보여준다. 그러나 양의 비대칭인지 음의 비대칭인지 분별하기가 어렵다. 분포가 약간 양의 비대칭인 것으로 나타났는데, 이러한 결론은 Growth 변수에 대한 왜도계수를 확인하여 내릴 수 있다. 3.4절에서 학습할 왜도계수는 Excel 출력에서 일상적으로 제공되는 요약척도이다.

그림 3.4 다른 형태의 히스토그램

(a) 대칭 분포 (b) 양의 비대칭 분포 (c) 음의 비대칭 분포

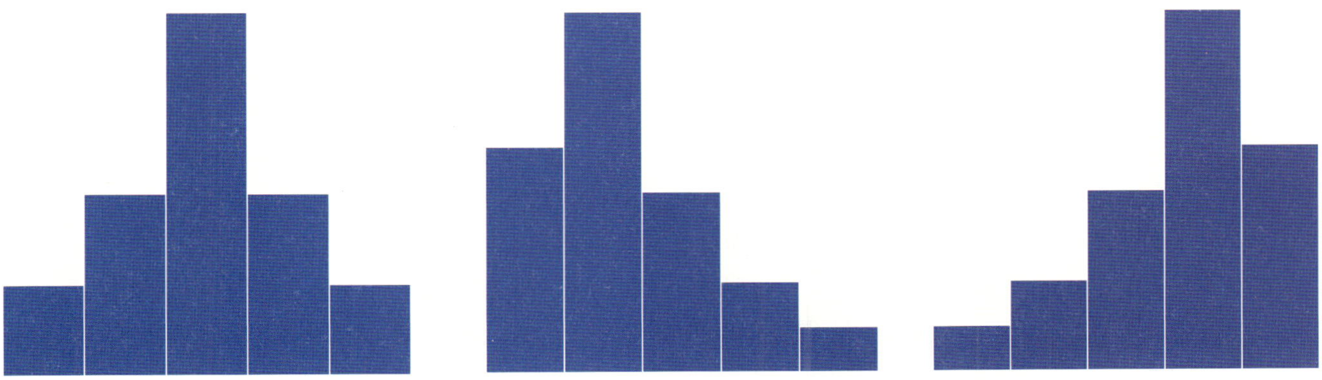

예제 3.2

FILE ***Growth_Value.*** 도입사례의 Value 변수는 1984년부터 2018년까지 피델리티 가치(Fidelity's Value) 뮤추얼펀드의 연간수익률(%)을 보여준다. Excel과 R을 사용하여 빈도분포와 히스토그램을 작성하고, 결과를 요약한다.

해답:

Excel 또는 R을 사용하기 전에 구간 수와 각 구간의 폭에 대한 몇 가지 결정을 내려야 한다. 관측치가 35개인 변수의 경우 5개의 구간을 사용하는 것이 합리적이다. 그런 다음 Value 변수에 대한 최소와 최대 관측치가 각각 −46.52와 44.08임을 찾는다. 공식을 사용하여 구간 폭을 근사치로 계산하여 (44.08 − (−46.52))/5 = 18.12를 산출한다. 예를 들어, 각 구간의 폭이 20이고 첫 번째 구간의 하한이 −50인 5개의 구간으로 빈도분포를 작성하는 것은 완벽하게 허용될 수 있다. 그러나 우리의 목표 중 하나는 Growth 수익과 Value 수익을 비교하는 것이기 때문에 Growth에 대한 빈도분포를 작성할 때와 동일한 구간, 동일한 폭과 동일한 하한을 사용해야 한다. 즉, 폭이 각각 25인 6개의 구간을 사용하고 첫 번째 구간은 −50의 하한을 가진다.

Excel 이용

a. ***Growth_Value*** 데이터 파일을 연다.

b. E1셀에 Interval Limits이라는 제목을 입력하고 E2부터 E7까지의 셀에 각 구간의 상한, −25, 0, 25, 50, 75, 100을 입력한다. 이러한 입력에 대한 이유는 곧 설명될 것이다.

c. 메뉴에서 **데이터(Data)** > **데이터분석(Data Analysis)** > **히스토그램(Histogram)** > **확인(OK)**을 선택한다. [참고: **데이터(Data)** 아래에 **데이터분석(Data Analysis)** 옵션이 표시되지 않는 경우 **분석도구(Analysis Toolpak)** 옵션을 추가해야 한다. 메뉴에서 **파일(File)** > **옵션(Options)** > **추가기능(Add-Ins)**을 선택하고 대화상자 하단에서 *이동(Go)*을 선택하라. **분석도구(Analysis Toolpak)**을 선택한 다음, **확인(OK)**을 클릭하라. 이 옵션을 제대로 설치했다면 이제 **데이터(Data)** 아래에 **데이터 분석(Data Analysis)**이 표시된다.]

d. 그림 3.5를 참조하라. *히스토그램(Histogram)* 대화상자의 *입력범위(Input Range)*에서 Value 변수의 관측치를 선택한다. Excel에서는 구간한계로 "빈(bins)"이라는 용어를 사용한다. *빈 범위(Bin Range)* 상자를 비워두면 Excel은 데이터의 최소값과 최대값을 끝점으로 사용하여 균등하게 분포된 구간을 만든다. 이 접근방식은 거의 만족스럽지 않다. 보다 유용한 히스토그램을 작성하기 위해 각 클래스의 상한을 빈 값으로 사용한다. *빈 범위(Bin Range)*에서 셀 E1:E7(구간한계 관측치)을 선택한다. [이름 Value와 구간한계(Interval Limits)를 선택의 부분에 포함했으므로 *레이블(Labels)* 상자를 체크한다.] *출력옵션(Output Options)*에서 *출력범위(Output Range)*를 선택하고 G1셀을 입력한 다음 **차트출력(Chart Output)**을 선택한 후, **확인(OK)**을 클릭하라.

그림 3.5 Excel의 히스토그램을 위한 대화상자

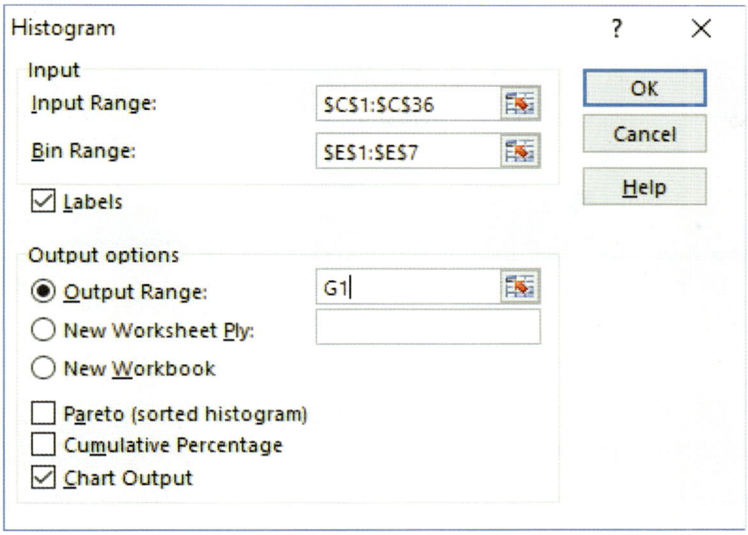

표 3.7은 Value에 대한 빈도분포를 보여준다. 지정된 구간한계에 모든 데이터가 포함되지 않는 경우 Excel은 빈도분포 및 히스토그램 결과에 "More"라고 레이블된 또 다른 구간을 자동으로 추가한다. 이 예제에서 이 구간의 관측치는 0이기 때문에 설명을 위해 이 구간을 삭제한다. 또한 Excel은 각 구간에 대한 상한값을 포함하여 구간을 정의한다는 점에 유의함이 중요하다. 예를 들어, 값 −25가 데이터에 나타나면 Excel은 첫 번째 구간에서 이 관측치를 설명했을 것이다.

각 구간에 대한 상대빈도를 계산하기 위해 I2셀로 이동하여 =H2/35를 입력한다. 그런 다음 I2셀을 선택하고 I7셀로 끌어내려 메뉴에서 **홈(Home) > 채우기(Fill) > 아래(Down)**를 선택한다. 표 3.7의 세 번째 열은 각 구간에 대한 상대빈도를 보여준다.

표 3.7 Value에 대한 빈도분포

Interval (in %)	Frequency	Relative Frequency
$-50 < x \leq -25$	1	0.0286
$-25 < x \leq 0$	7	0.2000
$0 < x \leq 25$	21	0.6000
$25 < x \leq 50$	6	0.1714
$50 < x \leq 75$	0	0.0000
$75 < x \leq 100$	0	0.0000

e. Excel은 히스토그램의 직사각형 사이에 공백을 남기기 때문에 직사각형 중 하나를 마우스 오른쪽 버튼으로 클릭하고 **데이터계열 서식(Format Data Series)**을 선택하고 *구간폭(Gap Width)*을 0으로 변경한 다음 **닫기(Close)**를 선택한다. 메뉴에서 **서식(Format) > 차트요소 추가(Add Chart Element)**를 선택하여 서식(축 제목, 눈금선 등)을 지정할 수 있다. 그림 3.6은 Value에 대한 히스토그램을 보여준다.

그림 3.6 Value의 연간수익률(%)에 대한 히스토그램

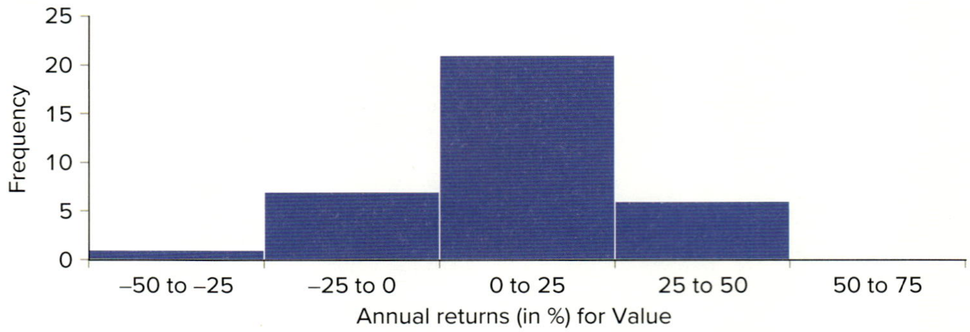

2장 및 지난 예제에서 사용한 Excel의 COUNTIF 함수를 사용하여 빈도분포를 작성할 수 있다. 그런 다음 빈도분포 결과를 사용하여 히스토그램을 그릴 수 있다. Excel의 데이터 분석도구(Data Analysis Toolpak)에 있는 히스토그램(Histogram) 옵션을 사용하면 하나의 명령으로 빈도분포와 히스토그램을 모두 작성할 수 있다.

R 이용

a. ***Growth_Value*** 데이터를 데이터프레임(테이블)으로 가져와서 myData라는 이름으로 지정한다.

b. 우선 **seq** 함수를 사용하여 구간을 정의한다. 함수의 첫 번째 인수는 첫 번째 구간의 하한이고, 다음 인수는 마지막 구간의 상한이며, 마지막 인수는 각 구간의 폭을 정의한다. 다음과 같이 입력하라.

```
> intervals <- seq(-50, 100, by=25)
```

c. 그런 다음 *left*와 *right* 옵션과 함께 **cut** 함수를 사용하여 구간이 왼쪽에서 열리고 오른쪽에서 닫히도록 한다. 즉, $-50 < x \le -25$, $-25 < x \le 0$ 등이다. 다음과 같이 입력하라.

```
> value.cut <- cut(myData$Value, intervals, left=FALSE, right=TRUE)
```

d. **table** 함수를 사용하여 value.freq라고 레이블된 빈도분포를 작성한다. value.freq를 다시 입력하면 결과 빈도분포가 그다지 매력적이지 않다는 것을 알 수 있다. 이러한 이유로, 우리는 더 매력적인 빈도분포를 만들기 위해 **View** 함수를 사용한다. 다음과 같이 입력하라.

```
> value.freq <- table(value.cut)
> value.freq
> View(value.freq)
```

R이 작성하는 빈도분포는 표 3.7과 비슷해야 한다.

e. **hist** 함수를 사용하여 히스토그램을 작성한다. b 단계에서 정의한 구간을 사용하여

breaks 옵션을 정의한다. 다시 말하지만, *right* 옵션을 TRUE로 설정하여 구간이 오른쪽으로 닫히도록 한다(왼쪽은 열리는 의미). 막대그래프를 만들 때와 마찬가지로 R은 서식 지정을 위한 여러 옵션을 제공한다. 여기에서 *main*을 사용하여 제목을 추가하고, *xlab*를 사용하여 x축 레이블을 제공하고, *col*을 사용하여 색상을 정의한다. 다음과 같이 입력하라.

```
> hist(myData$Value, breaks=intervals, right=TRUE, main="Histogram
for the annual returns (in %) for the Value Fund", xlab="Annual
Returns (in %) for Value", col="blue")
```

R이 작성하는 히스토그램은 그림 3.6과 비슷해야 한다.

요약

표 3.7에서 Value의 연간수익률 범위는 −50%에서 50%임을 알 수 있다. Value의 범위는 Growth의 범위보다 좁다. 성장과 유사하게, 대부분의 관측치(21)가 0~25% 구간에 속하므로 가장 가능성이 높은 수익은 이 구간에 있다. Growth와는 달리, 50%보다 큰 관측치는 없다. 그림 3.6으로부터 Value 분포가 대칭이 아니며, 꼬리가 왼쪽으로 흐르면서 음의 비대칭이다.

차트 또는 그래프를 작성하거나 해석할 때 주의사항

이 교재 전체에서 검토하는 많은 분석방법과 마찬가지로, 의도적 및 비의도적인 그래픽 정보의 왜곡 가능성이 존재하므로, 신중한 연구자로서 다음과 같은 기본지침을 따라야 한다.

- 주어진 데이터셋에 대해 가장 단순한 그래프를 사용해야 한다. 명확성을 위해 노력하고 불필요한 장식은 피한다.
- 축에는 각 눈금 수치가 명확하게 표시되어야 한다. 각 축에는 레이블이 있어야 한다.
- 막대그래프 또는 히스토그램을 작성할 때 각 막대/직사각형은 폭이 같아야 한다. 폭이 다르면 왜곡이 발생한다.
- **FILE** ***Crude_Oil.*** 수직축(vertical axis)의 상한으로 너무 높은 값을 주어서는 안 된다. 이러한 경우 데이터의 증가(또는 감소)가 실제만큼 명백하지 않도록 데이터가 압축된 것처럼 보일 수 있다. 예를 들어, 그림 3.7(a)는 1분기 원유 배럴의 일일 가격을 나타낸다. 중동 불안으로 원유 가격은 배럴당 83.13달러에서 106.19달러로 또는 약 28% $\left(=\frac{106.19-83.13}{83.13}\right)$ 상승했다. 그러나 그림 3.7(a)는 수직축에 상한선으로 높은 값(325달러)을 사용하기 때문에, 가격 상승은 위축된 것으로 보인다. 그림 3.7(b)는 110달러의 상한을 가진 수직축을 보여준다. 이 값은 이 기간 동안 관측된 상한을 더 잘 반영한다.
- **FILE** ***Stockprice.*** 데이터의 증가(또는 감소)가 실제보다 더 뚜렷하게 보이도록 세로축을 늘려서는 안 된다. 예를 들어, 그림 3.8(a)는 4월 4일의 주(week)의 대형유통업체의 일일 종가를 도표로 나타낸 것이다. 주가가 최고 60.15달러에서 최저 59.46달러로 일주일 동안 하락한 것은 사실이다. 이는 0.69달러의 감소 또는 약 1% 하락에 해당한다. 그러나 수직축을 늘렸기 때문에 주가 하락이 더욱 극적으로 나타난다. 그림 3.8(b)는 늘어나지 않

은 수직축을 나타낸다.

그림 3.7 오해의 소지가 있는 수직축: 과도하게 높은 상한

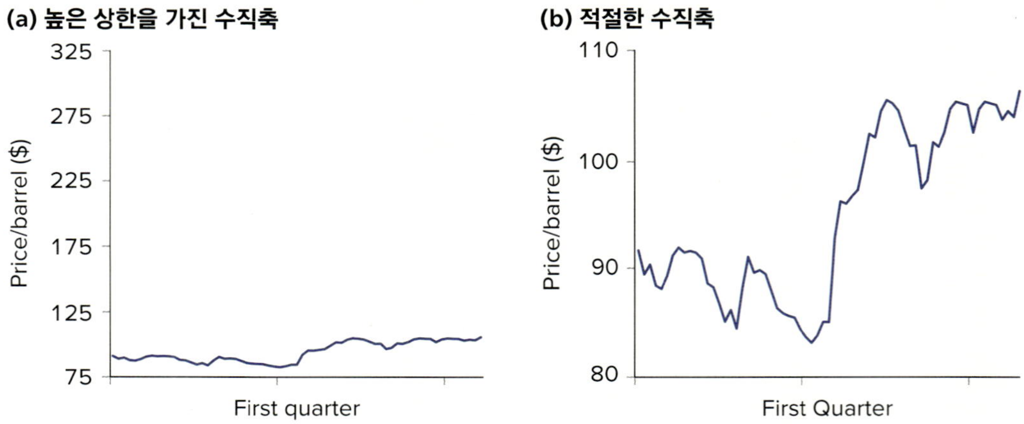

그림 3.8 수직축의 눈금 오류: 신축성 있는 눈금

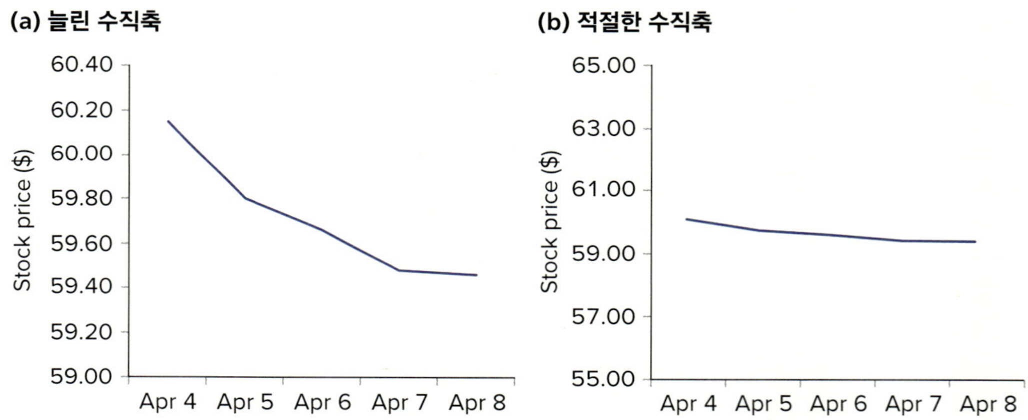

연습문제 3.1

1. 50명의 프로축구 신인선수들은 과거성적뿐만 아니라 전지훈련에서의 성적을 기준으로 1~5등급으로 평가되었다. 1순위는 전망이 좋지 않은 반면 5순위는 우수한 전망을 나타낸다. 다음 빈도분포가 작성되었다.

Rating	Frequency
1	4
2	10
3	14
4	18
5	4

   a. 4순위 이상을 받은 신인은 몇 명인가? 2순위 이하를 받은 신인은 몇 명인가?
   b. 상대빈도분포를 작성하라. 5순위를 받을 비율은 얼마인가?
   c. 막대그래프를 작성하고, 결과에 대해 설명하라.

2. 다음 빈도분포는 주말동안 온라인 소매점에서 판매된 남성용 셔츠의 수량을 보여준다.

Size	Frequency
Small	80
Medium	175
Large	210
X-Large	115

a. 상대빈도분포를 작성하라. 중간(Medium) 사이즈 셔츠의 판매 비율은 얼마인가?

b. 막대그래프를 작성하고, 결과에 대해 설명하라.

3. 다음 빈도분포는 국내 주요 소매점의 요일별 구매횟수를 요약한 것이다.

Day	Frequency
Mon	2,504
Tue	2,880
Wed	3,402
Thur	3,566
Fri	4,576
Sat	5,550
Sun	5,022

a. 상대빈도분포를 작성하라. 수요일에 발생한 구매 비율은 얼마인가?

b. 상대빈도를 사용하여 막대그래프를 작성하고, 결과에 대해 설명하라.

4. 2018년 미국 인구조사국은 지역별로 빈곤수준 이하로 사는 인구(×1,000)에 대해 다음과 같은 빈도분포를 제공했다.

Region	Number of People
Northeast	6,373
Midwest	7,647
South	16,609
West	9,069

a. 상대빈도분포를 작성하라. 중서부(Midwest)에 사는 빈곤수준 이하로 사는 인구의 비율은 얼마인가?

b. 막대그래프를 작성하고, 결과에 대해 설명하라.

5. 최근 3,057명을 대상으로 한 설문조사에서 "이번 여름에 계획하고 있는 가장 긴 휴가 기간은?"이라고 물었다. 다음 상대빈도분포는 결과를 요약한다.

Response	Relative Frequency
A few days	0.21
A few long weekends	0.18
One week	0.36
Two weeks	0.25

a. 빈도분포를 작성하라. 이번 여름에 1주일 휴가를 낼 사람은 몇 명인가?

b. 막대그래프를 작성하고, 결과에 대해 설명하라.

6. **FILE** *Dining.* 한 지역 레스토랑은 고객에게 최상의 식사 경험을 제공하기 위해 최선을 다하고 있다. 최근 설문조사에서 레스토랑은 고객에게 요리의 질을 평가하도록 요청했다. 응답의 범위는 1에서 5로, 1은 실망스러운 요리를 나타내고 5는 특별한 요리를 나타낸다. 200개의 응답 중 일부는 다음과 같다:

Response	Rating
1	3
2	5
⋮	⋮
200	4

a. 조사 결과를 요약한 빈도분포를 작성하라. 가장 빈도가 높은 평가등급은 무엇인가?

b. 막대그래프를 작성하라. 고객은 일반적으로 요리의 질에 만족하는가? 설명하라.

7. **FILE** *Health.* 노스쇼어 가정의학과 의원(North Shore Family Practice)의 환자들은 각 환자의 건강에 대한 전반적인 생각을 의사에게 제공하는 설문지를 작성해야 한다. 첫 번째 질문은 "전반적으로 건강의 질은 어떠한가?"이다. 환자는 우수, 좋음, 보통 또는 나쁨을 선택한다. 150개의 응답 중 일부는 다음과 같다.

Response	Quality
1	Fair
2	Good
⋮	⋮
150	Good

a. 설문 결과를 요약하는 빈도분포를 작성하라. 설문에 대한 가장 일반적인 응답은 무엇인가?

b. 막대그래프를 작성하라. 이 의원에서 환자의 건강을 어떻게 특징지을 수 있을까? 설명하라.

8. **FILE** ***Millennials.*** 퓨리서치센터(Pew Research Center)의 2014년 종교현황연구(Religious Landscape Study)에 따르면 밀레니얼 세대(1981년에서 1996년 사이에 태어난 미국인)의 35%가 자신이 종교적이지 않다고 밝혔다. 한 연구원은 이 발견이 오늘날 일관성이 있는지 알고 싶다. 그녀는 600명의 밀레니얼 세대를 설문조사하여 그들의 믿음을 평가하도록 요청한다. 가능한 응답은 매우 종교적(Strongly Religious), 다소 종교적(Somewhat Religious), 약간 종교적(Slightly Religious), 비종교적(Not Religious)이었다. 600명의 응답 중 일부는 다음과 같다.

Response	Faith
1	Slightly Religious
2	Slightly Religious
⋮	⋮
600	Somewhat Religious

a. 설문조사 결과를 요약하는 빈도분포를 작성하라. 설문조사에 대한 가장 일반적인 응답은 무엇인가?

b. 막대그래프를 작성하라. 이 연구원의 결과가 퓨리서치센터에서 발견한 결과와 일관성이 있는가? 설명하라.

9. 한 연구원이 80대의 자동차를 대상으로 주행거리 경제성 테스트를 수행한다. 갤런당 평균 마일(miles per gallon, mpg)을 설명하는 빈도분포가 다음 표에 나와 있다.

Average mpg	Frequency
$15 \le x < 20$	15
$20 \le x < 25$	30
$25 \le x < 30$	15
$30 \le x < 35$	10
$35 \le x < 40$	7
$40 \le x < 45$	3

a. 상대빈도 분포를 작성하라. 20 mpg 이상 25 mpg 미만의 자동차 비율은 얼마인가? 35 mpg 미만의 자동차 비율은 얼마인가? 35 mpg 이상의 차량 비율은 얼마인가?

b. 히스토그램을 작성하고, 분포의 형태에 대해 설명하라.

10. 500개 소형주에 대한 수익률(%)을 요약한 다음 상대빈도 분포를 고려하라.

Return (%)	Relative Frequency
$-20 \le x < -10$	0.04
$-10 \le x < 0$	0.25
$0 \le x < 10$	0.42
$10 \le x < 20$	0.25
$20 \le x < 30$	0.04

a. 빈도분포를 작성하라. 수익이 10% 이상 20% 미만인 주식은 몇 개인가?

b. 히스토그램을 작성하고, 분포의 형태에 대해 설명하라.

11. 워터파크 매니저는 7월과 8월의 방문자수를 요약하기 위해 다음과 같은 빈도분포를 작성했다.

Attendance	Frequency
$1,000 \le x < 1,250$	5
$1,250 \le x < 1,500$	6
$1,500 \le x < 1,750$	10
$1,750 \le x < 2,000$	20
$2,000 \le x < 2,250$	15
$2,250 \le x < 2,500$	4

a. 상대빈도분포를 작성하라. 방문자수가 1,750명 이상 2,000명 미만인 비율은 얼마인가? 방문자수가 1,750명 미만인 비율은 얼마인가? 방문자수가 1,750명 이상인 비율은 얼마인가?

b. 히스토그램을 작성하고, 분포의 형태에 대해 설명하라.

12. 다음 빈도분포에서 50개 도시는 지역 아파트의 공실률(%)에 대한 정보를 제공했다.

Vacancy Rate (%)	Relative Frequency
$0 \le x < 3$	0.10
$3 \le x < 6$	0.20
$6 \le x < 9$	0.40
$9 \le x < 12$	0.20
$12 \le x < 15$	0.10

a. 빈도분포를 작성하라. 공실률이 6% 이상 9% 미만인 도시는 몇 개인가? 공실률이 적어도 9%인 도시는 몇 개인가?

b. 히스토그램을 작성하고, 분포의 형태에 대해 설명하라.

13. 다음 상대빈도 히스토그램은 2010년 미국 인구조사국에서 보고한 50개 주에 대한 가구소득 중앙값을 요약한 것이다.

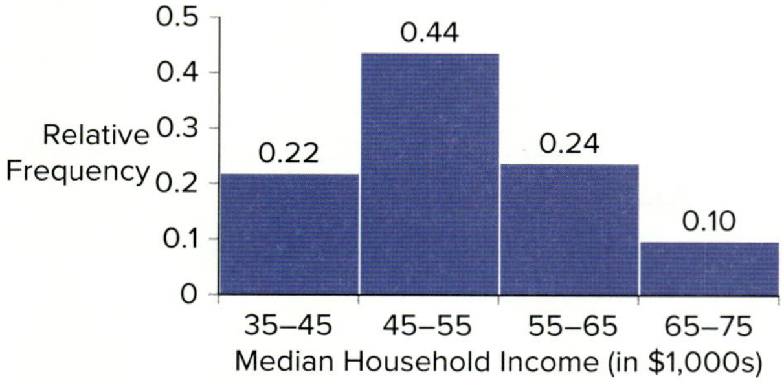

a. 분포가 대칭인가? 그렇지 않다면, 양의 비대칭인가 또는 음의 비대칭인가?

b. 가구소득 중앙값이 45,000달러에서 55,000달러 사이인 주는 몇 퍼센트인가?

c. 가구소득 중앙값이 35,000달러에서 55,000달러 사이인 주는 몇 퍼센트인가?

14. 다음 히스토그램은 2014년부터 2018년까지 애플(Apple Inc.)의 월별 주가를 요약한 것이다.

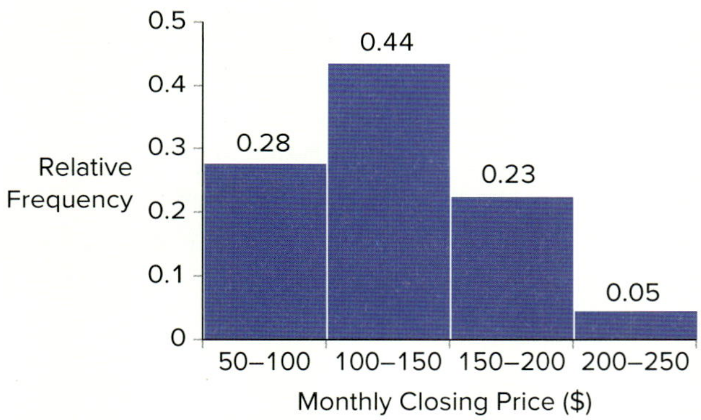

a. 분포가 대칭인가? 그렇지 않다면, 양의 비대칭인가 또는 음의 비대칭인가?

b. 이 5년 기간에 걸쳐, 최소와 최대 월별 주가를 근사하라.

c. 이 5년 기간에 걸쳐, 어느 구간이 가장 높은 상대빈도를 보였는가?

15. 다음 히스토그램은 지난 1년 동안 대형 투자회사에서 최고 연봉을 받는 30명의 포트폴리오 관리자의 급여(10만 달러)를 요약한 것이다.

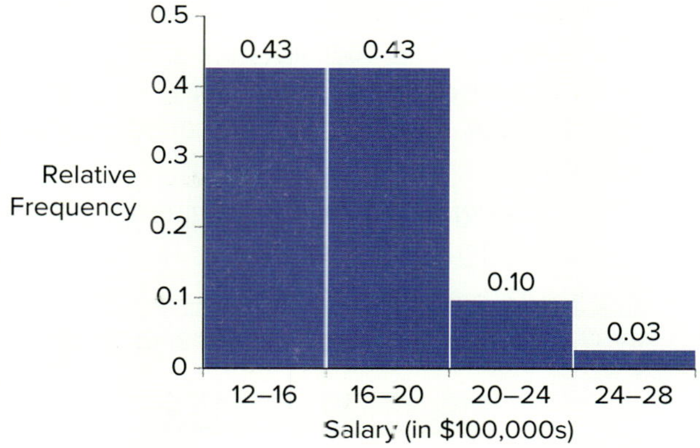

a. 분포가 대칭인가? 그렇지 않다면, 양의 비대칭인가 또는 음의 비대칭인가?

b. 200만 달러에서 240만 달러 사이의 수입을 올린 포트폴리오 관리자는 몇 명인가?

c. 대략 몇 명의 포트폴리오 관리자가 120만 달러에서 200만 사이를 벌었는가?

16. **FILE** ***Prime.*** Amazon Prime은 연간 119달러의 서비스로 고객에게 무료 2일 배송과 익일 배송 시 할인 요금을 제공한다. 프라임 고객은 또한 무료 전자도서와과 같은 다른 혜택도 받는다. 다음 표는 100명의 Prime 고객에 대한 연간 지출(달러)의 일부를 보여준다.

Customer	Expenditures
1	1272
2	1089
⋮	⋮
100	1389

a. 지출에 대한 빈도분포를 작성하라. 폭이 $400 < x \le 700$, $700 < x \le 1{,}000$ 등인 6개의 구간을 사용하라. 701 달러에서 1,000달러 사이를 지출한 고객은 몇 명인가?

b. 1,300달러 이하를 지출한 고객은 몇 명인가? 1,300달러 이상을 지출 한 고객은 몇 명인가?

17. **FILE** ***Census.*** 다음 표에는 2010년 미국 인구조사국에서 보고한 50개 주에 대한 주택가격 중앙값(달러)의 일부가 나열되어 있다.

State	House Value
Alabama	117600
Alaska	229100
⋮	⋮
Wyoming	174000

a. 주택가격 중앙값에 대한 빈도분포와 히스토그램을 작성하라. 폭이 $0 < x \leq 10$만, 10만 $< x \leq 20$만 등인 6개의 구간을 사용하라. 어떤 구간이 가장 높은 빈도를 가졌는가? 주택가격 중앙값이 30만 달러 이하인 주는 몇 개인가?

b. 분포가 대칭인가? 그렇지 않다면, 양의 비대칭인가 또는 음의 비대칭인가?

18. **FILE** ***DJIA_2019.*** 첨부된 표는 2019년 상반기 다우존스 산업평균지수(DJIA)의 일일 물가지수 일부를 나타낸다.

Day	DJIA
January 1, 2019	23346
January 2, 2019	22686
⋮	⋮
June 28, 2019	26600

a. DJIA에 대한 빈도분포 및 히스토그램을 작성하라. 폭이 $22{,}000 < x \leq 23{,}000$, $23{,}000 < x \leq 24{,}000$ 등인 5개의 구간을 사용하라. 2019년 상반기 동안 DJIA가 2만 6천 이상을 넘은 날은 몇 일인가?

b. 분포가 대칭인가? 그렇지 않다면, 양의 비대칭인가 또는 음의 비대칭인가?

19. **FILE** ***Gas_2019.*** 다음 표는 2019년 1월 2일 AAA Gas Prices가 보고한 50개주 및 컬럼비아 특별구의 휘발유 갤런당 평균가격(달러)의 일부를 나열한다.

State	Price
Alabama	1.94
Alaska	3.06
⋮	⋮
Wyoming	2.59

a. 휘발유의 평균가격에 대한 빈도분포와 히스토그램을 작성하라. 폭이 $1.70 < x \leq 2.00$, $2.00 < x \leq 2.30$ 등인 6개의 구간을 사용하라. 어느 구간이 가장 높은 빈도를 가졌는가? 평균 휘발유 가격이 2.60달러보다 큰 주는 몇 개인가?

b. 분포가 대칭인가? 그렇지 않다면, 양의 비대칭인가 또는 음의 비대칭인가?

20. 첨부된 그림은 2017년 7월부터 2019년 3월까지 대형 건설회사의 월별 주가를 나타낸다. 이 기간 동안 주가는 거의 3배에 가까이 오르는 엄청난 성장을 경험했다. 이 그림이 이러한 성장을 반영하는가? 그렇지 않다면, 왜 아닌가?

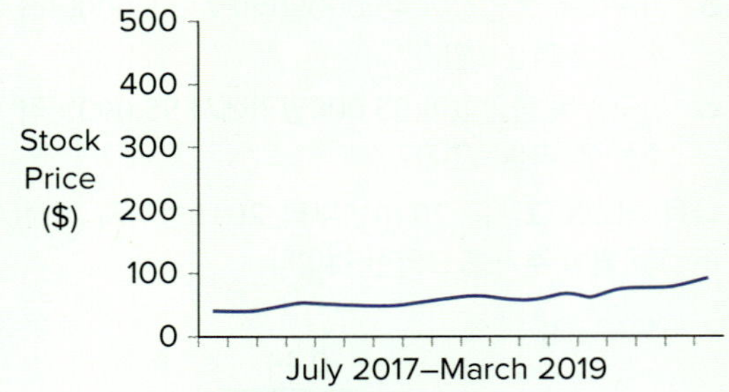

21. 소규모 제약회사의 연간 매출은 최근 5년 동안 다소 정체되어 이 기간 동안 1.2% 성장에 그쳤다. 한 연구 분석가가 판매 보고서에 포함하기 위한 첨부 그림을 준비한다. 이 그래프는 지난 5년간 매출에 어떤 일이 일어났는지 정확히 반영하는가? 그렇지 않다면, 왜 아닌가?

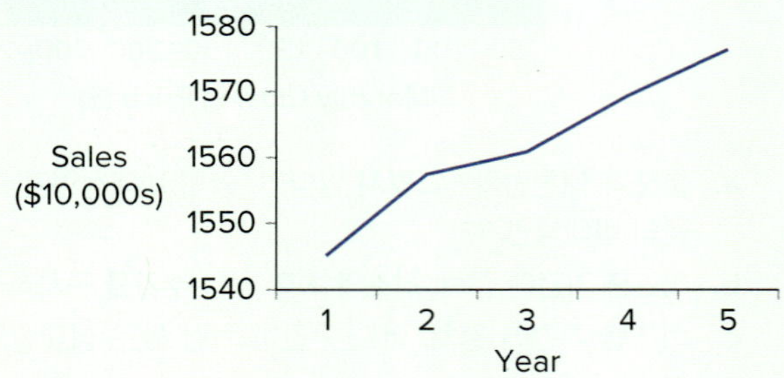

3.2 두 변수 간 관계의 시각화 방법

지금까지 제시된 모든 표 및 그래픽 도구는 하나의 변수를 설명하는 데 중점을 두었다. 그러나 많은 경우에 두 변수 간의 관계에 관심이 있다. 거의 모든 분야의 사람들은 한 변수가 다른 변수에 어떻게 체계적으로 영향을 미칠 수 있는 지를 조사한다. 예를 들어, 다음의 경우에 어떻게 달라지는지 고려하라.

- 소득이 교육에 따라 변하는지.

- 판매가 광고 지출에 따라 변하는지.
- 주가가 기업 이익에 따라 변하는지.
- 작물의 수확량이 비료의 사용에 따라 변하는지.
- 콜레스테롤 수치가 식이 섭취에 따라 변하는지.
- 직원의 결근이 근무 교대조에 따라 변하는지.

우선 두 범주형 변수 간의 관계를 요약하는 데 도움이 되는 두 가지 일반적인 표 형식 및 그래픽 방법인 분할표와 누적 수직막대그래프를 소개한다. 다음으로 산점도를 보여주는데, 이것은 두 수치형 변수가 어떤 체계적인 방식으로 관련되어 있는지 확인할 수 있는 일반적인 그래픽 방법이다.

두 범주형 변수 간 관계 시각화 방법

LO 3.2

분할표와 누적막대그래프를 작성하고 해석할 수 있어야 한다.

두 범주형 변수 간의 관계를 조사할 때 **분할표(contingency table)**가 매우 유용하다. 분할표는 마케팅 및 기타 비즈니스 응용프로그램에서 널리 사용된다. 다음 예를 고려하자.

분할표

FILE ***Myers_Briggs2.*** 3.1절에서 논의한 ***Myers_Briggs*** 데이터셋을 기억하자. 만약 다른 범주형 변수(예: 성별)를 포함하도록 데이터셋을 확장한다면, 성격유형과 성별 사이의 관계를 점검할 수 있게 해준다. 아마도 특정 성격유형이 남성 대 여성 사이에 더 많이 나타나는지에 관심이 있을 것이다. 표 3.8은 확장된 데이터셋 ***Myers_Briggs2***의 일부를 보여준다.

표 3.8 마이어스-브릭스 평가 결과의 확장

Employee	Myers-Briggs Assessment	Sex
1	Diplomat	Female
2	Diplomat	Female
⋮	⋮	⋮
1000	Explorer	Male

성격유형과 성별에 대한 빈도를 보여주는 분할표가 표 3.9에 제시된다. 보이는 바와 같이, 여성 직원 55명이 분석가 성격유형에 속하는 반면, 남성 직원 61명이 이 성격유형에 속한다.

표 3.9 확장된 마이어스-브릭스 예제에 대한 분할표

	Analyst	Diplomat	Explorer	Sentinel
Female	55	164	194	79
Male	61	160	210	77

분할표를 사용하여 두 가지 범주형 변수 표시

분할표(contingency table)는 두 개의 범주형 변수 x 및 y에 대한 빈도를 보여준다. 여기서 각 셀은 x와 y값 쌍의 상호배타적인 조합을 나타낸다.

누적 수직막대그래프

분할표의 정보는 **누적 수직막대그래프(stacked column chart)**를 사용하여 그래픽으로 표시할 수 있다. 누적 수직막대그래프는 3.1절에서 논의한 수직막대그래프의 고급 버전이다. 둘 이상의 범주형 변수를 시각화하도록 설계되었으며, 더 나아가서 각 범주 내에서 구성을 비교할 수 있다.

그림 3.9는 성격유형과 성별에 대한 누적 수직막대그래프를 보여준다. 그래프의 각 막대는 성격유형의 모든 직원을 나타내고, 각 막대의 두 부분은 여성 직원과 남성 직원을 나타낸다. 그래프에서 보여주듯이 직원이 여성인지 남성인지에 따라 성격유형에서 식별 가능한 차이를 찾을 수 없다.

그림 3.9 성격유형과 성별에 대한 누적 수직막대그래프

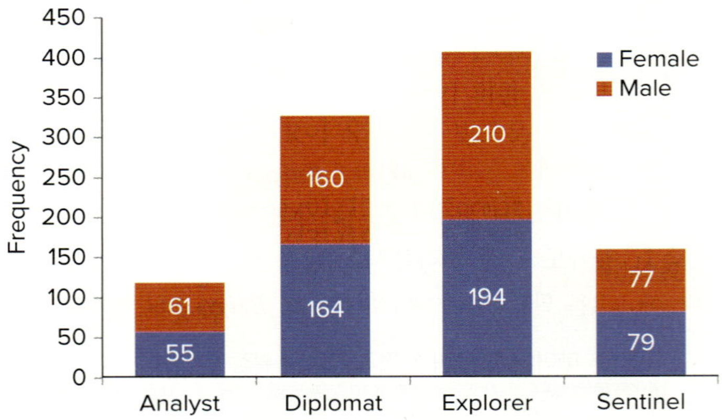

분할표 및 누적 수직막대그래프의 작성을 설명하기 위해 다음 예를 고려하자.

예제 3.3

FILE ***Promotion.*** 한 온라인 소매업체가 최근 고객에게 프로모션 할인이 포함된 이메일을 보냈다. 소매업체는 고객의 미국 내 지역(중서부, 북동부, 남부 또는 서부)과 고객이 할인된 가격으로 구매했는지(예 또는 아니오) 사이에 관계가 있는지 알고 싶다. 표 3.10은 600개 전자메일 계정의 결과 중 일부를 보여준다.

표 3.10 Location과 Purchase의 설문조사 응답

Email	Location	Purchase
1	West	yes
2	Northeast	yes
⋮	⋮	⋮
600	South	no

Excel과 R을 사용하여 분할표와 누적 수직막대그래프를 작성하고, 결과를 요약하라.

해답:

Excel 이용

a. ***Promotion*** 데이터 파일을 연다.

b. 데이터의 아무 곳이나 클릭한다(예컨대, A5셀을 선택한다). 메뉴에서 **삽입(Insert) > 피벗테이블(Pivot Table)**을 선택한다. 그림 3.10은 *피벗테이블 만들기(Create PivotTable)* 대화상자를 보여준다. 피벗테이블을 만들기 전에 데이터를 클릭했으므로 *표 또는 범위 선택(Select a table or range)*의 기본 옵션이 이미 채워져 있어야 한다. E1셀에서 시작하는 기존 워크시트에 피벗테이블을 배치하도록 선택한다. *데이터 모델에 이 데이터 추가(Add this data to the Data Model)* 옵션 옆의 박스에 체크한 다음, **확인(OK)**을 클릭하라.

그림 3.10 Excel의 피벗테이블 만들기(Create PivotTable) 대화상자

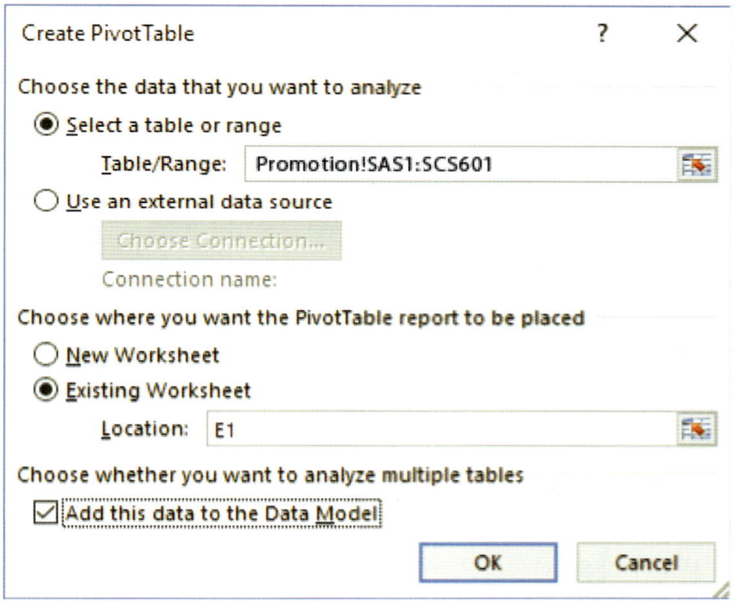

c. 화면 오른쪽에 *피벗테이블 필드(PivotTable Fields)*라는 메뉴가 나타난다. 이 메뉴 상단에는 데이터셋의 모든 변수가 표시된다. 메뉴 하단에는 필터(Filters), 행(Rows), 열(Columns) 및 값(Values)의 네 가지 필드가 있는 그리드가 있다. 그림 3.11을 참조하라. Location 변수를 행(Row) 필드로 끌어낸다. Purchase 변수를 열(Columns) 필드로 끌어낸다. 이메일(Email) 변수를 값(Values) 필드로 끌어낸다. 값(Values) 필드의 이메일(Email) 변수가 개수(Count)로 표시되지 않는 경우[예를 들면, 합계(Sum)로 표시될 수 있음] 변경해야 한다. 값(Values) 필드 아래의 화살표를 클릭하고 *값필드 설정(Value Field Settings)*을 선택한다. 대화상자에서 *값 요약 기준(Summarize value field by)* 탭을 선택한 다음, 드롭다운 메뉴에서 *개수(Count)*를 선택한다. **확인(OK)**을 클릭하라.

그림 3.11 Excel의 피벗테이블 필드(PivotTable Fields)

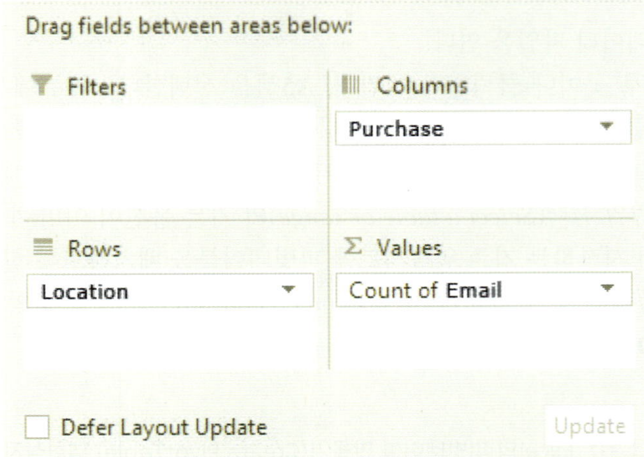

결과로 산출된 분할표는 표 3.11과 유사해야 한다.

표 3.11 Location과 Purchase 예제에 대한 분할표

	Purchase		
Location	**No**	**Yes**	Total
Midwest	107	77	**184**
Northeast	41	102	**143**
South	24	130	**154**
West	18	101	**119**
Total	**190**	**410**	**600**

때로는 표 3.12에 표시된 것처럼 개수를 백분율로 변환하는 것이 좋다. 이렇게 변경하려면 *값필드 설정(Value Field Settings)* 대화상자로 돌아가서 *값 표시 형식(Show values as)* 탭을 선택한 다음, 드롭다운 메뉴에서 *총합계 비율(% of Grand Total)*을 선택한다.

표 3.12 Location과 Purchase 예제에 대한 백분율 표

	Purchase		
Location	**No**	**Yes**	Total
Midwest	17.83%	12.83%	**30.67**%
Northeast	6.83%	17.00%	**23.83**%
South	4.00%	21.67%	**25.67**%
West	3.00%	16.83%	**19.83**%
Total	**31.67**%	**68.33**%	**100.00**%

d. 이제 분할표를 사용하여 누적 수직막대그래프를 만드는 방법을 설명한다. 분할표에 표 3.11과 같이 개수가 표시되는지 확인한다. E2:G6셀을 선택한다. **삽입(Insert)** >

세로 또는 가로 막대형 차트 삽입(Insert Column or Bar chart) > 누적 세로 막대형(Stacked Column)을 선택한다.

e. 서식(축 제목, 눈금선 등)은 그래프 오른쪽 상단의 '+' 기호를 선택하거나 메뉴에서 **디자인(Design) > 차트요소 추가(Add Chart Elements)**를 선택하여 수행할 수 있다. 수직막대그래프에 빈도를 표시하려면 *차트요소(Chart Elements)* 팝업 상자의 *데이터 레이블(Data Labels)* 옆에 있는 상자를 선택한다. 결과로 산출된 누적 수직막대그래프는 그림 3.12에 나와 있다.

그림 3.12 Location과 Purchase 예제에 대한 누적 수직막대그래프

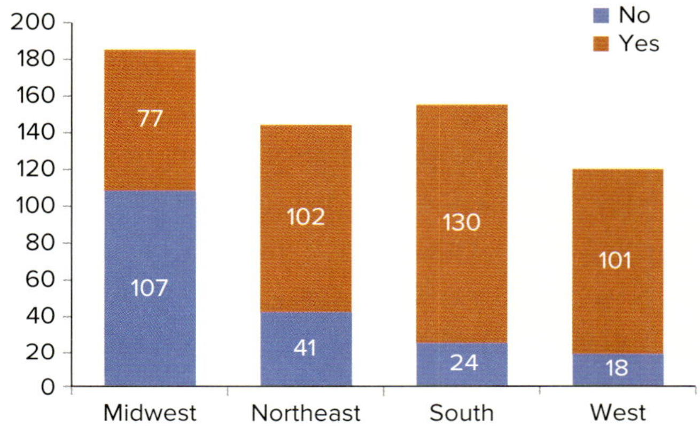

R 이용

a. ***Promotion*** 데이터를 데이터프레임(table)으로 가져와서 myData라는 레이블을 지정한다.

b. myTable이라는 레이블이 지정된 분할표를 작성하기 위해 **table**(*row*, *column*) 함수를 사용하고 *행(row)*과 *열(column)* 변수를 지정한다. myTable을 다시 입력하면 표 3.11과 유사한 분할표가 표시된다. **prop.table** 함수를 사용하면 R은 백분율로 변환할 때 표 3.12에 나타난 것과 동일한 셀 비율을 산출한다. 다음과 같이 입력하라.

```
> myTable <- table(myData$Location, myData$Purchase)
> myTable
> prop.table(myTable)
```

c. 그림 3.12와 유사한 누적 수직막대그래프를 만들려면 우선 행에 Purchase 변수와 열에 Location 변수가 있는 분할표를 만들어야 한다. 다음과 같이 입력하라.

```
> myNewTable <- table(myData$Purchase, myData$Location)
```

d. **barplot** 함수를 사용하여 수직막대그래프를 작성한다. 막대그래프와 히스토그램을 작성할 때 보았듯이 R은 서식 지정을 위한 여러 옵션을 제공한다. 여기서 우리는 제목을 추가하기 위해 *main*을, 열 세그먼트에 대한 색상을 정의하기 위해 *col*을, 범

례를 만들기 위해 *legend*를, x축과 y축 각각에 대한 레이블을 제공하기 위해 *xlab*과 *ylab*을, 수직축 단위를 0에서 200으로 확장하기 위해 ylim을 사용한다. 다음과 같이 입력하라.

```
> barplot(myNewTable, main="Location and Purchase",
col=c('blue','red'), legend=rownames(myNewTable), xlab='Location',
ylab='Count', ylim = c(0,200))
```

결과로 산출된 누적 수직막대그래프는 그림 3.12와 유사해야 한다.

요약

원자료만 있는 표 3.10과 비교하면, 표 3.11, 표 3.12 및 그림 3.12는 Location과 Purchase 예제의 결과를 훨씬 더 많은 정보를 제공하는 형식으로 제시한다. 600명의 이메일 수신자 중 410명이 프로모션 할인을 이용하여 구매했음을 쉽게 알 수 있다. 68.33%의 긍정적인 응답률로 이 마케팅 전략은 성공적인 것처럼 보였다. 그러나 지역에 따라 차이가 있는 것으로 나타난다. 남부(South)와 서부(West)에 거주하는 수신자(각각 154명 중 130명, 119명 중 101명)는 중서부(Midwest)에 거주하는 수신자(184명 중 77명)에 비해 구매할 가능성이 훨씬 높았다. 소매업체는 남부(South)와 서부(West)의 고객이 공유하는 다른 특성(연령, 성별 등)이 있는지 점검하는 것이 현명할 것이다. 이렇게 하면 다음 마케팅 캠페인에서 이메일을 더욱 타겟팅할 수 있다.

누적 수직막대그래프를 사용하여 두 범주형 변수 표시

누적 수직막대그래프(stacked column chart)는 둘 이상의 범주형 변수를 시각화하도록 설계되었으며, 각 범주 내에서 구성을 비교할 수 있다.

LO 3.3

산점도를 작성하고 해석할 수 있어야 한다.

두 수치형 변수 간 관계 시각화 방법

두 수치형 변수 간의 관계를 점검할 때 **산점도(scatterplot)**는 단순하지만 유용한 그래픽 도구이다. 산점도의 각 점은 두 변수에 대한 쌍체 관측치를 나타낸다. 산점도를 작성할 때 일반적으로 변수 중 하나를 x로 하여 수평축(x축)에 나타내며 다른 변수는 y로 수직축(y축)에 표시한다. 그런 다음 (x_1, y_1), (x_2, y_2) 등 각 쌍을 표시하다. 일단 데이터가 표시되면, 그래프는 다음을 나타낼 수 있다.

- 두 변수 간에 선형관계(linear relationship)가 존재한다;
- 두 변수 간에 비선형관계가 존재한다; 또는
- 두 변수 간에 아무런 관계도 존재하지 않는다.

예를 들어, 그림 3.13(a)는 음의 기울기를 가진 선을 따라 함께 모여있는 산점도의 점을 보여주며, 두 변수가 음의 선형관계를 가지고 있다고 추론한다. 그림 3.13(b)는 양의 비선형관계를 나타내며, x가 증가할수록 y는 가속도로 증가하는 경향이 있다. 그림 3.13(c)의 점들은 뚜렷한 패턴없이 흩어져 있으므로, 따라서 두 변수 사이에는 아무런 관계가 없다.

그림 3.13 두 변수 간의 다양한 관계를 설명하는 산점도

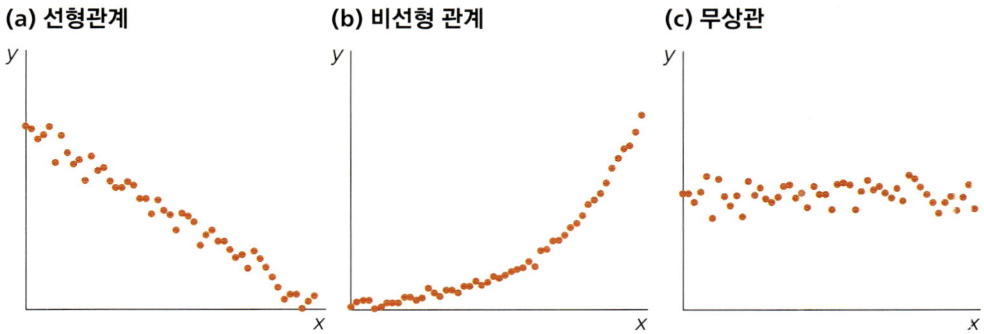

> **산점도를 사용하여 두 가지 수치형 변수 간의 관계 표시**
>
> 산점도(scatterplot)는 두 수치형 변수가 어떤 체계적인 방식으로 관련되어 있는지 여부를 결정하는 데 도움이 되는 그래픽 도구이다. 산점도의 각 점은 두 변수에 대한 쌍체 관측치를 나타낸다.

산점도를 설명하기 위해 다음 예제를 고려하라.

예제 3.4

1984년부터 2018년까지 피델리티의 성장과 가치(Fidelity's Growth and Value) 뮤추얼 펀드에 대한 연간수익률을 포함하는 ***Growth_Value*** 데이터셋을 기억하자. Excel 및 R을 사용하여 Growth에 대한 Value의 산점도를 작성한 다음, 결과를 요약하라.

해답:

Excel 이용

a. ***Growth_Value*** 데이터 파일을 연다.

b. 산점도를 작성할 때 Excel은 첫 번째 열에 나타나는 변수를 x축에, 두 번째 열에 나타나는 변수를 y축에 배치한다. Growth가 x축에 그리고 Value가 y축에 있기를 원하기 때문에, 열의 순서를 다시 정렬할 필요가 없다. Growth와 Value 변수에 대한 관측치를 동시에 선택하고 **삽입(Insert) > 분산형 또는 거품형 차트 삽입(Insert Scatter or Bubble Chart) > 분산형(Scatter)**을 선택한다. [이 옵션을 찾는 데 문제가 있는 경우, **차트(Charts)** 위에 데이터 포인트가 있는 그래프를 찾아보라.] 결과로 산출된 산점도는 그림 3.14와 유사해야 한다.

c. 메뉴에서 **디자인(Design) > 차트요소 추가(Add Chart Element)**를 선택하여 서식(축 제목, 눈금선 등)을 지정할 수 있다.

그림 3.14 Growth에 대한 Value의 산점도

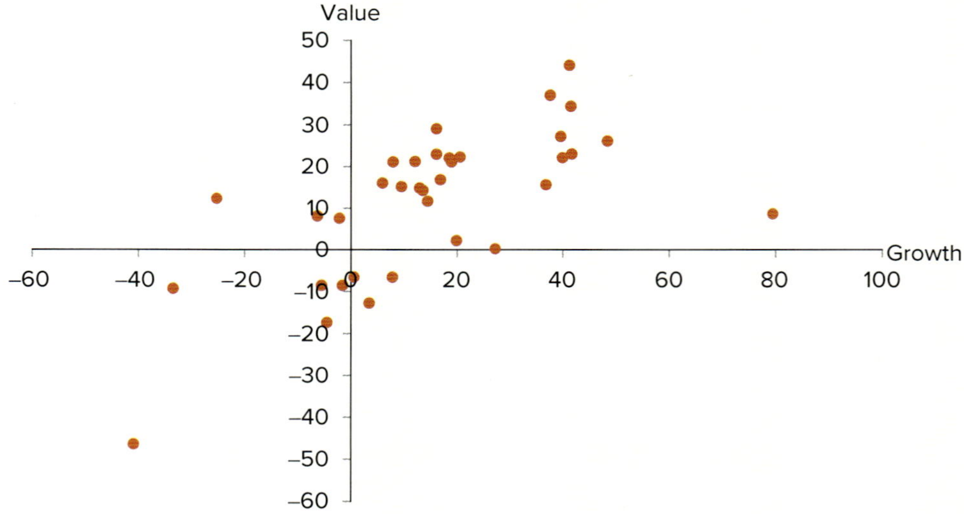

R 이용

a. ***Growth_Value*** 데이터를 데이터프레임(테이블)으로 가져와서 myData라는 이름으로 지정한다.

b. 산점도를 작성하기 위해 **plot** ($y \sim x, \ldots$) 함수를 사용한다. 막대그래프와 히스토그램을 작성할 때 보았던 것처럼, R은 서식 지정을 위한 여러 옵션을 제공한다. 여기에서는 제목을 추가하기 위해 *main*을, x축과 y축 각각에 대한 레이블을 제공하기 위해 *xlab*과 *ylab*을, 색상을 정의하기 위해 *col*을, 그리고 데이터 포인트에 대한 표식을 선택하기 위해 *pch*를 사용한다. 특히 *pch* = 16은 채워진 원을 데이터 점으로 표시한다. 다음과 같이 입력하라.

```
> plot(myData$Value~myData$Growth, main="Scatterplot of Value
against Growth", xlab="Growth", ylab="Value", col="chocolate",
pch=16)
```

결과로 산출된 산점도는 그림 3.14와 유사해야 한다.

요약

그림 3.14에서 우리는 Value와 Growth 사이에 양의 관계가 있음을 추론할 수 있다. 즉, Value의 연간수익률이 증가함에 따라 Growth에 대한 연간수익률도 증가하는 경향이 있다.

연습문제 3.2

22. **FILE** ***Bar.*** 중서부 지역의 작은 마을에 있는 현지 바에서는 맥주와 와인이 유일한 알코올 옵션이다. 매니저는 지난 주말 동안 바의 고객에게 설문조사를 수행했다. 고객은 성별(남성 또는 여성)과 선택 음료(맥주, 와인 또는 청량음료)를 확인하도록 요청받았다. 응답의 일부는 첨부된 표에 나와 있다.

Customer	Sex	Drink Choice
1	male	beer
2	male	beer
⋮	⋮	⋮
270	female	soft drink

a. 데이터를 성별(Sex)과 선택 음료(Drink Choice)에 따라 교차분류하는 분할표를 작성한다. 남성 고객은 몇 명인가? 얼마나 많은 고객이 와인을 마셨는가?

b. 고객이 남성이라고 주어진다면, 그가 맥주를 마실 확률은 얼마인가? 고객이 여성이라고 주어진다면, 그녀가 맥주를 마실 확률은 얼마인가?

c. 누적 수직막대그래프를 작성하고, 결과에 대해 설명하라.

23. **FILE** ***Friends.*** 일반적으로 남성과 여성이 단지 친구가 되는 것은 가능하지 않다고 믿어져 왔다. 어떤 사람들은 이 믿음이 더 이상 사실이 아닐 수도 있다고 주장하는데, 그 이유는 남성이 일하고 여성이 집에 머물러서 그들이 함께 모일 수 있는 유일한 방법은 로맨스뿐인 시절이 지나갔기 때문이다(www.npr.org, 2016년 11월 12일). 한 연구원이 186명의 학생을 대상으로 설문조사를 실시한다. 학생들은 성별(남성 또는 여성)과 남성과 여성이 단지 친구가 되는 것이 가능한지(예 또는 아니오)를 질문받았다. 응답의 일부는 첨부된 표에 나와 있다.

Student	Sex	Feasible
1	female	yes
2	female	yes
⋮	⋮	⋮
186	male	no

a. 데이터를 성별(Sex)과 실현가능성(Feasible) 별로 교차분류하는 분할표를 작성하라. 여성 학생은 몇 명인가? 남성과 여성이 단지 친구가 되는 것이 가능하다고 느낀 학생은 몇 명인가?

b. 남학생이 남성과 여성이 단지 친구가 될 수 있다고 느낄 확률은 얼마인가? 여학생이 남성과 여성이 단지 친구가 될 수 있다고 느낄 확률은 얼마인가?

c. 누적 수직막대그래프를 작성하라. 남학생과 여학생이 이 주제에 대해 동일하다고 느끼는가 아니면 다르게 느끼는가? 설명하라.

24. **FILE** ***Shift.*** 조립 산업용 부품 공급업체인 Metalworks는 부품이 제작된 시점(Shift: 1, 2 또는 3)과 결함여부(Defective: 부품이 결함이면 Yes, 아니면 No) 간에 연관성이 있는지 알고 싶다. 공급업체는 제조된 300개 부품에 대한 데이터를 수집한다. 데이터의 일부가 첨부된 표에 나와 있다.

Component	Shift	Defective
1	1	No
2	1	Yes
⋮	⋮	⋮
300	3	No

a. 데이터를 제작시점과 부품의 결함여부에 따라 교차분류하는 분할표를 작성하라. Shift 1 동안 제작된 결함이 있는 부품은 몇 개인가? Shift 2 동안 제작된 결함이 없는 부품은 몇 개인가?

b. 부품에 결함이 있는 경우, Shift 2 동안 제작되었을 확률은 얼마인가? 부품에 결함이 있는 경우, Shift 3 동안 제작되었을 확률은 얼마인가? 부품이 제작된 시점과 결함여부 사이에 어떤 연관성이 있는 것 같은가? 설명하라.

c. 누적 수직막대그래프를 작성하라. 모든 제작시점에 걸쳐 결함률이 일관적인가? 설명하라.

25. **FILE** ***Athletic.*** 마케팅 회사에서 한 연구원이 운동복을 구입할 때 소비자의 연령이 중요한지 조사한다. 그녀의 초기 느낌은 브랜드 A는 젊은 고객에게 매력적인 반면, 기존 기업(브랜드 B와 C)은 더 높은 연령의 고객을 끌어들인다는 것이다. 최근 운동복 구매 600건에 대해 고객의 연령(Age: 35세 미만인 경우 1, 그렇지 않으면 0) 및 운동복의 브랜드명(A, B 또는 C)에 대한 데이터를 수집한다. 데이터의 일부가 첨부된 표에 나와 있다.

Purchase	Age	Brand
1	1	A
2	1	A
⋮	⋮	⋮
600	0	C

a. 데이터를 연령(Age)과 브랜드(Brand)에 따라 교차분류하는 분할표를 작성하라. 브랜드 A의 구매건수는 몇 개인가? 35세 미만 고객의 구매건수는 몇 개인가?

b. 35세 미만 고객이 구매 한 경우, 고객이 브랜드 A를 구매할 확률은 얼마인가? 브랜드 B는? 브랜드 C는? 데이터가

연구원의 믿음을 지지하는 같은가? 설명하라.

c. 누적 수직막대그래프를 작성하라. 고객의 연령과 구매한 브랜드 사이에 관계가 나타나는가?

26. **FILE** ***Study.*** 한 보고서에 따르면 비즈니스 전공자는 모든 다른 대학생에 비해 교과활동에 가장 적은 시간을 사용한다(*워싱턴포스트*, 2017년 1월 28일). 한 대학의 학장이 270명의 학생을 대상으로 설문조사를 실시한다. 학생들은 전공(비즈니스 또는 비 비즈니스)과 열심히 공부하는지(예 또는 아니요)를 질문을 받는다. 열심히 공부하는 것은 교과활동에 주당 최소 20시간을 사용하는 것으로 정의된다. 응답의 일부는 첨부된 표에 나와 있다.

Student	Major	Study Hard
1	business	yes
2	business	yes
⋮	⋮	⋮
270	nonbusiness	no

a. 데이터를 전공(Major)과 열심히 공부하는지(Study Hard)에 따라 교차분류하는 분할표를 작성하라. 비즈니스 전공인 학생은 몇 명인가? 열심히 공부하는 학생은 몇 명인가?

b. 학생이 비즈니스 전공인 경우, 열심히 공부할 확률은 얼마인가? 학생이 비 비즈니스 전공인 경우, 열심히 공부할 확률은 얼마인가? 데이터가 보고서의 결과를 지지하는 것 같은가? 설명하라.

c. 누적 수직막대그래프를 작성하고, 결과에 대해 설명하라.

27. **FILE** ***Test_Scores.*** 첨부된 표는 32명 학생들의 중간고사(Midterm) 및 학기말고사(Final) 성적의 일부를 보여준다. Midterm에 대한 Final의 산점도를 작성하고, 관계를 설명하라.

Final	Midterm
86	78
94	97
⋮	⋮
91	47

28. **FILE** ***Life_Obesity.*** 첨부된 표는 50개 주와 컬럼비아 특별구의 기대수명(년)과 비만율(%)을 보여준다. 비만(Obesity)에 대한 기대수명(Life Expectancy)의 산점도를 작성하고, 관계를 설명하라.

State	Life Expectancy	Obesity
Alabama	75.4	36.3
Alaska	78.3	34.2
⋮	⋮	⋮
Wyoming	78.3	28.8

29. **FILE** ***Consumption.*** 첨부된 표는 2000~2016년의 미국 평균 연간소비(달러) 및 가처분소득(달러)에 대한 분기별 데이터의 일부를 보여준다. 소득(Income)에 대한 소비(Consumption)의 산점도를 작성하고, 관계를 설명하라.

Date	Consumption	Income
Q1, 2000	28634	31192
Q2, 2000	28837	31438
⋮	⋮	⋮
Q4, 2016	35987	39254

30. **FILE** ***Return.*** 위험을 다각화하기 위해 투자자는 자주 수익이 음의 관계를 갖거나 관계가 없는 자산에 투자하도록 권장된다. 첨부된 표는 두 자산에 대한 연간수익률(%) 데이터의 일부를 보여준다. Return A에 대한 Return B의 산점도를 작성하라. 위험을 다각화하기 위해 투자자는 이 두 자산을 포트폴리오에 포함하는 것이 현명한가? 설명하라.

Return A	Return B
−20	2
−5	0
⋮	⋮
10	2

31. **FILE** ***Healthy_Living.*** 모든 사회에서 건강한 생활은 항상 중요한 목표이다. 대부분의 사람들은 과일과 채소가 풍부한 식단(FV, fruits and vegetables)과 규칙적인 운동이 건강에 긍정적인 영향을 미치는 반면, 흡연은 건강에 부정적인 영향을 미친다는 데 동의한다. 첨부된 표는 미국의 여러 주에서 관찰된 이러한 변수들의 백분율 일부를 보여준다.

State	Health	FV	Exercise	Smoking
AK	88.7	23.3	60.6	14.6
AL	78.3	20.3	41.0	16.4
⋮	⋮	⋮	⋮	⋮
WY	87.5	23.3	57.2	15.2

a. 운동(Exercise)에 대한 건강(Health)의 산점도를 작성하고, 관계를 설명하라.

b. 흡연(Smoking)에 대한 건강(Health)의 산점도를 작성하고, 관계를 설명하라.

32. **FILE** ***Car_Price.*** 아래 표는 중고세단 20대의 가격, 연령, 주행거리로 구성된 데이터의 일부를 보여준다.

Price	Age	Mileage
13590	6	61485
13775	6	54344
⋮	⋮	⋮
11988	8	42408

a. 연령(Age)에 대한 가격(Price)의 산점도를 작성하고, 관계를 설명하라.

b. 주행거리(Mileage)에 대한 가격(Price)의 산점도를 작성하고, 관계를 설명하라.

3.3 기타 데이터 시각화 방법

3.2절에서 두 수치형 변수 간의 관계를 시각화하는 데 사용되는 산점도를 작성했다. 여기서는 범주형 변수를 포함하는 산점도에 대한 논의로 확장한다. 또한 버블차트, 선그래프 및 히트맵의 세 가지 추가 시각화 방법을 제시한다.

LO 3.4

범주형 변수를 포함한 산점도, 버블차트, 선그래프 및 히트맵을 작성하고 해석할 수 있어야 한다.

범주형 변수를 포함한 산점도

산점도를 사용하여 두 수치형 변수 간의 관계를 표시한다는 점을 기억하자. 예를 들어, 평방피트(면적)에 대해 부동산 가치를 도식화하면, 두 변수 사이에 양적인 관계가 예상된다. 즉, 집이 클수록 더 가치가 있다. 데이터셋에 부동산 유형(단독주택, 콘도 등)과 같은 세 번째 변수가 있는 경우, 다른 색상이나 기호를 사용하여 이 범주형 변수를 산점도에 통합할 수 있다. 이를 통해 부동산 가치와 면적 간의 관계가 부동산 유형에 따라 다른지 확인할 수 있다. 이 그림을 **범주형 변수를 포함한 산점도(scatterplot with a categorical variable)**라고 한다.

예제 3.5에서 범주형 변수를 포함한 산점도의 사용을 보여준다.

예제 3.5

FILE ***Birth_Life. Birth_Life*** 데이터 파일에는 2010년 10개 국가의 다음 변수에 대한 정보가 포함되어 있다: 국가 이름(Country Name), 기대수명(Life Exp, 년), 출생률(Birth Rate, %), 1인당 국민총소득(GNI, 달러), 개발수준(Development). ***Birth_Life*** 데이터셋의 일부는 표 3.13에 나와 있다.

표 3.13 Birth_Life 데이터셋의 일부

Country Name	Life Exp	Birth Rate	GNI	Development
Congo, Dem. Rep.	50.00	45.96	130	Developing
India	62.59	26.46	440	Developing
⋮	⋮	⋮	⋮	⋮
Japan	81.08	9.40	36230	Developed

Excel과 R을 사용하여 Development 변수(범주형)도 포함하는 기대수명 대비 출생률의 산점도를 작성하고, 결과를 요약하라.

해답:

Excel 이용

a. ***Birth_Life*** 데이터 파일을 연다.

b. 범주형 변수를 포함하는 산점도를 작성하려면 범주형 변수를 범주별로 정렬해야 한다. 여기에서 Development 변수는 이미 정렬되어 있다. 즉, 처음 6개국은 개발도상국이고, 나머지 4개국은 선진국이다. **삽입(Insert) > 분산형 또는 거품형 차트 삽입(Insert Scatter or Bubble Chart) > 분산형(Scatter)**을 선택한다. 이렇게 하면 워크시트에 산점도에 대한 자리 표시자가 생성된다.

c. **디자인(Design) > 데이터 선택(Select Data)**을 선택한다. *데이터 원본 선택(Select Data Source)* 대화상자에서 *추가(Add)* 버튼을 클릭한다. 그러면 산점도의 x축과 y축에 대한 데이터를 선택할 수 있는 *계열 편집(Series Edit)* 대화상자가 열린다. *계열 이름(Series name)*으로 "Developing"을 입력하고, *계열 X값(Series X value)*으로 B2에서 B7셀까지 선택하고, *계열 Y값(Series Y value)*으로 C2에서 C7셀까지 선택한다. *계열 편집(Edit Series)* 대화상자에서 **확인(OK)**을 클릭하면, 개발도상국 6개국의 기대수명 대비 출생률이 그래프로 나타난다.

d. *추가(Add)*를 클릭하여 *계열 편집(Edit Series)* 대화상자를 연다. *계열이름(Series name)*으로 "Developed"를 입력하고, *계열 X값(Series X values)*으로 B8에서 B11셀까지 선택하고, *계열 Y값(Series Y value)*으로 C8에서 C11셀까지 선택한다. *계열 편집(Edit Series)* 대화상자에서 **확인(OK)**을 클릭하면, 선진국 4개국의 기대수명 대비 출생률이 그래프로 나타난다. *데이터 원본 선택(Select Data Source)* 대화상자에서 **확인(OK)**을 클릭하라.

e. 서식(축 제목, 눈금선 등)은 메뉴에서 **디자인(Design) > 차트요소 추가(Add Chart Element)**를 선택하여 지정할 수 있다. 결과로 산출된 산점도는 그림 3.15와 유사해야 한다.

R 이용

a. ***Birth_Life*** 데이터를 데이터프레임(테이블)으로 가져와서 myData라는 이름으로 지정한다.

b. Development 변수를 통합하는 산점도를 작성하기 위해 **plot** 함수를 사용하다. 여기에서는 *main*을 사용하여 제목을 추가한다. *col*은 열 세그먼트의 색상을 정의한다. *xlab*와 *ylab*은 각각 x축과 y축에 대한 레이블을 제공한다. 점의 모양을 정의하는 *pch*, 점의 색상을 정의하는 *col*가 있다. 점의 모양과 색상은 Devlopment 변수의 범주를 기반으로 한다. 다음과 같이 입력하라.

그림 3.15 기대수명에 대한 출생률의 산점도

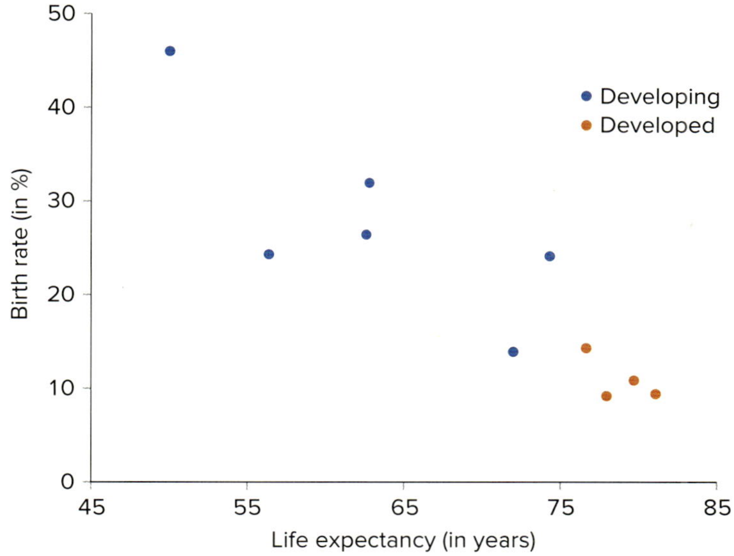


```
> plot(myData$'Birth Rate'~myData$'Life Exp', main="Scatterplct
of Birth Rate against Life Expectancy", xlab = "Life
Expectancy (in years)", ylab = "Birth Rate (in %)", pch=16,
col=ifelse(myData$Development == "Developing", 20, 26))
```

c. **legend** 함수를 사용하여 산점도의 오른쪽에 범주를 추가한다. 다음과 같이 입력하라.

```
> legend("right", legend=c("Developing", "Developed"), pch=16,
col=c(20, 26))
```

결과로 산출된 산점도는 그림 3.15와 유사해야 한다.

요약

그림 3.15에서 출생률과 기대수명 사이의 음의 선형관계를 볼 수 있다. 즉, 출산율이 낮은 국가는 기대수명이 더 높은 경향이 있다. 이 관계는 개발도상국과 선진국 모두에 적용된다. 또한 전반적으로 선진국은 개발도상국에 비해 출생률이 낮고 기대수명이 더 높다.

버블차트

버블차트(bubble plot)는 세 수치형 변수 간의 관계를 보여준다. 버블차트에서 세 번째 수치형 변수는 버블의 크기로 표시된다. 예를 들어 버블차트는 대학생의 전자기기 사용시간에 대하여 학습시간을 표시하고, 버블의 크기를 사용하여 학생의 GPA를 나타낼 수 있다. 이 버블차트는 학습시간, 전자기기 사용시간 및 학업성과 간의 관계를 이해하는 데 도움이 된다.

예제 3.6에서 버블차트의 사용을 설명한다.

예제 3.6

FILE ***Birth_Life.*** 예제 3.5의 ***Birth_Life*** 데이터를 다시 보자. Excel과 R을 사용하여 GNI 변수를 사용하여 기대수명에 대한 출생률의 버블그래프를 작성하고, 결과를 요약하라.

해답:

Excel 이용

a. ***Birth_Life*** 데이터 파일을 연다.

b. **삽입(Insert) > 분산형 차트 또는 거품형 차트 삽입(Insert Scatter or Bubble Chart) > 거품형(Bubble)**을 선택한다. 이렇게 하면 워크시트의 플롯에 대한 자리 표시자가 생성된다.

c. **디자인(Design) > 데이터 선택(Select Data)**을 선택한다. *데이터 원본 선택(Select Data Source)* 대화상자에서 *추가(Add)* 버튼을 클릭한다. 그러면 x축, y축 및 거품 크기에 대한 변수를 선택할 수 있는 *계열 편집(Edit Series)* 대화상자가 열린다. *계열 X값(Series X value)*으로 B2에서 B11셀까지 선택하고 *계열 Y값(Series Y value)*으로 C2에서 C11 셀까지 선택하고 *계열 거품 크기(Series bubble size)*로 D2에서 D11셀까지 선택한다. *계열 편집(Edit Series)* 대화상자에서 **확인(OK)**을 클릭한다. *데이터 원본 선택(Select Data Source)* 대화상자에서 **확인(OK)**을 클릭한다.

d. 메뉴에서 **디자인(Design) > 차트요소 추가(Add Chart Element)**를 선택하여 서식(축 제목, 눈금선 등)을 지정할 수 있다. 결과로 산출된 버블차트는 그림 3.16과 유사해야 한다.

그림 3.16 출생률, 기대수명, GNI의 버블차트

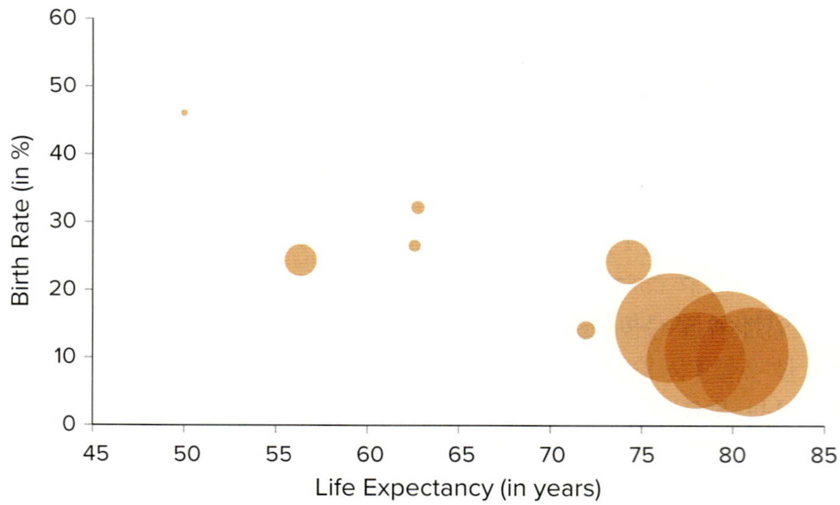

R 이용

a. ***Birth_Life*** 데이터를 데이터프레임(테이블)으로 가져와서 myData라는 이름으로 지정한다.

b. 우선 **plot** 함수(적절한 x와 y 변수 포함)와 옵션 *유형* = "*n*"(type = "n")을 사용하여 빈 그래프를 작성한다. 이는 그래프가 없음을 의미한다. 다음과 같이 입력하라.

```
> plot(myData$'Birth Rate'~myData$'Life Exp', type="n")
```

c. 그런 다음 **symbols** 함수를 사용하여 관측치를 나타내는 버블을 그래프로 나타낸다. *circles*, *inches*, *bg* 옵션을 사용하여 버블의 반경, 크기 및 색상을 각각 지정한다. 버블은 국가의 GNI 값에 따라 크기가 결정된다. 예제 3.5에서와 같이 *main*, *xlab*, *ylab*도 사용한다. 다음과 같이 입력하라.

```
> symbols(myData$'Birth Rate'~myData$'Life Exp',
circles=myData$GNI, inches = 0.5, bg = 'blue', main="A bubble plot
of birth rate, life expectancy, and GNI", xlab = "Life Expectancy
(in years)", ylab = "Birth Rate (in %)")
```

결과로 산출된 버블차트는 그림 3.16과 유사해야 한다.

요약

그림 3.16에서 국가의 출생률과 평균 기대수명이 음의 선형관계를 나타내는 것을 볼 수 있다. 또한 출생률이 낮고 기대수명이 높은 국가는 1인당 GNI가 더 높은 것으로 나타났으며, 이는 선진국을 나타낸다.

선그래프

선그래프(line chart)는 수치형 변수를 선으로 연결된 일련의 데이터 포인트로 표시한다. 선그래프는 특히 시간 경과에 따른 변화 또는 추세를 추적하는 데 유용하다. 예를 들어, 삼성(Samsung) 스마트폰의 시간 경과에 따른 판매량을 나타내는 선그래프를 사용하면 매출이 상승, 하락 또는 유지하는 추세를 따르는지 쉽게 알 수 있다. 또한 선그래프에서 과거에 발생했던 주요 변화들을 쉽게 식별할 수 있다. 예를 들어, 주요 제품 리콜로 인해 삼성은 2016년 말에 상당한 매출 감소를 경험했다. 해당 연도의 데이터 포인트가 급격히 떨어질 것이기 때문에 선그래프에서 사건을 쉽게 식별할 수 있다.

여러 선이 동일한 차트에 표시된 경우 이러한 관측치들을 하나 이상의 차원에서 비교할 수 있다. 예를 들어, 애플 아이폰의 과거 판매량을 삼성 스마트폰과 동시에 표시한다면, 두 회사의 추세와 변화율을 비교할 수 있을 것이다. 심지어는 삼성 스마트폰 판매 감소가 아이폰 판매 급증과 동시에 일어나는지 등 흥미로운 패턴도 감지할 수 있다. 선그래프의 사용을 설명하기 위해 예제 3.7을 고려하자.

예제 3.7

FILE ***Growth_Value.*** 1984년부터 2018년까지 피델리티(Fidelity's) Growth와 Value 뮤추얼펀드의 연간수익률(%)에 대한 데이터가 제공된 도입사례를 기억하라. Excel과 R을 사용하여 Growth와 Value에 대한 선그래프를 작성하고, 결과를 요약하라.

해답:

Excel 이용

a. ***Growth_Value*** 데이터 파일을 연다.
b. B1에서 C36셀까지 강조 표시한 다음 메뉴에서 **삽입(Insert) > 꺾은선형 또는 영역형 차트 삽입(Insert Line or Area Chart) > 꺾은선형(Line)**을 선택한다.
c. **디자인(Design) > 데이터 선택(Select Data)**을 선택하고 *편집(Edit)* 버튼 아래의 *가로(항목)축 레이블[Horizontal (Category) Axis Labels]* 단추를 클릭한다. *축 레이블(Axis Lables)* 대화상자의 *축 레이블 범위(Axis label range)* 상자에서 A2부터 A34까지의 셀을 표시한다. **확인(OK)**을 클릭하라. 연도가 선그래프에 나타난다. Excel은 공간 제약으로 인해 가로축을 따라 짝수 연도만 표시한다.
d. 서식(축 제목, 눈금선 등)은 메뉴에서 **디자인(Design) > 차트요소 추가(Add Chart Element)**를 선택하여 지정할 수 있다. 결과로 산출된 선그래프는 그림 3.17과 유사해야 한다.

그림 3.17 Growth와 Value 뮤추얼펀드에 대한 선그래프

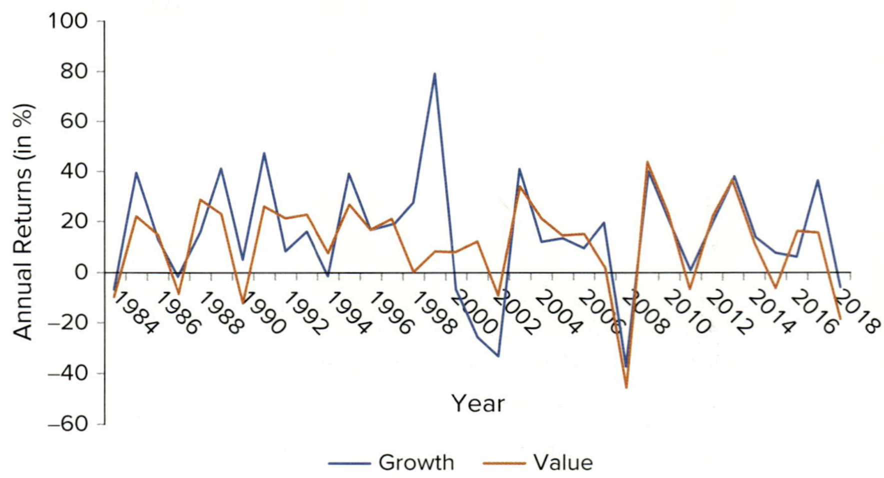

R 이용

a. ***Growth_Value*** 데이터를 데이터프레임(테이블)으로 가져와서 myData라는 이름으로 지정한다.
b. 우선 **plot** 함수를 사용하여 Growth 변수에 대한 선그래프를 생성한다. 여기에서 옵

선을 사용한다. *col*은 점의 색상을 정의하고, *type*은 선을 의미하는 "l" 그래프 유형을 정의하고, *ylim*는 y축에 대한 한계를 제공한다. 예제 3.5에서와 같이 *main*, *xlab*, *ylab* 옵션도 사용한다. 다음과 같이 입력하라.

```
> plot(myData$Growth~myData$Year, main="A line chart for the
Growth and Value mutual funds", xlab="Year", ylab="Annual Returns",
col = "blue", type = "l", ylim = c(-100, 100) )
```

c. 이제 **lines** 함수를 사용하여 Value 뮤추얼펀드에 빨간색 선을 추가한다. 다음과 같이 입력하라.

```
> lines(myData$Value~myData$Year, col="red", type = "l")
```

d. **legend** 함수를 사용하여 차트 하단에 범례를 추가한다. *lty* = 1 옵션은 범례가 2개의 실선에 기초함을 명시한다. 다음과 같이 입력하라.

```
> legend("bottom", legend=c("Growth", "Value"), col=c("blue",
"red"), lty=1)
```

결과로 산출된 선그래프는 그림 3.17과 유사해야 한다.

요약

그림 3.17의 선그래프는 35년 동안 피델리티(Fidelity's)의 Growth와 Value 뮤추얼펀드의 연간수익률을 비교한다. 일반적으로 두 펀드는 같은 방향으로 움직이는 경향이 있다. 그러나 대략 1995년과 2000년 사이에 발생한 닷컴 버블기간동안 기술 중심의 Growth 펀드는 전통적인 기업을 선호하는 Value 펀드에 비해 훨씬 더 높은 수익률을 보여준다. 이어지는 닷컴 버블의 폭발은 그 추세의 반전을 보여준다.

히트맵

히트맵(heat map)은 색상 또는 색 강도를 사용하여 변수 간의 관계를 표시하는 중요한 시각화 도구이다. 히트맵은 특히 경제적 중요성이 있는 범주형 변수의 조합을 파악하는 데 유용하다. 히트맵을 표시하는 방법에는 여러 가지가 있지만 모두 한 가지 공통점을 갖는다. 즉, 단순히 원자료를 검사하여 이해하기 어려운 변수 간의 관계를 전달하기 위해 색상을 사용한다. 예를 들어 히트맵을 사용하여 다양한 상점에서 가장 많이 팔리는 또는 가장 적게 팔리는 제품을 보여주거나 다양한 음악 스트리밍 플랫폼에서 가장 많이 또는 가장 적게 다운로드 되는 음악 장르를 표시할 수 있다. 예제 3.8은 히트맵 사용을 보여준다.

예제 3.8

FILE ***Bookstores.*** 국내 한 서점 체인은 다양한 매장위치에서 고객 선호도를 이해하려고 노력하고 있다. 마케팅 부서는 4개 매장으로부터 가장 최근의 거래 500건의 목록을 확보했다. 데이터셋에는 레코드 번호(Record), 도서를 판매한 4개 매장 중 한 지점(BookStore)과 판매된 도서유형(BookType)이 포함된다. 마케팅 부서는 히트맵을 사용하여 데이터를 시각화 하여 여러 매장의 고객 선호도를 이해하고자 한다. ***Bookstores*** 데이터셋의 일부는 표 3.14에 나와 있다.

표 3.14 Bookstore 예제에 대한 거래 결과

Record	BookStore	BookType
1	Store2	Biography
2	Store2	Children book
⋮	⋮	⋮
500	Store4	Romance

Excel과 R을 사용하여 여러 매장에서 다양한 유형의 서적 판매를 시각화하기 위한 히트맵을 작성하고, 결과를 요약하라.

해답:

Excel 이용

a. ***Bookstores*** 데이터 파일을 연다.
b. 히트맵을 만들려면 우선 각 매장에서 판매된 모든 도서의 비율로 판매된 각 도서유형을 요약하는 분할표를 만들어야 한다. 데이터의 아무 곳이나 클릭한다(A5셀 선택). 메뉴에서 **삽입(Insert) > 피벗테이블(Pivot Table)**을 선택한다. *표 또는 범위 선택(Select a table or range)*의 옵션은 데이터 범위 A1:C501로 이미 채워져 있어야 한다. E1셀에서 시작하는 기존 워크시트에 피벗테이블(PivotTable) 보고서를 배치한다.
c. *피벗테이블 필드*(PivotTable Field)에서 BookStore와 BookType 변수를 각각 행(Rows)과 열(Columns) 필드로 끌어온다. Record를 값(Values) 필드로 끌어온다. 값(Values) 아래의 화살표를 클릭하고 *값필드 설정(Value Field Setting)*을 선택한다. Record 변수를 개수(count)로 읽기 위해 값(Values) 탭 아래의 화살표를 클릭하고 *값 필드 설정(Values Field Settings)*을 선택한다. 대화상자에서 *값 요약 기준(Summarize value filed by)*탭을 선택한 다음 드롭다운 메뉴에서 *개수(Count)*를 선택한다. 다음으로 *값 표시 형식(Show values as)* 탭에서 *행 합계 비율(% of Row)*을 선택한다. **확인(OK)**을 클릭하라. E1셀에서 시작하는 분할표가 표시되어야 한다.
d. 데이터 범위 F3:K6을 선택한다. 메뉴에서 **홈(Home) > 조건부서식(Conditional Formatting) > 색조(Color Scales) > 녹색–노랑–빨강 색조(Green-Yellow-Red Color Scale)**를 선택한다.

   결과로 산출된 히트맵은 그림 3.18과 유사해야 한다. Excel의 색 배열은 내림차순으로 적용된다. 즉, 녹색-노랑-빨강 색조의 경우 녹색은 더 큰 값을, 노란색은 중앙값을, 빨간색은 더 작은 값을 나타낸다. 히트맵이 어떻게 변하는지 확인하려면 Excel에서 다른 색 배열을 실험해보는 것이 좋다.

그림 3.18 Bookstore 예제에 대한 Excel의 히트맵

Row Labels	Biography	Children book	Romance	Sci-fi	Self help	Travel guide	Grand Total
Store1	17.78%	17.78%	16.30%	18.52%	9.63%	20.00%	100.00%
Store2	13.04%	20.00%	25.22%	14.78%	14.78%	12.17%	100.00%
Store3	20.55%	15.75%	8.90%	19.18%	15.75%	19.86%	100.00%
Store4	17.31%	14.42%	20.19%	20.19%	14.42%	13.46%	100.00%
Grand Total	**17.40%**	**17.00%**	**17.00%**	**18.20%**	**13.60%**	**16.80%**	**100.00%**

R 이용

a. ***Bookstores*** 데이터를 데이터프레임(테이블)으로 가져와서 myData라는 이름으로 지정한다.

b. 우선 **table** 함수를 사용하여 각 매장에서 판매되는 각 도서유형의 수를 요약하는 myTable 이름의 분할표를 생성한다. 그런 다음 **rowSums** 함수를 사용하여 각 매장에서 판매된 총 도서 수를 산출하고 분할표의 값을 해당 숫자로 나누어, 판매된 각 매장에서 판매된 모든 도서의 비율로서 각 도서유형의 판매를 요약하는 수정된 분할표를 구한다. 다음과 같이 입력하라.

```
> myTable <-table(myData$BookStore, myData$BookType)
> myTable <- myTable/rowSums(myTable)
```

c. R에서 히트맵을 작성하려면 데이터가 데이터 매트릭스(data matrix)로 변환되어야 한다. 이는 열이 같은 데이터 유형과 길이를 가져야 하는 2차원 데이터 구조이다. **as.matrix** 함수를 사용하여 이 변환을 수행하고 데이터 매트릭스에 myData.matrix로 이름을 지정한다. 다음과 같이 입력하라.

```
> myData.matrix <- as.matrix(myTable)
```

d. **heatmap** 함수를 사용하여 히트맵을 작성한다. *col* = *heat.colors*(256)를 사용하여 256색의 *heat.color* 팔레트를 선택한다. 기본적으로 색상 팔레트는 따뜻한 색상(예: 주황색 및 빨간색)을 사용하여 작은 값을 표시하고 차가운 색상(예: 노란색 및 흰색)을 사용하여 큰 값을 표시한다. 히트맵을 그리는 데 사용할 때 데이터가 표준화되지 않도록 *scale* = "*none*" 옵션을 사용한다. 마지막으로 *Rowv* = *NA*와 *Colv* = *NA*를 사용하여 덴드로그램이라는 나무 모양의 다이어그램을 제외시킨다. 덴드로그램은 나중에 11장에서 설명한다. 다음과 같이 입력하라.

```
> heatmap(myData.matrix, col = heat.colors(256), scale = "none",
Rowv= NA, Colv = NA)
```

결과로 산출된 히트맵은 그림 3.19(a)에 나와 있다.

e. 대안으로, 덜 인기 있는 도서장르는 더 차가운 색상을, 더 인기 있는 장르는 더 따뜻한 색상을 갖도록 자체 색상을 지정할 수 있다. 가장 인기 있는 도서장르가 매장에서

판매되는 도서의 25.22%를 차지하기 때문에 0 (0%)에서 0.30 (30%)까지의 숫자를 0.05 (5%)씩 증가시키는 myBreaks 벡터를 생성한다. 각 숫자 구간에 할당된 색상은 myCol 벡터에 저장된다. 예를 들어, 도서장르가 매장에서 도서 판매의 0~5%를 차지하는 경우 파란색이 해당 장르에 할당된다. 또는 도서장르가 매장에서 판매되는 도서의 25~30%를 차지하는 경우 "red3"로 코드화된 따뜻한 빨간색이 할당된다. 그런 다음 새로운 히트맵에 *col* 및 *breaks*를 사용하여 자체 색상 키를 할당한다. 다음과 같이 입력하라.

```
> myBreaks <- c(0, 0.05, 0.10, 0.15, 0.20, 0.25, 0.30)
> myCol <- c("blue", "green", "yellow", "orange1", "red1",
"red3")
> heatmap(myData.matrix, col = myCol, breaks = myBreaks, scale =
"none", Rowv = NA, Colv = NA)
```

결과로 산출된 히트맵은 그림 3.19(b)에 보여진다. 색상은 컴퓨터 화면에서 보는 것과 다르게 나타날 수 있다.

그림 3.19 Bookstore 예제에 대한 R의 히트맵

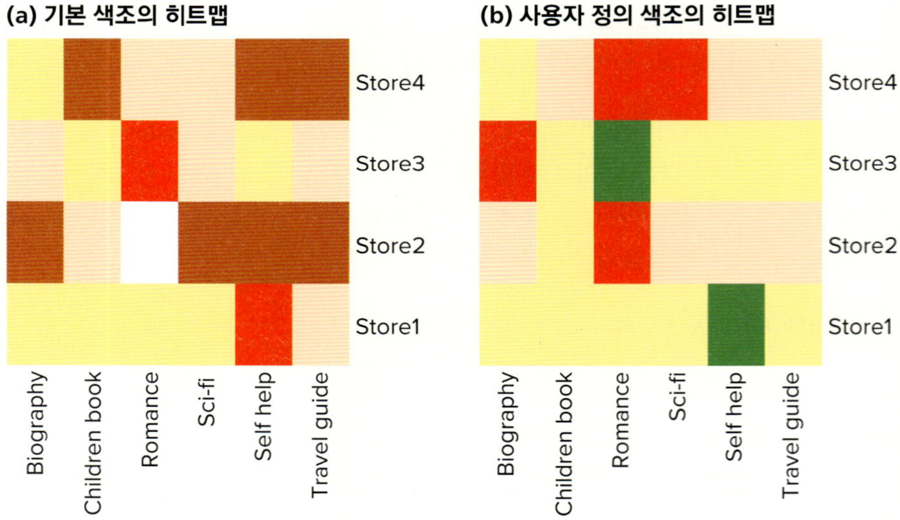

요약

그림 3.18과 3.19의 히트맵은 고객의 도서 선호도가 매장위치에 따라 다르다는 것을 보여준다. 예를 들어 로맨스(Romance) 소설은 Store2에서 가장 인기 있는 도서이지만 Store3에서는 가장 인기가 없다. 자기개발서(Self help)는 Store1에서 가장 인기가 없는 도서이다. 경영진은 이 정보를 이용하여 각 매장에 보관할 각 도서유형의 사본 수를 결정할 수 있다.

추가 그래프 표현

다음 그래프 표현은 단순히 원자료를 검사하여 이해하기 어려운 변수 간의 관계를 시각화하는 추가적인 방법이다.

- 범주형 변수가 있는 산점도(scatterplot with a categorical variable)는 2차원 그래프에서 두 수치형 변수와 범주형 변수 간의 관계를 보여준다. 범주형 변수는 일반적으로 각 범주에 대해 서로 다른 색상으로 표시된다.
- 버블차트(bubble plot)는 2차원 그래프에서 3개의 수치형 변수 간의 관계를 보여준다. 세 번째 수치형 변수는 버블의 크기로 표시된다.
- 선그래프(line chart)는 수치형 변수를 선으로 연결된 일련의 데이터 포인트로 표시한다. 시간에 따른 변화나 추세를 추적하는데 특히 유용하다.
- 히트맵(heat map)은 색상 또는 명도를 사용하여 변수 간의 관계를 표시한다. 히트맵은 특히 경제적인 중요성을 갖는 범주형 변수의 조합을 파악하는 데 유용하다.

고급 시각화 옵션

이 장에서 설명한 데이터 시각화 외에도 정교하고 심미적인 인터렉티브 시각화를 위한 고급 소프트웨어 도구를 사용할 수 있다. 인기있는 고급 시각화 도구에는 R의 ggplot2 패키지와 태블로(Tableau)가 있다.

ggplot2 패키지는 고급 출판품질의 그래프를 작성하기 위한 R에서 가장 인기있는 그래픽 패키지 중 하나이다. 이 패키지는 그래픽 문법(Grammar of Graphics)이라는 개념집합에 기초하여 작성되며, 그래프를 데이터, 심미적(예: 색상과 크기), 기하학적(예: 선과 모양) 구성요소로 분할한다.

Tableau는 매력적인 출력, 다기능성 및 사용 용이성으로 엄청난 인기를 얻고 있는 독립 실행형 데이터 시각화 소프트웨어이다. Tableau의 주요 기능 중 하나는 개인용 컴퓨터의 Excel 파일에서 클라우드 컴퓨팅 플랫폼의 Oracle 데이터베이스에 이르기까지 광범위한 소스에서 데이터를 추출하는 기능이다. 이 제품은 기술적인 경험이 거의 없는 사용자가 대화식으로 매력적인 시각화를 개발하고 비즈니스 통찰력을 위해 데이터를 드릴다운 할 수 있도록 설계되었다. 사용자들은 다른 시각화 도구 간에 쉽게 전환하여 스토리텔링을 위한 가장 적합한 그래프를 선택할 수 있다. 또한 Tableau는 사용자가 실시간 데이터를 표시할 수 있는 인터렉티브 대시보드를 만들어 비즈니스 의사결정을 지원하게 한다.

R의 ggplot2 패키지 및 Tableau에 대한 상세한 설명은 이 교재의 범위를 벗어난다.

연습문제 3.3

33. **FILE** ***InternetStocks.*** 한 재무분석가가 두 인터넷 회사인 Amazon (AMZN)과 Google (GOOG)의 주식 실적을 비교하려고 한다. 그녀는 2010년부터 2016년까지 두 주식의 평균 종가를 기록한다. 데이터의 일부가 다음 표에 나와 있다. 각각 고유한 색상의 두 개의 선을 사용하여 시간에 따른 두 주식의 움직임을 보여주는 선그래프를 작성하라. 두 주식의 전반적인 가격변동 추세를 설명하라. 주가상승의 더 큰 궤도를 보여주는 주식은 어느 것인가?

Year	AMZN	GOOG
2010	180.00	593.97
2011	173.10	645.90
⋮	⋮	⋮
2016	749.86	771.82

34. **FILE** ***India_China.*** 인도는 전에 생각했던 것보다 훨씬 빨리 중국을 추월하여 세계에서 가장 인구가 많은 국가가 될 것으로 믿어진다(*CNN*, 2019년 6월 19일). 세계은행에서 집계한 첨부 데이터 파일에는 1960년부터 2017년까지 인도와 중국에 대한 인구 데이터(백만 단위)가 포함되어 있다. 각각 고유한 색상의 두 개의 선을 사용하여 시간에 걸쳐 두 국가의 인구 변화를 보여주는 선그래프를 작성하라. 두 국가에서의 전반적인 인구 증가 추세를 설명하라. 지난 40년 동안 인구 증가가 더 빠른 국가는 어디인가?

Year	India	China
1960	449.48	667.07
1961	458.49	660.33
⋮	⋮	⋮
2017	1339.18	1386.40

35. **FILE** ***HighSchool_SAT.*** 다음 표는 주요 대도시 지역 25개 고등학교의 평균 SAT 수학점수(Math), 평균 SAT 작문점수(Writing), 응시자수(Test Taker) 및 학교가 사립학교인지 공립학교인지(Type) 일부를 보여준다

School	Math	Writing	Test Taker	Type
1	456	423	228	Public
2	437	393	475	Public
⋮	⋮	⋮	⋮	⋮
25	592	592	127	Private

a. x축에 수학점수, y축에 작문점수, 버블의 크기로 응시자수를 표현하는 버블차트를 작성하라. 수학점수와 작문점수가 선형, 비선형 또는 관계없음을 보여주는가? 관계가 선형관계인 경우 양의 관계인가, 음의 관계인가? 수학점수와 학교규모(응시자수를 대리로 사용)가 선형, 비선형 또는 관계없음을 표시하는가?

b. x축에 수학점수를 표시하고 y축에 작문점수를 표시하는 산점도를 작성하라. 고등학교가 사립학교인지 공립학교인지를 나타내기 위해 다른 색상이나 기호를 사용하라. 수학점수, 작문점수 및 학교유형 간의 관계를 설명하라. 수학점수와 작문점수의 관계가 사립 및 공립 학교 모두에 적용되는가?

36. **FILE** ***Car_Price.*** 다음 표는 중고 세단 20대의 판매가격, 연령, 주행거리로 구성된 데이터의 일부를 보여준다.

Price	Age	Mileage
13590	6	61485
13775	6	54344
⋮	⋮	⋮
11988	8	42408

a. x축에 가격, y축에 연령, 주행거리를 버블 크기로 표시하는 버블차트를 작성하라. 중고 세단의 가격, 연령 및 주행거리 사이의 관계를 설명하라.

b. 주행거리가 50,000마일 미만의 모든 자동차를 "Low_Mileage" 범주에 할당하고 나머지를 "High_Mileage" 범주에 할당하여 범주형 변수 Mileage_Category로 변환한다. "High_Mileage" 범주에는 몇 대의 자동차가 있는가?

c. Price, Age 및 Mileage_Category를 사용하여 산점도를 작성하라. 다른 주행거리 범주에 속하는 자동차를 표시하기 위해 다른 색상 또는 기호를 사용하라. 중고 세단의 가격, 연령 및 주행거리 간의 관계를 설명하라. 가격과 연령 간의 관계가 두 주행거리 범주 모두에 적용되는가?

37. **FILE** ***TShirts.*** 유니섹스 티셔츠를 판매하는 한 회사가 베스트셀러 티셔츠의 색상과 사이즈에 관심이 있다. 함께 제공되는 데이터 파일에는 지난 1,000건의 거래에서 주문된 티셔츠의 사이즈, 색상 및 수량이 포함되어 있다. 데이터의 일부가 다음 표에 나와 있다.

Transaction	Quantity	Size	Color
1	1	XL	Purple
2	3	M	Blue
⋮	⋮	⋮	⋮
1000	1	S	Red

a. 각 색상 및 사이즈 조합에 대해 판매된 총 수량을 보여주는 분할표를 작성하라. M 사이즈 빨간색 티셔츠가 몇 장 판매되었는가? XL 사이즈 보라색 티셔츠는 몇 개 판매되었는가?

b. 판매된 총 수량을 기준으로 색상 또는 명도를 표시하는 히트맵을 작성하라. 가장 인기 있는 색상 및 사이즈 조합 두 가지는 무엇인가? 가장 인기가 적은 두 가지는 무엇인가?

38. **FILE** *Crime_Analysis.* 지방 경찰서는 어떤 지역에서 어떤 범죄가 발생할 가능성이 가장 높은지 알아내기 위해 범죄분석을 수행하고 있다. 첨부된 데이터 파일에는 지난 5년 동안 도시의 여러 지역(Location)에서 발생한 범죄유형(CrimeType)이 포함되어 있다. 데이터의 일부가 다음 표에 나와 있다.

Record	CrimeType	Location
1	Narcotics	Street
2	Assault	Residence
⋮	⋮	⋮
10385	Burglary	Residence

a. CrimeType과 Location 조합의 빈도를 보여주는 분할표를 작성하라. 강도(Burglary)가 주거지(Residence)에서 발생한 범죄는 몇 건인가?

b. 빈도에 따라 색상 또는 명도를 표시하는 히트맵을 작성하라. 가장 빈번한 CrimeType과 Location 조합 세 가지는 무엇인가?

3.4 요약척도

LO 3.5

요약척도를 계산하고 해석할 수 있어야 한다.

표와 그래프 외에도, 데이터에서 의미 있는 정보를 추출하기 위해 수치적 기술(descriptive) 척도를 사용할 수 있다. 이러한 척도는 계산, 해석 및 서로 비교하기 쉬운 정확하고 객관적으로 결정된 값을 제공한다.

우선 데이터의 전형적인 또는 중심적인 값을 찾으려고 시도하는 여러 중심위치 척도를 산출한다. 그런 다음 산포척도와 형태척도를 점검한다. 산포척도는 데이터에 내재된 변동성을 측정하고, 형태척도는 분포가 대칭인지 여부와 분포의 꼬리가 정규분포보다 더 또는 덜 극단적인지를 나타낸다. 마지막으로 두 수치형 변수가 선형관계를 갖는지를 보여주는 연관성 척도에 대해 논의한다.

중심위치 척도

중심위치(*central location*)라는 용어는 수치형 데이터가 어떤 중간 또는 중심 값 주위로 군집화되는 경향이 있는 방식과 관련이 있다. 중심위치 척도는 데이터를 설명하는 대표적인 또는 중심이 되는 값을 찾으려고 시도한다. 예를 들어 투자수익률, 생산과정의 결함 수, 경영대 졸업생의 급여, 지역 임대료, 지역 편의점의 고객 수 등을 설명하는 대표적인 값을 찾는 것이 포함된다. 중심위치에서 가장 널리 사용되는 세 가지 척도, 즉 평균, 중앙값 및 최빈값에 대해 논의한다. 또한 기술적으로 위치(반드시 중심위치는 아니지만)의 척도인 백분위수에 대해서도 논의한다. 백분위수는 해석하기 쉽기 때문에 상대위치의 척도로도 사용된다.

평균

산술평균(arithmetic mean)은 중심위치의 주된 척도이다. 일반적으로 산술평균을 단순히 **평균(mean 또는 average)**이라고 한다. 변수의 평균을 계산하기 위해, 모든 관측치를 더하고 관측치의 수로 나누기만 하면 된다. 모집단의 평균과 표본평균 간에 다른 것은 단지 표기법뿐이다. 모집단의 평균인 모평균은 μ라고 하며, 여기서 μ는 그리스 문자 mu ("mew"로 발음)이다. 관측치 $x_1, x_2, \ldots, x_N$에 대하여 모평균은 $\frac{\Sigma x_i}{N}$으로 계산된다. 여기서 N은 모집단의 관측치 수이다. 표본평균은 $\bar{x}$ (x-bar로 발음)라고 한다. 관측치 $x_1, x_2, \ldots, x_n$에 대하여 표본평균은 $\frac{\sum x_i}{n}$으로 계산된다. 여기서 n은 표본의 관측치 수이다. 모집단의 평균을 **모수(parameter)**라고 하고, 표본평균을 **통계량(statistic)**이라고 한다. 모평균은 일반적으로 알려져 있지 않기 때문에 모평균을 추정하기 위해 보통 표본평균을 사용한다.

중앙값

데이터 분석에서 평균이 광범위하게 사용된다. 그러나 **이상치(outliers)**라고 하는 극히 작거나 큰 관측치가 있는 경우 분포의 중심에 대한 잘못된 설명을 제공할 수 있다. 평균은 이상치의 영향을 받을 수 있기 때문에 중심위치 척도로 **중앙값(median)**을 계산하는 경우가 많다. 중앙값은 데이터셋의 중간 값이다. 즉, 동일한 수의 관측치가 중앙값 위와 아래에 있다. 데이터를 오름차순(최소값에서 최대값)으로 정렬한 후 (1) 관측치 수가 홀수이면 중간 값으로, (2) 관측치 수가 짝수이면 두 중간 값의 평균으로 중앙값을 산출한다.

많은 정부 간행물 및 기타 데이터 출처는 변수의 대표적인 값을 정확하게 나타내기 위해 평균과 중앙값을 모두 게시한다. 평균과 중앙값이 유의하게 다르면 변수에 이상치가 포함되어 있을 가능성이 있다. 예를 들어, 2017년 미국 인구조사국은 미국 가구의 소득 중앙값이 61,372달러라고 결정했지만, 평균 수입은 86,220달러였다. 미국의 소수 가구가 전형적인 미국 가계소득보다 상당히 높은 소득을 가지고 있다는 것은 잘 알려져 있다. 결과적으로 이러한 최상위 소득 가구는 평균의 값을 중앙값보다 크게 높임으로써 평균에 영향을 미친다.

최빈값

변수의 **최빈값(mode)**은 가장 자주 발생하는 관측치이다. 변수는 둘 이상의 최빈값을 가질 수도 있고, 최빈값이 없을 수도 있다. 변수에 하나의 최빈값이 있으면 단봉(unimodal)이라고 하고, 두 개의 최빈값이 있으면 이봉(bimodal)이라고 부른다. 만약 두 개 이상의 최빈값이 존재한다면, 그 변수는 다봉(multimodal)이다. 일반적으로 세 개보다 많은 최빈값을 갖는 변수의 경우 중심위치 척도로서 최빈값의 유용성은 감소하는 경향이 있다. 범주형 변수를 요약하려는 경우에는 최빈값이 중심위치에 대한 유일한 의미있는 척도이다.

중심위치 척도

- 평균(mean)은 가장 일반적으로 사용되는 중심위치 척도이다. 모평균은 μ로 표시되고 표본평균은 $\bar{x}$로 표시된다. 평균의 한 가지 약점은 이상치에 의해 과도하게 영향을 받는다는 것이다.
- 중앙값(median)은 변수의 중간 관측치이다. 즉, 변수를 반으로 나눈다. 중앙값은 이상치가 있을 때 특히 유용하다.
- 최빈값(mode)은 가장 빈번하게 발생하는 변수 관측치이다. 변수에는 최빈값이 없거나 둘 이상의 최빈값이 있을 수 있다. 최빈값은 범주형 변수에 대한 유일한 의미 있는 중심위치의 척도이다.

예제 3.9

FILE ***Growth_Value.*** Excel과 R을 사용하여 도입사례의 Growth와 Value 변수에 대한 평균과 중앙값을 계산하고, 결과를 요약하라.

해답:

Excel 이용

I. Excel의 수식 옵션 Excel은 필요한 거의 모든 요약척도에 대해 내장 공식을 제공한다. 예시를 위해 다음 단계에 따라 Growth 변수의 평균과 중앙값을 산출한다.

a. ***Growth_Value*** 데이터 파일을 연다.
b. = AVERAGE (B2:B36)를 입력한다. 출력이 15.1074인지 확인한다.
c. 중앙값을 계산하려면 = MEDIAN (B2:B36)을 입력한다. 출력이 14.44인지 확인한다.

만약 Value 변수에 대한 평균 수익률을 계산하고 싶다면, 데이터가 스프레드시트의 C2에서 C36까지의 셀을 차지하기 때문에 =AVERAGE(C2:C36)을 입력한다. Growth와 Value 변수는 각각 35개의 고유한 관측치를 포함하고 중복이 없기 때문에 최빈값을 계산하는 것은 실용적이지 않다. 다른 변수의 경우 =MODE(array)를 입력하여 최빈값을 산출한다. 여기서 array는 계산에 포함될 셀 범위를 지정한다. 나중에 이 장과 다른 장들에서 새로운 함수를 소개할 때, 우리는 이 서식을 따를 것이다. 표 3.15의 첫 번째와 두 번째 열에는 다양한 기술척도와 Excel의 해당 함수명이 표시된다. 이 장에서 여러 경우에 표 3.15를 다시 참조할 것이다.

II. Excel의 데이터 분석도구 옵션 요약척도를 구하는 또 다른 방법은 Excel의 데이터 분석도구(Data Analysis Toolpak) 옵션을 사용하는 것이다. 이 옵션의 한 가지 장점은 단일 명령을 사용하여 많은 요약척도를 제공한다는 것이다. 다시 도입사례의 데이터를 사용하여 이 옵션을 설명한다.

a. ***Growth_Value*** 데이터 파일을 연다.
b. 메뉴에서 **데이터(Data)** > **데이터분석(Data Analysis)** > **기술통계법(Descriptive)** > **확인(OK)**을 선택한다. (참고: 3.1절에서 언급한 바와 같이 **데이터(Data)** 아래에 **데이터 분석(Data Analysis)**이 표시되지 않는 경우 **분석도구(Analysis Toolpak)** 옵션을 추가해야 한다.)
c. 그림 3.20을 참조하라. *기술통계법(Descriptive Statistics)* 대화상자에서 *입력범위(Input Range)* 옆에 있는 상자를 클릭한 다음 Growth와 Value 변수에 대한 데이터와 변수명을 선택한다. *첫째 행 이름표 사용(Labels in First Row)*과 *요약통계량(Summary Statisrics)* 옵션을 선택한다. *출력범위(Output Range)*를 선택하고 E1셀을 입력한다. 그런 다음 **확인(OK)**을 클릭하라.
d. 표 3.16은 Excel 출력을 나타낸다. 출력을 읽기 어려운 경우 강조 표시하고 **홈(Home)** > **서식(Format)** > **열 너비 자동맞춤(Column > Autofit Selection)**을 선택한다. 앞서 언급한 바와 같이 Excel은 많은 요약척도를 제공한다. 우리는 중심위치 척도를 굵은 글꼴로 표시했다. Excel은 최빈값을 #N/A로 보고하므로 2회 이상 나타난 값이 없음을 의미한다.

표 3.15 Excel과 R의 요약척도와 해당 함수명

Descriptive Measure	Excel	R
Location		
Mean	=AVERAGE(array)	mean(df$var)[a]
Median	=MEDIAN(array)	median(df$var)
Mode	=MODE(array)	NA[b]
Minimum	=MIN(array)	min(df$var)
Maximum	=MAX(array)	max(df$var)
Percentile	=PERCENTILE.INC(array, p)[c]	quantile(df$var, p)[c]
Multiple measures	*NA*	summary(df)
Dispersion		
Range	=MAX(array)-MIN(array)	range(df$var)[d]
Mean Absolute Deviation	=AVEDEV(array)	mad(df$var)[e]
Sample Variance	=VAR.S(array)	var(df$var)
Sample Standard Deviation	=STDEV.S(array)	sd(df$var)
Shape		
Skewness	=SKEW(array)	NA
Kurtosis	=KURT(array)	NA
Association		
Sample Covariance	=COVARIANCE.S(array1,array2)	cov(df)
Correlation	=CORREL(array1,array2)	cor(df)

[a] *df*는 데이터프레임 또는 파일을 참조하고 *var*는 변수명을 참조한다. 변수명이 둘 이상의 단어로 구성되거나 숫자인 경우 작은 따옴표로 지정해야 한다.
[b] *NA*는 간단한 함수를 쉽게 사용할 수 없음을 나타낸다.
[c] 매개변수 p는 0과 1 사이의 값을 갖는다.
[d] R의 **range** 함수는 최소값과 최대값을 산출하므로, 범위는 두 값의 차이를 사용하여 계산할 수 있다.
[e] **mad** 함수는 평균절대편차가 아닌 절대편차 중앙값을 산출한다. 또는 R에 'lsr' 패키지를 설치하고 평균절대편차를 계산하는 **aad** 함수를 사용할 수 있다.

그림 3.20 Excel의 기술통계량(Descriptive Statistics) 대화상자

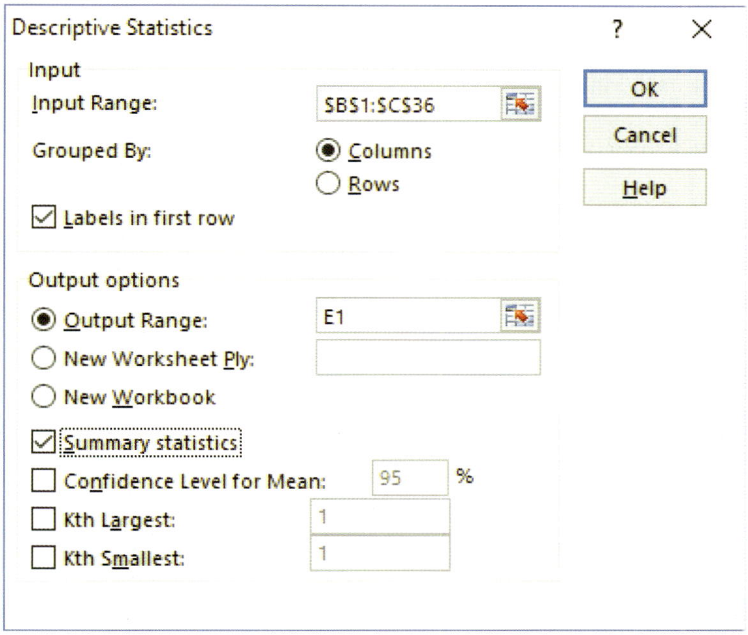

표 3.16 Excel의 데이터 분석도구(Data Analysis Toolpak)를 사용한 출력

Growth		Value	
Mean	**15.10742857**	**Mean**	**11.44457143**
Standard Error	4.026783239	Standard Error	3.028998513
Median	**14.44**	**Median**	**15.09**
Mode	**#N/A**	**Mode**	**#N/A**
Standard Deviation	23.82277091	Standard Deviation	17.91979586
Sample Variance	567.5244138	Sample Variance	321.1191197
Kurtosis	1.064454138	Kurtosis	1.893804308
Skewness	0.02988603	Skewness	−1.007368283
Range	120.38	Range	90.6
Minimum	−40.9	Minimum	−46.52
Maximum	79.48	Maximum	44.08
Sum	528.76	Sum	400.56
Count	35	Count	35

R 이용

Excel과 마찬가지로 R은 많은 내장된 공식 또는 함수를 가지고 있다. R에서는 모든 함수명을 **굵은 글꼴**로 표시하고 함수 내의 모든 옵션을 *기울임꼴*로 표시한다. 표 3.15의 첫 번째 및 세 번째 열은 다양한 기술척도와 R의 해당 함수명을 보여준다.

a. *Growth_Value* 데이터를 데이터프레임(테이블)으로 가져와서 myData라는 이름으로 지정한다.

b. **mean** 함수는 데이터프레임의 지정된 변수에 대한 평균을 산출한다. Growth 변수의 평균을 찾기 위해 다음과 같이 입력하라.

```
> mean(myData$Growth)
```

R은 15.10743을 산출한다.

c. **summary** 함수는 데이터프레임의 각 변수에 대한 최소값, 1사분위수, 중앙값, 평균, 3분위수와 최대값을 산출한다. 다음과 같이 입력하라.

```
> summary(myData)
```

표 3.17은 요약 함수를 사용한 R 출력을 보여준다.

표 3.17 R의 **summary** 함수를 사용한 출력

Year*	Growth	Value
Min. : 1984	Min. : −40.90	Min. : −46.520
1st Qu. : 1992	1st Qu. : 2.13	1st Qu. : 1.195
Median : 2001	Median : 14.44	Median : 15.090
Mean : 2001	Mean : 15.11	Mean : 11.445
3rd Qu. : 2010	3rd Qu. : 32.00	3rd Qu. : 22.185
Max. : 2018	Max. : 79.48	Max. : 44.080

*이 예제에서 Year 변수에 대한 요약통계량이 유용하지 않음을 주의하라.

요약

표 3.16 및 3.17에서 Growth 뮤추얼펀드의 평균 수익률이 Value 뮤추얼펀드의 평균 수익률보다 크다(15.11% > 11.445%). 그러나 흥미롭게도 Value 뮤추얼펀드의 수익률 중앙값은 Growth 펀드의 수익률 중앙값보다 크다(15.09% > 14.44%). 이 예제는 중심위치를 요약할 때, 특히 이상치가 있는 경우 평균과 중앙값을 모두 검토하는 것이 유용한 이유를 보여준다. 두 변수 모두 최빈값은 없다.

백분위수

중앙값은 변수의 중간 관측치라는 것을 기억하자. 즉, 관측치의 절반은 이 관측치 아래에 있고, 절반은 이 위에 있다. 중앙값은 50번째 백분위수라고도 한다. 많은 경우에, 우리는 50번째 백분위수가 아닌 다른 **백분위수(percentile)**에 관심이 있다. 일반적으로 p번째 백분위수는 변수를 두 부분으로 나눈다:

- 관측치의 약 p%가 p번째 백분위수보다 작다.
- 관측치의 약 $(100 - p)$%가 p번째 백분위수보다 크다.

백분위수는 기술적으로는 위치의 척도이다. 그러나 해석하기가 매우 쉽기 때문에 상대

위치의 척도로도 사용된다. 예를 들어, 점수가 200에서 800까지인 SAT의 수학부분에서 650의 원점수를 받았다고 가정한다. 동일한 시험을 본 다른 학생들과 비교하여 어떻게 했는지 쉽게 나타나지 않을 수 있다. 그러나 원점수가 75번째 백분위수에 해당한다는 것을 안다면, 약 75%의 학생이 이 점수보다 낮은 점수를 받았고, 약 25%의 학생이 이 점수보다 높은 점수를 받았다는 것을 알 수 있다.

앞서 Growth 뮤추얼펀드의 중앙값 또는 50번째 백분위수는 14.44%였다. 변수에 대한 25번째, 50번째, 75번째 백분위수를 계산할 때, 데이터를 4개의 동일한 부분 또는 1/4 (quarter)로 효과적으로 나누었다. 따라서 25번째 백분위수는 1사분위수(Q1), 50번째 백분위수는 2사분위수(Q2), 75번째 백분위수는 3사분위수(Q3)라고도 한다.

Excel 및 R과 같은 소프트웨어 패키지는 다른 알고리즘을 사용하여 백분위수를 산출한다. 그러나 차이가 있다면 표본크기가 클수록 무시할 수 있는 경향이 있다. Excel에서 p번째 백분위수를 계산할 때 PERCENTILE.INC 함수를 사용할 수 있으며, R에서 대응하는 명령문은 **quantile** 함수이다. 이러한 함수들은 표 3.15에 요약되어 있다. 그러나 R에서 **summary** 함수를 사용하면 모든 사분위수가 보고된다.

백분위수

일반적으로 p번째 백분위수(percentile)는 변수를 두 부분으로 나눈다.

- 관측치의 약 p%가 p번째 백분위수보다 작다.
- 관측치의 약 $(100 - p)$%가 p번째 백분위수보다 크다.

예제 3.10

표 3.17을 사용하여 도입사례의 Growth 변수에 대한 1사분위수와 3사분위수를 해석하라.

해답:

Growth 변수의 1사분위수는 2.13%이다. 수익률의 약 25%는 2.13% 미만이고 수익률의 약 75%는 2.13%보다 크다. Growth 변수의 3사분위수는 32.00%이다. 수익률의 약 75%는 32.00% 미만이고 수익률의 약 25%는 32.00%보다 크다.

산포척도

중심위치 척도는 변수의 대표적인 또는 중심의 값을 반영하지만 변수의 기본 산포를 설명하지 못한다. 이제 데이터셋의 변동성을 측정하는 몇 가지 산포척도(measures of dispersion)에 대해 논의한다. 각 척도는 모든 관측치가 동일하면 0과 같고 관측치가 다양해질수록 증가하는 수치형 값이다.

범위

범위(range)는 산포의 가장 간단한 척도이다. 변수의 최대와 최소 관측치 간의 차이이다. 범위는 극단 관측치만 초점을 맞추고 변수의 다른 모든 관측치를 무시하기 때문에 좋은 산포척도로 간주되지 않는다.

사분위범위

사분위범위(interquartile range, IQR)는 3사분위와 1사분위 간의 차이 또는 동등하게 IQR = Q3 − Q1이다. IQR을 변수 관측치의 중간 50% 범위로 생각할 수 있다. IQR은 극단 관측치에 의존하지 않으며, 모든 관측치를 포함하지도 않는다.

평균절대편차

시작점으로서, 좋은 산포척도는 평균(또는 이상치가 있는 경우 중앙값)과 모든 관측치의 차이를 고려해야 한다. 그러나 평균과의 모든 차이를 단순히 평균화하면 양수와 음수가 모두 산포에 기여하지만 상쇄되고 결과 평균은 0이된다. **평균절대편차(mean absolute deviation, MAD)**는 관측치와 평균 간의 차이 절대값의 평균이다. 표본 관측치 $x_1, x_2, \ldots, x_n$에 대하여 표본 MAD는 $\frac{\Sigma|x_i - \bar{x}|}{n}$와 같이 계산된다. 모집단 데이터에 접근할 수 있다면, 표본평균 $\bar{x}$를 모평균 μ로, 표본크기 n을 모집단 크기 N으로 단순히 대체하면 된다.

분산 및 표준편차

분산(variance)과 **표준편차(standard deviation)**는 가장 널리 사용되는 산포척도다. MAD에서처럼 평균과의 차이 절대값의 평균을 계산하는 대신 평균과의 차이 제곱의 평균을 계산한다. 평균과의 차이 제곱은 작은 차이보다 큰 차이를 더 강조한다. MAD는 크고 작은 차이를 똑같이 가중한다.

분산에 대한 공식은 표본인지 모집단인지에 따라 다르다. s^2로 표시된 표본분산은 $\frac{\Sigma(x_i - \bar{x})^2}{n-1}$으로 계산되고, 그리스 문자 시그마 제곱 σ^2으로 표시되는 모분산은 $\frac{\Sigma(x_i - \mu)^2}{N}$으로 계산된다. 또한 변수의 단위가 무엇이든 분산은 제곱 단위를 갖는다. 원래의 측정 단위로 돌아가기 위해 s^2 또는 σ^2의 양의 제곱근을 사용하여 표본표준편차 s 또는 모표준편차 σ를 구한다.

표 3.15는 Excel 및 R의 다양한 산포척도에 대한 함수명을 나타낸다. 데이터 분석도구(Data Analysis Toolpak)를 사용하는 Excel의 기술통계법(Descriptive Statistics) 옵션은 단일 명령을 사용하여 많은 요약척도를 제공한다는 점도 기억하라. 산포척도의 경우 Excel의 기술통계법 옵션은 데이터를 표본으로 취급하고 표본분산과 표본표준편차를 산출한다. Growth와 Value 뮤추얼펀드에 대한 값은 표 3.16에 나와 있다.

산포척도

산포척도는 다음과 같이 요약할 수 있다.

- 범위(Range)는 최대와 최소 관측치의 차이이다. 범위의 주요 약점은 극단을 제외한 모든 관측치를 무시한다는 것이다.
- 사분위범위(IQR)는 3사분위와 1사분위의 차이이다. 척도가 극단적인 관측치에 의존하지 않는다. 그러나 모든 관측치를 포함하지는 않는다.
- 평균절대편차(MAD)는 관측치와 평균 간의 차이 절대값의 평균이다.
- 분산(variance)은 관측치와 평균 간의 차이 제곱의 평균이다. 표준편차는 분산의 양의 제곱근이다.

평균과 표준편차를 이용한 응용—샤프지수

일반적으로 수익률이 높은 투자는 위험도 높다. 투자에는 주식, 채권 및 뮤추얼펀드와 같은 금융자산이 포함된다. 평균수익은 투자자의 보상을 나타내는 반면, 분산 또는 동등한 표준편차는 위험에 해당한다.

노벨상 수상자인 윌리엄 샤프(William Sharpe)는 원래 "변동성 대비 보상" 비율을 개발했다. 그러나 학계와 재무전문가들은 이 비율을 샤프지수(Sharpe Ratio)라고 부르는 것을 선호한다. 샤프지수는 보통 $\frac{\bar{x}_i - R_f}{s_i}$로 계산되는데, 여기서 $\bar{x}_i$는 투자 i에 대한 평균수익이고, R_f는 단기국채(T-bill)와 같은 무위험 자산의 평균수익률, s_i는 투자 i의 표준편차이다. 샤프지수의 분자는 추가 위험에 대해 투자자가 받는 추가 보상을 측정한다. 이 차이를 보통 초과 수익이라고 하며, 샤프지수가 높을수록 투자는 투자자에게 위험에 대해 더 잘 보상한다.

예제 3.11

표 3.18의 정보를 사용하여

a. 표준편차를 사용하여 Growth 대비 Value에 투자하는 위험을 비교하라.

b. Growth와 Value에 대한 샤프지수(Sharpe ratios)를 계산하고 해석하라. 1년 단기국채(T-bill)의 수익률이 2%라고 가정한다.

해답:

a. Growth의 표준편차가 Value의 표준편차보다 크기 때문에(23.8228 > 17.9198), Growth는 Value보다 더 위험하다고 간주된다.

b. 1년 단기국채의 수익률이 2%인 경우 $R_f = 2$이다. 적절한 평균과 표준편차의 값을 샤프지수(Sharpe ratio)에 대입하면 다음과 같다.

$$\text{Growth에 대한 샤프지수: } \frac{\bar{x}_i - R_f}{s_i} = \frac{15.1074 - 2}{23.8228} = 0.5502$$

$$\text{Value에 대한 샤프지수: } \frac{\bar{x}_i - R_f}{s_i} = \frac{11.4446 - 2}{17.9198} = 0.5270$$

앞서 우리는 Growth 뮤추얼펀드가 더 높은 수익률(좋은 것임)과 함께 더 큰 표준편차(나쁜 것임)를 가짐을 보였다. 펀드 간의 유효한 비교를 위하여 샤프지수를 사용할 수 있다. Growrh 뮤추얼펀드는 Value 뮤추얼펀드보다 더 높은 샤프지수를 제공한다(0.5502 > 0.5270). 따라서 Growth 뮤추얼펀드는 위험단위당 더 많은 보상을 제공하였다.

형태척도

이 절에서는 형태척도, 즉 왜도계수와 첨도계수를 점검한다.

왜도계수

3.1절에서 대칭분포는 중심의 양쪽에 거울 이미지를 가짐을 상기하자. 왜도계수는 분포가 평균에 대해 대칭이 아닌 정도를 측정한다. **왜도계수(skewness coefficient)**를 계산하는 일반적

인 방법은 $\frac{n}{(n-1)(n-2)}\sum\left(\frac{x_i-\bar{x}}{s}\right)^3$이다. 이것이 Excel의 분석도구(Analysis Toolpak)에서 기술통계법(Descriptive Statistics) 옵션을 사용할 때 적용되는 공식이다. R 또한 왜도계수를 계산하지만, 패키지를 사용해야 하며 출력은 사용되는 패키지에 따라 약간 다르다.

대칭분포의 왜도계수는 0이다. 따라서 정규분포의 왜도계수는 0이다. 양의 비대칭(positively skewed) 분포는 양의 왜도계수를 갖는 반면, 음의 비대칭(negatively skewed) 분포는 음의 왜도계수를 갖는다. 왜도를 제외한 두 수익분포가 같으면(예: 평균과 표준편차가 동일함) 투자자들은 양의 비대칭을 갖는 분포를 선호할 것이다. 왜냐하면 이 분포가 극단적으로 큰 이익의 확률을 의미하기 때문이다.

첨도계수

첨도계수(kurtosis coefficient)는 분포의 꼬리가 정규분포보다 더 또는 덜 극단적인지를 알려주는 요약척도이다. 정규분포보다 극단적인 꼬리를 가진 분포는 급첨(leptokurtic, "날씬한"에 대한 그리스어 *lepto*)이다. 수익의 분포는 흔히 leptokurtic이며, 이는 꼬리가 정규분포보다 길어 이상치의 존재를 의미한다. 만약 수익분포가 사실 leptokurtic이지만 통계모형에서 정규분포를 따른다고 가정하면, 매우 나쁘거나 매우 좋은 수익의 가능성을 과소평가할 것이다. 완첨(platykurtic, "편평한"에 대한 그리스어 *platy*) 분포는 정규분포보다 더 짧거나 덜 극단적인 꼬리를 가진 분포이다.

정규분포의 첨도계수는 3.0이다. 첨도계수를 계산하는 일반적인 방법은 $\frac{n}{(n-1)(n-2)(n-3)}\sum\left(\frac{x_i-\bar{x}}{s}\right)^4$이다. 많은 통계패키지는 첨도계수에서 3을 뺀 값으로 계산되는 **초과첨도(excess kurtosis)**를 보고한다. 따라서 정규분포는 0과 같은 초과첨도를 갖는다. Excel은 분석도구(Analysis Toolpak)에서 기술통계법(Descriptive Statistics) 옵션을 사용할 때 초과첨도를 계산한다. R 또한 첨도계수를 계산하지만, 패키지를 사용해야 하며 출력은 사용되는 패키지에 따라 다르다.

형태척도

형태척도는 다음과 같이 요약할 수 있다.

- 왜도계수(skewness coefficient)는 분포가 평균에 대해 대칭이 아닌 정도를 측정한다. 대칭분포의 왜도계수는 0이다. 양(음)의 비대칭 분포는 양(음)의 왜도계수를 갖는다.
- 첨도계수(kurtosis coefficient)는 분포의 꼬리가 정규분포보다 더 또는 덜 극단적인지를 측정한다. 정규분포의 첨도계수가 3이기 때문에 첨도계수에서 3을 뺀 값으로 분포의 초과첨도를 계산하는 것이 일반적이다.

예제 3.12

도입사례의 Growth와 Value 변수에 대한 표 3.16의 왜도와 첨도 계수들을 해석하라.

해답:

Growth에 대한 왜도계수와 (초과)첨도계수는 각각 0.0299와 1.06이다. 이 값들은

Growth에 대한 수익률 분포가 양의 비대칭이고 정규분포보다 긴 꼬리를 가지고 있음을 의미한다. 왜도계수가 −1.0074이고 (초과)첨도계수가 1.8938인 Value에 대한 수익률 분포는 음의 비대칭이고, 이 역시 정규분포보다 더 긴 꼬리를 가지고 있다.

연관성 척도

3.2절에서는 산점도를 사용하여 두 수치형 변수가 어떤 유형의 체계적인 관계를 가지고 있는지 시각적으로 평가했다. 여기서 우리는 두 변수 x와 y 사이의 선형관계의 방향과 강도를 정량화하는 두 가지 수치적 연관성 척도(measures of association)를 제시한다. 변수 간의 기본 관계가 비선형인 경우 이러한 척도가 적절하지 않다는 점에 주의하는 것이 중요하다.

공분산

두 변수 간의 선형관계의 방향을 나타내는 객관적인 수치 척도를 **공분산(covariance)**이라고 한다. 분산과 마찬가지로 공분산의 공식도 표본인지 모집단인지에 따라 달라진다. s_{xy}로 표시되는 표본공분산은 $\frac{\Sigma(x_i - \bar{x})(y_i - \bar{y})}{n-1}$와 같이 계산되며, σ_{xy}로 표시되는 모공분산은 $\frac{\Sigma(x_i - \mu_x)(y_i - \mu_y)}{N}$와 같이 계산된다.

공분산 값은 음수, 양수 또는 0일 수 있다.

- 공분산이 음수이면 x와 y는 음의 선형관계를 갖는다.
- 공분산이 양수이면 x와 y는 양의 선형관계를 갖는다.
- 공분산이 0이면 x와 y는 선형관계가 없다.

공분산은 측정단위에 민감하기 때문에 해석하기가 어렵다. 즉, 두 변수 간의 공분산은 100이고 다른 두 변수 간의 공분산은 100,000일 수 있지만, 결론을 내릴 수 있는 것은 두 변수 세트 모두 양의 선형관계를 가지고 있다는 것이다. 관계의 강도에 대해 설명할 수 없다.

상관계수

해석하기 쉬운 척도는 **상관계수(correlation coefficient)**이다. x와 y 사이의 선형관계의 방향과 강도를 모두 설명한다. r_{xy}로 표시되는 표본상관계수는 $\frac{s_{xy}}{s_x s_y}$로 계산되며, 여기서 s_{xy}는 표본공분산을 나타내고 s_x와 s_y는 각각 변수 x와 y의 표본표준편차를 나타낸다. ρ_{xy}(그리스문자 rho)로 표시된 모상관계수는 $\frac{\sigma_{xy}}{\sigma_x \sigma_y}$로 계산된다. 여기서 σ_{xy}는 모공분산을 나타내고 σ_x와 σ_y는 모표준편차를 나타낸다. 분자의 단위가 분모의 단위와 함께 상쇄되기 때문에 상관계수는 단위가 없다. 상관계수의 값은 −1과 1 사이에 있다.

- 상관계수가 −1이면 x와 y는 완전한 음의 선형관계를 갖는다.
- 상관계수가 0이면 x와 y는 선형관계가 없다.
- 상관계수가 1이면 x와 y는 완전한 양의 선형관계를 갖는다.

상관계수에 대한 다른 값은 −1, 0 또는 1을 참조하여 해석되어야 한다. 예를 들어, −0.80과 같은 상관계수는 강한 음의 관계를 나타내고, 0.12와 같은 상관계수는 약한 양의 관계를 나타낸다. 표 3.15는 Excel 및 R의 공분산과 상관계수에 대한 함수명을 보여준다.

연관성 척도

연관성 척도(measures of association)는 다음과 같이 요약할 수 있다.

- 두 변수 x와 y 간의 공분산(covariance)은 음의 선형관계, 양의 선형관계, 또는 아무 관계가 없음을 나타낸다.
- 두 변수 x와 y 간의 상관계수(correlation coefficient)는 선형관계의 방향과 강도를 나타낸다.

예제 3.13

FILE ***Growth_Value.*** Excel과 R을 사용하여 도입사례의 Growth와 Value 변수 간의 상관계수를 계산하고, 결과를 요약하라.

해답:

Excel 이용

a. ***Growth_Value*** 데이터 파일을 연다.

b. Growth 변수에 대한 데이터는 B2에서 B36까지의 셀(array1)에 있고 Value 변수에 대한 데이터는 C2에서 C36까지의 셀(array2)에 있다. =CORREL(B2:B36, C2:C36)을 입력하면 Excel은 0.6572를 산출한다.

R 이용

a. ***Growth_Value*** 데이터를 데이터프레임(테이블)으로 가져와서 myData라는 이름으로 지정한다.

b. **cor** 함수는 데이터프레임에 있는 각 변수들 쌍에 대한 상관계수를 나열하는 행렬을 산출한다. 다음과 같이 입력하라.

```
> cor(myData)
```

And R returns:

	Year	Growth	Value
Year	1.00000000	−0.08071914	−0.07909256
Growth	−0.08071914	1.00000000	**0.65719566**
Value	−0.07909256	**0.65719566**	1.00000000

우리는 이 행렬에 두 번 나타나는 Growth와 Value 사이의 상관계수에 관심이 있다(굵은 글꼴 값 참조). 또한 행렬의 대각선을 따라 값 1을 볼 수 있으며, 이는 각 변수와 자체 간의 상관관계를 측정한다. Year와 Growth 간의 상관계수와 Year와 Value 간의 상관계수는 이 응용에서 의미가 없다.

요약

Growth과 Value 사이의 상관계수 0.6572는 변수가 중간 정도의 양의 선형관계를 가지고 있음을 나타낸다. 즉, 평균적으로 한 펀드의 수익률이 평균 이상일 때 다른 펀드의 수익률도 평균 이상인 경향이 있으며, 그 반대의 경우도 마찬가지이다. 위험을 다각화하기 위해 투자자는 보통 수익률이 크게 연관되지 않는 자산(주식, 채권, 뮤추얼펀드와 같은)에 투자하라는 권고를 받는다. 자산의 수익률이 강한 양의 상관관계를 가지고 있지 않은 경우, 한 투자가 저조한 경우 다른 투자는 여전히 성과가 좋을 수 있다.

도입사례 분석결과

Ingram Publishing/Getty Images

성장투자와 가치투자는 주식과 뮤추얼펀드 투자의 두 가지 기본 스타일이다. 성장투자를 지지하는 사람들은 동종업체보다 빠르게 성장하는 기업들이 트렌드를 선도하며 우수한 성장을 유지할 수 있다고 믿는다. 이들 기업의 주식에 투자함으로써, 투자규모가 전체 주식시장보다 빠른 속도로 성장할 것으로 기대한다. 이에 비해 가치투자자들은 전체 시장이나 특정 업종에 비해 할인된 가격으로 거래되는 기업의 주식에 집중한다. 가치주 투자자들은 이러한 주식이 저평가되어 있으며 다른 투자자가 실제 가치를 인정하면 가격이 상승할 것이라고 믿는다. 성장과 가치 투자 사이의 논쟁은 오래된 것이며, 어떤 스타일이 지배적인지는 분석에 사용된 샘플 기간에 따라 다르다.

1984년부터 2018년까지의 피델리티 성장가치 뮤추얼펀드에 대한 연간수익률 데이터 분석은 성장 뮤추얼펀드, 가치 뮤추얼펀드, 또는 두 유형의 뮤추얼펀드에 투자할지 여부를 결정하려는 투자자에게 중요한 정보를 제공한다. 이 기간 동안 성장펀드의 평균 수익률 15.11%는 가치펀드의 평균 수익률 11.44%보다 크다. 평균 수익률은 일반적으로 투자의 보상을 나타내지만, 투자의 위험을 포함하지는 않는다. 표준편차는 재무 데이터에서 가장 일반적인 위험척도인 경향이 있다. 성장펀드의 표준편차(23.82%)가 가치펀드의 표준편차(17.92%)보다 크기 때문에 성장펀드는 평균보다 더 높거나 낮은 수익률을 보일 가능성이 높다. 마지막으로, 무위험 비율이 2%인 경우 성장펀드의 샤프지수는 0.5502이며 가치펀드의 경우 0.5270으로, 성장펀드는 위험단위당 더 많은 보상을 제공함을 나타낸다. 이러한 수익의 행태가 지속될 것이라고 가정하면 투자자는 가치보다 성장에 투자하는 것을 선호할 것이다. 그러나 일반적으로 사용되는 면책조항은 과거의 성과가 미래의 결과를 보장하지 않는다고 명시되어 있다. 이 두 스타일은 흔히 서로를 보완하기 때문에 투자자는 그것들을 함께 사용하여 포트폴리오에 다양성을 추가하는 것이 권장된다.

연습문제 3.4

39. **FILE** ***Corporations.*** 기업 A와 B의 월별 주가(달러)가 5년 동안 수집되었다. 데이터의 일부가 다음 표에 나와 있다.

Date	A	B
1/1/2014	47.95	65.59
2/1/2014	52.95	65.61
⋮	⋮	⋮
12/1/2018	66.09	92.64

a. 각 기업의 주가에 대한 평균과 표준편차를 계산하라.

b. 이 기간 동안 평균 주가가 더 높은 기업은 어디인가? 표준편차로 측정했을 때 어느 기업의 주가가 더 큰 산포도를 보였는가?

40. **FILE** ***HD_Lowe's.*** 13년 동안의 홈데포(Home Depot)와 로우스(Lowe's Corporation)의 연간수익(백만 달러)을 수집하였다. 데이터의 일부가 다음 표에 나와 있다.

Year	HD	Lowe's
2006	77019	43243
2007	79022	46927
⋮	⋮	⋮
2018	100904	68619

a. 각 회사에 대해 이 기간의 수익에 대한 평균 및 중앙값을 계산하라. 평균 수익이 더 높은 회사는 어디인가?

b. 각 회사에 대해 이 기간에 대한 분산 및 표준편차를 계산하라. 표준편차로 측정했을 때 어느 회사의 수익이 더 많이 산포되어 있는가?

41. **FILE** ***Prime.*** 다음 표는 Amazon Prime 고객 100명에 대한 연간지출(달러)의 일부를 보여준다.

Customer	Expenditures
1	1272
2	1089
⋮	⋮
100	1389

a. 연간 지출의 평균과 중앙값을 구하라.

b. 연간 지출에 대한 1사분위수와 3사분위수를 계산하고 해석하라. [참고: Excel을 사용하는 경우 PERCENTILE.INC 함수를 사용하여 백분위수를 계산하라.]

42. **FILE** ***Gas_2019.*** 다음 표는 2019년 1월 2일 AAA Gas Prices에서 보고한 50개 주 및 컬럼비아 특별구의 평균 휘발유 가격(달러)의 일부를 보여준다.

State	Price
Alaska	3.06
Alabama	1.94
⋮	⋮
Wyoming	2.59

a. 휘발유 가격의 평균과 중앙값을 구하라.

b. 휘발유 가격에 대한 1사분위수와 3사분위수를 계산하고 해석하라. [참고: Excel을 사용하는 경우 PERCENTILE.INC 함수를 사용하여 백분위수를 계산하라.]

c. 표본분산과 표본표준편차를 계산하라.

43. **FILE** ***Rent.*** 다음 표는 큰 대학도시의 40개 임대에 대한 월 임대료와 평방피트의 일부를 보여준다.

House	Rent	Sqft
1	645	500
2	675	648
⋮	⋮	⋮
40	2400	2700

a. 월임대료의 평균과 표준편차를 계산하라.

b. 평방피트에 대한 평균과 표준편차를 계산하라.

44. 데이터에 대한 설명은 이전 연습문제를 참조하라.

a. 월임대료에 대한 왜도 및 (초과)첨도계수는 각각 1.0198 및 0.4790이다. 이 값을 해석하라.

b. 평방피트에 대한 왜도 및 (초과)첨도계수는 각각 3.0573 및 12.3484이다. 이 값을 해석하라.

45. **FILE** ***Highway.*** 많은 환경단체와 정치인들은 미국 고속도로에서 연방 시속 55마일(mph)의 제한속도로 복귀할 것을 제안하고 있다. 그들은 국가의 제한속도가 낮아지면 온실가스 배출을 감소시킬 뿐만 아니라 교통안전도 증가시킬 것이라고 주장한다. 한 연구원은 제한속도를 낮춰도 교통안전이 향상되지 않는다고 믿는다. 그는 교통안전이 평균속도가 아닌 사람들이 운전하는 속도의 변동성에 기초한다고 생각하기 때문이다. 이 연구원은 제한속도가 55mph인 고속도로(Highway 1)에서 40대의 속도를 수집하고 제한속도가 65mph인 고속도로(Highway 2)에서 40대의 속도를 수집한다. 데이터의 일부가 다음 표에 나와 있다.

Car	Highway 1	Highway 2
1	60	70
2	55	65
⋮	⋮	⋮
40	52	65

a. 각 고속도로에 대한 평균과 중앙값을 계산하라.

b. 각 고속도로에 대한 표준편차를 계산하라.

c. 데이터가 연구원의 믿음을 지지하는가? 설명하라.

46. **FILE** ***Firms.*** 기업 A와 B의 월별 주가(달러)가 5년 동안 수집되었다. 데이터의 일부가 다음 표에 나와 있다.

Date	A	B
1/1/2014	63.85	75.56
2/1/2014	66.04	78.68
⋮	⋮	⋮
12/1/2018	89.98	126.38

a. 각 기업의 주가에 대한 평균, 분산, 표준편차를 계산하라.
b. 이 기간에 걸쳐 평균 주가가 더 높은 회사는 어디인가?
c. 어느 회사의 주가가 표준편차로 측정된 더 큰 산포도를 갖는가?

47. **FILE** ***Country.*** 다음 표는 1994년부터 2018년까지 중남미 투자에 중점을 둔 뮤추얼펀드와 캐나다 투자에 중점을 둔 뮤추얼펀드의 연간수익률(%)을 보여준다.

Year	Latin America	Canada
1994	−23.17	−11.98
1995	−16.46	19.39
⋮	⋮	⋮
2018	−10.37	−14.29

a. 이 기간 동안 어느 펀드가 더 높은 보상을 받았는가? 설명하라.
b. 이 기간 동안 어느 펀드가 더 위험했는가? 설명하라.
c. 2%의 무위험률을 고려할 때 샤프지수가 더 높은 펀드는 무엇인가? 이 지수는 무엇을 의미하는가?

48. 데이터에 대한 설명은 이전 연습문제를 참조하라.
a. 중남미 펀드의 왜도 및 (초과)첨도계수는 각각 0.3215 및 −0.7026이다. 이 값을 해석하라.
b. 캐나다 펀드의 왜도 및 (초과)첨도계수는 각각 −0.2531 및 0.0118이다. 이 값을 해석하라.

49. **FILE** ***Tech_Energy.*** 다음 표는 1982년부터 2018년까지 기술 뮤추얼펀드와 에너지 뮤추얼펀드의 연간수익률(%)을 보여준다.

Year	Technology	Energy
1982	56.32	−12.16
1983	52.47	20.27
⋮	⋮	⋮
2018	−8.79	−24.92

a. 수익률이 더 높은 펀드는 어느 것인가?
b. 이 기간 동안에 어느 펀드가 더 위험했는가?
c. 2%의 무위험율을 고려할 때 샤프지수가 더 높은 펀드는 어느 것인가? 이 지수는 무엇을 의미하는가?

50. **FILE** ***Test_Scores.*** 첨부된 데이터 파일은 32명의 학생의 중간고사와 학기 말고사 성적을 보여준다. 상관계수를 계산하고 해석하라.

51. **FILE** ***Life_Obesity.*** 첨부된 데이터 파일은 50개 주와 컬럼비아 특별구의 기대수명(년)과 비만율(%)을 보여준다. 상관계수를 계산하고 해석하라.

52. **FILE** ***Happiness_Age.*** 행복을 다양한 요인과 연관시키려는 많은 시도가 있었다. 행복한 저널(Journal of Happiness)의 2018년 한 연구는 행복과 연령을 연관시켜, 다른 모든 것을 일정하게 유지하면 40대 중반에서 가장 행복하지 않다는 것을 발견했다. 첨부된 데이터 파일은 응답자의 연령과 0에서 100까지의 척도로 측정한 웰빙의 인식을 보여준다.
a. 연령과 행복 사이의 상관계수를 계산하고 해석하라
b. a 항목의 상관분석에 있는 결함을 지적하기 위한 산점도를 작성하라.

3.5 이상치 탐지

LO 3.6

이상치를 식별하기 위해 상자그림 및 *z*-점수를 사용할 수 있어야 한다.

변수에 대해 매우 크거나 작은 관측치를 이상치(outliers)라고 하며, 이는 평균 또는 표준편차와 같은 요약 통계량에 지나치게 영향을 미칠 수 있다. 작은 표본에서 이상치의 영향은 특히 두드러진다. 때로는 이상치가 무작위 변이로 인한 것일 수 있으며, 이 경우 관련 관측치가 데이터셋에 남아 있어야 한다. 한편으로 이상치가 잘못 기록된 관측치 또는 데이터셋에 잘못 포함된 관측치로 인한 오류 데이터로 나타날 수 있다. 이러한 경우 관련 관측치를 수정하거나 데이터셋에서 단순히 삭제해야 한다. 그러나 이상치를 처리하는 방법에 대해서는 보편적으로 합의된 방법은 없다. 다양한 분야와 애플리케이션에 걸쳐 다양한 접근방식이 사용된다.

어떤 경우이든 잠재적인 이상치를 식별하여 필요한 경우 수정조치를 취할 수 있는 것이 중요하다. 이 절에서는 우선 이상치를 식별하는 효과적인 도구인 상자그림을 작성한다. 일련의 상자그림은 다른 장소 또는 시간에 수집된 변수에 대한 유사한 정보를 비교할 때도 유용하다. 이상치를 탐지하는 또 다른 방법은 z 점수를 사용하는 것이다.

상자그림

변수를 빠르게 요약하는 일반적인 방법은 5수치 요약(five-number summary)을 사용하는 것이다. 5수치 요약은 변수의 최소값, 사분위수(Q1, Q2 및 Q3) 및 최대값을 보여준다. 상자수염그림(box-and-whisker)이라고도 하는 **상자그림(boxplot)**은 변수의 5수치 요약을 그래픽으로 표시하는 편리한 방법이다. 일반적으로 상자그림은 다음과 같이 구성된다.

- 수평축에 5수치 요약 값을 오름차순으로 표시한다.
- 1사분위와 3사분위수를 둘러싸는 상자를 그린다.
- 중앙값 위치에 상자 안에 점선 수직선을 그린다.
- 사분위간 범위(IQR)를 계산한다. IQR = Q3 − Q1을 기억하자. Q1에서 1.5 × IQR보다 멀지 않은 최소값까지 연장하는 선("수염")을 그린다. 마찬가지로 Q3에서 1.5 × IQR보다 멀지 않은 최대 값까지 연장하는 선을 그린다.
- 별표(또는 다른 기호)를 사용하여 상자에서 1.5 × IQR보다 멀리 떨어진 관측치를 나타낸다. 이러한 관측치는 이상치로 간주된다.

그림 3.21의 상자그림을 고려하라. 최소값(Min)이 Q1에서 1.5 × IQR보다 멀지 않기 때문에 왼쪽 수염은 Q1에서 최소값까지 연장된다. 반면에 오른쪽 수염은 Q3에서 1.5 × IQR보다 멀리 떨어진 관측치가 있기 때문에 Q3에서 최대값으로 연장되지 않는다. 별표는 이 관측치가 이상치로 간주됨을 나타낸다.

상자그림은 분포의 형태를 비공식적으로 측정하는 데도 사용된다. 중앙값이 상자 중앙에 있고 왼쪽 및 오른쪽 수염이 각 사분위수에서 등거리에 있는 경우 대칭이 암시된다. 중앙값이 중앙의 왼쪽이고 오른쪽 수염이 왼쪽 수염보다 길면 분포가 양의 비대칭이다. 마찬가지로 중앙값이 중앙의 오른쪽이고 왼쪽 수염이 오른쪽 수염보다 길면 분포가 음의 비대칭이다. 이상치가 존재하는 경우 왼쪽 수염과 오른쪽 수염의 길이를 비교할 때 이를 포함해야 한다.

그림 3.21에서 중앙값은 중심 왼쪽에 위치하며 이상치는 오른쪽에 있음을 알 수 있다. 여기서 오른쪽 수염이 왼쪽 수염보다 길고, 이상치가 포함되면 오른쪽 수염은 더 길어진다. 이는 기본 분포가 양의 비대칭임을 나타낸다.

그림 3.21 상자그림의 예시

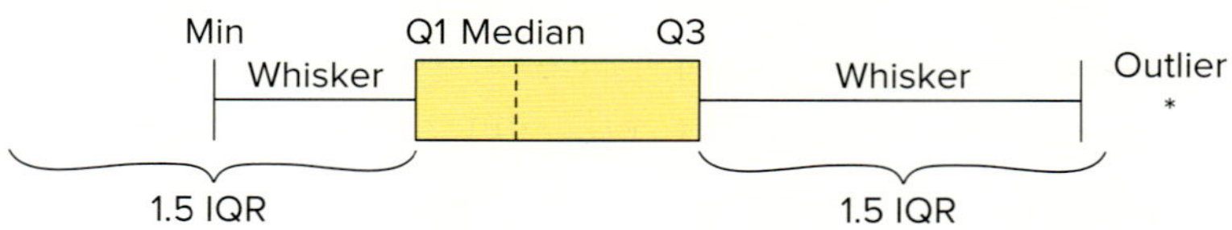

불행히도 Excel은 상자그림을 작성하는 간단하고 직접적인 방법을 제공하지 않는다. 그러나 R은 제공한다. 다음 예를 고려하라.

예제 3.14

FILE ***Growth_Value.*** R을 이용하여 도입사례의 Growth와 Value 변수에 대한 상자그림을 작성하고, 결과를 해석하라.

해답:

R 이용

a. ***Growth_Value*** 데이터를 데이터프레임(테이블)으로 가져와서 myData라는 이름으로 지정한다.

b. **boxplot** 함수를 사용한다. 함수의 옵션의 경우, *main*을 사용하여 제목을 제공하고 *xlab*을 사용하여 x축에 레이블을 지정하고, *names*을 사용하여 각 변수에 레이블을 지정하고, *horizontal*을 사용하여 (수직상자그림이 아닌) 수평상자그림을 작성하고, *col*을 사용하여 IQR 부분에 색을 넣는다. 다음과 같이 입력하라.

```
> boxplot(myData$Growth, myData$Value, main= "Boxplots for Growth
and Value", xlab="Annual Returns, 1984-2018 (in percent)", names
=c("Growth","Value"), horizontal = TRUE, col="gold")
```

Figure 3.22 shows the output that R returns.

그림 3.22는 R이 산출하는 출력을 보여준다.

그림 3.22 Growth와 Value에 대한 상자그림

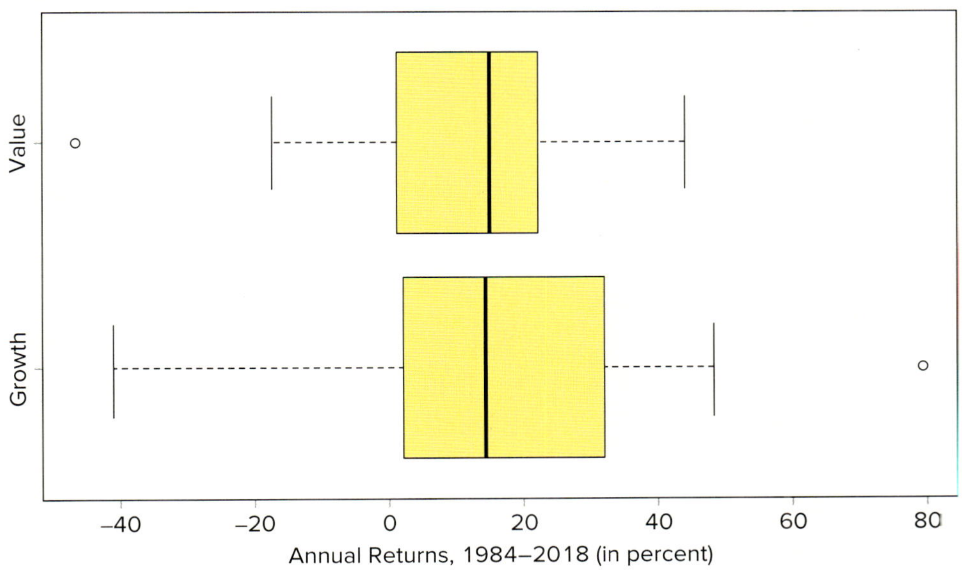

c. 이상치를 처리하기 위해 **boxplot** 함수의 매개변수 *out*을 사용하여 해당 값을 추출하고 새로운 데이터프레임(테이블)에 저장한다. 다음과 같이 입력하라.

```
> outliersGrowth <- boxplot(myData$Growth)$out
> outliersValue <- boxplot(myData$Value)$out
```

Growth 변수에 대한 한 개의 이상치(79.48)와 Value 변수에 대한 한 개의 이상치 (−46.52)를 확인하라.

d. R에서 이상치를 처리하는 한 가지 방법은 결측치를 나타내는 NA로 대체하는 것이다. %**in**% 연산자는 값을 맞추기 위한 것이며, 여기에서 Growth와 Value 변수의 이상치를 찾는 데 사용한다. 그런 다음 **ifelse** 함수를 사용하여 이상치를 NA로 대체하고 업데이트된 데이터를 두 개의 새로운 변수인 newGrowth와 newValue에 저장한다. 다음과 같이 입력하라.

```
> myData$newGrowth <- ifelse(myData$Growth %in% outliersGrowth,
NA, myData$Growth)
> myData$newValue <- ifelse(myData$Value %in% outliersValue, NA,
myData$Value)
```

1999년의 newGrowth 관측치와 2008년의 newValue 관측치가 현재 NA인지 확인한다. 참고: 이상치를 NA로 대체하면 2.4절에서 설명한 결측치 처리를 위한 제거와 대체 전략을 구현할 수 있는 옵션이 있다.

e. 이상치가 NA로 대체되면 요약척도를 다시 계산할 수 있다. **summary** 함수를 사용하여 이상치가 있는 원래 변수의 평균과 이상치가 없는 새 변수를 비교한다. 다음과 같이 입력하라.

```
> summary(myData)
```

newGrowth 및 newValue 변수의 평균이 각각 13.210 및 13.149이고, 원래 Growth 및 Value 변수의 평균과 다른지 확인한다.

요약

그림 3.22에서 두 뮤추얼펀드의 수익률 중앙값은 굵고 폭넓은 수직선으로 표시된다. 이미 발견했듯이, 두 펀드의 수익률 중앙값은 비슷하다(Value의 경우 15.09%, Growth의 경우 14.44%). 그러나 원으로 표시된 것처럼 Value는 왼쪽에 이상치가 있고 Growth는 오른쪽에 이상치가 있다.

Value의 경우 IQR 상자의 중앙 오른쪽에 있는 중앙값과 함께 왼쪽의 이상치는 이 분포가 음으로 비대칭임을 나타낸다. 이것은 3.4절에서 이 변수에 대해 계산된 음의 왜도계수와 일치한다.

반면 Growth는 IQR 상자의 중앙 왼쪽에 있는 중앙값과 함께 오른쪽에 이상치가 있다. Growth 분포는 양의 비대칭이 있다. 다시 말하지만 이것은 3.4절에서 이 변수에 대해 계산된 양의 왜도계수와 일치한다.

z-점수

평균과 표준편차는 각각 중심위치와 분산에 대해 가장 광범위하게 사용되는 척도다. 평균과 달리 표준편차를 직관적으로 해석하기는 쉽지 않다. 표준편차 값이 작으면 관측치들이 평균에 가깝다는 것을 의미하고 표준편차 값이 크면 관측치들이 평균에서 더 많이 흩어져 있음을 의미한다고 말할 수 있다.

우선 평균에서 지정된 수의 표준편차 내에 있는 관측치의 백분율에 대해 정확한 설명을 하기 위해 경험법칙을 사용한다. 그런 다음 관측치의 상대 위치를 측정하고 이상치인지 여부를 나타내는 z-점수를 산출한다.

경험법칙

상대적으로 대칭적이고 종 모양의 분포에서 관측치를 추출한 경우(아마도 히스토그램 검사에 의해 결정), 특정 구간 내에 있는 관측치의 백분율에 대해 정확하게 설명할 수 있다. 대칭과 종 모양은 정규분포의 특성으로, 4장에서 더 상세히 설명하는 주제이다. 정규분포는 많은 실제 응용 프로그램의 근사치로 흔히 사용된다. 표본평균 $\bar{x}$, 표본표준편차 s, 그리고 상대적으로 대칭이고 종 모양인 분포가 주어지면 **경험법칙(empirical rule)**은 다음과 같이 구정한다.

- 모든 관측치의 약 68%가 $\bar{x} \pm s$ 구간에 속한다.
- 모든 관측치의 약 95%가 $\bar{x} \pm 2s$ 구간에 속한다.
- 거의 모든 관측치가 $\bar{x} \pm 3s$ 구간에 속한다.

그림 3.23은 경험법칙을 보여준다.

그림 3.23 경험법칙(empirical rule)의 그래프 표현

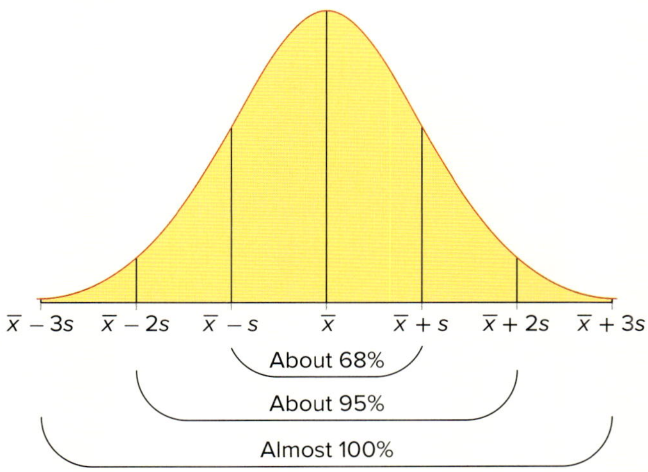

예제 3.15

대규모 강의에 280명의 학생이 있다. 교수는 시험의 평균점수가 74이고 표준편차가 8이라고 발표했다. 점수분포는 종 모양이다.

a. 58점과 90점 사이의 점수를 받은 학생들은 대략 몇 명인가?

b. 90점 이상을 받은 학생들은 대략 몇 명인가?

해답:

a. 58점은 평균보다 2 표준편차 ($\bar{x} - 2s = 74 - (2 \times 8) = 58$) 아래이고, 90점은 평균보다 2 표준편차 ($\bar{x} + 2s = 74 + (2 \times 8) = 90$) 위이다. 종 모양 분포의 경우 경험법칙은 관측치의 약 95%가 평균의 2 표준편차 내에 속함을 나타낸다. 따라서 280명의 학생 중 약 95% 또는 $0.95 \times 280 = 266$명의 학생이 58점과 90점 사이의 점수를 받았다.

b. 90점은 평균보다 2 표준편차가 높다는 것을 알고 있다. 관측치의 약 95%가 평균의 2 표준편차 내에 속하기 때문에 관측치의 5%가 구간을 벗어난다고 추론할 수 있다. 따라서 분포의 대칭성을 고려할 때 280명의 학생 중 약 5%의 반, 즉 2.5%가 90점 이상을 받았다. 동등하게 약 7명의 학생(0.025×280)이 시험에서 90점 이상을 받았다. 교수가 A에 대해 90점 이상의 컷오프 점수를 사용하는 경우 해당 클래스의 학생 7명만 A를 받을 것으로 예상된다.

z-점수 계산

평균과 표준편차를 사용하여 관측치의 상대 위치를 찾는 것이 자주 도움이 된다. 한 학생이 회계 시험에서 90점을 받고 마케팅 시험에서 90점을 받는다고 가정한다. 학생의 점수는 두 수업에서 동일하지만 이 수업에서 상대적인 위치는 상당히 다를 수 있다. 만약 두 수업에서 평균점수가 다르면 어떨까? 평균점수가 같더라도 표준편차가 다르면 어떨까? 두 수업에서 이 학생의 상대 위치를 찾기 위해서는 평균과 표준편차가 모두 필요하다.

***z*-점수(*z*-score)**를 사용하여 관측치와 평균의 차이를 표준편차로 나눔으로써, 즉 $z = \frac{x - \bar{x}}{s}$로 관측치의 상대위치를 찾는다. *z*-점수는 단위가 없는 척도이다. 이는 표준편차의 관점에서 평균에서 관측치까지의 거리를 측정한다. 예를 들어, *z*-점수가 2이면 관측치가 평균보다 2표준편차 위에 있음을 의미한다. 마찬가지로 *z*-점수가 -1.5이면 관측치가 평균보다 1.5 표준편차 아래 있음을 의미한다.

관측치를 *z*-점수로 변환하는 것을 관측치 **표준화(standardizing)**라고도 한다. 표준화는 다른 척도를 사용하여 측정된 변수를 처리할 때 데이터 분석에서 사용되는 일반적인 기법이다. 데이터 마이닝에서 표준화 기술의 사용에 대해 논의하기 위해 8장에서 이 주제를 다시 학습할 것이다.

예제 3.16

회계 시험 점수의 평균과 표준편차는 각각 74와 8이고, 마케팅 시험 점수의 평균과 표준편차는 각각 78과 10이다. 두 수업 모두에서 90점을 받은 학생의 z-점수를 찾아라.

해답:

회계 수업의 *z*-점수는 $z = \frac{90 - 74}{8} = 2$이다. 마찬가지로 마케팅 수업의 *z*-점수는 $z = \frac{90 - 78}{10} = 1.2$이다. 따라서 학생은 평균보다 1.2 표준편차만 높은 마케팅에 비해 평균보다 2 표준편차가 높기 때문에 회계에서 상대적으로 더 나은 성과를 거둔 것 같다.

변수의 분포가 상대적으로 대칭이고 종 모양인 경우 z-점수를 사용하여 이상치를 탐지할 수도 있다. 거의 모든 관측치가 평균의 3 표준편차 내에 있기 때문에 z-점수가 3보다 크거나 −3보다 작은 경우 관측치를 이상치로 취급하는 것이 일반적이다. 이러한 관측치는 데이터셋에 남아 있어야 하는지 여부를 결정하기 위해 다시 검토해야 한다.

예제 3.17

표 3.18은 도입사례의 Growth와 Value 변수에 대한 평균과 표준편차뿐만 아니라 최소 및 최대 관측치를 보여준다. 각 변수의 최소 및 최대 관측치에 대한 z-점수를 산출하라. 결과가 그림 3.22에 작성된 상자그림과 일치하는가? 설명하라.

표 3.18 Growth와 Value 변수의 요약통계량(%)

Fund	Minimum	Maximum	Mean	Standard Deviation
Growth	−40.90	79.48	15.1074	23.8228
Value	−46.52	44.08	11.4446	17.9198

해답:

Growth의 경우 최소 관측치와 최대 관측치에 대한 z-점수는 다음과 같다.

$$\text{Minimum: } z = \frac{-40.90 - 15.1074}{23.8228} = -2.3510$$

$$\text{Maximum: } z = \frac{79.48 - 15.1074}{23.8228} = 2.7021$$

Value의 경우 최소 관측치와 최대 관측치에 대한 z-점수는 다음과 같다.

$$\text{Minimum: } z = \frac{-46.92 - 11.4446}{17.9198} = -3.2347$$

$$\text{Maximum: } z = \frac{44.08 - 11.4446}{17.9198} = 1.8212$$

Growth의 경우 두 z-점수의 절대값이 3보다 작기 때문에 Growth 변수에 대한 이상치가 없음을 나타낸다. 그러나 그림 3.22의 상자그림은 이상치가 있음을 나타낸다. 이 명백한 모순을 어떻게 해결하는가? 분포가 상대적으로 종 모양이고 대칭인 경우 z-점수는 이상치에 대한 신뢰할 수 있는 지표이다. 상자그림은 Growth 변수가 양으로 비대칭이라는 것을 나타내기 때문에, 이 경우에는 상자그림을 사용하여 이상치를 식별하는 것이 더 좋다. Value의 경우 최소 관측치는 상자그림에서 이상치로 식별될 뿐만 아니라 −3.2347인 z-점수로도 확인된다.

이상치 식별

- 상자그림(boxplot)은 변수의 5수치 요약(five-number summary)을 그래프로 표현하는 편리한 방법이다. 이상치가 있는 경우 상자에서 1.5 × IQR보다 멀리 떨어진 별표

(또는 다른 기호)로 표시된다.
- z-점수(z-score)는 분포 내에서 관측치의 상대적 위치를 측정하며, $z = \frac{x - \bar{x}}{s}$로 계산된다. 변수의 분포가 상대적으로 대칭이고 종 모양인 경우 z-점수가 3보다 크거나 −3보다 작으면 관측치를 이상치로 취급하는 것이 일반적이다.

연습문제 3.5

53. 다음 상자그림을 고려하라.

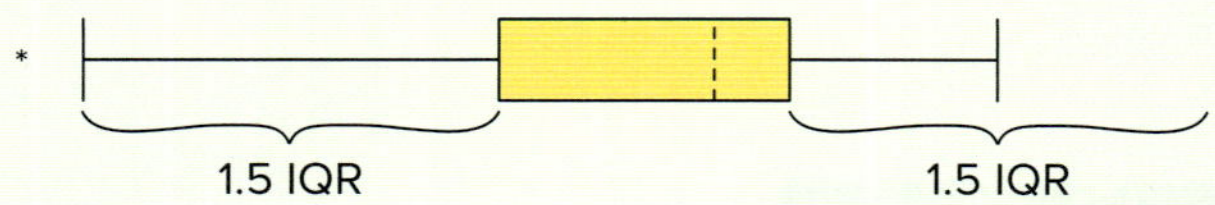

a. 상자그림이 데이터에서 가능한 이상치를 나타내는가?
b. 기본 분포의 비대칭도에 대해 설명하라.

54. 다음 상자그림을 고려하라.

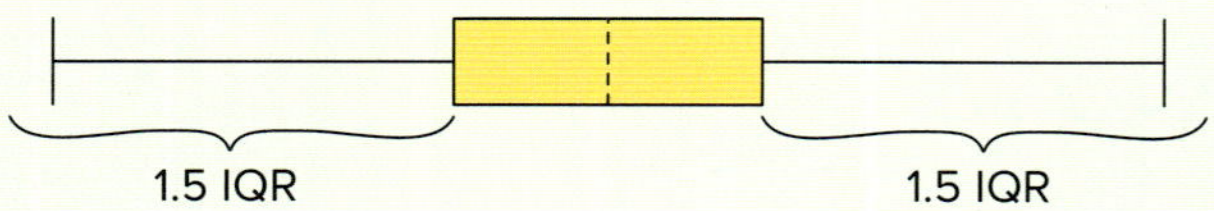

a. 상자그림이 데이터에서 가능한 이상치를 나타내는가?
b. 기본 분포의 비대칭도에 대해 설명하라.

55. 한 변수에 대해 200개의 관측치를 사용하여 구한 다음 5수치 요약통계량을 고려하라.

Min	Q1	Median	Q3	Max
34	54	66	78	98

a. Q1과 Q3을 해석하라.
b. 사분위범위를 계산하라. 이상치가 존재하는지 결정하라.
c. 분포가 대칭인가? 아니라면, 비대칭도에 대해 설명하라.

56. 한 변수에 대해 500개의 관측치를 사용하여 구한 다음 5수치 요약통계량을 고려하라.

Min	Q1	Median	Q3	Max
125	200	300	550	1300

a. Q1과 Q3을 해석하라.
b. 사분위범위를 계산하라. 이상치가 존재하는지 결정하라.
c. 분포가 대칭인가? 아니라면, 비대칭도에 대해 설명하라.

57. 한 지역 대학의 경영학 교수들 중에서 조교수 급여 표본은 평균 수입이 100,000달러이고 표준편차가 10,000달러인 것으로 나타났다. 급여가 종 모양의 분포를 따른다고 가정하고, 경험법칙을 사용하여 다음 질문에 답하라.

a.급여의 대략 몇 퍼센트가 90,000달러에서 110,000달러 사이인가?
b. 80,000달러에서 120,000달러 사이의 급여는 대략 몇 퍼센트인가?
c. 급여의 대략 몇 퍼센트가 120,000달러 이상인가?

58. 보통 IQ 점수는 평균이 100이고 표준편차가 16인 종 모양의 분포를 따른다고 가정한다. 경험법칙을 사용하여 다음 질문에 답하라.

a. 84점에서 116점사이의 점수는 대략 몇 퍼센트인가?
b. 68점 미만의 점수는 대략 몇 퍼센트인가?
c. 116점 이상의 점수는 대략 몇 퍼센트인가?

59. 포트폴리오의 과거 수익률은 평균 8%이고 표준편차가 6%였다. 포트폴리오 수익률이 종 모양의 분포를 따른다고 가정하고, 경험법칙을 사용하여 다음 질문에 답하라.

a. 2%에서 14% 사이의 수익률은 대략 몇 퍼센트인가?
b. 14%보다 큰 수익률은 대략 몇 퍼센트인가?
c. −4% 미만의 수익률은 대략 몇 퍼센트인가?

60. 평균적으로 미국 프로축구 경기는 볼이 실제로 11분만 경기하지만, 약 3시간 동안 지속된다. 게임시간이 종 모양의 분포를 따르고 표준편차가 0.4시간이라고 가정한다. 경험법칙을 사용하여 다음 질문에 답하라.

a. 2.2시간에서 3.8시간 사이에 지속되는 게임의 비율은 대략 몇 퍼센트인가?
b. 3.4시간 이상 지속되는 게임의 비율은 대략 몇 퍼센트인가?
c. 2.2시간 미만 동안 지속되는 게임의 비율은 대략 몇 퍼센트인가?

61. **FILE** ***Prime.*** 첨부된 데이터 파일은 100명의 Amazon Prime 고객에 대한 연간 지출(달러)을 보여준다.

a. Expenditures 변수에 대한 상자그림을 작성하라. 상자그림에서 이상치가 존재함을 알 수 있는가?
b. Expenditures 변수에 대한 이상치가 있는지 결정하기 위해 z-점수를 사용하라. 결과가 파트 a와 일관성이 있는가? 왜 그런지 아니면 왜 그렇지 않은지 설명하라.

62. **FILE** ***Debt.*** 첨부된 데이터 파일은 26개 대도시 지역 거

주자의 월 평균 부채 상환액(달러)을 보여준다.

a. Debt 변수에 대한 상자그림을 작성하라. 상자그림에서 이상치가 존재함을 알 수 있는가?

b. Debt 변수에 대한 이상치가 있는지 결정하기 위해 z-점수를 사용하라. 결과가 파트 a와 일관성이 있는가? 그 이유를 설명하라.

63. FILE ***Gas_2019.*** 첨부된 데이터 파일은 2019년 1월 동안 50개 주의 평균 휘발유 가격(갤런당 달러)을 보여준다.

a. Price 변수에 대한 상자그림을 작성하라. 상자그림에서 이상치가 존재함을 알 수 있는가?

b. Price 변수에 대한 이상치가 있는지 결정하기 위해 z-점수를 사용하라. 결과가 파트 a와 일관성이 있는가? 왜 그런지 아니면 왜 그렇지 않은지 설명하라.

c. 상자그림의 정보를 사용하여 이상치를 NA로 대체하라. 이상치가 없는 평균 휘발유 가격의 평균은 얼마인가?

64. FILE ***Tech_Energy.*** 첨부된 데이터 파일은 1982년부터 2018년까지 피델리티 기술에너지(Fidelity's Technology and Energy) 뮤추얼펀드의 연간 수익률(%)을 보여준다.

a. Technology 변수에 대한 상자그림을 작성하라. 상자그림에서 이상치가 존재함을 알 수 있는가?

b. Technology 변수에 대한 이상치가 있는지 결정하기 위해 z점수를 사용하라. 결과가 파트 a와 일관성이 있는가? 그 이유를 설명하라.

c. Energy 변수에 대한 상자그림을 작성하라. 상자그림에서 이상치가 존재함을 알 수 있는가?

d. Energy 변수에 대한 이상치가 있는지 확인하기 위해 z-점수를 사용하라. 결과가 파트 c와 일관성이 있는가? 왜 그런지 아니면 왜 그렇지 않은지 설명하라.

e. 두 상자그림의 정보를 사용하여 이상치를 NA로 대체한다. Technology 및 Energy 변수에 대한 새로운 평균은 얼마인가?

3.6 데이터 분석

매우 큰 데이터셋에 직면했을 때, 어떠한 분석이든 필요한 첫 단계는 원자료를 보다 의미 있는 형식으로 변환하는 것이다. 요약척도뿐만 아니라 표와 그래픽도 매우 유용하다. 다음 빅데이터 사례를 고려해보자.

사례연구

FILE ***House_Price.*** 한 투자자는 현재 버지니아 공대 호키스의 본거지인 버지니아주 블랙스버그에 부동산을 소유하고 있다. 그는 조지아주 아테네(Athens, Georgia)나 노스캐롤라이나주 채플힐(Chapel Hill, North Carolina)에 있는 유사한 임대 부동산을 매입함으로써 그의 재산을 확장하고 싶어한다. 예비 단계로, 그는 이 두 지역의 주택가격에 대한 정보를 원한다. 그는 적어도 침실 2개 이상이고 100만 달러 미만으로 등록된 부동산에 관심이 있다. 다음 보고서는 이러한 기준을 충족한 과거의 판매를 요약한다.

샘플보고서—대학타운 부동산 투자

대학 근처의 임대 부동산에 투자를 고려하는 데에는 여러 이유가 있다. 첫째, 학생, 교수 및 직원을 포함하는 큰 임대인 풀이 있다. 둘째, 많은 대학들이 1학년 이외에는 학생들을 수용할 수 없기 때문에, 학생들은 꾸준한 임대 수요를 제공한다. 마지막으로, 대학가에는 식당, 쇼핑 및 밤문화로 가득한 경향이 있다. 이러한 모든 요인들로 인해 부동산 마케팅이 쉬워질 수 있다.

kali9/Getty Images

다음 보고서는 조지아 대학교 불독스의 본거지인 조지아주 아테네와 노스캐롤라이나

주 채플힐의 주택가격을 조사한다. 표본은 아테네의 293 판매주택과 채플힐의 351 판매주택으로 구성된다. 또한 표본의 모든 주택에는 침실이 2개 이상 있고 100만 달러 미만에 판매되었다. 표 3.19는 분석에 가장 적절한 요약척도를 제공한다.

표 3.19 아테네(Athens)와 채플힐(Chapel Hill)의 주택가격 요약척도(달러)

Summary Measure	Athens, GA	Chapel Hill, NC
Mean	219,671	429,152
Median	177,500	395,000
Minimum	41,125	105,000
Maximum	910,000	950,000
Standard deviation	147,648	186,762
Coefficient of variation	0.67	0.44
Number of houses	293	351

아테네의 평균 주택가격은 219,671달러이며 채플힐의 429,152달러에 비하여 거의 210,000달러의 차이가 있다. 아테네에서 주택가격의 중앙값은 177,500달러이며, 이는 주택가격의 절반이 이 값보다 낮고 절반이 이 값보다 높다는 것을 의미한다. 채플힐의 중앙값은 395,000달러이며, 이 두 도시의 중앙값 차이는 218,000달러에 가깝다. 두 도시 모두에서 중앙값은 평균보다 상당히 작으므로, 이는 이상치 즉 이 경우 매우 높은 주택가격이 존재할 가능성이 있음을 의미한다.

평균과 중앙값은 주택가격이 모이는 경향이 있는 위치를 나타내지만, 주택가격의 변동성에 대한 정보는 전달하지 않는다. 일반적으로 표준편차가 변동성의 척도로 사용된다. 채플힐의 주택가격에 대한 표준편차는 아테네의 주택가격에 대한 표준편차보다 크므로(186,762달러 > 147,648달러), 이는 아테네에 비해 채플힐의 주택가격이 평균으로부터 더 분산되어 있음을 나타낸다.

표 3.20은 두 도시의 주택가격에 대한 상대빈도 분포를 보여준다. 상대빈도 분포는 아테네의 주택가격이 채플힐의 주택보다 저렴하다는 요약척도의 결과를 재확인한다. 즉, 아테네에서는 10~20만 달러 범위에 51%가 속했지만, 채플힐은 이 가격대에 9%만 속했다. 또한 아테네의 주택의 91% 대비 채플힐의 주택의 51%만이 40만 달러 미만에 판매되었다.

표 3.20 아테네(Athens)와 채플힐(Chapel Hill)의 주택가격 빈도분포

Interval (in $)	Athens, GA	Chapel Hill, NC
$0 < x \leq 100{,}000$	0.11	0.00
$100{,}000 < x \leq 200{,}000$	0.51	0.09
$200{,}000 < x \leq 300{,}000$	0.19	0.17
$300{,}000 < x \leq 400{,}000$	0.10	0.25
$400{,}000 < x \leq 500{,}000$	0.03	0.17
$500{,}000 < x \leq 600{,}000$	0.03	0.14
$600{,}000 < x \leq 700{,}000$	0.02	0.07
$700{,}000 < x \leq 800{,}000$	0.00	0.07
$800{,}000 < x \leq 900{,}000$	0.01	0.03
$900{,}000 < x \leq 1{,}000{,}000$	0.00	0.01

마지막으로 그림 3.24는 각 도시의 주택가격에 대한 상자그림을 보여준다. 상자그림은 이 두 도시의 주택가격과 관련하여 두 가지 주요사항을 더 보여준다.

- 각 상자그림에서 중앙값은 상자 내에서 중심을 벗어나 중심 왼쪽에 위치한다.
- 각 상자그림에는 오른쪽에 이상치가 있다. 그러나 아테네 분포에 비해 채플힐 분포에는 이상치가

훨씬 적다.

이 두 관측치는 두 분포가 모두 양의 방향에 꼬리가 있다는 것을 나타낸다. 이는 주택가격의 대부분이 분포의 하단에 속하고 고가주택이 상대적으로 적음을 의미한다.

그림 3.24 조지아주 아테네(Athens)와 노스캐롤라이나주 채플힐(Chapel Hill)의 주택가격의 상자 그림

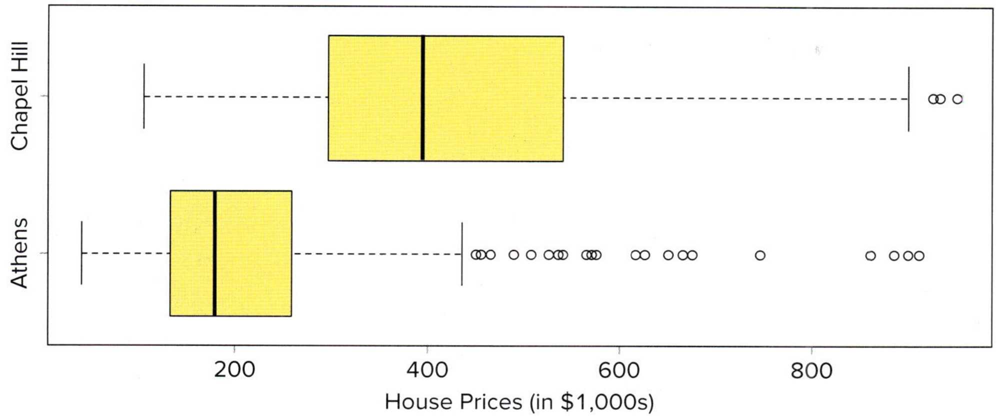

이 보고서는 조지아주 아테네(Athens, George)와 노스캐롤라이나주 채플힐(Chapel Hill, North Carolina)의 주택가격을 요약한 것이다. 평균적으로 채플힐의 주택은 아테네의 주택보다 거의 2배나 비싸다. 게다가 분석에서 이상치를 제거하면 아테네의 주택가격이 채플힐의 주택가격보다 변동성이 적다. 그러나 투자자가 어느 도시에서 부동산을 구매하기 전에 임대시장의 강세와 각 도시의 평균소득과 같은 많은 다른 요소들을 고려해야 한다.

사례연구 제안

이 교재와 함께 제공되는 빅데이터를 분석할 때 요약척도뿐만 아니라 표와 그래픽 방법이 매우 유용하다. 다음과 같은 사례연구들이 제안된다.

Report 3.1 **FILE** ***House_Price.*** 이 절에서 수행한 분석과 유사한 분석을 수행하되 다른 두 개의 대학가를 선택한다.

Report 3.2 **FILE** ***College_Admissions.*** 경영경제대학에 입학한 학생들과 예술문학대학에 입학한 학생들의 SAT점수를 조사하기 위해 요약척도뿐만 아니라 표와 그래프 방법을 사용한다.

Report 3.3 **FILE** ***Longitudinal_Survey.*** 응답자가 외향적인(outgoing) 사람인지 내성적인(shy) 사람인지에 따라 응답자의 체중을 조사하기 위해 요약척도뿐만 아니라 표와 그래프 방법을 사용한다.

Report 3.4 **FILE** ***TechSales_Reps.*** 소프트웨어 및 하드웨어 그룹에서 영업사원의 성격유형과 성별에 따라 급여를 조사하기 위해 요약척도뿐만 아니라 표와 그래프 방법을 사용한다.

4 확률 및 확률분포
Probability and Probability Distributions

학습목차_*Chapter Contents*

학습목표_Learning Objectives

이 장을 학습한 후에,

LO **4.1** 확률개념 및 확률법칙을 설명할 수 있어야 한다.
LO **4.2** 전확률법칙과 베이즈 정리를 응용할 수 있어야 한다.
LO **4.3** 이산확률변수와 확률분포를 설명할 수 있어야 한다.
LO **4.4** 이항 및 포아송 분포에 대한 확률을 계산할 수 있어야 한다.
LO **4.5** 정규분포를 설명하고 관련 확률을 계산할 수 있어야 한다.

매일 불확실성이 존재하는 문제에 대해 선택을 하고 있으며, 다양한 사건의 가능성을 파악함으로써 더 바람직한 선택을 할 준비가 되어 있다. 예를 들어, 일기예보에 근거해서 재킷을 착용해야 하는지 또는 우산을 가져가야 하는지 여부를 결정한다. 마찬가지로 소매업체는 쇼핑객의 증가 또는 감소를 예상하여 판매인력을 조정하고, 연방준비제도(Federal Reserve)는 경제성장과 인플레이션에 대한 기대에 따라 금리를 조정한다. 이 장에서는 불확실성과 관련된 많은 실제 문제를 구성하고 해결하는 데 필요한 필수적인 확률도구를 제공한다.

확률변수의 개념을 도입하여 확률에 대한 논의를 확장한다. 확률변수는 수치형 값의 관점에서 실험결과를 요약하고 가정하는 값의 범위에 따라 이산형 또는 연속형으로 분류될 수 있다. 이산확률변수는 셀 수 있는 고유한 값의 수를 가정하지만, 연속확률변수는 셀 수 없는 값을 특징으로 한다. 마지막으로, 널리 사용되는 두 개의 이산확률분포, 즉 이항 및 포아송 분포에 대해 논의한다. 또한 가장 광범위하게 사용되는 연속확률분포이며 통계적 추론의 기본인 정규분포에 대해서도 설명한다.

©Seastock/Shutterstock

도입사례_*Introductory Case*

마리화나 합법화에 대한 지지와 연령그룹 연계

미국에서 마리화나 합법화에 대한 지지는 지난 수십 년 동안 현저하게 증가했다. 1969년 조사가 처음 시작되었을 때 미국인의 12%만이 합법화에 찬성했지만, 이 지지는 1970년대 후반에 25% 이상으로 증가했다. 1981년부터 1997년까지 지지율이 정체되었지만, 세기의 전환이 합법화에 대한 새로운 관심을 불러일으켜 지지하는 미국인의 비율은 2000년에 30%, 2009년에 40%를 넘어섰다.

알렉시스 루이스(Alexis Lewis)는 과학, 건강 및 인권에 초점을 둔 약물정책연구소에서 일하고 있는데, 마리화나 지지자의 인구통계학적 분석을 수행하고 있다. 2016년 8월 23일부터 9월 2일까지 수행된 퓨리서치센터(Pew Research Center)의 조사결과를 이용하여 마리화나 합법화에 대한 지지가 응답자의 연령그룹에 따라 상당히 달라진다는 것을 발견했다. 알렉시스는 표 4.1과 같이 연령그룹을 기반으로 지지율에 대한 정보를 만들었다.

표 4.1 연령그룹별 마리화나 합법화 지지율

Age Group	Support
Millennial (18 – 35)	71%
Generation X (36 – 51)	57
Baby Boomer (52 – 70)	56
Silent (71 – 88)	33

알렉시스는 마리화나 합법화의 운명을 결정하는 중요한 요인이 각 연령그룹이 투표를 좌우하는 역량과 관련이 있다고 이해하여, 투표할 자격이 있는 성인에 대하여 각 연령그룹의 투표권을 세분화한다. 밀레니얼 세대, X세대, 베이비붐 세대, 사일런트 세대는 투표인구의 31%, 25%, 31%, 13%를 각각 차지한다. 그녀는 데이터를 사용하여 다음을 수행하려고 한다.

1. 적절한 조건부, 비조건부 및 결합확률을 계산하고 해석한다.
2. 마리화나의 합법화에 지지하는 모든 미국인의 확률을 계산하고 해석한다.

이 도입사례에 대한 분석결과는 4.2절의 마지막에 제시되어 있다.

4.1 확률개념 및 확률법칙

LO 4.1

확률개념 및 확률법칙을 설명할 수 있어야 한다.

만약 어떤 사건이 발생할 것 같은지와 어떤 사건이 발생하지 않을 것 같은지를 설명하는 확률을 알고 있다면 불확실성에 대처할 준비가 더 잘 되어 있는 것이다. **확률(probability)**은 사건이 발생할 가능성을 측정한 수치 값이다. 이 값은 0에서 1 사이에 있으며, 0 값은 *불가능한(impossible)* 사건을 나타내고 1값은 *확정적인(definite)* 사건을 나타낸다. 사건을 정의하고 사건에 적절한 확률을 부여하기 위해, 우선 용어를 설정하고 상황에 구조를 도입하는 것이 유용하다.

실험(experiment)은 여러 개의 가능한 결과 중 한 개로 산출되는 프로세스이다. 실험 결과의 다양성은 현실 세계의 불확실성 때문이다. 브랜딩 전략을 변경할 때 수익이 상승할지 또는 하락할지는 불확실하다. 실제 결과는 시간이 지나야만 결정될 것이기 때문에 이를 실험으로 생각할 수 있다. 실험의 다른 예로는 신용카드 사기성 거래의 정도, 신제품 판매, 그리고 강좌의 문자 학점 등이 있다.

S로 표시되는 **표본공간(sample space)**에는 실험의 가능한 모든 결과가 포함된다. 예를 들어 강좌에서 문자 학점을 나타내는 표본공간은 $S = \{A, B, C, D, F\}$로 부여되는 것으로 가정하자. 실험을 위한 표본공간은 고정될 필요가 없다. 예를 들어, 위의 실험에서, 표본공간을 단지 패스(pass, P)와 실패(fail, F) 결과로 표본공간을 정의할 수도 있다. 즉, $S = \{P, F\}$이다. 만약 교수가 불완전(incomplete, I) 성적도 준다면, 위에서 정의된 표본공간 중 어느 것도 유효하지 않다. 이들은 실험의 가능한 모든 결과를 포함하지 않기 때문이다.

사건

사건(event)은 표본공간의 하위집합이다. 간단한 사건은 실험의 가능한 결과 중 하나만 구성된다. 강좌에서 A를 얻는 것은 간단한 사건의 예이다. 사건에는 실험의 여러 결과가 포함될 수도 있다. 예를 들어, 사건에서 합격 성적을 받는 것으로 정의할 수 있다. 이 사건은 결과 A, B, C 및 D의 하위 집합에 의해 형성된다.

사건이 표본공간의 모든 결과를 포함하면 **전체포괄적(exhaustive)**이라 간주된다. 학점분포 예제에서 A와 B 등급을 받는 사건들은 표본공간에 있는 가능한 모든 학점을 포함하지 않기 때문에 전체포괄적 사건이 아니다. 그러나 "패스"와 "실패"로 각각 정의된 P와 F의 사건은 전체포괄적이다.

또 다른 중요한 확률개념은 **상호배타적(mutually exclusive)** 사건에 관한 것이다. 상호배타적인 두 사건의 경우, 한 사건이 발생하면 다른 사건의 발생은 불가능하다. 학점분포 예제로 돌아가면 A와 B 등급을 받는 사건들이 전체포괄적이지는 않지만 동일 강좌에서 A와 B를 받을 수 없기 때문에 상호배타적이다. 한편, P와 F 학점은 상호배타적이고 전체포괄적이다.

실험 및 사건

- 실험(experiment)은 여러 가능한 결과 중 하나로 연결되는 프로세스이다. 실험의 표본공간(S로 표시)에는 가능한 모든 결과가 포함되어 있다.
- 사건(event)은 실험 결과의 모든 부분집합이다. 단일 결과를 포함하는 경우 단순사

건이라고 한다.

- 실험의 가능한 모든 결과가 사건에 속하는 경우 사건은 전체포괄적(exhaustive)이다. 실험의 공통적인 결과를 공유하지 않는 경우 사건은 상호배타적(mutually exclusive)이다.

모든 실험의 경우 실험결과의 한 개 또는 여러 개를 기반으로 사건을 정의하고, 또한 사건들을 결합하여 새로운 사건을 구성할 수도 있다. $A \cup B$라고 표시되는 두 사건의 **합사건(union)**은 A 또는 B의 모든 결과로 구성된 사건이다. 이러한 개념을 보여주는 유용한 방법은 벤다이어그램(Venn diagram)을 사용하는 것이다. 그림 4.1은 직사각형이 표본공간 S를 나타내고 두 원이 사건 A와 B를 나타내는 벤다이어그램을 보여주며, 합사건 $A \cup B$는 벤다이어그램에서 A 또는 B에 포함되는 부분이다.

그림 4.1 두 사건의 합사건, $A \cup B$

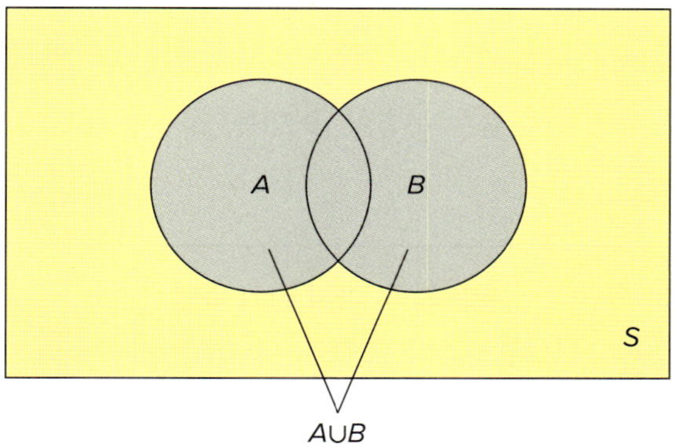

$A \cap B$로 표시되는 두 사건의 **교사건(intersection)**은 A와 B 모두에 있는 결과로 구성된 사건이다. 그림 4.2는 두 사건 A와 B의 교사건을 설명하고 있으며, 교사건 $A \cap B$는 벤다이어그램에서 A와 B 모두에 포함된 부분이다.

그림 4.2 두 사건의 교사건, $A \cap B$

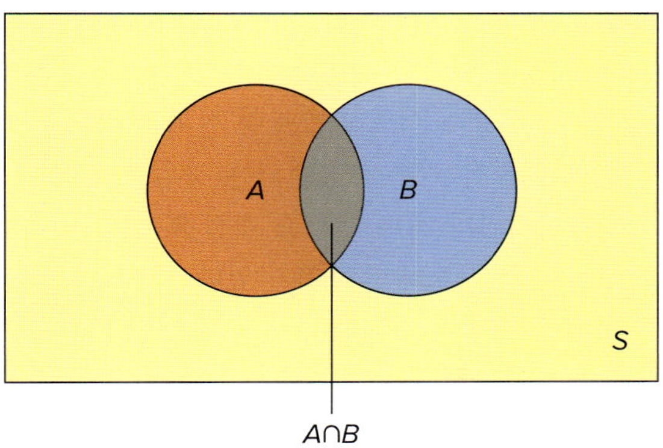

A^c로 표시되는 사건 A의 **여사건(complement)**은 표본공간 S에서 A에 없는 모든 결과로 구성된 사건이다.

사건의 결합

- $A \cup B$라고 표시된 두 사건의 합사건(union)은 A 또는 B에 있는 모든 결과로 구성된 사건이다.
- $A \cap B$라고 표시된 두 사건의 교사건(intersection)은 A와 B 모두에 있는 결과로 구성된 사건이다.
- A^c로 표시되는 사건 A의 여사건(complement)은 A에 없는 표본공간 S의 모든 결과로 구성된 사건이다.

확률 부여

유효한 표본공간과 그 표본공간으로부터 사건들을 정의할 수 있는 다양한 방법을 설명했기 때문에 이제 확률을 부여할 준비가 되었다. 확률을 설명할 때 일반적으로 주관적 확률, 경험적 확률, 그리고 고전적 확률로 확률을 분류할 수 있는데, 사용된 방법에 관계없이 확률을 정의하는 두 가지 속성이 있다.

확률의 두 가지 정의 속성

1. 사건 A의 확률은 0과 1 사이의 값이며, 즉 $0 \le P(A) \le 1$이다.
2. 상호배타적이고 전체포괄적인 사건들의 확률의 합은 1이다.

주관적 확률(subjective probability)은 개인의 판단이나 경험을 기반으로 한다. 예를 들어 매니저는 소비자의 14%가 기업의 소셜미디어 캠페인에 긍정적으로 응답할 것이라고 본능적으로 느낄 수 있다. 이러한 개인적인 확률의 평가는 어떠한 데이터를 명시적으로 참조하지 않는다. 주관적 확률은 사람마다 다르며 높은 정도의 개인적 편견을 포함할 수 있다.

많은 경우 관찰된 실험결과에 기초한 데이터를 참조하여 확률을 계산한다. 사건의 **경험적 확률(empirical probability)**은 사건의 발생을 관찰한 상대적인 빈도이다. 어떤 특정 도시에서 10년 동안 180개 레스토랑 중 152개가 개점하고 1년 이내에 폐점하였고 1년 이내에 폐점하는 것이 실패의 기준인 경우, 해당 도시의 레스토랑 실패의 경험적 확률을 $152/180 = 0.84$로 결정할 수 있다. 실험이 매우 많은 횟수로 실행되는 경우 경험적 확률은 신뢰할 수 있다는 점에 주목해야 한다. 위의 예에서 5개 레스토랑 중 개점 후 1년 이내에 폐점하는 2개를 기준으로 0.40의 실패율을 보고하는 것은 오해의 소지가 있다.

협의의 범위에서 잘 정의된 문제에서 때때로 문제에 대한 추론을 통해 확률을 추정할 수 있으며, 결과로 나타난 확률은 **고전적 확률(classical probability)**이다. 고전적 확률은 흔히 운(chance)의 게임에서 사용되며, 실험의 모든 결과가 동등하게 발생할 가능성이 있다는 가정에 근거를 둔다. 따라서 사건의 고전적인 확률은 사건에 속한 결과의 수를 전체 결과의 수로 나눈 값으로 계산된다. 예를 들어, 공정한 6면 주사위로 2가 나올 확률을 1/6 = 0.1667로 계산할 수 있다.

확률의 분류

- 주관적 확률은 개인적이고 주관적인 판단에 근거하여 계산된다.
- 경험적 확률은 상대적인 발생빈도로 계산된다.
- 고전적 확률은 관찰이나 개인적인 판단보다는 논리적 분석을 기반으로 한다.

경험적 확률과 고전적 확률은 일반적으로 개인마다 다르지 않기 때문에 흔히 객관적 확률로 분류된다.

확률법칙

이제 사건들의 확률을 결합하는 데 사용되는 다양한 규칙을 제시한다.

여사건 법칙(complement rule)은 확률의 정의 속성 중 하나에서 유래한다: 표본공간에서 단순사건에 부여된 확률의 합은 1과 같아야 한다. 따라서 사건 A 및 여사건 A^c에 대하여 $P(A) + P(A^c) = 1$을 구한다. 이 수식을 재배열하면 여사건 법칙을 얻는다.

여사건 법칙

사건 A의 여사건은 $P(A^c) = 1 - P(A)$로 도출된다.

여사건 법칙은 매우 직설적이고 상당히 간단하지만, 널리 사용되고 강력하다.

예제 4.1

목샤요가센터(Moksha Yoga Center)의 매니저는 그녀가 접촉한 오픈하우스 참석 여성의 37%와 남성의 30%가 멤버십을 구매할 것이라고 믿는다.

a. 매니저가 접촉한 무작위로 선택된 여성이 멤버십을 구매하지 않을 확률은 얼마인가?
b. 매니저가 접촉한 무작위로 선택된 남성이 멤버십을 구매하지 않을 확률은 얼마인가?

해답:

a. A를 매니저가 무작위로 선택한 여성이 멤버십을 구매하는 사건으로 정의해보면, $P(A) = 0.37$이다. 이 문제에서, 우리는 A의 여사건에 관심이 있다. 따라서 $P(A^c) = 1 - P(A) = 1 - 0.37 = 0.63$이다.
b. 마찬가지로, B를 매니저가 무작위로 선택된 남성이 멤버십을 구입하는 사건으로 정의하면, $P(B) = 0.30$이다. 따라서, $P(B^c) = 1 - P(B) = 1 - 0.30 = 0.70$이다.

덧셈법칙(addition rule)으로 두 사건의 합사건(union)의 확률을 구할 수 있다. A가 발생하거나 B가 발생할 확률, 즉 확률용어로 $P(A \cup B)$을 찾으려고 한다고 가정해보자. 그림 4.1을 기억해보면, 합사건 $A \cup B$는 사건 A 또는 사건 B에 포함되는 벤다이어그램의 부분이며, 교집합 $A \cap B$는 A와 B 모두에 포함되는 벤다이어그램의 부분이다.

만약 $P(A \cup B)$를 단순히 $P(A)$와 $P(B)$를 합하려 한다면, A와 B의 교사건 확률인 $P(A \cap B)$가 두 번 계산되기 때문에 확률을 과대평가한다. 일반적으로 $P(A \cap B)$를 사건 A와 B의 **결합확률(joint probability)**이라고 부른다. 덧셈법칙을 실행할 때 $P(A)$와 $P(B)$를 합한 다음, 이 합에서 $P(A \cap B)$를 뺀다.

덧셈법칙

사건 A 또는 사건 B가 발생할 확률은 $P(A \cup B) = P(A) + P(B) - P(A \cap B)$로 도출된다.

예제 4.2

앤서니(Anthony)는 통계학에서 A를 받을 확률이 75%이고 경영경제학에서 A를 받을 확률이 55%라고 생각한다. 그는 또한 두 수업 모두에서 A를 받을 확률이 40%라고 믿는다.

a. 이들 강좌 중 적어도 하나에서 A를 받을 확률은 얼마인가?
b. 이들 강좌 중 어느 것에서도 A를 받지 못할 확률은 얼마인가?

해답:

a. $P(A_S)$는 통계학에서 A를 받을 확률에 해당하고 $P(A_M)$은 경영경제학에서 A를 받을 확률에 해당한다고 하자. 따라서 $P(A_S) = 0.75$와 $P(A_M) = 0.55$이다. 또한, 앤서니가 두 수업 모두에서 A를 얻을 확률이 $P(A_S \cap A_M) = 0.40$이다. 이들 강좌 중 적어도 하나에서 A를 받을 확률을 찾기 위해 다음을 계산한다.

$$P(A_S \cup A_M) = P(A_S) + P(A_M) - \mathrm{P}\ (A_S \cap A_M) = 0.75 + 0.55 - 0.40 = 0.90.$$

b. 두 강좌 어느 것에서도 A를 받지 못할 확률은 실제로 두 사건의 합사건의 여사건이다. 즉, $P((A_S \cup A_M)^c)$이다. a에서 합사건을 계산했으므로 여사건 법칙을 사용한다.

$$P((A_S \cup A_M)^c) = 1 - P(A_S \cup A_M) = 1 - 0.90 = 0.\ 10.$$

요구되는 확률을 정확히 설명하는 대안이 되는 표현은 $P((A_S \cup A_M)^c) = P(A_S^c \cap A_M^c)$이다. 일반적인 실수는 확률을 $P((A_S \cap A_M)^c) = 1 - P(A_S \cap A_M) = 1 - 0.40 = 0.60$으로 계산하는 것이며, 이는 단순히 앤서니가 두 수업 모두에서 A를 받을 수 없는 확률이 60%임을 나타낸다. 이것은 분명히 앤서니가 어느 수업에서도 A를 받지 못하는데 필요한 확률이 아니다.

상호배타적 사건 A와 B의 경우 결합확률은 0, 즉 $P(A \cap B) = 0$ 이다. 이중 계산에 대해 걱정할 필요가 없으며, 따라서 합사건의 확률은 단순히 두 확률의 합이다.

비즈니스 응용에서 관심확률은 흔히 **조건부 확률(conditional probability)**이다. 예를 들어 고객이 할인 혜택을 포함한 이메일을 받는 조건에서 온라인 구매를 할 확률, MBA를 취득한 조건에서 억대연봉을 받을 확률, 그리고 새로운 혁신적인 제품을 출시한 기업의 조건에서 판매량이 개선될 확률 등이다.

조건부 확률의 개념을 설명하기 위해 한 예제를 사용해보자. 최근 경영대학 졸업생이 적합한 직업을 찾을 확률이 0.80이라고 가정해 보자. 만약 최근 경영대학 졸업생이 취업경험이 있다면 적합한 직업을 찾을 확률은 0.90이다. 여기서 사건의 확률은 다른 사건이 발생하는 조건부이다. A가 "구직"을 나타내고 B가 "취업경험"을 나타내는 경우, $P(A) = 0.80$이고 조건부 확률은 $P(A \mid B) = 0.90$으로 표시된다. 이 예에서 취업경험의 조건부로 적합한 직업을 찾을 확률은 0.80에서 0.90으로 증가한다. 일반적으로 B가 A에 긍정적인 영향을 미치는 경우 조건부 확률 $P(A \mid \text{B})$가 **비조건부 확률(unconditional probability)** $P(A)$보다 크다. 마찬가지로, B가 A에 부정적인 영향을 미칠 때 $P(A \mid B)$는 $P(A)$보다 작다. 마지막으로, B가 A에 영향을 미치지 않는 경우 $P(A \mid B)$는 $P(A)$와 같다. 일반적으로 "비조건부 확률"을 단순히 "확률(probability)"로 지칭한다.

조건부 확률을 설명하기 위해 그림 4.2의 벤다이어그램을 이용한다. $P(A \mid B)$는 B(B가 발생)에 대한 조건부의 A 확률을 나타내기 때문에, 원래의 표본공간 S는 B로 축소한다. 조건부 확률 $P(A \mid B)$는 B에 포함된 A의 부분을 기반으로 한다. 따라서 $P(A \mid B)$는 B의 확률에 대한 A와 B의 교사건 확률의 비로 도출된다.

조건부 확률

B가 발생했을 때 A가 발생할 확률은 $P(A \mid B) = \frac{P(A \cap B)}{P(B)}$이다.

예제 4.3

경제 세계화는 국가 경제가 무역, 외국인 직접 투자, 자본 흐름, 이주 및 기술 확산을 통해 국제 경제에 통합된 것으로 정의된다. 세계화는 일반적으로 호의적으로 간주되지만, 다른 나라의 경제 상황에 대한 국가의 취약성도 증가한다. 한 경제학자는 국가 A가 저조한 성과를 거둘 확률이 60%, 국가 B가 저조한 성과를 거둘 확률이 25%라고 예측한다. 또한 양국 모두 저조한 성과를 거둘 확률은 16%이다.

a. 국가 B가 저조한 성과를 보였다는 전제 하에 국가 A가 저조한 성과를 보일 확률은 얼마인가?

b. 국가 A가 저조한 성과를 보였다는 전제 하에 국가 B가 저조한 성과를 보일 확률은 얼마인가?

c. 결과를 해석하라.

해답:

우선 사용가능한 정보를 확률용어로 적는다. A를 "국가 A가 저조한 성과" 그리고 B를 "국가 B가 저조한 성과"로 정의하면, 다음과 같은 정보를 가지고 있다: $P(A) = 0.60$, $P(B) = 0.25$, $P(A \cap B) = 0.16$.

a. $P(A|B) = \frac{P(A \cap B)}{P(B)} = \frac{0.16}{0.25} = 0.64$

b. $P(B|A) = \frac{P(A \cap B)}{P(A)} = \frac{0.16}{0.60} = 0.27$

c. 세계화로 인해 이들 국가는 다른 나라의 경제적 불황에 취약해진 것으로 보인다. 국가 A가 저조한 성과를 보일 확률은 국가 B가 저조한 성과를 거두었을 때 60%에서 64%로 증가한다. 마찬가지로 국가 B가 저조한 성과를 보일 확률은 국가 A의 실적이 저조한 경우 25%에서 27%로 증가한다.

어떤 상황에서는 결합확률 $P(A \cap B)$를 찾는 데 관심이 있다. 조건부 확률 공식 $P(A|B) = \frac{P(A \cap B)}{P(B)}$를 사용하여 $P(A \cap B) = P(A|B)P(B)$를 쉽게 도출할 수 있다. $P(A \cap B)$를 찾기 위해 두 확률의 곱으로 계산하기 때문에 이 공식을 확률에 대한 **곱셈법칙(multiplication rule)**이라 부른다.

곱셈법칙

사건 A와 B의 결합확률은 $P(A \cap B) = P(A|B)P(B)$로 도출된다.

예제 4.4

매니저는 소비자의 14%가 기업의 소셜미디어 캠페인에 긍정적으로 반응할 것이라고 믿는다. 또한, 긍정적으로 반응하는 사람들의 24%가 충성도 높은 고객이 될 것이다. 소셜미디어 캠페인의 다음 수신자가 긍정적으로 반응하고 충성도 높은 고객이 될 확률을 찾아라.

해답:

사건 R은 소셜미디어 캠페인에 긍정적으로 반응하는 소비자를 나타내고, 사건 L은 충성도 높은 고객을 나타낸다. 따라서 $P(R) = 0.14$ 및 $P(L|R) = 0.24$이다. 소셜미디어 캠페인의 다음 수신자가 긍정적으로 반응하고 충성도 높은 고객이 될 확률은 $P(R \cap L) = P(L|R)P(R) = 0.24 \times 0.14 = 0.0336$으로 계산된다.

연구자들에게 특별한 관심은 두 사건이 서로 영향을 미치는지 여부이다. 한 사건의 발생이 다른 사건이 발생할 확률에 영향을 미치지 않는 경우 두 사건은 **독립(independent)**이다.

마찬가지로, 사건의 발생이 다른 사건의 발생 확률과 관련된 경우 **종속(dependent)**이라고 간주된다. 일반적으로 사건의 조건부 확률 $P(A|B)$를 확률 $P(A)$와 비교하여 두 사건의 독립성을 검증한다. 이 두 확률이 같다면 두 사건 A와 B가 독립적이라고 말하고, 확률이 다르면 두 사건은 종속적이다.

독립사건 및 종속사건

두 개의 사건 A 및 B는 $P(A|B) = P(A)$ 또는 동등하게 $P(A \cap B) = P(A|B)P(B) = P(A)P(B)$이면 독립(independent)이다. 그렇지 않으면 두 사건은 종속(dependent)이다.

예제 4.5

특정 연도에 데스크톱 컴퓨터가 고장날 확률이 2%이고 노트북 컴퓨터가 고장날 확률이 6%라고 가정해보자. 또한 두 컴퓨터가 모두 고장날 확률은 0.12%이다. 두 컴퓨터의 신뢰도가 서로 독립적인가?

해답:

사건 D는 데스크톱 고장의 결과를 나타내고, 사건 L은 노트북 고장의 결과를 나타낸다. 따라서 $P(D) = 0.02$, $P(L) = 0.06$, $P(D \cap L) = 0.0012$이다.

$$P(D|L) = \frac{P(D \cap L)}{P(L)} = \frac{0.0012}{0.06} = 0.02 = P(D)$$

이므로 두 컴퓨터의 신뢰도는 독립적이다. 즉, 노트북이 고장나는 경우 데스크톱이 고장날 확률이 변경되지 않는다. 마찬가지로, $P(D \cap L) = P(D)P(L) = 0.0012$이므로 사건들이 독립적임을 보여준다.

연습문제 4.1

1. 언급된 속성의 조합이 합사건 또는 교사건을 나타내는지 결정하기 위해 다음 시나리오를 고려하라.
   a. 한 마케팅 회사는 비즈니스 전공 학위와 적어도 5년의 근무경험을 가진 후보자를 찾고 있다.
   b. 한 가족이 토요타(Toyota)나 혼다(Honda)를 구입하기로 결정했다.
2. 두 회사의 직책에 지원한다. 사건 A는 첫 번째 회사에서 제의한 결과를 나타내고 사건 B는 두 번째 회사에서 제의한 결과를 나타낸다.
   a. 사건 A와 B가 전체포괄적이지 않은 이유를 설명하라.
   b. 사건 A와 B가 상호배타적이지 않은 이유를 설명하라.
3. 주식 A가 가격이 상승할 확률은 0.40이고 주식 B가 가격이 상승할 확률은 0.60이다. 또한, 주식 B가 가격이 상승하면 주식 A도 가격이 상승할 확률이 0.50이다.
   a. 적어도 하나의 주식이 가격이 상승할 확률은 얼마인가?
   b. 사건 A와 B가 상호배타적인가? 설명하라.
   c. 사건 A와 B가 독립적인가? 설명하라.
4. 사기감지(Fraud detection)는 사기성 신용카드 거래를 방지하기 위해 은행과 신용카드 회사에게 필수적인 도구가 되었다. 사기감지 회사는 모든 거래의 5%와 사기 거래의 80%에 대해 경보를 울린다. 회사가 경보를 울리지 않은 경우 거래가 사기일 확률은 얼마인가? 모든 거래의 1%가 사기라고 가정하자.
5. 미리암 존슨(Miriam Johnson) 박사는 20년 이상 회계학을

가르치고 있다. 그녀는 경험에서 학생들 60%가 정기적으로 숙제를 한다고 알고 있다. 더욱이 정기적으로 숙제를 하는 학생의 95%가 강좌를 패스한다. 그녀는 또한 학생들의 85%가 강좌를 패스한다고 알고 있다.

a. 한 학생이 정기적으로 숙제를 하고 또한 강좌를 패스할 확률은 얼마인가?

b. 한 학생이 정기적으로 숙제를 하지 않거나 강좌를 패스하지 못할 확률은 얼마인가?

c. 사건 "강좌 패스"와 "정기적으로 숙제 수행"은 상호배타적인가? 설명하라.

d. 사건 "강좌 패스"와 "정기적으로 숙제 수행"은 독립적인가? 설명하라.

6. 마이크 데인즈(Mike Danes)는 좋아하는 의류 매장 중 한 곳에서 열리는 연간 할인판매 행사에 늦었다. 그의 친구는 그에게 셔츠가 20개 밖에 남지 않았으며, 그중 8개는 M 사이즈, 10개는 L 사이즈, 2개는 XL 사이즈라고 문자를 보냈다. 또한 9개는 흰색, 5개는 파란색, 나머지는 혼합 색상이라고 했다. 마이크는 L 사이즈의 흰색 또는 파란색 셔츠를 사고 싶다. 사건 *A*를 흰색 또는 파란색 셔츠를 사는 사건, *B*를 L 사이즈 셔츠를 사는 사건이라고 정의한다.

a. $P(A)$, $P(A^c)$, $P(B)$를 *구하라*.

b. 사건 A와 *B*가 상호배타적인가? 설명하라.

c. 마이크의 선호도를 $A \cup B$ 또는 $A \cap B$ 사건으로 설명할 수 있는가?

7. 분석가는 7년 만기 AA등급 채권의 채무불이행 확률은 0.06이며, 7년 A등급 채권의 채무불이행 확률은 0.13이라고 추정한다. 둘 다 채무불이행 확률은 0.04이다.

a. 채권 중 적어도 한 개가 채무불이행일 확률은 얼마인가?

b. 7년 AA등급 채권이 채무불이행과 A등급 모두 채무불이행이 아닐 확률은 얼마인가?

c. 7년 AA등급 채권의 채무불이행일 때, 7년 A등급 채권도 채무불이행일 확률은 얼마인가?

8. 한 제조업체는 공급업체로부터 크기가 약간 다른 조립부품 20개를 배송받았다. 매니저는 배송된 부품 중 적합한 부품이 15개뿐임을 알고 있다. 그는 이 부품들을 한 번에 하나씩 검사한다.

a. 첫 번째 부분이 적합한 확률을 찾아라.

b. 첫 번째 부품이 적합한 경우 두 번째 부분도 적합할 확률을 찾아라.

c. 첫 번째 부품이 적합한 경우 두 번째 부품이 적합하지 않을 확률을 찾아라.

9. 미국에서 애플(Apple) 제품은 유명해져서, 평균 가구는 2.6개의 애플 제품을 소유하고 있다(*CNBC*, 2017년 10월 10일). 중서부 지역에서 애플 제품을 소유할 가능성은 자녀가 있는 가구에서 61%, 자녀가 없는 가구에서 48%라고 가정하자. 대표적인 커뮤니티에는 1,200가구가 있으며, 그중 820가구는 자녀가 있고, 나머지는 자녀가 없다고 가정한다.

a. "자녀가 있는 가정"과 "자녀가 없는 가정"의 사건은 상호배타적이고 전체포괄적인가? 설명하라.

b. 가구가 자녀가 없는 확률은 얼마인가?

c. 가구에 자녀가 있고 애플 제품을 소유할 확률은 얼마인가?

d. 가구에 자녀가 없고 애플 제품을 소유하지 않을 확률은 얼마인가?

10. 2010년 재정 점검의 일환으로 은행규제기관은 월스트리트 경영진에게 보너스를 줄이도록 요구하는 노력을 새롭게 하고 있다(*The Wall Street*, 2019년 3월 5일). 회사 이사회의 15명 중 10명이 보너스에 찬성하는 것으로 알려져 있다. 2명의 멤버가 미디어에 의해 무작위로 선택되었다고 가정해보자.

a. 둘 다 보너스에 찬성했을 확률은 얼마인가?

b. 둘 다 보너스에 찬성하지 않은 확률은 얼마인가?

11. 크리스틴 웡(Christine Wong)은 데이브(Dave)와 마이크(Mike)에게 일요일 아침 새 아파트로 이사할 수 있도록 도움을 부탁했다. 그녀는 그들 중 한 명이 나타나지 않는 경우를 대비하여 모두에게 도움을 요청했다. 과거의 경험에서 크리스틴은 데이브가 나타나지 않을 확률이 40%이고, 마이크가 나타나지 않을 확률은 30%라는 것을 알고 있다. 데이브와 마이크는 서로 알지 못하며 그들의 결정은 독립적이라고 가정해보자.

a. 데이브와 마이크가 모두 나타날 확률은 얼마인가?

b. 그들 중 적어도 한 명이 나타날 확률은 얼마인가?

c. 데이브와 마이크도 둘 다 나타나지 않을 확률은 얼마인가?

12. 아시아인 자녀의 85%, 백인의 78%, 히스패닉의 70%, 흑인의 38%가 집에 두 명의 부모가 있는 것으로 보고되었다. 대표적인 학교에 500명의 학생이 있으며, 그중 280명은 백인이고, 50명은 아시아인이고, 100명은 히스패닉이며, 70명은 흑인이라고 가정해보자.

a. "아시아인"과 "흑인"의 사건은 상호배타적이고 전체포괄적인가? 설명하라.

b. 자녀가 백인이 아닐 확률은 얼마인가?

c. 자녀가 백인이고 두 부모가 모두 집에 있을 확률은 얼마인가?

d. 자녀가 아시아인이고 두 부모가 모두 집에 없을 확률은 얼마인가?

13. 통증 있고 흔한 허리 상태에 대한 수술은 종종 약물치료와 물리치료보다 허리 통증을 현저히 감소시키고 신체 기능을 향상시킨다. 연구원은 803명의 환자를 연구했으며, 그중 398

명은 수술을 받았다. 2년 후, 수술을 받은 사람들 중 63%는 자신들의 상태가 크게 개선되었다고 말했으며, 이는 수술을 받지 않은 사람들의 29%에 비교된다.

a. 환자가 수술을 받았을 확률은 얼마인가? 환자가 수술을 받지 않았을 확률은 얼마인가?

b. 환자가 수술을 받고 자신의 상태가 크게 개선된 경험을 한 확률은 얼마인가?

c. 환자가 수술을 받지 않고 자신의 상태가 크게 개선된 경험을 한 확률은 얼마인가?

14. 지하철 및 승차예약 서비스를 포함한 여러 교통수단을 이용할 수 있음에도 불구하고, 워싱턴 D.C. 지역의 대부분의 사람들은 주변을 돌아다니기 위해 자가용을 계속 운전한다(*The Washington Post*, 6월 2019년). 조사에 따르면, 지역 성인의 62%가 매일 자가용을 사용한다. 35세 미만 성인의 38%만이 매일 자가용을 사용한다고 가정한다. 이 지역 성인의 43%가 35세 미만인 것으로 알려져 있다.

a. 워싱턴 D.C. 지역 성인이 35세 미만이며 매일 자가용을 사용할 확률은 얼마인가?

b. 워싱턴 D.C. 지역 성인이 매일 자가용을 사용하는 경우, 그들이 35서 미만인 확률은 얼마인가?

4.2 전확률법칙 및 베이즈 정리

이 절에서는 확률이론에서 중요한 두 규칙인 전확률법칙과 베이즈 정리를 제시한다. **전확률법칙(total probability rule)**은 확률 계산을 고유한 사례들로 나누는 데 유용한 도구이며, **베이즈 정리(Bayes' theorem)**는 이 법칙을 사용하여 새로운 증거의 영향을 받는 사건의 확률을 업데이트한다.

전확률법칙과 베이즈 정리

LO 4.2

전확률법칙과 베이즈 정리를 응용할 수 있어야 한다.

비즈니스에서는 자주 사건의 확률이 주어진 정보로부터 쉽게 명백하지 않다. 전확률법칙은 결합 또는 조건부 확률의 측면에서 사건의 확률을 표현한다. $P(A)$를 관심 있는 사건의 확률이라고 해보자. $P(A)$를 실험에 대응하는 상호배타적이고 전체포괄적인 사건과 A의 교사건의 확률의 합으로 표현할 수 있다. 예를 들어 사건 B와 해당 여사건 B^c를 고려해보자. 그림 4.3은 상호배타적이고 전체포괄적인 두 사건으로 분할된 표본공간을 보여주고 있다. 사건 A를 나타내는 원은 B와 B^c와의 교집합 전체를 구성한다. 전확률법칙에 따라 $P(A)$는 $P(A \cap B)$와 $P(A \cap B^c)$의 합과 같다. 흔히 전체확률을 계산하는 데 필요한 결합확률이 명확히 지정되지 않는다. 따라서, $P(A \cap B) = P(A \mid B)P(B)$ 및 $P(A \cap B^c) = P(A \mid B^c)P(B^c)$의 조건부 확률로부터 이러한 확률을 도출하기 위해 곱셈법칙을 사용한다.

그림 4.3 전확률법칙: $P(A) = P(A \cap B) + P(A \cap B^c)$

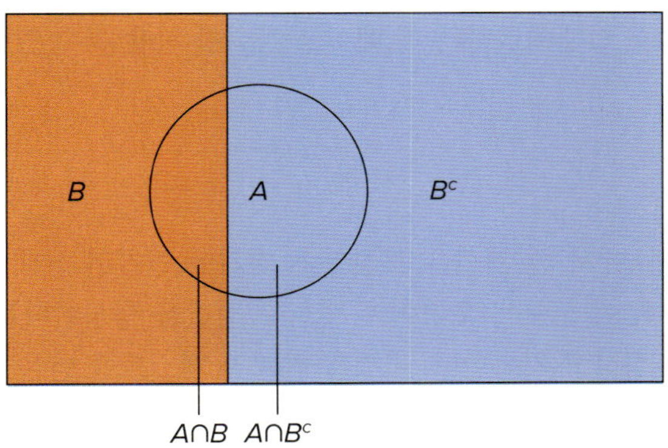

전확률법칙은 베이즈 정리를 파생하기 위해서도 필요하다. 베이즈 정리는 새로운 정보에 따라 확률을 업데이트하기 위한 절차이다. 원래 확률은 **사전확률(prior probability)**이라고 불리는 비조건부 확률로, 새로운 정보가 도달하기 전 현재 알고 있는 것만 반영한다는 의미이다. 새로운 정보를 기반으로 사전확률을 업데이트하여 **사후확률(posterior probability)**이라는 조건부 확률에 도달할 수 있다.

거짓말 탐지기 검사를 받는 개인의 99%가 진실을 말한다고 알고 있다고 가정해보자. 따라서 진실을 말할 사전확률은 0.99이다. 한 사람이 거짓말 탐지기 검사를 받았는데 결과가 거짓말을 한다고 나왔다고 가정해보자. 베이즈 정리는 위의 예에서 거짓말 탐지기가 거짓말을 감지한 정보에 근거한 조건부 확률인 사후확률을 계산하기 위해 사전확률을 업데이트한다.

$P(B)$는 사전확률, $P(B|A)$는 사후확률을 나타낸다. 사후확률은 새로운 정보를 나타내는 사건 A에 대한 조건부이다. 4.1절의 조건부 확률 공식을 기억하자.

$$P(B|A) = \frac{P(A \cap B)}{P(A)}$$

경우에 따라 $P(B|A)$를 평가해야 할 수도 있지만 $P(A \cap B)$ 또는 $P(A)$에 대한 명확한 정보가 없다. 그러나 다음 정의 박스에 보이는 바와 같이 $P(B)$, $P(A|B)$ 및 $P(A|B^c)$에 대한 정보에 따라 $P(B|A)$를 찾기 위해 전확률법칙을 사용할 수 있다.

전확률법칙 및 베이즈 정리

사후확률 $P(B|A)$는 조건부 확률 $P(A|B)$, $P(A|B^c)$와 함께 사전확률 $P(B)$에 대한 정보를 이용하여 구할 수 있다.

$$P(B|A) = \frac{P(A \cap B)}{P(A)} = \frac{P(A \cap B)}{P(A \cap B) + P(A \cap B^c)}$$

또는 동등하게,

$$P(B|A) = \frac{P(A|B)P(B)}{P(A|B)P(B) + P(A|B^c)P(B^c)}$$

위의 공식에서는 사전확률 $P(B)$를 사후확률 $P(B|A)$로 업데이트하기 위해 베이즈 정리를 사용했다. 마찬가지로, 위의 공식에서 사건 A와 B를 상호교환하여 사후확률 $P(A|B)$를 도출하기 위해 사전확률 $P(A)$를 업데이트하는 데 베이즈 정리를 사용할 수 있다.

예제 4.6

거짓말 탐지기 테스트에서 한 개인은 거짓말 탐지기에 연결된 상태에서 일련의 질문에 답하도록 요청받았다. 이 도구는 오답이 뚜렷한 측정값을 생성한다는 근거로 개인의 여러 생리적 반응을 측정하고 기록한다. 거짓말 탐지기 테스트를 받은 개인의 99%가 진실을 말한다고 가정한다. 이러한 테스트는 95% 신뢰할 수 있는 것으로 간주된다. 즉, 개인이 실제로 거짓말을 하면 테스트가 거짓말로 감지할 확률이 95%이다. 또한 개인이 진실을 말하는 경우에도 테스트가 거짓말로 잘못 감지할 수 있는 확률이 0.5%라고 한다. 한 개인이 방금 거짓말 탐지기 테스트를 수행했으며 테스트 결과 거짓말이 발견되었다. 이 개인이 실제로 진실을 말했을 확률은 얼마인가?

해답:

우선 사건과 관련 확률을 정의한다. D와 T는 거짓말 탐지기가 거짓말을 감지하고 개인이 진실을 말하고 있는 사건에 해당한다고 가정하자. $P(T) = 0.99$, $P(T^c) = 1 - 0.99 = 0.01$을 의미한다. 또한, $P(D|T^c) = 0.95$와 $P(D|T) = 0.005$를 작성한다. $P(D \cap T)$와 $P(D)$가 명시적으로 주어지지 않을 때 $P(T|D)$를 찾아야 한다. 베이즈 정리를 사용하여 구할 수 있다.

$$P(T|D) = \frac{P(D \cap T)}{P(D)} = \frac{P(D \cap T)}{P(D \cap T) + P(D \cap T^c)} = \frac{P(D|T)P(T)}{P(D|T)P(T) + P(D|T^c)P(T^c)}$$

이 공식을 이용하여 문제를 직접 풀이할 수 있지만, 체계적으로 문제 해결을 돕기 위해 표 4.2를 사용한다.

표 4.2 예제 4.6에 대한 사후확률 계산

Prior Probability	Conditional Probability	Joint Probability	Posterior Probability
$P(T) = 0.99$	$P(D\|T) = 0.005$	$P(D \cap T) = 0.00495$	$P(T\|D) = 0.3426$
$P(T^c) = 0.01$	$P(D\|T^c) = 0.95$	$P(D \cap T^c) = 0.00950$	$P(T^c\|D) = 0.6574$
$P(T) + P(T^c) = 1$		$P(D) = 0.01445$	$P(T\|D) + P(T^c\|D) = 1$

첫 번째 열에는 사전확률이 표시되고 두 번째 열에는 조건부 확률이 제시되어 있다. 우선 전확률법칙, $P(D) = P(D \cap \mathrm{T}) + P(D \cap T^c)$를 사용하여 베이즈 정리의 분모를 계산한다. 결합확률은 조건부 확률과 해당 사전확률의 곱으로 계산된다. 예를 들어, 표 4.2에서는 $P(D \cap T)$를 얻기 위해 $P(D|T)$를 $P(T)$에 곱하여 $P(D \cap T) = 0.005 \times 0.99 = 0.00495$를 산출한다. 마찬가지로, $P(D \cap T^c) = 0.95 \times 0.01 = 0.00950$을 구한다. 따라서 전확률법칙에 따르면, $P(D) = 0.00495 + 0.00950 = 0.01445$. 마지막으로 $P(D|T) = \frac{P(D \cap T)}{P(D \cap T) + P(D \cap T^c)} = \frac{0.00495}{0.01445} = 0.3426$이다.

개인이 진실을 말하는 사전확률은 0.99이다. 그러나 거짓말 탐지기가 개인이 거짓말을 한다고 감지했다는 새로운 정보를 고려할 때, 개인이 진실을 말하는 사후확률은 이제 0.3426으로 하향 조정된다.

전확률법칙 및 베이즈 정리의 확장

지금까지 두 개의 상호배타적이고 전체포괄적인 사건, 즉 B와 B^c를 기반으로 전확률법칙뿐만 아니라 베이즈 정리를 사용했다. 이제 쉽게 n개의 상호배타적이고 전체포괄적인 사건, B_1, B_2, . . . , B_n으로 확장할 수 있다.

전확률법칙 및 베이즈 정리의 확장

$B_1, B_2, \ldots, B_n$이 n개의 상호배타적이고 전체포괄적인 사건을 나타낸다면, 모든 $i = 1, 2, \ldots, n$에 대하여 베이즈 정리는 다음과 같이 확장된다.

$$P(B_i|A) = \frac{P(A \cap B_i)}{P(A \cap B_1) + P(A \cap B_2) + \cdots + P(A \cap B_n)}$$

또는 동등하게,

$$P(B_i|A) = \frac{P(A|B_i)P(B_i)}{P(A|B_1)P(B_1) + P(A|B_2)P(B_2) + \cdots + P(A|B_n)P(B_n)}$$

예제 4.7

스콧 마이어스(Scott Myers)는 웹토크(Webtalk)라는 통신회사의 보안분석가이다. 그는 회사의 미래에 대해 낙관적이지만, 주가가 경제의 신용흐름의 조건에 의해 상당히 영향을 받을 것으로 우려하고 있다. 그는 신용흐름이 현저히 개선될 확률은 0.20이며, 단지 미미하게 개선될 확률은 0.50, 0.30은 전혀 개선되지 않을 것이라고 믿는다. 그는 또한 웹토크의 주가가 상승할 확률은 경제에서 신용흐름이 현저히 개선되면 0.90이며, 미미한 개선이면 0.40, 전혀 개선되지 않으면 0.10을 추정하고 있다.

a. 스콧의 추정에 따르면 웹토크의 주가가 상승할 확률은 얼마인가?

b. 웹토크의 주가가 상승했다는 것을 알고 있다면, 경제의 신용흐름이 현저히 개선될 확률은 얼마인가?

해답:

언제나 그렇듯이, 우선 적절한 사건 및 관련 확률을 정의한다. S, M, N이 각각 신용흐름의 현저한, 미미한, 개선이 없음을 나타낸다. $P(S) = 0.20$, $P(M) = 0.50$, $P(N) = 0.30$이다. 또한, G가 주가 상승을 나타내는 경우, $P(G|S) = 0.90$, $P(G|M) = 0.40$, $P(G|N) = 0.10$을 만든다. 파트 a의 $P(G)$와 파트 b의 $P(S|G)$를 계산해야 하며, 표 4.3이 확률 배정을 도와준다.

표 4.3 예제 4.7에 대한 사후확률 계산

Prior Probability	Conditional Probability	Joint Probability	Posterior Probability
$P(S) = 0.20$	$P(G\|S) = 0.90$	$P(G \cap S) = 0.18$	$P(S\|G) = 0.4390$
$P(M) = 0.50$	$P(G\|M) = 0.40$	$P(G \cap M) = 0.20$	$P(M\|G) = 0.4878$
$P(N) = 0.30$	$P(G\|N) = 0.10$	$P(G \cap N) = 0.03$	$P(N\|G) = 0.0732$
$P(S) + P(M) + P(N) = 1$		$P(G) = 0.41$	$P(S\|G) + P(M\|G) + P(N\|G) = 1$

a. $P(G)$를 계산하기 위해 전확률법칙, $P(G) = P(G \cap S) + P(G \cap M) + P(G \cap N)$을 사용한다. 결합확률은 조건부 확률과 해당 사전확률의 곱으로 계산된다. 예를 들어, 표

4.3에서 $P(G \cap S) = P(G|S)P(S) = 0.90 \times 0.20 = 0.18$이다. 따라서 웹토크의 주가가 상승할 확률은 $P(G) = 0.18 + 0.20 + 0.03 = 0.41$과 같다.

b. 베이즈 정리에 따르면 $P(S|G) = \frac{P(G \cap S)}{P(G)} = \frac{P(G \cap S)}{P(G \cap S) + P(G \cap M) + P(G \cap N)}$이다. 분모에서 전확률법칙을 사용하여 $P(G) = 0.18 + 0.20 + 0.03 = 0.41$을 찾는다. 따라서 $P(S|G) = \frac{P(G \cap S)}{P\ G} = \frac{0.18}{0.41}$이다. 신용흐름이 현저히 개선될 확률은 0.20에서 사후확률인 0.4390으로 상향 조정된다.

예제 4.8

이제 이 장의 도입사례에서 알렉시스 루이스가 제기한 질문에 답할 수 있다. 알렉시스가 수집한 정보를 사용하여,

a. 조건부, 비조건부, 결합 확률들을 공식화하라.

b. 마리화나 합법화를 지지하는 모든 미국인의 확률을 계산하라.

해답:

a. 해석을 쉽게 하기 위해 M, G, B, S는 각각 "밀레니얼", "X 세대", "베이비붐", "사일런트" 세대를 나타낸다. 연구 데이터를 기반으로 각 세대의 투표권의 상대적인 크기와 관련하여 다음 확률문을 공식화할 수 있다: $P(M) = 0.31$, $P(G) = 0.25$, $P(B) = 0.31$, $P(S) = 0.13$.

이제 L은 "마리화나 합법화 지지"을 나타낸다. 다시 연구 데이터를 기반으로, 조건부 확률을 $P(L|M) = 0.71$, $P(L|G) = 0.57$, $P(L|B) = 0.56$, $P(L|S) = 0.33$로 지정할 수 있다.

따라서 무작위로 선택된 성인이 합법적 마리화나를 지지하고 밀레니얼 세대에 있는 확률은 $P(L \cap M) = 0.71 \times 0.31 = 0.2201$로 결정된다. 마찬가지로, $P(L \cap G) = 0.1425$, $P(L \cap B) = 0.1736$, $P(L \cap S) = 0.0429$이다.

b. 모든 세대를 결합함으로써, 마리화나 합법화에 지지할 총 확률을 $P(L) = P(L \cap M) + P(L \cap G) + P(L \cap B) + P(L \cap S) = 0.2201 + 0.1736 + 0.0429 = 0.5791$로 추론한다.

도입사례 분석결과

증가하는 대중의 지지에 힘입어, 미국에서 마리화나의 합법화는 최근 몇 년 동안 놀라운 속도로 진행되고 있다. 인구통계학적 변화는 특히 미국 최대의 생활세대가 되기 직전인 밀레니얼 세대와 함께 마리화나의 호의를 어떻게 바꾸었는지 설명하는 데 도움이 될 수 있다. 최근 퓨리서치 연구(Pew Research Study)는 마리화나 합법화 지지에 관한 흥미로운 데이터를 제공한다. 두 요인이 이 문제에 대한 지지를 유도하는 것으로 보이는데, 이는 세대(또는 연령그룹)와 세대 투표권의 상대적인 크기이다. 연구 데이터에 따르면, 밀레니얼 세대와 베이비붐 세대는 투표인구의 31% 각각으로 가장 많은 트표권을 갖는다. X 세대와 사일런트 세대는 투표 인구의 25%와 13%를 각각 차지한다. 다른 조건부 확률을 감안할 때, 미국인의 57.91%가 마리화나 합법화를 지지했다고 결정한다.

구체적으로 말해보면, 한 컨퍼런스에서 무작위로 선택된 성인 참석자 1,000명이 있다고 가정하자. 결과는 밀레니얼 세대 약 310명, X세대 250명, 베이비붐 세대 310명, 사일런트 세대 130명이 있음을 시사한다. 또한, 마리화나 합법화 지지자에는 약 220명의 밀레니얼 세대, 143명의 X세대, 174명의 베이비붐 세대, 그리고 43명의 사일런트 세대가 포함될 것이다.

밀레니얼 세대는 이제 베이비붐 세대만큼 큰 정치적 세력이 되었다. 일반적으로 밀레니얼 세대는 동성애자 권리, 이민, 마리화나와 같은 사회적 이슈에 대해 자유로운 경향이 있다. 이러한 인구 이동을 정당들이 간과하지 않고 있으며, 정당들은 총 7천 5백만명이 넘는 젊은 유권자들의 환심을 사려고 희망한다.

연습문제 4.2

15. 크리스틴(Christine)은 항상 수학에 약했다. 미적분학에서 학기말 시험 전에 그녀의 성적에 따라, 튜터가 없는 경우 그녀가 과목을 실패할 가능성이 40%가 있다. 튜터가 있으면 실패할 확률은 10%로 감소한다. 그녀가 짧은 시간에 튜터를 찾을 수 있는 가능성은 단지 50%에 불과하다.

a. 크리스틴이 과목을 실패할 확률은 얼마인가?

b. 크리스틴은 과목에 결국 실패하게 된다. 그녀가 교사를 찾았을 확률은 얼마인가?

16. 분석가는 모든 상장기업의 20%가 내년에 수익 감소를 경험할 것으로 예상한다. 분석가는 이러한 감소를 예측하는 데 도움이 되는 비율을 개발했다. 기업이 하락세를 보이고 있다면 이 비율이 마이너스일 확률은 70%이다. 회사가 하락을 향하지 않을 경우 비율이 마이너스가 될 확률은 15%이다. 분석가가 무작위로 한 기업을 선택하고 이 비율은 음수이다. 기업이 하락을 경험할 사후확률은 얼마인가?

17. 주경찰은 매사추세츠 턴파이크(Massachusetts Turnpike)의 특정 부분에서 과속을 단속하려고 한다. 이 활동을 돕기 위해, 그들은 더 높은 일관성과 신뢰도를 보장하는 새로운 레이더 총을 구입했다. 특히, 총은 시간의 시속 ±1마일 정확도가 98%라고 광고한다. 즉, 운전자가 실제로 과속을 하고 있는 경우 총이 과속차를 감지할 확률이 0.98이다. 운전자가 제한속도 아래에 있더라도 총이 과속차로 잘못 감지할 가능성이 1%라고 가정한다. 매사추세츠 턴파이크의 이 구간에서 운전자의 95%가 제한속도 이하로 운전한다고 가정해보자.

a. 총이 과속을 감지하고 운전자가 과속하고 있었을 확률은 얼마인가?

b. 총이 과속을 감지하고 운전자가 과속하지 않았을 확률은 얼마인가?

c. 총이 과속을 감지하기 때문에 경찰이 운전자를 멈추게 한다고 가정해보자. 운전자가 실제로 제한속도 이하로 주행하고 있었을 확률은 얼마인가?

18. *국민건강영양조사서베이(National Health and Nutrition Examination Survey)*의 데이터에 따르면 백인 여성의 33%, 흑인 여성의 49.6%, 히스패닉 여성의 43%, 아시아 여성의 8.9%가 비만이다. 대표적인 도시에서 여성의 48%가 백인이고, 19%는 흑인, 26%는 히스패닉, 나머지 7%는 아시아인이다.

a. 이 마을에서 무작위로 선택된 여성이 비만일 확률을 구하라.

b. 한 여성이 비만이라고 주어졌을 때, 그녀가 백인일 확률은 얼마인가?

c. 한 여성이 비만이라고 주어졌을 때, 그녀가 흑인일 확률은 얼마인가?

d. 한 여성이 비만이라고 주어졌을 때, 그녀가 아시아인일 확률은 얼마인가?

19. 한 분석가는 내년에 세계 경제가 좋을 확률이 20%, 보통일 확률이 50%, 나쁠 확률이 30%라고 생각한다. 그녀는 또한 세계 경제의 각 경제수준에 대해 스타트업 기업 크리에이티브 아이디어스(Creative Ideas)의 실적이 좋거나 보통이거나 나빠질 확률을 예측한다. 다음 표는 세계 경제의 세 상태에 대한 확률과 크리에이티브 아이디어스의 해당되는 조건부 확률을 나타낸다.

State of the World Economy	Probability of Economic State	Performance of Creative Ideas	Conditional Probability of Creative Ideas
Good	0.20	Good	0.60
		Neutral	0.30
		Poor	0.10
Neutral	0.50	Good	0.40
		Neutral	0.30
		Poor	0.30
Poor	0.30	Good	0.20
		Neutral	0.30
		Poor	0.50

a. 세계 경제의 성과가 보통이고 크리에이티브 아이디어스의 실적이 나쁠 확률은 얼마인가?

b. 크리에이티브 아이디어스의 성과가 나쁠 확률은 얼마인가?

c. 크리에이티브 아이디어스의 성과가 나빴다. 세계 경제의 성과 또한 나쁠 확률은 얼마인가?

20. LA 레이커스(Los Angeles Lakers) 농구팀의 중요한 경기는 핵심 선수의 건강에 달려 있다. 의사의 보고서에 따르면, 그가 경기에 완전히 적합할 확률이 40%, 그가 경기에 다소 적합할 확률이 30%, 그리고 전혀 경기할 수 없을 확률이 30%라고 한다. 코치는 이길 확률을 이 선수가 완전히 적합한 경우 80%, 다소 적합하면 60%, 경기를 할 수 없는 경우 40%로 추정했다.

a. 레이커스가 경기에서 이길 확률은 얼마인가?

b. 방금 레이커스가 경기에서 승리했다는 소식을 들었다. 핵심 선수가 경기에서 플레이하기에 완전히 적합했을 확률은 얼마인가?

21. 워싱턴 포스트–카이저 가족재단(Wakshington Post-Kaiser Family Foundation)의 2015년 전국 설문조사는 페미니스트 또는 강한 페미니스트를 판명할 때 미국인 사이에 큰 성 격차가 있음을 발견했다. 조사 결과는 다음 표에 제시되어 있다. 또한, 2010년 미국 인구조사(U.S. Census Current Population Survey) 따르면, 미국 인구의 50.8%가 여성이고 49.2%는 남성이다.

Sex	Feminist or Strong Feminist
Female	66%
Male	41%

a. 무작위로 선택된 미국 성인이 페미니스트 또는 강한 페미니스트로 식별되는 여성일 확률을 계산하라.

b. 무작위로 선택된 미국 성인이 페미니스트 또는 강한 페미니스트로 식별되는 남성일 확률을 계산하라.

c. 미국 성인의 몇 퍼센트가 페미니스트 또는 강한 페미니스트로 식별되는가?

d. 무작위로 선택된 미국 성인이 페미니스트 또는 강한 페미니스트로 식별된다면, 이 성인이 여성일 확률은 얼마인가?

22. 마리화나 법률 개혁에 대한 대중의 지지가 증가하고 있으며, 여론조사는 국가의 절반 이상이 어떤 형태의 마리화나 합법화에 찬성하고 있음을 보여준다. 그러나 마리화나에 대한 견해는 정당 라인에 따라 극경하게 구분된다. 최근 퓨리서치센터 설문조사의 결과는 다음 표에 나와있다. 또한, 미국인의 27%가 공화당원, 30%는 민주당원, 43%는 무소속으로 밝혔다고 가정하자.

Political Party	Support
Republican	41%
Democrat	66%
Independent	63%

a. 무작위로 선택된 미국 성인이 마리화나 합법화를 지지하고 공화당원일 확률을 계산하라.

b. 무작위로 선택된 미국 성인이 마리화나 합법화를 지지하고 민주당원일 확률을 계산하라.

c. 무작위로 선택된 미국 성인이 마리화나 합법화를 지지하고 무소속일 확률을 계산하라.

d. 미국 성인의 몇 퍼센트가 마리화나 합법화를 지지하는가?

e. 무작위로 선택된 미국 성인이 마리화나 합법화를 지지하는 경우, 이 성인이 공화당원일 확률은 얼마인가?

4.3 확률변수 및 이산확률분포

LO 4.3

이산확률변수와 확률분포를 설명할 수 있어야 한다.

흔히 불확실성에 직면하여 중요한 의사결정을 내려야 한다. 예를 들어, 자동차 대리점은 자동차에 대한 실제 수요가 알려지지 않을 때 보유할 차량 수를 결정해야 한다. 마찬가지로 투자자는 투자수익의 실제 결과가 알려지지 않을 때 포트폴리오를 선택해야 한다. 이 불확실성은 **확률변수(random variable)**라고 부르는 것에 의해 설명되며, 확률변수는 실험결과를 수치값으로 요약한다.

일반적으로 확률변수를 표시하기 위해 대문자 X를, X가 가정할 수 있는 값을 나타내기 위해 소문자 x를 사용한다. **이산확률변수(discrete random variable)**는 x_1, x_2, x_3 등과 같이 구별되는 값의 셀 수 있는 수를 가정하고, 반면에 **연속확률변수(continuous random variable)**는 구간 내에서 셀 수 없는 값을 특징으로 한다. 이산확률변수의 경우와 달리, 연속확률변수 X의 가능한 값을 $x_1, x_2, \ldots$로 나열하여 설명할 수 없다. 나열되지 않은 값 $(x_1 + x_2)/2$도 가능할 수 있기 때문이다.

이산형 대 연속형 확률변수

확률변수는 실험 결과에 수치값을 부여하는 함수이다. 이산확률변수(discrete random variable)는 셀 수 있는 수의 고유한 값을 가정한다. 반면 연속확률변수(continuous random variable)는 구간의 셀 수 없는 값을 특징으로 한다.

이산확률변수의 예로는 분기 목표를 달성한 영업사원의 수, 회사를 떠나는 직원 수 또는 특정 달에 파산 신청한 기업의 수 등이 있다. 마찬가지로 뮤추얼 펀드의 수익률, 작업완료 시간 또는 16온스로 판매되는 맥주의 양은 연속확률변수의 예이다.

이산확률분포

모든 이산확률변수는 확률변수 X가 특정값 x를 가정하는 확률, 동등하게 $P(X = x)$의 **확률분포(probability distribution)**와 연관된다. 확률변수는 또한 **누적분포함수(cumulative distribution function)** 또는 동등하게 $P(X \leq x)$의 관점에서도 정의될 수 있다. 모든 이산확률분포는 다음 두 속성을 충족시킨다.

이산확률분포의 두 가지 주요 속성

- 각 값 x의 확률은 0과 1 사이의 값이다. 또는 동등하게 $0 \leq P(X = x) \leq 1$이다.
- 확률의 합은 1이다. 즉, $\Sigma P(X = x_i) = 1$, 여기서 합은 X의 모든 값 x에 걸쳐 확장된다.

이산확률변수의 요약척도

확률분포의 분석은 확률변수가 가정하는 서로 다른 값과 관련된 다양한 확률을 계산할 수 있기 때문에 유용하다. 또한 확률변수에 대한 요약척도를 계산할 수 있다. 이러한 요약척도에는 평균, 분산 및 표준편차가 포함된다.

통계에서 가장 중요한 확률개념 중 하나는 평균이라고도 불리는 **기대값(expected value)**의 개념이다. $E(X)$ 또는 단순히 μ로 표시되는 이산확률변수 X의 기대값은 가능한 모든 X값의 가중평균이다. 확률변수의 분산과 표준편차는 산포도의 척도이다.

이산확률변수의 요약척도

확률 $P(X = x_i)$로 발생하는 값 $x_1, x_2, x_3, \ldots$를 갖는 이산확률변수 X를 고려하자.

X의 기대값은 $E(X)$ 또는 μ로 표시하며, $E(X) = \mu = \Sigma x_i P(X = x_i)$로 계산한다.

X의 분산은 $Var(X)$ 또는 σ^2로 표시하며, $Var(X) = \sigma^2 = \Sigma(x_i - \mu)^2 P(X = x_i)$로 계산한다.

X의 표준편차는 $SD(X)$ 또는 σ로 표시하며, $SD(X) = \sigma = \sqrt{\sigma^2}$로 계산한다.

예제 4.9

브래드 윌리엄스(Brad Williams)는 시카고에 있는 대형 자동차 대리점의 소유자이다. 브래드는 성과를 바탕으로 직원에게 공평하고 일관되게 보상하는 인센티브 보상 프로그램을 만들기로 결정했다. 그는 연간 보너스로 우수한 성과는 10,000달러, 양호한 성과는 6,000달러, 보통 성과는 3,000달러, 미흡한 성과는 0달러를 제공한다. 그는 사전 기록을 바탕으로 직원들이 우수, 양호, 보통, 미흡한 성과수준일 확률이 각각 0.15, 0.25, 0.40, 0.20일 것으로 예상한다.

a. 연간 보너스 금액의 기대값을 계산하라.
b. 연간 보너스 금액의 분산과 표준편차를 계산하라.
c. 25명의 직원이 있는 경우, 브래드가 보너스로 지불할 것으로 예상할 수 있는 총 연간 금액은 얼마인가?

해답:

a. 확률변수 X가 직원의 보너스 금액(1,000달러)을 나타낸다. 표 4.4의 첫째와 둘째 열은 X의 확률분포를 나타낸다. 평균에 대한 계산은 세 번째 열에 제공된다. 각각의 확률로 각 결과에 가중치를 주고, $x_iP(X = x_i)$, 이 가중치된 값을 합산한다. 따라서 세 번째 열의 맨 아래에 보이는 바와 같이, $E(X) = \mu = \Sigma x_iP(X = x_i) = 4.2$, 또는 4,200달러이다.

b. 표 4.4의 마지막 열은 분산에 대한 계산을 보여준다. 우선 x_i의 평균으로부터의 차이 제곱을 계산하고, $(x_i - \mu)^2$, 각 값에 적절한 확률로 가중치를 주고, $(x_i - \mu)^2P(X = X_{i)}$,, 그 다음 이들 가중치된 차이 제곱을 합산한다. 따라서 마지막 열의 맨 아래에 보이는 바와 같이, $Var(X) = \sigma^2\Sigma(x_i - \mu)2P(X = x_i) = 9.97$, 또는 9.97 ($1{,}000^2$ 달러)이다. 표준편차는 분산의 양의 제곱근으로, $SD(X) = \sigma = \sqrt{9.97} = 3.158$ 또는 3,158달러이다.

c. 파트 a에서 직원의 예상 보너스가 4,200달러임을 알았다. 브래드는 25명의 직원이 있으므로 보너스로 4,200달러 × 25 = 105,000달러를 지불할 것으로 예상할 수 있다.

표 4.4 예제 4.9에 대한 계산

x_i	$P(X = x_i)$	$x_iP(X = x_i)$	$(x_i - \mu)^2P(X = x_i)$
10	0.15	10 × 0.15 = 1.5	$(10 - 4.2)^2 \times 0.15 = 5.05$
6	0.25	6 × 0.25 = 1.5	$(6 - 4.2)^2 \times 0.25 = 0.81$
3	0.40	3 × 0.40 = 1.2	$(3 - 4.2)^2 \times 0.40 = 0.58$
0	0.20	0 × 0.20 = 0	$(0 - 4.2)^2 \times 0.20 = 3.53$
		Total = 4.2	Total = 9.97

연습문제 4.3

23. 타이어를 위해 자동차 센터를 찾는 고객의 50%는 타이어 4개를 구입하고, 30%는 타이어 2개를 구입한다. 또한, 18%는 2개 미만의 타이어를 구입하고, 5%는 구매하지 않는다.
    - a. 한 고객이 3개의 타이어를 구매할 확률은 얼마인가?
    - b. 구매한 타이어 수에 대한 누적확률분포를 구성하라.

24. 제인 웜리(Jane Wormley)는 대학의 경영학 교수이다. 그녀는 정부연구비를 사용하여 연구보조를 하는 2명의 학생까지 자금 지원을 할 수 있을 것으로 기대한다. 그녀는 자신이 어떤 학생에게도 자금을 지원할 수 없는 5%의 가능성이 있다는 것을 알고 있지만, 두 명의 학생에게 자금을 지원할 수 있는 80%의 가능성도 있다.
    - a. 제인이 한 학생에게 자금을 지원할 확률은 얼마인가?
    - b. 제인이 자금을 지원할 수 있는 학생 수로 정의된 확률변수의 누적확률분포를 구성하라.

25. 마케팅 회사는 최대 3명의 신규 채용을 고려하고 있다. 구체적인 니즈를 고려할 때, 경영진은 적어도 2명의 후보를 채용할 가능성이 60%라고 생각한다. 채용을 하지 않을 가능성은 5%에 불과하며, 세 명 모두를 채용할 가능성은 10%이다.
    - a. 회사가 적어도 한 명을 채용할 확률은 얼마인가?
    - b. 채용 수의 기대값과 표준편차를 찾아라.

26. 가전제품 매장은 냉장고에 추가 보증을 판매하고 있다. 구매자의 20%는 100달러로 제한된 보증을 구입하고, 5%는 200달러로 연장 보증을 구입한다. 120대의 냉장고를 판매하는 경우 매장의 보증으로부터의 예상 수익은 얼마인가?

27. 토론토(Toronto)에서 여름 야외 콘서트의 주최자는 콘서트 당일 기상조건에 대해 우려하고 있다. 그들은 맑은 날에는 25,000달러, 흐린 날에는 10,000달러의 이익을 얻을 것이고, 비가 오면 5,000달러의 손실이 있을 것이다. 기상채널은 콘서트 당일에 비가 올 가능성이 60%라고 예측했다. 날씨가 맑을 가능성 10%, 흐릴 가능성 30%로 가정하고 콘서트의 예상 이익을 계산하라.

28. 한 출판사의 매니저는 영업사원의 상위 15%에게는 20,000달러, 다음 30%에게는 10,000달러, 다음 10%에게는 5,000달러의 보너스를 제공할 계획이다. 출판사에 총 200명의 영업사원이 있다면, 회사가 지불할 예상 보너스는 얼마인가?

29. 최근에 1,500달러에 구입한 새로운 노트북 컴퓨터에 대한 보험구매를 고려하고 있다. 3년간 보험료는 80달러이다. 3년동안 노트북 컴퓨터에 400 달러 상당의 작업이 필요할 가능성은 8%, 800달러 상당의 작업이 필요할 가능성은 3%, 100달러 고철값으로 완전히 파손될 가능성은 2%이다. 보험에 가입해야 하는가?

30. 투자자는 주식시장에 10,000달러를 투자하는 것을 고려하고 있다. 그는 경제가 개선될 확률은 0.30, 동일하게 유지될 확률은 0.40, 악화될 확률은 0.30이라고 생각한다. 또한 경제가 개선되면 투자금액은 15,000달러까지 상승할 것으로 예상하지만, 경제가 악화될 경우 8,000달러까지 하락할 수도 있다. 경제가 동일하게 유지된다면 그의 투자는 10,000달러에 머무를 것이다. 그의 투자에 대한 기대값은 얼마인가?

4.4 이항분포와 포아송 분포

LO 4.4

이항 및 포아송 분포에 대한 확률을 계산할 수 있어야 한다.

다양한 유형의 실험은 서로 다른 이산확률분포를 생성한다. 간단하면서도 널리 사용되는 분포를 **이산균등분포(discrete uniform distribution)**라고 한다. 이 분포에는 각 값이 동등하게 발생할 수 있는 한정된 수의 값이 있다. 어떤 시설의 주간 생산량이 31~40대 사이이며 생산량이 이산균등분포를 따른다고 알고 있다고 가정해 보자. 여기에서 확률변수는 31에서 40사이에서 동등하게 발생할 수 있는 10개 값 중 하나만 가정할 수 있다. 예를 들어 주간 생산량이 34일 확률은 1/10이다. 마찬가지로 주간 생산량이 34 미만일 확률은 3/10이다.

이 절에서는 이항과 포아송 확률분포에 중점을 둔다.

이항분포

이항분포를 논의하기 전에 우선 아래에 설명된 특별한 유형의 실험인 **베르누이 과정(Bernoulli process)**의 조건을 실험이 만족하는지 확인해야 한다.

베르누이 과정

베르누이 과정(Bernoulli process)은 실험의 일련의 n개의 독립적이고 동일한 시행으로 구성되며, 각 시행은:

- 가능한 결과는 단지 두 가지뿐이고, 관습적으로 성공과 실패라고 표시된다.
- 성공과 실패의 확률은 매 시행마다 동일하게 유지된다.

성공 확률을 나타내기 위해 p를 사용하고, 따라서 $1 - p$는 실패 확률이다.

이항확률변수(binomial random variable) X는 베르누이 과정을 n번 시행해서 성취한 성공횟수로 정의된다. x의 가능한 값은 $0, 1, \ldots, n$을 포함한다. 많은 실험들이 베르누이 프로세스의 조건에 부합한다. 예를 들면:

- 고객이 대출을 불이행하거나 불이행하지 않는다.
- 소비자가 소셜미디어 캠페인에 긍정적 또는 부정적으로 반응한다.
- 약물은 효과적 또는 비효과적이다.
- 대학 졸업생은 대학원에 지원하거나 지원하지 않는다.

목표는 베르누이 과정의 다양한 결과에 확률을 부여하는 것이며, 그 결과는 **이항분포(binomial distribution)**이다.

이항분포

이항확률변수 X에 대하여, n번의 베르누이 시행에서 x번 성공할 확률은.

$$P(X = x) = \binom{n}{x} p^x(1 - p)^{n-x} = \frac{n!}{x!(n - x)!}p^x(1 - p)^{n-x}$$

$x = 0, 1, 2, \ldots, n$이다. 정의에 의해 0!은 1이다.

이 공식은 두 부분으로 구성되어 있으며, 이는 매장 고객의 85%가 구매를 했다는 시나리오로 설명한다. 매장에 있는 3명의 고객 중 정확히 한 명이 구매할 확률을 계산하고자 한다고 가정하자.

- 첫 번째 항 $\binom{n}{x} = \frac{n!}{x!(n-x)!}$은 n 시행에서 x 성공과 $n - x$ 실패의 가능한 배열의 수를 나타낸다. 첫 번째항을 이항계수라 하는데, 이는 실제로 총 n개의 대상에서 x개를 선택하는 방법의 수를 찾는 데 사용되는 익숙한 조합 공식이다. 여기서 x 객체가 나열되는 순서는 중요하지 않다(*does not matter*). 예를 들어, 베르누이 과정의 세 번 시행에서 정확히 하나의 성공을 포함하는 배열의 수를 계산하기 위해 $x = 1$ 및 $n = 3$을 수식에 대체하고 계산하면 $\binom{n}{x} = \frac{n!}{x!(n-x)!} = \frac{3!}{1!(3-1)!} = \frac{3 \times 2 \times 1}{(1) \times (2 \times 1)} = 3$이다. 따라서 정확히 1회 성공하는 배열은 3개이다.
- 방정식의 두 번째 부분인 $p^x(1 - p)^{n-x}$는 x 성공과 $n - x$ 실패가 있는 특정 배열의 확률

을 나타낸다. 예를 들어, 3회의 시행에서 1회의 성공 확률을 $0.85 \times 0.15 \times 0.15 = (0.85)^1 \times (0.15)^2 = 0.0191$로 얻을 수 있다 즉, 3회의 시행에서 1회의 성공으로 구성된 각 배열은 1.91%의 확률로 발생한다.

3회의 시행에서 1회 성공을 거둘 확률은 $P(X = 1) = 3 \times 0.0191 = 0.0573$으로 구한다.

또한 4.3절의 공식을 사용하여 어떤 이항확률변수에 대해서도 기대값과 분산을 계산할 수 있다. 이항분포의 경우, 이 공식은 기대값 $E(X) = np$와 분산 $Var(X) = np(1 - p)$로 단순화된다.

예제 4.10

미국에서는 성인의 약 30%가 4년제 대학학위를 가지고 있다(*US Census*, 2018년 7월 31일). 성인 5명을 무작위로 선택한다고 가정해보자.

a. 성인 중 어느 누구도 대학학위를 취득하지 않을 확률은 얼마인가?

b. 성인 2명 이하가 대학학위를 취득할 확률은 얼마인가?

c. 성인 중 적어도 두 명이 대학학위를 취득할 확률은 얼마인가?

d. 대학학위를 가진 예상 성인수를 계산하라.

해답:

첫째, 이 문제는 5명의 성인을 무작위 선택한 베르누이 과정의 조건을 충족시킨다. 여기서 $n = 5$이고 성인은 확률 $p = 0.30$으로 대학학위를 가지고 있거나, 또는 $1 - p = 1 - 0.30 = 0.70$의 확률로 대학학위를 가지고 있지 않는다.

a. 성인 중 어느 누구도 대학학위를 취득하지 않을 확률을 찾기 위해 $x = 0$으로 하고 찾을 수 있다.

$$P(X = 0) = \frac{5!}{0!(5-0)!} \times (0.30)^0 \times (0.70)^{5-0} = 0.1681$$

즉, 성인 5명의 무작위 표본에서 성인 중 어느 누구도 대학학위를 받지 않을 확률이 16.81%이다.

b. 성인 2명 이하가 대학학위를 취득할 확률은

$$P(X \leq 2) = P(X = 0) + P(X = 1) + P(X = 2)$$

이다. 이미 파트 a에서 $P(X = 0)$를 발견했다. 따라서 이제 $P(X = 1)$와 $P(X = 2)$를 계산한다:

$$P(X = 1) = \frac{5!}{1!(5-1)!} \times (0.30)^1 \times (0.70)^{5-1} = 0.3602$$

$$P(X = 2) = \frac{5!}{2!(5-2)!} \times (0.30)^2 \times (0.70)^{5-2} = 0.3087$$

다음으로 세 가지 관련 확률을 합산하여 $P(X \le 2) = 0.1681 + 0.3602 + 0.3087 = 0.8370$을 얻는다. 성인 5명의 무작위 표본에서, 2명 이하가 대학학위를 취득할 확률은 83.7%이다.

c. 적어도 2명의 성인이 대학학위를 취득할 확률은 다음과 같다:

$$P(X \geq 2) = P(X = 2) + P(X = 3) + P(X = 4) + P(X = 5)$$

간단한 방법은 확률분포의 주요 속성 중 하나를 사용하며, X의 모든 값에 대한 확률 합은 1이라는 것이다. 따라서 $P(X \geq 2)$는 $1 - [P(X = 0) + P(X = 1)]$로 쓸 수 있다. 이미 파트 a와 b에서 $P(X = 0)$과 $P(X = 1)$를 계산했다. 따라서

$$P(X \geq 2) = 1 - (0.1681 + 0.3602) = 0.\ 4717$$

이다. 성인 5명의 무작위 표본에서, 적어도 2명의 성인이 대학학위를 가질 가능성은 47.17%이다.

d. 대학학위를 가진 예상 성인의 수는

$$E(X) = np = 5 \times 0.30 = 1.5\text{명}$$

으로 계산된다.

포아송 분포

또 다른 중요한 이산확률분포는 **포아송 분포(Poisson distribution)**이다. 이 분포는 시간이나 공간에 걸쳐 특정 사건의 발생 횟수를 찾는 문제에서 특히 유용하며, 여기서 공간은 구역 또는 지역을 나타낸다. 단순화 해서 이러한 발생을 "성공"이라고 한다. 포아송 분포를 논의하기 전에 우선 실험이 **포아송 과정(Poisson process)**의 조건을 충족하는지 확인해야 한다.

포아송 과정

실험이 다음과 같은 경우 포아송 과정(Poisson process)을 충족한다.

- 지정된 시간 또는 공간 구간 내의 성공횟수는 0과 무한대 사이의 정수와 같다.
- 중복되지 않는 구간에서 계산되는 성공횟수는 독립적이다.
- 어떤 구간에서의 성공 확률은 동일한 크기의 모든 구간에 대해 동일하며 구간의 크기에 비례한다.

포아송 분포의 경우 지정된 시간이나 공간에서 달성한 성공횟수를 **포아송 확률변수(Poisson random variable)**로 정의한다. 베르누이 과정과 마찬가지로 많은 실험이 포아송 과정의 조건에 적합하다. 예를 들면 다음과 같은 경우이다.

- 하루에 새로운 뱅킹 앱을 사용하는 고객의 수.

- 한 달에 받은 스팸 이메일의 수.
- 50야드 원단 롤의 결점 수.
- 특정 배양에 포함된 박테리아의 수.

포아송 확률변수와 관련된 확률을 계산하기 위해 다음 공식을 사용한다.

포아송 분포

포아송 확률변수 X에 대하여 주어진 시간 또는 공간 구간에서 x번 성공할 확률은

$$P(X = x) = \frac{e^{-\mu}\mu^{x}}{x!}$$

$x = 0, 1, 2, \ldots$ 이다. 여기서 μ는 평균 성공횟수이고, $e \approx 2.718$은 자연로그의 밑이다.

만약 X가 포아송 확률변수인 경우, $Var(X) = E(X) = \mu$이다.

예제 4.11

앤(Anne)은 자신이 관리하는 스타벅스의 인력 수요에 대해 우려하고 있다. 그녀는 전형적인 스타벅스 고객은 30일 동안 매장을 평균 18회 방문한다고 믿는다.

a. 앤은 전형적인 스타벅스 고객으로부터 5일 구간에 몇 회의 방문을 기대해야 하는가?
b. 고객이 5일 구간에 5회 매장을 방문할 확률은 얼마인가?
c. 고객이 5일 구간에 2회 이하 매장을 방문할 확률은 얼마인가?
d. 고객이 5일 구간에 적어도 3회 매장을 방문할 확률은 얼마인가?

해답:

포아송 분포의 응용에서, 우선 관련 시간 또는 공간 구간에서 평균 성공횟수를 결정한다. 어느 구간에서의 성공 확률이 동일한 크기의 모든 구간에 대해 동일하고 구간의 크기에 비례한다는 포아송 과정의 조건을 사용한다. 여기서 적절한 평균은 30일 동안 18회 방문한 비율에 기초한다.

a. 30일 동안 18회 방문한 비율에 기초하여 30일 구간의 평균을 $\mu_{30} = 18$로 나타낼 수 있다. 이 문제의 경우, 5일 구간에 대한 비례적인 평균을 $\mu_5 = 3$으로 산출한다. 즉, 전형적인 스타벅스 고객은 5일 구간에 매장을 3회 방문한다.

b. 고객이 5일 구간에 매장을 5회 방문할 확률을 찾기 위해 다음을 계산한다.

$$P(X = 5) = \frac{e^{-3}3^{5}}{5!} = \frac{(0.0498)(243)}{120} = 0.1008$$

c. 고객이 5일 구간에 2회 이하 매장을 방문할 확률의 경우, $P(X \leq 2) = P(X = 0) + P(X = 1) + P(X = 2)$를 찾는다. 개별 확률을 계산한 다음, 합계를 산출한다.

$$P(X=0)=\frac{e^{-3}3^0}{0!}=\frac{(0.0498)(1)}{1}=0.0498$$

$$P(X=1)=\frac{e^{-3}3^1}{1!}=\frac{(0.0498)(3)}{1}=0.1494$$

$$P(X=2)=\frac{e^{-3}3^2}{2!}=\frac{(0.0498)(9)}{2}=0.2241$$

따라서 $P(X \leq 2) = 0.0498 + 0.1494 + 0.2241 = 0.4233$이다. 고객이 5일 구간에 2회 이하 매장을 방문할 확률은 약 42%이다.

d. $P(X \geq 3)$을 $1 - [P(X = 0) + P(X = 1) + P(X = 2)]$로 구한다. 파트 c의 확률에 근거해서, $P(X \geq 3) = 1 - [0.0498 + 0.1494 + 0.2241] = 1 - 0.4233 = 0.5767$이다. 따라서 고객이 5일 구간에 적어도 3회 매장을 이용할 가능성은 약 58%이다.

Excel과 R을 이용하여 이항확률과 포아송 확률 구하기

공식을 사용하여 이항분포와 포아송 분포의 문제를 풀이하는 것은 다소 지루하고 번거롭다. 이 이슈는 X가 광범위한 값을 가정할 때 더욱 두드러진다. 예제 4.12와 4.13에서는 Excel과 R을 이용하여 이항분포와 포아송 분포 문제를 해결하는 방법을 보여준다.

예제 4.12

사람들은 소셜미디어를 통해 친구 및 가족과 연락을 유지하고, 오랜 친구와 연락하고, 뉴스를 접하고, 일자리를 찾고, 즐겁게 지낼 수 있다. 최근 설문조사에 따르면, 미국 성인의 68%가 페이스북 사용자이다. 무작위로 선택된 미국 성인 100명을 대상으로 한 표본을 고려하라.

a. 정확히 70명의 미국 성인이 페이스북 사용자일 확률은 얼마인가?

b. 70명 이하의 미국 성인이 페이스북 사용자일 가능성은 얼마인가?

c. 적어도 70 명의 미국 성인이 페이스북 사용자일 확률은 얼마인가?

해답:

X는 페이스북 사용자인 미국 성인의 수를 나타낸다. 또한 $p = 0.68$과 $n = 100$을 알고 있다.

Excel 이용

엑셀의 **BINOM.DIST** 함수를 사용하여 이항확률을 계산한다. $P(X = x)$를 찾기 위해 =BINOM.DIST(x, n, p, 0)을 입력한다. 여기서 x는 성공횟수, n은 시행횟수, p는 성공확률이다. 함수의 마지막 인수에 "1"을 입력하면 Excel에서 $P(X \leq x)$를 반환한다.

a. 정확히 70명의 미국 성인이 페이스북 사용자일 확률 $P(X = 70)$을 구하기 위해 =BINOM.DIST(70, 100, 0.68, 0)을 입력하고 Excel은 0.0791을 반환한다.

b. 70명 이하의 미국 성인이 페이스북 사용자일 확률 $P(X \leq 70)$을 구하기 위해 =BINOM.DIST(70, 100, 0.68, 1)을 입력하고 Excel은 0.7007로 반환한다.
c. 적어도 70명의 미국 성인이 페이스북 사용자일 확률 $P(X \geq 70) = 1 - P(X \leq 69)$을 구하기 위해 =1-BINOM.DIST(69, 100, 0.68, 1)을 입력하고 Excel은 0.3784를 반환한다.

R 이용

이항확률을 계산하기 위해 R의 **dbinom**과 **pbinom** 함수를 사용한다. $P(X = x)$를 계산하기 위해 dbinom(x, n, p)을 입력한다. x가 성공횟수, n은 시행횟수, p는 성공확률이다. $P(X \leq x)$를 계산하기 위해 pbinom(x, n, p)을 입력한다.

a. $P(X = 70)$를 구하기 위해 다음과 같이 입력하라.

```
> dbinom(70, 100, 0.68)
```

그러면 R은 0.07907911을 반환한다.

b. $P(X \leq 70)$를 구하기 위해 다음과 같이 입력하라.

```
> pbinom(70, 100, 0.68)
```

그러면 R은 0.7006736을 반환한다.

c. $P(X \geq 70) = 1 - P(X \leq 69)$를 구하기 위해 다음과 같이 입력하라.

```
> 1 - pbinom(69, 100, 0.68)
```

그러면 R은 0.3784055을 반환한다.

예제 4.13

수제맥주 판매량이 계속 증가하고 있어 미국 전체 맥주시장의 24%에 달한다(*USA Today*, 2019년 4월 2일). 매일 1.5개의 수제 양조장이 문을 연다고 추정되고 있다. 이 숫자는 시간의 흐름에도 일정하게 유지되는 평균을 나타낸다고 가정한다.

a. 매주 10개 이하의 수제 양조장이 문을 열 확률은 얼마인가?
b. 매주 정확히 10개의 수제 양조장이 문을 열 확률은 얼마인가?

해답:

X는 매주 문을 여는 양조장의 수를 나타내고, 주간 평균 $\mu = 1.5 \times 7 = 10.5$를 계산한다.

Excel 이용

Excel의 **POISSON.DIST** 함수를 사용하여 포아송 확률을 계산한다. $P(X = x)$를 찾기 위해 =POISSON.DIST(x, μ, 0)을 입력한다. 여기서 x는 특정 구간의 성공횟수이며 μ는 구간의 평균이다. 함수의 마지막 인수에 "1"을 입력하면 Excel에서 $P(X \leq x)$를 반환한다.

a. 매주 수제 양조장이 10개 이하로 문을 여는 확률 $P(X \le 10)$을 구하기 위해 =POISSON.DIST(10, 10.5, 1)를 입력하면, Excel은 0.5207을 반환한다.

b. 매주 정확히 10개의 수제 양조장이 문을 여는 확률 $P(X = 10)$을 구하기 위해 =POISSON.DIST(10, 10.5, 0)를 입력하면, Excel은 0.1236을 반환한다.

R 이용

포아송 확률을 계산하기 위해 R의 **dpois**와 **ppois** 함수를 사용한다. $P(X = x)$를 계산하기 위해, dpois(x, μ)를 입력한다. x는 특정 구간의 성공횟수이고, μ는 구간의 평균이다. $P(x \le x)$를 계산하기 위해 ppois(x, μ)를 입력한다.

a. $P(X \le 10)$를 구하기 위해 다음을 입력하라.

```
> ppois(10, 10.5)
```

그러면 R은 0.5207381을 반환한다.

b. $P(X = 10)$를 구하기 위해 다음을 입력하라.

```
> dpois(10, 10.5)
```

그러면 R은 0.1236055을 반환한다.

연습문제 4.4

31. 지역 커뮤니티 칼리지에서 신입생으로 대학에 입학하는 학생의 40%가 졸업을 한다. 신입생 10명이 무작위로 선택된다.

- **a.** 그들 중 아무도 지역 커뮤니티 칼리지를 졸업하지 못할 확률은 얼마인가?
- **b.** 최대 9명이 지역 커뮤니티 칼리지를 졸업할 확률을 얼마인가?
- **c.** 졸업할 것으로 기대되는 수는 얼마인가?

32. 2018년 현재 미국인의 30%가 미국 은행에 신뢰를 가지고 있으며, 이는 2007년 6월에 보고된 경기 침체 이전 수준인 41%보다 여전히 낮다(www.gallup.com,2018년 6월 28일).

- **a.** 2018년 미국인 4명 중 절반 미만이 미국 은행에 신뢰를 가질 확률은 얼마인가?
- **b.** 이 해당 확률이 2007년에는 얼마였었는가?

33. 베이비붐 세대(1946년에서 1964년 사이에 태어난 사람들)의 약 45%가 여전히 일하고 있다(www.pewresearch.org, 2015년 5월 11일). 6명의 베이비붐 세대가 무작위로 선택된다.

- **a.** 베이비붐 세대 중 정확히 한 명이 여전히 일하고 있는 확률은 얼마인가?
- **b.** 베이비붐 세대 중 적어도 5명이 여전히 일하고 있는 확률은 얼마인가?
- **c.** 베이비붐 세대 중 2명 미만이 여전히 일하고 있는 확률은 얼마인가?
- **d.** 베이비붐 세대의 기대되는 수보다 더 많은 수가 여전히 일하고 있는 확률은 얼마인가?

34. 인구 조사국(Census Bureau)은 예측에 따르면, 히스패닉은 2060년에 전체 인구의 28.6%를 차지할 것이다(*CNN*, 2019년 3월 6일). 비교해보면, 2018년 히스패닉은 전체 인구의 18.1%에 불과했다.

- **a.** 2018년 5,000명의 무작위 표본에서 히스패닉의 기대값과 표준편차는 얼마인가?
- **b.** 2060년 예상되는 해당 기대값과 표준편차는 얼마인가?

35. 긴 머리카락을 빗고 묶는 고된 작업과 동화하려는 열망으로 인해 시크교도 청소년의 약 25%가 터번 착용을 포기하게 되었다.

- **a.** 5명의 시크교도 청소년의 무작위 표본에서 정확히 2명이 터번을 착용할 확률은 얼마인가?

b. 5명의 시크교도 청소년의 무작위 표본에서 2명 이상이 터번을 착용할 확률은 얼마인가?

c. 5명의 시크교도 청소년의 무작위 표본에서 기대되는 수보다 더 많은 청소년이 터번을 착용할 확률은 얼마인가?

d. 10명의 시크교도 청소년의 무작위 표본에서 기대되는 수보다 더 많은 청소년이 터번을 착용할 확률은 얼마인가?

36. 주요 대학의 연구원들은 이혼이 전염성이 있음을 보여주었다(*Chicago Tribune*, 2018년 8월 16일). 가까운 친구들이 헤어지면 이혼할 확률이 36%에서 63%로 75% 증가한다.

a. 부부의 가까운 친구가 헤어진 경우, 무작위로 선택된 4쌍의 결혼 중 절반 이상이 이혼으로 끝날 확률을 계산하라.

b. 부부의 가까운 친구들 아무도 헤어지지 않았다는 것이 알려진 경우, 파트 a를 다시 수행하라.

37. 회사 직원의 60%가 남성이다. 회사의 직원 중 4명이 무작위로 선택되었다고 가정한다.

a. 남자 3명과 여자 1명 또는 남자 2명과 여자 2명일 가능성은 얼마인가?

b. 회사 직원의 70%가 남성이었다면 파트 a와 동일한 답변을 얻을 수 있는가?

38. 건축회사의 대표는 고객에게 주말까지 수용가능한 디자인을 가질 가능성이 적어도 50%라고 말한다. 그녀는 어느 한 명의 디자이너가 주말까지 그렇게 할 수 있는 가능성이 단지 25%라는 것을 알고 있다.

a. 2명의 디자이너에게 독립적으로 디자인 작업을 요청한다면 고객에 대한 그녀의 진술은 옳은 것인가?

b. 그렇지 않다면, 3명의 디자이너에게 독립적으로 작업을 하도록 요청한다면 어떠한가?

39. 최근 대학 졸업생의 40%가 대학원 학위를 취득할 계획이라고 가정한다. 최근 대학 졸업생 15명이 무작위로 선발되었다.

a. 4명 이하의 대학 졸업생이 대학원 학위취득을 계획할 확률은 얼마인가?

b. 정확히 7명의 대학 졸업생이 대학원 학위취득을 계획할 확률은 얼마인가?

c. 적어도 6명 그러나 9명 이하의 대학 졸업생이 대학원 학위취득을 계획할 확률은 얼마인가?

40. 24/7 피트니스센터의 매니저는 오픈하우스 참석자에게 연락하는 것이 전략적이다. 그녀의 전략으로, 그녀는 연락하는 참석자의 40%가 클럽회원권을 구입할 것이라고 믿는다. 그녀가 20명의 오픈하우스 참석자에게 연락한다고 가정하자.

a. 정확히 10명의 참석자가 클럽회원권을 구매할 확률을 얼마인가?

b. 참석자 중 10명 이하가 클럽회원권을 구매할 확률을 얼마인가?

c. 참석자 중 적어도 15명이 클럽회원권을 구매할 확률을 얼마인가?

41. 사기 탐지는 사기성 신용카드 거래에 대처하기 위해 은행과 신용카드 회사에 필수적인 도구가 되었다. 사기 탐지 회사는 거래의 1.31%에서 어떤 형태이든 사기 행위를, 0.87%에서 심각한 사기 행위를 감지했다. 사기성 거래가 안정적으로 유지된다고 가정한다.

a. 100건의 거래 중 2건 미만이 사기일 확률은 얼마인가?

b. 100건의 거래 중 2건 미만이 심각한 사기일 확률은 얼마인가?

42. 뉴에이지솔라(New Age Solar)는 주거용 주택에 태양전지판패널을 설치한다. 회사의 개인화된 접근방식으로 매일 평균 3가정에 설치를 한다.

a. 뉴에이지솔라가 하루에 많아야 4가정에 태양전지패널을 설치할 확률은 얼마인가?

b. 뉴에이지솔라가 하루에 적어도 3가정에 태양전지패널을 설치할 확률은 얼마인가?

43. 평균적으로, 주 고속도로의 특정 구간에 마일당 12개의 구멍이 있다. 구멍이 고속도로에 균등하게 분포되어 있다고 가정한다.

a. 고속도로의 1/4마일 구간에서 2개 미만의 구멍을 발견할 확률을 찾아라.

b. 고속도로의 1/4마일 구간에서에서 1개 초과의 구멍을 찾을 확률을 찾아라.

44. 도로요금소 운영자는 자동차가 시간당 평균 360대의 차량이 무작위로 도착하는 것을 관찰했다.

a. 지정된 1분 구간에 2대의 차량이 도착할 확률을 찾아라.

b. 지정된 1분 구간에 적어도 2대의 차량이 도착할 확률을 찾아라.

c. 오전 10시에서 오전 10시 10분 사이에 40대의 차량이 도착할 확률을 찾아라.

45. 섬유제조 공정은 생산된 직물의 매 50야드당 평균적으로 2개의 결함이 발생한다고 발견했다..

a. 50야드의 직물에 정확히 2개의 결함이 발생할 확률은 얼마인가?

b. 50야드의 직물에 2개 이하의 결함이 발생할 확률은 얼마인가?

c. 25야드의 직물에 결함이 없을 확률은 얼마인가?

46. 운전자들이 아침시간 1분 구간 동안 2대의 속도로 걸프(Gulf) 주유소에 도착한다.

a. 아침에 1분 구간 동안 2명 이하의 운전자가 걸프 주유소에 도착할 확률은 얼마인가?

b. 아침에 5분 구간 동안 정확히 6명의 운전자가 걸프 주유

소에 도착할 확률은 얼마인가?

c. 직원이 3시간의 아침 근무에 얼마나 많은 운전자를 기대할 수 있는가?

47. 항공사 여행객들은 항공사가 올 여름 다시 한 번 수천 편의 항공편을 취소함에 따라 보다 유연할 준비가 되어 있어야 한다. 항공사 승객 권리, 건강 및 안전 연합(Coalition for Airline Passengers Rights, Health, and Safety)은 발이 묶인 여행객들이 항공사와 거래할 수 있도록 하루에 평균 400건의 전화를 받는다. 핫라인은 하루 16시간 동안 근무한다고 가정한다.

a. 1시간 구간, 30분 구간, 15분 구간에 평균 통화 수를 계산하라.

b. 15분 구간에 정확히 6회 통화할 확률은 얼마인가?

c. 15분 구간에 통화가 없을 확률은 얼마인가?

d. 15분 구간에 적어도 2회 통화할 확률은 얼마인가?

48. 미국 질병통제예방센터(CDC)에 따르면, 미국 인구의 고령화는 더 많은 의원과 병원의 방문으로 해석되고 있다. 보통 사람이 1년에 4회 의원과 병원을 방문하는 것으로 추정된다.

a. 보통 사람의 월별 의원과 병원 방문횟수의 평균과 표준편차는 얼마인가?

b. 보통 사람이 의원과 병원을 한 달에 한 번도 방문하지 않을 확률은 얼마인가?

c. 보통 사람이 의원과 병원을 적어도 월 1회 방문할 확률은 얼마인가?

49. 작년에 평등고용기회위원회(Equal Employment Opportunity Commission)에 접수된 24,584건의 연령차별 청구가 있었다. 근로자가 청구를 접수할 수 있는 회계연도의 근무일이 260일이라고 가정한다.

a. 근무일에 접수된 평균 청구 수를 계산하라.

b. 근무일에 정확히 100건의 청구가 접수되었을 확률은 얼마인가?

c. 근무일에 100건 이하의 청구가 접수되었을 확률은 얼마인가?

50. 미국 성인들은 지난 수십 년 동안보다 TV를 훨씬 덜 시청하고 있다. 2016년 닐슨(Nielsen)은 미국 성인들이 하루에 평균 5시간 4분, 즉 304분을 시청하고 있다고 보고했다.

a. 보통 미국 성인이 하루에 320분 이상 TV를 시청할 확률을 찾아라.

b. 보통 미국 성인이 1주에 2,200분 이상 TV를 시청할 확률을 찾아라.

4.5 정규분포

LO 4.5

정규분포를 설명하고 관련 확률을 계산할 수 있어야 한다.

이산확률변수 X는 x_1, x_2, x_3 등과 같은 셀 수 있는 고유한 값의 개수를 가정함을 기억하자. 반면에 연속확률변수는 구간 내의 모든 값을 취할 수 있기 때문에 셀 수 없는 값을 특징으로 한다. 더욱이, 이산확률변수 X가 특정 값 x를 가정할 확률을 계산할 수 있으며, 즉 $P(X = x)$이다. 예를 들어, 이항확률변수의 경우 n 시행에서 정확히 1회 성공할 확률을 계산할 수 있으며, 즉 $P(X = 1)$이다. 그러나 연속확률변수에서는 이러한 계산을 할 수 없다.

연속확률변수가 특정 값 x를 가정하는 확률은 0이다. 즉, $P(X = x) = 0$이다. 이는 셀 수 없는 값 각각에 0이 아닌 확률을 부여할 수 없고 확률의 합은 여전히 1이기 때문에 발생한다. 따라서 연속확률변수의 경우 $P(X = a)$와 $P(X = b)$가 모두 0이기 때문에 $P(a \leq X \leq b) = P(a < X < b) = P(a \leq X < b) = P(a < X \leq b)$이다.

연속확률변수는 $f(x)$로 표시된 확률밀도함수(probability density function)에 의해 완전히 설명된다. $f(x)$의 그래프는 모집단에 대한 상대빈도 다각형으로 근사한다. 변수가 구간 내에서 값을 가정하는 확률 $P(a \leq X \leq b)$는 점 a와 b 사이의 $f(x)$ 아래 영역으로 정의된다. 또한, 모든 x 값에 대한 $f(x)$ 아래의 전체 면적은 1과 같아야 한다. 이는 이산확률변수의 경우 확률의 합이 1이 된다는 사실과 동일하다.

연속확률변수에 대한 단순한 확률분포를 **연속균등분포(continuous uniform distribution)**라고 한다. 이 분포는 근본적인 확률변수가 특정 범위 내에서 값을 가정할 가능성이 동일할 때 적절하다. 새 냉장고가 오후 2시부터 3시 사이에 배송된다는 알림을 받았다고 가정해

보자. 확률변수 X는 새 냉장고의 배송시각을 나타낸다. 이 변수는 전체 범위 60분 동안 하한 오후 2시와 상한 오후 3시의 한계가 있다. 여기서 오후 2시에서 2:30 사이에 배송될 확률은 0.50(=30/60)과 같으며, 이는 오후 2:30에서 3시 사이에 배송될 확률과 같다. 유사하게, 어떤 15분 구간의 배송 확률은 0.25(=15/60)와 같다. 연속균등분포를 따르는 확률변수의 다른 예로는 도시간 예정된 비행시간과 캠퍼스 버스의 대기시간이 있다. 이러한 각 확률변수에 대해 지정된 범위는 똑같이 일어날 확률이 있다고 가정할 수 있다.

이 절에서는 가장 널리 사용되는 연속확률분포인 **정규분포(normal distribution)**에 중점을 둔다. 이 분포는 익숙한 종 모양의 분포로 가우시안(Gaussian) 분포라고도 한다. 광범위하게 사용되는 한 가지 이유는 관심있는 다양한 확률변수에 대한 확률분포에 거의 근사하기 때문이다. 정규분포를 가까이 따르는 확률변수의 예로는 직원의 급여, 대학 졸업생의 누적 채무, 기업의 광고비 지출 등이 있다. 정규분포의 또 다른 중요한 기능은 5장에서 자세히 논의되는 주제인 통계적 추론의 초석 역할을 한다는 것이다.

정규확률밀도함수 $f(x)$를 나타내는 그래프는 보통 평균을 중심으로 대칭인 정규곡선이나 종 곡선이라고 한다. 일반적으로 누적분포함수 $P(X \leq x)$를 사용하여 정규확률변수에 대한 확률을 계산한다. 여기서 $P(X \leq x)$는 단순히 값 x까지의 정규곡선 아래의 면적이다. 다행히도 정규분포에 대한 확률을 계산하기 위해 적분학의 지식이 반드시 필요한 것은 아니다. 대신, 확률을 찾기 위해 테이블에 의존하며, Excel과 R 그리고 기타 통계 패키지를 이용하여 확률을 계산할 수도 있다. 테이블을 이용하는 방법에 대한 세부사항은 다음에 설명된다.

표준정규분포

표준정규분포(standard normal distribution)는 평균이 0이고 표준편차(또는 분산)가 1인 정규분포의 특수한 경우이다. 문자 Z를 사용하여 표준정규분포를 갖는 확률변수를 나타내면 $E(Z) = 0$과 $SD(Z) = 1$이다. 통상적으로 표준정규변수 Z가 가정할 수 있는 값을 나타내기 위해 소문자 z를 사용한다.

우선 표준정규분포와 관련된 확률을 계산하는 방법을 보여준다. 나중에, 평균으로부터 표준편차를 측정하기 위해 측정단위가 변경될 때 모든 정규분포가 표준정규분포와 동일하다는 것을 보여줄 것이다.

사실상 모든 입문 통계학 교재에는 z곡선 아래 영역(확률)을 제공하는 **표준정규분포표(z table)**가 포함된다. 그러나 이러한 테이블의 형식은 때때로 다르다. 이 교재에서 z테이블은 누적확률 $P(Z \leq z)$를 제공한다. 이 테이블은 부록 D의 두 페이지에 걸쳐 나와 있으며 표 D.1로 표시되어 있다. 왼쪽 페이지는 0보다 작거나 같은 z 값에 대한 누적확률을 제공하고, 오른쪽 페이지는 0보다 크거나 같은 z 값에 대한 누적확률을 보여준다. 정규분포의 대칭성과 전체 곡선 아래 면적이 1이라는 사실에 따라 다른 확률들을 쉽게 계산할 수 있다.

표준정규분포

표준정규확률변수(standard normal random variable) Z는 $E(Z) = 0$이고 $SD(Z) = 1$인 정규확률변수이다. 표준정규분포표(z table)은 양수와 음수인 z 값에 대한 누적확률 $P(Z \leq z)$를 나열한다.

그림 4.4는 표준정규확률밀도함수(z 분포)를 나타낸다. 확률변수 Z는 평균 0을 중심으로 대칭이므로 $P(Z < 0) = P(Z > 0) = 0.5$이다. 모든 연속확률변수의 경우와 마찬가지로, 확률을 $P(Z \le 0) = P(Z \ge 0) = 0.5$로도 쓸 수 있다.

그림 4.4 표준정규확률밀도함수

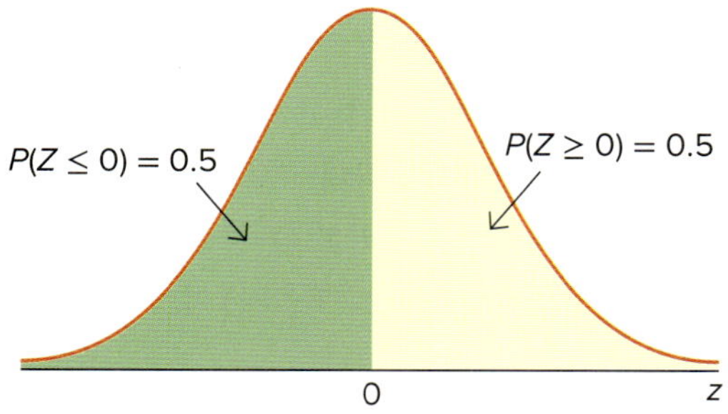

앞서 언급했듯이 표준정규분포표(z table)는 주어진 z에 대한 누적확률 $P(Z \le z)$를 제공한다. 예를 들어, 누적확률 $P(Z \le 1.52)$를 고려해보자. $z = 1.52$는 양수이므로 부록 D에 있는 *표준정규분포표*의 오른쪽 페이지에서 이 확률을 찾을 수 있다. 표 4.5는 테이블의 일부를 보여준다.

표 4.5 표준정규분포표(z Table)의 오른쪽 페이지 부분

Z	0.00	0.01	0.02
0.0	0.5000	0.5040	↓
0.1	0.5398	0.5438	↓
⋮	⋮	⋮	⋮
1.5	→	→	0.9357

z열로 표시된 테이블의 첫 열은 소수점 0.1자리까지 z 값을 표시하고, z행으로 표시된 테이블의 첫 행은 0.01자리값을 표시한다. 따라서 $z = 1.52$의 경우 z열의 1.5를 z행의 0.02와 일치시켜 0.9357의 해당 확률을 찾는다. 표 4.5의 화살표는 $P(Z \le 1.52) = 0.9357$을 나타낸다. 1.52의 오른쪽에 있는 영역은 $P(Z > 1.52) = 1 - P(Z \le 1.52) = 1 - 0.9357 = 0.0643$으로 계산할 수 있다.

$P(Z \le -1.96)$를 구한다고 가정해보자. z는 음수이므로 부록 D z테이블의 왼쪽 페이지에서 이 확률을 찾아서 $P(Z \le -1.96) = 0.0250$을 알 수 있다. 이전과 마찬가지로 −1.96의 오른쪽에 있는 영역은 $P(Z > -1.96) = 1 - P(Z \le -1.96) = 1 - 0.0250 = 0.9750$으로 계산할 수 있다.

지금까지는 주어진 z 값에 대한 확률을 계산했다. 이제 주어진 누적확률에 더한 z 값을 평가하며, 비누적확률은 대칭성을 사용하여 평가할 수 있다. $P(Z \le z) = 0.6808$일 때 z를 찾아야 한다고 가정해보자.

확률은 이미 누적형식, 즉 $P(Z \le z) = 0.6808$이므로 테이블(오른쪽)의 본문에서 0.6808을 조회하여 Z의 행/열에서 해당되는 z 값을 찾는다. 표 4.6은 z테이블의 관련 브분을 보여주며, 따라서 $z = 0.47$이다.

표 4.6 표준정규분포표(z Table)의 부분

z	0.00	0.01	0.02	0.03	0.04	0.05	0.06	0.07
0.0	0.5000	0.5040	0.5080	0.5120	0.5160	0.5199	0.5239	↑
0.1	0.5398	0.5438	0.5478	0.5517	0.5557	0.5596	0.5636	↑
⋮	⋮	⋮	⋮	⋮	⋮	⋮	⋮	⋮
0.4	←	←	←	←	←	←	←	0.6808

이제 $P(Z \leq z) = 0.0643$이 주어질 때 z를 찾아야 한다고 가정해보자. 여기서 z는 왼쪽에 대한 확률이 0.50보다 작기 때문에 음수여야 한다. 부록 D에 있는 표준정규분포표의 왼쪽 페이지에서 누적확률 0.0643을 조회하여 $z = -1.52$를 찾는다. 마지막으로 주어진 누적확률이 표에 표시되지 않으면 대략적인 z 값을 찾는다. 예를 들어, $P(Z \leq z) = 0.90$이 주어지면 $z = 1.28$로 근사한다.

정규확률변수의 변환

모든 정규확률변수는 적절한 확률을 도출하기 위해 표준정규확률변수로 변환할 수 있다. 즉, 평균 μ와 표준편차가 σ인 정규분포확률변수는 평균 0과 표준편차 1을 갖는 표준정규변수 Z로 변환(표준화)될 수 있다. X에서 평균을 빼고 표준편차로 나누어 X를 Z로 변환한다. 이를 **표준변환(standard transformation)**이라고 한다.

표준변환: X를 Z로 변환

평균 μ와 표준편차가 σ를 갖는 정규분포확률변수 X는 다음과 같이 표준정규확률변수 Z로 변환될 수 있다.

$$Z = \frac{X - \mu}{\sigma}$$

따라서 모든 값 x는 해당 z 값이 다음과 같이 주어진다.

$$z = \frac{x - \mu}{\sigma}$$

이제 모든 정규분포 문제를 우선 z 분포로 변환하여 해결할 수 있다.

예제 4.14

경영적성검사의 점수는 평균 72점과 표준편차 8점으로 정규분포한다.

a. 무작위로 선택된 매니저가 60점을 넘을 확률은 얼마인가?

b. 무작위로 선택된 매니저가 68점에서 84점 사이의 점수를 받을 확률은 얼마인가?

해답:

$\mu = 72$와 $\sigma = 8$의 점수를 X라고 하자. 이러한 문제를 해결하기 위해 표준변환 $z = \frac{x-\mu}{\sigma}$

을 사용한다.

a. 매니저가 60점을 넘을 확률은 $P(X > 60)$이다. 그림 4.5는 60의 오른쪽에 있는 음영 영역으로 확률을 보여준다. $P(X > 60) = P\left(Z > \frac{60-72}{8}\right) = P(Z > -1.5)$이다. $P(Z > -1.5) = 1 - P(Z \leq -1.5)$이므로 표준정규분포표(왼쪽)에서 -1.50을 찾아 이 확률을 $1-0.0668 = 0.9332$로 구한다.

그림 4.5 $P(X > 60)$ 구하기

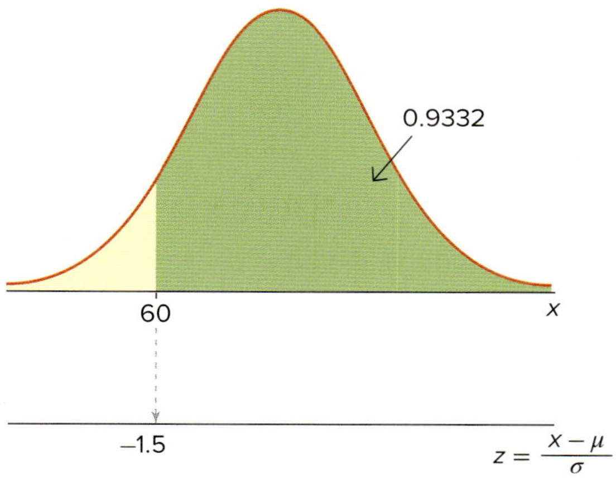

b. 매니저가 68점에서 84점 사이의 점수를 받을 확률을 구할 때는 $P(68 \leq X \leq 84)$를 구한다. 그림 4.6의 음영 영역이 이 확률을 보여준다. $P(68 \leq X \leq 84) = P\left(\frac{68-72}{8} \leq Z \leq \frac{84-72}{8}\right) = P(-0.5 \leq Z \leq 1.5)$로 유도된다. 표준정규분포표를 사용하여 $P(Z \leq 1.5) - P(Z < -0.5) = 0.9332 - 0.3085 = 0.6247$로 확률을 계산한다.

그림 4.6 $P(68 \leq X \leq 84)$ 구하기

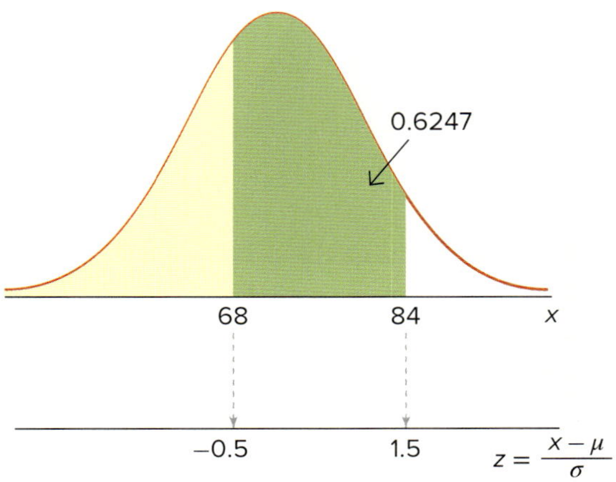

지금까지는 주어진 x값에 대한 확률을 계산하기 위해 표준변환을 사용했다. 이제 주어진 확률에 대한 x값을 계산하기 위해 **역변환(inverse transformation)** $x = \mu + z\sigma$를 사용한다.

역변환: Z를 X로 변환

표준정규변수 Z는 평균 μ와 표준편차 σ를 갖는 정규분포확률변수 X로 $X = \mu + Z\sigma$와 같이 변환될 수 있다.

따라서 모든 z 값은 해당 x 값이 $x = \mu + z\sigma$에 의해 주어진다.

예제 4.15

경영적성검사의 점수는 평균 72점과 표준편차 8점으로 정규분포한다.

a. 매니저가 분포의 상위 10%(90번째 백분위 수)에 포함되는 최저 점수는 얼마인가?

b. 매니저가 분포의 하위 25%(25번째 백분위 수)에 포함되는 최고 점수는 얼마인가?

해답:

$\mu = 72$와 $\sigma = 8$인 경영적성검사의 점수를 X라 하자. 이러한 문제를 해결하기 위해 역변환 $x = \mu + z\sigma$를 사용한다.

a. 90번째 백분위 수는 $P(X < x) = 0.90$이 되는 수치값 x이다. 표준정규분포표(오른쪽)에서 0.90(또는 0.90에 가장 가까운 값)을 찾아 $z = 1.28$을 구한다. 역변환을 사용하여 $x = 72 + 1.28(8) = 82.24$를 찾는다. 따라서 82.24 이상의 점수는 매니저를 분포의 상위 10%에 포함시킨다(그림 4.7 참조).

그림 4.7 $P(X < x) = 0.90$인 x 구하기

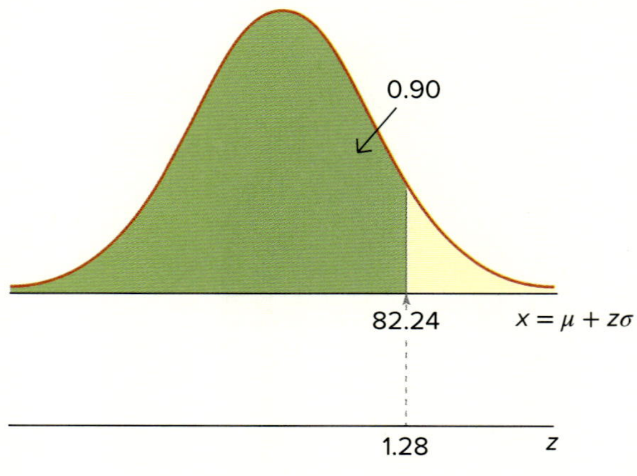

b. 25번째 백분위수는 $P(X < x) = 0.25$이 되는 수치값 x이다. 표준정규분포표(왼쪽)을 사용하여 $P(Z < z) = 0.25$를 만족시키는 해당 z 값 -0.67을 찾는다. 그 다음 $x =$

72 − 0.67(8) = 66.64를 구한다. 따라서 66.64 이하의 점수는 매니저를 분포의 하위 25%에 포함시킨다(그림 4.8 참조).

그림 4.8 $P(X < x) = 0.25$인 x 찾기

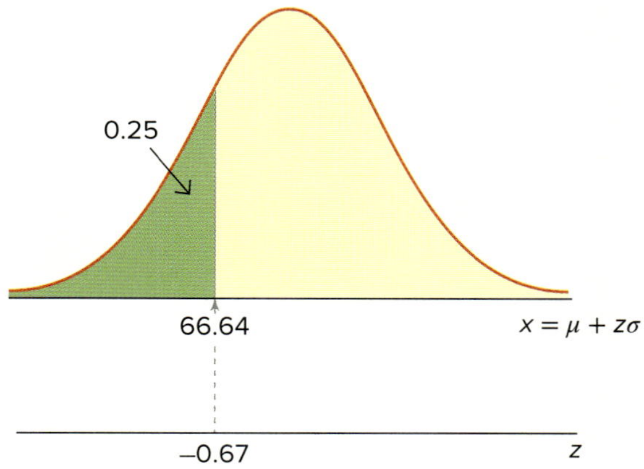

정규분포에 Excel과 R 이용하기

예제 4.16은 정규분포에 대하여 Excel과 R을 이용하는 방법을 보여준다.

예제 4.16

뱅가드 인덱스 펀드(Vanguard Balanced Index Fund)는 주식에 60%, 채권에 40%의 할당을 유지하려고 한다. 낮은 수수료와 일관된 투자 접근방식을 갖춘 이 펀드는 주식에 50~70%를 배분하는 792개 펀드 중 4위를 차지한다(*US News*, 2017년 3월). 과거 데이터에 따르면 이 펀드의 예상수익률과 표준편차는 7.49%와 6.41%로 각각 추정된다. 펀드의 수익률이 안정적이고 정규분포한다고 가정한다.

a. 펀드가 5%에서 10% 사이의 수익을 창출할 확률은 얼마인가?

b. 분포의 상위 10%(90번째 백분위 수)에 위치할 펀드의 최저 수익은 얼마인가?

해답:

X를 뱅가드 펀드의 수익이라고 하면, 우리는 X가 $\mu = 7.49$와 $\sigma = 6.41$로 정규분포한다는 것을 안다.

2장과 3장에서 언급했듯이 글꼴과 형식 설정이 다르기 때문에 이 교재의 Excel과 R 함수를 복사하여 Excel과 R에 직접 붙여 넣으면 오류가 발생할 수 있다. 이러한 오류가 발생하면 따옴표나 괄호와 같은 특수문자를 교체하거나 함수의 추가 공백을 삭제하야 할 수 있다.

Excel 이용

Excel의 **NORM.DIST**와 **NORM. INV** 함수를 사용하여 정규분포와 관련된 문제를 풀

이한다. $P(X \le x)$를 찾으려면 =NORM.DIST(x, μ, σ, 1)를 입력한다. 여기서 x는 누적확률을 평가하려는 값이며, μ는 분포의 평균, σ는 분포의 표준편차다. (함수의 마지막 인수에 "0"을 입력하면 Excel은 점 x에서 정규분포의 높이를 반환한다. 이 기능은 정규분포를 그리려는 경우에 유용하다.) 주어진 누적확률(*cumulprob*)에 대한 특정 x 값을 찾으려면 =NORM.INV(*cumulprob*, μ, σ)를 입력한다.

a. 5%에서 10% 사이의 수익률 $P(5 \le X \le 10)$을 찾기 위해 =NORM. DIST(10, 7.49, 6.41, 1) − NORM. DIST(5, 7.49, 6.41, 1)을 입력한다. Excel은 0.3035를 반환한다.

b. 분포의 상위 10%(90번째 백분위 수)에 위치할 최저 수익률 $P(X > x) = 0.10$을 찾기 위해, =NORM.INV(0.90, 7.49, 6.41)을 입력한다. Excel은 15.7047을 반환한다.

R 이용

R의 **pnorm**과 **qnorm** 함수를 사용하여 정규분포와 관련된 문제를 풀이한다. $P(X \le x)$를 찾기 위해, pnorm(x, μ, σ, σ, lower.tail = TRUE)를 입력한다. 여기서 x는 누적확률을 평가하기 원하는 값이고, μ는 분포의 평균, σ는 분포의 표준편차이다. 함수의 마지막 인수에 "lower.tail = FALSE"를 입력하면 R은 $P(X > x)$를 반환한다. 주어진 누적확률(*cumulprob*)에 대한 특정 x 값을 찾으려면 qnorm(*cumulprob*, μ, σ)를 입력한다.

a. $P(5 \le X \le 10)$를 찾으려면 다음을 입력하라.

```
> pnorm(10, 7.49, 6.41, lower.tail=TRUE) – pnorm(5, 7.49,
  6.41, lower.tail=TRUE)
```

그러면 R은 0.3034746을 반환한다.

b. $P(X > x) = 0.10$을 만족시키는 x를 구하려면 다음을 입력하라.

```
> qnorm(0.90, 7.49, 6.41)
```

그러면 R은 15.70475을 반환한다.

연습문제 4.5

51. 균형 잡힌 포트폴리오의 과거 수익률은 평균수익률이 8%이고 표준편차가 12%이다. 이 포트폴리오의 수익률이 정규분포를 따른다고 가정한다.

a. 20%보다 큰 수익률은 몇 퍼센트인가?

b. −16%보다 낮은 수익률은 몇 퍼센트인가?

52. 프로 농구팀은 경기당 평균 105점을 기록하고 있으며, 표준편차는 10점이다. 경기별 점수가 정규분포를 따른다고 가정한다.

a. 경기 점수가 85점에서 125점 사이일 확률은 얼마인가?

b. 경기 점수가 125점을 넘을 확률은 얼마인가? 정규 시즌에 82경기가 있다면, 125점 이상을 득점할 수 있는 경기의 수는 몇 개인가?

53. 한 도시의 평균 임대료는 월 1,500달러이며 표준편차는 250달러이다. 임대료가 정규분포를 따른다고 가정한다.

a. 임대료의 몇 퍼센트가 1,250달러에서 1,750달러 사이인가?

b. 임대료의 몇 퍼센트가 1,250달러 아래인가?

c. 임대료의 몇 퍼센트가 2,000달러 이상인가?

54. 승용차의 연비(miles-per-gallon, mpg) 점수가 평균과 표준편차 각각 33.8 mpg와 3.5 mpg인 정규분포확률변수라고 가정한다.

a. 무작위로 선택한 승용차가 적어도 40 mpg일 확률은 얼

마인가?

b. 무작위로 선택한 승용차가 30 mpg에서 35 mpg 사이일 확률은 얼마인가?

c. 한 자동차 제조업체는 기존 자동차의 99%를 개선한 mpg 점수의 새로운 승용차를 제작하고자 한다. 이 목표를 달성할 수 있는 최소 연비(mpg)는 얼마인가?

55. 소규모 사립 대학의 비즈니스 인턴은 평균 연봉 43,000달러를 받으며, 급여는 표준편차 18,000달러로 정규분포한다.

a. 비즈니스 인턴의 몇 퍼센트가 40,000에서 50,000달러 사이를 받는가?

b. 비즈니스 인턴의 몇 퍼센트가 80,000 이상을 받는가?

56. 재무 어드바이저는 고객에게 포트폴리오의 기대수익률이 8%이며 표준편차는 12%라고 알려준다. 수익률이 16% 이상일 가능성은 15%이다. 어드바이저가 자신의 평가에 대해 옳다면, 기본 수익이 정규분포한다고 가정하는 것이 합리적인가?

57. 회사 웹사이트에 따르면 입학시험을 치르는 상위 25%의 응시자가 면접을 요청받는다. 당신이 방금 면접을 요청을 받았다. 시험점수의 보고된 평균과 표준편차는 각각 68점과 8점이다. 점수가 정규분포한다고 가정하면 당신의 시험점수에 대해 가능한 범위는 얼마인가?

58. 전자부품을 조립하는 데 소요되는 시간은 평균 16분과 표준편차 4분으로 정규분포한다.

a. 무작위로 선택된 조립이 10에서 20분 사이에 걸릴 확률을 찾아라.

b. 조립시간이 24분 이상 또는 6분 미만인 경우는 드물다. 이러한 비정상적인 범주에 속하는 조립시간의 비율이 얼마인가?

59. 모기지금융협회(Mortgage Banking Association)에 따르면, 90일 이상 연체된 대출은 심각하게 연체된 것으로 간주된다(housingwire.com, 2019년 5월 14일). 심각한 대출 연체율이 평균 9.1%로 보고되었고, 표준편차 0.80%의 정규분포를 따른다.

a. 심각한 연체율이 8%를 넘을 확률은 얼마인가?

b. 심각한 연체율이 9.5%에서 10.5% 사이일 확률은 얼마인가?

60. 보스턴에 있는 나이트클럽 매니저는 고객의 95%가 22세에서 28세 사이라고 밝혔다. 고객의 연령이 평균 25세인 정규분포를 하는 경우 표준편차를 계산하라.

61. 약 180만 명의 학생들이 계속 상승하는 수업료와 숙식비를 지불하기 위해 학자금 대출을 받는다. 최근 대학 졸업자의 누적부채 평균이 약 22,500 달러인 것으로 알려져 있다. 최근 대학 졸업생들 사이의 누적부채는 표준편차 7,000 달러의 정규분포를 한다. 최근 대학 졸업생 중 30,000달러 이상의 학자금 대출을 받은 사람은 약 몇 명인가?

62. 평균적으로, 미국 프로 미식축구 경기는 공은 실제로 11분밖에 플레이하지 않지만 약 3시간 동안 지속된다(*SB Nation*, 2019년 4월 1일). 게임시간은 0.4시간의 표준편차로 정규분포하고 있다고 가정한다.

a. 게임이 2.5시간 미만으로 지속될 확률을 찾아라.

b. 게임이 2.5시간 미만 또는 3.5시간 이상 지속될 확률을 찾아라.

c. 분포의 하위 1%에 위치하는 게임시간의 최대값을 찾아라.

63. 젊은 투자관리자는 고객에게 제안한 포트폴리오가 긍정적인 수익을 올릴 확률이 90%라고 말한다. 수익률이 평균 5.6%로 정규분포한다고 알려진 경우, 이 투자관리자가 계산에서 가정하는 표준편차에 의해 측정된 위험은 얼마인가?

64. 투자를 위해 두 개 뮤추얼 펀드의 위험수익률 프로파일을 고려하고 있다. 상대적으로 위험한 펀드는 표준편차가 14%로 8%의 기대수익률을 약속한다. 상대적으로 덜 위험한 펀드는 4%와 5% 각각의 기대수익률과 표준편차를 약속한다. 수익률이 근사적으로 정규분포를 따른다고 가정한다.

a. 목표가 마이너스 수익을 올릴 확률을 최소화하는 것이라면 어떤 뮤추얼 펀드를 선택할 것인가?

b. 목표가 8% 이상의 수익을 올릴 확률을 최대화하는 것이라면 어떤 뮤추얼 펀드를 선택할 것인가?

65. 새 자동차 배터리는 보증기간 동안 고장나는 경우 소유자는 무료로 배터리를 교체할 수 있는 2년 보증과 함께 판매된다. 자동차 매장이 보증기간 동안 문제가 없는 배터리에 20달러의 순이익을 낸다고 가정해 보자. 고장난 배터리에서는 10달러의 순손실이 발생한다. 배터리의 수명은 평균과 표준편차가 각각 40개월과 16개월로 정규분포한다고 알려져 있다.

a. 보증기간 동안 배터리가 고장날 확률은 얼마인가?

b. 배터리로 자동차 매장의 예상 수익은 얼마인가?

c. 자동차 매장이 한 달에 평균 500개의 배터리를 판매할 경우 배터리의 월별 예상 수익은 얼마인가?

4.6 데이터 분석

사례연구

Jasper White/Image Source

랭(Lang) 교수는 살렘주립대학(Salem State University)의 경제학 교수이다. 그녀는 25년 이상 경제학의 원리를 가르치고 있다. 랭 교수는 상대적인 평가가 비정상적으로 강하거나 약한 반에서 학생에게 부당하게 불이익 또는 혜택을 줄 수 있다고 믿기 때문에 곡선(정규분포곡선)에서 평가한 적이 없다. 그녀는 표 4.7의 왼쪽 두 열에 표시된 것처럼 항상 절대척도를 사용하여 학점을 결정한다.

표 4.7 절대평가 대 상대평가의 학점척도

Absolute Grading		Relative Grading	
Grade	Score	Grade	Probability
A	92 and above	A	0.10
B	78 up to 92	B	0.35
C	64 up to 78	C	0.40
D	58 up to 64	D	0.10
F	Below 58	F	0.05

랭 교수의 동료는 예상치 못한 문제들을 해결하는 이유로 상대적인 평가로 변경하도록 설득했다. 랭 교수는 표 4.7의 오른쪽 두 열에 표시된 것과 같은 상대척도를 기준으로 평가하는 실험을 하기로 결정한다. 이 상대적 평가 방식을 사용하면 상위 10%의 학생은 A, 다음 35%의 학생은 B를 받게 된다. 랭교수는 수년간의 교육 경험을 바탕으로 강좌의 점수가 평균 78.6과 표준편차 12.4의 정규분포를 따른다고 믿는다.

랭교수는 위의 정보를 사용하여 다음을 하기를 원한다.

1. 절대척도에 따라 확률을 계산하라. 이 확률을 상대척도와 비교하라.
2. 상대척도에 따라 다양한 등급에 대한 점수 범위를 계산하라. 이들 범위를 절대척도와 비교하라.
3. 어느 평가척도가 더 높은 학점을 받기 어렵게 만드는지 결정하라.

샘플보고서—절대평가 대 상대평가

많은 교사들은 평가가 직업에서 가장 어려운 과제 중 하나라고 한다. 고등교육에 사용되는 두 가지 일반적인 평가시스템은 상대평가와 절대평가이다. 상대평가 시스템은 표준 참조 또는 곡선 기반이며, 성적은 수업에서 학생의 상대적인 위치를 기반으로 한다. 반면 절대평가 시스템은 기준 참조로, 성적은 학생의 수업에서의 절대적인 성과와 관련이 있다. 즉, 절대평가에서는 학생의 점수가 사전에 정해진 척도와 비교되는 반면, 상대평가에서는 수업에 있는 다른 학생들의 점수와 비교된다.

X는 *평균* 78.6과 표준편차 12.4의 정규분포를 따르는 랭 교수 수업의 성적을 나타낸다. 이 정보는 절대척도에 따라 성적 확률을 산출하는 데 사용된다. 예를 들어, A를 받을 확률은 $P(X \geq 92) = P(Z \geq 1.08) = 0.14$로 도출된다. 유사하게 산출된 다른 확률은 표 4.8에 제시되어 있다.

표 4.8의 두 번째 열은 학생의 14%가 A, 38%가 B를 받을 것으로 예상된다는 것을 보여준다. 이 숫자는 일반적으로 표 4.8의 세 번째 열에서 다시 언급된 상대척도와 일치하지만 상대척도로 인해 학생들이 더 높은 성적을 얻기가 어려워지는 것으로 나타난다. 예를 들어, 상대척도로 14%가 A를 받지만, 절대척도로는 단지 10%만이 A를 받는다.

표 4.8 절대척도와 상대척도에 따른 확률

Grade	Probability Based on Absolute Scale	Probability Based on Relative Scale
A	0.14	0.10
B	0.38	0.35
C	0.36	0.40
D	0.07	0.10
F	0.05	0.05

또는, 다양한 성적에 대한 점수의 범위를 기준으로 두 평가방법을 비교할 수 있다. 표 4.9의 두 번째 열은 절대평가를 기준으로 점수범위를 다시 지정한다. 상대평가를 기준으로 점수범위를 얻으려면 다시 정규분포의 개념을 적용해야 한다. 예를 들어 상대평가로 A를 획득하는 데 필요한 최소점수는 $P(X \geq x) = 0.10$에서 x를 구하여 도출된다. $P(X \geq x) = 0.10$은 $P(Z \geq z) = 0.10$과 같으므로 $z = 1.28$이 된다. 평균, 표준편차 z의 적절한 값을 $x = \mu + z\sigma$에 대입하면 x값은 94.47과 같다. 유사하게 도출된 다른 성적에 대한 범위는 표 4.9의 세 번째 열에 제시되어 있다.

표 4.9 절대평가 대 상대평가에 따른 점수의 범위

Grade	Range of Scores Based on Absolute Grading	Range of Scores Based on Relative Grading
A	92 and above	94.47 and above
B	78 up to 92	80.21 up to 94.47
C	64 up to 78	65.70 up to 80.21
D	58 up to 64	58.20 up to 65.70
F	Below 58	Below 58.20

다시 한번 표 4.9의 결과를 비교하면 상대척도를 사용하면 학생들이 랭 교수의 강좌에서 더 높은 성적을 받기가 더 어려워진다. 예를 들어 A를 받기 위해서 학생은 상대평가로 적어도 94.47점과 절대평가로 적어도 92점 이상을 받아야 한다. 절대 및 상대 평가 방법 모두 장점이 있으며 교사들은 보통 교육철학에 따라 결정을 내린다. 그러나 랭 교수가 성적을 이전의 절대척도와 일관되게 유지하려면 자신의 상대척도를 표 4.8의 두 번째 열에 있는 확률에 사용해야 한다.

사례연구 제안

보고서 4.1. 1998년에 제정된 아동 온라인 개인정보보호법(Children's Online Privacy Protection Act)에 따라 기업은 아동의 정보와 온라인 이동을 추적하기 전에 부모의 동의를 얻어야 한다. 그러나 이 법은 12세 이하의 어린이에게 적용된다. 10대들은 흔히 온라인에서 자신의 삶을 공유하는 결과를 인식하지 못한다. 데이터 수집가는 거대한 디지털 프로필 라이브러리를 만들고, 이러한 프로필을 광고주에게 판매한다. 광고주는 트렌드를 감지하고 10대들에게 마이크로 타겟팅하기 위해 이를 사용한다. 예를 들어, 온라인에서 체중감량 방법을 검색하는 10대들의 쿠키를 추적하여 네트워크에 공급된 식이요법 보조제 광고에 끌리게 할 수 있다. 10대의 소셜 네트워킹 사이트의 사용 규모를 측정하는 예비 단계로 한 연구원은 200명의 10대 소녀와 200명의 10대 소년을 조사했다. 10대 소녀 중 166명이 소셜 네트워킹 사이트를 사용하고, 10대 소년의 156명이 소셜 네트워킹 사이트를 사용한다.

보고서에서 표본정보를 사용하여

- 10대가 소셜 네트워킹 사이트를 사용할 확률을 결정하라.
- 10대 소녀가 소셜 네트워킹 사이트를 사용할 확률을 결정하라.
- 새로운 법안은 인터넷 회사가 16세 미만의 어린이에게 타겟 광고를 보내는 것을 금지하고 어린이와 부모에게 "지우개 버튼"으로 디지털 흔적과 프로필을 삭제할 수 있는 기능을 제공하도록 할 것이다. 10대의 소셜 네트워킹 사이트 사용과 관련하여 계산된 확률을 감안할 때, 이 법안이 필요하다고 생각하는가? 설명하라.

보고서 4.2. 스카이하이 건설(Skyhigh Construction Inc.)의 고위 임원들은 급여선택(pick-your-salary) 계획에 참여한다. 그들은 125,000에서 150,000달러 사이 범위에서 급여를 선택한다. 임원이 더 낮은 급여를 선택하면 더 많은 보너스를 받을 수 있는 기회를 가진다. 스카이하이가 한 해 동안 영업이익을 창출하지 않으면 보너스가 지급되지 않는다. 스카이하이는 방금 두 명의 고위 임원 앨런 그로스만(Allen Grossman)과 펠리시아 아로요(Felicia Arroyo)를 고용했다. 각자는 옵션1: 큰 보너스 가능성이 있는 기본급여 125,000달러 또는 옵션2: 기본급여 150,000달러와 보너스 가능성이 있지만 옵션1의 1/2 보너스를 선택할지 결정해야 한다.

44세인 그로스만은 결혼하여 2명의 어린 자녀가 있다. 그는 시장이 절정에 달했을 때 집을 구입했고 월별 모기지 지불액이 상당히 크다. 32세의 아로요는 명문 아이비리그 대학에서 MBA를 막 마쳤다. 그녀는 독신이며 대학원에 입학할 때 적시에 상속을 받아 학자금 대출이 없다. 아로요는 방금 이 지역으로 이사했기 때문에 적어도 1년은 아파트를 임대하기로 결정했다. 개인의 프로필, 위험에 대한 내재된 인식, 경제에 대한 주관적인 견해를 고려할 때, 그로스만과 아로요는 표 4.10에 제시된 보너스 결과와 관련하여 개별적인 확률분포를 구성한다.

표 4.10 그로스만과 아로요의 확률분포

	Probability	
Bonus (in $)	**Grossman**	**Arroyo**
0	0.35	0.20
50,000	0.45	0.25
100,000	0.10	0.35
150,000	0.10	0.20

보고서에서 표본 정보를 사용하여

- 그로스만과 아로요의 급여계획을 평가하기 위해 기대값을 계산하라.
- 그로스만과 아로요가 자신의 보상패키지에 옵션1을 선택할지 또는 옵션2를 선택할지 결정할 수 있도록 도와주어라.

보고서 4.3. 아키코 하마구치(Akiko Hamaguchi)는 애리조나주 피닉스에 있는 리틀긴자(Little Ginza)라는 작은 스시 레스토랑의 지배인이다. 아키코는 직무의 일부로서 레스토랑을 위해 매일 연어를 구입해야 한다. 신선도를 위해 매일 적당한 양의 연어를 사는 것이 중요하다. 너무 많이 사면 낭비가 발생할 수 있으며, 너무 적게 사면 수요가 많은 날에 일부 고객을 실망시킬 수 있다.

아키코는 연어의 하루 소비량이 평균 12파운드와 표준편차 3.2파운드의 정규분포를 한다고 추정했다. 그녀는 항상 매일 20파운드의 연어를 구입했다. 최근 그녀는 이 양의 연어가 너무 자주 낭비되어 사장에게 비판을 받고 있다. 아키코는 비용 절감의 일환으로 새로운 전략을 고려하고 있다. 그녀는 하루의 90%에서 고객의 일일 수요를 충족하기에 충분한 연어를 구입할 것이다.

보고서에서 아키코가 위의 정보를 사용하여 다음을 수행하도록 돕는다:

- 리틀 긴자의 연어 수요가 20파운드 이상일 확률을 계산하라.
- 리틀 긴자의 연어 수요가 15파운드 이하일 확률을 계산하라.
- 레스토랑이 하루의 90%에 수요를 충족할 수 있도록 매일 구입해야 하는 연어의 양을 결정하라.

5 통계적 추론
Statistical Inference

학습목차_*Chapter Contents*

학습목표_*Learning Objectives*

이 장을 학습한 후에,

LO **5.1** **표본평균과 표본비율의 표본분포를 설명할 수 있어야 한다.**
LO **5.2** **모평균과 모비율에 대한 신뢰구간을 구할 수 있어야 한다.**
LO **5.3** **모평균과 모비율에 대한 가설검정을 수행할 수 있어야 한다.**

4장에서는 이산확률변수와 연속확률변수를 분석하기 위해 모비율이나 모평균 같은 모수에 관한 정보를 가지고 있었다. 그러나 많은 경우에 모수에 관한 정보를 가지고 있지 않다. 따라서 표본통계량에 기초하여 통계적 추론을 수행한다. 5장에서는 먼저 표본통계량의 특성을 평가하는 방법을 논의한다. 특히 단순임의표본추출법에 기초하여 표본평균과 표본비율의 확률분포를 검토한다.

이어서 통계적 추론의 2가지 기본적인 방법인 추정과 가설검정을 학습한다. 알려져 있지 않은 모수를 추정하기 위해 신뢰구간을 구하고 해석한다. 현재 상태를 부정하는 모수에 관한 믿음을 검토하기 위해 가설검정을 사용한다. 모평균과 모비율에 관한 신뢰구간과 가설검정에 초점을 맞추어 논의한다.

도입사례_*Introductory Case*

대학생의 학습습관

FILE ***Study-Hours.*** 오늘날 대학생들은 열심히 공부하는가? 한 연구는 과거 60년 동안 대학생이 주당 공부하는 평균 시간은 지속적으로 감소하고 있다고 주장한다(*The Wall Street Journal*, April 10, 2019). 1961년에 대학생들은 학문적 성취를 위해 주당 평균 24시간을 투자하여 공부했던 반면 오늘날의 대학성들은 주당 평균 14시간을 공부한다.

수잔 나이트(Susan Knight)는 캘리포니아주에 있는 한 대형 대학의 학장이다. 그녀는 이러한 학습 추세가 자신의 대학에 다니는 학생들의 상황을 반영하는지 알기 원한다. 그녀는 임의로 35명의 학생을 선택하고 그들의 주당 평균 학습 시간을 물었다. 그들의 응답 일부가 표 5.1에 제시되어 있다.

표 5.1 학습 시간

25
19
⋮
16

요약 척도: $\bar{x}$ = 16.3714시간, s = 7.2155시간

수잔은 표본정보를 사용하여

1. 자신의 대학에 다니는 학생들의 주당 평균 학습시간이 1961년에 전국 대학생의 주당 평균 학습 시간인 24시간보다 적은지와
2. 자신의 대학에 다니는 학생들의 주당 평균 학습시간이 오늘날 전국 대학생의 주당 평균 학습시간인 14시간과 다른지 결정하기 원한다.

이 도입사례에 대한 분석결과는 5.3절의 마지막에 제시되어 있다.

5.1 표본분포

LO 5.1

표본평균과 표본비율의 표본분포를 설명할 수 있어야 한다.

많은 경우에, 우리는 모집단 특성을 알기 원한다. 예를 들면, 한 승차공유회사는 한 대도시의 평균소득(모평균)에 관심을 가진다. 이와 유사하게, 한 은행원은 모기지 보유자들의 채무불이행 확률(모비율)에 관심을 가진다. 모평균과 모비율은 각각 수치형 변수와 범주형 변수의 특성을 나타내는 모수이다. 모집단 전체를 분석하는 것이 불가능한 것은 아니지만 매우 어렵기 때문에 일반적으로 모집단으로부터 추출된 임의표본에 기초하여 모집단의 특성에 대해 추론한다.

모집단은 단지 하나이지만 모집단으로부터 같은 표본크기를 가진 많은 표본들이 추출될 수 있다는 것을 아는 것이 중요하다. **모수(parameter)**는 그 값을 알 수 없지만 상수이다. 반면에 표본평균이나 표본비율과 같은 **통계량(statistic)**은 그 값이 모집단으로부터 임의로 추출된 특정한 표본에 따라 달라지는 변수이다.

> **모수와 통계량**
>
> 모수는 그 값을 알 수 없지만 상수이다. 통계량은 그 값이 선택된 임의표본에 따라 달라지는 변수이다.

한 대도시에 사는 주민의 평균소득이 관심 있는 변수라고 생각해보자. 당신이 임의로 추출된 38명 주민의 소득에 기초하여 모평균 소득에 관한 추론을 하고자 한다면, 표본평균 $\bar{X}$가 관련된 통계량이다. 당신이 다른 38명 주민의 임의표본을 선택하면, $\bar{X}$의 값은 달라질 것이다. $\bar{X}$는 선택된 임의표본에 따라 그 값이 달라지는 변수이다. 표본평균은 일반적으로 모평균의 **추정량(estimator)** 또는 **점추정량(point estimator)**이라고 부른다.

소득에 관한 예에서 표본평균 $\bar{X}$는 그 대도시에 사는 모든 주민들의 평균소득에 대한 추정량이다. 만일 특정한 표본으로부터 계산된 평균이 54,000달러면, $\bar{x} = 54{,}000$은 모평균의 **추정치**(estimate)이다. 이와 유사하게 관심 있는 변수가 모기지 보유자들의 채무불이행 확률이면, 80명의 모기지 보유자로 구성된 임의표본으로부터 계산된 채무불이행의 표본비율 $\bar{P}$가 모비율의 추정량이다. 만일 주어진 표본에서 80명의 모기지 보유자 중에서 10명이 채무불이행하면 $\bar{p} = 10/80 = 0.125$가 모비율의 추정치이다.

> **추정량과 추정치**
>
> 통계량이 모수를 추정하기 위해 사용될 때 통계량을 모수의 추정량이라고 부른다. 추정량의 특정한 값을 모수의 추정치라고 부른다.

표본평균의 표본분포

먼저 표본평균 $\bar{X}$의 표본분포라고 부르는 표본평균 $\bar{X}$의 확률분포에 초점을 맞추어 논의하자. $\bar{X}$는 변수이기 때문에 $\bar{X}$의 표본분포는 모집단으로부터 추출된 같은 표본크기를 가진 모든 가능한 표본들로부터 도출되는 확률분포이다. 예를 들어 n개 관측치로 구성된 한 표본으로부터 계산되는 평균을 생각해보자. 다른 평균도 n개 관측치로 구성된 다른 표본으로부터 계산될 수 있다. 이러한 과정을 매우 많이 반복하면서 계산되는 표본평균들의 빈도분포가 표본평균의 표본분포라고 생각할 수 있다. 특히 표본평균의 기대값과 표준편차를 논의하고 어느 조건하에서 표본평균의 표본분포가 정규분포를 따르는지 검토하도록 하자.

기대값이 $E(X) = \mu$이고 분산이 $Var(X) = \sigma^2$인 확률변수 X가 관심 대상인 모집단의 특성을 나타낸다고 하자. 예를 들면, X가 도시 주민들의 소득을 나타내거나 투자수익률을 나타낼 수 있다. μ와 σ^2을 관심 있는 모집단으로부터 임의로 추출된 개별 관측치의 평균과 분산이거나 단순히 모평균과 모분산이라고 생각할 수 있다. 표본평균 $\overline{X}$는 모집단으로부터 임의로 추출된 n개 관측치로 구성된 표본에 기초하여 계산된다고 하자.

$\overline{X}$의 기대값은 개별 관측치의 기대값과 같다. 즉 $E(\overline{X}) = E(X) = \mu$. 달리 말하면, 주어진 모집단으로부터 반복적으로 표본추출을 하면, 표본평균의 평균값은 모든 개별 관측치들의 평균값, 즉 모평균과 같다. 이것이 표본평균이 소표본이나 대표본에 기초하여 계산되느냐에 관계없이 성립하는 추정량의 중요한 특성인 **불편성(unbiasedness)**이다. 추정량의 기대값이 관심 있는 모수와 같으면 그 추정량은 불편추정량이다.

$\overline{X}$의 분산은 $Var(\overline{X}) = \frac{\sigma^2}{n}$이다. 달리 말하면, 주어진 모집단으로부터 반복적으로 n개 관측치로 구성된 표본을 추출할 때, 표본평균의 분산은 모집단에 있는 모든 개별관측치들의 분산을 표본크기 n으로 나눈 값과 같다. $\overline{X}$의 기대값은 개별 관측치의 기대값과 같다. $Var(\overline{X})$는 X의 분산인 $Var(X) = \sigma^2$보다 작다. 이것은 표본평균들의 변동성이 관측치들의 변동성보다 작다는 것을 의미한다. 각 표본은 크고 작은 관측치들을 포함할 가능성이 있기 때문에 크고 작은 관측치들이 서로 상쇄시켜 $\overline{X}$의 분산을 X의 분산보다 작게 만든다. 마찬가지로 $\overline{X}$의 표준편차는 분산의 양의 제곱근으로 계산된다. 그러나 표본들간 변동성과 개별 관측치들간 변동성을 구별하기 위해 $\overline{X}$의 표준편차를 표본평균의 **표준오차(standard error)**라고 부르고 $se(\overline{X}) = \frac{\sigma}{\sqrt{n}}$와 같이 계산된다.

표본평균의 기대값과 표준오차

표본평균 $\overline{X}$의 기대값은 모평균과 같다. 즉 $E(\overline{X}) = \mu$. 표본평균의 표준오차는 모표준편차를 표본크기의 제곱근으로 나눈 것과 같다. 즉 $se(\overline{X}) = \frac{\sigma}{\sqrt{n}}$.

예제 5.1

캘리포니아주의 캠브리아(Cambria)에 있는 한 피자 체인에서 일하는 셰프들은 16인치 피자 사이즈를 유지하려고 노력한다. 그들은 최선의 노력을 하는데도 불구하고 모든 피자를 정확하게 지름이 16인치가 되도록 만들 수 없다. 경영자는 피자의 크기는 평균이 16인치이고 표준편차가 0.8인치인 정규분포를 따른다고 결정했다.

a. 2개 피자로 구성된 임의표본으로부터 계산되는 표본평균의 기대값과 표준오차는 얼마인가?

b. 4개 피자로 구성된 임의표본으로부터 계산되는 표본평균의 기대값과 표준오차는 얼마인가?

c. 두 표본크기로부터 계산된 표본평균의 기대값과 표준오차를 개별 피자의 기대값과 표준오차와 비교하라.

해답:

모평균은 $\mu = 16$이고 모표준편차는 $\sigma = 0.8$이다. 다음과 같은 결과를 계산하기 위해 $E(\overline{X}) = \mu$와 $se(\overline{X}) = \frac{\sigma}{\sqrt{n}}$를 사용한다.

a. 표본크기 $n = 2$이므로 $E(\overline{X}) = 16$이고 $se(\overline{X}) = \frac{0.8}{\sqrt{2}} = 0.57$.

b. 표본크기 $n = 4$이므로 $E(\overline{X}) = 16$이고 $se(\overline{X}) = \frac{0.8}{\sqrt{4}} = 0.40$.

c. 두 표본크기로부터 계산된 표본평균의 기대값은 개별 피자의 기대값과 같다. 그러나 $n = 4$인 경우 표본평균의 표준오차는 $n = 2$인 경우 표본평균의 표준오차보다 작다. 두 표본크기 모두의 경우 표본평균의 표준오차는 개별 피자의 표준편차보다 작다. 이러한 결과는 평균을 구하는 것이 변동성을 감소시킨다는 점을 확인시켜 준다.

정규분포를 따르는 모집단으로부터의 표본추출

표본평균 $\overline{X}$의 표본분포에 관한 한 가지 중요한 특성은 표본크기 n과 관계없이 표본이 추출되는 모집단 X가 정규분포를 따르면 $\overline{X}$는 정규분포를 따른다는 것이다. 달리 말하면, X가 기대값이 μ이고 표준편차가 σ인 정규분포를 따르면, $\overline{X}$는 기대값이 μ이고 표준편차가 $\frac{\sigma}{\sqrt{n}}$인 정규분포를 따른다. 더욱이 $\overline{X}$가 정규분포를 따르면, $\overline{X}$는 $\overline{X}$에서 평균을 빼고 표준오차로 나누어서 표준정규변수 Z로 변환될 수 있다.

정규분포를 따르는 모집단으로부터의 표본추출

표본이 추출되는 모집단이 정규분포를 따르면, 표본크기 n에 관계없이 $\overline{X}$의 표본분포는 정규분포를 따른다.

예제 5.2

다음의 질문에 답하기 위해 예제 5.1의 정보를 사용하라

a. 임의로 선택된 피자 1개 크기가 15.5인치보다 작을 확률은 얼마인가?

b. 임의로 선택된 피자 2개 크기의 평균이 15.5인치보다 작을 확률은 얼마인가?

c. 임의로 선택된 피자 4개 크기의 평균이 15.5인치보다 작을 확률은 얼마인가?

d. 계산된 확률들에 대해 논의하라.

해답:

모집단이 정규분포를 따르기 때문에 표본평균의 표본분포도 정규분포를 따른다. 그림

5.1은 모평균이 $\mu = 16$이고 모표준편차가 $\sigma = 0.8$로부터 도출되는 3개의 표본분포 모습을 그린 것이다.

그림 5.1 표본평균의 표본분포

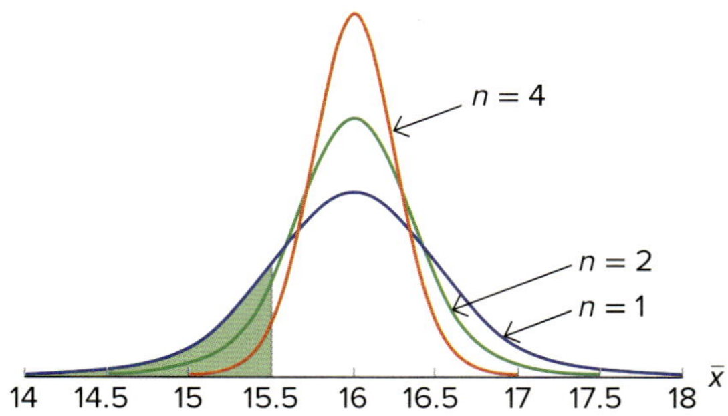

표본크기가 $n = 1$일 때 표본평균 $\bar{x}$는 개별관측치 x와 같다는 것에 주목하라.

a. 표준변환을 사용하면, $P(X < 15.5) = P\left(Z < \frac{15.5-16}{0.8}\right) = P(Z < -0.63) = 0.2643$. 개별피자의 크기가 15.5인치보다 작을 확률은 26.43%이다.

b. 표준변환을 사용하면, $P(\overline{X} < 5.5) = P\left(Z < \frac{15.5-16}{0.8/\sqrt{2}}\right) = P(Z < -0.88) = 0.1894$. 2개 피자의 임의표본에서 평균 크기가 15.5인치보다 작을 확률은 18.94%이다.

c. 다시 $P(\overline{X} < 15.5)$를 구하는 문제이나 이제 $n = 4$이다. 따라서

$$P(\overline{X} < 15.5) = P\left(Z < \frac{15.5-16}{0.8/\sqrt{4}}\right) = P(Z < -1.25) = 0.1056$$

4개 피자의 임의표본에서 평균 크기가 15.5인치보다 작을 확률은 10.56%이다.

d. 임의로 선택된 4개 피자의 평균 크기가 15.5인치보다 작을 확률은 개별 피자의 크기가 15.5인치보다 작을 확률의 1/2보다 작다. 이것은 X와 $\overline{X}$가 동일한 기대값 16을 가지는 반면 $\overline{X}$의 분산이 X의 분산보다 작기 때문이다.

중심극한정리

통계적 추론을 하기 위해 $\overline{X}$의 표본분포가 정규분포를 따른다는 사실이 중요하다. 지금까지 표본이 추출되는 모집단이 정규분포를 따르기 때문에 $\overline{X}$이 정규분포를 따르는 경우만을 고려하였다. 만일 모집단이 정규분포를 따르지 않는다면 어떤 일이 발생하는가?

여기서 아마도 확률이론 중에서 가장 놀라운 결과인 **중심극한정리(central limit theorem, CLT)**를 살펴보자. CLT는 동일한 모집단으로부터 추출된 많은 수의 독립적 관측치들의 합이나 평균은 근사적으로 정규분포를 따른다고 제시한다. 관측치 수가 증가함에 따라 정규분포 근사 정도는 계속해서 개선된다. 달리 말하면, 모집단 X가 정규분포를 따르거나 따르지 않거나에 관계없이, 크기가 n인 임의표본으로부터 계산되는 표본평균 $\overline{X}$는 n이 충분히 크면 근사적으로 정규분포를 따른다. 표본이 얼마나 클 필요가 있는가? 통계전문가들은 종종 $n \geq 30$일 때 정규분포근사를 사용한다.

표본평균에 관한 중심극한정리

기대값이 μ이고 표준편차가 σ인 임의의 모집단 X의 경우, 표본크기 n이 충분히 크면, $\bar{X}$의 표본분포는 근사적으로 정규분포를 따른다. 일반적인 기준으로 $n \geq 30$일 때 정규분포근사는 정당화된다.

예제 5.3

5월 한 달 동안, 한 커피체인점은 오후 3시와 5시 사이에 고객들이 반값으로 아이스커피를 즐길 수 있는 해피 아워(Happy Hour)를 광고하였다. 경영자는 해피 아워가 고객들이 아이스 커피에 지출하는 금액에 잔존효과(lingering effect)를 가지고 있는지 결정하기 원한다.

마케팅 광고 이전에 고객들은 아이스커피에 0.84달러의 표준편차를 가지면서 평균 4.18달러를 지출하였다. 마케팅 광고 이후에 표본으로 추출된 50명 고객은 평균 4.26달러를 지출하였다. 만일 이 커피체인점이 마케팅 광고를 하지 않기로 선택했다면, 고객들이 아이스 커피에 평균 4.26달러 이상 지출할 확률은 얼마인가?

해답:

만일 이 커피체인점이 마케팅 광고를 하지 않았다면, 아이스커피에 대한 지출은 여전히 평균이 $\mu = 4.18$달러이고 표준편차가 $\sigma = 0.84$달러일 것이다. 표본평균이 적어도 4.26달러보다 클 확률, 즉 $P(\bar{X} \geq 4.26)$을 계산할 필요가 있다. 표본이 추출되는 모집단이 정규분포를 따르는 것으로 알려져 있지 않다. 그러나 $n \geq 30$이기 때문에 중심극한정리에 의하면 $\bar{X}$는 근사적으로 정규분포를 따른다. 따라서 그림 5.2에서 보는 것처럼,

$$P(\bar{X} \geq 4.26) = P\left(Z \geq \frac{4.26 - 4.18}{0.84/\sqrt{50}}\right) = P(Z \geq 0.67) = 1 - 0.7486 = 0.2514$$

이 커피체인점이 마케팅 광고를 하지 않았다 하더라도 50명의 고객 표본에서 표본평균이 4.26달러 이상이 될 가능성은 상당히 크다(확률 = 0.2514).

그림 5.2 $P(\bar{X} \geq 4.26)$ 구하기

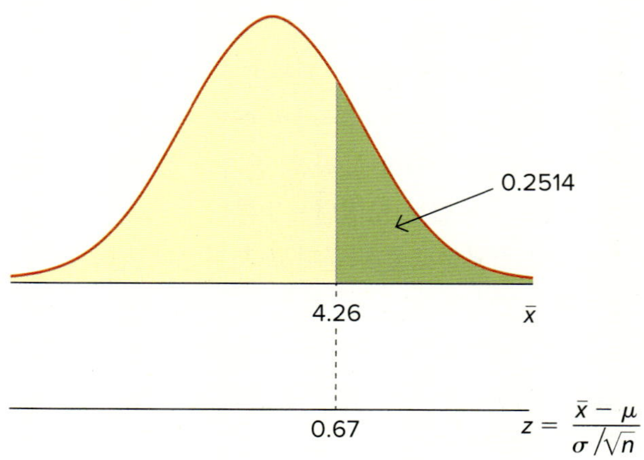

표본비율의 표본분포

지금까지 모평균에 초점을 맞추어 논의하였으나 많은 비즈니스 응용에서는 모비율이 관심 대상이다. 예를 들면, 한 은행원은 모기지 보유자들의 채무불이행 확률에 관심을 가진다. 또는 온라인 소매상은 판촉 이메일을 받은 후에 구매하는 고객의 비율에 관심을 가진다. 이러한 예에서 관심 있는 모수는 모비율 p이다.

모평균의 경우처럼, 표본데이터에 기초하여 모비율에 대한 추론을 한다. 여기서 관련되는 통계량(추정량)은 표본비율 $\overline{P}$이다. 특정한 표본비율의 값(추정치)은 $\overline{p}$로 표시된다. $\overline{P}$는 변수이기 때문에 $\overline{P}$의 표본분포를 논의할 필요가 있다.

$\overline{P}$의 표본분포는 이항분포와 밀접하게 관련되어 있다. 4장에서 이항분포는 성공 확률이 p인 베르누이 과정의 n번 시행에서 성공 횟수 X의 확률분포라고 학습한 것을 기억하라. 따라서 $\overline{P} = \frac{X}{n}$는 성공 횟수 X를 표본크기 n으로 나눈 것과 같다. 모평균의 경우처럼, 표본데이터에 기초하여 모비율에 대한 추론을 한다. $\overline{P}$의 기대값과 분산은 각각 $E(\overline{P}) = p$와 $Var(\overline{P}) = \frac{p(1-p)}{n}$이다. $E(\overline{P}) = p$이기 때문에 $\overline{P}$는 p의 불편추정량이다. 표본평균의 표준오차에 대한 논의와 유사하게, 표본비율의 표준편차는 표본비율의 표준오차라고 부른다. 즉 $se(\overline{P}) = \sqrt{\frac{p(1-p)}{n}}$.

표본비율의 기대값과 표준오차

표본비율 $\overline{P}$의 기대값은 모비율과 같다. 즉 $E(\overline{P}) = p$. 표본비율 $\overline{P}$의 표준오차는 $se(\overline{P}) = \sqrt{\frac{p(1-p)}{n}}$.

이 교재에서는 $\overline{P}$의 표본분포가 근사적으로 정규분포를 따르는 경우에 대해서만 모비율에 대한 추론이 이루어진다. 앞에서 논의한 중심극한정리(CLT)를 적용하면, 표본크기가 충분히 크면 $\overline{P}$는 근사적으로 정규분포를 따른다고 결론지을 수 있다. 일반적으로 $np \geq 5$와 $n(1-p) \geq 5$일 때 정규분포근사가 정당화된다. 더욱이 $\overline{P}$가 정규분포를 따르면, $\overline{P}$는 $\overline{P}$로부터 $\overline{P}$의 기대값을 빼고 $\overline{P}$의 표준오차로 나누어서 표준정규변수 Z로 변환될 수 있다.

표본비율에 관한 중심극한정리

임의의 모비율 p에 대하여, 표본크기가 충분히 크면, $\overline{P}$의 표본분포는 근사적으로 정규분포를 따른다. 일반적으로 $np \geq 5$와 $n(1-p) \geq 5$일 때 정규분포근사가 정당화된다.

예제 5.4

한 연구는 영국 기업들의 55%가 작년에 사이버 공격을 당했다는 것을 발견하였다(*BBC*, April 23, 2019).

a. 100개 기업으로 구성된 임의표본으로부터 계산된 표본비율의 기대값과 표준오차는 얼마인가?

b. 100개 기업으로 구성된 임의표본에서 표본비율이 0.57보다 클 확률은 얼마인가?

해답:

a. $p = 0.55$이고 $n = 100$이므로 $\overline{P}$의 기대값과 표준오차는 $E(\overline{P}) = 0.55$이고 $se(\overline{P}) = \sqrt{\frac{0.55(1-0.55)}{100}} = 0.0497$.

b. $n = 100$이므로 $p = 0.55$에 대해 표본비율의 정규분포근사가 정당화된다. 그림 5.3에서 보는 것처럼, $P(\overline{P} \geq 0.57) = P\left(Z \geq \frac{0.57-0.55}{\sqrt{\frac{0.55(1-0.55)}{100}}}\right) = P(Z \geq 0.40) = 1 - 0.6554 = 0.3446$.

그림 5.3 $P(\overline{P} \geq 0.57)$ 구하기

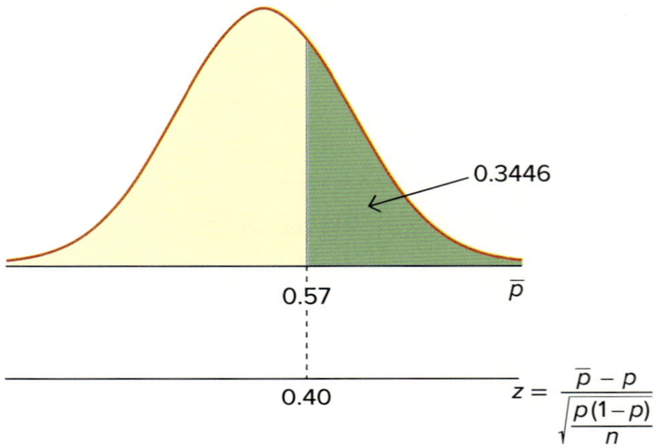

사이버 공격을 당한 영국 기업의 비율이 적어도 0.57보다 클 확률은 34.46%이다.

연습문제 5.1

1. 한 서베이에 의하면, 고등학교 여학생들은 하루에 평균 100개의 문자메시지를 보낸다. 모표준편차는 20개 문자메시지라고 가정하라. 50명의 고등학교 여학생으로 구성된 임의표본이 추출된다고 하자.

a. 표본평균이 105보다 클 확률은 얼마인가?

b. 표본평균이 95보다 작을 확률은 얼마인가?

c. 표본평균이 95와 105 사이에 있을 확률은 얼마인가?

2. 맥주병들이 각 병에 평균 330 ml의 용량을 가지도록 채워진다. 한 맥주병에 채워진 맥주의 양은 표준편차가 4 ml인 정규분포를 따른다고 하자.

a. 임의로 선택된 한 개의 맥주병이 325 ml의 맥주를 가지고 있을 확률은 얼마인가?

b. 임의로 선택된 6개 맥주병으로 구성된 한 개 팩의 평균 맥주의 양이 325 ml보다 적을 확률은 얼마인가

c. 임의로 선택된 12개 맥주병으로 구성된 한 개 팩의 평균 맥주의 양이 325 ml보다 적을 확률은 얼마인가?

d. 표본크기와 이에 상응하는 확률에 대해 논의하라.

3. 미주리주에 있는 한 작은 마을에 사는 사람들의 체중은 평균이 180 파운드이고 표준편차가 28파운드인 정규분포를 따르는 것으로 알려져 있다. 강을 건널 수 있도록 사람들을 실어 나르는 한 고무보트의 표지에 "최대 중량 3,200파운드 또는 16명"이라고 쓰여 있다. 16명의 사람들로 구성된 임의표본이 3,200파운드의 체중 제한을 초과할 확률은 얼마인가?

4. 영양상의 가치가 있음에도 불구하고 해산물은 미국인들의 식사에서 작은 부분을 차지하는 데 불과하다. 미국인들은 해산물을 연간 평균 16파운드만 먹는다. 재니스와 니나는 해산물 산업에서 일하면서 자신들이 구성한 임의표본에서 연간 평균 해산물 소비량을 기록한다. 미국인들의 연간 해산물 소비량의 표준편차는 7파운드라고 하자.
   a. 재니스는 42명의 미국인으로 구성된 표본을 추출하고 평균 해산물 소비량이 18파운드라는 것을 발견한다. 그녀가 만일 모집단을 대표하는 표본을 가지고 있다면, 평균 해산물 소비량이 18파운드 이상이 될 확률은 얼마인가?
   b. 니나는 90명의 미국인으로 구성된 표본을 추출하고 평균 해산물 소비량이 17.5파운드라는 것을 발견한다. 그녀가 만일 모집단을 대표하는 표본을 가지고 있다면, 평균 해산물 소비량이 17.5파운드 이상이 될 확률은 얼마인가?
   c. 두 여성 중 누가 보다 더 모집단을 대표하는 표본을 사용했을 가능성이 있는가? 설명하라.
5. 콜로라도주 덴버에 있는 한 작은 미용실은 주중에 평균이 30명이고 표준편차가 6명인 고객을 가지고 있다. 모집단이 정규분포를 따른다고 가정하자. 주중의 고객 수를 증가시키기 위해, 이 미용실의 경영자는 5일간의 주중에 2달러 할인을 제공하였다. 그녀는 할인이 제공된 5일간의 주중 동안 고객의 표본평균이 35명으로 크게 증가했기 때문에 그녀의 전략이 작동했다고 보고한다.
   a. 이 미용실의 경영자가 할인을 제공하지 않았다면 주중 동안 고객의 표본평균이 35명 이상이 되는 것은 얼마나 흔치 않은 일인가?
   b. 당신은 이 미용실 경영자의 할인 전략이 작동했다고 확신하는가? 설명하라.
6. 전형적인 대학생은 28,650달러의 부채를 가지고 졸업한다고 하자. 최근 대학졸업생들의 부채는 표준편차가 7,000달러인 정규분포를 따른다고 하자.
   a. 최근 대학졸업생 4명의 평균 부채가 25,000달러보다 클 확률은 얼마인가?
   b. 최근 대학졸업생 4명의 평균 부채가 30,000달러보다 클 확률은 얼마인가?
7. 40가족이 한 모금행사에 참가하였다. 각 가족의 기부액은 평균과 표준편차가 각각 115달러와 35달러인 정규분포를 따른다고 하자. 모금행사의 주최자는 총기부액이 5,000달러를 초과하면 모금행사가 성공이라고 한다. 이 모금행사가 성공일 확률은 얼마인가?
8. 한 의사는 자신의 환자였던 4명에 의해 의료사고 혐의로 고소당할 처지에 있다. 이러한 소송에서 각 환자가 의사에게 보상으로 요구하는 금액은 평균이 800,000달러이고 표준편차가 250,00달러인 정규분포를 따르는 것으로 여겨진다.
   a. 한 환자가 1,000,000달러 이상의 보상을 위해 이 의사를 고소할 확률은 얼마인가?
   b. 만일 4명의 환자가 독립적으로 이 의사를 고소한다면, 그들이 총 4,000,000달러 이상의 보상을 위해 이 의사를 고소할 확률은 얼마인가?
9. 승용차들의 연비는 평균과 표준편차가 각각 33.8 mpg와 3.5 mpg인 정규분포를 따른다고 하자.
   a. 임의로 선택된 한 대의 승용차가 35 mpg보다 높은 연비를 가질 확률은 얼마인가?
   b. 임의로 선택된 4대 승용차의 평균 연비가 35 mpg보다 높을 확률은 얼마인가?
   c. 4대의 승용차가 임의로 선택된다면, 4대 승용차 모두가 35 mpg보다 높은 연비를 가질 확률은 얼마인가?
10. IQ 점수는 평균이 100이고 표준편차가 16인 정규분포를 따른다고 하자.
   a. 임의로 선택된 한 사람의 IQ가 90보다 낮을 확률은 얼마인가?
   b. 임의로 선택된 네 사람의 평균 IQ가 90보다 낮을 확률은 얼마인가?
   c. 네 사람이 임의로 선택된다면, 네 사람 모두 IQ가 90보다 낮을 확률은 얼마인가?
11. 한 2019년 퓨리서치 연구는 미국에 사는 불법이민자들의 수가 2004년 수준으로 감소했다는 것을 발견하였다. 불법이민자의 비중은 감소했지만 캘리포니아주의 불법이민자 수는 여전히 전국의 불법이민자 추정치인 1,050만 명의 약 23%에 이른다.
   a. 50명의 불법이민자로 구성된 표본에서 20% 이상이 캘리포니아주에서 살고 있을 확률은 얼마인가?
   b. 200명의 불법이민자로 구성된 표본에서 20% 이상이 캘리포니아주에서 살고 있을 확률은 얼마인가?
   c. a와 b에서 계산된 확률들 간 차이가 발생되는 이유에 대해 논하라.
12. 한 연구가 10대의 33%가 운전하는 동안 문자메시지를 보낸다는 것을 발견했다고 하자. 이 연구는 100명의 10대 운전자들을 대상으로 수행되었다.
   a. 표본비율의 표본분포를 논의하라.
   b. 표본비율이 0.30보다 낮을 확률은 얼마인가?
   c. 표본비율이 모비율의 ±0.02 안에 있을 확률은 얼마인가?
13. 한 자동차회사는 자신의 대리점들 중 한 대리점에서 소비자 만족도가 매우 낮은 것에 대해 우려하고 있다. 경영진은 이 대리점을 방문하는 40명의 고객에 대한 만족도 조사를 평가하기로 결정하였다. 만일 우호적으로 응답하는 고객의 수가

22명과 26명 사이이면 이 대리점은 벌금 처분을 받을 것이다. 이 대리점의 고객 중 70%가 만족도 조사에서 우호적으로 응답한 것으로 알려져 있다.

a. 이 대리점이 벌금 처분을 받을 확률은 얼마인가?

b. 이 대리점의 문제가 해결될 확률은 얼마인가?

14. 과학박물관의 한 새로운 전시회에서 사람들에게 한 기계로부터 50번 또는 100번의 무작위 추첨을 하도록 요청한다. 이 기계는 60개의 녹색 볼과 40개의 빨간색 볼을 가지고 있는 것으로 알려져 있다. 각 추첨을 한 후에 볼의 색깔이 확인되고 그 볼은 다음 추첨을 위해 제자리에 돌려 놓는다. 당신은 추첨한 볼들 중 70% 이상이 녹색 볼이면 상금을 받는다. 당신은 이 게임을 위해 50번 추첨 또는 100번 추첨 중 어느 것을 선택하겠는가? 설명하라.

15. 6명의 스마트폰 사용자들 중에서 한 명이 사이버 공격을 당했다고 하자.

a. 200명의 스마트폰 사용자들로 구성된 표본에 기초한 표본비율의 표본분포를 논의하라. 표본비율에 대한 정규분포근사를 사용하는 것이 적정한가?

b. 표본을 구성하는 스마트폰 사용자들 중 20% 이상이 사이버 공격을 당했을 확률은 얼마인가?

5.2 추정

LO 5.2

모평균과 모비율에 대한 신뢰구간을 구할 수 있어야 한다.

표본데이터가 주어지면 모평균과 모비율과 같은 알려져 있지 않은 모수에 관한 추론을 하기 위해 표본통계량이 사용된다. 추론통계학에서 사용되는 2가지 기본적인 방법론은 추정과 가설검정이다. 표본통계량은 모집단의 일부분에 기초하여 계산되지만, 모수를 추정하고 모수에 관한 검정을 수행하기 위한 유용한 정보를 포함하고 있다. 이 절에서는 추정에 초점을 맞추어 논의한다.

앞에서 언급한 것처럼, 통계량이 모수를 추정하기 위해 사용될 때, 통계량은 점추정량 또는 간단하게 추정량이라고 부른다. 추정량의 특정한 값은 점추정치 또는 추정치라고 부른다. 표본평균 $\overline{X}$는 모평균 μ의 추정량이고 표본비율 $\overline{P}$는 모비율 p의 추정량이라는 것을 기억하라.

25대의 울트라 그린카로 구성된 표본에서 갤런당 평균 마일리지(mpg)가 $\bar{x} = 96.52$ mpg라고 하자. 또한 이 표본에서 mpg가 100보다 큰 자동차의 비율이 $\bar{p} = 0.28$이라고 하자. 따라서 모든 울트라 그린카들의 평균 mpg의 추정치는 96.52 mpg이고 모든 울트라 그린카들 중에서 mpg가 100보다 큰 자동차의 비율의 추정치는 0.28이다. 이러한 추정치들은 25대의 울트라 그린카로 구성된 표본에 기초해서 구해진 것이고 따라서 표본이 달라지면 변화될 수 있다는 것에 주목하는 것이 중요하다. 종종 알려져 있지 않은 모수의 1개 점추정치보다는 추정치의 구간을 제시하는 것이 더 유용한 정보를 제공해준다. 이러한 추정치의 범위를 모수에 대한 **신뢰구간(confidence interval)** 또는 모수에 대한 구간추정치(interval estimate)라고 부른다.

> **신뢰구간**
>
> 신뢰구간 또는 구간추정치는 주어진 신뢰수준에서 관심 있는 모수를 포함하고 있는 값의 범위를 제공한다.

모평균 μ 또는 모비율 p에 대한 신뢰구간을 구하기 위해서는 $\overline{X}$와 $\overline{P}$의 표본분포가 정규분포를 따르거나 근사적으로 정규분포를 따르는 것이 중요하다. 이 교재에서는 정규분포 조건을 요구하지 않는 다른 방법들은 논의되지 않는다. 5.1절에서 모집단이 정규분포를 따르면 $\overline{X}$는 정규분포를 따른다고 배운 것을 기억하라. 이러한 결과는 표본크기 n과 관계없이 성립한다. 만일 모집단이 정규분포를 따르지 않으면 중심극한정리에 의해 표본크기가 충분히 크면, 즉 $n \geq 30$이면 $\overline{X}$의 표본분포는 근사적으로 정규분포를 따른다. 이와 유사하게, 표본크기가 충분히 크면, 즉 $np \geq 5$이고 $n(1-p) \geq 5$이면 $\overline{P}$의 표본분포는 근사적으로 정규분포를 따른다.

신뢰구간을 구하는 데 중요한 요소는 사용되는 통계량의 표본분포이다. 예를 들면, $\overline{X}$의 표본분포는 표본평균들이 표본들 간에 얼마나 변화하는지를 말해준다. 표본들간 표본평균의 변동성은 $\overline{X}$의 표준오차에 의해 측정된다는 점을 기억하라. 만일 $\overline{X}$의 표준오차가 작으면, 표본평균들이 서로 가까울 뿐만 아니라 알려져 있지 않은 모평균 μ에 가깝다는 것을 의미한다.

신뢰구간은 일반적으로 추정량의 표준오차와 바람직한 구간의 신뢰수준을 설명하는 **오차범위(margin of error)**와 관련되어 있다. 모평균과 모비율 모두의 표본분포가 가지고 있는 대칭성은 점추정치에 같은 오차범위를 더하고 빼어서 신뢰구간을 구할 수 있게 해준다.

μ와 p에 대한 신뢰구간의 일반 구조

모평균과 모비율에 관한 신뢰구간은 다음과 같이 구한다.

$$\text{점추정치} \pm \text{오차범위}$$

간단한 날씨의 예를 비유로 사용하는 것이 유익하다. 만일 당신이 외부 온도가 약 20도라고 느끼면, 아마도 당신은 일정한 신뢰수준을 가지고 실제 온도는 15도와 25도 사이라고 제시할 수 있다. 이 예에서 20도는 실제 온도의 점추정치와 유사하고 5도는 이러한 점추정치에 더해지고 빼어지는 오차범위이다.

모평균 μ에 대한 신뢰구간

모평균 μ에 대한 신뢰구간을 구하기 전에 먼저 새로운 분포를 소개할 필요가 있다.

$\overline{X}$가 정규분포를 따르면, $\bar{x}$의 값은 $z = (\bar{x} - \mu)/(\sigma/\sqrt{n})$와 같이 z의 값으로 변환될 수 있다. 실제로 모표준편차 σ는 알려져 있지 않다. 모표준편차 σ가 알려져 있지 않을 때, $\overline{X}$의 표준오차인 $\sigma/\sqrt{n}$은 $s/\sqrt{n}$에 의해 추정될 수 있다. 여기서 s는 표본표준편차를 나타낸다. 편의를 위해, 이러한 $\overline{X}$의 표준오차의 추정치도 $se(\overline{X}) = s/\sqrt{n}$라고 나타내도록 하자.

σ대신에 추정량 s를 사용하는 표준화 통계량은 $T = \frac{\overline{X}-\mu}{S/\sqrt{n}}$과 같이 계산된다. 확률변수 T는 일반적으로 **t 분포(t distribution)**로 알려져 있는 **스튜던트 t 분포(Student's t distribution)**를 따른다.

t 분포는 실제로 모두 종모양이고 0 주위에서 대칭이라는 점에서 z 분포와 유사한 분포계열이다. 그러나 모든 t 분포는 z 분포보다 약간 더 넓은 꼬리를 가진다. 각 t 분포는 자유도, 즉 간단하게 df에 의해 구별된다. 자유도는 t 분포의 꼬리가 넓은 정도를 결정한다. 자유도가 작을수록 꼬리는 더 넓어진다. t 분포는 자유도에 의해 정의되기 때문에 통상 t_{df} 분포라고 부른다.

t_{df} 분포

표본크기가 n인 임의표본이 유한한 분산을 가진 정규분포로부터 추출되면, 통계량 $T = \frac{\bar{X}-\mu}{S/\sqrt{n}}$는 t_{df} 분포를 따른다. 여기서 df는 자유도를 나타낸다.

t_{df} 값과 확률 찾기

표 5.2는 일부 위쪽 꼬리 확률과 자유도에 대한 t_{df} 값을 나타낸 것이다. 부록 D의 표 D.2는 보다 더 완전한 t 분포 표를 제공한다. t_{df} 분포는 df 값에 의해 구별되는 분포 계열이기 때문에 t 분포 표는 z 분포 표보다 포괄적이지 않다. t 분포 표는 제한된 수의 자유도 값에 해당되는 확률만 열거한다. 또한 z 분포 표에 있는 누적확률과는 달리 t 분포 표는 분포의 위쪽 꼬리 확률만 제공한다.

표 5.2 t 분포 표의 일부

	위쪽 꼬리의 면적, α					
df	0.20	0.10	0.05	0.025	0.01	0.005
1	1.376	3.078	6.314	12.706	31.821	63.657
⋮	⋮	⋮	⋮	⋮	⋮	⋮
10	0.879	1.372	**1.812**	2.228	2.764	3.169
⋮	⋮	⋮	⋮	⋮	⋮	⋮
∞	0.842	1.282	1.645	1.960	2.326	2.576

주어진 df에서 위쪽 꼬리의 면적이 α인 t 값을 나타내기 위해 $t_{\alpha,df}$ 기호를 사용하도록 하자. 달리 말하면, 확률변수 t_{df}의 경우에 $t_{\alpha,df}$는 $P(T_{df} \geq t_{\alpha,df}) = \alpha$가 성립하는 값을 나타낸다. 이와 유사하게 $t_{\alpha/2,df}$는 $P(T_{df} \geq t_{\alpha/2,df}) = \alpha/2$가 성립하는 값을 나타낸다. 그림 5.4는 이러한 기호를 그림으로 나타낸 것이다.

그림 5.4 $P(T_{df} \geq t_{\alpha,df}) = \alpha$를 그림으로 나타내기

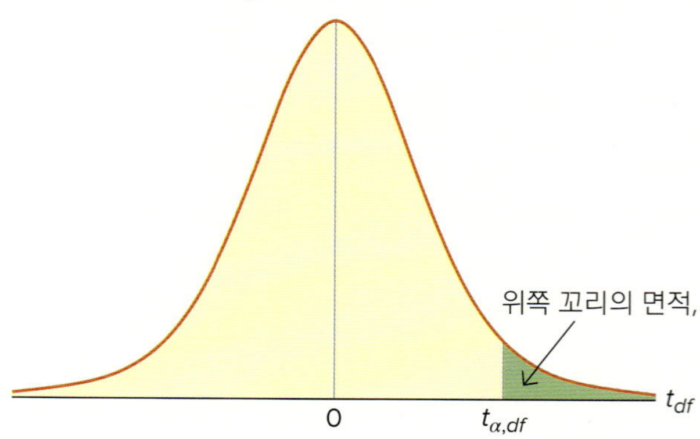

$t_{\alpha,df}$의 값을 결정할 때, 2개의 정보: (a) 표본크기 n 또는 자유도 df와 (b) α가 필요하다. 예를 들면, $\alpha = 0.05$와 $df = 10$인 $t_{\alpha,df}$의 값을 찾기 원한다고 하자. 표 5.2를 사용하면, df라고 표

시된 첫번째 열에서 행 10을 찾는다. 이어서 행 10을 따라 $\alpha = 0.05$로 표시된 열에 이른다. 그곳에 있는 값 1.812는 $P(T_{10} \geq 1.812) = 0.05$이 성립하는 $t_{0.05,10}$의 값이다. t 분포는 0 주위에서 대칭이기 때문에 $P(T_{10} \leq -1.812) = 0.05$라고 추론할 수 있다. 그림 5.5는 이러한 결과를 그림으로 보여준다. 또한 t 분포 아래의 전체 면적 합은 1이기 때문에 $P(T_{10} < 1.812) = 1 - 0.05 = 0.95$이고 $P(T_{10} > -1.812) = 1 - 0.05 = 0.95$라고 추론할 수 있다.

그림 5.5 T_{10}의 양쪽 꼬리 면적이 $\alpha = 0.05$인 그림

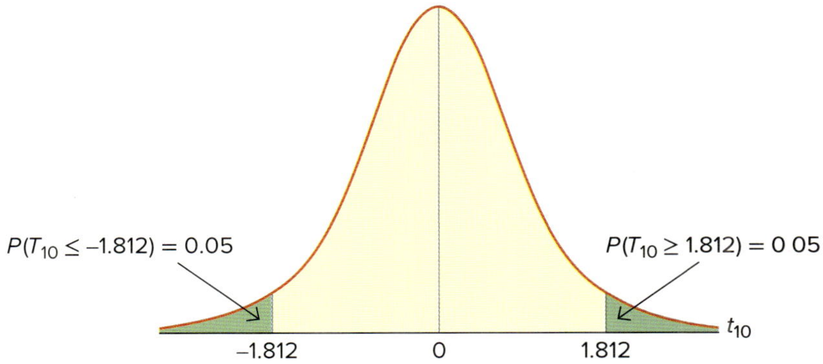

종종 t 분포 표로부터 정확한 확률을 구할 수 없다. 예를 들면, $df = 10$인 경우 $P(T_{10} \geq 1.562)$의 정확한 확률은 t 분포 표에 포함되어 있지 않다. 그러나 1.562의 값은 1.372와 1.812 사이에 있기 때문에 이 확률은 0.05와 0.10 사이의 값을 가진다. 이와 유사하게 $P(T_{10} < 1.562)$도 0.90과 0.95의 값을 가진다. Excel, R과 다른 통계 패키지들을 사용하면 정확한 확률을 구할 수 있다.

앞에서 언급한 것처럼, μ에 대한 신뢰구간은 점추정치 ± 오차범위와 같이 구할 수 있다. 오차범위는 신뢰수준과 표본평균의 표준오차에 의해 결정된다. 도출과정은 제시하지 않지만, 오차범위는 $t_{\alpha/2,df}$와 $s/\sqrt{n}$의 곱으로 계산된다. 여기서 $t_{\alpha/2,df}$는 종종 신뢰도 인자(reliability factor)라고 부른다.

95% 신뢰구간을 보고하는 것이 일반적이지만, 이론적으로는 임의의 신뢰수준을 가지는 구간을 구할 수 있다. 이제 공식적으로 α는 허용되는 오류의 확률을 나타낸다고 하자. 다음 절에서 α는 유의수준이라고 부른다. 이것은 추정과정이 μ를 포함하지 않는 구간을 생성할 확률이다. 신뢰계수 $(1 - \alpha)$는 추정과정이 μ를 포함하는 구간을 생성할 확률이다. 따라서 오류의 확률 α는 다음과 같이 신뢰계수와 신뢰수준과 관련되어 있다.

- 신뢰계수 $= 1 - \alpha$
- 신뢰수준 $= 100(1 - \alpha)\%$

예를 들면, 신뢰계수 0.95는 오류의 확률 α가 $1 - 0.95 = 0.05$와 같고 신뢰수준은 $100(1 - 0.05)\% = 95\%$라는 것을 의미한다. 이와 유사하게 95% 신뢰구간의 경우에 신뢰계수는 0.90이고 $\alpha = 1 - 0.90 = 0.10$이다. 다음의 진술은 μ에 대한 신뢰구간 구하는 방법을 일반화한 것이다.

μ에 대한 신뢰구간

모평균 μ에 관한 $100(1-\alpha)$% 신뢰구간은 다음과 같이 계산된다.

$$\bar{x} \pm t_{\alpha/2,df}\frac{s}{\sqrt{n}} \quad \text{or} \quad \left[\bar{x} - t_{\alpha/2,df}\frac{s}{\sqrt{n}}, \bar{x} + t_{\alpha/2,df}\frac{s}{\sqrt{n}}\right]$$

여기서 s는 표본표준편차이고 $df = n - 1$이다. 이 공식은 $\bar{X}$가 근사적으로 정규분포를 따를 때에만 타당하다.

신뢰구간은 종종 잘못 해석된다. 신뢰구간을 해석하는 데 주의하여야 할 필요가 있다. 예를 들면, μ에 대한 90%의 신뢰구간을 구한다고 하자. 이것은 μ가 신뢰구간 안에 포함될 확률이 0.90이라는 것을 의미하지 않는다. μ는 알려져 있지 않지만 상수라는 것을 기억하라. μ는 신뢰구간 안에 포함되거나(확률은 1이다) 포함되지 않는다(확률은 0이다). 많은 가능한 표본평균들이 모집단으로부터 계산될 수 있기 때문에 임의성은 μ가 아닌 $\bar{X}$로부터 발생된다. 따라서 μ가 어떤 구간에 포함될 확률이 0.90이라고 말하는 것은 부정확한 것이다. 90% 신뢰구간은 사전에 결정된 표본크기를 가지는 수많은 표본들이 주어진 모집단으로부터 추출된다면, 추정과정에 의해 구해지는 신뢰구간들 중에서 90%가 μ를 포함할 것이라는 것을 의미한다. 추정치를 구하기 위해 하나의 표본만을 사용한다는 것을 명심하라. 많은 가능한 표본들이 존재하기 때문에 이 중에서 추정과정에 의해 구해지는 90%의 구간만이 μ가 포함되어 있다는 의미에서 90%의 신뢰도를 제공해준다.

예제 5.5

25대의 울트라 그린카로 구성된 표본에서 mpg의 평균은 $\bar{x} = 96.52$이고 표준편차는 $s = 10.70$이다. 이러한 정보를 사용하여 모평균에 대한 90%의 신뢰구간을 구하라. 울트라 그린카의 mpg는 정규분포를 따른다고 가정하라.

해답:

울트라 그린카의 mpg는 정규분포를 따른다고 가정했기 때문에 $\bar{X}$는 정규분포를 따른다는 조건이 충족된다. 신뢰구간은 $\bar{x} \pm t_{\alpha/2,df}\frac{s}{\sqrt{n}}$와 같이 구한다. 90%의 신뢰구간을 구하는 것이기 때문에 $\alpha = 0.10$, $\alpha/2 = 0.05$이고 $n = 25$이므로 $df = 25 - 1 = 24$이다. 따라서 $t_{0.05,24} = 1.711$이다. μ에 대한 90%의 신뢰구간은 다음과 같이 계산된다.

$$\bar{x} \pm t_{\alpha/2,df}\frac{s}{\sqrt{n}} = 96.52 \pm 1.711\frac{10.70}{\sqrt{25}} = 96.52 \pm 3.66$$

모든 울트라 그린카의 평균 mpg에 대한 90% 신뢰구간은 92.86 mpg와 100.18 mpg 사이이다.

Excel과 R을 이용하여 μ에 대한 신뢰구간 구하기

신뢰구간을 구할 때 Excel과 R이 매우 유용하다. 다음의 예제를 생각해보자.

예제 5.6

FILE ***Prime.*** 아마존 프라임(Amazon Prime)은 아마존 고객에게 2일 무료배송과 익일 배송 할인을 제공하는 연회비 199달러의 회원 서비스이다. 프라임 고객은 무료 e-book과 같은 다른 비금전적 서비스도 받는다. 표 5.3은 100명 프라임 고객의 연간 지출액(달러) 일부를 보여준다. Excel과 R을 이용하여 모든 프라임 고객들의 연간 평균 지출액에 대한 95% 신뢰구간을 구하라. 결과를 요약하라.

표 5.3 아마존 프라임 고객의 연간 지출액(달러)

고객	지출액
1	1272
2	1089
⋮	⋮
100	1389

해답:

$\bar{x} \pm t_{\alpha/2,df}\frac{s}{\sqrt{n}}$를 계산하거나 신뢰구간의 하한과 상한, 즉 $\left[\bar{x} - t_{\alpha/2,df}\frac{s}{\sqrt{n}}, \bar{x} + t_{\alpha/2,df}\frac{s}{\sqrt{n}}\right]$을 구한다.

Excel 이용

a. ***Prime*** 데이터 파일을 열어라. 지출액에 대한 관측치들이 셀 B2부터 B101까지에 있다는 것에 주목하라.

b. 95%의 신뢰구간을 구하기 위해 n = 100이므로 =T.INV(0.975,99)를 사용하여 $t_{0.025,99}$ 값을 구한다. 신뢰구간의 하한을 구하기 위해, =AVERAGE(B2:B101)-T.INV(0.975,99)* STDEV.S(B2:B101)/SQRT(100)을 입력한다. 신뢰구간의 상한을 구하기 위해, AVERAGE(B2:B101) +T.INV(0.975,99) *STDEV.S(B2:B101)/SQRT(100)을 입력한다.

   주: Excel에서 신뢰구간을 구하기 위한 1단계로 도구상자의 데이터에 있는 데이터 분석으로 들어가서 3장에서 논의한 *기술통계법*(*Descriptive Statistics*)을 사용한다. *기술통계법* 대화상자에서 *요약통계량*(*Summary Statistics*)과 *평균에 대한 신뢰수준*(*Confidence Interval for Mean*)을 선택한다. (기본으로 신뢰수준은 95%로 설정되어 있으나, 다른 신뢰수준을 쉽게 입력할 수 있다.) Excel이 제공하는 결과표에서 표본평균과 신뢰수준(95%)라고 표시된 오차범위를 구할 수 있다.

R 이용

a. ***Prime*** 데이터를 데이터 프레임으로 불러들여 myData라고 이름을 붙여라.

b. 95%의 신뢰구간을 구하기 위해 $n = 100$이므로 **qt** 함수를 사용하여 $t_{0.025,99}$ 값을 구한다. 신뢰구간의 하한과 상한을 구하기 위해 다음과 같이 입력한다.

```
lower <- mean(myData$Expenditures) - qt(0.975, 99, lower.tail =
TRUE)*sd(myData$Expenditures)/sqrt(100)
upper <- mean(myData$Expenditures) +  qt(0.975, 99, lower.tail =
TRUE)*sd(myData$Expenditures)/sqrt(100)
```

주: R에서 신뢰구간을 구하는 1단계 방법을 위해, 예제 5.12를 참조하라.

요약

95%의 신뢰수준에서 모든 프라임 고객의 연간 평균 지출액은 1,240.24달러와 1,373.64달러 사이에 있다고 결론 내린다.

모비율 p에 대한 신뢰구간

모평균 μ는 수치형 변수의 특성을 설명하는 반면 모비율 p는 범주형 변수의 특성을 설명한다는 것을 기억하라. 성공을 특정한 결과로 정의하면, 모수 p는 모집단에서 성공의 비율을 나타낸다.

모평균의 경우와 마찬가지로 모비율은 표본 통계량인 표본비율에 기초하여 추정된다, 특히 모비율 p의 점추정량으로 표본비율 $\overline{P}$가 사용된다. 표본비율 $\overline{P}$의 표본분포는 이항분포에 기초하고 있지만, 중심극한정리에 의하면 대표본의 경우에 정규분포에 의해 근사시킬 수 있다. 이러한 근사는 표본크기 n이 $np \geq 5$이고 $n(1-p) \geq 5$를 충족시킬 때 타당하다.

$E(\overline{P}) = p$와 $se(\overline{P}) = \sqrt{p(1-p)/n}$인 $\overline{P}$의 정규분포근사를 사용하고 모평균에 대한 신뢰구간의 구하는 방법을 유사하게 적용하면, 모비율에 대한 $100(1-\alpha)\%$ 신뢰구간은 $\overline{p} \pm z_{\alpha/2}\sqrt{\frac{p(1-p)}{n}}$이다. 여기서 $z_{\alpha/2}$ (신뢰도 인자)는 표준정규분포의 위쪽 꼬리에서 $\alpha/2$의 확률과 관련되어 있는 z 값이다.

이러한 신뢰구간은 이론적으로는 타당하다. 그러나 이러한 신뢰구간을 구하는 방법은 알려져 있지 않은 p를 사용하기 때문에 실행될 수 없다. 정규분포근사를 위해 대표본을 사용하기 때문에 신뢰구간을 구할 때 p를 추정치 $\overline{p}$로 대체시킬 수 있다. 이에 따라 $\sqrt{\frac{p(1-p)}{n}}$를 $\sqrt{\frac{\overline{p}(1-\overline{p})}{n}}$로 대체한다. 이러한 대체는 실행가능한 모비율에 대한 신뢰구간을 제공해준다. 다음의 진술은 p에 대한 신뢰구간을 구하는 일반적인 방법을 제시해준다.

p에 대한 신뢰구간

p에 대한 $100(1-\alpha)\%$신뢰구간은 다음과 같이 계산된다.

$$\overline{p} \pm z_{\alpha/2}\sqrt{\frac{\overline{p}(1-\overline{p})}{n}} \quad \text{or} \quad \left[\overline{p} - z_{\alpha/2}\sqrt{\frac{\overline{p}(1-\overline{p})}{n}}, \overline{p} + z_{\alpha/2}\sqrt{\frac{\overline{p}(1-\overline{p})}{n}}\right]$$

이 공식은 $\overline{P}$가 (근사적으로) 정규분포를 따를 때에만 타당하다.

이러한 정규분포 조건은 표본비율 $\bar{p}$에 의해 평가된다. 달리 말하면, 모비율 p에 대한 신뢰구간을 구하기 위해서 $n\bar{p} \geq 5$와 $n(1 - \bar{p}) \geq 5$이 충족되어야 한다.

예제 5.7

25대 울트라 그린카로 구성된 표본에서 7대의 자동차가 100 mpg보다 높은 연비를 가지고 있다. 모든 울트라 그린카에서 연비가 100 mpg보다 높은 모비율에 대한 90%와 99% 신뢰구간을 구하라.

해답:

모비율의 점추정치는 $\bar{p} = 7 / 25 = 0.28$이다. p를 $\bar{p} = 0.28$에서 평가할 때, $n\bar{p} \geq 5$와 $n(1 - \bar{p}) \geq 5$이기 때문에 정규분포 조건이 충족된다. 90%의 신뢰수준에서, $\alpha/2 = 0.10/2 = 0.05$. 따라서 $z_{\alpha/2} = z_{0.05} = 1.645$. $\bar{p} \pm z_{\alpha/2}\sqrt{\frac{\bar{p}(1-\bar{p})}{n}}$에 적정한 값들을 대입하면 다음과 같이 모비율에 대한 90% 신뢰구간이 구해진다.

$$0.28 \pm 1.645\sqrt{\frac{0.28(1 - 0.28)}{25}} = 0.28 \pm 0.148$$

90%의 신뢰수준에서 연비가 100 mpg보다 높은 자동차의 비율은 13.2%와 42.8% 사이에 있다.

$\alpha/2 = 0.01/2 = 0.005$와 $z_{\alpha/2} = z_{0.005} = 2.576$를 사용하면. 모비율에 대한 99% 신뢰구간은 다음과 같이 구해진다.

$$0.28 \pm 2.576\sqrt{\frac{0.28(1 - 0.28)}{25}} = 0.28 \pm 0.231$$

더 높은 99%의 신뢰수준에서, 연비가 100 mpg보다 높은 자동차의 비율은 4.9%와 51.1% 사이에 있다. 주어진 25대의 표본크기에서 오차범위가 0.148에서 0.231로 증가하므로 정확도를 대가로 지불하고 90%로부터 99%로의 신뢰수준이 확보된다.

연습문제 5.2

16. 한 인기 있는 체중 감소 프로그램은 자신이 추천하는 건강 다이어트 식이요법 사용자들이 한 달 안에 체중을 크게 감소시킬 수 있다고 주장한다. 모든 고객의 평균 체중 감소를 추정하기 위해, 한 영양학자는 18명의 식이요법을 하는 고객으로 구성된 표본을 추출하고 이 프로그램에 참여한 지 한 달 후에 그들의 체중 감소를 기록하였다. 그는 체중 감소의 평균과 표준편차가 각각 12.5파운드와 9.2파운드라고 계산하였다. 그는 체중 감소는 정규분포를 따른다고 믿는다.

a. 95% 신뢰수준에서 오차범위를 계산하라.

b. 모평균에 대한 95% 신뢰구간을 계산하라.

c. a에서 계산된 오차범위를 어떻게 감소시킬 수 있는가?

17. **FILE** ***Customers.*** 멤피스에 있는 치즈케익 팩토리(The Cheesecake Factory)의 경영자는 임의로 선택된 6일의 주중에 접대한 고객의 수는 120명, 130명, 100명, 205명, 185명, 220명이라고 보고한다. 그녀는 주중에 접대하는 고객의 수는 정규분포를 따른다고 믿는다.

a. 90% 신뢰수준에서 오차범위를 계산하라.

b. 주중에 접대하는 평균 고객 수에 대한 90% 신뢰구간을 구하라.

c. a에서 계산된 오차범위을 어떻게 감소시킬 수 있는가?

18. 최근의 한 서베이에 의하면, 고등학교 여학생들은 하루에 평균 100개의 문자메시지를 보낸다. 이 서베이는 36명의 고등학교 여학생으로 구성된 임의표본에 기초한 것이라고 가정하라. 표본을 구성하는 고등학교 여학생들이 하루에 보내는 문자메시지의 표본표준편차는 10개이다.

a. 99% 신뢰수준에서 오차범위를 계산하라.

b. 모든 고등학교 여학생이 하루에 보내는 문자메시지의 모평균에 대한 99% 신뢰구간을 계산하라.

19. 공인재무분석사(CFA) 자격증은 빠르게 투자전문가들에게 필수요건이 되고 있다. 공인재무분석사는 3개 수준의 대단히 어려운 시험을 성공적으로 합격할 것을 요구하지만, 공인재무분석사 자격증은 종종 결과적으로 높은 연봉을 버는 장래가 촉망되는 경력을 만들어 준다. 재무를 전공하는 한 학생이 CFA 자격증 보유자의 평균 연봉에 대해 궁금해하고 있다. 그는 36명의 최근 공인회계사 자격증 보유자로 구성된 임의표본을 추출하고 평균 연봉이 158,000달러이고 표준편차가 36,000달러라고 계산한다. 이러한 표본정보를 사용하여 한 CFA 자격증 보유자의 평균 연봉에 대한 95% 신뢰구간을 구하라.

20. 스도쿠 퍼즐(sudoku puzzle)은 전 세계에서 매우 인기가 있다. 이 퍼즐은 9 × 9 격자판에 기초하고 있고 도전해야 하는 문제는 모든 행, 모든 열과 모든 3 × 3 박스는 1부터 9까지의 숫자를 포함하도록 격자판을 채우는 것이다. 한 연구원은 한 대학생이 퍼즐을 풀기 위해 걸리는 평균 시간을 추정하는 데 관심을 가지고 있다. 그는 8명의 대학생으로 구성된 임의표본을 추출하고 그들이 퍼즐을 푸는 시간(분)을 14, 7, 17, 20, 18, 15, 19, 28과 같이 기록하였다.

a. 한 대학생이 스도쿠 퍼즐을 풀기 위해 걸리는 평균 시간에 대한 99% 신뢰구간을 구하라.

b. 이러한 추론을 하기 위해 어떤 가정이 필요한가?

21. **FILE** ***Stock_Price.*** 한 대형 기술회사의 금년 처음 6개월 동안 월말 주식 종가가 아래의 표와 같이 보고되어 있다.

Month	Price
January	71
February	73
March	76
April	78
May	81
June	75

a. 표본평균과 표본표준편차를 계산하라.

b. 주가가 정규분포를 따른다고 가정하면서 이 회사의 평균 주가에 대한 90% 신뢰구간을 계산하라.

c. 구간추정치를 구하기 위해 더 높은 신뢰수준이 사용되면 오차범위에는 어떤 일이 발생하는가?

22. 한 경영대학 지원자들의 평균 SAT 점수에 대한 90%의 신뢰구간이 [1690, 1810]이라고 하자. 이러한 신뢰구간은 25개 관측치에 기초하여 계산된 표본평균과 표본표준편차를 사용하고 있다. 신뢰구간을 계산할 때 사용된 표본평균과 표본표준편차는 각각 얼마인가?

23. 한 선생님은 학생들이 한 교실에서 다음 교실로 이동하는 데 걸리는 평균 시간(분)을 추정하기 원한다. 그의 연구조교는 신뢰구간 [8.20, 9.80]을 보고하기 위해 36명 학생의 표본으로부터 계산된 시간을 사용한다.

a. 신뢰구간을 계산하기 위해 사용된 표본평균 시간을 구하라.

b. 신뢰구간을 계산하기 위해 사용된 표본표준편차가 2.365일 때 신뢰수준을 결정하라.

24. 더 많은 밀레니얼 세대 고객(1908년과 2000년 사이에 출생한 고객)을 유치하기 위해, 한 새로 오픈한 의류점은 고객에게 무료 고급커피와 케익을 제공한다. 지난 5주 동안 평균 일일 수입액은 평균이 1,080달러이고 표준편차가 260달러였다. 이러한 표본정보를 사용하여 평균 일일 수입에 대한 95%의 신뢰구간을 구하라. 이 의류점의 경영자는 고급커피와 케익을 제공하는 전략이 평균 일일 수입이 1,200달러에 이르게 할 것이라고 믿는다. 95% 신뢰구간을 사용하여 이 경영자의 믿음이 틀리는지를 결정하라.

25. **FILE** ***Debt_Payments.*** 아래에 제시된 표는 26개 메트로폴리탄 지역에 사는 주민들의 평균 부채 지불액(Debt, 달러)의 일부를 보여준다. 모평균에 대한 90%와 95% 신뢰구간을 구하라. 신뢰구간들의 길이에 대해 논의하라.

City	Debt
Washington, D.C.	1285
Seattle	1135
⋮	⋮
Pittsburgh	763

26. **FILE** ***Economics.*** 한 대학의 부학장은 표준화된 미시경제학과 거시경제학의 기말시험 평균을 비교하기 원한다. 그는 두 과목 각각에서 40개 점수로 구성된 임의표본을 사용할 수 있다. 이 데이터의 일부가 아래에 있는 표에 제시되어 있다.

Micro	Macro
85	48
78	79
⋮	⋮
75	74

a. 미시경제학의 평균 점수와 거시경제학의 평균 점수에 대한 95% 신뢰구간을 구하라.

b. 왜 두 구간의 길이가 다른지를 설명하라.

27. **FILE** ***Math_Scores.*** 수십년 동안 사람들은 선천적으로 남학생이 여학생보다 수학을 더 잘한다고 믿었다. 달리 말하면, 사람들은 두뇌의 본질적인 차이 때문에 남학생이 여학생보다 수학을 하는 데 더 적합하다고 믿었다. 최근 연구는 수학 성취의 성별 차이는 선천적 적성보다는 문화와 더 관련되어 있다고 주장하면서 이러한 고정관념에 이의를 제기한다. 그러나 다른 사람들은 평균은 같을 수 있지만 여학생보다 남학생의 수학 능력에 더 큰 변동성이 존재하고 결과적으로 일부 남학생들이 놀라운 수학 능력을 가지고 있다고 주장한다. 남학생과 여학생의 수학 점수에 대한 표본데이터의 일부가 아래의 표에 제시되어 있다.

Boys	Girls
74	83
89	76
⋮	⋮
66	74

a. 남학생의 평균 수학 점수와 여학생의 평균 수학 점수에 대한 95% 신뢰구간을 구하라. 당신의 가정을 설명하라.

b. 왜 두 구간의 길이가 다른지를 설명하라.

28. **FILE** ***Startups.*** 구글(Google), 마이크로소프트(Microsoft), 페이스북(Facebook)을 포함하는 많은 오늘날의 선도 기업들은 대학에서 개발된 기술에 기초하고 있다. 리사 피셔는 대학의 연구비(Research, 100만 달러)와 기술이전부서의 지속기간(Duration, 년)이 기술혁신을 진작시키는 주요 요인이라고 믿는 경영대학원 교수이다. 그녀는 연구비와 지속기간 변수의 평균 값이 얼마인지 알기 원한다. 그녀는 143개 대학으로부터 두 변수에 대한 데이터를 수집하였다. 이 데이터의 일부가 아래의 표에 제시되어 있다.

Research	Duration
145.52	23
237.52	23
⋮	⋮
154.38	9

a. 모든 대학의 평균 연구비에 대한 95% 신뢰구간을 구하고 해석하라.

b. 모든 대학의 평균 기술이전부서 지속기간에 대한 95% 신뢰구간을 구하고 해석하라.

29. 1,026명을 대상으로 수행된 한 서베이는 예상치 않은 현금증여를 가지고 무엇을 할 것인지를 물었다. 47%는 부채를 상환하겠다고 응답하였다.

a. 95% 신뢰수준에서 오차범위는 얼마인가?

b. 예상치 않은 현금증여를 가지고 부채를 상환하겠다는 사람의 비율에 대한 95% 신뢰구간을 구하라.

30. 표본을 구성하는 5,324명의 미국인에게 사는 장소에서 가장 중요한 것이 무엇인지를 물었다. 응답자들의 37%는 취업기회가 가장 중요하다고 응답하였다.

a. 사는 곳에서 취업기회가 가장 중요하다고 생각하는 미국인들의 비율에 대한 90% 신뢰구간을 구하라.

b. 사는 곳에서 취업기회가 가장 중요하다고 생각하는 미국인들의 비율에 대한 99% 신뢰구간을 구하라.

c. 위의 두 구간들 중 어느 것이 더 큰 오차범위를 가지고 있는가? 그 이유를 설명하라.

31. 한 경제학자는 1,200명의 중간소득 미국인으로 구성된 표본에서 560명이 주식시장에 적극적으로 참여한다고 보고한다.

a. 주식시장에 적극적으로 참여하고 있는 중간소득 미국인들의 비율에 대한 90% 신뢰구간을 구하라.

b. 주식시장에 적극적으로 참여하는 중간소득 미국인들의 비율이 50%가 아니라고 결론 내릴 수 있는가?

32. 1,116명의 성인을 대상으로 수행한 한 서베이에서, 47%가 트럼프 대통령이 경제를 관리하기 위해 수행하는 업무에 동의하였다(*Opinion Today*, July 1, 2019).

a. 트럼프가 경제를 관리하는 업무에 동의하는 미국인들의 비율에 대한 90% 신뢰구간을 계산하라.

b. 오차범위는 얼마인가?

c. 99% 신뢰수준과 관련되는 오차범위를 계산하라.

33. 미국에서 760명의 주택소유자를 대상으로 수행한 최근의 여론조사에서 5명의 주택소유자 중 한 명은 현재 상환하고 있는 주택담보대출을 가지고 있다고 보고한다. 미국에서 주택담보대출을 보유하고 있는 모든 주택소유자들의 비율에 대한 90% 신뢰구간을 구하라.

34. 일반적으로 비만은 건강한 체중보다 30파운드 이상인 경우로 정의된다. 한 비만에 관한 최근 연구는 400명의 미국 성인으로 구성된 임의표본에서 27.5%가 비만이라고 보고한다.

a. 이러한 표본정보를 사용하여 미국 성인들의 비만율에 대한 90% 신뢰구간을 계산하라.

b. 90% 신뢰수준에서 미국 성인들의 비만율이 30%와 다르다고 결론 내리는 것이 타당한가?

35. 한 회계학 교수는 좋은 학점을 주는 데 인색한 것으로 악명이 높다. 가을 학기에 140명 학생이 수강하는 클래스에서, 그녀는 5%의 A, 23%의 B, 42%의 C, 30%의 D와 F를 주었다. 이 클래스가 대표적인 클래스라고 가정하면서 이 교수로부터 적어도 B를 받을 확률에 대한 95% 신뢰구간을 계산하라.

5.3 가설검정

LO 5.3

모평균과 모비율에 대한 가설검정을 수행할 수 있어야 한다.

매일 사람들은 세상의 진정한 상황에 관한 그들의 믿음에 기초하여 의사결정을 한다. 그들은 어떤 것들은 옳다고 생각하고 다른 것들은 틀리다고 생각하면서 행동한다. 예를 들면, 한 엔지니어는 특정한 강철 케이블이 5,000파운드 이상의 파괴응력을 가지고 있다고 믿고 건설현장에서 그 케이블을 사용하도록 허용한다. 한 제조업자는 특정한 과정이 약 100밀리그램을 정확하게 담아내는 캡슐을 생산한다고 믿고 그 캡슐을 약국으로 배송한다. 한 경영자는 입고되는 물품이 2% 이하의 불량품을 포함하고 있다고 믿고 그 물품을 받는다.

이러한 경우들과 더 많은 경우에서 이러한 믿음의 형성은 단순한 추측, 정보에 기초한 추측, 또는 잠정적으로 옳은 것으로 인정되고 있는 명제로부터 시작되었을 수 있다. 사람들이 이러한 방식으로 믿음을 형성할 때 그 믿음을 가설이라고 부른다. 그러나 조만간에 모든 가설은 궁극적으로 그 가설을 입증하거나 기각하는 증거에 직면한다.

두 경쟁가설 간 상충을 해결하기 위해 관심 있는 특정한 모수에 관한 가설검정이 사용된다. 한 가설은 **귀무가설(null hypothesis)**이라고 부르며 H_0로 표기하고 다른 가설은 **대립가설(alternative hypothesis)**이라고 부르며 H_A라고 표기하자. 귀무가설은 당연한 것으로 여겨지는 자연상태 또는 현재 상황과 관련되어 있다고 생각할 수 있다. 다른 한편 대립가설은 당연히 여겨지는 자연상태 또는 현재 상황을 부정한다.

> **귀무가설과 대립가설**
>
> 가설검정을 수행할 때, H_0로 표기되는 귀무가설과 H_A로 표기되는 대립가설을 정의한다. 표본이 제시하는 증거가 H_0를 부정하는지 부정하지 않는지를 결정하기 위해 가설검정을 수행한다.

가설검정 과정은 두 가지 의사결정 중 하나를 할 수 있게 해준다. 만일 표본증거가 귀무가설과 모순되면, 귀무가설을 기각한다. 이와 반대로 만일 표본증거가 귀무가설과 모순되지 않으면, 귀무가설이 기각되지 않는다. 표본정보는 귀무가설과 모순되지 않을 수 있지만 그것이 반드시 귀무가설이 옳다는 것을 증명하는 것은 아니기 때문에 "귀무가설을 수용한다"고 결론 내리는 것은 옳지 않다.

귀무가설이 "한 개인이 특정한 질병을 가지고 있지 않다"라고 정의되는 의료분야의 한 가지 예를 생각해보자. 한 진료과정이 이러한 질병을 발견하지 못한다고 하자. 이 진료과정이 제한된 정보에 기초하여 그 질병을 발견할 수 없다(귀무가설을 기각하지 않는다)라고만 결론 내릴 수 있다. 이것이 반드시 그 사람이 그 질병을 가지고 있지 않다(귀무가설을 수용한다)는 것을 증명하는 것은 아니다.

귀무가설과 대립가설의 정의

가설검정에서 매우 중요한 단계는 검정의 결론이 두 경쟁가설이 어떻게 진술되느냐에 의존하기 때문에 두 경쟁가설을 명확하게 표현하는 것이다. 일반적인 지침으로 귀무가설은 현재 상황을 나타내는 반면 우리가 알기 원하는 것은 대립가설로 설정된다. 만일 귀무가설을 기각할 수 없으면, 현재의 상황 또는 "평상시와 같은 상황"을 유지한다. 그러나 만일 귀무가설이 기각되면, 표본증거가 대립가설을 지지한다는 것이 성립되고 이것은 다른 종류의 행동을 취하여야 할 것을 요구할 수 있다. 예를 들면, 한 개인이 특정한 질병을 가지고 있지 않다는 귀무가설이 기각되면, 그는 아프다고 할 수 있고 따라서 어떤 처방이 이루어져야 한다고 결론내린다.

대부분 응용의 경우 귀무가설에 등호 부호가 포함되어야 한다. (등호 부호의 정당성은 뒤에서 제시될 것이다.) 일반적으로 세 가지 부호 "=", "≤", "≥" 중 하나를 포함하고 있는 진술이 귀무가설이다. 대립가설은 귀무가설을 부정하는 진술이기 때문에 "≠", ">", "<" 부호를 사용하면서 진술된다.

> **경쟁가설의 설정**
>
> 일반적인 지침으로 새로운 것을 입증하기 위한, 즉 현재 상태를 부정하기 위한 수단으로서 대립가설이 사용된다. 대부분의 응용에서 관심 있는 특정한 모수에 관한 귀무가설은 세 가지 부호 "=", "≤", "≥" 중 하나를 가지고 진술된다. 대립가설은 "≠", ">", "<" 부호를 사용하면서 진술된다.

가설검정은 한쪽 꼬리 검정(단측검정)이거나 양쪽 꼬리 검정(양측검정)의 형태를 가진다. 대립가설이 "≠" 부호를 포함하고 있을 때 양측검정이 수행된다. 예를 들면, H_0: $\mu = \mu_0$ vs H_A: $\mu \neq \mu_0$와 H_0: $p = p_0$ vs H_A: $p \neq p_0$는 양측검정의 예이다. 여기서 μ_0와 p_0는 각각 모평균과 모비율의 가설로 설정된 값을 나타낸다. 만일 귀무가설이 기각되면, 이것은 모수가 가설로 설정된 값이 아니라는 것을 의미한다.

다른 한편 단측검정은 가설로 설정된 값의 한쪽에서만 기각될 수 있는 귀무가설이 사용된다. 예를 들면, H_0: $\mu \leq \mu_0$ vs H_A: $\mu > \mu_0$을 생각해보자. 여기서 모평균이 μ_0보다 크다는 상당한 증거가 존재할 때에만 귀무가설이 기각될 수 있다. 이러한 단측검정은 귀무가설의 기각이 가설로 설정된 모평균의 오른쪽에서 발생하기 때문에 오른쪽 꼬리 검정이라고도 부른다. 다른 예는 왼쪽 꼬리 검정, H_0: $\mu \geq \mu_0$ vs H_A: $\mu < \mu_0$이고 귀무가설이 가설로 설정된 모평균의 왼쪽에서 기각된다. 모비율에 대한 단측검정도 이와 유사하게 정의된다.

일반적으로 경쟁가설을 표현할 때 다음과 같은 3단계를 따른다.

1. 관심 있는 모수를 식별한다.
2. 단측검정인지 양측검정인지 결정한다.
3. 귀무가설에 등호 부호를 포함시키고 새로운 주장을 나타내기 위해 대립가설을 사용한다.

다음 두 예제의 목적은 적정한 경쟁가설을 진술하는 것이다.

예제 5.8

한 무역회사는 학기 개학을 위한 지출액이 금년에 가족당 평균 606.40달러가 될 것이라고 예측한다. 이러한 예측이 틀린다면 다른 경제모형이 필요하다. 다른 경제모형이 필요한지를 결정하기 위한 귀무가설과 대립가설을 설정하라.

해답:

학기 개학을 위한 평균 지출액을 검토하는 것이므로, 관심 있는 모수는 모평균 μ이다. 모평균이 606.40달러와 다른지 결정할 수 있기를 원하기 때문에 양측검정이 필요하고 귀무가설과 대립가설은 다음과 같이 설정된다.

$$H_0: \mu = 606.40$$
$$H_A: \mu \neq 606.40$$

귀무가설이 기각되면 이 무역회사는 다른 경제모형을 사용할 것을 권고받는다.

예제 5.9

한 텔레비전 연구원은 가구의 50%보다 많이 특정한 텔레비전 프로그램을 시청할 것이라는 주장을 검정하기 원한다. 이러한 주장을 검정하기 위한 귀무가설과 대립가설을 설정하라.

해답:

이것은 모비율 p에 대한 단측검정의 예이다. 이 연구원은 $p > 0.50$인지 결정하기를 원하므로 이러한 주장은 대립가설로 설정되고 귀무가설은 그 반대로 설정된다.

$$H_0: p \leq 0.50$$
$$H_A: p > 0.50$$

귀무가설이 기각되는 경우에만 가구의 50%보다 많이 특정한 텔레비전 프로그램을 시청할 것이라는 주장이 타당하다.

1종 오류와 2종 오류

가설검정의 의사결정은 제한된 표본정보에 기초하기 때문에 오류를 범하게 되어 있다. 이상적으로 말하면, 귀무가설이 허위일 때 귀무가설을 기각하고 귀무가설이 옳을 때 귀무가설을 기각하지 않기를 원한다. 그러나 결과적으로 귀무가설을 잘못 기각하거나 기각하지 않을 수 있다. 달리 말하면, 종종 귀무가설을 기각해서는 안 될 때 귀무가설을 기각하거나 귀무가설을 기각해야 할 때 귀무가설을 기각하지 않는다.

가설검정에서 발생되는 2가지 유형의 오류, 즉 **1종 오류(Type I error)**와 **2종 오류(Type II error)**를 생각해보자. 귀무가설이 실제로 옳을 때 귀무가설을 기각하는 경우에 1종 오류가 발생한다. 다른 한편, 귀무가설이 실제로 틀릴 때 귀무가설을 기각하지 않는 경우에 2종 오류가 발생한다.

표 5.4는 1종 오류와 2종 오류와 관련된 상황을 요약한 것이다. 두 가지 옳은 결정, 즉 귀무가설이 옳을 때 귀무가설을 기각하지 않는 것과 귀무가설이 틀릴 때 귀무가설을 기각하는 것이 가능하다. 이와는 달리, 두 가지 틀린 결정(오류), 즉 귀무가설이 옳을 때 귀무가설을 기각하는 것(1종 오류)과 귀무가설이 틀릴 때 귀무가설을 기각하지 않는 것(2종 오류)이 가능하다.

표 5.4 1종 오류와 2종 오류

의사결정	귀무가설이 옳다.	귀무가설이 틀리다.
귀무가설을 기각한다.	1종 오류	옳은 결정
귀무가설을 기각하지 않는다.	옳은 결정	2종 오류

예제 5.10

한 온라인 소매상은 새로운 시장에 오프라인 점포를 열어야 하는지 열지 말아야 하는지를 결정하고 있다. 한 시장분석가는 평균 유동 인구가 하루에 500명을 초과하면 오프라인 점포 사업에서 이윤이 발생할 것이라고 결정한다. 경쟁가설은 다음과 같이 설정된다.

H_0: $\mu \leq 500$ (오프라인 점포를 개설하지 않는다.)

H_A: $\mu > 500$ (오프라인 점포를 개설한다.)

1종 오류와 2종 오류의 결과를 논의하라.

해답:

1종 오류는 가설검정의 결론이 귀무가설이 옳은데도 귀무가설을 기각할 때 발생한다. 따라서 소매상은 오프라인 점포를 개설하지만 실제로 평균 유동인구는 하루에 500명을 초과하지 않고 오프라인 점포는 이윤을 발생시키지 못할 것이다. 2종 오류는 가설검정의 결론이 귀무가설이 틀린데도 귀무가설을 기각하지 않을 때 발생한다. 따라서 소매상은 오프라인 점포를 개설하지 않지만 실제로 평균 유동인구는 하루에 500명을 초과하고 오프라인 점포는 이윤을 발생시킬 것이다. 논란의 여지가 있을 수 있지만, 이 예제에서 1종 오류의 결과가 2종 오류의 결과보다 더 심각하다.

두 오류 중에 어느 오류가 더 심각한 결과를 발생시키는지 결정하는 것은 항상 쉬운 일이 아니다. 주어진 증거에 대하여 발생되는 두 오류 간에 교환관계가 존재한다. 1종 오류의 가능성을 감소시키면 2종 오류의 가능성이 증가되고 이와 반대의 경우도 성립한다. 두 오류를 모두 감소시킬 수 있는 유일한 방법은 더 많은 증거를 수집하는 것이다. 1종 오류의 확률을 α로, 2종 오류의 확률을 β로, 증거의 강도를 표본크기 n으로 나타내도록 하자. α와 β 모두를 감소시킬 수 있는 유일한 방법은 n을 증가시키는 것이다. 그러나 n이 주어진 경우, β의 증가를 대가로 지불해야만 α를 감소시킬 수 있고 α의 증가를 대가로 지불해야만 β를 감소시킬 수 있다. α와 β의 최적 선택은 두 오류의 상대적 비용에 의존하고 두 오류의 비용을 결정하는 것은 항상 쉽지 않다. 일반적으로 1종 오류와 2종 오류의 최적 수준에 관한 의사결정은 기업의 경영자에 의해 이루어진다. 기업에서 데이터 분석가의 임무는 선택된 α의 값을 사용하여 가설검정을 수행하는 것이다.

모평균 μ에 대한 가설검정

가설검정을 수행하는 2가지 방법, 즉 p-값 방법과 임계값 방법이 있다. 컴퓨터를 사용할 수 없고 모든 계산이 손으로 이루어져야 할 때 임계값 방법이 매력적이다. 그러나 실제로 사용되는 모든 통계 소프트웨어 패키지는 p-값을 보고하기 때문에 대부분의 연구자들과 통계전문가들은 p-값 방법을 선호한다. 우리도 p-값 방법에 초점을 맞춘다. 모평균, 모비율 또는 관심 있는 다른 모수에 대한 단측검정과 양측검정을 위해 다음과 같은 4단계 과정이 수행된다.

모평균 μ에 대한 가설검정은 표본평균 $\bar{X}$의 표본분포에 기초한다. 특히, $E(\bar{X}) = \mu$이고 $se(\bar{X}) = \sigma/\sqrt{n}$이라는 사실이 사용된다. 전 절에서 언급한 것처럼, σ는 알려져 있지 않기 때문에 $se(\bar{X})$는 $s/\sqrt{n}$에 의해 추정된다. 또한 가설검정을 수행하기 위해 $\bar{X}$는 정규분포를 따르는 것이 필수적이다. 모집단이 정규분포를 따를 때 $\bar{X}$는 정규분포를 따른다는 것을 기억하라. 만일 모집단이 정규분포를 따르지 않으면, 중심극한정리에 의해 표본크기가 충분히 크면, 즉 $n \geq 30$이면 $\bar{X}$는 근사적으로 정규분포를 따른다.

가설검정의 기본 원리는 먼저 귀무가설이 옳다고 가정하고 이어서 표본 증거가 이러한 가정을 부정하는지를 결정하는 것이다. 인사담당 경영자가 평균 은퇴 연령이 67세보다 많은지($\mu > 67$)를 결정하기 원한다고 하자. 은퇴 연령은 정규분포를 따른다고 가정한다. 경쟁가설을 다음과 같이 설정하면서 이 경영자의 믿음을 검토한다.

$$H_0: \mu \leq 67$$
$$H_A: \mu > 67$$

25명의 은퇴자로 구성된 임의표본에서 평균 은퇴연령이 71세이고 표준편차가 9세라고 하자. 즉 $\bar{x} = 71$이고 $s = 9$라고 하자. 표본평균이 가설로 설정된 값인 $\mu_0 = 67$보다 크기 때문에 이러한 표본증거는 귀무가설의 타당성에 의문을 제기한다. 그러나 $\bar{x}$와 μ 간 차이가 반드시 귀무가설이 틀리다는 것을 시사하는 것은 아니다. 아마도 이러한 차이는 전적으로 우연에 의한 것일 수 있다. 적정한 검정통계량(test statistic)을 기준으로 이러한 차이를 평가하는 것이 일반적이다.

μ에 대한 검정통계량

모평균 μ에 대한 가설검정을 위해 사용되는 검정통계량의 값은 다음과 같이 계산된다.

$$t_{df} = \frac{\bar{x} - \mu_0}{s/\sqrt{n}}$$

여기서 μ_0는 가설로 설정된 모평균의 값이고 자유도 $df = n - 1$이다. 이 공식은 $\bar{X}$이 (근사적으로) 정규분포를 따를 때에만 타당하다.

검정통계량 t_{df}의 값은 $\mu = \mu_0$에서 평가된다. 이것이 귀무가설에 등호 부호가 필요한 이유이다. 모집단이 정규분포를 따르면, $n = 25$ ($df = 24$), $\bar{x} = 71$, $s = 9$,를 사용하면 검정통계량의 값은 $t_{24} = \frac{\bar{x}-\mu_0}{s/\sqrt{n}} = \frac{71-67}{9/\sqrt{25}} = 2.22$이다. 따라서 $\bar{x} = 71$과 67을 비교하는 것은 $t_{24} = 2.22$와 0을 비교하는 것과 같다. 여기서 67과 0은 각각 $\bar{X}$와 t_{24}의 평균이다.

이제 귀무가설이 옳다, 즉 $\mu_0 = 67$이라는 가정 하에서 표본평균이 적어도 주어진 표본으로부터 구해지는 값보다 큰 극단값을 가질 확률을 나타내는 **p-값(*p*-value)**을 구해보자. 이 예제에서 $\bar{x} = 71$이기 때문에, 극단값을 표본평균인 71보다 큰 값으로 정의하고 *p*-값은 $P(\bar{X} \geq 71) = P(T_{24} \geq 2.22)$과 같이 구한다. 표 5.5는 *t* 분포표의 일부를 보여준다. 표 5.5에서 $df = 24$에 해당되는 행에서 $P(T_{24} \geq 2.22)$의 정확한 확률은 결정될 수 없다. 2.22는 2.064와 2.492 사이 있기 때문에 정확한 *p*-값은 0.01 과 0.025 사이에 있다고 유추할 수 있다. Excel과 R을 이용하면(Excel과 R을 이용하는 지시사항이 곧 제시된다), 정확한 *p*-값은 0.018이라는 것을 발견하게 된다. 그림 5.6은 계산된 *p*-값을 보여준다.

표 5.5 *t* 분포의 일부

	위쪽 꼬리의 면적					
df	**0.20**	**0.10**	**0.05**	**0.025**	**0.01**	**0.005**
1	1.376	3.078	6.341	12.706	31.821	63.657
	⋮	⋮	⋮	⋮	⋮	⋮
24	0.857	1.318	1.711	2.064	2.492	2.797

그림 5.6 $t_{24} = 2.22$인 경우 오른쪽 꼬리 검정의 *p*-값

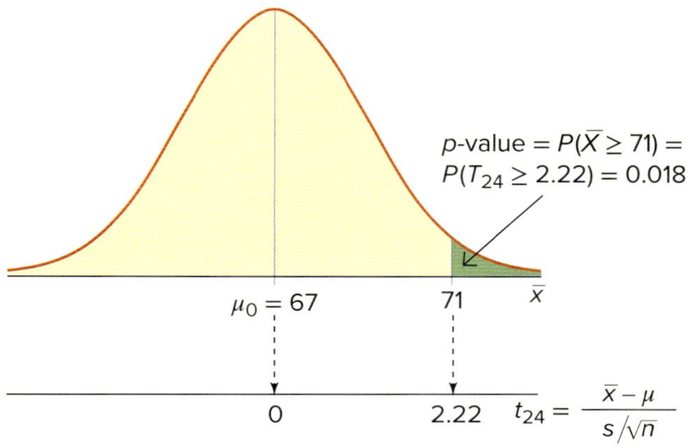

귀무가설이 옳을 때, 표본평균이 71 이상이 될 가능성은 단지 1.8%라는 것에 주목하라. 이러한 가능성은 매우 낮은 것처럼 보이나 대립가설을 선호하여 귀무가설을 기각할 수 있을 만큼 충분히 낮은 것인가? "충분히 낮다"가 어떻게 정의되는지를 살펴보도록 하자.

귀무가설이 실제로 옳은데도 불구하고 귀무가설을 기각할 때 1종 오류가 발생된다는 것을 기억하라. *허용되는*(*allowed*) 1종 오류의 확률을 α라고 정의하자. 100α%는 **유의수준(significance level)**이라고 부른다. 다른 한편 *p*-값은 *관측되는*(*observed*) 1종 오류의 확률이라고 부른다. *p*-값 방법을 사용할 때, 의사결정의 원칙은 다음과 같다.

- p-값 < α이면, 귀무가설을 기각한다.
- p-값 ≥ α이면, 귀무가설을 기각하지 않는다.

일반적으로 가설검정을 수행하기 전에 α의 값을 선택한다. 즉 경기를 하기 전에 게임의 룰을 설정한다. 중요한 의사결정이 종종 가설검정의 결과에 기초하여 이루어지기 때문에, 즉 결과적으로 α에 의존하기 때문에 α의 값을 선택하는 데 주의를 기울여야 한다. 대부분의 가설검정은 1%, 5%, 10%의 유의수준, 즉 $\alpha = 0.01, 0.05, 0.10$을 사용하면서 수행된다. 예를 들면, $\alpha = 0.05$은 옳은 귀무가설을 기각할 5% 가능성을 허용한다는 것을 의미한다.

은퇴연령에 관한 예제에서, 가설검정을 수행하기 위해 $\alpha = 0.05$를 선택했다고 하자. 이러한 유의수준에서 p-값 $= 0.018 < \alpha = 0.05$이므로 귀무가설을 기각한다. 이것은 표본데이터가 평균 은퇴연령이 67세보다 높다는 경영자의 주장을 지지한다는 것을 의미한다. 부족한 저축과 (또는) 현재 세대는 이전 세대보다 더 오래 살 것으로 기대되기 때문에 청구서에 부과된 대금을 지불하기 위해 개인들은 정상적인 은퇴연령인 67세를 넘어서 일을 할 수 있다. 만일 α가 0.01로 설정되면 결과가 달라졌을 것이라는 것에 주목해야 한다. 이러한 더 작은 유의수준에서 표본증거는 (p-값 $= 0.018 > \alpha = 0.01$이므로) 귀무가설을 기각할 수 없게 한다. 1%의 유의수준에서 평균 은퇴연령이 67세보다 높다고 결론내릴 수 없다.

오른쪽 꼬리 검정을 수행하는 은퇴연령에 관한 예제에서, p-값은 $P(T_{df} \geq t_{df})$와 같이 계산된다. 이와 유사하게 왼쪽 꼬리 검정에서 p-값은 $P(T_{df} \leq t_{df})$와 같이 계산된다. 양측검정의 경우에 극단값은 검정통계량의 분포 양쪽에 존재한다. T_{df} 분포는 대칭이기 때문에 양측검정의 p-값은 단측검정의 p-값의 2배이다. 양측검정의 p-값은 $t_{df} > 0$이면 $2P(T_{df} \geq t_{df})$, $t_{df} < 0$이면 $2P(T_{df} \leq t_{df})$와 같이 계산된다.

p-값 방법

$\mu = \mu_0$라는 가정 하에서 p-값은 표본평균이 적어도 주어진 표본으로부터 구해지는 값보다 큰 극단값을 가질 확률이다. p-값의 계산은 대립가설의 형태에 의존한다.

대립가설	p-값
$H_A: \mu > \mu_0$	오른쪽 꼬리 확률: $P(T_{df} \geq t_{df})$
$H_A: \mu < \mu_0$	왼쪽 꼬리 확률: $P(T_{df} \leq t_{df})$
$H_A: \mu \neq \mu_0$	양쪽 꼬리 확률: $t_{df} > 0$이면, $2P(T_{df} \geq t_{df})$ $t_{df} < 0$이면 $2P(T_{df} \leq t_{df})$

의사결정의 원칙은 다음과 같다.

- p-값 < α이면, 귀무가설을 기각한다.
- p-값 ≥ α이면, 귀무가설을 기각하지 않는다.

그림 5.7은 p-값이 경쟁가설의 진술에 따라 다르게 결정되는 3가지 경우를 보여준다. 그림 5.7a는 왼쪽 꼬리 검정을 위한 p-값을 보여준다. 적정한 검정통계량이 T_{df}의 분포를 따르기 때문에 p-값은 $P(T_{df} \leq t_{df})$와 같이 계산된다. 오른쪽 꼬리 검정을 위한 p-값을 계산할 때(그림

5.7b 참조), p-값은 검정통계량의 값 t_{df}의 오른쪽 면적, 즉 $P(T_{df} \geq t_{df})$이다. 그림 5.7c는 양측 검정을 위한 p-값을 보여주고 p-값은 $t_{df} < 0$이면 $2P(T_{df} \leq t_{df})$, $t_{df} > 0$이면 $2P(T_{df} \geq t_{df})$ 와 같이 계산된다.

그림 5.7 단측검정과 양측검정을 위한 p-값

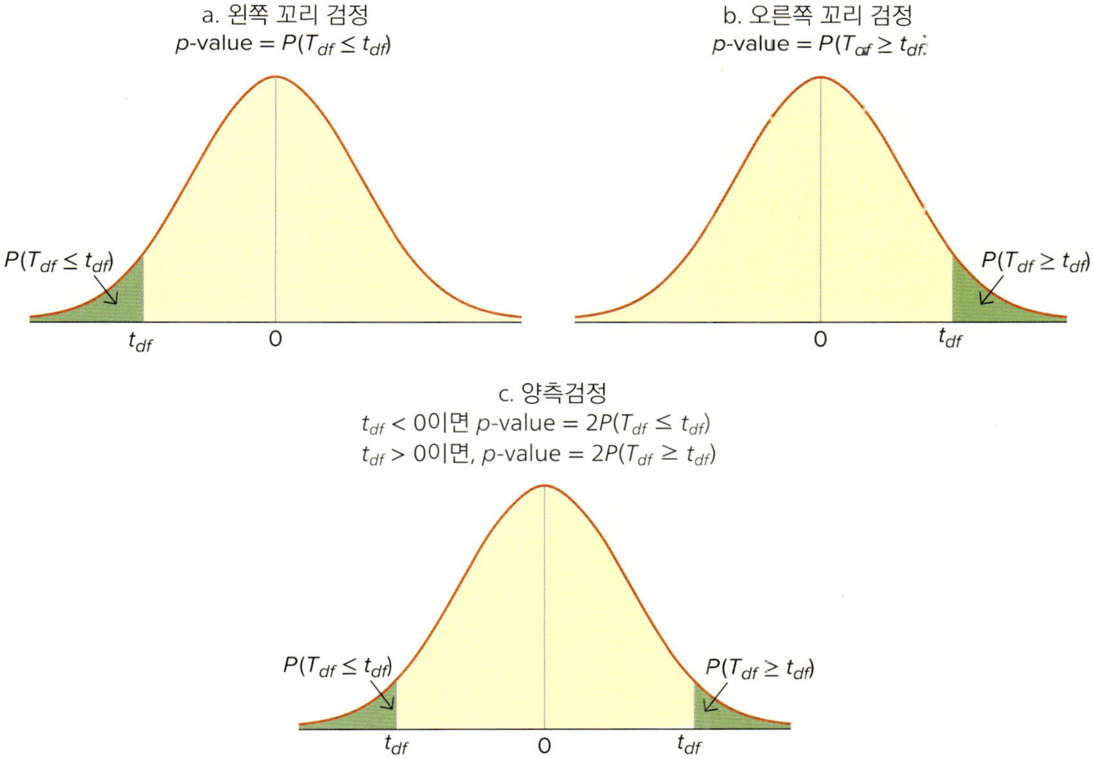

오른쪽 꼬리 검정의 경우 $\bar{x} \leq \mu_0$, 즉 $t_{df} \leq 0$이면 H_0을 기각할 수 없다는 것을 아는 것이 중요하다. 예를 들면, H_0: $\mu \leq 67$ vs H_A: $\mu > 67$와 같이 설정되는 가설에 대한 오른쪽 꼬리 검정을 생각해보자. 여기서 $\bar{x} = 67$이면, 표본평균과 가설로 설정된 모평균의 값간 차이가 없기 때문에 공식적인 검정을 수행할 필요가 없다. 이와 유사하게 왼쪽 꼬리 검정의 경우 $\bar{x} \geq \mu_0$, 즉 $t_{df} \geq 0$이면 H_0을 기각할 수 없다. 이제 p-값의 4단계 과정을 요약하도록 하자.

p-값의 4단계 과정

단계 1. 귀무가설과 대립가설을 설정하라. 관심 있는 모수를 식별하고, 단측검정인지 양측검정인지를 결정한다. 가장 중요한 것은 귀무가설에 등호 부호를 포함시키고 검토하고자 하는 가설을 대립가설로 설정한다.

단계 2. 유의수준을 선택하라. 가설검정을 수행하기 전에 먼저 *허용되는* 1종 오류의 확률인 α를 결정한다.

단계 3. 검정통계량의 값과 p-값을 계산하라. 모평균 μ에 대한 검정을 수행할 때, 검정통

계량의 값은 $t_{df} = \frac{\bar{x}-\mu_0}{s/\sqrt{n}}$이다. 여기서 μ_0는 가설로 설정된 모평균의 값이다. 오른쪽 꼬리 검정의 경우 p-값은 $P(T_{df} \geq t_{df})$이고 왼쪽 꼬리 검정의 경우 p-값은 $P(T_{df} \leq t_{df})$이다. 양측검정의 경우 p-값은 $t_{df} > 0$이면 $2P(T_{df} \geq t_{df})$, $t_{df} < 0$이면 $2P(T_{df} \leq t_{df})$이다.

단계 4. 가설검정의 결론을 진술하고 그 결과를 해석하라. 의사결정의 원칙은 p-값 $< \alpha$일 때 귀무가설을 기각하고 p-값 $\geq \alpha$일 때 귀무가설을 기각하지 않는 것이다. 응용의 관점에서 그 결과를 명료하게 해석한다.

예제 5.11

FILE ***Study_Hours.*** 이 장의 도입사례에서 캘리포니아주에 있는 한 대형 대학의 학장은 이 대학에 다니는 학생들이 1961년의 전국 주당 평균 학습시간인 24시간보다 적게 학습하는지 알기 원한다. 그녀는 임의로 35명의 학생을 선택하고 그들의 주당 학습시간이 얼마인지 묻는다. 그들의 응답으로부터 그녀는 표본평균이 16.3714시간이고 표본표준편차가 7.2155시간이라고 계산한다.

a. 학장의 관심사항을 검정하기 위한 경쟁가설을 진술하라.
b. 검정통계량의 값을 계산하라.
c. p-값을 구하라.
d. 5%의 유의수준에서 가설검정의 결론은 무엇인가?

해답:

a. 이 문제는 평균 학습시간이 24보다 적은지, 즉 $\mu < 24$인지를 결정하기 원하는 단측검정의 예이다. 경쟁가설은 다음과 같이 설정된다.

$$H_0: \mu \geq 24$$
$$H_A: \mu < 24$$

b. 모평균에 관한 통계적 추론의 경우에 표본평균 $\bar{X}$은 정규분포를 따른다는 것이 필수적이다. 이 조건은 표본크기 $n = 35$가 30보다 크기 때문에 충족된다. 자유도는 $df = n - 1 = 34$이다. $\bar{x} = 16.3714$, $s = 7.2155$이므로 검정통계량의 값은 다음과 같이 계산된다.

$$t_{34} = \frac{\bar{x} - \mu_0}{s/\sqrt{n}} = \frac{16.3714 - 24}{7.2155/\sqrt{35}} = -6.255$$

c. 왼쪽 꼬리 검정이기 때문에 p-값은 $P(T_{34} \leq -6.255)$와 같이 계산된다. t 분포표의 $df = 34$를 참조하면, $P(T_{34} \leq -6.255)$는 $P(T_{34} \geq 6.255)$와 같고 0.005보다 작다고 추론할 수 있다. 달리 말하면, $P(T_{34} \leq -6.255) < 0.005$라고 근사시킨다. Excel 또는 R을 이용하여 구하면 $P(T_{34} \leq -6.255)$의 정확한 확률은 2.013×10^{-7}이다. (Excel 또는 R을 이용하여 정확한 p-값을 구하는 방법은 아래의 내용 참조)

d. p-값이 $\alpha = 0.05$보다 작으므로 귀무가설을 기각한다. 5%의 유의수준에서 이 대학에 다니는 학생들의 주당 평균 학습시간은 1961년의 전국 주당 평균 학습시간인 24시간보다 적다고 결론내린다.

Excel과 R을 이용하여 μ에 대한 가설검정 수행하기

검정통계량의 값과 정확한 p-값을 계산할 때 Excel과 R 함수를 이용하는 것이 매우 유용하다. 다음의 예제를 생각해보자.

예제 5.12

FILE ***Study_Hours.*** 이 장의 도입사례에서 언급한 것처럼, 연구결과에 의하면 오늘날의 대학생은 주당 평균 14시간 학습한다. 캘리포니아주에 있는 한 대형 대학의 학장은 표 5.1의 표본데이터를 사용하면서 이 대학에 다니는 학생들의 주당 평균 학습시간이 14시간과 다른지를 검정하기 원한다. 5%의 유의수준에서 검정통계량의 값과 p-값을 구하기 위해 Excel과 R을 이용하라. 그 결과를 요약하라.

해답:

학장은 자신의 대학에 다니는 학생들의 주당 평균 학습시간이 14시간과 다른지를 검정하기 원하기 때문에 경쟁가설은 다음과 같이 설정된다.

$$H_0: \mu = 14$$
$$H_A: \mu \neq 14$$

Excel 이용

a. ***Study_Hours*** 데이터 파일을 열어라. 학습시간의 관측치들이 셀 A2부터 셀 A36까지에 입력되어 있다는 것에 주목하라.
b. 검정통계량 $t_{34} = (\bar{x} - \mu_0)/(s/\sqrt{n})$의 값을 =(AVERAGE(A2:A36)-14)/(STDEV.S(A2:A36)/SQRT(35)를 사용하면서 구한다. 검정통계량의 값은 $t_{34} = 1.9444$이다.
c. Excel은 p-값을 생성하는 수많은 함수들을 제공하지만, **T.DIST.RT** 함수가 사용된다. 여기서 양측검정과 양의 검정통계량 값을 사용하므로, =2*T.DIST.RT(1.9444,34)를 입력하면 Excel은 0.0602를 반환한다.

R 이용

a. ***Study_Hours*** 데이터를 데이터 프레임으로 불러들여 myData라고 이름을 붙인다.
b. 검정통계량과 p-값을 구하기 위해 R의 **t.test** 함수를 사용한다. 이 함수의 옵션에서 대립가설의 설정을 나타내기 위해 *alternative*를 사용하고 (양측검정의 경우 “two.sided”, 왼쪽 꼬리 검정의 경우 “less”, 오른쪽 꼬리 검정의 경우 “greater”를 사용한다) 가설로 설정되어 있는 모평균의 값을 나타내기 위해 *mu*를 사용한다. 이 함수의 다른 특성은 자동적으로 모평균에 대한 95%의 신뢰구간을 제공한다는 것이다. 다른

신뢰수준의 신뢰구간은 *conf.level* 옵션을 사용하면 구할 수 있다. 다음과 같이 입력한다.

```
> t.test(myData$Hours, alternative="two.sided", mu=14)
```

그림 5.8 t.test 함수를 사용한 R의 출력

```
One Sample t-test
data:  myData$Hours
t = 1.9444, df = 34, p-value = 0.06016
alternative hypothesis: true mean is not equal to 14
95 percent confidence interval:
 13.89281 18.85005
sample estimates:
mean of x
 16.37143
```

요약

p-값 $= 0.0602 > \alpha = 0.05$이므로 귀무가설은 기각되지 않는다. 5%의 유의수준에서 이 대학에 다니는 학생들의 주당 학습시간은 14시간과 다르다고 결론내릴 수 없다.

도입사례 분석결과

McGraw Hill

한 보고서는 오늘날의 대학생들은 60년 전과 비교하여 훨씬 적은 시간 학습한다고 주장한다(*The Wall Street Journal*, April 10, 2019). 1961년에 학생들은 학업을 위해 주당 평균 24시간을 사용했던 반면 오늘날의 학생들은 주당 평균 14시간 학습한다. 캘리포니아주에 있는 한 대형 대학에서 이러한 추세가 존재하는지 결정하기 위해서 35명의 학생들이 임의로 선택되었고 그들에게 주당 평균 학습시간(단위 시간)을 물었다. 이 표본으로부터 계산된 평균은 16.37시간이고 표준편차는 7.22시간이다.

두 개의 가설검정이 수행된다. 첫 번째 검정은 이 대학에 다니는 학생들의 주당 평균 학습시간이 1961년의 전국 평균인 주당 24시간보다 적은지를 검토한다. 5%의 유의수준에서 표본데이터는 이 대학에 다니는 학생들의 주당 평균 학습시간이 주당 24시간보다 적다고 제시한다. 두 번째 검정은 이 대학에 다니는 학생들의 주당 평균 학습시간이 오늘날의 전국 평균인 주당 14시간과 다른지를 검토한다. 5%의 유의수준에서 그 결과는 이 대학에 다니는 학생들의 주당 학습시간이 주당 14시간과 다르다고 제시한다.

따라서 표본 결과는 오늘날의 대학생은 평균적으로 1961년의 평균인 주당 24시간보다 훨씬 적은 주당 14시간 학습한다는 보고서의 분석결과를 지지한다. 그러나 이러한 분석은 왜 이러한 결과가 나타날 수 있는지를 설명하지 못한다. 예를 들면, 학생들이 더 게을러졌는지 또는 컴퓨터의 사용으로 더 적은 시간에 더 많은 정보에 접근할 수 있는지를 결정할 수 없다.

모비율 p에 대한 가설검정

LO 5.6

모비율에 관한 가설검정을 수행할 수 있어야 한다.

앞에서 논의한 것처럼, 종종 관심 있는 변수는 수치형 변수가 아닌 범주형 변수이다. 모비율 p는 정성변수의 중요한 기술척도이고 이에 상응하는 표본척도인 표본비율 $\overline{P}$에 기초하여 추정된다. $\overline{P}$는 이항분포를 따르지만, 대표본에서 정규분포에 의해 근사될 수 있다. $np \geq 5$와 $n(1-p) \geq 5$일 때 이러한 근사는 타당하다.

p는 알려져 있기 않기 때문에 가설로 설정된 모비율의 값 p_0에서 표본크기의 요구조건이 평가된다. 대부분의 응용에서 표본크기는 크고 정규분포근사는 정당화된다. 그러나 표본크기가 충분히 크지 않을 때, 여기서 제시되는 모비율에 관한 추론은 더 이상 타당하지 않다. p에 관한 검정통계량은 다음과 같이 정의된다.

p에 대한 검정통계량

모비율 p에 대한 가설검정을 위한 검정통계량의 값은 다음과 같이 계산된다.

$$z = \frac{\overline{p} - p_0}{\sqrt{p_0(1-p_0)/n}}$$

여기서 p_0는 가설로 설정된 모비율의 값이다. 이 공식은 $\overline{P}$가 (근사적으로) 정규분포를 따르는 경우에만 타당하다.

다음의 예제는 모비율에 관한 가설검정을 위한 4단계 과정을 상세하게 설명해준다.

예제 5.13

미국에서 마리화나의 합법화가 대중의 지지가 증가하면서 매우 빠른 속도로 이루어지고 있다. 오늘날 성인의 57%는 마리화나의 사용이 합법화되어야 한다고 말한다(www.pewresearch.org, October 12, 2016). 오하이오주에 있는 한 건강전문가는 200명의 성인으로부터 데이터를 수집하고 그들 중 102명이 마리화나의 합법화를 찬성하는 것을 발견하였다.

a. 이 건강전문가는 오하이오주에서 마리화나 합법화에 찬성하는 성인의 비율이 전국의 비율을 대표하지 않는다고 믿는다. 그녀의 주장을 검정하기 위한 경쟁가설을 설정하라.
b. 검정통계량의 값과 p-값을 계산하라.
c. 10%의 유의수준에서 표본데이터는 이 건강전문가의 믿음을 지지하는가?

해답:

관심 있는 모수는 모비율 p이다. 이 건강전문가는 오하이오주에서 마리화나 합법화를 찬성하는 성인의 모비율이 전국의 비율인 0.57과 다른지를 검정하기 원한다. 경쟁가설은 다음과 같이 설정된다.

$$H_0: p = 0.57$$
$$H_A: p \neq 0.57$$

b. $p_0 = 0.57$와 $n = 200$에서 평가하면, 표본비율의 정규분포 조건인 $np \geq 5$와 $n(1 - p) \geq 5$가 충족된다. 표본비율 $\bar{p} = 102/200 = 0.51$을 사용하면서 검정통계량의 값은 다음과 같이 계산된다.

$$z = \frac{\bar{p} - p_0}{\sqrt{p_0(1 - p_0)/n}} = \frac{0.51 - 0.57}{\sqrt{0.57(1 - 0.57)/200}} = -1.71$$

양측검정이고 $z < 0$이므로, p-값은 $2P(Z \leq z) = 2P(Z \leq -1.71) = 0.0872$와 같이 계산된다.

c. p-값 $= 0.0872 < \alpha = 0.10$이므로 귀무가설은 기각된다. 따라서 10%의 유의수준에서 오하이오주에서 마리화나 합법화를 찬성하는 성인의 비율은 전국의 비율인 0.57과 다르다.

연습문제 5.3

36. 다음의 검정을 위한 귀무가설과 대립가설을 설정하라.

a. 한 시리얼 박스에 담겨져 있는 시리얼의 평균 중량이 18온스와 다른지를 검정하라.

b. 주가가 거래일들의 60%보다 많은 거래일들 에서 상승하는지를 검정하라.

c. 미국인들은 평균 7시간보다 적게 수면하는지를 검정하라.

d. a에서 1종 오류와 2종 오류의 결과를 설명하라.

37. 다음의 주장을 위한 귀무가설과 대립가설을 설정하라.

a. "나는 이번 선거에서 다수의 투표를 얻어 승리할 것이다."

b. "나는 당신의 10인치 피자가 평균적으로 10인치보다 적다고 의심한다."

c. "나는 그 약이 광고한 대로 평균 250 mg의 이부프로펜(ibuprofen)을 포함하고 있지 않기 때문에 그 회사에게 벌금을 부과해야 할 것이다."

d. a에서 1종 오류와 2종 오류의 결과를 설명하라.

38. 한 대형 제조기업의 경영자는 조립비용을 감소시킨다고 약속하는 새롭고 비싼 소프트웨어로 교체하는 것을 고려하고 있다. 그 소프트웨어를 구매하기 전에 이 경영자는 새로운 소프트웨어가 조립비용을 감소시키는지를 결정하기 위한 가설검정을 수행하기 원한다.

a. 이 경영자는 1종 오류를 더 우려하는가 2종 오류를 더 우려하는가? 설명하라.

b. 그 소프트웨어 회사는 1종 오류를 더 우려하는가 2종 오류를 더 우려하는가? 설명하라.

39. 거짓말 탐지기는 개인이 진실을 말하는지를 결정하기 위해 사용되는 도구이다. 거짓말 탐지기 테스트는 95% 신뢰할 수 있는 것으로 여겨진다. 달리 말하면, 개인이 거짓말하면, 거짓말 탐지기 테스트가 거짓말을 탐지할 확률은 95%이다. 개인이 실제로 진실을 말하고 있을 때에도 거짓말 탐지기 테스트가 오류를 범하여 거짓말을 한다고 탐지할 확률이 0.005라고 하자. 다음과 같은 질문에 답하기 위해 "개인은 진실을 말하고 있다"는 귀무가설을 고려하라.

a. 1종 오류의 확률은 얼마인가?

b. 2종 오류의 확률은 얼마인가?

c. 1종 오류와 2종 오류의 결과는 무엇인가?

d. "나는 거짓말 탐지기의 결과에 기초하여 개인이 진실을 말하고 있는지 증명할 수 있다"는 진술에는 무엇이 잘못된 것인가?

40. FILE ***Wait_Time.*** 한 소형 편의점의 경영자는 고객들이 구매하기 전에 너무 오랫동안 줄을 서는 것을 원치 않는다. 특히 만일 고객들의 대기시간이 평균 5분보다 많으면 그녀는 기꺼이 다른 1대의 금전등록기를 운용할 한 명의 종업원을 고용하려고 한다. 그녀는 임의로 낮 동안 고객들의 대기시간(분)을 다음과 같이 관측하였다.

3.5	5.8	7.2	1.9	6.8	8.1	5.4

a. 이 경영자는 한 명의 종업원을 고용할 필요가 있는지를 결정하기 위한 귀무가설과 대립가설을 설정하라.
b. 검정통계량의 값과 p-값을 계산하라. 이러한 단계를 수행하기 위해 모집단에 관해 어떤 가정이 필요한가?
c. $\alpha = 0.10$에서 이 경영자는 한 명의 종업원을 고용할 필요가 있는지를 결정하라.

41. 각 시리얼 박스에 1.20파운드의 시리얼을 포장하도록 프로그램 되어 있는 기계의 정확성을 테스트하고 있다. 36개 시리얼 박스로 구성되어 있는 표본에서 평균과 표준편차는 각각 1.22파운드와 0.06파운드로 계산되었다.
a. 기계가 적절하지 않게 작동하는지를 결정하기 위한 귀무가설과 대립가설을 설정하라.
b. 검정통계량의 값과 p-값을 계산하라.
c. 5%의 유의수준에서 당신은 기계가 적절하지 않게 작동한다고 결론내릴 수 있는가? 설명하라.

42. 작년에 중서부 지역의 주택가격은 평균 6.6% 상승하였다. 한 부동산 중개인은 서부 지역에서 최근 36건 주택판매에 대한 데이터를 수집하였다. 그는 표본에서 주택가격 상승은 평균이 7.5%이고 표준편차는 2%라는 것을 발견하였다. 그는 서부 지역의 주택가격이 중서부 지역보다 평균적으로 더 크게 상승했다고 결론내릴 수 있는가? 분석을 위해 5%의 유의수준을 사용하라.

43. 45명 경제학자들의 평균 예측치에 의하면, 금년에 미국의 국내총생산(GDP)은 2.8% 증가할 것이다. 이들 경제학자들의 예측치들의 표본표준편차는 1%라고 하자. 5%의 유의수준에서 GDP에 대한 모든 경제학자들의 평균 예측치가 3%보다 낮은지를 검정하라.

44. **FILE** ***MPG.*** 이 문제와 관련된 데이터는 50대의 하이브리드 자동차로 구성되어 있는 표본의 연비(MPG)를 보여준다.
a. 평균 mpg가 50과 다른 지를 검정하기 위한 귀무가설과 대립가설을 설정하라.
b. 검정통계량의 값과 p-값을 계산하라.
c. $\alpha = 0.05$에서 당신은 평균 mpg가 50과 다르다고 결론내릴 수 있는가?

45. 한 자동차 제조회사는 새로운 스포츠카를 개발하고 있다. 엔지니어들은 이 자동차가 시간당 0마일에서 60마일까지 도달하는 데 걸리는 평균 시간은 6초 미만이기를 기대하고 있다. 이 회사는 12대의 자동차를 테스트하고 성과 시간을 측정하였다. 12대 자동차들 중 3대는 5.8초, 5대는 5.9초, 3대는 6.0초, 1대는 6.1초가 걸렸다. 5%의 유의수준에서 새로운 스포츠카가 시간당 0마일에서 60마일까지 6초 미만에 도달하게 하는 목표를 충족시키는지를 검정하라. 분석을 위해 정규분포를 가정하라.

46. **FILE** ***Highway_Speeds.*** 한 경찰관은 고속도로 90번의 한 특정구간에서의 속도에 대해 우려하고 있다. 이 문제와 관련된 데이터는 토요일 오후 40대 자동차의 속도를 보여준다.
a. 고속도로 90번의 이 구간에서 제한속도는 65 mph이다. 고속도로 90번의 이 구간에서 자동차의 평균 속도는 제한속도보다 높은지를 결정하기 위한 경쟁가설을 설정하라.
b. 검정통계량의 값과 p-값을 계산하라.
c. $\alpha = 0.01$에서 이 경찰관의 우려가 타당한가? 설명하라.

47. **FILE** ***Debt_Payments.*** 이 문제와 관련된 데이터는 26개 메트로폴리탄 지역에 사는 주민들의 평균 월간 부채 상환액(달러)을 보여준다.
a. 평균 월간 부채 상환액이 900달러보다 큰지를 검정하기 위한 귀무가설과 대립가설을 설정하라.
b. 이러한 검정을 수행하기 위해 모집단에 대해 어떤 가정이 필요한가?
c. 검정통계량의 값과 p-값을 계산하라.
d. $\alpha = 0.05$에서 평균 월간 부채 상환액이 900달러보다 큰가? 설명하라.

48. 일부 최초 주택 구입자들, 특히 밀레니얼 세대들은 주택매입의 선급금을 지불하기 위해 그들의 은퇴계정을 축내고 있다. 한 경제학자는 현재 주택을 구매하기 위해 필요한 자금을 조달하기 위해 은퇴계정을 축내는 밀레니얼 세대들의 비율이 20%를 초과한다는 것을 우려한다. 그는 임의로 은퇴계정을 가지고 있는 190명의 밀레니얼 세대들을 대상으로 서베이를 수행하고 50명이 은퇴계정을 담보로 제공하고 차입하고 있다는 것을 발견하였다.
a. 이 경제학자의 우려를 검정하기 위한 귀무가설과 대립가설을 설정하라.
b. 검정통계량의 값과 p-값을 계산하라.
c. $\alpha = 0.05$에서 이 경제학자의 우려가 타당한지를 결정하라.

49. **FILE** ***Lottery.*** *비즈니스 위크(Business Week)*에 의해 수행된 2012년의 서베이는 매사추세츠주의 주민들은 미국인들의 평균보다 3배보다 많이 복권에 평균 860.70달러를 지출한다는 것을 발견하였다. 한 보스턴 싱크탱크에서 일하는 한 연구원은 매사추세츠주의 주민들은 복권에 이러한 금액보다 적게 지출한다고 믿는다. 그는 100명의 매사추세츠주의 주민들을 대상으로 서베이를 수행하고 그들에게 복권에 지출하는 연간 금액을 물었다.
a. 이 연구원의 주장을 검정하기 위한 경쟁가설을 설정하라.
b. 검정통계량의 값과 p-값을 계산하라.
c. 10%의 유의수준에서 데이터가 이 연구원의 주장을 지지하는가? 설명하라.

50. 마가리타는 트리플 섹과 라임 또는 레몬 주스를 첨가하고 종

종 술잔 테두리에 소금을 둘러서 제공되는 가장 일반적인 테길라 칵테일 중 하나이다. 마가리타의 일반적인 비율은 50%의 테길라, 25%의 트리플 섹, 25%의 신선한 라임 또는 레몬주스를 포함하는 2:1:1이다. 한 지역 바의 경영자는 바텐더가 마가리타의 50%보다 높은 비율로 부정확한 비율을 사용한다는 것을 우려한다. 그는 비밀리에 바텐더를 관측하고 그가 30개의 마가리타 중에서 10개에서만 정확한 비율을 사용한 것을 발견하였다. 5%의 유의수준에서 이 경영자의 의심이 타당한지를 검정하라.

51. 한 정치가는 명백하게 유권자들의 다수로부터 지지를 받고 있다고 주장한다. 한 최근의 서베이에서 임의로 선택된 40명의 유권자들 중 24명이 이 정치가를 지지하는 투표를 할 것이라고 의사를 표시하였다. 이 정치가의 주장이 유의수준 5%에서 타당한가?

52. 본인부담 진료비가 증가함에 따라, 노인들의 60%보다 많이 그들의 삶의 방식을 심각하게 조정할 가능성이 있다고 주장한다. 140명의 노인들을 대상으로 수행된 한 서베이에서 90명이 그들의 삶의 방식을 심각하게 조정할 것이라고 보고했다고 하자. 1%의 유의수준에서 이러한 주장을 검정하라.

53. 한 영화제작사가 한 영화를 개봉하면서 많은 관객들이 극장에서 두 번 이 영화를 보기위해 돌아올 것이라고 기대한다. 이 회사의 목표 관객 수는 3000만 명이고 관객들의 30%보다 많이 이 영화를 다시 보기 원하기를 바란다. 이 회사는 200명의 테스트 관객에게 이 영화를 보여주고 그들이 극장에서 이 영화를 다시 볼 것인지를 물었다. 테스트 관객 중에서 68명이 이 영화를 다시 볼 것이라고 말했다.

a. 5%의 유의수준에서 관객의 30%보다 많이 이 영화를 다시 볼 것인지를 검정하라.

b. 10%의 유의수준에서 동일한 분석을 다시 수행하라.

54. **FILE** ***Silicon_Valley.*** 고용다양성에 관한 2018년 CNBC의 보도에 의하면, 실리콘 밸리에 있는 하이테크 회사들에서 종업원의 약 60%는 백인이고 약 20%는 아시아계인이다. 흑인, 라틴계인, 여성은 매우 적은 것으로 나타난다. 모든 종업원의 약 30%가 여성이고 흑인과 라틴계인은 종업원의 약 15%에 불과하다. 타라 존스는 실리콘 밸리에 있는 한 하이테크 회사에서 일하는 최근 대학졸업생이다. 그녀는 자신의 회사가 CNBC의 보도와 같은 고용다양성을 가지고 있는지를 결정하기 원한다. 그녀는 자신의 회사에서 일하는 50명의 종업원에 대한 성별과 인종에 관한 정보를 수집하였다. 이러한 데이터의 일부가 아래의 표에 제시되어 있다.

a. 5%의 유의수준에서 타라의 회사에서 일하는 여성의 비율이 0.30과 다른 지를 결정하라.

b. 5%의 유의수준에서 타라의 회사에서 일하는 백인의 비율이 0.50보다 큰지를 결정하라.

Sex	Ethnicity
Woman	White
Man	White
⋮	⋮
Man	Nonwhite

5.4 데이터 분석

빅데이터를 사용할 때, 일반적으로 신뢰구간을 구하거나 가설검정을 수행하지 않는다. 왜 그런가? 만일 표본크기가 충분히 크면, 서로 다른 임의표본들로 부터 생성되는 $\bar{X}$의 추정치들 또는 $\bar{P}$의 추정치들 간에 차이가 거의 없다.

$\bar{X}$의 변동성을 평가하기 위해 $se(\bar{X}) = \frac{s}{\sqrt{n}}$를 사용하고 $\bar{P}$의 변동성을 평가하기 위해 $se(\bar{P}) = \sqrt{\frac{\bar{p}(1-\bar{p})}{n}}$을 사용한다는 것을 기억하라. 두 경우 모두 변동성은 추정량의 값이 계산되는 표본크기에 의존한다. 만일 표본크기가 충분히 크면, 변동성은 실제로 사라진다. 즉 $se(\bar{X}) = \frac{s}{\sqrt{n}}$와 $se(\bar{P}) = \sqrt{\frac{\bar{p}(1-\bar{p})}{n}}$은 0으로 접근한다. 따라서 빅데이터의 경우 오차범위도 0으로 접근하기 때문에 모평균 또는 모비율에 대한 신뢰구간을 구하는 것은 의미

Ariel Skelley/Blend Images LLC

가 없다. 이러한 상황에서 μ 또는 p를 추정할 때 관련되는 점추정량의 추정치를 사용하는 것으로 충분하다.

또한 모평균에 관한 가설검정을 수행할 때 검정통계량의 값은 $t_{df} = (\bar{x} - \mu_0)/(s/\sqrt{n})$와 같이 계산되고 모비율에 관한 가설검정을 수행할 때 검정통계량의 값은 $z = (\bar{p} - p_0)/(\sqrt{\bar{p}(1 - \bar{p})/n})$와 같이 계산된다는 것을 기억하라. 빅데이터의 경우, 두 검정통계량의 값은 증가하고 p-값은 작아진다. 따라서 실제 어떤 시나리오에서도 귀무가설은 기각된다.

따라서 표본크기가 충분히 크면, 통계적 추론은 매우 유용하지 않다. 데이터 분석에서는 표본크기가 상대적으로 적은 사례연구에 초점을 맞추어 논의한다.

사례연구

FILE ***Latinx_Income.*** 워싱턴 D.C에 있는 비영리 초당파 싱크 탱크인 경제정책연구소(Economic Policy Institute)에 의해 발표된 2018년의 한 논문에 의하면, 미국에서 소득불평등은 계속해서 증가하고 있다. 수년 동안 부유한 사람들은 더 부유해진 반면 노동자 임금은 정체되고 있다. 한 지역 라틴계 정치인은 라틴계 사람들의 후생에 관한 그의 우려에 대해 목소리를 높이고 있다.

다양한 연설을 통해 그는 그의 카운티에 사는 라틴계 가계의 평균 연봉은 2017년의 평균인 약 50,000달러 아래로 하락했다고 말했다. 그는 또한 연봉이 30,000달러보다 적게 버는 라틴계 가계의 비율은 2017년의 20% 수준보다 높아졌다고 말했다. 그의 주장 모두는 그의 카운티에 사는 36개 라틴계 가계의 소득 데이터에 기초한 것이다. 이러한 데이터의 일부가 표 5.6에 제시되어 있다.

표 5.6 라틴계 가계의 소득(1,000달러)

소득
23
63
⋮
47

트레보 존스(Trevor Jones)는 이 지역 정치인의 우려를 확인하는 데 관심을 가지고 있는 신문기자이다. 트레보는

1. 라틴계 가계의 평균 소득이 2017년의 50,000달러 수준 아래로 하락했는지를 결정하고
2. 30,000달러보다 적게 버는 라틴계 가계의 비율이 20%보다 높게 증가했는지를 결정하기 위해 표본 데이터를 사용하기 원한다.

샘플보고서—미국의 소득불평등

미국에서 뜨거운 논쟁 주제 중 하나는 소득불평등이 증가되고 있다는 것이다. 대침체(Great Recession) 이후 계속된 이러한 추세는 대공황(Great Depression) 동안과 이후에 부유층과 빈곤층의 소득 갭이 감소했던 것의 반전이다. 교역증가와 기술발전과 같은 시장의 힘이 고도로 숙련되고 교육을 잘 받은 노동자들을 더 생산적이게 만들었고 그 결과로 그들의 소득을 증가시켰다. 규제 완화, 노조의 쇠퇴, 최저 임금의 정체와 같은 제도의 힘이 소득불평등에 기여하였다. 논란의 여지는 있지만, 소수 집단, 특히 노동자 계급인 흑인들과 라틴계 사람들의 상당한 비중이 이러한 소득불평등을 느끼게 되었다.

36개 라틴계 가계로 구성된 표본에서 평균 가계소득은 47,278달러였고 표준편차는 19,524달러였다. 이에 더하여 8개 라틴계 가계, 대략적으로 22%의 가계는 30,000달러보다 적게 번다. 이러한 결과에 기초하여 이 정치가는 현재 시장 상황이 계속적으로 라틴계 사람들의 후생에 부정적인 영향을 미친다고 결론 내린다. 그러나 이러한 주장을 입증하기 위해서는 통계적으로 유의한 증거를 제시하는 것이 중요하다. 이러한 목적을 위해 모평균과 모비율에 관한 가설검정이 수행된다. 이러한 검정의 결과가 표 5.7에 요약되어 있다.

표 5.7 가설검정을 위한 검정통계량의 값과 p-값

가설	검정통계량의 값	p-값
$H_0: \mu \geq 50$ $H_A: \mu < 50$	$t_{35} = \dfrac{47.278 - 50}{19.524/\sqrt{36}} = -0.837$	0.204
$H_0: p \leq 0.20$ $H_A: p > 0.20$	$z = \dfrac{0.222 - 0.20}{\sqrt{\dfrac{(0.20)(0.80)}{36}}} = 0.333$	0.369

라틴계 가계들의 평균 소득이 2017년의 50,000달러 수준 아래로 하락했는지를 검정할 때, p-값이 0.204이므로 표 5.7에서 설정된 모평균에 대한 귀무가설은 적정한 유의수준에서 기각되지 않는다. 이와 유사하게, p-값이 0.369이므로 모비율에 대한 귀무가설도 적정한 유의수준에서 기각되지 않는다. 따라서 표본증거는 라틴계 가계의 평균 소득이 50,000달러 아래로 하락했다거나 30,000달러보다 적게 버는 라틴계 가계의 비율이 20%보다 높다는 주장을 지지하지 않는다. 아마도 이 정치가의 발언은 엄격한 통계분석이 아니라 피상적으로 표본통계량을 본 것에 기초한 것일 수 있다.

사례연구 제안

보고서 5.1 **FILE** ***Fidelity Returns.*** 첨부된 데이터는 2001~2007년 동안 대형 투자회사인 피델리티(Fidelity)에 의해 제공된 두 뮤추얼펀드의 실제 연수익률이다. 피델리티 셀렉트 오토모티브 뮤추얼펀드(Fidelity Select Automotive mutual fund)는 주로 승용차, 트럭, 특수차량, 부품, 타이어와 관련된 서비스를 제조하고, 마케팅하거나 판매하는 기업들에 투자한다. 피델리티 골드 뮤추얼펀드(Fidelity Gold mutual fund)는 주로 금의 탐사, 채굴, 가공 또는 판매하는 기업들에 투자하고 정도는 낮지만 귀금속과 광물에도 투자한다. 표본정보를 사용하여

- 뮤추얼펀드의 수익률 비교하기 위한 기술통계량을 계산하라.
- 모평균 수익률에 대한 95% 신뢰구간을 구하고 해석하는 것의 보상을 평가하라. 당신은 신뢰구간을 구할 때 어떤 가정을 했는가?

보고서 5.2 **FILE** ***Field_Choice.*** 2018년 퓨리서치센터(Pew Research Center) 서베이는 미국인의 반 이상(52%)이 젊은 사람들이 너무 어렵다고 생각하기 때문에 과학, 기술, 공학, 수학(STEM) 학위를 취득하려 하지 않는다고 믿는다는 것을 발견하였다. 대학에 입학하는 60명 학생들에게 대학에서 공부하고자 하는 분야에 대해 물었다. 설문에서 선택을 위해 제시된 분야는 STEM, 경영학, 기타이다. 성별(남, 여)에 관한 정보도 수집되었다. 첨부된 데이터 파일은 학생들의 응답을 포함하고 있다. 표본정보를 사용하여

- STEM을 공부하고자 하는 학생들의 비율에 대한 95% 신뢰구간과 경영학을 공부하고자 하는 학생들의 비율에 대한 95% 신뢰구간을 비교하라. 그 결과가 서베이의 결과를 지지하는 것으로 보이는가? 설명하라.
- 대학에 입학하는 여학생의 비율에 대한 95%의 신뢰구간을 구하고 해석하라.

보고서 5.3 **FILE** ***Wellbeing.*** 갤럽-헬스웨이스 웰빙 지수(Gallup-Healthways Well-Being Index)는 미국 거주자들의 건강과 복지의 평가 척도를 제공한다. 전반적인 종합점수는 0부터 100까지의 척도로 계산된다. 여기서 100은 완전히 실현되는 복지를 나타낸다. 2017년에 미국 거주자들의 전반적인 복지는 2016년의 62.1보다 약간 낮은 61.5로 보고되었다. 첨부된 파일은 가장 높은 복지 수준을 가진 주인 사우스다코타 주에 사는 35명의 주민들로 구성된 임의표본에 대한 전반적인 복지 점수를 보여준다. 표본정보를 사용하여

- 5%의 유의수준에서 사우스다코타주에 사는 주민들의 복지 점수가 전국 평균 복지점수인 61.5보다 높은지를 결정하라.
- 5%의 유의수준에서 사우스다코타주에 사는 주민들의 40% 미만이 50점 아래의 점수를 보고하는지 결정하라.
- 당신의 분석결과에 기초하여 사우스다코타주에 사는 주민들의 복지에 대해 논평하라.

6 회귀분석

Regression Analysis

학습목차_*Chapter Contents*

학습목표_*Learning Objectives*

이 장을 학습한 후에,

LO **6.1** 선형회귀모형을 추정하고 해석할 수 있어야 한다.
LO **6.2** 적합도 척도를 해석할 수 있어야 한다.
LO **6.3** 유의성 검정을 수행할 수 있어야 한다.
LO **6.4** 최소제곱법(OLS) 가정의 일반적인 위반을 수정할 수 있어야 한다.

1장에서 논의한 것처럼, 비즈니스 애널리틱스는 종종 3가지의 넓은 범주, 즉 기술분석(descriptive analytics), 예측분석(predictive analytics), 처방분석(prescriptive analytics)으로 분류될 수 있다. 이 장에서는 예측분석에서 가장 널리 사용되는 기법 중 하나인 회귀분석이 소개된다. 회귀분석은 두 가지 중요한 목적, 즉 (1) 변수들 간의 관계를 평가하고 (2) 다수의 투입변수들에 기초하여 목표변수의 결과를 예측하기 위해 사용된다. 예를 들면, 한 기업이 광고비 지출을 100,000달러 증가시킬 때, 매출액에 미치는 영향을 알기 원할 수 있다. 또는 주택크기와 위치에 기초하여 주택가격을 예측하기 원할 수 있다. 회귀분석은 이러한 두 가지 경우에 적용될 수 있다.

먼저 목표변수와 투입변수들간 관계가 선형으로 가정되는 선형회귀모형을 추정하기 위한 최소제곱법(OLS)을 학습한다. 이어서 어떤 투입변수들이 가장 중요한가를 평가하기 위해 적합도 척도들을 검토하고 가설검정을 수행한다. 마지막으로 검정과정의 타당성뿐만 아니라 OLS 추정량의 통계적 특성과 관련하여 최소제곱법 가정들의 중요성을 검토한다. 모형의 가정들의 일반적인 위반과 모형의 가정들이 위반될 때 발생되는 결과들을 살펴보고 이에 대한 일부의 수정 방법들이 제시된다.

도입사례_Introductory Case

칼리지 스코어카드(College Scorecard)*

FILE ***College.*** 대학 비용과 학생 부채가 증가함에 따라, 가족들이 대학을 찾고 선정하는 선택이 오늘날처럼 중요해진 적이 없었다. 학생들과 부모들은 대학비용의 부담능력과 가치에 관한 중요한 질문들에 대한 명료하고 신뢰할 만한 데이터를 찾고자 노력한다. 이러한 이유 때문에 미국 교육부(DOE)는 주요 대학들의 대학비용과 학생성과에 관한 가장 신뢰할 만한 데이터를 제공하는 재설계된 칼리지 스코어카드를 발간하였다.

대학카운슬러인 피오나 슈미트(Fiona Schmidt)는 칼리지 스코어보드의 정보는 가족들에게 조언을 할 때 도움을 줄 수 있다고 믿는다. 피오나는 어떤 대학요인들이 졸업 후 수입에 영향을 미치는지를 궁금해하고 다음과 같은 질문들에 대한 답을 얻기 원한다. 만일 대학비용이 클수록 더 높은 졸업률을 발생시키면, 학생은 졸업 후에 더 많이 버는 것을 기대할 수 있는가? 만일 더 높은 학생 비율이 졸업후에 부채를 상환해야 한다면, 이것이 졸업 후 수입에 영향을 미치는가? 마지막으로 대학의 위치는 졸업 후 수입에 영향을 미치는가?

이러한 질문들을 검토하기 위해, 피오나는 116개 대학으로부터 졸업 후 연간 평균수입(Earnings, 달러), 연간 평균비용(Cost, 달러), 졸업률(Grad, %), 졸업 후 부채를 상환하는 학생비율(Debt, %), 대학이 도시에 위치하는지 또는 하지 않는지(City: 도시에 위치하면 1, 그렇지 않으면 0)에 관한 정보를 수집하였다. 표 6.1은 이러한 데이터의 일부를 보여준다.

표 6.1 칼리지 스코어카드 데이터, 2016년 5월

School[a]	Earnings	Cost	Grad	Debt	City
St. Ambrose Univ.	44800	22920	62	88	1
Albion College	45100	23429	73	92	0
⋮	⋮	⋮	⋮	⋮	⋮
Wittenburg Univ.	42700	26616	64	90	1

피오나는 표 6.1의 정보를 사용하여 다음 사항을 결정하기 원한다.

1. 회귀분석을 사용하여 졸업 후 수입을 예측한다.
2. 졸업 후 수입에 관한 모형의 적합도 척도들을 해석한다.
3. 졸업 후 수입을 설명하는 데 어떤 요인들이 통계적으로 유의한지를 결정한다.

이 도입사례에 대한 분석결과는 6.3절의 마지막에 제시되어 있다.

---

* 칼리지 스코어카드(College Scorecard)는 소비자가 미국 고등교육기관의 비용과 가치를 비교할 수 있도록 미국 교육부가 제공하는 온라인 도구로 미국 고등교육기관의 비용, 졸업률, 고용률, 평균 차입금 및 대출상환불이행 비율의 5가지 영역에 관한 데이터를 제공한다.

6.1 선형회귀모형

LO 6.1

선형회귀모형을 추정하고 해석할 수 있어야 한다.

회귀분석(regression analysis)은 예측애널리틱스에서 가장 널리 사용되는 기법 중 하나이다. 회귀분석은 2개 이상의 변수들 간 관계를 파악하고 다수의 투입변수들에 기초하여 목표변수의 결과를 예측하기 위해 사용된다. 회귀분석은 변수들 중 어떤 변수가 가장 중요하고 어떤 변수를 무시할 수 있는지를 평가하고 강건한 예측을 할 수 있게 해준다.

반응변수(response variable)라고 부르는 목표변수와 **예측변수(predictor variable)**라고 부르는 1개 이상의 투입변수들의 관계를 나타내는 수학적 모형을 구축한다. 결론적으로 말하면, 반응변수의 변화를 설명하고 예측하기 위해 예측변수들에 관한 정보를 사용한다.

도입사례에서 피오나는 어떤 대학요인들이 졸업후 수입에 영향을 미칠 수 있는지를 궁금해한다. 다른 경우들로는 광고비 지출액에 기초하여 기업의 매출액을 예측하기 원할 수 있다. 교육수준과 경력연수에 기초하여 개인의 연봉을 추정하기 원할 수 있다. 주택크기와 위치에 기초하여 주택의 판매가격을 예측하기 원할 수 있다. 소비자의 소득수준, 이자율, 가격할인에 기초하여 자동차 매출액을 설명하기 원할 수 있다. 이러한 모든 예에서 관심 있는 변수들 간 관계를 설명하기 위해 회귀분석을 사용할 수 있다.

선택되는 반응변수들이 무엇이든지 간에 반응변수의 정확한 값을 예측하는 것을 기대할 수 없다. 만일 반응변수의 값이 예측변수들의 값들에 의해 유일하게 결정되면, 변수들 간의 관계는 **확정적(deterministic)**이라고 말한다. 이러한 확정적 관계는 종종 물리학에서 나타난다. 예를 들면, 운동량 p는 질량 m과 물체의 속도 v의 곱과 같다. 즉, $p = mv$이다. 그러나 대부분의 연구분야에서 반응변수에 영향을 미치는 관련 요인들(종종 측정될 수 없는 요인들)이 누락되기 때문에 반응변수와 예측변수들 간의 관계는 **확률적(stochastic)**이다. 예를 들면, 개인의 연봉을 예측하려고 할 때, 개인의 타고난 능력은 불가능한 것은 아닐지라도 계량화하는 것이 매우 어렵기 때문에 종종 누락된다.

확정적 관계와 확률적 관계

반응변수가 예측변수들에 의해 유일하게 결정되면 반응변수와 예측변수들 간의 관계는 확정적이다. 그렇지 않으면 반응변수와 예측변수들 간의 관계는 확률적이다.

우리의 목적은 반응변수 y 와 k 개 예측변수들 $x_1, x_2, \ldots, x_k$ 간 관계를 나타내는 수학적 모형을 개발하는 것이다. 이 모형은 현실의 한 부분으로 자리잡고 있는 임의성(randomness)도 고려해야 한다. 선형회귀모형을 개발하기 위해 모형화 하기를 원하는 관계를 근사시키는 확정적 부분에 임의 오차항을 더하여 반응변수와 예측변수들 간의 관계를 확률적이 되게 만든다.

선형회귀모형의 구성요소

어떤 예측변수들이 반응변수를 가장 잘 설명할 수 있는지를 결정하기 위해 경제학 이론, 직관과 통계척도들을 사용한다. 회귀모형은 모든 예측변수들을 수치형 변수로 간주한다. 여기서 범주형 변수의 관측치들은 수치로 전환된다. 1장과 2장으로부터 수치형 변수의 관측치들은 의미 있는 숫자를 나타내는 반면 범주형 변수의 관측치들은 서로 다른 범주를 나타낸다는 것을 기억하라. 예를 들면, 소득은 수치형 변수인 반면 결혼상태는 범주형 변수이다.

지시변수(indicator variable) 또는 이항변수(binary variable)라고도 부르는 더미변수(dummy variable)는 한 범주형 변수의 두 가지 범주를 나타내기 위해 1 또는 0의 값을 가진다는 것도 기억하라. 예측변수가 더미변수인 경우, 일반적으로 0의 값을 가지는 범주를 **참고범주(reference category)** 또는 **기준범주(benchmark category)**라고 부른다. 모든 비교는 참고범주에 대한 관계로 이루어진다. 예를 들면, 성별의 범주를 나타내는 더미변수의 경우, 1은 남성으로, 0은 여성으로 정의할 수 있다. 이 경우에 참고범주는 여성이다. 이와는 다르게 1은 여성으로, 0은 남성으로 정의할 수 있고 여기서 남성이 참고범주이다.

> **예측변수로 사용되는 더미변수**
>
> 더미변수(dummy variable)는 한 범주형 변수의 두 가지 범주를 나타내기 위해 1 또는 0의 값을 가진다. 예측변수가 더미변수인 경우, 0의 값을 가지는 범주를 참고범주(reference category) 또는 기준범주(benchmark category)라고 부른다.

선형회귀모형에서 하나의 예측변수가 사용되면, 이 회귀모형은 **단순선형회귀모형(simple linear regression model)**이라고 부르고 $y = \beta_0 + \beta_1 x + \varepsilon$과 같이 나타낸다. 여기서 y는 반응변수, β_0와 β_1은 각각 알려져 있지 않은 절편과 기울기 모수들, x은 예측변수, ε(그리스문자로 epsilon이라고 읽는다)은 임의오차항(random error term)이다. (기술적으로는 모든 변수들에 하첨자 i를 포함시켜서 회귀모형은 $y_i = \beta_0 + \beta_1 x_i + \varepsilon_i$와 같이 나타내어야 한다. 일단 하첨자 i를 생략하도록 하자.)

단순선형회귀모형의 기본적인 가정은 y의 기대값이 $\beta_0 + \beta_1 x$로 표시되는 직선 상에 있다는 것이다. $\beta_0 + \beta_1 x$은 단순선형회귀모형의 확정적 요소이고 주어진 x 값에서 y의 기대값이라고 생각할 수 있다. 달리 말하면, $E(y) = \beta_0 + \beta_1 x$이다. 기울기 모수 β_1은 x와 $E(y)$ 간의 관계가 양($\beta_1 > 0$)인지, 음($\beta_1 < 0$)인지를 결정한다. $\beta_1 = 0$은 x와 $E(y)$ 간에 선형관계가 존재하지 않는다는 것을 의미한다. 그림 6.1은 다양한 절편 β_0와 기울기 β_1 값들의 경우에 해당되는 y의 기대값을 보여준다.

그림 6.1 단순선형회귀모형의 예

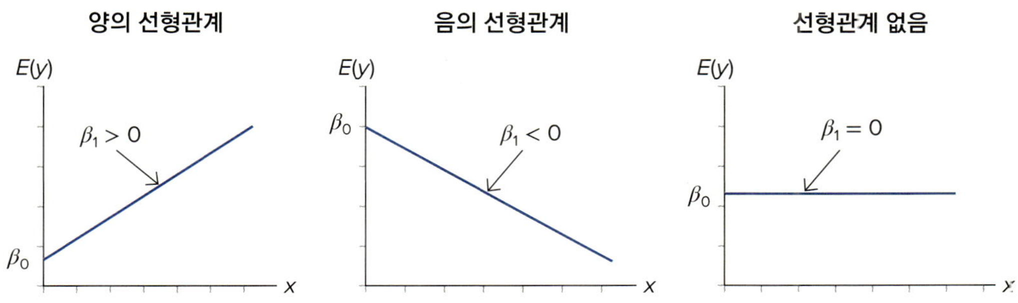

2개 이상 예측변수들을 포함시키기 위해 단순선형회귀모형은 쉽게 확장될 수 있다. 이러

한 모형을 **다중선형회귀모형(multiple linear regression model)**이라고 부르고 $y = \beta_0 + \beta_1 x_1 + \beta_2 x_2 + \ldots + \beta_k x_k + \varepsilon$와 같이 나타낸다. 일반적으로 주어진 예측변수가 더미변수이면 x 대신에 d로 나타낸다. 단순하게 단순선형회귀모형이나 다중선형회귀모형 모두 선형회귀모형이라고 부르도록 하자.

선형회귀모형에서 사용되는 모수 $\beta_0, \beta_1, \beta_2, \ldots, \beta_k$는 알려져 있지 않기 때문에 추정되어야 한다. 항상 했던 것처럼, 관심 있는 모수들을 추정하기 위해 표본데이터가 사용된다. 여기서 표본데이터는 $y, x_1, x_2, \ldots, x_k$의 n개 관측치로 구성된다.

> **선형회귀모형**
>
> 선형회귀모형(linear regression model)은 다음과 같이 정형화된다.
>
> $$y = \beta_0 + \beta_1 x_1 + \beta_2 x_2 + \ldots + \beta_k x_k + \varepsilon$$
>
> 여기서 y는 반응변수이다; $x_1, x_2, \ldots, x_k$는 k개 예측변수들이다; ε은 임의오차항이다. 계수 $\beta_0, \beta_1, \beta_2, \ldots, \beta_k$는 추정되어야 하는 알려져 있지 않은 모수들이다.

$b_0, b_1, b_2, \ldots, b_k$는 각각 $\beta_0, \beta_1, \beta_2, \ldots, \beta_k$의 추정치를 나타낸다고 하자. **표본회귀식(sample regression equation)**은 $\hat{y} = b_0 + b_1 x_1 + b_2 x_2 + \ldots b_k x_k$와 같이 표시한다. 여기서 $\hat{y}$(y-hat이라고 읽는다)은 주어진 예측변수들의 값에서 구해지는 반응변수의 예측값이다. 예측변수들 이외의 많은 요인들이 y에 영향을 미치기 때문에 주어진 예측변수들의 값에서 반응변수의 관측값과 예측값은 다를 수 있다. y의 관측값과 예측값 간 차이, 즉 $y - \hat{y}$은 **잔차(residual)** e라고 부른다.

$\beta_0, \beta_1, \beta_2, \ldots, \beta_k$의 추정치를 구하는 일반적인 방법은 **최소제곱법(ordinary least squares, OLS)**을 사용하는 것이다. 특정한 가정들이 성립하면(이러한 가정들은 6.4절에서 논의된다), OLS 추정량은 많은 바람직한 특성들을 가진다. OLS 방법은 오차제곱합(error sum of squares, SSE), 즉 $SSE = \Sigma(y - \hat{y})^2 = \Sigma e^2$가 최소화되는 표본회귀식을 선택한다. SSE는 관측값 y와 예측값 $\hat{y}$ 간 차이 제곱의 합, 즉 관측값 y로부터 회귀식까지의 수직거리 제곱의 합이다. 따라서 이러한 거리 척도를 사용하면, OLS 방법은 표본데이터와 가장 가까운 회귀식을 제공해준다.

미적분을 사용하면서 OLS 기준을 충족시키는 $b_0, b_1, b_2, \ldots, b_k$를 구하기 위한 방정식들이 도출된다. 실제로 모든 통계 소프트웨어 패키지는 표본회귀식을 구하기 위해 필요한 출력결과를 계산한다. 이에 더하여, 이 장의 뒤부분에서 논의되는 모형을 평가하기 위한 통계량들의 값도 출력결과에 포함되어 있다.

예측변수가 하나인 경우에 방금 설명한 것을 그래프로 그리기 위해, x에 대한 y의 산점도를 보여주는 그림 6.2를 살펴보자. OLS를 사용하여 구해진 표본회귀선 $\hat{y} = b_0 + b_1 x$이 산점도 위에 그려져 있다. 또한 한 관측치에 해당되는 잔차 $e = y - \hat{y}$도 그려져 있다.

그림 6.2 x에 대한 y의 산점도와 표본회귀선

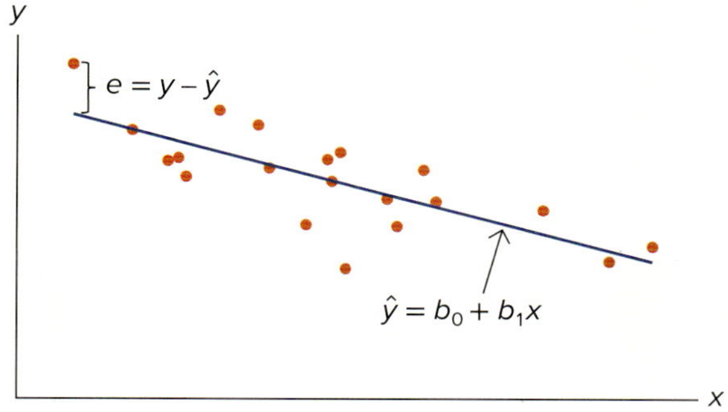

추정된 회귀계수들을 해석하는 것이 중요하다. 수학적으로 말하면, 절편 추정치 b_0는 각 예측변수 $x_j(j = 1, \ldots, k)$가 0의 값을 가질 때 $\hat{y}$의 예측값을 나타낸다. 그러나 많은 응용에서 절편에 대해 의미 있는 해석을 제공하는 것이 가능하지 않을 수 있다. 각 예측변수 $x_j(j = 1, \ldots, k)$의 경우, 해당되는 기울기 계수 b_j는 β_j의 추정치이다. 기울기 계수 b_j는 *다른 모든 예측변수들이 일정한 경우*, 예측변수 x_j가 한 단위 증가할 때 발생되는 반응변수의 예측값 변화를 측정한다. 달리 말하면, 기울기 계수 b_j는 $\hat{y}$에 대해 부분적으로 영향을 미치는 값을 나타낸다.

예제 6.1

FILE ***College.*** 표 6.1의 데이터를 사용하면서 선형회귀모형 Earnings = $\beta_0 + \beta_1$Cost + β_2Grad + β_3Debt + β_4City + ε를 추정하라. 여기서 Earnings는 졸업 후 연간 평균수입(달러), Cost는 연간 평균비용(달러), Grad는 졸업률(%), Debt는 졸업 후 부채를 상환하는 학생비율(%)이다. City는 대학이 도시에 위치하면 1의 값, 그렇지 않으면 0의 값을 가진다.

a. 표본회귀식을 구하라.

b. 기울기 계수들을 해석하라.

c. 한 대학의 연간 평균비용이 25,000달러, 졸업률이 60%, 졸업 후 부채를 상환하는 비율이 80%이고 이 대학이 도시에 위치하면 졸업후 연간 평균수입은 얼마인지 예측하라.

해답:

표 6.2는 선형회귀모형을 추정한 Excel 출력결과를 보여준다. 이 절의 마지막 부분에 회귀분석 출력결과를 얻기 위한 Excel과 R의 지시사항이 제공된다.

표 6.2 예제 6.1의 회귀분석 결과

Regression Statistics						
Multiple R	0.6552					
R Square	0.4292					
Adjusted R Square	0.4087					
Standard Error	5645.831					
Observations	116					
ANOVA						
	df	**SS**	**MS**	**F**	**Significance F**	
Regression	4	2660691959	665172990	20.868	7.56E-13	
Residual	111	3538169765	31875403			
Total	115	6198861724				
	Coefficients	**Standard Error**	**t Stat**	**p-value**	**Lower 95%**	**Upper 95%**
Intercept	**10004.9665**	7634.3338	1.311	0.1927	−5122.98	25132.91
Cost	**0.4349**	0.1110	3.917	0.0002	0.21	0.65
Grad	**178.0989**	69.1940	2.574	0.0114	40.99	315.21
Debt	**141.4783**	117.2120	1.207	0.2300	−90.79	373.74
City	**2526.7888**	1103.4026	2.290	0.0239	340.32	4713.25

a. 표 6.2에서 보는 것처럼, Excel은 많은 정보를 제공해준다. 예제 6.1의 질문들에 답하기 위해서 표 6.2의 아래 부분에 볼드체로 나타낸 회귀계수 추정치들만 필요하다. 나머지 정보는 이 장의 다음 절들에서 살펴볼 것이다. 반올림하여 소수점 4자리로 정리된 회귀계수 추정치들은 $b_0 = 10{,}004.9665$, $b_1 = 0.4349$, $b_2 = 178.0989$, $b_3 = 141.4783$, $b_4 = 2{,}526.7888$이다. 따라서 표본회귀식은 다음과 같이 나타낼 수 있다.

$$\widehat{\text{Earnings}} = 10{,}004.9665 + 0.4349\text{Cost} + 178.0989\text{Grad} + 141.4783\text{Debt} \\ + 2{,}526.7888\text{City}.$$

b. 모든 회귀계수 추정치는 양의 값을 가지고 있다. 이것은 각 예측변수는 반응변수에 양의 영향을 미친다는 것을 의미한다. 구체적으로 말하면,

- 모든 다른 예측변수들이 일정한 경우, 연간 평균비용이 1달러 증가하면, 예측되는 졸업 후 수입은 평균적으로 b_1만큼, 즉 약 0.4349달러만큼 증가할 것으로 기대된다. 이러한 결과는 대학에서 더 많이 지출하는 것이 보상받는다는 것을 의미한다.
- 모든 다른 예측변수들이 일정한 경우, 졸업률이 1% 증가하면, 예측되는 졸업 후 수입은 평균적으로 b_2만큼, 즉 약 178.0989달러만큼 증가할 것으로 기대된다. 정책담당자들은 종종 졸업률이 대학의 학문적 우수성의 대리변수로 사용될 수 있는지에 대해 논쟁한다. 아마도 졸업률이 학문적 우수성을 나타내는 것은 아니지만 높은 졸업률을 가진 대학은 보다 더 동기가 부여된 학생들을 가지고 있고 이러한 학생들의 졸업 후 수입이 더 높을 수 있다.

- 모든 다른 예측변수들이 일정한 경우, 부채를 상환하는 학생비율이 1% 증가하면, 예측되는 졸업 후 수입은 평균적으로 b_3만큼, 즉 약 141.4783달러만큼 증가할 것으로 기대된다. 나중에 밝혀지겠지만 Debt는 적정한 유의수준에서 통계적으로 유의하지 않다. 6.3절에서 유의성 검정에 대해 논의할 것이다.
- 모든 다른 예측변수들이 일정한 경우 도시에 위치한 대학의 졸업생들의 졸업 후 수입은 평균적으로 2526.7888달러 더 높은 것으로 예측된다. 도시에 위치한 대학에 다니는 학생들이 종종 졸업 후에 더 높은 연봉을 지급하는 일자리로 연결되는 더 많은 인턴십 기회를 가질 가능성이 있다는 것을 이해하면, 이러한 차이는 놀라운 일이 아니다.

c. 한 대학의 연간 평균비용이 25,000달러, 졸업률이 60%, 졸업 후 부채를 상환하는 비율이 80%이고 이 대학이 도시에 위치하면, 졸업 후 연간 평균수입은 다음과 같이 예측된다.

$$\widehat{\text{Earnings}} = 10{,}004.9665 + 0.4349 \times 25{,}000 + 178.0989 \times 60 + 141.4783 \times 80 + 2{,}526.7888 \times 1 = 45{,}408.7991$$

Excel과 R을 이용하여 선형회귀모형 추정하기

Excel 이용

FILE ***College.*** Excel을 이용하면서 표 6.2의 회귀분석 결과를 얻기 위해서 다음 단계들을 따라 하라.

A. *College* 데이터 파일을 열어라.

B. 메뉴로부터 **데이터(Data) > 데이터 분석(Data Analysis) > 회귀분석(Regression)**을 선택하라. [3장으로부터, 당신이 **데이터(Data)** 아래에 있는 **데이터 분석(Data Analysis)** 옵션을 발견하지 못하면 **분석도구(Analysis Toolpak)** 옵션을 추가로 설치해야 한다는 것을 기억하라.]

C. 그림 6.3을 참조하라. *회귀분석(Regression)* 대화상자에서, *Y축 입력 범위(Input Y Range)* 옆에 있는 상자에서 클릭하고 Earnings 데이터를 선택한다. *X축 입력 범위(Input X Range)* 옆에 있는 상자에서 클릭하고 *동시에* Cost, Grad, Debt, City 데이터를 선택한다. 변수이름을 사용하고 있기 때문에 *이름표(Labels)*를 선택하라.

D. **확인(OK)**을 클릭하라.

R 이용

FILE ***College.*** R을 이용하면서 표 6.2의 회귀분석 결과를 얻기 위해서 다음 단계들을 따라 하라.

그림 6.3 예제 6.1을 위한 Excel의 회귀분석 대화상자

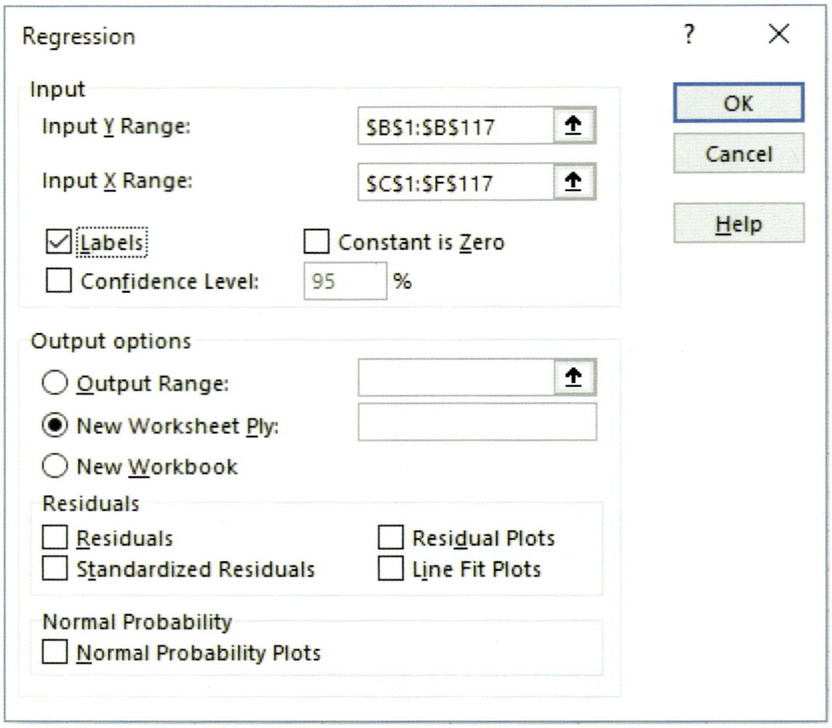

A. ***College*** 데이터를 데이터 프레임(테이블)으로 불러오고 그것을 myData라고 이름 붙여라.

B. R은 자동적으로 과학적 표기법(* 숫자를 $m \times 10^n$으로 표기하는 방식)을 사용하면서 회귀분석 결과를 보고한다. 이러한 옵션이 작동하지 않도록 선택하기 위해 다음과 같은 명령어를 사용하라.

```
> options(scipen=999)
```

과학적 표기법로 돌아가기 위해서 >options(scipen=0)을 입력하라..

C. 선형모형을 생성하기 위해 **lm** 함수를 사용하고 Multiple이라고 이름 붙여라. 반응변수와 예측변수 간에 음의 관계가 존재할 수 있다고 믿을 지라도, 예측변수를 추가하기 위해 '+' 부호를 사용하는 것에 주목하라. 당신은 이 단계를 실행한 후에도 결과를 보지 못할 것이다.

```
> Multiple <- lm(Earnings ~ Cost + Grad + Debt + City, data = myData)
```

D. 요약된 회귀분석 결과를 보기 위해 **summary** 함수를 사용하라. 그림 6.4는 R의 회귀분석 결과를 보여준다. 절편과 기울기 계수를 볼드체로 표시하였다. 예상한 대로 이 값들은 Excel을 이용하여 얻은 값들과 같다.

```
> summary(Multiple)
```

그림 6.4 예제 6.1을 위한 R의 회귀분석 결과

```
Call:
lm(formula = Earnings ~ Cost + Grad + Debt + City, data = myData)

Residuals:
     Min        1Q    Median        3Q       Max
-12375.3   -3065.2    -589.9    2946.5   20189.0

Coefficients:
              Estimate Std. Error t value Pr(>|t|)
(Intercept) 10004.9665  7634.3338   1.311 0.192724
Cost            0.4349     0.1110   3.917 0.000155 ***
Grad          178.0989    69.1940   2.574 0.011373 *
Debt          141.4783   117.2120   1.207 0.229987
City         2526.7888  1103.4026   2.290 0.023912 *
---
Signif. codes:  0 '***' 0.001 '**' 0.01 '*' 0.05 '.' 0.1 ' ' 1

Residual standard error: 5646 on 111 degrees of freedom
Multiple R-squared:  0.4292,  Adjusted R-squared:  0.4087
F-statistic: 20.87 on 4 and 111 DF, p-value: 0.0000000000007564
```

다수 범주를 가진 범주형 변수

지금까지 더미변수는 2개 범주만을 가지는 범주형 변수를 나타내기 위해 사용되었다. 종종 범주형 변수가 2개 보다 많은 범주에 의해 정의될 수 있다. 이러한 경우, 모든 범주를 나타내기 위해 다수의 더미변수를 사용한다. 예를 들면, 출근하기 위해 이용되는 교통수단은 3개 범주, 즉 공공교통수단, 혼자 운전, 카풀로 나타낼 수 있다. 두 개의 더미변수 d_1과 d_2가 정의될 수 있다. 여기서 d_1은 공공교통수단이면 1, 그렇지 않으면 0이고 d_2는 혼자 운전이면 1, 그렇지 않으면 0이다. 이러한 3개 범주의 경우, 두 개의 더미변수만 정의할 필요가 있다. 참조범주(reference category)인 카풀은 $d_1 = d_2 = 0$일 때의 범주이다.

절편항이 있으면, 선형회귀모형에서 더미변수 하나를 제외시킨다. 여기서 제외되는 더미변수는 다른 더미변수들이 정의되는 참조범주를 나타낸다. 범주의 수만큼 많은 더미변수를 포함시키면 더미변수들의 합은 1이 된다. 예를 들어 카풀을 나타내기 위해 1을 가지는 세 번째 더미변수 d_3를 추가하면, 모든 관측치에서 $d_1 + d_2 + d_3 = 1$이다. 이것은 6.4절에서 논의되는 주제인 완벽한 다중공선성이라고 부르는 문제를 발생시킨다. 앞으로 살펴보겠지만, 이러한 모형은 추정될 수 없다. 이러한 상황은 종종 **더미변수 함정(dummy variable trap)**이라고 부른다.

> **더미변수 함정 피하기**
>
> 만일 선형회귀모형이 절편항을 포함하고 있으면, 범주형 변수를 나타내는 더미변수의 수는 범주형 변수의 범주 수에서 1을 뺀 것과 같아야 한다.

범주형 변수가 많은 범주들을 가지고 있는 경우가 있을 수 있다. 많은 더미변수를 정의하는 것이 번거로울 뿐만 아니라 반드시 유용한 정보를 제공하지 않을 수 있다. 이러한 경우, 일반적으로 유사성에 기초하여 범주들을 그룹화하는 것이 타당하다. 예를 들면, 교통량을 분석할 때, 서로 다른 요일들 간 대신에 주중과 주말 간에 의미 있는 차이가 발견될 수 있다. 따라서 서로 다른 요일을 나타내기 위해 6 (=7 − 1)개의 더미변수를 사용하는 대신에 주중 또는 주말을 나타내기 위해 1개의 더미변수만을 사용할 수 있다.

예제 6.2

FILE ***Retail.*** 한 정부기관 연구원은 소매매출액(Sales, 100만 달러)과 국민총생산(GNP, 10억 달러) 간의 관계를 분석하고 있다. 그는 분기별로 소매매출액의 유의한 차이가 존재하는지도 궁금해하고 있다. 그는 10년 기간의 분기별 데이터를 수집하고 분기를 나타내는 더미변수들을 정의하였다. 이러한 데이터의 일부가 표 6.3에 제시되어 있다.

표 6.3 예제 6.2를 위한 데이터

Year	Quarter	Sales	GNP
2007	1	921266	14301.854
2007	2	1013371	14512.945
⋮	⋮	⋮	⋮
2016	4	1299699	19134.463

a. 선형회귀모형 $y = \beta_0 + \beta_1 x + \beta_2 d_1 + \beta_3 d_2 + \beta_4 d_3 + \varepsilon$을 추정하라. 여기서 y와 x는 각각 소매매출액과 GNP를 나타낸다; d_1은 1분기이면 1이고 그렇지 않으면 0이다; d_2는 2분기이면 1이고 그렇지 않으면 0이다; d_3은 3분기이면 1이고 그렇지 않으면 0이다. 참조범주는 4분기라는 것에 주목하라.

b. 1분기의 기울기 계수 추정치를 해석하라.

c. GNP가 18,000 × 10억 달러일 때, 2분기 소매매출액의 예측값은 얼마인가? GNP가 같은 값일 때, 4분기 소매매출액의 예측값은 얼마인가?

해답:

a. 이 모형을 추정하기 위해서, 먼저 분기를 나타내기 위해 3개의 더미변수 d_1, d_2, d_3를 만들어야 한다. 예를 들면, d_1은 1분기이면 1이고 그렇지 않으면 0이다; d_2는 2분기이면 1이고 그렇지 않으면 0이다; d_3은 3분기이면 1이고 그렇지 않으면 0이다. 회귀분석 결과의 일부가 표 6.4에 보고되어 있다.

표 6.4 예제 6.2의 회귀분석결과

	Coefficients	Standard Error	*t* Stat	*p*-value
Intercept	47095.6859	53963.3350	0.873	0.3888
GNP	65.0548	3.2151	20.234	6.74E-21
d1	−108765.2580	13638.1967	−7.975	2.21E-09
d2	−30486.2947	13593.5983	−2.243	0.0314
d3	−48805 0461	13570.2660	−3.596	0.0009

b. 모든 다른 변수들이 일정한 경우, 1분기의 소매매출액은 4분기의 소매매출액보다 적은 약 1,087억 6,500만 달러가 될 것으로 예측된다.

c. $x = 18{,}000$일 때, $d_1 = 0$, $d_2 = 1$, $d_3 = 0$로 설정하고 $\hat{y} = 47{,}095.6859 + 65.0548 \times 18{,}000 - 30{,}486.2947 = 1{,}187{,}594.98$을 계산한다. 2분기의 소매매출액은 약 $1{,}187{,}595 \times$ 100만 달러로 예측된다. GNP가 같은 값을 가질 때, 4분기($d_1 = d_2 = d_3 = 0$)의 소매매출액은 $\hat{y} = 47{,}095.6859 + 65.0548 \times 18{,}000 = 1{,}218{,}081.28$, 즉 약 $1{,}218{,}081 \times$ 100만 달러로 예측된다.

연습문제 6.1

1. 한 연구원은 50명의 근로자로부터 수집된 데이터를 사용하면서 Wage = $\beta_0 + \beta_1$Education + β_2Experience + β_3Age + ε를 추정하였다. 여기서 Wage는 시간당 임금이고 Education, Experience, Age는 각각 고등교육연수, 근무연수, 연령이다. 회귀분석 결과의 일부가 다음의 표에 제시되어 있다.

	Coefficients	Standard Error	*t* Stat	*p*-value
Intercept	7.87	4.09	1.93	0.0603
Education	1.44	0.34	4.24	0.0001
Experience	0.45	0.14	3.16	0.0028
Age	−0.01	−0.08	−0.14	0.8920

a. β_1과 β_2의 추정치를 해석하라.

b. 고등교육연수가 4년, 근무연수가 3년인 30세 근로자의 시간당 임금을 예측하라.

2. 한 사회학자는 한 지역의 범죄율은 빈곤율과 중앙소득에 의해 크게 영향을 받는다고 믿는다. 특히 그녀는 범죄율은 빈곤율이 증가할수록 증가하고 중앙소득이 증가할수록 감소할 것이라고 가설을 설정한다. 그녀는 뉴잉글랜드주에 있는 41개 도시로부터 범죄율(10만 명당 범죄수), 빈곤율(%), 중간소득(1,000달러)에 대한 데이터를 수집하였다. 회귀분석결과의 일부가 다음의 표에 제시되어 있다.

	Coefficients	Standard Error	*t* Stat	*p*-value
Intercept	−301.62	549.71	−0.55	0.5864
Poverty	53.16	14.22	3.74	0.0006
Income	4.95	8.26	0.60	0.5526

a. 기울기 계수들에 대한 부호가 예상한 대로인가?

b. 빈곤율이 20%, 중간소득이 5만 달러인 지역의 범죄율을 예측하라.

3. 골다공증은 주로 60세 이상의 여성들에게 영향을 미치는 퇴행성 질병이다. 한 연구원은 이러한 뼈를 쇠약하게 하는 질병을 치료하기 위한 처방약인 StrongBones의 매출액을 예측하기 원한다. 그녀는 회귀모형 Sales = $\beta_0 + \beta_1$Population + β_2Income + ε을 사용한다. 여기서 Sales는 StrongBones의 매출액(100만 달러), Population은 60세 이상의 여성수(100만 명), Income은 60세 이상 여성들의 평균 소득(1,000달러)이다. 그녀는 미국에 있는 38개 도시로부터 데이터를 수집하였고 다음과 같은 회귀분석 결과를 얻었다.

	Coefficients	Standard Error	*t* Stat	*p*-value
Intercept	10.35	4.02	2.57	0.0199
Population	8.47	2.71	3.12	0.0062
Income	7.62	6.63	1.15	0.2661

a. 기울기 계수들의 추정치를 해석하라.

b. 한 도시의 60세 이상 여성이 150만 명이고 그들의 평균 소득이 44,000달러일 때 StrongBones의 매출액을 예측하라.

4. 한 선임 연구원은 마케팅 전공자들의 연봉 차이를 설명하는 요인들을 더 잘 이해하기 원한다. 그는 두개 모형, 즉 $y = \beta_0 + \beta_1 d_1 + \varepsilon$ (모형 1)과 $y = \beta_0 + \beta_1 d_1 + \beta_2 d_2 + \varepsilon$ (모형 2)를 추정하기로 결정하였다. 여기서 y는 연봉수준을 나타낸다, d_1은 남성 종업원의 경우 1인 더미변수이고 d_2는 MBA학위를 가지고 있는 종업원의 경우 1인 더미변수이다.

a. 모형 1의 참조범주는 무엇인가?

b. 모형 2의 참조범주는 무엇인가?

c. 두 모형에서 d_1이 여성 종업원의 경우 1이라면 문제가 되는가?

5. 주택가격 y가 주택크기 x (ft^2)와 주택이 바다전망을 가지고 있으면 1인 더미변수 d의 함수로 추정된다. 추정된 주택가격

(1,000달러)은 $\hat{y} = 118.90 + 0.12x + 52.60d$와 같다.

a. 바다전망을 가지고 주택크기가 각각 2,000 ft^2와 3,000 ft^2인 주택의 예측가격을 계산하라.

b. 바다전망을 가지고 있지 않고 주택크기가 각각 2,000 ft^2와 3,000 ft^2인 주택의 예측가격을 계산하라.

c. 바다전망이 주택가격에 미치는 영향을 논의하라.

6. **FILE** ***GPA.*** 한 대형 대학의 대학원 입학관리처장은 GRE의 수학점수와 GPA로 측정되는 대학원에서의 학업성취도 간의 관계를 분석하고 있다. 그녀는 과거 5년 동안 졸업한 24명의 학생으로 구성된 표본을 사용한다. 이러한 데이터의 일부는 다음과 같다.

GPA	GRE
3.0	700
3.5	720
⋮	⋮
3.5	780

a. 회귀모형 GPA = $\beta_0 + \beta_1$GRE + ε을 위한 표본회귀식을 구하라.

b. 한 학생의 GRE 수학점수가 710일 때 GPA의 예측값은 얼마인가?

7. **FILE** ***Education.*** 한 사회과학자는 교육성취(고등교육연수)와 연봉(1,000달러) 간의 관계를 분석하고 있다. 그는 20명 개인들에 대한 데이터를 수집하였다. 이러한 데이터의 일부는 다음과 같다.

Salary	Education
40	3
53	4
⋮	⋮
38	0

a. 회귀모형 Salary = $\beta_0 + \beta_1$Education + ε을 위한 표본회귀식을 구하라.

b. Education의 계수 추정치를 해석하라.

c. 7년의 고등교육을 받은 개인의 연봉 예측값은 얼마인가?

8. **FILE** ***Consumption.*** 존 메이나드 케인즈(John Maynard Keynes)에 의해 처음 개발된 소비함수는 경제학에서 사용되는 중요한 관계식들 중 하나이다. 소비함수는 소비지출액을 가처분소득의 함수로 나타낸다. 가처분소득은 세금을 뺀 소득이다. 다음의 표는 미국 개인들의 연간 평균 소비지출(Consumption, 달러)과 가처분소득(Income, 달러)에 대한 2000~2016년 동안 분기 데이터의 일부를 보여준다.

Date	Consumption	Income
Q1, 2000	28634	31192
Q2, 2000	28837	31438
⋮	⋮	⋮
Q4, 2016	35987	39254

a. 회귀모형 Consumption = $\beta_0 + \beta_1$Income + ε을 위한 표본회귀식을 구하라.

b. 이 모형에서 기울기 계수는 한계소비성향(marginal propensity to consume)이라고 부른다. 그 의미를 해석하라.

c. 가처분소득이 35,000달러일 때 소비지출의 예측값은 얼마인가?

9. **FILE** ***Car_Prices.*** 다음의 표는 20대의 중고차에 대한 가격, 연령, 주행거리로 구성된 데이터의 일부를 보여준다.

Price	Age	Mileage
13590	6	61485
13775	6	54344
⋮	⋮	⋮
11988	8	42408

a. 연령과 주행거리에 기초하여 중고차 가격을 예측할 수 있는 표본회귀식을 추정하라.

b. Age의 기울기 계수 추정치를 해석하라.

c. 주행거리가 65,000마일이고 연령이 5년인 자동차의 가격을 예측하라.

10. **FILE** ***Engine.*** 한 트럭회사의 정비담당관리자는 4개의 예측변수, 즉 (1) 연간 운전거리(Miles, 1,000마일), (2) 평균 적재중량(Load, 톤), (3) 평균 주행속도(Speed, mph), (4) 오일 교환주기(Oil, 1,000마일)에 기초하여 첫 번째 엔진분해 점검까지 걸리는 시간(Time, 년)을 예측하기 위한 회귀모형을 개발하기 원한다. 주행기록과 차내 컴퓨터에 기초하여, 25대 트럭으로 구성된 표본으로부터 데이터가 수집되었다. 이러한 데이터의 일부가 다음의 표에 제시되어 있다.

Time	Miles	Load	Speed	Oil
7.9	42.8	19	46	15
0.9	98.5	25	46	29
⋮	⋮	⋮	⋮	⋮
6.1	61.2	24	58	19

a. 각 예측변수가 첫 번째 엔진분해 점검까지 걸리는 시간에 양의 영향을 미칠 것인지, 음의 영향을 미칠 것인지를 논

의하라.

b. 4개 예측변수 모두를 사용하는 회귀모형을 위한 표본회귀식을 구하라.

c. a의 논의에 기초하여 회귀계수의 부호가 논리적인가?

d. 연간 주행거리가 60,000마일, 평균 적재중량이 22톤, 평균 주행속도가 57 mph, 오일 교환주기가 18,000마일인 트럭의 경우 첫 번째 엔진분해 점검까지 걸리는 시간을 예측하라.

11. **FILE** ***MCAS.*** 교육개혁은 주와 전국의 정책담당자들이 가장 뜨겁게 논쟁하는 사회경제주제 중 하나이다. 매사추세츠주의 224개 학구 데이터를 사용하면서 학교지출액과 가정환경을 학생성취도와 관련시키는 선형회귀모형을 고려해보자. 반응변수는 10학년에 시행되는 MCAS (Massachusetts Comprehensive Assessment System)의 평균 점수(Score)이다. 4개의 예측변수가 사용된다: (1) STR은 학생 대 교사 비율(%)이다, (2) TSAL은 교사의 평균 연봉(1,000달러)이다, (3) INC는 중앙가계소득(1,000달러)이고 (4) SGL은 한부모 가계의 비율(%)이다. 이러한 데이터의 일부가 다음의 표에 제시되어 있다.

Score	STR	TSAL	INC	SGL
227.00	19.00	44.01	48.89	4.70
230.67	17.90	40.17	43.91	4.60
⋮	⋮	⋮	⋮	⋮
230.67	19.20	44.79	47.64	5.10

a. 각 예측변수가 Score에 양의 영향을 미칠 것인지, 음의 영향을 미칠 것인지를 논의하라.

b. 표본회귀식을 구하라. 기울기 회귀계수들의 부호가 예상한대로 인가?

c. STR = 18, TSAL = 50, INC = 60, SGL = 5이면 Score의 예측값은 얼마인가?

d. c에서 INC = 80인 것을 제외하고 다른 예측변수들의 값이 같으면 Score의 예측값은 얼마인가?

12. **FILE** ***Electricity_Cost.*** 한 제약회사의 시설관리자는 월간 전기비용을 예측하기 위한 회귀모형을 개발하기 원한다. 3개의 주요 변수들이 전기비용(Cost, 달러)을 주로 결정하는 것으로 여겨진다. 3개 예측변수는 (1) 평균 외부온도(Avg Temp, 화씨), (2) 월간 작업일수(Work Days), (3) 생산량(Tons Produced, 톤)이다. 이러한 데이터의 일부가 다음의 표에 제시되어 있다.

Cost	Avg Temp	Work Days	Tons Produced
24100	26	24	80
23700	32	21	73
⋮	⋮	⋮	⋮
26000	39	22	69

a. 각 예측변수가 월간 전기비용에 양의 영향을 미칠 것인지, 음의 영향을 미칠 것인지를 논의하라.

b. 표본회귀식을 구하라. (3개 예측변수 모두를 사용하라.)

c. 평균 외부온도가 화씨 65도, 작업일수가 23일, 생산량이 76톤일 때, 월간 전기비용의 예측값은 얼마인가?

13. **FILE** ***SAT_1.*** 대학수학능력시험(SAT)은 수년에 걸쳐 많은 수정이 이루어졌다. 사람들은 일반적으로 여학생들이 수학시험에서는 낮은 성적을 받으나 작문시험에서는 좋은 성적을 받는다고 주장한다. 작년에 SAT를 치른 20명의 학생들에 대한 데이터의 일부가 다음의 표에 제시되어 있다. 데이터에는 각 학생의 작문점수(Writing), 수학점수(Math), GPA, 학생이 여학생이면 1이고 그렇지 않으면 0인 더미변수(Female)에 관한 정브가 포함되어 있다.

Writing	Math	GPA	Female
620	600	3.44	0
570	550	3.04	0
⋮	⋮	⋮	⋮
540	520	2.84	0

a. 반응변수가 Writing이고 예측변수가 GPA와 Female인 선형회귀모형을 추정하라. GPA가 3.5인 남학생의 작문점수 예측값을 계산하라. GPA가 3.5인 여학생의 작문점수 예측값을 계산하라.

b. 반응변수가 Math이고 예측변수가 GPA와 Female인 선형회귀모형을 추정하라. GPA가 3.5인 남학생의 수학점수 예측값을 계산하라. GPA가 3.5인 여학생의 수학점수 예측값을 계산하라.

14. **FILE** ***Franchise.*** 한 대형 패스트푸드 레스토랑 체인의 사장은 100개 프랜차이즈에 대한 데이터를 수집하였다.

a. 회귀모형 $y = \beta_0 + \beta_1 x_1 + \beta_2 x_2 + \varepsilon$을 추정하라. 여기서 y는 순이익, x_1은 장내 매출액, x_2는 드라이브 스루 매출액이다. 모든 변수들은 100만 달러 단위로 측정된다.

b. 드라이브 스루 매출액의 계수 추정치를 해석하라.

c. 장내 매출액이 600만 달러이고 드라이브 스루 매출액이 400만 달러인 프랜차이즈의 순이익을 예측하라.

15. **FILE** ***Arlington.*** 매사추세츠주의 알링턴에 있는 한 부동산 중개업자는 주택판매가격(Price, 달러), 주택크기(Sqft), 침실 수(Beds), 욕실 수(Baths), 주택스타일 더미변수(Colonial: 콜로니얼 스타일 주택이면 1, 그렇지 않으면 0) 간 관계를 분석하고 있다. 그녀는 분석을 위해 알링턴에 있는 36개 주택판매에 대한 데이터를 수집하였다. 이러한 데이터의 일부가 다음의 표에 제시되어 있다.

Price	Sqft	Beds	Baths	Colonial
840000	2768	4	3.5	1
822000	2500	4	2.5	1
⋮	⋮	⋮	⋮	⋮
307500	850	1	1	0

a. 회귀모형 Price $= \beta_0 + \beta_1$Sqft $+ \beta_2$Beds $+ \beta_3$Baths $+ \beta_4$Colonial $+ \varepsilon$을 추정하라.

b. Beds와 Colonial의 회귀계수 추정치를 해석하라.

c. 침실 수가 3개, 욕실 수가 2개이고 주택크기가 2,500 ft^2인 콜로니얼 스타일 주택의 가격을 예측하라.

16. **FILE** ***Startups.*** 구글, 마이크로소프트, 페이스북과 같은 많은 오늘날의 선도기업들은 대학에서 개발된 기술에 기초하고 있다. 리사 피셔는 혁신을 증진시키는 대학의 요인들을 분석하기 원하는 경영대학원 교수이다. 그녀는 반응변수가 혁신의 척도로 사용되는 창업기업 수(Startups)인 회귀분석을 위한 데이터를 143개 대학으로부터 수집하였다. 예측변수들은 대학의 연구비(Research, 100만 달러), 특허 출원 수(Patents), 기술이전부서의 연령(Duration, 년)이다. 이러한 데이터의 일부가 다음의 표에 제시되어 있다.

Startups	Research	Patents	Duration
1	145.52	8	23
1	237.52	16	23
⋮	⋮	⋮	⋮
1	154.38	3	9

a. 회귀모형 Startups $= \beta_0 + \beta_1$Research $+ \beta_2$Patents $+ \beta_3$Duration $+ \varepsilon$을 추정하라.

b. 연구비로 1억 2,000만 달러를 지출하고, 특허 출원 수가 8개이며 20년 동안 기술이전부서를 가지고 있는 대학의 창업기업 수를 예측하라.

c. 다른 모든 변수들이 일정한 경우, 추가적으로 1개의 창업기업을 증가시키기 위해 대학은 얼마의 연구비가 필요한가?

17. **FILE** ***Quarterbacks.*** 미국식 풋볼은 게임 당 가장 많이 돈을 버는 스포츠이다. 쿼터백은 팀에서 가장 중요한 선수이기 때문에 일반적으로 크게 보상받는다. 한 스포츠 통계전문가는 쿼터백의 연봉에 영향을 미치는 요인들을 검토하고 있다. 그는 쿼터백의 패싱 성공률이 연봉에 영향을 주는 가장 중요한 변수라고 믿는다. 또한 그는 총 터치다운 수와 쿼터백의 연령이 연봉에 어떻게 영향을 미칠 수 있는지 궁금해하고 있다. 그는 최근 한 시즌 동안 32명의 쿼터백의 연봉(Salary, 100만 달러), 패싱 성공률(PC, %), 총 터치다운 수(TD), 연령(Age)에 대한 데이터 수집하였다. 이러한 데이터의 일부가 다음의 표에 제시되어 있다.

Player	Salary	PC	TD	Age
1	25.5566	65.2	28	27
2	22.0441	60.5	27	26
⋮	⋮	⋮	⋮	⋮
32	0.6260	63.1	26	29

a. 회귀모형 Salary $= \beta_0 + \beta_1$PC $+ \beta_2$TD $+ \beta_3$Age $+ \varepsilon$을 추정하라.

b. TD의 기울기 계수 추정치를 해석하라.

c. Player 8은 그 시즌에 1,298만 9,500달러를 벌었다. 회귀모형에 의하면, PC = 70.6, TD = 34, Age = 30이면 그의 연봉 예측값은 얼마인가?

d. Player 16은 그 시즌에 800만 7,300달러를 벌었다. 회귀모형에 의하면, PC = 65.5, TD = 28, Age = 32이면 그의 연봉 예측값은 얼마인가?

e. Player 8과 Player 16의 잔차를 계산하고 해석하라.

6.2 모형 선택

LO 6.2

적합도 척도를 해석할 수 있어야 한다.

단순히 표본회귀식을 살펴보는 것으로 예측변수들이 반응변수의 변동을 얼마나 잘 설명하는지를 평가할 수 없다. 그러나 표본회귀식이 얼마나 양호하게 데이터를 적합시키는지를 요약하는 몇 가지의 “적합도”(goodness-of-fit) 척도가 존재한다.

도입사례에서 116개 대학을 대상으로 졸업 후 연간 수입(Earnings)에 영향을 미치는 요인들을 분석하는 데 관심이 있다. 여기서 어떤 표본회귀식이 '가장 양호하게' Earnings를 설명하는지를 결정하기 위해 4개 예측변수의 조합을 사용하면서 3개의 모형을 추정한다. 4개 예측변수는 연간 평균비용(Cost), 졸업률(Grad), 부채를 상환하는 학생비율(Debt), 대학이 도시에 위치하는지, 위치하지 않는지를 나타내는 더미변수(City: 대학이 도시에 위치하면 1, 그렇지 않으면 0)이다. 3개 모형은 다음과 같이 정형화된다.

모형 1: $\text{Earnings} = \beta_0 + \beta_1\text{Cost} + \varepsilon$

모형 2: $\text{Earnings} = \beta_0 + \beta_1\text{Cost} + \beta_2\text{Grad} + \beta_3\text{Debt} + \varepsilon$

모형 3: $\text{Earnings} = \beta_0 + \beta_1\text{Cost} + \beta_2\text{Grad} + \beta_3\text{Debt} + \beta_4\text{City} + \varepsilon$

(단순하게 논의하기 위해, 모형 1, 2, 3의 회귀계수를 나타내기 위해 같은 기호를 사용한다. 회귀계수들과 그들의 추정치들은 어느 모형을 사용하느냐에 따라서 서로 다른 의미를 가질 수 있다. 또한 Earnings를 설명할 때 다른 모형들이 존재한다는 것에 주목하라. 예를 들면, 예측변수들의 다른 조합을 고려할 수도 있다.)

만일 당신이 졸업 후 연간 수입을 예측하기 위해서 이러한 모형들 중에서 하나를 선택해야 한다면, 당신은 어떤 모형을 선택하겠는가? 더 많은 예측변수들을 사용함으로써 당신은 반응변수를 더 양호하게 설명할 수 있다. 그러나, 주어진 표본에서 예측변수가 더 많다는 것이 항상 더 좋은 것은 아니다. 선호되는 모형을 선택하기 위해서 몇 개의 적합도 척도를 검토한다. 이러한 적합도 척도로는 추정치의 표준오차(standard error of the estimate, s_e), 결정계수(coefficient of determination, R^2), 조정 결정계수(adjusted coefficient of determination, adjusted R^2)가 있다. 먼저 이러한 척도들을 일반적으로 논의하고 이어서 모형 1, 모형 2, 모형 3 중에서 어떤 모형이 선호되는 모형인지를 결정하도록 하자.

추정치의 표준오차, s_e

단순하게 논의하기 위해 단순선형회귀모형을 대상으로 적합도 척도들을 설명한다. 이러한 목적으로 모형 1을 사용하도록 하자. 그림 6.5는 Cost (x)에 대한 Earnings (y)의 산점도와 그 위에 나타낸 표본회귀선을 보여준다. 잔차 e_i는 i번째 관측치에서 반응변수의 관측값과 예측값 간 차이를 나타낸다. 즉 $e_i = y_i - \hat{y}_i$. 만일 모든 데이터를 나타내는 점들이 표본회귀선 상에 있으면, 각 잔차는 0이 될 것이다. 달리 말하면, 반응변수의 관측값과 예측값 간의 차이가 없을 것이다. 실제로 이러한 결과는 거의 없기 때문에, 잔차들의 상대적 크기에 기초하여 모형들을 평가한다. 잔차들의 분산이 상대적으로 적을 때 표본회귀식은 양호한 적합도를 제공한다.

표본회귀식으로부터 잔차의 분산을 측정하는 수치 척도는 잔차의 표본분산 s_e^2이다. 이 척도는 y_i와 $\hat{y}_i$ 간 차이 제곱의 평균으로 정의된다. 이 척도의 분자는 오차제곱합(error sum of squares), $SSE = \Sigma (y_i - \hat{y}_i)^2 = \Sigma e_i^2$이다. s_e^2는 SSE를 자유도 $n - k - 1$로 나누어서 구해진다. k는 선형회귀모형에서 사용되는 예측변수의 수라는 것을 기억하라. 따라서 단순선형회귀모형의 경우, k는 1이다. 일반적으로 s_e^2 대신에 잔차의 표준편차 s_e를 보고한다. s_e를 통상 **추정치의 표준오차(standard error of the estimate)**라고 부른다. 항상 그랬던 것처럼, s_e는 s_e^2의 양의 제곱근이다. 추정치의 표준오차는 반응변수와 같은 측정단위로 측정된다. 동일한 반응변수를 가지는 모형들을 비교할 때, 더 작은 s_e를 가진 모형이 선호된다. s_e가 더 작다는 것은 반응변수의 예측값들으로부터 관측값들이 더 적게 흩어져 있다는 것을 의미한다.

그림 6.5 Cost에 대한 Earnings의 산점도와 표본회귀선

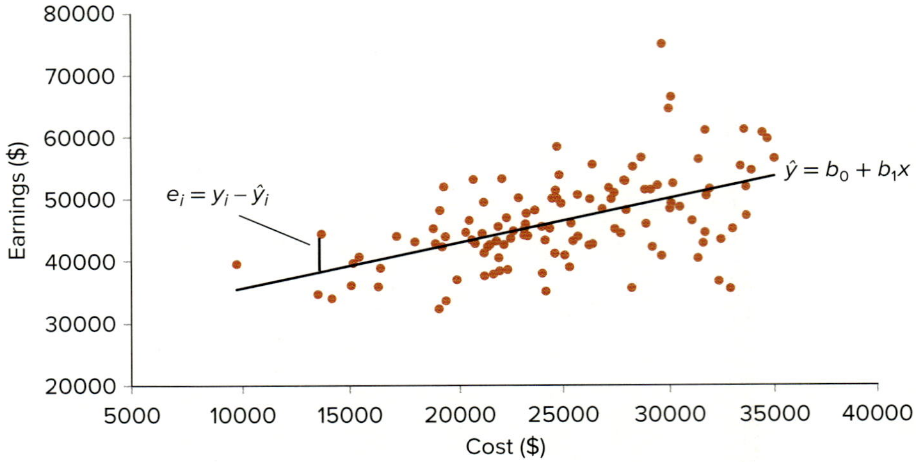

추정치의 표준오차

추정치의 표준오차(standard error of the estimate) s_e는 다음과 같이 계산된다.

$$s_e = \sqrt{\frac{SSE}{n-k-1}},$$

여기서 SSE는 오차제곱합이다. 이론적으로 s_e는 0과 무한대 사이의 어떤 값도 가질 수 있다. 즉 $0 \le s_e < \infty$. 동일한 반응변수를 가지는 모형들을 비교할 때, 더 작은 s_e를 가진 모형이 선호된다.

표본크기 n이 주어져 있는 경우, 예측변수의 수 k의 증가는 s_e의 공식에서 분자(SSE)와 분모($n - k - 1$) 모두를 감소시킨다. s_e의 값으로 나타나는 순효과는 추가되는 예측변수들이 모형의 적합도를 개선시키는지를 결정할 수 있게 해준다. 실제로 모든 통계소프트웨어 패키지는 s_e를 보고한다. Excel은 회귀분석결과의 *회귀분석 통계량*(*Regression Statistics*) 부분에서 s_e를 보고한다. R은 회귀분석결과의 아래 부분에서 s_e를 보고하고 s_e를 'Residual standard error'라고 부른다.

결정계수, R^2

추정치의 표준오차와 마찬가지로, **결정계수(coefficient of determination)** R^2는 표본회귀식이 데이터를 얼마나 잘 적합시키는지를 평가한다. 특히 R^2는 표본회귀식에 의해 설명되는 반응변수 y의 표본변동을 계량화한다. 결정계수는 반응변수의 총변동에서 차지하는 설명되는 변동의 비율로 계산된다. 예를 들면, $R^2 = 0.72$이면, y의 표본변동 중 72%는 표본회귀식에 의해 설명된다고 말한다. 모형에 포함되어 있지 않은 다른 요인들이 y의 표본변동의 나머지 28%를 설명한다.

선형회귀모형에서 R^2를 계산하기 위해서 분산분석(ANOVA)을 사용한다. y의 총변동은 $\Sigma(y_i - \bar{y})^2$와 같이 나타낸다. 이것은 y의 분산을 구하는 공식의 분자이다. 이 값을 총제곱합(total sum of squares, SST)이라고 부른다. SST는 두 요소, 즉 설명되는 변동과 설명되지 않는 변동으로 분해될 수 있다. 그림 6.6은 단순선형회귀모형에서 y의 총변동이 두 요소로 분해되는 것을 보여준다.

예시의 목적으로, 점 A를 제외하고 산점도에 있는 모든 점들을 제거하였다. 점 A는 관측치 (x_i, y_i)를 나타낸다. 청색선은 모든 표본데이터를 사용하여 추정된 회귀식을 나타낸다. 녹색의 수평선과 수직선은 각각 표본평균 $\bar{y}$와 $\bar{x}$를 나타낸다. 점 A와 점 C 간의 수직거리는 총차이 $y_i - \bar{y}$이다. 각 관측치에 대해 이러한 총차이를 제곱하고 합한 것이 $SST = \Sigma(y_i - \bar{y})^2$, 즉 y의 총변동이다.

이제 설명되는 차이라고 부르는 점 B와 점 C 간의 수직거리, $\hat{y}_i - \bar{y}$에 초점을 맞추어 보자. 달리 말하면, 설명되는 차이는 x의 변화에 의해 설명될 수 있다. 이러한 모든 차이를 제곱하고 합한 것이 회귀제곱합(regression sum of squares, SSR)이다. 여기서 $SSR = \Sigma(\hat{y}_i - \bar{y})^2$이다. SSR은 y의 설명되는 변동의 척도이다.

그림 6.6 총차이, 설명되는 차이와 설명되지 않는 차이

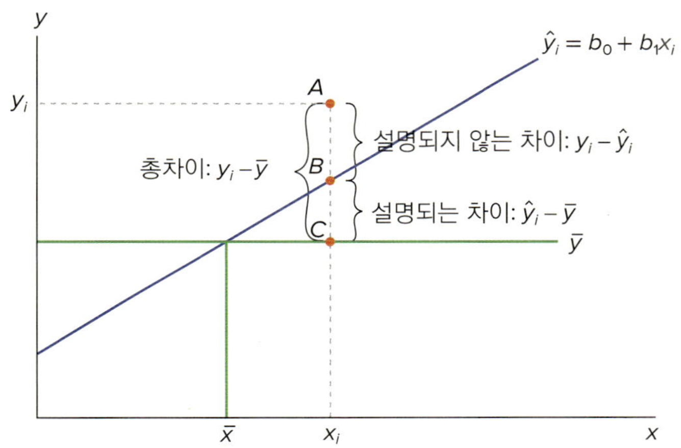

점 A와 점 B 간의 수직거리는 설명되지 않는 차이이다. 이것은 설명되지 않는 부분이다. 이러한 모든 차이를 제곱하고 합한 것이 오차제곱합(error sum of squares), $SSE = \Sigma(y_i - \hat{y}_i)^2$이다.

y의 총변동은 다음과 같이 설명되는 변동과 설명되지 않는 변동으로 분해될 수 있다.

$$SST = SSR + SSE$$

양변을 SST로 나누고 다시 정리하면 다음과 같이 R^2를 구하는 공식이 도출된다.

$$R^2 = SSR/SST = 1 - SSE/SST$$

결정계수 R^2

결정계수(coefficient of determination) R^2는 반응변수의 표본변동 중에서 표본회귀식에 의해 설명되는 비율이다. R^2는 다음과 같이 계산된다.

$$R^2 = SSR/SST \text{ 또는 } R^2 = 1 - SSE/SST$$

여기서 $SSR = \Sigma(\hat{y}_i - \bar{y})^2$, $SSE = \Sigma(y_i - \hat{y}_i)^2$, $SST = \Sigma(y_i - \bar{y})^2$

R^2는 0과 1 사이의 값을 가진다. R^2의 값이 1에 가까울수록, 적합도는 더 양호해진다.

실제로 모든 통계소프트웨어 패키지는 R^2를 보고한다. Excel은 회귀분석결과의 *회귀분석 통계량*(*Regression Statistics*) 부분에서 R^2를 보고한다. R은 회귀분석결과의 아래 부분에서 R^2를 보고하고 R^2를 'Multiple R Squared'라고 부른다.

선형회귀모형에 다른 예측변수를 추가하는 목적은 모형의 유용성을 증가시키기 위한 것이다. 경쟁하는 모형들이 동일한 수의 예측변수를 포함하고 있지 않을 때 모형 비교를 위해 R^2를 사용할 수 없다. 이것은 모형에 더 많은 예측변수들이 추가됨에 따라 R^2는 결코 감소되지 않기 때문이다. 이러한 상황에서 가장 인기 있는 모형 선택방법은 다음에 논의하는 주제인 가장 큰 조정 R^2의 값을 가진 모형을 선택하는 것이다.

조정 R^2

R^2는 선형회귀모형에 더 많은 예측변수들이 추가됨에 따라 결코 감소하지 않기 때문에, 선형회귀모형에 경제이론이나 직관적인 근거가 없는 일단의 예측변수들을 포함시킴으로써 의도하지 않게 R^2의 값을 증가시키는 것이 가능하다. 특히 예측변수의 수 k가 표본크기 n에 비해 상대적으로 클 때 이러한 일이 발생한다. R^2이 잘못된 추론을 만들어 낼 가능성을 피하기 위해서 실제로 모든 소프트웨어 패키지는 **조정 R^2 (adjusted R^2)**를 보고한다. R^2과는 달리, 조정 R^2는 명시적으로 표본크기 n과 예측변수의 수 k를 고려한다. 조정 R^2는 분석에 포함되는 추가적인 예측변수에 대해 페널티를 부과하기 때문에 조정 R^2를 사용하는 것이 일반적이다. 모형 선택을 위해 동일한 반응변수를 가진 모형들을 비교할 때, 더 높은 조정 R^2를 가진 모형이 선호된다. 이것은 더 높은 조정 R^2를 가진 모형이 y의 표본변동을 더 많이 설명할 수 있다는 것을 의미한다.

조정 R^2

조정 결정계수(adjusted coefficient of determination)는 다음과 같이 계산된다.

$$\text{조정 } R^2 = 1 - (1 - R^2)\left(\frac{n-1}{n-k-1}\right)$$

조정 R^2는 서로 다른 수의 예측변수를 가진 선형회귀모형들을 비교하는 데 사용된다. 조정 R^2가 더 클수록 모형은 더 양호해진다.

*SSE*가 0보다 상당히 크고 k가 n에 비해 크면, 조정 R^2는 R^2과 상당히 다르다. 반응변수와 예측변수들 간의 상관관계가 충분히 낮으면, 조정 R^2는 음이 될 수 있다. 추정치의 표준오차 s_e와 조정 R^2 모두는 서로 다른 예측변수의 수를 가진 선형회귀모형들을 비교하는 데 유용하다. 그러나 조정 R^2가 모형 선택을 위해 더 일반적으로 사용되는 기준이다.

예제 6.3

FILE ***College.*** 표 6.5는 다음과 같은 모형들을 추정한 결과로부터 계산된 적합도 척도들을 제공해준다.

모형 1: $\text{Earnings} = \beta_0 + \beta_1\text{Cost} + \varepsilon$

모형 2: $\text{Earnings} = \beta_0 + \beta_1\text{Cost} + \beta_2\text{Grad} + \beta_3\text{Debt} + \varepsilon$

모형 3: $\text{Earnings} = \beta_0 + \beta_1\text{Cost} + \beta_2\text{Grad} + \beta_3\text{Debt} + \beta_4\text{City} + \varepsilon$

표 6.5 모형 1, 2, 3의 적합도 척도

	모형 1	모형 2	모형 3
추정치의 표준오차 s_e	6,271.4407	5,751.8065	5,645.8306
결정계수 R^2	0.2767	0.4023	0.4292
조정 R^2	0.2703	0.3862	0.4087

a. 적합도 척도에 의하면, 3개 모형 중에서 어느 모형이 선호되는 모형인가?

b. 선호되는 모형의 결정계수를 해석하라.

c. 선호되는 모형의 경우, 졸업후 연간 평균 수입의 몇 %가 설명되지 않는가?

해답:

a. 모형 1과 모형 2에 비해 모형 3은 가장 작은 추정치의 표준오차를 가지고 있다(s_e = 5,645.8306). 또한 모형 3은 가장 높은 조정 R^2를 가지고 있다(조정 R^2 = 0.4087). 따라서 모형 3이 선호되는 모형이다. 3개 모형이 서로 다른 수의 예측변수들을 가지고 있기 때문에 모형들을 비교하기 위해 결정계수 R^2를 사용할 수 없다는 것에 주목하라.

b. 모형 3의 결정계수 R^2는 0.4292이다. 이것은 Earnings의 42.92%가 회귀모형에 의해 설명된다는 것을 의미한다.

c. Earnings의 표본변동 중 42.92%가 모형 3에 포함되어 있는 예측변수들의 변화에 의해 설명되므로 57.08%가 회귀식에 의해 설명되지 않는다. 회귀식이 졸업후 연간 수입의 상당부분을 설명하지 못하는 것은 놀라운 일이 아니다. Earnings를 설명할 수 있는 모형에 포함되어 있지 않은 많은 요인들(GPA, 전공분야, 타고난 능력 등)이 존재한다.

적합도 척도에 대한 마지막 첨언

이 절에서 논의한 적합도 척도들은 모형을 구축할 뿐만 아니라 평가하기 위해 동일한 표본을 사용한다. 불행하게도 이러한 과정은 추정된 모형이 새로운 표본에서 얼마나 잘 예측하느냐를 평가하는 데 도움이 되지 않는다. 7장부터 10장까지에서는 원래 표본을 모형을 구축하기(훈련하기) 위한 훈련셋과 모형을 평가하기(검증하기) 위한 검증셋으로 나누어서 예측모형을 평가하는 교차검증기법이 논의된다. 검증셋은 모형을 새로운 데이터에 적용하여 독립적인 성능평가를 하기 위해 사용된다.

연습문제 6.2

18. 한 연구원은 Sales = $\beta_0 + \beta_1$Advertising + ε을 사용하면서 기업의 광고비의 함수로 기업의 매출액을 추정한다. 20개의 관측치를 사용하면서, 그는 SSR = 199.93과 SST = 240.92라는 것을 발견하였다..

a. 매출액의 표본변동 중에서 몇 %가 광고비에 의해 설명되는가?

b. 매출액의 표본변동 중에서 몇 %가 광고비에 의해 설명되지 않는가?

19. FILE ***Test_Scores.*** 첨부한 데이터 파일은 통계학 과목을 수강한 32명 학생들의 중간시험 성적과 기말시험 성적을 보여준다.

a. 학생의 기말시험 성적을 중간시험 성적의 함수로 추정하라.

b. 추정치의 표준오차를 구하라.

c. 결정계수를 구하고 해석하라.

20. 한 지방 대학의 입학관리처장은 학생의 고등학교 GPA 또는 SAT 점수 중 어느 것이 학생의 대학 GPA를 예측하기 위한 더 좋은 변수인지를 결정하고자 한다. 그녀는 다음과 같은 2개 모형을 정형화 하였다.

모형 1. GPA = $\beta_0 + \beta_1$High School GPA + ε
모형 2. GPA = $\beta_0 + \beta_1$SAT Score + ε

그녀는 모형들을 추정하고 다음과 같은 적합도 척도를 얻었다.

	모형 1	모형 2
R^2	0.5595	0.5322
조정 R^2	0.5573	0.5298
s_e	40.3684	41.6007

어떤 모형이 y에 대해 더 양호한 적합도를 제공하는가? 적합도 척도들을 사용하면서 당신의 답을 정당화하라.

21. FILE ***Property_Taxes.*** 첨부한 데이터 파일은 뉴욕시로부터 30마일 떨어져 있는 부유한 교외의 20개 주택의 크기와 재산세를 보여준다.

a. 재산세를 주택크기(ft^2)의 선형함수로 추정하라.

b. 재산세의 표본변동 중에서 몇 %가 주택크기에 의해 설명되는가?

c. 재산세의 표본변동 중에서 몇 %가 주택크기에 의해 설명되지 않는가?

22. FILE ***Car_Prices.*** 첨부한 데이터 파일은 한 중고차의 판매가격, 연령, 주행거리를 보여준다. 다음과 같은 2개 모형을 추정하라.

모형 1: Price = $\beta_0 + \beta_1$Age + ε
모형 2: Price = $\beta_0 + \beta_1$Age + β_2Mileage + ε

어떤 모형이 반응변수 Price에 대해 더 양호한 적합도를 제공하는가? 적합도 척도를 사용하면서 당신의 대답을 정당화하라.

23. 뉴잉글랜드주에 있는 41개 도시로 구성된 표본을 사용하면서 한 사회학자는 범죄율(10만명당 범죄수)을 빈곤율(%)과 중앙소득(1,000달러)의 함수로 설정하고 연구하였다. 그는 SSE = 4,182,663과 SST = 7,732,451라는 것을 발견하였다.

a. 추정치의 표준오차를 계산하라.

b. 범죄율의 표본변동 중 몇 %가 예측변수들의 변동에 의해 설명되는가? 범죄율의 표본변동 중 몇 %가 예측변수들의 변동에 의해 설명되지 않는가?

24. 한 대형 레스토랑 체인을 위해, 한 재무분석가는 한 프랜차이즈의 순이익을 추정하기 위해 다음과 같은 모형을 사용한다. $y = \beta_0 + \beta_1 x_1 + \beta_2 x_2 + \varepsilon_i$, 여기서 y는 순이익, x_1은 장내 매출액, x_2는 드라이브 스루 매출액이다. 100개의 프랜차이즈로 구성된 표본을 사용하면서 그녀는 SSE = 4.4600과 SST = 18.3784라는 것을 발견하였다.

a. 추정치의 표준오차를 계산하라.

b. 결정계수를 계산하고 해석하라.

c. 조정 R^2를 계산하라.

25. FILE ***Football.*** 풋볼 게임을 승리하게 만드는 것이 방어인가 공격인가? 다음의 표는 최근 NFL 시즌에서 팀의 승률(Win, %), 확보한 평균 야드 수(Yards Gained), 허용한 평균 야드 수(Yards Allowed)를 포함하는 데이터의 일부를 제시한다.

Team	Win	Yards Gained	Yards Allowed
Arizona Cardinals	46.9	366.8	305.2
Atlanta Falcons	68.8	415.8	371.2
⋮	⋮	⋮	⋮
Washington Redskins	53.1	403.4	377.9

a. 모형 1은 확보한 평균 야드 수의 함수로 승률을 예측하고 모형 2는 허용한 평균 야드 수의 함수로 승률을 예측하는 2개의 단순선형회귀모형을 비교하라.

b. 승률을 예측하기 위해 확보한 평균 야드 수와 허용한 평균 야드 수 모두를 사용하는 선형회귀모형인 모형 3을 추정하라. 모형 3은 다른 2개 모형보다 개선된 모형인가? 설명하라.

26. FILE ***Ownership.*** 미국의 주택소유율이 소득과 관련되어 있는지를 결정하기 위해, 주별 주택소유율(Ownership, %)과 중앙가구소득(Income, 달러)에 대한 데이터가 수집되었다. 이러한 데이터의 일부가 다음의 표에 제시되어 있다.

State	Ownership	Income
Alabama	73.2	40933
Alaska	65.7	57848
⋮	⋮	⋮
Wyoming	73.0	52201

a. 선형회귀모형 Ownership = $\beta_0 + \beta_1$Income + ε을 추정하고 해석하라. Income의 계수 부호는 예상한 대로 인가? 설명하라.

b. 추정치의 표준오차는 얼마인가?

c. 결정계수를 해석하라. 이 모형은 유력한 모형인 것 같은가? 설명하라.

27. FILE ***Return.*** 한 연구원은 기업의 주가이익비율(P/E)과 주가매출액비율(P/S)이 기업의 주가를 설명할 수 있는지를 결정하려고 한다. P/E 비율은 기업이 버는 주당 이익과 비교한 주가로 계산된다. 일반적으로 P/E 비율이 높다는 것은 투자자들이 P/E 비율이 낮은 기업에 비해 미래에 더 높은 수익성장을 기대한다는 것을 제시한다. P/S 비율은 기업의 주가를 과거 12개월 동안 기업의 주당 매출액으로 나누어서 계산된다. 간략히 말하면, 투자자들은 기업의 이익 1달러 대신에 기업의 매출액 1달러에 대해 얼다나 지불할 것인지를 결정하기 위해 P/S 비율을 사용할 수 있다. 일반적으로 P/S 비율이 낮을수록 투자는 더 매력적이 된다. 다음의 표는 30개 기업에 대한 과거 1년 주식수익률(Returns, %), P/E 비율, P/S 비율을 포함하고 있는 데이터의 일부를 제시한다.

Firm	Return	P/E	P/S
1	4.4	14.37	2.41
2	−4.5	11.01	0.78
⋮	⋮	⋮	⋮
30	16.3	13.94	1.94

a. Return = $\beta_0 + \beta_1$P/E + β_2P/S + ε을 추정하라 회귀계수들의 부호는 예상한 대로인가? 설명하라.

b. P/S 비율의 기울기 계수 추정치를 해석하라.

c. P/E 비율이 10이고 P/S 비율이 2인 기업의 주식수익률 예측값은 얼마인가?

d. 추정치의 표준오차는 얼마인가?

e. R^2를 해석하라.

28. FILE ***SAT_2.*** 일반적으로 학생의 가족이 부유할수록, 학생의 SAT 점수가 더 높다고 믿어진다. 일반적으로 사용되는 SAT 점수를 위한 다른 하나의 예측변수는 학생의 GPA이다. 다음의 표는 24명의 학생을 대상으로 수집된 데이터의 일부를 제시한다.

SAT	Income	GPA
1651	47000	2.79
1581	34000	2.97
⋮	⋮	⋮
1940	113000	3.96

a. 3개의 모형을 추정하라.

(i) SAT = $\beta_0 + \beta_1$Income + ε,

(ii) SAT = $\beta_0 + \beta_1$GPA + ε,

(iii) SAT = $\beta_0 + \beta_1$Income + β_2GPA + ε.

b. 가장 양호하게 데이터를 적합시키는 모형을 선택하기 위해서 적합도 척도들을 사용하라.

c. 예측변수들의 평균이 주어진 경우, SAT를 예측하기 위해 선호되는 모형을 사용하라.

6.3 유의성 검정

LO 6.3

유의성 검정을 수행할 수 있어야 한다.

이 절에서는 알려져 있지 않은 모수(계수)인 $\beta_0, \beta_1, \ldots, \beta_k$에 대한 가설검정에 초점을 맞추면서 선형회귀모형의 평가에 관한 논의를 계속한다. 특히 반응변수와 예측변수들 간의 선형관계에 대한 증거가 존재하는지를 결정하기 위한 결합 유의성과 개별 유의성을 검정한다. 이러한 검정들이 타당하기 위해서는 OLS 추정량 $b_0, b_1, \ldots, b_k$가 정규분포를 따라야 한다. 임의 오차항이 정규분포를 따르면 이러한 조건은 충족된다. ε의 정규분포를 가정할 수 없으면, 이러한 가설검정들은 대표본의 경우에만 타당하다.

결합 유의성 검정

반응변수 y를 k개 예측변수들 $x_1, x_2, \ldots, x_k$와 관련시키는 다음과 같은 선형회귀모형을 고려해보자.

$$y = \beta_0 + \beta_1 x_1 + \beta_2 x_2 + \ldots + \beta_k x_k + \varepsilon$$

모든 기울기 계수들이 0이면, 모든 예측변수는 모형에서 퇴출된다. 이것은 어떤 예측변수들도 반응변수와 선형관계를 가지고 있지 않다는 것을 의미한다. 이와는 달리, 적어도 하나의 기울기 계수가 0이 아니면, 적어도 하나의 예측변수는 반응변수에 영향을 미친다.

선형회귀모형을 평가할 때, 결합 유의성 검정은 종종 회귀모형의 전반적 유용성 검정으로 여겨진다. 이러한 검정은 예측변수들 $x_1, x_2, \ldots, x_k$가 y에 결합하여 통계적 영향을 미치고 있는지를 결정한다. 5장에서 소개된 가설검정 방법을 사용하면서, 모든 기울기 계수가 0이라는 귀무가설이 기각되면, 적어도 하나의 예측변수가 반응변수에 영향을 미친다고 결론 내릴 수 있다. 결합 유의성 검정을 위한 경쟁가설은 다음과 같은 형태를 가진다.

$$H_0: \beta_1 = \beta_2 = \ldots = \beta_k = 0$$
$$H_A: \text{적어도 하나의 } \beta_j \neq 0$$

결합 유의성 검정을 위한 검정통계량은 F 분포를 따른다. t_{df} 분포와 마찬가지로, F 분포는 하나의 분포계열에 의해 특성화된다. 그러나 각 F 분포는 2개의 자유도, 즉 분자의 자유도 df_1과 분모의 자유도 df_2에 의존한다. 일반적으로 이러한 분포를 $F_{(df_1,df_2)}$ 분포로 나타낸다.

결합 유의성 검정을 위한 검정통계량은 $F_{(df_1,df_2)} = \frac{MSR}{MSE}$와 같이 계산된다. 여기서 $df_1 = k$, $df_2 = n - k - 1$, $MSR = SSR/k$, $MSE = SSE/(n - k - 1)$이다. 달리 말하면, $F_{(df_1,df_2)}$ 검정통계량은 평균오차제곱(MSE)에 대한 평균회귀제곱(MSR)의 비율이다. 이러한 검정통계량은 회귀식이 반응변수의 변동을 얼마나 잘 설명하는지를 측정한다. $F_{(df_1,df_2)}$의 값이 클수록 귀무가설을 기각하기 위한 더 많은 증거를 제시하기 때문에 결합 유의성 검정을 수행할 때 항상 오른쪽 꼬리 F 검정이 사용된다.

결합 유의성 검정

선형회귀모형 $y = \beta_0 + \beta_1 x_1 + \beta_2 x_2 + \ldots + \beta_k x_k + \varepsilon$의 경우, 다음과 같은 경쟁가설이 결합 유의성 검정을 위해 사용된다.

$$H_0 : \beta_1 = \beta_2 = \ldots = \beta_k = 0$$
$$H_A : \text{적어도 하나의 } \beta_i \neq 0$$

검정통계량의 값은 다음과 같이 계산된다.

$$F_{(df_1, df_2)} = \frac{SSR/k}{SSE/(n-k-1)} = \frac{MSR}{MSE}$$

여기서 $df_1 = k$, $df_2 = n - k - 1$, SSR은 회귀제곱합, SSE는 오차제곱합, MSR은 평균회귀제곱, MSE는 평균오타제곱이다.

- 만일 귀무가설이 기각되지 않으면, 예측변수들이 결합하여 반응변수를 설명하는 데 유의하지 않다. 즉 모형은 유용하지 못하다.
- 만일 귀무가설이 기각되면, 예측변수들이 결합하여 반응변수를 설명하는 데 유의하다. 즉 모형은 유용하다.

Excel과 R을 포함하여 대부분의 통계 컴퓨터 패키지는 반응변수의 총변동을 2개 요소, 즉 (1) 회귀모형에 의해 설명되는 변동과 (2) 설명되지 않는 변동로 분해하는 ANOVA 표를 제공해준다. 이에 더하여 $F_{(df_1, df_2)}$ 검정통계량의 값과 p-값도 제공해준다. 표 6.6은 ANOVA 표의 일반적인 형태를 보여준다. Excel은 명시적으로 회귀분석결과와 함께 ANOVA 표(분산분석)와 Significance F (유의한 F)라는 제목 아래 p-값을 제공한다. R은 회귀분석결과와 함께 결합 유의성 검정을 수행하기에 충분한 $F_{(df_1, df_2)}$ 검정통계량의 값과 p-값을 지공한다. R의 **anova** function을 사용하면 R은 Excel이 제공하는 것보다 더 상세한 ANOVA 표를 생성해준다. R의 ANOVA 표는 반응변수의 총변동을 설명하는 데 있어서 각 예측변수의 기여도도 제공해준다.

표 6.6 회귀분석을 위한 ANOVA 표의 일반 형태

ANOVA	df	SS	MS	F	Significance F
Regression	k	SSR	$MSR = \frac{SSR}{k}$	$F_{(df_1, df_2)} = \frac{MSR}{MSE}$	$P\left(F_{(df_1, df_2)} \geq \frac{MSR}{MSE}\right)$
Residual	$n - k - 1$	SSE	$MSE = \frac{SSE}{n-k-1}$		
Total	$n - 1$	SST			

예제 6.4

FILE ***College.*** 6.2절에서 논의한 모형 3: Earnings = $\beta_0 + \beta_1$Cost + β_2Grad + β_3Debt + β_4City + ε을 다시 검토해보자. 가장 작은 추정치의 표준오차와 가장 큰 조정 R^2를 가지고 있기 때문에 모형 3이 졸업 후 연간 수입을 예측하기 위해 선택되었다는 것을 기억하라. 표 6.7은 회귀분석결과의 ANOVA 부분을 나타낸 것이다. $\alpha = 0.05$에서 Earnings를 설명하는 데 예측변수들이 결합하여 유의한지를 결정하기 위한 검정을 수행하라.

표 6.7 모형 3을 위한 회귀분석결과의 ANOVA 표

ANOVA	*df*	*SS*	*MS*	*F*	Significance *F*
Regression	4	2660691959	665172990	20.868	7.56E-13
Residual	111	3538169765	31875403		
Total	115	6198861724			

해답:

Earnings를 설명하는 데 예측변수들이 결합하여 유의한지를 결정하기 위한 검정을 수행할 때, 다음과 같이 경쟁가설을 설정한다.

$$H_0 : \beta_1 = \beta_2 = \beta_3 = \beta_4 = 0$$
$$H_A : \text{적어도 하나의 } \beta_i \neq 0$$

$n = 116$이고 $k = 4$이므로 $df_1 = k = 4$ 이고 $df_2 = n - k - 1 = 111$이다. 표 6.7에서

$$F_{(4,111)} = \frac{2{,}660{,}691{,}959/4}{3{,}538{,}169{,}765/111} = \frac{665{,}172{,}990}{31{,}875{,}403} = 20.868$$

이라는 것을 알 수 있다. p-값 $= P(F_{(4,111)} \geq 20.868)$는 근사적으로 0이다. 정확한 p-값은 7.56×10^{-13}이다. p-값 $< \alpha = 0.05$이기 때문에, H_0은 기각된다. 5%의 유의수준에서 Earnings를 설명하는 데 예측변수들은 결합하여 유의하다.

개별 유의성 검정

모든 기울기 계수들을 결합하여 검정하는 것에 더하여, 종종 개별 계수에 대한 검정을 수행하기 원한다. 반응변수 y를 k개 예측변수들 $x_1, x_2, \ldots, x_k$와 관련시키는 다음과 같은 선형회귀모형을 다시 고려해보자.

$$y = \beta_0 + \beta_1 x_1 + \beta_2 x_2 + \ldots + \beta_k x_k + \varepsilon$$

예를 들어, 기울기 계수 β_1이 0이면, 예측변수 x_1은 회귀모형에서 퇴출된다. 이것은 x_1은 y에 영향을 미치지 못한다는 것을 의미한다. 달리 말하면, β_1이 0이면, x_1과 y 간에 선형관계가 존재하지 않는다. 이와는 달리, β_1이 0이 아니면, x_1은 y에 영향을 미친다.

일반적으로 β_j의 값이 가설로 β_{j0}로 설정될 때 β_j가 β_{j0}와 다른지, β_{j0}보다 작은지 또는 큰지를 검정하기 원할 때 경쟁가설은 다음과 같은 형태 중 하나를 가진다.

양쪽 꼬리 검정 (양측검정)	오른쪽 꼬리 검정	왼쪽 꼬리 검정
H_0: $\beta_j = \beta_{j0}$	H_0: $\beta_j \leq \beta_{j0}$	H_0: $\beta_j \geq \beta_{j0}$
H_A: $\beta_j \neq \beta_{j0}$	H_A: $\beta_j > \beta_{j0}$	H_A: $\beta_j < \beta_{j0}$

x_j가 유의하게 y에 영향을 미치는지를 검정할 때, $\beta_{j0} = 0$으로 설정되고 H_0: $\beta_j = 0$ vs H_A: $\beta_j \neq 0$ 형태의 양측검정이 수행된다. 경쟁가설이 양의 선형관계(H_0: $\beta_j \leq 0$ vs H_A: $\beta_j > 0$) 또는 음의 선형관계(H_0: $\beta_j \geq 0$ vs H_A: $\beta_j < 0$)로 설정되면 단측검정이 수행된다.

개별 유의성 검정은 일반적으로 $\beta_{j0} = 0$에 기초하지만, 어떤 경우에는 기울기 계수가 0이 아닌 값과 다른지를 결정하기 원할 수 있다. 예를 들면, 학생의 학습시간과 시험점수 간의 관계를 분석할 때, 시험 전에 추가적으로 1시간의 복습을 하는 것이 시험점수를 5점 이상 증가시키는지를 결정하기 원할 수 있다. 여기서 경쟁가설은 H_0: $\beta_j \leq 5$ vs H_A: $\beta_j > 5$와 같이 설정된다. 마지막으로 대부분의 응용에서 기울기 계수에 대한 가설검정을 수행하는 데 관심이 있지만, 절편 β_0에 대한 검정을 수행하는 것에 관심을 가질 수 있다. 절편에 대한 검정의 구조는 동일하다. 즉 절편이 0과 다른 지를 검정하기 원하면, 경쟁가설은 H_0: $\beta_0 = 0$ vs H_A: $\beta_0 \neq 0$와 같이 설정된다.

개별 유의성 검정

선형회귀모형 $y = \beta_0 + \beta_1 x_1 + \beta_2 x_2 + \ldots + \beta_k x_k + \varepsilon$의 경우, 다음과 같은 경쟁가설이 개별 유의성 검정을 수행하기 위해 사용된다.

$$H_0: \beta_j = \beta_{j0}$$
$$H_A: \beta_j \neq \beta_{j0}$$

검정통계량의 값은 다음과 같이 계산된다.

$$t_{df} = \frac{b_j - \beta_{j0}}{se(b_j)}$$

여기서 $df = n - k - 1$, b_j는 β_j의 추정량, $se(b_j)$는 추정량 b_j의 표준오차, β_{j0}는 가설로 설정된 β_j의 값이다. 만일 $\beta_{j0} = 0$이면, 검정통계량은 $t_{df} = \frac{b_j}{se(b_j)}$가 된다.

경쟁가설이 H_0: $\beta_j = 0$과 H_A: $\beta_j \neq 0$이라고 하자.

- 만일 귀무가설이 기각되지 않으면, x_j는 y를 설명하는 데 유의하지 않다.
- 귀무가설이 기각되면, x_j는 y를 설명하는 데 유의하다.

결합 유의성 검정은 다중선형회귀모형의 경우에 중요하지만 단순선형회귀모형의 경우에 불필요하다. 실제로 단순선형회귀모형의 경우 F-검정의 p-값은 기울기 계수에 대한 t-검정의 p-값과 같다.

예제 6.5

FILE ***College.*** 모형 3: Earnings $= \beta_0 + \beta_1$Cost $+ \beta_2$Grad $+ \beta_3$Debt $+ \beta_4$City $+ \varepsilon$을 다시 검토해보자. 표 6.8은 회귀분석결과의 일부이다. 5%의 유의수준에서 Cost가 Earnings에 영향을 미치는지를 결정하기 위한 가설검정을 수행하라.

해답:

Cost가 Earnings에 영향을 미치는지를 결정하기 위해 경쟁가설은 다음과 같이 설정된다.

표 6.8 모형 3을 위한 회귀분석결과의 일부

	Coefficients	Standard Error	*t* Stat	*p*-value
Intercept	10004.9665	7634.3338	1.311	0.1927
Cost	0.4349	0.1110	3.917	0.0002
Grad	178.0989	69.1940	2.574	0.0114
Debt	141.4783	117.2120	1.207	0.2300
City	2526.7888	1103.4026	2.290	0.0239

$$H_0: \beta_1 = 0$$
$$H_A: \beta_1 \neq 0$$

표 6.8에서 보면, $b_1 = 0.4349$이고 $se(b_1) = 0.1110$이다. $n = 116$이므로 $df = n - k - 1 = 116 - 4 - 1 = 111$이다. 따라서 검정통계량의 값은 $t_{111} = \frac{b_j - \beta_{j0}}{se(b_j)} = \frac{0.4349 - 0}{0.1110} = 3.917$이다. 실제로 모든 통계 컴퓨터 패키지는 자동적으로 검정통계량의 값과 p-값을 제공하기 때문에 이러한 계산을 할 필요가 없다는 것에 주목하라. 항상 했던 것처럼, 의사결정기준은 p-값 $< \alpha$이면 H_0을 기각하는 것이다. 보고되어 있는 p-값이 0.0002이기 때문에 H_0은 기각된다. 5%의 유의수준에서 Cost는 Earnings를 설명하는 데 유의하다.

회귀계수가 0과 다른지를 결정하기 위해 양측검정이 수행되는 표준적인 경우에만 컴퓨터에 의해 생성된 결과가 타당하다는 것을 아는 것이 중요하다. 예제 6.5는 표준적인 경우에 해당되기 때문에 컴퓨터에 의해 생성된 검정통계량의 값과 p-값을 사용할 수 있다. 귀무가설이 $\beta_{j0} = 0$인 단측검정의 경우, 검정통계량의 값은 타당하나 p-값은 타당하지 않다. 대부분의 경우 컴퓨터에 의해 생성된 p-값을 반으로 나누어야 한다. 또한 회귀계수가 0이 아닌 값과 다른지를 결정하기 위한 단측검정이나 양측검정의 경우에는, 컴퓨터에 의해 생성된 검정통계량의 값과 p-값 모두 타당하지 않게 된다. 이러한 사실들이 아래에 요약되어 있다.

컴퓨터에 의해 생성된 검정통계량의 값과 *p*-값

실제로 모든 통계 컴퓨터 패키지들은 회귀계수가 0과 다른 지를 결정하는 양측검정을 위해 검정통계량의 값과 p-값을 보고한다.

- 단측검정의 경우, 검정의 p-값은 컴퓨터에 의해 생성된 p-값을 반으로 나누어서 구할 필요가 있다.
- 회귀계수가 0이 아닌 값과 다른지를 검정하는 경우, 컴퓨터에 의해 생성된 검정통계량의 값과 p-값을 사용할 수 없다.

귀무가설이 $\beta_{j0} = 0$인 단측검정의 경우, 컴퓨터에 의해 생성된 p-값이 타당하지 않은 드문 경우가 존재한다. 이러한 일은 b_j의 부호(와 해당되는 검정통계량의 값)이 귀무가설과 일치하지 않을 때 발생한다. 예를 들면, 경쟁가설이 H_0: $\beta_j \leq 0$와 H_A: $\beta_j > 0$인 오른쪽 꼬리 검정의 경우, b_j와 해당되는 검정통계량 t_{df}의 값이 음이면 귀무가설이 기각될 수 없다. 이와 유사하게 왼쪽 꼬리 검정의 경우 $b_j > 0$ (따라서 $t_{df} > 0$)이면, 추가적인 검정이 불필요하다. 이러한 두 경우에 보고되는 p-값은 타당하지 않다.

0이 아닌 기울기 계수 검정

예제 6.5에서 귀무가설에 기울기 계수의 0값, 즉 $\beta_{j0} = 0$이 포함되어 있었다. 이제 자본자산가격모형(CAPM)이라고 부르는 유명한 금융응용을 사용하면서 가설로 설정된 값이 0이 아닌 경우의 검정을 논의하도록 하자.

R은 관심 있는 개별 주식 또는 포트폴리오의 수익률을 나타낸다고 하자. 시장수익률 R_M과 무위험수익률 R_f가 주어져 있으면, CAPM은 위험조정 자산수익률 $R - R_f$를 위험조정 시장수익률 $R_M - R_f$의 함수로 표현한다. 일반적으로 R_M의 값으로 S&P 500 지수의 수익률을 사용하고 R_f의 값으로 재무부 단기증권(Treasury bill)의 수익률이 사용된다. 실증적 추정을 위해 CAPM은 다음과 같이 표현된다.

$$R - R_f = \alpha + \beta(R_M - R_f) + \varepsilon$$

CAPM은 $y = \alpha + \beta_x + \varepsilon$과 같이 다시 나타낼 수 있다. 여기서 $y = R - R_f$이고 $x = R_M - R_f$이다. 이 모형은 절편과 기울기 계수를 각각 나타내기 위해 통상적으로 사용하는 β_0와 β_1 대신에 α와 β를 사용한 단순선형회귀모형이라는 것에 주목하라. 주식의 베타(beta)라고 부르는 기울기 계수 β는 주식수익률이 시장수익률의 변화에 얼마나 민감한지를 측정한다. β가 1일 때, 시장수익률의 변화는 주어진 주식수익률의 동일한 변화를 발생시킨다. $\beta > 1$인 주식은 시장보다 더 "공격적"이거나 더 위험한 것으로 여겨지는 반면 $\beta < 1$인 주식은 시장보다 더 "보수적"이거나 덜 위험한 것으로 여겨진다. 주식의 알파(alpha)라고 부르는 절편 계수 α도 중요한 의미가 있다. CAPM이론은 α가 0이라고 예측하고 따라서 0이 아닌 추정치는 초과수익률(abnormal returns)을 나타낸다. 초과수익률은 $\alpha > 0$일 때 양이고 $\alpha < 0$일 때 음이다.

예제 6.6

FILE ***J&J.*** 존슨 앤 존슨(Johnson & Johnson, J&J)은 의사들과 간호사들이 사람들의 상처를 치료하기 위해 살균한 제품을 사용해야 한다는 예상에 기초하여 120년 이상 전에 창립되었다. 그 이후로 J&J 제품은 대부분의 가정에 필수품이 되었다. 위험조정 J&J 주식수익률 $R - R_f$가 반응변수로 사용되고 위험조정 시장수익률 $R_M - R_f$가 예측변수로 사용되는 CAPM을 고려해보자. 60개월의 데이터 일부가 표 6.9에 제시되어 있다.

표 6.9 위험조정 J&J 주식수익률과 위험조정 시장수익률

Month	Year	$R - R_f$	$R_M - R_f$
Jan	2012	−0.0129	0.0403
Feb	2012	0.0216	0.0304
⋮	⋮	⋮	⋮
Dec	2016	−0.0221	0.0128

a. J&J에 의해 판매되는 많은 제품들이 기본 소비재이기 때문에 J&J 주식은 종종 덜 위험한 것으로 여겨진다. 즉 사람들은 경제가 좋거나 나쁘거나 이러한 제품들이 필요하다. 5%의 유의수준에서 베타 계수가 1보다 작은가?

b. 5%의 유의수준에서 초과수익률이 존재하는가? 달리 말하면, 알파 계수가 유의하게 0과 다른가?

해답:

CAPM의 표기를 사용하면서, 선형회귀모형 $R - R_f = \alpha + \beta(R_M - R_f) + \varepsilon$을 추정한다. 관련된 회귀분석결과의 일부가 표 6.10에 제시되어 있다.

표 6.10 J&J를 위한 CAPM 회귀분석결과의 일부

	Coefficients	Standard Error	*t* Stat	*p*-value
Intercept	0.0048	0.0042	1.127	0.2645
$R_M - R_f$	0.7503	0.1391	5.395	1.32E-06

a. 계수의 추정치는 0.7503이고 그것의 표준오차는 0.1391이다. 베타 계수가 유의하게 1보다 작은지를 결정하기 위해 경쟁가설을 다음과 같이 설정한다.

$$H_0: \beta \geq 1$$
$$H_A: \beta < 1$$

관측치 수가 60이므로 $df = n - k - 1 = 60 - 1 - 1 = 58$이다. 가설로 설정된 β의 값이 0이 아니기 때문에 표 6.10에 보고된 검정통계량의 값과 p-값을 사용할 수 없다. 검정통계량의 값은 $t_{58} = \frac{b_j - \beta_{j0}}{se(b_j)} = \frac{0.7503 - 1}{0.1391} = -1.796$이다. p-값, 즉 $P(t_{58} \leq -1.796)$을 0.025와 0.05 사이에 있는 값으로 근사시키기 위해 t-분포 표를 사용할 수 있다. 통계 소프트웨어를 사용하면 정확한 p-값은 0.039이다. p-값 $< \alpha = 0.05$이므로 H_0이 기각되고, β는 유의하게 1보다 작다, 즉 J&J 주식수익률은 시장수익률보다 덜 위험하다고 결론을 내린다.

b. α가 유의하게 0과 다를 때 초과수익률이 존재한다. 따라서 경쟁가설은 H_0: $\alpha = 0$ vs H_A: $\alpha \neq 0$이다. 가설로 설정된 계수의 값이 0인 표준적인 경우이기 때문에 보고된 검정통계량의 값= 1.127과 p-값 = 0.2645를 사용할 수 있다. 적정한 유의수준에서 H_0을 기각할 수 없다. 따라서 J&J의 경우 초과수익률이 존재한다고 결론내릴 수 없다.

회귀분석 결과의 보고

회귀분석결과는 종종 "사용자가 사용하기 쉬운" 표로 보고된다. 표 6.11은 졸업후 연간 수입(Earnings)을 설명하고자 하는 3개 모형의 회귀분석결과를 보고한다. 모형 1의 경우, 예측변수는 평균 연간비용(Cost)이다. 모형 2의 경우, 예측변수들은 Cost, 졸업률(Grad), 부채를 상환하는 학생비율(Debt)이다. 모형 3의 경우, 예측변수들은 Cost, Grad, Debt, 대학이 도시에 위치하는가 그렇지 않은가(City: 대학이 도시에 위치하면 1, 그렇지 않으면 0)이다. 이러한 회

귀분석결과를 보여주는 표가 제공되면, 3개 모형을 비교하고 선택된 모형의 표본회귀식을 구하며 제공되는 통계량들을 가지고 모형을 평가할 수 있다. 많은 회귀분석결과를 보고하는 표들은 가장 아래부분에 기호들을 설명하는 주를 포함하고 있다. 표 6.11에서 보는 것처럼, 모든 계수 추정치들 아래에 있는 괄호 안에 p-값을 나타낼 수도 있다. 그러나 일부 분석자들은 괄호 안에 계수 추정치들의 표준오차 또는 검정통계량의 값을 나타내기도 한다. 어떤 형태가 선택되든지 간에 표의 가장 아래부분에 있는 주에서 독자에게 명확하게 밝혀야 한다.

표 6.11 Earnings를 설명하기 위한 대안적 모형들의 추정치, $n = 116$

	모형 1	모형 2	모형 3
Intercept	28,375.4051* (0.000)	11819.4747 (0.129)	10,004.9665 (0.193)
Cost	0.7169* (0.000)	0.5050* (0.000)	0.4349* (0.000)
Grad	NA	192.6664* (0.007)	178.0989* (0.011)
Debt	NA	104.6573 (0.378)	141.4783 (0.230)
City	NA	NA	2,526.7888* (0.024)
Se	6,271.4407	5,751.8065	5,645.8306
R^2	0.2767	0.4023	0.4292
Adjusted R^2	0.2703	0.3862	0.4087
F-test (p-value)	43.608 (0.000)	25.124 (0.000)	20.868 (0.000)

주: 모수 추정치들은 괄호안에 p-값과 함께 표의 위쪽 부분에 표기되어 있다. *는 5% 수준에서 유의하다는 것을 나타낸다. NA는 해당사항 없음을 표시한다. 표의 아래 부분에는 적합도 척도들이 제공되어 있다.

도입사례 분석결과

Africa Studio/Shutterstock

미국 교육부는 주요 대학들의 대학비용과 학생성과에 관한 가장 신뢰할 만한 데이터를 제공하는 재설계된 칼리지 스코어카드를 발간하였다. 대학비용의 부담능력과 가치에 관한 중요한 질문들에 대한 답을 찾고자 하는 가족들은 이러한 명료하고 신뢰할 만한 데이터를 이용하게 된 것을 환영하였다.

어떤 대학요인들이 졸업 후 연간 수입을 가장 잘 설명하는지를 결정하기 위해, 3개의 회귀모형이 추정되었다. 4개 예측변수의 조합이 분석에서 사용되었다. 4개 예측변수는 연간 평균비용(Cost), 졸업률(Grad), 졸업 후 부채를 상환하는 학생비율(Debt), 대학이 도시에 위치하면 1이고 그렇지 않으면 0인 City 더미변수이다. 가장 낮은 추정치의 표준오차와 가장 높은 조정 R^2에 의해 측정된 적합도 척도들은 4개 예측변수 모두를 포함하는 모형이 가장 양호한 적합도를 제공한다고 제시하였다. 표본회귀식은 $\widehat{\text{Earnings}} = 10{,}004.9665 + 0.4349\text{Cost} + 178.0989\text{Grad} + 141.4783\text{Debt} + 2{,}526.7888\text{City}$이었다. 이러한 회귀식에 의하면, 대학의 연간 평균비용이 25,000달러, 졸업률이 60%, 졸업 후 부채를 상환하는 학생비율이 80%이고 대학이 도시에 위치하면, 졸업 후 연간 수입은 45,409달러로 예측된다.

가장 선호되는 모형에 대한 추가적 검정에 의하면 4개 예측변수가 결합하여 유의한 것으로 나타났다. 개별 유의성 검정은 Cost, Grad, City는 5%의 수준에서 유의하였고, Debt는 Earnings를 설명하는 데 유의하지 않았다. 결정계수 R^2는 졸업 후 연간 수입의 약 43%는 회귀모형에 의해 설명된다는 것을 보여주었다. 따라서 졸업 후 연간 수입의 표본변동 중 57%는 설명되지 않는다. 이것은 전공분야, GPA, 타고난 능력과 같은 회귀모형에 포함되지 않은 요인들이 졸업 후 연간 수입에 영향을 미치기 때문에 전혀 놀라운 일이 아니다.

연습문제 6.3

29. 중고차의 판매가격과 연령 간의 관계를 검토하기 위해 한 연구원은 최근에 거래된 20대의 중고차에 대한 데이터를 사용하여 Price = $\beta_0 + \beta_1$Age + ε을 추정하였다. 회귀분석결과의 일부가 다음의 표에 제시되어 있다.

	Coefficients	Standard Error	*t* Stat	*p*-value
Intercept	21187.94	733.42	28.889	1.56E-16
Age	-1208.25	128.95		2.41E-08

a. 중고차의 판매가격과 연령이 선형관계를 가지는지를 결정하기 위한 경쟁가설을 설정하라.

b. 검정통계량의 값을 계산하라.

c. 5%의 유의수준에서 중고차의 연령이 중고차의 판매가격을 설명하는 데 유의한가?

d. 5%의 유의수준에서 β_1이 −1,000과 다른지를 결정하기 위한 가설검정을 수행하라.

30. 뉴잉글랜드주에 있는 20개 도시로 구성된 표본을 사용하여, 한 사회학자는 빈곤율(%)과 중앙소득(1,000달러)의 함수로 나타내고 도시의 범죄율(10만 명당 범죄수)을 연구하였다. 회귀분석결과의 일부가 다음의 표에 제시되어 있다.

ANOVA	*df*	*SS*	*MS*	*F*	Significance *F*
Regression	2	188246.8	94123.40	35.20	9.04E-07
Residual	17	45457.32	2673.96		
Total	19	233704.1			

	Coefficients	Standard Error	*t* Stat	*p*-value
Intercept	−301.7927	549.7135	−0.549	0.590
Poverty	53.1597	14.2198	3.738	0.002
Income	4.9472	8.2566	0.599	0.557

a. 표본회귀식을 나타내라.

b. 5%의 유의수준에서 빈곤율과 소득은 범죄율을 설명하는 데 결합하여 유의한가?

c. 5%의 유의수준에서 빈곤율과 범죄율은 선형관계를 가지는지를 보여라.

d. 5%의 유의수준에서 소득이 범죄율에 영향을 미치는지를 결정하라.

31. 아키코 하마구치는 애리조나주의 피닉스에 있는 한 작은 스시 레스토랑의 경영자이다. 아키코는 경제상황의 악화가 레스토랑 지역의 유동인구를 감소시켜 매출의 극적인 감소를 발생시켰다는 것을 우려하고 있다. 매출액의 감소를 상쇄시키기 위해 그녀는 강력한 홍보활동을 전개하였다. 그녀는 광고비 지출액이 매출액에 양의 영향을 미친다고 믿는다. 아키코는 다음과 같은 회귀모형을 추정하였다: Sales = $\beta_0 + \beta_1$Unemployment + β_2Advertising + ε. 회귀분석결과가 다음의 표에 제시되어 있다.

ANOVA	*df*	*SS*	*MS*	*F*	Significance *F*
Regression	2	72.6374	36.3187	8.760	0.003
Residual	14	58.0438	4.1460		
Total	16	130.681			

	Coefficients	Standard Error	*t* Stat	*p*-value
Intercept	17.5060	3.9817	4.397	0.007
Unemployment	−0.6879	0.2997	−2.296	0.038
Advertising	0.0266	0.0068	3.932	0.002

a. 5%의 유의수준에서 예측변수들이 결합하여 매출액에 영향을 미치는지를 검정하라.

b. 1%의 유의수준에서 실업률이 매출액과 음의 관계를 가지는지를 검정하라.

c. 1%의 유의수준에서 광고비 지출액이 매출액과 양의 관계를 가지는지를 검정하라.

32. 한 연구원은 한 기업의 주식수익률을 주가이익비율(P/E)과 주가매출비율(P/S)의 함수로 나타낸 회귀모형을 추정하였다: Return = $\beta_0 + \beta_1$P/E + β_2P/S + ε. 회귀분석결과의 일부가 다음의 표에 제시되어 있다.

ANOVA	df	SS	MS	F	Significance F
Regression	2	918.746	459.3728	2.817	0.077
Residual	27	4402.786	163.0661		
Total	29	5321.532			

	Coefficients	Standard Error	t Stat	p-value
Intercept	−12.0243	7.886858	−1.525	0.139
P/E	0.1459	0.4322	0.338	0.738
P/S	5.4417	2.2926	2.374	0.025

a. 표본회귀식을 나타내라.

b. 10%의 유의수준에서 P/E와 P/S는 결합하여 유의한가? 검정의 단계를 보여라.

c. 10%의 유의수준에서 두 예측변수 모두가 개별적으로 유의한가? 검정의 단계를 보여라.

33. **FILE** ***Fertilizer.*** 한 원예학자는 토마토 식물의 키와 비료의 양 간 관계를 연구하고 있다. 유사한 조건에서 재배되는 30개의 토마토 식물에 4개월 동안 다양한 비료의 양(온스)이 투입되었고 토마토 식물의 키(인치)가 측정되었다

a. 회귀모형 Height = $\beta_0 + \beta_1$Fertilizer + ε을 추정하라.

b. 5%의 유의수준에서 1온스의 비료가 토마토 식물의 키를 3인치 이상 증가시키는지를 결정하라. 검정의 단계를 보여라.

34. **FILE** ***Dexterity.*** 매우 작은 물체를 잡거나 조립하기 위해 손을 정확하게 움직이는 능력인 손재주는 보석가공에서 중요하다. 따라서 고급시계 제조업체인 젬코(Gemco)의 제조담당 관리자는 핀셋을 사용하여 100개의 작은 구멍 각각에 3개의 핀을 설치하는 데 걸리는 시간(초)에 기초하여 시프트 당 생산되는 시계수로 측정되는 신입 종업원들의 생산성을 예측하기 위한 회귀모형을 개발하기 원한다. 그는 20명의 현재 종업원으로 표본을 구성하고 각 종업원에게 핀을 설치하는 데 걸리는 시간과 시프트당 생산되는 시계수를 측정하는 오코너(O'Connor) 손재주 테스트를 치르도록 했다.

a. 회귀모형 Watches = $\beta_0 + \beta_1$Time + ε을 추정하라.

b. 이 관리자는 핀을 설치하는 데 걸리는 시간이 추가적으로 1초 증가할 때 생산되는 시계수는 0.02개 이상 감소한다고 주장한다. 5%의 유의수준에서 그의 주장을 검정하라.

35. **FILE** ***Engine.*** 한 트럭회사의 정비담당관리자는 4개의 예측변수, 즉 (1) 연간 운전거리(Miles, 1,000마일), (2) 평균 적재중량(Load, 톤), (3) 평균 주행속도(Speed, mph), (4) 오일 교환주기(Oil, 1,000마일)에 기초하여 첫 번째 엔진분해점검까지 걸리는 시간(Time, 년)을 예측하기 위한 회귀모형을 개발하기 원한다. 주행기록과 차내 컴퓨터에 기초하여, 25대 트럭으로 구성된 표본으로부터 데이터가 수집되었다.

a. 4개 예측변수 모두의 함수로 첫 번째 엔진분해점검까지 걸리는 시간을 추정하라.

b. 10%의 유의수준에서 예측변수들이 결합하여 유의한가? 검정의 단계를 보여라.

c. 10%의 유의수준에서 예측변수들이 각각 개별적으로 유의한가? 검정의 단계를 보여라.

36. **FILE** ***Electricity_Cost.*** 한 제약회사의 시설관리자는 월간 전기비용을 예측하기 위한 회귀모형을 개발하기 원한다. 3개의 변수가 전기비용(Cost, 달러)을 주로 결정하는 것으로 여겨진다. 3개 예측변수는 (1) 평균 외부온도(Avg Temp, 화씨), (2) 월간 작업일수(Work Days), (3) 생산량(Tons Produced, 톤)이다

a. 회귀모형을 추정하라.

b. 10%의 유의수준에서 예측변수들이 결합하여 유의한가? 검정의 단계를 보여라.

c. 10%의 유의수준에서 예측변수들은 각각 개별적으로 유의한가? 검정의 단계를 보여라.

37. **FILE** ***Caterpillar.*** 캐터필라(Caterpillar)는 전 세계적으로 중장비를 제조하고 판매한다. 캐터필라 주식의 성과는 경제상황에 의해 크게 영향을 받을 가능성이 있다. 예를 들면, 대침체(Great Recession) 기간 동안 캐터필라 주식의 가치는 극적으로 하락하였다. 캐터필라의 위험조정 주식수익률($R - R_f$)과 위험조정 시장수익률($R_M - R_f$)에 대한 월간 데이터가 5년 기간 동안 수집되었다(n = 60). 이러한 데이터의 일부가 다음의 표에 제시되어 있다.

Month	Year	$R - R_f$	$R_M - R_f$
Jan	2012	0.051024	0.040289
Feb	2012	−0.068230	0.030432
⋮	⋮	⋮	⋮
Dec	2016	0.026386	0.012784

a. 캐터필라의 CAPM 모형을 추정하라. 회귀분석결과를 잘 정리된 표로 나타내라.

b. 5%의 유의수준에서 캐터필라 주식에 대한 투자가 시장에 대한 투자보다 더 위험한가(베타가 유의하게 1보다 큰지)를 결정하라.

c. 5%의 유의수준에서 초과수익률의 증거가 존재하는가?

38. **FILE** ***Arlington.*** 한 부동산 중개업자는 매사추세츠주의 알링턴에 있는 주택판매가격에 영향을 미치는 요인들을 검토하고 있다. 그는 36개 주택판매가격(Price, 달러)에 대한 데이터를 수집하였다. 그는 각 주택의 크기(Sqft), 침실 수(Beds), 욕실 수(Baths), 주택스타일 더미변수(Colonial: 콜

로니얼 스타일 주택이면 1, 그렇지 않으면 0)를 기록하였다. 다음의 표는 이러한 데이터의 일부를 보여준다.

Price	Sqft	Beds	Baths	Colonial
840000	2768	4	3.5	1
822000	2500	4	2.5	1
⋮	⋮	⋮	⋮	⋮
307500	850	1	1	0

a. 회귀모형 Price = $\beta_0 + \beta_1$Sqft + β_2Beds + β_3Baths + β_4Colonial + ε을 추정하라. 회귀분석결과를 잘 정리된 표로 나타내라.

b. 5%의 유의수준에서 모든 예측변수들이 Price를 설명하는 데 결합하여 유의한가?

c. 5%의 유의수준에서 모든 예측변수들이 각각 Price를 설명하는 데 개별적으로 유의한가?

39. **FILE** ***Final_Test.*** 한 경제학 교수는 강의 첫날에 학생들의 수학에 대한 준비상태를 평가하기 위한 시험을 시행한다. 그녀는 이러한 수학 시험의 성과와 수강과목에 대한 주당 학습시간이 학생의 기말시험 점수를 예측하는 주요 요인들이라고 믿는다. 그녀는 60명의 학생에 대한 데이터를 수집하였고 이러한 데이터의 일부가 다음의 표에 제시되어 있다.

Final	Math	Hours
94	92	5
74	90	3
⋮	⋮	⋮
63	64	2

a. 학생의 수학점수와 주당 학습시간에 기초하여 학생의 기말시험 점수를 예측할 수 있게 해주는 표본회귀식을 추정하라.

b. 5%의 유의수준에서 학생의 수학점수와 주당 학습시간은 학생의 기말시험 점수를 설명하는 데 결합하여 유의한가?

c. 5%의 유의수준에서 각 예측변수는 학생의 기말시험 점수를 설명하는 데 개별적으로 유의한가?

40. **FILE** ***Union_Pay.*** 한 자동차 노조는 3개 변수, 즉 (1) 직종, (2) 근무연수, (3) 노조가입연수에 기초하여 노조원을 위한 새로운 시간당 임금을 최고 경영진과 협상하고 있다. 목표는 객관적으로 시간당 임금을 설명하여 임금 격차불만을 감소시킬 수 있는 공정한 모형을 개발하는 것이다. 50명의 노조원이 표본으로 추출되었고 임금모형의 기반으로 사용되었다. 이러한 데이터의 일부는 다음의 표에 제시되어 있다.

Hourly Pay	Job Class	Years with Company	Years in Union
15.90	24	12	7
23.70	52	17	14
⋮	⋮	⋮	⋮
26.70	43	2	2

a. 적정한 모형의 표본회귀식을 구하라.

b. 5%의 유의수준에서 예측변수들이 결합하여 유의한가? 예측변수들이 각각 개별적으로 유의한가?

c. 근무연수가 18년, 노조가입연수가 14년이고 직종이 48인 근로자의 시간당 임금을 예측하라.

41. **FILE** ***Yields.*** 연방준비제도(Federal Reserve)는 단기이자율을 통제한다. 장기이자율은 기본적으로 장기이자율에 대한 예상뿐만 아니라 수요/공급의 동태적 움직임에 의존한다. 단기이자율과 장기이자율 간 관계를 검토하기 위하여, 3개월 만기 재무부 단기증권 수익률(%)과 10년 만기 재무부 장기증권 수익률(%)에 대한 월간 데이터가 수집되었다. 이러한 데이터의 일부가 다음의 표에 제시되어 있다

Month	Year	3-month	10-year
Jan	2016	0.26	2.09
Feb	2016	0.31	1.78
⋮	⋮	⋮	⋮
Dec	2017	1.32	2.40

a. 10년 만기 재무부 장기증권 수익률을 반응변수로, 3개월 만기 재무부 단기증권 수익률을 예측변수로 사용하면서 표본회귀식을 추정하고 해석하라.

b. 결정계수를 해석하라.

c. 5%의 유의수준에서 3개월 만기 재무부 단기증권 수익률은 10년 만기 재무부 장기증권 수익률을 설명하는데 유의한가?

d. 많은 사람들은 3개월 만기 재무부 단기증권 수익률의 변화가 10년 만기 재무부 장기증권 수익률을 같은 크기 만큼 변화시키는지를 궁금해 한다. 5%의 유의수준에서 이러한 믿음이 데이터에 의해 지지되는가?

42. **FILE** ***BMI.*** 세계보건기구(World Health Organization)에 의하면, 비만은 전 세계적으로 전염병 수준에 이르렀다. 비만은 일반적으로 만성질병이나 장애와 관련되어 있지만 연구원들은 비만이 연봉에 영향을 미칠 수 있다고 주장한다. 달리 말하면, 종업원의 체질량지수(BMI)는 연봉에 대한 예측변수(BMI가 적어도 25이면 과체중, 30을 초과하면 비만으로 간주된다)라고 주장한다. 다음의 표는 대학을 졸업한 30명의

남성에 대상으로 수집된 BMI, 백인이면 1이고 그렇지 않으면 0인 더미변수, 연봉에 대한 데이터의 일부를 보여준다.

Salary	BMI	White
34	33	1
43	26	1
⋮	⋮	⋮
45	21	1

a. BMI와 White(더미변수)를 예측변수로 사용하면서 연봉에 대한 모형을 추정하라. 5%의 유의수준에서 BMI가 연봉에 영향을 미치는지를 결정하라.

b. BMI가 30인 대학을 졸업한 백인 남성의 연봉은 얼마로 추정되는가? BMI가 30인 대학을 졸업한 백인이 아닌 남성의 연봉은 얼마로 추정되는가?

43. **FILE** ***Wage.*** 한 연구원은 한 대기업에서 남성이 평균적으로 여성보다 더 많이 임금을 받는지를 궁금해하고 있다. 그녀는 50명의 종업원을 인터뷰하고 각 종업원의 시간당 임금(Wage, 달러), 고등교육연수(Educ), 근무연수(Exper), 연령(Age), 남성이면 1이고 그렇지 않으면 0인 Male 더미변수에 대한 데이터를 수입하였다. 이러한 데이터의 일부가 다음의 표에 제시되어 있다.

Wage	Educ	Exper	Age	Male
37.85	11	2	40	1
21.72	4	1	39	0
⋮	⋮	⋮	⋮	⋮
24.18	8	11	64	0

a. 회귀모형 $\text{Wage} = \beta_0 + \beta_1\text{Educ} + \beta_2\text{Exper} + \beta_3\text{Age} + \beta_4\text{Male} + \varepsilon$을 추정하라.

b. 고등교육연수가 10년, 근무연수가 5년인 40세 남성의 시간당 임금을 예측하라. 같은 조건을 가진 40세 여성의 시간당 임금을 예측하라.

c. Male의 회귀계수 추정치를 해석하라. Male 변수는 5%의 유의수준에서 유의한가? 주어진 데이터는 이 기업에서 성별 차별이 존재한다고 제시하는가?

44. **FILE** ***Quotations.*** 인쇄 회로기판의 전자부품 계약생산업체인 스터디 일렉트로닉스(Sturdy Electronics)의 노동가치추정그룹은 잠재 고객들에게 생산비용을 견적하기 위한 과정을 단순화하기 원한다. 이 그룹은 생산시간(결과적으로 생산비용)을 결정하는 주요한 요인이 기계로 설치하는 부품의 수와 손으로 설치해야 하는 부품의 수라고 식별하였다. 이러한 결과에 따라, 이 그룹은 최근에 이루어진 25개의 생산비용 견적으로 구성된 임의표본을 사용하면서, 회로기판당 완성시간으로 측정되는 생산시간을 예측하기 위한 다중선형회귀모형을 개발하기 원한다. 이러한 데이터의 일부가 다음의 표에 제시되어 있다.

Production Time	Machine Parts	Manual Parts
9.1	275	14
10.8	446	12
⋮	⋮	⋮
15.5	618	16

a. 표본회귀식을 나타내라.

b. 기계로 설치하는 부품 수가 475개이고 손으로 설치해야 하는 부품 수가 16개인 회로기판의 생산시간을 예측하라.

c. 생산시간의 표본변동 중에서 몇 %가 2개 예측변수에 의해 설명되는가?

d. 5%의 유의수준에서 예측변수들은 결합하여 유의한가? 예측변수들은 각각 개별적으로 유의한가?

45. **FILE** ***Ice_Cream.*** 한 아이스크림 가게의 경영자는 하루에 예상되는 고객 수를 결정하고자 한다. 전반적인 사업은 과거 수년 동안 상대적으로 안정적이었으나 고객 수는 증가하기도 하고 감소하기도 했던 것으로 보인다. 그는 30일 동안의 데이터를 수집하고 고객 수(Customers), 최고 온도(Temperature, 화씨), 영업일이 주말이면 1이고 그렇지 않으면 0인 더미변수(Weekend)를 기록하였다. 이러한 데이터의 일부가 다음의 표에 제시되어 있다.

Customers	Temperature	Weekend
376	75	0
433	78	0
⋮	⋮	⋮
401	68	0

a. 회귀모형 $\text{Customers} = \beta_0 + \beta_1\text{Temperature} + \beta_2\text{Weekend} + \varepsilon$을 추정하라.

b. 경영자는 예보된 최고 온도가 화씨 80도인 일요일에 얼마나 많은 고객을 예상할 수 있는가?

c. Weekend의 회귀계수 추정치를 해석하라. Weekend의 회귀계수는 5%의 유의수준에서 유의한가? 이러한 결과는 이 가게의 점원 충원 수요에 어떻게 영향을 미치는가?

46. **FILE** ***QuickFix.*** 퀵서비스, 즉 사전약속 없는 자동차 정비 체인인 QuickFix의 관리담당 경영자는 4개 요인, 즉 자동차 수리 차고 수, 5마일 반경 내의 인구(Population, 천 명), 고

속도록 접근성(Access: 편리하면 1, 그렇지 않으면 0), 계절(Winter: 겨울이면 1, 그렇지 않으면 0)에 기초하여 한 자동차 정비체인에서 수리되는 월간 자동차 대수를 예측하기 위한 모형을 개발하기 원한다. 모든 다른 것들이 일정한 경우, 그는 고속도로에 가까이 있는 자동차 정비체인은 더 많은 자동차를 수리하고 배터리와 타이어 문제 때문에 겨울에 더 많은 자동차를 수리하게 된다고 믿는다. 19개 자동차 정비체인으로 구성된 표본이 추출되었다. 이러한 데이터의 일부가 다음의 표에 제시되어 있다.

Vehicles Served	Garage Bays	Population	Access	Winter
200	3	15	0	0
351	3	22	0	1
⋮	⋮	⋮	⋮	⋮
464	6	74	1	1

a. 수리되는 자동차 대수를 4개 예측변수와 관련시키는 표본회귀식을 추정하라.

b. 각 기울기 계수 추정치를 해석하라.

c. 5%의 유의수준에서 예측변수들은 결합하여 유의한가? 5%의 유의수준에서 예측변수들은 각각 개별적으로 유의한가? 10%의 유의수준에서는 어떠한 가?

d. 수리되는 자동차 대수의 변동 중 몇 %가 4개 예측변수에 의해서 설명되는가?

e. 자동차수리 차고수가 5개, 5마일 반경 내의 인구가 4만 명이고 고속도로 접근성이 편리한 한 특정한 자동차 정비체인에서 겨울이 아닌 달에 수리되는 자동차 대수를 예측하라.

47. **FILE** ***Industry.*** CEO의 보상(100만 달러)을 기업의 총자산(100만 달러)과 기업이 속한 산업과 관련시키는 회귀모형을 고려해보자. 더미변수는 4개 산업, 즉 d_1은 기술제조업, d_2는 기타 기술제조업, d_3는 금융서비스, d_4는 비금융서비스를 나타내기 위해 사용된다. 455명의 CEO에 대한 데이터의 일부가 다음의 표에 제시되어 있다.

CEO	y	x	d_1	d_2	d_3	d_4
1	16.58	20917.5	1	0	0	0
2	26.92	32659.5	1	0	0	0
⋮	⋮	⋮	⋮	⋮	⋮	⋮
450	2.30	44875.0	0	0	1	0

a. 회귀모형 $y = \beta_0 + \beta_1 x + \beta_2 d_1 + \beta_3 d_2 + \beta_4 d_3 + \varepsilon$을 추정하라. 여기서 y와 x는 각각 CEO 보상과 기업의 총자산을 나타낸다. 참조범주는 비금융서비스산업이다.

b. 회귀계수 추정치들을 해석하라.

c. 5%의 유의수준에서 비금융서비스산업에 비해 어떤 산업들이 다른 CEO 보상을 가지고 있는지를 결정하라.

d. 5%의 유의수준에서 CEO 보상이 기술제조업이 아닌 기타제조업에서 더 높은지를 결정하기 위한 회귀모형을 다시 정형화하라. 당신의 모형은 총자산과 모든 산업유형을 고려해야 한다.

48. **FILE** ***Retail.*** 한 정부 연구원은 소매매출액(100만 달러)과 국민총생산(GNP, 10억 달러) 간의 관계를 분석하고 있다. 또한 그는 소매매출액이 분기별로 유의한 차이가 존재하는지를 궁금해하고 있다. 그는 10년간의 분기 데이터를 수집하였다. 이러한 데이터의 일부가 다음의 표에 제시되어 있다.

Year	Quarter	Sales	GNP
2007	1	921266	14301.854
2007	2	1013371	14512.945
⋮	⋮	⋮	⋮
2016	4	1299699	19134.463

a. 회귀모형 $y = \beta_0 + \beta_1 x + \beta_2 d_1 + \beta_3 d_2 + \beta_4 d_3 + \varepsilon$을 추정하라. 여기서 y와 x는 각각 소매매출액과 GNP를 나타낸다. d_1은 1분기이면 1이고 그렇지 않으면 0이다. d_2는 2분기이면 1이고 그렇지 않으면 0이다. d_3은 3분기이면 1이고 그렇지 않으면 0이다. 참조범주는 4분기라는 것에 주목하라.

b. GNP가 16,000달러 × 10억 달러일 때, 2분기와 4분기의 소매매출액을 예측하라.

c. 5%의 유의수준에서 어떤 분기의 소매매출액이 4분기의 소매매출액과 유의하게 다른가?

d. 5%의 유의수준에서 소매매출액이 2분기와 3분기 간에 다른지를 결정하기 위한 회귀모형을 다시 정형화하라. 당신의 모형은 모든 분기를 고려해야 한다.

49. **FILE** ***Longevity.*** 질병통제예방센터(CDCP)에 의하면, 미국의 경우 65세에서 기대수명은 약 18.7년이다. 의학연구원들은 과도한 음주는 건강에 해로운 반면 매일 알코올, 특히 와인을 조금 마시는 것은 기대수명을 증가시킬 수 있다고 주장한다. 또한 다른 사람들은 장수를 소득과 성별과 연결시킨다. 다음의 표는 65세 이후 수명과 관련된 데이터, 즉 65세 은퇴연령에서의 평균 소득(Income, 1,000달러), 여성이면 1이고 그렇지 않으면 0인 더미변수(Female), 하루에 소비하는 평균 알코올 음주 수(Drinks)의 일부를 보여준다.

Life	Income	Female	Drinks
19.00	64	0	1
19.30	43	1	3
⋮	⋮	⋮	⋮
20.24	36	1	0

a. 데이터를 사용하여 Income, Female, Drinks에 기초하여 65세에서 기대수명을 모형화하라.

b. 여성이 남성보다 더 오래 사는지를 결정하기 위해 $\alpha = 0.01$에서 단측검정을 수행하라.

c. 소득이 4만 달러이고 하루에 소비하는 음주 수가 2번인 65세 남성의 기대수명을 예측하라. 소득이 4만 달러이고 하루에 소비하는 음주 수가 2번인 65세 여성의 기대수명을 예측하라.

50. **FILE** ***SAT_3.*** 기회균등센터에서 일하는 한 연구원은 한 대형대학에서 입학허가를 받은 학생들의 SAT 점수가 인종별로 다른지를 결정하기 원한다. 그녀는 입학허가를 받은 200명 학생들의 SAT 점수와 인종에 대한 데이터를 수집하였다. 이러한 데이터의 일부가 다음의 표에 제시되어 있다.

SAT	Ethnicity
1515	White
1530	Latinx
⋮	⋮
1614	White

a. 회귀모형 $y = \beta_0 + \beta_1 d_1 + \beta_2 d_2 + \beta_3 d_3 + \varepsilon$을 추정하라. 여기서 y는 학생의 SAT 점수이다. d_1은 학생이 백인이면 1이고 그렇지 않으면 0이다. d_2는 학생이 흑인이면 1이고 그렇지 않으면 0이다. d_3은 학생이 아시아계인이면 1이고 그렇지 않으면 0이다. 참조범주는 라틴계인이라는 것에 주목하라. 아시아계 학생의 SAT 점수의 예측값은 얼마인가? 라틴계 학생의 SAT 점수의 예측값은 얼마인가?

b. 5%의 유의수준에서 아시아계 학생의 SAT 점수가 라틴계 학생의 SAT 점수와 다른지를 결정하라.

c. 5%의 유의수준에서 백인 학생의 SAT 점수가 아시아계 학생의 SAT 점수보다 낮은지를 결정하기 위한 회귀모형을 다시 정형화하라. 당신의 모형은 모든 인종 범주를 고려해야 한다.

6.4 모형의 가정과 일반적인 위반

LO 6.4

최소제곱법(OLS) 가정의 일반적인 위반을 수정할 수 있어야 한다.

지금까지 선형회귀모형의 추정과 평가에 초점을 맞추어 논의하였다. 검정과정의 타당성뿐만 아니라 최소제곱법(OLS) 추정량의 통계적 특성은 고전적 선형회귀모형의 가정들에 의존한다는 것을 이해하는 것이 중요하다. 이 절에서는 이러한 가정들에 대해 논의한다. 또한 이러한 가정들의 일반적인 위반 문제를 다루고 이러한 가정들이 위반될 때 발생되는 결과를 논의하며 일부의 수정 방법들이 제시된다.

회귀분석의 필요가정

이 장에서 최소제곱법을 사용하면서 고전적 선형회귀모형을 추정하였다. 또한 다양한 적합도 척도를 검토하였고 어떤 예측변수들이 중요한가를 평가하기 위해 가설검정을 수행하였다. 그러나 이러한 기법이 적용될 때 일단의 가정들이 충족되어야 한다. 다음의 내용은 고전적 선형회귀모형에서 요구되는 가정들이다.

1. $y = \beta_0 + \beta_1 x_1 + \beta_2 x_2 + \ldots + \beta_k x_k + \varepsilon$와 같이 정형화되는 회귀모형은 *모수* $\beta_0, \beta_1, \ldots, \beta_k$*에 대하여 선형(linear in parameters* $\beta_0, \beta_1, \ldots, \beta_k$)이다.
2. $x_1, x_2, \ldots, x_k$의 조건부로 *ε의 기대값은* 0이다. 즉 $E(\varepsilon) = 0$이다. 이것은 $E(y) = \beta_0 + \beta_1 x_1 + \beta_2 x_2 + \ldots + \beta_k x_k$라는 것을 의미한다.
3. 예측변수들 간에 정확한 선형관계는 존재하지 않는다. 즉, 통계학 용어를 사용하면 *완전한 다중공선성(perfect multicollinearity)*은 존재하지 않는다.

4. $x_1, x_2, \ldots, x_k$의 조건부로 오차항 ε의 분산은 모든 관측치에서 같다. 즉 통계학 용어를 사용하면, *이분산은 존재하지 않는다*(*no heteroskedasticity*). 관측치들이 *변화하는 변동성*(*changing variability*)을 가지면 이 가정은 위반된다.
5. $x_1, x_2, \ldots, x_k$의 조건부로 오차항 ε은 관측치들 간에 상관관계를 가지지 않는다. 즉, 통계학 용어로 말하면 *계열상관이 존재하지 않는다*(*no serial correlation*). 관측치들이 *상관관계를 가지면*, 이 가정은 위반된다.
6. 오차항 ε은 예측변수 $x_1, x_2, \ldots, x_k$ 중 어느 변수와도 상관관계를 가지고 있지 않다. 즉, 통계학 용어를 사용하면, *내생성이 존재하지 않는다*(*no endogeneity*). 일반적으로 중요한 *예측변수들이 배제되면* 이 가정은 위반된다
7. $x_1, x_2, \ldots, x_k$의 조건부로 오차항 ε은 *정규분포를 따른다*. 이 가정 때문에 구간추정치를 구할 수 있고 유의성 검정을 수행할 수 있다. 만일 오차항 ε이 정규분포를 따르지 않으면, 구간추정치와 가설검정은 대표본의 경우에만 타당하다.

고전적 선형회귀모형의 가정하에서 OLS 추정량은 바람직한 특성을 가진다. 특히 회귀계수들의 OLS 추정량은 불편추정량이다. 즉 $E(b_j) = \beta_j$이다. 더욱이 모든 선형불편추정량 중에서 OLS 추정량은 최소 분산을 가진다. 이러한 OLS 추정량의 바람직한 특성은 한 개 이상 모형 가정이 위반되면 성립하지 않을 수 있다. 회귀계수 추정치는 물론 유의성 검정의 타당성도 모형의 가정에 의해 영향을 받는다. 어떤 가정이 위반되는 경우에는 OLS 추정량의 표준오차 추정치는 적정하지 않게 된다. 이러한 경우 t 검정과 F 검정 결과로부터 의미 있는 추론을 할 수 없다.

고전적 선형회귀모형의 가정은 대부분 오차항 ε에 기초한다. 잔차, 즉 관측되는 오차항, $e = y - \hat{y}$은 ε에 관한 유용한 정보를 포함하고 있기 때문에 모형의 가정을 검토하기 위해 잔차를 사용하는 것이 일반적이다. 이 절에서는 모형 가정의 일반적인 위반을 탐지하기 위해 **잔차도(residual plot)**에 의존한다. 이러한 잔차도는 사용하기 쉽고 추정된 회귀모형에 대한 비공식적인 분석을 제공한다. 가정위반에 대한 공식적인 검정은 이 교재의 범위를 넘어선다.

잔차도

회귀모형 $y = \beta_0 + \beta_1 x_1 + \beta_2 x_2 + \ldots + \beta_k x_k + \varepsilon$의 경우, 잔차는 $e = y - \hat{y}$ 같이 계산된다. 여기서 $\hat{y} = b_0 + b_1 x_1 + b_2 x_2 + \ldots + b_k x_k$이다. 잔차들은 모형의 부적합성을 검토하기 위해 시계열 순서나 예측변수 x_j에 대하여 그림으로 그려질 수 있다.

잔차 e는 수직축, 예측변수 x_j나 예측값 $\hat{y}$은 수평축에 그리는 것이 일반적이다. 잔차도는 일정한 변동성뿐만 아니라 선형성으로부터의 이탈을 탐지하는 데 유용하다. 만일 회귀모형이 시계열 데이터를 사용하면, 관측치들이 상관관계를 가지는지를 탐지하기 위해 잔차를 시계열 순서에 따라 그림으로 그릴 수 있다.

또한 잔차도는 이상치(outliers)를 탐지하기 위해 사용될 수 있다. 3장으로부터 이상치는

나머지 데이터로부터 떨어져 있는 관측치라는 것을 기억하라. 한 이상치에 대한 잔차는 잔차도에서 구별되어 나타날 것이다. 즉 이 잔차는 나머지 잔차들로부터 떨어져 있을 것이다. 이상치는 추정치에 크게 영향을 미칠 수 있지만, 이상치를 어떻게 처리해야 하는지는 항상 명료한 것은 아니다. 이상치들은 데이터셋에서 부정확하게 기록되거나 불량한 데이터일 수 있다. 이러한 관측치들은 수정되거나 단순히 제외시켜야 한다. 이와는 달리, 임의 변동성 때문에 이상치가 나타날 수 있다. 이러한 관측치는 그대로 사용되어야 한다. 어떠한 경우에도 잔차도는 잠재적 이상치를 식별하는 데 도움을 준다.

그림 6.7은 어느 가정도 위반되지 않을 때 나타나는 가상적인 잔차도를 나타낸 것이다. 모든 점들이 0의 잔차값 주위에 임의로 흩어져 있다는 것에 주목하라. 또한 어떤 잔차도 나머지 잔차들로부터 떨어져 있지 않기 때문에 이상치가 존재한다는 증거가 없다. 잔차들이 보아서 알 수 있는 패턴을 가지고 있으면 한 개 이상의 가정이 위반되고 있다는 것을 시사한다.

그림 6.7 정확하게 정형화된 모형의 잔차도

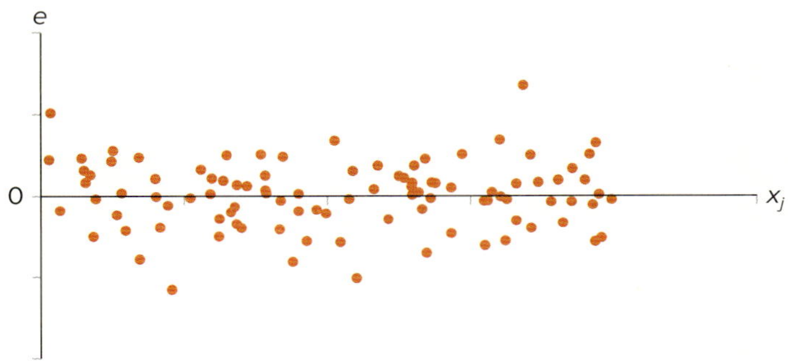

이 절의 마지막 부분에 Excel과 R을 이용하여 잔차도를 그리는 방법을 논의하겠지만, 먼저 모형 가정의 일반적인 위반에 대해 설명하고 수정방법들을 제시한다.

일반적인 위반 1: 비선형 패턴

선형회귀모형은 종종 단순한 계산에 의해 정당화된다. 단순선형회귀모형 $y = \beta_0 + \beta_1 x + \varepsilon$은 x가 1단위 증가하면, x의 값에 관계없이 y가 β_1만큼 변화할 것으로 기대된다는 것을 시사한다. 그러나 많은 응용에서는 이러한 관계가 직선에 의해 나타내어질 수 없고 적정한 곡선에 의해 포착된다. 선형 가정이 적정한지를 결정하기 위해 경제이론과 직관에 의존하는 것은 항상 좋은 일이다. 산점도나 잔차도를 분석함으로써 우리의 직관을 확인할 수 있다. 데이터에 분명한 비선형 패턴이 존재하면, OLS 추정치는 매우 잘못된 정보를 제공할 수 있다.

탐지

비선형 패턴을 식별하기 위해 잔차도를 사용할 수 있다. 잔차들이 예측변수의 값 주위에서 임의로 흩어져 있으면 선형이 정당화된다. 잔차들에서 식별할 수 있는 추세가 나타나면 비선형 패턴을 고려해야 한다.

예제 6.7

FILE ***Happiness_Age.*** 한 사회학자는 연령과 행복 간의 관계를 연구하기 원한다. 그는 24명의 개인을 인터뷰하고 연령과 0부터 100까지의 척도로 측정되는 행복에 대한 데이터를 수집하였다. 이러한 데이터의 일부가 표 6.12에 제시되어 있다. 회귀모형 Happiness $= \beta_0 + \beta_1$Age $+ \varepsilon$의 선형가정을 검토하라.

표 6.12 행복과 연령

Happiness	Age
62	49
66	51
⋮	⋮
72	69

해답:

Age에 대한 Happiness의 산점도을 사용하면서 분석을 시작하자. 그림 6.8은 표본회귀식 $\widehat{\text{Happiness}} = 56.18 + 0.28\text{Age}$을 나타내는 직선을 이러한 산점도 상에 그린 것을 보여준다. 그림 6.8을 보면 선형회귀모형이 Happiness와 Age 간의 관계를 적정하게 포착하지 못한다는 것이 매우 명백하다. 달리 말하면, 한 개인의 행복이 매년 0.28만큼 증가한다고 결론 내리는 것은 잘못된 것이다.

그림 6.8 산점도와 표본회귀선(예제 6.7)

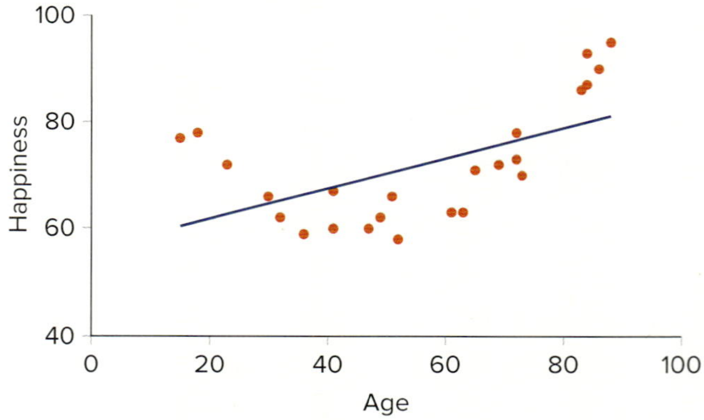

그림 6.9는 회귀모형의 선형가정을 추가적으로 검토하기 위한 잔차도이다.

잔차도는 잔차가 50세까지 감소하고 그 이후에 지속적으로 증가하는 분명한 추세가 존재한다는 것을 보여준다. 선형회귀모형은 낮은 연령과 높은 연령에서 잔차를 과소 추정하고 중간 연령에서 잔차를 과대 추정하기 때문에 적정하지 않다. 이러한 결과는 행복은 처음에 연령이 증가하면서 감소하고 그 이후에 연령이 증가하면서 증가한다는 *Journal of Happiness*의 2018년 연구와 일치한다.

그림 6.9 Age에 대한 잔차도(예제 6.7)

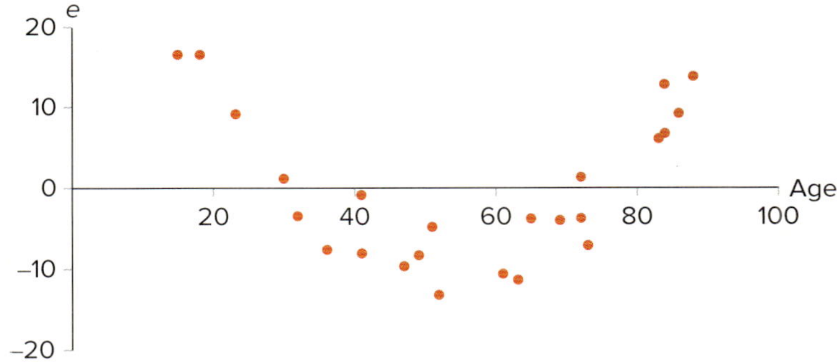

수정

선형회귀모형은 종종 대부분의 실증연구를 위한 첫 번째 시도로 사용된다. 많은 경우에 선형회귀모형은 실제 관계를 나타내는 매우 양호한 근사를 제공한다. 그러나 잔차도가 강한 비선형 패턴을 보이면, 선형회귀모형에 의해 이루어지는 추론은 매우 잘못된 정보를 제공할 수 있다. 이러한 경우, 반응변수와 예측변수들을 간단하게 변환하여 비선형 회귀분석 방법을 사용해야 한다. 이러한 방법은 다음 장에서 논의된다.

일반적인 위반 2: 다중공선성

2개 이상의 예측변수들이 정확한 선형관계를 가질 때, 완전한 다중공선성이 존재한다. 회귀모형 $y = \beta_0 + \beta_1 x_1 + \beta_2 x_2 + \varepsilon$을 고려해보자. 여기서 y는 보너스, x_1은 판매된 자동차의 수, x_2는 부지에 남아있는 자동차의 수이다. 모든 자동차 세일즈맨들이 같은 재고를 가지고 시작한다면, $x_2 =$ 상수 $- x_1$이 되어 *완전한* 다중공선성(*perfect* multicollinearity)이 성립하는 경우가 발생한다. 완전한 다중공선성은 회귀모형이 추정될 수 없기 때문에 쉽게 발견된다. 그러나 x_2가 고객들이 긍정적으로 검토하는 자동차의 수라면, 판매되는 자동차의 수와 고객들이 긍정적으로 검토하는 자동차의 수간에 상관관계를 가질 가능성이 있기 때문에 *약간의* 다중공선성이 존재할 수 있다. 대부분의 응용에서 예측변수들 간에 약간의 상관관계가 존재한다.

(불완전) 다중공선성의 문제는 소표본의 문제와 유사하다. 다중공선성은 모형의 가정들 중 어느 것도 위반하지 않는다. 그러나 다중공선성의 존재는 기울기 계수들에 대한 부정확한 추정치들을 발생시킨다. 달리 말하면, 다중공선성은 반응변수에 대한 예측변수들의 독립적인 영향을 구분하는 것을 어렵게 만든다. 다중공선성이 심하면, 중요한 예측변수들이 유의하지 않은 것으로 나타날 수 있다. 외견상으로 회귀계수 추정치들이 잘못된 부호를 가지는 것도 다중공선성을 시사할 수 있다.

탐지

다중공선성을 탐지하는 방법은 대체로 비공식적이다. 만일 R^2가 높고 F 통계량이 유의한데 예측변수들이 개별적으로 유의하지 않으면, 다중공선성이 문제가 될 수 있다. 또한 심한 다중공선성을 탐지하기 위해 예측변수들 간 상관계수를 검토할 수 있다. 하나의 기준은 두 예측변수 간의 표본상관계수가 0.80 이상이거나 −0.80 이하이면 다중공선성이 심하다고 간주하는 것이다. 분산팽창계수(variance inflation factor, VIF)는 어느 예측변수 쌍도 매우 높은 상관계수를 가지고 있지 않더라도 3개 이상 예측변수들 간 높은 상관관계를 탐지할 수 있는 척도이다. VIF가 가질 수 있는 가장 작은 값은 1이고 이것은 다중공선성이 존재하지 않는다는 것을 의미한다. VIF가 5 또는 10을 초과하면 다중공선성이 문제일 수 있다. VIF에 대한 더 상세한 논의는 이 교재의 범위를 넘어선다.

예제 6.8

FILE ***Home_Values.*** 중앙주택가치(달러)를 반응변수로, 중앙가계소득(달러), 1인당 소득(달러), 주택소유비율(%)을 예측변수로 사용하는 선형회귀모형에서 다중공선성 문제를 검토해보자. 미국의 모든 주를 대상으로 수집한 2010년 데이터의 일부가 표 6.13에 제시되어 있다.

표 6.13 주택가치와 기타 요인들

State	Home Value	HH Income	Per Cap Inc	Pct Owner Occ
Alabama	117600	42081	22984	71.1
Alaska	229100	66521	30726	64.7
⋮	⋮	⋮	⋮	⋮
Wyoming	174000	53802	27860	70.2

해답:

다중공선성 문제를 검토하기 위해 3개 모형을 추정하였다. 표 6.14는 회귀분석결과를 나타낸 것이다.

표 6.14 모형 추정치의 요약(예제 6.8)

Variable	Model 1	Model 2	Model 3
Intercept	417,892.04* (0.001)	348,187.14* (0.002)	285,604.08 (0.083)
HH Income	9.04* (0.000)	7.74* (0.000)	NA
Per Cap Inc	−3.27 (0.309)	NA	13.21* (0.000)
Pct Owner Occ	−8,744.30* (0.000)	−8,027.90* (0.000)	−6,454.08* (0.001)
Adjusted R^2	0.8071	0.8069	0.6621

주: 모수 추정치의 아래 괄호 안에 있는 수치는 p-값이다. *는 5% 수준에서 유의하다는 것을 나타낸다. NA는 해당사항 없음을 표시한다. 마지막 행에 있는 조정 R^2는 모형선택을 위해 사용된다.

모형 1은 주택가치를 설명하기 위해 3개 예측변수 모두를 사용한다. 놀랍게도 1인당 소득 변수는 회귀계수 추정치가 −3.27을 가지고 있고 p-값이 0.31로 5%의 유의수준에서 통계적으로 유의하지 않다. 가계소득과 1인당 소득은 상관관계를 가지고 있을 가능성이 있기 때문에 다중공선성이 이러한 예상치 않은 결과의 이유일 수 있다. 이러한 두 예측변수 간의 표본상관계수는 0.8582로 계산되고 이것은 다중공선성이 심하다는 것을 제시한다. 이러한 두 예측변수 중 하나를 제거시킨 2개의 모형을 추정하였다. 모형 2는 1인당 소득 변수를 제거하고 모형 3은 가계소득 변수를 제거한 것이다. 모형 3에서 1인당 소득은 주택가치에 유의하게 양의 영향을 미친다는 것에 주목하라. 조정 R^2의 값을 기준으로 판단하면[0.8069(모형 2) > 0.6621(모형 3)], 두 모형 중 모형 2가 모형 3보다 선호된다. 모형 1과 모형 2 간의 선택은 명료하지 않다. 일반적으로 분석의 목적이 예측이면 가장 높은 조정 R^2의 값 0.8071을 가진 모형 1이 선호된다. 그러나 회귀계수 측정치들을 평가할 필요가 있으면, 모형 2가 선호될 수 있다.

수정

경험이 부족한 연구원들은 중요한 변수를 누락시키지 않으려고 너무 많은 예측변수들을 포함시키는 경향이 있고 이렇게 함으로써 본질적으로 동일한 것을 측정하는 불필요한 변수들을 포함시킬 수 있다. 다중공선성 문제에 직면할 때, 한 가지 좋은 수정방법은 선형관계를 가지는 변수들 중 하나를 제외시키는 것이다. 어려운 부분은 선형관계를 가지는 변수들 중 어떤 변수가 불필요하고 이에 따라 안전하게 제거될 수 있는지를 결정하는 것이다. 다른 선택은 표본상관관계는 더 많은 관측치들이 포함됨에 따라 약화될 수 있기 때문에 더 많은 데이터를 사용하는 것이다. 이것은 종종 예측변수들이 선형관계를 가지지 않도록 예측변수들을 다르게 나타내기 위해 도움을 준다. 간혹 가장 좋은 방법은 모든 예측변수들을 포함시키는 것에 대한 정당성이 존재할 때 *아무것도 하지 않는* 것일 수 있다. 특히 추정된 모형이 높은 R^2를 가지면 아무것도 하지 않을 수 있다. 이것은 추정된 모형이 예측을 위해 양호하다는 것을 의미한다.

일반적인 위반 3: 변화하는 변동성

횡단면 데이터를 사용하는 연구에서 관측치들이 일정한 변동성을 가진다는 가정은 종종 성립되지 않는다. 회귀모형 $y = \beta_0 + \beta_1 x + \varepsilon$을 고려해보자. 여기서 y는 가계의 소비지출, x는 가계의 가처분소득이다. 소비지출의 변동성이 횡단면 가계소득 간에 같다고 가정하는 것은 불합리할 수 있다. 예를 들면, 고소득 가계는 저소득 가계에 비해 소비지출의 변동성이 더 큰 경향이 있다. 이와 유사하게, 주택크기가 증가함에 따라 주택가격은 더 크게 변화하는 경향이 있고 기업규모가 증가함에 따라 매출은 더 크게 변화하는 경향이 있다.

변화하는 변동성이 존재할 때도, OLS 추정량은 여전히 불편추정량이다. 그러나 OLS 추정량의 표준오차는 적정하지 않다. 이에 따라 추정된 표준오차에 기초하여 이루어지는 표준적인 t 검정과 F 검정은 신뢰할 수 없게 된다.

탐지

변화하는 변동성을 탐지하기 위해 잔차도를 사용할 수 있다. 일반적으로 잔차들은 각 예측변수 x_j에 대하여 그림으로 그려진다. 다중회귀모형의 경우, 잔차들이 예측값 $\hat{y}$에 대하여 그림으로 그려질 수 있다. 잔차들이 x_j의 값들 주위에 임의로 흩어져 있으면 일정한 변동성 가정의 위반이 없다. 다른 한편, 잔차들의 변동성이 x_j의 값들에 대하여 증가하거나 감소하면 일정한 변동성 가정의 위반이 존재한다.

예제 6.9

FILE *Convenience_Stores.* 한 편의점의 월간 매출액(Sales, 1,000달러)을 편의점의 크기(Sqft)와 관련시키는 단순선형회귀모형을 고려해보자. 분석을 위해 사용되는 데이터의 일부가 표 6.15에 제시되어 있다. 단순선형회귀모형을 추정하고 관측치들이 변화하는 변동성을 가지는지를 결정하기 위해 잔차도를 사용하라.

표 6.15 편의점들의 매출액과 크기

Sales	Sqft
140	1810
160	2500
⋮	⋮
110	1470

해답:

표본회귀식은 다음과 같다.

$$\widehat{\text{Sales}} = 22.0795 + 0.0591\text{Sqft}$$
$$(se)\quad (10.4764)\quad (0.0057)$$

여기서 괄호 안에 있는 수치는 회귀계수 추정치의 표준오차이다. 이 절의 마지막 부분에서 R을 이용하는 지시사항을 논의할 때 이러한 값들이 사용될 것이다.

추정된 모형의 잔차도가 그림 6.10에 제시되어 있다. 잔차들이 수평축을 따라서 펼쳐져 있는 것에 주목하라. 따라서 이 예제에서 변화하는 변동성이 존재할 수 있다고 결론 내린다. 당신은 편의점의 크기가 증가함에 따라 매출액이 더 크게 변동할 것이라고 기대하기 때문에 이러한 결과는 놀라운 것이 아니다. 예를 들면, 소형 편의점은 수요가 매우 안정적인 기본적인 필수품들만 판매할 가능성이 있다. 다른 한편, 대형 편의점은 특수한 품목들을 판매할 수 있고 이에 따라 매출액의 변동이 크게 발생될 수 있다.

그림 6.10 Sqft에 대한 잔차도(예제 6.9)

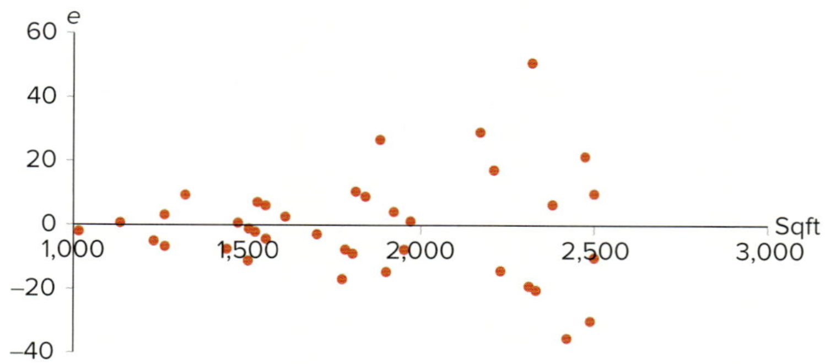

수정

이미 언급한 것처럼, 변화하는 변동성이 존재하는 경우 OLS 추정량은 불편추정량이지만 추정된 표준오차는 적정하지 않다. 따라서 OLS는 여전히 적정한 회귀계수 추정치를 제공하나 t 검정과 F 검정은 더 이상 타당하지 않다. 이러한 이유로 일부 연구원들은 교정된 표준오차, 종종 소위 로버스트 표준오차(robust standard error)와 함께 OLS 추정치를 사용한다. 불행하게도 Excel의 현재 버전은 교정된 표준오차를 제공하지 않는다. 그러나 R을 포함한 많은 통계 컴퓨터 패키지들은 교정된 표준오차를 제공한다. 이 절의 마지막 부분에서 예제 6.9를 위해 R을 이용하여 교정된 표준오차를 구하는 방법을 제시한다. 로버스트 표준오차를 가지고 타당한 t 검정을 수행할 수 있다.

일반적인 위반 4: 상관관계를 가지는 관측치들

OLS 추정량을 구할 때 관측치들은 상관관계를 가지고 있지 않다고 가정한다. 시계열 데이터를 사용하는 연구에서 이러한 가정은 종종 성립되지 않는다. 매출액, 실업률, 자산수익률과 같은 변수들은 경기변동의 특성을 나타낸다. 그 결과로 연속적인 관측치들이 상관관계를 가질 가능성이 있다.

상관관계를 가지는 관측치들이 존재하면, OLS 추정량은 불편추정량이나 추정된 표준오차는 적정하지 않다. 일반적으로 추정된 표준오차는 하방으로 왜곡되고 허위의 높은 R^2를 가지게 된다. 이러한 결과들이 모형을 실제보다 더 양호하게 보이게 만든다. 이에 더하여 t 검정과 F 검정이 사실이 아님에도 불구하고 예측변수들이 개별적으로 유의할 뿐만 아니라 결합하여 유의하다고 제시할 수 있다.

탐지

관측치들이 상관관계를 가지는지를 탐지하기 위해 잔차들을 시계열 순서대로 그림으로 그릴 수 있다. 관측치들이 상관관계를 가지지 않아야 한다는 가정의 위반이 없으면, 잔차들이 수평축 주위에서 어떤 패턴을 보여서는 안된다. 양의 잔차에 이어서 다음 몇 기에 양의 잔차들이 나타나고, 음의 잔차에 이어서 다음 몇 기에 음의 잔차들이 나타나는 패턴이 있으면 이것은 가정의 위반을 시사한다. 일반적인 경우는 아니지만, 양의 잔차에 이어서 음의 잔차가 나타나고 이어서 양의 잔차가 나타나는 패턴이 있으면 이것도 가정의 위반을 시사한다.

예제 6.10

FILE ***Sushi_Restaurant.*** 회귀모형 $y = \beta_0 + \beta_1 x_1 + \beta_2 x_2 + \varepsilon$을 고려해보자. 여기서 y는 한 스시 레스토랑의 매출액(1,000달러), x_1과 x_2는 각각 광고비(달러)와 실업률(%)이다. 2018년 1월부터 2019년 5월까지 월간 데이터의 일부가 표 6.16에 제시되어 있다. 잔차들의 움직이는 모습을 검토하고 계열상관(serial correlation)에 대한 의견을 제시하라.

해답:

표본회귀식은 다음과 같다.

$$\begin{array}{l} \hat{y} = 17.5060 + 0.0266x_1 - 0.6879x_2 \\ (se)\ (3.9817)\quad (0.0068)\quad (0.2997) \end{array}$$

표 6.16 매출액, 광고비와 실업률 데이터(예제 6.10)

Month	Year	Sales	AdsCost	Unemp
January	2018	27.0	550	4.6
February	2018	24.2	425	4.3
⋮	⋮	⋮	⋮	⋮
May	2019	27.4	550	9.1

여기서 괄호 안에 있는 수치는 회귀계수 추정치의 표준오차이다. 이 절의 마지막 부분에서 R을 이용하는 지시사항이 논의될 때 이러한 값들이 사용될 것이다.

계열상관을 탐지하기 위해, 시간변수 t에 대하여 잔차들을 순서대로 그린다. 여기서 시계열 데이터의 17개월을 나타내기 위해 $t = 1, 2, \cdots, 17$이다. 그림 6.11은 시간이 흐름에 따라 잔차들이 파도와 같은 움직임을 보여준다. 잔차들이 먼저 수평축 아래에 있다가 이어서 수평축 위에 나타나는 등등의 모습을 보여준다. 잔차들이 수평축 주위로 이러한 패턴을 나타내기 때문에 관측치들이 상관관계를 가진다고 결론 내린다.

그림 6.11 시간 t에 대한 잔차들의 산점도

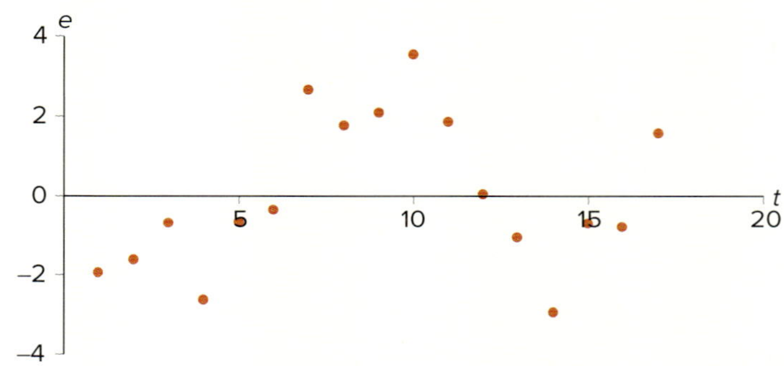

수정

이미 언급한 것처럼, 관측치들이 상관관계를 가지면 OLS 추정량은 불편추정량이나 추정된 표준오차는 적정하지 않고 일반적으로 하방으로 왜곡되어 모형을 실제보다 더 양호하게 보이게 만든다. 따라서 OLS는 여전히 적정한 회귀계수 추정치를 제공하나 t 검정과 F 검정은 더 이상 타당하지 않다. 이러한 이유로 일부 연구원들은 교정된 표준오차, 종종 소위 로버스트 표준오차(robust standard error)와 함께 OLS 추정치를 사용한다. 불행하게도 Excel의 현재 버전은 교정된 표준오차를 제공하지 않는다. 그러나 R을 포함한 많은 통계 컴퓨터 패키지들은 교정된 표준오차를 제공한다. 이 절의 마지막 부분에서 예제 6.10을 위해 표준오차의 필요한 교정을 하기 위해 R을 사용한다. 표준오차가 교정되면 타당한 t 검정을 수행할 수 있다.

일반적인 위반 5: 제외된 변수들

선형회귀모형에서 다른 하나의 중요한 가정은 오차항은 예측변수들과 상관관계를 가지고 있지 않다는 것이다. 일반적으로 이 가정은 중요한 예측변수들이 제외될 때 성립되지 않는다. 만일 1개 이상의 관련된 예측변수들이 제외되면, OLS 추정량은 편의추정량이 된다. 이 경우 편의의 정도는 포함된 예측변수들과 제외된 예측변수들 간 상관관계의 정도에 의존한다. 즉 포함된 예측변수들과 제외된 예측변수들 간 상관계수가 높을수록, 편의의 정도는 더 커진다.

회귀모형 $y = \beta_0 + \beta_1 x + \varepsilon$을 추정하기 원한다고 하자. 여기서 y는 연봉이고 x는 교육연수이다. 이 모형에서 연봉에 영향을 주는 중요한 요소인 타고난 능력이 제외되어 있다. 누락된 타고난 능력은 교육연수와 상관관계를 가진다는 것에 주목하라. 이제 고등교육을 받고 높은 연봉을 받는 사람을 생각해보자. 이 모형은 높은 연봉을 교육연수와 관련시키고 있다. 실제로는 교육연수를 증가시키고 연봉을 높여주는 것이 관측되지 않는 높은 수준의 타고난 능력일 수 있다. 요약하면, 이 가정의 위반은 신뢰할 수 없는 추정치를 발생시킨다. 일부 추정치들은 잘못된 부호를 가질 수도 있다.

수정

회귀모형에 모든 관련된 예측변수들을 포함시키는 것이 중요하다. 회귀모형을 추정하기 전에 중요한 첫번째 단계는 잠재적 예측변수들을 포함한 리스트를 만드는 것이다. 조정 R^2 기준을 사용하면서 더 적은 수의 예측변수들을 추려낼 수 있다. 종종 데이터의 한계 때문에 모든 관련된 예측변수들을 포함시키지 못할 수 있다. 예를 들면, 타고난 능력은 연봉을 설명하는 중요한 예측변수일 수 있지만, 타고난 능력은 관측할 수 없기 때문에 이 변수를 포함시킬 수 없다. 이러한 경우에 이 교재의 범위를 벗어나는 소위 도구변수(instrumental variable) 기법이 사용된다.

요약

회귀분석 방법을 효과적으로 사용하기 위해서는 실습이 필요하다. 회귀모형을 정형화는 것을 반복적인 과정으로 생각해야 한다. 회귀모형을 사용하여 수행하고자 하는 일을 명확히 이해하면서 출발해야 한다. 관련된 반응변수를 정의하고 잠재적 예측변수들을 포함하는 목록을 작성한다. 경제학적으로나 직관적으로 의미가 있는 모형이 선택되고 다중공선성을 발생시키는 대략적으로 동일한 것을 측정하는 예측변수들을 피하여야 한다. 이어서 정형화된 모형을 데이터에 적용하고 적합도를 개량하고 개선한다. 특히 예측변수들의 종합적인 목록으로부터 유의성 검정과 표준오차의 추정치와 조정 R^2와 같은 적합도 척도들을 사용하면서 더 적은 수의 예측변수들을 추려낸다. 횡단면과 시계열 연구 각각에서 변화하는 변동성과 상관관계를 가지는 관측치들의 징후를 탐지하기 위해 잔차도를 검토하는 것이 중요하다. 이러한 두 가정 중 어느 것의 위반이 식별되는 경우, 회귀계수의 점추정치는 여전히 신뢰할 수 있다. 그러나 회귀계수 추정치들의 표준오차에 대한 필요한 교정이 이루어지지 않으면 유의성에 대한 표준적인 t 검정과 F 검정은 크게 신뢰할 수 없다.

Excel과 R을 이용하여 잔차도 그리기

먼저 Excel과 R을 이용하여 예제 6.9의 그림 6.10을 다시 그린다. 예제 6.9에서는 변화하는 변동성이 쟁점이기 때문에 R을 이용하여 로버스트 표준오차를 계산하는 방법을 제시한다.

이어서 Excel과 R을 이용하여 예제 6.10의 그림 6.11을 다시 그린다. 예제 6.10에서 상관관계를 가지는 관측치들이 쟁점이기 때문에 R을 이용하여 로버스트 표준오차를 계산하는 방법을 제시한다.

Excel을 이용하여 그림 6.10을 다시 그리기

A. ***Convenience_Stores*** 데이터 파일을 열어라.
B. 메뉴에서 **데이터(Data) > 데이터 분석(Data Analysis) > 회귀분석(Regression)**을 선택하라.
C. *Y축 입력 범위(Input Y Range)*에 Sales 데이터를 선택하고 *X축 입력 범위(Input X Range)*에 Sqft 데이터를 선택하라.
D. *잔차도(Residual Plots)*를 선택하라.
E. **확인(OK)**을 클릭하라. 여기서 당신은 그림 6.10와 닮은 그래프를 볼 수 있어야 한다. (색깔, 축 등에 관한) 서식작성은 메뉴에서 **수식(Format)**을 선택하여 수행할 수 있다.

R을 이용하여 그림 6.10을 다시 그리고 로버스트 표준오차 구하기

A. ***Convenience_Stores*** 데이터 파일을 데이터 프레임(테이블) 형태로 불러오고 그것을 myData라고 이름 붙여라.
B. *sandwich* 패키지를 설치하여 업로드하라. 이 패키지는 로버스트 표준오차를 계산하기 위해 사용된다.

```
> install.packages("sandwich")
> library(sandwich)
```

C. 선형회귀모형을 생성하기 위해 **lm** 함수를 사용하라. 그것을 Simple이라고 이름 붙여라.

```
> Simple <- lm(Sales~Sqft, data=myData)
```

D. 단순선형회귀모형으로부터 잔차들을 얻기 위해 **resid** 함수를 사용하라. 그것을 Simple_Residuals라고 이름 붙여라.

```
> Simple_Residuals <- resid(Simple)
```

E. 예측변수 Sqft에 대한 잔차들의 산점도를 그리기 위해 **plot** 함수를 사용하라. *x*축과 *y*축에 이름을 붙이기 위해 *xlab*과 *ylab* 옵션을 사용하라.

```
> plot(Simple_Residuals ~ myData$Sqft, xlab = "Sqft", ylab = "e")
```

R을 실행하면 그림 6.10을 닮은 산점도가 구해진다.

F. OLS 추정량의 로버스트 표준오차를 계산하기 위해 *sandwich*에 있는 **vcovHC** 함수를 사용하라. 옵션 *type* = "HC1"을 사용하면서 R에게 로버스트 표준오차를 계산하기 위해 널리 사용되는 공식을 적용할 것을 요청한다(R에서 *type* 안에 있는 다른 지시도 이용할 수 있다).

```
> vcovHC(Simple, type="HC1")
```

R을 실행하면 다음과 같은 결과가 얻어진다.

```
            (Intercept)         Sqft
(Intercept) 91.45127988  -6.095285e-02
Sqft        -0.06095285  4.149344e-05
```

위의 출력결과는 분산-공분산 행렬을 나타낸다. 여기서 대각선에 있는 원소들은 OLS 추정량의 분산을 나타내고 대각선 밖의 원소들은 OLS 추정량의 공분산을 나타낸다. OLS 추정량의 표준오차에 관심이 있기 때문에 간단히 분산-공분산 행렬의 대각선 원소 값(볼드체로 나타낸 값)의 제곱근을 구한다. 이렇게 구해지는 OLS 추정량의 표준오차를 Simple_SE라고 이름 붙여라.

```
> Simple_SE <- diag(vcovHC(Simple,type="HC1"))^0.5
> Simple_SE
(Intercept)       Sqft
9.56301625  0.00644154
```

절편과 Sqft의 교정된 표준오차는 각각 9.5630과 0.0064이다. 예제 6.9로부터 절편과 Sqft의 OLS 에 의해 생성되는 표준오차는 각각 10.4764와 0.0057이라는 것을 기억하라. 이제 교정된 표준오차를 가진 OLS 추정치를 사용하면서 유의성 검정을 위한 t 검정값을 쉽게 계산할 수 있다.

Excel을 이용하여 그림 6.11을 다시 그리기

A. ***Sushi_Restaurant*** 데이터 파일을 열어라.

B. 메뉴에서 **데이터(Data) > 데이터 분석(Data Analysis) > 회귀분석(Regression)**을 선택하라.

C. *Y축 입력 범위(Input Y Range)*에 Sales 데이터를 선택하고 *X축 입력 범위(Input X Range)*에 AdsCost와 Unemp 데이터를 동시에 선택하라.

D. *잔차(Residual)*를 선택하라. **확인(OK)**을 클릭하라.

E. 회귀분석 결과가 주어지면, 잔차 데이터를 선택하고 **삽입(Insert) > 차트(Chart) > 분산형(Scatter)**을 선택한다. 여기서 당신은 그림 6.11과 닮은 그래프를 볼 수 있어야 한다. (색깔, 축 등에 관한) 서식작성은 메뉴에서 **수식(Format)**을 선택하여 수행할 수 있다.

R을 이용하여 그림 6.11을 다시 그리고 로버스트 표준오차 구하기

A. 다중회귀모형을 추정하고 잔차를 구하기 위하여 다음의 지시사항을 따라 하라.

(1) ***Sushi_Restaurant*** 데이터 파일을 데이터 프레임(테이블) 형태로 불러오고 그것을 myData라고 이름 붙여라.

(2) *sandwich* 패키지를 설치하여 업로드해라. 이 패키지는 로버스트 표준오차를 계산하기 위해 사용된다.

```
> install.packages("sandwich")
> library(sandwich)
```

(3) 선형회귀모형을 생성하기 위해 **lm** 함수를 사용하라. 그것을 Multiple이라고 이름 붙여라.

```
> Multiple <- lm(Sales~AdsCost+Unemp, data=myData)
```

(4) 선형회귀모형으로부터 잔차들을 얻기 위해 **resid** 함수를 사용하라. 그것을 Multiple_Residuals라고 이름 붙여라.

```
> Multiple_Residuals <- resid(Multiple)
```

B. 먼저 **seq** 함수를 사용하여 시간변수를 생성하고 그것을 T라고 이름 붙여라. T는 Multiple_Residuals와 같은 관측치 수를 가진다. 이어서 **plot** 함수를 사용하라. 또한 x 축에 선을 넣기 위해 **abline** 함수를 사용하라.

```
> T <- seq(from = 1, to = length(Multiple_Residuals))
> plot(Multiple_Residuals ~ T, xlab = "time", ylab = "e")
> abline(h = 0)
```

R이 제공하는 산점도는 그림 6.11과 닮아야 한다.

C. OLS 추정량의 로버스트 표준오차를 계산하기 위해 *sandwich*에 있는 **NeweyWest** 함수를 사용하라. 가장 기본적인 교정을 요청하기 위해 옵션 *prewhite*=FALSE를 사용하라(R에서 많은 다른 옵션들을 사용할 수 있다).

```
> NeweyWest(Multiple, prewhite=FALSE)
```

R을 실행하면 다음과 같은 결과가 얻어진다.

```
             (Intercept)       AdsCost         Unemp
(Intercept)  18.10230474  -2.342228e-02  -5.592667e-01
AdsCost      -0.02342228   4.056877e-05  -9.819913e-05
Unemp        -0.55926668  -9.819913e-05   9.036499e-02
```

위의 출력결과는 분산–공분산 행렬을 나타낸다. 여기서 대각선에 있는 원소들은 OLS 추정량의 분산을 나타내고 대각선 밖의 원소들은 OLS 추정량의 공분산을 나타낸다. OLS 추정량의 표준오차에 관심이 있기 때문에 간단히 분산–공분산 행렬의 대각선 원소 값(볼드체로 나타낸 값)의 제곱근을 구한다. 이렇게 구해진 OLS 추정량의 표준오차를 Multiple_SE라고 이름 붙여라.

```
> Multiple_SE<-diag(NeweyWest(Multiple))^0.5
> Multiple_SE

(Intercept) AdsCost Unemp
4.773375748 0.006961572 0.354646071
```

절편, AdsCost, Unemp의 교정된 표준오차는 각각 4.7734, 0.0070, 0.3546이다. 예제 6.10으로부터 절편, AdsCost, Unempt의 OLS 에 의해 생성된 표준오차는 각각 3.9817, 0.0068과 0.2997라는 것을 기억하라. 교정된 표준오차는 모두 OLS 추정치의 표준오차보다 더 크다. 이것이 일반적으로 회귀모형에서 상관관계를 가지는 관측치들이 쟁점일 때 예상되는 것이다. 이제 교정된 표준오차를 가진 OLS 추정치를 사용하면서 유의성 검정을 위한 t 검정값을 쉽게 계산할 수 있다.

연습문제 6.4

51. 20개 관측치를 사용하면서 다중회귀모형 $y = \beta_0 + \beta_1 x_1 + \beta_2 x_2 + \varepsilon$이 추정되었다. 회귀분석결과의 일부는 다음과 같다.

	df	*SS*	*MS*	*F*	Significance *F*	
Regression	2	2.12E+12	1.06E+12	56.556	3.07E-08	
Residual	17	3.19E+11	1.88E+10			
Total	19	2.44E+12				
	Coefficients	Standard Error	*t* Stat	*p*-value	Lower 95%	Upper 95%
Intercept	−987557	131583	−7.505	0.000	−1265173	−709941
x_1	29233	32653	0.895	0.383	−39660	98125
x_2	30283	32645	0.928	0.367	−38592	99158

a. 5%의 유의수준에서 예측변수들은 결합하여 유의한가?

b. 5%의 유의수준에서 각 예측변수는 개별적으로 유의한가?

c. 이 모형의 문제점은 무엇인가?

52. 단순선형회귀모형 $y = \beta_0 + \beta_1 x + \varepsilon$이 횡단면 데이터를 사용하면서 추정되었다. 예측변수의 값과 잔차가 다음의 표에 제시되어 있다.

x	1	2	5	7	10	14	15	20	24	30
e	−2	1	−3	2	4	−5	−6	8	11	−10

a. 예측변수 x값에 대하여 잔차들을 그래프로 그리고 식별할 수 있는 패턴을 찾아보라.

b. 어떤 가정이 위반되고 있는가? 이것의 결과를 논의하고 가능한 수정방법을 제시하라.

53. 단순선형회귀모형 $y = \beta_0 + \beta_1 x + \varepsilon$이 시계열 데이터를 사용하면서 추정되었다. 잔차 e와 시간변수 t가 다음의 표에 제시되어 있다.

t	1	2	3	4	5	6	7	8	9	10
e	−5	−4	−2	3	6	8	4	−5	−3	−2

a. 시간에 대하여 잔차들을 그래프로 그리고 식별할 수 있는 패턴을 찾아보라.

b. 어떤 가정이 위반되고 있는가? 이것의 결과를 논의하고 가능한 수정방법을 제시하라.

54. FILE ***Television.*** 책과 스토리처럼, 텔레비전은 아이들에게 오락을 제공할 뿐만 아니라 세계에 대한 새로운 정보를 제공한다. 너무 많이 텔레비전을 보는 것은 해롭지만, 약간 보는 것은 실제로 도움을 줄 수 있다. 연구원인 매트 캣슨은 28명의 중학생을 대상으로 GPA와 주당 텔레비전을 보는 시간에 대한 정보를 수집하였다. 회귀모형 GPA $= \beta_0 + \beta_1$Hours $+ \varepsilon$의 선형가정을 검토하라.

55. FILE ***Delivery.*** 배달회사인 Quick2U는 고객들이 배달비용을 더 잘 이해하도록 물품의 배달비용모형을 표준화하기 원한다. 3개의 예측변수로 (1) 거리(마일), (2) 물품중량(파운드), (3) 박스 수가 사용된다. 30개의 최근 배달로 구성된 표본으로부터 데이터가 수집되었다. 이러한 데이터의 일부가 다음의 표에 제시되어 있다.

Charge	Distance	Weight	Boxes
92.50	29	183	1
157.60	96	135	3
⋮	⋮	⋮	⋮
143.00	47	117	7

a. 회귀모형 Charge $= \beta_0 + \beta_1$Distance $+ \beta_2$Weight $+ \beta_3$Boxes $+ \varepsilon$을 추정하고 1%의 유의수준에서 예측변수들의 결합 유의성과 개별 유의성을 검토하라.

b. 다중공선성의 증거가 존재하는가?

c. 반응변수의 예측값에 대하여 잔차들을 그래프로 그리고 변화하는 변동성의 증거가 존재하는지를 결정하라.

56. 학생들에게 GPA와 전형적인 하루의 24시간을 학습, (일을 포함한) 여가, 수면으로 구분하도록 요청하는 서베이 결과를 사용하라. 회귀모형 GPA $= \beta_0 + \beta_1$Study $+ \beta_2$Leisure $+ \beta_3$Sleep $+ \varepsilon$을 고려하라.

a. 이 모형에서 무엇이 문제인가?

b. 이 모형을 다시 정형화하는 간단한 방법을 제안하라.

57. FILE ***AnnArbor_Rental.*** 미시간주의 앤 아버(Ann Arbor)에 있는 주택의 월간 임대료(Rent, 달러)를 침실 수(Beds), 욕실 수(Baths), 주택크기(Sqft)의 함수로 나타내는 것을 고려하라.

a. 회귀모형 Rent $= \beta_0 + \beta_1$Beds $+ \beta_2$Baths $+ \beta_3$Sqft $+ \varepsilon$을 추정하라.

b. 어떤 예측변수가 변화하는 변동성을 발생시킬 수 있는가? 설명하라.

c. 당신의 경제학적 직관을 증명하기 위해 잔차도를 사용하라.

58. **FILE** ***Work_Experience.*** 한 마케팅 회사에서 근무하는 100명 종업원의 연봉(달러)과 근무연수(년)에 대한 데이터를 고려하라. 회귀모형 Salary = $\beta_0 + \beta_1$Experience + ε을 추정하라.

a. 이 문제에서 당신이 변화하는 변동성에 대해 우려하는 이유를 설명하라.

b. 당신의 경제학적 직관을 확인하기 위해 잔차도를 사용하라.

59. **FILE** ***Healthy_Living.*** 건강한 삶은 항상 사회의 중요한 목표이다. 과일과 야채(FV)와 규칙적인 운동은 건강에 좋은 영향을 주고 흡연은 나쁜 영향을 준다고 믿는 회귀모형을 고려하라. 표본은 미국의 주들에서 관측되는 이러한 변수들의 %로 구성되어 있다. 이러한 데이터의 일부가 다음의 표에 제시되어 있다.

State	Healthy	FV	Exercise	Smoke
AK	88.7	23.3	60.6	14.6
AL	78.3	20.3	41.0	16.4
⋮	⋮	⋮	⋮	⋮
WY	87.5	23.3	57.2	15.2

a. 회귀모형 Healthy = $\beta_0 + \beta_1$FV + β_2Exercise + β_3Smoke + ε을 추정하라.

b. 다중공선성과 변화하는 변동성이 존재하는지를 결정하기 위해 데이터를 분석하라.

60. **FILE** ***J&J.*** 존슨 앤 존슨(J&J)을 위한 자본자산가격모형(CAPM)이 예제 6.6에서 논의되었다. 이 모형은 반응변수로 J&J의 위험조정 주식수익률($R - R_f$)을 사용하고 예측변수로 위험조정 시장수익률($R_M - R_f$)을 사용한다. 계열상관이 시계열 데이터에서 발생될 수 있기 때문에 잔차들의 움직임을 점검하는 것이 중요하다. 시간에 대한 잔차들의 산점도를 그리고 관측치들이 상관관계를 가지는지에 대해 논평하라.

61. **FILE** ***Consumption.*** 소비함수는 경제학에서 중요한 관계를 나타내는 식 중 하나이다. 소비는 가처분소득의 함수이다. 다음의 표는 2000~2016년 동안 미국의 연간 평균 소비지출(Consumption, 달러)과 가처분소득(Income, 달러)에 대한 분기 데이터의 일부를 보여준다.

Date	Consumption	Income
Q1, 2000	28634	31192
Q2, 2000	28837	31438
⋮	⋮	⋮
Q4, 2016	35987	39254

a. 회귀모형 Consumption = $\beta_0 + \beta_1$Income + ε을 추정하라 관측치들이 상관관계를 가지는지를 결정하기 위해 시간에 대하여 잔차들을 그래프로 그려라.

b. 관측치들이 상관관계를 가지는 것의 결과를 논의하고 가능한 수정방법을 제안하라.

62. **FILE** ***Mowers.*** 한 잔디 제초기 회사인 터프코(Turfco)의 마케팅 담당 경영자는 모든 아울렛(점포, 온라인 등)의 월간 매출은 3개의 중요한 변수, 즉 (1) 외부 온도(화씨), (2) 광고비(1,000달러), (3) 판촉할인율(%)에 의해 영향을 받는다고 믿는다. 과거 2년 동안의 월간 데이터 일부가 다음의 표에 제시되어 있다.

Sales	Temperature	Advertising	Discount
17235	33	15	5.0
19854	42	25	5.0
⋮	⋮	⋮	⋮
22571	44	21	5.0

a. 회귀모형 Sales = $\beta_0 + \beta_1$Temperature + β_2Advertising + β_3Discount + ε을 추정하고 5%의 유의수준에서 예측변수들의 결합 유의성과 개별 유의성을 검정하라.

b. 다중공선성의 증거가 존재하는지를 결정하기 위해 데이터를 분석하라. 이 문제에서 다중공선성에 대해 아무 수정도 하지 않는 것이 최선일 수 있는 2가지 이유를 제시하라.

c. 잔차도를 사용하여 변화하는 변동성의 증거가 존재하는지 검토하라.

6.5 데이터 분석

빅데이터를 가지고 회귀분석을 수행할 때, 종종 유의성 검정에 상당한 가치를 부여하지 않는다. 왜 그런가? 표본크기가 충분히 크면, 각 예측변수와 반응변수 간의 관계는 경제학적으로 의미가 없더라도 통계적으로 유의하게 된다.

이러한 경우에 발생하는 일은 서로 다른 대규모 임의표본들에 의해 생성되는 β_j의 추정치들 간에 차이가 거의 없다는 것이다. b_j의 변동성을 측정하기 위해 $se(b_j)$를 사용한다는 것을 기억하라. b_j의 변동성은 두가지 요인, 즉 (1) 표본관측치들이 β_j에 의해 시사되는 x_j와 y간의 관계를 얼마나 가깝게 반영하는지와 (2) 추정량 b_j의 값이 기초하고 있는 표본크기에 의존한다. 표본크기가 충분히 크면, 실제로 b_j의 변동성은 사라지고 그 결과로 $se(b_j)$는 0으로 접근한다. $se(b_j)$가 0으로 접근함에 따라 $t_{df} = b_j/se(b_j)$와 같이 계산되는 t_{df} 검정통계량의 값은 증가한다. 이것은 작은 p-값을 발생시키고 귀무가설을 유의하게 기각하게 만든다.

따라서 표본크기가 충분히 크면, 통계적 유의성이 반드시 예측변수와 반응변수 간의 관계가 경제학적으로 의미가 있다는 것을 의미하지 않는다. 이러한 이유 때문에 빅데이터를 가지고 다양한 모형들을 평가할 때, 유의성 검정보다는 경제학적 직관과 모형의 타당성에 의존하는 경향이 있다. 7장부터 10장까지에서는 다양한 모형들을 평가할 때 교차검증기법이 사용된다.

사례연구

FILE ***House_Price.*** 아이오와주 에임스(Ames)의 대학타운에 있는 주택가격에 대한 예측모형을 개발하라. 다양한 모형들을 평가하기 전에 당신은 먼저 선정된 변수들에 대한 적정한 관측치들의 일부 데이터셋을 확보하기 위해 ***House_Price*** 데이터를 정리해야 한다. 당신이 선호되는 모형을 선택한 후에, 당신의 분석결과를 요약할 뿐만 아니라 전형적인 예측변수들의 값이 주어진 경우 아이오와주 에임스에 있는 주택가격을 예측하라.

샘플보고서— 대학타운 부동산에 투자하기

Shutterstock/Dmytro Zinkevych

대학타운 부동산에 투자하는 것은 현명한 조치일 수 있다. 첫째, 재정적으로 어려움을 겪는 많은 공립대학교들은 신입생 이외의 학생들에게 주택을 제공할 수 없기 때문에 학생들이 안정적인 임대수요를 제공한다. 둘째, 이러한 임대수요는 증가할 것으로 예상된다. 국립교육통계센터(Center for Education Statistics)는 미국에서 대학의 등록학생은 2025년까지 2014년의 1,730만 명으로부터 14% 증가한 1,980만 명에 이를 것으로 예측한다.

아이오와 주립대학(Iowa State University)이 위치하고 있는 아이오와주 에임스에 있는 한 가족 주택의 판매가격에 영향을 미치는 요인들을 결정하기 위해 회귀분석이 수행되었다. 2016년에 209개의 한 가족 주택으로 구성된 표본으로부터 주택가격(Price, 달러), 침실 수(Beds), 욕실 수(Baths), 주택크기(Sqft), 주택부지크기(Lsize, ft^2)에 대한 데이터가 수집되었다(표 6.17). 변수들의 중앙값이 괄호 안에 제시되어 있다. 변화하는 변동성의 증거가 존재하는지를 찾기 위해 잔차도를 검토하라.

새로운 주택의 평균 판매가격은 오래된 주택의 평균 판매가격보다 상당히 더 높다. 모든 주택의 경우 평균이 중앙값보다 높은 것을 보면, 주택가격 분포는 오른쪽 꼬리분포를 가지며, 이것은 소수의 비싼 주택들이 중앙값보다 높게 평균을 밀어 올렸다는 것을 시사한다. 주택크기와 주택부지크기도 오른쪽 꼬리분포를 가진다. 마지막으로 새로운 주택은 더 많은 침실 수와 욕실 수, 더 큰 주택크기를 가지나 더 작은 주택부지를 가지고 있다. 이것은 새로운 주택의 경우 과거 15년 동안 주택부지는 16% 줄어든 반면 주택크기는 24% 커졌다는 것을 발견한 *Building*지에 게재된 2017년 논문의 분석결과와 일치한다.

표 6.17 새로운 주택, 오래된 주택, 모든 주택에 대한 변수들의 평균(중앙값)

변수	New Houses	Old Houses	All Houses
Price	326,134 (292,000)	209,552 (190,500)	230,191 (215,000)
Beds	3.68 (4.00)	3.22 (3.00)	3.30 (3.00)
Baths	3.06 (3.00)	2.20 (2.00)	2.36 (2.00)
Sqft	1,867 (1,691)	1,596 (1,444)	1,644 (1,515)
LSize	18,137 (10,361)	19,464 (10,123)	19,229 (10,171)
관측치 수	37	172	209

주택가격에 영향을 미칠 수 있는 요인들을 분석하기 위해 모든 예측변수들을 포함한 다음과 같은 선형회귀모형이 정형화되었다.

$$\text{Price} = \beta_0 + \beta_1\text{Beds} + \beta_2\text{Baths} + \beta_3\text{Sqft} + \beta_4\text{Lsize} + \beta_5\text{New} + \varepsilon$$

여기서 New는 주택이 2000년 이후에 건설되었으면 1이고 그렇지 않으면 0인 더미변수이다. Beds, Baths, Sqft, Lsize는 Price와 양의 관계를 가질 것으로 기대된다. 즉 더 많은 침실 수와 욕실 수를 가진 주택은 더 적은 침실 수와 욕실 수를 가진 주택보다 더 높은 가격을 가질 것으로 기대된다. 이와 유사하게, 더 큰 주택, 즉 더 넓은 부지에 지어진 주택은 더 높은 가격을 가질 것으로 기대된다. 가장 최근의 제품으로 설비된 새로운 주택은 보수작업을 할 필요가 있는 오래된 주택과 비교하여 더 높은 가격을 가질 것으로 기대된다. 표 6.18의 열 2는 4개 예측변수가 포함된 완전 모형에 대한 회귀분석결과를 보여준다.

Beds를 제외하고 모든 예측변수들은 기대되는 부호를 가지고 있고 통계적으로 유의하다. 아마도 Beds가 유의하지 않은 것은 침실 수는 주택크기 뿐만 아니라 욕실 수와 상관관계를 가지고 있을 가능성이 있기 때문이다. 이에 대한 다른 설명은 추가적인 침실 수는 더 큰 주택크기와 함께 주택의 가치를 증가시킬 수 있다는 것이다. 비교를 위해 예측변수 목록에서 Beds를 제외시킨 제한 모형이 추정되었다. 이 모형에 대한 회귀분석결과는 표 6.18의 열 3을 참조하라.

다음과 같은 분석결과가 제시된다.

- 제한 모형은 더 낮은 추정치의 표준오차 s_e와 더 높은 조정 R^2를 가지고 있기 때문에 선호된다
- 다른 요인들이 일정한 경우, 추가적인 한 개 욕실 수의 증가는 주택가격을 약 31,986달러 증가시킨다. 이와 유사하게 다른 요인들이 일정한 경우, 추가적인 주택크기의 100 ft^2 증가는 주택가격을 7,836달러 증가시키고 추가적인 주택부지의 1,000 ft^2 증가는 주택가격을 430달러 증가시킨다. 마지막으로 상대적으로 새로운 주택의 경우, 68,416달러의 프리미엄이 발생한다.
- 결정계수는 주택가격 변동의 66.85%는 예측변수들에 의해 설명되고 약 33.15%는 설명되지 않는다는 것을 보여준다. 주택의 상태나 부대시설에의 근접성이 주택가격에 영향을 줄 수 있기 때문에 이러한 사실은 놀라운 일이 아니다.
- 15,000 ft^2의 주택부지 위에 지어진 2개 욕실 수를 가지고 있는 1,600 ft^2 크기의 주택이 있다고 하자. 선호되는 모형에 의하면, 이러한 주택가격의 예측값은 새로운 주택의 경우에 269,969달러이고 오래된 주택의 경우 201,553 달러이다.

표 6.18 주택가격을 예측하기 위한 대안적인 회귀모형들의 추정치, n = 209

변수	완전 모형	제한 모형
Intercept	95.82 (0.996)	5,815.38 (0.672)
Beds	3,124.63 (0.623)	NA
Baths	30,971.41* (0.000)	31,985.61* (0.000)
Sqft	76.98* (0.000)	78.36* (0.000)
Lsize	0.43* (0.000)	0.43* (0.000)
New	68,248.89* (0.000)	68,415.54* (0.000)
s_e	64,612.08	64,492.0062
R^2	0.6689	0.6685
Adjusted R^2	0.6608	0.6620
F-stat (p-value)	82.03* (0.000)	102.86* (0.000)

주: 표의 위쪽 부분에는 모수 추정치들이 괄호 안의 p-값과 함께 제공되어 있다. *은 5% 수준에서 유의하다는 것을 나타낸다. NA는 해당사항 없음을 표시한다. 표의 아래쪽 부분에는 적합도 척도들이 제공되어 있다

사례연구 제안

이 교재에 첨부된 빅데이터를 가지고 많은 다른 회귀모형들이 추정되고 평가될 수 있다. 여기에서 다음과 같은 사례연구들이 제안된다.

보고서 6.1 **FILE** ***House_Price.*** 2개의 비교할 만한 대학타운을 선택하라. 주택판매가격을 가장 잘 예측하는 모형을 찾아라. 반드시 위치 때문에 주택판매가격의 차이가 발생할 수 있는 가능성을 고려하는 더미변수를 포함시키도록 하라.

보고서 6.2 **FILE** ***College_Admissions.*** 관심 있는 한 대학을 선택하고 학생의 GPA를 가장 잘 예측하기 위해 등록된 학생들로 구성된 표본을 사용하라. 가장 양호한 예측모형을 찾기 위해 적합도 척도들을 사용하라. 당신은 모형들을 추정하기 위해 먼저 등록된 학생들만 포함하는 데이터를 정리해야 한다.

보고서 6.3 **FILE** ***NBA.*** 공격 실적 척도들과 방어 실적 척도들 각각에 기초하여 한 선수의 연봉을 예측하기 위한 2개 모형을 개발하고 비교하라. 이러한 2개 모형을 추정하기 위해 당신은 먼저 정규시즌들의 실적 통계만을 포함하는 데이터를 정리해야 한다. 연봉에 대한 정보가 없는 선수들을 제외시켜라.

보고서 6.4 **FILE** ***Longitudinal_Surveys.*** 1981년 응답자의 체중을 예측하기 위한 선형회귀모형을 개발하라. 적정한 예측변수들을 찾기 위해 적합도 척도들을 사용하라. 이러한 모형들을 추정하기 위해 당신은 먼저 결측 관측치들을 제외하기 위해 데이터를 정리해야 한다.

보고서 6.5 **FILE** ***TechSales_Reps.*** 소프트웨어 산업과 하드웨어 산업 모두의 판매원의 연봉을 예측하기 위한 선형회귀모형을 개발하라. 성격 유형을 포착하기 위한 더미변수들을 만들고 연봉을 예측하는 데 있어서 다른 예측변수들과 함께 더미변수들의 역할을 논의하라.

7 고급회귀분석

Advanced Regression Analysis

학습목차_*Chapter Contents*

학습목표_*Learning Objectives*

이 장을 학습한 후에,

LO **7.1** 상호작용변수가 있는 회귀모형을 추정하고 해석할 수 있어야 한다.
LO **7.2** 비선형회귀모형을 추정하고 해석할 수 있어야 한다.
LO **7.3** 선형확률모형과 로지스틱 회귀모형을 추정하고 해석할 수 있어야 한다.
LO **7.4** 회귀모형을 평가하기 위해 교차검증기법을 사용할 수 있어야 한다.

6장에서는 한 예측변수가 반응변수에 영향을 미치는 부분효과가 일정하고 모형에 포함되어 있는 다른 예측변수들에 의존하지 않는 선형회귀모형에 대해 논의하였다. 예를 들면, 주택가격을 평가할 때, 추가적인 1개의 침실 수 증가는 주택크기에 관계없이 주택가격을 동일하게 증가시킨다고 가정하였다.

이 장에서는 먼저 상호작용변수가 있는 회귀모형을 추정하고 해석한다. 상호작용변수는 한 예측변수가 반응변수에 영향을 미치는 부분효과가 다른 예측변수들의 값에 의존하게 만들 수 있다. 주택가격의 예를 계속해서 생각해보면, 추가적인 1개의 침실 수 증가는 주택크기가 클수록 주택가격을 더 크게 증가시키는 효과를 가질 수 있다. 이어서 비선형관계를 가지는 회귀모형을 살펴본다. 비선형관계를 가지는 회귀모형은 예측변수와 반응변수 간 관계를 직선으로 나타낼 수 없을 때 유용하다. 주택가격의 예에서 추가적인 1개의 침실 수 증가는 침실 수가 4개에서 5개로 증가하는 경우보다 1개에서 2개로 증가할 때 주택가격을 더 크게 증가시킬 수 있다.

지금까지 수치형 반응변수의 값을 예측하기 위해 회귀모형을 사용하였다. 이러한 분석을 확장하여 이항반응변수 또는 더미반응변수의 값을 예측하기 위해 선형확률모형과 로지스틱 회귀모형을 추정하고 해석한다. 예를 들면, 주택담보인정비율, 차입자의 소득수준 등과 같은 예측변수들에 기초하여 모기지대출신청자가 채무불이행할 확률을 예측하기 원할 수 있다. 마지막으로 회귀모형을 위한 교차검증기법을 논의한다. 여기서 원래 표본은 모형을 훈련하기 위한 훈련셋과 모형을 평가하기 위한 검증셋으로 분할된다.

©JrCasas/Shutterstock

도입사례_*Introductory Case*

프로젝트 매니저 연봉의 성별격차

FILE ***Gender_Gap.*** 남성과 여성 간 연봉 차이는 특히 젊은 근로자들 사이에서 수년간 축소되어 왔으나 여전히 계속해서 존재하고 있다. 퓨리서치센터(Pew Research Center)의 분석에 의하면, 2017년에 여성은 남성의 82%를 벌었다(http://www.pewresearch.org, April 9, 2018). 아라 릴리(Ara Lily)는 보스턴의 바로 외곽에 위치하고 있는 벤틀리대학(Bentley University)에서 MBA 과정을 마무리하고 있다. 그녀는 연봉의 성별격차가 미국의 근로현장에서 계속해서 존재하고 있다는 것에 분개하고 있다. 클래스 프로젝트를 위해 그녀는 프로젝트 매니저 연봉의 성별격차를 분석하기로 결정하였다. 아라는 보스턴 지역에 있는 중소기업에서 근무하는 200명 프로젝트 매니저의 연봉(1,000달러) 데이터를 수집하였다. 또한 그녀는 기업규모, 매니저의 근무연수(년), 매니저가 여성인지(Female: 여성 1, 그렇지 않으면 0)와 매니저가 대학원 학위를 가지고 있는지(Grad: 대학원 학위를 가지고 있으면 1, 그렇지 않으면 0)에 대한 데이터도 수집하였다. 표 7.1은 이러한 데이터의 일부를 보여준다.

표 7.1 프로젝트 매니저의 연봉과 기타 정보(n = 200)

Salary	Size	Experience	Female	Grad
111	233	11	0	1
137	327	18	0	0
⋮	⋮	⋮	⋮	⋮
117	202	19	0	0

아라는 표 7.1의 정보를 사용하여 다음을 수행하려고 한다.

1. 프로젝트 매니저의 연봉을 결정하는 요인들을 분석한다.
2. 관련된 상호작용변수가 있는 회귀모형을 추정하고 해석한다.
3. 연봉의 성별격차에 대한 증거가 존재하는지를 결정하기 원한다.

이 도입사례에 대한 분석결과는 7.1절의 마지막에 제시되어 있다.

7.1 상호작용변수가 있는 회귀모형

LO 7.1

상호작용변수가 있는 회귀모형을 추정하고 해석할 수 있어야 한다.

6장에서 논의한 것처럼, 회귀분석은 예측변수들에 기초하여 반응(목표)변수의 값을 예측하기 위한 예측애널리틱스에서 가장 널리 사용되는 기법들 중 하나이다. 다른 기법들은 8장, 9장, 10장에서 논의된다. 선형회귀모형은 $y = \beta_0 + \beta_1 x_1 + \beta_2 x_2 + \ldots + \beta_k x_k + \varepsilon$와 같이 정형화된다는 것을 기억하라. 여기서 y는 반응변수, $x_1, x_2, \ldots, x_k$는 k개 예측변수이고 ε은 임의 오차항이다. 회귀계수 $\beta_0, \beta_1, \beta_2, \ldots, \beta_k$는 추정되어야 하는 모수이다. 최소제곱법(OLS)을 사용하여 표본회귀식 $\hat{y} = b_0 + b_1 x_1 + b_2 x_2 + \ldots + b_k x_k$을 구한다. 여기서 $\hat{y}$은 특정한 예측변수들의 값들이 주어진 경우에 구해지는 반응변수의 예측값이다. 각 예측변수 $x_j (j = 1, \ldots, k)$에 해당되는 기울기 계수 b_j는 *모든 다른 예측변수들이 일정한 경우*, 예측변수 x_j가 1단위 증가할 때 반응변수 예측값 $\hat{y}$의 변화를 측정한다. 달리 말하면, b_j는 $\hat{y}$에 대한 x_j의 부분(한계)효과를 나타낸다(이러한 부분효과는 x_j에 대한 $\hat{y}$의 편도함수라는 것에 주목하라).

선형회귀모형에서 한 예측변수가 반응변수에 미치는 부분효과는 다른 예측변수들의 값에 의존하지 않는다는 것에 주목하는 것이 중요하다. 종종 이러한 부분효과가 하나의 예측변수에 의존하는 것은 자연스러운 일이다. 예를들면, 주택가격을 평가할 때, 일반적으로 추가적인 1개의 침실 수 증가는 주택크기에 관계없이 주택가격을 같은 크기만큼 증가시킨다고 가정한다. 그러나 큰 주택의 경우, 추가적인 1개의 침실 수 증가는 종종 주택가격을 더 크게 증가시키기 때문에 이러한 가정은 비현실적일 수 있다. 달리 말하면, 침실 수와 주택크기 간에 **상호작용효과(interaction effect)**가 존재한다. 회귀모형은 이러한 효과를 상호작용변수를 포함시켜서 포착한다.

> **회귀모형에서의 상호작용효과**
>
> 한 예측변수가 반응변수에 미치는 부분효과가 다른 예측변수의 값에 의존할 때, 회귀모형에서 상호작용효과가 발생한다.

두 개의 예측변수를 가지고 있는 회귀모형 $y = \beta_0 + \beta_1 x_1 + \beta_2 x_2 + \varepsilon$을 생각해보자(우리의 분석은 더 많은 예측변수들을 포함시키기 위해 쉽게 확장될 수 있다). 상호작용변수 $x_1 x_2$는 두 예측변수의 곱으로 정의되고 회귀모형에 $y = \beta_0 + \beta_1 x_1 + \beta_2 x_2 + \beta_3 x_1 x_2 + \varepsilon$와 같이 포함된다. 이러한 회귀모형은 $\hat{y} = b_0 + b_1 x_1 + b_2 x_2 + b_3 x_1 x_2$와 같이 추정된다. $\hat{y}$에 대한 x_1의 부분효과는 x_2의 값에 의존하는 $b_1 + b_3 x_2$가 된다. 이와 유사하게 $\hat{y}$에 대한 x_2의 부분효과는 x_1의 값에 의존하는 $b_1 + b_3 x_1$이 된다.

6장에서 논의한 것처럼, 예측변수는 각각 x와 d로 표기되는 수치형 변수와 더미변수 모두가 될 수 있다. 두 개 범주를 가지는 범주형 변수를 나타내기 위해 더미변수를 사용하는 것을 기억하라. 3가지 유형의 상호작용변수, 즉 (a) 두 더미변수들의 상호작용, (b) 더미변수와 수치형 변수의 상호작용, (c) 두 수치형 변수들의 상호작용을 고려할 것이다.

두 더미변수들의 상호작용

두 더미변수 d_1과 d_2와 상호작용변수 $d_1 d_2$를 가진 회귀모형 $y = \beta_0 + \beta_1 d_1 + \beta_2 d_2 + \beta_3 d_1 d_2 +$

ε을 생각해보자. 이 모형은 $\hat{y} = b_0 + b_1d_1 + b_2d_2 + b_3d_1d_2$와 같이 추정된다. $\hat{y}$에 대한 d_1의 부분효과인 $b_1 + b_3d_2$는 $d_2 = 0$이면 b_1이고 $d_2 = 1$이면 $b_1 + b_3$이다. 이와 유사하게 $\hat{y}$에 대한 d_2의 부분효과는 $b_2 + b_3d_1$이고 d_1의 값에 의존한다. 상호작용변수를 가진 회귀모형은 쉽게 추정된다. 이에 더하여 상호작용변수를 포함하여 모든 변수들에 대한 유의성 검정이 수행될 수 있다. 예제 7.1은 두 더미변수들의 상호작용을 보여준다.

예제 7.1

FILE ***Salary_MIS.*** 미국의 전국대학고용주협회(National Association of Colleges and Employers)에 의하면, 2016년에 최상위의 연봉을 받는 학사학위수준의 경영대학 졸업생은 경영정보시스템(MIS)를 심화전공한 졸업생으로 예상되었다. 이것은 대체로 폭발적으로 수요가 증가하는 분야인 데이터 애널리틱스와 경영정보시스템 전공의 연계성 때문이었다. 한 캘리포니아대학 캠퍼스에서 경영대학 졸업생의 초임 연봉(Salary, 1,000달러), GPA, MIS 심화전공을 이수했는지 여부(MIS: 경영정보시스템을 심화전공 했으면 1, 그렇지 않으면 0), 통계학을 부전공으로 이수했는지 여부(Statistics: 통계학을 부전공으로 이수했으면 1, 그렇지 않으면 0)에 대한 데이터가 수집되었다. 이러한 데이터의 일부가 표 7.2에 제시되어 있다.

표 7.2 경영학 전공 졸업생의 초임 연봉(n =120)

Salary	GPA	MIS	Statistics
72	3.53	1	0
66	2.86	1	0
⋮	⋮	⋮	⋮
66	3.65	0	0

a. Salary에 미치는 GPA, MIS, Statistics의 효과를 추정하고 해석하라. MIS 심화전공과 통계학 부전공을 이수하지 않은 경영대학 졸업생의 초임 연봉을 예측하라. 이러한 예측을 하는 데 GPA = 3.5를 사용하라.

b. MIS와 Statistics 간 상호작용을 포함하도록 a에서 정형화된 모형을 확장하라. MIS 심화전공과 통계학 부전공을 이수한 경영대학 졸업생과 MIS 심화전공과 통계학 부전공을 이수하지 않은 경영대학 졸업생의 초임 연봉을 예측하라. 이러한 예측을 하는데 GPA = 3.5를 사용하라.

해답:

표 7.3은 a를 위한 회귀분석결과(모형 1 참조)와 b를 위한 회귀분석결과(모형 2 참조)를 보여준다.

a. 표 7.3의 두 번째 열을 참고하면서 표본회귀식 $\widehat{\text{Salary}} = 44.0073 + 6.6227\text{GPA} + 6.6071\text{MIS} + 6.7309\text{Statistics}$를 구한다. 회귀계수 추정치들이 양이고 p-값들이 거의 0이므로 모든 예측변수들은 경영대학 졸업생의 초임 연봉에 유의한 양의 영향을 미친다는 것에 주목하라. MIS 심화전공과 통계학 부전공은 각각 연봉을 추가적으

로 6,607달러와 6,731달러 증가시키는 것으로 예측된다. GPA가 3.5일 때, MIS 심화전공과 통계학 부전공을 모두 이수하지 않은 경영대학 졸업생의 예측되는 초임 연봉은 $44.0073 + 6.6227 \times 3.5 + 6.6071 \times 0 + 6.7309 \times 0 = 67{,}187$달러로 계산된다. GPA가 3.5일 때, 경영대학 졸업생의 예측되는 초임 연봉은 MIS 심화전공만 이수한 경우 73,794달러, 통계학 부전공만 이수한 경우 73,918달러, MIS 심화전공과 통계학 부전공 모두 이수한 경우 80,525달러이다.

표 7.3 경영대학 졸업생의 초임 연봉에 대한 회귀분석결과

변수	모형 1	모형 2
Constant	44.0073* (0.000)	44.0993* (0.000)
GPA	6.6227* (0.000)	6.7109* (0.000)
MIS	6.6071* (0.000)	5.3250* (0.000)
Statistics	6.7309* (0.000)	5.5350* 0.000)
MIS × Statistics	NA	3.4915* (0.004)
Adjusted R^2	0.7901	0.8029

주: 모수 추정치의 아래에 있는 괄호 안의 수치는 p-값이다; NA는 해당사항 없음을 나타낸다; *는 5% 수준에서 유의하다는 것을 나타낸다.

b. 모형 2를 추정하기 위해, 상호작용변수 MIS × Statistics를 위한 데이터 열을 생성할 필요가 있다. 새로운 열의 값들은 MIS와 Statistics의 열에 있는 값들을 곱하여 계산된다. 예를 들면, 첫 번째 값은 $1 \times 0 = 0$으로 계산된다. 기타의 값들도 이와 유사하게 계산된다. 표 7.3의 세 번째 열을 참고하면서 표본회귀식 $\widehat{\text{Salary}} = 44.0993 + 6.7109GPA + 5.3250MIS + 5.5350\text{Statistics} + 3.4915(\text{MIS} \times \text{Statistics})$를 구한다. 예측변수들과 마찬가지로 상호작용변수도 양의 값을 가지고 5%의 수준에서 통계적으로 유의하다. 다른 것들이 모두 일정한 경우, 상호작용변수의 기울기 계수 추정치는 MIS 심화전공의 기울기 계수 추정치를 통계학 부전공을 이수할 때 약 3,492달러 증가시킨다는 것을 의미한다. 마찬가지로 통계학 부전공의 기울기 계수 추정치는 MIS 심화전공을 이수할 때 약 3,492달러 증가시킨다. 모형 2는 모형 1보다 더 높은 조정 R^2의 값을 가지기 때문에 더 양호한 적합도를 제공한다($0.8029 > 0.7901$). GPA가 3.5일 때, MIS 심화전공과 통계학 부전공을 모두 이수하지 않은 경영대학 졸업생의 예측되는 초임 연봉은 $44.0993 + 6.7109 \times 3.5 + 5.3250 \times 0 + 5.5350 \times 0 + 3.4915(0 \times 0) = 67{,}588$달러로 계산된다. GPA가 3.5일 때, 경영대학 졸업생의 예측되는 초임 연봉은 MIS 심화전공만 이수한 경우 72,913달러, 통계학 부전공만 이수한 경우 73,123달러, MIS 심화전공과 통계학 부전공 모두 이수한 경우 81,939달러이다.

더미변수와 수치형 변수의 상호작용

수치형 변수 x, 더미변수 d, 상호작용변수 xd를 가진 회귀모형 $y = \beta_0 + \beta_1 x + \beta_2 d + \beta_3 xd + \varepsilon$을 생각해보자. 이 모형은 $\hat{y} = b_0 + b_1 x + b_2 d + b_3 xd$와 같이 추정된다. $\hat{y}$에 대한 x의 부분효과인 $b_1 + b_3 d$는 $d = 0$이면 b_1이고 $d = 1$이면 $b_1 + b_3$이다. $\hat{y}$에 대한 d의 부분효과는 $b_2 + b_3 x$이고 수치형 변수 x의 값에 의존하기 때문에 해석하기 어렵다. 이러한 부분효과는 수치형 변수의 표본평균 $\bar{x}$(또는 관심 있는 다른 값)에서 해석하는 것이 일반적이다. 따라서 x의 표본평균값에서 $\hat{y}$에 대한 d의 부분효과는 $b_2 + b_3\bar{x}$이다. 다음의 예제는 더미변수와 수치형 변수간 상호작용을 보여준다.

예제 7.2

FILE ***BP_Race.*** 미국 국립보건연구원(National Institute of Health)이 보고한 고혈압의 중요한 위험요인들은 체중과 인종이다. 고혈압은 과체중이고 흑인인 성인에게 일반적이다. 미국심장학회(American Heart Association)에 의하면, 수축기 혈압(최대 혈압)은 120보다 낮아야 한다. 최근의 한 연구에서 애틀랜타주의 한 공공정책연구원은 키가 5피트 6인치이고 연령이 55~60세에 속하는 110명의 성인 남성을 서베이하였다. 그들의 수축기 혈압, 체중(파운드), 인종(Black: 흑인이면 1, 그렇지 않으면 0)에 대한 데이터가 수집되었다. 이러한 데이터의 일부가 표 7.4에 제시되어 있다

표 7.4 성인 남성의 수축기 혈압($n = 110$)

Systolic	Weight	Black
196	254	1
151	148	0
⋮	⋮	⋮
170	228	0

a. 체중과 흑인이 수축기 혈압에 미치는 효과를 추정하고 해석하라. 체중이 180파운드인 흑인 남성과 흑인이 아닌 남성의 수축기 혈압을 예측하라.

b. 체중과 흑인 간 상호작용을 포함하도록 a에서 정형화된 모형을 확장하라. 체중이 180파운드인 흑인 남성과 흑인이 아닌 남성의 수축기 혈압을 예측하라.

해답:

표 7.5는 a를 위한 회귀분석결과(모형 1 참조)와 b를 위한 회귀분석결과(모형 2 참조)를 보여준다.

a. 표 7.5의 두 번째 열을 참고하면서 표본회귀식 $\widehat{\text{Systolic}} = 80.2085 + 0.3901\,\text{Weight} + 6.9082\text{Black}$을 구한다. 두 예측변수 모두는 5%의 수준에서 통계적으로 유의하다(p-값들이 0.05보다 작다). 주어진 체중에서 흑인 남성은 흑인이 아닌 남성보다 약 7포인트 더 높은 수축기 혈압을 가지는 것으로 예측된다. 이러한 결과는 미국 국립보건원의 보고와 일치한다. 체중이 180파운드인 경우, 흑인 남성의 예측되는 수축기

혈압은 80.2085 + 0.3901 × 180 + 6.9082 × 1 = 157이다. 체중이 180파운드일 때 흑인이 아닌 남성의 예측되는 수축기 혈압은 150이다.

표 7.5 성인 남성의 수축기 혈압에 대한 회귀분석결과

변수	모형 1	모형 2
Constant	80.2085* (0.000)	70.8312* (0.000)
Weight	0.3901* (0.000)	0.4362* (0.000)
Black	6.9082* (0.001)	30.2482* (0.006)
Weight × Black	NA	−0.1118* (0.029)
Adjusted R^2	0.7072	0.7175

주: 모수 추정치의 아래에 있는 괄호 안의 수치는 p-값이다; NA는 해당사항 없음을 나타낸다; *는 5% 수준에서 유의하다는 것을 나타낸다.

b. 모형 2를 추정하기 위해, 상호작용변수 Weight × Black을 위한 데이터 열을 생성할 필요가 있다. 새로운 열의 값들은 Weight와 Black의 열에 있는 값들을 곱하여 계산된다. 예를 들면, 첫 번째 값은 254 × 1 = 254로 계산된다. 기타의 값들도 이와 유사하게 계산된다. 표 7.5의 세 번째 열을 참고하면서 표본회귀식 $\widehat{\text{Systolic}} = 70.8312 + 0.4362\text{Weight} + 30.2482\text{Black} - 0.1118(\text{Weight} \times \text{Black})$을 구한다. 상호작용변수는 음의 값을 가지고 5%의 수준에서 통계적으로 유의하다. 이러한 음의 계수 추정치는 흑인 남성이 흑인이 아닌 남성보다 체중이 수축기 혈압에 미치는 영향을 더 낮게 만든다는 것을 의미한다. 모형 2는 모형 1보다 더 높은 조정 R^2의 값을 가지기 때문에 예측을 위해 더 적정하다(0.7175 > 0.7072). 체중이 180 파운드일 때, 흑인 남성의 예측되는 수축기 혈압은 70.8312 + 0.4362 × 180 + 30.2482 × 1 − 0.1118(180 × 1) = 159이다. 체중이 180일 때 흑인이 아닌 남성의 예측되는 수축기 혈압은 149이다.

두 수치형 변수들의 상호작용

두 수치형 변수 x_1과 x_2와 상호작용변수 x_1x_2를 가진 회귀모형 $y = \beta_0 + \beta_1x_1 + \beta_2x_2 + \beta_3x_1x_2 + \varepsilon$을 생각해보자. 이 모형은 $\hat{y} = b_0 + b_1x_1 + b_2x_2 + b_3x_1x_2$와 같이 추정된다. 여기서 두 예측변수의 부분효과는 해석하기 어렵다. 예를 들면, $\hat{y}$에 대한 x_1의 부분효과인 $b_1 + b_3x_2$는 주어진 x_2의 값에 의존한다. 이와 유사하게 $\hat{y}$에 대한 x_2의 부분효과인 $b_2 + b_3x_1$는 주어진 x_1의 값에 의존한다. 더미변수와 수치형 변수 간 상호작용의 경우처럼, 표본평균 $\bar{x}_1$와 $\bar{x}_2$(또는 관심 있는 다른 값들)에서 부분효과를 평가하는 것이 일반적이다. 따라서 표본평균을 사용하여 $\hat{y}$에 대한 x_1의 부분효과를 $b_1 + b_3\bar{x}_2$와 $\hat{y}$에 대한 x_2의 부분효과를 $b_2 + b_3\bar{x}_1$과 같이 평가할 수 있다.

예제 7.3

FILE ***Marketing_MSA.*** 한때 경영대학원의 대표 프로그램이었던 경영학 석사(MBA)가 정은 최근에 그 매력을 상실했다(*The Wall Street Journal*, June 5, 2019). 하버드, 와튼, 시카고 같은 일류 경영대학원들은 여전히 지원자들을 끌어들이고 있지만, 다른 경영대학원들은 학생들을 유인하는 데 훨씬 더 큰 어려움을 겪고 있다. 이러한 결과로 경영대학원들은 졸업생들에게 더 기술적으로 도전적인 분야에서 경력을 성공적으로 수행하기 위해 필요한 추가적인 능력을 제공하기 위한 전문화된 석사 프로그램에 초점을 맞추고 있다.

한 교육전문연구원은 미국의 중형 대학에서 제공되는 전문화된 회계학 석사(Master of Science in Accounting, MSA)의 지원자 풀을 결정하는 요인들을 분석하고자 한다. 두 가지 중요한 결정요인은 경영대학원의 홍보비와 졸업후 3개월 이내에 고용되는 MSA 졸업생들의 비율이다. 지원자 수(Applicants), 홍보비(Marketing, 1,000달러), 졸업후 3개월 이내에 고용되는 비율(Employed)에 대한 데이터가 수집되었다. 이러한 데이터의 일부가 표 7.6에 제시되어 있다.

표 7.6 MSA 프로그램 지원자 수(n = 80)

Applicants	Marketing	Employed
60	173	61
71	116	83
⋮	⋮	⋮
69	70	92

a. MSA 프로그램 지원자 수에 대한 홍보비와 졸업 후 3개월 이내 고용되는 비율의 효과를 추정하고 해석하라. 홍보비가 80,000달러이고, 졸업생의 50%가 3개월 이내에 고용되는 경우 지원자 수를 예측하라. 졸업생의 80%가 3개월 이내에 고용되는 경우 지원자 수를 예측하라.

b. Marketing과 Employed 간 상호작용을 포함하도록 a에서 정형화된 모형을 확장하라. 홍보비가 80,000달러이고, 졸업생의 50%가 3개월 이내에 고용되는 경우 지원자 수를 예측하라. 졸업생의 80%가 3개월 이내에 고용되는 경우 지원자 수를 예측하라.

해답:

표 7.7은 a를 위한 회귀분석결과(모형 1 참조)와 b를 위한 회귀분석결과(모형 2 참조)를 보여준다.

a. 표 7.7의 두 번째 열을 참고하면서 표본회귀식 $\widehat{\text{Applicants}} = -40.5490 + 0.3550\text{Marketing} + 1.0149\text{Employed}$를 구한다. 두 예측변수 모두는 5%의 수준에서 통계적으로 유의하다(p-값들이 0.05보다 작다). 주어진 Employed의 값에서 10,000달러의 홍보비 증가는 지원자 수를 3.55명 증가시키는 것으로 예측된다. 이와 유사하게, 주어진 Marketing의 값에서, 10%의 Employed 증가는 지원자 수를 10.149명 증가시키는 것으로 예측된다. Marketing = 80이고 Employed = 50일 때, 지원자 수

의 예측값은 −49.5490 + 0.3550 × 80 + 1.0159 × 50 = 30명이다. Marketing = 80이고 Employed가 30% 포인트 증가하여 80이 되면, 지원자 수의 예측값은 60명으로 30(=1.0149 × 30)명만큼 증가한다.

표 7.7 MSA 프로그램 지원자 수에 대한 회귀분석결과

변수	모형 1	모형 2
Constant	−49.5490* (0.000)	−16.6356 (0.316)
Marketing	0.3550* (0.000)	0.0865 (0.460)
Employed	1.0149* (0.000)	0.5405* (0.019)
Marketing × Employed	NA	0.0039* (0.020)
Adjusted R^2	0.7254	0.7410

주: 모수 추정치의 아래에 있는 괄호 안의 수치는 p-값이다; NA는 해당사항 없음을 나타낸다;
*는 5% 수준에서 유의하다는 것을 나타낸다.

b. 모형 2를 추정하기 위해, 상호작용변수 Marketing x Employed를 위한 데이터 열을 생성할 필요가 있다. 새로운 열의 값들은 Marketing과 Employed의 열에 있는 값들을 곱하여 계산된다. 예를 들면, 첫 번째 값은 173 × 61 = 10,533으로 계산된다. 기타의 값들도 이와 유사하게 계산된다. 표 7.7의 세번째 열을 참고하면서 표본회귀식 $\widehat{\text{Applicants}}$ = −16.6356 + 0.0865Marketing + 0.5405Employed + 0.0039(Marketing × Employed)을 구한다. 흥미롭게도 Marketing 변수는 5% 수준에서 더 이상 유의하지 않다. 그러나 Marketing과 Employed 간 상호작용변수는 유의하다. 달리 말하면, 경영대학원의 홍보효과는 경영대학원이 졸업 후 졸업생들을 취업시키는 데 좋은 기록을 가지고 있을 때에만 효과적이다. 모형 2는 모형 1보다 더 높은 조정 R^2의 값을 가지기 때문에 예측을 위해 더 적정하다(0.7410 > 0.7254). Marketing = 80이고 Employed = 50일 때, 지원자 수의 예측값은 −16.6356 + 0.0865 × 80 + 0.5405 × 50 +0.0039(80 × 50) = 33명이다. Marketing = 80이고 Employed가 30% 포인트 증가하여 80이 되면, 지원자 수의 예측값은 59명이다.

예제 7.4

FILE ***Gender_Gap.*** 도입사례에서 대략적으로 제시된 목적은 프로젝트 매니저 연봉의 성별격차를 분석하는 것이다. 표 7.1의 데이터를 사용하여 다음과 같은 분석을 수행하라.

a. 프로젝트 매니저의 연봉을 결정하는 요인들을 평가하라.

b. 관련된 상호작용변수가 있는 회귀모형을 추정하고 해석하라.

c. 프로젝트 매니저의 연봉에 성별격차의 증거가 존재하는지를 결정하라.

해답:

a. 예측변수들인 기업규모(Size), 근무연수(Experience), Female 더미변수(Female: 여성이면 1, 그렇지 않으면 0), Grad 더미변수(Grad: 대학원학위가 있으면 1, 그렇지 않으면 0)에 추가하여, 중요한 상호작용변수들도 고려한다. Female과 Experience 간의 상호작용과 Female과 Grad 간의 상호작용을 고려하면, 연봉 대한 근무연수의 영향과 연봉에 대한 대학원학위의 영향은 매니저가 여성인가 남성인가에 의존한다. 이와 유사하게 Experience와 Size 간 상호작용을 고려하면, Experience의 부분효과는 Size에 의존하고 Size의 부분효과가 Experience에 의존한다.

b. 회귀모형을 추정하기 위해 먼저 3개의 새로운 상호작용변수를 생성한다. 표 7.8은 회귀분석결과를 보여준다.

표 7.8 프로젝트 매니저의 연봉에 대한 회귀분석결과(n = 200)

변수	계수추정치	p-값
Constant	41.9298*	0.002
Size	−0.0432	0.388
Experience	1.9286*	0.035
Female	−4.3688	0.654
Grad	15.4357*	0.000
Female × Experience	−1.3915*	0.026
Female × Grad	4.2128	0.269
Size × Experience	0.0105*	0.002
R^2	0.7437	
F-test (p-value)	79.5934* (0.000)	

주: *는 5%의 수준에서 유의하다는 것을 나타낸다.

대체적으로 연봉의 표본변동 중에서 74.37%는 표본회귀식에 의해 설명된다. F-통계량의 값이 79.5934이고 p-값이 근사적으로 0이므로 예측변수들은 결합하여 적정한 유의수준에서 유의하다. Size와 Female은 5%의 수준에서 개별적으로 유의하지 않기 때문에 남성과 여성 간 연봉차이와 서로 다른 기업규모 간 연봉차이가 존재하지 않는다고 추론할 수 있는 유혹을 받는다. 그러나 이러한 추론은 상호작용 변수들인 Female × Experience와 Size × Experience의 유의성을 무시하기 때문에 잘못된 것이다. Female × Experience가 음의 계수 추정치를 가지는 것은 추가적인 근무연수 1년에 대하여 연봉의 성별격차는 약 1,392달러 증가한다는 것을 의미한다. 이와 유사하게, Size × Experience가 양의 계수 추정치를 가진다는 것은 프로젝트 매니저는 상대적으로 규모가 큰 기업에서 추가적인 근무연수 1년에 대하여 더 높은 연봉을 받는다는 것을 의미한다. 대학원학위를 가진 프로젝트 매니저는 연봉으로 약 15,436달러를 더 받는다. 이러한 추가적인 연봉은 남성과 여성 간에 통계적으로 다르지 않다.

연봉의 성별격차를 더 잘 이해하기 위해, 그림 7.1은 244.72명의 종업원을 가지는 표본평균 기업규모와 대학원학위를 가진 매니저의 경우를 사용하면서 근무연수가 증가하면서 예측되는 남성 매니저와 여성 매니저의 연봉이 변화하는 것을 보여준다. 다른 기업규모와/또는 대학원학위가 없는 매니저 경우를 고려해도 이러한 결과는 질적으로 변화하지 않는다. 처음에는 남성 매니저와 여성 매니저 간 연봉 격차는 작으나 근무연수가 증가하면서 증가한다. 예를들면, 근무연수가 20년일 때, 남성 매니저와 여성 매니저의 예측되는 연봉은 각각 137,000달러와 109,000달러이다.

그림 7.1 남성 매니저와 여성 매니저의 연봉

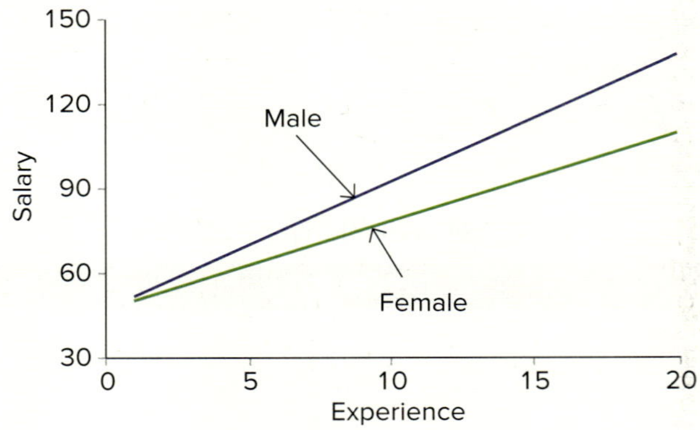

이와 유사하게, 연봉에 대한 기업규모의 효과를 더 잘 이해하기 위해, 그림 7.2는 200명의 종업원을 가진 기업과 400명의 종업원을 가진 기업에서 근무연수가 증가하면서 대학원학위를 가진 남성 매니저의 예측되는 연봉이 변화하는 것을 보여준다. 남성 매니저의 예측되는 연봉은 처음에 400명의 종업원을 가진 기업과 비교하여 200명을 가진 기업에서 상대적으로 더 높다는 것이 발견된다. 그러나, 근무연수가 증가하면서 이것은 변화한다. 예를 들면, 근무연수가 20년일 때, 200명의 종업원과 400명의 종업원을 가진 기업에서 근무하는 남성 매니저의 예측되는 연봉은 각각 129,000달러와 163,000달러이다.

그림 7.2 200명의 종업원과 400명의 종업원을 가진 기업에서 근무하는 남성 매니저의 연봉

c. Female 변수가 5%의 수준에서 유의하지 않음에도 불구하고 연봉의 성별격차 증거가 발견된다. Female과 Experience간 상호작용 변수의 유의성은 추가적으로 근무연수가 1년 증가하면, 연봉의 성별격차는 약 1,392달러만큼 증가하고 20년의 근무연수 이후에 28,000달러가 된다는 것을 제시한다.

도입사례 분석결과

2000년대 여성들은 남성과의 연봉격차를 좁히고 있다. 그러나 미국에서 연봉의 성별격차는 여전히 존재한다(Washington Post, May 14, 2019). 경영진 역할을 담당하는 여성들이 남성들보다 더 적을 가능성이 있고 실제로 경영진 역할을 담당하는 여성들은 남성들보다 약 20% 적다는 많은 증거가 있다. 보스턴지역의 중소기업들을 대상으로 프로젝트 매니저 연봉의 성별 격차가 분석된다. 분석을 위해 사용된 예측변수들은 기업규모, 근무연수, 여성 더미변수, 대학원학우 더미변수, 여성과 근무연수 간 상호작용변수, 여성과 대학원학위 더미변수 간 상호작용변수, 근무연수와 기업규모 간 상호변수이다. 대체적으로 연봉의 표본변동 중에서 74.37%가 표본회귀식에 의해 설명되고 예측변수들은 결합하여 유의하다.

회귀분석으로부터 몇 가지 흥미로운 결과들이 나타낸다. 첫째, 근무연수가 증가하면서, 남성 매니저와 여성 매니저 모두의 연봉은 증가하나 같은 속도로 증가하는 것은 아니다. 추가적으로 근무연수가 1년 증가하면 남성 매니저는 여성 매니저보다 약 1,392달러 더 많은 연봉을 받는다. 그 결과로 남성 매니저와 여성 매니저 간 추정되는 연봉 차이는 근무연수가 1년일 때 1,548달러에 불과하나 근무연수가 20년일 때 27,987달러로 증가한다. 둘째, 대학원학위를 가진 프로젝트 매니저는 연봉으로 약 15,436달러 더 받고 이러한 대학원학위에 대한 프리미엄은 남성 매니저와 여성 매니저 간에 통계적으로 다르지 않다. 마지막으로 근무경험은 특히 상대적으로 규모가 큰 기업에서 보상받는다. 예를 들면, 대학원학위를 가지고 있고 근무연수가 20년인 남성 매니저의 예측되는 연봉은 200명의 종업원을 가진 기업에서 약 129,000달러인 반면 400명의 종업원을 가진 기업에서 약 163,000달러이다.

연습문제 7.1

1. y는 반응변수이고 x, d_1, d_2는 예측변수들인 선형회귀모형을 고려해보라. d_1과 d_2모두는 각각 1 또는 0의 값을 가지는 더미변수이다. x, d_1, d_2와 상호작용변수인 d_1d_2를 가지고 있는 회귀모형은 $\hat{y} = -1.34 + 1.02x + 3.08d_1 - 1.29d_2 + 0.58d_1d_2$와 같이 추정된다
   a. $x = 5$, $d_1 = 1$이고 d_2가 0과 1일 때 $\hat{y}$를 계산하라.
   b. $x = 5$, $d_1 = 0$이고 d_2가 0과 1일 때 $\hat{y}$를 계산하라.
2. y는 반응변수이고 x와 d는 예측변수들인 선형회귀모형을 고려해보라. d는 1 또는 0의 값을 가지는 더미변수이다. x, d와 상호작용변수인 xd를 가지고 있는 회귀모형은 $\hat{y} = 5.2 + 0.9x + 1.4d + 0.2xd$와 같이 추정된다
   a. $x = 10$과 $d = 1$일 때 $\hat{y}$를 계산하라.
   b. $x = 10$과 $d = 0$일 때 $\hat{y}$를 계산하라.
3. y는 반응변수이고 x_1와 x_2는 예측변수들인 선형회귀모형을 고려해보라. x_1, x_2와 상호작용변수인 x_1x_2를 가지고 있는 회귀모형은 $\hat{y} = 123.12 + 6.91x_1 - 1.53x_2 - 0.12x_1x_2$와 같이 추정된다
   a. $x_1 = 12$와 x_2는 20과 30일 때 $\hat{y}$를 계산하라.
   b. $x_1 = 24$와 x_2는 20과 30일 때 $\hat{y}$를 계산하라.
4. **FILE** ***Exercise_7.4.*** 첨부된 데이터 파일은 반응변수 y와 예측변수들 x, d_1, d_2에 대한 20개의 관측치를 포함하고 있다.
   a. 예측변수들 x, d_1, d_2를 가진 회귀모형을 추정하고 이어서 상호작용변수 d_1d_2를 포함하기 위해 이 모형을 확장하라.
   b. 선호되는 모형을 사용하여 $x = 20$, $d_1 = 1$이고 d_2가 0과 1일 때 $\hat{y}$을 계산하라.
5. **FILE** ***Exercise_7.5.*** 첨부된 데이터 파일은 반응변수 y와 예측변수들 x와 d에 대한 20개의 관측치를 포함하고 있다.
   a. 예측변수들 x와 d를 가진 회귀모형을 추정하고 이어서 상호작용변수 xd를 포함하기 위해 이 모형을 확장하라.
   b. 선호되는 모형을 사용하여 $x = 15$이고 d가 0과 1일 때 $\hat{y}$을 계산하라.
6. **FILE** ***Exercise_7.6.*** 첨부된 데이터 파일은 반응변수 y와 예측변수들 x_1과 x_2에 대한 20개의 관측치를 포함하고 있다.

a. 예측변수들 x_1과 x_2를 가진 회귀모형을 추정하고 이어서 상호작용변수 x_1x_2를 포함하기 위해 이 모형을 확장하라.

b. 선호되는 모형을 사용하여 $x_1 = 30$이고 x_2가 10과 20일 때 $\hat{y}$을 계산하라.

7. **FILE** ***Overweight.*** 미국 보건복지부(U.S. Department of Health and Human Services)에 의하면, 미국에서 흑인 여성들은 다른 그룹과 비교하여 과체중 비율이 가장 높다. 개인은 체질량지수(BMI)가 25 이상이면 과체중으로 여겨진다. 120명으로부터 데이터가 수집되었다. 다음의 표는 개인의 BMI, Female 더미변수(Female: 여성이면 1, 그렇지 않으면 0), Black 더미변수(Black: 흑인이면 1, 그렇지 않으면 0)에 대한 데이터의 일부를 보여준다.

BMI	Female	Black
28.70	0	1
28.31	0	0
⋮	⋮	⋮
24.90	0	1

a. 백인 남성, 백인 여성, 흑인 남성, 흑인 여성의 BMI를 예측하기 위해 회귀모형 BMI = $\beta_0 + \beta_1$Female + β_2Black + β_3(Female × Black) + ε을 추정하라.

b. 5%의 수준에서 백인 여성과 백인 남성 간 차이가 통계적으로 유의한가?

c. 5%의 수준에서 백인 남성과 흑인 남성 간 차이가 통계적으로 유의한가?

8. **FILE** ***Diversity_Silicon.*** 실리콘 밸리 기술회사들은 종업원의 대부분이 백인과 아시아계 남성이기 때문에 인종 다양성을 증가시키라는 압력을 받고 있다(*Bloomberg*, August 16, 2017).

흑인과 히스패닉, 특히 여성은 매우 적다. 이러한 인종 다양성 부족이 창업멤버의 인종 다양성 부족에 의해 영향을 받는지를 분석하기 위해 실리콘 밸리 기술회사들에 근무하는 백인과 아시아계 남성(Majority Male)의 비율과 창업 멤버에 여성(Female)과/또는 흑인이나 히스패닉 남성(Minority Male)이 포함되어 있는지에 대한 데이터가 수집되었다. 이러한 데이터의 일부가 다음의 표에 제시되어 있다.

Majority Male	Female	Minority Male
100	0	1
80	1	0
⋮	⋮	⋮
80	0	0

a. Female, Minority Male, Female과 Minority간 상호작용변수의 효과를 추정하고 해석하라.

b. 창업멤버에 여성은 포함되어 있으나 히스패닉 남성은 포함되어 있지 않을 때 백인과 아시아계 남성의 비율을 예측하라. 창업멤버에 여성과 히스패닉 남성이 포함되어 있을 때 백인과 아시아계 남성의 비율을 예측하라.

9. **FILE** ***IceCream.*** 한 최근의 서베이에서 오하이오 주의 신시내티에 있는 아이스크림 트럭 운전사들은 전형적인 여름 하루에 약 280달러를 번다고 보고하였다. 이러한 수입은 일반적으로 근무시간이 더 긴 날, 특히 더운 날과 휴일에 더 높다. 이르마는 5주 동안 한 아이스크림 트럭 운전사를 따라다녔다. 그녀는 이 운전사의 일일 수입(Income), 도로상에 있는 시간(Hours), 특별히 더운 날인지 여부(Hot: 화씨 80도가 넘으면 1, 그렇지 않으면 0), 휴일인지 여부(Holiday: 휴일이면 1, 그렇지 않으면 0)에 대한 데이터를 수집하였다. 이러한 데이터의 일부가 다음의 표에 제시되어 있다.

Income	Hours	Hot	Holiday
196	5	1	0
282	8	0	0
⋮	⋮	⋮	⋮
374	6	1	1

a. Income에 대한 Hours, Hot, Holiday의 효과를 추정하고 해석하라. 더운 휴일날에 6시간 일한 운전사의 수입을 예측하라. 휴일날이 아닐 때 이 운전사의 수입을 예측하라.

b. Hot과 Holiday 간 상호작용변수를 포함하도록 위의 모형을 확장하라. 더운 휴일날에 6시간 일한 운전사의 수입을 예측하라. 휴일날이 아닐 때 이 운전사의 수입을 예측하라.

10. **FILE** ***Mobile_Devices.*** 미국인들은 디지털 정보 세계에 접속하기 위해 하루에 스마트폰과 기타 모바일 기기를 평균 2시간 37분 사용한다(*Business Insider*, May 25, 2017). 모바일 기기의 사용 시간은 특히 부유하고 대학교육을 받은 도시/교외 거주자들의 경우에 길다. 서베이가 시카고 주위 50마일 반경에 사는 고객들을 대상으로 수행되었다. 참여자들에게 하루에 모바일 기기를 사용하는 평균 시간(Usage, 분), 가계소득(Income, 1,000달러), 농촌지역에 사는지 여부(Rural: 농촌지역에 살면 1, 그렇지 않으면 0), 학사학위를 가지고 있는지 여부(College: 학사학위를 가지고 있으면 1, 그렇지 않으면 0)를 물었다. 이러한 데이터의 일부가 다음의 표에 제시되어 있다.

Usage	Income	Rural	College
172	146	0	0
165	198	0	1
⋮	⋮	⋮	⋮
110	31	0	1

a. Income, Rural, College, Rural과 College 간 상호작용변수에 기초하여 모바일 기기 사용시간을 위한 회귀모형을 추정하고 해석하라. Rural과 College 간 상호작용변수를 사용하는 이유를 설명하라.

b. 가계소득이 120,000달러이고 농촌지역에 사는 대학교육을 받은 사람의 모바일 기기 사용시간을 예측하라. 도시/교외 지역에 사는 사람의 모바일 기기 사용시간을 예측하라.

c. 학사학위가 모바일 기기 사용시간에 미치는 영향을 논의하라.

11. **FILE** *Urban.* 한 사회학자는 미국에 사는 가족의 소비지출(Consumption, 달러)과 가족소득(Income, 달러), 가족이 도시 또는 농촌 지역에 사느냐 여부 (Urban: 도시에 살면 1, 그렇지 않으면 0)의 관계를 검토하고 있다. 그녀는 미국 전역에 사는 50명의 가족에 대한 데이터를 수집하였다. 이러한 데이터의 일부가 다음의 표에 제시되어 있다.

Consumption	Income	Urban
62336	87534	0
60076	94796	1
⋮	⋮	⋮
59055	100908	1

a. Consumption = $\beta_0 + \beta_1$Income + ε을 추정하라. 소득이 75,000달러인 가족의 예측되는 소비지출을 계산하라.

b. 도시지역과 농촌지역에 사는 소득이 75,000달러인 가족의 소비지출을 예측하기 위해 Urban 더미변수를 포함시켜라.

c. 도시지역과 농촌지역에 사는 소득이 75,000달러인 가족의 소비지출을 예측하기 위해 Urban 더미변수와 상호작용변수(Income x Urban)를 포함시켜라.

d. 위의 모형들 중에서 어느 모형이 데이터에 가장 적합한가? 설명하라.

12. **FILE** *Pick_Errors.* 한 온라인 소매업체의 배송센터는 약간의 "선택 실수"(예를 들면, 잘못된 품목을 검색하는 것)를 경험하고 있다. 창고 매니저는 대부분의 실수는 경험이 부족한 종업원들 때문이라고 생각하지만, 그녀는 훈련 프로그램이 경험이 부족한 종업원들의 실수를 감소시키는 데 도움을 줄 수 있다고 믿는다. 모든 종업원들을 훈련 프로그램에 보내기 전에 그녀는 30명의 종업원을 대상으로 진행한 예비 연구로부터 얻은 데이터를 검토하고 있다. 종업원의 연간 실수 건수(Errors), 근무연수(Exper, 년)와 종업원이 훈련프로그램에 참석했는지 여부(Training: 종업원이 훈련프로그램을 참석했으면 1, 그렇지 않으면 0)에 대한 정보가 수집되었다. 이러한 데이터의 일부가 다음의 표에 제시되어 있다.

Errors	Exper	Train
13	9	0
3	27	0
⋮	⋮	⋮
4	24	1

a. 다음과 같은 2개의 모형을 추정하라.

Errors = $\beta_0 + \beta_1$Exper + β_2Train + ε와

Errors = $\beta_0 + \beta_1$Exper + β_2Train +β_3(Exper × Train) + ε

b. 조정 R^2와 5% 수준에서 예측변수들의 유의성 기준에 의하면, 어느 모형이 더 양호한 적합도를 제공하는가?

c. 선택된 모형을 사용하여 훈련프로그램에 참석했던 10년의 근무연수를 가진 종업원의 선택 실수 건수를 예측하라.

d. 양의 상호작용변수 계수 추정치에 대한 실용적인 해석을 제시하라.

13. **FILE** *BMI.* 세계보건기구(World Health Organization)에 의하면, 비만은 전 세계적으로 전염병 수준에 이르렀다. 비만은 일반적으로 만성질병과 장애와 관련되어 있지만 연구원들은 비만이 연봉에 영향을 미칠 수 있다고 주장한다. 달리 말하면, 종업원의 체질량지수(BMI)는 연봉에 대한 예측변수이다(BMI가 적어도 25이면 과체중, 30을 초과하면 비만으로 간주된다). 다음의 표는 BMI, 백인이면 1이고 그렇지 않으면 0인 더미변수와 함께 대학을 졸업한 30명 남성의 연봉에 대한 데이터의 일부를 보여준다.

Salary	BMI	White
34	33	1
43	26	1
⋮	⋮	⋮
45	21	1

a. 예측변수들로 BMI와 White를 사용하면서 Salary를 위한 모형을 추정하라.

b. 예측변수들로 BMI, White, BMI x White를 사용하면서 Salary를 위한 모형을 다시 추정하라.

c. 두 모형 중 어느 모형이 더 적정한가? 설명하라. 선택된 모형을 사용하여 BMI가 30인 대학교육을 받은 백인 남성의 연봉을 추정하라. 백인이 아닌 남성의 연봉을 계산하라.

14. **FILE** *Compensation.* 한 대기업의 인력관리부서는 성과, 충성도와 평생교육을 촉진시키기 위해 3개 변수, 즉 (1) 사업단위 수익성(Profit, 연간 1,000달러), (2) 근무연수(Years), (3) 중간경영자가 대학원학위를 가지고 있는지 여부(Grad: 대학원학위를 가지고 있으면 1, 그렇지 않으면 0)에 기초하여 중간 경영자를 위한 보상(Comp, 연간달러)모형을 개발하기 원한다. 다음의 표는 36명의 중간 경영자들에 대하여 수집된 데이터의 일부를 보여준다.

Comp	Profit	Years	Grad
118100	4500	37	1
90800	5400	5	1
⋮	⋮	⋮	⋮
85000	4200	29	0

a. 보상을 위한 다음의 모형을 추정하라.

$\text{Comp} = \beta_0 + \beta_1\text{Profit} + \beta_2\text{Years} + \beta_3\text{Grad} + \beta_4(\text{Profit} \times \text{Grad}) + \beta_5(\text{Years} \times \text{Grad}) + \varepsilon$

b. 5%의 유의수준에서 회귀모형은 유의한가??

c. 5%의 유의수준에서 어떤 예측변수들과 상호작용변수들이 유의한가?

d. 회귀모형을 사용하여 대학원학위를 가지고 있고 작년에 사업단위 수익이 4,800,000달러였으며 근무연수가 15년인 경영자를 위한 보상을 결정하라.

15. **FILE** *IPO.* 신규상장(IPO)가격에 관한 이론들 중 하나는 신규상장 시 최초수익률(공모가격으로부터 상장 시초가격의 퍼센트 변화)은 가격수정(공모전 가격으로부터 공모가격의 퍼센트 변화)에 의존한다는 것이다. 최초수익률에 영향을 줄 수 있는 다른 요인은 하이테크 기업이면 1이고 그렇지 않으면 0인 더미변수이다. 다음의 표는 264개 신규상장기업에 대한 데이터의 일부를 보여준다.

Initial Return	Price Revision	High Tech
33.93	7.14	0
18.68	−26.39	0
⋮	⋮	⋮
0.08	−29.41	1

a. 반응변수가 최초수익률이고 예측변수가 가격수정과 하이테크 더미변수인 회귀모형을 추정하라.

b. 예측변수로 가격수정, 하이테크 더미변수, 하이테크 더미변수와 가격수정 간 상호작용변수를 가진 회귀모형을 다시 추정하라.

c. 어느 모형이 선호되는 모형인가? 설명하라. 이 모형을 사용하여 15%의 가격수정을 가지는 하이테크 기업의 최초수익률을 추정하라. 하이테크 기업이 아닌 기업의 최초수익률을 계산하라.

16. **FILE** *GPA_College.* 종종 대학수학능력시험(SAT) 점수는 학생이 대학 1학년에서 받을 학점의 중요한 지표라고 주장한다. 한 주립대학의 입학관리처 직원은 대학 1학년 GPA (College GPA)와 SAT 점수(SAT), 고등학교 GPA (HS GPA), 인종(White: 학생이 백인이면 1, 그렇지 않으면 0) 간 관계를 분석하기 원한다. 이러한 데이터의 일부가 다음의 표에 제시되어 있다.

College GPA	SAT	HS GPA	White
4.00	1560	4.00	1
1.78	1060	2.18	0
⋮	⋮	⋮	⋮
3.38	1460	4.00	0

a. SAT, HS GPA, White, SAT와 HS GPA간 상호작용변수, SAT와 White 간 상호작용변수를 예측변수들로 사용하면서 College GPA를 위한 회귀모형을 추정하고 해석하라.

b. 고등학교 GPA가 3.20이고 SAT 점수가 1200, 1300, 1400인 백인 학생의 대학 1학년 GPA를 예측하라. 백인이 아닌 학생의 대학 1학년 GPA를 예측하라.

17. **FILE** *Health_Factors.* 세계보건기구(WHO)에 의하면, 개인의 건강은 상당한 정도 소득, 교육, 유전, 사회적 관계와 같은 요인들에 의해 결정된다. 한 서베이에서 120명의 미국인들에게 그들의 건강(Health)과 사회적 관계(Social)에 대해 1점부터 100점의 척도 기준으로 얼마의 점수를 부여하는지를 물었다. 또한 그들의 가계소득(Income, 1,000달러)과 대학교육 여부(College: 학사학위를 취득했으면 1, 그렇지 않으면 0)에 대한 데이터도 수집되었다. 이러한 데이터의 일부가 다음의 표에 제시되어 있다.

Health	Social	Income	College
52	58	80	0
55	68	43	0
⋮	⋮	⋮	⋮
58	90	35	0

a. Social, Income, College를 예측변수들로 사용하면서 Health를 위한 회귀모형을 추정하고 해석하라. Social = 90과 Income = 100인 대학교육을 받은 사람의 Health

점수를 예측하라. 대학교육을 받지 않은 사람의 Health 점수를 예측하라.

b. Social과 Income 간 상호작용변수와 Social과 College 간 상호작용변수를 포함한 확장 모형을 추정하고 해석하라. Social = 90과 Income = 100인 대학교육을 받은 사람의 Health 점수를 예측하라. 대학교육을 받지 않은 사람의 Health 점수를 예측하라.

c. 예측을 위해 두 모형 중에서 어느 모형이 선호되는가 설명하라.

18. **FILE** ***College.*** 대학비용과 학생부채가 증가함에 따라, 대학을 찾고 선택할 때 가족이 하는 선택이 보다 더 중요해진 적이 없었다. 116개 대학으로부터 수집된 졸업후 연간 수입(Earnings, 달러), 평균 연간 비용(Cost, 달러), 졸업률(Grad, %), 부채를 상환하는 학생비율(Debt, %), 대학이 도시에 위치하느냐 위치하지 않느냐(City: 대학이 도시에 위치하면 1, 그렇지 않으면 0)에 대한 정보를 고려해보라. 이러한 데이터의 일부가 다음의 표에 제시되어 있다.

Earnings	Cost	Grad	Debt	City
44800	22920	62	88	1
45100	23429	73	92	0
⋮	⋮	⋮	⋮	⋮
42700	6616	64	90	1

a. Cost, Grad, Debt, City, Cost와 Grad간 상호작용변수에 기초하여 졸업후 연간 수입를 위한 회귀모형을 추정하라. 상호작용 변수의 계수 추정치를 해석하라.

b. 졸업률이 60%, Debt가 80%, 평균 연간 비용이 20,000달러, 30,000달러, 40,000달러이고 도시에 위치한 대학 졸업생의 졸업후 연간 수입을 예측하라.

c. 졸업률이 80%인 경우에 b의 분석을 반복하라.

19. **FILE** ***Rental.*** 조나는 오하이오의 신시내티에서 거의 10년 동안 임대부등산의 대리인으로 일하였다. 그는 추가적인 침실에 대한 보상은 크기가 작은 주택과 비교하여 큰 주택에서 더 크다는 것을 알고 있다. 임대료(Rent, 달러), 주택크기(Sqft), 침실 수(Bed), 욕실 수(Bath)에 대한 월간 데이터를 고려해보라. 이러한 데이터의 일부가 다음의 표에 제시되어 있다.

Rent	Sqft	Bed	Bath
2300	2050	3	3
1240	680	2	1
⋮	⋮	⋮	⋮
2800	2370	4	3

a. Bed, Bath, Sqft, Bed와 Sqft 간 상호작용변수에 기초하여 월간 임대료를 위한 회귀모형을 추정하라. 상호작용변수의 계수 추정치를 해석하라.

b. 침실 수가 2개, 3개, 4개인 경우 주택크기가 1,600 ft^2 인 주택의 월간 임대료를 예측하라. 침실 수가 2개에서 3개로와 3개에서 4개로 증가함에 따라 예측되는 임대료의 증가분을 계산하라.

c. 주택크기가 2,400 ft^2인 경우에 b의 분석을 반복하라.

7.2 비선형관계를 위한 회귀모형

LO 7.2

비선형회귀모형을 추정하고 해석할 수 있어야 한다.

회귀분석은 실증적으로 변수들 간 관계가 존재하는지를 입증할 뿐만 아니라 이러한 관계의 강도를 계량화한다. 지금까지 선형회귀모형만 살펴보았다. 예측변수와 반응변수 간 관계가 직선으로 나타내어질 수 없고 따라서 적정한 곡선에 의해 포착되어야 하는 수많은 응용들이 존재한다. 실제로 함수 형태의 선택은 회귀모형을 정형화하는 데 있어서 중요한 부분이다.

이 절에서는 변수들의 단순한 변환을 통하여 도출되는 몇 가지 일반적인 비선형 회귀모형들을 논의한다. 이러한 변환에는 여전히 선형회귀모형의 구조 안에서 쉽게 추정할 수 있으면서 흥미로운 비선형 관계를 포착하는 변수의 제곱과 자연로그가 포함된다. 대안적인 모형들 중에서 선택하기 위해 적합도 척도가 사용된다.

이차식 회귀모형

선형회귀모형은 종종 간단한 계산에 의해 정당화된다. 단순선형회귀모형 $y = \beta_0 + \beta_1 x + \varepsilon$은 x가 1단위 증가하면, x의 값에 관계없이 y의 기대값은 β_1만큼 증가한다는 것을 시사한다. 그러나 많은 응용에서 변수들 간 관계는 직선에 의해 나타내어질 수 없다. 6장에서 논의한 선형성 가정은 변수에 대한 것이 아니라 모수에 대한 선형성 제약이다. 결론적으로 말하면, 선형회귀모형의 구조 안에서 반응변수와/또는 예측변수들의 간단한 변환을 통해 많은 흥미로운 비선형 관계를 포착할 수 있다.

당신은 미시경제학을 공부한 적이 있다면, 기업(또는 산업)의 평균비용곡선은 "U자 모습"을 가지는 경향이 있다는 것을 배웠을 것이다. 규모의 경제 때문에 기업의 평균비용 y는 처음에 생산량 x가 증가함에 따라 감소한다. 그러나 x가 어떤 점을 넘어서 증가함에 따라 x가 y에 미치는 영향은 양으로 변화한다. 다른 응용은 예측변수의 영향이 처음에는 양이나 이어서 음으로 변화하여 "역의 U자 모습"이 되는 것을 보여준다. x가 y에 미치는 영향을 포착하는 기울기가 부호뿐만 아니라 크기가 변화할 때, **이차식 회귀모형(quadratic regression model)**이 적정하다.

1개의 예측변수를 가진 이차식 회귀모형은 $y = \beta_0 + \beta_1 x + \beta_2 x^2 + \varepsilon$와 같이 정형화된다. 이 모형은 다수의 예측변수들을 포함하기 위해 쉽게 확장될 수 있다. $\beta_0 + \beta_1 x + \beta_2 x^2$은 이차식 회귀모형의 확정적 요소이다. 달리 말하면, x의 조건부로 $E(y) = \beta_0 + \beta_1 x + \beta_2 x^2$이다.

그림 7.3은 이차식 회귀모형을 추정함으로써 생성되는 추세선을 가지고 있는 2개의 표본데이터 산점도를 보여준다. 추정된 단순선형회귀모형이 각 그림에 포함되어 있지 않지만, 이차식 회귀모형이 2개 산점도 모두의 경우에 더 양호한 적합도를 제공한다는 것은 명백하다.

그림 7.3 x에 대한 y의 산점도에 나타낸 이차식 회귀모형의 추정으로부터 생성되는 추세선

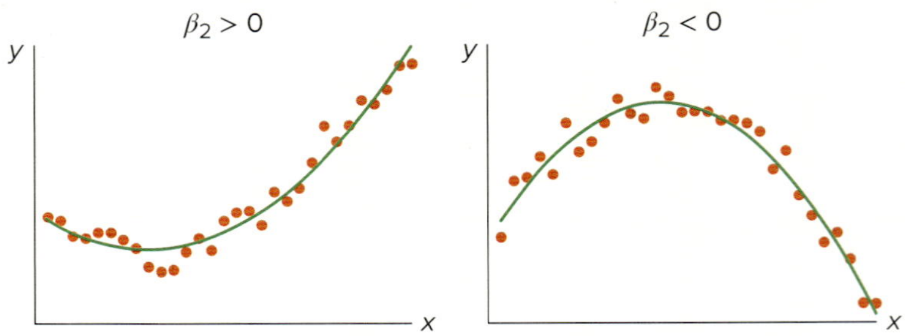

이차식 회귀모형이 선형회귀모형보다 더 양호한 적합도를 제공하는지를 결정하는 것이 중요하다. 6장으로부터 이차식 회귀모형은 선형회귀모형보다 많은 1개 이상 모수를 사용하기 때문에 각각의 R^2의 값에 기초하여 두 모형을 비교할 수 없다는 것을 기억하라. 모형 비교를 위해서 추가적인 모수에 대해 페널티를 부과하는 조정 R^2를 사용한다.

이차식 회귀모형 $y = \beta_0 + \beta_1 x + \beta_2 x^2 + \varepsilon$을 추정하기 위해, 먼저 x의 제곱값을 가지는 x^2 변수를 만들어야 한다. 이차식 회귀모형은 통상적인 방식으로 $\hat{y} = b_0 + b_1 x + b_2 x^2$와 같이 추정된다. 여기서 b_1과 b_2는 각각 β_1과 β_2의 추정치이다.

이차식 회귀모형의 계수 추정치 해석: 이차식 회귀식에 있는 b_1을 x^2이 일정할 때 x의 1단위 변화가 y에 미치는 효과라고 생각하는 것은 타당하지 않다. 비선형모형에서 표본회귀

식은 예측변수의 값 범위에서 반응변수의 예측되는 효과를 계산하고 그래프를 그려봄으로써 가장 양호하게 해석된다. 예제 7.5와 예제 7.6에서 이 점에 대해 자세하게 설명할 것이다.

이차식 회귀모형에서 y에 대한 x의 한계효과 평가: 반응변수의 예측값에 대한 예측변수 x의 추정된 한계(부분)효과를 평가하는 것이 중요하다. 즉 x의 한 단위 증가에 의해 발생되는 y의 변화를 평가하기 원한다. 추정된 선형회귀식 $\hat{y} = b_0 + b_1x$에서 $\hat{y}$에 대한 x의 부분(한계)효과는 일정하다. 이차식 회귀모형에서 $\hat{y}$에 대한 x의 부분(한계)효과는 $b_1 + 2b_2x$에 의해 근사될 수 있다. 선형회귀모형의 경우와는 달리 이러한 부분효과는 x가 평가되는 값에 의존한다. 이에 더하여 이러한 부분효과가 0일 때 $\hat{y}$은 최대값($b_2 < 0$) 또는 최소값($b_2 > 0$)에 도달한다. 이러한 일이 발생할 때 x의 값은 $b_1 + 2b_2x = 0$의 해가 되는 $x = \frac{-b_1}{2b_2}$로 구해진다(최적값은 1차 도함수 $b_1 + 2b_2x$가 0인 곳에서 구해지고 2차 도함수 $2b_2$는 최대값인 경우 음이고 최소값인 경우 양이라는 것에 주목하라).

이차식 회귀모형

이차식 회귀모형 $y = \beta_0 + \beta_1x + \beta_2x^2 + \varepsilon$에서 회귀계수 β_2는 x와 y 간 관계가 U자 모습($\beta_2 > 0$)인지 역의 U자 모습($\beta_2 < 0$)인지를 결정한다.

$\hat{y} = b_0 + b_1x + b_2x^2$을 사용하여 이차식 회귀모형에 대한 예측을 한다. 이 경우 반올림하지 않은 계수추정치들을 사용하는 것이 바람직하다.

예제 7.5

연간 생산량(Output, 백만 개)에 대한 평균비용(AC, 달러)의 이차식 회귀모형을 고려해보라. 예측변수로 Output와 Output2을 사용하면서 구한 추정된 회귀식은 $\widehat{AC}$ = 10.5225 − 0.3073 Output + 0.0210 Output2이다. 예측변수 모두 5%의 수준에서 통계적으로 유의하다. 따라서 이차식 효과를 확인해준다. 추정치들을 사용하여 다음과 같은 질문에 답하라.

a. 생산량 수준이 400만 개로부터 500만 개로 증가할 때 평균비용의 변화는 얼마인가?
b. 생산량 수준이 800만 개로부터 900만 개로 증가할 때 평균비용의 변화는 얼마인가? b에서 구한 결과를 a에서 구한 결과와 비교하라.
c. 평균비용을 최소화하는 생산량 수준은 얼마인가?

해답:

a. 400만 개를 생산할 때 예측되는 기업의 평균비용은 $\widehat{AC}$ = 10.5225 − 0.3073(4) + 0.0210(4^2) = 9.63달러이고 500만 개를 생산할 때 예측되는 기업의 평균비용은 $\widehat{AC}$ = 10.5225 − 0.3073(5) + 0.0210(5^2) = 9.51달러이다. 생산량이 400만 개에서 500만 개로 증가할 때 예측되는 평균비용은 0.12달러 감소한다.
b. 800만 개를 생산할 때 예측되는 기업의 평균비용은 $\widehat{AC}$ = 10.5225 − 0.3073(8) + 0.0210(8^2) = 9.41달러이고 900만 개를 생산할 때 예측되는 기업의 평균비용은 $\widehat{AC}$

$= 10.5225 - 0.3073(9) + 0.0210(9^2) = 9.46$달러이다. 생산량이 800만 개에서 900만 개로 증가할 때 예측되는 평균비용은 0.05달러 증가한다. 이러한 결과를 a에서 구한 결과와 비교하면, x의 한 단위 증가가 y에 미치는 부분효과는 x가 평가되는 값에 의존한다는 것에 주목하라.

c. $b_1 = -0.3073$과 $b_2 = 0.0210$이므로 평균비용을 최소화하는 생산량 수준은 $x = \frac{-b_1}{2b_2} = \frac{-(-0.3073)}{2 \times 0.0210} = 7.32$, 즉 732만개이다.

이제 역의 U자 모습 관계를 보여주는 예제를 살펴보도록 하자.

예제 7.6

FILE ***Wages.*** 미국에서 연령차별은 불법이나 연령차별이 발생한 것을 증명하는 것은 어렵다(*The New York Times*, August 7, 2017). 연령차별이 없다 하더라도, 근로자의 임금은 연령이 증가함에 따라 감소한다고 널리 믿어지고 있다. 젊은 근로자는 어떤 연령에 이를 때까지만 임금이 증가하고 그 이후에는 감소하기 시작할 것이라고 예상할 수 있다. 아이안느 파파도풀로스는 한 대형 제조기업의 인력관리부에서 일하고 임금(Wage, 달러), 교육연수(Education), 연령(Age) 간 관계를 검토하고 있다. 특히 그는 임금에 미치는 연령의 이차식 효과를 확인하기 원한다. 그는 그의 기업에서 근무하는 80명의 근로자를 대상으로 시간당 임금, 교육연수, 연령에 대한 데이터를 수집하였다. 이러한 데이터의 일부가 표 7.9에 제시되어 있다.

표 7.9 미국인의 시간당 임금($n = 80$)

Wage	Education	Age
17.54	12	76
20.93	10	61
⋮	⋮	⋮
23.66	12	49

a. 연령에 대해 임금을 그래프로 그리고 선형회귀모형 또는 이차식 회귀모형 중 어느 모형이 연령과 임금의 관계를 더 양호하게 포착하는지를 평가하라. 적정한 적합도 척도를 사용하여 당신의 선택을 설명하라.

b. 적정한 모형을 사용하여 교육연수가 16년이고 연령이 30, 50, 70세일 때 근로자의 시간당 임금을 예측하라.

c. 적정한 모형에 의하면, 교육연수가 16년인 근로자는 몇 세에 가장 높은 시간당 임금에 도달하는가?

해답:

a. 그림 7.4는 연령에 대한 임금의 산포도를 보여준다. 산포도 위에 선형 추세선과 이차식 추세선이 그려져 있다. 이차식 회귀모형이 선형회귀모형보다 데이터에 대해 더

양호한 적합을 제공하는 것으로 보인다.

그림 7.4 임금과 연령의 산점도

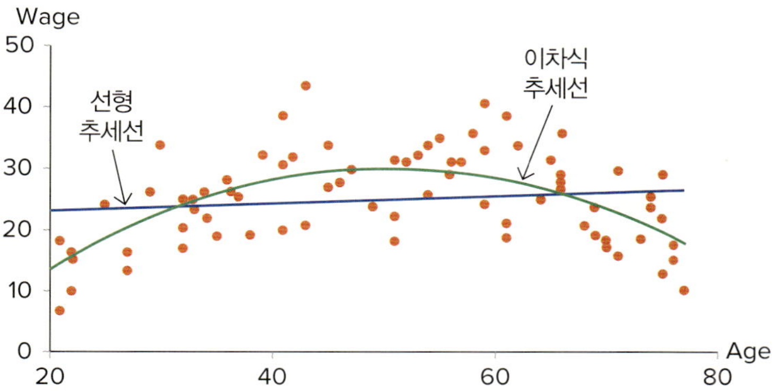

다음과 같은 2개 모형을 추정한다.

선형회귀모형: $Wage = \beta_0 + \beta_1 Education + \beta_2 Age + \varepsilon$

이차식 회귀모형: $Wage = \beta_0 + \beta_1 Education + \beta_2 Age + \beta_3 Age^2 + \varepsilon$

논의의 편의를 위해, 회귀계수들은 모형에 따라 서로 다른 의미를 가짐에도 불구하고 선형회귀모형과 이차식 회귀모형의 회귀계수들에 대해 동일한 표기를 사용한다. 표 7.10은 선형회귀모형과 이차식 회귀모형의 회귀분석결과를 보여준다.

표 7.10 예제 7.6을 위한 선형회귀모형과 이차식 회귀모형의 회귀분석결과

변수	선형회귀모형	이차식 회귀모형
Intercept	2.6381 (0.268)	−22.7219* (0.000)
Education	1.4410* (0.000)	1.2540* (0.000)
Age	0.0472 (0.127)	1.3500* (0.000)
Age^2	NA	−0.0133* (0.000)
Adjusted R^2	0.6088	0.8257

주: 모수 추정치 아래에 있는 괄호 안의 수치는 p-값이다; NA는 해당사항 없음을 나타낸다.;
*은 5% 수준에서 유의하다는 것을 나타낸다; 마지막 행은 모형 비교를 위한 조정 R^2를 보여준다.

선형회귀모형에서 Age의 계수 추정치는 0.0472에 불과하고 10%의 유의수준에서도 통계적으로 유의하지 않다(p-값 = 0.127)는 것에 주목하라. 그러나 Age와 함께 Age^2가 포함될 때 결과는 극적으로 변화한다. 이차식 회귀모형에서 두 변수 모두는 근사적으로 0인 p-값을 가지며 이에 따라 적정한 유의수준에서 통계적으로 유의하다. 또한 선형회귀모형에 비해 이차식 회귀모형의 조정 R^2가 더 높고 $(0.8257 > 0.6088)$ 이에 따라 이차식 회귀모형이 예측을 위해 더 양호하다. 이러한 결론은 연령과 시간당 임금 간 약한 선형관계보다는 강한 이차식 관계를 제시하는 그림 7.4의 산점도에서 보는 것과 일치한다.

b. 교육연수가 16년인 30세 근로자의 예측되는 시간당 임금은 $\widehat{Wage} = -22.7219 + 1.2540 \times 16 + 1.3500 \times 30 - 0.0133 \times 30^2 = 25.87$달러이다. 이와 유사하게 50세 근로자와 70세 근로자의 예측되는 시간당 임금은 각각 31.59달러와 26.67달러이다.

c. b에서 교육연수가 16년이고 30세, 50세, 70세 근로자의 시간당 임금을 예측하였다. 세 연령 중에서 50세인 근로자가 가장 높은 시간당 임금을 번다. 그림 7.5는 교육연수가 16년인 근로자의 연령이 20세부터 80세까지 증가함에 따라 버는 시간당 임금의 예측값을 그린 것이다.

그림 7.5 교육연수가 16년인 근로자의 연령이 20세부터 80세까지 증가함에 따라 버는 시간당 임금의 예측값

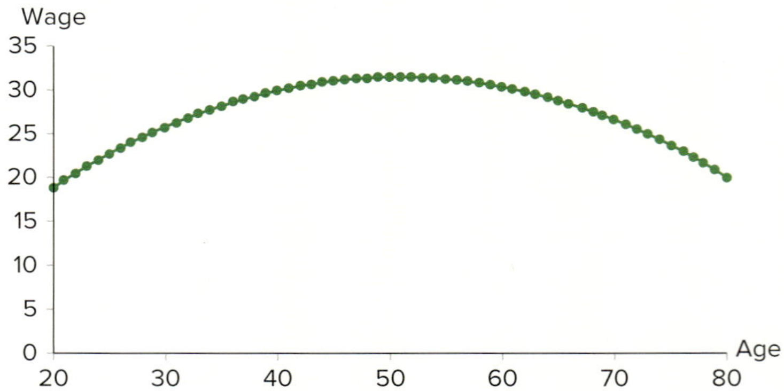

임금이 최대화되는 최적 연령은 $x = \frac{-b_2}{2b_3} = \frac{-(1.3500)}{2(-0.0133)} = 50.75$이다. 즉 임금이 최대화되는 최적 연령은 약 51세이고 시간당 임금은 31.60달러이다. 교육연수가 다른 경우, 예측되는 임금은 같지 않으나 가장 높은 임금은 같은 51세에서 달성된다. 당신이 교육연수가 12년인 근로자의 연령이 변화함에 따라 예측되는 임금을 나타내는 그림을 그려 보기를 권한다.

로그 변수를 가진 회귀모형

연간 소득 x 에 대한 연간 식품비 y의 추정된 선형회귀식 $\hat{y} = 9{,}000 + 0.20x$를 생각해보자. 기울기 계수 추정치 $b_1 = 0.20$은 연간 소득이 1,000달러 증가하는 경우, 연간 소득이 20,000달러에서 21,000달러로 증가하거나 520,000달러에서 521,000달러로 증가하거나 관계없이, 연간 식품비는 200달러 증가시킬 것이라는 것을 의미한다. 그러나 이것은 선형성 가정이 정당화되지 못하는 예이다. 소득의 증가가 식품비에 미치는 영향은 높은 소득수준에서 더 작아질 것으로 예상되기 때문에, 소득이 증가함에 따라 식품비가 어떻게 변화하는가를 달러 금액 크기가 아니라 퍼센트 변화로 분석하는 것이 더 의미 있을 수 있다.

일반적으로 사용되는 변수의 변환은 변수의 변화를 퍼센트 변화로 전환시키는 자연 로그에 기초하는 것이다.

로그 변환

자연 로그는 변수의 변화를 퍼센트 변화로 전환시킨다.

많은 관계는 자연스럽게 퍼센트에 의해 표현되기 때문에 로그 변환은 유용하다. 예를들면, 소득, 주택가격, 매출과 같은 변수들을 로그 변환하는 것이 일반적이다. 다른 한편, 연령, 근무연수, 점수와 같은 변수들은 일반적으로 원래의 형태로 표현된다. 변수의 적정한 형태를 발견하기 위해 통계 척도뿐만 아니라 경제학적 직관 모두에 의존한다.

나중에 다중회귀모형으로 확장하겠지만, 먼저 한 개의 예측변수만을 가지는 로그 모형을 살펴보도록 하자.

로그–로그 회귀모형

로그–로그 회귀모형(log-log regression model)에서는 반응변수와 예측변수 모두 자연로그로 변환된다. 이러한 모형은 다음과 같이 나타낼 수 있다.

$$\ln(y) = \beta_0 + \beta_1\ln(x) + \varepsilon$$

여기서 $\ln(y)$는 로그 변환된 반응변수이고 $\ln(x)$는 로그 변환된 예측변수이다. 이러한 변수 변환에 따라, y와 x의 관계는 기울기 계수 β_1의 부호와 크기에 의존하는 곡선에 의해 포착된다. 그림 7.6은 추세선과 함께 그려진 표본데이터의 두 산점도를 보여준다. 각 추세선은 로그–로그 회귀모형을 추정하여 생성된 것이다. 추정된 단순선형회귀모형은 각 산점도에 포함되어 있지 않지만, 명백하게 로그–로그 회귀모형이 두 산점도 모두에서 더 양호한 적합도를 제공한다.

그림 7.6 x에 대한 y의 산점도에 나타낸 로그–로그 회귀모형의 추정에 의해 생성된 추세선

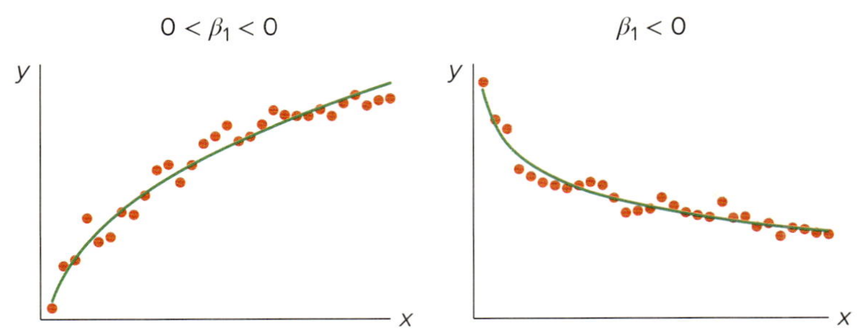

$0 < \beta_1 < 1$인 경우, 로그–로그 회귀모형은 x와 $E(y)$ 간 양의 관계를 시사한다. x가 증가함에 따라, $E(y)$는 더 완만한 크기로 증가한다. 이것이 식품비는 소득의 변화에 대해 양으로 반응하지만 그 영향은 더 높은 소득수준에서 감소된다는 예에서 적정할 수 있다. $\beta_1 < 0$이면, 로그–로그 회귀모형은 x와 $E(y)$ 간 음의 관계를 제시한다. x가 증가함에 따라, $E(y)$는 더 완만헌 크기로 감소한다. 마지막으로 $\beta_1 > 1$은 x 와 $E(y)$ 간 양의 관계를 시사한다. 이 경우는 그림 7.6에 제시되어 있지 않다. 실제 응용에서 β_1의 추정값은 데이터에 의해 결정된다.

로그-로그 회귀모형은 변수들에 대해 비선형이지만 여전히 회귀계수들에 대해 선형이어서 선형회귀모형의 필요조건을 충족시킨다는 것에 주목하라. 회귀분석을 수행하기 전에 먼저 두 변수를 모두 로그로 변환시켜야 한다. 또한 로그-로그 회귀모형에서 기울기 계수 β_1은 x의 작은 퍼센트 변화에 대한 y의 근사적 퍼센트 변화를 측정한다. 달리 말하면, β_1은 탄력성(elasticity)의 척도이다. 로그-로그 회귀모형에서 y는 특정한 재화의 수요량이고 x는 그 재화의 단위 가격이면, β_1은 상당한 경제학의 관심 대상이 되는 모수인 수요의 가격탄력성을 측정한다. $\beta_1 = -1.2$라고 하자. 이 경우, 이 재화의 가격이 1% 증가하는 경우 그 재화의 수요량은 약 1.2% 감소할 것으로 예상된다.

마지막으로 반응변수는 로그 변환되어 있다 하더라도 여전히 정상적인 단위로 예측하여야 한다. $\widehat{\ln(y)} = b_0 + b_1\ln(x)$이면, 정상적인 단위로 반응변수를 예측하기 위해 $\hat{y} = \exp(\widehat{\ln(y)}) = \exp(b_0 + b_1 \ln(x))$와 같이 역대수 함수(anti-log function)를 사용하려는 유혹을 받을 수 있다. 그러나 이러한 변환은 y의 기대값을 체계적으로 과소 추정하는 것으로 알려져 있다. 한 가지 상대적으로 간단한 교정방법은 $\hat{y} = \exp(b_0 + b_1 \ln(x) + s_e^2/2)$와 같이 예측하는 것이다. 여기서 s_e는 로그-로그 회귀모형으로부터 구해지는 추정치의 표준오차이다. 이러한 교정은 실제로 모든 통계 패키지들이 s_e를 보고하기 때문에 실행하기 쉽다.

로그-로그 회귀모형

로그-로그 회귀모형은 $\ln(y) = \beta_0 + \beta_1 \ln(x) + \varepsilon$와 같이 정형화되고 β_1은 x가 1% 증가할 때 y의 근사적 퍼센트 변화를 측정한다.

로그-로그 회귀모형에서 예측은 $\hat{y} = \exp(b_0 + b_1 \ln(x) + s_e^2/2)$와 같이 이루어진다. 여기서 b_0와 b_1은 계수 추정치들이고 s_e는 추정치의 표준오차이다. 예측하기 위해 반올림 없는 계수 추정치들을 사용하는 것이 바람직하다.

세미-로그 회귀모형

로그-로그 회귀모형은 모든 변수들을 로그로 변환한다. 모든 변수들이 로그로 변환되지 않는 **세미-로그 회귀모형(semi-log regression model)**도 일반적으로 사용된다. 단순선형회귀모형의 구조에서 두 가지 유형의 세미-로그 회귀모형을 논의하도록 하자. 예측변수만 로그로 변환되는 세미-로그 회귀모형은 종종 **로그회귀모형(logarithmic regression model)**이라고 부르고 반응변수만 로그로 변환되는 세미-로그 회귀모형은 종종 **지수회귀모형(exponential regression model)**이라고 부른다. 다수의 예측변수들이 분석에 포함될 때 다양한 형태의 세미-로그 회귀모형들이 정형화될 수 있다.

로그회귀모형은 다음과 같이 정의된다.

$$y = \beta_0 + \beta_1\ln(x) + \varepsilon$$

로그-로그 회귀모형과 마찬가지로, 로그회귀모형은 x가 증가함에 따라 $E(y)$는 완만한 속도로 증가하거나($\beta_1 > 0$) 감소한다($\beta_1 < 0$)는 것을 시사한다. 예측변수만 퍼센티지로 더 양호하

게 포착될 때 특히 로그회귀모형이 매력적이다. 그림 7.7은 추세선들이 함께 그려진 표본데이터의 두 산점도를 보여준다. 각 추세선은 로그회귀모형을 추정하여 생성된다. 추정된 단순선형회귀모형은 각 산점도에 포함되어 있지 않지만, 명백하게 로그회귀모형이 두 산점도에 대해 더 양호한 적합도를 제공한다. 로그-로그 회귀모형과 로그회귀모형은 유사한 모습을 나타낼 수 있기 때문에 두 모형 간의 선택은 어려울 수 있다. 이 절에서 두 모형을 비교할 것이다.

그림 7.7 x에 대한 y의 산점도에 나타낸 로그회귀모형의 추정에 의해 생성된 추서선

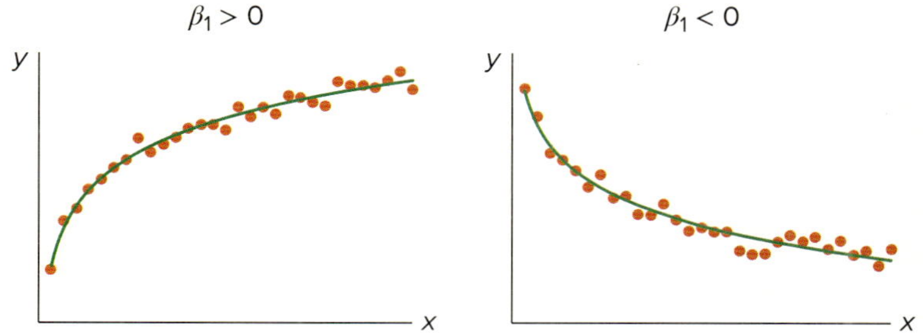

로그회귀모형에서 반응변수는 정상적인 단위로 표시되나 예측변수는 로그로 변환된다. 따라서 x가 1% 증가할 때 $\beta_1 \times 0.01$은 $E(y)$의 근사적 단위 변화를 측정한다. 예를 들어, $\beta_1 =$ 5,000이면, x가 1% 증가할 때 $E(y)$는 50단위(= 5,000 × 0.01) 증가한다. 반응변수는 정상적인 단위로 표시되어 있기 때문에, 예측을 할 때 추가적인 변환이 필요하지 않다.

로그회귀모형

로그회귀모형은 $y = \beta_0 + \beta_1\ln(x) + \varepsilon$와 같이 정형화되고 x가 1% 증가할 때 $\beta_1 \times 0.01$은 $E(y)$의 근사적 단위 변화를 측정한다.

로그회귀모형에서 예측은 $\hat{y} = b_0 + b_1\ln(x)$와 같이 이루어진다. 여기서 b_0와 b_1은 계수 추정치들이다. 예측하기 위해 반올림 없는 계수 추정치들을 사용하는 것이 바람직하다.

지수회귀모형

x가 1% 증가할 때 $E(y)$의 단위 변화를 구하는 데 관심이 있는 로그회귀모형과 달리, 지수회귀모형은 x가 1단위 증가할 때 $E(y)$의 퍼센트 변화를 추정할 수 있게 해준다. 지수회귀모형은 다음과 같이 정의된다.

$$\ln(y) = \beta_0 + \beta_1 x + \varepsilon$$

그림 7.8은 추세선들이 함께 그려진 표본데이터의 두 산점도를 보여준다. 추정된 단순선형회귀모형은 각 산점도에 포함되어 있지 않지만, 명백하게 지수회귀모형이 두 산점도에 대해 더 양호한 적합도를 제공한다.

그림 7.8 x에 대한 y의 산점도에 나타낸 지수회귀모형의 추정에 의해 생성된 추세선

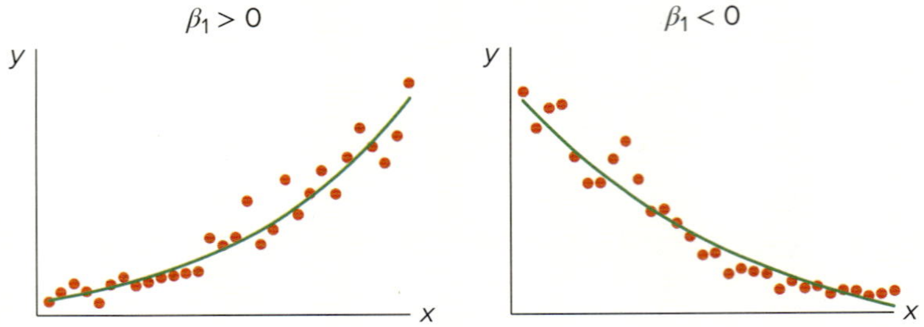

지수회귀모형에서 $\beta_1 \times 100$은 x가 한 단위 증가할 때 $E(y)$의 근사적 퍼센트 변화를 측정한다. $E(y)$의 정확한 퍼센트 변화는 $(\exp(\beta_1) - 1) \times 100$과 같이 계산된다. 예를 들면, $\beta_1 = 0.05$는 x가 한 단위 증가할 때 $E(y)$는 근사적으로 5%(=0.05 × 100), 더 정확하게는 5.1271%(=(exp(0.05) − 1) × 100) 증가한다는 것을 시사한다. 응용 연구에서 인구, 고용, 연봉, 매출과 같은 경제변수의 성장률을 나타내기 위해 종종 지수회귀모형을 사용한다. 로그-로그 회귀모형의 경우와 마찬가지로, 반응변수가 로그로 측정되어 있기 때문에 y 값을 예측할 때 교정방법을 사용해야 한다.

지수회귀모형

지수회귀모형은 $\ln(y) = \beta_0 + \beta_1 x + \varepsilon$와 같이 정형화되고 $\beta_1 \times 100$은 x가 한 단위 증가할 때 $E(y)$의 근사적 퍼센트 변화를 측정한다.

지금까지 논의한 변수의 로그 변환이 있는 회귀모형들은 선형회귀모형의 구조에서 쉽게 추정되지만, 예측하고 기울기 계수 추정치를 해석하는 데 주의를 기울여야 한다. 기울기 계수 추정치를 해석할 때, 로그는 변수의 변화를 퍼센트 변화로 전환시킨다는 것을 명심해야 한다. 표 7.11은 이러한 결과들을 요약한 것이다.

표 7.11 선형회귀모형, 로그-로그 회귀모형, 로그회귀모형, 지수회귀모형의 요약

모형	예측값	기울기 계수 추정치의 해석
$y = \beta_0 + \beta_1 x + \varepsilon$	$\hat{y} = b_0 + b_1 x$	b_1은 x가 한 단위 증가할 때 $\hat{y}$의 변화를 측정한다.
$\ln(y) = \beta_0 + \beta_1 \ln(x) + \varepsilon$	$\hat{y} = \exp(b_0 + b_1 \ln(x) + s_e^2/2)$	b_1은 x가 1% 증가할 때 $\hat{y}$의 근사적 퍼센트 변화를 측정한다.
$y = \beta_0 + \beta_1 \ln(x) + \varepsilon$	$\hat{y} = b_0 + b_1 \ln(x)$	$b_1 \times 0.01$는 x가 1% 증가할 때 $\hat{y}$의 근사적 변화를 측정한다.
$\ln(y) = \beta_0 + \beta_1 x + \varepsilon$	$\hat{y} = \exp(b_0 + b_1 x + s_e^2/2)$	$b_1 \times 100$는 x가 한 단위 증가할 때 $\hat{y}$의 근사적 퍼센트 변화를 측정한다.

예측할 때 반올림하지 않은 계수 추정치들을 사용하는 것이 바람직하다.

예제 7.7

FILE ***AnnArbor.*** 대학타운 부동산 투자는 좋은 수익률을 약속한다(*The College Investor*, August 22, 2017). 첫째, 재정적으로 어려움을 겪는 많은 공립 대학교들은 신입생 이외의 학생들에게 주택을 제공할 수 없기 때문에 학생들은 안정적인 임대 수요를 제공한다. 둘째, 베이비 붐 세대의 많은 자녀들이 대학에 갈 것이기 때문에 이러한 임대 수요는 증가할 것으로 예상된다. 표 7.12는 미시간 대학이 있는 미시간주 앤 아버의 임대료 데이터 일부를 보여준다. 이 데이터에는 40개 임대주택에 대한 월간 임대료(Rent, 달러), 침실 수(Beds), 욕실 수(Baths), 주택크기(Sqft)가 포함되어 있다.

표 7.12 미시간주 앤 아버의 임대료 데이터(n = 40)

Rent	Beds	Baths	Sqft
645	1	1	500
675	1	1	648
⋮	⋮	⋮	⋮
2400	3	2.5	2700

a. 3개 예측변수 각각에 대한 임대료의 산점도를 그리고 각 예측변수와 임대료 간 관계가 직선 또는 곡선 중 어느 것에 의해 더 양호하게 포착되는지를 평가하라. 로그 변환이 필요할 수 있는 변수들을 식별하라.

b. 침실 수가 3개이고 욕실 수가 2개인 1,600 ft^2인 주택의 임대료를 예측하기 위한 선형 회귀모형과 로그변수를 가진 회귀모형을 추정하라.

해답:

Beds와 Baths의 특성을 고려하여 이들 변수들은 정상적인 단위로 사용할 것이다. 그러나 Rent와 Sqft의 변화는 종종 퍼센트로 표현되기 때문에 이들 변수들의 로그 변환을 고려할 것이다.

a. 그림 7.9는 선형 추세선과 지수 추세선을 함께 그린 (a) Beds에 대한 Rent의 산점도와 (b) Baths에 대한 Rent의 산점도를 보여준다(지수회귀모형은 반응변수만 로그 변환한다는 것을 기억하라).

그림 7.9 (a) Rent와 Beds의 관계와 (b) Rent와 Baths의 관계

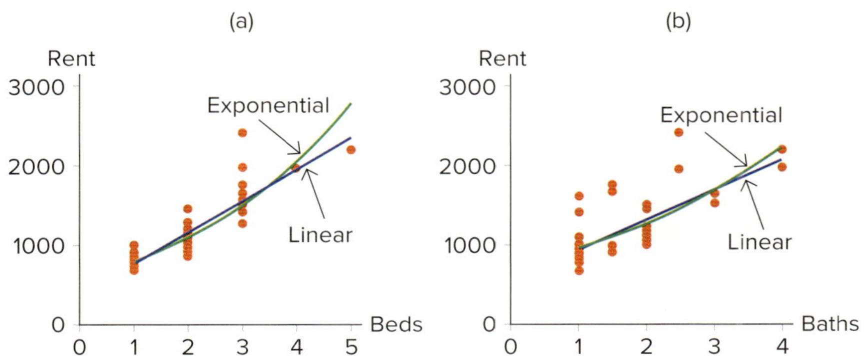

그림 7.9로부터 Rent와 Beds 간 관계 또는 Rent와 Baths 간 관계가 직선 또는 곡선에 의해 더 양호하게 포착되는지 식별하는 것은 어렵다. 선택을 위해 적합도 척도들을 사용할 것이다.

그림 7.10은 선형 추세선과 지수 추세선을 함께 그린 Sqft에 대한 Rent의 산점도를 보여준다. 여기서 Rent와 Sqft 간의 관계는 직선보다 곡선에 의해 더 양호하게 포착되는 것으로 보인다.

그림 7.10 Rent와 Sqft의 관계

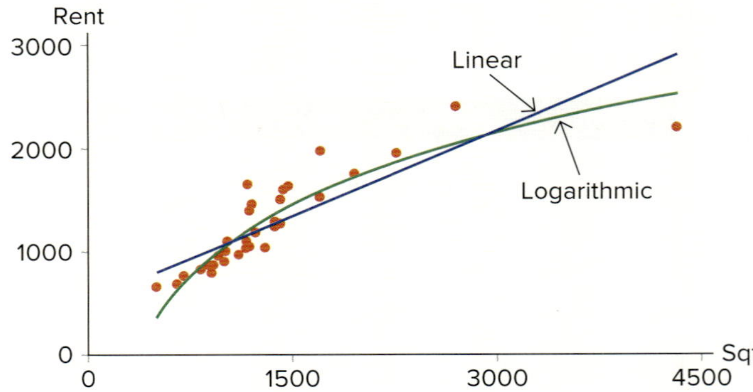

Sqft를 로그 변환한 로그회귀모형은 선형회귀모형보다 데이터를 더 양호하게 적합시킨다. 이 모형은 임대주택크기가 증가함에 따라, 임대료가 감소하는 속도도 증가한다는 것을 제시한다. 달리 말하면, Sqft가 2,000에서 3,000으로 증가할 때 보다 1,000에서 2,000으로 증가할 때 임대료는 더 크게 증가한다. 2개의 다른 모형, 즉 Rent만 로그 변환되는 지수회귀모형과 Rent와 Sqft 모두 로그 변환되는 로그-로그 회귀모형을 고려해볼 만하다. "어수선한" 그림을 피하기 위해, 이러한 추세선들이 산점도 위에 그려져 있지 않다. 그러나 공식적으로 모든 모형들을 평가할 것이다.

b. 앞에서 사용한 시각적 수단들이 유익하지만, 예측을 위해 가장 적정한 모형을 선택하기 위해 적합도 척도들을 사용하면서 4개 모형을 평가한다.

모형 1: $\text{Rent} = \beta_0 + \beta_1\text{Beds} + \beta_2\text{Baths} + \beta_3\text{Sqft} + \varepsilon$

모형 2: $\text{Rent} = \beta_0 + \beta_1\text{Beds} + \beta_2\text{Baths} + \beta_3\ln(\text{Sqft}) + \varepsilon$

모형 3: $\ln(\text{Rent}) = \beta_0 + \beta_1\text{Beds} + \beta_2\text{Baths} + \beta_3\text{Sqft} + \varepsilon$

모형 4: $\ln(\text{Rent}) = \beta_0 + \beta_1\text{Beds} + \beta_2\text{Baths} + \beta_3\ln(\text{Sqft}) + \varepsilon$

이러한 모형들을 추정하기 위해, 먼저 Rent와 Sqft를 로그 변환한다. 표 7.13의 마지막 두 열을 참조하라.

표 7.13 Rent와 Sqft의 로그 변환

Rent	Beds	Baths	Sqft	ln(Rent)	ln(Sqft)
645	1	1	500	6.4693	6.2146
675	1	1	648	6.5147	6.4739
⋮	⋮	⋮	⋮	⋮	⋮
2400	3	2.5	2700	7.7832	7.9010

모형 1과 모형 2에서, Rent는 반응변수로 사용되고 예측변수들로 모형 1에서는 Baths, Baths, Sqft가 사용되며 모형 2에서는 Baths, Baths, ln(Sqft)가 사용된다. 모형 3과 모형 4에서, ln(Rent)는 반응변수로 사용되고 예측변수들로 모형 1에서는 Baths, Baths, Sqft가 사용되며 모형 2에서는 Baths, Baths, ln(Sqft)가 사용된다. 모형 추정치들이 표 7.14에 요약되어 있다.

표 7.14 예제 7.7을 위한 회귀분석결과

	반응변수: Rent		반응변수: ln(Rent)	
	모형 1	모형 2	모형 3	모형 4
Intercept	300.4116* (0.001)	−3,909.7415* (0.001)	6.3294* (0.000)	3.3808* (0.000)
Beds	225.8100* (0.001)	131.7781* (0.040)	0.2262* (0.000)	0.1246* (0.009)
Baths	89.2661 (0.119)	36.4255 (0.494)	0.0831 (0.060)	0.0254 (0.514)
Sqft	0.2096* (0.028)	NA	0.0001 (0.362)	NA
ln(Sqft)	NA	675.2648* (0.000)	NA	0.4742* (0.001)
s_e	193.1591	172.2711	0.1479	0.1262
R^2	0.8092	0.8482	0.8095	0.8613

주: 모수 추정치 아래에 있는 괄호안의 수치는 p-값이다; NA는 해당사항 없음을 나타낸다; *는 5%의 유의수준에서 유의하다는 것을 나타낸다.

대부분의 경우, Beds, Sqft, ln(Sqft)는 5%의 수준에서 통계적으로 유의한 반면 Baths는 유의하지 않다. 침실 수가 3개이고 욕실 수가 3개인 1,600 ft^2 주택의 임대료를 예측하기 위해 회귀분석결과를 사용한다. ln(Rent)를 반응변수로 사용하는 모형 3과 모형 4를 가지고 예측하기 위해, 교정항 $s_e^2/2$를 추가한다.

모형 1: $\widehat{\text{Rent}} = 300.4116 + 225.8100(3) + 89.2661(2) + 0.2096(1{,}600)$
$= 1{,}492$달러

모형 2: $\widehat{\text{Rent}} = -3{,}909.7415 + 131.7781(3) + 36.4255(2) + 675.2648$
$\times \ln(1{,}600) = 1{,}540$달러

모형 3: $\widehat{\text{Rent}} = \exp(6.3294 + 0.2262(3) + 0.0831(2) + 0.0001(1{,}600)$
$+ 0.1419^2/2 = 1{,}549$달러

모형 4: $\widehat{\text{Rent}} = \exp(3.3808 + 0.1246(3) + 0.0254(2) + 0.4742$
$\times \ln(1{,}600) + 0.1262^2/2 = 1{,}498$달러

예측되는 임대료는 모형 1의 1,492달러부터 모형 3의 1,549달러의 범위를 가진다. 예제 7.8에서 어느 모형이 가장 양호한 예측을 제공하는지를 이어서 논의한다.

선형회귀모형과 로그변환 회귀모형의 비교

예제 7.7에서 살펴본 것처럼, 종종 응용을 위해 어떤 회귀모형이 가장 적합한지가 명백하지 않다. 모형비교의 방향을 잡기 위해 경제학 직관과 산점도를 사용할 수 있는 반면, 적합도 척도들에 기초하여 모형 선택을 정당화할 수 있다. 6장에서 예측변수의 수가 같은 모형들을 비

교하기 위해 R^2가 소개되었다. 예측변수의 수가 다른 경우에는 조정 R^2를 비교하였다. 이러한 비교는 경쟁 모형들의 반응변수가 같을 때에만 타당하다. R^2는 반응변수의 표본변동 중에서 모형에 의해 설명되는 비율을 측정하기 때문에, y의 설명되는 변동의 비율을 $\ln(y)$의 설명되는 변동의 비율과 비교할 수 없다. y와 $\ln(y)$를 구별하지 않는 컴퓨터에 의해 생성되는 R^2에 기초하여 모형들을 비교하는 것은 마치 사과와 오렌지를 비교하는 것과 같다. 타당한 비교를 위해, 추정되는 모형이 반응변수로 $\ln(y)$를 사용하더라도 y의 설명되는 변동의 비율, 즉 적정한 R^2를 계산할 필요가 있다. 6장에서 결정계수를 $R^2 = SSR/SST = 1 - SSE/SST$와 같이 계산하였다. 여기서는 y와 $\hat{y}$간 표본상관계수를 제곱하는 다른 방법을 사용한다.

결정계수 R^2를 계산하는 대안적인 방법

결정계수 R^2는 $R^2 = (r_{y\hat{y}})^2$와 같이 계산될 수 있다. 여기서 $r_{y\hat{y}}$은 y와 $\hat{y}$ 간 표본상관계수이다.

예제 7.8은 Excel과 R을 사용하면서 이러한 방법을 상세하게 설명한다.

Excel과 R을 이용하여 선형회귀모형과 로그 변환 회귀모형 비교하기

예제 7.8

FILE ***AnnArbor.*** 예제 7.7의 4개 회귀모형들을 다시 검토하고 어느 모형이 예측을 위해 가장 적정한지를 결정하라.

해답:

표 7.14에서 보면, 모형 4는 컴퓨터에 의해 생성된 가장 높은 $R^2 = 0.8613$을 가지고 있다. 그러나 R^2가 모형 1과 모형 2의 경우는 Rent에 기초하고 있고 모형 3과 모형 4의 경우는 ln(Rent)에 기초하고 있기 때문에 모형 4가 반드시 가장 양호한 모형이라는 것을 의미하지 않는다. 따라서 모형 2는 모형 1보다 양호하고(0.8482 > 0.8092) 모형 4는 모형 3보다 양호하다(0.8613 > 0.8095)고 추론할 수 있지만, 컴퓨터에 의해 생성된 R^2에 기초하여 모형 2와 모형 4를 직접 비교할 수 없다. 타당한 비교를 하기 위해, 다시 모형 4를 위한 R^2를 계산한다. 즉 R^2를 추정을 위해 ln(Rent)를 사용하더라도 다시 계산되는 R^2는 Rent에 기초한다.

모형 4를 위해 먼저 예측변수들의 표본 값을 사용하여 $\widehat{\text{Rent}} = \exp(b_0 + b_1\text{Beds} + b_2\text{Baths} + b_3\ln(\text{Sqft}) + s_e^2/2$를 계산한다. 예를 들면, 첫 번째 표본관측치의 경우, Beds = 1, Baths = 1, Sqft = 500이므로 예측되는 임대료는 $\widehat{\text{Rent}} = \exp(3.3808 + 0.1246(1) + 0.0254(1) + 0.4742 \times \ln(500) + 0.1262^2/2 = 656$달러와 같이 계산된다.

다른 표본관측치들을 위한 예측되는 임대료가 이와 유사하게 계산된다. Excel과 R은 ln(Rent)가 아닌 Rent에 기초하여 모형 4를 위한 R^2의 값을 생성하는 것뿐만 아니라 Rent의 예측값을 계산하는 데 매우 유용하다.

Excel 이용

a. ***AnnArbor*** 데이터 파일을 열어라. Excel의 **ln** 함수를 사용하여 Rent와 Sqft를 각각 로그 변환하라.

b. 메뉴에서 **데이터(Data) > 데이터 분석(Data Analysis) > 회귀분석(Regression)**를 선택하여 모형 4를 추정하라. *Y축 입력 범위(Input Y Range)*를 위해 ln(Rent) 데이터를 선택하고 *X축 입력 범위(Input X Range)*를 위해 Beds, Baths, ln(Sqft) 데이터를 동시에 선택하라. *잔차(Residuals)* 박스를 클릭하면 Excel은 ln(Rent)의 예측값, 즉 $\widehat{\ln(\text{Rent})}$를 제공한다. 이 박스를 선택하고 **확인(OK)**을 클릭하라.

c. 편의를 위해 스프레드시트 상에서 $\widehat{\ln(\text{Rent})}$를 Rent의 관측값 열에 붙여 넣어라. 표 7.15의 처음 두 열은 이러한 작업 결과의 일부를 보여준다. 다음으로 $\widehat{\text{Rent}} = \exp(b_0 + b_1\text{Beds} + b_2\text{Baths} + b_3 \ln(\text{Sqft}) + s_e^2/2$를 계산하기 원한다. Excel에 의해 생성된 ln(Rent)의 예측값이 주어져 있으면, 이 식은 $\widehat{\text{Rent}} = \exp(\widehat{\ln(\text{Rent})} + s_e^2/2)$와 같이 단순화된다. 모형 4으로부터 추정치의 표준오차 s_e를 대입하면, $\widehat{\text{Rent}} = \exp(\widehat{\ln(\text{Rent})} + 0.1262^2/2)$이 구해진다(더 정확한 추정치를 구하기 위해 당신은 회귀분석 출력결과로부터 반올림하지 않은 s_e의 값을 사용할 수 있다). 표 7.15의 세 번째 열이 이러한 결과의 일부를 보여준다.

표 7.15 모형 4를 위한 Excel에 의해 생성된 예측값

Rent	$\widehat{\ln(\text{Rent})}$	$\widehat{(\text{Rent})} = \exp(\widehat{\ln(\text{Rent})} + 0.1262^2/2)$
645	6.4778	655.7334
675	6.6007	742.5210
⋮	⋮	⋮
2400	7.5648	1944.5760

d. 마지막으로 Excel의 **CORREL** 함수를 사용하여 Rent와 $\widehat{\text{Rent}}$(표 7.15의 열 1과 열 3) 간 상관계수를 계산하라. $r_{y\hat{y}} = 0.8691$이다. 표본상관계수를 제곱하여 $R^2 = (0.8691)^2 = 0.7554$를 구한다. 이제 이 값을 모형 2를 위해 Rent에 기초하여 컴퓨터에 의해 생성된 R^2의 값과 비교할 수 있다. 0.8482 > 0.7554이므로 모형 2가 예측을 위해 더 적합하다고 결론 내린다.

R 이용

a. ***AnnArbor*** 데이터를 데이터 프레임(테이블)으로 불러오고 그것을 myData라고 이름 붙여라.

b. 6장에서 살펴본 것처럼, 회귀모형, 즉 R의 용어로 객체(object)를 만들기 위해 **lm** 함수를 사용한다. 이 객체에 Model 4라고 이름 붙인다. 또한 Rent와 Sqft를 자연로그로 변환하기 위해 **log** 함수를 사용한다. 다음과 같이 입력하라.

```
> Model4 <- lm(log(Rent) ~ Bed+Bath+log(Sqft), data=myData)
> summary(Model4)
```

c. 이어서 **predict** 함수를 사용하면서 모형 4를 위한 예측값, 즉 $\widehat{\ln(\text{Rent})}$를 생성한다. 이 함수에서 모형의 이름 또는 객체를 지정한다. $\widehat{\ln(\text{Rent})}$를 Pred_lnRent라고 이름 붙인다. 다음과 같이 입력하라.

```
> Pred_lnRent<-predict(Model4)
```

d. 다음으로 Rent의 예측값, $\widehat{\text{Rent}} = \exp(\widehat{\ln(\text{Rent})} + s_e^2/2)$를 계산하기 원한다. $\widehat{\text{Rent}}$를 Pred_Rent라고 이름 붙인다. 모형 4의 요약 출력결과에 제공되어 있는 추정치의 표준오차 = 0.1262를 사용할 수 있다. 그러나 먼저 더 정확한 추정치를 제공하는 반올림 없는 값을 구한다. 이 값을 SE라고 이름 붙인다. 다음과 같이 입력하라.

```
> SE<-summary(Model4)$sigma
> Pred_Rent<-exp(Pred_lnRent+SE^2/2)
```

e. 마지막으로 R의 **cor** 함수를 사용하여 Rent와 $\widehat{\text{Rent}}$ 간 상관계수를 계산한다. 이 값을 제곱하여 결정계수 R^2을 구한다. 다음과 같이 입력하라.

```
> cor(myData$Rent, Pred_Rent)^2
```

R은 0.7554188를 반환한다. 이 결과는 Excel을 이용하여 얻은 값과 같다. Excel을 이용하여 얻은 값은 Excel의 출력결과로부터 반올림 없는 s_e의 값을 사용했다면 마지막 자리까지 같을 것이다. R^2 = 0.8482를 가진 모형 2가 예측을 위해 모형 4보다 더 적정하다고 결론 내린다.

연습문제 7.2

20. 추정된 이차식 회귀모형 $\hat{y} = 20 + 1.9x - 0.05x^2$을 고려해보라.

a. x가 10, 20, 30일 때 y를 예측하라.

b. 예측되는 y가 최적화되는 x의 값을 구하라. 이러한 x 값에서 예측되는 y는 최대화되는가, 최소화되는가?

21. 다음과 같은 선형모형과 이차식 회귀모형의 표본회귀식을 고려해보라. 각각의 R^2와 조정 R^2도 보고되어 있다.

	선형모형	이차형식모형
Intercept	13.3087	1.7656
x	0.3392	4.0966
x^2	NA	−0.2528
R^2	0.1317	0.5844
Adjusted R^2	0.0232	0.4657

a. 어느 모형이 데이터를 더 양호하게 적합시키는지를 정당화하기 위해 적정한 적합도 척도를 사용하라.

b. 가장 양호하게 데이터를 적합시키는 모형을 사용하여 x = 4, 8, 12일 때 y를 예측하라.

22. 다음과 같은 선형모형, 로그모형, 지수모형, 로그–로그 모형의 표본회귀식을 고려해보라. 각 추정된 모형을 사용하여 x가 50일 때 y를 예측하라.

	반응변수: y		반응변수: $\ln(y)$	
	Model 1	Model 2	Model 3	Model 4
Intercept	18.52	−6.74	1.48	1.02
x	1.68	NA	0.06	NA
$\ln(x)$	NA	29.96	NA	0.96
s_e	23.92	19.71	0.12	0.10

23. 다음과 같은 선형모형과 로그모형의 표본회귀식을 고려하라.

	선형모형	로그모형
Intercept	6.7904	−5.6712
x	1.0607	NA
ln(x)	NA	10.5447*
s_e	2.4935	1.5231
R^2	0.8233	0.9341
Adjusted R^2	0.8013	0.9259

a. 어느 모형이 데이터를 더 양호하게 적합시키는지를 정당화하라.

b. 선택된 모형을 사용하여 x = 10일 때 y를 예측하라.

24. 다음과 같은 로그–로그 모형과 지수모형의 표본회귀식을 고려하라.

	로그–로그 모형	지수모형
Intercept	1.8826	2.0219
x	NA	0.0513
ln(x)	0.3663	NA
s_e	0.3508	0.2922
R^2	0.5187	0.6660
Adjusted R_2	0.4585	0.6242

a. 어느 모형이 데이터를 더 양호하게 적합시키는지를 정당화하라.

b. 선택된 모형을 사용하여 x = 20일 때 y를 예측하라.

25. **FILE** ***Television.*** 많은 연구들이 너무 많이 텔레비전을 시청하는 것은 학교 성적을 나쁘게 만든다는 것을 보여준다. 다른 연구들은 텔레비전을 시청하는 것이 아이들에게 반드시 나쁜 것은 아니라고 주장한다(*Psychology Today*, October 22, 2012). 책과 스토리처럼, 텔레비전은 아이를 즐겁게 할 뿐만 아니라 아이에게 세계에 대한 새로운 정보를 접하게 해준다. 너무 많이 텔레비전을 시청하는 것은 해로울 수 있지만, 약간 텔레비전을 시청하는 것은 실제로 도움이 될 수 있다. 연구원인 맷 캣슬은 28명의 중학교 학생들의 주당 텔레비전을 시청하는 시간과 GPA에 관한 정보를 수집하였다. 이러한 데이터의 일부가 다음의 표에 제시되어 있다

GPA	Hours
3.24	19
3.10	21
⋮	⋮
3.31	4

a. GPA가 Hours와 Hours^2에 대해 회귀되는 이차식 회귀모형을 추정하라.

b. 이러한 이차식 회귀모형이 정당화되는가? 설명하라.

c. 중학생이 주당 텔레비전을 시청하는 최적 시간을 구하라.

26. **FILE** ***Sales_Reps.*** 브렌단 코놀리는 한 하이테크 회사의 인력관리부서를 관리하고 있다. 그는 300명 영업사원들의 연봉, 연령, 성별(Female 더미변수), 고객만족도를 평가하는 순추천의향지수(NPS)에 대한 데이터를 수집하였다. 이러한 데이터의 일부가 다음의 표에 제시되어 있다.

Salary	Age	Female	NPS
97000	44	0	9
50000	34	0	4
⋮	⋮	⋮	⋮
88000	36	0	10

a. 반응변수로 ln(Salary)를 사용하고 예측변수들로 Age, Age^2, Female, NPS를 사용하는 이차식 회귀모형을 추정하고 해석하라.

b. ln(Salary)를 최대화하는 최적 연령을 결정하라.

c. 최적 연령에서 NPS = 8인 남성 영업사원과 여성 영업사원의 연봉을 예측하라.

27. **FILE** ***Fertilizer2.*** 한 원예학자는 토마토 식물의 키와 비료의 양 간 관계를 연구하고 있다. 유사한 조건에서 재배되는 30개 토마토 식물에 대해 4달 동안 다양한 비료의 양(온스)을 투여하고 토마토 식물의 키(인치)가 측정되었다. 이러한 데이터의 일부가 다음의 표에 제시되어 있다.

Height	Fertilizer
20.4	1.9
29.1	5.0
⋮	⋮
35.4	3.1

a. 선형회귀모형 Height = $\beta_0 + \beta_1$Fertilizer + ε을 추정하라.

b. 이차식 회귀모형 Height = $\beta_0 + \beta_1$Fertilizer + β_2Fertilizer^2 + ε을 추정하라. 토마토 식물의 키가 최소 또는 최대가 되게 하는 비료의 양을 구하라.

c. 가장 양호하게 데이터를 적합시키는 모형을 사용하여 4달 동안 3.0온스의 비료가 투여된 토마토 식물의 키를 예측하라.

28. **FILE** ***Circuit_Boards.*** 한 전자회사에서 일하는 생산운영관리자는 근로자들이 1개의 회로판을 만드는 데 요구되는 시간은 반드시 회로판에 있는 부품의 수에 비례하지 않는다고

믿는다. 그는 부품의 수에 기초하여 1개의 회로판을 만드는 데 걸리는 시간을 예측하는 회귀모형을 개발하기 원한다. 그는 완성된 25개 회로판에 대한 데이터를 수집하였다. 이러한 데이터의 일부가 다음의 표에 제시되어 있다.

Time	Parts
30.8	62
9.8	32
⋮	⋮
29.8	60

a. 부품 수(Parts)의 함수로 1개의 회로판을 만드는 데 걸리는 시간(Time)을 예측하기 위한 선형회귀모형을 추정하라. 이어서 Parts와 Parts^2의 함수로 1개의 회로판을 만드는 데 걸리는 시간(Time)을 예측하기 위한 이차식 회귀모형을 추정하라.

b. 유의성 검정($\alpha = 0.05$)과 조정 R^2에 기초하여 두 모형을 평가하라.

c. 더 양호하게 데이터를 적합시키는 모형을 사용하여 48개 부품으로 구성되는 1개 회로판을 만드는 데 걸리는 시간을 예측하라.

29. **FILE** ***Inventory_Cost.*** 한 창고배송회사에서 일하는 재고관리자는 주문량(Quantity, 단위)에 기초하여 재고비용(Cost, 달러)을 예측하기 원한다. 그녀는 재고비용의 2가지 중요한 요소가 서로 반대방향으로 움직이기 때문에 반응변수와 예측변수 간 관계는 비선형일 수 있다고 생각한다. (1) 주문처리비용(조달인력, 출하, 수송 비용)은 주문의 수가 적어지기 때문에 주문량이 증가함에 따라 감소한다. (2) 보유비용(자본, 설비, 창고인력, 장비 비용)은 더 많은 재고를 보유해야 하기 때문에 주문량이 증가함에 따라 증가한다 그녀는 지난 36개월 동안의 월간 재고비용과 주문량에 대한 데이터를 수집하였다. 이러한 데이터의 일부가 다음의 표에 제시되어 있다.

Cost	Quantity
844	54.4
503	52.1
⋮	⋮
870	55.5

a. 주문량에 대한 재고비용의 산점도를 그려라. 그 위에 선형추세선과 이차식 추세선을 그려라.

b. 주문량의 함수로 재고비용을 예측하기 위한 선형회귀모형을 추정하라. 이어서 Quantity와 Quantity^2의 함수로 재고비용을 예측하기 위한 이차식 회귀모형을 추정하라.

c. 유의성 검정($\alpha = 0.05$)과 조정 R^2에 기초하여 두 모형을 평가하라.

d. 더 양호하게 데이터를 적합시키는 모형을 사용하여 주문량이 800단위일 때 월간 재고비용을 예측하라.

30. **FILE** ***Dexterity.*** 한 제조담당 관리자는 손재주능력시험 완료시간(초)과 Male 더미변수에 기초하여 시계생산량을 예측하기 위해 120명 종업원들의 손재주 능력을 사용한다.

Watches	Time	Male
28	503	1
33	534	1
⋮	⋮	⋮
24	518	1

a. 선형회귀모형 $\text{Watches} = \beta_0 + \beta_1\text{Time} + \beta_2\text{Male} + \varepsilon$을 추정하라. Time의 기울기 계수 추정치를 해석하라. 손재주능력시험을 완료하는 데 걸리는 시간이 550초일 때, 남성 종업원과 여성 종업원의 시계생산량을 예측하라.

b. 로그회귀모형 $\text{Watches} = \beta_0 + \beta_1\ln(\text{Time}) + \beta_2\text{Male} + \varepsilon$을 추정하라. ln(Time)의 기울기 계수 추정치를 해석하라. 손재주능력시험을 완료하는 데 걸리는 시간이 550초일 때, 남성 종업원과 여성 종업원의 시계생산량을 예측하라.

c. 어느 모형이 더 양호한 적합도를 제공하는가? 설명하라.

31. **FILE** ***Wine_Pricing.*** 프린스턴 대학의 오를리 아센펠터(Orley Ashenfelter) 교수는 와인 경제학 분야의 개척자이다. 그는 오랜 정설과 다르게 와인의 품질은 대부분 날씨 상황에 의해 설명될 수 있다고 주장한다. 와인 낭만파들은 그가 와인 시음 문화를 무시한다고 비난한다. 1995년에 *Chance* 지에 게재된 흥미로운 공저 논문에서 그는 반응변수로 1961년과 비교한 평균 빈티지 와인의 상대가격으로 측정한 품질을 사용한 다중회귀모형을 분석하였다. 예측변수들은 평균온도 x_1(섭씨), 겨울 강수량 x_2(밀리미터), 수확기 강수량 x_3(밀리미터), 수확 이후 경과한 연수 x_4이었다. 이러한 데이터의 일부가 다음의 표에 제시되어 있다.

y	x 1	x 2	x 3	x 4
0.3684	17.1167	600	160	31
0.6348	16.7333	690	80	30
⋮	⋮	⋮	⋮	⋮
0.1359	16.0000	578	74	3

a. 선형회귀모형 $y = \beta_0 + \beta_1x_1 + \beta_2x_2 + \beta_3x_3 + \beta_4x_4 + \varepsilon$을 추정하라. $x_1 = 16$, $x_2 = 600$, $x_3 = 120$, $x_4 = 20$일 때 예측되는 가격은 얼마인가?

b. 지수회귀모형 $\ln(y) = \beta_0 + \beta_1 x_1 + \beta_2 x_2 + \beta_3 x_3 + \beta_4 x_4 + \varepsilon$을 추정하라. $x_1 = 16$, $x_2 = 600$, $x_3 = 120$, $x_4 = 20$일 때 예측되는 가격은 얼마인가?

c. R^2을 사용하여 예측을 위해 적정한 모형을 선택하라.

32. FILE *Electricity.* 한 제약회사의 시설관리자는 월간 전기비용(Cost, 달러)을 예측하기 위한 회귀모형을 만들기 원한다. 3개의 주요 변수들이 전기비용에 영향을 미치는 것으로 생각된다. 3개 주요변수는 (1) 평균 외부 온도(Temp, 화씨), (2) 월간 작업일수(Days), (3) 생산량(Tons)이다. 과거 80개 관측치에 대한 월간 데이터의 일부가 다음의 표에 제시되어 있다.

Cost	Temp	Days	Tons
16747	46	22	75
7901	31	24	98
⋮	⋮	⋮	⋮
11380	56	28	84

a. 선형회귀모형 $\text{Cost} = \beta_0 + \beta_1\text{Temp} + \beta_2\text{Days} + \beta_3\text{Tons} + \varepsilon$을 추정하라. 월간 작업일이 23일이고 생산량이 76톤일 때, 평균 외부 온도가 화씨 65도인 월의 예측되는 전기비용은 얼마인가?

b. 지수회귀모형 $\ln(\text{Cost}) = \beta_0 + \beta_1\text{Temp} + \beta_2\text{Days} + \beta_3\text{Tons} + \varepsilon$을 추정하라. 월간 작업일이 23일이고 생산량이 76톤일 때, 평균 외부 온도가 화씨 65도인 월의 예측되는 전기비용은 얼마인가?

c. R^2에 기초하면, 어느 모형이 더 양호한 적합도를 제공하는가?

33. FILE *Davis_Rental.* 챠드 돕슨은 대학타운의 부동산 투자에 대한 전망이 좋다고 들었다. 그는 캘리포니아 대학 중 하나가 위치한 캘리포니아주 데이비스(Davis)에 투자하는 데 관심을 가지고 있다. 그는 27개 주택에 대한 월간 임대료(달러), 침실 수(Beds), 욕실 수(Baths), 주택크기(Sqft)에 대한 데이터를 수집하였다. 이러한 데이터의 일부가 다음의 표에 제시되어 있다.

Rent	Beds	Baths	Sqft
2950	4	4	1453
2400	4	2	1476
⋮	⋮	⋮	⋮
744	2	1	930

a. Rent를 반응변수로 사용하는 선형회귀모형을 추정하라. ln(Rent)를 반응변수로 사용하는 지수회귀모형을 추정하라.

b. 선형회귀모형과 지수회귀모형을 사용하여 각각 침실 수가 3개이고 욕실 수가 2개일 때 주택크기가 1,500 ft^2인 주택의 임대료를 예측하라.

c. R^2을 사용하여 예측을 위해 적정한 모형을 선택하라.

34. FILE *Savings_Rate.* 다음의 표는 2007년 1월부터 2010년 11월까지 미국의 개인저축률(Savings, %)과 개인가처분 소득(Income, 10억 달러)에 대한 월간 데이터의 일부를 보여준다.

Date	Savings	Income
Jan 2007	2.2	10198.2
Feb 2007	2.3	10252.9
⋮	⋮	⋮
Nov 2010	5.5	11511.9

a. 선형회귀모형 $Savings = \beta_0 + \beta_{1\text{Income}} + \varepsilon$과 로그-로그 회귀모형 $\ln(Savings) = \beta_0 + \beta_1\ln(\text{Income}) + \varepsilon$을 추정하라. 각 모형을 사용하여 Income = 10,500일 때, Savings를 예측하라.

b. 어느 것이 선호되는 모형인가? 설명하라.

35. FILE *Learning_Curve.* 학습곡선은 생산운영관리분야에서 생산자가 경험을 쌓아 감에 따라 반복적인 작업을 완료하기 위해 요구되는 시간을 추정하기 위해 사용된다. 생산관리자는 처음 100단위를 생산하는 동안 학습곡선을 따라 내려가면서 한 생산자의 30개 각 단위당 생산 시간(분)을 기록하였다. 이러한 데이터의 일부가 다음의 표에 제시되어 있다.

Time per Unit	Unit Number
18.30	3
17.50	5
⋮	⋮
5.60	100

a. 생산 단위 수에 대한 시간의 산점도를 그려라. 가장 양호한 모형을 시각적으로 결정하기 위해 그 위에 선형추세선과 로그변환 추세선을 그려라.

b. 예측변수로 생산 단위수를 사용하면서 단위당 시간을 예측하기 위한 단순선형회귀모형과 로그변환 회귀모형을 추정하라.

c. R^2에 기초하여 가장 양호하게 데이터를 적합시키는 모형을 사용하여 50단위를 생산하기 위해 이 생산자가 필요한 단위당 시간을 예측하라.

36. FILE *Happiness.* 행복을 이해하기 위해 많은 시도들이 이루어졌다. 행복을 계량화하는 유일한 방법이 존재하지 않

기 때문에, 연구원들은 종종 행복에 대한 주관적인 평가를 파악하기 위해 서베이에 의존한다. 한 연구는 다른 모든 것들이 일정한 경우 사람들은 40대일 때 가장 행복하지 않은 것으로 보인다는 것을 발견하였다(*Psychology Today*, April 27, 2018). 다른 연구는 돈으로 행복을 살 수 있지만 소득이 연간 75,000달러를 초과하여 증가함에 따라 그 효과는 감소한다고 제시한다(*Money Magazine*, February 14, 2018). 100명의 일하는 성인들의 0점에서 100점까지의 척도에 의해 스스로 평가한 행복 수준, 연령, 연간 소득에 대한 서베이 데이터를 고려해보라. 이러한 데이터의 일부가 다음의 표에 제시되어 있다.

Happiness	Age	Income
69	49	52000
83	47	123000
⋮	⋮	⋮
79	31	105000

a. Age, Age^2, ln(Income)에 기초한 Happiness를 위한 회귀모형을 추정하고 해석하라.

b. Income이 80,000달러이고 Age가 30세, 45세, 60세일 때, Happiness를 예측하라.

c. Age가 60세이고 Income이 25,000달러, 75,000달러, 125,000달러일 때, Happiness를 예측하라.

37. **FILE** ***Production_Function.*** 경제학자들은 종종 생산함수의 투입요소들과 생산량 간 관계를 검토한다. 이러한 관계를 모형화 하는 한 가지 일반적인 방법은 콥- 더글라스(Cobb-Douglass) 생산함수를 참조하는 것이다. 이 함수는 $\ln(Q) = \beta_0 + \beta_1\ln(L) + \beta_2\ln(K) + \varepsilon$와 같이 나타낼 수 있다. 여기서 Q는 생산량, L은 노동, K는 자본을 나타낸다. 다음의 표는 2004년에 미국 농산물 산업과 관련되는 데이터의 일부를 보여준다.

State	Output	Labor	Capital
AL	3.1973	2.7682	3.1315
AR	7.7006	4.9278	4.7961
⋮	⋮	⋮	⋮
WY	1.2993	1.6525	1.5206

a. $\ln(Q) = \beta_0 + \beta_1\ln(L) + \beta_2\ln(K) + \varepsilon$을 추정하라. 자본이 일정할 때 노동이 1% 증가하면 생산량의 예측되는 변화는 얼마인가?

b. 자본이 일정할 때, 노동의 1% 증가가 생산량을 0.5% 이상 증가시킬 것이라고 5%의 수준에서 결론 내릴 수 있는가?

38. **FILE** ***Smoking.*** 한 영양학자는 소득과 건강한 식품이 흡연에 미치는 영향을 이해하기 원한다. 그는 미국 각 주의 흡연자 비율, 정기적으로 과일과 야채를 먹는 각 주의 인구비율, 각 주의 중앙소득(달러)에 관한 데이터를 수집하였다. 이러한 데이터의 일부가 다음의 표에 제시되어 있다.

State	Smoke	Fruits/Vegetables	Income
AK	14.6	23.3	61604
AL	16.4	20.3	39980
⋮	⋮	⋮	⋮
WY	15.2	23.3	52470

a. 회귀모형 Smoke $= \beta_0 + \beta_1$ Fruits/Vegetables $+ \beta_2$Income $+ \varepsilon$을 추정하라.

b. 이 모형과 Income 변수를 로그로 변환시킨 모형을 비교하라.

7.3 선형확률모형과 로지스틱 회귀모형

LO 7.3

선형확률모형과 로지스틱 회귀모형을 추정하고 해석할 수 있어야 한다.

지금까지 더미변수가 예측변수로 사용되는 회귀모형을 살펴보았다. 이 절에서는 반응변수가 이항변수인 **이항선택(분류)모형[binary choice (classification) model]**을 분석한다. 소비자 선택에 관한 문헌은 주택을 살 것인지 아닌지, 헬스 클럽에 가입할 것인지 아닌지, 또는 대학원에 갈 것인지 아닌지와 같은 응용으로 가득 차 있다. 기업 수준에서 경영자는 홍보를 할 것인지 아닌지, 부채조정을 할 것인지 아닌지 또는 대출을 승인할 것인지 아닌 지와 같은 결정을 한다. 이러한 모든 응용에서 반응변수는 선택 중 하나는 1로 지정되고 그렇지 않으면 0으로 지정되는 이항변수이다. 통상 이러한 선택은 예측변수들과 관련되어 있을 수 있다. 예를들면, 한 가족이 주택을 살 것인지 아닌지는 가구소득, 모기지이자율 등등과 같은 예측변수들에 의존한다.

선형확률모형

단순선형회귀모형 $y = \beta_0 + \beta_1 x + \varepsilon$을 고려해보자. 여기서 y는 이항변수이다. 이 모형은 다수의 예측변수들을 포함하도록 쉽게 확장될 수 있다. 이항반응변수를 사용한 선형회귀모형은 **선형확률모형(linear probability model, LPM)**이라고 부른다.

> **선형확률모형**
>
> 선형확률모형은 $y = \beta_0 + \beta_1 x + \varepsilon$와 같이 정형화된다. 여기서 y는 1 또는 0의 값을 가진다. 이 모형을 사용한 예측은 $\hat{y} = b_0 + b_1 x$에 의해 이루어진다. 여기서 b_0와 b_1은 모수 β_0와 β_1의 추정치이고 $\hat{y} = \hat{p}$는 예측되는 성공확률이다.

예제 7.9

FILE ***Mortgage.*** 대침체(Great Recession)를 발생시킨 2006년의 서브 프라임 모기지 위기는 금융기관들이 모기지 대출을 제공하는 데 더 엄격하게 만들었다. 30개의 최근 모기지 대출 신청건이 모기지 승인율을 분석하기 위해 수집되었다. 반응변수 y는 모기지 대출이 승인되면 1이고 그렇지 않으면 0이다. 모기지 대출 승인은 착수금비율 x_1과 소득대출비율 x_2에 의존하는 것으로 믿어진다. 표 7.16은 이러한 데이터의 일부를 보여준다.

표 7.16 모기지 대출 신청 데이터

y	x_1	x_2
1	16.35	49.94
1	34.43	56.16
⋮	⋮	⋮
0	17.85	26.86

a. 선형확률모형 $y = \beta_0 + \beta_1 x_1 + \beta_2 x_2 + \varepsilon$을 추정하고 해석하라.
b. 착수금비율이 20%이고 소득대출비율이 30%인 신청자의 대출승인확률을 예측하라. 착수금비율이 30%일 때 신청자의 대출승인확률은 얼마인가?

해답:

a. 표 7.17은 회귀분석결과의 일부를 보여준다. 추정된 회귀식은 $\hat{p} = \hat{y} = -0.8682 + 0.0188x_1 + 0.0258x_2$이다. 두 예측변수는 각각 0.012와 0.000의 p-값을 가지고 양의 값을 가지며 5%의 수준에서 대출 승인에 통계적으로 유의한 영향을 미친다. 또한 소득대출비율이 일정한 경우, $b_1 = 0.0188$은 착수금비율이 1% 포인트 증가할 때 대출승인확률은 0.0188, 즉 1.88% 증가한다는 것을 의미한다. 이와 유사하게 착수금비율이 일정한 경우, 소득대출비율의 1% 포인트 증가는 대출승인확률을 0.0258, 즉

2.58% 증가시킨다.

표 7.17 예제 7.9를 위한 선형확률모형의 회귀분석결과

	Coefficients	Standard Error	*t* Stat	*p*-Value
Intercept	−0.8682	0.2811	−3.089	0.005
x_1	0.0188	0.0070	2.695	0.012
x_2	0.0258	0.0063	4.107	0.000

b. 착수금비율이 20%이고 소득대출비율이 30%인 신청자의 예측되는 대출승인확률은 $\hat{p} = \hat{y} = -0.8682 + 0.0188 \times 20 + 0.0258 \times 30 = 0.2818$이다. 이와 유사하게 착수금비율이 30%이고 소득대출비율이 30%인 신청자의 예측되는 대출승인확률은 $\hat{p} = \hat{y} = -0.8682 + 0.0188 \times 30 + 0.0258 \times 30 = 0.4698$이다. 달리 말하면, 착수금비율이 10% 포인트 증가하면서 예측되는 대출승인확률은 0.1880(= 0.4698 − 0.2818) 만큼 증가한다. 0.1880은 기울기 계수 추정치 0.0188에 10을 곱한 것이다. 소득대출비율 변수의 기울기 계수 추정치도 이와 유사하게 해석될 수 있다.

선형확률모형을 추정하고 해석하는 것은 쉽지만, 이 모형은 몇 가지 단점들을 가지고 있다. 가장 중요한 단점은 이 모형은 1보다 크거나 0보다 작은 예측된 확률을 제공할 수 있다는 것이다. 예를 들면, 착수금비율이 60%이고 소득대출비율이 30%일 때 예측된 대출승인확률은 1보다 큰 $\hat{p} = -0.8682 + 0.0188 \times 60 + 0.0258 \times 30 = 1.0338$이 구해진다. 이와 유사하게, 착수금비율이 5%이고 소득대출비율이 30%일 때 예측된 대출승인확률은 0보다 작은 $\hat{p} = -0.8682 + 0.0188 \times 5 + 0.0258 \times 30 = -0.0002$이 구해진다. 이에 더하여, 선형성 관계가 의심스러울 수 있다. 예를 들면, 대출신청자가 착수금을 20% 대신 30% 납부하면 대출승인확률은 크게 증가되는 것이 예상된다. 착수금비율이 60%에서 70%로 같은 10%가 증가하는 경우, 이러한 대출승인확률의 증가는 훨씬 더 작아질 것이다. 선형확률모형은 이러한 두 가지 경우를 구분할 수 없다. 이러한 이유로 이항반응변수를 위한 더 적정한 확률모형인 로지스틱 회귀모형을 소개한다.

로지스틱 회귀모형

추정된 선형확률모형 $\hat{p} = \hat{y} = b_0 + b_1 x$에서 기울기 계수 추정치 b_1에 의해 포착되는 $\hat{p}$에 미치는 x의 영향은 일정하다는 것을 기억하라. 이에 더하여 주어진 기울기 계수 추정치에서 예측되는 확률이 [0,1]의 구간을 벗어나는 x의 값들이 존재한다. 의미 있는 분석을 위해 예측되는 확률을 0과 1 사이 값으로 제한하는 비선형 정형화가 필요하다.

로지스틱 회귀모형(logistic regression model)은 다음과 같이 정형화된다.

$$y = \frac{\exp(\beta_0 + \beta_1 x)}{1 + \exp(\beta_0 + \beta_1 x)} + \varepsilon$$

여기서 $\exp(\beta_0 + \beta_1 x) = e^{\beta_0 + \beta_1 x}$이고 $e \approx 2.718$이다. 로지스틱 곡선 $y = \frac{\exp(\beta_0 + \beta_1 x)}{1 + \exp(\beta_0 + \beta_1 x)}$은 x가 증가함에 따라 증가하고($\beta_1 > 0$인 경우) 모든 x에 대하여 0과 1사이의 값을 가진다. 로지스틱 회

귀모형은 표준적인 최소제곱법(OLS)에 의해 추정될 수 없다. 그 대신 **최대우도추정법**(maximum likelihood estimation, MLE)이 사용된다. 로지스틱 회귀모형의 MLE는 Excel에 의해 지원되지 않지만, R을 포함한 대부분의 통계 패키지를 가지고 쉽게 추정될 수 있다. 경영분야 응용에서 로지스틱 회귀모형 사용이 적정하면 추정된 모형을 가지고 해석하고 예측하는 것이 중요하다.

로지스틱 회귀모형의 회귀식은 다음과 같다.

$$\hat{p} = \hat{y} = \frac{\exp(b_0 + b_1 x)}{1 + \exp(b_0 + b_1 x)}$$

여기서 $\exp(b_0 + b_1 x) = e^{b_0 + b_1 x}$이고 $e \approx 2.718$이다. 로지스틱 회귀모형의 회귀식을 사용하여 구해지는 예측되는 확률은 모든 x의 값에 대하여 0과 1사이의 값을 가진다.

로지스틱 회귀모형

로지스틱 회귀모형은 대부분의 통계 패키지를 사용하여 추정될 수 있는 비선형모형이다. 로지스틱 회귀모형의 예측은 다음과 같이 추정된 회귀식에 의해 이루어진다.

$$\hat{p} = \frac{\exp(b_0 + b_1 x)}{1 + \exp(b_0 + b_1 x)}$$

여기서 b_0와 b_1은 모수 β_0와 β_1의 추정치이고 $\hat{p}$는 예측되는 성공확률이다.

그림 7.11은 $b_1 > 0$ 인 경우에 선형확률모형과 로지스틱 회귀모형에 의해 예측되는 확률 $\hat{p}$과 예측변수 x 간 관계를 강조하여 표시한 것이다. 선형확률모형에서 예측되는 확률은 x의 작은 값들에서 0보다 작고 x의 큰 값들에서 1보다 크다는 것에 주목하라. 그러나 로지스틱 회귀모형에 의해 제시되는 예측되는 확률은 항상 [0,1]의 구간 안으로 제한된다(설명의 편의를 위해, 선형확률모형과 로지스틱 회귀모형의 회귀계수 추정치들을 나타내기 위해 같은 표기를 사용하였다. 그러나 어느 모형을 참조하느냐에 따라서 회귀계수들과 그 추정치들은 서로 다른 의미를 가진다는 것에 주목해야 한다).

그림 7.11 선형확률모형과 로지스틱 회귀모형에 의해 예측되는 확률($b_1 > 0$)

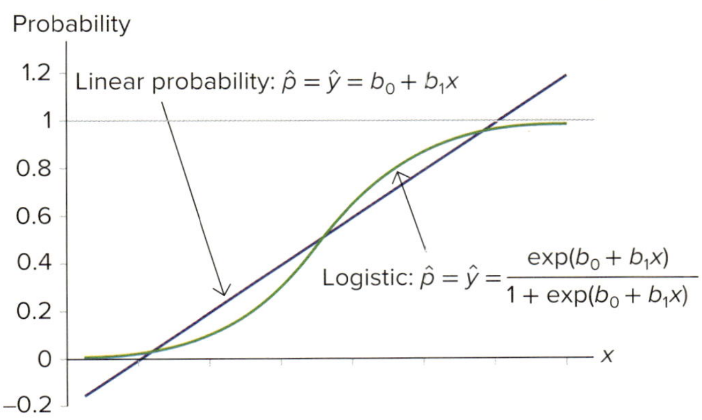

로지스틱 회귀모형의 회귀계수를 해석하는 것이 중요하다. 선형확률모형에서 회귀계수의 해석은 간단하다. 예를 들면, 추정된 선형확률모형이 $\hat{p} = -0.20 + 0.03x$이면, x가 1단위 증가할 때마다 예측되는 확률 $\hat{p}$은 0.03만큼 증가한다. x가 10에서 11로 증가하든지 20에서 21로 증가하든지 $\hat{p}$은 0.03만큼 증가한다

이제 추정된 로지스틱 회귀모형 $\hat{p} = \frac{\exp(-2.10 + 0.18x)}{1 + \exp(-2.10 + 0.18x)}$을 생각해보자. 회귀계수 추정치 $b_1 = 0.18$은 양이기 때문에 x가 $\hat{p}$에 양의 영향을 미친다고 추론할 수 있다. 로지스틱 회귀모형의 계수 추정치를 해석하는 한 가지 유용한 방법은 x는 $\hat{p}$에 미치는 영향이 변화한다는 것을 강조하는 것이다. 예를 들면, $x = 10$ 일 때, 예측되는 확률은 $\hat{p} = \frac{\exp(-2.10 + 0.18 \times 10)}{1 + \exp(-2.10 + 0.18 \times 10)} = 0.4256$와 같이 계산된다. 이와 유사하게, $x = 11$일 때, 예측되는 확률은 $\hat{p} = 0.4700$이다.

따라서 x가 10에서 11로 1단위 증가할 때 예측되는 확률은 0.0444만큼 증가한다. 그러나 x가 20에서 21로 1단위 증가할 때 예측되는 확률은 같은 크기만큼 증가하지 않는다. $\hat{p}$은 $x = 20$ 일 때 0.8176에서 $x = 21$ 일 때 0.8429로 0.0253만큼 더 작게 증가한다. x가 상대적으로 클 때, 예측되는 확률에 더 작게 영향을 미친다는 것은 그림 7.11에서 로지스틱 확률을 나타낸 그래프와 일치한다.

예제 7.10

FILE ***Mortgage.*** 예제 7.9를 다시 고려해보자.

a. 모기지 신청자의 착수금비율 x_1과 소득대출비율 x_2에 기초하여 대출승인결과에 대한 로지스틱 회귀모형을 추정하고 해석하라.

b. 착수금비율이 20%와 30%일 때, 소득대출비율이 30%인 신청자의 대출승인확률을 예측하라.

c. 추정된 로지스틱 회귀모형에 기초하여 구한 예측된 확률과 예제 7.9에서 추정된 선형확률 모형에 기초하여 구한 예측된 확률을 비교하라.

해답:

a. R을 이용하여 표 7.18에 제시되어 있는 로지스틱 회귀모형의 회귀분석결과를 구한다. (R을 이용하여 로지스틱 회귀모형을 추정하기 위한 지시사항은 이 절의 마지막 부분에 제공되어 있다.)

표 7.18 예제 7.10을 위한 로지스틱 회귀모형의 회귀분석결과

	Estimate	Std. Error	z value	P(>|z|)
(Intercept)	−9.3671	3.1958	−2.931	0.003
x_1	0.1349	0.0640	2.107	0.035
x_2	0.1782	0.0646	2.758	0.006

선형확률모형의 경우와 마찬가지로, 두 예측변수의 계수 추정치는 양의 값을 가지고 각각 0.035와 0.006의 p-값을 가지므로 두 예측변수는 5%의 수준에서 대출승인에

통계적으로 유의한 양의 영향을 미친다(최대우도추정법에서, 유의성 검정은 대표본에서만 타당하다. 따라서 회귀계수의 통계적 유의성을 평가하기 위해, 통상적인 t 검정 대신에 z 검정을 수행한다).

b. 추정된 확률을 구하는 식은 다음과 같다.

$$\hat{p} = \frac{\exp(-9.3671 + 0.1349x_1 + 0.1782x_2)}{1 + \exp(-9.3671 + 0.1349x_1 + 0.1782x_2)}$$

$x_1 = 20$이고 $x_2 = 30$일 때 예측되는 대출승인확률은 다음과 같이 계산된다.

$$\hat{p} = \frac{\exp(-9.3671 + 0.1349 \times 20 + 0.1782 \times 30)}{1 + \exp(-9.3671 + 0.1349 \times 20 + 0.1782 \times 30)} = 0.2103$$

이와 유사하게, $x_1 = 30$이고 $x_2 = 30$일 때 예측되는 대출승인확률은 0.5065이다. 소득대출비율이 30%일 때, 착수금비율이 20%에서 30%로 증가하면, 예측되는 대출승인확률은 0.2962(= 0.5065 − 0.2103)만큼 증가한다. 소득대출비율이 30%로 같을 때, 착수금비율이 50%에서 60%로 증가하면, 예측되는 대출승인확률은 0.0449(= 0.9833 − 0.9384)만큼 증가한다.

c. 표 7.19는 $x_2 = 30$일 때, 선택된 x_1의 값에서 선형확률모형과 로지스틱 회귀모형에 의해 예측되는 대출승인확률을 정리한 것이다.

표 7.19 선형확률모형과 로지스틱 회귀모형에 의해 예측되는 대출승인확률

x_1	x_2	선형확률모형	로지스틱 회귀모형
5	30	−0.0002	0.0340
20	30	0.2818	0.2103
30	30	0.4698	0.5065
50	30	0.8458	0.9384
60	30	1.0338	0.9833

앞에서 논의한 것처럼, 선형확률모형에 의해 예측되는 대출승인확률은 음이 되거나 1보다 클 수 있다. 로지스틱 회귀모형에 의해 예측되는 대출승인확률은 예측변수들의 모든 가능한 값에서 0과 1 사이의 값을 가진다. 따라서, 적용 가능할 때마다 이항선택모형으로 선형확률모형보다 로지스틱 회귀모형을 사용하는 것이 선호된다.

종종 분석가들은 **승산비(odds ratio)**를 사용하여 추정된 로지스틱 모형을 해석하는 것을 선호한다. 승산비는 실패확률 $p(y = 0)$에 대한 성공확률 $p(y = 1)$의 비율, 즉 간단하게 $\hat{p}/(1 - \hat{p})$으로 정의된다. 승산비 척도는 특히 스포츠와 도박에서 인기가 있다.

이항선택모형의 정확도

모형이 데이터를 얼마나 양호하게 적합시키는지를 평가하기 위해 사용될 수 있는 이항선택

모형을 위한 일반적인 적합도 척도는 존재하지 않는다. 선형회귀모형의 경우와 달리, 추정치의 표준오차 s_e, 결정계수 R^2, 조정 R^2에 기초하여 이항선택모형의 성능을 평가할 수 없다. 반응변수는 0과 1의 값만 가진다. 이에 따라 잔차는 두 값, 즉 $y = 0$인 경우 $-\hat{y}$과 $y = 1$인 경우 $1 - \hat{y}$을 가지기 때문에 잔차 분석도 의미가 없다.

정확하게 분류되는 관측치의 비율로 정의되는 정확도에 기초하여 선형확률모형과 로지스틱 회귀모형을 평가하는 것이 일반적이다. 0.5의 절단값을 사용하면서 반응변수 y의 값과 $\hat{y} \geq 0.5$이면 1이고 $\hat{y} < 0.5$이면 0인 이항 예측값을 비교한다. 정확도(accuracy)는 정확한 예측 수를 총 관측치 수로 나누어서 계산된다.

이항선택모형의 정확도

0.5의 절단값을 사용하면서, 이항 예측값은 $\hat{y} \geq 0.5$이면 1이고 $\hat{y} < 0.5$이면 0으로 계산된다. 이러한 값을 y의 값과 비교하면서 다음과 같이 정확도를 계산한다.

$$\text{정확도} = \frac{\text{정확한 예측 수}}{\text{총 관측치 수}} \times 100$$

정확도 척도는 유용하지만, 종종 잘못된 정보를 제공할 수 있다. 많은 1과 소수의 0을 가지거나 많은 0과 소수의 1을 가진 응용에서 모형이 발생가능성이 거의 없는 결과를 불량하게 예측하더라도 정확하게 분류되는 관측치의 비율은 높을 수 있다. 예를 들면, 사기 탐지의 경우 주로 사기를 식별하는 데 관심이 있다. 사기 경우의 수는 종종 사건의 총수에서 매우 적은 비율(1% 미만)일 수 있다. 모든 사기가 아닌 경우를 정확하게 분류하나 사기 경우의 대부분을 발견하지 못하는 사기탐지모형은 극단적으로 높은 정확도(>99%)를 가짐에도 불구하고 매우 유용하지 못하다. 이러한 이유 때문에 반응변수의 두 가지 결과를 정확하게 분류하는 관측치 비율들, 즉 민감도(sensitivity)와 특이도(specificity)를 계산해 보는 것이 더 좋다. 민감도는 정확하게 분류되는 1의 비율이고 특이도는 정확하게 분류되는 0의 비율이다.

정확도, 민감도, 특이도를 포함한 성능척도의 타당성은 잘못된 모형설정의 비용에 의존한다는 것에 주목하라. 기본적인 절단값은 0.50이지만, 분석자는 특정한 성능척도를 개선하기 위해 더 높거나 더 낮은 절단값을 선택할 수 있다. 성능척도와 절단값에 대한 상세한 논의는 8장에서 제공된다.

예제 7.11

모기지 대출 승인 예제에서 추정된 선형확률모형(LPM)과 추정된 로지스틱 회귀모형의 정확도를 비교하라.

해답:

정확도를 계산하기 위해, 먼저 예측변수들의 표본값이 주어져 있을 때 예측되는 대출승인확률을 구한다. 첫 번째 표본관측치의 경우 예측되는 대출승인확률은 다음과 같이 구한다.

$$\hat{y} = -0.8682 + 0.0188 \times 16.35 + 0.0258 \times 49.94 = 0.7276 \text{ (선형확률모형)}$$

$$\hat{y} = \frac{\exp(-9.3671 + 0.1349 \times 16.35 + 0.1782 \times 49.94)}{1 + \exp(-9.3671 + 0.1349 \times 16.35 + 0.1782 \times 49.94)} = 0.8504 \text{ (로지스틱 회귀모형)}$$

두 모형 모두의 경우 예측되는 값이 0.5보다 크기 때문에, 이에 해당되는 이항 예측값은 1이다. 다른 표본관측치들에 대한 예측도 이와 유사하게 계산된다. 표 7.20은 이러한 예측의 일부를 보여준다.

표 7.20 이항선택모형의 정확도 계산

y	x_1	x_2	예측확률		이항예측	
			LPM	Logistic	LPM	Logistic
1	16.35	49.94	0.7276	0.8504	1	1
1	34.43	56.16	1.2280	0.9950	1	1
⋮	⋮	⋮	⋮	⋮	⋮	⋮
0	17.85	26.86	0.1604	0.1022	0	0

30개 관측치 중 선형확률모형과 로지스틱 회귀모형의 경우 각각 25개와 26개에서 이항 예측값이 y의 값과 일치한다. 따라서 정확도는 선형확률모형의 경우 83.33%이고 로지스틱 회귀모형의 경우 86.67%이다. 이에 따라 로지스틱 회귀모형이 선형확률모형보다 더 양호한 예측을 제공한다고 추론한다.

R을 이용하여 로지스틱 회귀모형 추정하기

FILE ***Mortgage.*** R은 로지스틱 회귀모형을 추정하고 정확도를 구하는 데 유용하다. Mortgage 데이터를 사용하면서 예제 7.10과 예제 7.11의 결과를 다시 구하도록 하자.

R 이용

A. ***Mortgage*** 데이터를 데이터 프레임(테이블)으로 불러오고 그것을 myData라고 이름 붙여라.

B. 로지스틱 회귀모형 객체를 구축하기 위해 **glm** 함수를 사용한다. **glm** 함수는 **lm** 함수의 일반화 버전이다. 이러한 객체에 Logistic_Model이라고 이름 붙인다. 이 함수에서 먼저 x_1과 x_2의 함수로 y를 나타내고 이어서 모형의 유형을 나타내기 위해 *family* 옵션을 사용한다. 마지막으로 data frame을 지정한다. **lm** 함수와는 다르게, 명령을 입력한 후에 즉각적인 결과를 보지 못한다. 결과를 얻기 위해 *summary* 함수를 사용한다. 다음과 같이 입력하라.

```
> Logistic_Model <- glm(y ~ x1 + x2, family = binomial(link = logit), data = myData)
> summary(Logistic_Model)
```

그림 7.12는 R의 회귀분석결과를 보여준다. 추정된 로지스틱 회귀모형의 회귀분석결과는 표 7.18에 보고된 것과 같다는 것에 주목하라.

그림 7.12 예제 7.11을 위한 R의 회귀분석결과

```
Coefficients:
             Estimate    Std. Error   z value    Pr(>|z|)
(Intercept)  -9.36709     3.19580     -2.931     0.00338  **
x1            0.13490     0.06401      2.107     0.03508  *
x2            0.17822     0.06463      2.758     0.00582  **
---
Signif. codes:    0 '***'  0.001  '**'  0.01  '*'  0.05  '.'  0.1  ' '  1
```

C. **predict** 함수를 사용하여 주어진 표본값들에 대한 예측된 확률을 계산한다. 예측된 확률에 Pred라고 이름 붙여라. 다음과 같이 입력하라.

```
> Pred <- predict(Logistic_Model, type = "response")
```

D. **round** 함수를 사용하여 이항 예측값을 구한다. 이항 예측값에 Binary라고 이름 붙인다. 만일 예측된 확률이 0.50 이상이면, 이에 해당되는 이항값은 1이다. 만일 예측된 확률이 0.5보다 작으면, 이에 해당되는 이항값은 0이다. 다음과 같이 입력하라.

```
> Binary <- round(Pred)
```

E. 이제 y와 Binary 모두 0과 1의 값을 가지고 있다. 표본에서 y가 Binary와 일치하는 값들의 비율을 구하기 원한다. 2장으로부터 y와 Binary 값을 비교하기 위해 이중 등호 부호(==)가 사용된다는 것을 기억하라. 두 값이 같으면, 연산자는 1을 반환하고 그렇지 않으면 0을 반환한다. **mean** 함수를 사용하여 정확하게 분류된 관측치 비율을 계산한다. 퍼센트 값을 얻기 위해 100을 곱한다. 다음과 같이 입력하라.

```
> 100 * mean(myData$y == Binary)
```

R은 [1] 86.66667를 반환한다.

연습문제 7.3

39. 이항반응변수 y와 0과 4 사이에서 변화하는 예측변수 x를 고려해보라. 선형확률모형은 $\hat{y} = -1.11 + 0.54x$와 같이 추정된다.

a. $x = 2$와 $x = 3$일 때 추정되는 확률을 계산하라.

b. 어떤 x의 값에서 추정된 확률이 음이거나 1보다 큰 가?

40. 이항반응변수 y와 예측변수 x를 고려해보라. 다음의 표는 선형확률모형(LPM)과 로지스틱 회귀모형의 모수 추정치와 괄호 안에 p-값을 정리한 것이다.

Variable	LPM	Logistic
Intercept	−0.72 (0.04)	−6.20 (0.04)
x	0.05 (0.06)	0.26 (0.02)

a. 두 모형에서 절편과 기울기 계수의 유의성을 5% 수준에서 검정하라.

b. $x = 20$과 $x = 30$일 때 선형확률모형에 의해 예측되는 확률은 얼마인가?

c. $x = 20$과 $x = 30$일 때 로지스틱 회귀모형에 의해 예측되는 확률은 얼마인가?

41. 이항반응변수 y와 두 예측변수 x_1과 x_2를 고려해보라. 다음의 표는 선형확률모형(LPM)과 로지스틱 회귀모형의 모수 추정치와 괄호 안에 p-값을 정리한 것이다.

Variable	LPM	Logistic
Intercept	−0.40 (0.03)	−2.20 (0.01)
x_1	0.32 (0.04)	0.98 (0.06)
x_2	−0.04 (0.01)	−0.20 (0.01)

a. 변수들의 유의성에 대해 논의하라.

b. $x_1 = 40$이고 $x_2 = 10$과 20일 때 선형확률모형에 의해 예측되는 확률은 얼마인가?

c. $x_1 = 40$이고 $x_2 = 10$과 20일 때 로지스틱 회귀모형에 의해 예측되는 확률은 얼마인가?

42. 30개 관측치를 사용하면서, 로지스틱 회귀모형을 추정하여 다음과 같은 결과가 얻어졌다.

	Estimate	Std. Error	*z* value	*P*(>|z|)
Intercept	−0.188	0.083	2.27	0.024
x	3.852	1.771	2.18	0.030

a. $x = 40$일 때, 예측되는 확률은 얼마인가?

b. x는 5% 수준에서 유의한가?

43. **FILE** ***Exercise_7.43.*** 첨부된 데이터 파일은 이항반응변수 y와 두 예측변수 x_1과 x_2에 대한 20개 관측치를 포함하고 있다.

a. 선형확률모형을 추정하고 $x_1 = 12$와 $x_2 = 8$일 때 $\hat{y}$을 계산하라.

b. 로지스틱 회귀모형을 추정하고 $x_1 = 12$와 $x_2 = 8$일 때 $\hat{y}$을 계산하라.

44. **FILE** ***Exercise_7.44.*** 첨부된 데이터 파일은 이항반응변수 y와 두 예측변수 x_1과 x_2에 대한 20개 관측치를 포함하고 있다.

a. 선형확률모형과 로지스틱 회귀모형을 추정하고 해석하라.

b. 두 모형의 정확도를 계산하라.

c. 선호되는 모형을 사용하여 $x_1 = 60$과 $x_2 = 18$일 때 $\hat{y}$을 계산하라.

45. **FILE** ***Purchase.*** 소매업 분석가인 애나벨은 압착의류시장의 개척자인 언더아머(Under Armour)를 검토하고 있다. 압착의류는 덥고 추운 날씨에서 운동하는 동안 착용자의 신체로부터 습기를 제거한다. 애나벨은 나이키와 아디다스와 같은 비즈니스가 보다 더 정착된 회사들은 나이가 든 고객들을 끌어들이는 반면 언더아머 브랜드는 젊은 고객들을 끌어들인다고 믿는다. 그녀의 믿음을 검정하기 위해, 그녀는 고객의 연령과 언더아머를 구매했는지 여부(Purchase: 언더아머를 구매했으면 1, 그렇지 않으면 0)에 대한 데이터를 수집하였다. 이러한 데이터의 일부가 다음의 표에 제시되어 있다.

Purchase	Age
1	30
0	19
⋮	⋮
1	24

a. 반응변수로 Purchase를 사용하고 예측변수로 Age를 사용하면서 선형확률모형을 추정하라.

b. 20세 고객과 30세 고객의 예측되는 언더아머 구매 확률을 계산하라.

c. 언더아머 브랜드는 젊은 고객을 끌어들인다는 애나벨의 믿음을 5% 수준에서 검정하라.

46. **FILE** ***Purchase.*** 데이터셋에 대한 설명은 연습문제 45를 참조하라. 언더아머 구매가 연령에 의존하는 로지스틱 회귀모형을 추정하라.

a. 20세 고객과 30세 고객의 예측되는 언더아머 구매 확률을 계산하라.

b. 언더아머 브랜드는 젊은 고객을 끌어들인다는 애나벨의 믿음을 5% 수준에서 검정하라.

47. **FILE** ***Parole.*** 점점 더 많은 가석방위원회가 개인의 재범 가능성을 결정하고자 할 때 위험평가모형을 사용하고 있다(*Prison Legal News*, February 2, 2016). 대부분의 위험평가모형은 일련의 개인의 성격특성과 신상관련 데이터에 기초한다. 많은 연구들은 나이 든 사람들이 젊은 사람들보다 재범을 범할 가능성이 낮다는 것을 발견하였다. 한 사회학자는 2년전에 가석방으로 출소되었던 20명에 대한 데이터를 수집하였다. 그녀는 가석방자가 과거 2년 동안 범죄를 다시 저질렀는지 여부(Crime: 범죄를 저질렀으면 1, 그렇지 않으면 0), 가석방 시점의 가석방자 연령, 가석방자의 성별(Male: 남성이면 1, 그렇지 않으면 0)에 주목한다. 다음의 표는 이러한 데이터의 일부를 보여준다.

Crime	Age	Male
1	25	1
0	42	1
⋮	⋮	⋮
0	30	1

a. 범죄가 가석방자의 연령과 성별에 의존하는 선형확률모형을 추정하라.

b. 분석결과는 가석방자의 연령과 성별에 관한 연구들의 주장과 일치하는가?

c. 25세의 남성 가석방자가 범죄를 다시 저지를 확률을 예측하라. 25세의 여성 가석방자가 범죄를 다시 저지를 확률을 예측하라.

48. **FILE** ***Parole.*** 데이터셋에 대한 설명은 연습문제 47을 참조하라.

a. 범죄가 가석방자의 연령과 성별에 의존하는 로지스틱 회귀모형을 추정하라.

b. 분석결과는 가석방자의 연령과 성별에 관한 연구들의 주장과 일치하는가?

c. 25세의 남성 가석방자가 범죄를 다시 저지를 확률을 예측하라. 25세의 여성 가석방자가 범죄를 다시 저지를 확률을 예측하라.

49. **FILE** ***Health_Insurance.*** 2017년 센서스에 의하면, 90%를 약간 초과한 미국인들이 의료보험을 가지고 있다 (*CNBC* , May 22, 2018). 그러나, 경제적으로 취약한 미국인들의 상당한 비율이 아직도 의료보험을 가지고 있지 않다. 조지아주 애틀랜타에 사는 30명 근로자들의 보험보장(Insurance: 보험보장이 있으면 1, 그렇지 않으면 0)에 대한 데이터의 일부가 다음의 표에 제시되어 있다. 또한 다음의 표에는 고용주가 납부하는 보험료 비율과 개인 소득(1,000달러)이 포함되어 있다.

Insurance	Premium Percentage	Income
1	0	88
0	0	60
⋮	⋮	⋮
0	60	60

a. 예측변수로 Premium Percentage와 Income을 사용하면서 보험보장을 위한 선형확률모형을 분석하라.

b. 소득이 60,000달러인 개인을 고려해보라. 그녀의 고용주가 보험료의 50%를 납부한다면 그녀가 보험보장을 가지고 있을 확률은 얼마인가? 그녀의 고용주가 보험료의 75%를 납부한다면 그녀가 보험보장을 가지고 있을 확률은 얼마인가?

50. **FILE** ***Health_Insurance.*** 데이터셋에 대한 설명은 연습문제 49를 참조하라. 보험보장이 Premium Percentage와 Income에 의존하는 로지스틱 회귀모형을 추정하라. 소득이 60,000달러인 개인을 고려해보라. 그녀의 고용주가 보험료의 50%를 납부한다면 그녀가 보험보장을 가지고 있을 확률은 얼마인가? 그녀의 고용주가 보험료의 75%를 납부한다면 그녀가 보험보장을 가지고 있을 확률은 얼마인가?

51. **FILE** ***Assembly.*** 조립라인 작업은 지루하고 반복적일 수 있기 때문에 모든 사람에게 적합한 것은 아니다. 이에 따라 생산담당관리자는 새로 고용된 근로자가 적어도 1년 동안 일자리를 지킬 것인지(Stay: 새로 고용된 근로자가 적어도 1년 동안 일자리를 지키면 1, 그렇지 않으면 0)를 예측하기 위한 이항선택 회귀모형을 개발하고 있다. 3개의 예측변수, 즉 (1) Age, (2) Female 더미변수(Female: 여성이면 1, 그렇지 않으면 0), (3) Assembly 더미변수 (Assembly: 새로 고용된 근로자가 이전에 조립라인에서 일을 했으면 1, 그렇지 않으면 0)가 사용된다. 다음의 표는 32명의 조립라인 근로자들에 대한 데이터의 일부를 보여준다.

Stay	Age	Female	Assembly
0	35	1	0
0	26	1	0
⋮	⋮	⋮	⋮
1	38	0	1

a. 1년 후에 일자리를 지키는 것이 Age, Female, Assembly에 의존하는 선형확률모형과 로지스틱 회귀모형을 추정하고 해석하라.

b. 두 모형의 정확도를 계산하라.

c. 선호되는 모형을 사용하여 이전에 조립라인에서 일한 적이 없는 45세의 여성이 1년 후에 여전히 일자리를 지킬 확률을 예측하라. 그녀가 이전에 조립라인에서 일한 적이 있는 경우 1년 후에 여전히 일자리를 지킬 확률을 예측하라.

52. **FILE** ***CFA.*** 재무분석사(CFA)는 금융산업의 실질적인 전문자격증이다. 고용주들은 예비 직원들이 CFA 시험을 마무리하기를 권장한다. 솔리드록 인베스트먼트의 인력관리담당자인 대니엘라 캄포스는 10명의 취업 지원자들을 검토하고 있다. CFA Level I 시험의 합격률이 낮은 것을 고려하면서, 대니엘라는 10명의 예비 직원들이 CFA Level I 시험에 합격할 수 있을 것인지를 알기 원한다. 역사적으로 보면, 근무경험과 훌륭한 대학 GPA를 가지고 있는 사람들의 합격률이 더 높다. 이러한 통찰력을 가지고 그녀는 작년에 CFA Level I 시험을 보았던 263명의 현재 직원들에 대한 정보를 기록하였다. 이러한 데이터에는 직원이 시험에 합격하였는지 여부(Pass: 합격이면 1, 실패이면 0), 직원의 대학 GPA, 근무연수(Experience)가 포함되어 있다. 이러한 데이터의 일부가 다음의 표에 제시되어 있다.

Pass	GPA	Experience
1	3.75	18
0	2.62	17
⋮	⋮	⋮
0	2.54	4

a. 선형확률모형을 추정하고 대학 GPA가 3.80이고 근무연수가 5년인 직원이 CFA Level I 시험에 합격할 확률을 예측하라.

b. 로지스틱 회귀모형을 추정하고 대학 GPA가 3.80이고 근무연수가 5년인 직원이 CFA Level I 시험에 합격할 확률을 예측하라.

53. FILE *Admit.* 자기소개서, 교사 추천서 등에 세심한 주의를 기울이는 소형 대학들과는 달리, 대형 공립대학들은 대학입학허가 결정을 위해 주로 학생의 GPA와 SAT나 ACT 점수에 의존한다. 120명 지원자들의 대학입학허가여부(Admit: 허가되었으면 1, 그렇지 않으면 0), 학생의 GPA와 SAT 점수에 대한 데이터가 수집되었다. 이러한 데이터의 일부가 다음의 표에 제시되어 있다.

Admit	GPA	SAT
1	3.10	1550
0	2.70	1360
⋮	⋮	⋮
1	4.40	1320

a. 적정한 선형확률모형과 로지스틱 회귀모형을 추정하고 해석하라.

b. 두 모형의 정확도를 계산하라.

c. 선호되는 모형을 사용하여 GPA=3.0과 SAT=1400인 지원자가 대학입학허가를 받을 확률을 예측하라. GPA=4.0일 때 SAT=1400인 지원자가 대학입학허가를 받을 확률을 예측하라.

54. FILE *Divorce.* 이혼은 미국 사회의 점점 증가하는 일반적인 현상이 되었다. 2019년 갤럽의 여론조사에 의하면, 2001년에 비해 17% 포인트나 증가한 미국 성인의 77%는 이혼은 도덕적으로 용인될 수 있다고 말한다(*Gallup*, May 29, 2019). 일반적으로 매우 종교적이지 않은 젊은 성인들의 이혼 용인율은 더 높다. 한 사회학자는 한 작은 중서부 타운에서 서베이를 실시하고 200명의 미국 성인에게 이혼에 대한 견해(Acceptable: 도덕적으로 용인될 수 있으면 1, 그렇지 않으면 0), 종교성(Religious: 매우 종교적이면 1, 그렇지 않으면 0), 연령에 대해 물었다. 이러한 데이터의 일부가 다음의 표에 제시되어 있다.

Acceptable	Age	Religious
1	78	0
1	20	0
⋮	⋮	⋮
1	22	0

a. 적정한 선형확률모형과 로지스틱 회귀모형을 추정하고 해석하라.

b. 두 모형의 정확도를 계산하라.

c. 선호되는 모형을 사용하여 40세의 매우 종교적인 성인이 이혼이 도덕적으로 용인될 수 있다는 견해를 가지고 있을 확률을 예측하라.

55. FILE *STEM.* 소수의 연구들은 여성과 소수인종 학생이 과학, 기술, 공학, 수학(STEM) 경력에 더 적게 참여한다고 보고하였다. 한 고등학교 카운슬러는 240명의 대학에 입학하는 학생들을 서베이하고 STEM 분야에 지원했는지 여부(STEM: 지원했으면 1, 그렇지 않으면 0), Female 더미변수(Female: 여성이면 1, 그렇지 않으면 0), Asian 여부(Asian: 아시아계 인이면 1, 그렇지 않으면 0)에 대한 정보를 수집하였다. 또한 데이터에는 고등학교 GPA와 SAT 점수도 포함되어 있다. 이러한 데이터의 일부가 다음의 표에 제시되어 있다.

STEM	GPA	SAT	White	Female	Asian
0	3.70	1420	0	0	1
0	4.40	1240	0	1	1
⋮	⋮	⋮	⋮	⋮	⋮
0	3.80	1390	0	1	0

a. 반응변수로 STEM을 사용하고 예측변수들로 GPA, SAT, White, Female, Asian을 사용하면서 로지스틱 회귀모형을 추정하고 해석하라.

b. GPA=3.4와 SAT=1400인 백인 남학생이 STEM 분야에 지원할 확률을 예측하라. GPA=3.4와 SAT=1400인 아시아계 백인 남학생과 백인이나 아시아계가 아닌 남학생이 STEM 분야에 지원할 확률을 예측하라.

c. GPA=3.4와 SAT=1400인 백인 여학생이 STEM 분야에 지원할 확률을 예측하라. GPA=3.4와 SAT=1400인 아시아계 여학생과 백인이나 아시아계가 아닌 여학생이 STEM 분야에 지원할 확률을 예측하라.

7.4 교차검증방법

LO 7.4

회귀모형을 평가하기 위해 교차검증기법을 사용할 수 있어야 한다.

6.2절에서 선형회귀모형에서 표본회귀식이 얼마나 양호하게 데이터를 적합시키는지를 요약하는 적합도 척도들, 즉 추정치의 표준오차 s_e, 결정계수 R^2, 조정 R^2에 대해 논의하였다. 이와 유사하게 7.3절에서 정확도에 기초하여 이항선택모형의 성능을 평가하였다. 이러한 모든 척도들은 모형을 구축하기 위해 사용되었던 표본데이터에서 예측능력을 평가하는 데 도움을 준다. 불행하게도, 이러한 척도들은 추정된 모형이 새로운 표본에서 얼마나 양호하게 예측할 것인지를 평가하는 데 도움을 주지 못한다.

추정된 모형이 추정을 위해 사용된 데이터셋에서 매우 양호한 성능을 가질 수 있으나 새로운 데이터셋이 사용되면 초라한 성능을 가질 수 있다. 선형회귀모형에서 경제학적 정당성을 가지고 있지 않을 수 있는 일부의 예측변수들을 포함하여 매우 많은 예측변수들을 사용함으로써 R^2에 의해 측정되는 적합도를 쉽게 개선시킬 수 있다는 것을 기억하라. 이러한 종류의 모형화를 종종 **과대적합(overfitting)**이라고 부른다. 추정된 모형이 변수들 간 실제 관계보다 데이터의 특이한 측면들을 설명할 때 과대적합이 발생한다. 과대적합 모형은 주어진 데이터를 너무 가깝게 추적하기 때문에 과대적합 모형의 예측력은 손상된다. 이러한 과대적합 모형은 새로운 표본이 가지고 있는 특이한 측면들을 설명하지 못한다. 조정 R^2는 추가적인 예측변수에 대해 페널티를 부과하지만, 이 척도도 동일한 데이터가 추정과 평가 모두를 위해 사용된다는 사실로부터 영향을 받는다.

과대적합

회귀모형이 주어진 표본데이터의 특이한 측면들을 적합시키기 위해 매우 복잡하게 만들어질 때 과대적합이 발생한다. 과대적합 모형은 주어진 데이터를 너무 가깝게 추적하기 때문에 과대적합 모형의 예측력은 손상된다.

모형의 예측력을 평가하기 위한 한가지 유용한 방법은 추정에 사용되지 않은 데이터셋을 사용하여 모형의 예측력을 테스트해보는 것이다. **교차검증(cross-validation)**은 원래의 표본을 모형을 구축(훈련)하기 위한 **훈련셋(training set)**과 모형을 평가(검증)하기 위한 **검증셋(validation set)**으로 분할하여 예측모형을 평가하는 기법이다. 훈련셋 성능을 평가할 수 있지만, 모형을 구축하기 위해 사용된 것과 동일한 데이터에 기초하기 때문에 매우 낙관적인 결과가 발생될 수 있다. 따라서 모형을 새로운 데이터에 노출시켜 독립적인 성능평가를 하기 위해 검증셋이 사용된다. 종종 데이터는 테스트 데이터셋이라고 부르는 선택적인 세 번째 셋으로 분할된다. 이에 대한 상세한 논의는 8장, 9장, 10장에서 이루어진다.

교차검증

교차검증(cross-validation)은 원래의 표본을 모형을 구축(훈련)하기 위한 훈련셋(training set)과 모형을 평가(검증)하기 위한 검증셋(validation set)으로 분할하여 예측모형을 평가하는 기법이다.

이 절에서는 두 가지 교차검증방법, 즉 **홀드아웃방법(holdout method)**과 **k-겹 교차검증방법(k-fold cross-validation method)**을 검토한다. 두 방법 모두에서 선형회귀모형을 평가하기 위해 검증셋에 대해 평균제곱근오차(root mean squared error, RMSE)를 사용하는 것이 일반적이다. 여기서 RMSE $= \sqrt{\frac{\Sigma(y-\hat{y})^2}{n^*}}$이고 n^*는 검증셋의 관측치 수이다. RMSE는 평균오차제곱(MSE)의 제곱근이라는 것을 기억하라. RMSE에 추가하여, 다른 중요한 성능척도로는 평균절대편차[mean absolute deviation (MAD)]와 평균절대비율오차[mean absolute percentage error (MAPE)]가 있다. 이러한 척도들은 8장에서 논의된다. 이항선택모형을 평가하기 위해, 검증셋에서 정확하게 분류되는 관측치의 비율로 계산되는 정확도를 사용한다. 다른 성능척도들은 8장에서 논의된다.

모형은 훈련셋으로부터 만들어지기 때문에 예측능력은 검증셋과 비교하여 훈련셋에서 더 높을 수 있다는 것에 주목하라. 달리 말하면, 검증셋과 비교하여 훈련셋에서 RMSE는 더 작고 정확도는 더 높을 것이다. 일반적으로 훈련셋과 검증셋의 RMSE(또는 정확도) 간 차이가 크다는 것은 앞에서 논의한 과대적합 문제를 시사한다. 이러한 모형은 훈련셋을 매우 양호하게 적합시키지만 이러한 결과가 새로운 데이터셋으로 일반화되지 못한다.

홀드아웃방법

가장 간단한 교차검증방법은 홀드아웃방법이다. 표본데이터는 두 개의 독립적이고 상호 배타적인 데이터셋, 즉 훈련셋과 검증셋으로 분할된다. 그림 7.13은 표본데이터가 두 개의 구분되는 셋으로 분할되는 것을 보여준다. 표본데이터가 어떻게 분할되어야 하는지에 대한 규칙은 존재하지 않는다. 이상적으로는, 데이터를 분할할 때 임의추출을 하여야 한다. 예시를 위한 목적으로 훈련셋으로 관측치들의 처음 75%를 사용하고 검증셋으로 관측치들의 나머지 25%를 사용할 것이다. R을 이용하여 데이터를 분할하기 위해 임의추출하는 것은 쉽다.

그림 7.13 홀드아웃방법을 위한 표본의 분할

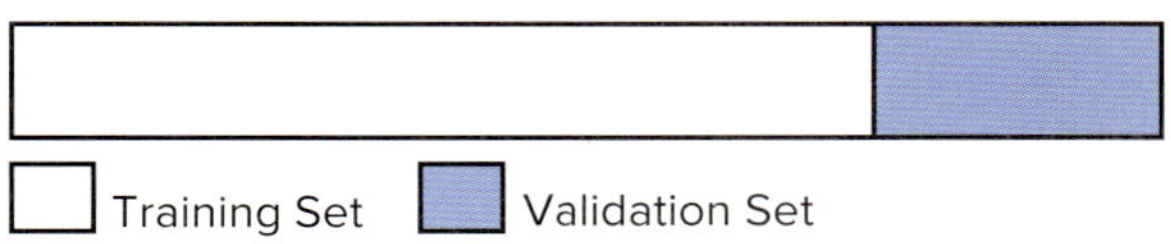

홀드아웃방법은 다음과 같이 실행된다.

A. 표본데이터를 두 부분으로 분할하고 훈련셋과 검증셋이라고 이름 붙인다.

B. 경쟁모형들을 추정하기 위해 훈련셋을 사용한다.

C. 검증셋을 사용하여 반응변수를 예측하기 위해 훈련셋을 사용하여 구한 추정치들을 사용한다.

D. 각 경쟁모형의 RMSE(또는 정확도)를 계산한다. 선호되는 모형은 가장 작은 RMSE(또는 가장 큰 정확도)를 가질 것이다.

이상적으로 훈련셋에서 가장 양호한 성능을 가진 모형이 검증셋에서도 가장 양호한 성능을 가지기를 원한다. 예를들면, 가장 높은 조정 R^2를 가진 선형회귀모형이 검증셋에서 가장 작은

RMSE를 가지기를 원한다. 앞에서 논의한 것처럼, 이러한 두 결과 간의 모순은 과대적합의 신호이다. 일반적으로 데이터분석 전문가들은 효율적인 추정과 평가를 위해 훈련셋과 검증셋에 각각 충분한 관측치 수가 있으면 모형선택을 위해 교차검증에 의존한다. 가장 양호한 모형을 선택한 후에, 일반적으로 예측을 위해 전체 데이터셋을 가지고 이 모형을 재추정한다.

예제 7.12

FILE ***Gender_Gap.*** 도입사례에서 대략적으로 설명한 목적은 프로젝트 매니저 연봉의 성별격차를 분석하는 것이다. 프로젝트 매니저의 연봉을 분석하기 위해 두 모형을 고려하라. 예측변수로 모형 1은 Size, Experience, Female, Grad를 사용하는 반면 모형 2는 추가적으로 Family와 Experience 간 상호작용변수, Female과 Grad 간 상호작용변수, Size와 Experience 간 상호작용변수를 포함한다. 홀드아웃방법을 이용하여 훈련을 위해 처음 150개 관측치를 사용하고 검증을 위해 나머지 50개 관측치를 사용하면서 두 모형의 예측능력을 비교하라.

해답:

모형 1과 모형 2를 추정하기 위해 150개 관측치를 가진 훈련셋을 사용한다. 추정치들이 표 7.21에 제시되어 있다.

표 7.21 예제 7.12를 위한 경쟁모형들의 추정치

변수	모형 1	모형 2
Constant	7.4453	56.1077
Size	0.1136	−0.1185
Experience	4.2250	1.0891
Female	−23.2909	7.3771
Grad	15.6116	15.2640
Female × Experience	NA	−2.0428
Female × Grad	NA	2.2042
Size × Experience	NA	0.0150
Adjusted R^2	0.6896	0.7284

주: 마지막 행을 제외한 수치들은 모수 추정치들이다; NA는 해당사항 없음을 나타낸다.

훈련셋에 기초하면 모형 2가 모형 1보다 더 높은 조정 R^2를 가지고 있기 때문에 예측을 위해 더 적합하다(0.7284 > 0.6896). 그러나 모형 2가 검증셋에서 더 양호한 예측능력을 가질 것이라는 보장은 없다. 추정된 모형들을 사용하여 검증셋에서 반응변수를 예측하고 $\text{RMSE} = \sqrt{\frac{\Sigma(y-\hat{y})^2}{n^*}}$을 계산한다. 여기서 $n^* = 50$은 검증셋의 관측치 수이다. 이러한 계산결과의 일부가 표 7.22에 제시되어 있다.

표 7.22 예제 7.12를 위한 홀드아웃방법의 분석

관측치	y	$\hat{y}$ (모형 1)	$\hat{y}$ (모형 2)
151	117	113.2913	105.8106
152	125	121.3257	126.1153
⋮	⋮	⋮	⋮
200	117	110.6685	110.4045
RMSE		11.31	12.54

흥미롭게도 모형 2의 성능은 훈련셋에서 더 양호하나 검증셋에서 더 불량하다(12.54 > 11.31). 이러한 결과에 기초하여, 모형 1이 예측을 위해 선호된다.

예제 7.13

FILE ***AnnArbor.*** 예제 7.8에서 반응변수로 모형 1은 Rent를 사용하고 모형 2는 ln(Rent)를 사용한 두 모형을 비교하기 위해 표본내 척도들을 사용하였다. 이러한 두 모형은 각각 모형 2와 모형 4로 이름 붙였던 것과 두 모형의 예측변수로 Beds, Baths, ln(Sqft)를 사용했던 것을 기억하라. 홀드아웃방법을 이용하여 훈련을 위해 처음 30개 관측치를 사용하고 검증을 위해 나머지 10개 관측치를 사용하면서 두 경쟁도형의 예측능력을 비교하라.

해답:

모형 1과 모형 2를 추정하기 위해 30개 관측치를 가진 훈련셋을 사용한다. 추정치들이 표 7.23에 제시되어 있다.

표 7.23 예제 7.13을 위한 경쟁모형들의 추정치

변수	모형 1	모형 2
Constant	−2674.2552	2.5742
Beds	123.6672	0.0975
Baths	18.0267	−0.0025
Ln(Sqft)	496.9671	0.6004
s_e	104.2082	0.0854

주: 추정치의 표준오차 s_e는 모형 2를 가지고 예측하기 위해 사용된다.

추정된 모형들을 사용하여 검증셋에서 반응변수를 예측하고 $\text{RMSE} = \sqrt{\frac{\Sigma(y - \hat{y})^2}{n^*}}$을 계산한다. 여기서 $n^* = 10$은 검증셋의 관측치 수이다. 이러한 계산결과의 일부가 표 7.24에 제시되어 있다.

표 7.24 예제 7.13을 위한 홀드아웃방법의 분석

Observation	y	$\hat{y}$ (모형 1)	$\hat{y}$ (모형 2)
31	1518	1447.4587	1523.5103
32	1600	1328.9161	1385.7901
⋮	⋮	⋮	⋮
40	2400	1668.3540	2013.7291
RMSE		362.52	422.25

따라서 이러한 교차검증방법에 기초하여 판단하면, 모형 1이 모형 2보다 더 양호한 예측모형으로 여겨진다(362.52 < 422.25). 이러한 결과는 예제 7.8에서 표본내 척도들을 가지고 수행된 분석과 일치한다.

예제 7.14에서, 홀드아웃방법을 사용하여 이항선택모형들을 평가한다.

예제 7.14

FILE ***Spam.*** 피터 더비는 한 사모출자회사에서 사이버 보안 분석가로 일한다. 이 회사에서 근무하는 그의 동료들은 매우 많은 스팸 이메일을 감당하지 못할 정도로 받는다. 피터는 이 회사의 이메일 서버에 스팸 탐지 시스템을 실행하도록 요청받았다. 그는 Spam (스팸이면 1이고 그렇지 않으면 0이다), 수취인 수, 하이퍼링크 수, 메시지에 있는 문자 수와 같은 관련된 변수들을 사용하면서 500개의 스팸 이메일과 합당한 이메일로 구성된 표본을 분석하였다. 이러한 데이터의 일부가 다음의 표에 제시되어 있다.

표 7.25 스팸 데이터 (n = 500)

Record	Spam	Recipients	Hyperlinks	Characters
1	0	19	1	47
2	0	15	1	58
⋮	⋮	⋮	⋮	⋮
500	1	13	2	32

a. 모형의 추정을 위해 처음 375개 관측치를 사용하고 검증을 위해 나머지 125개 관측치를 사용하면서 스팸을 위한 두 경쟁적인 로지스틱 회귀모형의 정확도를 비교하기 위해서 홀드아웃방법을 이용하라. 모형 1은 예측변수들로 Recipients, Hyperlinks, Characters를 사용하는 반면 모형 2는 모형 1에서 통계적으로 유의하지 않은 예측변수들을 제외시킨다.

b. 선호되는 모형을 사용하여 수취인 수, 하이퍼링크 수, 문자 수가 각각 20, 5, 60일 때 스팸의 확률을 예측하라.

해답:

a. 두 로지스틱 회귀모형을 추정하기 위해 375개 관측치를 가진 훈련셋을 사용한다. 추

정치들을 위해 표 7.26을 참조하라. 모형 1에서 Character 변수는 5% 수준에서 통계적으로 유의하지 않기 때문에 모형 2에서 제외된 것에 주목하라.

표 7.26 스팸 데이터의 추정치(n = 375)

변수	모형 1	모형 2
Constant	−5.1778* (0.000)	−5.8045* (0.000)
Recipients	0.1765* (0.000)	0.1806* (0.000)
Hyperlinks	0.5473* (0.000)	0.5402* (0.000)
Characters	−0.0104 (0.074)	NA

주: 추정치 아래에 있는 괄호안의 숫자는 p-값이다; NA는 해당사항 없음을 나타낸다; *은 5% 수준에서 유의하다는 것을 나타낸다.

추정된 로지스틱 이항선택모형들의 정확도를 계산하기 위해, 먼저 검증셋에서 두 모형의 예측되는 확률을 계산한다. 이러한 계산결과의 일부가 표 7.27에 제시되어 있다.

표 7.27 예제 7.14를 위한 홀드아웃방법의 분석

Record	Spam	예측		이항예측	
		Model 1	Model 2	Model 1	Model 2
376	0	0.4734	0.5367	0	1
377	0	0.6963	0.7037	1	1
⋮	⋮	⋮	⋮	⋮	⋮
500	1	0.1070	0.0850	0	0

예측되는 확률을 이항예측으로 전환하고 실제 스팸데이터와 비교하면서 계산된 모형 1과 모형 2의 정확도는 각각 68.00%와 65.60%이다. 이러한 정확도에 기초하여 모형 1이 모형 2보다 더 우월하다고 추론한다(68.00% > 65.60%).

b. 모든 500개 관측치를 사용하여 모형 1을 다시 추정하고 수취인 수, 하이퍼링크 수, 문자 수가 각각 20, 5, 60일 때 스팸 확률을 다음과 같이 예측한다.

$$\widehat{Spam} = \frac{\exp(-3.8243 + 0.1075 \times 20 + 0.5133 \times 5 - 0.0141 \times 60)}{1 + \exp(-3.8243 + 0.1075 \times 20 + 0.5133 \times 5 - 0.0141 \times 60)} = 0.51$$

R을 이용하여 로지스틱 회귀모형을 위한 홀드아웃방법 수행하기

R을 이용하여 데이터를 분할하고 훈련셋을 사용하여 모형을 추정하며 검증셋을 사용하여 필요한 교차검증척도들을 쉽게 구할 수 있다. 앞에서 언급한 것처럼, 표본데이터를 훈련셋과 검증셋으로 분할하기 위해 일반적으로 임의추출이 사용된다. 여기서는 예제 7.14의 결과를 다시 구하기 위해, 계속해서 표본데이터의 나중부분을 검증셋으로 사용한다. ***Spam*** 데이터를 사

용하면서 예제 7.14에서 모형 1을 위한 결과를 다시 구해보도록 하자. 모형 2를 위한 결과도 이와 유사하게 구할 수 있다.

R 이용

A. *Spam* 데이터를 데이터 프레임(테이블)으로 불러오고 그것을 myData라고 이름 붙여라.

B. 표본데이터를 훈련셋과 검증셋으로 분할하고 각각 TData와 VData라고 이름 붙인다. 다음과 같이 입력하라.

```
> TData <- myData[1:375,]
> VData <- myData[376:500,]
```

C. 훈련셋 TData를 사용하여 모형 1을 추정한다. 다음과 같이 입력하라.

```
>Model1 <- glm(Spam ~ Recipients+Hyperlinks+Characters,
  family=binomial(link = logit), data = TData)
```

D. 추정치를 사용하여 VData를 위한 예측을 하고 그것을 이항예측으로 전환한다. 마지막으로 검증셋에서 정확도를 계산한다. 다음과 같이 입력하라.

```
> Pred1 <- predict(Model1, VData, type="response")
> Binary1 <- round(Pred1)
> 100*mean(VData$Spam ==  Binary1)
R returns: [1] 68
```

이 값은 예제 7.14에서 모형 1의 경우에 구한 값과 같다.

k-겹 교차검증방법

홀드아웃방법의 주요 한계는 훈련셋을 사용하여 구해진 추정치들이 검증셋을 사용하여 반응변수를 예측하는 실험이 한번만 시행된다는 것이다. 따라서 모형의 선택이 데이터가 어떻게 분할되는가에 민감하다. 데이터 분할에 덜 민감한 한가지 인기있는 방법은 ***k*-겹 교차검증방법(*k*-fold cross-validation method)**이다. 여기서 원래 표본은 k개 부분집합으로 분할되고 각 계산처리의 반복과정에서 제외되는 한 부분집합이 검증셋이다. 달리 말하면, 홀드아웃방법을 k번 실행한다. 그림 7.14는 $k = 4$인 경우의 실험을 보여준다.

그림 7.14 *k*-겹 교차검증방법을 위한 표본의 분할

위에서 언급한 것처럼, 각 실험에서 k개 부분집합 중 하나가 검증셋으로 사용되고 나머지 $k-1$개 부분집합은 훈련셋을 구성하기 위해 합해진다. 평가척도들의 평균이 가장 양호한 모형을 선택하기 위해 사용된다. k가 클수록 k-겹 교차검증방법의 신뢰성은 더 커지고 계산비용은 더 증가한다. k가 표본크기와 같을 때, k-겹 교차검증방법은 한 관측치만이 검증셋이 되는 **한 관측치만 남겨지는 교차검증방법(leave-one-out cross- validation method)**이라고도 부른다.

홀드아웃방법과 k-겹 교차검증방법

홀드아웃방법에서 표본데이터는 두 개의 독립적이고 상호 배타적인 데이터셋, 즉 훈련셋과 검증셋으로 분할된다. k-겹 교차검증방법에서 표본데이터는 k개 부분집합으로 분할되고 k개 부분집합 중에서 하나가 검증셋으로 사용되며 나머지 $k-1$개 부분집합은 훈련셋을 구성하기 위해 합해진다. 평가척도들의 평균을 계산함으로써 k-겹 교차검증방법은 홀드아웃방법보다 데이터 분할에 덜 민감하게 된다.

예제 7.15

FILE ***Gender_Gap.*** 예제 7.12에서 프로젝트 매니저 연봉을 위한 두 모형을 평가하기 위해 홀드아웃방법을 사용하였다. 예측변수로 모형 1은 Size, Experience, Female, Grad를 사용하였다. 모형 2는 예측변수로 Female과 Experience 간 상호작용변수, Female과 Grad간 상호작용변수, Size와 Experience 간 상호작용변수를 포함시켜 모형 1을 확장하였다. $k=4$를 사용하면서 두 모형의 예측능력을 비교하기 위하여 k-겹 교차검증방법을 사용하라.

해답:

관측치 151-200, 101-150, 51-100, 1-50으로 구성되는 각 검증셋을 가지고 4번 두 모형을 평가한다. 각 실험에서 회귀모형을 추정하기 위해 검증셋을 제외한 나머지 관측치들이 훈련셋에 포함된다. 표 7.28에는 두 모형을 위한 RMSE $=\sqrt{\frac{\Sigma(y-\hat{y})^2}{n^*}}$가 제시되어 있다. 여기서 $n^*=50$은 검증셋의 관측치 수이다.

표 7.28 예제 7.15를 위한 $k=4$인 k-겹 교차검증방법에 의한 RMSE

검증셋의 관측치	모형 1	모형 2
151 – 200	11.31	12.54
101 – 150	12.26	11.88
51 – 100	13.30	12.09
1 – 50	13.76	13.46
평균	12.66	12.49

예제 7.12에서 모형 1은 훈련셋에서 더 불량한 성능을 보였지만 검증셋에서 더 양호한 성능을 보였다는 것을 지적하였다. k-겹 교차검증방법을 사용하는 경우, 모형 1은 관측

치 151-200을 검증셋으로 사용할 때에만 모형 1의 성능이 더 양호하다는 것을 관찰할 수 있다. 모든 다른 데이터 분할에서는 모형 2의 성능이 더 양호하다. 이에 따라 모형 2가 더 낮은 평균 RMSE (12.49 < 12.66)를 가진다. 모형 2가 예측을 위해 더 우월한 모형이라고 결론 내린다. 가능할 때마다, 더 신뢰할 만한 *k*-겹 교차검증방법을 사용하는 것이 더 좋다.

이와 유사하게 모형비교를 위해 평균 정확도를 사용하면서 *k*-겹 교차검증방법을 사용하여 이항선택모형의 예측능력을 평가할 수 있다.

당신이 이미 알 수 있듯이, *k*-겹 교차검증방법이 매우 널리 사용된다. R과 같은 소프트웨어 패키지들은 이러한 과정을 자동적으로 수행하는 몇 가지 방법을 제공한다. 이 장에서는 주로 관측치들의 고정추출(fixed draws)에 기초한 데이터의 분할에 초점을 맞추었다. 예를 들면, 예제 7.15에서 데이터가 표본에 배열되어 있는 순서에 기초하여 표본데이터를 4개의 균등한 부분으로 분할하였다. 소프트웨어 패키지들은 종종 데이터의 분할을 위해 관측치들의 임의추출(random draws)을 사용한다. 따라서 이러한 패키지로부터 구해지는 결과는 고정된 데이터 분할을 사용하여 구해지는 결과와 동일하지 않다. 그러나 대부분의 경우, 의사결정은 사용되는 방법에 의해 영향을 받지 않는다. 부록 7.1에서는 9장과 10장에서 다시 논의되는 *k*-겹 교차검증방법을 실행하기 위한 R의 *caret* 패키지가 소개된다.

연습문제 7.4

56. **FILE** ***Exercise_7.56.*** 첨부된 데이터 파일은 반응변수 y와 예측변수 x와 d에 대한 40개 관측치를 포함하고 있다. 두 개의 선형회귀모형, 즉 변수 x와 d를 사용하는 모형 1과 상호작용변수 xd를 포함시켜 모형 1을 확장시킨 모형 2를 고려하라. 훈련을 위해 처음 30개 관측치를 사용하고 검증을 위해 나머지 10개 관측치를 사용하면서 두 모형의 예측능력을 비교하기 위해 홀드아웃방법을 사용하라.

57. **FILE** ***Exercise_7.57.*** 첨부된 데이터 파일은 반응변수 y와 예측변수 x_1과 x_2에 대한 40개 관측치를 포함하고 있다. 훈련을 위해 처음 30개 관측치를 사용하고 검증을 위해 나머지 10개 관측치를 사용하면서 선형확률모형과 로지스틱 회귀모형의 정확도를 비교하기 위해 홀드아웃방법을 사용하라.

58. **FILE** ***Exercise_7.58.*** 첨부된 데이터 파일은 반응변수 y와 예측변수 x_1과 x_2에 대한 40개 관측치를 포함하고 있다. 훈련을 위해 처음 30개 관측치를 사용하고 검증을 위해 나머지 10개 관측치를 사용하면서 선형확률모형과 로지스틱 회귀모형의 정확도를 비교하기 위해 홀드아웃방법을 사용하라.

59. **FILE** ***IceCream.*** 첨부된 데이터 파일은 아이스크림 트럭 운전사의 일일 수입(Income, 달러), 도로상에 있는 시간(Hours), 특별히 더운 날인지 여부(Hot: 화씨 80도가 넘으면 1, 그렇지 않으면 0), 휴일인지 여부(Holiday: 휴일이면 1, 그렇지 않으면 0)에 대한 35개 관측치를 포함하고 있다. 두 모형, 즉 Hours, Hot, Holiday에 기초하여 Income을 예측하는 모형 1과 이에 더하여 Hot과 Holiday 간 상호작용변수를 포함하고 있는 모형 2를 고려하라. 훈련을 위해 처음 24개 관측치를 사용하고 검증을 위해 나머지 11개 관측치를 사용하면서 두 모형의 예측능력을 비교하기 위해 홀드아웃방법을 사용하라.

60. **FILE** ***Mobile_Devices.*** 첨부된 데이터 파일은 하루에 모바일 기기를 사용하는 평균 시간(Usage, 분), 가계소득(Income, 1,000달러), 농촌지역에 사는지 여부(Rural: 농촌 지역에 살면 1, 그렇지 않으면 0), 학사학위를 가지고 있는지 여부(College: 학사학위를 가지고 있으면 1, 그렇지 않으면 0)에 대한 정보를 가지고 있는 80명 참여자에 대한 서베이 데이터를 포함하고 있다. 하루에 모바일 기기를 사용하는 평균 시간을 위한 두 모형, 즉 Income, Rural, College에 기초한 모형 1과 이에 더하여 Rural과 College 간 상호작용변수를 포함한 모형 2를 고려하라

a. 훈련을 위해 처음 60개 관측치를 사용하고 검증을 위해 나머지 20개 관측치를 사용하면서 두 모형의 예측능력을 비교하기 위해 홀드아웃방법을 사용하라.

b. 두 모형의 예측능력을 비교하기 위해 $k = 4$를 사용하면

서 k-겹 교차검증방법을 사용하라.

61. **FILE** ***BMI.*** 첨부된 데이터 파일은 30명의 대학교육을 받은 남성의 연봉(1,000달러), 체질량지수(BMI), 백인이면 1이고 그렇지 않으면 0인 더미변수에 대한 데이터를 포함하고 있다. 모형 1은 예측변수로 BMI와 White를 사용하면서 Salary를 예측한다. 모형 2는 예측변수로 BMI, White, BMI와 White 간 상호작용변수를 포함한다.

   a. 훈련을 위해 처음 20개 관측치를 사용하고 검증을 위해 나머지 10개 관측치를 사용하면서 두 모형의 예측능력을 비교하기 위해 홀드아웃방법을 사용하라.

   b. 두 모형의 예측능력을 비교하기 위해 k = 3을 사용하면서 k-겹 교차검증방법을 사용하라.

62. **FILE** ***Pick_Errors.*** 첨부된 데이터 파일은 30명 종업원의 연간 선택 실수 건수(Errors), 근무연수(Exper, 년), 종업원이 훈련프로그램에 참석했는지 여부(Training: 종업원이 훈련프로그램을 참석했으면 1, 그렇지 않으면 0)에 대한 정보를 포함하고 있다. 모형 1은 예측변수로 Exper과 Train를 사용하면서 Errors를 예측한다. 모형 2는 Exper, Train, Exper과 Train 간 상호작용변수를 포함한다.

   a. 훈련을 위해 처음 20개 관측치를 사용하고 검증을 위해 나머지 10개 관측치를 사용하면서 두 모형의 예측능력을 비교하기 위해 홀드아웃방법을 사용하라.

   b. 두 모형의 예측능력을 비교하기 위해 k = 3을 사용하면서 k-겹 교차검증방법을 사용하라.

63. **FILE** ***Health_Factors.*** 첨부된 데이터 파일은 건강(Health)과 사회적 관계(Social)에 대해 1점부터 100점의 척도로 점수를 부여한 120명의 미국 성인에 대한 서베이 정보를 포함하고 있다. 또한 이 데이터 파일은 그들의 가계소득(Income, 1,000달러)과 대학교육 여부(College: 학사학위를 취득했으면 1, 그렇지 않으면 0)에 대한 정보도 포함하고 있다. Health를 위한 두 선형회귀모형을 고려하라. 모형 1은 예측변수로 Social, Income, College를 사용하는 반면 모형 2는 예측변수로 이에 더하여 Social과 Income 간 상호작용변수와 Social과 College 간 상호작용변수도 포함한다.

   a. 훈련을 위해 처음 90개 관측치를 사용하고 검증을 위해 나머지 30개 관측치를 사용하면서 두 모형의 예측능력을 비교하기 위해 홀드아웃방법을 사용하라.

   b. 두 모형의 예측능력을 비교하기 위해 k = 4를 사용하면서 k-겹 교차검증방법을 사용하라.

64. **FILE** ***Rental.*** 첨부된 데이터 파일은 80개 임대주택의 임대료(Rent, 달러), 주택크기(Sqft), 침실 수(Bed), 욕실 수(Bath)에 대한 월간 데이터를 포함하고 있다. Rent를 위한 두 선형회귀모형을 고려하라. 모형 1은 예측변수로 Bed, Bath, Sqft를 사용하는 반면 모형 2는 예측변수로 이에 더하여 Bed와 Sqft 간 상호작용변수도 포함한다.

   a. 훈련을 위해 처음 60개 관측치를 사용하고 검증을 위해 나머지 20개 관측치를 사용하면서 두 모형의 예측능력을 비교하기 위해 홀드아웃방법을 사용하라.

   b. 두 모형의 예측능력을 비교하기 위해 k = 4를 사용하면서 k-겹 교차검증방법을 사용하라.

65. **FILE** ***Crew_Size.*** 첨부된 데이터 파일은 과거 27주 동안 작업인원규모(종업원 수)와 생산성(주당 작업 수)에 대한 주간 데이터를 포함하고 있다. 작업인원규모에 기초하여 생산성을 예측하기 위한 선형회귀모형과 이차식 회귀모형을 고려하라.

   a. 훈련을 위해 처음 18개 관측치를 사용하고 검증을 위해 나머지 9개 관측치를 사용하면서 두 모형의 예측능력을 비교하기 위해 홀드아웃방법을 사용하라.

   b. 두 모형의 예측능력을 비교하기 위해 k = 3을 사용하면서 k-겹 교차검증방법을 사용하라.

66. **FILE** ***Happiness.*** 첨부된 데이터 파일은 100명의 일하는 성인의 0점에서 100점까지의 척도에 의해 스스로 평가한 행복 수준, 연령, 연간 소득에 대한 정보를 포함하고 있다. Happiness를 위한 두 이차식 회귀모형을 고려하라. 모형 1은 Age, Age^2, Income에 기초하고 있다. 모형 2는 Age, Age^2, ln(Income)에 기초하고 있다.

   a. 훈련을 위해 처음 75개 관측치를 사용하고 검증을 위해 나머지 25개 관측치를 사용하면서 두 모형의 예측능력을 비교하기 위해 홀드아웃방법을 사용하라.

   b. 두 모형의 예측능력을 비교하기 위해 k = 3를 사용하면서 k-겹 교차검증방법을 사용하라.

67. **FILE** ***Electricity.*** 평균 외부 온도(Temp, 화씨), 월간 작업일수(Days), 생산량(Tons)에 기초하여 월간 전기비용(Cost, 달러)을 예측하기 위한 회귀모형을 고려하라. 첨부된 데이터 파일은 80개의 관측치에 대한 데이터를 포함하고 있다. 훈련을 위해 처음 60개 관측치를 사용하고 검증을 위해 나머지 20개 관측치를 사용하면서 선형회귀모형과 지수회귀모형의 예측능력을 비교하기 위해 홀드아웃방법을 사용하라.

68. **FILE** ***Arlington_Homes.*** 첨부된 데이터 파일은 매사추세츠주 알링턴에 있는 36개 한가족주택의 주택가격(달러)에 대한 정보를 포함하고 있다. 주택가격을 분석하기 위해, 예측변수에는 주택크기(Sqft), 침실 수(Beds), 욕실 수(Baths), 콜로니얼 스타일 여부(Col: 콜로니얼 스타일이면 1, 그렇지 않으면 0)가 포함된다

   a. 훈련을 위해 처음 24개 관측치를 사용하고 검증을 위해 나머지 12가 관측치를 사용하면서 선형회귀모형과 지수회귀모형의 예측능력을 비교하기 위해 홀드아웃방법을 사용하라.

   b. 두 모형의 예측능력을 비교하기 위해 k = 3을 사용하면서 k-겹 교차검증방법을 사용하라.

69. FILE *Purchase.* 고객의 연령에 기초하여 언더아머의 구매 여부(Purchase: 구매하면 1, 그렇지 않으면 0)를 예측하기위해 수집된 첨부된 데이터를 고려하라.

a. 훈련을 위해 처음 20개 관측치를 사용하고 검증을 위해 나머지 10개 관측치를 사용하면서 선형확률모형(모형 1)과 로지스틱 회귀모형(모형 2)의 정확도를 비교하기 위해 홀드아웃방법을 사용하라.

b. 두 모형의 정확도를 비교하기 위해 k = 3을 사용하면서 k-겹 교차검증방법을 사용하라.

70. FILE *Divorce.* 연령과 종교성(Religious: 매우 종교적이면 1, 그렇지 않으면 0)에 기초하여 이혼에 대한 견해(Acceptable: 도덕적으로 용인되면 1, 그렇지 않으면 0)를 분석하기 위해 첨부된 데이터를 사용하라.

a. 훈련을 위해 처음 150개 관측치를 사용하고 검증을 위해 나머지 50개 관측치를 사용하면서 두 로지스틱 회귀모형의 정확도를 비교하기 위해 홀드아웃방법을 사용하라. 모형 1은 예측변수로 Age와 Religious를 사용하는 반면 모형 2는 이외에 Age와 Religious간 상호작용변수도 포함한다.

b. 두 모형의 정확도를 비교하기 위해 k = 4를 사용하면서 k-겹 교차검증방법을 사용하라.

7.5 데이터 분석

6장에서 언급한 것처럼, 빅데이터를 가지고 회귀분석을 할 때, 모형의 예측능력이 중요하지 유의성 검정이 반드시 중요한 것은 아니다. 이 절에서는 입학허가와 등록에 관한 의사결정을 예측하는 로지스틱 회귀모형이 사용된다. 로지스틱 회귀모형을 실행하기 전에 먼저 ***College_Admission*** 데이터를 검토하여 선정된 변수들을 위한 적정한 표본을 추출한다. 당신 스스로 아래의 분석보고서에 제시된 분석결과를 다시 구해보기를 권한다.

사례연구

FILE *College_Admission.* 북미의 한 선정된 4년제 대학에 있는 인문대학의 입학허가와 등록을 분석하는 보고서를 작성하라. 예측변수에는 지원자의 성별, 인종, GPA, SAT 점수가 포함된다. 전형적인 예측변수들의 값을 사용하면서 입학허가확률과 등록확률을 예측하라.

샘플보고서—대학입학허가와 등록

대학입학허가에 관한 의사결정에는 비법이 존재하지 않기 때문에, 대학입학허가는 학생과 부모 모두에게 스트레스를 많이 받는 일일 수 있다. 입학허가를 위해 고려되는 두 가지 중요한 요소는 학생의 고등학교 기록과 표준화된 시험 성적이다. 전미대학입학카운슬링협회[National Association for College Admission Counseling (NACAC)]에 의하면, 학생의 고등학교 기록은 표준화된 시험 성적보다 더 중요하다.

Rawpixel.com/Shutterstock

예비 학생들이 입학허가편지 받기를 간절히 바라는 것처럼, 대부분의 대학들은 등록 목표를 달성하는 것에 대해 우려한다. 대학이 내보내는 입학허가 수는 등록 목표와 입학허가를 받은 후 등록하는 학생의 비율로 정의되는 입학허가수율(admissions yield)에 의존한다. 입학허가수율은 학생이 지원하는 대학의 수뿐만 아니라 대학의 입학허가율에 의존하기 때문에 예측하기 어렵다. 대학입학 지원자 수와 입학허가 수가 증가함에 따라, 입학허가수율은 감소한다.

이 보고서에서 북미의 한 선정된 4년제 대학에 있는 인문대학의 입학허가확률과 등록확률에 영향을 미치는 요인들을 분석한다. 예측변수들은 지원자의 고등학교 GPA, SAT 점수, 성별, 인종을 파악하기 위한 Male, White, Asian 더미변수들이다. 표 7.29에 대표적인 지원자들 대한 개요가 제시되어 있다.

표 7.29 인문대학의 지원자 개요

변수	지원	허가	등록
남성 지원자 (%)	30.76	27.37	26.68
백인 지원자 (%)	55.59	61.13	69.83
아시아계인 지원자 (%)	12.42	11.73	8.73
기타 지원자 (%)	31.99	27.14	21.45
고등학교 GPA (평균)	3.50	3.86	3.74
SAT 점수 (평균)	1,146	1,269	1,229
지원자 수	6,964	1,739	401

인문대학에 지원한 6,964명 학생 중에서 30.76%는 남성이었다. 이에 더하여 백인 지원자와 아시아계인 지원자의 비율은 각각 55.59%와 12.42%이었고 기타 인종은 31.99%였다. 평균적인 지원자의 고등학교 GPA는 3.50이었고 SAT 점수는 1146점이었다. 또한 표 7.29는 1,739명(24 97%)의 지원자가 입학허가를 받았고 그 중에서 401명(23.06%)이 등록하였다는 것을 보여준다. 예상한 대로, 입학허가를 받은 지원자들의 평균 GPA와 SAT 점수는 그 정도는 크지 않지만 등록한 학생들의 점수보다 더 높다.

동일한 예측변수들을 사용하면서 두 로지스틱 회귀모형이 추정되었다. 한 모형은 입학허가확률을 예측하기 위한 것이고 다른 모형은 등록확률을 예측하기 위한 것이다. 6.964명 지원자 전체는 첫 번째 회귀분석을 위해 사용된 반면 입학허가를 받은 1,739명의 지원자는 두 번째 회귀분석을 위해 사용되었다. 회귀분석결과가 표 7.30에 제시되어 있다.

표 7.30 대학입학허가와 등록을 위한 로지스틱 회귀모형의 회귀분석결과

변수	허가	등록
상수	−17.5732* (−37.41)	7.2965* (8.48)
Male 더미변수	0.0459 (0.61)	−0.1433 (−1.05)
White 더미변수	−0.3498* (−4.43)	0.7653* (5.15)
Asian 더미변수	−0.4140* (−3.57)	−0.0074 (−0.03)
고등학교 GPA	2.7629* (25.74)	−1.4265* (−7.17)
SAT 점수	0.0056* (20.93)	−0.0028* (−5.99)
정확도 (%)	81	77
관측치 수	6,964	1,739

주: 모수 추정치 아래 괄호안에 있는 수치는 z-통계량이다; *는 5% 수준에서 유의하다는 것을 나타낸다;
정확도(%)는 정확하게 분류된 관측치의 비율을 측정한다.

두 모형 모두는 각각 81%와 77%의 정확도를 가지고 확률 예측을 잘 해내고 있다. 지원자의 성별은 입학허가와 등록에 관한 의사결정에서 어떤 역할도 하지 않는 것으로 보인다. 흥미롭게도 백인과 아시아계인 지원자들은 다른 인종보다 더 낮은 입학허가확률을 가진다. 아마도 이것은 대학이 대표성이 충분하지 않은 지원자의 비율을 비례적으로 더 높게 입학을 허가하는 사회적 약자 우대정책 때문일 수 있다. 예상한 대로, GPA와 SAT 점수 기준으로 우수한 지원자들이 입학허가를 받는다.

등록 측면에서 보면, 입학허가를 받은 백인 지원자들은 입학허가를 받은 모든 다른 지원자들보다 등록할 가능성이 더 크다. 마지막으로 입학허가를 받은 GPA와 SAT 점수가 높은 지원자들이 이 대학에 등록할 가능성은 더 낮다. 학문적으로 강한 지원자들은 더 많은 입학허가제안을 받을 것이고 이에 따라 특정한 대학의 입학허가제안을 수용할 확률이 낮기 때문에 이것은 놀라운 일이 아니다.

입학허가와 등록에 미치는 SAT 점수의 영향을 더 자세히 해석하기 위해, GPA가 3.8이고 SAT 점수가 1000점과 1600점 사이인 모든 인종으로부터 선정된 대표적인 남성의 예측되는 입학허가확률과 등록확률을 계산한다. 이러한 결과가 그림 7.15와 그림 7.16에 제시되어 있다.

그림 7.15 입학허가확률의 예측

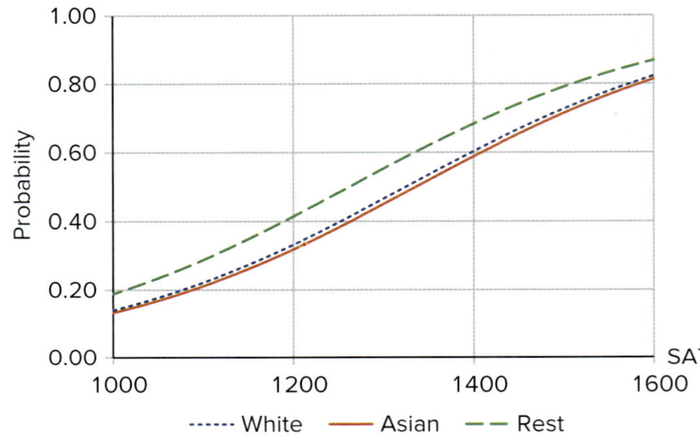

SAT 점수가 1300인 대표적인 남성 지원자의 경우를 고려해보라. 백인 남성의 경우, 예측되는 입학허가확률과 등록확률은 각각 47%와 27%이다. 아시아계 남성의 경우는 각각 45%와 13%이고 모든 기타 인종의 남성의 경우는 각각 55%와 13%이다. SAT 점수가 증가함에 따라 이러한 확률들은 서로 가까워진다. 대표성이 충분하지 않은 지원자들의 입학허가율이 더 높다는 것은 다양성이 모두를 위한 교육경험을 풍부하게 한다고 믿는 다른 대학들의 입학허가관행과 일치한다.

그림 7.16 등록확률의 예측

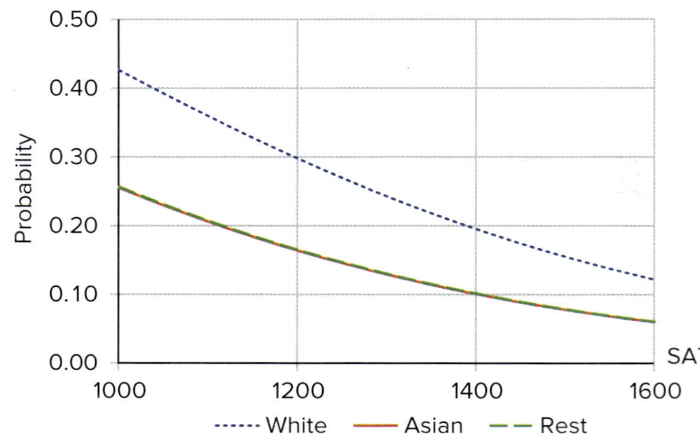

불행하게도, 대표성이 충분하지 않은 지원자들의 입학허가율이 더 높은데도 불구하고 이 대학에서 입학허가수율이 더 낮은 것은 지원율보다 실제 등록율을 더 낮게 만든다. 표 7.29에서 보는 것처럼, 대표성이 충분하지 않은 지원자들의 31.99%가 입학허가를 위해 지원했으나 등록한 비율은 21.45%로 하락했다. 이것은 흑인과 히스패닉 학생들이 35년 전보다 미국의 상위 대학에서 더 적다는 *뉴욕타임즈*의 기사(August 24, 2017)와 일치한다. 아시아계 지원자들의 입학허가수율은 8.73%로 가장 낮다. 이 대학은 특히 백인이 아닌 지원자들의 입학허가율이 낮은 이유를 조사하고 이 비율을 증가시킬 수 있는 방법을 찾도록 해야 한다.

사례연구 제안

이 교재에 첨부된 빅데이터를 가지고 많은 예측모형들이 추정되고 평가될 수 있다. 다음과 같은 사례연구들이 제안된다.

보고서 7.1 **FILE** ***College_Admissions.*** 관심 있는 대학을 선택하고 학생의 대학 GPA를 가장 양호하게 예측하기 위해 등록학생들로 구성된 표본을 사용하라. 관련된 예측변수들 간의 상호작용을 검토하고 가장 양호한 예측모형을 선택하기 위해 교차검증방법을 사용하라. 이러한 모형들을 추정하기 위해 당신은 먼저 등록학생들만 포함하도록 데이터를 정리해야 한다.

보고서 7.2 **FILE** ***House_Price.*** 두 개의 비교할 만한 대학타운을 선택하라. 각 대학타운의 주택가격을 위한 예측모형을 개발하라. 관련된 예측변수들의 로그–선형 변환, 더미변수와 상호작용을 검토하라. 가장 양호한 예측모형을 선택하기 위해 교차검증방법을 사용하라.

보고서 7.3 **FILE** ***NBA.*** 선수의 연봉을 예측하는 모형을 개발하라. 예측변수로 연령(이차식 효과), 키, 체중과 관련된 성능척도들을 고려하라. 함수형태(선형 또는 지수)뿐만 아니라 예측변수들의 선택을 평가하기 위해 교차검증방법을 사용하라. 이러한 모형들을 추정하기 위해 당신은 먼저 정규 시즌에 기초하여 경력 통계들만 포함하도록 데이터를 정리해야 한다. 연봉에 대한 정보가 없는 선수들을 제외하라.

보고서 7.4 **FILE** ***Longitudinal_Survey.*** 응답자가 성년기를 떠나고 있는지를 예측하기 위한 로지스틱 회귀모형을 개발하라. 선택하기 위해 교차검증방법을 사용하라. 이 모형을 추정하기 위해 당신은 먼저 누락이나 대치 방법을 사용하면서 결측치를 처리해야 한다.

보고서 7.5 **FILE** ***TechSales_Reps.*** 순추천의향지수(NPS)는 고객만족과 충성도의 핵심 지표이다. 영업사원이 9점 이상의 NPS 점수를 획득할 것인지를 예측하기 위한 로지스틱 회귀모형을 개발하기 위해 학사학위를 가지고 소프트웨어 제품 그룹에서 일하는 종업원들에 대한 데이터를 사용하라. 적정한 예측변수들을 선택하기 위해 교차검증방법을 사용하라. 이 모형을 추정하기 위해, 당신은 먼저 NPS $\geq$ 9을 나타내는 (더미) 목표변수를 구축하고 학사학위를 가지고 소프트웨어 제품 그룹에서 일하는 종업원들만 포함하도록 데이터를 정리해야 한다.

부록 7.1 *k*-겹 교차검증방법을 위한 R의 Caret 패키지

R의 *caret* 패키지(Classification And Regression Training의 약어)는 예측모형을 만드는 과정을 능률적으로 수행하는 일련의 함수들로 구성된 패키지이다. *caret* 패키지는 *k*-겹 교차검증방법을 실행하는 데 매우 유용하다. 여기서 *caret* 패키지를 사용하여 *k*-겹 교차검증방법을 실행하는 것을 소개하고 9장과 10장에서 다시 살펴볼 것이다(부록 C에서 논의한 것처럼, 다음의 지시사항은 **R version 3.5.3**에 기초한 것이다. R의 다른 버전에서는 작동하지 않을 수 있다).

Caret 패키지를 사용하여 선형회귀모형 평가하기

FILE ***Gender_Gap.*** 예시를 위해, 예제 7.15의 결과를 다시 구하기 위해 ***Gender_Gap*** 데이터를 사용한다.

A. ***Gender_Gap*** 데이터를 데이터 프레임(테이블)으로 불러오고 그것을 myData라고 이름 붙여라.

B. *caret* 패키지를 설치하고 불러오라. 다음과 같이 입력하라.

```
> install.packages("caret")
> library(caret)
```

일부 컴퓨터에서 당신은 다음과 같은 명령어를 사용하면서 *caret* 패키지를 지원하는 다른 패키지들을 설치할 필요가 있을 수 있다.

```
> install.packages("caret", dependencies = c("Depends", "Suggests")).
```

C. **trainControl**과 **train** 함수를 사용한다. **trainControl** 함수 안의 옵션에서 표본추출방법을 나타나기 위해 *method*를 사용하고(여기서 교차검증을 위해 "cv"로 나타낸다) 겹의 수를 나타내기 위해 *number*를 사용한다. 다음과 같이 입력하라.

```
> myControl <- trainControl(method = "cv", number = 4)
```

D. **train** 함수 안에서, 모형을 나타내고 다음과 같은 옵션들을 설정한다: *data*(데이터 프레임을 나타낸다), *method*(여기서 선형모형을 위해 "lm"으로 나타낸다)와 *trControl* (**trainControl** 함수를 사용할 때 변수를 나타낸다). 다음은 모형 1과 모형 2를 위한 입력 순서를 보여준다. 다음과 같이 입력하라.

```
> Model1 <- train(Salary~ Size + Experience + Female + Grad,
  data = myData, method = "lm", trControl = myControl)
> Model1
> Model2 <- train(Salary~ Size + Experience + Female + Grad
  + Female*Experience + Female*Grad + Size*Experience, data = myData,
  method = "lm", trControl = myControl)
> Model2
```

R은 다른 척도뿐만 아니라 평균 RMSE를 보고한다. 평균 RMSE는 모형 1의 경우 12.60이고 모형 2의 경우 12.38이다. 이러한 값들은 표 7.28에서 보고된 값들과 매우 가까우나 일치하지는 않는다. 이러한 차이가 발생하는 이유는 훈련셋과 검증셋을 결정하기 위해 예제 7.15에서는 고정추출이 사용된 반면 R은 임의추출을 사용하기 때문이다. R의 명령어를 다시 수행하면, 약간 다른 결과가 구해진다. 그러나 두 방법의 경우 모두 모형 2가 예측목적을 위해 더 양호하다는 것을 알 수 있다.

반복적인 *k*-겹 교차검증방법을 실행하기 위해 **trainControl** 함수를 쉽게 수정할 수 있다. 예를들면, 5번 반복되는 4-겹 교차검증방법을 실행하기 원한다고 하자. **trainControl** 함수를 다음과 같이 수정한다.

```
> myControl <- trainControl(method = "repeatedcv", number = 4, repeats = 5).
```

Caret 패키지를 사용하여 로지스틱 회귀모형 평가하기

FILE ***Spam.*** 예시를 위해, 예제 7.14에서 모형 1과 모형 2를 평가하기 위하 사용되었던 ***Spam*** 데이터를 사용한다. 처음 세 단계는 선형회귀모형을 평가할 때 사용한 것과 유사하다.

A. ***Spam*** 데이터를 데이터 프레임(테이블)으로 불러오고 그것을 myData라고 이름 붙여라.

B. *caret* 패키지를 설치하고 불러들이라. 다음과 같이 입력하라.

```
> install.packages("caret")
> library(caret)
```

C. `> myControl <- trainControl(method = "cv", number = 4)`

D. 로지스틱 회귀모형을 추정하기 전에, R이 *y*를 두 클래스를 가진 범주형 변수, 달리 말하면 더미변수로 취급하도록 *y*를 수치형 타입에서 범주형(factor) 타입으로 전환해야 한다. 이 작업을 수행하기 위해 **as.factor** 함수를 사용한다. 다음과 같이 입력하라.

```
> myData$Spam <- as.factor(myData$Spam)

> Model1 <- train(Spam ~ Recipients + Hyperlinks + Characters,
  data = myData, trControl = myControl, method = "glm", family =
  binomial(link=logit), metric = "Accuracy")

> Model1

> Model2 <- train(Spam ~ Recipients + Hyperlinks, data = myData,
  trControl = myControl, method = "glm", family = binomial(link=logit),
  metric = "Accuracy")

> Model2
```

R은 모형 1의 경우 78.59%의 정확도와 모형 2의 경우 76.60%의 정확도를 보고한다. 예제 7.14에서처럼, 모형 1이 예측을 위해 더 양호하다는 것을 알 수 있다.

마찬가지로 trainControl 함수를 다음과 같이 수정하여 5번 반복되는 4-겹 교차검증을 실행할 수 있다.

```
> myControl <- trainControl(method = "repeatedcv", number = 4, repeats = 5).
```

8 데이터 마이닝 소개
Introduction to Data Mining

학습목차_Chapter Contents

학습목표_Learning Objectives

이 장을 학습한 후에,

LO **8.1** 데이터 마이닝 과정을 설명할 수 있어야 한다.
LO **8.2** 유사도 척도를 구현할 수 있어야 한다.
LO **8.3** 데이터 마이닝 모형의 예측성능을 평가할 수 있어야 한다.
LO **8.4** 주성분 분석을 수행할 수 있어야 한다.

데이터 마이닝(data mining)은 숨겨진 구조, 패턴, 변수 간 관계를 찾기 위해 데이터셋에 분석기법을 적용하는 과정이다. 이는 3장에서 논의한 데이터 시각화 및 요약척도와 6장 및 7장에서 논의한 선형 및 로지스틱 회귀모형에서 더 나아간 기법이다. 이 장에서는 먼저 데이터 마이닝, 데이터 마이닝 과정, 두 가지 주요 데이터 마이닝 기법, 즉 지도(supervised)[또는 예측(predictive), 감독(directed)] 및 비지도(unsupervised)[또는 기술(descriptive), 비감독(undirected)] 학습 데이터 마이닝에 대한 개요를 제공한다.

다음으로 데이터 마이닝과 관련된 세 가지 주요 문제인 유사도 척도, 예측성능 평가, 차원 축소 등에 대해 살펴본다. 유사도 척도는 관측치 그룹이 서로 간에 유사한지 아닌지를 측정하며 데이터 마이닝 기법에서 필수적인 요소이다. 예측성능 평가는 지도학습 데이터 마이닝에서 모형선택을 위한 중요한 단계로 원본 샘플을 모형을 구축(학습)하기 위한 학습셋, 모형을 진단(평가)하기 위한 검증셋, 선택적인 테스트 데이터셋 등으로 분할하게 된다. 추정된 모형이 보이지 않는 샘플에서 얼마나 잘 성능을 발휘하는지 평가하기 위해 여러 성능척도가 개발되었다.

마지막으로 차원축소 기법인 주성분 분석에 대해 논의한다. 이 기법은 데이터셋 내 변수의 수를 원래 데이터에서 가장 중요한 정보를 담고 있는 더 작은 주요 성분의 집합으로 줄인다. 이 개념은 추후 9~11장에서 설명하고 있는 지도학습 및 비지도학습 데이터 마이닝 기법을 이해하기 위한 선수지식이다.

도입사례_*Introductory Case*

소셜 미디어 마케팅

알리사 브릿지(Alissa Bridges)는 남성과 여성 모두를 위한 스포츠용 의류를 전문으로 하는 온라인 의류 소매업체인 패션테크(FashionTech)의 마케팅 이사이다. 패션테크의 목표시장에는 의류 구매를 통해 패션과 가치를 찾는 활동적인 야외생활 스타일을 가진 18세에서 35세 사이의 개인들이 포함된다. 이 회사는 TV 광고, 분기별 카탈로그, 간접광고, 검색엔진, 소셜 미디어를 포함한 다양한 미디어 채널을 통해 제품을 마케팅하고 있다. 알리사는 신규 고객을 확보하고 기존 고객의 매출을 늘리는 데 도움이 되는 예측모형을 개발하기 위해 소셜 미디어 다케팅 회사인 마켓위즈(MarketWiz)를 고용했다. 패션테크의 과거 소셜 미디어 마케팅 및 판매 데이터를 사용하여 마켓위즈는 두 가지 유형의 예측모형을 개발한다.

- 잠재고객이 소셜 미디어 계정에서 홍보 메시지를 받은 후 30일 이내 패션테크에서 구매할 확률을 예측하는 분류모형
- 소셜 미디어 채널을 통해 획득한 고객의 1년치 구매금액을 예측하는 두 개의 예측모형

예측모형의 성능을 평가하기 위해 알리사의 팀은 검증 데이터셋을 사용하여 다음을 수행하려고 한다.

1. 분류모형이 잠재고객을 구매 및 비구매 클래스로 얼마나 정확하게 분류하는지 평가한다.
2. 소셜 미디어 채널을 통해 획득한 고객의 1년치 구매금액을 추정하는 예측모형의 성능을 ㅂ 교한다.

이 도입사례에 대한 분석결과는 8.3절의 마지막에 제시되어 있다.

8.1 데이터 마이닝 개요

인공지능, 기계학습, 데이터 마이닝 등은 기존의 데이터 분석 기술로는 달성할 수 없는 통찰력 있는 해답을 얻기 위해 사용되는 컴퓨터 소프트웨어의 응용을 설명하는 용어들이다. 넓은 의미에서 **인공지능(artificial intelligence)**은 추론, 패턴인식, 복잡한 데이터 해석과 같이 인간과 유사한 지능 및 인지 기능을 보여주는 컴퓨터 시스템을 설명하는 데 사용된다.

1959년 IBM의 컴퓨터 과학자 아서 사무엘(Arthur Samuel)은 **기계학습(machine learning)**이라는 용어를 만들었다. 이는 컴퓨터로 하여금 사람의 개입이나 도움 없이 자동으로 학습할 수 있도록 하는 인공지능의 응용을 의미한다. 기계학습 기법은 데이터에서 숨겨진 패턴과 관계를 발견하고 자체 학습 알고리즘을 사용하여 결과를 평가하고 시간이 지남에 따라 성능을 향상시킬 수 있다. 인기있는 차량호출 서비스인 우버(Uber)는 다양한 위치로 운전자들을 파견하기 위한 전략으로 기계학습 알고리즘을 사용하여 탑승자 수요를 예측한다.

데이터 마이닝(data mining)은 기계학습 및 인공지능 개발에 필요한 일련의 분석 기법을 적용하는 과정이다. 데이터 마이닝의 목표는 데이터에서 숨겨진 패턴과 관계를 발견하여 통찰력을 얻고 관련 정보를 도출하여 의사결정에 도움을 주는 것이다. 다음의 세 장에서 설명하겠지만 데이터 마이닝 기법은 데이터 분할, 패턴 인식, 분류, 예측에 사용된다. 예를 들어, 소매회사는 소비자 행동을 연구하고 고객을 다른 세분시장으로 그룹화하여 각 세분시장에 고유한 판촉 캠페인을 디자인하고 맞춤화할 수 있다. 또한 이전 판촉 캠페인의 정보를 사용하여 기존 및 잠재 고객의 미래 행동을 예측할 수도 있다.

여러 방면에서 이러한 용어의 정의는 중첩되기도 하며 그 사이에 명확한 경계가 없다. 예를 들어, 대중교통 부서는 데이터 마이닝 도구를 사용하여 이전 달의 교통데이터를 분석하여 도시 전체의 신호등 타이밍에 대한 일반적인 지침을 설정할 수 있으며 기계학습 알고리즘을 사용하여 혼잡시간 동안의 실제 교통정보를 바탕으로 개별 신호등을 약간 조정할 수 있다. 또한 인공지능 기법을 이용해서 교통 정체에 따른 간헐적 문제 및 복잡한 상황을 수반하는 사고를 처리할 때 의사결정을 내릴 수 있다. 따라서 데이터 마이닝은 종종 기계학습 및 인공지능의 구성 요소로 인식된다.

인공지능, 기계학습, 데이터 마이닝

인공지능, 기계학습, 데이터 마이닝이라는 용어는 그 정의가 명확한 경계 없이 겹치는 경향이 있기 때문에 종종 함께 그룹화되거나 서로 혼용되어 사용된다. 이들 용어에 대한 다음과 같은 일반적 정의는 이러한 사실을 강화한다.

- 인공지능은 추론, 패턴 인식, 복잡한 데이터 해석과 같이 인간과 같은 지능과 인지 기능을 구현한 컴퓨터 시스템이다.
- 기계학습은 결과를 평가하고 시간이 지남에 따라 성능을 향상시키기 위해 설계된 자체 학습 알고리즘을 통합한 기법이다.
- 데이터 마이닝은 데이터 속에 숨겨진 패턴과 관계를 발견하도록 설계된 일련의 분석기법을 활용하는 것이다.

데이터 마이닝 과정

LO 8.1

데이터 마이닝 과정을 설명할 수 있어야 한다.

데이터 마이닝은 대규모 데이터셋을 분석하는 복잡한 과정으로 패턴을 식별하고 이를 가치있는 비즈니스 통찰력을 얻기 위해 사용하는 것이다. 최근 데이터 마이닝 분야의 폭발적 성장으로 인해 해당 분야의 표준 수립에 대한 필요성이 증가하고 있다. 데이터 마이닝 분석 수행시 실무자들은 일반적으로 **CRISP-DM** (Cross-Industry Standard Process for Data Mining, 데이터 마이닝을 위한 산업 간 표준 프로세스) 방법론 또는 표본조사(Sample), 탐색(Explore), 수정(Modify), 모형화(Model), 평가(Assess)로 구성된 **SEMMA** 방법론을 이용한다. 어느 방법을 사용하든 데이터를 준비하고 분석 기법을 선택하기 전에 주변의 사회경제적 환경, 비즈니스 목적, 배경 이슈들을 완전히 이해하는 것이 중요하다. 각각의 방법론에 대해 자세히 살펴보자.

CRISP-DM

CRISP-DM은 1990년대 SPSS, TeraData, Daimler AG, NCR, OHRA 등 5개 회사로 이루어진 그룹에 의해 개발되었다. CRISP-DM은 비즈니스 이해, 데이터 이해, 데이터 준비, 모형화, 평가, 활용 등의 6가지 주요 단계로 구성되어 있다. 6가지 단계는 다음과 같이 요약할 수 있다.

1. 비즈니스 이해(business understanding): 첫 번째 단계는 데이터 마이닝 프로젝트와 그 목표를 이해하는 데 중점을 둔다. 구체적인 목표(예: 특정 고객 부류에 판매될 상품수를 예측하거나 특정 지역에서의 판매 향상)뿐만 아니라 프로젝트 일정 및 인도물을 정의하기 위해 이 단계에서 데이터 마이닝 프로젝트에 대한 상황 맥락(예: 자원 및 데이터 가용성)에 대한 정보가 수집된다.
2. 데이터 이해(data understanding): 이 단계는 관련 데이터를 수집하고 데이터를 이해하기 위해 예비 분석을 수행하는 것과 관계가 있다. 초기 분석의 결과는 후속 데이터 마이닝 단계에 대한 아이디어와 잠재적 가설로 이어질 수 있다.
3. 데이터 준비(data preparation): 이 단계에서의 특정 작업들로는 후속 분석을 위한 레코드 및 변수 선택, 데이터 랭글링, 정제 등이 포함된다. 예를 들어, 특정 데이터 마이닝 기법은 수치형 및 범주형 데이터의 추출 및 변환을 필요로 할 수 있다. 이와 같은 데이터 랭글링 관련 내용은 다른 주제와 함께 2장에서 논의되었다.
4. 모형화(modeling): 이 단계는 앞서 논의한 선형 및 로지스틱 회귀모형을 포함한 데이터 마이닝 기술의 선택 및 실행과 관련되어 있다. 특정 분석 기법은 데이터셋에 특정 형식과 변수 유형을 요구한다. 예를 들어, 전통적인 나이브 베이즈 기법(9장에서 논의)은 범주형 변수만 사용할 수 있다. 따라서 데이터를 전환하거나 변환하기 위해 데이터 준비 단계로 돌아가야 할 수도 있다. 또한 우리가 내린 가정(예: 정규 분포, 결측치 처리 등)을 문서화하고 모형에 매개변수 값을 설정할 필요가 있을 수 있다. 데이터 마이닝의 경우, 모형을 학습하고 검증하기 위해 종종 데이터셋의 일부를 따로 설정해야 할 필요가 있다.
5. 평가(evaluation): 데이터 마이닝 모형을 개발한 후 프로젝트의 비즈니스 목표를 충족하는 최상의 모형을 선택하기 위해 특정 기준에 따라 경쟁 모형들의 성능을 평가한다(이 장의 뒷부분에서 설명). 그런 다음 첫 번째 단계에서 설명한 비즈니스 목표의 맥락에서 결과를 검토하고 해석한다. 이 교재의 회귀 및 데이터 마이닝 관련 각 장의 끝에는 "데이터 분석

사례"라는 부분이 있는데 분석에서 얻은 지식을 기반으로 결과, 해석, 권장사항 등을 제시하는 보고서가 있다.

6. 활용(deployment): 이 마지막 단계에서는 분석 결과를 바탕으로 실행가능한 권장사항들을 개발한다. 다른 비즈니스 프로젝트와 마찬가지로 배포, 모니터링, 피드백을 위한 전략이 필요하다. CRISP-DM 모델은 데이터 마이닝 프로젝트의 순환적 특징을 암시하는 수명주기로 이해된다. 권장사항들이 구현되면 후속 데이터 마이닝 프로젝트를 촉발하는 추가적인 통찰력을 얻을 수 있다.

그림 8.1은 CRISP-DM 방법론의 단계를 보여준다.

그림 8.1 CRISP-DM 데이터 마이닝 방법론

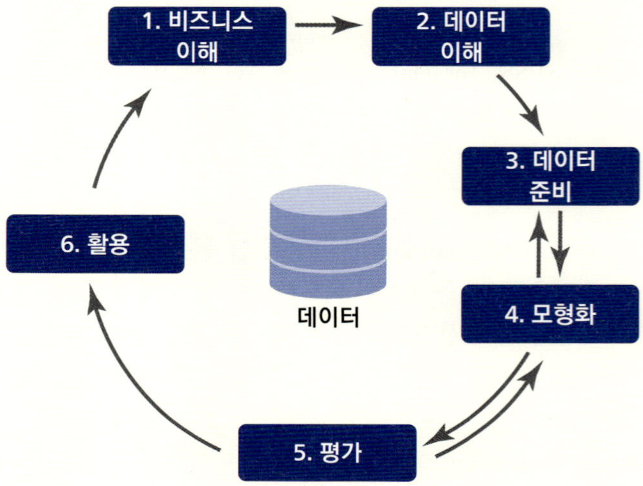

SEMMA

일부 데이터 마이닝 실무자들은 SEMMA 방법론을 선호하기도 한다. SAS 인스티튜트(SAS Institute)에서 개발한 이 방법론은 핵심적인 작업들에 중점을 두고 데이터 분석을 위한 단계별 과정을 제공한다. SEMMA 방법론의 5단계는 다음과 같이 요약될 수 있다.

1. 표본조사(sample): 첫 번째 단계는 후속 분석을 위해 적절한 변수를 식별하고, 데이터셋을 병합 또는 분할하고, 데이터 샘플을 추출하는 데 중점을 둔다.
2. 탐색(explore): 데이터를 철저히 이해하기 위해 데이터 시각화 및 요약척도를 포함한 다양한 탐색적 데이터 분석 기법이 시행된다.
3. 수정(modify): CRISP-DM 방법론의 데이터 준비 단계와 유사하게 후속 분석을 위한 데이터셋을 준비하기 위해 관련 변수를 선정하고, 생성하며, 변환한다.
4. 모형화(model): CRISP-DM 방법론의 모형화 단계와 유사하게 분석기술과 모형을 선택하여 데이터에 적용하고 결과를 생성한다.
5. 평가(assess): 다양한 모형의 결과가 최종 사용자에게 제공된다. 사용자는 경쟁모형의 결과와 성능을 비교한다. 경우에 따라 모형에서 얻은 통찰력을 사용하여 새로운 관측치에 점수를 매긴다.

그림 8.2은 SEMMA 방법론의 단계를 보여준다.

그림 8.2 SEMMA 데이터 마이닝 방법론

> **데이터 마이닝 과정**
>
> 데이터 마이닝 분석 수행의 두 가지 중요한 방법론으로 데이터 마이닝을 위한 산업 간 표준 프로세스(CRISP-DM)와 표본조사, 탐색, 수정, 모형화, 평가(SEMMA)가 있다.
>
> - CRISP-DM에는 비즈니스 이해, 데이터 이해, 데이터 준비, 모형화, 평가, 활용이라는 데이터 마이닝 프로세스의 여섯 가지 주요 단계가 포함된다.
> - SEMMA에는 데이터 마이닝 프로세스의 다섯 가지 주요 단계로 표본조사, 탐색, 수정, 모형화, 평가가 포함된다.

CRISP-DM 방법론과 SEMMA 방법론 모두 문제 식별에서부터 데이터 탐색, 데이터 수집, 데이터 처리, 분석, 성능 평가, 구현 등 순차적 단계의 전반을 제공하고 있다. 모든 데이터 마이닝 응용에서 이러한 프로세스의 각 단계가 반드시 필요한 것은 아니라는 것에 주의할 필요가 있다. 또한, 실무적으로 CRISP-DM의 데이터 준비 단계와 SEMMA의 수정 단계는 데이터 마이닝 과정에서 중요한 역할을 수행한다. 개별 분석가 또는 분석팀은 프로젝트 시간의 상당 부분(종종 80%)을 모형화 활동으로 이어지는 데이터 이해, 정제, 변환, 준비에 소비하는 경향이 있다. 데이터 애널리틱스에 대한 선도적인 웹 사이트인 KD Nuggets가 실시한 여러 설문조사에 따르면 CRISP-DM 방법론이 SEMMA 방법론보다 더 많이 사용되는 것으로 나타난다. 많은 사람들은 CRISP-DM이 상세한 단계, 작업, 활동을 통해 데이터 마이닝에 대한 전체적인 접근 방식을 제공하는 진정한 방법론이라고 생각한다.

지도학습 및 비지도학습 데이터 마이닝

데이터 마이닝은 많은 종류의 계산 알고리즘을 사용하여 데이터 속의 숨겨진 패턴과 관계를 식별한다. 예측을 하거나 패턴을 식별하기 위해 데이터에 대해 "학습(learn)"하는 방식에 따라 이러한 알고리즘은 지도학습 및 비지도학습 기법으로 분류된다. 예측모형 개발을 위해서는 **지도학습 데이터 마이닝(supervised data mining)** 기법을 사용하는 경향이 있다. **비지도학습 데이터 마이닝(unsupervised data mining)** 기법은 데이터 탐색, 차원 축소, 패턴 인식에 특히 효과적이다. 지도학습과 비지도학습 기법의 주요 차이점으로 지도학습 데이터 마이닝에서는 목표변수(target variable)가 식별된다는 것이다. 6장과 7장에서는 목표변수를 반응변수(response variable)로 언급하고 있는데 이는 통계학에서 종종 사용된다. 목표변수의 과거 값들이 데이터셋에 존재하여 데이터 마이닝 알고리즘은 예측변수가 목표변수에 미치는 영향을 조사할 수 있다. 반면 비지도학습 데이터 마이닝에서는 목표변수가 식별되지 않는다.

지도학습 데이터 마이닝

가장 일반적으로 사용되는 지도학습 데이터 마이닝 알고리즘 중 일부는 고전적인 통계 기법을 기반으로 한다. 6장과 7장에서 논의한 선형 회귀모형과 로지스틱 회귀모형은 지도학습 기법의 예이다. 이러한 모형은 여러 예측변수를 기반으로 목표변수의 결과를 예측하는 데 사용된다. 수학적 모형은 목표변수(일반적으로 y)의 결과를 하나 이상의 예측변수(일반적으로 x_1, x_2, . . . , x_k)와 관계시킨다. 결과적으로 예측변수에 대한 정보를 사용하여 목표변수의 변화를 예측하거나 설명한다. 따라서 회귀모형은 목표변수의 알려진 값이 모형을 구축하는 데 사용되기 때문에 "학습(훈련, trained)" 또는 "지도(supervised)"된다. 또한 예측값이 목표변수의 실제값에서 벗어나는 정도를 기준으로 모형의 성능을 평가할 수 있다. 지도학습 데이터 마이닝에서 널리 사용되는 몇 가지 다른 기계학습 알고리즘이 존재한다. 9장과 10장에서는 이러한 기법 중 k-최근접 이웃, 나이브 베이즈, 의사결정나무 등 세 가지 기법에 대해 논의한다.

지도학습 데이터 마이닝의 일반적인 응용에는 **분류(classification)** 및 **예측(prediction)** 모형이 포함된다. 분류모형에서 목표변수는 범주형이다. 분류모형의 목적은 새로운 사례들의 클래스 귀속을 예측하는 것이다. 예를 들어, 마케팅 관리자는 잠재고객 목록을 구매자와 비구매자로 분류할 수 있다. 재무 분석가는 특정 주식을 매수, 보유, 매도의 세 가지 클래스 중 하나로 분류할 수 있다. 예측모형에서 목표변수는 수치형이다. 예측모형의 예로 고객 지출, 주택판매가격, 의료시술 후 입원기간 등을 예측하는 것이 있다.

지도학습 데이터 마이닝

지도학습 데이터 마이닝에서는 목표(반응)변수가 알려져 있다. 지도학습의 일반적인 응용에는 분류 및 예측모형이 포함된다.

- 분류모형에서 목표변수는 범주형이다. 분류모형의 목표는 새로운 사례의 클래스 귀속을 예측하는 것이다.
- 예측모형에서 목표변수는 수치형이다. 예측모형의 목표는 새로운 사례의 숫자값을 예측하는 것이다.

비지도학습 데이터 마이닝

비지도학습 데이터 마이닝은 목표변수에 대한 지식을 필요로 하지 않는다. 비지도학습이라고 불리는 이유는 지도학습과 달리 분석가의 지침이 없이도 알고리즘이 컴퓨터로 하여금 복잡한 과정과 패턴을 식별할 수 있게 하기 때문이다. 비즈니스 애널리틱스 분야에서 비지도학습은 탐색적 데이터 분석(exploratory data analysis) 및 기술적 애널리틱스(descriptive analytics)의 중요한 부분으로 간주된다. 또한, 비지도학습은 지도학습을 수행하기 전에 데이터셋을 이해하고, 질문을 공식화하거나, 데이터를 요약하기 위해 이용되기도 한다.

비지도학습의 일반적인 응용은 **차원축소(dimension reduction)** 및 **패턴인식(pattern recognition)**을 포함한다. 차원축소(이 장의 후반부에서 설명)는 원본 데이터의 많은 정보를 잃지 않고 고차원 데이터 집합(변수의 수가 많은 데이터)을 변수의 수가 더 적은 데이터로 변환하는 과정을 의미한다. 이는 다른 데이터 마이닝 방법을 배포하기 전에 정보의 중복을 줄이고 모형의 안정성을 향상시키기 위한 중요한 단계이다. 특히 차원축소는 오늘날 빅데이터 환경과 관련이 있다. 예를 들어, 센서 또는 기타 사물인터넷(Internet of things, IoT) 장치에 의해 수집된 데이터는 많은 변수(고차원)와 이들이 전달하는 정보에서 많은 중복성을 갖는 경향이 있다. 이러한 데이터셋의 차원축소는 데이터에서 중요한 패턴을 도출하고 보다 안정적인 예측모형을 구축하는 데 도움이 된다.

패턴인식은 기계학습 기법을 사용하여 패턴을 인식하는 과정이다(11장에서 설명). 반복되는 일련의 고객 행동, 문서내 단어들의 빈번한 조합, 개체의 인식 가능한 특징, 동일한 그룹에 속하는 사물의 공통 특성 등도 패턴이라 할 수 있다. 예를 들어, 소매회사는 패턴인식 기법을 사용하여 고객을 서로 다른 세분시장으로 그룹화하여 각 세분시장이 관심을 갖는 제품 및 서비스 제안으로 맞춤화할 수 있다.

비지도학습 데이터 마이닝

비지도학습 데이터 마이닝에는 목표변수가 없다. 비지도학습의 일반적인 응용은 차원축소와 패턴인식을 포함한다.

- 차원축소는 고차원 데이터 집합을 보다 작은 차원의 데이터로 변환하는 과정이다.
- 패턴인식은 기계학습 기법을 사용하여 데이터의 패턴을 인식하는 과정이다.

이 장의 다음 몇 절에서는 데이터 마이닝과 관련된 세 가지 핵심개념인 유사도 척도, 성능평가, 차원축소 기법에 대해 살펴본다. 이들은 9~11장에서 논의되고 있는 데이터 마이닝 기법을 이해하기 위한 선수지식에 해당된다.

8.2 유사도 척도

먼저 관측치 그룹이 서로 유사하거나 다른지 여부를 측정하는 **유사도 척도(similarity measures)**를 살펴본다. 유사도 척도는 이후의 장에서 소개되는 지도학습 및 비지도학습 데이터 마이닝을 이해하는 데 중요하다. 예를 들어, 9장의 k-최근접 이웃(KNN) 방법에서는 서로 유사한 관측치 또는 가까운 이웃을 식별하는 데 유사도 척도가 사용된다. 11장의 군집분석은 데이터에서 관측치 간의 유사성을 찾고 유사한 특성을 기반으로 의미 있는 군집으로 그룹화한다. 관측치들은 동일한 그룹 내에서는 유사하지만 그룹 간에는 서로 상이하도록 군집화된다.

유사도 척도는 변수의 쌍별 관측치(레코드) 간 거리를 기반으로 한다. 관측치 사이의 거리가 가까우면 유사도가 높지만 관측치 사이의 거리가 멀다면 유사도가 낮음을 의미한다. 이번 장에서 모든 k개의 변수는 $x_1, x_2, \ldots, x_k$.와 같이 표시된다.

LO 8.2

유사도 척도를 구현할 수 있어야 한다.

표 8.1에서와 같이 변수 x_1과 x_2에 대해 세 개의 관측치를 고려해 보자.

표 8.1 변수 x_1, x_2에 대한 세 개의 쌍별 관측치

Observation	x_1	x_2
1	3	4
2	4	5
3	10	1

이들 관측치를 그리면 그림 8.3과 같다. 관측치 1과 2는 분명히 서로 더 가까워 이들이 "유사하다"는 것을 알 수 있다. 또한 관측치 3은 관측치 1 및 2와는 다르다는 것을 알 수 있다. 이 절에서는 수치형과 범주형 변수에서 관측치 간 유사도를 측정하는 보다 공식적인 방법에 대해 소개한다.

그림 8.3 세 개의 쌍별 관측지

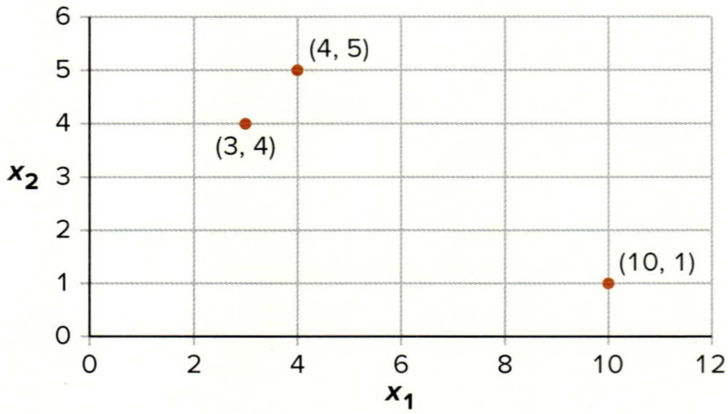

수치형 데이터 유사도 척도

유클리드 거리(Euclidean distance)는 수치형 변수의 유사성을 평가하는 데 가장 널리 사용되는 척도 중 하나로 두 관측치 사이의 직선 길이로 정의된다. k개의 변수가 있는 데이터셋의 경우 i번째 관측치와 j번째 관측치 사이의 유클리드 거리는 다음과 같이 계산된다.

$$\text{유클리드 거리} = \sqrt{(x_{1i} - x_{1j})^2 + (x_{2i} - x_{2j})^2 + (x_{3i} - x_{3j})^2 + \cdots + (x_{ki} - x_{kj})^2}$$

여기서 x_{ki}와 x_{kj}는 k번째 변수의 i번째와 j번째 관측치를 의미한다.

맨해튼 거리(Manhattan distance)는 수평 또는 수직으로만 이동할 수 있는 두 관측치 간의 최단 거리이다. 사각형 블록들로 설계된 맨해튼시(city of Manhattan)를 간주하면 두 지점 사이의 맨해튼 거리는 차량이 도시의 한 지점에서 다른 지점으로 이동하는 최단 경로이다. k개의 변수가 있는 데이터셋의 경우 i번째 관측치와 j번째 관측치 사이의 맨해튼 거리는 다음과 같이 계산된다.

$$\text{맨해튼 거리} = |x_{1i} - x_{1j}| + |x_{2i} - x_{2j}| + |x_{3i} - x_{3j}| + \cdots + |x_{ki} - x_{kj}|$$

여기서 x_{ki}와 x_{kj}는 k번째 변수의 i번째와 j번째 관측치를 의미한다.

예제 8.1

표 8.1에는 변수 x_1 및 x_2에 대해 세 개의 관측치가 있다.

a. 모든 쌍별 관측치 간 유클리드 거리를 계산하고 해석하라.

b. 모든 쌍별 관측치 간 맨해튼 거리를 계산하고 해석하라.

해답:

a. 모든 쌍별 관측치 간 유클리드 거리는 다음과 같이 계산된다.

관측치 1과 2:

$$\sqrt{(x_{11}-x_{12})^2+(x_{21}-x_{22})^2}=\sqrt{(3-4)^2+(4-5)^2}=1.41$$

관측치 1과 3:

$$\sqrt{(x_{11}-x_{13})^2+(x_{21}-x_{23})^2}=\sqrt{(3-10)^2+(4-1)^2}=7.62$$

관측치 2와 3:

$$\sqrt{(x_{12}-x_{13})^2+(x_{22}-x_{23})^2}=\sqrt{(4-10)^2+(5-1)^2}=7.21$$

유클리드 척도를 사용하여 유사도를 측정하면 가장 짧은 유클리드 거리(1.41)를 갖는 관측치 1과 2가 가장 유사하다. 가장 긴 유클리드 거리(7.62)를 갖는 관측치 1과 3은 가장 유사하지 않다. 이와 같은 결론은 그림 8.3에 의해 재확인된다.

b. 모든 쌍별 관측치 간 맨해튼 거리는 다음과 같이 계산된다.

관측치 1과 2: $|x_{11}-x_{12}|+|x_{21}-x_{22}|=|3-4|+|4-5|=2$

관측치 1과 3: $|x_{11}-x_{13}|+|x_{21}-x_{23}|=|3-10|+|4-1|=10$

관측치 2와 3: $|x_{12}-x_{13}|+|x_{22}-x_{23}|=|4-10|+|5-1|=10$

유클리드 거리를 사용한 결과와 마찬가지로 관측치 1과 2는 맨해튼 거리를 기준으로 가장 유사하다. 관측치 1과 2는 동일하게 관측치 3과 유사하지 않다.

유클리드 거리 및 맨해튼 거리

수치형 데이터의 경우 유사도 척도는 변수의 쌍별 관측치(레코드) 간 거리를 기반으로 한다. k개의 변수가 있는 데이터셋의 경우 i번째 관측치와 j번째 관측치 사이의 유클리드 거리와 맨해튼 거리는 다음과 같이 계산된다.

$$\text{유클리드 거리}=\sqrt{(x_{1i}-x_{1j})^2+(x_{2i}-x_{2j})^2+(x_{3i}-x_{3j})^2+\cdots+(x_{ki}-x_{kj})^2}$$

$$\text{맨해튼 거리}=|x_{1i}-x_{1j}|+|x_{2i}-x_{2j}|+|x_{3i}-x_{3j}|+\cdots+|x_{ki}-x_{kj}|$$

여기서 x_{ki}와 x_{kj}는 k번째 변수의 i번째와 j번째 관측치를 의미한다.

예제 8.1에서와 같이 서로 다른 거리 척도가 항상 동일한 추론으로 이어지는 것은 아니다. 유클리드 거리는 맨해튼 거리보다 이상치의 영향을 더 많이 받는 것으로 알려져 있다. 예제 8.1에서 세 번째 관측치는 이상치인 것이 분명하여 이에 따라 맨해튼 거리가 보다 더 적절할 수 있다. 그러나 대부분의 데이터 마이닝 알고리즘은 유클리드 거리를 사용한다.

표준화와 정규화

데이터셋이 여러 변수를 포함할 경우, 각 변수의 척도는 거리 척도와 두 관측치 간 유사성을 결정하는 방법에 영향을 줄 수 있다. 예를 들어, 소비자 정보를 비교할 때 연간 소득과 같은 데이터는 주당 인터넷 이용시간보다 더 큰 척도를 갖는 경향이 있는데 이는 단순히 연간 소득이 더 큰 수치라는 사실 때문이다. 결과적으로 연간 소득은 주당 인터넷 이용시간보다 유사도 척도에 더 큰 영향을 미치게 된다.

이러한 척도의 차이는 관측치 간 실제 거리를 왜곡하고 부정확한 결과를 초래할 수 있다. 따라서 데이터 마이닝 기법에서 유사도 척도를 계산하기 전에 수치형 데이터를 **표준화(standardizing)**하거나 **정규화(normalizing)**하여 관측치가 단위에 영향받지 않도록 만드는 것이 일반적이다. 이러한 수치형 데이터 변환은 유사도 척도를 계산할 때 각 변수에 동일한 가중치가 적용되도록 한다.

데이터를 표준화하는 한 가지 일반적인 방법은 3장에서 논의한 z-점수(표준화점수)를 계산하는 것이다. z-점수는 표준편차 기준으로 표본평균에서 주어진 관측치까지의 거리를 측정한다. k번째 변수의 i번째 관측치에 대한 z-점수인 z_{ki}는 다음과 같이 계산된다.

$$z_{ki} = \frac{x_{ki} - \bar{x}_k}{s_k}$$

여기서 x_{ki}는 k번째 변수의 i번째 관측치이며 $\bar{x}_k$와 s_k는 각각 k번째 변수의 평균과 표준편차이다.

또 다른 변환 방법으로 널리 사용되는 방법은 최소-최대 정규화(min-max normalization)로 관측치에서 최소값을 뺀 다음 그 차이를 범위(최대값 − 최소값)로 나눈다. 이러한 접근법은 각 값을 0과 1 사이로 재조정한다. k번째 변수의 i번째 관측치에 대한 최소-최대 정규화된 값인 q_{ki}는 다음과 같이 계산된다.

$$q_{ki} = \frac{x_{ki} - min_k}{range_k}$$

여기서 x_{ki}는 k번째 변수의 i번째 관측치이며 min_k와 $range_k$는 각각 k번째 변수의 최소값과 범위이다.

수치형 데이터의 표준화와 정규화

z-점수 표준화 및 최소-최대 정규화는 수치형 데이터를 척도와 독립적으로 만드는 두 가지 변환 기법이다. k번째 변수의 i번째 관측치에 대한 z-점수 표준화(z_{ki})는 다음과 같이 계산된다.

$$z_{ki} = \frac{x_{ki} - \bar{x}_k}{s_k}$$

여기서 x_{ki}는 k번째 변수의 i번째 관측치이며 $\bar{x}_k$와 s_k는 각각 k번째 변수의 평균과 표준편차이다. k번째 변수의 i번째 관측치에 대한 최소-최대 정규화 값(q_{ki})은 다음과 같이 계산된다.

$$q_{ki} = \frac{x_{ki} - min_k}{range_k}$$

여기서 x_{ki}는 k번째 변수의 i번째 관측치이며 min_k와 $range_k$는 각각 k번째 변수의 최소값과 범위이다.

정규화 용어 관련 참고

'정규화(normalization)'라는 용어는 통계에서 여러 의미를 갖는다는 점에 유의해야 한다. 일반적으로 정규화는 수치형 데이터를 척도와 독립적으로 만드는 과정을 의미한다. 때때로 이 용어는 z-점수 표준화에도 사용되는데 Analytic Solver는 '정규화'라는 용어를 사용하여 수치형 데이터를 z-점수로 변환한다. 이 교재에서는 혼동을 피하기 위해 최소-최대 정규화라는 용어를 사용한다.

예제 8.2는 데이터를 표준화하고 정규화하는 방법에 대해 보여준다.

예제 8.2

표 8.2의 1~3열에 표시된 연간 소득(Income, 달러) 및 주당 인터넷 이용시간(Hours Spent)을 갖고 있는 다섯 명의 소비자 표본을 살펴보자. 연간 소득 값이 주당 인터넷 이용시간 보다 훨씬 크기 때문에 원본 데이터에서 계산된 거리척도는 왜곡될 수 있다.

표 8.2 연간 소득 및 인터넷 이용시간

Name	Income	Hours Spent	Standardized Income	Standardized Hours Spent	Normalized Income	Normalized Hours Spent
Jane	125,678	2.5	1.2473	−1.5071	1.0000	0.0000
Kevin	65,901	10.1	−1.1892	1.0382	0.0000	1.0000
Dolores	75,550	5.8	−0.7959	−0.4019	0.1614	0.4342
Deshaun	110,250	9.0	0.6184	0.6698	0.7419	0.8553
Mei	98,005	7.6	0.1194	0.2010	0.5371	0.6711

a. 연간 소득(Income) 및 인터넷 이용시간(Hours Spent)에 대한 관측치를 표준화하기 위해 z-점수를 이용하라.

b. 연간 소득(Income) 및 인터넷 이용시간(Hours Spent)에 대한 관측치를 정규화하기 위해 최소-최대 변환을 이용하라.

해답:

a. 소득(Income)에 대한 관측치를 표준화하기 위해 먼저 평균(95,077달러)과 표준편차(24,534.45달러)를 계산한다. 다음으로 각 관측치와 평균의 차이를 표준편차로 나눈다. 예를 들어, 제인(Jane)의 경우 표준화된 소득의 값은 다음과 같다.

$$z_{\text{Income Jane}} = \frac{x_{\text{Income Jane}} - \bar{x}_{\text{Income}}}{s_{\text{Income}}} = \frac{125{,}678 - 95{,}077}{24{,}534.45} = 1.2473$$

따라서 제인의 연간 소득은 표본에 포함된 모든 소비자의 평균 소득보다 1.2473 표준편차 위에 있다. 모든 소득 관측치에 대한 표준화된 값은 표 8.2의 4열에 있다. 예를 들어, 케빈(Kevin)의 연간 소득은 평균 소득보다 1.1892 표준편차 아래에 있다.

이용시간(Hours Spent)에 대한 표준화된 값은 이용시간 평균(7.0시간) 및 표준편차(2.99시간)를 이용하여 유사한 방식으로 계산된다. 표 8.2의 5열은 이용시간의 표준화된 값을 보여준다. 표준화된 값은 유사한 척도를 갖게 되어 거리 척도를 계산할 때 동일한 가중치를 받게 된다.

b. 소득(Income)에 대한 관측치를 정규화하기 위해 먼저 최소값(65,901달러)과 최대값(125,678달러)을 찾고 범위(59,777달러)를 계산한다. 다음으로 각 관측치와 최소값의 차이를 범위로 나눈다. 제인의 경우 소득에 대한 최소-최대 정규화된 값은 다음과 같이 계산된다.

$$q_{\text{Income Jane}} = \frac{x_{\text{Income Jane}} - min_{\text{Income}}}{range_{\text{Income}}} = \frac{125{,}678 - 65{,}901}{59{,}777} = 1$$

최소-최대 정규화는 0과 1 사이에서 각 관측치를 재조정하기 때문에 연간 소득이 가장 높은 제인은 최소-최대 정규화 소득이 1이고, 연간 소득이 가장 낮은 케빈은 최소-최대 정규화 소득이 0이다. 소득에 대한 최소-최대 정규화된 값은 표 8.2의 6열에 있다.

이용시간(Hours Spent)에 대한 최소-최대 정규화 값은 최소값(2.5시간)과 최대값(10.1시간)을 이용하여 유사하게 계산된다. 표 8.2의 7열은 이용시간에 대한 최소-최대 정규화값을 보여준다. 표준화된 값의 경우와 마찬가지로 최소-최대 정규화된 값은 유사한 척도를 가지므로 거리 척도를 계산할 때 동일한 가중치를 받게 된다.

범주형 데이터 유사도 척도

유클리드 거리척도 및 맨해튼 거리척도는 수치형 변수에 적합하다. 범주형 변수를 다룰 경우 다른 유사도 척도를 이용한다. 예를 들어, 자동차 유형을 분석하는 데 관심이 있는 경우 범주형 변수의 값은 세단, 스포츠 유틸리티, 트럭, 미니밴 등을 포함하게 된다. 범주가 두 개뿐인 범주형 변수는 이항변수(binary variable)라고 한다. 예를 들어, 대출에 대해 분석할 때 이항변수의 값으로 승인 또는 거절이 포함된다. 범주형 및 이항 데이터에 일반적으로 사용되는 두 가지 척도로 매칭계수와 자카드 계수가 있다.

매칭계수

범주형 변수에 대한 **매칭계수(matching coefficient)**는 관측치(레코드) 간의 유사성을 결정하기 위해 일치하는(matching) 값을 기반으로 한다. 두 관측치 간의 매칭계수는 다음과 같다.

$$\text{매칭계수} = \frac{\text{결과가 일치하는 변수의 수}}{\text{총 변수의 수}}$$

매칭계수의 값이 높을수록 두 관측치의 유사도는 높아진다. 매칭계수 값 1은 완벽한 일치를 의미한다.

예제 8.3

표 8.3의 대학생 목록을 살펴보자. 각각의 레코드는 학생의 전공, 분야, 성별, 학장 목록(Dean's List) 등재 여부 등을 보여주고 있다. 모든 학생 쌍 간의 매칭계수를 계산하고 서

로 얼마나 유사하거나 다른지를 확인하라.

표 8.3 대학생 특성

Student	Major	Field	Sex	Dean's list
1	Business	MIS	Female	Yes
2	Engineering	Electrical	Male	Yes
3	Business	Accounting	Female	No

해답:

학생 1과 2를 비교하면 네 개의 변수 중 하나(학장 목록)에서만 일치하는 값이 있다. 따라서 매칭계수는 1/4 = 0.25이다. 학생 1과 3을 비교하면 네 개의 변수 중 두 개(전공 및 성별)가 일치하는 값을 갖는다. 따라서 매칭계수는 2/4 = 0.50이다. 학생 2와 3을 비교하면 네 개의 변수 중 일치하는 값이 없다. 따라서 매칭계수는 0/4 = 0이다.

세 학생의 매칭계수를 기준으로 학생 1과 3은 서로 가장 유사하지만 학생 2와 3은 가장 유사하지 않다.

자카드 계수

매칭계수는 긍정적인 결과(예: 구매)와 부정적인 결과(예: 비구매)를 구분하지 않음으로써 유사도에 대한 잘못된 측정값을 제공할 수 있다. 예를 들어, 수많은 제품이 있는 식료품점에서 소비자 구매 행동에 대해 생각해 보자. 동일한 제품을 구매하는 두 소비자는 직관적으로 유사한 행동을 보인다고 생각할 수 있다. 그러나, 한 소비자가 호스티스 컵케익(Hostess cupcake)만 구매하고 다른 소비자는 유기농 사과만 구매한다면 대부분의 사람들은 이 두 소비자가 비슷하지 않다고 결론 내릴 것이다. 단순 매칭계수는 고객이 사용가능한 수많은 제품들을 구매하지 않을 경우에도 매우 높은 매칭계수 값을 생성할 수 있다는 문제가 있다.

프랑스 과학자 폴 자카트(Paul Jaccard)의 이름을 따서 명명된 **자카드 계수(Jaccard's coefficient)**는 부정적인 결과가 긍정적인 결과만큼 중요하지 않은 상황에서 더 적절한 유사도 척도이다. 자카드 계수는 다음과 같이 계산된다.

$$\text{자카드 계수} = \frac{\text{긍정적인 결과가 일치하는 변수의 수}}{\text{총 변수의 수} - \text{부정적인 결과가 일치하는 변수의 수}}$$

예제 8.4

한 소매점은 개별 판매 거래에서 다섯 개의 제품이 포함되었는지 여부를 보여주는 판매시점(point of sales) 정보를 수집하고 있다. 이 정보는 표 8.4와 같다. '예(yes)'는 긍정적인 결과를 나타내고 '아니요(no)'는 부정적인 결과를 나타낸다. 예를 들어, '거래 1(Transaction 1)'은 소비자가 컴퓨터 키보드, 마우스, 헤드폰을 구매했다는 것을 보여준다. 모든 쌍별 거래 집합에 대해 매칭계수와 자카드 계수를 계산하고 비교하라.

표 8.4 소매 거래

Transaction	Keyboard	Memory card	Mouse	USB drive	Headphone
1	Yes	No	Yes	No	Yes
2	Yes	Yes	Yes	No	No
3	No	No	No	No	Yes
4	Yes	No	No	No	No

해답:

거래 1 (Transactions 1)과 거래 2 (Transactions 2) 사이의 매칭계수와 자카드 계수를 계산하는 방법을 살펴보자. 매칭계수의 경우 거래 1과 거래 2는 키보드, 마우스, USB 드라이브 등 세 가지 일치하는 값을 갖고 있다. 다섯 개의 제품(즉, 다섯 개의 변수)이 있다고 가정하면 매칭계수는 3/5 = 0.6으로 계산된다. 자카드 계수의 경우 두 거래에는 두 개의 긍정적인 결과(키보드 및 마우스)와 하나의 부정적인 결과(USB 드라이브)가 일치한다. 따라서 두 거래에 대한 자카드 계수는 2/(5 − 1) = 0.50로 계산된다. 나머지 쌍별 거래에 대한 계수들은 유사한 방식으로 계산되며 표 8.5와 같다.

표 8.5 매칭계수와 자카드 계수 비교

Transactions	Matching coefficients	Jaccard's coefficients
1 and 2	3/5 = 0.6	2/4 = 0.50
1 and 3	3/5 = 0.6	1/3 = 0.33
1 and 4	3/5 = 0.6	1/3 = 0.33
2 and 3	1/5 = 0.2	0/4 = 0.00
2 and 4	3/5 = 0.6	1/3 = 0.33
3 and 4	3/5 = 0.6	0/2 = 0.00

표 8.5는 두 척도가 거래 1과 2에 대해 가장 높은 계수를 생성한다는 것을 보여주며 이들 거래가 가장 유사하다는 것을 의미한다. 그러나 몇 가지 주목할 만한 차이점이 있다. 예를 들어, 매칭계수는 부정적인 결과가 일치하는 거래(예: 거래 1과 3, 거래 1과 4 등)에서 더 큰 값을 생성한다. 판매 거래에서 특정 제품의 부재(즉, 부정적인 결과)는 일반적으로 긍정적인 결과만큼 중요하지 않으며 유사도 척도에 부정적인 결과를 포함하는 것은 오해의 소지가 있다. 거래 3과 4를 살펴보자. 두 고객이 동일한 세 가지 제품(메모리 카드, 마우스, USB 드라이브)을 구매하지 않았다는 사실은 두 거래 또는 고객 간 유사도를 의미하지 않을 수 있다. 자카드 계수는 이를 적절하게 조정하며 자카드 계수가 0이면 두 거래가 서로 다르다는 것을 나타낸다. 반면 0.6의 매칭계수는 일치하는 부정적인 결과의 수 때문에 상대적으로 유사도가 높다고 잘못 암시하고 있다.

매칭계수와 자카드 계수

매칭계수와 자카드 계수는 범주형 데이터에 대한 유사도 척도이다. k개의 변수가 있는 데이터셋의 i번째 관측치와 j번째 관측치(레코드) 간의 매칭계수는 다음과 같이 계산된다.

$$\text{매칭계수} = \frac{\text{결과가 일치하는 변수의 수}}{\text{총 변수의 수}}$$

k개의 변수가 있는 데이터셋의 i번째 관측치와 j번째 관측치(레코드) 간의 자카드 계수는 다음과 같이 계산된다

$$\text{자카드 계수} = \frac{\text{긍정적인 결과가 일치하는 변수의 수}}{\text{총 변수의 수} - \text{부정적인 결과가 일치하는 변수의 수}}$$

자카드 계수는 두 관측치 간에 긍정적인 결과만 일치시키는 것이 더 유익할 때 적절하다.

연습문제 8.2

참고: 이 절의 연습문제 계산에서는 반올림되지 않은 숫자를 사용하는 것이 좋다.

1. **FILE** ***Exercise_8.1.*** 함께 제공되는 데이터 파일은 x_1, x_2라는 2개의 변수가 있는 10개의 관측치를 포함하고 있다.
   a. 원래 값을 사용하여 *처음 두 관측치* 사이의 유클리드 거리를 계산하라.
   b. 원래 값을 사용하여 처음 두 관측치 사이의 맨해튼 거리를 계산하라.
   c. 전체 데이터셋을 기반으로 x_1 및 x_2에 대한 표본평균과 표준편차를 계산하라. z-점수를 사용하여 값을 표준화한 다음 처음 두 관측치 사이의 유클리드 거리를 계산하라.
   d. 전체 데이터셋을 기반으로 x_1 및 x_2의 최소값과 최대값을 찾아라. 최소–최대 변환을 사용하여 값을 정규화한 다음 처음 두 관측치 사이의 유클리드 거리를 계산하라.

2. **FILE** ***Exercise_8.2.*** 함께 제공되는 데이터 파일은 x_1, x_2, x_3라는 3개의 변수가 있는 10개의 관측치를 포함하고 있다.
   a. 원래 값을 사용하여 *처음 두 관측치* 사이의 유클리드 거리를 계산하라.
   b. 원래 값을 사용하여 처음 두 관측치 사이의 맨해튼 거리를 계산하라.
   c. 전체 데이터셋을 기반으로 세 변수에 대한 표본평균과 표준편차를 계산하라. z-점수를 사용하여 값을 표준화한 다음 처음 두 관측치 사이의 유클리드 거리를 계산하라.
   d. 전체 데이터셋을 기반으로 세 변수의 최소값과 최대값을 찾아라. 최소–최대 변환을 사용하여 값을 정규화한 다음 처음 두 관측치 사이의 유클리드 거리를 계산하라.

3. **FILE** ***Exercise_8.3.*** 함께 제공되는 데이터 파일은 x_1, x_2, x_3라는 3개의 변수가 있는 28개의 관측치를 포함하고 있다.
   a. 원래 값을 사용하여 *처음 세 관측치*의 가능한 모든 쌍에 대해 유클리드 거리를 계산하라.
   b. 전체 데이터셋을 기반으로 세 변수에 대한 표본평균과 표준편차를 계산하라. z-점수를 사용하여 값을 표준화한 다음 처음 세 관측치의 가능한 모든 쌍에 대해 유클리드 거리를 계산하라. 이 결과를 a의 결과와 비교하라.
   c. 원래 값에 z-점수로 표준화한 값을 사용하여 처음 세 관측치의 가능한 모든 쌍에 대해 맨해튼 거리를 계산하라.

4. **FILE** ***Exercise_8.4.*** 함께 제공되는 데이터 파일은 x_1, x_2라는 2개의 변수가 있는 19개의 관측치를 포함하고 있다.
   a. 원래 값을 사용하여 *처음 세 관측치*의 가능한 모든 쌍에 대해 유클리드 거리를 계산하라.
   b. 전체 데이터셋을 기반으로 세 변수의 최소값과 최대값을 찾아라. 최소–최대 변환을 사용하여 값을 정규화한 다음 처음 세 관측치의 가능한 모든 쌍에 대해 유클리드 거리를 계산하라.
   c. 원래 값에 최소–최대 정규화한 값을 사용하여 처음 세 관측치의 가능한 모든 쌍에 대해 맨해튼 거리를 계산하라.

5. **FILE** ***Exercise_8.5.*** 함께 제공되는 데이터 파일은 x_1, x_2라는 2개의 변수가 있는 10개의 관측치를 포함하고 있다.
   a. 전체 데이터셋을 기반으로 두 변수의 표본평균과 표준편차를 계산하라. 원래 값에 z-점수로 표준화한 값을 사용하여 *처음 세 관측치*의 가능한 모든 쌍에 대해 유클리드 거리를 계산하라.

b. 원래 값에 z-점수로 표준화한 값을 사용하여 *처음 세 관측치*의 가능한 모든 쌍에 대해 맨해튼 거리를 계산하라.

6. **FILE** ***Exercise_8.6.*** 함께 제공되는 데이터 파일은 x_1, x_2, x_3라는 3개의 변수가 있는 12 개의 관측치를 포함하고 있다.

a. 전체 데이터셋을 기반으로 세 변수에 대한 표본평균과 표준편차를 계산하라. 원래 값에 z-점수로 표준화한 값을 사용하여 *처음 세 관측치*의 가능한 모든 쌍에 대해 유클리드 거리를 계산하라.

b. 전체 데이터셋을 기반으로 세 변수의 최소값과 최대값을 찾아라. 원래 값에 최소-최대 정규화한 값을 사용하여 *처음 세 관측치*의 가능한 모든 쌍에 대해 맨해튼 거리를 계산하라.

7. **FILE** ***Exercise_8.7.*** 함께 제공되는 데이터 파일은 x_1, x_2, x_3라는 3개의 범주형 변수가 있는 5개의 관측치를 포함하고 있다.

a. 모든 쌍별 관측치에 대해 매칭계수를 계산하라.

b. 서로 가장 많이 유사한 관측치와 적게 유사한 관측치를 식별하라.

8. **FILE** ***Exercise_8.8.*** 함께 제공되는 데이터 파일은 x_1, x_2, x_3, x_4라는 4개의 범주형 변수가 있는 4개의 관측치를 포함하고 있다.

a. 모든 쌍별 관측치에 대해 매칭계수를 계산하라.

b. 서로 가장 많이 유사한 관측치와 적게 유사한 관측치 쌍을 식별하라.

9. **FILE** ***Exercise_8.9.*** 함께 제공되는 파일은 x_1, x_2, x_3, x_4라는 4개의 이항변수가 있는 6개의 관측치를 포함하고 있다.

a. 모든 쌍별 관측치에 대한 매칭계수를 계산하라. 서로 가장 유사한 관측치와 적게 유사한 관측치 쌍을 식별하라.

b. 모든 쌍별 관측치에 대해 자카드 계수를 계산하라. 서로 가장 유사한 관측치와 적게 유사한 관측치 쌍을 식별하라.

10. **FILE** ***Employees.*** 다음과 같이 새로 고용된 직원의 시작 급여(1,000달러)와 대학 GPA를 나열하는 데이터의 일부분을 살펴보자.

Employee	Salary	GPA
1	72	3.53
2	66	2.86
3	72	3.69
⋮	⋮	⋮
11	59	3.49

a. 값을 변환하지 않고 처음 세 직원의 가능한 모든 쌍에 대해 유클리드 거리를 계산하라. 계산에서 직원번호는 제외해야 한다.

b. 급여 및 GPA에 대한 z-점수 표준화 값을 계산한 다음 처음 세 직원의 가능한 모든 쌍에 대해 유클리드 거리를 계산하라. 표준화가 유사도 거리에 미치는 영향에 대해 논의하라.

c. z-점수 표준화 값을 사용하여 처음 세 직원의 가능한 모든 쌍에 대해 맨해튼 거리를 계산하라. 유클리드 거리와 맨해튼 거리의 차이점에 대해 논의하라.

11. **FILE** ***Online_Retailers.*** 다음과 같이 온라인 소매업체의 연간수익(Revenue, 달러), 웹사이트에서 제공되는 제품 수(SKUs), 웹사이트 일일 방문 횟수(Visits) 등에 대한 정보를 나열하는 데이터의 일부분을 살펴보자.

Website ID	Revenue	SKUs	Visits
001	2,984,567	34,567	546,799
002	1,230,956	22,398	342,455
⋮	⋮	⋮	⋮
010	2,278,890	28,773	333,219

a. 값을 변환하지 않고 연간수익, 제품수, 일일 방문 횟수를 기반으로 웹 사이트 001, 003, 005의 모든 쌍별 관측치에 대한 유클리드 거리를 계산하라. 계산에서 웹사이트 ID는 제외해야 한다.

b. 연간수익, 제품수, 일일 방문 횟수에 대한 최소-최대 정규화 값을 계산한 다음 웹사이트 001, 003, 005의 모든 쌍별 관측치에 대한 유클리드 거리를 계산하라. 이 결과와 a의 결과 간 차이에 대해 논의하라. 계산에서 웹사이트 ID는 제외해야 한다.

c. 최소-최대 정규화한 값을 사용하여 웹사이트 001, 003, 005의 모든 쌍별 관측치에 대한 맨해튼 거리를 계산하라. 유클리드 거리와 맨해튼 거리의 차이에 대해 논의하라. 계산에서 웹사이트 ID는 제외해야 한다.

12. **FILE** ***Vehicles.*** 다음과 같이 차량 유형(Type), 전륜구동 여부(AWD), 자동변속기 여부(Transmission) 등과 같은 세 가지 변수를 기반으로 차량 정보를 표시하는 데이터의 일부분을 살펴보자.

Vehicle	Type	AWD	Transmission
1	SUV	Yes	Automatic
2	Sedan	No	Manual
⋮	⋮	⋮	⋮
56	SUV	No	Automatic

a. 처음 다섯 대의 차량을 사용하여 Type, AWD, Transmission 등을 기반으로 모든 쌍별 관측치에 대해 매칭계수를 계산하라.

b. 서로 가장 유사한 차량과 유사하지 않은 차량을 식별하고 설명하라. 이러한 차량들의 특성에 대해 설명하라.

13. **FILE** ***Home_Loan.*** 다음과 같이 주택융자신청에 대한 정보가 포함된 데이터의 일부분을 살펴보자. 각 신청서는 (1) 일반 또는 연방주택관리국 보조금 지급 여부(LoanType), (2) 단독 또는 다세대주택 여부(PropertyType), (3) 최초 구매 또는 재융자 여부(Purpose) 등의 변수를 포함하고 있다.

Application	LoanType	PropertyType	Purpose
1	Conventional	Single-family	Purchase
2	Conventional	Multi-family	Refinancing
⋮	⋮	⋮	⋮
103	Federal Housing	Single-family	Purchase

a. 처음 다섯 개 신청서를 사용하여 LoanType, PropertyType, Purpose 등을 기반으로 모든 쌍별 관측치에 대한 매칭계수를 계산하라.

b. 서로 가장 유사한 신청서와 가장 유사하지 않은 신청서를 식별하고 설명하라. 이러한 대출 신청의 특징에 대해 설명하라.

14. **FILE** ***University_Students.*** 대학생에 대한 정보가 수집되었다. 관심 변수는 (1) 학생이 학부생 또는 대학원생인지 여부(Level of education), (2) 수학 전공인지 여부, (3) 통계 부전공인지 여부, (4) 남성 혹은 여성인지 여부 등이다. 데이터의 일부가 아래 표에 제시되어 있다.

Student	Level of education	Math major?	Statistics minor?	Sex
1	Graduate	Yes	Yes	F
2	Undergraduate	Yes	No	M
⋮	⋮	⋮	⋮	⋮
8	Graduate	Yes	Yes	M

a. 처음 다섯 명의 학생을 사용하여 네 개의 변수를 기반으로 모든 쌍별 관측치에 대한 매칭계수를 계산하라.

b. 서로 가장 유사한 학생과 가장 유사하지 않은 학생을 식별하여 설명하라.

15. **FILE** ***Bookstore.*** 다음과 같이 지역 서점에서 판매시점 거래의 일부를 보여주는 데이터의 일부를 살펴보자. 각 이항변수는 특정 도서 장르가 거래에서 구매되었는지 여부를 나타낸다.

Transaction	Sci-fi	Travel guide	Self help	Biography	Children's book
1	0	0	1	1	1
2	1	0	1	0	1
⋮	⋮	⋮	⋮	⋮	⋮
101	0	0	0	0	1

a. 처음 다섯 개의 판매 거래내역을 사용하여 다섯 개의 이항변수에 대한 모든 쌍별 관측치의 매칭계수를 계산하라.

b. 처음 다섯 개의 판매 거래내역을 사용하여 다섯 개의 이항변수에 대한 모든 쌍별 관측치의 자카드 계수를 계산하라.

c. 위 a와 b의 결과를 바탕으로 서로 가장 유사한 거래내역과 가장 유사하지 않은 거래내역을 식별하여 설명하라. a와 b의 결과 차이에 대해 논의하라.

16. **FILE** ***Grocery_Store.*** 다음과 같이 식료품점에서 판매시점 거래의 일부를 보여주는 데이터를 살펴보자. 각 이항변수는 제품이 거래의 일부로 구매되었는지 여부를 나타낸다.

Transaction	Meat	Produce	Baked goods	Candy
1	1	0	1	1
2	1	[illegible]	0	1
⋮	⋮	⋮	⋮	⋮
258	1	[illegible]	1	0

a. 처음 다섯 개의 판매 거래내역을 사용하여 네 개 이항변수의 모든 쌍별 관측치에 대한 매칭계수를 계산하라.

b. 처음 다섯 개의 판매 거래내역을 사용하여 네 개 이항변수의 모든 쌍별 관측치에 대한 자카드 계수를 계산하라.

c. 위 a와 b의 결과를 바탕으로 서로 가장 유사한 거래내역과 가장 유사하지 않은 거래내역을 식별하여 설명하라. a와 b의 결과 차이에 대해 논의하라.

17. **FILE** ***Fast_Food.*** 다음과 같이 지역 패스트푸드 점에서 판매 거래의 일부를 보여주는 데이터를 살펴보자. 각 이항변수는 제품이 판매 거래의 일부로 구매되었는지 여부를 나타낸다.

Transaction	Hamburgers	Fries	Soda
1	0	1	0
2	1	1	0
⋮	⋮	⋮	⋮
238	0	1	1

a. 처음 다섯 개의 판매 거래내역을 사용하여 세 개 이항변수의 모든 쌍별 관측치에 대한 매칭계수를 계산하라.

b. 처음 다섯 개의 판매 거래내역을 사용하여 세 개 이항변수의 모든 쌍별 관측치에 대한 자카드 계수를 계산하라.

c. 위 a와 b의 결과를 바탕으로 서로 가장 유사한 거래내역과 가장 유사하지 않은 거내내역을 식별하여 설명하라. a와 b의 결과 차이에 대해 논의하라.

8.3 성능 평가

LO 8.3

데이터 마이닝 모형의 예측성능을 평가할 수 있어야 한다.

이 절에서는 6장과 7장에서 논의한 선형 및 로지스틱 회귀모형을 포함하여 데이터 마이닝 모형의 예측 성능을 평가한다. 모델구축에 사용된 샘플 데이터만을 기반으로 평가하는 것보다 추정된 모델이 보이지 않는 샘플에서 얼마나 잘 수행되는지를 평가하는 성능 척도를 개발하는 것이 중요하다는 점을 상기하자.

7장에서는 원본 샘플을 분할하여 학습셋으로 모형을 구축(학습)하고 검증셋으로 모형을 진단(평가)하는 교차검증 기법에 대해 논의했다. 선형 회귀모형을 평가하기 위해 평균제곱오차 제곱근(RMSE)을 사용하고 로지스틱 회귀모형을 평가하기 위해 정확도를 사용했다. 이 장에서는 모든 지도학습 데이터 마이닝 모형에 적용할 수 있는 몇 가지 다른 성능 척도를 포함하여 분석을 확장한다.

데이터 분할

데이터 분할(data partitioning)은 데이터셋을 학습, 검증, 그리고 상황에 따라 선택적인 테스트 데이터셋으로 나누는 과정이다. 일반적인 데이터 분할 관행은 학습 데이터셋과 검증 데이터셋을 생성하기 위한 이원 무작위 분할(two-way random partitioning)이다. 7장에서 논의한 고정 추출과 반대로 학습 및 검증 데이터셋 선택에서의 편향을 피하기 위해 무작위 분할을 사용한다. 종종 데이터의 더 많은 부분을 포함하는 학습 데이터셋은 예측변수와 목표(반응)변수 사이의 관계를 식별하기 위해 데이터 마이닝 알고리즘을 "학습(훈련)"한다. 모형구축에 관련되지 않는 검증 데이터셋은 데이터 마이닝 모형의 예측성능에 대한 공정한 평가를 제공하기 위해 사용된다.

학습 데이터셋으로부터 구축된 모형은 검증 데이터셋의 목표변수 값을 예측하는 데 사용된다. 그런 다음 이러한 예측값을 검증 데이터셋의 목표변수의 실제값과 비교하여 모형의 성능을 평가한다. 이 과정에서 얻은 성능척도는 모형 성능을 평가하고 모형을 미세 조정하거나 경쟁 모형들과의 성능을 비교하는 데 사용될 수 있다. 일반적인 관행은 데이터의 60%를 학습 데이터셋으로 분할하고 데이터의 40%를 검증 데이터셋으로 분할하는 것이다. 그러나 모형 구축 과정이 더 큰 학습 데이터셋의 혜택을 받을 수 있는 경우 70%/30%으로 학습/검증 데이터셋을 분할하여 사용하는 경우가 있다. 7장에서 설명했듯이 홀드아웃(holdout) 및 *k*-겹 방법으로 교차검증을 구현할 수 있다.

지도학습 데이터 마이닝에서는 때때로 데이터의 삼원 무작위 분할(three-way random partitioning)을 사용하여 학습, 검증, 테스트 데이터셋을 생성하기도 한다. 모형구축이나 모형선택에 관여하지 않는 테스트 데이터셋이라고 하는 세 번째 데이터셋은 이전에 본 적이 없는 새로운 데이터셋에서 최종 모형이 얼마나 잘 수행되는지 평가하기 위해 생성된다. 이원 분할의 경우와 마찬가지로 데이터는 일반적으로 편향되지 않은 학습, 검증, 테스트 데이터셋을 생성하기 위해 무작위로 분할된다. 삼원 무작위 분할 방법에서는 학습 50%, 검증 30%, 테스트 20%로의 분할이 권장되는 경우가 많다. 삼원 무작위 분할은 일반적으로 *k*-겹 교차검증과 반대로 홀드아웃 방법으로 구현된다.

> **데이터 분할**
>
> 데이터 분할은 데이터셋을 학습, 검증, 선택적 테스트 데이터셋 등으로 나누는 과정이다. 학습 데이터셋은 하나 이상의 모형을 생성하는 데 사용된다. 검증 데이터셋은 경쟁 모형들을 미세 조정하거나 비교하는 데 사용된다. 선택적인 테스트 데이터셋은 새로운 데이터셋에서 최종 모형의 성능을 평가하는 데 사용된다.

과대표본추출

때로는 분류하려는 목표 클래스가 매우 드물기 때문에 분류모형의 유용성이 떨어지기도 한다. 예를 들어, 온라인 소매업체에 어떤 잠재고객이 홍보 이메일에 응답할 가능성이 있는지를 알려주는 분류모형을 구축하기 위해 소매업체가 홍보 이메일 메시지를 10,000명의 잠재고객에게 보내는 실험을 수행하여 200명의 고객만이 응답하면 응답률은 2%이다. 이 실험에 따른 결과 데이터는 대부분 응답자의 목표 클래스와 구분하기 위한 정보가 거의 없는 비응답자로 구성된다. 이 소매업체가 분류모형을 구축하려고 시도하는 경우, 가장 성능이 좋은 모형은 잠재고객이 홍보 이메일 메시지에 응답하지 않을 것이라고 제안할 수 있는데 이때 모형의 정확도는 98%로 매우 높은 수준이다. 그럼에도 불구하고 이 사례에서 가장 성능이 좋은 모형은 소매업체에게는 쓸모가 없을 수 있다.

이 문제에 대한 일반적인 해결책은 **과대표본추출(oversampling)**이다. 과대표본추출 기법은 데이터셋의 클래스 분포를 조정하기 위해 의도적으로 한 클래스에서 다른 클래스보다 더 많은 샘플을 선택하는 것과 관련이 있다. 희귀한 목표 클래스 사례들은 과대표본추출될 경우 데이터셋에 더 많이 포함되게 된다. 이는 목표 클래스 사례를 예측하는 데 더 유용한 예측모형으로 이어진다.

홍보용 이메일 예에서 소매업체는 응답자를 전부는 아니더라도 대부분을 포함하여 많지 않은 목표 클래스 사례들을 과대표본추출하고 이에 따른 데이터셋이 응답자와 비응답자의 건전한 조합으로 구성되도록 비응답자수를 줄일 수 있다.

> **과대표본추출**
>
> 과대표본추출 절차는 데이터셋의 클래스 분포를 조정하기 위해 다른 클래스에 비해 희귀한 클래스의 비중을 확대한다.

관행적으로 학습 데이터셋만 과대표본추출한다. 검증 및 테스트 데이터셋의 관측치들은 원본 클래스 비율을 유지하므로 성능 추정치 결과가 현실을 더 잘 나타낼 수 있다.

지도학습 데이터 마이닝 성능 평가

6.2절에서는 회귀모형이 얼마나 잘 데이터에 적합하거나 데이터를 설명하는지를 평가하기 위해 결정계수(R^2) 및 조정결정계수(adjusted R^2)와 같은 적합도 척도를 사용했다. 그럼에도 불구하고 표본내 데이터 집합에 잘 적합하는 모형은 **과대적합(overfitting)** 가능성으로 인해 새로운 관측치를 정확하게 예측하지 못할 수 있다. 7.4절에서 설명한 바와 같이 과대적합은 모형이 데이터셋에 너무 근접하게 일치하게 되면서 미래의 관측치를 안정적으로 예측하지 못할 때 발생한다는 것을 상기하자. 즉, 과대적합 모형은 미래 관측치에서 일반화될 수 있는 기저 패턴이 아닌 특정 데이터셋의 잡음을 설명하게 된다. 과대적합은 모형 복잡성이 증가함(예를 들어, 모형에 더 많은 예측변수가 포함됨)에 따라 더 심각해질 수 있다.

과대적합

과대적합은 예측모형이 주어진 표본 데이터의 특성에 맞도록 지나치게 복잡하게 만들어질 때 발생한다. 모형이 표본 데이터에 너무 가깝게 일치하도록 만들면 예측력이 손상된다.

데이터 분할 및 교차검증은 과대적합을 감지하고 모형의 예측성능에 대한 객관적인 평가를 제공하는 데 사용될 수 있다. 학습 데이터셋을 사용하여 모형을 개발한 다음 검증 데이터셋에서 얻은 성능척도를 검사하여 평가한다고 가정하자. 그림 8.4에서 볼 수 있듯이 모형이 점점 더 복잡해짐에 따라 학습 데이터셋에 대한 모형의 성능은 개선되는 경향(예: 예측 오류율 감소)이 있지만 검증 데이터셋에서 모형의 성능은 처음에는 개선되지만 특정 시점 이후 악화된다. 검증 데이터셋은 모형의 공정한 성능 평가를 제공하는 것 외에도 일부 지도학습 데이터 마이닝 기법(예: 9장과 10장에서 논의되는 KNN 및 의사결정나무)에서 최적의 모형 복잡성을 식별하는 데 종종 사용된다.

그림 8.4 오류율과 모형 복잡성 간 관계

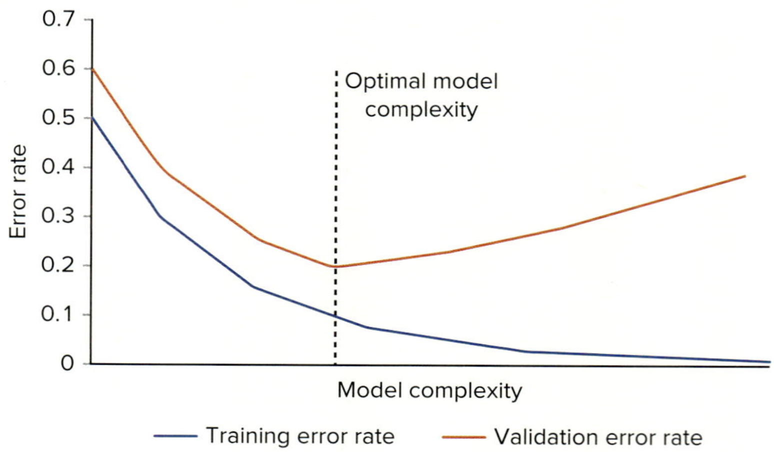

이제 목표변수가 범주형인 분류모형과 목표변수가 수치형인 예측모형의 평가에 대해 논의한다. 분류 및 예측모형에 사용되는 성능척도는 상이하므로 아래 하위 절에서 별도로 설명한다.

분류모형 성능평가

분류모형에 대한 성능척도는 검증 데이터셋에서 얻은 분류 결과를 요약하는 표인 혼동행렬(confusion matrix)에서 계산할 수 있다. 표 8.6은 이항분류문제에 대한 혼동행렬을 보여준다. 성공 클래스라고도 하는 목표 클래스가 클래스 1이고 비목표 클래스가 클래스 0이라고 가정하자. 혼동행렬에서 두 가지 올바른 분류가 가능하다는 것을 알 수 있다.

- 참 양성(true positive, TP)은 모형에 의해 올바르게 분류된 클래스 1의 관측치이다.
- 참 음성(true negative, TN)은 모형에 의해 올바르게 분류된 클래스 0의 관측치이다.

이와 반대로, 두 가지 잘못된 분류도 가능하다.

- 거짓 양성(false positive, FP)은 모형에 의해 클래스 1 관측치로 잘못 분류된 클래스 0의 관측치이다.
- 거짓 음성(false negative, FN)은 모형에 의해 클래스 0 관측치로 잘못 분류된 클래스 1의 관측치이다.

표 8.6 혼동행렬

Actual Class	Predicted Class 1	Predicted Class 0
Class 1	No. of true positives (TP)	No. of false negatives (FN)
Class 0	No. of false positives (FP)	No. of true negatives (TN)

다음은 분류모형에 대한 일반적인 성능척도이다.

오분류율(misclassification rate)은 **오류율(error rate)**이라고도 하며 잘못 분류된 관측치의 전반적 비율이다. 즉, 오분류율은 예측모형이 잘못된 예측을 하는 빈도를 측정한다. 오분류율은 다음의 식을 사용해 계산된다.

$$\text{오분류율} = \frac{FP + FN}{TP + TN + FP + FN}$$

정확도(accuracy rate)는 올바르게 분류된 관측치의 전반적인 비율이다. 정확도는 예측모형이 올바른 예측을 하는 빈도를 측정하므로 정확도를 오분류율의 반대되는 척도로 생각할 수 있다. 정확도는 다음 식을 사용해 계산된다.

$$\text{정확도} = 1 - \text{오분류율} = \frac{TP + TN}{TP + TN + FP + FN}$$

민감도(sensitivity)는 **재현율(recall)**이라고도 하며 올바르게 분류된 목표 클래스 사례의 비율이다. 민감도는 다음 식을 사용해 계산된다.

$$\text{민감도} = \frac{TP}{TP + FN}$$

민감도의 중요성을 더 잘 이해하기 위해 환자 그룹에서 유방암을 예측하는 모형의 예를 고려해보자. 민감도가 100%인 예측모형은 암에 걸린 모든 환자를 올바르게 식별한다. 민감도가 60%인 모형은 암 환자의 60%만 정확하게 식별하고(참 양성) 나머지 40%는 암이 발견되지 않은 채 치료되지 않는다(거짓 음성). 높은 민감도의 예측모형을 개발하는 것은, 생명을 위협하지만 치료 가능한 질병이 있는 환자를 식별하는 데 도움이 된다는 점에서 중요하다.

정밀도(precision)는 **양성예측도(positive predictive value)**라고도 하며 실제로 목표 클래스에 속하는 예측된 목표 클래스 사례의 비율이다. 정밀도는 분모가 *실제(actual)* 클래스 1 사례 대신에 *예측된(predicted)* 클래스 1 사례를 기반으로 한다는 점에서 민감도와 다르다. 정밀도는 다음의 식을 사용해 계산된다.

$$정밀도 = \frac{TP}{TP + FP}$$

유방암에 대한 예측모형을 다시 살펴보자. 민감도는 양성으로 검사된 암 환자의 비율(암에 걸린 사람의 참 양성 비율)을 측정하는 반면, 정밀도는 양성으로 검사된 환자 중 실제로 암에 걸린 환자의 비율(양성으로 검사된 사람의 참 양성 비율)을 측정한다. 정밀도가 낮은 예측모형은 암에 걸리지 않은 많은 환자들에게 추가 의료 검사 및 치료를 불필요하게 적용하게 된다(거짓 양성).

특이도(specificity)는 목표 클래스가 아닌 사례 중 올바르게 분류된 사례의 비율이다. 이는 다음 식을 사용해 계산된다.

$$특이도 = \frac{TN}{TN + FP}$$

다시 한번 유방암에 대한 예측모형을 살펴보자. 100% 특이도를 갖는 예측모형은 암에 걸리지 않은 모든 환자를 정확하게 식별한다. 특이도가 75%인 모형은 환자의 75%가 암이 없는 것으로 정확하게 식별하지만(참 음성), 암이 없는 나머지 25% 환자들은 모형에 의해 암이 있는 것으로 분류된다(거짓 양성). 이러한 25%의 환자는 불필요하게 추가 의료 검사 또는 치료를 받아야 한다.

분류성능척도

분류모형에 대한 일반적인 성능척도는 다음과 같다.

- 오분류율은 오류율이라고도 하며 잘못 분류된 관측치의 전반적인 비율이다.
- 정확도는 올바르게 분류된 관측치의 전반적인 비율이다.
- 민감도는 재현율이라고도 하며 올바르게 분류된 목표 클래스 사례의 비율이다.
- 정밀도는 양성예측도라고도 하며 목표 클래스에 속하는 예측된 목표 클래스 사례의 비율이다.
- 특이도는 올바르게 분류된 목표 클래스가 아닌 사례의 비율이다.

이러한 성능척도들은 분류모형의 성능을 집합적으로 나타낸다. 오분류 비용이 목표 및 비목표 클래스 사례들 모두에 대칭적이면 전체 오분류율과 정확도는 모형성능의 좋은 지표이다. 그러나 오분류 비용이 비대칭적이거나 목표 클래스 관측치의 비율이 매우 적은 경우 민감도 또는 특이도 척도에 중점을 둘 수 있다.

도입사례에서 소셜 미디어 마케팅 사례를 고려해 보자. 구매고객을 비구매고객으로 잘못 분류하는 비용(예: 이익 손실)은 종종 비구매고객을 구매고객으로 잘못 분류하는 비용(예: 마케팅 자료 전송 비용)보다 훨씬 높다. 이러한 경우 마케팅 담당자는 전체 정확도보다 민감도 척도에 더 많은 주의를 기울이는 경향이 있는데 민감도 척도가 분류모형이 올바르게 식별할 수 있는 구매자의 비율을 나타내기 때문이다. 또한 실제 구매자는 모든 잠재 구매자 중 단지 일부만을 대표하는 경향이 있다. 이에 전체적으로 높은 정확도는 많은 비구매자를 정확하게 분류한 결과일 수 있으며, 이는 성공적인 마케팅 캠페인을 의미하지 않기 때문에 정확도에 오해의 소지가 있을 수 있다.

관행적으로 분류모형의 성능을 평가하기 위해 종종 모형을 기준선(baseline) 또는 벤치마크(benchmark)와 비교하기도 한다. 일반적인 기준선 접근 방식은 모든 사례들이 가장 지배적인 클래스로 분류되는 나이브 규칙의 정확도와 모형의 정확도를 비교하는 것이다. 나이브 규칙 기준선에 대한 추가적인 정보와 예제는 9장과 10장에서 확인할 수 있다.

예제 8.5

도입사례인 패션테크 예제를 상기하자. 클래스 1(목표)은 홍보 메시지를 받은 후 30일 이내에 적어도 하나의 제품을 구매하는 소셜 미디어 사용자 그룹이고 클래스 0(비목표)은 홍보 메시지를 받은 후 구매하지 않은 소셜 미디어 사용자 그룹이다. 표 8.7은 200개의 관측치로 구성된 검증 데이터셋에 분류모형을 적용한 후 얻은 혼동행렬을 보여준다. [곧이어 엑셀(Excel)에서 혼동행렬을 만드는 방법에 대해 살펴본다.]

표 8.7 패션테크 예제의 혼동행렬

Actual Class	Predicted Class 1	Predicted Class 0
Class 1	29	19
Class 0	19	133

a. 혼동행렬의 네 가지 분류를 해석하라.
b. 정확도를 계산하고 해석하라.
c. 민감도와 특이도를 계산하고 해석하라.

해답:

a. 혼동행렬의 값들은 다음과 같이 해석된다.
- 참 양성(TP): 29명의 구매고객이 분류모형에 의해 구매자로 올바르게 분류되었으므로 TP = 29.
- 참 음성(TN): 133명의 비구매고객이 분류모형에 의해 비구매자로 올바르게 분류되었으므로 TN = 133.
- 거짓 양성(FP): 19명의 비구매고객이 분류모형에 의해 구매자로 잘못 분류(표 8.7의 왼쪽 하단 셀)되었으므로 FP = 19.

- 거짓 음성(FN): 19명의 구매고객이 분류모형에 의해 비구매자로 잘못 분류(표 8.7의 오른쪽 상단 셀)되었으므로 FN = 19.

b. 정확도는 $\frac{TP + TN}{TP + TN + FP + FN} = \frac{29 + 133}{29 + 133 + 19 + 19} = 0.81$로 계산되며 이는 관측치의 81%가 올바르게 분류되었음을 의미한다.

c. 민감도는 $\frac{TP}{TP + FN} = \frac{29}{29 + 19} = 0.604$로 계산되며 이는 분류모형이 올바르게 식별할 수 있는 구매자의 비율이다. 특이도는 $\frac{TN}{TN + FP} = \frac{133}{133 + 19} = 0.875$로 계산되며 이는 분류모형이 올바르게 식별할 수 있는 비구매자의 비율이다. 앞서 언급했듯이 이 예제에서는 민감도 척도가 더 유용한 성능척도이다.

엑셀을 이용한 혼동행렬 및 성능척도 구하기

FILE ***Class_Prob.*** 표 8.7의 혼동행렬은 도입사례에서 패션테크 회사에 의해 생성된 ***Class_Prob*** 데이터셋을 기반으로 한다. 데이터셋의 각 행은 관측치가 속한 실제 클래스(Actual-Class)와 패션테크가 모형의 세부 정보를 제공하지는 않았으나 추정된 분류모형에 의해 예측된 목표 클래스의 확률(TargetProb)을 포함한다. 데이터의 일부는 표 8.8에 제시되어 있다.

표 8.8 패션테크 회사 데이터셋 일부

ActualClass	TargetProb
1	0.77585787
0	0.04709009
⋮	⋮
0	0.38111670

이제 주어진 목표 확률에서 추정된 분류모형에 대한 혼동행렬을 작성하기 위해 표 8.7을 생성하기 위한 단계별 엑셀 이용 지침을 살펴본다(9장과 10장에서는 R이 어떻게 분류모형을 추정하고 혼동행렬과 성능척도를 생성하는지 논의한다).

A. ***Class_Prob*** 데이터 파일을 연다.

B. 기본 컷오프 값인 0.5를 기반으로 예측된 클래스를 도출한다. 즉, 목표 확률이 0.5보다 크거나 같으면 예측 클래스가 1이고 그렇지 않으면 0이다. C1 셀에 "PredClass"라는 열 머리글을 입력한다. C2 셀에 수식 "= IF(B2>=0.5, 1, 0)"를 입력한다. C2의 수식을 사용하여 C3:C201 범위를 채운다.

C. 다음과 같이 혼동행렬의 네 가지 분류 값을 계산한다.
   - D1 셀에 "True Positive"라는 열 머리글을 입력한다. D2 셀에 수식 "= IF(AND(A2 = 1, C2 = 1), 1, 0)"을 입력한다. D2의 수식을 사용하여 D3:D201 범위를 채운다.
   - E1 셀에 "True Negative"라는 열 머리글을 입력한다. E2 셀에 수식 "= IF(AND(A2 = 0, C2 = 0), 1, 0)"을 입력한다. E2의 수식을 사용하여 E3:E201 범위를 채운다.
   - F1 셀에 "False Positive"라는 열 머리글을 입력한다. F2 셀에 수식 "= IF(AND(A2 = 0, C2 = 1), 1, 0)"을 입력한다. F2의 수식을 사용하여 F3:F201 범위를 채운다.
   - G1 셀에 "False Negative"라는 열 머리글을 입력한다. G2 셀에 수식 "= IF(AND(A2

= 1, C2 = 0), 1, 0)"을 입력한다. G2의 수식을 사용하여 G3:G201 범위를 채운다.

D. 표 8.9에 표시된 수식을 입력하여 혼동행렬을 만든다. 결과 표는 표 8.7과 동일해야 한다.

표 8.9 혼동행렬 작성을 위한 엑셀 수식

Actual Class	Predicted Class 1	Predicted Class 0
Class 1	=COUNTIF(D2:D201, 1)	=COUNTIF(G2:G201, 1)
Class 0	=COUNTIF(F2:F201, 1)	=COUNTIF(E2:E201, 1)

컷오프 값 선택

7.3절에 제시된 이항선택모형 맥락에서 우리는 새로운 모기지 대출 신청이 승인(클래스 1)되거나 거부(클래스 0)될 확률을 계산했다. 예측 확률 값이 0.5보다 크거나 같으면 새 대출 신청을 클래스 1(승인)에 속하는 것으로 분류하고 그렇지 않으면 클래스 0(거부)으로 분류했다. 즉, 기본 컷오프 값으로 0.5를 사용했다. 모든 지도학습 데이터 마이닝 분류 기법은 목표 클래스의 예측 확률을 사전에 결정된 컷오프 값(목표 클래스에 속하기 위해 필요한 최소 확률)과 비교하여 클래스 귀속을 결정하는 유사한 과정을 따른다. 그러나 일부 응용에서는 비대칭적인 오분류 비용이나 불균등한 클래스 분포로 인해 더 적거나 더 많은 관측치를 목표 클래스로 분류할 수 있도록 분석가가 컷오프 값을 늘리거나 줄이는 것을 선택할 수 있다. 결과적으로 컷오프 값의 선택은 혼동행렬과 이에 따른 성능척도에 영향을 줄 수 있다. 예제 8.6은 분류모형의 성능척도에 대한 컷오프 값의 영향을 강조하여 보여준다.

예제 8.6

표 8.10은 범주형 변수의 10개 관측치에 대한 실제 클래스와 예측된 목표 클래스 확률을 보여준다. 이 표에는 5개의 상이한 컷오프 값을 기반으로 하는 예측된 목표 클래스 귀속도 포함되어 있다.

표 8.10 다양한 컷오프를 고려한 실제 및 예측된 클래스 귀속

Obs.	Actual Class	Target Class Probability	Predicted Target Class by Cutoffs				
			0.15	0.25	0.50	0.75	0.85
1	1	0.73	1	1	1	0	0
2	1	0.48	1	1	0	0	0
3	0	0.22	1	0	0	0	0
4	1	0.33	1	1	0	0	0
5	0	0.52	1	1	1	0	0
6	0	0.10	0	0	0	0	0
7	1	0.98	1	1	1	1	1
8	0	0.05	0	0	0	0	0
9	0	0.12	0	0	0	0	0
10	1	0.78	1	1	1	1	0

a. 컷오프 값이 0.25와 0.75인 경우의 오분류율을 계산하라.
b. 컷오프 값이 0.25와 0.75인 경우의 민감도와 정밀도를 계산하라.
c. 5가지 컷오프 값을 모두 사용하여 성능척도를 보고하고 해석하라.

해답:

a. 오분류율은 잘못 분류된 관측치의 전반적인 비율이라는 것을 상기하라. 컷오프 값이 0.25이면 5번 관측치만 올바르게 분류되지 않는다는 것을 알 수 있다. 따라서 오분류율은 1/10 = 0.10으로 계산된다. 컷오프 값이 0.75이면 1번, 2번, 4번 관측치가 올바르게 분류되지 않으며 이에 따른 오분류율은 3/10 = 0.30이다.
b. 민감도는 올바르게 분류된 목표 클래스 사례의 비율이라는 것을 상기하라. 컷오프 값 0.25를 사용하면 실제 클래스 1 관측치 5개가 모두 목표 클래스로 올바르게 분류되므로 민감도는 5/5 = 1이다. 컷오프 값이 0.75이면 민감도는 2/5 = 0.40으로 감소한다. 정밀도는 예측된 목표 클래스 중 실제 목표 클래스 사례의 비율이라는 것을 상기하라. 컷오프 값이 0.25이면 6개의 예측된 목표 클래스 사례 중 5개 사례가 목표 클래스에 속하므로 정밀도는 5/6 = 0.833이다. 컷오프 값이 0.75이면 정밀도는 2/2 = 1로 증가한다.
c. 표 8.11은 표 8.10의 여러 컷오프 값에 대한 성능척도를 보여준다.

표 8.11 분류성능척도

Cutoff	Misclassification Rate	Accuracy Rate	Sensitivity	Precision	Specificity
0.15	0.20	0.80	1.00	0.714	0.60
0.25	0.10	0.90	1.00	0.833	0.80
0.50	0.30	0.70	0.60	0.750	0.80
0.75	0.30	0.70	0.40	1.000	1.00
0.85	0.40	0.60	0.20	1.000	1.00

앞서 언급했듯이 표 8.11에서와 같이 컷오프 값의 선택은 혼동행렬 및 성능척도에 큰 영향을 미칠 수 있다. 이항선택모형에 대한 컷오프 값의 기본값은 0.50이지만 분석가는 더 높거나 더 낮은 컷오프 값을 선택하여 더 적거나 더 많은 관측치를 목표 클래스로 분류하면서 비대칭적인 오분류 비용 또는 불균등한 클래스 분포를 조정할 수 있다.

분류를 위한 성능차트

데이터 마이닝 모형의 예측성능을 평가하기 위해 그래픽 표현이 더 많은 정보를 제공하는 경우가 있다. 가장 널리 사용되는 성능차트는 누적 향상도 그래프(cumulative lift chart), 십분위 향상도 그래프(decile-wise lift chart) 및 ROC 곡선(receiver operating characteristic curve)이다.

누적 향상도 그래프

누적 향상도 그래프(cumulative lift chart)[누적 이득 그래프(cumulative gains chart) 또는 향상도 그래프(lift chart)]는 목표 클래스 사례를 포착할 때 무작위 선택에 비해 예측모형이 제공하는 개선도를 보여준다. 이 그래프는 모형의 예측이 덜 유용해지는 지점을 결정할 수도 있다. 그림 8.5는 분류모형에 대한 누적 향상도 그래프를 보여준다. 그래프는 모든 사례의 수(백분율)를 대상으로 하여 얻은 목표 클래스 사례의 수(백분율)를 보여준다. *x*축은 선택한 사례 수를 나타낸다. *y*축은 모형에서 식별된 목표 클래스(클래스 1) 사례의 누계를 나타낸다. 주황색 대각선은 예측모형을 사용하지 않고 관측치가 무작위로 선택된 기준선 도형을 나타낸다. 대각선의 기울기는 클래스 1 사례 수를 총 사례 수로 나눈 값, 즉 클래스 1에 속하는 무작위로 선택된 사례의 확률이다. 총 5,000개의 사례 중 475개가 클래스 1에 속한다고 가정하자. 클래스 1에 속하는 무작위로 선택된 사례들의 확률, 즉 대각선의 기울기는 475/5,000 = 0.095이다. 그림 8.5에서 대각선의 기울기는 190/2000 = 0.095라는 것을 참고하라.

그림 8.5 누적 향상도 그래프

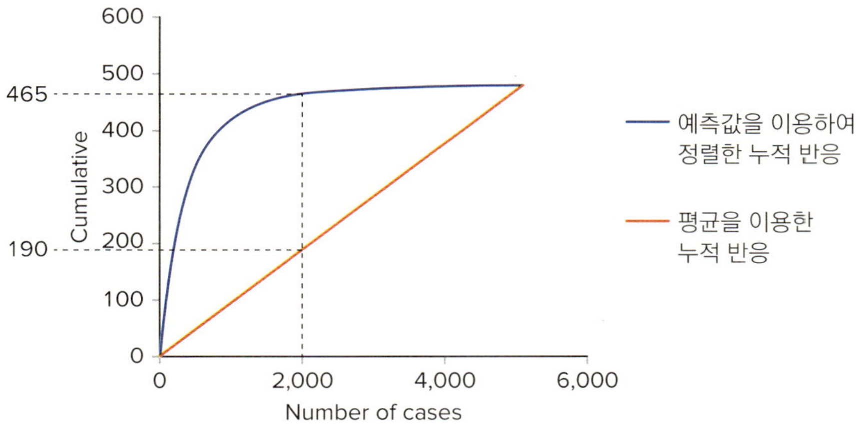

그림 8.5의 상위 파란색 곡선은 향상도 곡선(lift curve)이라고 하며 분류모형이 클래스 1 사례(예: 구매자)를 식별하는 능력을 나타낸다. 향상도 곡선을 생성하기 위해 검증 데이터셋의 관측치는 목표 클래스(즉, 클래스 1)에 속할 것으로 예상되는 확률을 기준으로 내림차순으로 정렬된다. 그림 8.5의 향상도 곡선은 클래스 1에 속할 예측 확률이 가장 높은 상위 2,000개의 관측치를 선택하면 465개의 클래스 1 관측치를 포착하게 된다는 것을 보여준다. 만일 2,000개의 관측치를 무작위로 선택하면 190개의 클래스 1 관측치만 포착할 수 있다. 모형이 포착한 클래스 1 관측치 수와 무작위 선택으로 포착한 수의 비율을 향상도(lift)라고 한다.

그림 8.5의 누적 향상도 그래프는 2,000개의 관측치를 선택할 때 모형이 465/190, 즉 2.447의 향상도를 제공한다는 것을 보여준다. 이는 모형이 선택한 상위 2,000개의 관측치는 무작위로 선택한 2,000개의 관측치에 비해 2.447배 더 많은 클래스 1 관측치를 포착할 수 있다는 것을 의미한다. 따라서 누적 향상도 그래프는 무작위 선택과 비교하여 예측모형이 목표 클래스 사례를 얼마나 잘 포착할 수 있는지를 보여준다. 높은 향상도 수치는 마케팅에서 사기 탐지에 이르기까지 대부분의 응용에서 바람직한데 이는 높은 예측 확률을 갖는 일부 사례에

만 집중함으로써 목표 클래스 사례의 많은 부분을 포착할 수 있음을 의미하기 때문이다. 기준선 위에 있는 향상도 곡선은 모형의 우수한 예측성능을 나타낸다. 향상도 곡선이 기준선보다 더 위에 있을수록 목표 클래스 사례를 식별하는 모형의 능력은 더 좋다.

십분위 향상도 그래프

십분위 향상도 그래프(decile-wise lift chart)는 누적 향상도 그래프와 유사한 정보를 전달하지만 열 개의 동일한 크기를 갖는 간격(예: 관측치의 매 10%마다)으로 정보를 제공한다. 일반적으로 *y*축은 모형에 의해 식별된 목표 클래스 사례와 무작위 선택을 통해 식별된 사례의 비율을 나타내는 막대 차트로 표시된다. 십분위 향상도 그래프는 그림 8.6과 같다.

그림 8.6 십분위 향상도 그래프

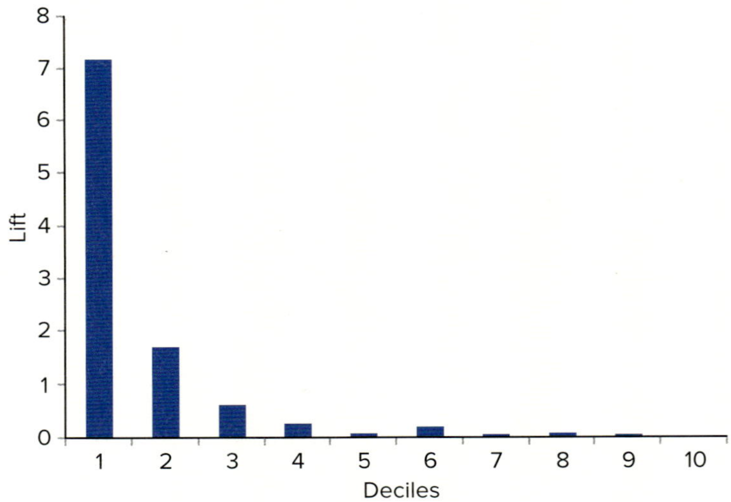

그림 8.6은 관측치의 처음 10%(첫 번째 막대)에 대한 향상도가 약 7.1임을 보여주고 있는데 이는 모형에서 선택한 관측치의 상위 10%가 무작위로 선택된 관측치의 10%에 비해 클래스 1 사례를 7.1배 더 많이 포함하고 있다는 것을 의미한다. 이는 또한 모형의 예측이 덜 유용해지는 지점을 결정할 수 있게 한다. 예를 들어, 두 번째 십분위 이후 향상도 값은 1 아래로 떨어지는데 이는 모형이 후속 십분위에서 무작위 선택보다 더 적은 목표 클래스 사례를 포착하게 된다는 것을 시사한다. 따라서, 이와 같은 사례에서 목표 클래스 사례를 포착하는 것이 목표인 경우(예: 마케팅 캠페인 또는 사기성 신용카드 거래 감지), 목표 클래스에 속할 가장 높은 예측 확률을 갖는 관측치의 처음 20%에 중점을 두게 된다.

ROC 곡선

ROC 곡선(receiver operating characteristic curve)은 모든 컷오프 값에 대한 민감도 및 특이도 척도와 더불어 모형이 목표 및 비목표 클래스 사례를 전체적으로 얼마나 정확하게 분류할 수 있는지를 보여준다. ROC 곡선은 그림 8.7과 같다. ROC 곡선의 *x*축은 1 − 특이도와 같으며 범위는 0(비목표 클래스 사례의 100%를 정확히 분류)부터 1(비목표 클래스 사례의 0%를 정확히 분류)까지이고, *y*축은 민감도와 같으며 범위는 0(목표 클래스 사례의 0%를 정확히 분류)에서 1(목표 클래스 사례의 100%를 정확히 분류)까지이다. 따라서 다이어그램의 완벽한 포인트는 점(0,1)인데 이는 모형이 목표 및 비목표 클래스 사례 모두를 동시에 100% 정확하게 분류할 수 있음을 나타낸다.

그림 8.7 ROC 곡선

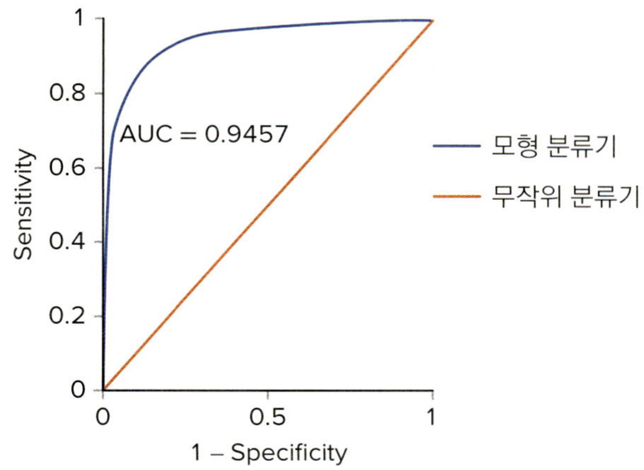

그림 8.7은 목표 클래스 사례의 사전 확률을 기반으로 두 클래스에 관측치를 무작위로 할당하는 기준선 모델을 나타내는 주황색 대각선과 함께 ROC 곡선을 보여주고 있다. 따라서 좋은 예측모형은 대각선 위에 있는 ROC 곡선을 갖게 된다. ROC 곡선과 기준선 사이의 영역이 클수록 모형은 더 좋다. 모형의 전반적인 성능은 0(최악의 모형)에서 1(완벽한 모형)까지의 **AUC (area under the curve, 곡선아래면적)** 척도를 사용하여 평가할 수도 있다. 대각선의 AUC 값은 0.5이다. 소프트웨어 제품은 AUC 값을 제공한다. 그림 8.7의 ROC 곡선이 갖는 AUC 값은 0.9457이며, 이는 모형의 예측성능이 매우 높다는 것을 나타낸다.

분류 성능 다이어그램 요약

- 누적 향상도 그래프는 목표 클래스 사례를 식별하는 분류모형의 능력을 나타낸다. 이는 무작위 선택과 비교하여 목표 클래스 사례를 포착할 때 예측모형이 제공하는 개선도를 보여준다.
- 십분위 향상도 그래프는 누적 향상도 그래프와 동일한 정보를 전달하지만 십분위라고 하는 동일한 크기의 간격으로 정보를 제공한다.
- ROC 곡선은 모든 컷오프 값에 대한 민감도 및 특이도 척도와 더불어 모형이 목표 및 비목표 클래스 사례 모두를 얼마나 정확하게 분류할 수 있는지를 보여준다.

예제 8.7

패션테크의 알리사와 그녀의 팀이 마켓위즈에서 개발한 예측모형의 성능을 평가하려는 도입사례로 돌아가 보자. 알리사와 그녀의 팀은 누적 향상도 그래프, 십분위 향상도 그래프, ROC 곡선을 생성했다(그림 8.8 참고). 이러한 성능차트를 해석하라. [곧이어 엑셀

에서 이러한 그래프를 만드는 방법에 대해 살펴본다.]

그림 8.8 예제 8.7의 성능차트

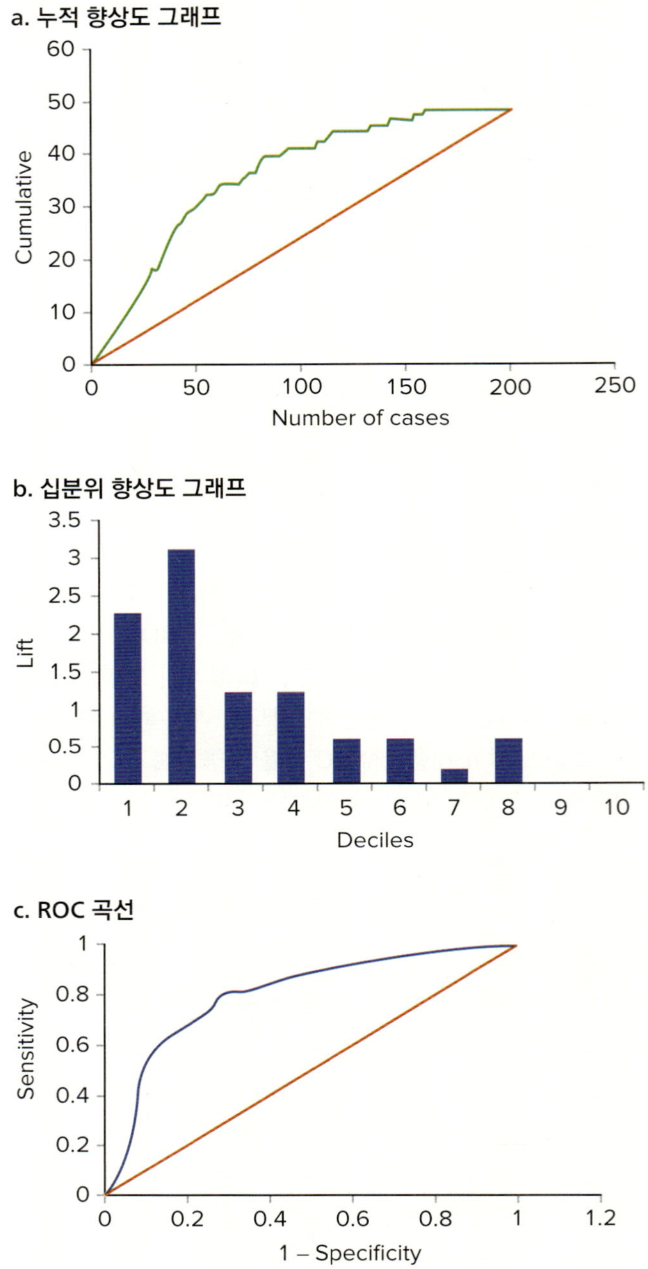

해답:

그림 8.8a의 누적 향상도 곡선은 기준선 모형 위에 있기 때문에 분류모형이 기준선 모형에 비해 우수하다는 것을 보여준다. 이 그래프는 클래스 1에 속할 것으로 예상되는 확률이 가장 높은 50개의 관측치(총 관측치의 25%)를 선택하면 실제 클래스 1 사례 48개 중

30개, 즉 30/48 = 0.625(62.5%)를 포착할 수 있다는 것을 보여준다. 사례들이 무작위로 선택되는 기준선 모형에서는 클래스 1 사례의 12/48 = 0.25, 즉 25%만 포착할 수 있다. 따라서 50개 사례에서 분류모형의 향상도는 0.625/0.25 = 2.5이다.

그림 8.8b의 십분위 향상도 그래프는 분류모형이 기준선 모형과 비교하여 각 십분위에 대한 목표 클래스 사례를 포착할 때 제공하는 개선(향상도)을 보여준다. 예를 들어, 첫 번째 십분위에 대한 향상도는 2.29인데 이는 목표 클래스에 속할 것으로 예측되는 가장 높은 확률을 가진 관측치의 상위 10%가 무작위로 선택된 10% 관측치에 비해 실제 목표 클래스 사례를 2.29배 더 많이 포함하고 있다는 것을 의미한다. 처음 네 개의 십분위 향상도 값이 1보다 크기 때문에 목표 클래스에 속할 가능성이 가장 높은 관측치의 상위 40%를 선택하여 목표 클래스 사례의 매우 많은 부분을 포착할 수 있다. 또한 그림 8.8b의 십분위 향상도 그래프는 8분위 이후에는 목표 클래스 사례가 발견되지 않는다는 것을 보여준다. 이는 목표 클래스 사례를 포착하는 것이 목적인 경우, 예측 확률이 가장 낮은 하위 20%의 관측치를 무시할 수 있다는 것을 의미한다.

그림 8.8c의 ROC 곡선은 분류모형이 기준선 모형 위에 있고 점(0,1)에 더 가깝기 때문에 기준선 모형에 비해 더 우수하다는 것을 보여준다. ROC 곡선은 모든 컷오프 값에서 분류모형이 기준선 모형 보다 더 높은 민감도(목표 클래스 사례를 올바르게 분류하는 능력) 및 특이도(비목표 클래스 사례를 올바르게 분류하는 능력)를 갖고 있다는 것을 나타낸다. ROC 곡선을 수작업으로 그릴 경우 AUC 척도를 계산하기는 어렵지만 R과 같은 소프트웨어 제품은 ROC 곡선에 대한 AUC 척도를 자동으로 제공해 준다.

이제 엑셀을 사용하여 그림 8.8에 표시된 그래프를 만들어 보자. 그래프는 이전 엑셀에서 혼동행렬을 만드는 데 사용했던 ***Class-Prob*** 데이터 파일을 기반으로 한다.

엑셀을 이용한 분류 성능차트 구하기

누적 향상도 그래프

A. **FILE** *Class_Prob.* 원본 ***Class_Prob*** 데이터 파일을 연다.

B. 데이터 범위 B1:B201를 선택한다. **홈(Home) > 정렬 및 필터(Sort & Filter) > 내림차순 정렬(Sort Largest to Smallest)**을 선택한다. *정렬 경고(Sort Warning)* 대화 상자에서 *선택 영역 확장(Expand the selection)*을 선택한다. *정렬(Sort)*을 클릭하면 모든 관측치가 목표 클래스에 속할 것으로 예상되는 확률을 기준으로 내림차순으로 정렬된다. 관측치가 상위에 가까울수록 확률이 더 높다.

C. D 열에 "# of Cases"라는 열 머리글을 갖는 새 열을 만들고 E 열에 "Cumulative"라는 열 머리글을 갖는 또 다른 새 열을 만든다. D2:D201 셀을 1부터 200까지의 데이터 순으로 채운다. 이 열에는 관측치 수가 기록된다. E2 셀에 수식 "=A2"를 입력하고 E3 셀에 수식 "=E2 + A3"을 입력한다. E4:E201 범위를 E3의 수식으로 채운다. 이렇게 하면 클래스 1 사례의 누계를 기록하는 열이 생성된다.

D. D1:E201 범위를 선택한다. **삽입(Insert) > 곡선이 있는 분산형(Scatter with Smooth Lines)**을 선택하여 선의 모든 데이터 포인트를 연결하는 분산형 차트를 만든다.

E. 분류모형의 누적 향상도 그래프를 기준선 모형과 비교하기 위해 점(0,0)과 점(200,48)을 연결하는 대각선을 추가한다. 200개의 사례 중 실제 클래스 1 사례가 48개이므로 각 사례는 클래스 1에 속할 확률이 48/200 = 0.24이다. 차트 영역을 마우스 오른쪽 버튼으로 클릭하고 *데이터 선택(Select Data)*을 선택한다. *데이터 원본 선택(Select Data Source)* 대화상자에서 *추가(Add)* 버튼을 클릭한다. *계열 이름(Series name):* 상자에 "Baseline Model"을 입력한다. *계열 X 값(Series X values):* 상자에 "0, 200"을 입력한다. *계열 Y 값(Series Y values):* 상자에 "0, 48"을 입력한다. **확인(OK)**을 두 번 클릭한다. [메뉴에서 **형식(Format) > 차트 요소 추가(Add Chart Element)**를 선택하여 차트 제목, 축 제목 등에 대한 서식을 지정할 수 있다.]

십분위 향상도 그래프

A. **FILE** ***Class_Prob.*** 원본 ***Class_Prob*** 데이터 파일을 열고 위 누적 향상도 그래프 작성 파트 B에서 설명한 대로 데이터를 정렬한다.

B. 사례의 10%가 무작위로 선택되었다면 식별했을 클래스 1 사례 수에 대해 각 십분위(십분위별로 200 × 0.10 = 20개 사례)에서 식별된 클래스 1 사례 수의 비율을 계산해야 한다. 먼저 D1에 "# of Class 1 Cases in Each Decile"라는 열 머리글을 입력하고 E1에 "Decile-Wise Lift"라는 열 머리글을 입력한다. 첫 번째 십분위에서 식별된 클래스 1 사례의 수(첫 번째 십분위에 대한 비율의 분자)를 찾기 위해 D2에 수식 "=SUM(A2:A21)"을 입력한다. 마찬가지로 두 번째 십분위에서 식별된 클래스 1 사례 수를 찾기 위해 D3에 수식 "=SUM(A22:A41)"을 입력한다. 다른 8개의 십분위도 같은 방식으로 찾을 수 있다. 총 48개의 클래스 1 사례가 있으므로 무작위로 선택된 10% 사례 중 클래스 1 사례 수는 48 × 0.10 = 4.8개가 된다. 이것이 모든 십분위에 대한 비율의 분모가 된다. 첫 번째 십분위에 대한 향상도를 계산하려면 E2 셀에 수식 "=D2/4.8"을 입력한다. E3:E11 범위를 E2의 수식으로 채운다. 나머지 9개 십분위에 대한 향상도 값을 계산한다.

C. E2:E11 범위를 선택한다. **삽입(Insert) > 세로 또는 가로 막대형 차트 삽입(Insert Column or Bar Chart) > 묶은 세로 막대형(Clustered Columns)**을 선택하여 열 차트를 만든다. [메뉴에서 **형식(Format) > 차트 요소 추가(Add Chart Element)**를 선택하여 차트 제목, 축 제목 등에 대한 서식을 지정할 수 있다.]

ROC 곡선

FILE ***Spec_Sens.*** 앞서 ***Class_Prob*** 데이터를 사용하여 기본 컷오프 값 0.5를 적용하여 혼동행렬과 이에 따른 성능척도를 도출했다. ROC 곡선을 작성하기 위해 동일한 절차에 따라 다양한 컷오프 값에 대한 성능척도를 구한다. 0에서 1까지 범위에서 0.05 단위씩 증가하는 컷오프 값에 대해 특이도 및 민감도 척도를 포함하는 ***Spec_Sens*** 데이터셋을 만들었다. 데이터셋은 컷오프 값(Cutoff), 특이도 값(Specificity), 민감도 값(Sensitivity) 등을 포함하고 있다. 데이터의 일부가 표 8.12에 표시되어 있다.

표 8.12 Spec_Sens 데이터셋 일부

Cutoff	Specificity	Sensitivity
0	0	1
0.05	0.296053	0.958333
⋮	⋮	⋮
1	1	0

A. ***Spec_Sens*** 데이터 파일을 연다.
B. 열 C를 선택한다. 마우스 오른쪽 버튼을 클릭하고 *삽입*을 선택하여 열을 삽입한다. 새 열에 "1 – Specificity"라는 열 머리글을 입력한다. 수식 "= 1–B2"를 셀 C2에 입력한다. C3:C22 범위를 C2의 수식으로 채운다. 새 열은 열 A의 모든 컷오프 값에 대한 1 – 특이도 값을 계산한다.
C. C1:D22 범위를 선택한다. **삽입(Insert) > 곡선이 있는 분산형(Scatter with Smooth Lines)**을 선택하여 선의 모든 데이터 포인트를 연결하는 분산형 차트를 만든다. 차트 제목을 "ROC Curve"로 변경한다. x축 제목을 '1 – Specificity'로 변경한다. y축 제목은 "Sensitivity"로 변경한다.
D. 분류모형의 ROC 곡선을 기준선 모형의 ROC 곡선과 비교하기 위해 점(0,0)과 점(1,1)을 연결하는 대각선을 추가한다. 차트 영역을 마우스 오른쪽 버튼으로 클릭하고 *데이터 선택(Select Data)*을 선택한다. *데이터 원본 선택(Select Data Source)* 대화 상자에서 *추가(Add)* 버튼을 클릭한다. *계열 이름(Series name):* 상자에 "Baseline Model"을 입력한다. *계열 X 값(Series X values):* 상자에 "0, 1"을 입력한다. *계열 Y 값(Series Y values):* 상자에 "0, 1"을 입력합니다. **확인(OK)**을 두 번 클릭한다.

예측을 위한 성능평가

이제 목표변수가 수치형 값을 갖는 경우 예측모형에 대한 성능척도를 살펴본다. 6장 및 7장에서 논의한 회귀모형의 성능척도와 유사하게 지도학습 데이터 마이닝 모형의 예측성능은 실제값 y와 목표변수의 예측값 $\hat{y}$ 간의 차이인 **예측오차(prediction error)** e를 계산하여 평가한다. 이는 다음과 같이 계산된다.

$$e = y - \hat{y}$$

예측오차는 잔차(residuals)와 동일한 방식으로 계산되지만 학습 데이터셋이 아닌 검증 데이터셋을 사용하여 계산한다는 점에 주의하라. 회귀모형과 마찬가지로 예측오차 e에 대해 낮은 값이 선호된다. 다음의 정의 상자에서는 (1) 평균제곱오차 제곱근(root mean square error, RMSE), (2) 평균오차(mean error, ME 또는 average error, AE), (3) 평균절대편차(mean absolute deviation, MAD) 또는 평균절대오차(mean absolute error, MAE), (4) 평균백분율오차(mean percentage error, MPE), (5) 평균절대백분율오차(mean absolute percentage error, MAPE) 등 다섯 가지 성능척도를 강조하여 설명한다.

예측성능척도

검증 데이터셋의 n개 관측치가 주어졌을 때, 모든 성능척도는 예측오차 $e = y - \hat{y}$를 기반으로 한다.

- **평균제곱오차 제곱근(root mean square error, RMSE)**은 학습 데이터셋이 아닌 검증 데이터셋에 대해 계산된다는 점을 제외하면 선형회귀모형 추정치의 표준오차(standard error)와 유사하다. 이는 RMSE $= \sqrt{\frac{\Sigma e_i^2}{n}}$로 계산된다. RMSE는 예측오차의 제곱근을 사용하기 때문에 모형 비교에 사용될 때 예측오차가 큰 모형에 페널티를 주게 된다.
- **평균오차(mean error, ME 또는 average error, AE)**는 예측오차의 평균이며 ME $= \frac{\Sigma e_i}{n}$로 계산된다. 양(positive)의 오차와 음(negative)의 오차가 서로 상쇄되기 때문에 평균오차는 예측 *편향(bias)*의 척도로 사용된다. 평균적으로 양의 ME는 모형의 과소예측을 의미하고, 음의 ME는 과대예측을 의미하며, 0에 가까운 ME는 예측의 불편향을 시사한다.
- **평균절대편차(mean absolute deviation, MAD)** 또는 **평균절대오차(mean absolute error, MAE)**는 절대 오차의 평균이며 MAD $= \frac{\Sigma|e_i|}{n}$로 계산된다. MAD는 방향을 고려하지 않고 오차의 평균적인 크기를 측정한다. 오차가 제곱되지는 않기 때문에 오차가 큰 모형이 RMSE처럼 크게 불이익을 받지는 않는다.
- **평균백분율오차(mean percentage error, MPE)**는 백분율 오차의 평균이며 MPE $= \left(\frac{1}{n}\Sigma\frac{e_i}{y_i}\right) \times 100$로 계산된다. 양의 백분율 오차 및 음의 백분율 오차가 서로 상쇄될 수 있기 때문에 MPE는 종종 예측 편향의 척도로 사용되나 오차의 크기를 반영하지는 않는다.
- **평균절대백분율오차(mean absolute percentage error, MAPE)**는 절대 백분율 오차의 평균이며 MAPE $= \left(\frac{1}{n}\Sigma\left|\frac{e_i}{y_i}\right|\right) \times 100$로 계산된다. 실제 값의 백분율로 오차를 표시하여 오차의 크기를 가늠할 수 있다.

오차의 크기를 포착하는 가장 일반적으로 사용되는 두 가지 성능척도는 RMSE와 MAD이다. 둘 다 0에서 ∞까지의 범위를 갖고, 값이 낮을수록 더 나은 예측모형을 나타낸다. RMSE는 큰 오차에 상대적으로 높은 가중치를 부여하므로 특히 큰 오차가 바람직하지 않을 경우 더욱 유용하다. RMSE는 항상 MAD보다 크거나 같으며 모든 오차의 크기가 동일한 경우에만 RMSE = MAD 라는 점에 주의하자.

RMSE 및 MAD에 대해 "좋은" 값을 정의할 방법은 없는데 이는 둘 다 원래의 목표변수와 동일한 단위를 가정하기 때문이다. 예를 들어, RMSE 및 MAD 값은 구매금액이 미국 달러(dollar)로 표시되느냐 또는 유로(euro)로 표시되느냐에 따라 바뀌게 된다. 따라서 이러한 척도들은 모형선택에는 유용하지만 분리하여 해석하기는 어렵다. 계산에 사용된 통화에 상관없이 RMSE 또는 MAD가 가장 낮은 모형은 항상 경쟁모형보다 선호된다. MAPE의 장점은 백분율로 표시되므로 해석하기가 다소 쉽다는 점이다.

예제 8.8

패션테크의 알리사와 그녀의 팀이 마켓위즈에서 개발한 예측모형의 성능을 평가하기를 원한다는 도입사례를 상기하라. 소셜 미디어 채널을 통해 획득한 고객의 1년간의 구매금액을 예측하기 위해 두 가지 예측모형이 설계되었다. 예측모형을 200개 관측치의 검증 데이터셋에 적용한 후 알리사와 그녀의 팀은 200개의 관측치에 대한 예상되는 1년간의 구매금액이 포함된 ***Prediction*** 데이터셋을 생성했다. 데이터셋의 각 행은 실제 목표값(ActVal)과 두 모형에 대해 대응하는 예측값(PredVal1 및 PredVal2)을 포함하고 있다. 데이터의 일부가 표 8.13에 제시되어 있다.

표 8.13 실제값 및 예측값

ActVal	PredVal1	PredVal2
1326.50	1189.60	1169.60
546.00	493.30	506.30
⋮	⋮	⋮
689.50	481.50	493.50

표 8.13의 데이터를 사용하여 두 예측모형에 대한 다섯 가지 성능척도 값인 RMSE, ME, MAD, MPE, MAPE가 계산되었으며 이 척도들은 표 8.14와 같다. 이 척도들을 사용하여 모형의 성능을 비교하라[곧이어 엑셀에서 이러한 척도를 계산하는 방법에 대해 살펴본다.]

표 8.14 예측성능척도

Performance Measure	Model 1	Model 2
RMSE	171.3489	174.1758
ME	11.2530	12.0480
MAD	115.1650	117.9920
MPE	−2.05%	−2.08%
MAPE	15.51%	15.95%

해답:

두 모형 모두에서 ME와 MPE는 예측편향의 척도로서 상충되는 결과를 보여준다. ME의 양수 값은 두 모형의 예측이 구매금액을 과소평가하는 경향이 있음을 시사하는 반면, MPE의 음수 값은 예측이 구매금액을 백분율로 약간 과대평가하는 경향이 있음을 나타낸다. 모형 1은 모든 성능척도에서 더 낮은 값을 나타내고 있기 때문에 모형 1이 더 작은 예측편향과 더 작은 오차의 크기를 갖고 있다고 결론 내리게 된다. 따라서, 모형 1은 소셜 미디어 채널을 통해 획득한 고객의 1년간의 구매금액을 예측하는데 선호된다.

엑셀을 이용한 예측 성능척도 구하기

FILE ***Prediction.*** 표 8.14에 표시된 모형 1의 성능척도를 복제해 본다. 모형 2에 대한 성능척도는 유사한 방식으로계산될 수 있다.

A. ***Prediction*** 데이터 파일을 연다.

B. D 열에 새 열을 만들어 각 관측치에 대한 예측오차를 계산한다. D1 셀에 "Error"라는 열 머리글을 입력한다. D2 셀에 수식 "=A2−B2"를 입력한다. D3:D201 범위를 이 수식으로 채운다.

C. E 열에 새 열을 만들어 각 관측치에 대한 예측오차의 제곱을 계산한다. E1 셀에 "Squared Error"라는 열 머리글을 입력한다. E2 셀에 수식 "=D2^2"를 입력한다. E3:E201 범위를 이 수식으로 채운다.

D. F 열에 새 열을 만들어 각 관측치에 대한 예측오차의 절대값을 계산한다. F1 셀에 "Absolute Error"라는 열 머리글을 입력한다. F2 셀에 수식 "=ABS(D2)"를 입력한다. F3:F201 범위를 이 수식으로 채운다.

E. G 열에 새 열을 만들어 각 관측치에 대한 실제 값의 백분율로 예측오차를 계산한다. G1 셀에 "Percent Error"라는 열 머리글을 입력한다. G2 셀에 수식 "=D2/A2"를 입력한다. G3:G201 범위를 이 수식으로 채운다.

F. 열 H에 새 열을 만들어 각 관측치에 대한 절대백분율오차를 계산한다. H1 셀에 "Absolute Percent Error"라는 열 머리글을 입력한다. H2 셀에 수식 "=ABS(G2)"를 입력한다. H3:H201 범위를 이 수식으로 채운다.

G. 워크시트 내 적당한 곳에 표 8.15에 표시된 대로 수식을 입력하여 성능척도를 계산한다. 결과 표는 표 8.14의 두 번째 열과 동일해야 한다.

표 8.15 예측성능척도를 구하기 위한 엑셀 공식

Performance Measures	Formula
RMSE	=SQRT(SUM(E2:E201)/200)
ME	=SUM(D2:D201)/200
MAD	=SUM(F2:F201)/200
MPE	=SUM(G2:G201)/200
MAPE	=SUM(H2:H201)/200

도입사례 분석결과

패션테크가 새로운 고객을 확보하고 기존 고객의 매출을 늘리는 데 도움을 주기 위해 마켓위즈는 온라인 의류 소매업체를 위한 예측모형을 개발하고 있다. 소셜 미디어 계정에서 패션테크로부터 홍보 메시지를 받은 후 30일 이내의 구매확률을 예측하는 분류모형을 추정한다. 검증 데이터셋에서 200개의 관측치를 사용하여 0.5를 컷오프 값으로 사용하는 혼동행렬이 모형의 성능을 평가하도록 만든다. 혼동행렬은 모형에 의해 29명의 구매자와 133명의 비구매자가 올바르게 분류되어 정확도는 0.81임을 보이고 있다.

민감도 척도 0.6042와 특이도 척도 0.8750은 모형이 구매자를 올바르게 분류하는 것보다 비구매자를 올바르게 분류하는 데 더 효과적임을 보여준다. 혼동행렬과 성능척도는 관측치를 분류하기 위해 선택한 컷오프 값에 민감하기 때문에 마켓위즈는 컷오프 값이 낮아지면 모형이 더 많은 구매자를 올바르게 분류하게 되지만 동시에 더 많은 비구매자를 잘못 분류하게

된다고 설명한다. 소셜 미디어 메시지를 전송하는 비용은 낮기 때문에 패션테크는 컷오프를 0.25로 낮추어 민감도를 0.8125로 높이는 데 동의한다.

모형의 성능은 누적 향상도 그래프, 십분위 향상도 그래프, ROC 곡선을 사용하여 시각적으로도 평가된다. 누적 향상도 그래프와 십분위 향상도 그래프는 모형이 구매확률이 가장 높은 소셜 미디어 사용자의 일부만을 목표로 하여 거의 모든 실제 구매자를 포착할 수 있음을 보여준다. ROC 곡선은 민감도와 특이도 측면에서 모든 컷오프 값에 걸쳐 모형의 성능이 기준선 모형(무작위 추측)보다 우수하다는 것을 보여준다. 추정된 분류모형은 전반적으로 잠재고객을 구매 및 비구매 클래스로 분류하는 작업을 잘 수행하고 있다.

Wayhome studio/Shutterstock

소셜 미디어 채널을 통해 획득한 고객의 1년간 구매금액을 예측하는 두 개 모형이 추정된다. 모형의 성능을 비교하기 위해 검증 데이터셋에서 200개의 관측치를 사용하여 여러 성능척도가 계산된다. 첫 번째 추정 모형이 모든 성능척도에 대해 더 낮은 값을 보이기 때문에 첫 번째 모형이 두 번째 모형과 비교하여 예측편향이 낮고 오차의 크기가 더 작다는 결론을 내린다. 따라서 첫 번째 모형이 소셜 미디어 채널을 통해 획득한 고객의 1년간 구매금액을 예측하는 모형으로 선호된다.

연습문제 8.3

18. **FILE** ***Exercise_8.18.*** 함께 제공되는 데이터 파일을 사용하여 10개의 관측치에 대한 실제 및 예측 클래스 귀속을 나열하는 혼동행렬을 작성하라.

19. 다음 혼동행렬에 대한 오분류율, 정확도, 민감도, 정밀도, 특이도 등을 계산하라.

Actual Class	Predicted Class 1	Predicted Class 0
Class 1	120	67
Class 0	35	278

20. 다음 혼동행렬에 대한 오분류율, 정확도, 민감도, 정밀도, 특이도 등을 계산하라.

Actual Class	Predicted Class 1	Predicted Class 0
Class 1	254	10
Class 0	87	649

21. 다음 혼동행렬에 대한 오분류율, 정확도, 민감도, 정밀도, 특이도 등을 계산하라.

Actual Class	Predicted Class 1	Predicted Class 0
Class 1	295	378
Class 0	379	3948

22. 다음 혼동행렬에 대한 오분류율, 정확도, 민감도, 정밀도, 특이도 등을 계산하라.

Actual Class	Predicted Class 1	Predicted Class 0
Class 1	1,367	25
Class 0	35	1,573

23. **FILE** ***Exercise_8.23.*** 함께 제공되는 데이터셋은 10개 관측치에 대한 실제 클래스 귀속과 예측된 클래스 1(목표 클래스) 확률을 나열하고 있다. 이를 사용하여 다음 질문에 답하라.
    - **a.** 컷오프 값 0.5를 사용하여 오분류율, 정확도, 민감도, 정밀도, 특이도 등을 계산하라.
    - **b.** 컷오프 값 0.25를 사용하여 오분류율, 정확도, 민감도, 정밀도, 특이도 등을 계산하라.
    - **c.** 컷오프 값 0.75를 사용하여 오분류율, 정확도, 민감도, 정밀도, 특이도 등을 계산하라.

24. 이전 연습문제의 데이터를 사용하라.
    - **a.** 5개의 관측치를 무작위로 선택하는 것과 비교하여 모형에 의해 5개의 관측치를 선택한 경우 분류모형이 제공하는 향상도는 얼마인가?
    - **b.** 8개의 관측치를 무작위로 선택하는 것과 비교하여 모형에 의해 8개의 관측치를 선택한 경우 분류모형이 제공하는 향상도는 얼마인가?

25. **FILE** ***Exercise_8.25.*** 함께 제공되는 데이터셋은 10개의 관측치에 대한 실제 클래스 귀속과 예측된 클래스 0(비목표 클래스) 확률을 나열하고 있다. 이를 사용하여 다음 질문에 답하라.

a. 컷오프 값 0.5를 사용하여 오분류율, 정확도, 민감도, 정밀도, 특이도 등을 계산하라.
b. 컷오프 값 0.25를 사용하여 오분류율, 정확도, 민감도, 정밀도, 특이도 등을 계산하라.
c. 컷오프 값 0.75를 사용하여 오분류율, 정확도, 민감도, 정밀도, 특이도 등을 계산하라.

26. 이전 연습문제의 데이터를 사용하라.
   a. 5개의 관측치를 무작위로 선택하는 것과 비교하여 모형에 의해 5개의 관측치를 선택한 경우 분류모형이 제공하는 향상도는 얼마인가?
   b. 8개의 관측치를 무작위로 선택하는 것과 비교하여 모형에 의해 8개의 관측치를 선택한 경우 분류모형이 제공하는 향상도는 얼마인가?

27. **FILE** ***Exercise_8.27.*** 함께 제공되는 데이터셋은 10개의 관측치에 대한 실제 값과 예측 값을 나열하고 있다. 이를 사용하여 RMSE, ME, MAD, MPE, MAPE를 계산하라.

28. **FILE** ***Exercise_8.28.*** 함께 제공되는 데이터셋은 10개의 관측치에 대한 실제 값과 예측 값을 나열하고 있다. 이를 사용하여 RMSE, ME, MAD, MPE, MAPE를 계산하라.

29. 우편주문 카탈로그 회사는 잠재고객이 우편으로 카탈로그를 받을 경우 주문하게 될지를 예측하는 분류모형을 개발했다. 잠재고객이 주문할 것으로 예상되면 클래스 1로 분류되고 그렇지 않으면 클래스 0으로 분류된다. 검증 데이터셋은 다음과 같은 혼동행렬을 생성한다.

Actual Class	Predicted Class 1	Predicted Class 0
Class 1	75	25
Class 0	84	816

   a. 분류모형의 오분류율, 정확도, 민감도, 정밀도, 특이도 등을 계산하라.
   b. 혼동행렬은 컷오프율 0.5를 기반으로 생성되었다. 컷오프율이 0.25로 감소하면 민감도 값은 증가하는가 또는 감소하는가? 특이도 값은 어떠한가?
   c. 주문으로 인한 수익이 카탈로그 발송비용보다 훨씬 높을 경우, 회사는 잠재 고객을 클래스 1 및 클래스 0으로 분류하는 데 더 높은 또는 더 낮은 컷오프율에서 혜택을 볼 수 있는가?

30. 랜디 존슨(Randy Johnson)은 전국 자동차보험 회사의 보험 조정자이다. 랜디는 과거 보험청구 데이터를 사용하여 데이터 분석가의 도움을 받아 보험사기 탐지모형을 구축했다. 검증 데이터셋에 모형을 적용하여 다음과 같은 혼동행렬을 생성했다. 사기 보험청구는 클래스 1 사례이며 사기가 아닌 청구는 클래스 0 사례이다.

Actual Class	Predicted Class 1	Predicted Class 0
Class 1	130	170
Class 0	2,402	27,298

   a. 분류모형의 오분류율, 정확도, 민감도, 정밀도, 특이도 등을 계산하라.
   b. 보다 신뢰할 수 있는 분류모형을 생성하기 위해 데이터를 과대표본추출해야 하는가?
   c. 혼동행렬은 컷오프율 0.5를 기반으로 생성되었다. 사기 보험청구 누락비용이 잠재적인 사기 보험청구 조사비용보다 훨씬 높다면 청구 분류 시 컷오프율을 높여야 하는가 또는 낮춰야 하는가?

31. **FILE** ***Credit_Cards.*** 한 국립은행은 신용카드 제안을 수락할 가능성이 높은 고객을 식별하기 위한 예측모형을 개발했다. 고객이 신용카드 제안을 수락할 것으로 예상되면 클래스 1로 분류되고 그렇지 않으면 클래스 0으로 분류된다. 모형을 검증 데이터셋에 적용하여 100개의 관측치에 대해 실제 클래스 귀속과 예측된 클래스 1 확률을 나열하는 표가 생성되었다. 이 표의 일부는 다음과 같다.

Customer	Actual Class	Predicted Class 1 Probability
1	1	0.22
2	0	0.54
⋮	⋮	⋮
100	1	0.5

   a. 컷오프 값 0.25, 0.5, 0.75를 사용하여 검증 데이터셋에 대해 예측되는 클래스 귀속을 지정하라. 각 컷오프 값의 분류 결과를 기반으로 엑셀에서 혼동행렬을 작성하라.
   b. 위 a에서 지정된 세 가지 컷오프 값 각각에 대해 분류모형의 오분류율, 정확도, 민감도, 정밀도, 특이도 등을 계산하라.
   c. 분류모형에 대한 누적 향상도 그래프와 십분위 향상도 그래프를 작성하라.
   d. 관측치의 20%를 무작위로 선택하는 것과 비교하여 모형에 의해 관측치의 20%를 선택한 경우 분류모형이 제공하는 향상도는 얼마인가?
   e. 관측치의 50%를 무작위로 선택하는 것과 비교하여 모형에 의해 관측치의 50%를 선택한 경우 분류모형이 제공하는 향상도는 얼마인가?

32. **FILE** ***IT_Professionals.*** 켄지 윌리엄스(Kenzi Williams)는 하이테크 기업의 인사담당 이사이다. 그녀는 회사 내 IT 전문가의 높은 이직률을 관리하기 위해 첫 해에 회사를 떠날 가

능성이 더 높은 소프트웨어 엔지니어를 식별하는 예측모형을 개발했다. 소프트웨어 엔지니어가 1년 이내에 퇴사할 것으로 예상되면 해당 엔지니어는 클래스 1로 분류되고 그렇지 않으면 클래스 0으로 분류된다. 모형을 검증 데이터셋에 적용하여 100개의 관측치에 대해 실제 클래스 귀속과 예측된 클래스 1 확률을 나열하는 표가 생성되었다. 이 표의 일부는 다음과 같다.

Employee	Actual Class	Predicted Class 1 Probability
1	0	0.09
2	0	0.22
⋮	⋮	⋮
100	1	0.41

a. 컷오프 값 0.25, 0.5, 0.75를 사용하여 검증 데이터셋에 대해 예측되는 클래스 귀속을 지정하라. 각 컷오프 값의 분류 결과를 기반으로 혼동행렬을 작성하라.
b. 위 a에서 지정된 세 가지 컷오프 값 각각에 대해 분류모형의 오분류율, 정확도, 민감도, 정밀도, 특이도 등을 계산하라.
c. 분류모형에 대한 누적 향상도 그래프와 십분위 향상도 그래프를 작성하라.
d. 관측치의 20%를 무작위로 선택하는 것과 비교하여 모형에 의해 관측치의 20%를 선택한 경우 분류모형이 제공하는 향상도는 얼마인가?
e. 관측치의 50%를 무작위로 선택하는 것과 비교하여 모형에 의해 관측치의 50%를 선택한 경우 분류모형이 제공하는 향상도는 얼마인가?

33. **FILE** ***Gamers.*** 온라인 게임 앱 개발회사인 몬스터매쉬(Monstermash)는 앱내 구매(in-app purchase)할 가능성이 있는 게이머를 식별하는 예측모형을 구축했다. 이 모형은 앱내 구매할 가능성이 있는 게이머를 클래스 1, 구매할 가능성이 없는 게이머를 클래스 0으로 분류한다. 모형을 검증 데이터셋에 적용하여 게이머들의 실제 클래스와 클래스 1 확률을 나열하는 표가 생성되었다. 이 표의 일부는 다음과 같다.

Gamer	Actual Class	Predicted Class 1 Probability
1	0	0.022666
2	0	0.032561
⋮	⋮	⋮
920	0	0.040652

a. 컷오프 값 0.25, 0.5, 0.75를 사용하여 검증 데이터셋에 대해 예측되는 클래스 귀속을 지정하라. 각 컷오프 값의 분류 결과를 기반으로 혼동행렬을 작성하라.
b. 위 a에서 지정된 세 가지 컷오프 값 각각에 대해 분류모형의 오분류율, 정확도, 민감도, 정밀도, 특이도 등을 계산하라.
c. 분류모형에 대한 누적 향상도 그래프, 십분위 향상도 그래프, ROC 곡선을 작성하라.
d. 관측치의 20%를 무작위로 선택하는 것과 비교하여 모형에 의해 관측치의 20%를 선택한 경우 분류모형이 제공하는 향상도는 얼마인가?
e. 관측치의 50%를 무작위로 선택하는 것과 비교하여 모형에 의해 관측치의 50%를 선택한 경우 분류모형이 제공하는 향상도는 얼마인가?

34. **FILE** ***House_Prices.*** 한 부동산 회사가 주택판매가격을 추정하기 위해 두 개의 예측모형을 구축했다. 10개의 관측치로 구성된 소규모 테스트 데이터셋을 사용하여 예측모형이 새로운 데이터셋에서 어떻게 수행되는지 평가하려고 한다. 다음의 표에는 실제 가격과 두 예측모델에서 생성된 예측 가격의 일부가 나열되어 있다.

House	Actual Price	Predicted Price1	Predicted Price 2
1	\$230,500	\$254,000	\$256,000
2	\$209,900	\$215,500	\$223,400
⋮	⋮	⋮	⋮
10	\$328,900	\$340,000	\$324,500

a. 두 예측모형에 대한 ME, RMSE, MAD, MPE, MAPE를 계산하라.
b. 예측모형들은 평균적으로 실제 판매가격을 과대평가하고 있는가 또는 과소평가하고 있는가?
c. 모든 주택이 학습 데이터셋에 있는 전체 주택 평균가격인 260,500달러로 판매될 것으로 예측하는 기본모형과 예측모형들을 비교하라. RMSE 측면에서 부동산 회사에서 구축한 예측모형들이 기본모형보다 우수한가?
d. 성능이 더 좋은 예측모형은 무엇인가?

35. **FILE** ***Customer_Spending.*** 온라인 소매업체의 마케팅 관리자인 매리 그랜트(Mary Grant)는 신규 고객의 연간 지출을 추정하기 위한 두 개의 예측모형을 구축했다. 검증 데이터셋의 100개 관측치에 모형을 적용하여 고객의 실제 지출과 예상 지출을 나열하는 표를 생성했다. 이 표의 일부는 다음과 같다.

Customer	Actual Spending	Predicted Spending 1	Predicted Spending 2
1	555	587	487
2	190	198	182
⋮	⋮	⋮	⋮
100	464	380	312

a. 두 예측모형에 대한 ME, RMSE, MAD, MPE, MAPE를 계산하라.

b. 예측모형들은 평균적으로 실제 판매가격을 과대평가하고 있는가 또는 과소평가하고 있는가?

c. 두 예측모형의 RMSE와 MAD를 비교하라. 어떤 예측모형이 더 성능이 좋은가?

d. 모든 고객이 학습 데이터셋에 있는 사례들의 평균인 290달러를 지출할 것으로 예측하는 기본모형과 더 나은 예측 성능을 보이는 모형을 비교하라. RMSE 측면에서 매리가 구축한 더 나은 예측모형이 기본모형보다 우수한가?

8.4 주성분 분석

LO 8.4

주성분 분석을 수행할 수 있어야 한다.

많은 실제 상황에서는 다수의 변수들이 있는 데이터셋을 발견하게 된다. 특히 과학, 의학, 소비자 연구 등에서 이러한 경우가 많다. 다수의 변수(차원, dimensions)를 포함하는 데이터셋은 고차원 데이터(high-dimensional data)라고 한다. 때때로 변수의 수가 데이터셋의 관측치 수를 초과하기도 한다. 경우에 따라 일부 중복되는 변수를 제거할 수도 있지만 다른 많은 경우 단순히 변수를 삭제하면 중요한 정보가 손실될 수 있다.

주성분 분석(principal component analysis, PCA)은 변수의 수를 줄이고 싶지만 예측모형에서 중요한 정보를 잃지 않으면서 변수들을 제거할 수 없을 때 특히 효과적이며 유용한 차원축소 기법이다. PCA는 상관관계가 있을 수 있는 많은 수의 변수를 주성분(principal components)이라고 하는 더 적은 수의 상관관계가 없는 변수로 변환한다. 이러한 주성분을 사용하면 데이터내 대부분의 변동성을 집합적으로 설명하는 더 작은 수의 대표적인 변수로 데이터를 요약할 수 있다.

PCA는 데이터에서 발견되는 대부분의 패턴을 유도하는 비교적 적은 수의 주성분을 선택하도록 하는 비지도학습 데이터 마이닝 기법으로 간주된다. 예를 들어, 군집화(clustering)와 같은 다른 비지도학습 방법을 적용하기 전에 데이터를 시각화하고 전처리하는 데 사용할 수 있다. 또한 많은 수의 예측변수를 더 적은 수의 주성분으로 대체할 수 있는 선형 회귀 및 로지스틱 회귀와 같은 지도학습 방법과 함께 PCA를 사용할 수도 있다.

n개의 관측치가 주어졌을 때, 주요 작업은 일련의 주성분 $PC_1, PC_2, \ldots, PC_m$을 찾는 것으로 이는 k개의 원래 변수 $x_1, x_2, \ldots, x_k$ $(m \leq k)$의 가중선형조합이다. 가중치의 유도는 고유값 분해(eigen decomposition)라고 하는 선형대수의 수학적 기술과 관계되는데 이는 이 교재 범위를 벗어난다. 여기서는 R을 사용하여 가중치, 대응하는 주성분, 데이터에서 설명하는 변동성 등을 유도한다. 이렇게 상호 간에 상관이 없는 주성분은 원래 변수보다 수는 적지만 데이터 내 대부분의 정보를 유지한다.

주성분 분석

상관관계가 있는 많은 변수 집합에 직면했을 때 주성분 분석은 주성분이라고 하는 더 적은 수의 대표 변수로 이러한 집합을 요약한다. 주성분은 상관관계가 없는 변수들이며 이 변수들의 값은 원래 변수의 가중선형조합이다. 첫 번째 주성분이 데이터내 대부분의 변동성을 설명하고 두 번째 주성분이 뒤따르게 되는 식이다.

FILE ***CandyBars.*** PCA의 작동 방식을 설명하기 위해 간단한 예제를 사용한다. 표 8.16은 37개의 초코바(candy bars)에 대한 영양성분을 나열한 데이터의 일부로 제공량당 칼로리(Calories), 총 지방(Fat, 그램), 단백질(Protein, 그램), 탄수화물(Carb, 그램) 등을 포함하고 있다. 쉽게 설명하기 위해 어떻게 단일 주성분이 Fat(x_1로 표시)과 Protein(x_2로 표시)이라는 두 변수 간 대부분의 변동성을 포착할 수 있는지 보이고자 한다.

표 8.16 초코바 영양성분($n = 37$)

Brands	Calories	Fat	Protein	Carb
Peanut Butter Twix	311.0	18.5	5.3	31.4
Baby Ruth	275.0	13.0	3.2	39.0
⋮	⋮	⋮	⋮	⋮
Twizzlers Cherry Nibs	139.0	1.1	1.0	31.7

그림 8.9는 x_1(Fat)과 x_2(Protein)의 산점도를 보여준다.

그림 8.9 변수 x_1과 x_2의 산점도

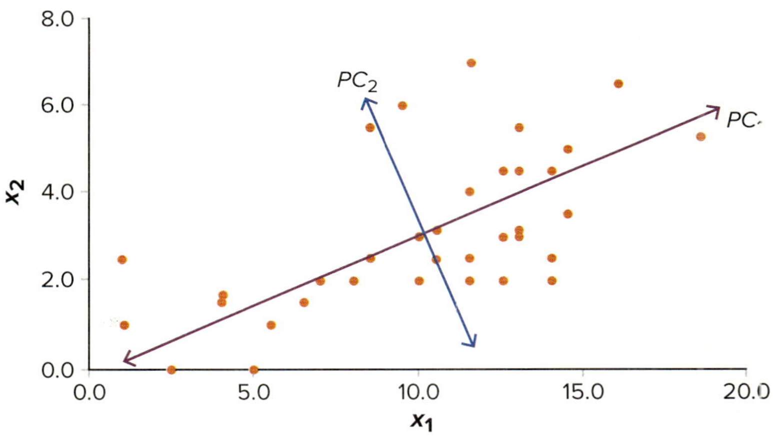

데이터를 분석할 경우, 일반적으로 우리는 데이터의 변동성과 관련된 정보에 관심이 있다. 데이터에 변동이 없다면(모든 데이터 포인트가 동일한 값을 가짐) 우리가 연구할 만한 것은 없다! 따라서 가장 많은 변화가 있는 방향에 가장 많은 정보가 담겨있다. 그림 8.9에서 자주색 선으로 표시된 첫 번째 주성분은 데이터가 가장 많이 변하는 방향에 따라 지정된다. 시각적으로 이 선은 데이터에서 가장 큰 변동성을 포착한다. 대안적으로는 첫 번째 주성분을 데이터에 가장 가까운 선으로 해석할 수 있다.

또한 첫 번째 주성분의 값을 x_1 및 x_2값의 가중선형조합으로 생각할 수 있다. 그림 8.9에서는 x_1과 x_2 사이에 선형관계가 있는 것으로 보이므로 x_1 및 x_2 값의 선형조합이 해당 관계를 적절하게 포착할 것으로 예상하는 것이 합리적이다. 즉, 첫 번째 주성분은 두 변수에 포함된 대

부분의 정보를 포착하는 것으로 보인다. 앞서 언급했듯이 PCA는 특히 변수의 상관관계가 높을 때 효과적이다.

두 번째 주성분 PC_2는 PC_1과 상관이 없는 변수들의 선형조합이며 데이터에서 두 번째로 큰 변동성을 포착한다. 그림 8.9에서 파란색 선은 데이터의 두 번째 주성분을 나타내고 있는데 여기서 PC_2는 PC_1에 수직[또는 보다 공식적인 용어로 직교(orthogonal)]이거나 PC_1과 상관이 없다.

PCA를 데이터셋에 적용하여 이에 따른 결과로 생성되는 모든 주성분이 서로 상관이 없도록 확인하고 데이터에 포함된 거의 모든 정보(변동)를 집합적으로 포착하게 된다. 이 예제에서 첫 번째 주성분(자주색 선)은 데이터의 전체 변동에서 매우 큰 부분을 나타내고 두 번째 주성분(파란색 선)은 나머지 변동의 많은 부분을 대표한다.

그림 8.10에서 데이터 포인트는 첫 번째 및 두 번째 주성분 방향이 축과 일치하도록 회전되었다. 데이터가 변경된 것은 아니며 단순히 다른 각도에서 데이터를 보고 있다는 점에 주의하라. 서로에 대한 데이터 포인트의 위치는 동일하게 유지되고 있다. 유일하게 변경된 것은 데이터 포인트의 좌표를 도출하는 데 사용되는 축이다. 여기서 또 다른 차이점은 이전 축들이 잘 정의되어 있고 쉽게 이해된다는 점인데 이전 축들은 초코바의 지방과 단백질 함량을 나타낸다. 그러나 새로운 축들은 더 추상적이며 원래 변수의 가중선형조합을 나타낸다. 각 데이터 포인트에 대한 첫 번째 및 두 번째 주성분의 값들은 새로운 축에 x_1 및 x_2의 투영된(projected) 값들이다.

그림 8.10 회전된 데이터의 산점도

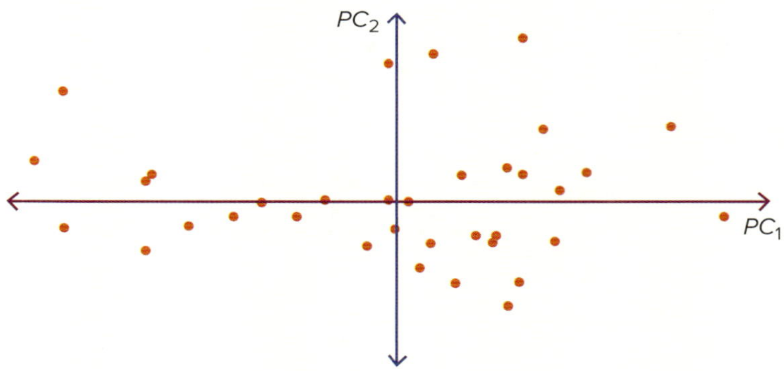

두 개의 원래 변수, 즉 2차원 데이터가 있는 이 예제에서는 최대 두 개의 주성분을 구성할 수 있다. 그럼에도 불구하고 첫 번째 성분에 x_1 및 x_2에 대한 대부분의 정보가 포함되어 있다. 이제 데이터 내 많은 변동이 첫 번째 주성분 PC_1에 의해 포착되므로 원래 변수 x_1 및 x_2를 PC_1으로 대체하면 정보손실이 거의 발생하지 않는다. 즉, 많은 정보를 잃지 않고 두 개의 원래 변수 x_1 및 x_2를 하나의 주성분 PC_1로 대체할 수 있다. PCA는 데이터 척도에 민감하다. 초코바의 예에서 지방은 단백질보다 변동성이 높기 때문에 표준화되지 않을 경우 PCA 결과를 주도하게 된다. 따라서 PCA를 수행하기 전에 데이터를 표준화(예: z-점수로 변환)하는 것이 좋다.

R을 사용하여 PCA를 수행할 때 상당한 양의 출력물이 생성된다. 여기에서는 주성분(PC) 점수를 계산하기 위한 가중치 및 분산분포에 중점을 둔다. 그림 8.11은 초코바 예제에 대한

그림 8.11 초코바 예제의 PCA 결과

a. Fat 및 Protein 가중치

Feature\Component	PC_1	PC_2
Fat (g)	0.707107	−0.70711
Protein (g)	0.707107	0.707107

b. 분산분포

	PC_1	PC_2
Variance	1.734387	0.215613
Variance Percentage	89.21933	10.78067
Cumulative Variance %	89.21933	100

c. 원본 값, *z*-점수, PC 점수

Item	Fat	Protein	Fat (*z*-score)	Protein (*z*-score)	PC_1 score	PC_2 score
3 Musketeers	6.5	1.5	−0.7860	−0.8982	−1.1910	−0.0793
5th Avenue	12.5	4.5	0.0929	0.4409	0.3775	0.2461
⋮	⋮	⋮	⋮	⋮	⋮	⋮
York Peppermint Pattie	4	1.5	−1.1523	−0.8982	−1.4499	0.1796

이 부분의 출력물을 요약하고 있다. (곧이어 R에서 PCA를 수행하는 방법에 대해 살펴본다.)

그림 8.11c의 마지막 두 열에 표시된 PC 점수는 그림 8.11a에 표시된 가중치를 기반으로 한다. 다음 식은 i번째 관측치에 대한 m번째 주성분 점수를 계산하는 데 사용되며 $PC_{m,i}$로 표시된다.

$$PC_{m,i} = w_{m1}z_{1i} + w_{m2}z_{2i} + \cdots + w_{mk}z_{ki}$$

여기서 w_{mk}는 m번째 주성분의 k번째 변수에 대한 가중치이고 z_{ki}는 k번째 변수의 i번째 관측치에 대한 표준화된 값이다.

예를 들어, $PC_{1,3M}$으로 표시된 첫 번째 초코바인 "3 Musketeers"의 PC_1 점수를 계산해 보자. 그림 8.11a는 지방과 단백질의 가중치가 모두 0.707107이므로 $w_{11} = 0.707107$ 및 $w_{12} = 0.707107$ 임을 보여준다. 그림 8.11c는 "3 Musketeers"의 지방 및 단백질 함량에 대한 표준화된 값이 각각 −0.7860 및 −0.8982이므로 $z_{11} = -0.7860$ 및 $z_{21} = -0.8982$ 임을 보여준다. $PC_{1,3M}$은 다음과 같이 계산된다.

$$PC_{1,3M} = w_{11}z_{11} + w_{12}z_{21} = 0.707107 \times -0.7860 + 0.707107 \times -0.8982 = -1.1910$$

각 초코바의 PC_1 점수는 그림 8.11c의 마지막에서 두 번째 열에 표시되고 있다. 마찬가지로 $PC_{2,3M}$으로 표시된 "3 Musketeers"에 대한 PC_2 점수는 다음과 같이 계산된다.

$$PC_{2,3M} = w_{21}z_{11} + w_{22}z_{21} = -0.70711 \times -0.7860 + 0.707107 \times -0.8982 = -0.0793$$

각 초코바의 PC_2 점수는 그림 8.11c의 마지막 열에 표시되어 있다.

그림 8.11b는 모든 주성분에 대한 분산분포를 보여준다. PC_1은 전체 분산의 89.22%를 설명하는 반면 PC_2는 분산의 10.78%만 설명한다. PCA는 데이터의 분산을 재분배하여 PC_1만 사용해도 정보손실이 거의 발생하지 않도록 한다.

지금까지 우리는 최대 두 개의 주성분을 구성할 수 있는 2차원 데이터를 살펴봤다. 단일 k개의 원래 변수 $x_1, x_2, \ldots, x_k$가 있다면 최대 k개의 주성분을 구성할 수 있다. 예를 들어, 칼로리, 지방, 단백질, 탄수화물 등을 포함하고 있는 ***CandyBars*** 데이터를 활용하면 분석에 최대 네 개의 주성분을 구성할 수 있다. 설명된 분산량은 첫 번째 주성분에서 마지막 주성분까지 점차 감소한다. 따라서 처음 몇 개의 주성분은 종종 데이터의 전체 분산(또는 정보)에서 매우 큰 부분을 나타낸다. 이를 통해 많은 정보를 잃지 않고 원래 변수의 전체 목록 대신 처음 몇 개의 주성분만을 포함하여 차원 수를 크게 줄일 수 있다. 관행적으로 사전에 결정한 설명된 분산의 백분율(예: 80%)은 포함해야할 주성분 수를 결정하는 임계값으로 사용된다. 또한, 주성분은 상관관계가 없어 다중공선성(multicollinearity)이 후속 데이터 마이닝 분석에서 문제되지 않는다.

R을 이용한 주성분 분석 수행

예제 8.9에서는 R을 이용하여 12개의 변수로 PCA를 수행하는 방법에 대해 알아본다.

예제 8.9

FILE ***Health.*** 세계은행의 2000년 보건영양인구통계(Health Nutrition and Population Statistics) 데이터베이스에서 38개국에 대한 국가 수준의 보건 및 인구 척도를 살펴본다. 척도에는 각 국가별도 1,000명당 사망률(Death Rate, %), 1인당 의료비 지출(Health Expend, 달러), 출생시 기대수명(Life Exp, 년), 성인 남성 1,000명당 사망률(Male Mortality), 성인 여성 1,000명당 사망률(Female Mortality), 연간 인구 증가율(Population Growth, %), 여성 인구(Female Pop, %), 남성 인구(Male Pop, %), 총인구(Total Pop), 노동인구 규모(Labor Force), 여성 1인당 출산율(Fertility Rate), 1,000명당 출생률(Birth Rate) 등을 포함하고 있다. 데이터의 일부가 표 8.17에 표시되어 있다.

표 8.17 국가수준 보건 및 인구 척도

Country Name	Death Rate	Health Expend	...	Birth Rate
Argentina	7.80	706.90	...	19.41
Austria	9.60	2415.78	...	9.80
⋮	⋮	⋮	⋮	⋮
Switzerland	8.70	3540.86	...	10.90

해답:

앞서 언급했듯이 PCA는 변수 간 상관관계가 높을 때 특히 효과적이다. ***Health*** 데이터에 대한 상관분석은 많은 변수 간의 강한 상관관계를 보여준다. 예를 들어, 남성과 여성의 사망률 간 상관계수는 0.95로 두 변수 사이에 강한 양의 상관관계를 보여주고 있다.

상관척도는 분산 형태의 한 국가 남성 사망률에 대한 정보 중 일부가 여성 사망률에 중복된다는 것을 말해주고 있다. 그러나 데이터셋에서 변수 중 하나를 제거하면 데이터에서 분산(정보)의 상당한 부분을 잃을 수 있다. 많은 수의 상관관계가 있는 변수들을 포함하고 있는 데이터셋에 적용되는 PCA는 데이터의 거의 모든 정보를 유지하면서 데이터 차원을 크게 줄일 수 있다.

다음에서는 R을 이용하여 보건 및 인구 데이터셋에서 PCA를 수행하는 방법을 시연하고 결과를 요약한다.

R 이용

부록 C에서 설명하고 있듯이 다음 지침은 **R 버전** 3.5.3을 기반으로 한다. 또한 R의 결과는 사용하는 알고리즘의 차이로 인해 다른 소프트웨어의 결과와 다소 상이할 수 있다.

a. ***Health*** 데이터를 데이터 프레임(테이블)으로 불러오고 myData라는 레이블로 지정한다.

b. **head** 함수를 사용하여 데이터를 검사하기 위해 myData 데이터 프레임에서 몇 가지 관측치를 표시한다. 다음과 같이 입력하라.

```
> head(myData)
```

c. 분석에서 Country Name 변수(첫 번째 변수)를 제외하고 나머지 변수를 표준화한 다음 표준화된 값을 myData.st라는 데이터 프레임에 저장한다. 데이터를 표준화하기 위해 **scale** 함수를 이용한다. 다음과 같이 입력하라.

```
> myData.st <- scale(myData[ , -1])
```

d. **prcomp** 함수를 사용하여 PCA를 수행하고 **summary** 함수를 사용하여 PCA 결과를 표시한다. 다음과 같이 입력하라.

```
> pca <- prcomp(myData.st)
> summary(pca)
```

그림 8.12a는 PCA 결과의 일부를 보여준다. 표의 누적 비율 행에서 볼 수 있듯이 처음 4개의 주성분이 데이터 전체 분산의 93.35%를 차지한다.

e. 주성분 계산을 위한 가중치를 검토하기 위해 PCA 결과의 **회전(rotation)** 속성을 표시한다. 다음과 같이 입력하라.

```
> pca$rotation
```

그림 8.12b는 가중치의 일부를 보여준다.

그림 8.12 R 이용 PCA 결과

a. R's summary results

```
Importance of components%s:
                          PC1     PC2     PC3     PC4    ...   PC12
Standard deviation      2.3652  1.7215  1.3561  0.8974   ...  3.345e-17
Proportion of variance  0.4662  0.2470  0.1532  0.0671   ...  0.000e+00
Cumulative Proportion   0.4662  0.7131  0.8664  0.9335   ...  1.000e+00
```

b. R's PCA weights

```
                    PC1          PC2          PC3          PC4       ...     PC12
Death.Rate      0.12614475   0.42498298  -0.16514637  -0.50397341   ...  -7.138364e-17
Health.Expend  -0.27803071   0.08089049   0.06210637  -0.76743206   ...   1.446584e-16
     ⋮              ⋮            ⋮            ⋮            ⋮          ⋮        ⋮
Birth.Rate      0.40706962   0.02131421   0.07310887  -0.02106416   ...   1.614795e-17
```

c. R's Principal components

```
              PC1          PC2          PC3           PC4        ...      PC12
[1,]     -0.09655764   0.40453066   0.225491452   0.631209232   ...  -4.286392e-17
[2,]     -2.00916845   0.96638977   0.002007443  -0.419234070   ...  -1.816474e-18
  ⋮           ⋮            ⋮             ⋮             ⋮          ⋮        ⋮
[38,]    -2.29716742   0.54503126   0.320183989  -1.102757401   ...   1.099835e-16
```

f. 주성분 점수를 검토하기 위해 PCA 결과의 **x** 속성을 표시한다. 다음과 같이 입력하라.

```
> pca$x
```

그림 8.12c는 관측치의 주성분 점수 중 일부를 보여준다.

g. 주성분 점수와 함께 국가(첫 번째 변수)를 나열하기 위해 먼저 **data.frame**문을 사용하여 myData 데이터 프레임을 주성분 점수와 결합한다. 다음으로 myData 데이터 프레임의 원래 변수를 포함하는 2~13열을 제거한다. **head** 함수를 사용하여 새로운 데이터 프레임에 몇 개의 관측치를 표시한다. 다음과 같이 입력하라.

```
> newData <- data.frame(myData, pca$x)
> newData <- newData[ , -(2:13)]
> head(newData)
```

앞서 언급했듯이 PCA를 사용하면 많은 수의 원래 변수를 데이터내 매우 많은 부분의 정보를 유지하는 몇몇 상관되지 않은 주성분으로 대체하여 데이터의 차원을 크게 줄일 수 있다. 그러나 이러한 장점에는 대가가 따른다. 주성분은 단순히 원래 변수의 가중선형조합으로 추상적이며 해석이 어렵다. 게다가 PCA는 수치형 데이터에서만 작동한다.

연습문제 8.4

36. **FILE** ***Exercise_8.39.*** 함께 제공되는 데이터셋을 표준화한 다음 주성분 분석을 수행하라.

a. 처음 세 개의 주성분이 총 분산의 몇 퍼센트를 차지하는가?

b. 첫 번째 주성분 점수를 계산하기 위한 가중치는 무엇인가?

c. 첫 번째 관측치에 대한 첫 번째 주성분 점수는 무엇인가?

37. **FILE** ***Exercise_8.40.*** 함께 제공되는 데이터셋을 표준화한 다음 주성분 분석을 수행하라.

a. 총 분산의 80% 이상을 설명하려면 몇 개의 주성분이 필요한가?

b. 첫 번째 주성분 점수를 계산하기 위한 가중치는 무엇인가?

c. 첫 번째 관측치에 대한 두 번째 주성분 점수는 무엇인가?

38. 다음의 표는 주성분을 계산하기 위한 가중치와 두 관측치에 대한 데이터를 보여주고 있다.

Weight	PC_1	PC_2
x_1	−0.892	0.452
x_2	−0.452	−0.892
	x_1	x_2
Observation 1	4.04	12.77
Observation 2	4.10	12.18

a. x_1의 평균과 표준편차는 각각 3.5와 1.2이다. x_2의 평균과 표준편차는 각각 11.75와 3.8이다. 두 관측치에 대해 x_1 및 x_2 값에 대한 z-점수를 계산하라.

b. 관측치 1에 대한 주성분 점수를 계산하라.

c. 관측치 2에 대한 주성분 점수를 계산하라.

39. 다음의 표는 주성분을 계산하기 위한 가중치와 두 관측치에 대한 데이터를 보여주고 있다.

Weight	PC_1	PC_2
x_1	−0.81	0.59
x_2	−0.59	−0.81
	x_1	x_2
Observation 1	7.30	342.90
Observation 2	3.20	258.60

a. x_1의 평균과 표준편차는 각각 5.8와 2.4이다. x_2의 평균과 표준편차는 각각 380.5와 123.4이다. 두 관측치에 대해 x_1 및 x_2 값에 대한 z-점수를 계산하라.

b. 관측치 1에 대한 주성분 점수를 계산하라.

c. 관측치 2에 대한 주성분 점수를 계산하라.

40. 다음의 표는 주성분을 계산하기 위한 가중치와 세 관측치에 대한 표준화된 데이터(z-점수)를 보여주고 있다.

Weight	PC_1	PC_2	PC_3
x_1	−0.57	0.62	0.55
x_2	−0.64	0.09	−0.76
x_3	0.52	0.78	−0.34
	z_1	z_2	z_3
Observation 1	0.7[illegible]	0.33	−0.36
Observation 2	2.8[illegible]	2.44	−1.41
Observation 3	−0.76	−1.18	1.37

a. 관측치 1에 대한 첫 번째 주성분 점수를 계산하라.

b. 관측치 2에 대한 두 번째 주성분 점수를 계산하라.

c. 관측치 3에 대한 세 번째 주성분 점수를 계산하라.

41. 주성분 분석의 결과 다음의 표가 생성되었다.

	PC_1	PC_2	PC_3	PC_4	PC_5
Variance %	76.2656	13.6728	8.9626	0.8751	0.2239
Cumulative Variance %	76.2656	89.9384	98.9010	99.7761	100

a. 데이터셋에 원래 변수가 몇 개 있는가?

b. 세 번째 주성분은 몇 퍼센트의 분산을 설명하는가?

c. 데이터에서 총 분산의 95% 이상을 설명하기 위해 몇 개의 주성분을 유지해야 하는가?

42. 주성분 분석의 결과 다음의 표가 생성되었다.

```
Importance of components%s:
                          PC1     PC2     PC3     PC4      ...   PC9
Standard deviation      2.0294  1.7895  1.1338  0.83607   ...  1.538e-16
Proportion of variance  0.4217  0.3279  0.1316  0.07158   ...  0.000e+00
Cumulative proportion   0.4217  0.7497  0.8813  0.95288   ...  1.000e+00
```

a. 데이터셋에 원래 변수가 몇 개 있는가?

b. 세 번째 주성분은 몇 퍼센트의 분산을 설명하는가?

c. 데이터에서 총 분산의 85% 이상을 설명하기 위해 몇 개의 주성분을 유지해야 하는가?

43. **FILE** ***Development.*** 함께 제공되는 데이터셋은 2015년 세계은행이 수집한 11개 아프리카 국가에 대한 경제지표를 포함하고 있다. 경제지표에는 연간 농업 성장률(Agriculture, %), 연간 수출 성장률(Exports, %), 연간 최종소비 성장률(Final consumption, %), 연간 GDP 성장률(GDP growth, %), 연간 1인당 GDP 성장률(GDP per capita growth, %) 등이 포함되어 있다. 데이터셋의 일부가 표에 제시되어 있다.

Country	Agriculture	Exports	...	GDP per capita growth
Burkina Faso	−3.4761	1.3822	...	0.8848
Burundi	−2.9826	−9.9000	...	−6.8177
⋮	⋮	⋮	⋮	⋮
Mali	6.9242	4.6719	...	2.8988

a. 데이터에 대한 상관 분석을 수행하라. 데이터셋의 변수 간 상관 관계에 대해 논하라. 상관 관계가 가장 높은 변수 쌍은 무엇인가?

b. 데이터셋의 모든 변수에 대해 주성분 분석을 수행하라. 분석 전에 데이터를 표준화하거나 상관 행렬을 이용하라.

c. 소프트웨어에 의해 가장 많은 수의 주성분이 계산되도록 하라. 몇 개의 주성분이 계산되는가? 처음 세 개의 주성분이 총 변동성의 몇 퍼센트를 설명하는가? 데이터에서 총 분산의 80% 이상을 설명하기 위해 몇 개의 주성분을 유지해야 하는가?

d. 첫 번째 주성분을 계산하기 위해 가장 높은 가중치가 부여된 원래 변수는 무엇인가? 두 번째 주성분을 계산하기 위해 가장 높은 가중치가 부여된 원래 변수는 무엇인가?

e. 국가 이름과 데이터내 총 분산의 80% 이상을 설명하는 주성분을 포함하는 새로운 데이터셋을 생성하라.

44. **FILE** ***Baseball_Players.*** 벤 더비(Ben Derby)는 대학 야구 팀의 스카우트이다. 그는 각 대학 모집 시즌 동안 모집할 잠재적인 선수를 평가하기 위해 매주 많은 고등학교 게임과 연습에 참석한다. 그는 또한 개별 유망 선수에 대해 상세한 기록을 유지하고 있다. 그의 대학 팀은 특히 다음 시즌 명단에 또 다른 타자를 추가해야 한다. 운이 좋게도 벤은 지난 시즌 동안 최소 100경기를 치른 144명의 고등학교 선수에 대한 정보를 갖고 있다. 함께 제공되는 표에는 다음 변수를 포함하여 데이터의 일부가 표시되어 있다: 선수 ID (Player), 경기수(G), 타수(AB), 득점(R), 안타(H), 홈런(HR), 타점(RBI), 타율(AVG), 출루율(OBP), 장타율(SLG).

Player	G	AB	...	SLG
1	156	621	...	0.552
2	142	451	...	0.501
⋮	⋮	⋮	⋮	⋮
144	144	524	...	0.573

a. 데이터셋에서 플레이어 수를 제외하고 모든 변수에 대한 주성분 분석을 수행하라. 분석 전에 데이터를 표준화하라.

b. 몇 개의 주성분이 계산되는가? 데이터에서 총 분산의 80% 이상을 설명하기 위해 몇 개의 주성분을 유지해야 하는가?

c. 첫 번째 주성분 점수를 계산하는 데 사용되는 가중치를 표시하라.

d. 선수 이름과 데이터 내 총 분산의 80% 이상을 설명하는 주성분을 포함하는 새로운 데이터셋을 생성하라.

45. **FILE** ***Internet_Addiction.*** 인터넷 중독은 대학생들 사이에서 널리 퍼진 문제로 밝혀졌다. 콜로라도의 한 작은 교양대학은 킴벌리 영(Kimberly Young) 박사가 개발한 인터넷 중독검사(Internet Addiction Test, IAT)를 사용하여 학생들의 인터넷 중독에 대한 조사를 실시했다. IAT는 인터넷 중독의 다양한 측면을 측정하는 20개의 질문을 포함하고 있다. IAT에서 높은 점수를 받은 사람은 인터넷 사용에 문제가 있을 가능성이 높다. 또한 데이터에는 학생의 성별(Sex, 여성 1, 남성 0), 대학원 수준에서 공부하는지 여부(대학원 1, 학부 0) 등이 포함되어 있다. 함께 제공되는 표에 데이터셋의 일부가 표시되어 있다.

Record	IAT1	IAT2	...	Graduate
1	2	2	...	1
2	2	3	...	0
⋮	⋮	⋮	⋮	⋮
350	1	2	...	0

a. 레코드 번호(Record Number)를 제외하고 모든 변수에 대한 주성분 분석을 수행하라. 데이터를 표준화해야 하는가? 설명하라.

b. 몇 개의 주성분이 계산되는가? 첫 번째 주성분에 의해 총 변동성의 몇 퍼센트가 설명되는가? 데이터에서 총 분산의 80% 이상을 설명하기 위해 몇 개의 주성분을 유지해야 하는가?

c. 첫 번째 주성분을 계산하기 위해 가장 높은 가중치가 부여된 원래 변수는 무엇인가? 두 번째 주성분을 계산하기 위해 가장 높은 가중치가 부여된 원래 변수는 무엇인가?

d. 첫 번째 레코드에 대한 주성분 1의 점수는 무엇인가?

46. **FILE** ***Nutritional_Facts.*** 힐사이드 대학(Hillside College)의 영양학과 1학년 학생인 제니(Jenny)는 다양한 일반 식품과 그 영양 성분에 대한 연구를 수행하고 있다. 그녀는 30가지 일반적인 식품에 대한 영양 정보를 포함하는 데이터셋을 구축했다. 제니는 이러한 식품의 영양 정보 중 상당수가 높은 상관 관계를 갖고 있다고 생각하며 주성분을 생성하여 데이터셋의 차원을 줄일 수있는 방법이 있는지 궁금해하고 있다. 함께 제공되는 표에 데이터셋의 일부가 표시되어 있다(값은 100g의 식품을 기준으로 한다).

Name	Calories	Total fat	. . .	Protein
Banana	89	0.3	. . .	1.1
Egg	155	11	. . .	13
⋮	⋮	⋮	⋮	⋮
Tuna	184	6	. . .	30

a. 식품명(Name) 변수를 제외하고 모든 변수에 대한 주성분 분석을 수행하라. 데이터를 표준화해야 하는가? 설명하라.

b. 몇 개의 주성분이 계산되는가? 첫 번째 주성분에 의해 총 변동성의 몇 퍼센트가 설명되는가? 데이터에서 총 분산의 80% 이상을 설명하기 위해 몇 개의 주성분을 유지해야 하는가?

c. 첫 번째 주성분 점수를 계산하기 위해 사용된 가중치를 표시하라.

d. 식품명과 데이터 내 총 분산의 80% 이상을 설명하는 주성분을 포함하는 새로운 데이터셋을 생성하라.

47. **FILE** ***Happiness.*** 2014년부터 유엔(UN)은 회원국의 행복 수준을 측정하는 연례 연구를 수행해왔다. 사회과학 및 심리학 전문가들은 관련 데이터를 수집하고 행복과 관련된 측정을 정의하도록 위임받았다. 행복도 측정은 사람들이 자신의 삶(즉, life ladder), 긍정적/부정적 감정의 수준, 선택의 자유(Life choices) 등에 어떻게 느끼는지에 대한 설문조사 질문과 사회적 지원, 기대수명, 상대적 가구소득 등과 같은 집계 지표에 바탕하고 있다. 각 회원국에 대해 이러한 데이터는 수치형 점수로 전환된다. 함께 제공되는 표는 유엔의 행복 데이터 중 일부를 보여준다.

Country	Life Ladder	Social support	. . .	Household income
Albania	4.5111	0.6384	. . .	0.4165
Argentina	6.4272	0.8828	. . .	0.3321
⋮	⋮	⋮	⋮	⋮
Zimbabwe	3.7354	0.7684	. . .	0.5967

a. 국가(Country) 변수를 제외하고 모든 변수에 대한 주성분 분석을 수행하라. 데이터를 표준화해야 하는가? 설명하라.

b. 첫 번째 주성분에 의해 총 변동성의 몇 퍼센트가 설명되는가? 데이터에서 총 분산의 80% 이상을 설명하기 위해 몇 개의 주성분을 유지해야 하는가?

c. 첫 번째 주성분 점수를 계산하기 위해 사용된 가중치를 표시하라. 두 번째 주성분을 계산하기 위해 가장 높은 가중치가 부여된 원래 변수는 무엇인가?

d. 첫 번째 레코드(Albania)에 대한 주성분 1의 점수는 무엇인가?

48. **FILE** ***Tennis.*** 테니스에서는 선수가 얼마나 잘 서브하고 리턴하는지가 종종 게임의 결과를 결정한다. 코치와 선수들은 이러한 수치를 추적하고 개선을 위해 끊임없이 노력한다. 함께 제공되는 표는 지역 청소년 테니스 선수를 포함하는 데이터 샘플을 보여주고 있다. 관련 변수로 에이스 수(Ace), 더블 폴트(DF), 첫 번째 서브 백분율(1ST SRV), 첫 번째 서브 승리 백분율(1ST SRV WIN), 브레이크 포인트 세이브 백분율(BP SVD), 승리한 서비스 게임 백분율(SRV WIN), 첫 번째 서브 리턴 승리 백분율(1ST RTN WIN), 승리한 리턴 게임 백분율(RTN WON), 브레이크 포인트 전환 백분율(BP CONV) 등을 포함한다.

Player	Aces	DF	. . .	BP CONV
1	96	144	. . .	48.2
2	180	164	. . .	50.3
⋮	⋮	⋮	⋮	⋮
40	49	62	. . .	48.5

a. 선수(Player) 변수를 제외하고 모든 변수에 대한 주성분 분석을 수행하고 첫 번째 주성분 점수를 계산하는 데 이용한 가중치를 표시하라.

b. 첫 번째 주성분을 계산하기 위해 가장 높은 가중치가 부여된 원래 변수는 무엇인가? 두 번째 주성분을 계산하기 위해 가장 높은 가중치가 부여된 원래 변수는 무엇인가?

c. 선수 칼럼과 데이터 내 총 분산의 90% 이상을 설명하는 주성분을 포함하는 새로운 데이터셋을 생성하라.

49. **FILE** ***Stocks.*** 투자자들은 일반적으로 투자 결정을 내리기 위해 다양한 정보를 고려한다. 함께 제공되는 표는 상장된 대규모 기업의 샘플과 재무 정보를 보여준다. 관련 정보로 주가(Price), 지분 가격에 대한 배당금(Dividend), 주가수익률(PE), 주당순이익(EPS), 장부가치, 지난 52주 동안의 최저 및 최고 주가(52 wk low and 52 wk high), 회사 주식의 시장가치(Market cap), 상각전영업이익(EBITDA, 10억 달러) 등을 포함한다.

Name	Price	Dividend	. . .	EBITDA
3M	189.09	2.48	. . .	8.70
Abbott Lab	45.00	2.34	. . .	4.59
⋮	⋮	⋮	⋮	⋮
Zoetis	53.07	0.79	. . .	1.70

a. 기업명(Name) 변수를 제외하고 모든 변수에 대한 주성분 분석을 수행하라. 데이터를 표준화해야 하는가? 설명하라.

b. 첫 번째 주성분에 의해 총 변동성의 몇 퍼센트가 설명되는가? 데이터에서 총 분산의 80% 이상을 설명하기 위해 몇 개의 주성분을 유지해야 하는가?

c. 첫 번째 주성분을 계산하기 위해 가장 높은 가중치가 부여된 원래 변수는 무엇인가? 두 번째 주성분을 계산하기 위해 가장 높은 가중치가 부여된 원래 변수는 무엇인가?

d. 첫 번째 레코드(3M)에 대한 주성분 1의 점수는 무엇인가?

8.5 데이터 분석

빅데이터에 내재된 문제는 데이터셋이 복잡하고 많은 변수(차원)를 포함할 수 있다는 것이다. 정보의 중복을 줄이고 결과 모형의 안정성을 향상시키려면 원본 데이터의 정보 중 전부는 아니더라도 대부분을 포착할 수 있는 보다 관리가능한 수의 변수를 생성하도록 차원축소 기법을 구현하는 것이 좋다. 주성분 분석과 같은 차원축소 기법은 이러한 목표를 달성하는 데 효과적이며 종종 모형구축 활동 이전에 수행된다.

사례연구

FILE ***NBA.*** 메릭 스티븐스(Merrick Stevens)는 200명 이상의 운동선수들을 대표하는 스포츠 에이전시인 에이스 스포츠 매니지먼트(ACE Sports Management)에서 근무하는 스포츠 분석가이다. 메릭은 스포츠 관련 데이터를 분석하고 NBA (National Basketball Association)에 대한 예측모형을 개발하는 임무를 맡고 있다. 그는 경쟁하는 30개 NBA팀과 455명의 선수에 대한 정보가 포함된 ***NBA*** 데이터셋을 이용한다. 선수들에 대한 통계는 전체 경력뿐만 아니라 몇몇 시즌에 대한 것이다. 선수의 연봉은 여러 시즌에 걸친 성적을 기반으로 하기 때문에 메릭은 특정 시즌의 데이터가 아닌 전체 경력의 정규시즌 데이터만을 살펴보기로 한다.

선수의 급여를 설명할 수 있는 많은 수의 예측변수를 고려해 볼 때 메릭은 주성분 분석이 모형구축의 첫 번째 단계로 이점이 있을지 조사해 보기로 결정한다.

샘플보고서— NBA 선수 데이터의 차원축소

NBA 선수의 급여는 다양한 변수에 의해 결정된다. NBA 선수의 급여를 예측하는 데 사용할 수 있는 모형을 구성하기 전에 455명의 NBA 선수에 대해 23개의 가능한 예측변수에 대한 데이터가 수집되었다. 이러한 변수에는 선수의 연령, 키, 몸무게와 같은 신체적 변수뿐만 아니라 출전경기수, 득점수, 3점슛수 등과 같은 성적 변수가 포함된다.

Marcio Sanchez/Ap/Pool/EPA/Shutterstock

많은 예측변수 간 높은 상관관계는 데이터에 정보 중복성이 존재한다는 것을 나타낸다. 잠재적인 다중공선성 문제를 제거하고 결과로 얻은 급여모형의 모형안정성을 개선하기 위해 23개의 예측변수에 대해 주성분 분석(PCA)을 사용한 차원축소가 수행된다.

PCA 분석을 수행하기 전에 데이터 척도의 영향을 제거하기 위해 데이터를 표준화한다. PCA 분석은 생산할 주성분의 수와 관련하여 제한하지 않는다. 따라서 분석에서 23개의 예측변수를 사용하는 경우 23개의 주성분이 추정된다. 표 8.18은 가중치 및 분산과 관련된 PCA 출력물의 일부를 보여준다. 첫 번째 주성분이 전체 분산의 44.1218%를 설명하며 점수(Points, 게임당 평균 점수)가 첫 번째 주성분에 대해 가장 큰 가중치를 갖는다. 표 8.18의 누적분산(Cumulative Variance %) 행을 참조하면 처음 7개의 주성분이 원래 데이터 내 총분산의 거의 90%를 설명하는 것으로 나타난다.

표 8.18 주성분 가중치 및 분산

Feature\ Component	PC_1	PC_2	PC_3	PC_4	PC_5	PC_6	PC_7	...	PC_{23}
Age	−0.1455	0.0233	−0.6712	−0.0200	−0.0559	0.0590	−0.0325	...	0.0017
Height	0.0172	0.0233	−0.6712	−0.0200	−0.0288	−0.0919	0.1066	...	0.0005
⋮	⋮	⋮	⋮	⋮	⋮	⋮	⋮	⋮	⋮
Points	−0.3024	−0.0244	0.0910	0.0631	0.0463	−0.2248	−0.0008	...	−0.7888
Variance %	44.1218	24.3615	6.8076	5.2865	3.2806	2.9727	2.7560	...	0.0175
Cumulative Variance %	44.1218	68.4832	75.2909	80.5774	83.8580	86.8307	89.5867	...	100

향후 분석에서는 NBA 선수의 급여를 예측하는 모형을 구축하기 위한 예측변수로 처음 7개의 주성분을 사용하는 것이 권장된다. 처음 7개의 주성분에 대한 주성분 점수의 일부가 표 8.19에 나와있다. 23개의 원래 예측변수 대신 7개 주성분을 사용함으로써 정보 중복이 제거된다. 또한 높은 상관관계가 있는 많은 예측변수들이 원래 데이터에 있는 정보의 90% 이상을 유지하는 더 작은 비상관 주성분셋으로 대체되었다.

표 8.19 주성분 점수

Player	PC_1	PC_2	PC_3	PC_4	PC_5	PC_6	PC_7
Metta World Peace	−4.6778	−0.3177	−1.9019	0.4324	−1.4056	0.6642	0.9347
Elton Brand	−5.4075	4.3766	−1.9281	−0.7296	0.2911	0.4351	0.7778
Kobe Bryant	−9.5196	−1.3329	−1.9168	−0.5547	0.2608	−2.1314	1.2170
⋮	⋮	⋮	⋮	⋮	⋮	⋮	⋮
Luis Montero	5.9482	−1.5002	−0.3373	−0.7296	1.5916	−0.5624	2.1202

사례연구 제안

주성분 분석은 많은 상황과 다양한 데이터셋, 특히 이 교재와 함께 제공되는 빅데이터에 적용될 수 있다. 다음과 같은 사례연구들이 제안된다.

보고서 8.1 **FILE** ***Longitudinal_Information.*** 도시 지역에 살았던 개인만을 선택하도록 데이터를 추출하라. 연령, 키, 몸무게, 교육연수, 형제자매 수, 가족규모, 취업기간(주), 자존심 척도, 소득 등과 같은 수치형 변수를 원본 데이터에 있는 정보의 최소 90%를 유지하는 더 작은 주성분 집합으로 변환하라. 참고: 변수의 척도가 다르기 때문에 PCA 이전에 데이터를 표준화할 필요가 있다.

보고서 8.2 **FILE** ***College_Admissions.*** 세 대학 중 하나에 대한 데이터를 선택하라. 고등학교 GPA, MCA GPA, SAT 점수, ACT 점수 등과 같은 수치형 변수를 원본 데이터 정보의 최소 90%를 유지하는 더 작은 주성분 집합으로 변환하여 데이터의 차원을 줄여라. 그런 다음 입학 예측을 위한 모형구축을 위해 주성분을 예측변수로 사용하라.

보고서 8.3 **FILE** ***House_Price.*** 데이터셋에서 대학 도시 중 하나를 선택하라. 침실 수, 욕실 수, 집 면적, 부지 면적, 건축연한 등 수치형 변수를 원본 데이터 정보의 90% 이상을 유지하는 더 작은 주성분 집합으로 변환하여 데이터의 차원을 줄여라. 그런 다음 주택판매가격을 예측하기 위한 모형구축을 위해 주성분을 예측 변수로 사용하라.

보고서 8.4 **FILE** ***TechSales_Reps.*** 하드웨어 부서에서 일하고 대학학위를 소지한 직원만 포함하도록 데이터를 추출하라. 연령, 근무연수, 자격증 수, 피드백 점수, 급여 등과 같은 수치형 변수를 원본 데이터 정보의 85% 이상을 유지하는 더 작은 주성분 집합으로 변환하여 데이터의 차원을 줄여라. 그런 다음 순추천의향지수(NPS)를 예측하기 위한 모형을 구축하기 위해 주성분을 예측변수로 사용하라.

9 지도학습 데이터 마이닝: *k*-최근접 이웃과 나이브 베이즈

Supervised Data Mining: k-Nearest Neighbors and Naïve Bayes

학습목차_*Chapter Contents*

학습목표_Learning Objectives

이 장을 학습한 후에,

LO **9.1** 지도학습 데이터 마이닝 기법 간의 주요 차이점을 설명할 수 있어야 한다.
LO **9.2** *k*-최근접 이웃 방법을 적용하여 새로운 레코드를 분류할 수 있어야 한다.
LO **9.3** 나이브 베이즈 방법을 적용하여 새로운 레코드를 분류할 수 있어야 한다.

9장과 10장에서는 예측(predictive) 또는 감독(directed) 데이터 마이닝이라고도 하는 지도학습 데이터 마이닝(supervised data mining)에 대해 논의한다. 이러한 모형은 여러 예측변수를 기반으로 목표변수의 결과를 예측하는 데 사용된다. 8장에서 언급한 바와 같이 지도학습 데이터 마이닝에는 분류 및 예측모형이 포함된다. 분류모형에서 목표변수는 범주형이며 목표는 새로운 사례들의 클래스 귀속을 분류하는 것이다. 예를 들어, 잠재고객 목록을 구매자 및 비구매자로 분류하거나 금융자산을 구매, 보유, 판매로 분류하는 것이 있다. 예측모형에서 목표변수는 수치형이며 목표는 수치형 값을 예측하는 것이다. 예를 들면 소비자 지출, 주택 판매 가격, 의료 시술에서 회복하는 데 걸리는 시간 등을 예측하는 것이다.

6장과 7장에서 논의한 선형 및 로지스틱 회귀모형은 각각 중요한 예측 및 분류모형이다. 이 장에서는 널리 사용되는 두 가지 지도학습 데이터 마이닝 기법인 *k*-최근접 이웃(*k*-nearest neighbors)과 나이브 베이즈(naïve Bayes)를 살펴본다. 의사결정나무(decision trees)라고 하는 또 다른 인기 있는 기법은 10장에서 논의한다. *k*-최근접 이웃 방법은 예측변수를 기반으로 새로운 사례의 *k*개 가장 가까운 이웃을 식별하여 새로운 사례를 분류하거나 예측하는 데이터 기반 기법이다. 분류 기법인 나이브 베이즈 방법은 사전확률과 예측변수의 조건부 확률을 기반으로 새로운 사례가 목표 클래스에 속할 사후확률을 계산한다. 이러한 데이터 마이닝 기법은 광범위한 비즈니스 시나리오에서 예측모형을 구축하는 데 자주 사용된다.

©Halfpoint/Shutterstock

도입사례_*Introductory Case*

24/7 피트니스센터 연간 회원

FILE ***Gym.*** 24/7 피트니스센터(24/7 Fitness Center)는 모든 고급 서비스를 완비한 체육관으로 광고 및 월간 공개일(open house) 행사를 통해 회원을 모집한다. 각 공개일 참석자에게는 관람권과 1일 이용권이 제공된다. 잠재적 회원들은 개인정보와 운동 루틴에 대한 몇 가지 질문에 답하여 공개일 행사에 등록한다. 피트니스센터 직원들은 잠재적 회원들에게 확인 전화를 걸고 잠재 회원이 연간회원에 가입할 수 있도록 메일로 공개일 참석자에게 정보를 보낸다.

24/7 피트니스센터의 관리자인 자넷 윌리엄스(Janet Williams)는 연락해야할 새로운 공개일 참석자들을 선정하기 위한 데이터 기반 전략을 개발하려고 한다. 그녀는 ***Gym*** 데이터 파일의 Gym_Data 워크시트에서 과거 공개일 참석자 1,000명의 정보를 추려냈다. 데이터에는 참석자가 클럽 회원권을 구매했는지 여부(Enroll: 구매하면 1, 그렇지 않으면 0), 참석자의 연령 및 연간 수입, 참석자의 주당 평균 운동시간이 포함된다. 자넷은 또한 23명의 새로운 공개일 참석자로부터 연령, 소득, 주당 운동 시간을 수집하고 ***Gym*** 데이터 파일에 Gym_Score라는 별도의 워크시트에 관리하고 있다. 이들은 신규 공개일 참석자들이기 때문에 이 워크시트에 등록 관련 정보는 없다. 두 워크시트의 일부는 표 9.1와 같다.

표 9.1 24/7 피트니스 데이터

a. *Gym_Data* 워크시트

Enroll	Age	Income	Hours
1	26	18000	14
0	43	13000	9
⋮	⋮	⋮	⋮
0	48	67000	18

b. *Gym_Score* 워크시트

Age	Income	Hours
22	33000	5
23	65000	9
⋮	⋮	⋮
51	88000	6

자넷은 데이터를 활용하여 다음을 수행하려고 한다.

1. 잠재적인 체육관 회원이 체육관 회원권을 구매할지 여부를 예측하기 위한 데이터 기반 분류 모형 개발

2. 23명의 신규 공개일 참석자 중 어떤 사람이 피트니스 멤버십을 구매할지 확인

이 도입사례에 대한 분석결과는 9.2절에 제시되어 있다.

9.1 지도학습 데이터 마이닝 소개

지도학습 데이터 마이닝 기법은 목표변수가 범주형인 분류모형과 목표변수가 수치형인 예측모형을 포함한다. 분류모형의 예로 특정 소비자가 구매할 것인지, 담보대출이 승인될 것인지, 환자가 특정 질병을 앓을 것인지, 이메일이 스팸인지 아닌지 등을 예측하는 것이 있다. 이와 유사하게 예측모형의 예로는 주택판매가격, 경영대학 졸업생 급여, 기업의 총 판매량, 소비자의 부채 상환 등을 예측하는 것이 있다.

6장과 7장에서 논의한 선형 및 로지스틱 회귀모형은 각각 중요한 예측 및 분류모형이다. 이 장에서는 널리 사용되는 두 가지 데이터 마이닝 기법인 *k*-최근접 이웃 및 나이브 베이즈를 포함하여 분석을 확장한다. 10장에서는 분류 및 회귀나무와 앙상블 나무에 대해 광범위하게 살펴본다.

지도학습 데이터 마이닝에서는 새로운 사례의 결과를 분류하거나 예측할 수 있는 것이 중요하다. 이전 장에서 언급한 바와 같이 이 교재에서는 사례(case), 레코드(record), 관측치(observation) 등의 용어를 같은 의미로 사용한다. 예를 들어, 앞선 사례에서와 같이 24/7 피트니스센터 관리자는 공개일 참석자가 체육관 회원권을 구매할 가능성이 있는지 여부에 관심이 있다. 분류는 주어진 예측변수 값을 기반으로 하며 **레코드 점수 매기기(scoring a record)**라고 한다. 추정된 방정식을 사용하여 주어진 예측변수 값에 대한 목표변수의 예측 값을 얻을 수 있는 선형 및 로지스틱 회귀모형에서 점수 매기기는 간단하다. 이와 같은 추정 방정식이 지도학습 데이터 마이닝 기법에는 존재하지 않기 때문에 우리는 새로운 레코드들의 점수를 매기기 위해 R에 내장된 알고리즘에 의존한다. 9장과 10장 전반에 걸쳐 각 예제 풀이에 두 개의 워크시트를 제공하고 있는데 "데이터(data)" 워크시트를 이용해 선호되는 데이터 마이닝 기법을 찾고 이를 이용해 "점수(score)" 워크시트 내 새로운 레코드를 예측한다.

> **레코드 점수 매기기**
> 주어진 예측변수 값에 대해 새 레코드의 목표변수 값을 분류하거나 예측하는 과정이다.

7.4절과 8.3절에서 논의한 바와 같이 과대적합 문제는 예측모형이 주어진 표본 데이터의 특성에 맞도록 지나치게 복잡하게 만들어질 때 발생한다. 추정에 사용된 데이터셋을 활용한 모형은 매우 좋은 성능을 발휘할 수 있지만 새로운 데이터셋을 사용하면 성능이 크게 떨어진다. 이 문제를 해결하기 위해 데이터를 학습, 검증, 선택적인 테스트 데이터로 분할한다. 학습 데이터셋은 하나 이상의 모형을 생성하는 데 사용된다. 검증 데이터셋은 모형의 성능을 평가하고 최상의 모형을 선택하는 데 사용된다. 선택적 테스트 데이터셋은 새로운 데이터셋에 대한 최종 모형의 성능을 평가하는 데 사용된다. R의 데이터 분할 및 교차검증에 대한 실습 예제는 이 장의 후반부에 제공된다.

8.3절에서는 예측모형을 평가하기 위한 몇 가지 성능 척도에 대해서도 논의했다. 분류를 위해서는 검증 또는 테스트 데이터셋에서 얻은 모든 결과를 요약하기 위해 혼동행렬을 사용한다. 이러한 결과에는 참 양성(TP) 및 참 음성(TN)이 포함되는데 이 경우 관측치들은 모형

에 의해 올바르게 분류된다. 마찬가지로 거짓 양성(FP) 및 거짓 음성(FN) 결과는 관측치가 모델에 의해 잘못 분류되었음을 의미한다. 이러한 결과를 기반으로 정확도, 민감도, 특이도와 같은 성능척도가 계산된다. 또한 누적 향상도 그래프, 십분위 향상도 그래프, ROC 곡선과 같은 시각적 표현을 사용하여 모형 성능을 평가한다. 예측모형의 경우 수치형 목표변수의 실제값과 예측값의 차이로 정의되는 예측오차를 고려했다. 또한, 평균제곱오차 제곱근(RMSE), 평균오차(ME), 평균절대편차(MAD) 또는 평균절대오차(MAE), 평균백분율오차(MPE), 평균절대백분율오차(MAPE) 등을 포함하여 예측오차의 크기를 포착하는 여러 성능척도에 대해 논의하기도 했다. 이 장에서는 간단하게 예측모형을 해석하고 R을 사용하여 성능을 평가하도록 한다.

지도학습 데이터 마이닝 기법 비교

LO 9.1

지도학습 데이터 마이닝 기법 간의 주요 차이점을 설명할 수 있어야 한다.

각각의 데이터 마이닝 기법은 장점과 한계점을 갖고 있다. 8장에서 논의한 바와 같이 실제로 사람들은 서로 다른 기법을 기반으로 여러 예측모형을 개발하고 성능 및 기타 실제 고려사항을 기반으로 최상의 모형을 선택하는 경향이 있다. 이번에는 지도학습 데이터 마이닝 기법 간의 주요 차이점에 대해 요약한다.

6장과 7장에서 논의한 선형 및 로지스틱 회귀모형은 다양한 실제 응용 분야에서 가장 보편적인 데이터 마이닝 기법이다. 회귀결과는 쉽게 해석할 수 있는 방식으로 예측변수와 목표변수 간의 관계를 설명한다. 그동안 회귀기법은 광범위하게 연구되어 왔으며 일찍이 1800년대 소행성의 위치를 예측하기 위한 연구에 사용되었다. 그 이후로 과학자와 실무자들은 이 개념을 수많은 조사, 응용, 연구 등에 활용해 왔다.

k-최근접 이웃(KNN) 방법은 기본 개념을 이해하기 쉬운 비교적 간단한 데이터 마이닝 도구이다. KNN은 온라인 기업들 사이에서 추천시스템 개발에 널리 사용되어 왔다. 책 구매, 영화 또는 TV 시청 습관과 같은 소비자 정보는 새로운 책, 영화 또는 TV 쇼에 대한 개인맞춤 추천을 제공하기 위해 KNN 알고리즘을 학습하는 데 사용된다. 이런 제품들을 판매하거나 제안하는 온라인 회사들은 그러한 정보를 효율적으로 포착하는 데이터수집 시스템을 개발할 수 있다. KNN 방법은 정확한 제품 추천을 생성하는 것과 같이 분류기로서 매우 효과적인 것으로 알려져 왔으나 예측 문제에서는 인기가 많지 않았다. 이 장에서는 분류를 위해서만 KNN을 사용한다.

나이브 베이즈 분류기는 빅데이터에 적용될 때에도 비교적 빠르다. 기본 개념도 간단하고 비교적 이해하기 쉽다. 상업용 스팸메일 필터로 종종 사용되고 있는데 사실상 가장 오래되고 효과적인 스팸 필터링 기법 중 하나이다. 키워드 필터링, 블랙리스트, 화이트리스트와 같은 여타 기법과 달리 나이브 베이즈 분류기는 새로운 스팸 이메일을 "학습"하고 인식할 수 있을 뿐만 아니라 개별 사용자가 이메일을 스팸 또는 비스팸으로 개인적으로 분류하여 나이브 베이즈 알고리즘을 훈련시킬 수 있다. 또한 이메일 정보는 일반적으로 기존 나이브 베이즈 방법의 요구사항인 범주형 변수로만 구성된 데이터셋으로 포착 및 축소될 수 있다.

이후 10장에서 논의할 분류회귀나무(classification and regression trees, CART)는 많은 장점을 갖고 있다. 나무로 표현하는 것은 이해하기 매우 간단하며 규칙 기반 결과는 해석하기가 쉽다. 또한 CART 알고리즘은 비교적 적은 양의 데이터를 필요로 하며 동시에 수치형과 범주형 변수 모두를 처리할 수 있다. CART는 비모수적 방법이기 때문에 많은 실세계의 상황과 관련된 어떠한 기저 분포에 속하는 데이터에 의존하지 않는다. 결과적으로 이 방법은 사기 탐지, 질병 진단, 주식 거래 결정, 대학에서의 학생 성공 예측과 같은 다양한 응용에 사용되어 왔다.

의사결정나무는 매우 인기가 있지만 데이터 변화에 민감하다. 데이터의 조그만 변화에도 나무와 결과는 크게 달라질 수 있다. 여러 단일나무모형을 앙상블 모형으로 결합하는 앙상블 나무모형은 종종 단일 나무모형보다 더 좋고 안정적인 예측성능을 만들어내는 것으로 신뢰된다.

참고로 이 교재의 범위를 벗어나는 다른 두 가지 기법(판별분석과 신경망)도 논의에 포함하여 살펴본다. 판별분석(discriminant analysis)은 의사결정나무처럼 예측변수 중요도에 대한 정보를 제공하는 강력한 분류기법이다. 그러나 이 방법은 예측변수가 동일한 분산을 갖고 정규분포를 따르는 것으로 가정하여 수치형 예측변수에만 적합하다.

신경망(neural networks)은 분류와 예측 모두에 사용될 수 있다. 신경망은 학습, 기억, 일반화를 활용하여 뇌의 신경 구조를 모방한다. 결과적으로 신경망은 데이터에서 매우 복잡한 관계를 포착할 수 있으며 정교한 기계학습 시스템(종종 딥러닝(deep learning)이라고 함)의 구성요소로 사용된다. 널리 알려진 신경망 애플리케이션인 구글(Google)의 자율주행 자동차 프로젝트 웨이모(Waymo)는 공공 도로에서 보행자와 사물을 인식하고, 적응하며, 안전하게 대응할 수 있도록 수백만 개의 데이터 포인트를 사용하여 자동차를 학습시켰다고 주장한다. 그러한 정교함에도 불구하고 신경망은 분류 또는 예측에 사용되는 근거에 대한 통찰력을 제공하지는 않으며 해석 가능성이 부족하다. 많은 실무자들은 신경망을 "블랙박스(black box)"에 비유하며 그 결과를 비기술적 청중에게 정당화하기 어렵다는 것을 알고 있다.

많이 활용되는 지도학습 데이터 마이닝 기법의 장점과 한계는 표 9.2에 요약되어 있다. 이러한 기법들의 특성과 일부 전제 조건에 따라 특정 유형의 분석 및 응용에 적합하다.

9.2 *k*-최근접 이웃 방법

LO 9.2

k-최근접 이웃 방법을 적용하여 새로운 레코드를 분류할 수 있어야 한다.

이 절에서는 *k*-최근접 이웃(KNN) 방법이라고 하는 지도학습 데이터 마이닝 기법에 대해 살펴본다. KNN 방법은 소비자 신용등급 평가, 대출 신청 평가, 사기 탐지, 의료 진단 등을 포함한 다양한 분야에 응용되어 사용되었다. KNN은 가장 간단하지만 가장 자주 사용되는 데이터 마이닝 기법의 하나로 반응변수가 범주형인 경우 분류에 사용되고 반응변수가 수치형인 경우 예측에 사용된다. 또한 전통적인 KNN 알고리즘에서는 예측변수가 수치형이어야 하는데 이에 따라 범주형 예측변수를 수치형으로 변환하기 위해 데이터 변환이 필요할 수 있다. 범주형 데이터 변환에 대해서는 이 교재 2.5절에서 논의하고 있다.

KNN 방법은 매우 효과적인 분류기로 알려져 있으나 예측변수로는 인기가 덜 하다. 이 절에서는 목표변수가 이항인 분류 문제를 중심으로 살펴본다.

KNN은 메모리 기반 추론이라고 하는 데이터 마이닝 기법의 한 종류에 속한다. 메모리 기반 추론의 전제는 우리가 과거에 경험했던 유사한 상황의 기억을 사용하여 결정을 내리는 경향이 있다는 것이다. 신용카드 회사는 KNN을 사용하여 유사한 고객으로부터의 정보를 기반으로 새로운 신용카드 신청을 평가할 수 있다. KNN 알고리즘은 새로운 신용카드 신청자와 가장 유사한 기존 신용카드 소지자를 "최근접 이웃"으로 간주하고 기존 정보를 사용하여 새

표 9.2 지도학습 기법 비교

기법	장점	한계점
선형회귀(6장, 7.1 및 7.2절)	광범위하게 사용; 계산적으로 효율적; 해석 가능한 매개변수 및 예측변수 중요도 정보와 함께 "최상의" 수학적 함수를 생성	예측에만 사용; 비선형성, 예측변수 간 공선성, 기타 가정 위반의 영향을 받을 수 있음
로지스틱회귀(7.3절)	계산적으로 효율적; 예측변수 중요도 정보 및 확률적 해석을 제공	분류에만 사용; 예측변수 간 공선성의 영향을 받을 수 있음
k-최근접 이웃(9.2절)	분류와 예측 모두에 사용되지만 특히 분류기로서 효과적; 이해하기 쉬움; 데이터에 대해 어떠한 분포도 가정하지 않음	예측변수 중요도에 대한 정보를 제공하지 않음; 전체 학습 데이터셋을 검색하므로 계산 비용이 많이 소요
나이브 베이즈(9.3절)	간단하고 효율적이며 효과적	분류에만 사용; 예측변수 간의 독립성을 가정; 예측변수는 범주형이거나 범주로 변환되어야 함(구간화)
분류회귀나무(CART) (10.2 및 10.3절)	분류와 예측 모두에 사용; 이해하고 해석하기 쉬움; 비기술적 의사결정자에게 쉽게 설명되고 정당화됨; 예측변수 중요도 정보를 제공; 데이터 분포에 대해 가정하지 않음; 이상치 및 결측치 처리에 강건	변수 간 상호작용을 포착할 수 없음; 데이터 변화에 민감; 단일 나무들은 과대적합하기 쉬움
앙상블 나무모형(10.4절)	분류와 예측 모두에 사용; 단일 나무모형의 과대적합 문제 해결	나무 다이어그램을 제공하지 않으므로 해석력 부족
판별분석(이 교재에 미포함)	예측변수 중요도 정보를 제공; 예측변수 간의 상호 작용을 설명	분류에만 사용; 예측변수가 등분산으로 정규분포되어 있다고 가정; 수치형 예측변수만 사용
신경망(이 교재에 미포함)	분류와 예측 모두에 사용; 융통성이 있음; 복잡한 관계 포착	관계나 결과에 대한 통찰력을 거의 제공하지 못함; 설명하거나 해석이 어려움; 해석력 부족; 계산 부담

로운 신청을 승인할지 여부를 결정한다. 의료 분야에서 의사와 간호사는 이전 환자와 비교하여 새로운 환자가 유사한 질병을 앓고 있는지 여부를 KNN 알고리즘을 사용하여 결정할 수 있다. 유사한 증상을 보인 과거 환자는 새로운 환자의 "최근접 이웃"으로 간주되며 그들의 정보는 새로운 환자를 진단하는 데 도움이 될 수 있다.

_k_-최근접 이웃 방법

새로운 관측치와 가장 유사한 과거 관측치를 사용하여 목표변수의 값을 분류하거나 예측하는 메모리 기반 추론 기법이다.

KNN 알고리즘이 어떻게 작동하는지 더 잘 이해하기 위해 새로운 주택대출 신청자가 채무를 불이행할 가능성 여부를 결정하려는 모기지 회사 사례에 대해 살펴보자. 새로운 신청자는 36세이며 연간 수입이 64,000달러에 달한다. 모기지 회사는 소득(1,000 달러 단위)과 연령

특성이 유사한 이전 고객 10명으로부터 정보를 추출하고 고객이 채무를 불이행했는지 여부를 확인했다. 관련 데이터는 표 9.3과 같다.

표 9.3 주택대출 고객 특성

Customer ID	Income	Age	Default
001	65	35	Yes
002	59	34	No
003	71	40	No
004	67	32	No
005	60	31	Yes
006	59	37	No
007	72	42	No
008	63	34	No
009	64	38	No
010	71	34	Yes

KNN 알고리즘은 새로운 관측치를 분류하기 위해 새로운 관측치(즉, 새로운 신청자)와 가장 유사한 기존 관측치(즉, 과거 대출 신청자)를 식별하는 방식으로 작동한다. 따라서 KNN 알고리즘의 중심 구성요소는 (1) 선정된 유사도 척도와 (2) 고려해야 할 최근접 이웃의 수(k)이다. 실제로 KNN 알고리즘은 관측치 간의 유사도를 측정하기 위해 종종 유클리드 거리를 사용한다. 모기지 승인 예에서 연령과 소득 변수의 척도 차이를 고려할 때 관측치 간의 유클리드 거리를 계산하기 전에 이러한 변수들을 표준화한다. 유사도 척도, 유클리드 거리, 변수 표준화는 8.2절에서 논의하고 있다.

이 과정을 설명하기 위해 그림 9.1은 과거 10명의 고객에 대한 소득 대비 연령의 산점도를 보여주고 있는데 채무를 불이행한 고객은 빨간색, 채무를 이행한 고객은 파란색으로 표시되고 있다. 새로운 신청자를 산점도에 녹색 삼각형으로 추가하면서 녹색 원내 세 개의 "최근접 이웃"을 식별하고 있다. 즉, KNN 알고리즘에서 $k = 3$의 값을 선택한다. 최근접 이웃은 데이터셋에서 새로운 신청자와 다른 신청자 간 유클리드 거리를 사용하여 수학적으로 결정할 수도 있다. 이 시나리오에서는 가장 가까운 이웃 세 곳 중 하나만 주택융자를 불이행했다(녹색 원내 최근접 이웃 세 곳 중 하나의 빨간색 표식). 결과적으로 새로운 신청자가 채무를 불이행할 확률은 1/3 = 0.33으로 추정된다. 그런 다음 모기지 회사는 새로운 신청자를 승인할지 여부를 결정하기 위해 확률을 사전에 결정된 컷오프 지점과 비교할 수 있다. 회사가 불이행 확률 컷오프 지점으로 0.5를 사용하는 경우 신규 대출 신청자는 불이행 가능성이 낮은 것으로 분류되고 대출 신청에 대한 승인을 받게 된다. 그러나 컷오프가 0.25인 경우 새로운 대출 신청자는 채무 불이행 가능성이 있는 것으로 분류되게 된다. 8.3절에서 컷오프 값 및 이들이 분류에 미치는 영향에 대해 논의한 바 있다.

이 예에서 볼 수 있듯이 k의 선택에 따라 다른 분류 결과가 만들어진다. 예를 들어, $k = 1$이면 가장 가까운 이웃(빨간색 표식)을 사용하여 새로운 신청자의 클래스를 결정한다. 이 경우 새로운 지원자가 채무를 불이행할 확률은 1/1 = 1이 된다.

그림 9.1 주택대출 신청자의 연령과 소득

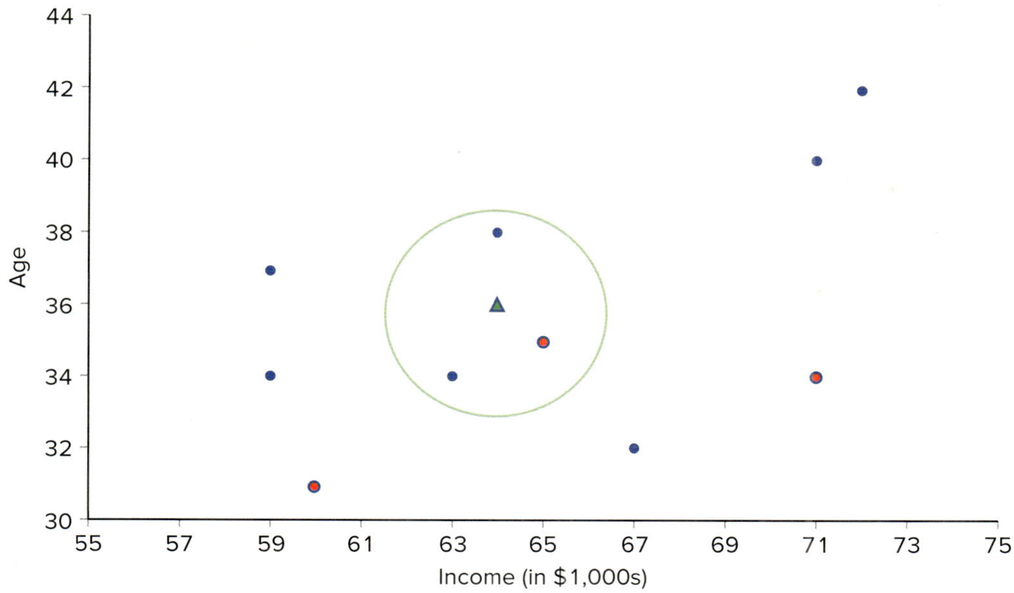

KNN 방법은 지도학습 데이터 마이닝 기법이기 때문에 데이터 분할이 그 성능을 결정하고 모형 복잡성을 최적화하는 데 사용된다. 최근접 이웃 관측치는 학습 데이터셋에서 식별된다. 대부분의 실무자들은 최적의 k 값을 결정하기 위해 검증 데이터셋에서 k 값 범위와 해당 성능 측정값을 실험하여 KNN 방법의 오류율을 최소화한다. Analytic Solver와 같은 일부 소프트웨어 애플리케이션에서 테스트 데이터셋은 최종 예측모형의 성능과 최적 k 값을 평가하는 데 사용된다. 또한 KNN 알고리즘은 새로운 관측치와 가장 유사한 기존 관측치를 기반으로 새로운 관측치를 분류할 수 있다. 앞서 언급했듯이 이 프로세스는 예측변수의 값을 기반으로 한 새로운 레코드 점수 매기기라고 한다. 그림 9.1에서와 같이 KNN 알고리즘은 먼저 전체 학습 데이터셋에서 가장 유사한 관측치를 검색한 다음 새로운 관측치에 대한 점수를 제공한다.

선형 및 로지스틱 회귀모형을 사용하는 기존 분석과 달리 KNN 알고리즘은 예측을 위해 데이터 분포에 대한 가정을 하지 않는다. 실제 데이터가 항상 이론적 가정을 따르는 것은 아니기 때문에 이러한 비모수적 접근 방식은 KNN 방법을 실제 상황에서 매우 유용하게 만든다. 이런 단순함에도 불구하고 KNN 방법은 종종 매우 정확한 결과를 만들어낸다. KNN 알고리즘은 전체 학습 데이터셋에서 가까운 이웃을 검색하기 때문에 이 프로세스는 특히 많은 양의 데이터에서 시간이 많이 소요되며 계산 집약적일 수 있다. 다행히 여러 컴퓨터 소프트웨어 프로그램에는 KNN 알고리즘이 포함되어 있다. 예제 9.1에서는 R을 사용하여 KNN 분류를 수행하는 방법을 보여준다.

예제 9.1

FILE ***Gym.*** 24/7 피트니스센터의 회원권 관리자인 자넷 윌리엄스가 과거 공개일 참석자 1,000명(Gym_Data 워크시트)과 신규 공개일 참석자 23명(Gym_Score 워크시트)의 데이터를 수집한 도입사례를 상기하자. 데이터에는 참석자의 연령 및 연간 소득, 참석자가 주당 운동하는 평균 시간, 참석자가 회원권을 구입했는지 여부에 관계없이 Gym_Data 워크시트에 포함된다. 자넷은 회원권을 구매할 가능성이 있는 참석자를 식별하는 데 도움이 되는 모형에 관심이 있다. KNN 분석을 수행하여 분류 모형을 추정하고 성능을 평가하라. 관련 성능척도를 보고하고 새로운 레코드에 대한 점수를 매겨라.

해답:

앞서 언급한 바와 같이 KNN 알고리즘의 정확도를 평가하고 적절한 *k* 값을 결정하기 위해서는 일반적으로 7장에서 논의한 홀드아웃 방법 또는 *k*-겹 방법을 사용하여 교차검증을 수행한다. R의 대부분의 데이터 마이닝 패키지는 *k*-겹 교차검증 방법을 허용하는데, 이는 홀드아웃 방법과 비교할 때 데이터가 분할되는 방식에 덜 민감하다. 따라서 R에서는 데이터셋을 학습과 검증이라는 두 개로 분할하고 *k*-겹 교차검증을 구현하면 된다. 사용가능한 데이터 양에 따라 교차검증이 수행될 때 대부분의 실무자는 학습용 60%, 검증용 40% 또는 학습용 70%, 검증용 30%로 분할한다. Gym_Data 워크시트의 데이터를 학습용 60%와 검증용 40%의 두 개로 분할한 다음 10-겹 교차검증 기법을 구현한다(부록 C에서 설명하듯이 다음의 설명은 **R 버전 3.5.3**을 기반으로 한다. 다른 버전의 R에서는 작동하지 않을 수 있다).

a. ***Gym*** 데이터 파일의 Gym_Data 워크시트에서 데이터 프레임(테이블)으로 데이터를 불러오고 myData라는 레이블로 지정한다.

b. KNN 추정, 성능척도 및 다이어그램 결과 등을 보이기 위해 *caret*, *gains*, *pROC* 패키지를 설치하고 구동한다.

```
> install.packages(c("caret", "gains", "pROC"))
> library(caret)
> library(gains)
> library(pROC)
```

일부 컴퓨터에서는 `install.packages("caret", dependencies = c("Depends", "Suggests"))` 명령을 사용하여 *caret* 패키지를 지원하는 다른 패키지들을 설치해야 할 수도 있다. 또한 R Studio에서 메시지가 표시되면 *car* 패키지를 설치하고 로드한다.

c. **scale** 함수를 사용하여 연령, 소득, 시간 변수를 표준화한다. myData1이라는 새 데이터 프레임에 표준화된 값을 저장하고 원래 등록(Enroll) 변수를 다시 myData1에 추가한다. **as.factor** 함수를 사용하여 목표변수(Enroll)를 범주형 데이터 유형으로 변환한다. R 코드를 단순화하기 위해 **colnames** 함수를 사용하여 myData1$myData.Enroll(4열)의 이름을 myData1$Enroll로 변경한다. 다음과 같이 입력하라.

```
> myData1 <- scale(myData[2:4])
> myData1 <- data.frame(myData1, myData$Enroll)
> colnames(myData1)[4] <- 'Enroll'
> myData1$Enroll <- as.factor(myData1$Enroll)
```

d. 데이터를 학습(60%) 및 검증(40%) 셋으로 분할하기 위해 **createDataPartition** 함수를 사용하고 Enroll을 목표변수로 지정한다. 일관성을 보장하기 위해 **set.seed** 함수를 사용하여 랜덤 시드를 1로 설정한다. 다음과 같이 입력하라.

```
> set.seed(1)
> myIndex <- createDataPartition(myData1$Enroll, p=0.6,
list = FALSE)
> trainSet <- myData1[myIndex,]
> validationSet <- myData1[-myIndex,]
```

데이터셋은 $p = 0.6$ 옵션을 사용하여 학습용 60%와 검증용 40%로 분할된다. 60% 학습용 셋은 **trainSet**이라는 객체에 할당되고 나머지 40%는 **validationSet** 객체에 할당된다. 학습 및 검증 데이터셋 모두에 대해 목표 및 비목표 클래스 사례 비율을 동일하게 유지하기 위해 R은 601개 사례를 학습 데이터셋으로, 399개 사례를 검증 데이터셋으로 분할한다. 다른 버전의 R 또는 caret을 사용하는 경우 다음의 대안 코드를 사용하여 학습용 셋을 분할해야 할 필요도 있다.

```
trainSet <- myData[c(myIndex),]
```

e. **trainControl** 함수를 사용하여 옵션 *method*를 "cv", 옵션 *number*를 10으로 설정하여 10-겹 교차검증을 구현한다. 다음과 같이 입력하라.

```
> myCtrl <- trainControl(method = "cv", number = 10)
```

f. **expand.grid** 함수를 사용하여 1에서 10까지 가능한 k 값을 지정하고 결과를 myGrid라는 객체에 저장한다. 최적의 k 값은 정확도에 따라 결정된다. k 값의 가능한 범위는 다를 수 있는데 명령문에서 숫자를 변경하여 다른 범위로 실험해 볼 수 있다. 다음과 같이 입력하라.

```
> myGrid <- expand.grid(.k=c(1:10))
```

g. e 및 f 단계에 지정된 옵션 값을 사용하여 학습 데이터셋으로 KNN 방법을 구현하기 위해 **train** 함수를 사용하고 결과를 KNN_fit이라는 객체에 저장한다. 교차검증 결과의 일관성을 보장하기 위해 다시 **set.seed** 함수를 사용하여 랜덤 시드를 수정한다. 다음과 같이 입력하라.

```
> set.seed(1)
> KNN_fit <- train(Enroll ~., data = trainSet, method = "knn",
trControl=myCtrl, tuneGrid = myGrid)
> KNN_fit
```

Enroll 변수는 목표변수로 지정되고 "knn"이 분류 방법으로 지정된다. KNN 결과는 그림 9.2에 표시되어 있다. k = 6은 가장 높은 정확도 비율(0.9102695)을 산출하여 후속 단계에서 사용된다.

그림 9.2 KNN 학습결과

k	Accuracy	Kappa
1	0. 8586839	0. 7068705
2	0. 8636556	0. 7161206
3	0. 8986302	0. 7913498
4	0. 8737941	0. 7394298
5	0. 9052978	0. 8049542
6	0. 9102695	0. 8148253
7	0. 9036584	0. 8015972
8	0. 9052422	0. 8040322
9	0. 9068806	0. 8071254
10	0. 9051584	0. 8044090

h. k = 6을 사용하는 KNN 모델을 **predict** 함수를 사용하여 검증 데이터셋에 적용한 다음 **confusionMatrix** 함수를 사용하여 혼동행렬을 만든다. 다음과 같이 입력하라.

```
> KNN_Class <- predict(KNN_fit, newdata = validationSet)
> confusionMatrix(KNN_Class,validationSet$Enroll, positive = '1')
```

클래스 1(체육관 등록)을 긍정 또는 성공 클래스로 식별하고 있다는 것을 참고하라. 다른 상황에서는 긍정 클래스가 다를 수 있다. 또한 검증셋에서 Enroll 변수는 목표변수로 식별된다. 관련 결과값은 그림 9.3에 나와 있다. 검증셋의 혼동행렬 결과는 높은 분류 정확도(0.9148), 민감도(0.8944), 특이도(0.9286)를 나타내고 있다. 이러한 성능척도에 대한 자세한 내용은 8.3절을 참고하라.

KNN 모형의 예측성능을 평가하기 위해 모형의 성능척도를 모든 사례가 지배적인 클래스로 분류되는 나이브 규칙의 성능척도와 비교할 수 있다. 399개의 검증 데이터 사례 중 161개의 목표 클래스(체육관 등록 사례)가 있기 때문에 나이브 규칙은 모든 사례를 비목표 클래스(체육관 미등록)로 분류하고 (399 − 161) ÷ 399 = 0.5965의 정확도와 민감도 0, 특이도 1 등을 생성한다. 따라서 KNN 모델은 특히 목표 클래스 사례를 식별하는데 목적이 있는 경우 나이브 규칙보다 더 나은 예측 성능을 보여준다.

8장의 예제 8.6에 설명한 바와 같이 컷오프 값의 선택은 혼동행렬과 이에 따른 성능척도에 영향을 줄 수 있다. 기본적으로 R은 이항선택모형의 컷오프 값으로 0.5를 사용한다. 분석가들은 비대칭적 오분류 비용 또는 불균등 클래스 분포로 인해 더 적거나 혹은 더 많은 관측치를 목표 클래스로 분류하기 위해 컷오프 값을 늘리거나 줄이기도 한다. 이 사례에서 체육관 회원권을 구매했을 잠재적인 체육관 회원을 놓치는 기회비용은 결국 체육관 회원권을 구매하지 않은 잠재적인 체육관 회원에게 연락하는 비용보다 높을 수 있다. 또한 데이터셋에서 과거 공개일 참석자 1,000명 중 403명이 체육관 회원권

그림 9.3 KNN 혼동행렬

```
Confusion Matrix and Statistics

          Reference
prediction   0   1
         0 221  17
         1  17 144

               Accuracy : 0.9148
                 95% CI : (0.883, 0.9403)
    No Information Rate : 0.5965
    P-Value [Acc > NIR] : <2e-16

                  Kappa : 0.823

 Mcnemar's Test P-Value : 1

            Sensitivity : 0.8944
            Specificity : 0.9286
         Pos Pred Value : 0.8944
         Neg Pred Value : 0.9286
             Prevalence : 0.4035
         Detection Rate : 0.3609
   Detection Prevalence : 0.4035
      Balanced Accuracy : 0.9115

       'Positive' Class : 1
```

을 구매했는데, 이는 공개일 참석자가 체육관 회원권을 구매할 확률이 균등 클래스 분포를 갖는 이항선택상황의 기본 확률인 0.5 대신 403 ÷ 1,000 = 0.403임을 시사한다. 이 경우 피트니스 센터의 관리자는 더 높은 민감도 값을 얻기 위해 더 많은 사례를 목표 클래스로 분류하기 위한 컷오프 값을 0.5보다 낮은 값으로 줄일 수 있다. 이는 i 단계에 설명되어 있다.

i. R에서 다른 컷오프 값을 사용하여 KNN 모형의 예측성능을 평가하기 위해 먼저 각 사례의 클래스 귀속 대신 목표 클래스에 속할 확률을 계산한다. **predict** 함수에서 확률 값을 예측하기 위해 *type* 옵션을 'prob'와 동일하게 설정한다. 다음과 같이 입력하라.

```
> KNN_Class_prob <- predict(KNN_fit, newdata = validationSet,
type ='prob')
> KNN_Class_prob
```

그림 9.4는 처음 몇 가지 사례와 관련된 확률을 보여준다. 보이는 바와 같이 첫 번째 열에는 클래스 0(체육관 미등록)에 속할 확률이 나열되고 두 번째 열에는 클래스 1(체육관 등록)에 속할 확률이 나열된다. 기본 확률 0.5가 아닌 컷오프 값(예: 더 많은 클래스 1 사례를 정확하게 분류하기 위해 0.25)을 사용하여 사례들의 클래스 귀속을 결정하기 위해 두 번째 열의 값을 새 컷오프 값과 비교한다.

그림 9.4 예측된 확률

```
          0         1
1  1.0000000 0.0000000
2  0.3333333 0.6666667
3  1.0000000 0.0000000
4  1.0000000 0.0000000
5  1.0000000 0.0000000
6  1.0000000 0.0000000
7  0.1666667 0.8333333
```

j. 0.25라는 새로운 컷오프 값을 사용하여 혼동행렬을 구성하기 위해 **ifelse** 함수를 사용하여 클래스 귀속을 결정한다. **as.factor** 함수를 사용하여 클래스 귀속을 목표변수인 Enroll과 동일한 데이터 유형인 요인으로 변환한다. 다음과 같이 입력하라.

```
> confusionMatrix(as.factor(ifelse(KNN_Class_prob[,2]>0.25,
'1', '0')), validationSet$Enroll, positive = '1')
```

결과로 얻은 혼동행렬(여기에 표시하지는 않음)은 0.25의 컷오프 값을 사용하여 KNN 모형의 성능척도를 제공한다. 새로운 혼동행렬에서 정확도, 민감도, 특이도는 각각 0.8797, 0.9627, 0.8235인지 확인하라. 전체 정확도는 이전보다 낮지만 새로운 컷오프 값을 사용하면 피트니스 클럽 관리자가 더 높은 민감도 값으로 표시되는 더 많은 목표 클래스 사례를 올바르게 식별할 수 있다.

k. 누적 이득 표와 누적 향상도 그래프를 작성하기 위해 *gains* 패키지에서 요구하는 대로 Enroll 변수를 수치형 데이터 유형으로 다시 변환해야 한다. 다음과 같이 입력하라.

```
> validationSet$Enroll <- as.numeric(as.character(validationSet$En
roll))
```

l. **gains** 함수를 사용하여 누적 이득 향상도 표를 생성한다. **gains** 함수는 두 개의 인수를 필요로 하는데 실제 클래스 귀속과 예측된 목표 클래스 확률이다. 다음과 같이 입력하라.

```
> gains_table <- gains(validationSet$Enroll, KNN_Class_prob[,2])
> gains_table
```

그림 9.5는 관련 결과를 보여준다. 기본적으로 누적 이득 표는 사례들의 목표 클래스에 속할 확률에 따라 10개의 그룹으로 나눈다. 그림 9.5의 마지막 열은 각 그룹의 평균 확률을 보여준다(참고: 이 값은 소수점 뒤 두 자리로 반올림되었다.) R에서 가능한 확률 값이 10개 미만인 상황에서 누적 이득 표와 십분위 향상도 그래프는 10개 미만의 그룹을 표시한다.

그림 9.5 누적 이득 표

Depth of File	N	Cume N	Mean Resp	Cume Mean Resp	Cume Pct of Total Resp	Lift Index	Cume Lift	Mean Model Score
15	59	59	0.93	0.93	34.2%	231	231	1.00
30	62	121	0.90	0.92	68.9%	224	227	0.83
31	1	122	1.00	0.92	69.6%	248	228	0.71
38	28	150	0.93	0.92	85.7%	230	228	0.67
43	21	171	0.57	0.88	93.2%	142	217	0.50
43	1	172	0.00	0.87	93.2%	0	216	0.43
49	24	196	0.21	0.79	96.3%	52	196	0.33
49	1	197	0.00	0.79	96.3%	0	195	0.29
58	34	231	0.09	0.68	98.1%	22	170	0.17
100	168	399	0.02	0.40	100.0%	4	100	0.00

m. **plot** 함수를 사용하여 그림 9.6과 같이 누적 향상도 그래프를 만든다. 첫 번째 명령문은 KNN 모형에 대한 향상도 곡선을 그리고 두 번째 명령문은 기준선 모형을 나타내는 대각선의 점선을 그린다. 다음과 같이 입력하라.

```
> plot(c(0, gains_table$cume.pct.of.total*sum(validationSet
$Enroll)) ~ c(0, gains_table$cume.obs),xlab = "# of cases",
ylab="Cumulative", main="Cumulative Lift Chart", type = "l")
> lines(c(0, sum(validationSet$Enroll)) ~ c(0,
dim(validationSet)[1]), col="red", lty=2)
```

그림 9.6 R의 누적 향상도 그래프

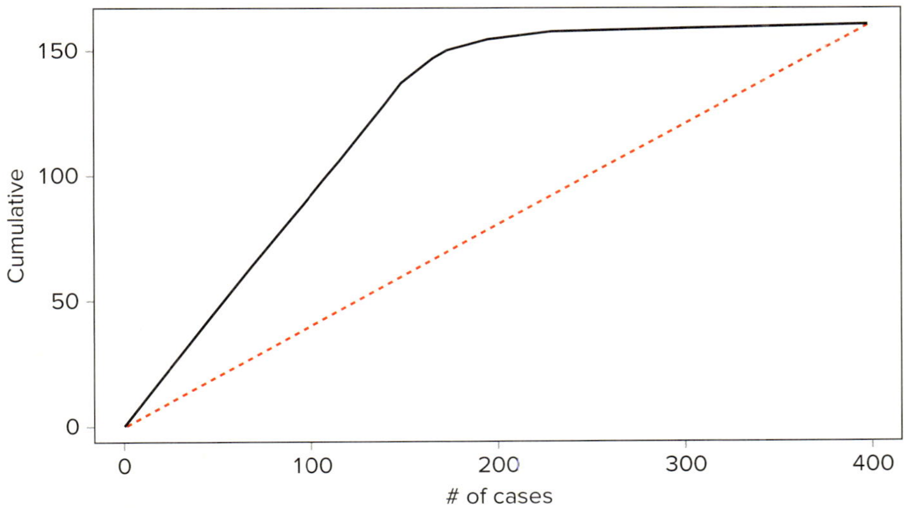

n. 십분위 향상도 그래프를 그리기 위해 **barplot** 함수를 사용하여 막대 그래프를 그린다. 다음과 같이 입력하라.

```
> barplot(gains_table$mean.resp/mean(validationSet$Enroll),
names.arg=gains_table$depth, xlab="Percentile", ylab="Lift", ylim
= c(0,3), main = "Decile-Wise Lift Chart")
```

십분위 향상도 그래프가 그림 9.7에 표시되어 있다. 십분위 향상도 그래프는 24/7 피트니스 센터가 등록 가능성이 가장 높은 잠재적인 체육관 회원 중 상위 15%와 접촉하면 연락할 잠재회원의 15%를 무작위로 선택하는 시나리오와 비교하여 체육관에서 실제로 회원권을 구매할 잠재회원의 2.31배를 확보할 수 있음을 보여준다. KNN 모형은 기준선 모형에 비해 우월한 예측력을 보여준다.

그림 9.7 R의 십분위 향상도 그래프

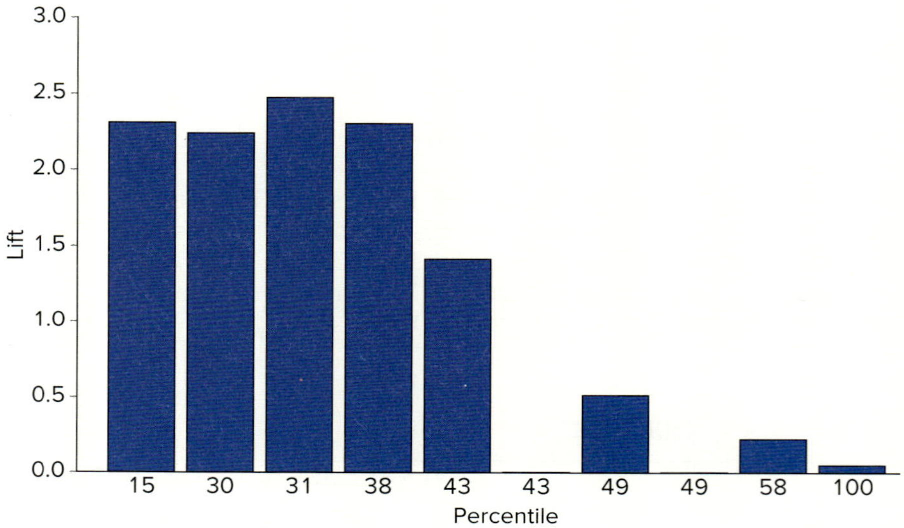

o. ROC 곡선을 그리는 데 사용할 수 있는 **roc** 객체를 생성하는 데 **roc** 함수를 사용한다. 다음으로 **plot.roc** 함수를 사용하여 ROC 곡선을 그리고 **auc** 함수를 사용하여 AUC 값을 구한다. 다음과 같이 입력하라.

```
> roc_object<- roc(validationSet$Enroll, KNN_Class_prob[,2])
> plot.roc(roc_object)
> auc(roc_object)
```

ROC 곡선아래면적, 즉 AUC는 매우 큰데(0.9532), 이는 KNN 모형이 잠재적 회원 중 체육관 등록을 예측하는 데 매우 우수하다는 것을 나타낸다. 그림 9.8은 ROC 곡선을 보여준다. KNN 모형은 모든 컷오프 값에 대한 민감도와 특이도 측면에서 기준선 모형(녹색 대각선으로 표시)보다 성능이 우수하다.

그림 9.8 R의 ROC 곡선(AUC=0.9532)

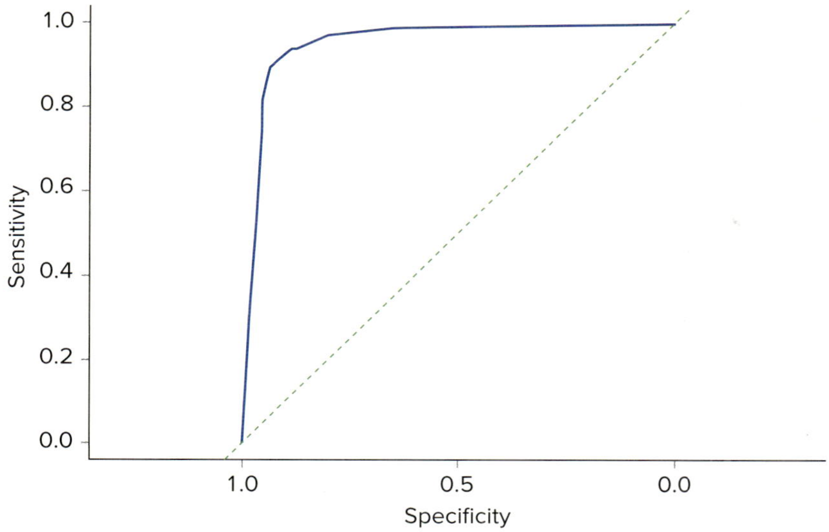

p. 잠재적인 체육관 회원의 점수를 매기기 위해 ***Gym*** 데이터 파일의 Gym_Score 워크시트에서 데이터 프레임(테이블)으로 데이터를 불러오고 myScoreData로 명명한다. KNN은 과거 사례 중에서 최근접 이웃을 식별하기 때문에 과거 사례에서 계산된 평균과 표준편차를 사용하여 새 데이터를 표준화한다. 여기서 myData 내 예측변수의 평균과 표준편차를 계산하기 위해 **preProcess** 함수를 사용한다. center 방법은 평균을 계산하고 각 값에서 이를 빼게 되며, scale 방법은 표준편차를 계산하고 각 값을 표준편차로 나눈다. **predict** 함수는 사전처리 문의 평균 및 표준편차 값을 사용하여 myScoreData를 표준화하고 *z*-점수를 myScoreData1이라는 새 데이터 프레임에 저장한다. 마지막으로 **predict** 함수를 사용하여 새 레코드의 점수를 매긴다. 다음과 같이 입력하라.

```
> PreProcessing <- preProcess(myData[ , 2:4],
  method = c("center", "scale"))
> myScoreData1 <- predict(PreProcessing, myScoreData)
> KNN_Score <- predict(KNN_fit, newdata = myScoreData1)
```

q. 점수 매기기가 완료되면 KNN_Score 객체에 분류 결과가 포함된다(잠재적 체육관 회원이 등록할 가능성이 있는지 여부: 예 = 1, 아니요 = 0). **data.frame** 함수를 사용하여 분류 결과를 원본 데이터셋에 다시 추가하고 **View** 함수를 사용하여 업데이트된 데이터셋을 표시한다. 다음과 같이 입력하라.

```
> myScoreData <- data.frame(myScoreData, KNN_Score)
> View(myScoreData)
```

레코드의 일부가 표 9.4에 표시되어 있다. 기본 제공 알고리즘이 동일하지 않기 때문에 소프트웨어에 따라 다른 분류 결과를 생성한다. R 결과에 따르면 24/7 피트니스

센터는 연소득이 높은 40세 이상의 잠재적인 체육관 회원에게 연락하는 데 집중해야 한다.

표 9.4 KNN에 대한 R의 점수 매기기 결과

Record	Age	Income	Hours	KNN_Score
1	22	33000	5	0
2	23	65000	9	1
⋮	⋮	⋮	⋮	⋮
23	51	88000	6	1

앞서 언급했듯이 KNN 방법은 목표변수가 범주형인 분류에 가장 자주 사용된다. 그러나 수치형 목표변수를 예측하는 데에도 사용될 수 있다. 새로운 레코드의 값을 예측하기 위해 KNN 방법은 최근접 이웃을 식별하기 위해 유클리드 거리와 유사한 접근 방식을 사용하지만 대신 *k*개의 최근접 이웃의 *평균*을 사용하여 새로운 레코드의 목표변수 값을 추정한다. 8장에서 논의한 바와 같이 KNN의 예측성능을 평가하기 위해 오분류율 또는 정확도 대신 평균제곱오차 제곱근(RMSE) 및 평균절대편차(MAD)와 같은 예측척도를 사용한다. KNN 예측을 위한 함수는 다양한 소프트웨어에서 찾을 수 있다. 그러나 실무자들은 대부분 분류 목적으로 KNN 방법을 사용하기 때문에 이 교재에서는 분류를 위해 KNN 방법을 사용하는데 집중한다.

도입사례 분석결과

체육관 및 운동시설들은 일반적으로 회원들 간 높은 이탈률을 보인다. 다른 체육관과 마찬가지로 24/7 피트니스센터는 비즈니스 및 재정적 안정을 유지하기 위해 정기적인 신규회원 모집에 의존하고 있다. 데이터 애널리틱스 기법에 매우 익숙한 24/7 피트니스센터 관리자인 자넷 윌리엄스는 KNN 방법을 사용하여 체육관의 과거 공개일 데이터를 분석한다. 그녀는 이 행사에 참석한 어떤 참석자들이 체육관 회원권을 구매할 가능성이 있는지에 대해 더 나은 통찰력을 얻고자 한다.

전반적으로 자넷은 KNN 분석이 잠재적인 체육관 회원이 회원권을 구매할지 여부를 예측하는 데 상당히 높은 정확도를 제공한다는 사실을 발견한다. 테스트 데이터셋으로부터 정확도, 민감도, 특이성 비율은 80%를 훨씬 초과한다. 더욱 중요한 것은 KNN 분석이 체육관 회원권을 구매할 가능성이 있는 개별 공개일 참석자를 식별한다는 것이다. 예를 들어, 분석결과에 따르면 연소득이 상대적으로 높은 50세 이상의 공개일 참석자와 매주 9시간 이상을 운동하는 데 보내는 같은 연령층의 참석자들이 공개일 참석 후 등록할 가능성이 더 높다. 이러한 유형의 실행 가능한 통찰력을 바탕으로 자넷은 24/7 피트니스센터가 회원 기반을 늘리는데 도움이 되도록 직원으로 하여금 월간 공개일 데이터를 정기적으로 분석하도록 교육하기로 결정한다.

연습문제 9.2

참고: R 버전 3.5.3을 기반으로 한다. R의 경우 데이터셋을 학습 60%, 검증 40%으로 분할하고 10-겹 교차검증을 구현한다. set.seed(1) 문을 사용하여 데이터 분할 및 교차검증을 위한 랜덤 시드를 지정한다. *k*의 최적값을 구할 때, 1에서 10까지 가능한 *k* 값 내에서 검색한다. 일부 데이터 파일에는 모형개발 및 새로운 레코드 점수 매기기를 위한 두 개의 워크시트(예: Exercise_9.3_Data 워크시트 및 Exercise_9.3_Score 워크시트)가 있다.

1. **FILE** ***Exercise_9.1.*** 함께 제공하는 파일은 예측변수 x_1 및 x_2와 함께 이항 목표변수 y가 있는 60개의 관측치를 포함하고 있다.
   a. KNN 분석을 수행하라. k의 최적값은 얼마인가?
   b. 검증 데이터셋에 대한 정확도, 특이도, 민감도, 정밀도를 보고하라.
2. **FILE** ***Exercise_9.2.*** 함께 제공하는 파일은 예측변수 x_1, x_2, x_3, x_4와 함께 이항 목표변수 y가 있는 111개의 관측치를 포함하고 있다.
   a. 데이터셋에 대한 KNN 분석을 수행하라. k의 최적값은 얼마인가?
   b. 검증 데이터셋에 대한 정확도, 특이도, 민감도, 정밀도를 보고하라.
   c. KNN 분류모형의 성능에 대해 논하라.
3. **FILE** ***Exercise_9.3.*** 함께 제공하는 파일은 예측변수 x_1, x_2, x_3, x_4와 함께 이항 목표변수 y가 있는 80개의 관측치를 포함하고 있다.
   a. 데이터셋에 대한 KNN 분석을 수행하라. k의 최적값은 얼마인가?
   b. 최적값 k에 대한 오분류율은 얼마인가?
   c. 검증 데이터셋에 대한 정확도, 특이도, 민감도, 정밀도를 보고하라.
   d. ROC 곡선아래면적(즉 AUC 값)은 얼마인가?
   e. Exercise_9.3_Score 워크시트에서 새 관측치의 점수를 매겨라. 첫 번째 관측치의 예측 반응 값은 얼마인가?
4. **FILE** ***Exercise_9.4.*** 함께 제공하는 파일은 예측변수 x_1, x_2, x_3, x_4, x_5 와 함께 이항 목표변수 y가 있는 200개의 관측치를 포함하고 있다.
   a. 데이터셋에 대한 KNN 분석을 수행하라. k의 최적값은 얼마인가?
   b. 최적값 k에 대한 오분류율은 얼마인가?
   c. 검증 데이터셋에 대한 정확도, 특이도, 민감도, 정밀도를 보고하라.
   d. 컷오프 값을 0.2로 변경하라. 검증 데이터셋에 대한 정확도, 특이도, 민감도, 정밀도를 보고하라.
   e. KNN 분류모형의 성능에 대해 논하라.
5. **FILE** ***Exercise_9.5.*** 함께 제공하는 파일은 예측변수 x_1, x_2, x_3 와 함께 이항 목표변수 y가 있는 1,000개의 관측치를 포함하고 있다.
   a. 데이터셋에 대한 KNN 분석을 수행하라. k의 최적값은 얼마인가?
   b. 최적값 k에 대한 오분류율은 얼마인가?
   c. 검증 데이터셋에 대한 정확도, 특이도, 민감도, 정밀도, AUC 값을 보고하라.
   d. KNN 분류모형의 성능에 대해 논하라.
6. **FILE** ***Exercise_9.6.*** 함께 제공하는 파일은 예측변수 x_1, x_2, x_3 와 함께 이항 목표변수 y가 있는 2,000개의 관측치를 포함하고 있다.
   a. 데이터셋에 다한 KNN 분석을 수행하라. k의 최적값은 얼마인가?
   b. 검증 데이터셋에 대한 정확도, 특이도, 민감도, 정밀도, AUC 값을 보고하라.
   c. 특이도 및 민감도를 비교하고 KNN 분류모형의 성능에 대해 논의하라.
   d. 누적 향상도 그래프, 십분위 향상도 그래프, ROC 곡선을 작성하라.
7. **FILE** ***Exercise_9.7.*** 함께 제공하는 파일은 예측변수 x_1, x_2, x_3, x_4와 함께 이항 반응변수 y가 있는 400개의 관측치를 포함하고 있다.
   a. 데이터셋에 대한 KNN 분석을 수행하라. k의 최적값은 얼마인가?
   b. 검증 데이터셋에 대한 정확도, 특이도, 민감도, 정밀도, AUC 값을 보고하라.
   c. 십분위 향상도 그래프에 표시된 가장 왼쪽 막대의 향상도 값은 얼마인가?
   d. Exercise_9.7_Score 워크시트에서 새 관측치의 점수를 매겨라. 처음 두 개의 새로운 관측치의 예측 반응 값은 무엇인가?
8. **FILE** ***Admit.*** 대학들은 대입 결정을 위해 고등학생의 평균 학점(GPA)과 SAT 또는 ACT 점수에 의존하는 경우가 많다. 학생의 GPA 및 SAT 점수와 함께 입학 여부(Admit: 입학하면 1, 그렇지 않은 경우 0)를 포함하고 있는 대입 지원자 120명의 데이터를 살펴보자. Admit_Data 워크시트의 일부가 함께 제공되는 표에 표시되어 있다.

Admit	GPA	SAT
1	3.10	1550
0	2.70	1360
⋮	⋮	⋮
1	4.40	1320

   a. KNN 분석을 수행하여 Admit_Data 워크시트에서 대입 결정에 대한 분류모형을 추정하고 Admit_Score 워크시트에서 새로운 지원자에 대한 점수를 매겨라. k의 최적값은 얼마인가?
   b. 검증 데이터셋에 대한 전반적인 정확도, 특이도, 민감도, 정밀도를 보고하고 해석하라.

c. ROC 곡선아래면적(즉 AUC 값)은 얼마인가? KNN 분류 모형의 성능에 대해 논의하라.

d. 첫 번째 신규 지원에 대한 예상 입학 결과는 어떠한가?

9. FILE ***CFA.*** 공인재무분석사(Chartered Financial Analyst, CFA) 지정은 금융산업에 대한 사실상의 전문가 인증이다. 고용주들은 예비직원들의 CFA 시험 완수를 권장하고 있다. 솔리드락 인베스트먼트(SolidRock Investment)의 인사관리(HR) 담당자인 다니엘라 캄포스(Daniella Campos)는 10개의 입사지원서를 검토하고 있다. CFA Level 1의 합격률이 낮기 때문에 다니엘라는 10명의 예비직원이 CFA Level 1 시험에 합격할 수 있을지 여부를 알고 싶어한다. 이전에는 근무 경험이 있고 대학에서 좋은 학점을 가진 사람들의 합격률이 더 높았다. 이러한 통찰력을 바탕으로 그녀는 지난해 CFA Level I 시험을 치른 63명의 현재 직원들에 대한 정보를 수집했는데 이에는 직원의 시험합격 여부(통과: 1, 실패: 0), 직원의 대학 GPA, 수년간의 업무 경험을 포함되어 있다. CFA_Data 워크시트의 일부가 함께 제공되는 표에 표시되어 있다.

Pass	GPA	Experience
1	3.20	11
1	3.75	15
⋮	⋮	⋮
1	3.21	6

a. CFA_Data 워크시트를 사용하여 CFA Level 1 시험에 대한 분류모형을 추정하기 위해 KNN 분석을 수행하고 CFA_Score 워크시트에서 10명의 지원자들에 대한 점수를 매겨라. k = 3, 4, 5에 대한 오분류율은 얼마인가?

b. k의 최적값은 얼마인가? 검증 데이터셋에 대한 전반적인 정확도, 특이도, 민감도, 정밀도를 보고하라.

c. 첫 입사 지원자의 예상되는 CFA Level 1 결과는 무엇인가?

10. FILE ***SocialMedia.*** 한 소셜 미디어 마케팅 회사가 소비자 조사를 수행하여 소득수준과 연령이 소비자가 소셜 미디어 캠페인에 긍정적으로 반응하는지 여부와 어떻게 일치하는지 확인하고자 한다. 새로운 대학생 인턴인 알리야 터너(Aliyah Turner)는 과거 마케팅 캠페인에서 데이터를 수집하도록 배정되었다. 그녀는 과거에 마케팅 캠페인에 참여한 284명의 소비자에 대한 데이터를 수집했으며 여기에는 소득(1,000달러), 연령, 각 개인이 캠페인에 응답했는지 여부(예이면 1, 그렇지 않으면 0) 등이 포함된다. SocialMedia_Data 워크시트의 일부가 함께 제공되는 표에 표시되어 있다.

Social Media	Income	Age
0	103.3	67
0	61.4	34
⋮	⋮	⋮
1	91.3	40

a. SocialMedia_Data 워크시트를 사용하여 소셜 미디어 캠페인에 대한 분류모형을 추정하기 위해 KNN 분석을 수행하고 SocialMedia_Score 워크시트에서 신규 소비자 레코드의 점수를 매겨라. k의 최적값은 얼마인가?

b. 검증 데이터셋에 대한 전반적인 정확도, 특이도, 민감도, 정밀도를 보고하고 해석하라.

c. ROC 곡선아래면적(즉 AUC 값)은 얼마인가? KNN 분류 모형의 성능에 대해 논의하라.

d. 첫 번째 신규 소비자 레코드에 대한 예상 결과는 무엇인가?

e. 컷오프 값을 0.3으로 변경하라. 검증 데이터셋에 대한 정확도, 특이도, 민감도, 정밀도를 보고하라.

11. FILE ***Spam.*** 피터 더비(Peter Derby)는 사모펀드 회사에서 사이버 보안 분석가로 일하고 있다. 그의 회사 동료들은 수많은 스팸 이메일로 인해 고통받고 있다. 피터는 회사의 이메일 서버에 스팸 탐지 시스템을 구현하라는 요청을 받았다. 그는 500개의 스팸 및 합법적 이메일 표본을 검토했는데 관련 변수로는 스팸 여부(스팸인 경우 1, 그렇지 않은 경우 0), 수신자수, 하이퍼링크수, 메시지의 문자수 등을 포함하고 있다. Spam_Data 워크시트의 일부가 함께 제공되는 표에 표시되어 있다.

Spam	Recipients	Hyperlinks	Characters
0	19	1	47
0	15	1	58
⋮	⋮	⋮	⋮
1	13	2	32

a. Spam_Data 워크시트를 사용하여 스팸 탐지를 위한 분류모형을 추정하기 위해 KNN 분석을 수행하고 Spam_Score 워크시트에서 새 이메일에 점수를 매겨라. k의 최적값은 얼마인가?

b. 검증 데이터셋에 대한 전반적인 정확도, 특이도, 민감도, 정밀도를 보고하라.

c. ROC 곡선아래면적(즉 AUC 값)은 얼마인가?

d. 첫 번째 새 이메일에 대한 예상 결과는 무엇인가?

12. FILE ***Security.*** 법 집행 기관은 잠재적인 범죄 및 테러 활동을 식별하고 평가하는 방법으로 소셜 미디어 사이트를 정

기적으로 모니터링한다. 예를 들어, 페이스북(Facebook) 페이지의 특정 키워드를 추적하고 데이터를 데이터 마이닝 모형으로 컴파일하여 페이스북 페이지가 잠재적인 위협인지 여부를 결정한다. 매튜 오소리오(Matthew Osorio) 경관은 이러한 목적으로 사용될 수 있는 데이터 마이닝 기법을 탐구하도록 배정되었다. 그는 "전쟁", "폭탄", "공격" 같은 전쟁 관련 용어와 "극단주의자", "급진적", "음모" 같은 의심스러운 키워드로 소셜 미디어 사이트를 모니터링하고 평가하기 위해 KNN 알고리즘을 실험하는 것으로 시작한다. 그는 300개의 관측치가 포함된 데이터셋을 수집하였는데 그중 일부는 함께 제공되는 표에 표시되어 있다. 데이터셋의 각 레코드는 위협(예인 경우 1, 그렇지 않으면 0), 의심스러운 단어수(전쟁 용어 및 키워드), 의심스러운 사이트에 대한 하이퍼링크수 또는 언급횟수 등과 같은 변수들을 포함한다.

Threat	WarTerms	Keywords	Links
0	6	5	5
0	3	5	8
⋮	⋮	⋮	⋮
1	4	4	2

a. 데이터셋에 대한 KNN 분석을 수행하라. k의 최적값은 얼마인가?
b. 최적값 k에 대한 오분류율은 얼마인가?
c. 검증 데이터셋에 대한 전반적인 정확도, 특이도, 민감도, 정밀도를 보고하고 해석하라.
d. 누적 향상도 그래프를 작성하라. 전체 향상도 곡선이 기준선 위에 있는가?
e. 십분위 향상도 그래프를 작성하라. 가장 왼쪽 막대의 향상도 값은 얼마인가?
f. ROC 곡선을 작성하라. ROC 곡선아래면적(즉 AUC 값)은 얼마인가?
g. KNN 분류모형의 성능에 대해 논의하라.

13. **FILE** ***HR.*** 대규모 기술 컨설팅 회사의 인사관리자인 다니엘 라라(Daniel Lara)는 신입사원의 성공을 예측하기 위해 애널리틱스를 사용하는 것에 대해 알아가고 있다. 기술산업의 급변하는 특성으로 인해 일부 직원들은 해당 분야에서 최신 상태를 유지하는 데 어려움을 겪었으며 관리직으로 승진할 기회를 놓쳤다. 다니엘은 특히 신입사원이 회사에 입사한 지 10년 후 경영진으로 승진할 가능성이 있는지 여부에 관심이 있다. 그는 회사에서 최소 10년 동안 일한 300명의 현 직원에 대한 정보를 수집했다. 관련 정보는 직원이 회사에 입사 지원을 할 때 제공한 입사지원서를 기반으로 한다. 각 직원에 대해 승진(10년 이내에 승진한 경우 1, 그렇지 않은 경우 0), GPA(졸업 시 대학 GPA), 스포츠(대학 재학 중 운동활동 횟수), 리더십(학생 조직에서 리더십 역할 횟수) 등의 변수가 나열되어 있다. HR_Data 워크시트의 일부가 함께 제공되는 표에 표시되어 있다.

Promoted	GPA	Sports	Leadership
0	3.28	0	2
1	3.93	6	3
⋮	⋮	⋮	⋮
0	3.54	5	0

a. HR_Data 워크시트를 사용하여 다니엘로 하여금 KNN 분석을 통해 직원이 회사에서 10년 후 관리직 역할로 승진할 가능성이 있는지 여부를 결정하는 데 도움을 제공하라. HR_Score 워크시트에서 10명의 신입직원의 점수를 매겨라. k의 최적값은 얼마인가? 첫 번째 신입사원의 예상 결과는 무엇인가?
b. 최적값 k에 대한 오분류율은 얼마인가?
c. 검증 데이터셋에 대한 정확도, 특이도, 민감도, 정밀도를 보고하라.
d. 누적 향상도 그래프, 십분위 향상도 그래프, ROC 곡선을 작성하라.
e. KNN 분류모형의 성능에 대해 논하라. KNN 분류는 직원의 성공을 예측하는 효과적인 방법인가?

14. **FILE** ***Heart.*** 최근 몇 년 동안 의학연구에서는 초기 단계에서 심장질환을 발견하는 새로운 방법으로 데이터 애널리틱스를 활용했다. 의사들은 특히 고위험 환자를 정확하게 식별하여 예방적 치료와 개입이 적시에 시행될 수 있도록 하는 데 관심을 갖고 있다. 환자의 연령(Age), 혈압(BP Systolic 및 BP Diastolic), BMI 등과 같이 쉽게 사용할 수 있는 정보와 함께 환자가 심장질환을 앓고 있는지 여부(Disease: 심장질환이 있는 경우 1, 그렇지 않은 경우 0) 등과 같은 변수가 있다. 데이터셋의 일부가 함께 제공되는 표에 표시되어 있다.

Disease	Age	Systolic	Diastolic	BMI
0	44	112	111	17
1	55	128	90	27
⋮	⋮	⋮	⋮	⋮
0	29	144	85	32

a. 데이터셋에 대한 KNN 분석을 수행하라. k의 최적값은 얼마인가?
b. 최적값 k에 대한 오분류율은 얼마인가?
c. 검증 데이터셋에 대한 정확도, 특이도, 민감도, 정밀도를 보고하라.

d. 누적 향상도 그래프, 십분위 향상도 그래프, ROC 곡선을 작성하라.

e. KNN 분류모형의 성능에 대해 논하라. KNN 분류는 심장 질환을 예측하는 효과적인 방법인가?

15. **FILE** ***Retail.*** 온라인 소매업체는 종종 추천 시스템을 사용하여 소비자에게 신제품을 제안하고 있다. 소비자들은 구매 이력, 연령, 소득, 교육 수준 등에서 유사한 특성을 갖는 다른 소비자들과 비교된다. 함께 제공되는 표에 제시된 것과 같은 데이터셋은 종종 소매업계에서 제품 추천 시스템의 일부로 사용된다. 시스템에서 사용되는 변수는 소비자가 최종적으로 제안된 항목을 구매했는지 여부(Purchase: 구매한 경우 1, 그렇지 않은 경우 0), 소비자의 연령(Age, 년), 소득(Income, 1,000달러), 이전에 구매한 유사 품목수(PastPurchase) 등을 포함하고 있다.

Purchase	Age	Income	PastPurchase
1	48	99	21
1	47	32	0
⋮	⋮	⋮	⋮
0	34	110	2

a. Retail_Data 워크시트에서 KNN 분석을 수행하여 소비자가 구매할 가능성이 있는지 여부를 판별하라. Retail_Score 워크시트에서 10명의 신규 소비자 레코드에 점수를 매겨라. k의 최적값은 얼마인가? 첫 번째 신규 고객에 대한 예상 결과는 무엇인가?

b. 최적값 k에 대한 오분류율은 얼마인가?

c. 검증 데이터셋에 대한 정확도, 특이도, 민감도, 정밀도를 보고하라.

d. 십분위 향상도 그래프를 작성하라. 가장 왼쪽 막대의 향상도 값은 얼마인가?

e. ROC 곡선을 작성하라. ROC 곡선아래면적(즉 AUC 값)은 얼마인가?

f. KNN 분류모형의 성능에 대해 논하라. KNN 분류는 추천 시스템을 개발하는 데 효과적인 방법인가?

16. **FILE** ***Solar.*** 뉴에이지솔라(New Age Solar)는 주택용 태양광 패널을 판매 및 설치하고 있다. 이 회사의 판매 담당자는 태양광 패널 설치의 이점을 설명하기 위해 잠재고객에게 직접 연락하여 방문한다. 이러한 하이터치(high-touch) 접근방식은 고객이 개별 요구사항을 충족하는 개인서비스를 받고 있다고 느끼는 데 효과적이지만 다른 대량 마케팅 접근 방식보다 비용이 많이 든다. 회사는 태양광 패널을 설치할 가능성이 더 높은 잠재고객을 방문하는 것에 대해 매우 전략적이길 원하고 있다. 회사는 판매 담당자의 과거 가정방문 데이터셋을 수집했다. 데이터에는 잠재고객의 연령, 연간 수입(1,000달러), 고객이 태양광 패널을 구매했는지 여부(Install: Y/N) 등이 포함되어 있다. Solar_Data 워크시트의 일부가 함께 제공되는 표에 표시되어 있다.

Income	Age	Install
115	45	N
68	31	Y
⋮	⋮	⋮
73	34	N

a. Solar_Data 워크시트에서 KNN 분석을 수행하여 잠재고객이 태양광 패널을 구매할 가능성이 있는지 여부를 결정하라. Solar_Score 워크시트에서 11명의 신규 잠재고객의 점수를 매겨라. k의 최적값은 얼마인가? 첫 번째 잠재고객의 예상 결과는 무엇인가?

b. 최적값 k에 대한 오분류율은 얼마인가?

c. 검증 데이터셋에 대한 정확도, 특이도, 민감도, 정밀도를 보고하라.

d. 누적 향상도 그래프, 십분위 향상도 그래프, ROC 곡선을 작성하라.

e. 위 c 및 d에 대한 답변을 기준으로 KNN은 잠재고객을 분류하기 위한 효과적인 방법인가?

17. **FILE** ***Machine.*** 기계 고장이 발생하기 전에 예측할 수 있다면 제조회사는 수백만 달러를 절약할 수 있다. 제조업체는 사전에 예방적 유지보수 또는 수리를 수행하여 기계의 가동중지 시간을 최소화하고 기계와 주변 환경을 모니터링하기 위해 전자 센서를 설치하기를 원한다. 그러나, 기계가 정교할수록 고장률을 진단하고 예측하기는 더 어려워진다. 데이터 마이닝은 환경 요인을 분석하여 나노기술 장비와 같은 복잡한 기계가 한 생산기간에서 다른 생산기간까지 고장날지 여부를 예측하는 데 사용되었다. 함께 제공되는 데이터셋은 480개의 관측치와 장비가 위치하고 있는 실내의 습도 수준(Humid, 백분율), 실내의 전반적인 온도(Temp, 화씨), 다음 생산기간 동안 장비가 고장났는지 여부를 나타내는 목표변수(Breakdown: 고장이면 1, 그렇지 않으면 0) 등 세 가지 환경 변수를 포함하고 있다.

Humid	Temp	Breakdown
9.36	79.99	0
10.37	61.89	0
⋮	⋮	⋮
15.02	38.02	1

a. 데이터셋에 대한 KNN 분석을 수행하라. k의 최적값은 얼마인가?

b. 최적값 k에 대한 오분류율은 얼마인가?
c. 검증 데이터셋에 대한 정확도, 특이도, 민감도, 정밀도를 보고하라.
d. ROC 곡선아래면적(즉 AUC 값)은 얼마인가?
e. 위 c 및 d에 대한 답변을 기준으로 KNN은 잠재적인 고장을 분류하기 위한 효과적인 방법인가?
f. 컷오프 값을 0.3으로 변경하라. 검증 데이터셋에 대한 정확도, 특이도, 민감도, 정밀도를 보고하라.

9.3 나이브 베이즈 방법

LO 9.3

나이브 베이즈 방법을 적용하여 새로운 레코드를 분류할 수 있어야 한다.

나이브 베이즈 방법은 레코드가 특정 클래스에 속할 확률을 예측할 수 있는 분류모형의 집합을 나타낸다. 이 방법은 4장에서 논의한 베이즈 정리를 기반으로 한다. 베이즈 정리는 *사후*(*posterior*) 확률을 계산하기 위해 *사전*(*prior*) 확률 갱신에 새로운 정보를 이용한다는 것을 상기하라.

목표변수가 두 가지 클래스로 정의되어 있다고 가정하자. 잠재고객은 구매를 하거나 하지 않는다. 여기에서 구매한 고객의 비율을 사용하여 사전확률을 추정할 수 있다. 고객의 성별을 예측변수로 사용하는 경우 사후확률은 잠재고객의 성별(남성 또는 여성)을 조건으로 추정된다. 마찬가지로 범주형이거나 범주로 변환되어야 하는 다른 예측변수들은 사후확률을 추정하는 데 사용된다. 예측변수의 수가 많으면 사후확률을 추정하는 것이 번거로울 수 있다는 것에 주의해야 한다.

계산의 단순화를 위해 나이브 베이즈 분류기는 예측변수가 독립적이라고 가정한다. 이러한 독립가정은 종종 현실적이지 않으므로 "순진한(naive)"이라는 레이블이 붙는다. 변수 독립성 가정은 예측변수 간의 가능한 상호작용을 포착하지 못하지만, 이렇게 단순한 방법은 더 복잡한 분류 방법과 비교하여 많은 실제 상황에서 잘 수행될 수 있는데 특히 목표 클래스에 속할 확률을 기준으로 사례의 순위를 매기는 것이 주요 목표인 상황에서 그러하다. 나이브 베이즈의 기본 개념은 이해하기 쉽고 구현하기 쉬우며, 특히 타겟 마케팅, 의료 진단, 스팸 감지, 텍스트 문서 분류, 얼굴 인식과 같이 대규모 데이터셋을 활용한 애플리케이션에 적용할 때 매력적이다.

> **나이브 베이즈 방법**
>
> 나이브 베이즈(naïve Bayes) 방법은 베이즈 정리를 기반으로 하는 분류모형 집합을 대표한다. 비록 범주형 예측변수 간 강한 독립성을 가정하지만 많은 실제 응용 사례에서 잘 수행되는 경향이 있다.

4장에서는 사후확률 $P(B|A)$에 대한 사전확률 $P(B)$를 갱신하기 위해 $P(B|A) = \frac{P(B)P(A|B)}{P(A)}$로 정의된 베이즈 정리를 사용했다. 목표변수 y와 예측변수 x가 모두 이항인 단순 분류도형을 고려하자. 여기서 $P(y|x) = \frac{P(y)P(x|y)}{P(x)}$을 얻기 위해 베이즈 정리를 사용한다. 고객구매 예제를 계속 활용하여 잠재고객이 구매하면 y를 1로, 그렇지 않으면 0으로, 남성이면 x를 1, 그렇지 않으면 0으로 설정한다. 표 9.5는 학습 데이터셋의 각 클래스 내 관측치수를 보여준다.

표 9.5 학습 데이터셋 관측치수

	Male ($x = 1$)	Female ($x = 0$)
Purchase ($y = 1$)	30	50
No Purchase ($y = 0$)	20	100

잠재고객이 남성(여성)인 경우, 구매(비구매)할 조건부 확률을 계산하기 위해 관련 비율을 사용한다.

$$P(y = 1|x = 1) = 30/50 = 0.60;\ P(y = 0|x = 1) = 20/50 = 0.40$$

잠재고객이 여성인 경우, 조건부 확률은 다음과 같이 계산된다.

$$P(y = 1|x = 0) = 50/150 = 0.333;\ P(y = 0|x = 0) = 100/150 = 0.667$$

이 간단한 예에서는 $0.60 > 0.40$이기 때문에 남성 고객을 "구매(purchase)" 클래스에 할당하고 $0.333 < 0.667$이기 때문에 여성 고객을 "비구매(no purchase)" 클래스에 할당한다. 이 예제에서 주목할 만한 점은 두 가지이다. 첫째, 범주형 예측변수인 고객의 성별과 함께 남성 및 여성 고객 모두에서 여러 레코드를 사용한다는 것이다. 소득과 같은 수치형 변수를 예측변수로 사용했다면 모든 소득 수준에서 여러 레코드를 찾을 가능성은 거의 없었을 것이다. 실제로 수치형 예측변수를 사용하는 것이 일반적이지만 먼저 이들을 범주로 변환한다. 둘째, 하나의 예측변수만 사용하는 분류모형을 찾게 될 가능성은 거의 없다. 종종 여러 예측변수들이 분류에 사용된다. 이제 이 두 가지 문제를 모두 해결해 보자.

고객구매 예제를 계속해서 살펴보면 y는 잠재고객이 구매했는지 여부를 나타낸다. $x_1, x_2, \ldots, x_k$는 k 개의 예측변수를 나타내며 고객의 성별, 소득, 연령, 대학교육 등을 포함할 수 있다. 확장된 베이즈 정리는 x_1에서 x_k까지의 값이 주어졌을 때 y의 확률을 다음과 같이 설명한다.

$$P(y|x_1, x_2, \ldots, x_k) = \frac{P(y)\,P(x_1, x_2, \ldots, x_k|y)}{P(x_1, x_2, \ldots, x_k)}$$

x_1에서 x_k까지 서로 독립적이라고 가정하면 x_1에서 x_k까지의 값이 주어졌을 때 y의 확률은 다음과 같이 단순화될 수 있다.

$$P(y|x_1, x_2, \ldots, x_k) = \frac{P(y)\,(P(x_1|y)\,P(x_2|y)\ldots P(x_k|y))}{P(x_1)\,P(x_2)\ldots P(x_k)}$$

이러한 단순화는 특히 대규모 데이터셋이나 많은 수의 예측변수를 갖고 분석을 수행할 때 다른 분류 방법에 비해 나이브 베이즈 분류기의 효율성을 크게 향상시킨다. 소매업체가 잠재고객의 구매 시 $y = 1$, 그렇지 않으면 0으로 분류하려는 경우, 우리는 다음의 두 확률 값을 계산하여 비교하게 된다.

$$P(y = 1|x_1, x_2, \ldots, x_k) = \frac{P(y = 1)\,(P(x_1|y = 1)\,P(x_2|y = 1)\ldots P(x_k|y = 1))}{P(x_1)\,P(x_2)\ldots\ P(x_k)}$$

$$P(y = 0|x_1, x_2, \ldots, x_k) = \frac{P(y = 0)\,(P(x_1|y = 0)\,P(x_2|y = 0)\ldots P(x_k|y = 0))}{P(x_1)\,P(x_2)\ldots\ P(x_k)}$$

$P(y = 1|x_1, x_2, \ldots, x_k)$가 더 높으면 잠재고객이 구매할 것(즉, $\hat{y} = 1$)이라고 결론을 내린다. 마찬가지로 $P(y = 0|x_1, x_2, \ldots, x_k)$가 더 높으면 잠재고객이 구매하지 않을 것(즉, $\hat{y} = 0$)이라

고 결론을 내린다. 동점의 경우에는 무작위 승자결정(random tiebreaker), 가장 빈번한 결과를 선호하는 선택, 알파벳 순서 등과 같은 다양한 방법이 사용될 수 있다.

앞서 언급한 바와 같이 모든 예측변수가 범주형인 데이터셋에 대해 나이브 베이즈 분류기가 수행된다. 연속변수의 영향을 포착하기 위해서는 2장에 자세히 설명한 "구간화(binning)"라는 과정을 통해 먼저 이산범주로 변환되어야 한다. 예를 들어, 소득은 1 = [0, $50,000), 2 = [$50,000, $100,000), 3 = [$100,000, $500,000) 등의 이산값 또는 구간(bins)으로 변환될 수 있다. 연속변수가 정규분포를 따르는 것으로 가정하고 밀도 함수를 사용하여 나이브 베이즈 분류기에 대한 조건부 확률을 추정하는 가우시안 나이브 베이즈(Gaussian naïve Bayes)라고 하는 특수한 형태의 나이브 베이즈 분류기도 있다. 그러나 이러한 기법은 이 교재의 범위를 벗어난다.

나이브 베이즈 분류기의 또 다른 잠재적 문제는 희귀질환이 있는 환자를 분류하는 것과 같은 드문 결과를 포함하는 상황이다. 이렇게 희귀한 결과가 학습 데이터셋에 존재하지 않을 때 문제가 발생한다. 앞서 살펴본 공식에 따르면 이렇게 희귀한 결과의 확률은 0으로 추정되며 어떠한 새로운 레코드도 이 범주에 분류되거나 할당되지 않는다. 이 문제를 극복하기 위해 대부분의 나이브 베이즈 알고리즘은 0 확률값을 0이 아닌 값(일반적으로 1의 값)으로 대체하는 것을 허용한다. 이 기법을 평활(smoothing) 또는 라플라스 평활(Laplace smoothing)이라고 한다.

나이브 베이즈 방법은 지도학습 데이터 마이닝 기법이기 때문에 데이터 분할이 모형 성능을 평가하는 데 사용된다. KNN 방법과 달리 나이브 베이즈 방법은 모형 복잡성을 최적화하기 위해 검증 데이터셋을 사용하지 않는다(예: *k*에 대한 최적값 찾기). 따라서 데이터를 학습셋 및 검증셋만으로 분할하는 것이 일반적이다. 학습 데이터는 조건부 확률을 계산하는 데 사용되는 반면 검증 데이터는 이전에 보지 못한 데이터셋에 대한 나이브 베이즈 모형의 성능을 평가하는 데 사용된다.

나이브 베이즈 분류기는 기본적으로 관련 비율을 사용하여 목표변수의 각 클래스와 학습 데이터셋에 있는 예측변수 값의 모든 조합에 대한 조건부 확률을 추정한다. 원리는 간단하지만 이 접근 방식은 많은 수의 예측변수를 사용하여 수행할 때 매우 번거로울 수 있다. 다행히도 여러 소프트웨어 패키지들이 나이브 베이즈 절차를 구현하고 있다. 예제 9.2에서는 R을 사용하여 이 절차를 설명한다.

예제 9.2

FILE ***Census.*** 워싱턴 D.C.에 소재한 공공정책 연구소는 매년 여름 다수의 대학생 인턴을 고용하고 있다. 올해는 매사추세츠 출신 경제학 전공 3학년 학생인 사라 앤더슨(Sara Anderson)이 리서치 인턴 중 한 명으로 선발됐다. 그녀의 첫 번째 임무는 의회 사무국이 소득이 빈곤 수준 이하인 미국 거주자에 대해 더 잘 이해할 수 있도록 데이터 분석을 수행하는 것이다. 임무 완수를 위해 사라는 미국 인구조사국(U.S. Census Bureau)에서 관리하는 관련 데이터셋을 추출한다. 데이터셋에는 9,980개의 관측치가 있으며 ***Census*** 데이터 파일의 Census_Data 워크시트에 저장되어 있다. 각 관측치는 개인의 결혼여부(Married: 예/아니오), 성별(Female: 예/아니오), 인종(White: 예/아니오), 연령그룹(Age: [18, 25)의 경우 1, [25,35)의 경우 2, [35, 45)의 경우 3, [45, 55)의 경우 4, 55세 이상의 경우 5), 대학 수준의 교육을 받았는지 여부(Edu: 예/아니오), 소득이 빈곤 수준 이하인지 여부(Poverty: 빈곤인 경우 1, 그렇지 않은 경우 0) 등을 포함하고 있다. 또한 나이브 베이즈 분류기를 기반으로 점수를 매기기 위해 ***Census*** 데이터 파일의 Census_Score 워크시트에 예측변수를 포함하고 있는 66명의 새로운 개인에 대한 기록이 보관되어 있다. 두 워크시트 중 일부는 표 9.6과 같다.

표 9.6 Census 데이터의 일부

a. *Census_Data* 워크시트

Married	Female	White	Age	Edu	Poverty
Y	N	Y	1	N	0
Y	N	Y	1	N	0
⋮	⋮	⋮	⋮	⋮	⋮
N	Y	N	5	N	1

b. *Census_Score* 워크시트

Married	Female	White	Age	Edu
N	Y	Y	5	N
N	Y	Y	5	N
⋮	⋮	⋮	⋮	⋮
Y	N	Y	5	Y

사라가 다섯 개의 예측변수를 모두 사용하여 개인이 빈곤에 처할 가능성이 있는지 여부를 분류하는 나이브 베이즈 분류모형을 개발하도록 도와라. 관련 성능척도를 보고하고 새로운 관측치의 점수를 매겨라.

해답:

이전과 마찬가지로 *k*-겹 교차검증을 활용한 분류를 위해 *caret* 패키지를 사용한다. 따라서 학습 및 검증을 위해 데이터를 두 개로 분할한다(다음 지침은 **R 버전 3.5.3**을 기반으로 한다. 다른 버전의 R에서는 작동하지 않을 수 있다).

a. ***Census*** 데이터 파일의 Census_Data 워크시트에서 데이터 프레임(테이블)으로 데이터를 불러오고 myData라는 레이블로 지정한다.

b. *caret* 및 *klaR* 패키지에는 데이터 분할, *k*-겹 교차검증, 나이브 베이즈 분류에 필요한 함수가 포함되어 있다. 또한, KNN 예제와 유사하게 *gains* 및 *pROC* 패키지를 사용하여 모형성능을 시각적으로 검사하기 위해 누적 향상도 그래프, 십분위 그래프, ROC 곡선을 작성할 수 있다. 아직 관련 패키지를 설치하지 않았다면 모든 패키지를 설치하고 로드한다. 다음과 같이 입력하라.

```
> install.packages("caret")
> install.packages("klaR")
> install.packages("gains")
> install.packages("pROC")
> library(caret)
> library(klaR)
> library(gains)
> library(pROC)
```

c. **as.factor** 명령을 사용하여 Poverty 변수를 범주형으로 변환한다. 다음과 같이 입력하라.

```
> myData$Poverty <- as.factor(myData$Poverty)
```

d. KNN 예제에서와 같이 일관성을 위해 **set.seed** 명령을 사용하여 랜덤 시드를 1로 설정한다. **createDataPartition** 함수를 사용하여 데이터를 학습(60%) 및 검증(40%)으로 분할한다. 다음과 같이 입력하라.

```
> set.seed(1)
> myIndex <- createDataPartition(myData$Poverty, p=0.6, list = FALSE)
> trainSet <- myData[myIndex,]
> validationSet <- myData[-myIndex,]
```

다른 버전의 R 또는 caret을 사용하는 경우, 다음과 같은 대안 코드를 사용하여 학습셋을 분할해야 할 수 있다.

```
trainSet <- myData[c(myIndex),]
```

e. **trainControl** 함수를 사용하여 10-겹 교차검증 과정을 지정한다. 학습 데이터셋에서 **train** 함수를 사용하고 *method* 옵션을 나이브 베이즈를 의미하는 "nb"로 설정한다. Poverty 변수는 목표변수로 식별된다. 교차검증 결과의 일관성을 보장하기 위해 다시 **set.seed** 함수를 사용하여 랜덤 시드를 수정한다. 다음과 같이 입력하라.

```
> myCtrl <- trainControl(method='cv', number=10)
> set.seed(1)
> nb_fit <- train(Poverty ~., data = trainSet, method = "nb",
trControl=myCtrl)
> nb_fit
```

그림 9.9는 나이브 베이즈 결과를 보여준다. 나이브 베이즈 분류기는 목표변수의 기저 분포를 기반으로 두 가지 정확도를 생성하고 최종 모형에서 더 높은 정확도(이 경우 77.29%)를 산출하는 옵션을 사용한다.

그림 9.9 나이브 베이즈 결과

```
Naive Bayes

5989 samples
   5 predictor
   2 classes: '0', '1'

No pre-processing
Resampling: Cross-Validated (10 fold)
Summary of sample sizes: 5390, 5390, 5390, 5390, 5390, 5391, ...
Resampling results across tuning parameters:

   usekernel   Accuracy    Kappa
   FALSE       0.7580586   0.3954072
    TRUE       0.7729170   0.4171048
```

f. **predict** 및 **confusionMatrix** 함수를 사용하여 검증 데이터셋에서 모형을 검증하고 혼동행렬을 생성한다. 다음과 같이 입력하라.

```
> nb_class <- predict(nb_fit, newdata = validationSet)
> confusionMatrix(nb_class, validationSet$Poverty, positive = '1')
```

confusionMatrix 문에서 Poverty 변수의 값 '1'을 긍정 또는 성공 클래스로 지정한다. 정확도 값(75.65%)은 학습 데이터셋의 결과와 일관성을 유지한다. R의 나이브 베이즈 모형은 서로 가까운 민감도와 특이도 값을 산출한다(각각 76.73% 및 71.80%). 소프트웨어의 알고리즘에 따라 다소 다른 결과를 산출하기도 한다. R 결과의 일부는 그림 9.10에 표시되어 있다.

그림 9.10 혼동행렬

```
Confusion Matrix and Statistics

          Reference
Prediction    0    1
         0  629  725
         1  247 2390

               Accuracy : 0.7565
                        :
            Sensitivity : 0.7673
            Specificity : 0.7180
         Pos Pred Value : 0.9063
```

기본 값인 0.5 대신 다른 컷오프 값을 사용하여 혼동행렬을 만들 수도 있다. 예를 들어, 다음 명령을 사용하여 컷오프 값을 0.75로 지정한다.

```
>nb_class_prob <- predict(nb_fit, newdata=validationSet, type=
'prob')
>confusionMatrix(as.factor(ifelse(nb_class_prob[,2]>0.75, '1',
'0')), validationSet$Poverty, positive = '1')
```

g. 두 개의 향상도 그래프와 ROC 곡선을 생성하기 위해 먼저 **predict** 및 **gains** 함수를 사용하여 누적 이득 표를 계산해야 한다. Poverty 변수는 이전 단계에서 범주형으로 변환되었다. **gains** 함수를 사용하려면 변수를 수치형으로 다시 변환해야 한다. 다음과 같이 입력하라.

```
> nb_class_prob <- predict(nb_fit, newdata=validationSet,
type='prob')
> validationSet$Poverty <- as.numeric(as.character
(validationSet$Poverty))
> gains_table <- gains(validationSet$Poverty, nb_class_prob[,2])
> gains_table
```

그림 9.11은 이득 표를 보여준다.

그림 9.11 이득 표

Depth of File	N	Cume N	Mean Resp	Cume Mean Resp	Cume Pct of Total Resp	Lift Index	Cume Lift	Mean Model Score
12	490	490	1.00	1.00	15.7%	128	128	1.00
20	311	801	1.00	1.00	25.7%	128	128	0.99
.	.	.	.	.	.	.	.	.
.	.	.	.	.	.	.	.	.
100	216	3991	0.35	0.78	100.0%	45	100	0.24

h. **plot** 및 **line** 함수를 사용하여 그림 9.12와 같이 누적 향상도 그래프를 작성한다. 다음과 같이 입력하라.

```
> plot(c(0, gains_table$cume.pct.of.total*sum(validationSet$
Poverty)) ~ c(0, gains_table$cume.obs),xlab = "# of cases",
ylab="Cumulative", type ="l")
> lines(c(0, sum(validationSet$Poverty)) ~ c(0, dim(validationSet)
[1]), col="red", lty=2)
```

그림 9.12 누적 향상도 그래프

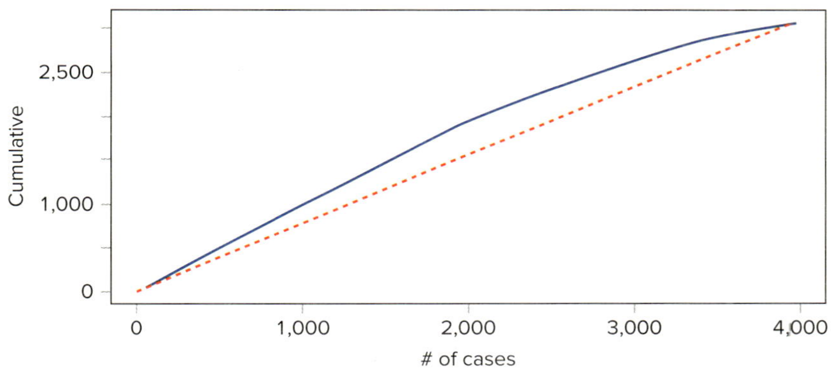

i. **barplot** 함수를 사용하여 그림 9.13과 같이 십분위 그래프를 작성한다. 다음과 같이 입력하라.

```
> barplot(gains_table$mean.resp/mean(validationSet$Poverty), names.
arg=gains_table$depth, xlab="Percentile", ylab="Lift", ylim =
c(0,1.5), main = "Decile-Wise Lift Chart")
```

그림 9.13 십분위 향상도 그래프

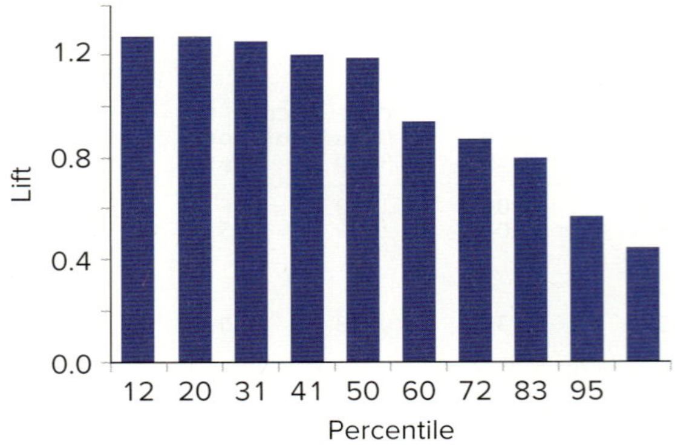

j. **roc, plot.roc, auc** 함수를 사용하여 ROC 곡선을 작성하고 곡선아래면적을 계산한다. 다음과 같이 입력하라.

```
> roc_object<- roc(validationSet$Poverty, nb_class_prob[,2])
> plot.roc(roc_object)
> auc(roc_object)
```

ROC 곡선아래면적, 즉 AUC는 0.8437이며, 이는 나이브 베이즈 모형이 개인의 빈곤 여부를 예측하는 데 효과적임을 나타낸다. 그림 9.14는 모든 컷오프 값에 대한 민감도와 특이도 측면에서 모형이 기준선 모형(녹색 대각선으로 표시)보다 우수한 성능을 나타내는 ROC 곡선을 보여준다.

그림 9.14 ROC 곡선

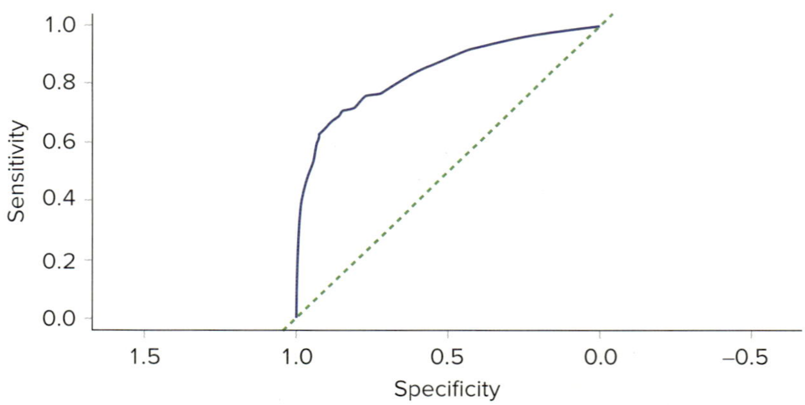

k. ***Census*** 데이터 파일의 Census_Score 워크시트에서 새 관측치를 데이터 프레임(테이블)으로 불러오고 myScoreData라는 레이블을 지정한다. 다음으로 **predict** 함수를 사용하여 66개의 새 레코드에 점수를 매기고 분류결과를 원본 데이터에 다시 추가한다. 다음과 같이 입력하라.

```
> nb_class_score <- predict(nb_fit, newdata = myScoreData)
> myScoreData <- data.frame(myScoreData, nb_class_score)
```

표 9.7은 R의 점수 매기기 결과를 보여준다. KNN 모형은 대학 교육을 받은 기혼 남성의 레코드들을 빈곤에 처할 가능성이 낮은 것으로 분류하는 경향이 있다.

표 9.7 나이브 베이즈에 대한 R의 점수 매기기 결과

Record	Married	Female	White	Age	Edu	nb_class_score
1	N	Y	Y	5	N	1
2	N	Y	Y	5	N	1
⋮	⋮	⋮	⋮	⋮	⋮	⋮
66	Y	N	Y	5	Y	0

수치형 값을 범주형 값으로 변환

FILE *Gym.* 앞서 언급했듯이 나이브 베이즈 분석을 수행하려면 모든 예측변수가 범주형이어야 한다. 이번에는 수치형 값을 이산형 범주로 "구간(bin)"을 설정하는 방법을 간략하게 설명한다. 추가적인 정보는 2장의 관련 절을 참고하라.

도입사례에서 24/7 피트니스센터의 회원권 관리자인 자넷 윌리엄스는 공개일 행사를 개최하고 잠재적인 회원으로부터 정보를 수집하고 있다. 그녀는 잠재적 회원이 체육관 회원권을 구매할 가능성이 있는지 여부를 결정하기 위해 나이브 베이즈를 알아보려고 한다. 그러나 예측변수인 연령(Age), 소득(Income), 시간(Hours) 등은 수치형이므로 먼저 해당 변수를 이산형 범주로 변환해야 한다.

Gym_Data 워크시트의 데이터를 사용하여 연령 변수를 구간화하는 절차를 간략하게 설명하고자 하며 다른 변수도 유사한 방식으로 구간화할 수 있다. 연령 변수의 값 범위는 21에서 68까지라는 것에 주의하고 연령을 다섯 개의 범주로 분류한다고 가정해 보자.

R에서는 먼저 Gym_Data 워크시트의 데이터를 R로 불러오고 결과 데이터 프레임 Binning을 호출한다. 다음 문장은 20년부터 첫 번째 구간을 시작하여 마지막 구간인 70년까지 각 간격 값이 10년으로 설정되도록 제한하고 있다.

```
> age_bins <- cut(Binning$Age, breaks = seq(20, 70, by = 10))
```

이제 age_bins 변수를 원래 데이터 프레임에 다시 추가하고 범주형 변수가 필요한 분석에 사용할 수 있다.

일반적으로 데이터 또는 개념적 설계에 따라 구간화 옵션을 조정한다. 예를 들어, 저소득 개인과 고소득 개인을 비교하려는 경우 소득(Income) 변수를 두 범주로 분류할 수 있다. 이 주제에 대한 추가적인 논의는 2장에서 찾을 수 있다.

연습문제 9.3

참고: R 버전 3.5.3을 기반으로 한다. R의 경우 데이터 세트를 60% 학습, 40% 검증으로 분할하고 10-겹 교차검증을 구현한다. set.seed(1) 문을 사용하여 데이터 분할 및 교차검증을 위한 랜덤 시드를 지정한다. 일부 데이터 파일에는 모형개발 및 새로운 레코드 점수 매기기를 위한 두 개의 워크시트(예: Exercise_9.18_Data 워크시트 및 Exercise_9.18_Score 워크시트)가 있다.

18. **FILE** ***Exercise_9.18.*** 함께 제공하는 데이터셋은 3개의 예측변수(x_1, x_2, x_3)와 목표변수(y)를 포함하고 있다. Exercise_9.18_Data 워크시트의 데이터를 분할하여 "Yes"가 y에 대한 긍정 또는 성공 클래스를 나타내는 나이브 베이즈 분류모형을 개발하라. Exercise_9.18_Score 워크시트에서 10개의 새로운 관측치에 점수를 매겨라.
    - **a.** 검증 데이터셋에 대한 정확도, 민감도, 특이도를 보고하라.
    - **b.** 십분위 향상도 그래프를 작성하라. 가장 왼쪽 막대의 향상도 값은 얼마인가? 이 값은 무엇을 의미하는가?
    - **c.** ROC 곡선을 작성하라. ROC 곡선아래면적(즉 AUC 값)은 얼마인가?
    - **d.** 처음 세 개의 새로운 관측치에 대한 점수 매기기 결과를 보고하라.
19. **FILE** ***Exercise_9.19.*** 함께 제공하는 데이터셋은 3개의 예측변수(x_1, x_2, x_3)와 목표변수(y)를 포함하고 있다. Exercise_9.19_Data 워크시트의 데이터를 분할하여 "Y"가 y에 대한 긍정 또는 성공 클래스를 나타내는 나이브 베이즈 분류모형을 개발하라. Exercise_9.19_Score 워크시트에서 5개의 새로운 관측치에 점수를 매겨라.
    - **a.** 검증 데이터셋에 대한 정확도, 민감도, 특이도를 보고하라.
    - **b.** ROC 곡선아래면적(즉 AUC 값)은 얼마인가?
    - **c.** 처음 다섯 개의 새로운 관측치에 대한 점수 매기기 결과를 보고하라.
20. **FILE** ***Exercise_9.20.*** 함께 제공하는 데이터셋은 4개의 예측변수(x_1, x_2, x_3, x_4)와 목표변수(y)를 포함하고 있다. Exercise_9.20_Data 워크시트의 데이터를 분할하여 "1"이 y에 대한 긍정 또는 성공 클래스를 나타내는 나이브 베이즈 분류모형을 개발하라. Exercise_9.20_Score 워크시트에서 5개의 새로운 관측치에 점수를 매겨라.
    - **a.** 검증 데이터셋에 대한 정확도, 민감도, 특이도를 보고하라.
    - **b.** 누적 향상도 그래프를 작성하라. 전체 향상도 곡선이 기준선 위에 있는가?
    - **c.** ROC 곡선을 작성하라. ROC 곡선아래면적(즉 AUC 값)은 얼마인가?
    - **d.** 처음 다섯 개의 새로운 관측치에 대한 점수 매기기 결과를 보고하라.
    - **e.** x_1, x_2 및 y만으로 나이브 베이즈 모형을 개발하라. 위 a~c 부분을 반복하고 결과를 비교하라.
21. **FILE** ***Exercise_9.21.*** 함께 제공하는 데이터셋은 3개의 예측변수(x_1, x_2, x_3)와 목표변수(y)를 포함하고 있다. 데이터를 분할하여 "1"이 y에 대한 긍정 또는 성공 클래스를 나타내는 나이브 베이즈 분류모형을 개발하라.
    - **a.** 검증 데이터셋에 대한 정확도, 민감도, 특이도를 보고하라.
    - **b.** 십분위 향상도 그래프를 작성하라. 가장 왼쪽 막대의 향상도 값은 얼마인가? 이 값은 무엇을 의미하는가?
    - **c.** ROC 곡선을 작성하라. ROC 곡선아래면적(즉 AUC 값)은 얼마인가?
    - **d.** 나이브 베이즈 모형을 사용하여 데이터를 효과적으로 분류할 수 있는가? 설명하라.
22. **FILE** ***Exercise_9.22.*** 함께 제공하는 데이터셋은 3개의 예측변수(x_1, x_2, x_3)와 목표변수(y)를 포함하고 있다. 데이터를 분할하여 "1"이 y에 대한 긍정 또는 성공 클래스를 나타내는 나이브 베이즈 분류모형을 개발하라.
    - **a.** 검증 데이터셋에 대한 정확도, 민감도, 특이도를 보고하라.
    - **b.** 누적 향상도 그래프를 작성하라. 전체 향상도 곡선이 기준선 위에 있는가?
    - **c.** ROC 곡선을 작성하라. ROC 곡선아래면적(즉 AUC 값)은 얼마인가?
    - **d.** 나이브 베이즈 모형을 사용하여 데이터를 효과적으로 분류할 수 있는가? 설명하라.
23. **FILE** ***Exercise_9.23.*** 함께 제공하는 데이터셋은 2개의 예측변수(x_1, x_2)와 목표변수(y)를 포함하고 있다. 데이터를 분할하여 "1"이 y에 대한 긍정 또는 성공 클래스를 나타내는 나이브 베이즈 분류모형을 개발하라.
    - **a.** 검증 데이터셋에 대한 정확도, 민감도, 특이도를 보고하라.
    - **b.** 십분위 향상도 그래프를 작성하라. 가장 왼쪽 막대의 향상도 값은 얼마인가?
    - **c.** ROC 곡선을 작성하라. ROC 곡선아래면적(즉 AUC 값)은 얼마인가?
    - **d.** 나이브 베이즈 모형을 사용하여 데이터를 효과적으로 분류할 수 있는가? 설명하라.

24. **FILE** ***Exercise_9.24.*** 함께 제공하는 데이터셋은 3개의 예측변수(x_1, x_2, x_3)와 목표변수(y)를 포함하고 있다.

   a. 예측변수 x_1, x_2, x_3를 구간화하라. R을 활용하여 x_1의 경우 [0, 6), [6, 14), [14, 30); x_2의 경우 [0, 10), [10, 20), [20, 61); x_3의 경우 [0, 3), [3, 5), [5, 10)으로 구간화하라. 처음 두 개 관측치의 구간 값은 무엇인가?

   b. 변형된 데이터를 분할하여 "1"이 y에 대한 긍정 또는 성공 클래스를 나타내는 나이브 베이즈 분류모형을 개발하라. 검증 데이터셋에 대한 정확도, 민감도, 특이도, 정밀도를 보고하라.

   c. ROC 곡선을 작성하라. ROC 곡선아래면적(즉 AUC 값)은 얼마인가?

   d. 컷오프 값을 0.2로 변경하라. 검증 데이터셋에 대한 정확도, 민감도, 특이도, 정밀도를 보고하라.

25. **FILE** ***Exercise_9.25.*** 함께 제공하는 데이터셋은 2개의 예측변수(x_1, x_2)와 목표변수(y)를 포함하고 있다.

   a. 예측변수 x_1, x_2를 구간화하라. R을 활용하여 x_1의 경우 [0, 60), [60, 400), [400, 30000); x_2의 경우 [0, 1 60), [1 60, 400), [400, 800)으로 구간화하라. 처음 두 개 관측치의 구간 값은 무엇인가?

   b. 변형된 데이터를 분할하여 "1"이 y에 대한 긍정 또는 성공 클래스를 나타내는 나이브 베이즈 분류모형을 개발하라. 검증 데이터셋에 대한 정확도, 민감도, 특이도, 정밀도를 보고하라.

   c. ROC 곡선을 작성하라. ROC 곡선아래면적(즉 AUC 값)은 얼마인가?

26. **FILE** ***Exercise_9.26.*** 함께 제공하는 데이터셋은 3개의 예측변수(x_1, x_2, x_3)와 목표변수(y)를 포함하고 있다.

   a. 예측변수 x_1, x_2, x_3를 구간화하라. R을 활용하여 x_1의 경우 [0, 125), [125, 250); x_2의 경우 [0, 30), [30, 60); x_3의 경우 [0, 30), [30, 60)으로 구간화하라. 처음 두 개 관측치의 구간 값은 무엇인가?

   b. 변형된 데이터를 분할하여 "1"이 y에 대한 긍정 또는 성공 클래스를 나타내는 나이브 베이즈 분류모형을 개발하라. 검증 데이터셋에 대한 정확도, 민감도, 특이도, 정밀도를 보고하라.

   c. ROC 곡선을 작성하라. ROC 곡선아래면적(즉 AUC 값)은 얼마인가?

   d. 컷오프 값을 0.4로 변경하라. 검증 데이터셋에 대한 정확도, 민감도, 특이도, 정밀도를 보고하라.

27. **FILE** ***Exercise_9.27.*** 함께 제공하는 데이터셋은 4개의 예측변수(x_1, x_2, x_3, x_4)와 목표변수(y)를 포함하고 있다.

   a. 예측변수 x_1, x_2, x_3, x_4를 구간화하라. R을 활용하여 x_1의 경우 [0, 40000), [40000, 80000); x_2의 경우 [0, 50), [50, 100); x_3의 경우 [50, 75), [75, 100); x_4의 경우 [0, 20000), [20000, 40000)으로 구간화하라. 처음 두 개 관측치의 구간 값은 무엇인가?

   b. 변형된 데이터를 분할하여 "1"이 y에 대한 긍정 또는 성공 클래스를 나타내는 나이브 베이즈 분류모형을 개발하라. 검증 데이터셋에 대한 정확도, 민감도, 특이도, 정밀도를 보고하라.

   c. ROC 곡선을 작성하라. ROC 곡선아래면적(즉 AUC 값)은 얼마인가?

   d. 나이브 베이즈 모형을 사용하여 데이터를 효과적으로 분류할 수 있는가? 설명하라.

28. **FILE** ***International.*** 매년 수십만 명의 국제학생들이 미국의 대학원 프로그램에 지원한다. 가장 중요한 입학기준 중 두 가지는 학부 학점(GPA)과 토플(TOEFL) 점수이다. 칠레 산티아고에 있는 한 영어 준비학교는 지난 2년 동안 미국 대학원에 지원한 과거 학생들의 합격 기록을 조사하고자 한다. 이 결과는 신입생들이 대학원 프로그램의 첫 번째 선택에서 합격할 가능성에 대해 조언하는 데 사용된다. 데이터셋의 일부는 함께 제공되는 표에 표시되어 있으며 Accept(입학이면 1, 그렇지 않으면 0); GPA(3.00 미만인 경우 1, 3.00–3.49인 경우 2, 3.50 이상인 경우 3); TOEFL(80 이상이며 H, 80 미만이면 L) 등의 변수가 있다.

Accept	GPA	TOEFL
1	1	H
0	1	H
⋮	⋮	⋮
0	1	L

   a. 데이터를 분할하여 나이브 베이즈 분류모형을 개발하라. 검증 데이터셋에 대한 정확도, 민감도, 특이도, 정밀도를 보고하라.

   b. ROC 곡선을 작성하라. ROC 곡선아래면적(즉 AUC 값)은 얼마인가?

   c. 나이브 베이즈 모형을 사용하여 데이터를 효과적으로 분류할 수 있는가? 설명하라.

29. **FILE** ***OnlineRetail.*** 한 온라인 소매 업체가 새로운 런닝화 라인을 제공하고 있다. 소매업체는 일부 기존 고객에게 할인 제안이 포함된 이메일을 보낼 계획이며 데이터 마이닝 분석을 사용하여 고객이 이메일 제안에 반응할지 여부를 예측할 수 있는지 알고자 한다. 소매업체는 과거 온라인 프로모션을 받은 170명의 기존 고객에 대한 데이터셋을 준비했으며 이는 Purchase(구매 시 1, 그렇지 않으면 0); Age(20세 이하면 1, 21~30세이면 2, 31~40세이면 3, 41~50세이면 4, 51세 이상이면 5); Income($0~$50,000이면 1, $51K~$80K

이면 2, $81K~$100K이면 3, $100K+이면 4); PastPurchase(과거 구매가 없는 경우 1, 1회 또는 2회 구매이면 2, 3-6회 구매이면 3, 7회 이상 구매이면 4) 등의 변수를 포함하고 있다. 데이터셋의 일부는 함께 제공되는 표에 표시되어 있다.

Purchase	Age	Income	PastPurchase
1	4	3	4
1	4	1	1
⋮	⋮	⋮	⋮
1	3	4	3

a. 데이터를 분할하여 나이브 베이즈 분류모형을 개발하라. 검증 데이터셋에 대한 정확도, 민감도, 특이도, 정밀도를 보고하라.

b. 십분위 향상도 그래프를 작성하라. 가장 왼쪽 막대의 향상도 값은 얼마인가? 이 값은 무엇을 의미하는가?

c. ROC 곡선을 작성하라. ROC 곡선아래면적(즉 AUC 값)은 얼마인가?

d. 나이브 베이즈 모형을 사용하여 데이터를 효과적으로 분류할 수 있는가? 설명하라.

30. **FILE** ***MedSchool.*** 미국 의과대학 입학은 경쟁이 치열하다. 최고 의과대학에 대한 합격률은 2% 또는 3%만큼 낮을 수 있다. 이러한 낮은 합격률로 인해 의과대학 입학 컨설팅은 많은 도시에서 성장하는 비즈니스가 되었다. 의과대학 입학 컨설턴트인 폴 포스터(Paul Foster)는 고객에게 더 나은 서비스를 제공하기 위해 데이터 기반 모형을 구축하여 새로운 지원자가 상위 10개 의과대학 중 하나에 합격할 가능성이 있는지 여부를 예측하고자 한다. 그는 상위 10대 의과대학에 지원한 1,992명의 데이터베이스를 수집했으며 이는 Sex (F = 여성, M = 남성), CollegeParent(부모가 대학학위를 소지한 경우 1, 그렇지 않으면 0), GPA(학부 학점이 3.50 이상이면 1, 그렇지 않으면 0), Med(상위 10대 의과대학에 합격했으면 1, 그렇지 않으면 0) 등의 정보를 포함하고 있다. 데이터셋의 일부는 함께 제공되는 표에 표시되어 있다.

Sex	CollegeParent	GPA	Med
F	1	1	1
M	1	0	1
⋮	⋮	⋮	⋮
M	0	0	0

a. 데이터를 분할하여 나이브 베이즈 분류모형을 개발하라. 검증 데이터셋에 대한 정확도, 민감도, 특이도, 정밀도를 보고하라.

b. 십분위 향상도 그래프를 작성하라. 가장 왼쪽 막대의 향상도 값은 얼마인가? 이 값은 무엇을 의미하는가?

c. ROC 곡선을 작성하라. ROC 곡선아래면적(즉 AUC 값)은 얼마인가?

d. 나이브 베이즈 모형을 사용하여 의과대학 지원자 데이터를 효과적으로 분류할 수 있는가? 설명하라.

31. **FILE** ***CreditCard.*** 한 주택개량 소매점은 매장 내 주택개량 제품을 구매할 때 큰 폭의 할인을 제공하는 매장 브랜드 신용카드를 고객에게 제공하고 있다. 이 마케팅 캠페인의 수익성을 유지하기 위해 매장 관리자는 신용카드 월간 잔액이 높은 고객에게만 이러한 제안을 하고자 한다. 전국적인 주택개량 상점 협회에서 얻은 데이터셋에는 다른 주택개량 상점에서 제공하는 유사한 신용카드를 소지한 500명의 소비자 기록이 포함되어 있다. 관련 변수에는 Sex(여성 또는 남성), Education(대학을 졸업하지 않은 경우 1, 학사학위인 경우 2, 대학원 학위인 경우 3), Children(자녀가 있는 경우 1, 그렇지 않은 경우 0), Age (20세 미만인 경우 1, 20~29세인 경우 2, 30~39세인 경우 3, 40~49세인 경우 4, 50~59세인 경우 5, 60세 이상인 경우 6) 등을 포함하고 있다. Balance는 목표변수로 1은 고객이 높은 월간 잔액을 유지하고 있음을 나타내며 그렇지 않으면 0이다. CreditCard_Data 워크시트의 일부는 함께 제공되는 표에 나와 있다.

Sex	Education	Children	Age	Balance
Female	2	Yes	3	1
Male	1	No	4	0
⋮	⋮	⋮	⋮	⋮
Female	2	Yes	3	0

a. 데이터를 분할하여 나이브 베이즈 분류모형을 개발하라. 검증 데이터셋에 대한 정확도, 민감도, 특이도, 정밀도를 보고하라.

b. ROC 곡선을 작성하라. ROC 곡선아래면적(즉 AUC 값)은 얼마인가?

c. 성능척도를 해석하고 나이브 베이즈 모형의 효과성을 평가하라.

d. CreditCard_Score 워크시트에서 새 고객 레코드의 점수를 매겨라. 첫 번째 고객 레코드에 매긴 점수 결과는 무엇인가?

e. 컷오프 값을 0.3으로 변경하라. 검증 데이터셋에 대한 정확도, 민감도, 특이도, 정밀도를 보고하라.

32. **FILE** ***Volunteer.*** 한 커뮤니티센터는 광범위한 산책로, 조류 관찰 블라인드, 야생화, 동물 등을 포함하는 자연보호구

역을 유지하기 위해 지역 주민들을 모집하는 캠페인을 시작하고자 한다. 커뮤니티센터는 선택된 주민들에게 우편 초대장을 보내고 도움을 줄 수 있는 자원봉사자를 모집하려고 하지만 대규모 우편 캠페인을 시작할 재정적 자원은 없다. 이에 따라 마을 시장의 도움을 요청하여 5,000명의 지역주민들과 그들의 과거 자원봉사 활동에 대해 Volunteer_Data 워크시트에 저장된 데이터셋을 분석하고자 한다. 데이터는 Sex (F/M), Married (Y = 기혼, N = 미혼), College(대학학위인 경우 1, 그렇지 않은 경우 0), Income(연간 소득이 5만 달러 이상인 경우 1, 그렇지 않은 경우 0), Volunteer(자원봉사 활동에 참여한 경우 1, 그렇지 않은 경우 0) 등을 포함하고 있다. 그들은 분석결과를 사용하여 자원봉사 초대를 수락할 가능성이 있는 잠재적인 거주자를 선택하는 데 도움을 얻고자 한다. 시장으로부터 입수한 데이터셋의 일부가 함께 제공되는 표에 나와 있다.

Sex	Married	College	Income	Volunteer
F	N	0	0	1
F	Y	1	0	1
⋮	⋮	⋮	⋮	⋮
F	Y	1	1	1

a. 데이터를 분할하여 나이브 베이즈 분류모형을 개발하라. 검증 데이터셋에 대한 정확도, 민감도, 특이도, 정밀도를 보고하라.

b. ROC 곡선과 십분위 향상도 그래프를 작성하라. ROC 곡선아래면적(즉 AUC 값)은 얼마인가? 십분위 향상도 그래프에서 가장 왼쪽 막대의 향상도 값은 얼마인가?

c. Volunteer_Score 워크시트에서 새 자원봉사자 레코드의 점수를 매겨라. 첫 번째 고객 레코드에 매긴 점수 결과는 무엇인가?

33. **FILE** ***Vacation.*** 노라 잭슨(Nora Jackson)은 해변에 여러 별장을 소유하고 있다. 그녀는 휴가 기간 동안 해변가 주택을 임대할 잠재고객의 가능성을 예측하는 분류모형을 구축하고자 임대주택 소유자 컨소시엄과 협력하여 데이터셋을 수집했다. 데이터셋의 일부는 함께 제공되는 표에 나와 있으며 잠재고객이 주택을 소유하고 있는지 여부(Own: 소유자인 경우 1, 그렇지 않으면 0), 고객에게 자녀가 있는지 여부(Children: 자녀가 있는 경우 1, 그렇지 않으면 0), 고객의 연령(Age), 연간 소득(Income), 고객이 이전에 해변가 주택을 임차했는지 여부(Rental: 임차한 경우 1, 그렇지 않으면 0) 등의 변수를 포함하고 있다.

Own	Children	Age	Income	Rental
0	1	41	64000	0
1	0	64	22000	0
⋮	⋮	⋮	⋮	⋮
0	0	67	146000	1

a. 연령(Age)과 연간 소득(Income)을 구간화하라. R을 활용하여 연령의 경우 [22, 45), [45, 85); 연간 소득의 경우 [0, 85000), [85000, 300000)으로 구간화하라. 처음 두 개 관측치의 연령과 연간 소득에 대한 구간 값은 무엇인가?

b. 변형된 데이터를 분할하여 나이브 베이즈 분류모형을 개발하라. 검증 데이터셋에 대한 정확도, 민감도, 특이도, 정밀도를 보고하라.

c. 십분위 향상도 그래프를 작성하라. 가장 왼쪽 막대의 향상도 값은 얼마인가?

d. ROC 곡선을 작성하라. ROC 곡선아래면적(즉 AUC 값)은 얼마인가?

e. 성능척도를 해석하고 나이브 베이즈 모형의 효과성을 평가하라.

34. **FILE** ***InGame.*** 한 모바일 게임 회사는 기존 고객 그룹을 대상으로 게임 내 구매를 조사하고자 한다. 함께 제공되는 표에 일부가 나와 있는 데이터셋은 고객의 나이(Age), 성별(Sex: 여성인 경우 1, 그렇지 않으면 0), 주간 플레이 시간(Hours), 고객의 휴대폰이 페이스북(Facebook) 계정에 연결되어 있는지 여부(Facebook: 연결된 경우 1, 그렇지 않으면 0), 고객의 게임 내 구매 여부(Buy: 구매한 경우 1, 그렇지 않으면 0) 등이 추출되어 포함되어 있다.

Age	Sex	Hours	Facebook	Buy
35	1	21	0	1
34	0	2	1	1
⋮	⋮	⋮	⋮	⋮
49	1	26	1	1

a. 연령(Age)과 주간 플레이 시간(Hours)을 구간화하라. R을 활용하여 연령의 경우 [15, 40), [40, 65); 주간 플레이 시간의 경우 [0, 20), [20, 40)으로 구간화하라. 처음 두 개 관측치의 연령과 주간 플레이 시간에 대한 구간 값은 무엇인가?

b. 변형된 데이터를 분할하여 나이브 베이즈 분류모형을 개발하라. 검증 데이터셋에 대한 정확도, 민감도, 특이도, 정밀도를 보고하라.

c. ROC 곡선을 작성하라. ROC 곡선아래면적(즉 AUC 값)

은 얼마인가?

d. 성능척도를 해석하고 나이브 베이즈 모형의 효과성을 평가하라.

35. **FILE** ***Grit.*** 포브스(Forbes) 잡지는 경력 성취와 경력 성공에 기여할 수 있는 요인을 연구한 기사를 발표했다(2018년 8월 30일). 경력 성공은 재능과 관련이 적으며 시험점수나 IQ 점수에 의해 반드시 영향을 받는 것은 아니라는 것이 밝혀졌다. 오히려 "그릿(grit)", 즉 끈기와 열정의 조합이 개인의 경력 성공을 나타내는 좋은 지표로 밝혀졌다. 투자은행의 인사관리 담당자인 톰 와이어하우저(Tom Weyerhaeuser)는 캠퍼스 채용을 진행하고 있으며 "그릿"을 측정할 수 있는 방법을 알고자 한다. 그는 각 입사지원자에게 GPA, 운동 활동, 대학에서의 리더십 역할, 해외유학 경험, 대학 재학 중 취업 등을 물어보고 각 입사지원자가 투자은행 업계에서 성공하기 위한 끈기와 열정이 있는지 여부를 판단할 수 있다고 생각한다. 그는 회사의 인사관리 데이터베이스에서 157명의 현재 직원에 대한 데이터를 추출했으며 이에는 현재 직원이 상위 관리직인지 여부(Success: 예인 경우 1, 그렇지 않으면 0), 대학에서의 파트타임 근무 여부(Job: 예인 경우 1, 그렇지 않으면 0), 3.5 이상의 GPA 여부(GPA: 예인 경우 1, 그렇지 않으면 0), 대학 대표로 체육 활동 여부(Sports: 예인 경우 1, 그렇지 않으면 0), 대학 조직에서 리더십 역할 여부(Leadership: 예인 경우 1, 그렇지 않으면 0) 등의 변수가 포함되어 있다. Grit_Data 워크시트의 일부가 함께 제공되는 표에 나와 있다.

Success	Job	GPA	Sports	Leadership
0	0	0	1	1
0	1	0	0	0
⋮	⋮	⋮	⋮	⋮
0	1	0	0	1

a. 데이터를 분할하여 나이브 베이즈 분류모형을 개발하라. 검증 데이터셋에 대한 정확도, 민감도, 특이도, 정밀도를 보고하라.

b. 누적 향상도 그래프, 십분위 향상도 그래프를 작성하라.

c. ROC 곡선을 작성하라. ROC 곡선아래면적(즉 AUC 값)은 얼마인가?

d. 성능척도를 해석하고 나이브 베이즈 모형의 효과성을 평가하라.

e. Grit_Score 워크시트에서 새 입사 지원자들의 점수를 매겨라. 첫 번째 입사 지원자의 예상 결과는 무엇인가?

36. **FILE** ***Graduation.*** 신입생이 대학을 그만둘지 여부를 예측하는 것은 많은 고등교육기관에 있어 어려운 과제이다. 아이비리그 대학의 선임 학생상담관인 넬슨 투레(Nelson Touré)는 대학이 위험한 환경에 처한 학생들을 지원하기 위해 더 적극적으로 대처할 수 있게 하는 가능한 지표를 조사해 달라는 요청을 받았다. 넬슨은 200명의 이전 학생 데이터셋을 검토하고 연구에 포함할 다음과 같은 변수를 선택한다: 졸업 여부(Graduate: 졸업한 경우 1, 그렇지 않으면 0); 학생이 첫 번째 미적분, 통계, 수학 수업에서 합격 점수를 받았는지 여부(Math: 예인 경우 1, 그렇지 않으면 0), 학생이 첫 번째 영어 또는 커뮤니케이션 수업에서 합격 점수를 받았는지 여부(Language: 예인 경우 1, 그렇지 않으면 0); 학생이 첫 학기 동안 상담 센터에 연락을 했는지 여부(Advise: 예인 경우 1, 그렇지 않으면 0); 학생이 대학에서 첫해 동안 캠퍼스에서 살았는지 여부(Dorm: 예인 경우 1, 그렇지 않으면 0). 데이터의 일부가 함께 제공되는 표에 나와 있다.

Graduate	Math	Language	Advise	Dorm
1	1	0	0	1
0	0	1	0	1
⋮	⋮	⋮	⋮	⋮
1	1	1	1	1

a. 데이터를 분할하여 나이브 베이즈 분류모형을 개발하라. 검증 데이터셋에 대한 정확도, 민감도, 특이도, 정밀도를 보고하라.

b. 누적 향상도 그래프를 작성하라. 전체 향상도 곡선이 기준선 위에 있는가?

c. ROC 곡선을 작성하라. ROC 곡선아래면적(즉 AUC 값)은 얼마인가?

d. 결과를 해석하고 나이브 베이즈 모형의 효과성을 평가하라.

37. **FILE** ***Fraud.*** 신용카드 사기는 금융업계에서 심각한 문제가 되고 있으며 은행, 신용카드 발급회사, 소비자에게 상당한 비용을 초래한다. 데이터 마이닝 기법을 사용한 사기탐지는 은행 및 신용카드 회사가 사기 거래를 방지하는 데 필수적인 도구가 되었다. 샘플 신용카드 데이터셋은 다음과 같은 변수를 포함하고 있다: Fraud(사기 행동인 경우 1, 그렇지 않으면 0), Amount(적은 경우 1, 중간인 경우 2, 많은 경우 3), Online(온라인 거래인 경우 1, 그렇지 않으면 0), Prior(카드 소지자가 이전에 구매한 제품인 경우 1, 그렇지 않으면 0). 데이터셋의 일부가 함께 제공되는 표에 표시되어 있다. .

Fraud	Amount	Online	Prior
0	2	0	1
0	3	0	0
⋮	⋮	⋮	⋮
0	2	0	1

a. 데이터를 분할하여 나이브 베이즈 분류모형을 개발하라. 검증 데이터셋에 대한 정확도, 민감도, 특이도, 정밀도를 보고하라.

b. 십분위 향상도 그래프를 작성하라. 가장 왼쪽 막대의 향상도 값은 얼마인가? 이 값은 무엇을 의미하는가?

c. ROC 곡선을 작성하라. ROC 곡선아래면적(즉 AUC 값)은 얼마인가?

d. 성능척도를 해석하고 나이브 베이즈 모형의 효과성을 평가하라.

e. 컷오프 값을 0.1로 변경하라. 검증 데이터셋에 대한 정확도, 민감도, 특이도, 정밀도를 보고하라.

38. **FILE** ***Insurance.*** 보험회사는 자동차 보험 보장에 대한 보험료 금액을 결정하는 데 여러 가지 요인을 활용한다. 신용점수, 과실 사고이력, 연령, 성별 등의 요인에 따라 할인 또는 더 낮은 보험료가 제시될 수 있다. 200명의 기존 운전자로부터 보험 할인 관련 데이터셋을 살펴보자. 다음의 변수들이 데이터셋에 포함되어 있다. Discount(예인 경우 1, 그렇지 않으면 0), Female(여성인 경우 1, 그렇지 않으면 0), Credit(낮은 경우 1, 중간인 경우 2, 높은 경우 3), AtFault(과실 사고이력이 있는 경우 1, 그렇지 않으면 0), Age(25세 이상인 경우 1, 그렇지 않으면 0). 데이터의 일부가 함께 제공되는 표에 나와 있다.

Discount	Female	Credit	AtFault	Age
1	0	2	0	0
0	0	3	0	1
⋮	⋮	⋮	⋮	⋮
1	1	1	1	1

a. 데이터를 분할하여 나이브 베이즈 분류모형을 개발하라. 검증 데이터셋에 대한 정확도, 민감도, 특이도, 정밀도를 보고하라.

b. 누적 향상도 그래프, 십분위 향상도 그래프를 작성하라.

c. ROC 곡선을 작성하라. ROC 곡선아래면적(즉 AUC 값)은 얼마인가?

d. 성능척도를 해석하고 나이브 베이즈 모형의 효과성을 평가하라.

39. **FILE** ***Solar.*** 뉴에지솔라(New Age Solar)라는 태양광 패널회사 개요와 Solar_Data 워크시트 관련 연습문제 9.16을 참고하라.

a. 다음과 같이 Solar_Data 워크시트의 연령 및 소득 변수를 구간화하라. R을 활용하여 연령의 경우 [30, 50), [50, 90); 소득의 경우 [30, 85), [85, 140)으로 구간화하라. 처음 두 개 관측치의 연령과 소득에 대한 구간 값은 무엇인가?

b. 변형된 데이터를 분할하여 나이브 베이즈 분류모형을 개발하라. 검증 데이터셋에 대한 정확도, 민감도, 특이도, 정밀도를 보고하라.

c. ROC 곡선을 작성하라. ROC 곡선아래면적(즉 AUC 값)은 얼마인가?

d. 결과를 해석하고 나이브 베이즈 모형의 효과성을 평가하라.

40. **FILE** ***Depression.*** 미셸 맥그래스(Michelle McGrath)는 심리학 학위 요건을 충족하기 위해 학부 연구 프로젝트를 완료하고자 노력하는 대학생이다. 그녀는 신체적 및 행동적 요인을 사용하여 개인의 우울증 위험을 예측하는 방법에 관심이 있다. 그녀는 지도교수의 허락을 받은 후 지역 주민들에게 연령(Age, 년), 교육연수(Education), 월간 중간정도 또는 격렬한 신체활동시간(Hours), 우울증 경험 여부[Depression: 예(Y)/아니요(N)] 등을 묻는 설문조사를 발송했다. 응답자 261명의 데이터 중 일부가 함께 제공되는 표에 나와 있다.

Age	Education	Hours	Depression
44	12	20	Y
49	9	30	Y
⋮	⋮	⋮	⋮
69	15	34	Y

a. 연령(Age), 교육연수(Education), 신체활동시간(Hours)을 구간화하라. R을 활용하여 연령의 경우 [20, 40), [40,60), [60, 81); 교육연수의 경우 [9, 12), [12, 16), [16, 20); 신체활동시간의 경우 [0, 55), [55, 105), [105, 150)으로 구간화하라. 처음 두 개 관측치의 구간 값은 무엇인가?

b. 변형된 데이터를 분할하여 나이브 베이즈 분류모형을 개발하라. 검증 데이터셋에 대한 정확도, 민감도, 특이도, 정밀도를 보고하라.

c. ROC 곡선을 작성하라. ROC 곡선아래면적(즉 AUC 값)은 얼마인가?

d. 결과를 해석하고 나이브 베이즈 모형의 효과성을 평가하라.

9.4 데이터 분석

FILE ***College_Admission.*** 이 장에서는 분류 문제에 대해 잘 알려진 두 가지 지도학습 데이터 마이닝 기법인 KNN 방법과 나이브 베이즈 방법에 대해 논의했다. 도입사례에서는 수치형 예측변수가 있는 체육관 회원권 데이터를 분석하여 잠재적인 회원이 체육관 회원권을 구매할지 여부에 대해 KNN 방법을 사용하여 예측했다. 그러나, 나이브 베이즈 방법은 범주형 예측변수를 필요로 한다. 다음에 제시되는 데이터 분석 사례에서는 수치형 예측변수를 범주형 변수로 변환하고 나이브 베이즈 방법을 사용하여 고등학생의 대학입학에 대해 예측한다. 데이터 랭글링 및 변환에 대한 자세한 내용은 2장에서 논의하고 있다.

사례연구

매년 수백만 명의 고등학생이 원하는 대학에 입학하기 위해 경쟁한다. 특히 상위권 대학에 진학하기를 원하는 학생과 학부모들은 수년간의 준비가 필요하다. 고등학교에서 학생들은 일반적으로 대학 카운슬러들과 협력하여 다른 대학들을 조사하고 입학 절차에 대해 탐색한다.

비치사이드 고등학교(Beachside High School)의 대학 카운슬러인 엘리나 쉐리단(Elena Sheridan)은 동일한 4년제 대학에 지원하고자 하는 14명의 학생과 함께하고 있다. 학교 교장은 엘리나에게 14명의 학생이 세 가지 학업 프로그램 중 하나에 합격할 가능성을 분석한 보고서를 준비하도록 요청했다. 비치사이드 고등학교의 카운슬러가 사용할 수 있는 과거 대학지원자 데이터베이스에는 예측변수로 학생의 고등학교 평점(GPA), 대입시험(SAT) 점수, 성별, 인종(백인 및 아시아인 더미변수) 등이 포함되어 있다. 또한 엘리나는 부모의 교육수준이 학생의 대학입학을 예측할 수 있는지 여부를 알고 싶어하며 두 부모의 교육수준을 분석에 포함시키고자 한다.

다른 고등학교의 대학 카운슬러와의 대화를 바탕으로 그녀는 GPA 3.5 이상의 고등학생이 선택한 대학에 입학할 가능성이 훨씬 더 높다고 믿고 있다. 또한 SAT 점수가 1,200점 이상이면 합격 가능성이 크게 높아진다고 생각하고 있다. 이러한 입증되지 않은 가정을 테스트하기 위해 엘리나는 GPA 및 SAT 점수를 이러한 임계값에 해당하는 범주로 변환하려고 한다. 또한 데이터베이스에는 이전 지원자가 대학에 합격했는지 여부를 나타내는 목표변수를 포함하고 있다.

나이브 베이즈 분류모형을 개발하고 고등학생들이 선택한 4년제 대학 입학 여부에 영향을 미칠 수 있는 요인에 대한 분석을 제공하는 보고서를 작성하라. 예측변수에는 지원자의 성별, 인종, 부모의 교육수준, GPA 및 SAT 점수가 포함되어야 한다. GPA 및 SAT 점수를 적절한 범주형 변수로 변환하라. College_Admission_Score 워크시트에서 비치사이드 고등학교의 고등학생 14명 각각이 입학할 수 있을지 예측하라.

샘플보고서—대학입학

My Life Graphic/Shutterstock

고등학생들은 학업적으로 우수하기 위해 열심히 노력하고 비교과 성과로 자신을 차별화한다. 적합한 대학에 진학하고 적절한 전공을 선택하면 성공적으로 전문적인 경력을 시작하는 데 도움이 될 수 있다.

비치사이드 고등학교 카운슬러가 사용할 수 있는 대학입학 데이터셋에는 예술문학학부, 경영경제학부, 수학과학학부 등 3개 학문 단위가 있는 4년제 대학에 지원한 과거 학생들의 기록이 포함되어 있다. 데이터셋은 나이브 베이즈 알고리즘을 기반으로 한 분류모형을 개발하는 데 사용되어 비치사이드 고등학교에서 높은 성취를 보이고 있는 14명의 학생이 대학의 3개 학부 중 하나에 입학할 수 있을 것인지 여부를 예측한다.

현재 14명의 학생은 졸업반에서 최고의 학생들이다. 그러나 입학절차가 치열할 수 있기 때문에 이러한 학생들 중 일부는 다니고 싶은 대학에 입학하지 못할 수도 있다. 또한 학교에 따라 입학 기준이 다를 수 있다. 결과적으로 부모의 교육, 고등학교 GPA, SAT 점수, 남성, 백인 및 아시아인 등의 변수를 기반으로 3개 학교 각각에 대해 나이브 베이즈 분류모형이 개발되었다. 나이브 베이즈 알고리즘에서는 모든 예측 변수가 범주형이어야 하므로 GPA 및 SAT 점수는 이항 값으로 변환되는데 GPA가 3.50 이상인 경우는 1, 그렇지 않으면 0으로 표시되었으며 SAT 점수가 1,200 이상인 경우는 1, 그렇지 않으면 0으로 표시되었다. 학생의 인구 통계 및 학업 정보 요약은 다음과 같다.

- 학생 14명 중 8명은 여성이다. 4명의 학생은 아시아계이고 6명은 백인이 아니다.
- 학생 14명의 고등학교 GPA와 SAT 평균 점수는 각각 3.64와 1,261이다.
- 9명의 학생은 현재 GPA가 3.50 이상이고 10명의 학생은 SAT 시험에서 최소 1,200점을 받았다.
- 3명을 제외한 모든 학생들은 4년제 대학 학위를 이수한 부모가 한 명 이상 있다.

현재 학생들이 어떤 학업 프로그램을 추구하고 싶은지 결정하지 않았음에도 불구하고 대부분의 학생들은 예술문학학부에 관심을 나타내고 있다. 데이터셋에는 이 프로그램에 대한 과거 지원자 6,964개의 레코드가 있으며, 이는 학습, 검증, 테스트 데이터셋으로 분할된다. 테스트 데이터셋을 바탕으로 예술문학학부에 대한 나이브 베이즈 모형의 전체 정확도는 75.81%이다. 특이도와 민감도 비율은 각각 84.65%와 48.83%이다.

표 9.8은 3개 학교에 대한 분류모형의 성능척도를 요약한 것이다. 나이브 베이즈 모형은 14명의 상위 학생 중 4명만이 예술문학학부에 입학할 것으로 예측한다. 이 프로그램(예술문학학부)은 3개의 학업 단위 중에서 가장 까다로운 것으로 보인다. 3개 학부 각각에 대한 14명 학생의 점수 매기기 결과는 표 9.9와 같다.

표 9.8 나이브 베이즈 분류기 성능척도

Schools	Accuracy (%)	Specificity (%)	Sensitivity (%)	AUC (%)	Lift Ratio: 1st Decile
Arts & Letters	75.81	84.65	48.83	78.35	2.21
Business & Economics	77.44	83.20	67.86	83.49	2.14
Math. & Sciences	76.24	79.81	69.19	81.65	2.07

경영경제학부는 현재 학생들에게도 인기 있는 선택지이다. 데이터셋에는 학습, 검증, 테스트 데이터셋으로 분할된 이 프로그램의 과거 지원자에 대한 4,103개의 레코드가 있다. 테스트 데이터를 기반으로 한 정확도, 특이도, 민감도는 각각 77.44%, 83.20%, 67.86%이다. 이 모형은 14명의 학생 중 6명이 이 프로그램에 입학할 수 있을 것으로 예측한다.

과거 수학과학학부 지원자 6,272개 레코드를 기반으로 유사한 나이브 베이즈 분류기가 개발되었다. 표 9.8에 제시된 바와 같이 테스트 데이터를 기반으로 한 정확도, 특이도, 민감도는 각각 76.24%, 79.81%, 69.19%이다. 점수 매기기 결과에 따르면 14명의 학생 중 6명이 이 프로그램에 입학할 가능성이 높다. 이들은 이전 모형이 경영경제학부에 입학할 가능성이 높은 것으로 분류한 것과 동일한 6명의 학생이다.

전반적인 정확도를 기준으로 나이브 베이즈 분류기는 상당히 잘 수행되고 있다. 또한 향상도와 십분위 향상도 그래프는 나이브 베이즈 분류기가 기준선인 무작위 도형보다 더 효과적임을 나타내고 있다. 표 9.8에서 볼 수 있듯이 세 모형의 첫 번째 십분위 향상도 값은 2.0 이상이고 AUC 값은 약 80%이다. 그러나 다른 성능척도에 비해 모형의 민감도는 상대적으로 낮으며 특히 예술문학학부의 경우 더욱 그렇다. 이는 학교가 데이터베이스에서 포착되지 않는 정성적 정보를 사용하기 때문에 대학에 입학한 모든 과거 지원자를 올바르게 분류하기(즉, 참 양성 사례 식별) 어렵기 때문일 수 있다. 입학 절차와 관련된 정성적 요소에는 추천서, 에세이, 그리고 예술문학학부의 경우, 학생의 작품이 포함된다.

표 9.9는 14명의 현재 학생들에 대한 점수 매기기 결과를 보여준다. 일반적으로 세 가지 프로그램 중 하나에 입학할 가능성이 있는 학생은 GPA가 3.50 이상이고 SAT 시험에서 1,200점 이상을 받은 학생뿐이다. 14명의 학생 중 6명만이 두 기준을 모두 충족하고 있다. 높은 GPA 또는 높은 SAT 점수 한 가지만으로는 대학에 합격할 가능성이 없다.

이러한 데이터 기반 결과는 GPA 3.50과 SAT 점수 1,200점이 비치사이드 고등학교 학생들이 보다 까다로운 대학에 입학하기 위해 달성해야 하는 최소 임계값이라는 일화적인 직관을 확인해 준다. 더욱이 예술문학학부는 다른 두 학부보다 더욱 선별적인 것으로 보인다. 6명의 학생 중 GPA가 3.50 이상이고 SAT 점수가 1,200점 이상인 4명만이 이 프로그램에 합격할 가능성이 있다. 이런 정보를 통해 예술문학학부에 진학하고자 하는 14명의 학생 중 일부는 한 가지 대안으로 유사한 학위 프로그램을 갖고 있는 다른 대학에 지원하는 것이 권장된다.

표 9.9 학생 14명의 예측 결과

ID	GPA at Least 3.50	SAT at Least 1,200	Admission Prediction: Arts & Letters	Business & Economics	Math. & Sciences
1	Y	Y	Y	Y	Y
2	Y	N	N	N	N
3	N	Y	N	N	N
4	N	Y	N	N	N
5	N	Y	N	N	N
6	Y	Y	N	Y	Y
7	Y	N	N	N	N
8	N	Y	N	N	N
9	Y	Y	Y	Y	Y
10	Y	Y	Y	Y	Y
11	N	N	N	N	N
12	Y	Y	Y	Y	Y
13	Y	Y	N	Y	Y
14	Y	N	N	N	N

사례연구 제안

지도학습 데이터 마이닝 기법은 다양한 상황과 다양한 데이터셋에 적용될 수 있다. 이 교재와 함께 제공되는 빅데이터셋을 기반으로 다음과 같은 사례연구들이 제안된다.

보고서 9.1 **FILE** ***Longitudinal_Survey***. 도시 지역에 살았던 개인만 포함하도록 데이터를 추출하라. 성별, 부모의 교육, 키, 몸무게, 교육연수, 자존감 척도, 어린이 시기의 외향성, 성인 시기의 외향성 등의 예측변수를 사용하여 개인의 결혼이 이혼, 별거, 재혼 등으로 끝날지 여부를 예측하라. 참고: 분석 전에 결측값이 있는 관측치를 제거해야 할 수 있다.

보고서 9.2 **FILE** ***Longitudinal_Survey***. 도시 외 지역에 살았던 개인만 포함하도록 데이터를 추출하라. 부모의 학력, 인종, 자존감 점수, 어린이 시기의 외향성 등과 같은 예측변수를 사용하여 개인이 정규직(즉, 52주 동안 근무)을 갖게 될지 여부를 예측하라. 참고: 분석 전에 결측값이 있는 관측치를 제거해야 할 수 있다.

보고서 9.3 **FILE** ***TechSales_Reps.*** 소프트웨어 제품 그룹에서 대학 교육을 받은 판매 전문가만 포함되도록 데이터셋을 추출하라. 연령, 성별, 재직기간, 취득한 전문자격증 수, 연간 평가점수, 성격 유형 등과 같은 예측변수를 사용하여 판매 전문가가 높은 순추천의향지수(NPS 9 또는 10)를 받을지 여부를 예측하라. 참고: 애널리틱스 기법의 요구사항을 충족하기 위해 데이터 변환을 수행해야 할 수 있다.

보고서 9.4 **FILE** ***College_Admissions.*** 대학 중 하나만 포함하도록 데이터를 추출하라. 성별, 인종, 고등학교 GPA, SAT/ACT 점수, 부모의 교육수준 등과 같은 예측변수를 사용하여 합격한 지원자가 최종적으로 대학에 등록할지 여부를 예측하라.

보고서 9.5 **FILE** ***Car_Crash.*** 한 도시에서 또는 한 달 동안 발생한 사고만 포함하도록 데이터를 추출하라. 날씨 상태, 일광량, 고속도로 사고발생 여부 등과 같은 예측변수를 사용하여 교통사고로 인한 사망 또는 중상을 예측하라.

10 지도학습 데이터 마이닝: 의사결정나무

Supervised Data Mining: Decision Trees

학습목차_*Chapter Contents*

학습목표_*Learning Objectives*

이 장을 학습한 후에,

LO **10.1** 분류나무를 적용하여 새로운 레코드를 분류할 수 있어야 한다.
LO **10.2** 회귀나무를 적용하여 새로운 레코드를 예측할 수 있어야 한다.
LO **10.3** 앙상블 나무모형을 적용하여 새로운 레코드를 분류할 수 있어야 한다.

이전 장에서 우리는 널리 사용되는 두 가지 지도학습 데이터 마이닝 기법인 *k*-최근접 이웃(KNN) 방법과 나이브 베이즈 방법에 대해 알아보았다. KNN 방법은 수치형 예측변수를 기반으로 새로운 사례의 *k*-최근접 이웃을 식별하여 새로운 사례를 분류하는 데이터 기반 기법이다. 또 다른 분류 기법인 나이브 베이즈 방법은 새로운 사례가 목표 클래스에 속할 사후확률을 계산하는데 사전확률과 범주형 예측변수의 조건부 확률을 바탕으로 한다.

이번 장에서는 의사결정나무(decision trees)라고 하는 또 다른 인기 있는 지도학습 데이터 마이닝 기법에 중점을 두어 살펴본다. 의사결정나무는 수치형 및 범주형 예측변수를 모두 사용하여 구성할 수 있으며 분류 및 예측 문제에 모두 사용된다. 가장 투명하고 해석하기 쉬운 데이터 마이닝 기법 중 하나로 간주되는 분류회귀나무(classification and regression trees, CART) 방법에 대한 자세한 설명으로부터 시작한다. 이 장의 끝에서는 여러 의사결정나무를 결합하여 모형의 예측성능을 개선하고 과대적합을 줄이는 앙상블 나무라고 하는 방법론에 대해서도 논의한다.

©Andy Dean Photography/Shutterstock

도입사례_*Introductory Case*

서니빌은행(Sunnyville Bank)의 주택담보대출

FILE ***HELOC.*** 1990년에 설립된 서니빌은행(Sunnyville Bank)은 남부 캘리포니아 전역의 기업, 개인, 비영리단체에 서비스를 제공하는 지역 커뮤니티 은행이다. 이 은행은 대형 금융기관에 필적하는 개인화된 서비스와 다양한 은행 상품 및 서비스를 제공하기 위해 최선을 다하고 있다. 지난 5년 동안 서니빌은행은 남부 캘리포니아 주민들로부터 "최우수 지역은행(Best Local Bank)"으로 선정되었다.

최근 서니빌은행의 소매 은행업무 관리자인 헤이든 셀라(Hayden Sellar)는 은행의 주택담보대출(home equity line of credit, HELOC) 사업이 감소했다는 소식을 듣고 놀라게 됐다. 헤이든은 이 같은 감소가 은행의 금리 경쟁력 때문이라고 생각하지는 않는다. 결국 고객은 저렴한 가격만을 위해서가 아니라 우수한 서비스를 위해 서니빌과 같은 은행을 선택하게 된다. 헤이든의 직관은 서니빌은행이 HELOC 제품을 마케팅할 적합한 고객을 대상으로 하지 않았음을 시사하고 있다.

한 가지 실험으로 헤이든은 서니빌은행이 HELOC 제품을 마케팅했던 과거 500명의 고객에 대한 데이터를 수집했다. 데이터는 연령, 성별, 소득, 고객이 HELOC 제안에 응답했는지 여부(응답하면 HELOC은 1, 그렇지 않으면 0) 등을 포함하고 있다. 표 10.1의 a는 HELOC_Data 워크시트라는 이름으로 지정된 이 데이터의 일부를 보여주고 있다. 헤이든은 또한 20명의 신규 은행고객으로부터 연령, 성별, 소득 등을 수집했다. 표 10.1의 b는 HELOC_Score로 명명된 워크시트로 이러한 데이터의 일부를 보여준다. 헤이든은 과거 데이터에서 생성된 예측모형을 사용하여 이러한 신규고객이 HELOC 제안에 응답할지 여부를 예측할 계획이다. 두 워크시트는 모두 ***HELOC*** 데이터 파일에 있다.

표 10.1 HELOC 제안에 대한 은행 고객 반응

a. HELOC_Data 워크시트

Age	Sex	Income	HELOC
30	Female	101000	0
25	Male	86000	0
⋮	⋮	⋮	⋮
47	Male	33000	1

b. HELOC_Score 워크시트

Age	Sex	Income
25	Female	45000
23	Male	22000
⋮	⋮	⋮
51	Male	43000

헤이든은 데이터를 활용하여 다음의 작업을 수행하려고 한다.

1. 은행고객이 HELOC 제안에 응답할지 여부를 예측하기 위한 분류나무 개발
2. 20명의 신규고객 중 HELOC 제안에 응답할 가능성이 있는 고객 식별

이 도입사례에 대한 분석결과는 10.2절에 제공되어 있다.

10.1 분류회귀나무(CART) 소개

의사결정나무는 광범위한 응용에서 널리 사용되고 있는 지도학습 데이터 마이닝 기법이다. 이 방법의 매력은 출력된 결과물이 해석하기 쉬운 하나 이상의 거꾸로 된 나무로 표시된다는 데 있다. 일반적으로 의사결정나무는 If-Then 규칙 집합을 나타내며, 진술문에 대한 답변은 결국 당면한 응용에 대한 해답으로 이어진다.

은행관리자가 은행의 주택담보대출(HELOC) 제안에 응답할 가능성이 높은 고객을 결정하려고 하는 도입사례와 같은 비즈니스 의사결정 문제를 상상해 보자. 그림 10.1은 HELOC 예제에 적용된 가상의 의사결정나무를 보여준다. 의사결정나무의 최상위 노드(node, 마디)는 뿌리노드(root node)라고 한다. 뿌리노드는 한 분할 값이 적용되는 첫 번째 변수이다. 뿌리노드의 왼쪽 가지는 변수 값이 분할 값보다 작은(<) 사례를 나타내고 오른쪽 가지는 변수 값이 분할 값보다 크거나 같은(≥) 사례를 나타낸다. 그림 10.1은 뿌리노드가 연령(Age) 변수임을 보여준다. 50세 미만의 고객은 왼쪽 가지에, 50세 이상 고객은 오른쪽 가지에 배치된다. 이러한 가지들은 종종 더 많은 결정 규칙이 적용되는 중간노드(interior node)로 이어진다.

이번 단순화된 예제에서 소득(Income) 변수는 중간노드이다. 한 변수의 분할 값은 다른 가지에서 시작될 경우 상이할 수 있다. 여기서 소득 분할 값은 50세 미만 고객의 경우 100,000달러이고, 50세 이상의 고객에게는 50,000달러이다. 의사결정나무의 맨 아래 노드는 잎 노드(leaf node) 또는 단말노드(terminal node)라고 하며 여기에 분류 또는 예측 결과가 제공된다. HELOC 예제에서 잎 노드는 고객이 HELOC 제안에 응답할지 여부를 나타낸다.

그림 10.1 단순화된 의사결정나무

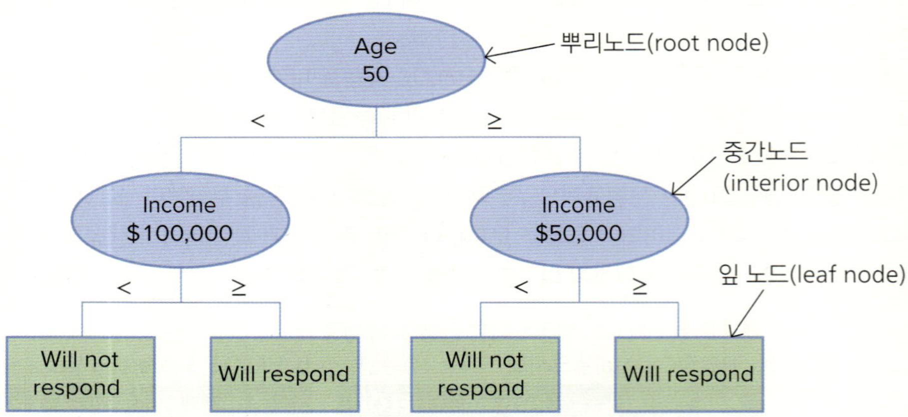

다음 네 가지 규칙이 그림 10.1에서 파생될 수 있다.

- 연령이 50세 미만이고 소득이 100,000달러 미만이면 고객이 응답하지 않는다.
- 연령이 50세 미만이고 소득이 100,000달러 이상이면 고객이 응답한다.
- 연령이 50세 이상이고 소득이 50,000달러 미만이면 고객이 응답하지 않는다.
- 연령이 50세 이상이고 소득이 50,000달러 이상이면 고객이 응답한다.

은행관리자는 은행의 HELOC 제품을 마케팅할 때 이러한 규칙을 미래의 고객에게 적용할 수 있다.

분류회귀나무(CART)

HELOC 예제에서 볼 수 있듯이 의사결정나무는 예측변수 값(예: 연령 < 50 대 연령 ≥ 50)을 기반으로 사례들을 하위 집합으로 정렬하거나 분할한다. 각 노드에서 잠재고객들은 연령이나 소득에 따라 분류되거나 그룹으로 나뉜다. 이러한 과정은 각 부분집합이 목표변수에 대해 유사한 값을 갖는 사례들만 포함할 때까지 의사결정나무의 각 수준에서 반복된다. 모든 분할은 이전 분할에 종속되기 때문에 그 과정이 재귀적이다. 예를 들어, 그림 10.1에서 소득변수에 대한 분할은 연령변수에 대한 이전 분할에 종속된다. 마지막 네 개의 부분집합(녹색 사각형 상자)에는 각각 목표변수의 값이 동일한 사례, 즉 고객이 응답할지 여부가 포함된다. 이러한 네 개의 부분집합과 같은 잎 노드를 **순수 부분집합(pure subset)**이라고 하며 각 잎 노드에는 목표변수의 값이 동일한 사례들이 포함되어 있으므로 추가로 분할할 필요가 없다.

그림 10.1의 의사결정나무는 관련 개념을 설명하기 위해 의도적으로 단순화되었다. 실제로 크고 복잡한 데이터셋의 경우 순수 부분집합에 도달하려면 많은 중간노드들이 필요하다는 것을 이해하는 것이 중요하다. 때로는 다른 목표변수 값을 갖는 동일한 관측치의 경우 순도에 도달하지 못할 수도 있다.

순수 부분집합

순수 부분집합은 목표변수의 값이 동일한 사례들을 포함하는 잎 노드로 구성된다. 더 이상 순수 부분집합으로 나눌 필요는 없다.

사례들을 순수 부분집합으로 나누는 연속적인 분할은 **분류회귀나무(classification and regression trees, CART)** 알고리즘의 주요 구성요소이다. CART 알고리즘에 의해 생성된 의사결정나무는 이항(binary)이므로 각각의 의사결정 노드에 대해 두 개의 가지가 있다. 목표변수가 범주형이면 CART 알고리즘은 새로운 사례들의 클래스 귀속을 예측하는 **분류나무(classification tree)**를 생성한다. 목표변수가 수치형인 경우, CART 알고리즘은 새로운 사례들의 목표변수에 대한 숫자 값을 추정하기 위해 **회귀나무(regression tree)**를 생성한다.

분류회귀나무

CART 알고리즘은 예측변수 값을 기반으로 하여 사례들을 점점 더 동질적인 부분집합으로 연속적으로 분할한다.

- 목표변수가 범주형인 경우, CART 알고리즘은 향후 사례들의 클래스 귀속을 예측하기 위해 분류나무를 생성한다.
- 목표변수가 수치형인 경우, CART 알고리즘은 향후 사례들의 결과 변수 값을 예측하기 위해 회귀나무를 생성한다.

9장에서 논의한 다른 지도학습 데이터 마이닝 방법과 마찬가지로 의사결정나무는 일반적으로 분할된 데이터셋을 이용하여 구축된다. 데이터를 학습, 검증, 테스트 데이터셋의 세 가지 셋으로 분할하는 것이 일반적이다. 먼저 CART 알고리즘은 학습 데이터를 사용하여 더 이상의 분기가 없을 때까지 모든 예측변수의 최적 분할과 가능한 모든 분할 값을 선택하여 나무를 성장시킨다. 이는 일반적으로 모든 잎 노드가 분류나무에 대해 동일한 클래스에 속하거나 회귀나무에 대해서는 동일한 결과 값을 갖는 사례들만 포함할 때 달성된다. 즉, 잎 노드들은 모두 순수 부분집합이다. 이 단계에서 생성된 의사결정나무는 CART 알고리즘이 순수 부분집합을 식별하기 위해 만들 수 있는 최대 분할 수를 나타내기 때문에 **전체나무(full tree)** 또는 완전성장나무(full-grown tree), 최대나무(maximal tree)라고도 한다.

그러나 전체나무는 데이터를 과대적합하는 경향이 있어 새로운 사례에 적용할 때 예측성능이 낮다. 이는 특히 나무의 끝에 가까운 의사결정 노드 및 분기의 경우 그럴 수 있는데 이러한 분할이 매우 적은 수의 사례들을 기반으로 하고 데이터의 기저 패턴이 아닌 잡음(noise)에 적합하는 경향이 있기 때문이다. 검증 및 테스트 데이터셋은 의사결정나무의 성능과 과대적합에서 가능한 문제를 평가하기 위해 사용된다.

CART에서 검증 데이터셋은 전체나무를 새로운 데이터에 더 잘 일반화되는 더 간단한 나무로 “가지치기(pruning)”하여 나무의 복잡성을 최적화하는 데 사용된다. 가지치기는 의사결정나무의 가지를 제거하여 새로운 사례들을 보다 정확하게 예측하는 기능을 향상시키는 과정이다. 가지치기 과정은 복잡성 수준이 서로 다른 후보 의사결정나무 집합을 생성한다. 검증 데이터셋으로부터 분류나무의 경우 오분류율 또는 회귀나무의 경우 평균제곱오차 제곱근(RMSE)과 같은 성능척도 값을 비교하여 **최소오차나무(minimum error tree)**라고 하는 가장 낮은 오차율을 생성하는 나무를 식별한다. 최소오차나무는 모든 후보 나무 중 검증 데이터셋에 대해 가장 작은 분류 또는 예측오차를 생성하는 가장 작은(가장 덜 복잡한) 나무이다. 대안적으로는, 최소오차나무의 1 표준오차(standard error) 내 검증 오차를 갖는 가장 작은(가장 덜 복잡한) 나무인 **최량가지치기나무(best-pruned tree)**를 최종 의사결정나무로 사용할 수 있다. 검증 데이터셋은 원본 데이터로부터의 한 표본이기 때문에 나무 선택 기준의 1 표준오차 완화는 표본오차(sampling error)를 설명한다. 마지막으로, 나무의 예측성능에 대한 독립적인 평가는 때때로 테스트 데이터셋에 최종 나무를 적용하여 수행되기도 한다.

다양한 의사결정나무

전체나무는 CART 알고리즘이 순수 부분집합을 식별하기 위해 수행하려는 최대 분할 수를 나타내는 완전히 성장한 의사결정나무이다. 전체나무는 과대적합되는 경향이 있고 새로운 데이터에 잘 일반화되지 않기 때문에 종종 최소오차나무 또는 최량가지치기나무를 생성하기 위해 더 약한 가지들을 제거함으로써 가지치기한다.

- 최소오차나무는 가장 작은 검증오차를 갖는 가장 덜 복잡한 나무이다.
- 최량가지치기나무는 최소오차나무의 1 표준오차 내 검증오차를 갖는 가장 덜 복잡한 나무이다.

의사결정나무는 이 방법을 인기 있게 만드는 많은 특성들을 갖고 있다. 첫째, 이 방법은 다양한 목적으로 활용될 수 있는데 범주형 및 수치형 목표변수를 모두 처리할 수 있다. 둘째, 나무 다이어그램과 If-Then 규칙은 기술에 익숙하지 않은 사람들도 실제 상황에서 이해하거나 해석하고 구현하기가 쉽다. 셋째, 가장 선별적인 예측변수의 선택은 반복적인 분할 및 가지치기 과정을 통해 자동적으로 수행된다. 가장 중요한 예측변수는 나무 다이어그램의 맨 위에 나타난다. 변수 중요성 정보는 향후 데이터 수집 노력을 구체화하는 데 도움이 될 수 있다. 넷째, 데이터 기반의 방법론이기 때문에 선형 및 로지스틱 회귀모형에서 가정하는 것처럼 예측변수와 목표변수 간의 특정 유형의 관계를 가정하지 않는다. 또한 이 방법론은 불완전한 데이터를 처리할 수 있고 이상치의 영향을 받지 않으므로 데이터 준비에 상대적으로 적은 노력이 필요하다.

그러나 이와 동시에 상당히 정확한 모형을 구축하려면 상대적으로 큰 학습 데이터셋이 필요하며 예측변수 및 관측치 수가 증가하면 계산비용이 기하급수적으로 증가하게 된다. 또한 CART 알고리즘에서 사용되는 반복적 분할 과정으로 인해 학습 데이터셋의 조그만 변화에도 나무가 크게 달라지게 된다. 이 장의 후반부에서는 모형의 안정성을 향상시키기 위해 설계된 앙상블 나무에 대해 설명한다.

10.2 분류나무

이 절에서는 결과변수가 이항인 의사결정나무의 응용에 중점을 둔다. 이와 같은 응용에서 생성된 의사결정나무를 분류나무라고 한다. 앞서 언급했듯이 CART 알고리즘은 반복적인 분할 과정을 사용하여 사례들을 점점 더 순수한 부분집합으로 분할하여 나무를 생성한다. 이항 목표변수를 갖는 분류 문제에서 부분집합이 모두 동일한 클래스에 속하는 사례들을 포함할 때 "순수한" 것으로 간주된다(클래스 간 100% 및 0% 분할). 불순도가 가장 높은 부분집합은 사례들의 절반이 한 클래스에 속하고 다른 절반이 다른 클래스에 속할 때이다(클래스 간 50% 및 50% 분할). 따라서 불순도는 두 개의 클래스가 얼마나 잘 분리되었는지에 따라 측정된다. 의사결정나무를 생성하기 위해서는 각 예측변수에서 가능한 분할점과 CART 알고리즘이 최적 분할을 결정하는 방법을 이해해야 한다.

LO 10.1

분류나무를 적용하여 새로운 레코드를 분류할 수 있어야 한다.

가능한 분할점 식별

FILE ***HELOC_Data_20*** 도입사례에서의 HELOC 예제를 상기해 보자. 은행관리자는 500명의 과거 고객으로부터 고객의 연령, 성별, 소득 및 고객이 HELOC 제안에 응답했는지 여부(응답하면 HELOC은 1, 그렇지 않으면 0)를 포함하는 데이터를 수집했다. 표 10.2의 ***HELOC_Data_20***로 명명된 데이터셋은 무작위로 선택된 20개 사례들의 일부를 보여주고 있다. 학습 데이터셋으로 사용되는 이 20개 사례들은 연령(Age)과 소득(Income)이라는 두 가지 예측변수가 있는 분류나무를 개발하기 위한 예시로만 사용된다.

표 10.2 ***HELOC_Data_20*** 워크시트

Age	Income	HELOC
44	99000	0
63	158000	1
⋮	⋮	⋮
40	97000	0

CART 알고리즘은 예측변수의 연속적인 사례들 사이의 중간점을 가능한 분할점으로 사용한

다. 예를 들어, 20개 사례들의 연령은 다음의 데이터 배열과 같이 오름차순으로 정렬될 수 있다.

{23, 24, 25, 35, 36, 37, 39, 40, 43, 44, 45, 47, 51, 59, 62, 63}

(일부 값들은 여러 번 발생하지만 분할 지점을 결정하기 위해 각 값이 배열에서 한 번만 나타난다는 것에 주의하라.)

따라서 첫 번째 가능한 분할점은 (23 + 24)/ 2 = 23.5로 계산되고, 다음으로 가능한 분할점은 (24 + 25)/ 2 = 24.5로 계산되며, 나머지 가능한 분할점은 동일한 방식으로 찾게 된다. 다음 데이터 배열은 연령에 대해 가능한 모든 분할점을 보여준다.

{23.5, 24.5, 30, 35.5, 36.5, 38, 39.5, 41.5, 43.5, 44.5, 46, 49, 55, 60.5, 62.5}

예제 10.1

표 10.2의 20개 사례에 대해 소득 변수에서 가능한 분할점은 무엇인가?

해답:

먼저 소득 값을 오름차순으로 정렬하여 다음의 데이터 배열을 생성한다.

{4000, 11000, 14000, 17000, 32000, 47000, 50000, 53000, 64000, 65000, 68000, 77000, 93000, 95000, 97000, 98000, 99000, 105000, 109000, 158000}

다음으로 연속적인 사례들 사이의 중간점을 찾는다. 첫 번째 분할 값은 (4000 + 11000)/2 = 7500이고 다음으로 가능한 분할점은 (11000 + 14000)/2 = 12500으로 계산된다. 다음의 데이터 배열은 소득에 대해 가능한 모든 분할점을 보여준다.

{7500, 12500, 15500, 24500, 39500, 48500, 51500, 58500, 64500, 66500, 72500, 85000, 94000, 96000, 97500, 98500, 102000, 107000, 133500}

두 변수에서 가능한 모든 분할점을 식별한 후 다음 단계에서는 두 결과 부분집합에서 불순도를 최소화하는 최적의 분할을 찾는 것이다. 의사결정나무에서 한 노드의 불순도는 클래스가 서로 얼마나 잘 분리되어 있는지에 따라 측정된다는 것을 상기하라. 지니불순도지수(Gini impurity index), 엔트로피 지수(entropy index), 카이-제곱 테스트(Chi-Square test)를 포함하여 불순도를 측정하는 여러 가지 다른 방법들이 있다. 이 장에서는 분류나무를 생성하기 위한 최적의 분할을 식별하는 방법을 설명하기 위해 지니불순도지수를 사용한다.

지니불순도지수

지니불순도지수(Gini impurity index) 또는 간략히 지니지수(Gini index)는 다중 클래스 분류 맥락에서 사례 집합의 불순도를 측정한다. m을 목표변수의 클래스 수로 사용하면 지니지수는 다음과 같이 계산된다.

$$\text{지니지수(Gini index)} = 1 - \Sigma_{k=1}^{m} P_k^2,$$

$$P_k = \frac{\text{클래스 } k\text{에 속하는 총 사례수}}{\text{총 사례수}}$$

이항 분류 문제(m = 2)의 경우, 한 사례 집합의 지니지수는 0(가장 높은 순도)에서 0.5(가장 높은 불순도)까지이다. 예를 들어, 집합에 있는 모든 사례들이 클래스 0에 속하고 클래스 1에 속하는 사례들이 없다면 지니지수는 $1 - (1^2 + 0^2) = 0$이다. 반면 사례들의 절반이 클래스 0에 속하고 나머지 절반이 클래스 1에 속하면 지니지수는 $1 - (0.5^2 + 0.5^2) = 0.5$이다. 앞서 언급했듯이 사례들의 절반이 한 클래스에 속하고 다른 절반이 다른 클래스에 속할 때 가장 높은 불순도를 갖는다. 여타 분할에서 지니지수는 0.5 미만이 된다. 예를 들어, 사례의 90%가 클래스 0에 속하고 사례의 10%가 클래스 1에 속한다면 지니지수는 $1 - (0.90^2 + 0.10^2) = 0.18$이며, 이는 그 값이 0.5보다는 0에 더 가까워 상대적으로 순수하다는 것을 의미한다. 반복적인 분할과정 중에 CART 알고리즘은 모든 변수에서 가능한 모든 분할에 대해 지니지수를 비교하여 각 단계에서 최적의 분할을 결정한다. 최적의 분할은 가장 작은 지니지수를 생성하는 분할이다. 예제 10.2, 10.3, 10.4에서는 지니지수를 이용한 최적의 분할을 결정하기 위해 반복적인 분할과정의 단계를 설명하고 있다.

예제 10.2

무작위로 선택된 20명의 고객이 있는 HELOC 예제로 돌아가 보자. 그림 10.2는 이러한 20개 사례에 대한 연령 대비 소득의 그림을 보여준다. 15개의 파란색 점은 HELOC 제안에 응답하지 않은 고객(클래스 0)을 나타내고 5개의 빨간색 점은 HELOC 제안에 응답한 고객(클래스 1)을 나타낸다. 그림 10.2의 정보를 사용하여 전반적인 지니지수를 구하라.

그림 10.2 연령 대비 소득(n = 20)

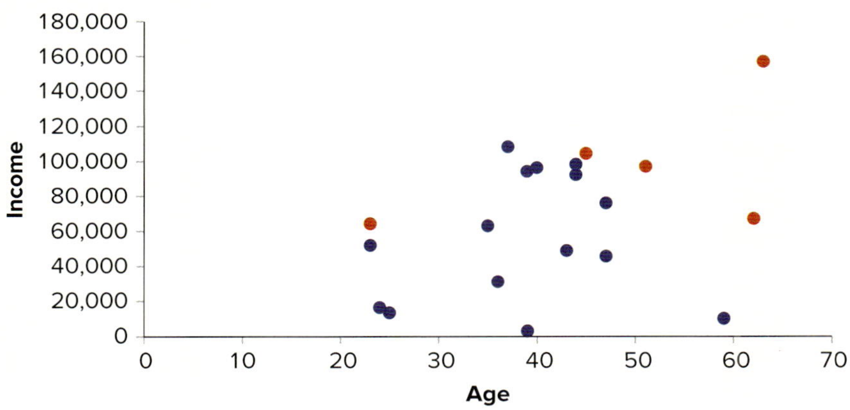

해답:

20개 중 5개는 클래스 1에 속하고 나머지는 클래스 0에 속한다. 20개의 사례에 대한 지니지수는 다음과 같이 계산될 수 있다.

$$\text{Gini}_{20\ \text{cases}} = 1 - [(15/20)^2 + (5/20)^2\ ] = 1 - [0.5625 + 0.0625] = 0.3750$$

위 20개 사례들의 그룹은 15개 사례가 클래스 0에 속하고 5개 사례가 클래스 1에 속하므로 불순한 부분집합이다(75% 및 25% 분할).

예제 10.3은 분류나무를 구축하기 위해 불순도를 줄이는 반복적인 분할과정에서 다음의 단계를 보여준다.

예제 10.3

표 10.2에서 무작위로 선택된 20개의 사례에 적용된 HELOC 예제를 계속해서 살펴본다. 앞서 연령 변수에 대해 가능한 분할점을 계산했다. 가능한 분할점 중 하나는 Age = 49일 때이다. 그림 10.3은 Age = 49인 검은색 수직선을 보여준다. 왼쪽의 부분집합에는 연령이 49세 미만인 모든 사례들이 포함되고 오른쪽 부분집합에는 연령이 49세 이상인 모든 사례들이 포함된다. 연령 분할이 49인 경우, 지니지수를 계산하기 위해 그림 10.3을 이용하라.

해답:

왼쪽 부분집합(Age < 49)의 16개 사례에서 2개는 클래스 1에 속하고 14개는 클래스 0에 속한다. 오른쪽 부분집합(Age ≥ 49)의 4개 사례에서 1개는 클래스 1에 속하고 3개는 클래스 0에 속한다. 따라서 두 개의 부분집합에 대한 지니지수는 다음과 같다.

$$\text{Gini}_{\text{Age} < 49} = 1 - [(14/16)^2 + (2/16)^2] = 1 - [0.7656 + 0.0156] = 0.2188$$

$$\text{Gini}_{\text{Age} \geq 49} = 1 - [(1/4)^2 + (3/4)^2] = 1 - [0.0625 + 0.5625] = 0.3750$$

그림 10.3 Age = 49 에서의 분할

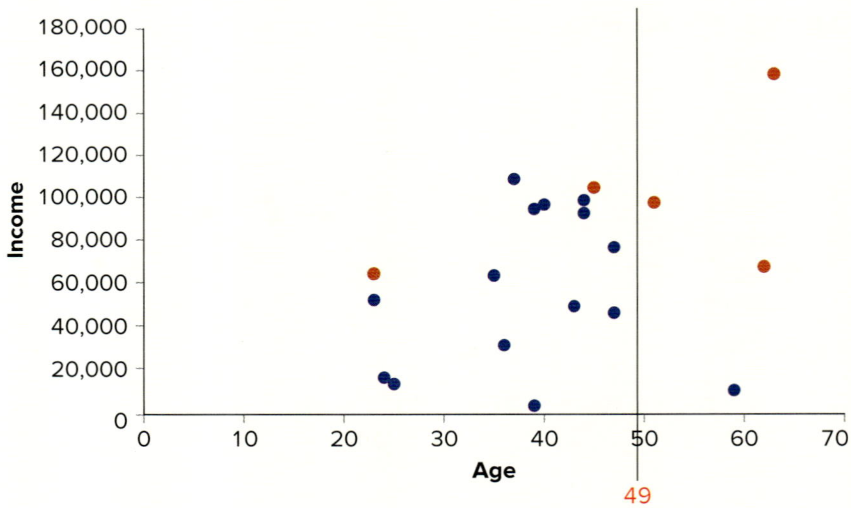

분할에 대한 전반적인 지니지수를 계산하기 위해 각 분할의 사례 비율을 가중치로 사용하여 지니지수의 가중조합을 이용한다.

$$\text{Gini}_{\text{split:Age=49}} = (16/20) \times 0.2188 + (4/20) \times 0.3750 = 0.1750 + 0.075 = 0.25$$

연령 분할 값 49를 사용하여 사례들을 분할하면 지니지수가 0.375에서 0.25로 감소한다. 예측변수에 대해 가능한 모든 분할에서 지니지수를 비교하여 예측변수에 대한 최상의 분할을 선택한다. 이 예제에서 연령에 대해 가능한 모든 분할에 대해 지니지수를 계산하면 분할 값 49가 가장 작은 지니지수를 생성한다는 것을 알 수 있다. 따라서 이 분할이 연령에 대한 최상의 분할로 선택된다.

HELOC 예제의 20개 사례에서 순수 부분집합을 생성하지 않았기 때문에 소득변수를 이용하여 반복적인 분할 과정을 계속한다. 예제 10.4를 살펴보자.

예제 10.4

예제 10.1에서 소득변수의 가능한 분할점 중 하나는 Income = 64,500일 때이다. 그림 10.4는 Income = 64,500에서 검은색 수평선을 보여준다. 이 분할은 상단 및 하단의 분할을 생성한다. 소득 분할이 64,500인 경우, 전반적인 지니지수를 계산하라.

해답:

상단 부분집합(Income ≥ 64,500)의 11개 사례에서 5개는 클래스 1에 속하고 6개는 클래스 0에 속한다. 하단 부분집합(Income < 64,500)의 9개 사례에서 클래스 1에 속하는 사례는 없으며 9개 사례가 클래스 0에 속한다. 따라서 두 개의 부분집합에 대한 지니지수는 다음과 같다.

$$\text{Gini}_{\text{Income}\geq 64500} = 1 - [(6/11)^2 + (5/11)^2] = 1 - [0.2975 + 0.2066] = 0.4959$$
$$\text{Gini}_{\text{Income}<64500} = 1 - [(9\ /9)^2 + (0/9)^2] = 1 - (1 + 0) = 0$$

이 분할에 대한 지니지수는 다음과 같이 계산된다.

$$\text{Gini}_{\text{spilt:Income}=64500} = (11/20) \times 0.4959 + (9/20) \times 0 = 0.2727 + 0 = 0.2727$$

그림 10.4 Income = 64,500달러에서의 분할

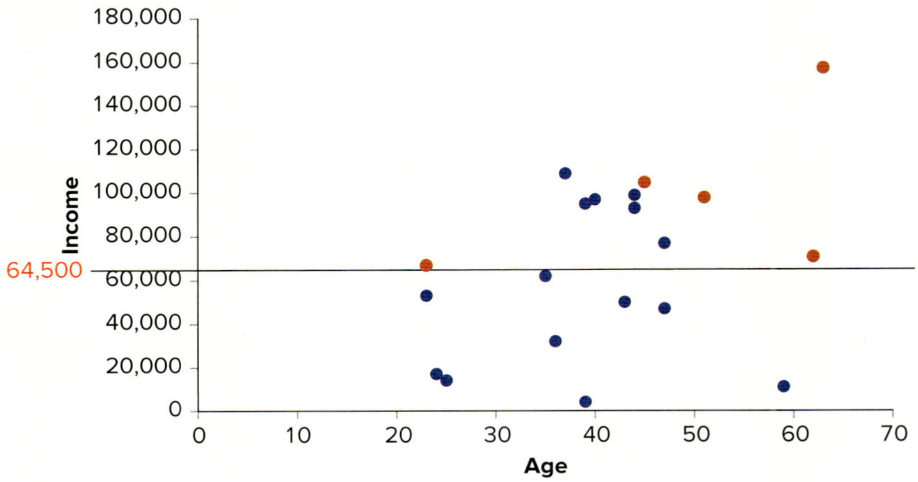

Income = 64,500으로 분할하면 가능한 모든 소득 분할에서 가장 작은 지니지수가 생성됨을 보여준다. Age = 49 및 Income = 64,500(예제 10.3 및 10.4)에서의 분할은 예제 10.2에서 계산된 원래 지니지수 보다 더 좋은 지니지수를 생성한다. 다음으로 두 연령 및 소득 분할의 지니지수 값을 고려하여 의사결정나무를 구축하는 것을 시작한다.

의사결정나무 구축

연령 및 소득 예측변수가 있는 HELOC 예제에서 우리는 두 예측변수에 대한 가장 좋은 분할의 지니지수를 비교한다. Age = 49를 이용한 분할은 두 예측변수에 대해 가능한 모든 분할에서 불순도를 가장 많이 줄이는데 이는 지니지수가 가장 작기 때문이다(0.25 < 0.2727). 따라서, 연령은 49를 분할 값으로 갖는 의사결정나무의 뿌리노드로 사용된다. 그림 10.5는 이러한 결과를 보여준다.

다음으로 고객의 연령을 고려하여 고객이 HELOC 제안에 응답할 확률을 찾는다. 일반적으로 이 확률은 목표 클래스에 속하는 분할에서 사례들의 비율을 찾아 구한다. HELOC 예제에서 고객이 49세 미만이고 HELOC 제안에 응답(목표 클래스 또는 클래스 1)할 확률은 2/16 = 0.125이다(그림 10.3 참조). 마찬가지로 고객이 49세 이상이고 HELOC 제안에 응답할 확률은 3/4 = 0.75이다.

그림 10.5 뿌리노드 분할

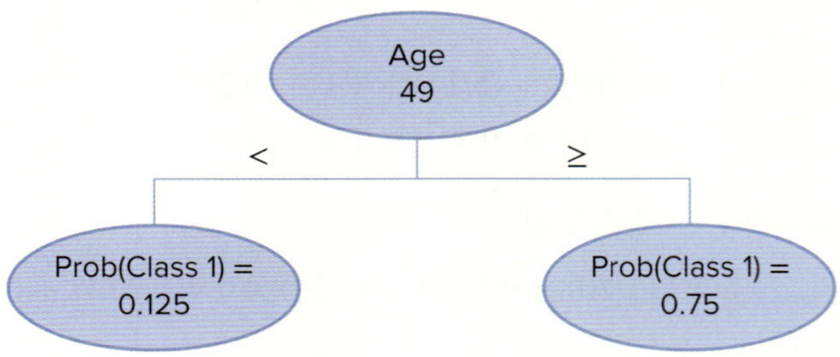

의사결정나무를 성장시키기 위해 분할이 더 이상의 불순도를 줄일 수 없을 때까지 모든 분할영역(partition)에서 이 과정이 반복된다. 즉, 더 이상 더욱 낮은 지니지수를 생성할 수 없거나 모든 분할영역이 순수 부분집합(즉, 지니지수 = 0)이 될 때 반복적 과정은 종료된다. 그림 10.6은 전체 반복적 분할 과정의 결과를 보여준다. 연령은 23.6과 49에서 나뉘고 소득은 39,500; 59,000; 102,000; 107,000에서 나뉜다는 것에 주의하라. 이 경우 모든 분할영역은 순수 부분집합이다.

반복적 분할과정은 그림 10.7에서와 같이 완전히 성장한 나무를 생성한다. 연령이 높은 그룹(49 세 이상) 내에서 연간 소득이 39,500달러 이상인 사람들이 HELOC 제안에 응답할 가능성이 높다. 더 어린 연령 그룹 중에서는 연간 소득이 최소 59,000달러 이상인 23.5세 미만의 사람들이 제안에 응답할 가능성이 있다. 연령이 24세에서 49세 사이이고 연간 소득이 102,000달러에서 107,000달러 사이인 사람들도 제안에 응답할 가능성이 높다.

그림 10.6 반복적인 분할 결과

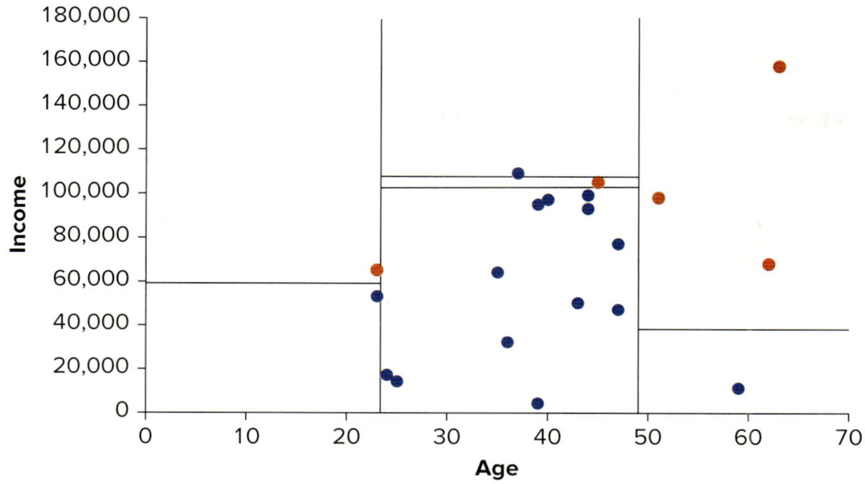

그림 10.7 완전히 성장한 분류나무

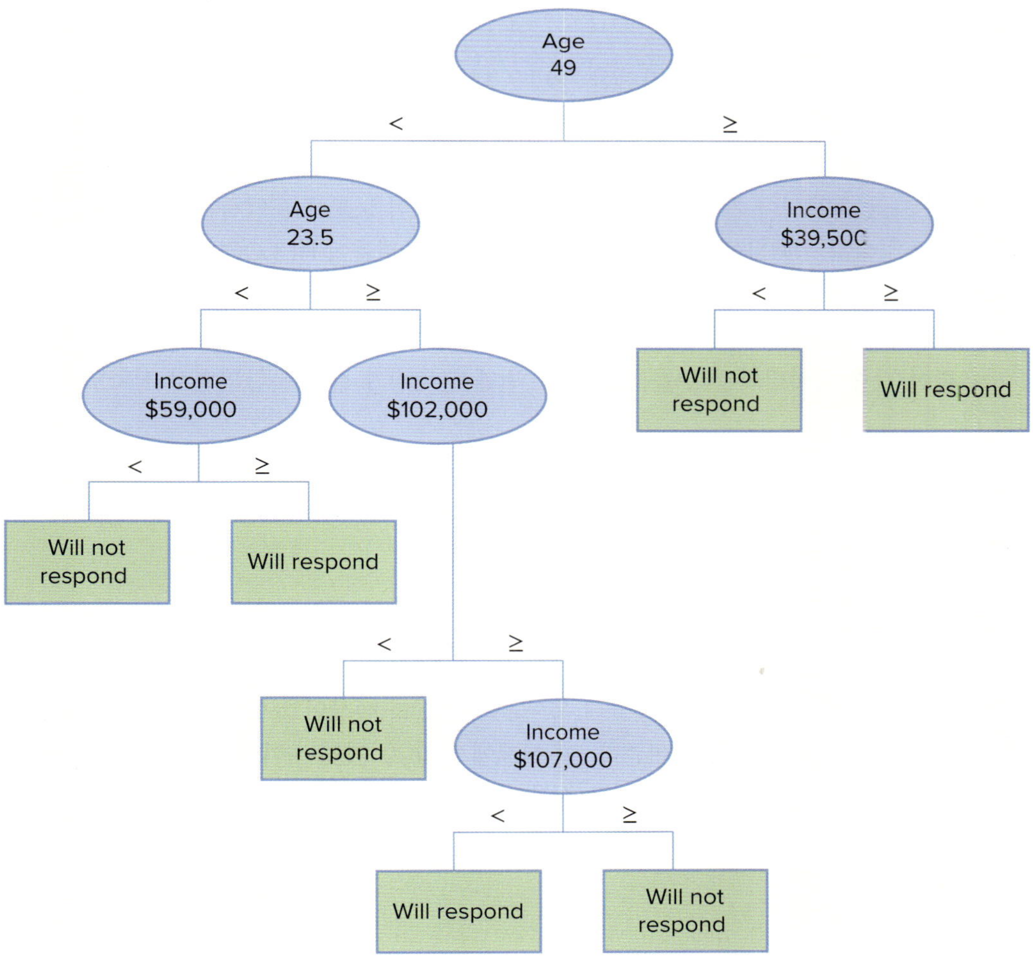

이 예제에서 생성된 분류나무는 20개의 관측치와 2개의 예측변수가 있는 작은 데이터셋을 사용하기 때문에 상대적으로 간단하지만, 예측변수가 많은 큰 데이터셋은 여러 수준의 결정노드를 갖는 매우 복잡한 나무를 생성할 가능성이 높다. 분할영역의 수가 증가하면 학습 데이터셋의 오분류율은 감소하게 되며 모든 분할영역에 동일한 클래스에 속하는 사례만 포함되면 이는 결국 0에 도달하게 된다. 그러나 새로운 데이터셋(예: 검증 데이터)의 경우, 오분류율은 처음에는 감소할 가능성이 높지만 과대적합으로 인해 특정 지점 이후에는 증가한다. 따라서 가지치기는 최종 의사결정나무의 복잡성을 최적화하기 위해 중요한 단계이다.

의사결정나무 가지치기

표 10.3은 그림 10.7에서 완전히 성장한 분류나무를 가지치기하기 위해 검증 데이터로 사용하는 HELOC_Data 워크시트에서 무작위로 선택된 5개의 추가적인 관측치를 보여준다.

표 10.3 검증 데이터

Age	Sex	Income	HELOC
50	Female	35000	0
23	Male	60000	0
56	Male	87000	1
42	Female	90000	0
62	Male	71000	1

분류나무를 가지치기하는 간단한 방법은 나무의 가지를 잎 노드로 대체하여 검증 데이터셋에서 오분류율을 줄이는 것이다. 곧이어 R을 이용하여 분류나무를 구축하고 가지치기하는 방법에 대해 살펴본다. 예를 들어, 그림 10.8은 Age = 23.5를 분할점으로 갖는 중간노드가 잎 노드로 대체되어 가지치기된 나무를 보여준다. 이 노드에 도달하는 대부분의 사례들이 클래스 0에 속하기 때문에 잎 노드는 이 부분집합의 고객들이 HELOC 제안에 응답하지 않을 것이라고 예측한다. 이렇게 더욱 단순한 나무는 검증 데이터셋에서 최고의 분류 성능을 보인다. 검증 데이터내 5개 관측치는 모두 올바르게 분류된다. 그림 10.7의 완전히 성장한 나무를 사용하여 검증 데이터의 점수를 매기면 두 번째 관측치가 잘못 분류되면서 정확도가 80%가 된다.

완전성장나무와 달리 가지치기 과정을 통해 얻은 나무는 훨씬 간단하다. 최적화된 나무에서 다음의 세 가지 규칙이 파생된다.

- Age < 49이면 고객은 응답하지 않는다.
- Age ≥ 49이고 Income < 39,500달러면 고객은 응답하지 않는다.
- Age ≥ 49이고 Income ≥ 39,500달러면 고객은 응답한다.

최적화된 나무는 49세 이상이고 소득이 39,500달러 이상인 개인이 은행의 HELOC 제안에 응답할 가능성이 있음을 보여준다. 이 예제에서 알 수 있듯이 가지치기는 의사결정나무의 최적 복잡성을 결정하고 과대적합 가능성을 줄이는 데 효과적이다.

그림 10.8 의사결정나무 결과

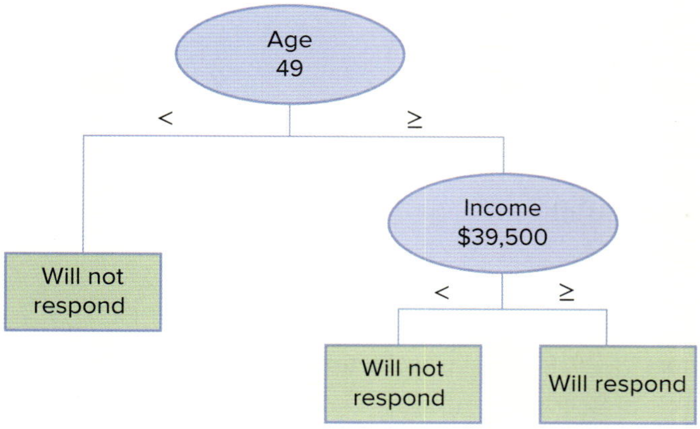

R을 이용한 분류나무 개발

이제 전체 데이터셋을 사용하여 분류나무를 구축하기 위해 R을 이용하는 방법에 대해 알아본다. 예제 10.5를 살펴보자.

예제 10.5

FILE ***HELOC.*** 서니빌은행의 은행 관리자인 헤이든 셀라가 500명의 은행고객의 과거 데이터를 사용하여 신규 은행고객들이 HELOC 제안에 응답할지 여부를 결정하기 위한 분류모형을 개발하려고 한다는 도입사례를 떠올려 보자. 그는 또한 서니빌은행이 HELOC 제품을 마케팅할 때 적합한 고객을 대상으로 하지 않는다고 생각하며 분류모형이 회사에 실행가능한 통찰력을 제공하기를 바란다. 헤이든은 모형의 성능을 평가한 다음 20명의 신규 은행고객들을 HELOC 제안에 응답할 가능성이 있는 그룹과 그렇지 않은 그룹으로 분류할 계획이다. R을 사용하여 우선적으로 선호되는 분류나무를 만든 다음, 이 나무를 사용하여 새로운 사례들의 점수를 매겨라.

해답:

R에서 의사결정나무를 구축하는 데 가장 많이 사용되는 알고리즘은 *rpart* 패키지에서 찾을 수 있다. 9장에서 논의한 KNN 방법의 경우처럼 R은 이원 분할(즉, 학습 및 검증 데이터)을 사용하여 의사결정나무 가지치기를 위한 *k*-겹 교차검증 과정을 구현한다.

a. ***HELOC*** 데이터 파일의 HELOC_Data 워크시트에서 데이터 프레임(테이블)으로 데이터를 불러오고 myData로 레이블을 지정한다.

b. 다음 명령문을 사용하여 *caret*, *gains*, *rpart*, *rpart.plot*, *pROC* 패키지들을 설치하고 로드한다. 다음과 같이 입력하라.

```
>install.packages("caret", dependencies = c("Depends", "Suggests"))
>install.packages("gains")
>install.packages("rpart")
>install.packages("rpart.plot")
>install.packages("pROC")
>library(caret)
>library(gains)
>library(rpart)
>library(rpart.plot)
>library(pROC)
```

c. 분류나무 모형을 구축하기 위해 R에서는 목표변수인 HELOC가 범주형 데이터 유형인 요인(factor) 변수이어야 한다. **as.factor** 명령을 사용하여 HELOC 변수를 범주형으로 변환한다. 다음과 같이 입력하라.

```
>myData$HELOC <- as.factor(myData$HELOC)
```

d. **set.seed** 명령을 사용하여 랜덤 시드를 1로 설정하여 이 예제에서와 동일한 분할을 생성한다. **createDataPartition** 함수를 사용하여 데이터를 학습(70%) 및 검증(30%)으로 분할한다. 다음과 같이 입력하라.

```
>set.seed(1)
>myIndex <- createDataPartition(myData$HELOC, p=0.7, list = FALSE)
>trainSet <- myData[myIndex,]
>validationSet <- myData[-myIndex,]
```

다른 버전의 R 또는 caret을 사용하는 경우 다음 대안 코드를 사용하여 학습셋을 분할해야 할 수도 있다.

```
trainSet <- myData[c(myIndex),]
```

e. **rpart** 함수를 사용하여 default_tree라는 기본 분류나무를 생성한다. **rpart** 함수 내에서 모형 구조, 데이터 출처, 방법을 지정한다. *method* 옵션은 분류나무 개발을 위해 “class”로 설정한다. 기본 나무의 세부사항을 보기 위해 **summary** 함수를 사용한다. R은 가지치기를 위해 교차검증 방법을 사용하기 때문에 교차검증 결과의 일관성을 보장하기 위해 **set.seed** 함수를 사용하여 랜덤 시드 1을 설정한다. 다음과 같이 입력하라.

```
>set.seed(1)
>default_tree <- rpart(HELOC ~ ., data=trainSet, method="class")
>summary(default_tree)
```

f. 분류나무를 시각적으로 보기 위해 **prp** 함수를 사용한다. *type* 옵션은 1로 설정하여 나무 다이어그램에서 잎 노드를 제외한 모든 노드에 레이블을 지정한다. *extra* 옵션은 1로 설정하여 각 노드에 속하는 관측치 수를 표시한다. *under* 옵션은 TRUE로 설정하여 다이어그램의 각 결정노드 아래에 사례 수를 표시한다. 다음과 같이 입력하라.

```
>prp(default_tree, type=1, extra=1, under = TRUE)
```

그림 10.9는 기본 분류나무를 보여준다. 첫 번째 결정노드는 Sex 변수에 있으며 Age 및 Income 분할이 이어진다. R의 경우 뿌리노드는 나무를 해석하는 방법에 대한 정보를 제공한다. 예를 들어, 그림 10.9에서 뿌리노드는 Sex가 "Female"이면 왼쪽 가지로 이동하고 그렇지 않으면 오른쪽 가지로 이동한다는 것을 보여준다. 후속 결정노드는 동일한 형식을 따른다. 예를 들어, 두 번째 결정노드는 Age가 25 미만이면 왼쪽 가지로 이동하고 그렇지 않으면 오른쪽 가지로 이동하도록 제안한다.

그림 10.9 R의 기본 분류나무

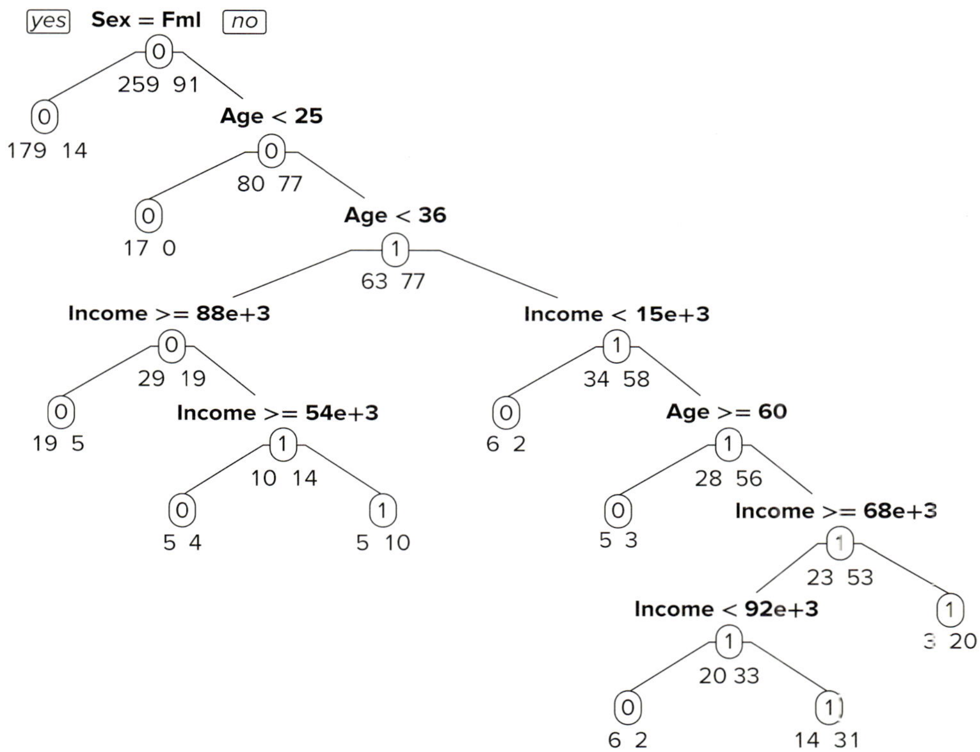

기본 분류나무에서 분할 수는 어떻게 결정되는가? **rpart** 함수는 복잡도 매개변수(complexity parameter, cp)를 사용하여 언제 나무의 성장을 중지할지 결정한다. 나무에 또 다른 분할을 추가하는 비용이 cp 값을 초과하면 나무의 성장은 계속되지 않는다. **rpart** 함수의 기본 cp 값은 0.01이다. 그러나 대부분의 경우 어떤 cp 값이 최고 성능의 나무를 생성할지 미리 아는 것은 매우 어렵다. 따라서 일반적인 관행은 전체나무를 성장시킨 다음 **rpart** 함수에서 기본으로 제공하는 교차검증 프로세스에서 생성된 분류오차를 기반으로 덜 복잡한 나무로 가지치기한다. 교차검증된 가장 작은 분류오차와 관련된 cp 값을 식별하여 최소오차나무를 만들 수 있다. 대안적으로는 최소 오차율의 1 표준오차 내에 있는 오차율을 가진 가장 작은 나무인 최량가지치기나무를 생성할 수 있다. 다음에서는 나무의 복잡성을 최적화하기 위한 가지치기 과정을 시연한다.

g. 먼저 **rpart** 함수를 사용하여 전체나무를 성장시킨다. *cp* 옵션은 0, *minsplit*는 2, *minbucket*은 1로 설정한다. *minsplit* 옵션은 추가로 분할할 수 있는 부모노드의 최소 관측치 수를 지정하고 *minbucket* 옵션은 잎 노드에서 허용되는 최소 관측치 수를 지정한다. 이러한 설정은 가능한 가장 큰 나무가 생성되도록 한다. **prp** 함수를 사용하여 전체나무를 표시한다. 다시 교차검증 결과의 일관성을 보장하기 위해 **set.seed** 함수를 사용하여 랜덤 시드 1을 지정한다. 다음과 같이 입력하라.

```
>set.seed(1)
>full_tree <- rpart(HELOC ~ ., data= trainSet, method="class",
cp=0, minsplit=2, minbucket=1)
>prp(full_tree, type=1, extra=1, under = TRUE)
```

이 경우 전체나무는 매우 복잡하므로 여기에 표시하지는 않는다.

h. 가장 작은 교차검증 분류오류와 관련된 cp 값을 식별하기 위해 **printcp** 함수를 사용하여 복잡성 매개변수 테이블을 표시한다. 다음과 같이 입력하라.

```
>printcp(full_tree)
```

그림 10.10은 복잡성이 증가하는 9개의 후보 나무에 대한 복잡성 매개변수 표를 보여준다. nsplit 열은 각 나무에 대한 분할 수를 표시한다. 각 나무의 잎 노드 수는 nsplit + 1을 사용하여 계산할 수 있다. 예를 들어, 마지막 나무에는 82개의 분할이 있으므로 83개의 잎 노드가 있다.

그림 10.10 R의 복잡성 매개변수 표

```
Classification tree:
rpart(formula = HELOC ~ ., data = trainSet, method = "class",
    cp = 0, minsplit = 2, minbucket = 1)

Variables actually used in tree construction:
[1] Age    Sex Income

Root node error: 91/350 = 0.26

n= 350

          CP nsplit rel error  xerror     xstd
1 0.0769231      0   1.00000 1.00000 0.090177
2 0.0732601      2   0.84615 1.02198 0.090810
3 0.0439560      5   0.62637 0.97802 0.089524
4 0.0164835      6   0.58242 0.83516 0.084763
5 0.0109890      8   0.54945 0.86813 0.085945
6 0.0073260     17   0.45055 0.84615 0.085163
7 0.0054945     28   0.36264 0.91209 0.087442
8 0.0043956     58   0.13187 0.94505 0.088507
9 0.0000000     82   0.00000 0.95604 0.088851
```

rel error 열은 모든 사례가 지배적인 클래스로 분류된다면 뿌리노드에서 잘못 분류된 사례 비율 대비 각 나무의 잘못 분류된 사례 비율을 상대적으로 보여준다. 보는 바와 같이 마지막 나무는 상대오차 0을 갖고 있는데 이는 잎 노드가 동일한 클래스에 속하는 사례만 포함하는 완전히 성장한 나무이기 때문이다. 따라서 잘못 분류된 사례는 없다.

xerror 열은 각 후보 나무와 관련된 교차검증 오차를 보여준다. 새 데이터셋에서 잠재적으로 잘 수행될 수 있는 나무를 식별하는 데 권장되는 척도이다. xerror 열에서 볼 수 있듯이 분류나무가 더욱 복잡해짐에 따라 교차검증 오차가 처음에는 감소하지만 특정 지점 이후에는 증가하게 된다. 이는 복잡한 나무모형의 과대적합 문제에 일반적이다. 여섯 개의 분할을 갖고 있는 네 번째 나무는 교차검증 오차가 가장 낮다(뿌리노드의 교차검증 오차 대비 0.83516). 따라서 이 것이 최소오차나무이다.

xstd 열을 사용하여 최량가지치기나무를 식별할 수 있는데, 이는 최소오차나무의 1 표준오차 내에 있는 오차를 갖고 있는 가장 작은 나무이다. 이 사례에서는 이 기준을 만족시킬 수 있는 교차검증 오차를 갖는 더 단순한 나무는 없다. 달리 말하면, 0.83516 + 0.084763, 즉 0.919923보다 작은 상대 교차검증 오차를 갖는 더 단순한 나무는 없다. 따라서 최량가지치기나무와 최소오차나무는 동일한 나무이다. 그러나 많은 경우 최량가지치기나무와 최소오차나무는 서로 다른 두 나무이다.

그림 10.11은 또 다른 분류나무로부터 가상의 복잡성 매개변수 표를 보여주고 있다. 이 경우 세 번째 나무는 다섯 개 분할로 최소오차의 1 표준편차 내(0.81319 + 0.083945 = 0.897135)에 상대 교차검증 오차(0.87912)를 갖고 있다. 따라서 다섯 개의 분할을 갖고 있는 세 번째 나무가 최량가지치기나무이다. 다음으로 세 번째 나무와 관련된 cp 값을 사용하여 가지치기된 나무를 생성한다.

그림 10.11 R에서 가상의 복잡성 매개변수 표

	CP	nsplit	rel error	xerror	xstd	
1	0.0769231	0	1.00000	1.00000	0.090177	
2	0.0732601	2	0.84615	0.97802	0.089524	
3	0.0439560	5	0.62637	0.87912	0.086328	Best-pruned tree
4	0.0164835	6	0.58242	0.87912	0.086328	
5	0.0109890	8	0.54945	0.81319	0.083945	Minimum error tree
6	0.0073260	17	0.45055	0.92308	0.087802	
7	0.0054945	28	0.36264	0.93407	0.088157	
8	0.0043956	58	0.13187	0.97802	0.089524	
9	0.0000000	82	0.00000	1.03297	0.091119	

i. **prune** 함수를 사용하여 네 번째 나무와 관련된 cp 값을 이용해 가지치기된 나무를 만든다. R의 결과물에서 제공하는 cp 값은 소수점 아래 7자리로 반올림된다. 실제 cp 값보다 작은 cp 값을 사용하지 않도록 하기 위해 표에 표시된 cp 값보다 약간 크지만 다음으로 작은 나무의 cp 값보다는 작은 cp 값을 사용한다. 이 경우 네 번째 나무와 관련된 cp 값(0.0164835)보다 약간 큰 0.0164836을 사용한다. **prp** 함수를 사용하여 가지치기된 나무를 표시한다. 다음과 같이 입력하라.

```
>pruned_tree <- prune(full_tree, cp=0.0164836)
>prp(pruned_tree, type=1, extra=1, under = TRUE)
```

그림 10.12는 여섯 개의 분할과 일곱 개의 잎 노드를 갖는 가지치기된 나무를 보여준다. 이는 그림 10.9의 기본 나무에 비해 가지 수가 적은 훨씬 단순한 나무이다. 다음으로 검증 데이터셋을 사용하여 가지치기된 나무의 성능을 평가한다.

그림 10.12 R의 가지치기된 나무

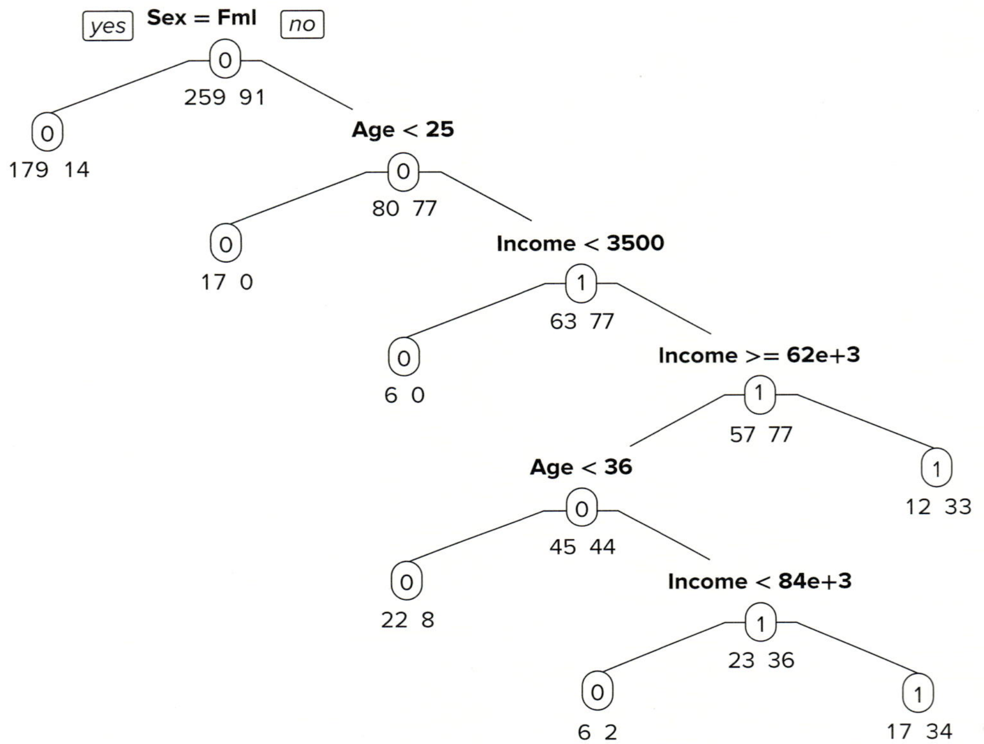

j. **predict** 함수를 사용하여 검증 데이터셋에 있는 관측치의 클래스 귀속을 예측한다. 확률 대신 클래스 귀속이 생성되도록 *type* 옵션을 "class"로 설정한다. 다음과 같이 입력하라.

```
>predicted_class <- predict(pruned_tree, validationSet,
type="class")
```

k. 혼동행렬은 검증 데이터셋의 예측된 클래스 귀속과 실제 클래스 귀속을 비교하여 만들 수 있다. **confusionMatrix** 함수를 사용하여 혼동행렬과 다양한 성능척도를 생성한다. *positive* = "*1*" 옵션은 1을 목표 클래스(HELOC 제안에 응답)로 지정한다. 다음과 같이 입력하라.

```
>confusionMatrix(predicted_class, valid.data$HELOC, positive="1")
```

그림 10.13은 혼동행렬 및 관련 성능척도를 보고한다. 이 모형의 전체 정확도는 76.67%, 민감도는 0.4872, 특이도는 0.8649이다. 이 척도들은 모형의 전반적인 정확도는 상대적으로 높지만 기본 컷오프 비율인 0.5를 이용하여 목표 클래스(HELOC 제안에 응답하는 고객) 사례보다 더 많은 부분의 비목표 클래스(HELOC 제안에 응답하지 않는 고객) 사례를 정확히 분류하고 있다는 것을 보여준다. 앞서 언급했듯이 이러한 성능척도는 컷오프 값에 매우 민감하다. 이 예제에서 기본 컷오프 값인 0.5는 데이터셋의 목표 클래스 사례 비율인 0.26보다 훨씬 크다. 컷오프 값을 실제 클래스 분포에 가깝게 낮추면 더 많은 사례를 목표 클래스로 분류하고 민감도 척도를 향상시킬 수 있다. 이는 다음 단계에 설명되어 있다.

그림 10.13 R의 요약 척도

```
Confusion Matrix and Statistics

          Reference
Prediction  0  1
         0 96 20
         1 15 19

               Accuracy : 0.7667
                 95% CI : (0.6907, 0.8318)
    No Information Rate : 0.74
    P-Value [Acc > NIR] : 0.2602

                  Kappa : 0.3673

 Mcnemar's Test P-Value : 0.4990

            Sensitivity : 0.4872
            Specificity : 0.8649
         Pos Pred Value : 0.5588
         Neg Pred Value : 0.8276
             Prevalence : 0.2600
         Detection Rate : 0.1267
   Detection Prevalence : 0.2267
      Balanced Accuracy : 0.6760

       'Positive' class : 1
```

l. R에서 다른 컷오프 값을 사용하여 분류나무 모형의 예측성능을 평가하기 위해 각 검증 사례의 클래스 귀속 대신 목표 클래스에 속할 확률을 먼저 계산한다. **predict** 함수에서 확률 값을 예측하기 위해 *type* 옵션을 'prob'로 설정한다. 다음과 같이 입력하라.

```
>predicted_prob <- predict(pruned_tree, validationSet, type="prob")
>head(predicted_prob)
```

그림 10.14는 처음 몇몇 사례와 관련된 확률을 보여준다. 첫 번째 열은 사례들이 클래스 0에 속할 확률을 나열하고 두 번째 열은 클래스 1에 속할 확률을 나열한다. 기

본값인 0.5가 아닌 컷오프 값을 사용하여(예를 들어, 더 많은 클래스 1 사례를 정확하게 분류하기 위해 0.26 사용) 사례들의 클래스 귀속을 결정하기 위해 두 번째 열의 값을 새 컷오프 값과 비교한다.

그림 10.14 R의 예측된 확률

```
          0          1
1 0.9274611 0.07253886
2 0.7333333 0.26666667
3 1.0000000 0.00000000
4 0.3333333 0.66666667
5 0.7500000 0.25000000
6 0.2666667 0.73333333
```

m. 새로운 컷오프 값 0.26을 사용하여 혼동행렬을 작성하기 위해 **ifelse** 함수를 사용하여 클래스 귀속을 결정한다. **as.factor** 함수를 사용하여 클래스 귀속을 목표변수 HELOC과 동일한 데이터 유형인 요인으로 변환한다. 다음과 같이 입력하라.

```
>confusionMatrix(as.factor(ifelse(predicted_prob[,2]>0.26, '1',
'0')), validationSet$HELOC, positive = '1')
```

이에 따른 혼동행렬(여기에 표시하지는 않음)은 0.26의 컷오프 값을 사용하여 가지치기한 의사결정나무의 성능척도를 제공한다. 새로운 혼동행렬에서 정확도, 민감도, 특이도는 각각 0.7667, 0.6410, 0.8108 인지 확인하라. 새로운 컷오프 값을 통해 은행관리자는 더 많은 목표 클래스 사례를 올바르게 식별할 수 있는데 이는 더 높은 민감도 값에서 나타난다.

컷오프 값과 관계없이 모형성능을 평가하기 위해 우리는 이제 누적 향상도 그래프, 십분위 향상도 그래프, ROC 곡선을 살펴본다.

n. 먼저 **as.numeric** 함수를 사용하여 *gains* 패키지에서 요구하는 대로 목표변수(HELOC)를 수치형 데이터 유형으로 변환한다. 우리는 **gains** 함수를 사용하여 누적 향상도 표를 생성한다. **gains** 함수에는 실제 클래스 귀속과 예측된 목표 클래스 확률이라는 두 가지 입력 값이 필요하다. 그림 10.14에서 '1'이 목표 클래스이므로 예측된 목표 클래스 확률에 대해서는 2열을 참고한다. 다음과 같이 입력하라.

```
>validationSet$HELOC <- as.numeric(as.character(validationSet$HELOC))
>gains_table <- gains(validationSet$HELOC, predicted_prob[,2])
>gains_table
```

그림 10.15는 누적 이득 표를 보여준다. 가지치기된 나무에는 각 사례에 할당할 수 있는 여섯 개의 가능한 목표 클래스 확률(0.73, 0.67, 0.27, 0.25, 0.07, 0.00)만이 있

기 때문에 gains 함수는 기본 10개 그룹 대신 각각의 고유한 확률 값에 하나씩 여섯 개 그룹만 생성한다(참고: 이 값들은 소수점 아래 두 자리로 반올림된다. 이런 이유로 요청된 그룹보다 고유한 예측 값이 더 적다는 경고가 표시된다.)

그림 10.15 R의 누적 이득 표

Depth of File	N	Cume N	Mean Resp	Cume Mean Resp	Cume Pct of Total Resp	Lift Index	Cume Lift	Mean Model Score
14	21	21	0.52	0.52	28.2%	201	201	0.73
23	13	34	0.62	0.56	48.7%	237	215	0.67
31	12	46	0.50	0.54	64.1%	192	209	0.27
37	9	55	0.78	0.58	82.1%	299	224	0.25
92	83	138	0.08	0.28	100.0%	32	109	0.07
100	12	150	0.00	0.26	100.0%	0	100	0.00

o. 누적 향상도 그래프, 십분위 향상도 그래프, ROC 곡선에 대한 R 지침은 9장에서 자세히 설명되었으므로 여기서는 명령문을 그룹화했다. 다음과 같이 입력하라.

```
>plot(c(0, gains_table$cume.pct.of.total*sum(validationSet$
HELOC)) ~ c(0, gains_table$cume.obs), xlab = "# of cases",
ylab="Cumulative", main="Cumulative Lift Chart", type ="l")
>lines(c(0, sum(validationSet$HELOC)) ~ c(0, dim(validationSet)
[1]), col="red", lty=2)
>barplot(gains_table$mean.resp/mean(validationSet$HELOC),
names.arg=gains_table$depth, xlab="Percentile", ylab="Lift",
ylim=c(0,3), main = "Decile- Wise Lift Chart")
>roc_object<- roc(validataionSet$HELOC, predicted_prob[,2])
>plot.roc(roc_object)
>auc(roc_object)
```

그림 10.16a는 누적 향상도 그래프를 표시하고 있다. 이 그래프는 분류모형이 기본 모형에 비해 우수한 예측력을 보여준다는 것을 나타낸다. 서니빌은행은 제안에 응답할 가능성이 가장 높은 잠재고객 중 더 적은 비율을 대상으로 HELOC 제안에 실제 응하게 될 잠재고객에 더 많이 도달할 수 있다. 그림 10.16b는 십분위 향상도 그래프를 표시한다. 서니빌은행이 HELOC 제안에 응답할 가능성이 가장 높은 잠재고객의 상위 14%에게 제안을 보내면 고객의 14%가 무작위로 선택되는 경우에 비해 두 배 더 많이 HELOC 제안에 실제로 응답하는 개인을 확보할 수 있다. 그림 10.16c는 ROC 곡선을 표시한다. 역시 이 곡선은 분류나무 모형이 모든 컷오프 값에 대해 민감도 및 특이도 측면에서 기준선 모형을 능가한다는 것을 보여준다. 0.805의 AUC 값 또한 이 결과를 확인해준다.

그림 10.16 R의 성능 그래프

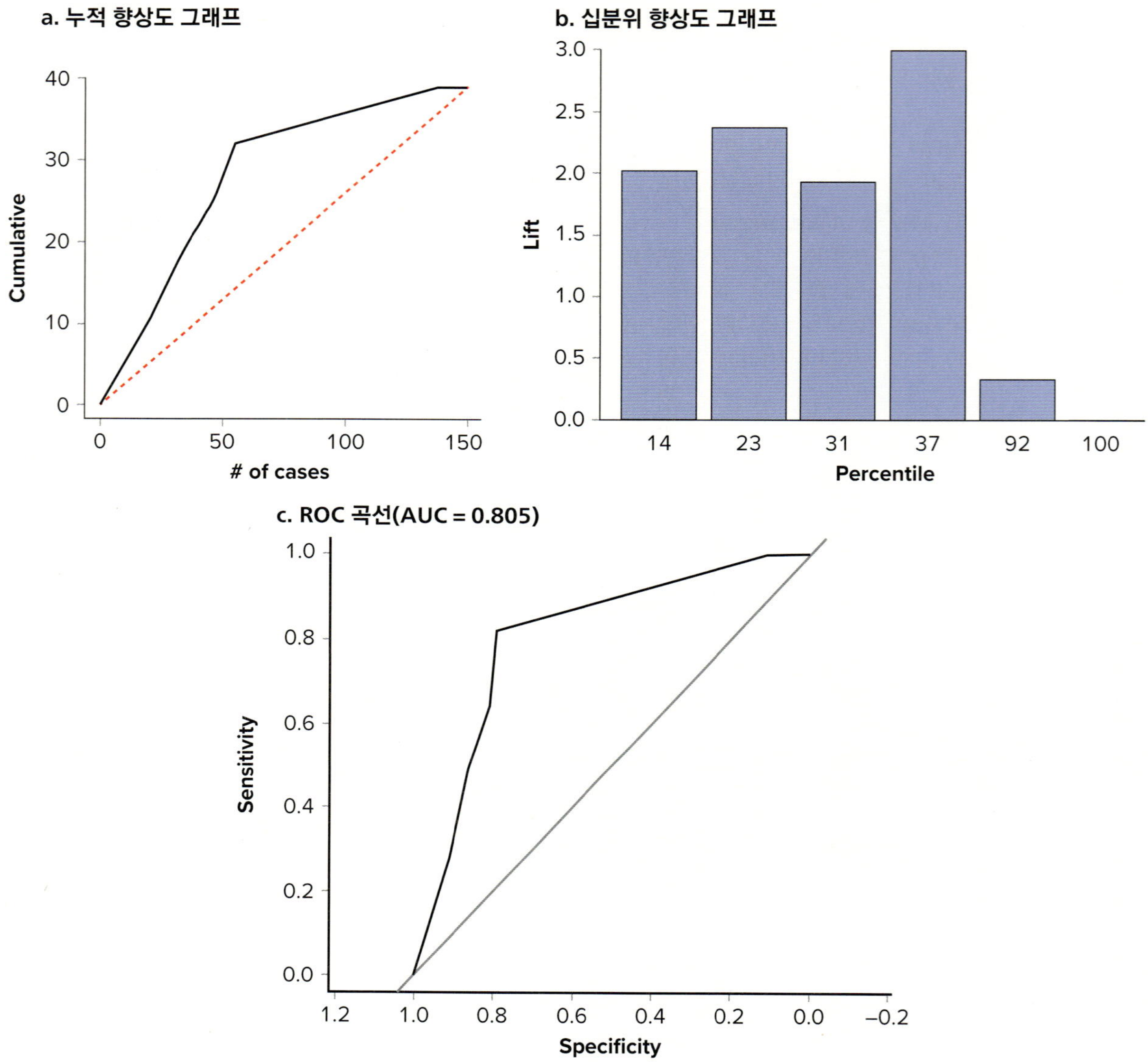

p. 마지막으로, 20개 새로운 사례들의 점수를 매기기 위해 ***HELOC*** 데이터 파일의 HELOC_Score 워크시트에서 myScoreData라는 데이터 프레임(테이블)으로 데이터를 불러오고 **predict** 함수에 분류나무를 활용해 새로운 사례들에 대한 예측된 클래스 귀속 및 확률을 생성한다. 다음과 같이 입력하라.

```
>predicted_class_score <- predict(pruned_tree, myScoreData,
type="class")
>predicted_class_score
>predicted_class_prob <- predict(pruned_tree, myScoreData,
type="prob")
>predicted_class_prob
```

점수 매기기 결과는 표 10.4에 요약되어 있다.

표 10.4 R의 점수 매기기 결과

Record ID	Prediction: HELOC	PostProb: 0	PostProb: 1	Age	Sex	Income
Record 1	0	0.9275	0.0725	25	Female	45000
Record 2	0	1	0	23	Male	22000
⋮	⋮	⋮	⋮	⋮	⋮	⋮
Record 20	1	0.2667	0.7333	51	Male	43000

도입사례 분석결과

Syda Productions/Shutterstock

데이터 기반 마케팅 의사결정은 조직이 잠재고객을 더 효과적으로 타겟팅하는 동시에 마케팅 비용을 줄이는 데 도움이 될 수 있다. 서니빌은행의 소매 은행업무 관리자인 헤이든 셀라는 그의 팀이 특정 은행상품 및 서비스에 더 관심을 가질 가능성이 높은 고객을 식별하는 데 도움을 줄 수 있는 데이터 마이닝 도구 활용에 고무되어 있다.

과거 은행으로부터 HELOC 제안을 받은 500명의 은행고객을 대상으로 비교적 적은 수의 샘플을 활용해 실험해 보면서 헤이든과 그의 팀은 어떤 신규고객이 HELOC 제안에 응답할지 예측하는 분류나무를 구축했다. 이 모형은 약 77%의 분류 정확도를 제공하고 있는데 이는 헤이든과 그의 팀이 과거 경험과 직관만으로 달성할 수 있었던 것에 비해 훨씬 나아졌다. 이러한 데이터 기반 모형을 통해 서니빌은행은 HELOC 제안에 응답할 확률이 높은 소수의 고객에게 초점을 맞출 수 있다. 예를 들어, 소득이 높은 30대 후반 남성 고객은 제안에 응답할 가능성이 높다.

한편 나무 다이어그램에 대한 면밀한 연구는 헤이든과 그의 팀에게 다소 문제가 될 수 있는 이슈를 제기한다. 의사결정나무는 여성 고객이 HELOC 제안에 응답하지 않을 것으로 예측하고 있다. 이와 동시에 헤이든은 여성 고객이 서니빌 고객의 상당 부분을 차지한다는 것을 알고 있다. HELOC 제품에 관심 있는 여성 고객의 놀랍도록 낮은 비율은 은행 마케팅 자료 속의 무의식적인 편향 때문일 수 있을까? 이 질문에 답하기 위해 헤이든과 그의 팀은 HELOC 제품의 이전 광고를 검토하기로 결정한다. 예상대로 이전의 모든 HELOC 광고가 실제로 남성 고객에 편향되어 있는 것처럼 보인다. 이는 서니빌의 현재 마케팅 전략이 적합한 고객을 대상으로 하고 있지 않다는 헤이든의 직관을 확인시켜 준다. 결과적으로 그는 마케팅 자료에서 무의식적인 편향을 제거하고 여성 고객에게 더 초점을 맞추기 위해 은행의 마케팅팀을 만나 협력할 예정이다.

연습문제 10.2

참고: R의 경우 데이터셋을 학습 70%, 검증 30%으로 분할한다. set.seed(1) 문을 사용하여 데이터 분할 및 교차검증 모두에 대해 1의 랜덤 시드를 지정한다. 일부 데이터 파일에는 모형 개발 및 새로운 레코드 점수 매기기를 위해 두 개의 워크시트가 있다. 예측변수 값이 문자 형식이면 예측변수를 범주형 변수로 처리하고 그렇지 않으면 예측변수를 수치형 변수로 취급하라.

1. **FILE** ***Exercise_10.1.*** 함께 제공되는 데이터셋은 연령(Age)과 소득(Income)이라는 두 가지 예측변수와 신문을 구독하는지 여부를 나타내는 신문구독(Subscribe)이라는 이항 목표변수를 포함하고 있다. 한 미디어 회사에서는 개인이 신문을 구독할지 여부를 예측하기 위한 의사결정나무를 만들고자 한다.

   a. Age에 대해 가능한 분할 값을 오름차순으로 나열하라.

   b. Income에 대해 가능한 분할 값을 오름차순으로 나열하라.

2. **FILE** ***Exercise_10.2.*** 함께 제공되는 데이터셋은 연평균 맑은 날 횟수(Days) 및 연평균 강수량(Precipitation)이라는 두 개의 예측변수와 에이커당 부셸 단위의 연평균 작물 수확량(Yield)이라는 하나의 수치형 목표변수를 포함하고 있다. 한 농업 연구원은 다양한 지역의 에이커당 부셸 단위로 연간 작물 수확량을 예측하기 위한 의사결정나무를 만들고자 한다.
   a. Days에 대해 가능한 분할 값을 오름차순으로 나열하라.
   b. Precipitation에 대해 가능한 분할 값을 오름차순으로 나열하라.

3. 데이터셋을 분할한 후 첫 번째 분할영역은 클래스 1에 속하는 43개의 사례와 클래스 0에 속하는 12개의 사례를 포함하고 있으며 두 번째 분할영역은 클래스 1에 속하는 24개의 사례와 클래스 0에 속하는 121개의 사례를 포함하고 있다.
   a. 뿌리노드에 대한 지니불순도지수를 계산하라.
   b. 분할영역 1에 대한 지니불순도지수를 계산하라.
   c. 분할영역 2에 대한 지니불순도지수를 계산하라.
   d. 분할에 대한 지니불순도지수를 계산하라.

4. 연령(age)에 대한 분할 값 45.5를 사용하여 데이터셋을 분할했다. age < 45.5 분할영역은 당뇨병 진단을 받은 환자 22명과 당뇨병 진단이 없는 환자 178명을 포함하고 있으며 age ≥ 45.5 분할영역은 당뇨병 진단을 받은 환자 48명과 당뇨병 진단이 없는 환자 152명을 포함하고 있다.
   a. 뿌리노드에 대한 지니불순도지수를 계산하라.
   b. age < 45.5 분할영역에 대한 지니불순도지수를 계산하라.
   c. age ≥ 45.5 분할영역에 대한 지니불순도지수를 계산하라.
   d. 분할에 대한 지니불순도지수를 계산하라.
   e. 이 분할에서 생성된 규칙을 설명하라.

5. **FILE** ***Exercise_10.5.*** 함께 제공되는 데이터셋을 사용하여 다음 질문에 답하라.
   a. 지니불순도지수를 기준으로 신문 구독자와 비구독자를 구분하는 데 가장 적합한 연령 분할 값은 무엇인가?
   b. 지니불순도지수를 기준으로 신문 구독자와 비구독자를 구분하는 데 가장 적합한 소득 분할 값은 무엇인가?
   c. 연령과 소득에 대한 최상의 분할 값 중에서 누군가가 신문 구독자인지 여부를 예측하는 의사결정나무의 첫 번째 분할로 선택해야 하는 것은 무엇인가?
   d. 이 분할에서 생성된 규칙을 설명하라.

6. 아래의 분류나무는 와인 유형(A, B, C)을 알코올 함량, 플라보노이드, 사과산, 마그네슘 등과 관련시키고 있다. 클래스가 알려지지 않은 다음의 각 와인을 분류하라.
   a. 알코올 = 13.3, 플라보노이드 = 1.95, 사과산 = 1.03, 마그네슘 = 114 함유 와인
   b. 알코올 = 11.8, 플라보노이드 = 2.44, 사과산 = 0.97, 마그네슘 = 103 함유 와인
   c. 알코올 = 12.9, 플라보노이드 = 2.21, 사과산 = 1.22, 마그네슘 = 99 함유 와인

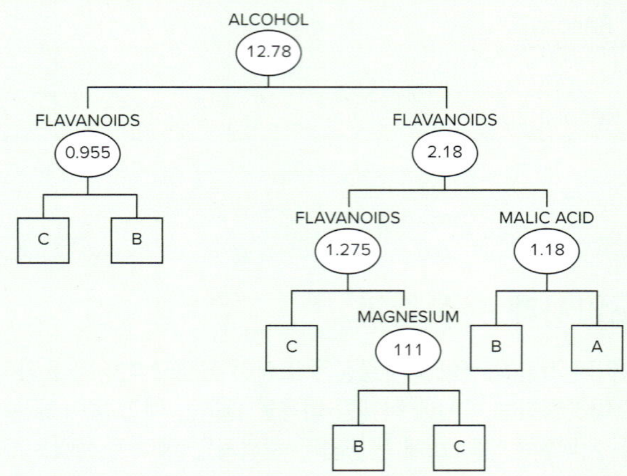

7. **FILE** ***Exercise_10.9.*** 함께 제공되는 데이터셋은 다섯 개의 예측변수(x_1 ~ x_5)와 하나의 이항 목표변수(y)를 포함하고 있다. Exercise_10.9_Data 워크시트를 사용하여 아래 지침에 따라 분류나무를 생성하라.
   a. **rpart** 함수를 사용하여 기본 분류나무를 구축한다. 기본 분류나무를 표시하라. 기본 분류나무에는 몇 개의 잎 노드가 있는가? 기본 분류나무(뿌리노드)의 첫 번째 분할에 대한 예측변수 및 분할 값은 무엇인가?
   b. **rpart** 함수를 사용하여 완전히 성장한 분류나무를 구축한다. cp 표를 표시하라. 가장 낮은 교차검증 오차와 관련된 cp 값은 무엇인가? 최소오차나무에는 몇 개의 분할이 있는가?
   c. 최소오차나무의 교차검증 오차의 1 표준오차내에 있는 더 간단한 나무가 있는가? 있다면 최량가지치기나무와 연관된 cp 값은 무엇인가?
   d. prune 함수를 사용하여 전체나무를 최소오차나무로 가지치기하라. 최소오차나무를 표시하라. 최소오차나무에는 몇 개의 잎 노드가 있는가?
   e. 클래스 1을 양성 클래스로 지정하라. 검증 데이터에서 최소오차나무의 정확도, 민감도, 특이도, 정밀도는 무엇인가?
   f. 검증 데이터에 대한 최소오차나무의 누적 향상도 그래프와 십분위 향상도 그래프를 생성하라. 전체 향상도 곡선은 기준선 위에 있는가? 십분위 향상도 그래프에서 가장 왼쪽 막대의 향상도 값은 얼마인가? 이 값은 무엇을 의미하는가?
   g. 검증 데이터에서 최소오차나무의 ROC 곡선을 생성하라.

ROC 곡선아래면적(즉 AUC 값)은 얼마인가?

h. Exercise_10.9_Score 워크시트에서 새 관측치의 점수를 매겨라. 새로운 관측치의 예측된 반응 값은 얼마인가? 첫 번째 관측치의 클래스 1 확률은 얼마인가? 답을 소수점 네 자리로 반올림하라.

8. **FILE** ***Exercise_10.10.*** 함께 제공되는 데이터셋은 네 개의 예측변수($x_1 \sim x_4$)와 하나의 이항 목표변수(y)를 포함하고 있다. Exercise_10.10_Data 워크시트를 사용하여 아래 지침에 따라 분류나무를 생성하라.

a. **rpart** 함수를 사용하여 기본 분류나무를 구축한다. 기본 분류나무를 표시하라. 기본 분류나무에는 몇 개의 잎 노드가 있는가? 기본 분류나무(뿌리노드)의 첫 번째 분할에 대한 예측변수 및 분할 값은 무엇인가?

b. **rpart** 함수를 사용하여 완전히 성장한 분류나무를 구축한다. cp 표를 표시하라. 가장 낮은 교차검증 오차와 관련된 cp 값은 무엇인가? 최소오차나무에는 몇 개의 분할이 있는가?

c. 최소오차나무의 교차검증 오차의 1 표준오차내에 있는 더 간단한 나무가 있는가? 있다면 최량가지치기나무와 연관된 cp 값은 무엇인가?

d. 위 c에 대한 대답이 "아니요"인 경우 prune 함수를 사용하여 전체나무를 최량가지치기나무 또는 최소오차나무로 가지치기하라. 가지치기한 나무를 표시하라. 가지치기한 나무에는 몇 개의 잎 노드가 있는가?

e. 클래스 1을 양성 클래스로 지정하라. 검증 데이터에서 가지치기한 나무의 정확도, 민감도, 특이도, 정밀도는 무엇인가?

f. 검증 데이터에 대한 가지치기한 나무의 십분위 향상도 그래프를 생성하라. 십분위 향상도 그래프에서 가장 왼쪽 막대의 향상도 값은 얼마인가? 이 값은 무엇을 의미하는가?

g. 검증 데이터에서 가지치기한 나무의 ROC 곡선을 생성하라. ROC 곡선아래면적(즉 AUC 값)은 얼마인가?

h. Exercise_10.10_Score 워크시트에서 가지치기한 나무를 활용하여 새 관측치의 점수를 매겨라. 새로운 관측치의 예측된 반응 값은 얼마인가? 첫 번째 관측치의 클래스 1 확률은 얼마인가? 답을 소수점 네 자리로 반올림하라.

9. **FILE** ***Travel_Plan.*** 제리 스티븐슨(Jerry Stevenson)은 여행사 관리자이다. 그는 고객이 내년에 여행할 것인지 여부를 예측할 수 있는 모형을 구축하려고 한다. 그는 다음과 같은 변수를 포함하는 데이터셋을 수집했다: 개인이 대학학위를 가지고 있는지 여부(College), 신용카드 부채가 있는지 여부(CreditCard), 식품에 대한 연간 가계지출(FoodSpend), 연간 소득(Income), 고객이 내년 중 여행할 계획이 있는지 여부(TravelPlan, 1 = 여행 계획 있음, 0 = 여행 계획 없음). Travel_Plan_Data 워크시트의 일부가 함께 제공되는 표에 표시되어 있다. 고객이 내년 중 여행할 계획이 있는지 예측하는 기본 분류나무를 구축하라. 기본 분류나무를 표시하라.

College	CreditCard	FoodSpend	Income	TravelPlan
No	No	2905.97	65982	1
Yes	No	4677.03	57274	1
⋮	⋮	⋮	⋮	⋮
No	No	1892.37	77626	0

a. 나무에 잎 노드는 몇 개 있는가? 기본 분류나무의 첫 번째 분할에 대한 예측변수와 분할 값은 무엇인가?

b. 완전히 성장한 나무를 구축하라. 가장 낮은 교차검증 오차와 관련된 cp 값은 무엇인가? 최소오차나무에는 몇 개의 분할이 있는가?

c. 최소 교차검증 오차의 1 표준오차 내에 있는 교차검증 오차가 있는 더 간단한 나무가 있는가? 있다면 최량가지치기나무와 연관된 cp 값은 무엇인가?

d. 위 c에 대한 대답이 "아니요"인 경우 전체나무를 최량가지치기나무 또는 최소오차나무로 가지치기하라. 나무를 표시하라. 가지치기한 나무에는 몇 개의 잎 노드가 있는가?

e. 혼동행렬을 작성하고 다양한 성능척도를 표시하라. 양성 클래스에 클래스 1을 할당하라. 검증 데이터에 대해 가지치기한 나무의 정확도, 민감도, 특이도, 정밀도는 무엇인가?

f. 검증 데이터에 대한 최소오차나무의 누적 향상도 그래프, 십분위 향상도 그래프, ROC 곡선을 표시하라. 분류나무의 성능에 대해 설명하라.

g. 가지치기한 나무를 사용하여 Travel_Plan_Score 워크시트에서 두 명의 신규 고객의 점수를 매겨라. 첫 번째 고객이 향후 12개월 이내에 여행할 계획을 갖는 확률은 얼마인가? 두 번째 고객의 확률은 얼마인가? 답을 소수점 네 자리로 반올림하라.

10. **FILE** ***Continue_Edu.*** 사만다 브라운(Samantha Brown)은 주요 대학의 평생교육 책임자이다. 평생교육부서는 여름 동안 다양한 5주 과정을 커뮤니티에 제공하고 있다. 사만다는 이들 여름과정에 등록할 가능성이 더 높은 커뮤니티 구성원을 찾고자 한다. 그녀는 2,000명의 커뮤니티 구성원에 대한 데이터셋을 수집했으며 이는 다음과 같은 변수들을 포함하고 있다: 연령(Age), 결혼 연수(Marriage), 연간 소득(Income), 교육 수준(Edu), 거주지 소유 여부(Own), 애완동물 소유 여부(Pet), 도시 또는 교외에 거주하는지 여부(City), 이전에 대학에서 적어도 하나의 평생교육과정에 등록

했는지 여부(ContinueEdu: 등록한 경우 1, 그렇지 않으면 0). Continue_Edu_Data 워크시트의 일부가 함께 제공되는 표에 나와 있다. 커뮤니티 구성원이 여름과정에 등록할 가능성이 있는지 여부를 예측하는 기본 분류나무를 작성하라. 기본 분류나무를 표시하라.

Age	Marriage	Income	Edu	Own	Pet	City	ContinueEdu
78	50	64000	1	0	1	1	0
64	35	22000	3	1	0	1	0
⋮	⋮	⋮	⋮	⋮	⋮	⋮	⋮
67	38	146000	1	0	1	1	0

a. 나무에 잎 노드가 몇 개 있는가? 기본 분류나무의 첫 번째 분할에 대한 예측변수와 분할 값은 무엇인가?
b. 완전히 성장한 나무를 구축하라. 가장 낮은 교차검증 오차와 관련된 cp 값은 무엇인가? 최소오차나무에는 몇 개의 분할이 있는가?
c. 최소 교차검증 오차의 1 표준오차 내에 있는 교차검증 오차가 있는 더 간단한 나무가 있는가? 있다면 최량가지치기나무와 연관된 cp 값은 무엇인가?
d. 위 c에 대한 대답이 "아니요"인 경우 전체나무를 최량가지치기나무 또는 최소오차나무로 가지치기하라. 나무를 표시하라. 가지치기한 나무에는 몇 개의 잎 노드가 있는가?
e. 혼동행렬을 작성하고 다양한 성능척도를 표시하라. 양성 클래스에 클래스 1을 할당하라. 검증 데이터에 대해 가지치기한 나무의 정확도, 민감도, 특이도, 정밀도는 무엇인가?
f. 컷오프 값을 0.1로 변경하라. 검증 데이터에 대해 가지치기한 나무의 정확도, 민감도, 특이도, 정밀도를 보고하라.
g. 십분위 향상도 그래프를 작성하라. 십분위 향상도 그래프에서 가장 왼쪽 막대의 향상도 값은 얼마인가?
h. ROC 곡선을 생성하라. ROC 곡선아래면적(즉 AUC 값)은 얼마인가?
i. 가지치기한 나무를 사용하여 Continue_Edu_Score 워크시트에서 두 명의 새로운 개인의 점수를 매겨라. 첫 번째 커뮤니티 회원이 여름과정에 등록할 확률은 얼마인가? 두 번째 커뮤니티 회원의 확률은 얼마인가? 답을 소수점 네 자리로 반올림하라.

11. **FILE** ***Church.*** Church_Data 워크시트의 데이터셋은 개인이 교회에 참석할 가능성이 있는지 예측하기 위한 분류에 사용되며 다음과 같이 다섯 개의 예측변수를 갖고 있다: 교육 연수(Educ), 연간 소득(Income, 달러), 연령, 성별(F = 여성, M = 남성), 결혼 상태(Married, Y = 예, N = 아니오). 결과변수로는 Church(참석하면 1, 그렇지 않으면 0)가 있다. 개인이 교회에 참석할 가능성이 있는지 여부를 예측하기 위해 기본 분류나무를 구축하라. 기본 분류나무를 표시하라.

Education	Income	Age	Sex	Married	Church
8	97700	71	F	N	1
18	3900	35	F	Y	1
⋮	⋮	⋮	⋮	⋮	⋮
18	151400	49	F	Y	1

a. 나무에 잎 노드가 몇 개 있는가? 기본 분류나무의 첫 번째 분할에 대한 예측변수와 분할 값은 무엇인가? 뿌리노드에서 파생될 수 있는 규칙은 무엇인가?
b. 완전히 성장한 나무를 구축하라. 가장 낮은 교차검증 오차와 관련된 cp 값은 무엇인가?
c. 최소 교차검증 오차의 1 표준오차내에 있는 교차검증 오차가 있는 더 간단한 나무가 있는가? 있다면 최량가지치기나무와 연관된 cp 값은 무엇인가? 최량가지치기나무에는 몇 개의 분할이 있는가?
d. 위 c에 대한 대답이 "아니요"인 경우 전체나무를 최량가지치기나무 또는 최소오차나무로 가지치기하라. 혼동행렬을 작성하고 다양한 성능척도를 표시하라. 양성 클래스에 클래스 1을 할당하라. 검증 데이터에 대해 가지치기한 나무의 정확도, 민감도, 특이도, 정밀도는 무엇인가?
e. 검증 데이터에 대한 최소오차나무의 누적 향상도 그래프, 십분위 향상도 그래프, ROC 곡선을 표시하라. 분류나무의 성능에 대해 설명하라.
f. 최량가지치기나무를 사용하여 Church_Score 워크시트의 사례에 대해 점수를 매겨라. 컷오프 확률 값 0.5를 기준으로 점수 데이터셋의 개인 중 몇 퍼센트가 교회에 갈 가능성이 있는가?

12. **FILE** ***Mobile_Banking.*** 서니빌은행은 새로운 모바일 뱅킹 앱에 관심이 있는 고객을 식별하려고 한다. Mobile_Banking_Data 워크시트에는 은행의 모바일 뱅킹 앱에 대해 이전 마케팅 캠페인에서 수집한 500건의 고객 레코드가 포함되어 있다. 데이터셋의 각 관측치는 고객의 연령(Age), 성별(Male/Female), 교육 수준(Edu, 1~3), 소득(Income, 1,000달러), 고객의 예금계좌 증명서 보유 여부(CD), 고객이 모바일 뱅킹 앱을 다운로드했는지 여부(App: 다운로드한 경우 1, 그렇지 않은 경우 0) 등을 포함하고 있다. 데이터셋의 일부가 함께 제공되는 표에 나와 있다. 고객이 모바일 뱅킹 앱을 다운로드할지 여부를 예측하는 기본 분류나무를 작성하라. 기본 분류나무를 표시하라.

Age	Sex	Edu	Income	CD	App
32	Male	1	0	Yes	0
40	Female	1	1	No	0
⋮	⋮	⋮	⋮	⋮	⋮
26	Female	3	215	Yes	1

a. 나무에 잎 노드는 몇 개 있는가? 기본 분류나무의 첫 번째 분할에 대한 예측변수와 분할 값은 무엇인가? 나무 다이어그램 상단의 첫 번째 잎 노드에서 파생될 수 있는 규칙을 설명하라.

b. 완전히 성장한 나무를 구축하라. 가장 낮은 교차검증 오차와 관련된 cp 값은 무엇인가?

c. 최소 교차검증 오차의 1 표준오차내에 있는 교차검증 오차가 있는 더 간단한 나무가 있는가? 있다면 최량가지치기나무와 연관된 cp 값은 무엇인가? 최량가지치기나무에 분할이 몇 개 있는가?

d. 위 c에 대한 대답이 "아니요"인 경우 전체나무를 최량가지치기나무 또는 최소오차나무로 가지치기하라. 혼동행렬을 작성하고 다양한 성능척도를 표시하라. 양성 클래스에 클래스 1을 할당하라. 검증 데이터에 대해 가지치기한 나무의 정확도, 민감도, 특이도, 정밀도는 무엇인가?

e. 십분위 향상도 그래프를 작성하라. 십분위 향상도 그래프에서 가장 왼쪽 막대의 향상도 값은 얼마인가?

f. ROC 곡선을 생성하라. ROC 곡선아래면적(즉 AUC 값)은 얼마인가?

g. 가지치기한 나무를 사용하여 Mobile_Banking_Score 워크시트에서 20명의 신규고객에 대한 점수를 매겨라. 분류모형을 기반으로 20명의 신규 고객 중 몇 명이 모바일 뱅킹 앱을 다운로드할 것인가? 첫 번째 신규고객이 앱을 다운로드할 확률은 얼마인가? 답을 소수점 네 자리로 반올림하라.

13. **FILE** ***Graduate.*** 데릭 앤더슨(Dereck Anderson)은 주요 대학의 기관 연구원이다. 대학은 4년 이내에 졸업하는 학생의 수를 5년 안에 20% 늘리는 목표를 세웠다. 데릭의 상사는 4년 이내에 졸업할 수 없을 가능성이 높은 학생을 표시하는 모형을 만들도록 요구하고 있다. 데릭은 대학의 이전 학생 2,000명의 데이터셋을 구축했으며 다음과 같은 변수를 포함하고 있다: 성별(M/F), 학생이 백인인지 여부(White), 고등학교 GPA(HS GPA), SAT 점수(SAT), 대학 GPA(GPA), 학생의 부모가 대학 교육을 받았는지 여부(College Parent), 학생이 4년 이내에 졸업했는지 여부(Grad). Graduate_Data 워크시트의 일부가 함께 제공되는 표에 나와 있다. 학생이 4년 이내에 졸업할 수 있을지 여부(Grad)를 예측하기 위해 기본 분류나무를 구축하라. 분류나무를 표시하라.

Sex	White	HS GPA	SAT	GPA	College Parent	Grad
F	1	4.14	1410	2.949	1	1
M	1	3.3	1260	2.789	1	1
⋮	⋮	⋮	⋮	⋮	⋮	⋮
M	0	3.08	950	2.09	0	0

a. 기본 분류나무의 첫 번째 분할에 대한 예측변수와 분할 값은 무엇인가? 뿌리노드에서 파생될 수 있는 규칙은 무엇인가?

b. 완전히 성장한 나무를 구축하라. 가장 낮은 교차검증 오차와 관련된 cp 값은 무엇인가?

c. 최소 교차검증 오차의 1 표준오차내에 있는 교차검증 오차가 있는 더 간단한 나무가 있는가? 있다면 최량가지치기나무와 연관된 cp 값은 무엇인가?

d. 위 c에 대한 대답이 "아니요"인 경우 전체나무를 최량가지치기나무 또는 최소오차나무로 가지치기하라. 나무를 표시하라. 가지치기한 나무는 위 a의 기본 나무와 동일한가?

e. 혼동행렬을 작성하고 다양한 성능척도를 표시하라. 양성 클래스에 클래스 1을 할당하라. 검증 데이터에 대해 가지치기한 나무의 정확도, 민감도, 특이도, 정밀도는 무엇인가?

f. 누적 향상도 그래프를 작성하라. 향상도 곡선은 기준선 위에 있는가? 이는 무엇을 의미하는가?

g. ROC 곡선을 생성하라. ROC 곡선아래면적(즉 AUC 값)은 얼마인가? AUC 값이 의미하는 것은 무엇인가?

h. 가지치기한 나무를 사용하여 Graduate_Score 워크시트에서 3명의 대학생에 대해 점수를 매겨라. 모형에 따르면 이 세 학생 중 몇 명이 4년 이내에 졸업할 수 있는가?

14. **FILE** ***In_App_Pur.*** 온라인 게임 앱 개발회사인 몬스터매쉬(Monstermash)는 어떤 게이머가 앱내 구매를 할 가능성이 있는지 예측할 수 있기를 원한다. 이 회사의 데이터 분석가인 래논 웨더비(Ranon Weatherby)는 다음과 같은 변수를 포함하는 고객에 대한 데이터셋을 구축했다: 고객 연령(Age), 성별(남성의 경우 1, 그렇지 않은 경우 0), 가구 소득(Income, 1,000달러), 온라인 게임 플레이 연수(Years), 주당 온라인 게임 플레이 시간(Hours), 고객의 신용카드 보유 여부(CreditCard), 고객의 Facebook 프로필 보유 여부(Facebook), 고객의 이전 앱내 구매 여부(Buy). In_App_Pur_Data 워크시트의 일부가 함께 제공되는 표에 나와 있다. 게이머가 앱내 구매할지 여부를 예측하기 위해 기본 분류나무를 구축하라. 분류나무를 표시하라.

Age	Sex	Income	Years	Hours	CreditCard	Facebook	Buy
40	0	139	3	25	1	1	0
26	0	138	7	4	1	1	0
⋮	⋮	⋮	⋮	⋮	⋮	⋮	⋮
44	1	64	9	26	1	0	1

a. 기본 분류나무의 첫 번째 분할에 대한 예측변수와 분할값은 무엇인가?

b. 완전히 성장한 나무를 구축하라. 가장 낮은 교차검증 오차와 관련된 cp 값은 무엇인가?

c. 최소 교차검증 오차의 1 표준오차내에 있는 교차검증 오차가 있는 더 간단한 나무가 있는가? 있다면 최량가지치기나무와 연관된 cp 값은 무엇인가?

d. 위 c에 대한 대답이 "아니요"인 경우 전체나무를 최량가지치기나무 또는 최소오차나무로 가지치기하라. 혼동행렬을 작성하고 다양한 성능척도를 표시하라. 양성 클래스에 클래스 1을 할당하라. 검증 데이터에 대한 최소오차나무의 정확도, 민감도, 특이도, 정밀도는 무엇인가?

e. 검증 데이터에 대한 최소오차나무의 누적 향상도 그래프, 십분위 향상도 그래프, ROC 곡선을 표시하라. 분류나무의 성능에 대해 설명하라.

f. 가지치기한 나무를 사용하여 In_App_Pur_Score 워크시트에서 두 게이머의 점수를 매겨라. 분류모델에 따르면 첫 번째 게이머가 앱내 구매할 확률은 얼마인가? 두 번째 게이머의 확률은 얼마인가?

10.3 회귀나무

LO 10.2

회귀나무를 적용하여 새로운 레코드를 예측할 수 있어야 한다.

10.2절에서는 목표변수의 범주형 값을 가정하는 분류나무를 소개했다. 이 절에서는 목표변수의 수치형 값을 가정하는 회귀나무에 대해 논의한다. 분류나무와 마찬가지로 회귀나무는 CART 알고리즘을 사용해 구축할 수 있다. CART 알고리즘은 분류 및 회귀나무에서 유사하게 작동하지만 다음과 같이 세 가지 중요한 차이점이 있다.

첫째, 회귀나무의 목표변수는 수치형이므로 예측된 값은 동일한 잎 노드에 속하는 이전 사례들의 평균 값이다. 예를 들어, 12개월 동안의 고객 지출을 예측하기 위한 회귀나무를 가정해 보자. 잎 노드 중 하나는 고객 지출 값이 259.00, 412.50, 139.75, 188.45 인 학습 데이터셋의 네 가지 사례로 구성되도록 하자. 이 잎 노드에 해당하는 신규고객의 점수를 매길 때, 신규고객에 대한 예상 지출 금액은 4가지 값의 평균, 즉 $\frac{259.00 + 412.50 + 139.75 + 188.45}{4} = 249.925$이다.

둘째, CART 알고리즘은 지니지수를 사용하여 분류나무의 불순도를 측정하는 반면 회귀나무에서는 평균제곱오차(MSE)를 사용하여 불순도를 측정한다. MSE는 각 잎 노드 또는 부분집합에서 목표변수의 실제 값과 예측된 값 간의 차이 제곱의 평균합으로 계산된다. 부분집합에 있는 모든 사례들의 값이 정확하게 예측되면 MSE는 0이 되어 부분집합이 순수하다는 것을 나타낸다. 불순한 부분 집합에 대한 MSE의 상한은 없다. MSE가 높을수록 부분집합은 더 불순하다. 원칙적으로 회귀나무에 대한 반복적인 분할과정은 예제 10.1에서 10.5까지 제시된 분류나무 과정과 유사하다. 따라서 예제 10.6에서는 CART 알고리즘이 회귀나무의 분할을 결정하기 위해 MSE를 계산하는 방법만 제시한다.

마지막으로 회귀나무는 예측 기법이므로 8.3절에서 논의한 예측 성능척도를 사용하여 나무의 성능을 평가한다. 즉, 평균제곱오차 제곱근(RMSE), 평균오차(ME), 평균절대편차(MAD) 또는 평균절대오차(MAE), 평균백분율오차(MPE), 평균절대백분율오차(MAPE)를 사용한다.

FILE ***Balance.*** 10.2절에서는 헤이든과 그의 팀이 서니빌은행의 HELOC 제안에 응답할 가능성이 높은 신규고객을 예측하기 위해 구축한 분류나무에서 얻은 비즈니스 통찰을 보여주었다. 이러한 통찰력에 고무된 헤이든은 다른 데이터 마이닝 프로젝트에 대한 아이디어를 갖고 있다. 그의 소매 은행업무 팀은 서니빌은행에서 일상적으로 높은 잔액을 유지하는 고객으로 정의되는 고가치 고객을 유치하는 데 관심이 있다. 헤이든은 예측모형이 고가치 고객 그룹을 식별하고 집중하는 데 도움이 되기를 바라고 있다. 그는 Balance_Data와 Balance_Score라는 두 개의 워크시트가 있는 데이터 파일 ***Balance***를 수집했다. 표 10.5a는 Balance_Data 워크시트의 일부를 보여주고 있는데 여기에는 고객의 연령(Age, 년), 성별(Sex), 연소득(Income), 월평균 계좌 잔액(Balance)을 포함하여 500명의 현재 고객에 대한 정보가 포함되어 있다. 표 10.5b는 잠재고객 20명의 연령, 성별, 소득을 포함하는 Balance_Score 워크시트의 일부를 보여준다. 궁극적으로 헤이든은 현재 고객의 데이터를 사용하여 잠재고객 20명에 대한 평균 계좌 잔액을 예측하는 예측모형을 구축하고자 한다.

표 10.5 ***Balance*** **데이터**

a. *Balance_Data* 워크시트

Age	Sex	Income	Balance
38	Female	60000	3250
20	Male	41000	3546
⋮	⋮	⋮	⋮
50	Female	17000	2529

b. *Balance_Score* 워크시트

Age	Sex	Income
35	Female	65000
56	Male	160000
⋮	⋮	⋮
52	Female	155000

예측나무를 구축하기 전에 먼저 어떻게 더 작은 데이터셋을 사용하여 가능한 분할점을 식별하는지 살펴본다.

가능한 분할점 식별

분류나무와 유사하게 회귀나무를 구축하는 첫 번째 단계 중 하나는 예측변수의 가능한 분할을 식별하는 것이다. 원칙적으로 회귀나무에 대한 반복적 분할 과정은 10.2절에 제시된 분류나무 과정과 유사하다. 예제 10.6에서는 CART 알고리즘이 MSE를 계산하여 회귀나무의 분할을 결정하는 방법을 보여준다.

예제 10.6

FILE ***Balance_Data_20.*** 설명을 위해 Balance_Data 워크시트에서 무작위로 선택된 20명의 은행고객으로 구성된 작은 데이터셋만을 사용한다. 표 10.6은 Balance_Data_20 워크시트에 저장된 데이터의 일부를 보여준다. MSE 불순도 척도를 기반으로 연령(Age) 변수에 대한 최적 분할을 선택하라.

표 10.6 ***Balance_Data_20*** **워크시트**

Age	Balance
43	1775
34	3675
⋮	⋮
26	10761

해답:

예제 10.1과 유사하게 Age의 연속적인 값 사이의 중간점을 찾아 가능한 분할점을 식별한다. 먼저 잠재고객 20명의 연령은 다음 데이터 배열과 같이 오름차순으로 정렬된다.

{18, 20, 24, 26, 28, 29, 31, 33, 34, 43, 45, 46, 48, 52, 58}

(일부 값들은 여러 번 발생하지만 분할점을 결정하기 위해 각 값은 배열에서 한 번만 나타난다는 것에 주의하라.)

따라서 첫 번째 가능한 분할점은 (18 + 20)/2 = 19로 계산되고, 다음으로 가능한 분할점은 (20 + 24)/2 = 22로 계산되며, 나머지 가능한 분할점은 다음 데이터 배열에 표시된 바와 같이 유사한 방식으로 구한다.

{19, 22, 25, 27, 28.5, 30, 32, 33.5, 38.5, 44, 45.5, 47, 50, 55}

두 가지 가능한 분할인 30과 32를 고려해보자. 선호하는 분할을 찾기 위해 두 분할 값에 대한 MSE를 계산하고 비교한다. MSE는 실제 계좌 잔액과 각 분할의 예상 계좌 잔액 간 차이 제곱의 평균합이라는 것을 상기하라. Age = 30에서 분할하면 두 개의 분할영역이 생성되는데 즉, 연령이 30세 미만인 고객(8개 사례)과 연령이 30세 이상인 고객(12개 사례)이 있다. 두 개 분할영역의 평균적인 은행 계좌 잔액은 각각 7,811.25달러와 4,445달러이다. 이는 Age를 30의 값에서 분할하는 하나의 결정노드가 있는 회귀나무를 생성하면 30세 미만의 모든 잠재고객은 7,811.25달러로 예측된 잔액을 갖게 되는 반면 30세 이상의 모든 고객은 4,445달러로 예측된 잔액을 갖게 된다. Age = 30 분할의 경우, 각 분할영역의 MSE는 다음과 같이 계산된다.

$$\begin{aligned} MSE_{Age<30} &= (1/8) \times [(11{,}062 - 7{,}811.25)^2 + (758 - 7{,}811.25)^2 \\ &+ (3{,}675 - 7{,}811.25)^2 + (24{,}011 - 7{,}811.25)^2 + (4{,}825 - 7{,}811.25)^2 \\ &+ (2{,}861 - 7{,}811.25)^2 + (4{,}537 - 7{,}811.25)^2 + (10{,}761 - 7{,}811.25)^2] \\ &= 49{,}087{,}572.2 \end{aligned}$$

$$\begin{aligned} MSE_{Age\geq30} &= (1/12) \times [(1{,}775 - 4{,}445)^2 + (3{,}675 - 4{,}445)^2 + (4{,}244 - 4{,}445)^2 \\ &+ (4{,}962 - 4{,}445)^2 + (3{,}743 - 4{,}445)^2 + (8{,}290 - 4{,}445)^2 + (6{,}188 - 4{,}445)^2 \\ &+ (14{,}390 - 4{,}445)^2 + (4{,}282 - 4{,}445)^2 + (57 - 4{,}445)^2 + (428 - 4{,}445)^2 \\ &+ (1{,}306 - 4{,}445)^2] = 14{,}209{,}843.0 \end{aligned}$$

분할에 대한 전체 MSE를 계산하기 위해 각 분할영역의 사례 비율을 가중치로 사용하여 MSE의 가중조합을 계산한다.

$$MSE_{split(Age=30)} = (8/20) \times 49{,}087{,}572.2 + (12/20) \times 14{,}209{,}843 = 28{,}160{,}934.7$$

마찬가지로 Age = 32에서 분할하면 두 개의 분할영역이 생성되는데 연령이 32세 미만인 고객(9개사례)과 연령이 32세 이상인 고객(11개 사례)이다. 두 개 분할영역의 평균적인 은행 계좌 잔액은 각각 7,494.667달러와 4,398달러이다. Age = 32 분할의 경우, 각 분할영역의 MSE는 다음과 같이 계산된다.

$$\begin{aligned} MSE_{Age<32} &= (1/9) \times [(4{,}962 - 7{,}494.667)^2 + (11{,}062 - 7{,}494.667)^2 \\ &+ (758 - 7{,}494.667)^2 + (3{,}675 - 7{,}494.667)^2 + (24{,}011 - 7{,}494.667)^2 \\ &+ (4{,}825 - 7{,}494.667)^2 + (2{,}861 - 7{,}494.667)^2 + (4{,}537 - 7{,}494.667)^2 \\ &+ (10{,}761 - 7{,}494.667)^2] = 44{,}435{,}197.6 \end{aligned}$$

$$\begin{aligned} MSE_{Age \geq 32} = (1/11) \times [&(1{,}775 - 4{,}398)^2 + (3{,}675 - 4{,}398)^2 + (4{,}244 - 4{,}398)^2 \\ &+ (3{,}743 - 4{,}398)^2 + (8{,}290 - 4{,}398)^2 + (6{,}188 - 4{,}398)^2 + (14{,}390 - 4{,}398)^2 \\ &+ (4{,}282 - 4{,}398)^2 + (57 - 4{,}398)^2 + (428 - 4{,}398)^2 + (1{,}306 - 4{,}398)^2] \\ = 15{,}475{,}138.9 & \end{aligned}$$

분할에 대한 전체 MSE는 다음과 같이 계산된다.

$$MSE_{split(Age=32)} = (9/20) \times 44{,}435{,}197.6 + (11/20) \times 15{,}475{,}138.9 = 28{,}507{,}165.3$$

Age = 30 분할의 MSE 값은 Age = 32 분할의 MSE 값보다 약간 작은데 이는 Age = 30 분할이 더 낮은 불순도를 생성한다는 것을 시사한다. 따라서 Age = 30이 회귀나무를 구성하는데 더 나은 분할이다. 실제로 이 예제에서 Age에 대해 가능한 모든 분할에 대한 MSE 값을 계산하면 Age = 30에서의 분할이 가장 작은 MSE를 생성한다는 것을 알 수 있다. 따라서 Age = 30 분할이 연령에서 가장 적합한 분할로 선택된다. 그림 10.17은 Age가 분석에 사용된 유일한 예측변수인 경우의 회귀나무를 보여준다.

그림 10.17 Age만이 예측변수인 경우의 회귀나무

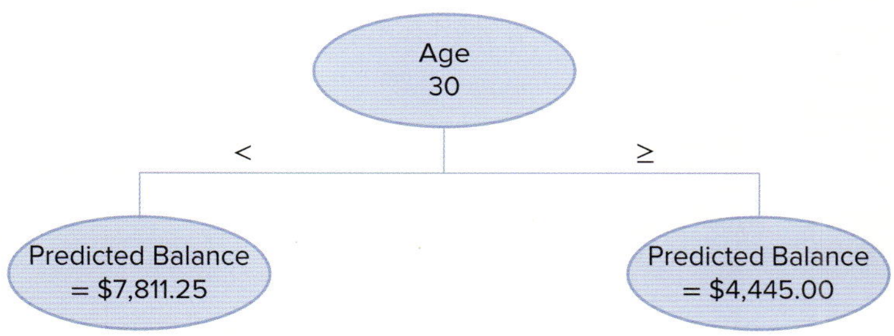

앞서 언급했듯이 분류나무에 사용되는 반복적 분할과정은 회귀나무에도 적용된다. MSE를 기준으로 사용하면 모든 예측변수에 대해 각 반복적 분할 단계에서 최상의 분할을 선택하여 회귀나무를 구성할 수 있다. 이제 R을 사용하여 예측나무를 개발해보자.

R을 이용한 예측나무 개발

예제 10.7

FILE ***Balance.*** 헤이든은 은행고객 500명의 과거 데이터를 사용하여 고객의 계좌 잔액을 예측하기 위한 예측모형을 개발하려고 한다. 또한 회귀나무의 성능을 평가한 다음 신규고객 20명에 대해 점수를 매길 계획이다. R을 사용하여 선호하는 예측나무를 만들고 이 나무를 사용하여 새로운 사례들의 점수를 매겨라.

해답:

앞서 분류나무 구축에서 언급했듯이 R이 기본적으로 제공하는 교차검증 과정에서는 데이터를 학습 및 검증 데이터셋 두 개로 분할한다.

a. ***Balance*** 데이터 파일의 Balance_Data 워크시트에서 데이터 프레임(테이블)으로 데이터를 불러오고 myData로 레이블을 지정한다.

b. 아직 수행하지 않았다면 다음 명령문을 사용하여 *caret*, *rpart*, *rpart.plot*, *forecast* 패키지를 설치하고 로드한다. 다음과 같이 입력하라.

```
>install.packages("caret", dependencies = c("Depends", "Suggests"))
>install.packages("rpart")
>install.packages("rpart.plot")
>install.packages("forecast")
>library(caret)
>library(rpart)
>library(rpart.plot)
>library(forecast)
```

c. 랜덤 시드를 1로 설정하면 이 예제에 표시된 것과 동일한 분할이 생성된다. 의사결정나무의 구성은 데이터 기반 프로세스이며 대규모 학습셋의 이점을 누릴 수 있으므로 **createDataPartition** 함수를 사용하여 데이터의 70%를 학습 데이터셋에 무작위로 할당하고 30%를 검증 데이터셋에 할당한다. 다음과 같이 입력하라.

```
>set.seed(1)
>myIndex <- createDataPartition(myData$Balance, p=0.7, list =
FALSE)
>trainSet <- myData[myIndex,]
>validationSet <- myData[-myIndex,]
```

다른 버전의 R 또는 caret을 사용하는 경우 다음 대안 코드를 사용하여 학습셋을 분할해야 할 수 있다.

```
trainSet <- myData[c(myIndex),]
```

d. **rpart** 함수를 사용하여 default_tree라는 기본 분류나무를 생성한다. **rpart** 함수 내에서 모형 구조, 데이터 출처, 방법을 지정한다. *method* = "*anova*" 옵션은 수치형 목표 값을 추정하기 위해 회귀나무를 작성하도록 함수에 지시한다. 기본 나무의 세부사항을 보기 위해 *summary* 함수를 사용한다. 교차검증 결과의 일관성을 보장하기 위해 **set.seed** 함수를 사용하여 랜덤 시드를 1로 고정한다. 다음과 같이 입력하라.

```
>set.seed(1)
>default_tree <- rpart(Balance ~ ., data=trainSet, method="anova")
>summary(default_tree)
```

e. 회귀나무를 시각적으로 보기 위해 **prp** 함수를 사용한다. *type* 옵션은 1로 설정하여 나무 다이어그램에서 잎 노드를 제외한 모든 노드에 레이블을 지정한다. *extra* 옵션은 1로 설정하여 각 노드에 속하는 관측치 수를 표시한다. *under* 옵션은 TRUE로 설정하여 다이어그램의 각 결정노드 아래에 사례 수를 표시한다. 다음과 같이 입력하라.

```
>prp(default_tree, type=1, extra=1, under = TRUE)
```

그림 10.18은 평균적인 잔액을 예측하기 위한 기본 회귀나무를 보여준다.

앞서 논의했듯이 최적의 의사결정나무를 찾기 위한 일반적인 방법은 전체나무를 성장시킨 다음 **rpart** 함수의 교차검증 과정에서 생성된 예측오차를 기반으로 덜 복잡한 나무로 가지치기하는 것이다. 가장 작은 교차검증 예측오차와 관련된 복잡성 매개변수(cp)의 값을 식별하여 최소오차나무를 만들 수 있다. 다음에서는 나무의 복잡성을 최적화하기 위한 가지치기 과정을 시연한다.

그림 10.18 R의 기본 회귀나무

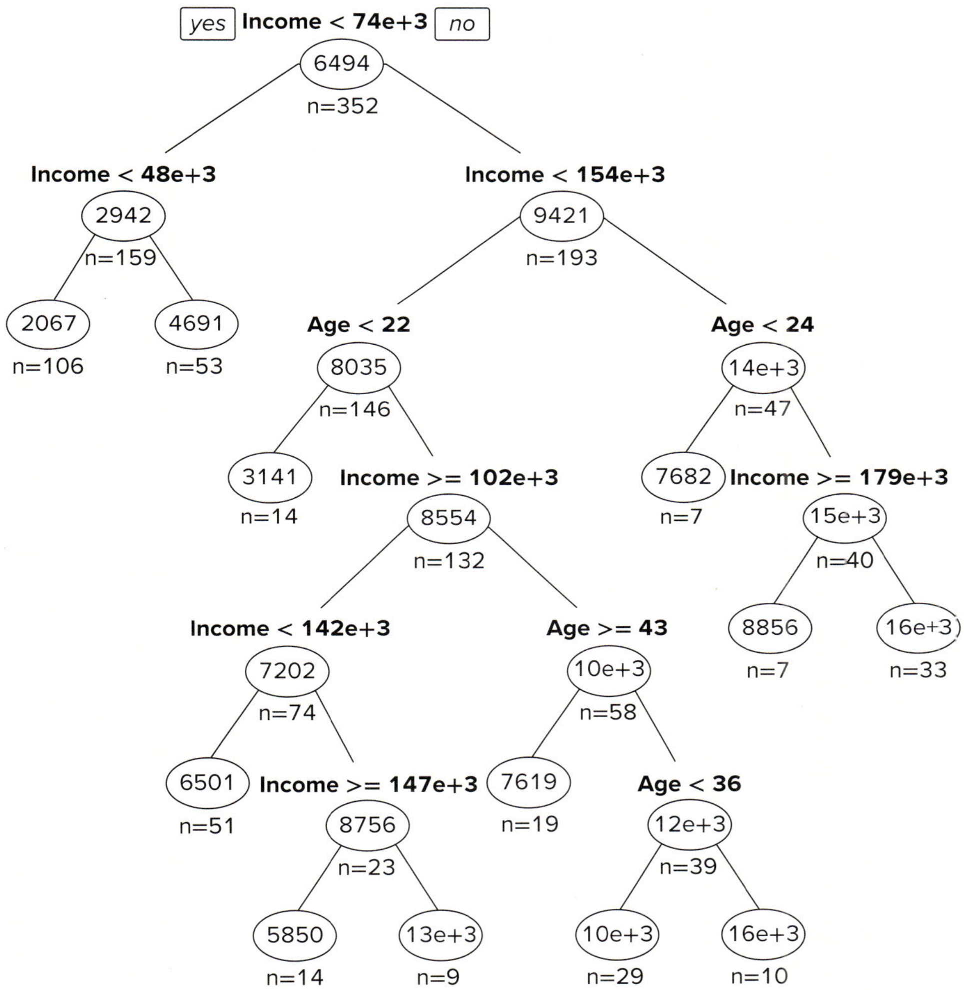

f. 먼저 **rpart** 함수를 사용하여 전체나무를 성장시킨다. *cp* 옵션은 0, *minsplit*은 2, *minbucket*은 1로 설정한다. 분류나무 관련 내용에서 설명한 대로 이러한 설정은 가능한 가장 큰 나무가 생성되도록 한다. prp 함수를 사용하여 전체나무를 표시한다. 다시 교차검증 결과의 일관성을 보장하기 위해 랜덤 시드를 1로 설정한다. 다음과 같

이 입력하라.

```
>set.seed(1)
>full_tree <- rpart(Balance ~ ., data= trainSet, method="anova",
cp=0, minsplit=2, minbucket=1)
>prp(full_tree, type=1, extra=1, under = TRUE)
```

이 경우 전체나무는 매우 복잡하므로 여기에 표시하지는 않는다.

g. 가장 작은 교차검증 예측오차와 관련된 cp 값을 식별하기 위해 **printcp** 함수를 사용한다. 다음과 같이 입력하라.

```
>printcp(full_tree)
```

전체나무의 복잡성으로 인해 cp 테이블에 273개의 하위나무 옵션이 표시된다. 그림 10.19는 복잡성 매개변수 테이블의 일부를 보여주고 있는데 복잡성이 증가하는 첫 여덟 개의 후보나무를 보여주고 있다. nsplit 열은 각 나무에 대한 분할 수를 표시한다. rel error 열은 모든 사례들에 모든 잔액의 평균과 동일한 예측 잔액이 주어진다면 발생할 뿌리노드의 예측오차 대비 각 나무의 예측오차를 상대적으로 보여준다. 나무의 예측성능은 각 나무와 관련된 교차검증 오차를 검사하여 평가해야 하는데 xerror 열을 참고하라. 두 개의 분할을 갖는 세 번째 나무는 교차검증 오차가 가장 낮다(xerror = 0.72172). 따라서 최소오차나무이다. xstd 열(표준오차)은 교차검증 오차가 최소오차나무의 1 표준오차(0.72172 + 0.10521 = 0.82693)내에 속하는 가장 작은 나무인 최량가지치기나무를 식별하는 데 사용될 수 있다. 이 경우 분할이 하나뿐인 두 번째 나무의 교차검증 오차가 0.78354로 범위 내에 있다. 따라서 최량가지치기나무는 두 번째 나무이다. 다음에서는 두 번째 나무와 관련된 cp 값을 사용하여 최량가지치기나무를 생성한다.

그림 10.19 R의 복잡성 매개변수

```
Regression tree:
rpart(formula = Balance ~ ., data = trainSet, method = "anova",
    cp = 0, minsplit = 2, minbucket = 1)

Variables actually used in tree construction:
[1] Age    Sex  Income

Root node error: 1.5323e+10/352 = 43532223

n= 352

         CP nsplit relerror   xerror    xstd
1 2.3884e-01   0   1.0000000 1.00736 0.12558
2 7.5218e-02   1   0.7611608 0.78354 0.10941   <-- Best-pruned tree
3 2.4196e-02   2   0.6859424 0.72172 0.10521   <-- Minimum error tree
4 2.0775e-02   3   0.6617459 0.81956 0.12570
5 2.0084e-02   4   0.6409709 0.86702 0.12851
6 1.8255e-02   5   0.6208865 0.87927 0.12873
7 1.6691e-02   6   0.6026315 0.87122 0.12825
8 1.5877e-02  10   0.5358656 1.02948 0.16621
```

h. **prune** 함수를 사용하여 두 번째 나무와 관련된 cp 값을 이용해 최량가지치기나무를 만든다. 다시 반올림으로 인한 문제를 방지하기 위해 두 번째 나무와 관련된 cp 값보다 약간 크지만 다음으로 작은 나무의 cp 값보다는 작은 cp 값을 사용한다. 이 경우에서는 7.5219e-02를 사용한다. **prp** 함수를 사용하여 가지치기된 나무를 표시한다. 다음과 같이 입력하라.

```
>pruned_tree <- prune(full_tree, cp=7.5219e-02)
>prp(pruned_tree, type=1, extra=1, under = TRUE)
```

그림 10.20은 최량가지치기나무의 나무 다이어그램을 보여준다. 나무는 하나의 분할과 두 개의 잎 노드를 갖고 있다. 상자 안의 값은 각 노드에 속한 고객의 예상 잔액이다. 이 나무는 고객의 수입이 74,000달러 미만인 경우 예상 잔액이 2,942달러임을 보여주며 그렇지 않으면 예상 잔액은 9,421달러이다. 이는 고소득층이 더 높은 계좌 잔액을 갖는 경향이 있음을 시사한다. 다음으로 검증 데이터셋을 사용하여 가지치기한 나무의 성능을 평가한다.

i. **predict** 함수를 사용하여 검증 데이터셋에 있는 관측치의 평균 잔액을 예측한다. 다음과 같이 입력하라.

```
>predicted_value <- predict(pruned_tree, validationSet)
```

j. 회귀나무의 성능을 평가하기 위해 **accuracy** 함수를 사용하여 예측을 위한 성능척도를 계산한다. **accuracy** 함수에는 두 개의 인수(예측값과 실제값)가 필요하다. 다음과 같이 입력하라.

그림 10.20 R의 최량가지치기나무

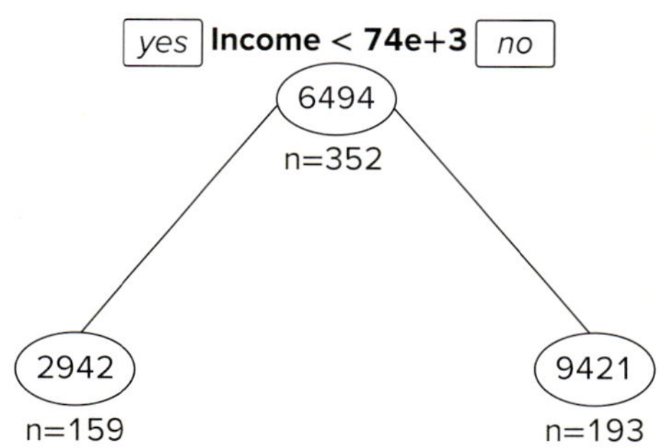


```
>accuracy(predicted_value, validationSet$Balance)
```

그림 10.21과 같이 다양한 성능척도가 생성된다.

그림 10.21 R의 성능척도

```
                 ME      RMSE      MAE      MPE     MAPE
Test set   27.64637  6818.736  4383.283  -305.334  334.4715
```

k. 마지막으로 20개의 새로운 사례에 점수를 매기기 위해 ***Balance*** 데이터 파일의 Balance_Score 워크시트에서 myScoreData라는 데이터 프레임(테이블)으로 데이터를 불러오고 **predict** 함수에 회귀나무를 활용해 새로운 사례들에 대한 예측된 평균예금 잔액(predicted_value_score)을 생성한다. 다음과 같이 입력하라.

```
>predicted_value_score <- predict(pruned_tree, myScoreData)
>predicted_value_score
```

점수 매기기 결과는 표 10.7에 요약되어 있다. 보는 바와 같이 R에서 생성된 회귀나무에 의해 예측된 연간 잔액은 다른 소프트웨어에서 생성된 회귀나무에 의해 예측된 것과 약간 다를 수 있다. 이는 소프트웨어 제품마다 무작위로 선택되어 상이하게 된 학습 데이터셋 때문이다. 가지치기된 회귀나무는 소득이 중요한 역할을 하는 반면 연령과 성별은 잔액 예측에 영향을 미치지 않음을 시사하고 있다.

표 10.7 R의 점수 매기기 결과

Record ID	Prediction: Balance	Age	Sex	Income
Record 1	2941.94	35	Female	65000
Record 2	9421.17	56	Male	160000
⋮	⋮	⋮	⋮	⋮
Record 20	9421.17	52	Female	155000

연습문제 10.3

참고: R의 경우 데이터셋을 학습 70%, 검증 30%으로 분할한다. set.seed(1) 문을 사용하여 데이터 분할 및 교차검증 모두에 대해 1의 랜덤 시드를 지정한다. 일부 데이터 파일에는 모형 개발 및 새로운 레코드 점수 매기기를 위해 두 개의 워크시트가 있다. 예측변수 값이 문자 형식이면 예측변수를 범주형 변수로 처리하고 그렇지 않으면 예측변수를 수치형 변수로 취급하라.

15. FILE ***Exercise_10.23.*** 함께 제공되는 데이터셋은 두 개의 예측변수 x_1, x_2와 하나의 수치형 목표변수 y를 포함하고 있다. 데이터셋을 사용하여 회귀나무를 구축하라.

- **a.** x_1에 대해 가능한 분할 값을 오름차순으로 나열하라.
- **b.** x_2에 대해 가능한 분할 값을 오름차순으로 나열하라.
- **c.** $x_1 = 131$ 분할영역의 MSE를 계산하라.
- **d.** $x_2 = 105$ 분할영역의 MSE를 계산하라.
- **e.** 위 c와 d의 결과를 비교하고 해석하라.

16. FILE ***Exercise_10.24.*** 함께 제공되는 데이터셋은 세 개의 예측변수 x_1, x_2, x_3와 하나의 수치형 목표변수 y를 포함하고 있다. 데이터셋을 사용하여 회귀나무를 구축하라.

- **a.** x_1에 대해 가능한 분할 값을 오름차순으로 나열하라.
- **b.** x_2에 대해 가능한 분할 값을 오름차순으로 나열하라.
- **c.** x_3에 대해 가능한 분할 값을 오름차순으로 나열하라.
- **d.** $x_1 = 252$ 분할영역의 MSE를 계산하라.
- **e.** $x_2 = 92.5$ 분할영역의 MSE를 계산하라.
- **f.** $x_3 = 14.25$ 분할영역의 MSE를 계산하라.
- **g.** 위 d, e, f의 결과를 비교하고 해석하라.

17. FILE ***Exercise_10.25.*** 함께 제공되는 데이터셋은 두 개의 예측변수 x_1, x_2와 하나의 수치형 목표변수 y를 포함하고 있다. 데이터셋을 사용하여 회귀나무를 구축하라.

- **a.** x_1에서 어떤 분할이 가장 작은 MSE를 생성하는가?
- **b.** x_2에서 어떤 분할이 가장 작은 MSE를 생성하는가?
- **c.** 함께 제공되는 데이터셋을 사용하여 회귀나무를 구축하는 경우 뿌리노드를 만드는 데 사용해야 하는 변수 및 분할 값은 무엇인가?
- **d.** 이 분할에서 생성된 규칙을 설명하라.

18. FILE ***Exercise_10.26.*** 함께 제공되는 데이터셋은 세 개의 예측변수 x_1, x_2, x_3와 하나의 수치형 목표변수 y를 포함하고 있다. 데이터셋을 사용하여 회귀나무를 구축하라.

a. x_1에서 어떤 분할이 가장 작은 MSE를 생성하는가?

b. x_2에서 어떤 분할이 가장 작은 MSE를 생성하는가?

c. x_3에서 어떤 분할이 가장 작은 MSE를 생성하는가?

d. 함께 제공되는 데이터셋을 사용하여 회귀나무를 구축하는 경우 뿌리노드를 만드는 데 사용해야 하는 변수 및 분할 값은 무엇인가?

e. 이 분할에서 생성된 규칙을 설명하라.

19. 아래 회귀나무는 신용점수를 불이행(default) 횟수(*NUM DEF*), 회전잔액(*REV BAL*), 신용기록 연수(*YRS HIST*) 등과 관련시키고 있다. 다음 각 개인의 신용점수를 예측하라.

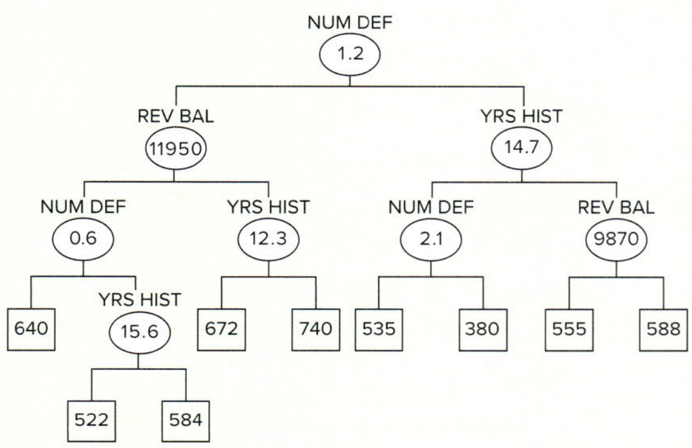

a. 불이행이 없고, 회전잔액 4,200달러, 12년의 신용기록이 있는 개인

b. 2번의 불이행, 회전잔액 6,500달러, 7년의 신용기록이 있는 개인

c. 1번의 불이행, 회전잔액 12,700달러, 25년의 신용기록이 있는 개인

d. 2번의 불이행, 회전잔액 8,100달러, 16년의 신용기록이 있는 개인

20. **FILE** ***Exercise_10.30.*** Exercise_10.30_Data 워크시트(예측변수: x_1~x_4, 목표: y)에서 함께 제공되는 데이터셋을 사용하여 회귀나무를 구축하라.

a. **rpart** 함수를 사용하여 기본 회귀나무를 구축하라. 기본 회귀나무를 표시하라. 기본 회귀나무에는 몇 개의 잎 노드가 있는가?

b. 기본 회귀나무의 첫 번째 분할(뿌리노드)에 대한 예측변수와 분할 값은 무엇인가? 뿌리노드에서 파생될 수 있는 규칙은 무엇인가?

c. **rpart** 함수를 사용하여 완전히 성장한 회귀나무를 구축하라. cp 테이블을 표시하라. 교차검증 오차가 가장 작은 나무는 무엇인가? 최소오차나무에는 몇 개의 분할이 있는가?

d. 최소 교차검증 오차의 1 표준오차 내에 있는 교차검증 오차가 있는 더 간단한 나무가 있는가? 최량가지치기나무와 관련된 cp 값은 무엇인가?

e. 위 c에 대한 대답이 "아니요"인 경우 전체나무를 최량가지치기나무 또는 최소오차나무로 가지치기하라. 가지치기한 나무를 표시하라. 가지치기한 나무의 잎 노드는 몇 개인가?

f. 검증 데이터에 대해 가지치기한 나무의 ME, RMSE, MAE, MPE, MAPE 값은 얼마인가?

g. Exercise_10.30_Score 워크시트에서 새 관측치의 점수를 매겨라. 첫 번째 관측치에 대한 y의 예측값은 얼마인가? 예측값 y의 최소값, 최대값, 평균값은 얼마인가?

21. **FILE** ***Exercise_10.31.*** Exercise_10.31 워크시트(예측변수: x_1~x_4, 목표: y)에서 함께 제공되는 데이터셋을 사용하여 회귀나무를 구축하라.

a. **rpart** 함수를 사용하여 기본 회귀나무를 구축하라. 기본 회귀나무를 표시하라. 기본 회귀나무에는 몇 개의 잎 노드가 있는가? 기본 회귀나무의 첫 번째 분할에 대한 예측변수와 분할 값은 무엇인가?

b. **rpart** 함수를 사용하여 완전히 성장한 회귀나무를 구축하라. 가장 작은 교차검증 오차와 관련된 cp 값은 무엇인가? 최소오차나무에는 몇 개의 분할이 있는가?

c. 최소 교차검증 오차의 1 표준오차 내에 있는 교차검증 오차가 있는 더 간단한 나무가 있는가? 최량가지치기나무와 관련된 cp 값은 무엇인가? 최량가지치기나무에는 몇 개의 분할이 있는가?

d. 위 c에 대한 대답이 "아니요"인 경우 전체나무를 최량가지치기나무 또는 최소오차나무로 가지치기하라. 가지치기한 나무를 표시하라. 검증 데이터에 대해 가지치기한 나무의 ME, RMSE, MAE, MPE, MAPE 값은 얼마인가?

e. 가지치기한 회귀나무의 성능에 대해 설명하라.

22. **FILE** ***Exercise_10.33.*** 함께 제공되는 데이터셋(예측변수: x_1~x_4, 목표: y)을 사용하여 회귀나무를 구축하라.

a. **rpart** 함수를 사용하여 기본 회귀나무를 구축하라. **prp** 함수를 사용하여 나무를 표시하라. 기본 회귀나무에는 몇 개의 잎 노드가 있는가?

b. 기본 회귀나무의 첫 번째 분할(뿌리노드)에 대한 예측변수와 분할 값은 무엇인가? 뿌리노드에서 파생될 수 있는 규칙은 무엇인가?

c. **rpart** 함수를 사용하여 완전히 성장한 회귀나무를 구축하라. cp 테이블을 표시하라. 교차검증 오차가 가장 작은 나무는 무엇인가? 최소오차나무와 관련된 cp 값은 무엇인가?

d. 최소 교차검증 오차의 1 표준오차 내에 있는 교차검증 오차가 있는 더 간단한 나무가 있는가? 있다면 최량가지치기나무와 관련된 cp 값은 무엇인가?

e. 위 d에 대한 대답이 "아니요"인 경우 **prune** 함수를 사용

하여 전체나무를 최량가지치기나무 또는 최소오차나무로 가지치기하라. **prp** 함수를 사용하여 가지치기한 나무를 표시하라. 검증 데이터에 대해 가지치기한 나무의 ME, RMSE, MAE, MPE, MAPE 값은 얼마인가?

23. **FILE** ***Travel.*** 제리 스티븐슨(Jerry Stevenson)은 여행사 관리자이다. 그는 여행상품에 대한 고객의 연간 지출을 예측할 수 있는 모형을 구축하고자 한다. 그는 다음과 같은 변수를 포함하는 데이터셋을 수집했다: 개인이 대학학위를 가지고 있는지 여부(College), 신용카드 부채가 있는지 여부(CreditCard), 식품에 대한 연간 가계지출(FoodSpend), 연간 소득(Income), 여행상품에 대한 연간 가계지출(TravelSpend). Travel_Data 워크시트의 일부가 함께 제공되는 표에 표시되어 있다. 여행상품에 대한 고객의 연간 가계지출(TravelSpend)을 예측하는 기본 회귀나무를 구축하라. 회귀나무를 표시하라.

College	CreditCard	FoodSpend	Income	TravelSpend
Yes	Yes	5472.43	49150	827.4
No	Yes	9130.73	47806	863.55
⋮	⋮	⋮	⋮	⋮
Yes	Yes	5584	53504	1748.1

a. 기본 회귀나무에는 몇 개의 잎 노드가 있는가? 기본 회귀나무의 첫 번째 분할에 대한 예측변수와 분할 값은 무엇인가?

b. 완전히 성장한 회귀나무를 구축하라. 가장 작은 교차검증 오차와 관련된 cp 값은 무엇인가? 최소오차나무에는 몇 개의 분할이 있는가? 최소 검증오차는 무엇인가?

c. 최소오차의 1 표준오차 내에 있는 교차검증 오차가 있는 더 간단한 나무가 있는가? 있다면 최량가지치기나무와 관련된 cp 값은 무엇인가?

d. 위 c에 대한 대답이 "아니요"인 경우 전체나무를 최량가지치기나무 또는 최소오차나무로 가지치기하라. 나무를 표시하라. 가지치기한 나무의 잎 노드는 몇 개인가?

e. 검증 데이터에 대해 가지치기한 나무의 ME, RMSE, MAE, MPE, MAPE 값은 얼마인가?

f. 가지치기한 나무를 사용하여 Travel_Score 워크시트에서 두 명의 신규고객에 대한 점수를 매겨라. 여행상품에 대한 예상 연간 지출금액은 얼마인가?

24. **FILE** ***Houses.*** 멜리사 힐(Melissa Hill)은 캘리포니아 버클리에 있는 부동산 중개인이다. 그녀는 집 가격을 보다 정확하게 책정할 수 있는 예측모형을 구축하고자 한다. 멜리사는 작년에 판매된 주택에 대한 정보가 포함된 House_Data 워크시트의 데이터셋을 구축했다. 데이터셋은 다음과 같은 변수를 포함하고 있다: 침실 수(BM), 욕실 수(Bath), 부동산 면적(SQFT), 부지 크기(Lot_Size), 부동산 유형(Type), 부동산 연식(Age), 판매가격(Price). 데이터셋의 일부가 함께 제공되는 표에 표시되어 있다. 주택가격(Price)을 예측하는 기본 회귀나무를 구축하라. 회귀나무를 표시하라.

BM	Bath	SQFT	Lot_Size	Type	Age	Price
4	2	1520	4050	Single Family	110	500000
3	2	1251	3200	Single Family	112	775000
⋮	⋮	⋮	⋮	⋮	⋮	⋮
4	4	4314	7056	Single Family	78	2635000

a. 기본 회귀나무의 첫 번째 분할에 대한 예측변수와 분할 값은 무엇인가? 뿌리노드에서 파생될 수 있는 규칙은 무엇인가?

b. 완전히 성장한 회귀나무를 구축하라. 가장 작은 교차검증 오차와 관련된 cp 값은 무엇인가? 최소오차나무에는 몇 개의 분할이 있는가?

c. 최소오차의 1 표준오차 내에 있는 교차검증 오차가 있는 더 간단한 나무가 있는가? 있다면 최량가지치기나무와 관련된 cp 값은 무엇인가?

d. 위 c에 대한 대답이 "아니요"인 경우 전체나무를 최량가지치기나무 또는 최소오차나무로 가지치기하라. 나무를 표시하라. 가지치기한 나무의 잎 노드는 몇 개인가?

e. 검증 데이터에 대해 가지치기한 나무의 ME, RMSE, MAE, MPE, MAPE 값은 얼마인가? 평균적으로 회귀나무가 주택가격을 과대예측하는가 또는 과소예측하는가? 회귀나무 모형이 주택가격 예측에 효과적인가?

f. 가지치기한 나무를 사용하여 Houses_Score 워크시트에서 시장에 나와있는 두 개의 새 집에 대한 점수를 매겨라. 예상가격은 얼마인가?

25. **FILE** ***E_Retailer.*** 한 온라인 소매회사가 한 해 첫 3개월 동안의 고객지출을 예측하려고 한다. 이 회사의 마케팅 분석가인 브라이언 더피(Brian Duffy)는 기존고객 200명에 대해 성별(Female: 여성이면 1, 그렇지 않은 경우 0), 연간 소득(Income, 천단위), 연령(Age, 연수), 한 해 첫 3개월 동안의 총지출(Spending) 등을 포함하는 데이터셋을 구축했다. E-Retailer_Data 워크시트의 일부가 함께 제공되는 표에 표시되어 있다. 한 해 첫 3개월 동안 고객지출(Spending)을 예측하는 기본 회귀나무를 구축하라. 회귀나무를 표시하라.

Female	Income	Age	Spending
0	87.5	52	156.88
1	66.5	43	275.16
⋮	⋮	⋮	⋮
0	51.9	61	159.51

a. 기본 회귀나무에서 파생될 수 있는 규칙은 무엇인가?
b. 완전히 성장한 회귀나무를 구축하라. 가장 작은 교차검증 오차와 관련된 cp 값은 무엇인가? 최소오차나무에는 몇 개의 잎 노드가 있는가?
c. 최소오차의 1 표준오차 내에 있는 교차검증 오차가 있는 더 간단한 나무가 있는가? 있다면 최량가지치기나무와 관련된 cp 값은 무엇인가?
d. 위 c에 대한 대답이 "아니요"인 경우 전체나무를 최량가지치기나무 또는 최소오차나무로 가지치기하라. 나무를 표시하라. 가지치기한 나무의 잎 노드는 몇 개인가?
e. 검증 데이터에 대해 가지치기한 나무의 ME, RMSE, MAE, MPE, MAPE 값은 얼마인가?
f. 가지치기한 나무를 사용하여 E-Retailer_Score 워크시트에서 10명의 신규고객에 대한 점수를 매겨라. 모형에 따르면 첫 3개월 동안의 예상 지출 금액 평균 및 중앙값은 무엇인가?

26. **FILE** ***Electricity.*** 미국 에너지정보국(Energy Information Administration)의 에너지연구원인 카일 롭슨(Kyle Robson)은 주(state)를 대상으로 연간 전기 소매판매를 예측하기 위한 모형을 구축하고자 한다. 카일은 50개 주와 컬럼비아 특별구에 대한 데이터셋을 구축했으며 이는 평균 전기 소매가격(Price, cents/kWh), 1인당 발전량(Generation), 중위 가구소득(Income), 1인당 전기 소매판매(Price, MWh) 등을 포함하고 있다. 데이터셋의 일부가 함께 제공되는 표에 표시되어 있다. 1인당 전기 소매판매(Sales)를 예측하는 기본 회귀나무를 구축하라. 회귀나무를 표시하라.

State	Price	Generation	Income	Sales
Alabama	9.56	29.12	$44,765	18.05
Alaska	17.93	8.58	$73,355	8.3
⋮	⋮	⋮	⋮	⋮
Wyoming	8.19	81.32	$60,214	28.86

a. 기본 회귀나무의 첫 번째 분할에 대한 예측변수와 분할 값은 무엇인가? 기본 회귀나무에서 파생될 수 있는 규칙은 무엇인가?
b. 완전히 성장한 회귀나무를 구축하라. 가장 작은 교차검증 오차와 관련된 cp 값은 무엇인가? 최소오차나무에는 몇 개의 잎 노드가 있는가?
c. 최소오차의 1 표준오차 내에 있는 교차검증 오차가 있는 더 간단한 나무가 있는가? 있다면 최량가지치기나무와 관련된 cp 값은 무엇인가?
d. 위 c에 대한 대답이 "아니요"인 경우 전체나무를 최량가지치기나무 또는 최소오차나무로 가지치기하라. 나무를 표시하라. 가지치기한 나무의 잎 노드는 몇 개인가?
e. 검증 데이터에 대해 가지치기한 나무의 ME, RMSE, MAE, MPE, MAPE 값은 얼마인가?
f. Price = 11, Generation = 25, Income = 65,000의 값을 갖는 주의 예상 1인당 전기 소매판매량은 얼마인가?

27. **FILE** ***NBA.*** 메릭 스티븐스(Merrick Stevens)는 200명 이상의 운동선수들을 대표하는 스포츠 에이전시인 에이스 스포츠 매니지먼트(ACE Sports Management)에서 근무하는 스포츠 분석가이다. 그는 NBA 선수의 급여와 그의 신체 및 성적 통계 간의 관계를 이해하는 데 관심이 있다. 메릭은 경쟁하는 30개 NBA팀과 445경의 선수에 대한 정보가 포함된 데이터셋을 구축했다. NBA_Data 워크시트의 일부가 아래 표에 표시되어 있다. 데이터셋의 각 필드에 대한 자세한 설명은 NBA Information.docx에서 찾을 수 있다. NBA 선수의 급여(salary)를 예측하는 기본 회귀나무를 구축하라. 회귀나무를 표시하라.

player_number	salary	age	...	points
1	947276	36	...	13.5
2	2500000	37	...	17.6
⋮		⋮	⋮	⋮
445	525093	23	...	1.2

a. 기본 회귀나무의 첫 번째 분할에 대한 예측변수와 분할 값은 무엇인가?
b. 완전히 성장한 회귀나무를 구축하라. 가장 작은 교차검증 오차와 관련된 cp 값은 무엇인가? 최소오차나무에는 몇 개의 잎 노드가 있는가?
c. 최소오차의 1 표준오차 내에 있는 교차검증 오차가 있는 더 간단한 나무가 있는가? 있다면 최량가지치기나무와 관련된 cp 값은 무엇인가?
d. 위 c에 대한 대답이 "아니요"인 경우 전체나무를 최량가지치기나무 또는 최소오차나무로 가지치기하라. 가지치기한 나무에서 파생될 수 있는 규칙은 무엇인가?
e. 검증 데이터에 대해 가지치기한 나무의 ME, RMSE, MAE, MPE, MAPE 값은 얼마인가?
f. 가지치기한 나무를 사용하여 NBA_Score 워크시트에서 메릭이 에이스 스포츠 매니지먼트의 고객으로 계약하고자 하는 NBA 선수 세 명의 점수를 매겨라. 세 선수의 평균적인 예상 급여는 얼마인가?

10.4 앙상블 나무모형

LO 10.3

앙상블 나무모형을 적용하여 새로운 레코드를 분류할 수 있어야 한다.

의사결정나무는 매우 널리 사용되는 분류 및 예측 기법이지만 데이터 변화에 민감하다. 데이터를 조금만 변경해도 나무와 결과가 크게 달라질 수 있다. 또한 단일나무모형은 과대적합되는 경향이 있는데, 현재 데이터에는 잘 맞지만 보이지 않는 데이터셋으로 일반화되지 못한다. 이러한 문제에 대한 한 가지 해결책은 여러 단일나무모형을 하나의 앙상블 모형으로 결합하는 **앙상블 나무모형(ensemble tree models)**을 사용하는 것이다. 앙상블 나무의 인기는 점차 증가하고 있으며 여러 가지 상황에서 단일나무모형보다 더 좋고 안정적인 예측성능을 만들어내는 것으로 입증됐다.

앙상블 나무의 원리는 개별 나무들의 집합적인 결과가 하나의 분류 또는 예측모형으로 결합된다는 것이다. 즉, 상대적으로 약한 단일나무모형[종종 약한 학습자(weak learners)라고 함]의 그룹이 결합되어 예측오차의 변동을 줄이는 더욱 강력한 앙상블 나무모형을 형성한다. 분류의 경우, 다수결 규칙(majority rule)을 사용하게 되는데 모든 단일나무모형에서 가장 자주 예측되는 클래스가 최종 분류로 선택된다. 예측의 경우에는 모든 단일나무모형의 평균적인 예측을 사용한다. 때로는 더 나은 성능의 나무에 더 많은 가중치를 부여하는 가중 다수결 투표 또는 가중 평균과 같은 보다 정교한 기술들이 사용될 수 있으며 더욱 정확한 예측을 만들어낼 수도 있다. 단일나무와 달리 앙상블 나무모형은 여러 나무가 결합하여 앙상블 모형을 구성하므로 나무 다이어그램을 사용하여 시각적으로 표시할 수 없다.

앙상블 모형을 만들 때 *배깅(bagging)*, *부스팅(boosting)*, *랜덤 포레스트(random forest)*라는 세 가지 일반적인 전략이 사용된다. **배깅(bagging)**은 부트스트랩 집계(bootstrap aggregation) 기법을 사용하며 반복적으로 원래 데이터를 복원 추출하여 여러 학습 데이터셋을 만든다. 그런 다음 각 학습셋을 사용하여 단일의사결정나무를 구축한다. 배깅은 다양한 학습 데이터로 생성된 단일나무모형의 결과를 결합하여 나무모형의 안정성을 개선하는 데 도움이 된다.

두 번째 앙상블 전략은 **부스팅(boosting)**이다. 부스팅 전략 또한 여러 단일나무모형을 생성하기 위해 반복적으로 복원 표본추출을 사용한다. 그러나 이는 잘못 분류되거나 예측오차가 큰 사례들에 더 많은 주의를 기울이는 반복적이고 순차적인 과정이다. 각각의 반복에서 잘못 분류되었거나 이전 라운드의 예측오차가 큰 사례들은 다음 표본에 포함될 확률이 더 높거나 더 많은 가중치가 부여된다. 이런 결과로 초기에 높은 분류 또는 예측 오차율을 갖는 개별 단일나무모형은 이렇게 어려운 사례들에 더 나은 분류 또는 예측을 수행하도록 조정되므로 여러 반복을 통해 모형 성능이 향상된다.

배깅 전략과 부스팅 전략의 주요 차이점은 배깅을 사용하면 모든 사례들이 표본에 포함될 확률은 동일하지만 부스팅을 사용하면 이전에 잘못 분류되었거나 예측오차가 컸던 사례들이 포함될 확률이 증가한다는 것이다. 부스팅 전략의 장점은 모형화 과정에서 가장 어려운 사례들에 집중하도록 한다는 것이지만 동시에 과대적합되는 경향이 있다.

랜덤 포레스트(random forest) 또는 랜덤 나무(random trees)는 배깅 전략이 확장된 것이다. 배깅 전략에서는 학습셋 내 동일한 예측변수 그룹에서 단일나무가 생성되므로 나무들이 서로 매우 유사한 경향이 있다. 결과적으로 배깅 방법으로 생성된 단일나무와 이에 기반한 예측은 서로 높은 상관관계가 있을 수 있다. 상관관계가 높은 나무들의 평균적인 예측은 결과적으로 예측오차의 분산을 크게 감소시키지 못할 수 있다. 이 문제를 극복하기 의해 랜덤 포레스트 전략은 학습 데이터의 반복적 샘플링뿐만 아니라 각각의 나무를 구성하기 위해 특성(features)이라고 하는 예측변수의 부분집합을 무작위로 선택한다.

랜덤 포레스트 기법은 예측변수들이 높은 상관관계가 있는 경우 특히 유용하다. 이 접근법은 더 큰 다양성과 덜 상관된 단일나무모형을 생성하여 예측오차의 분산을 크게 줄일 수 있다. 일종의 가이드라인으로 총 예측변수 수의 제곱근은 각 나무에 대해 선택할 무작위 특성 수로 이용된다. 예를 들어, 데이터에 16개의 예측변수가 있는 경우, 각 나무는 나무에 포함할 $\sqrt{16} = 4$개의 특성을 무작위로 선택한다. 특성 중요도 정보를 사용하면 분류 또는 예측 과정에 많이 기여하지 않은 예측변수들을 향후 분석에서 제외하도록 결정할 수 있다.

앙상블 나무모형

앙상블 나무모형은 예측오차의 변동을 줄이기 위해 여러 단일나무모형을 결합한다. 분류의 경우, 모든 단일나무모형에서 가장 자주 예측되는 클래스가 최종 분류로 선택되는 다수결 규칙이 자주 사용된다. 예측의 경우, 모든 단일나무모형의 예측 평균이 자주 사용된다. 일반적인 앙상블 나무 전략으로 배깅, 부스팅, 랜덤 포레스트가 있다.

- 배깅(bagging)은 부트스트랩 집계 기법을 사용하여 원래 데이터에 대한 반복적인 복원 표본추출을 시행하여 여러 학습 데이터셋을 만드는 앙상블 모형화 전략이다.
- 부스팅(boosting)은 이전 나무에서 잘못 분류되거나 큰 예측오차가 있는 사례들에 대해 가중 샘플링 과정을 통해 더 많은 주의를 기울이도록 하는 앙상블 모형화 전략이다.
- 랜덤 포레스트(random forest)는 원본 데이터를 반복적으로 복원 표본추출하고 각 나무를 구축하기 위해 특성이라고 하는 예측변수의 하위 집합을 무작위로 선택하여 나무 모음을 만드는 앙상블 모형화 전략이다.

요약하면, 배깅은 구현하기 쉬우며 나무를 병렬적으로 개발할 수 있다. 부스팅은 분류하거나 예측하기 어려운 사례에 집중한다. 그러나, 부스팅은 나무를 병렬적으로 개발할 수는 없다(가중치가 이전 나무에 따라 달라짐). 따라서 계산비용이 더 많이 들고 과대적합으로 이어질 수 있다. 랜덤 포레스트는 배깅의 단순성과 계산 효율성을 제공하면서 과정상 더 많은 다양성을 추가한다. 마지막으로 여러 개의 단일나무모형이 생성되기 때문에 일반적으로 앙상블 모형에서는 가지치기가 필요치 않다. 따라서 데이터를 학습 및 검증셋으로만 분할하면 된다. 테스트 데이터셋이 필요 없는 이러한 접근방식은 모형을 샘플링하고 학습하는 데 사용할 수 있는 데이터의 양을 증가시킨다. 안타깝게도 앙상블 나무는 나무 다이어그램을 사용하여 그래픽적으로 표시할 수 없다. 따라서 단일 나무보다 해석하기는 더 어렵다. 앙상블 나무모형이 단일나무모형보다 더 나은 성능을 발휘하는지 여부는 데이터, 예측변수 및 각 문제에 고유한 기타 요인에 따라 달라진다. 대부분의 경우 앙상블 모형은 더 정확하고 신뢰할 수 있는 예측으로 이어진다. 예제 10.8에서는 R을 사용하여 앙상블 분류 나무모형을 개발하는 방법을 보여주고 있는데 앙상블 예측 나무모형도 유사하게 개발할 수 있다.

R을 이용한 앙상블 분류 나무모형 개발

예제 10.8

FILE ***HELOC.*** R을 사용해 예제 10.5에서 사용된 ***HELOC*** 데이터셋을 이용하여 앙상블 분류 나무모형을 개발하라. 앙상블 나무모형의 성능을 예제 10.5에서 개발한 단일나무모형과 비교하라.

해답:

먼저 배깅 기법에 대한 자세한 지침을 제공한다. 부스팅과 랜덤 포레스트 모형을 개발하는 데 필요한 조정은 예제의 끝에 제공된다.

a. ***HELOC*** 데이터 파일의 HELOC_Data 워크시트에서 데이터 프레임(테이블)으로 데이터를 불러오고 myData로 레이블을 지정한다.

b. *caret*, *gains*, *pROC*, *randomForest* 패키지를 설치하고 구동한다. 다음과 같이 입력하라.

```
>install.packages("caret", dependencies = c("Depends", "Suggests"))
>install.packages("gains")
>install.packages("pROC")
>install.packages("randomForest")
>library(caret)
>library(gains)
>library(pROC)
>library(randomForest)
```

c. *randomForest* 패키지에서는 모든 범주형 변수를 명시적으로 요인 변수로 선언해야 하므로 **as.factor** 함수를 사용하여 범주형 목표변수 HELOC 및 범주형 예측변수 Sex를 요인 변수로 변환한다. 다음과 같이 입력하라.

```
>myData$HELOC <- as.factor(myData$HELOC)
>myData$Sex <- as.factor(myData$Sex)
```

d. 데이터를 학습(60%) 및 검증(40%) 데이터셋으로 분할한다. 랜덤 시드를 1로 설정하면 이 예제에 표시된 것과 동일한 분할이 생성된다. 다음과 같이 입력하라.

```
>set.seed(1)
>myIndex <- createDataPartition(myData$HELOC, p=0.6, list = FALSE)
>trainSet <- myData[myIndex,]
>validationSet <- myData[-myIndex,]
```

다른 버전의 R 또는 caret을 사용하는 경우 다음의 대안 코드를 사용하여 학습셋을 분할해야 할 수도 있다.

```
trainSet <- myData[c(myIndex),]
```

e. 먼저 배깅 전략을 이용해 앙상블 나무모형을 구축하기 위해 **randomForest** 함수를 사용한다. *ntree* 옵션을 100으로 설정하여 100개의 단일나무모형을 구축하도록 한다. 데이터에 세 개의 예측변수가 있으므로 *mtry* 옵션을 3으로 설정하여 각 단일나무모형에서 세 개의 예측변수를 모두 사용한다. 이것은 또한 배깅 전략을 사용하고 있음을 나타낸다. 특성 중요도 정보를 생성하기 위해 *importance* 옵션을 TRUE로 설정한다. 다시 랜덤 시드를 1로 설정하면 이 예제와 동일한 결과를 얻을 수 있다. 다음과 같이 입력하라.

```
>set.seed(1)
>bagging_tree <- randomForest(HELOC ~ ., data=trainSet, ntree=
100, mtry = 3, importance = TRUE)
```

f. 특성 중요도 정보를 표시하려면 **varImpPlot** 함수를 사용하여 특성 중요도를 그래픽적으로 표시할 수 있다. 전체 정확도의 평균적인 감소 측면에서 특성 중요도를 표시하기 위해 *type* 옵션을 1로 설정한다. 대안적으로 *type* 옵션을 2로 설정하면 R은 특성 중요도를 비교하기 위해 지니불순도지수의 평균적인 감소를 사용한다. 그림 10.22에서 볼 수 있듯이 가장 중요한 예측변수는 성별인데 해당 예측변수가 삭제되면 모형에서 분류 정확도가 가장 많이 감소하기 때문이다. 두 번째로 중요한 예측변수는 연령이다.

```
>varImpPlot(bagging_tree, type=1)
```

그림 10.22 R의 특성 중요도 그래프

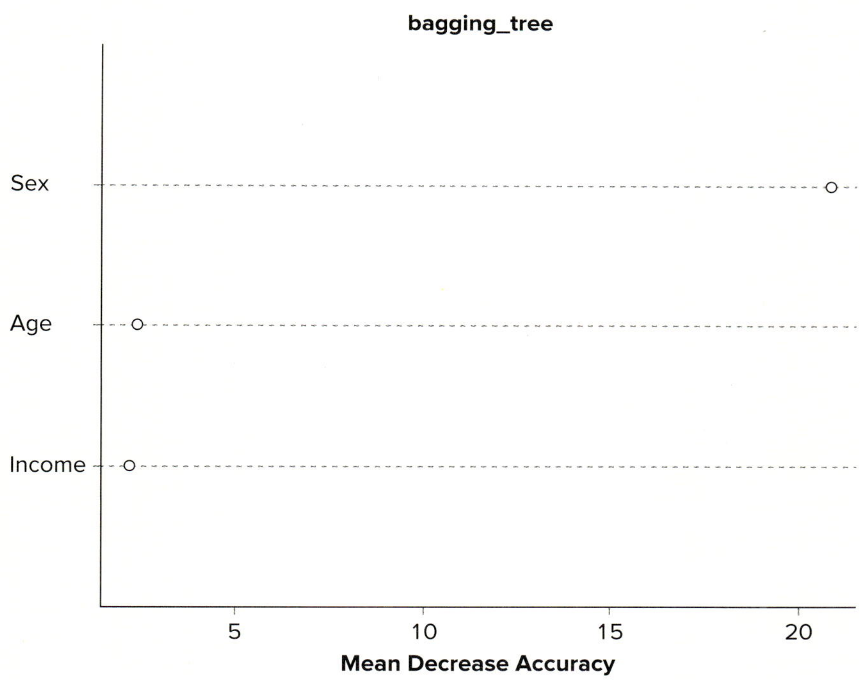

g. 다음 명령문으로 검증 데이터셋의 예측된 클래스 귀속과 실제 클래스 귀속을 비교하여 혼동행렬을 작성한다. 다음과 같이 입력하라.

```
>predicted_class <- predict(bagging_tree, validationSet)
>confusionMatrix(predicted_class, validationSet$HELOC,
positive = "1")
```

혼동행렬은 그림 10.23에 표시되어 있다. 성능척도는 배깅 앙상블 나무모형이 검증 데이터에 대해 전반적인 정확도가 80%임을 보여준다. 앞서 살펴본 것처럼 모형은 클래스 1 사례를 올바르게 분류(민감도 = 0.5577)하는 것보다 클래스 0 사례를 올바르게 분류(특이도 = 0.8851)하는 데 훨씬 더 효과적이다.

그림 10.23 R의 요약 척도

```
Confusion Matrix and Statistics

             Reference
Prediction     0   1
          0  131  23
          1   17  29

                Accuracy : 0.8
                  95% CI : (0.7378, 0.8531)
     NO Information Rate : 0.74
     P-Value [ACC > NIR] : 0.02937

                   Kappa : 0.46

  Mcnemar's Test P-Value : 0.42920

             Sensitivity : 0.5577
             Specificity : 0.8851
          Pos Pred Value : 0.6304
          Neg Pred Value : 0.8506
              Prevalence : 0.2600
          Detection Rate : 0.1450
    Detection Prevalence : 0.2300
       Balanced Accuracy : 0.7214

        'Positive' class : 1
```

h. 다음 명령문으로 누적 향상도 그래프, 십분위 향상도 그래프, ROC 곡선을 작성한다. 이러한 그래프를 만드는 명령문은 이전 절에서 설명했으므로 여기서 반복하지는 않는다. 다음과 같이 입력하라.

```
>predicted_prob<- predict(bagging_tree, validationSet, type="prob")
>validationSet$HELOC <- as.numeric(as.character(validationSet$
HELOC))
>gains_table <- gains(validationSet$HELOC, predicted_prob[,2])
>gains_table
># cumulative lift chart
>plot(c(0, gains_table$cume.pct.of.total*sum(validationSet$HELOC))
~ c(0, gains_table$cume.obs),xlab = "# cases", ylab="Cumulative",
type ="l")
>lines(c(0, sum(validationSet$HELOC)) ~ c(0, dim(validationSet)
[1]), col="red", lty=2)
># decile-wise lift chart
>barplot(gains_table$mean.resp/mean(validationSet$HELOC),
names.arg=gains_table$depth, xlab="Percentile", ylab="Lift", ylim=
c(0, 3), main = "Decile- Wise Lift Chart")
># ROC curve
>roc_object<- roc(validationSet$HELOC, predicted_prob[,2])
>plot.roc(roc_object)
># compute auc
>auc(roc_object)
```

누적 향상도 그래프, 십분위 향상도 그래프, ROC 곡선이 그림 10.24에 표시되어 있다. 전반적으로 배깅 앙상블 나무모형은 예제 10.5의 R에서 생성된 단일나무 분류모형에 비해 예측 성능이 약간 향상되었다.

i. 마지막으로, 20개의 신규사례에 점수를 매기기 위해 ***HELOC*** 데이터 파일의 HELOC_Score 워크시트에서 myScoreData라는 데이터 프레임(테이블)으로 데이터를 불러오고, **predict** 함수에 배깅 앙상블 나무를 활용하여 새 사례에 대한 예측 클래스 귀속 및 확률을 생성한다. 먼저 범주형 예측변수인 성별을 요인 변수로 변환하여 e 단계에서 만든 배깅 나무모형의 성별 변수와 일치하도록 한다. 다음과 같이 입력하라.

```
>myScoreData$Sex <- as.factor(myScoreData$Sex)
>predicted_class_score <- predict(bagging_tree, myScoreData,
type="class")
>predicted_class_score
>predicted_class_prob <- predict(bagging_tree, myScoreData,
type="prob")
>predicted_class_prob
```

점수 매기기 결과는 표 10.8에 요약되어 있다.

그림 10.24 R의 성능 그래프

a. 누적 향상도 그래프

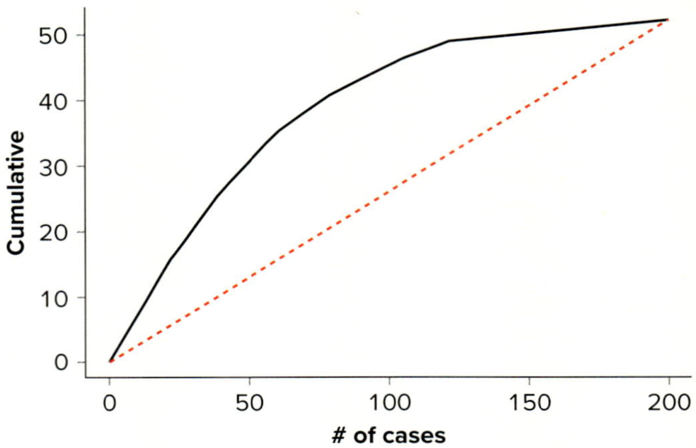

b. 십분위 향상도 그래프

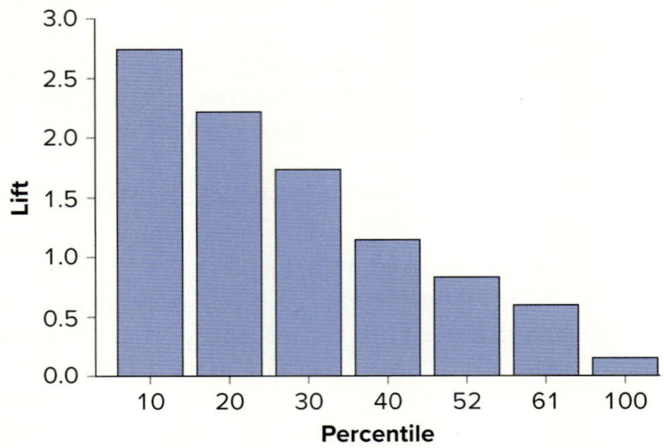

c. ROC 곡선(AUC = 0.8425)

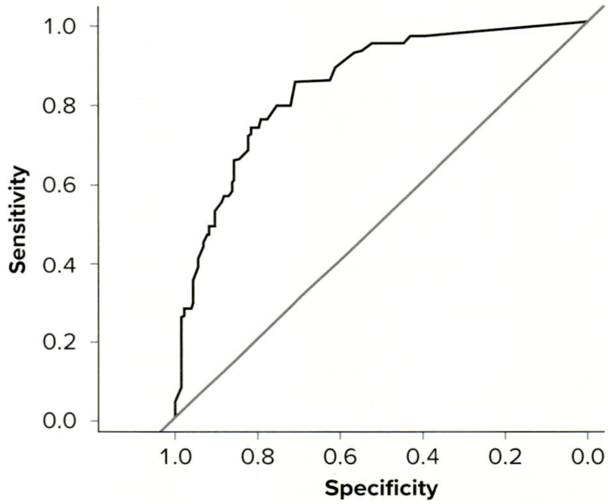

표 10.8 R의 점수 매기기 결과

Record ID	Prediction: HELOC	PostProb: 0	PostProb: 1	Age	Sex	Income
Record 1	0	1	0	25	Female	45000
Record 2	0	0.72	0.28	23	Male	22000
⋮	⋮	⋮	⋮	⋮	⋮	⋮
Record 20	1	0.39	0.61	51	Male	43000

랜덤 포레스트 전략을 사용하여 앙상블 나무모형을 구축하기 위해 e 단계의 R 명령문을 다음 명령문으로 교체한다.

```
>set.seed(1)
>randomforest_tree <- randomForest(HELOC ~ ., data=trainSet,
ntree= 100, mtry = 2, importance = TRUE)
```

보이는 바와 같이 배깅 명령문과 랜덤 포레스트 명령문 간의 유일한 차이점은 **randomForest** 함수에서 *mtry* 옵션에 대해 지정한 숫자이다. 랜덤 포레스트는 각 단일나무 모형을 구축하기 위해 예측변수의 하위집합을 선택하므로 하위집합에 포함할 예측변수의 수를 지정한다. 이 경우 개별 단일나무모형을 구축하기 위해 두 개의 예측변수를 무작위로 선택하도록 함수에 지정한다.

R은 *adabag* 패키지의 **boosting** 함수를 사용하여 부스팅 전략을 구현하는 앙상블 나무모형을 구축한다. *adabag* 패키지의 기술적 요구사항으로 인해 아래 예제와 같이 브스팅 나무모형을 약간 다르게 구축한다.

a. ***HELOC*** 데이터 파일의 HELOC_Data 워크시트에서 데이터 프레임(테이블)으로 데이터를 불러오고 myData로 레이블을 지정한다.

b. *caret*, *gains*, *pROC*, *adabag* 패키지를 설치하고 로드한다. 다음과 같이 입력하라.

```
>install.packages("caret", dependencies = c("Depends", "Suggests"))
>install.packages("gains")
>install.packages("pROC")
>install.packages("adabag")
>library(caret)
>library(gains)
>library(pROC)
>library(adabag)
```

c. *adabag* 패키지에는 데이터 프레임 클래스 객체를 사용해야 하므로 **data.frame** 함수를 사용하여 myData를 데이터 프레임 클래스 객체로 변환한다. 범주형 변수(예: Sex 및 HELOC)를 소프트웨어에서 요구하는 요인 변수로 변환한다. 다음과 같이 입력하라.

```
>myData <- data.frame(myData)
>myData$HELOC <- as.factor(myData$HELOC)
>myData$Sex <- as.factor(myData$Sex)
```

d. 랜덤 시드를 1로 설정하고 데이터를 학습(60%) 및 검증(40%) 데이터셋으로 분할한다. 다음과 같이 입력하라.

```
>set.seed(1)
>myIndex <- createDataPartition(myData$HELOC, p=0.6, list = FALSE)
>trainSet <- myData[myIndex,]
>validationSet <- myData[-myIndex,]
```

다른 버전의 R 또는 caret을 사용하는 경우 다음 대안 코드를 사용하여 학습셋을 분할해야 할 수도 있다.

```
trainSet <- myData[c(myIndex),]
```

e. 부스팅 전략을 사용하여 앙상블 나무모형을 구성하기 위해 **boosting** 함수를 사용한다. 랜덤 시드를 1로 설정하면 이 예제와 동일한 결과를 얻을 수 있다. *mfinal* 옵션은 생성할 약한 학습자(단일나무모형)의 수를 지정한다. 다음과 같이 입력하라.

```
>set.seed(1)
>boosting_tree <- boosting(HELOC ~ ., data=trainset, mfinal = 100)
```

f. 다음 명령문은 검증 데이터셋의 예측된 클래스 귀속과 실제 클래스 귀속을 비교하여 혼동행렬을 만든다. 부스팅 나무모형의 경우, **predict** 함수는 예측된 클래스 귀속 및 확률을 포함하는 목록(여기서는 prediction으로 명명)을 생성한다. 예측 클래스 귀속과 예측 확률은 각각 predict$class 및 prediction$prob를 사용하여 접근할 수 있다.

```
>prediction <- predict(bagging_tree, validationSet)
>confusionMatrix(as.factor(prediction$class), validationSet$HELOC,
positive = "1")
```

정확도, 민감도, 특이도가 각각 0.8, 0.5577, 0.8851인지 확인하라. 기본 컷오프 값인 0.5를 사용하여 부스팅 앙상블 나무는 배깅 앙상블 나무와 동일한 예측성능을 보여준다.

g. 다음 명령문으로 누적 향상도 그래프, 십분위 향상도 그래프, ROC 곡선을 작성한다. 이러한 그래프를 만드는 명령문은 이전 절에서 설명했으므로 여기서 반복하지는 않는다. 클래스 1 확률은 객체의 두 번째 열에 나열되어 있으므로 predict$prob[, 2]를 사용하여 클래스 1 (목표 클래스)에 속하는 검증 사례의 예측 확률에 접근한다. 다음과 같이 입력하라.

```
>validationSet$HELOC <- as.numeric(as.character(validationSet$HELOC))
>gains_table <- gains(validationSet$HELOC, prediction$prob[,2])
>gains_table
>#cumulative lift chart
>plot(c(0, gains_table$cume.pct.of.total*sum(validationSet$HELOC))
~ c(0, gains_table$cume.obs),xlab = "# cases", ylab="Cumulative",
type ="l")
>lines(c(0, sum(validationSet$HELOC)) ~ c(0, dim(validationSet)
[1]), col="red", lty=2)
># decile-wise lift chart
>barplot(gains_table$mean.resp/mean(validationSet$HELOC), names.
arg=gains_table$depth, xlab="Percentile", ylab="Lift", ylim= c(0,
3), main = "Decile-Wise Lift Chart")
># ROC curve
>roc_object<- roc(validationSet$HELOC, prediction$prob[,2])
>plot.roc(roc_object)
># compute auc
>auc(roc_object)
```

ROC 곡선의 AUC 값이 0.8209로 배깅 앙상블 나무에서 파생된 ROC 곡선의 AUC

값보다 약간 낮은지 확인하라.

h. 마지막으로 20개의 새 사례에 점수를 매기기 위해 ***HELOC*** 데이터 파일의 HELOC_Score 워크시트에서 데이터 프레임(테이블)으로 데이터를 불러오고 myScoreData로 레이블을 지정한다. myScoreData를 데이터 프레임 클래스 객체로 변환하고 예측변수 Sex를 소프트웨어에서 요구하는 요인 변수로 변환한다. 다음과 같이 입력하라.

```
>myScoreData <- data.frame(myScoreData)
>myScoreData$Sex <- as.factor(myScoreData$Sex)
>predicted_class_score <- predict(boosting_tree, myScoreData)
>predicted_class_score$class
>predicted_class_score$prob
```

부스팅 앙상블 모형의 점수 매기기 결과는 배깅 앙상블 모형의 결과와 다소 상이한데 20번째 사례는 부스팅 모형에 의해 클래스 0 사례로 분류되지만 배깅 모형에 의해서는 클래스 1 사례로 분류된다. 앞서 논의한 바와 같이 배깅 및 랜덤 포레스트 모형과 달리 부스팅 모형은 변수 중요도 정보를 제공하지 않는다.

연습문제 10.4

참고: R의 경우 데이터셋을 학습 60% 및 검증 40%으로 분할하고 set.seed(1) 문을 사용하여 데이터 분할 및 앙상블 나무모형 구축을 위한 랜덤 시드를 지정한다. 앙상블 모형을 구축할 때 약한 학습자를 100개 만든다. 예측변수 값이 문자 형식이면 예측변수를 범주형 변수로 처리하고 그렇지 않으면 예측변수를 수치형 변수로 취급하라.

28. **FILE** ***Exercise_10.44.*** 함께 제공되는 데이터셋(예측변수: x_1~x_4, 목표: y)을 사용하여 배깅 앙상블 분류 나무모형을 구축하라.

- **a.** 검증 데이터에 대해 모형의 전반적인 정확도, 민감도, 특이도는 얼마인가?
- **b.** 모형의 AUC 값은 얼마인가?
- **c.** $x_1 = 3.45$, $x_2 = 1$, $x_3 = 18$, $x_4 = 5.80$ 값을 갖는 새 레코드의 점수를 매겨라. 배깅 앙상블 나무모형을 사용하여 레코드는 어떻게 분류되는가? 클래스 1에 속하는 레코드의 확률은 얼마인가?

29. **FILE** ***Exercise_10.45.*** 함께 제공되는 데이터셋(예측변수: x_1~x_4, 목표: y)을 사용하여 부스팅 앙상블 분류 나무모형을 구축하라.

- **a.** 검증 데이터에 대해 모형의 전반적인 정확도, 민감도, 특이도는 얼마인가?
- **b.** 모형의 AUC 값은 얼마인가?
- **c.** $x_1 = 3.45$, $x_2 = 1$, $x_3 = 18$, $x_4 = 5.80$ 값을 갖는 새 레코드의 점수를 매겨라. 부스팅 앙상블 나무모형을 사용하여 레코드는 어떻게 분류되는가? 클래스 1에 속하는 레코드의 확률은 얼마인가?

30. **FILE** ***Exercise_10.46.*** 함께 제공되는 데이터셋(예측변수: x_1~x_4, 목표: y)을 사용하여 랜덤 포레스트 앙상블 분류 나무모형을 구축하라. 각각의 약한 학습자를 구축하기 위해 두 개의 예측변수를 무작위로 선택하라.

- **a.** 검증 데이터에 대해 모형의 전반적인 정확도, 민감도, 특이도는 얼마인가?
- **b.** 모형의 AUC 값은 얼마인가?
- **c.** 가장 중요한 예측변수는 무엇인가?
- **d.** $x_1 = 3.45$, $x_2 = 1$, $x_3 = 18$, $x_4 = 5.80$ 값을 갖는 새 레코드의 점수를 매겨라. 랜덤 포레스트 앙상블 나무모형을 사용하여 레코드는 어떻게 분류되는가? 클래스 1에 속하는 레코드의 확률은 얼마인가?

31. **FILE** ***Exercise_10.47.*** 함께 제공되는 데이터셋(예측변수: x_1~x_5, 목표: y)을 사용하여 배깅 앙상블 분류 나무모형을 구축하라.

- **a.** 검증 데이터에 대해 모형의 전반적인 정확도, 민감도, 특이도는 얼마인가?
- **b.** 십분위 향상도 그래프에서 가장 왼쪽 막대의 향상도 값은 얼마인가?
- **c.** $x_1 = 52.8$, $x_2 = 230.50$, $x_3 = 1$, $x_4 = 144$, $x_5 = 6.23$

값을 갖는 새 레코드의 점수를 매겨라. 배깅 앙상블 나무모형을 사용하여 레코드는 어떻게 분류되는가? 클래스 1에 속하는 레코드의 확률은 얼마인가?

32. FILE ***Exercise_10.48.*** 함께 제공되는 데이터셋(예측변수: x_1~x_5, 목표: y)을 사용하여 부스팅 앙상블 분류 나무모형을 구축하라.

a. 검증 데이터에 대해 모형의 전반적인 정확도, 민감도, 특이도는 얼마인가?

b. 십분위 향상도 그래프에서 가장 왼쪽 막대의 향상도 값은 얼마인가?

c. $x_1 = 52.8$, $x_2 = 230.50$, $x_3 = 1$, $x_4 = 144$, $x_5 = 6.23$ 값을 갖는 새 레코드의 점수를 매겨라. 부스팅 앙상블 나무모형을 사용하여 레코드는 어떻게 분류되는가? 클래스 1에 속하는 레코드의 확률은 얼마인가?

33. FILE ***Exercise_10.49.*** 함께 제공되는 데이터셋(예측변수: x_1~x_5, 목표: y)을 사용하여 랜덤 포레스트 앙상블 분류 나무모형을 구축하라. 각각의 약한 학습자를 구축하기 위해 두 개의 예측변수를 무작위로 선택하라.

a. 검증 데이터에 대해 모형의 전반적인 정확도, 민감도, 특이도는 얼마인가?

b. 십분위 향상도 그래프에서 가장 왼쪽 막대의 향상도 값은 얼마인가?

c. 가장 중요한 예측변수는 무엇인가?

d. $x_1 = 52.8$, $x_2 = 230.50$, $x_3 = 1$, $x_4 = 144$, $x_5 = 6.23$ 값을 갖는 새 레코드의 점수를 매겨라. 랜덤 포레스트 앙상블 나무모형을 사용하여 레코드는 어떻게 분류되는가? 클래스 1에 속하는 레코드의 확률은 얼마인가?

34. FILE ***Spam.*** 마테오 더비(Mateo Derby)는 사모펀드 회사에서 사이버 보안 분석가로 일하고 있다. 그의 회사 동료들은 수많은 스팸 이메일로 인해 고통받고 있다. 마테오는 회사의 이메일 서버에 스팸 탐지 시스템을 구현해 달라는 요청을 받았다. 그는 스팸 여부(스팸인 경우 1, 그렇지 않은 경우 0), 수신자수, 하이퍼링크수, 메시지의 문자수 등과 같은 관련 변수가 있는 500개의 스팸 및 정상적인 이메일 샘플을 검토했다. Spam_Data 워크시트의 일부가 함께 제공되는 표에 표시되어 있다.

Spam	Recipients	Hyperlinks	Characters
0	19	1	47
0	15	1	58
⋮	⋮	⋮	⋮
1	13	2	32

a. 향후 이메일이 스팸인지 여부를 결정할 수 있는 배깅 앙상블 분류 나무모형을 구축하라. 검증 데이터에 대해 모형의 전반적인 정확도, 민감도, 특이도는 얼마인가? 모형의 AUC 값은 얼마인가?

b. 랜덤 포레스트 앙상블 나무모형을 구축하라. 각각의 약한 학습자를 구축하기 위해 두 개의 예측변수를 무작위로 선택하라. 검증 데이터에 대해 모형의 전반적인 정확도, 민감도, 특이도는 얼마인가? 모형의 AUC 값은 얼마인가? 가장 중요한 예측변수는 무엇인가?

c. 배깅 앙상블 분류 나무모형을 사용하여 Spam_Score 워크시트의 새 사례에 점수를 매겨라. 이메일 중 몇 퍼센트가 스팸인가?

35. FILE ***HR.*** 대규모 기술 컨설팅 회사의 인사관리자인 다니엘라 라라(Daniella Lara)는 신입사원의 성공 예측에 애널리틱스를 활용하는 것에 대해 공부하고 있다. 기술산업의 급변하는 특성으로 인해 일부 직원은 해당 분야에서 최신 상태를 유지하는데 어려움을 겪고 관리직으로 승진할 기회를 놓쳤다. 다니엘라는 특히 신입사원이 회사에 입사한 지 10년 후 경영진으로 승진할 수 있는지 여부에 관심이 있다. 그녀는 회사에서 10년 이상 근무한 현재 직원에 대한 정보를 수집했다. 이 정보는 직원이 회사에 처음 입사지원할 때 제공한 입사지원서를 기반으로 한다. 각 직원에 대해 다음과 같은 변수들이 정리되어 있다: Promoted (10년 이내에 승진한 경우 1, 그렇지 않은 경우 0), GPA(졸업 시 대학 GPA), Sports(대학 재학 중 운동활동 수), Leadership (학생조직에서의 리더십 역할 수). HR_Data 워크시트의 일부가 함께 제공되는 표에 표시되어 있다.

Promoted	GPA	Sports	Leadership
0	3.28	0	2
1	3.93	6	3
⋮	⋮	⋮	⋮
0	3.54	5	0

a. 신입사원이 재직 10년 후 경영진으로 승진할 가능성이 있는지 여부를 결정할 수 있는 배깅 앙상블 분류 나무모형을 구축하라. 검증 데이터에 대해 모형의 전반적인 정확도, 민감도, 특이도는 얼마인가? 모형의 AUC 값은 얼마인가?

b. 랜덤 포레스트 앙상블 나무모형을 구축하라. 각각의 약한 학습자를 구축하기 위해 두 개의 예측변수를 무작위로 선택하라. 검증 데이터에 대해 모형의 전반적인 정확도, 민감도, 특이도는 얼마인가? 모형의 AUC 값은 얼마인가? 가장 중요한 예측변수는 무엇인가?

c. 랜덤 포레스트 앙상블 분류 나무모형을 사용하여 HR_Score 워크시트에서 새 사례에 대해 점수를 매겨라. 첫

신입사원이 10년 이내에 승진할 확률은 얼마인가? 컷오프 확률 값 0.5를 기준으로 10년 이내에 데이터셋에서 몇 명의 신입직원이 승진할 가능성이 있는가?

36. **FILE** ***Heart.*** 최근 몇 년 동안 의료연구에서는 초기 단계에서 심장질환을 발견하기 위해 데이터 애널리틱스를 사용하여 새로운 방법을 찾았다. 의사들은 특히 고위험 환자를 정확하게 식별하여 예방적 치료와 개입이 적시에 시행될 수 있도록 하는 데 관심이 있다. 환자의 연령(Age), 혈압(BP Systolic 및 BP Diastolic), BMI, 환자가 심장질환을 앓고 있는지 여부(Disease: 심장병인 경우 1, 그렇지 않은 경우 0) 등 일련의 정보가 활용가능하다. 데이터셋의 일부는 함께 제공되는 표에 표시되어 있다.

Disease	Age	BP Systolic	BP Diastolic	BMI
0	44	112	111	17
1	55	128	90	27
⋮	⋮	⋮	⋮	⋮
0	29	144	85	32

a. 환자가 심장질환을 갖고 있는지 여부를 결정할 수 있는 배깅 앙상블 분류 나무모형을 구축하라. 검증 데이터에 대해 모형의 전반적인 정확도, 민감도, 특이도는 얼마인가?

b. 부스팅 앙상블 분류 나무모형을 구축하라. 검증 데이터에 대해 모형의 전반적인 정확도, 민감도, 특이도는 얼마인가?

c. 두 앙상블 모형을 비교하라. AUC 값에 따르면 더 강건한 성능을 보이는 모형은 무엇인가?

37. **FILE** ***Solar.*** 뉴에이지솔라(New Age Solar)는 주거 주택용 태양광 패널을 판매 및 설치하고 있다. 이 회사의 영업담당자는 태양광 패널 설치의 이점을 설명하기 위해 잠재고객에게 직접 연락하여 방문하고 있다. 이러한 하이터치 접근방식은 고객이 개별적인 요구사항을 충족하는 개인 서비스를 받고 있다고 느끼는데 효과적이지만 다른 대량 마케팅 접근방식에 비해 비용이 많이 든다. 이 회사는 태양광 패널을 설치할 가능성이 더 높은 잠재고객을 방문하는 데 매우 전략적이고자 한다. 회사는 영업 담당자의 과거 가정 방문 데이터셋을 수집했다. 데이터는 잠재고객의 나이(Age, 년), 잠재고객의 연간 소득(Income, 1,000달러), 고객이 태양광 패널을 구매했는지 여부(Install: Y/N) 등을 포함하고 있다. Solar_Data 워크시트의 일부가 함께 제공되는 표에 표시되어 있다.

Income	Age	Install
115	45	N
68	31	Y
⋮	⋮	⋮
73	34	N

a. 고객이 태양광 패널을 구매할지 여부를 결정할 수 있는 배깅 앙상블 분류 나무모형을 구축하라. 검증 데이터에 대해 모형의 전반적인 정확도, 민감도, 특이도는 얼마인가?

b. 부스팅 앙상블 분류 나무모형을 구축하라. 검증 데이터에 대해 모형의 전반적인 정확도, 민감도, 특이도는 얼마인가?

c. 두 앙상블 모형을 비교하라. 십분위 향상도 그래프에서 가장 왼쪽 막대의 향상도 값에 따르면 더 강건한 성능을 보이는 모형은 무엇인가?

d. 배깅 앙상블 분류 나무모형을 사용하여 Solar_Score 워크시트의 새 사례에 점수를 매겨라. 컷오프 확률 값 0.5를 기준으로 태양광 패널을 구매할 가능성이 있는 잠재 고객의 비율은 얼마인가?

38. **FILE** ***MedSchool.*** 미국 내 의과대학 입학은 경쟁이 치열하다. 상위권 의과대학에 대한 합격률은 2% 또는 3% 수준으로 낮기도 하다. 이러한 낮은 합격률로 의과대학 입학컨설팅은 많은 도시에서 성장하는 비즈니스가 되었다. 의과대학 입학컨설턴트인 폴 포스터(Paul Foster)는 고객에게 더 나은 서비스를 제공하기 위해 데이터 기반 모형을 구축하여 새로운 지원자가 상위 10개 의과대학 중 하나에 합격할 가능성이 있는지 여부를 예측하고자 한다. 그는 다음과 같은 정보를 갖는 상위 10대 의과대학에 지원한 1,992명의 과거 지원자에 대한 데이터베이스를 수집했다: Sex (F = 여성, M = 남성), CollegeParent(부모가 대학학위가 있는 경우 1, 그렇지 않은 경우 0), GPA(학부 GPA가 3.50 이상인 경우 1, 그렇지 않은 경우 0), Med(상위 10개 의과대학에 합격한 경우 1, 그렇지 않은 경우 0). 데이터셋의 일부가 함께 제공되는 표에 표시되어 있다.

Sex	CollegeParent	GPA	Med
F	1	1	1
M	1	0	1
⋮	⋮	⋮	⋮
M	0	0	0

a. 새로운 지원자가 상위 10대 의과대학 중 하나에 합격할 가능성이 있는지 여부를 결정할 수 있는 배깅 앙상블 분류 나무모형을 구축하라. 검증 데이터에 대해 모형의 전반적인 정확도, 민감도, 특이도는 얼마인가? 모형의 AUC 값은 얼마인가?

b. 랜덤 포레스트 앙상블 나무모형을 구축하라. 각각의 약한 학습자를 구축하기 위해 두 개의 예측변수를 무작위로 선택하라. 검증 데이터에 대해 모형의 전반적인 정확도, 민감도, 특이도는 얼마인가? 가장 중요한 예측변수는 무엇인가?

c. 두 앙상블 모형을 비교하라. AUC 값에 따르면 더 강건한 성능을 보이는 모형은 무엇인가?

39. **FILE** ***Fraud.*** 신용카드 사기는 금융산업에서 심각한 문제가 되고 있으며 은행, 신용카드 발급자, 소비자에게 상당한 비용을 초래할 수 있다. 데이터 마이닝 기법을 사용한 사기 탐지는 은행 및 신용카드 회사가 사기거래를 방지하는 데 없어서는 안될 도구가 되었다. 샘플 신용카드 데이터셋은 다음과 같은 변수를 포함하고 있다: Fraud(사기 활동인 경우 1, 그렇지 않은 경우 0), Amount(작은 경우 1, 중간인 경우 2, 큰 경우 3), Online(온라인 거래인 경우 1, 그렇지 않은 경우 0), Prior(카드소지자가 이전에 구매한 제품인 경우 1, 그렇지 않은 경우 0). 데이터셋의 일부가 함께 제공되는 표에 표시되어 있다.

Fraud	Amount	Online	Prior
0	2	0	1
0	3	0	0
⋮	⋮	⋮	⋮
0	2	0	1

a. 사기 거래인지 여부를 결정할 수 있는 배깅 앙상블 분류 나무모형을 구축하라. 검증 데이터에 대해 모형의 전반적인 정확도, 민감도, 특이도는 얼마인가? 모형의 AUC 값은 얼마인가?

b. 랜덤 포레스트 앙상블 나무모형을 구축하라. 각각의 약한 학습자를 구축하기 위해 두 개의 예측변수를 무작위로 선택하라. 검증 데이터에 대해 모형의 전반적인 정확도, 민감도, 특이도는 얼마인가? 모형의 AUC 값은 얼마인가? 가장 중요한 예측변수는 무엇인가?

c. 두 앙상블 모형을 비교하라. 십분위 향상도 그래프에서 가장 왼쪽 막대의 향상도 값에 따르면 더 강건한 성능을 보이는 모형은 무엇인가?

40. **FILE** ***Travel_Plan.*** 데이터셋에 대한 설명은 연습문제 9를 참고하라. 데이터를 학습 60% 및 검증 40%로 분할하라. R의 경우 랜덤 시드 1을 사용하고 약한 학습자 100개를 구축하라.

a. 고객이 내년 중 여행할지 여부를 결정할 수 있는 배깅 앙상블 분류 나무모형을 구축하라. 검증 데이터에 대해 모형의 전반적인 정확도, 민감도, 특이도는 얼마인가? 모형의 AUC 값은 얼마인가?

b. 배깅 앙상블 모형의 성능을 연습문제 12 (R 활용)에서 만든 단일 나무모형의 성능과 비교하라. 더 강건한 성능을 보여주는 모형은 무엇인가? 설명하라.

c. 배깅 앙상블 분류나무모형을 사용하여 Travel_Plan_Score 워크시트에서 두 명의 신규 고객에 대해 점수를 매겨라. 첫 번째 고객이 내년 중 여행할 계획이 있을 확률은 얼마인가? 두 번째 고객의 확률은 얼마인가?

41. **FILE** ***Continue_Edu.*** 데이터셋에 대한 설명은 연습문제 13을 참고하라.

a. 부스팅 앙상블 분류 나무모형을 구축하라. 검증 데이터에 대해 모형의 전반적인 정확도, 민감도, 특이도는 얼마인가? 모형의 AUC 값은 얼마인가?

b. 부스팅 앙상블 모형의 성능을 연습문제 13 (R 활용)에서 만든 단일 나무모형의 성능과 비교하라. 더 강건한 성능을 보여주는 모형은 무엇인가? 설명하라.

c. 부스팅 앙상블 분류 나무모형을 사용하여 Continue_Edu_Score 워크시트에서 두 개의 새로운 사례에 대한 점수를 매겨라. 평생교육 과정에 첫번째 사람이 등록할 확률은 얼마인가? 두 번째 사람의 확률은 얼마인가?

42. **FILE** ***Church.*** 데이터셋에 대한 설명은 연습문제 10을 참고하라.

a. 랜덤 포레스트 앙상블 분류 나무모형을 구축하라. 각각의 약한 학습자를 구축하기 위해 두 개의 예측변수를 무작위로 선택하라. 검증 데이터에 대해 모형의 전반적인 정확도, 민감도, 특이도는 얼마인가? 모형의 AUC 값은 얼마인가? 가장 중요한 예측변수는 무엇인가?

b. 랜덤 포레스트 앙상블 모형의 성능을 연습문제 16 (R 활용)에서 만든 단일 나무모형의 성능과 비교하라. 더 강건한 성능을 보여주는 모형은 무엇인가? 설명하라.

c. 랜덤 포레스트 앙상블 분류 나무모형을 사용하여 Church_Score 워크시트에서 새 사례의 점수를 매겨라. 컷오프 확률 값 0.5를 기준으로 점수 데이터셋의 개인 중 몇 퍼센트가 교회에 갈 가능성이 있는가?

43. **FILE** ***Graduate.*** 데이터셋에 대한 설명은 연습문제 13을 참고하라.

a. 랜덤 포레스트 앙상블 분류 나무모형을 구축하라. 각각의 약한 학습자를 구축하기 위해 세 개의 예측변수를 무작위로 선택하라. 검증 데이터에 대해 모형의 전반적인 정확도, 민감도, 특이도는 얼마인가? 모형의 AUC 값은 얼마인가? 가장 중요한 예측변수는 무엇인가?

b. 랜덤 포레스트 앙상블 모형의 성능을 연습문제 19 (R 활용)에서 만든 단일나무모형의 성능과 비교하라. 더 강건한 성능을 보여주는 모형은 무엇인가? 설명하라.

c. 랜덤 포레스트 앙상블 분류 나무모형을 사용하여 Graduate_Score 워크시트에서 새 사례에 대한 점수를 매겨라. 첫 번째 학생이 4년 이내에 졸업할 확률은 얼마인가? 두 번째와 세 번째 학생의 확률은 얼마인가?

44. **FILE** ***In_App_Pur.*** 데이터셋에 대한 설명은 연습문제 14를 참고하라.

a. 부스팅 앙상블 분류 나무모형을 구축하라. 검증 데이터에 대해 모형의 전반적인 정확도, 민감도, 특이도는 얼마인가? 모형의 AUC 값은 얼마인가?

b. 부스팅 앙상블 모형의 성능을 연습문제 22 (R 활용)에서 만든 단일나무모형의 성능과 비교하라. 더 강건한 성능을 보여주는 모형은 무엇인가? 설명하라.

c. 부스팅 앙상블 분류 나무모형을 사용하여 In_App_Pur_Score 워크시트에서 새 사례에 대한 점수를 매겨라. 첫 번째 게이머가 앱내 구매할 확률은 얼마인가? 두 번째 게이머의 확률은 얼마인가?

10.5 데이터 분석

사례연구

FILE ***NLS.*** 미국 내 수백만 명의 사람들이 학자금 대출 부채와 높은 실업률로 인해 고통받게 되면서 정책입안자들은 대학이 좋은 투자인지에 대해 의문을 제기하고 있다. 사회학과 대학원생인 리차드 클랜시(Richard Clancy)는 그의 석사 학위논문에서 개인의 소득을 예측하기 위한 모형 개발에 관심이 있다. 그는 미국 노동통계국에서 관리하는 National Longitudinal Surveys (NLS)라는 풍부한 데이터셋을 발견했는데 이는 미국내 12,000명 이상의 개인에 대해 추적한 데이터이다. 해당 데이터셋은 개인들의 노동력 활동에 초점을 맞추고 있지만 소득, 교육, 성별, 인종, 성격 특성, 건강, 결혼 이력과 같은 다양한 변수에 대한 정보도 포함하고 있다.

샘플보고서— 개인소득 예측

미국 인구조사국에 따르면 2000년 개인소득의 중앙값은 29,998달러였다. 개인소득은 많은 요인들에 의해 결정되기 때문에 특정 개인의 소득이 개인소득 중앙값 보다 높거나 같은지를 예측하는 데 도움이 되는 모형을 구축하는 것이 유용할 것이다. 미국 노동통계국에서 제공하는 개인소득 및 데이터에 관한 문헌을 기반으로 개개인의 개인소득을 설명하는 데 다음의 예측변수들이 사용된다.

Rawpixel.com/Shutterstock

- 교육연수
- 어머니의 학력
- 아버지의 학력
- 도시(14세를 기준으로 도시에 거주하는 경우 1, 그렇지 않은 경우 0)
- 흑인(흑인이면 1, 그렇지 않은 경우 0)
- 히스패닉(히스패닉이면 1, 그렇지 않은 경우 0)
- 백인(백인이면 1, 그렇지 않으면 0)
- 남성(남성이면 1, 그렇지 않으면 0)
- 자존감[로젠버그 자존감 척도(Rosenberg Self-Esteem Scale)를 사용한 개인의 자존감. 점수가 높을수록 자존감이 높음을 나타냄]
- 외향적인 아이(6세에 외향적인 경우 1, 그렇지 않으면 0)
- 외향적인 성인(성인으로 외향적인 경우 1, 그렇지 않으면 0)

특정 개인의 소득이 개인의 실제 소득이 아닌 개인소득 중앙값 이상인지 여부를 결정하는 것이 목표이므로 목표변수인 소득은 29,998달러보다 크거나 같으면 1, 그렇지 않으면 0을 갖는 범주형 변수로 변환된다. 최종 데이터셋은 결측값이 있는 관측치를 분석에서 제외하면서 5,821개 관측치를 포함하고 있다.

예측모형을 구축하고 모형의 성능을 평가하기 위해 데이터는 학습(60%) 및 검증(40%) 셋으로 분할된다. 예측변수에 수치형 및 범주형 데이터 유형이 모두 포함되므로 의사결정나무 방법론은 이 사례에 대한 분류모형을 구축하는 데 적합한 기법이다. 그림 10.25은 8개의 의사결정 노드와 9개의 잎 노드가 있는 최량가지치기 분류나무를 보여준다. 개인의 성별, 교육, 인종, 어머니의 교육 등을 활용하여 개인소득 수준을 예측할 수 있음을 보여주는 분류나무로부터 여러 결론을 도출할 수 있다. 예를 들어, 남성이고 16년 이상의 교육을 받은 경우 미국 중위 소득 이상의 소득을 얻을 확률이 높다. 여성이고 교육 경력이 16년 미만인 경우 미국 중위 소득 미만의 소득을 얻을 확률이 높다.

그림 10.25 최량가지치기 분류나무

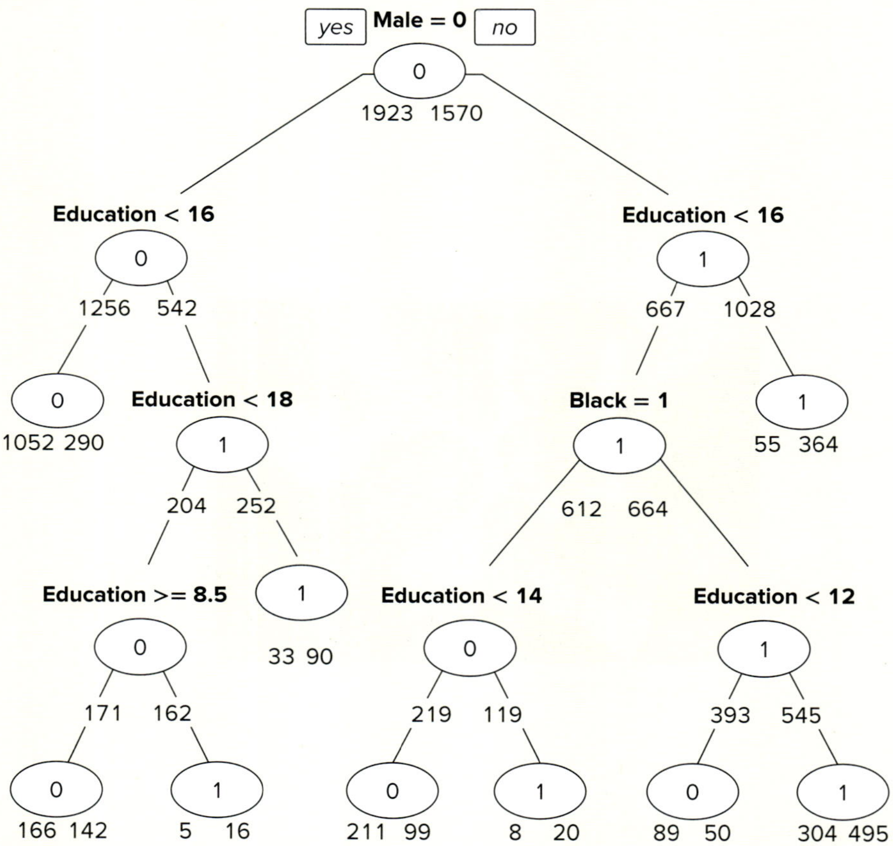

분류나무의 성능은 모형이 검증 데이터에서 사례들을 얼마나 정확하게 분류하는지에 따라 평가된다. 표 10.9에 표시된 혼동행렬의 결과는 전반적인 정확도 69.5%, 민감도 0.5994, 특이도 0.7730, 정밀도 0.6830 등을 계산하는데 사용할 수 있다. 전반적으로 이 모형은 개인의 소득수준을 예측하는데 상당히 좋은 성능을 보여준다.

표 10.9 혼동행렬

Actual Class	Predicted Class	
	Class 1	Class 0
Class 1	627	291
Class 0	419	991

예측성능을 향상시키기 위해 랜덤 포레스트 앙상블 모형도 개발되었다. 앙상블 모형은 정확도 69.72%, 민감도 0.6138, 특이도 0.7652, 정밀도 0.6808 등을 보여주고 있는데 이는 단일나무모형에 비해 약간 개선되었다. 단일나무 분류모형이 앙상블 모형에 비해 해석이 쉽기 때문에 단일 의사결정나무 모형이 최종 예측모형으로 사용된다.

그림 10.25 분류나무에서 도출된 결론이 놀라운 것은 아니다. 예를 들어, 높은 교육수준이 더 높은 소득을 가져온다는 것에 대해 관련 증거는 많다. 마찬가지로 성별과 인종에 따른 급여 차이는 수년에 걸쳐 줄어들긴 했으나 여전히 지속되고 있다. 퓨리서치센터(Pew Research Center) 분석에 따르면, 2018년 기준 여성은 남성 소득의 85%를 벌었고 평균적으로 흑인이 가장인 가구는 백인가구 평균소득의 절반을 약간 상회하는 수준으로 벌었다.

그러나 놀라운 것은 개인의 자존감 수준이나 아이 또는 성인에서 외향적인지 여부는 개인의 소득 수준에 영향을 미치지 않는다는 것이다. 아마도 이러한 심리적 요인은 후기 학업 성취도의 여러 지표들과 관계된다. 자존감이 높은 개인은 고등교육을 받기 위해 노력할 수 있는데 이는 개인의 소득에 영향을 미칠 수 있다.

이 보고서에서 개발된 분류모형은 정책입안자들에게 중요하고 실행가능한 통찰력을 제공하고 있다. 모형은 성별과 인종 간 격차가 계속 존재한다는 것을 강조한다. 남성 및 흑인이 아닌 사람들은 여성 및 흑인인 사람들보다 중위 소득 이상의 수입을 올릴 가능성이 크다. 경제 전망을 개선하기 위한 공평한 정책을 개발할 때, 모형에 의해 중위 소득 이하의 소득을 얻을 가능성이 있는 것으로 식별된 그룹에 특별한 주의를 기울여야 한다.

사례연구 제안

의사결정나무는 지도학습 데이터 마이닝 기법을 해석하기에 가장 투명하고 쉬운 방법 중 하나라고 간주된다. 이 방법은 다양한 상황과 데이터셋에 적용될 수 있다. 이 교재와 함께 제공되는 빅데이터를 사용하는 다음과 같은 사례연구들이 제안된다.

보고서 10.1 **FILE** ***Car_Crash.*** 한 도시 또는 한 달 동안 발생한 사고만 포함하도록 데이터를 추출하라. 교통 위반 범주, 기상 조건, 충돌 유형, 사고 위치, 조명 조건 등과 같은 예측변수를 사용하여 자동차 사고가 치명적 또는 심각한 부상을 초래하는지 여부를 예측하는 의사결정나무모형을 개발하라. 참고: 많은 예측변수가 범주형이다. 따라서 분석 전에 적절한 데이터 형식으로 변환해야 한다.

보고서 10.2 **FILE** ***Longitudinal_Survey.*** 도시 지역에 살았던 사람들만 포함하도록 데이터를 추출하라. 성별, 교육연수, 부모의 교육연수, 자존감 척도, 어린이 시기 외향성, 성인 시기 외향성 등과 같은 예측변수를 사용하여 개인의 체질량 지수(body mass index, BMI)를 예측하는, 즉 개인의 과체중 여부를 예측하는 의사결정나무모형을 개발하라. 참고: 질병통제예방센터(Centers for Disease Control and Prevention, CDC)는 BMI가 25 이상인 사람을 과체중으로 정의한다.

보고서 10.3 **FILE** ***TechSales_Reps.*** 소프트웨어 제품그룹에서 대학교육을 받은 영업전문가만 포함하도록 데이터를 추출하라. 연령, 성별, 회사 재직 기간, 취득한 전문자격증 수, 연간 평가점수, 성격 유형 등과 같은 예측변수를 사용하여 영업전문가가 높은 순추천의향지수(NPS 9 또는 10)를 받을지 여부를 예측하는 의사결정나무모형을 개발하라. 참고: 분석기법의 요구사항을 충족하기 위해 데이터 변환을 수행해야 할 수 있다.

보고서 10.4 **FILE** ***College_Admissions.*** 세 대학 중 하나만 포함하도록 데이터를 추출하라. 지원자의 성별, 인종, 고등학교 GPA, SAT/ACT 점수, 부모의 교육연수 등을 바탕으로 어떤 대학이 해당 지원자의 입학을 허가할 가능성이 높은지를 예측하는 일련의 의사결정나무모형을 개발하라. 참고: 각 대학에 대한 의사결정나무모형을 구축하라. 입학을 허가할 가능성이 높은 모형을 갖는 대학이 지원자를 받아들일 가능성이 가장 높다.

보고서 10.5 **FILE** ***House_Price.*** 침실수, 욕실수, 집 면적, 부지 면적, 주택 연령 등과 같은 예측변수를 사용하여 주택판매가격을 예측하는 의사결정 나무모형을 개발하라. 참고: 부동산 가격은 지역마다 크게 다를 수 있으므로 데이터셋의 각 지리적 위치에 대한 모형 개발을 원할 수 있다. 의사결정나무모형의 성능을 9장에서 논의한 다른 지도학습 기법을 사용하는 예측모형과 비교하라.

11 비지도학습 데이터 마이닝

Unsupervised Data Mining

학습목차_*Chapter Contents*

학습목표_Learning Objectives

이 장을 학습한 후에,

LO **11.1** 계층적 군집분석을 수행할 수 있어야 한다.
LO **11.2** *k*-평균 군집분석을 수행할 수 있어야 한다.
LO **11.3** 연관규칙 분석을 수행할 수 있어야 한다.

앞 장에서 말한 것과 같이 데이터 마이닝은 분석기법을 활용하여 데이터 사이에 숨겨진 구조와 패턴, 그리고 관계를 찾는 과정이다. 이는 지도(supervised)[또는 예측(predictive), 감독(directed)] 및 비지도(unsupervised)[또는 기술(descriptive), 비감독(undirected)] 학습 데이터 마이닝으로 구분된다. 관측치(혹은 데이터) 사이의 거리를 측정하거나 주요 요인분석과 같은 주제를 포함하는 데이터 마이닝의 개요는 8장에서 이미 다루었다. 9장과 10장에서는 지도학습 데이터 마이닝에 초점을 맞추었으며, 이 장에서는 비지도학습 데이터 마이닝을 다루려고 한다.

우리는 두 가지 보편적인 비지도학습 데이터 마이닝 기법인 군집분석과 연관규칙 분석을 살펴보고자 한다. 군집분석은 데이터 사이의 유사성을 찾아, 비슷한 특징을 공유하는 데이터를 같은 집단으로 분류한다. 같은 집단에 있는 데이터는 집단 내에서는 유사하지만, 다른 집단과는 서로 다르다. 예를 들어, 군집분석은 고객을 서로 다른 집단으로 구분한 다음 각각의 집단을 대상으로 하는 서로 다른 마케팅 프로그램을 개발하도록 해줄 수 있기 때문에 마케팅 담당자가 유용하게 쓸 수 있다. 연관규칙 분석(또는 시장기반분석)은 데이터 사이의 숨겨진 관계를 찾아낸다. 예를 들어, 과거의 구매데이터를 기반으로 고객에게 신제품을 판매하고자 할 때, 이런 연관성을 파악하는 것은 전자상거래 회사에게 커다란 가치를 제공한다.

©Lissandra Melo/Shutterstock

도입사례_*Introductory Case*

초코바의 영양가 분석

FILE ***Candy_Bars.*** 알리야 윌리엄스(Aliyah Williams)는 남부 캘리포니아에 있는 명문 경영대학의 우등생이다. 그녀는 또한 초보사업가로 자판기 사업을 하고 있다. 자판기는 대부분 대학 캠퍼스와 시내에 위치해 있고, 초코바를 포함한 다양한 스낵을 판매하고 있다. 알리야는 캘리포니아의 소비자들이 식품을 구매할 때 건강에 대해 점차 더 많이 생각하는 것을 알고 있다. 그녀는 자신의 소비자 연구수업을 통해 미국 농무부가 초코바를 포함한 식품에 대한 영양 정보를 데이터베이스로 제공하는 웹사이트를 운영하고 있다는 것을 알게 되었다.

알리야는 영양학적으로 더 좋은 초코바를 찾아 함께 묶어서 자판기에 진열하려고 한다. 또한 단골고객의 유형에 따라 특정제품을 특정장소에 더 많이 가져다 놓으려 하고 있다. 표 11.1은 알리야가 미국 농무부의 웹사이트에서 내려받은 데이터의 일부를 보여준다. 초코바 하나의 칼로리, 총지방(그램당 지방량), 단백질(그램당 단백질량), 그리고 탄수화물(그램당 탄수화물량)을 보여 주고 있다.

표 11.1 초코바의 영양정보

Brands	Calories	Fat	Protein	Carb
Peanut Butter Twix	311.0	18.5	5.3	31.4
Baby Ruth	275.0	13.0	3.2	39.0
⋮	⋮	⋮	⋮	⋮
Twizzlers Cherry Nibs	139.0	1.1	1.0	31.7

알리야는 표 11.1의 데이터를 이용하여 다음을 수행하려고 한다.

1. 영양성분을 분석하고, 영양성분에 따라 초코바를 분류한다.
2. 각각의 그룹에서 소비자의 기호에 더 적합한 여러 가지 초코바를 선택한다.
3. 분류된 초코바를 지역별 자판기에 적절히 할당하여 진열한다.

이 도입사례에 대한 분석결과는 11.2절의 마지막에 제시되어 있다.

11.1 계층적 군집분석

데이터 마이닝은 수많은 기계학습 알고리즘을 사용하여 데이터의 유형을 구분한다. 이런 알고리즘은 예측을 위해 데이터를 학습하는 방법에 따라 지도(예측 혹은 감독) 또는 비지도(기술 혹은 비감독) 학습 데이터 마이닝 데이터 마이닝으로 나뉜다. 지도학습이라고도 불리는 지도 데이터 마이닝은 예측모형을 개발하는데 보다 보편적으로 사용되는 방법론이다. 지도 데이터 마이닝의 두가지 기본유형인 분류와 예측은 6, 7, 9 및 10장에서 이미 논의되었다. 이러한 모형은 입력(혹은 예측)변수를 기반으로 출력(반응 혹은 목표)변수의 결과를 예측하는 데 사용된다. 회귀분석과 같은 일부 지도학습 기법에서는 반응변수(일반적으로 y라고 함)의 결과를 하나 이상의 예측변수(일반적으로 $x_1, x_2, \cdots, x_k$라고 함)와 연결시키는 모형을 사용하여 추정한다. 예를 들어, 회귀모형은 알려진 반응변수의 값이 예측모형을 훈련시키는 데 사용되기 때문에 "훈련" 혹은 "지도"의 형태를 띤다. 또한 모형의 예측값이 반응변수의 실제 값과 차이를 보이는 정도에 따라 모형의 성능을 평가할 수도 있다.

이 장에서는 응답변수에 대한 사전지식이 필요하지 않은 비지도학습이라고 하는 비지도학습 데이터 마이닝에 대해 초점을 맞춘다. 지도학습과는 달리 알고리즘을 활용하여 컴퓨터가 분석가의 특별한 지시 없이도 복잡한 프로세스와 패턴을 식별해 낼 수 있다. 비지도학습은 반응변수 y와 예측변수 x를 구분하지 않기 때문에 탐색적 데이터 분석에서 중요하게 사용된다. 이 장에서 우리는 k개의 변수를 $x_1, x_2, \cdots, x_k$로 표시한다. 두 가지 핵심적인 비지도학습 데이터 마이닝 기법인 군집분석(cluster analysis)과 연관규칙 분석(association rule analysis)을 통해 여러 가지 기계학습 알고리즘을 구현할 수 있다.

8장에서 관측치(혹은 데이터)의 그룹이 서로 유사한가의 여부를 측정하기 위해 몇 가지 유사성 측정 척도를 사용했다. 특히 우리는 수치형 변수를 위해 유클리디언법과 맨하튼법을 사용했고, 표준화와 정규화를 통해 수치의 단위에 독립적인 척도를 개발했다. 범주형 변수를 위해서는 매칭 또는 자카드(Jaccard) 계수를 사용해서 유사성을 측정했다. 이러한 측정법은 지도 및 비지도학습 데이터 마이닝 모두에서 필요하다. 예를 들어, 군집분석에서 유사성의 척도는 그룹 내에서는 서로 유사하지만 그룹 간에서는 서로 다른 데이터들을 분류하기 위해 사용된다.

계층적 군집분석

LO 11.1

계층적 군집분석을 수행할 수 있어야 한다.

사물을 유사한 특성을 가진 집단으로 분류하는 것은 우리가 거의 매일같이 하는 중요한 일이다. 우리는 사물 사이의 패턴이나 공통적인 특징을 식별하고, 그룹이나 군집으로 분류할 수 있는 능력을 가지고 있다. 그룹화는 우리의 일상생활에서 매우 중요한 기능이기 때문에, **군집분석**은 가장 널리 사용되는 비지도학습 데이터 마이닝 기법 가운데 하나이다. 8.2절에서 설명된 유사성 척도를 사용하여 관측치가 군집 내에서는 비슷하고, 군집 간에서는 서로 다르도록 집단화한다.

군집분석은 수많은 데이터를 소수의 동질적인 집단으로 분류하는 탐색적 분석에 유용한 기법이기에 종종 데이터 기술분석의 일부로 간주된다. 군집의 특성 또는 내용은 데이터에 존재하는 여러 가지 다양한 집단을 이해하고 설명하는 데 도움이 된다.

군집분석은 독립적으로 실행되기도 하지만, 때로는 아주 특이한 유형을 찾아내기 위해 관측치를 분리하기 위한 지도학습의 전 단계로 활용되기도 한다. 예를 들어, 고급차량이나 희귀한 차량의 가격을 책정하는 방법은 저가차량의 가격책정 방법과 다르기 때문에, 더 좋은 예측을 위해서는 서로 다른 유형의 차량을 다른 집단으로 분류하고, 각각의 집단에 대해 별도의 가격책정모형을 개발하는 것이 합리적일 것이다.

군집분석

군집분석(cluster analysis)은 비지도학습 데이터 마이닝 기법으로 데이터를 특성이나 특질이 비슷한 군집으로 나누는 기법이다.

군집분석은 일반적으로 고객 혹은 시장세분화에 활용할 수 있다. 기업은 대량의 고객관련 인구통계 및 행동데이터를 분석하여 고객을 다른 시장영역으로 그룹화한다. 예를들어, 신용카드 회사는 매달 청구액 전부를 납부하는 고객과 할부로 납부하는 고객을 구븐하고, 이 두 고객층을 소비습관에 따라 더 세분화할 수 있다. 이를 바탕으로 홍보 및 광고를 별도로 제작하거나 다른 금융상품을 설계할 수 있다.

군집분석을 통해 사람, 제품, 비즈니스 거래, 또는 다양한 유형의 데이터를 너부적으로는 동일한 특성을 지니지만, 다른 집단과는 상이한 군집으로 구분해 볼 수 있다. 마찬가지로 보험회사들은 연령, 연간 주행거리, 평균 보험청구비용 등의 특성을 바탕으로 자동차 보험가입자들을 분류하여 각각의 집단에 대해 최적의 보험료를 설계할 수도 있다.

두 가지 보편적인 군집화 기법은 계층적 군집화와 *k*-평균 군집화이다. 이 절에서는 계층적 군집화에 대해, 다음 절에서는 *k*-평균 군집화에 대해 논의한다. **계층적 군집화**는 반복적인 과정을 통해 데이터를 군집화된 계층으로 나누는 기술이다. 계층적 군집화의 과정은 일반적으로 **병합형 군집화**(또는 병합형 중첩, AGNES) 또는 **분할형 군집화**(또는 분할형 분석, DIANA)의 두 가지 방법 가운데 하나를 따른다. AGNES는 각 관측치가 하나의 군집을 형성하는 것을 시작으로 상위계층으로 이동할 때 서로 유사한 군집을 반복적으로 병합하는 과정을 수행한다. 이를 "상향식" 접근법이라고 부른다. 반대로 DIANA는 모든 관측치를 하나의 군집에 할당하는 것으로 시작하며, 하위계층으로 이동할 때 가장 이질적인 관측치를 반복적으로 분리해 내는 방법을 사용한다. 이는 "하향식" 접근법이라고 한다.

계층적 군집분석

계층적 군집분석(hierarchical clustering)은 반복적인 과정을 통해 데이터를 계층적 군집으로 집단화하는 기법이다. 계층적 군집화의 일반적인 전략은 보통 두 가지 가운데 하나를 따른다. 병합형 군집화와 분할형 군집화이다.

- 병합형 군집화(agglomerative clustering)는 각각의 관측치가 하나의 집단을 이루는 것에서 시작하여, 유사한 집단의 계층을 반복적으로 결합하는 형태로 이르어진 "상향식" 방법이다.
- 분할형 군집화(divisive clustering)는 모든 관측치가 하나로 합쳐진 것에서 시작하여, 계층 아래로 이동할 때마다 가장 덜 유사한 관측치를 반복적으로 분리해 나가는 형태로 이루어진 "하향식" 방법이다.

이 교재에서 우리는 계층적 군집화를 위한 두 가지 방법 가운데 가장 일반적으로 사용되는 병합형 군집화에 초점을 맞춘다. 병합형 군집화를 위한 컴퓨터 프로그램은 분할형 군집화를 위한 프로그램으로 쉽게 수정될 수 있다. 먼저 숫자형 또는 범주형 변수를 포함하는 병합형 군집을 만든다. 그 다음, 숫자형과 범주형 변수 모두를 포함하는 혼합형 데이터를 분석하기로 한다.

숫자형 또는 범주형 변수를 사용한 병합형 군집화

앞에서 언급했듯이, AGNES에서는 처음에는 각각의 데이터가 하나의 집단을 형성한다. 그 다음 알고리즘에 따라 모든 데이터가 뿌리(root)라고 불리는 최종적인 집단으로 병합될 때까지 데이터의 유사도에 따라 각각의 집단을 병합하여 더 큰 집단을 만든다. 숫자형 변수는 유클리드법 혹은 맨하튼법을 활용하여 유사성을 측정하고, 범주형 변수는 매칭 혹은 자카드계수에 따라 유사도를 측정한다. 여기에서 z 표준값을 사용하여 숫자형 변수의 단위를 표준화한다. 거리의 측정과 z 표준화는 8.2절에서 논의되었다.

집단을 병합하는 과정을 반복하는 동안 AGNES 알고리즘은 군집 간의 유사성을 평가하기 위해 여러 가지 방법을 사용한다.

- **단일연결법**: 동일한 군집에 속하지 않는 두 집단 사이에 가장 가까운 관측치 사이의 거리를 사용한다.
- **완전연결법**: 동일한 군집에 속하지 않는 두 집단 사이에 가장 먼 관측치 사이의 거리를 사용한다.
- **중심연결법**: 두 군집 사이의 중간값 사이의 거리를 사용한다. 여기에서 군집 내의 개별 측정치에 대한 평균값은 군집의 “중심”값을 이용한다.
- **평균연결법**: 동일한 군집에 속하지 않는 두 집단에 속한 모든 관측쌍에 대한 거리의 평균을 사용한다.
- **Ward법**: 1963년 조 와드(Joe H. Ward)에 의해 개발된 방법으로 군집 내의 비유사성을 최소화하기 위한 방법으로, 관측치가 군집화될 때 발생되는 정보의 손실을 측정하기 위해 “오차제곱합(ESS)”을 사용한다. 여기에서 ESS는 개별관측치와 군집평균 사이의 편차의 제곱으로 정의된다. Ward법은 R을 포함한 수많은 군집분석 소프트웨어에 다양하게 구현되어 있다.

그림 11.1을 사용하여 처음 제시된 세가지 방법을 보다 자세히 살펴보자. 파란색 선은 단일연결법을 사용했을 때의 군집간의 거리를 나타낸다. 녹색 선은 완전연결법을 사용한 경우이고, 빨간색 점선은 중심연결법을 사용한 경우이다. 평균연결거리(그림에는 표시되지 않음)는 두 군집 사이에 존재하는 9쌍의 가능한 연결의 평균거리를 말한다. Ward법(그림에는 표시되지 않음)은 관측치가 군집화될 때 정보손실을 측정하기 위한 오차제곱합을 계산해서 나타낸다.

덴드로그램

AGNES 알고리즘을 사용하여 군집화를 끝내고 나면, 데이터는 보통 나무와 같은 형태로 표현된다. 각각의 관측치는 나무의 ‘잎’이 되며, 이런 나무와 같은 구조를 **덴드로그램**이라고 한다. 이를 통하여 사용자는 군집화의 결과를 시각적으로 검증하고 데이터의 적절한 군집의 개

그림 11.1 계층적 군집분석의 연결거리

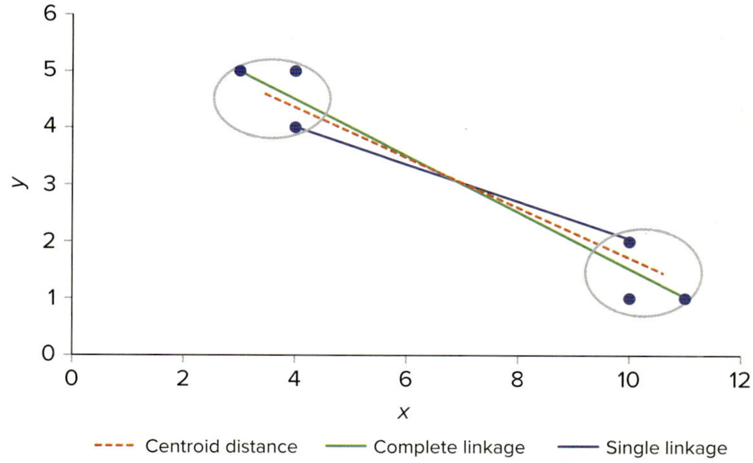

수를 확인할 수 있다. 적절한 군집의 숫자를 결정하는 것은 다소 주관적이지만, 덴드로그램을 시각적으로 확인하여 결정을 내릴 수 있다. 그림 11.2는 덴드로그램의 예시를 보여준다.

그림 11.2 덴드로그램

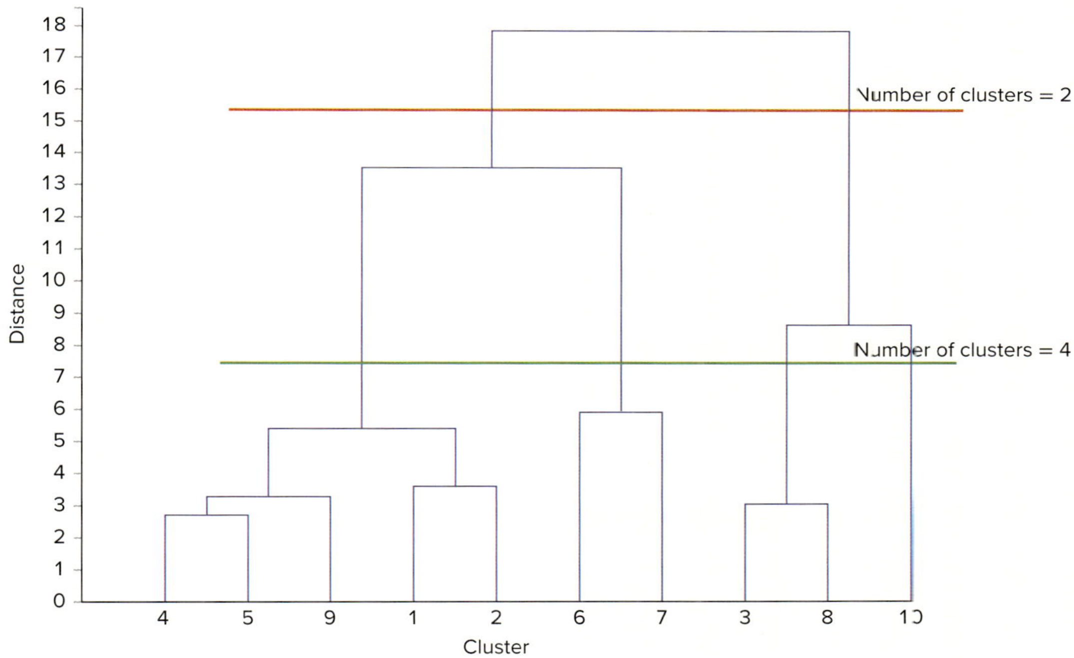

덴드로그램의 맨 위에 두 개의 주요 가지가 보인다. 각각의 가지는 가능한 관측치의 군집을 표시한다. 두 가지는 모두 10개의 하위 가지 혹은 하위 군집으로 구성되며, 수평 축의 값에 의해 이름이 정해진다. 오른쪽에 있는 작은 가지는 3개의 하위 가지, 또는 3, 8, 10번의 하위군집으로 구성되어 있다. 각 가지(군집) 혹은 하위 가지(하위 군집)의 높이는 거리 혹은 해당 가지가 합병된 다른 가지 또는 하위 가지와 얼마나 구별되는지 나타낸다. 높이가 높을 수록 군집은 다른 군집과 더 구분된다. 예를 들어 하위군집 4와 5는 서로 매우 유사하므로 그 높이가 비슷하다. 결과적으로, 우리는 종종 덴드로그램을 시각적으로 검사함으로써 적절한 군집의 숫자를 결정할 수 있다. 그림 11.2의 덴드로그램의 경우에는 관측치를 두개의 군집으로 나눠야 한다고 결정할 수 있다. 따라서 빨간색 선으로 표시된 것처럼 두 개의 주요 가지(2개의 군집)를 얻기 위해 "덴드로그램 나무를 수평으로 자를" 수 있다. 덴드로그램 나무의 분기점의 높이에만 의존하면 의미는 없지만 통계적으로만 구별되는 군집이 발생할 수도 있다. 따라서 우리는 종종 적절한 수의 군집을 결정하기 위해 정량적 측정(덴드로그램)과 실제 고려사항을 함께 생각해야 한다. 예를 들어, 그림 11.2의 덴드로그램이 고객을 비슷한 그룹으로 군집화하는 과정을 나타낸다고 생각해보자. 기업에서 네 가지 제품 군을 생산하는 경우 고객을 네 개의 군집으로 설정하는 것이 적절해 보인다. 즉 그림 11.2의 나무에서 빨간색 선이 아닌 녹색 선으로 자르는 것이 더 적절하다.

또한 기술통계량을 활용하여 각 군집의 내용을 검토해야 한다. 예를 들어, 연령, 성별, 소득, 교육수준 및 주당 온라인 사용시간 등이 고객을 분류하기 위한 군집분석에서 사용되었다면, 각 군집을 대표하는 특성으로 설명할 수 있다. 어떤 군집에는 고소득, 고학력을 가진 35세에서 45세의 여성을 대표적으로 포함할 수 있고, 다른 군집에서는 매주 20시간 이상 온라인에 접속하는 18세에서 25세의 고객을 대부분 포함할 수도 있다. 첫 번째 그룹은 "전문직 중년여성"으로, 두 번째 그룹은 "젊은 인터넷 서퍼"로 구분할 수 있다.

군집의 특징을 파악하는 또 다른 접근법은 군집화에는 사용되지 않았지만 의사결정자에게 관심 있는 변수를 사용하는 것이다. 예를 들어 지난 1년간 첫 번째 군집의 고객 가운데 상당수는 제품을 최소한 5번 이상 구입한 반면, 두 번째 군집의 고객 대다수는 지난 6개월 동안 주문을 하지 않은 사실을 파악할 수도 있다. 이러한 군집분석을 통해 얻은 통찰력을 바탕으로 서로 다른 고객 군집에 대한 다양한 제품판촉 및 마케팅 메세지를 설계할 수도 있다.

덴드로그램

덴드로그램(dendrogram)은 데이터를 나무형태의 그림으로 표시한 것으로 각 나무가지는 관측치의 군집을 의미한다.

계층적 군집분석의 선택에 대한 주석

데이터의 숨겨진 패턴을 발견할 수 있는 군집분석은 그 구현방법에 따라 결과가 서로 달라질 수 있다. 최종 군집형태는 데이터의 변환방법(z 표준점수화 또는 최소-최대 정규화), 관측치 사이의 거리 측정법(유클리드 또는 맨하튼), 사용된 알고리즘(AGNES 또는 DIANA), 군집간의 연결법(단일, 완전, 평균, 중심 또는 Ward)에 따라 달라진다. 어떤 기법을 선택해야 할 것인가를 잘 설명한 자료는 없다. 이는 패턴의 발견은 수집된 데이터와 그 내용에 따라 다르기 때문이다. 군집화는 기본적으로 데이터 탐색을 위한 비지도 기법이기 때문에 논리적으로 가장 타당한 방법이 가장 적절한 기법이 될 것이다. 언제나 여러가지 기법을 적용해 보고 가장 적합한 통찰력을 얻을 수 있는 군집구조를 선택하는 것이 필요하다.

R을 이용한 병합형 군집화

예제 11.1에서는 R을 이용하여 병합형 계층적 군집화를 수행하는 방법을 보여준다. 군집 분석은 서로 다른 소프트웨어 패키지에 구현된 특정 알고리즘에 따라 다르다는 것에 유의해야 한다.

예제 11.1

FILE ***Cities.*** 표 11.2는 미국 41개 도시의 범죄율(인구 10만 명당), 빈곤율(%), 중위소득(1,000달러)과 관련한 데이터의 일부를 보여준다. R을 이용하여 병합형 계층적 군집화를 실시하고 그 결과를 해석하라.

표 11.2 미국 41개 도시의 인구특성

City	Crime	Poverty	Income
Barnstable	710.6	3.8	58.422
Boston	1317.7	16.7	48.729
⋮	⋮	⋮	⋮
Warwick	139.7	3.9	59.445

해답:

R 이용

a. *Cities* 데이터를 데이터프레임(테이블)으로 가져오고, myData라고 이름을 붙인다.

b. *cluster* 패키지를 설치하고 사용한다. 다음을 입력하라.

```
> install.packages("cluster")
> library(cluster)
```

c. City 변수를 분석에서 제외한다. Crime, Poverty, 그리고 Income을 표준화한다. 표준화된 값을 myData1이라는 데이터프레임에 저장한다. **scale** 함수를 사용하여 세 개의 변수의 값을 표준화한다. 다음을 입력하라.

```
> myData1 <- scale(myData[ , 2:4])
```

표준화가 필요하지 않은 경우에는 세 개의 변수를 선택하고 나면 R 프로그램은

```
> myData1 <- myData[ , 2:4]
```

가 된다.

d. **dist** 함수를 이용하여 관측치 간의 유사성을 측정하고 그 거리값을 d라는 변수에 저

장한다. **dist** 함수의 옵션으로 *method*를 사용한다. 거리를 계산하는 옵션에는 "유클리드법", "맨하탄법", "바이너리"[자카드(Jaccard) 계수], "최대값", 그리고 "민코프스키(minkowski)" 등이 있다. (마지막 두 가지 옵션은 이 교재의 범위를 벗어난다.) 유사성의 척도로 유클리드 거리를 사용하기 위해 "euclidean"을 선택한다. 다음을 입력하라.

```
> d <- dist(myData1, method = "euclidean")
```

e. **agnes** 함수를 이용하여 병합형 군집화를 하고, 그 결과를 aResult라고 이름을 붙인다. **agnes** 함수의 옵션으로 *method*를 사용하여 군집화 방법을 지정한다. 군집화 옵션으로는 "single", "complete", "average"', "ward", "weighted", 그리고 "flexible" 등이 있다. 우리는 "ward"를 사용한다. *diss* 옵션은 [비유사성(dissimilarity)을 의미] TRUE로 지정되어 있는데, 이는 변수 d 가 원래의 데이터가 아닌 거리행렬을 포함하고 있음을 나타낸다. 군집화 구조의 강도와 자연적인 군집이 존재하는지 여부를 알기 위해 필요한 병합형 계수를 알기 위해 "aResult"를 입력한다. 일반적으로 계수의 크기가 0.75 이상이면 양호한 군집이 존재함을 나타낸다. 다음을 입력하라.

```
> aResult <- agnes(d, diss = TRUE, method = "ward")
> aResult
```

R은 다음과 같은 결과를 보여준다.

```
Call: agnes(x = myData, method = "ward")
Agglomerative coefficient: 0.942097
```

병합계수(0.942097)는 데이터에 양호한 군집이 존재함을 나타낸다.

f. **plot** 함수를 이용하여 덴드로그램과 배너를 만든다. 다음을 입력하라.

```
> plot(aResult)
Hit <Return> to see next plot:
```

<Return> 키를 눌러 그래프를 표시하라는 메시지가 표시된다. <Return>을 한번 누르면 배너가 표시된다.

그림 11.3(a)는 배너를 표시한다. 배너는 덴드로그램의 대안이다. 배너의 빨간색 막대는 관측치를 나타내며, 빨간색 막대 사이의 빈공간은 잠재적인 군집을 뜻한다. 덴드로그램과 마찬가지로 배너를 잘라 원하는 숫자의 군집을 얻을 수 있다. 이 예제에서는 높이가 =7(파란색 선으로 표시)인 배너를 자르면 세 개의 군집이 있는 결과를 얻을 수 있다.

그림 11.3 R을 이용한 배너 도표과 덴드로그램 도표

(a) 배너 도표

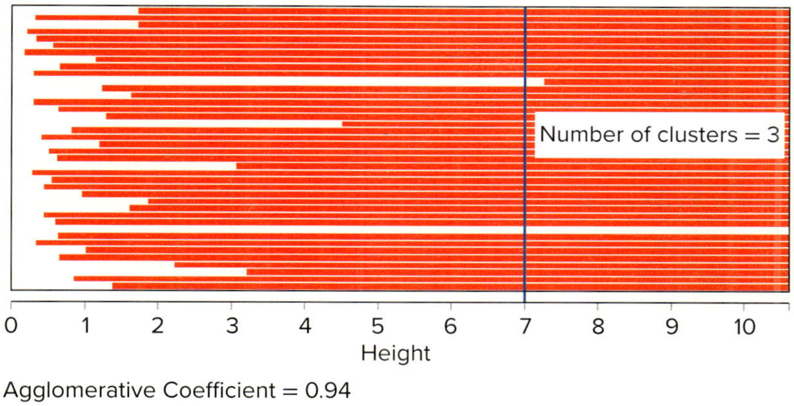

(b) 덴드로그램 도표. 관측치 1부터 41까지 x축에 표시됨

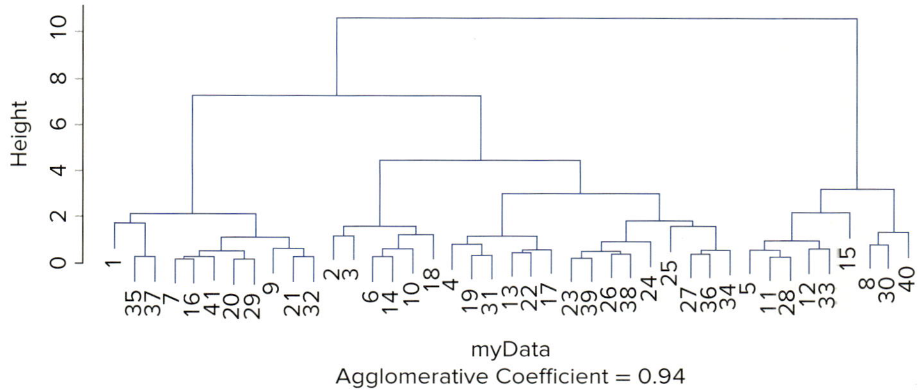

<Return> 키를 다시 누르면, 덴드로그램이 나타난다. 그림 11.3(b)는 덴드로그램을 보여준다.

g. 배너와 덴드로그램의 결과를 바탕으로 군집의 숫자를 결정할 수 있다. **cutree** 함수를 사용하여 세 개의 독자적인 군집을 만든다. 다음을 입력하라.

```
> aClusters <- cutree(aResult, k = 3)
```

h. **data.frame** 함수를 이용하여 기존 데이터 프레임, myData에 군집 멤버십 정보를 추가할 수 있다. 그 다음 **View** 함수를 이용하여 수정된 myData 프레임을 확인할 수 있다. 다음을 입력하라.

```
> myData <- data.frame(myData, aClusters)
> View(myData)
```

표 11.3은 수정된 Cities 데이터 프레임의 일부를 보여준다.

표 11.3 예제 11.1의 R을 이용한 수정된 Cities 데이터

City	Crime	Poverty	Income	aClusters
Barnstable	710.6	3.8	58.422	1
Boston	1317.7	16.7	48.729	2
⋮	⋮	⋮	⋮	⋮
Warwick	139.7	3.9	59.445	1

i. **summary** 함수를 이용하여 세개의 군집에 관한 요약통계량을 얻는다. 다음을 입력하라.

```
> summary(subset(myData, aClusters==1))
> summary(subset(myData, aClusters==2))
> summary(subset(myData, aClusters==3))
```

j. 각 군집의 관측치 개수를 알아내기 위해 **as.factor** 함수를 사용하여 aCluster를 범주형 데이터로 변환하고 **summary** 함수를 이용하여 각 군집의 관측치 개수를 찾아낸다. 다음을 입력하라.

```
> summary(as.factor(aClusters))
```

표 11.4에는 세 군집 각각의 Crime, Poverty, Income의 평균값이 나와 있다. 첫 번째 군집은 여전히 Crime과 Poverty가 가장 낮으며, 3개의 군집 가운데 Income이 가장 높은 11개의 도시로 구성된 집단이다. 그러나 세 번째 군집에서 Crime과 Poverty가 가장 높으며, Income이 가장 낮은 도시는 9개뿐이다.

표 11.4 예제 11.1의 R을 이용한 계층적 군집화의 결과

Cluster	Crime	Poverty	Income
1 (N = 11)	235.90	5.51	61.39
2 (N = 21)	544.2	12.28	45.64
3 (N = 9)	1,160.5	21.46	35.06

혼합 데이터를 사용한 병합형 군집화

지금까지 숫자 변수에 대한 데이터를 사용한 군집화에 대해 논의하였다. 이제 혼합 데이터라고도 하는 숫자형 변수와 범주형 변수로 구성된 데이터로 분석을 확장할 것이다. 혼합 데이터는 비즈니스 분야에서 매우 자주 사용된다. 예를 들어, 기업은 성별과 인종과 같은 범주형 변수와 함께 소득이나 연령과 같은 숫자형 변수를 기반으로 관측치를 군집화할 수 있다.

혼합 데이터를 가진 두 관측치 사이의 거리를 측정하기 위해, 존 가워(John C. Gower)가 제안한 가워계수라고 하는 거리 측도를 사용하는 것이 일반적이다. 가워계수는 각 변수에 대한 거리를 [0, 1]의 척도로 변환하고, 변환된 척도의 가중평균을 사용하여 관측치의 유사성을 측정한다. 가워 유사도계수에 관한 자세한 내용은 이 교재의 범위를 벗어난다.

다음 사례를 살펴보자.

예제 11.2

FILE ***Subscribers.*** 국가의 기간통신사업자가 자사의 휴대폰 가입고객에 대한 사회인구학적 조사를 실시했다. 가입자는 현재의 연봉(Salary), 도시 거주여부(City: 도시거주자는 1, 기타는 0), 혼인여부(Married: 기혼이면 1, 기타는 0), 성별(Sex: 남성이면 1, 아니면 0), 그리고 대학졸업여부(College: 대졸이면 1, 아니면 0)에 대한 설문에 답을 했다. 표 11.5는 196명의 가입자에 대한 설문조사 결과의 일부를 보여준다.

표 11.5 휴대폰 가입자

Salary	Sex	Married	College	City
61643	1	1	1	0
91095	1	1	1	1
⋮	⋮	⋮	⋮	⋮
54638	1	1	1	1

가워 유사도 척도를 이용하여 병합형 계층적 군집화를 실시하고 그 결과를 해석하라.

해답:

예제 11.1에서 사용했던 단계에 따라 R 프로그램과 가워계수를 이용하여 계산한다. 따라서 설명을 간략하게 하려고 한다.

R 이용

a. ***Subscribers*** 데이터를 데이터 프레임(테이블)으로 가져오고, myData라고 이름을 붙인다. 아직 설치가 되어 있지 않으면, *cluster* 패키지를 설치하고 사용한다. 다음을 입력하라.

```
> install.packages("cluster")
> library(cluster)
```

b. 데이터에서 첫 번째 변수는 휴대폰 가입자의 식별번호이기 때문에 군집 분석에서는 사용하지 않는다. **daisy** 함수를 이용하여 관측치 사이의 유사성을 확인하고, 그 결과값을 d에 저장한다. **daisy** 함수의 옵션으로 *metric*을 사용하여 거리를 계산한다. 거리계산의 옵션으로는 "유클리디언", "맨하탄", "가워" 등이 있다. 여기서는 "가워"를 사용한다. 다음을 입력하라.

```
> d <- daisy(myData[ , 2:6], metric = "gower")
```

d를 다시 입력하면 R은 가능한 모든 관측치의 쌍에 대한 "비유사도"를 보여준다. 관측치 1과 2의 비유사도가 2.277405e-01인지 확인하라. 이것은 단순히 1에서 가워계수를 뺀 값이다.

c. **agnes** 함수에서 Ward를 사용하여 병합형 군집화를 실시하고 그 결과를 mResult에 저장한다. 다음을 입력하라.

```
> mResult <- agnes(d, method = "ward")
> mResult
```

R은 병합계수를 0.9972604로 계산한다.

d. **plot** 함수를 이용하여 배너 플롯과 덴드로그램을 얻는다. 다음을 입력하라.

```
> plot(mResult)
```

화면의 지시를 따르면 배너 플롯과 덴드로그램을 볼 수 있다. 그림 11.4는 덴드로그램을 보여준다.

그림 11.4 예제 11.2에 대한 R의 덴드로그램

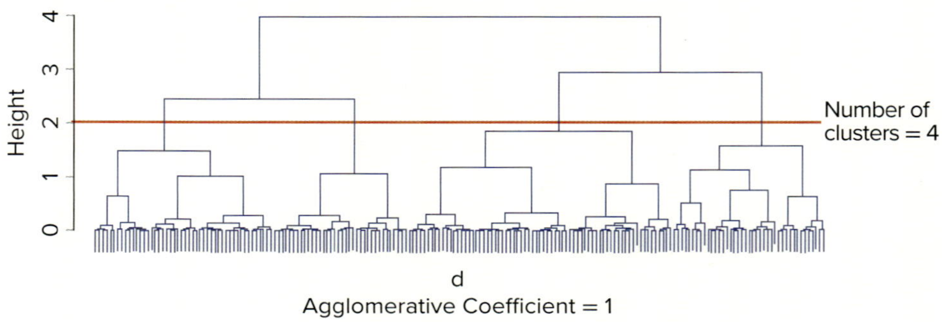

e. **cutree** 함수를 이용하여 네개의 군집을 얻는다. 그리고 군집 멤버십의 정보를 myData 데이터 프레임에 저장한다. **summary** 함수를 이용하여 각 군집의 요약통계량을 구한다. 표 11.6은 각 군집의 평균값을 보여준다.

```
> mClusters <- cutree(mResult, k = 4)
> myData <- data.frame(myData, mClusters)
> summary(subset(myData, mClusters==1))
> summary(subset(myData, mClusters==2))
> summary(subset(myData, mClusters==3))
> summary(subset(myData, mClusters==4))
```

f. 각 군집의 관측치의 개수를 알기 위해 **as.factor** 함수를 이용하여 mCluster를 범주형 데이터로 변환하고, **summary** 함수를 이용하여 각 군집의 관측치의 개수를 찾아낸다. 다음을 입력하라.

```
> summary(as.factor(mClusters))
```

표 11.6 예제 11.2에 대한 계층적 군집분석 결과

Cluster	Salary	Sex	Married	College	City
1 (N = 48)	96158	1	1	0.3958	0.6875
2 (N = 71)	94392	0.3803	0	0	0.3944
3 (N = 36)	97176	0	1	0	0.6111
4 (N = 41)	106586	0.3171	0.2195	1	0.5366

분석결과에 따라 4개의 군집 각각에 대해 다음과 같은 사실을 찾을 수 있다.

- 군집 1의 모든 가입자는 결혼한 남성이며, 대부분은 도시에 거주한다. 그 가운데 단지 40%만이 대졸 학위를 가지고 있다.
- 네 개의 군집 가운데 가장 큰 군집 2의 모든 가입자는 미혼이며, 동시에 대졸 학위도 가지고 있지 않다. 이들 중 40%는 남성이며, 대부분의 가입자들은 도시 외곽에 거주하고 있다.
- 군집 3의 모든 가입자는 기혼 여성이며 대학을 졸업하지 않았고, 대부분 도시에 거주하고 있다.
- 군집 4의 모든 가입자는 대졸자이며, 평균적으로 다른 군집에 비해 가장 많은 연봉을 받고 있다. 미혼인 경향이 있으며, 대부분 여성들이다.

계층적 군집화의 주요 장점은 사전에 군집의 개수를 지정하지 않아도 되며, 이는 순수하게 데이터 중심적인 접근법이라는 것이다. 또한 기법에 대한 이해와 결과에 대한 해석이 용이하다. 단 각각의 단계에서 데이터를 합치거나 나누기 위해 관측치를 재평가해야 하기 때문에 본질적으로 느리고, 대규모의 데이터를 효율적으로 다룰 수 없다는 것에 유의해야 한다. 이는 빅데이터를 다룰 때 커다란 문제를 야기한다. 표본 데이터가 조금만 변경되어도 결과에 대한 해석이 달라질 수 있다는 것도 이 방법이 안정적이지 않다는 것을 보여준다. 이런 한계를 극복하기 위해 실무자들은 계층적 군집화보다 효율적인 다른 기법과 결합하여 사용하는 경우가 많다. 이 내용은 다음 절에서 설명한다.

연습문제 11.1

1. **FILE** ***Exercise 11.1.*** 첨부된 데이터를 사용하여 병합형 군집분석을 실시하라.
   - **a.** 분석을 위해 다섯 개의 변수 모두를 표준화된 표준화점수로 변환하여 포함시킨다. 관측치 사이의 거리는 유클리드 거리를 사용하여 측정하고, 단일연결법을 사용하여 군집 사이의 거리를 측정한다. 덴드로그램을 그리고 확인하라. 군집 사이의 최소거리가 5일 경우 몇 개의 군집이 만들어지는가?
   - **b.** 완전연결법을 이용하여 a 부분을 반복하라.
   - **c.** Ward 군집화 방법을 이용하여 a의 계산을 반복하라.

2. **FILE** ***Exercise 11.2.*** 첨부된 데이터를 사용하여 병합형 군집분석을 실시하라. 분석을 위해 일곱 개 변수 모두를 표준화된 표준화점수로 변환하여 포함시킨다. 관측치 사이의 거리는 유클리드 거리를 사용하여 측정하고, 단일연결법을 사용하여 군집 사이의 거리를 측정한다. 덴드로그램을 만들고 확인하라. 군집 사이의 최소거리가 5일 경우 몇 개의 군집이 만들어지는가? 최소거리가 3인 경우에는 몇 개의 군집이 만들어지는가?

3. **FILE** ***Exercise 11.3.*** 첨부된 데이터를 사용하여 병합형 군집분석을 실시하라. 분석을 위해 일곱 개 변수 모두를 표준

화된 표준화점수로 변환하여 포함시킨다. 관측치 사이의 거리는 유클리드 거리를 사용하여 측정하고, 단일연결법을 사용하여 군집 사이의 거리를 측정한다. 덴드로그램을 만들고 확인하라. 군집 사이의 최소거리가 5일 경우 몇 개의 군집이 만들어지는가? 가장 큰 군집에는 몇 개의 관측치가 있는가? 가장 큰 군집의 x_1 값의 평균은 얼마인가?

4. **FILE** ***Exercise 11.4.*** 첨부된 데이터를 사용하여 병합형 군집분석을 실시하라.
   - **a.** 분석을 위해 다섯 개 변수 모두를 표준화된 표준화점수 로 변환하여 포함시킨다. 관측치 사이의 거리는 유클리드 거리를 사용하여 측정하고, 단일연결법을 사용하여 데이터를 세 개의 군집으로 구분한다. 가장 큰 군집에는 몇 개의 관측치가 있는가? 가장 큰 군집의 x_4 값의 평균은 얼마인가?
   - **b.** 완전연결법을 이용하여 a 부분을 반복하라.
   - **c.** Ward 군집화 방법을 이용하여 a의 계산을 반복하라.

5. **FILE** ***Exercise 11.5.*** 첨부된 데이터를 사용하여 병합형 군집분석을 실시하라. 처음 다섯 개의 변수 x_1, x_2, x_3, x_4, x_5에 대하여 분석하라. 변수를 표준화하지 않는다. 참고: R에서는 **dist** 함수의 = “binary” 옵션을 사용한다.
   - **a.** 데이터를 4개의 군집으로 구분하기 위해 유사성의 척도로 자카드 Jaccard 계수를 사용하며, 평균연결법을 사용하여 군집화를 한다. 가장 큰 군집의 x_1에는 몇 개의 1이 있는가?
   - **b.** 6개의 군집을 만들기 위해 자카드 계수와 단일연결법을 이용하여 군집화를 한다. 가장 큰 군집의 x_1에 1이 몇 개나 있는가?

6. **FILE** ***Exercise 11.6.*** 첨부된 데이터를 사용하여 병합형 군집분석을 실시하라. 11개의 이진변수 모두를 사용한다. 자카드 계수를 유사성의 척도로 사용하며 평균연결법을 군집화 방법으로 이용한다. 덴드로그램을 검사한다. 군집의 최소 거리가 0.8인 경우 몇 개의 군집이 만들어지는가? 참조: R의 경우 **dist** 함수에서 = “binary” 옵션을 사용해야 한다.

7. **FILE** ***Exercise 11.7.*** 첨부된 데이터를 사용하여 병합형 군집분석을 실시하라. 11개의 이진변수 모두를 사용한다. 자카드 계수를 유사성의 척도로 사용하며 완전연결법을 군집화 방법으로 이용하여 데이터를 5개의 군집으로 구분한다. 가장 큰 군집의 x_1에 1이 몇 개나 있는가? 참조: R의 경우 **dist** 함수에서 = “binary” 옵션을 사용해야 한다.

8. **FILE** ***Exercise 11.8.*** 숫자형과 범주형 변수로 구성된 첨부 데이터를 사용하여 병합형 군집분석을 실시하라. 관측치의 거리는 가워 계수를 사용하여 측정하고, Ward 방법을 이용하여 군집화를 한다. 덴드로그램을 그리고 확인하라. 군집 사이의 최소거리가 0.85일 경우 몇 개의 군집이 만들어지는가? 가장 큰 군집의 x_5의 평균은 얼마인가?

9. **FILE** ***Colleges.*** 대학진학 예정자인 피터 라라는 고등학교의 진학상담자를 만나 지원 가능한 대학에 대해 상담을 했다. 그는 교육부의 웹사이트에 나와 있는 대학정보를 참조하라는 권고를 들었다. 가족과 이야기를 나눈 후, 116개 대학의 목록과 각 대학의 졸업 후 평균소득(Earnings, 달러), 평균 연간학비(Cost, 달러), 졸업률(Grad, %), 학생부채비율(Debt, %), 그리고 대학이 도시에 있는지의 여부(도시에 있으면 1, 아니면 0) 등의 정보를 다운로드 받았다. 피터와 가족은 이 대학정보를 바탕으로 선택의 폭을 좁히고 싶어한다. 다음 표에는 데이터의 일부가 나와 있다.

School	Earnings	Cost	Grad	Debt	City
St. Ambrose Univ.	44800	22920	62	88	1
Albion College	45100	23429	73	92	0
⋮	⋮	⋮	⋮	⋮	⋮
Wittenburg Univ.	42700	26616	64	90	1

   - **a.** 소득, 비용, 졸업률, 그리고 부채정보를 모두 표준화하여 표준화점수를 계산한 다음 군집화를 수행한다. 유클리드 거리 및 Ward 군집화 방법을 사용하여 116개 대학 모두의 군집을 결정한다. 군집 간의 최소거리가 15일 때 몇 개의 군집이 생성되는가?
   - **b.** 학교가 도시에 있는지에 따라 두 개의 데이터로 나눈다. 유클리드 거리와 Ward 군집화 방법을 이용하여 소득, 비용, 졸업률, 부채정보를 바탕으로 도시 지역에 위치한 대학의 군집을 파악한다. 덴드로그램을 만들어 확인한다. 군집 사이의 최소거리가 10이면 몇 개의 군집이 만들어지는가?
   - **c.** 도시에 위치하지 않은 대학에 대해 분석을 반복한다. 덴드로그램을 만들어 확인한다. 군집 사이의 최소거리가 10이면 몇 개의 군집이 만들어지는가?

10. **FILE** ***Student_Body.*** 앤 컷버스는 콜로라도 지역의 작은 인문대학에서 학사지도 업무를 새롭게 시작했다. 학과의 학생명단을 확인하며, 학생들을 보다 더 잘 이해하려 하고 있다. 다음의 표에는 100명의 학생에 대한 데이터의 일부가 나와 있다. 모든 변수는 범주형으로 1의 값은 학생이 전학생이라는 사실을 나타내며, 학장 리스트에 있는지, 그리고 현재 학자금 지원을 받고 있는지, 여성인지 등을 나타낸다. 참고: R에서는 **dist** 함수에서 = “binary” 옵션을 사용한다.

Transfer	Dean’s list	Financial aid	Female
0	1	1	1
1	0	1	0
⋮	⋮	⋮	⋮
1	0	0	1

a. 학생 데이터를 사용하여 병합형 군집분석을 실시하라. 자카드 계수를 유사성의 척도로 사용하며 완전연결법을 군집화 방법으로 이용한다. 덴드로그램을 검사한다. 군집의 최소 거리가 0.8인 경우 몇 개의 군집이 만들어지는가? 가장 큰 군집에는 몇 명의 전학생이 있는가?

b. 평균연결법을 사용하여 a의 분석을 실시하라. 가장 큰 군집에는 몇명이 학장의 리스트에 포함되어 있는가?

11. **FILE** ***Football_Players.*** 데니스 라우는 열렬한 미식축구 팬이며 모든 대학미식 축구경기를 광적으로 따라다닌다. 현재 시즌에서 그녀는 모든 쿼터 백이 시즌 내내 어떻게 활약했는지 꼼꼼하게 기록하고 있다. 데니스는 이 쿼터 백들에 대해 지역대학의 축구팬 클럽에서 발표할 예정이다. 다음의 표에는 그녀가 기록한 데이터의 일부가 나와 있다. 변수는 플레이어 번호(Player), 완료된 패스(Comp), 패스 시도(Att), 패스 완료율(Pct), 총 야드(Yds), 시도당 평균야드(Avg), 게임당 패스야드(Yds/G), 터치다운(TD), 그리고 가로채기(Int) 등이다.

Player	Comp	Att	...	Int
1	107	166	...	4
2	238	353	...	4
⋮	⋮	⋮	⋮	⋮
43	184	294	...	3

a. 데니스의 발표에 도움이 되도록 쿼터백을 실적에 따라 병합형 군집화를 사용하여 그룹으로 구분한다. 변수들을 표준화하고, 유클리드 거리와 워드 군집법을 사용한다. 데이터를 세 개의 군집으로 분류한다. 가장 큰 군집에는 몇 명의 선수가 있는가? 가장 큰 군집의 평균 터치다운 횟수는 얼마인가?

b. 150회 이상의 패스를 시도한 쿼터백만을 선택하여 a에서 수행한 군집 분석을 반복한다. 데이터를 두 개의 군집으로 분류한다. 더 큰 군집에는 몇 명의 선수가 있는가? 대형 군집의 평균 터치다운 횟수는 얼마인가?

12. **FILE** ***Baseball_Players.*** 벤 더비는 프로야구팀을 위해 일하는 고액연봉의 스카우터이다. 그는 매주 적어도 5개에서 6개의 메이저리그 야구경기에 참석한다. 그의 팀을 위해 잠재력이 있는 선수들을 평가하기 위해 가능한 한 많은 녹화경기를 시청한다. 그는 또한 개별 선수들에 대한 상세한 기록을 가지고 있다. 그의 팀은 다음 시즌에 활약할 새로운 타자를 명단에 추가하려고 한다. 다행하게도 벤은 지난 시즌동안 적어도 100개의 경기를 뛴 144명의 타자에 대한 정보를 가지고 있다. 다음 표에서는 데이터의 일부가 나와 있다. 변수는 선수번호(Player), 경기수(G), 타수(AB), 득점(R), 안타(H), 홈런(HR), 타율(RBI), 타석평균(AVG), 출루율(OBP), 그리고 장타율(SLG) 등이다.

Player	G	AB	...	SLG
1	140	558	...	0.497
2	127	405	...	0.451
⋮	⋮	⋮	⋮	⋮
144	129	471	...	0.516

병합형 군집화를 사용하여 144명의 선수를 Player 변수를 제외하고 나머지 변수를 활용하여 세 개의 군집으로 나눈다. 변수를 표준화하고, 유클리드 거리법 및 단일연결 군집화 방법을 사용한다. 각 군집에 몇 명의 선수가 있는가? 변수의 평균값을 사용하여 각 군집의 특징을 설명한다.

13. **FILE** ***Internet_Addiction.*** 인터넷 중독은 대학생들 사이에서 널리 퍼져있는 문제로 밝혀졌다. 콜로라도의 작은 문과대학에서는 킴벌리 영 박사가 개발한 인터넷 중독테스트(Internet Addiction Test, IAT)를 사용하여 학생들의 인터넷 중독에 관한 설문조사를 했다. IAT는 세 가지 기본적인 정신 요소를 측정하기 위한 20개의 질문으로 구성되어 있다. 1번부터 9번 문제는 정서적/심리적 갈등을 측정하는데, 개인이 가족과 친구들과의 교류를 회피하는 수단으로 인터넷을 사용하는 정도를 말한다. 질문 10에서 14까지는 시간관리 문제를 측정하는데, 이는 개인이 다른 책임을 회피하고 온라인에서 보내는 시간을 측정한다. 마지막으로 질문 15부터 20까지는 개인의 기분을 측정하는데, 이는 기분전환을 위해 인터넷에 의지하는 정도를 의미한다. 다음의 표는 350명의 학생들의 응답 가운데 일부분을 보여준다. 학생들의 반응은 1에서 5의 척도로 기록되었으며, 높은 점수는 인터넷 사용에 문제가 있음을 나타낸다.

기록	IAT1	IAT2	...	IAT20
1	2	2	...	1
2	2	3	...	1
⋮	⋮	⋮	⋮	⋮
350	1	2	...	1

a. 세 가지 심리학적 요인(정서적/심리적 충돌, 시간관리문제, 분위기 전환)에 대한 점수는 각각의 항목을 측정하도록 설계된 질문의 점수의 평균을 이용하여 계산한다. 먼저 각 학생에 대한 심리측정요인의 평균점수를 구한다. 그다음 350명의 대학생을 세 가지 기본 정신측정 요소를 이용하여 다섯 개의 군집으로 구분하도록 병합형 군집화를 한다. 유클리드 거리와 단일연결 군집화를 사용한다. 변수를 표준화하지 않는다. 가장 큰 군집에는 학생이 몇 명이 있는가?

b. 가장 큰 군집의 학생들의 정서/심리적 충돌, 시간관리문제, 분위기 전환에 대한 평균점수는 각각 얼마인가?

14. **FILE** ***Health_Population2.*** 다음 데이터는 세계은행의 2000년 건강영양 및 인구통계 데이터베이스로부터 가져온 38개국의 국가별 건강 및 인구조사 데이터를 포함하고 있다. 각 국가별 인구 1,000명당 사망률(Death Rate, %), 1인당 건강지출액(Health Expend, 달러), 수명기대값(Life Exp, 연간), 남성 1,000명당 사망률(Male Mortality), 여성 1,000명당 사망률(Female Mortality), 연간인구성장률(Population Growth, %), 여성인구(Female Pop, %), 남성인구(Male Pop, %), 총인구(Total Pop), 노동력 규모(Labor Force), 여성 1인당 출생률(Fertility Rate), 1,000명당 출산율(Birth Rate), 그리고 일인당 국민총소득(GNI, 달러) 등이 그 측정값에 포함이 되어 있다. 다음 표에는 그 데이터의 일부가 나와 있다.

Country	Death Rate	Health Expend	...	GNI
Argentina	7.8	706.9	...	7440
Austria	9.6	2415.78	...	26790
⋮	⋮	⋮	⋮	⋮
Switzerland	8.7	3540.86	...	43460

a. 38개국의 건강지표(즉, 사망률, 건강지출액, 기대수명, 남성사망률, 여성사망률)만을 사용하여 병합형 군집화를 수행하라. 데이터를 세 개의 군집으로 나누기 위해 유클리드 거리와 평균연결법을 사용한다. 이 경우 데이터 표준화가 필요한가?

b. 각 군집의 특징을 설명하라. 각 군집의 평균 GNI(달러)를 비교하고 그 결과를 제출하라.

15. **FILE** ***Health_Population2.*** 데이터에 대한 설명은 앞 예제를 참조하라.

a. 38개국의 인구지표(즉, 인구성장률, 여성인구, 남성인구, 노동력, 출산율, 출생률)만을 사용하여 병합형 군집화를 수행하라. 데이터를 세 개의 군집으로 나누기 위해 유클리드 거리와 평균연결법을 사용한다. 이 경우 데이터 표준화가 필요한가?

b. 가장 큰 국가 군집의 인구당 GNI(달러)의 크기와 평균은 얼마인가?

c. 그 결과를 이전 문제의 결과와 비교하라. 군집 구성원들의 특성의 차이를 설명하라.

16. **FILE** ***Pizza_Customers.*** 동네 피자가게에서 고객에 대해 좀 더 잘 알고 싶어한다. 다음의 표에는 무작위로 선정된 30명의 고객에 대한 정보가 나와 있다. 변수로는 연령, 여성(1이면 여성, 0이면 기타), 대학(1이면 대졸, 0이면 기타), 주택크기(Size), 그리고 연간 구매액(Spending)이 나와 있다.

Record	Age	Female	...	Spending
1	25	0	...	288
2	27	0	...	474
⋮	⋮	⋮	⋮	⋮
30	41	1	...	1401

a. 숫자형 변수와 범주형 변수를 함께 사용하여 고객을 병합형 군집으로 구분하라. 거리측정을 위해 가워 계수와 Ward 법을 사용한다. 최소 거리가 1 이상인 군집의 최대 개수는?

b. 가장 큰 군집에는 몇 명의 고객이 포함되는가? 가장 큰 군집의 고객들의 평균 연간소득은?

17. **FILE** ***Temperature.*** 다음 표에는 미국 50개 도시의 1, 4, 7, 10월달 평균온도가 부분적으로 나와 있다.

City	Jan	April	July	Oct
Albuquerque, N.M.	35.7	55.6	78.5	57.3
Anchorage, Alaska	15.8	36.3	58.4	34.1
⋮	⋮	⋮	⋮	⋮
Washington, D.C.	34.9	56.1	79.2	58.8

a. 1월, 4월, 7월, 10월의 평균기온을 가지고 병합형 군집화를 수행하여 도시를 집단으로 구분하라. 변수를 표준화하고, 유클리드 거리와 Ward 법을 사용하여 도시를 3개의 군집으로 만들라. 가장 큰 군집에는 몇 개의 도시가 포함되는가?

b. 가장 큰 군집에 있는 도시들의 1월, 4월, 7월, 10월 평균기온은 얼마인가?

18. **FILE** ***MLB.*** 다음 표에는 메이저리그 야구의 투수에 관한 평균 자책점(ERA)과 연봉(백만달러)의 일부 정보가 나와 있다.

Player	ERA	Salary
1	2.53	17
2	2.54	4
⋮	⋮	⋮
10	3.09	0.5

a. 병합형 군집화를 사용하여 평균자책점과 연봉을 기준으로 선수들을 집단으로 구분하라. 변수를 표준화하고, 유클리드 거리와 단일연결법을 사용하여 선수들을 네 개의 군집으로 나누라. 가장 큰 군집에는 몇 명의 선수가 있는가?

b. 가장 큰 군집에 속하는 선수들의 평균자책점과 연봉은 얼마인가?

19. **FILE** ***Chicago_CA.*** 산자이 존슨은 공동체에서 교육수준과 소득중위값에 대한 상관관계를 연구하는 논문을 작성하고 있다. 다음 표에는 그가 수집한 시카고시의 77개 지역에 대한 교육성취도와 평균중위소득에 대한 데이터의 일부가 나와 있다. 산자이는 교육성취도에 따라 지역을 군집화하고 각 군집의 평균중위소득을 비교할 계획이다. 각각의 공동체에 대해 25년 이상 거주한 사람과 그 이하(25 혹은 이상), 고등학교 이하의 학력보유자(HS 미만), 고등학교 학력소지자(HS), 대학재학 경험자(SC), 학사학위 이상 보유자(Bachelor), 그리고 중위가계소득(Income)을 측정한다.

Community	25 or Over	Less than HS	...	Income
Albany Park	32541	11347	...	46198
Archer Heights	7327	2669	...	42571
⋮	⋮	⋮	⋮	⋮
Woodlawn	15267	2738	...	27413

a. 산자이는 군집 분석을 위해 데이터를 표준화해야 하는가? 설명하라.

b. 병합형 군집화를 실시하여 모집단의 교육성취도와 관련하여 표준화된 변수(HS 미만, HS, SC, Bachelor)를 가지고 공동체를 집단으로 구분하라. 유클리드 거리와 Ward 군집화를 사용하라. 덴드로그램을 검사하라. 군집의 최소 거리가 10일 경우 몇 개의 군집이 만들어지는가?

c. 가장 큰 공동체 군집의 중위가구 소득의 크기와 평균은 얼마인가?

20. **FILE** ***Internet_Addiction2.*** 인터넷 중독은 대학생들 사이에 널리 퍼져 있는 문제로 알려져 있다. 콜로라도의 작은 문과대학에서는 킴벌리 영 박사가 개발한 인터넷 중독테스트(Internet Addiction Test, IAT)를 사용하여 학생들의 인터넷 중독에 관한 설문조사를 했다. IAT는 세가지 기본적인 정신측정 요소 즉, 감정/심리적 갈등(요인 1), 시간관리 문제(요인 2), 그리고 기분전환(요인 3)을 측정한다. IAT에서 높은 점수를 받은 사람은 인터넷 사용에 문제가 있을 수 있다. 다음의 표는 350명의 학생에 대한 세 가지 정신측정 요소에 대한 점수가 일부 나와 있다. 응답자들은 인구학적 정보, 즉 성별(여성은 1, 기타 0), 학력수준(대학원 1, 기타 0) 등을 제공해 주었다.

Record	Factor1	Factor2	...	Graduate
1	1.44	2.40	⋮	1
2	2.44	2.80	⋮	0
⋮	⋮	⋮	⋮	⋮
350	1.33	2.20	⋮	0

a. 세 가지 정신측정 요소를 가지고 계층적 군집화를 실시하여 350명의 대학생들을 그룹으로 나누라. 거리측정을 위해 가워 계수를 사용하고, Ward 법을 이용하여 학생들을 세 개의 군집으로 구분하라. 가장 큰 군집에는 몇 명의 학생이 포함되는가?

b. 가장 큰 군집에 있는 학생들의 평균 감정/심리적 갈등, 시간관리문제, 그리고 기분전환에 관한 평균점수는 무엇인가?

21. **FILE** ***Longitudinal_Partial.*** 다음의 표에는 미국에서 살고 있는 12,000명에 대한 고용지표조사(National Longitudinal Survey, NLS)의 일부분이 나와 있다. 변수로는 도시(도시지역은 1, 기타는 0), 형제자매(숫자), 백인(백인은 1, 기타는 0), 기독교인(기독교인은 1, 기타는 0), 가족의 크기, 신장, 체중(파운드), 그리고 소득(달러)이 있다.

Urban	Siblings	White	...	Income
1	8	1	...	0
1	1	1	...	40000
⋮	⋮	⋮	⋮	⋮
1	2	1	...	43000

a. 계층적 군집화를 통하여 응답자를 집단으로 구분하라. 거리측정을 위해 가워 계수를 사용하고, Ward 법을 이용하여 개인들을 4개의 군집으로 구분하라. 가장 큰 군집에는 몇 명이 있는가?

b. 군집의 특성을 설명하라.

11.2 *k*-평균 군집분석

LO 11.2

k-평균 군집분석을 수행할 수 있어야 한다.

이전 절에서 논의된 계층적 군집화과 달리 ***k*-평균 군집화**는 분석을 수행하기 전에 군집의 수 *k*를 미리 지정해야 한다. 목표는 데이터를 겹치지 않도록 미리 지정된 *k*개의 군집으로 분할하는 것이고, 이때 각 군집이 가능한 한 유사하도록 만드는 것이다. 실제적으로 원하는 결과를 얻을 때까지 서로 다른 *k* 값을 지정하여 분석을 하거나 계층적 군집화 방법을 사용하여 적절한 *k*를 결정할 수 있다. 또한 연구주제에 대한 사전지식이나 이론을 바탕으로 적절한 군집의 수를 결정할 수도 있다. 예를 들어, 만약 책을 분류하려면 무의식적으로 소설과 비소설로 구분해 볼 수 있다. 또는 신발은 자연스럽게 캐주얼, 운동화, 또는 정장용 구두 등으로 구분해 볼 수 있다.

군집의 수 *k*가 결정되면, *k*-평균 군집법은 초기 군집의 중심점을 정한다. 이 초기 군집중심점을 찾는 방법은 여러 가지가 있다. 일반적으로는 데이터에서 *k*를 무작위로 선택하여 알고리즘을 시작하는 것이다. 그 다음 나머지 데이터들이 가장 가까운 군집중심점에 배정되어 *k*개의 군집을 형성한다. 각각의 군집에 할당된 데이터를 사용하여 새로운 군집중심점을 계산한다. 그 다음 알고리즘은 각 데이터에서 가장 가까운 군집중심점을 찾아 재배정하며, 군집중심점은 다시 계산된다.

데이터의 재배정과 군집중심점의 재계산은 군집 내의 차이를 최소화하기 위해 반복되며, 여기에서 집단 내의 차이는 데이터의 유클리드 거리의 합으로 정의된다. 군집배정, 군집중심점의 재계산은 군집 내의 차이가 더 이상 줄어들지 않을 때까지 반복하여 수행된다. 유사성의 척도로 유클리드 거리만 사용하기 때문에 *k*-평균 알고리즘은 숫자형 변수를 가진 데이터만 처리할 수 있다. 즉 군집분석 전에 범주형 변수를 숫자형 변수로 변환하지 않으면 분석할 수 없다.

k-평균 군집화 방법

k-평균 군집화(*k*-means clustering) 방법은 동일한 군집에 할당된 관측치가 가능한 비슷하도록 각 관측치를 군집에 할당한다. 군집 *k*의 수는 분석을 시작하기 전에 결정한다. *k*-평균 군집화는 변수가 숫자인 경우에만 적용할 수 있다. *k*-평균 군집화 알고리즘의 일반적인 절차는 다음과 같다.

1. *k*의 값을 지정한다.
2. 무작위로 *k*개의 관측치를 중심값으로 정한다.
3. 각각의 관측치를 가장 가까운 군집의 중심에 배정한다.
4. 군집의 중심값을 재계산한다.
5. 각각의 관측치를 가장 가까운 군집의 중심으로 재배정한다.
6. 군집의 중심값을 재계산하고, 단계 5로 돌아간다.
7. 군집의 분산도가 더 이상 개선되지 않으면 멈춘다.

계층적 군집화 방법과 비교하여 *k*-평균 군집화 방법은 특히 대규모의 데이터를 처리할 때 계산의 효율성이 높다. 이는 계층적 군집화가 가능한 모든 데이터의 쌍 사이의 거리를 계산해야 하는 반면, *k*-평균 군집화는 각 단계별로 데이터와 군집 중심점 사이의 거리계산만을 요구하기 때문이다. 예를 들어, 100개의 데이터로 구성된 비교적 소규모의 데이터집합에서 계층적 군집화는 군집을 결정하기 위해 4,950개의 가능한 데이터 쌍의 거리를 계산해야 한다. 같은 데이터에 사전에 지정된 *k* 값이 4인 경우, *k*-평균 군집화는 각 단계별로 400개의 거리만을 계산하면 된다. 따라서 계층적 군집화 방법 대신 *k*-평균 군집화 방법을 사용해서 대규모의 데이터를 군집화하는 것이 일반적이다.

R을 이용한 *k*-평균 군집화

k-평균 군집화의 결과는 초기 군집의 중심값을 정하고, 특정 알고리즘을 적용시키는 것에 상당히 민감하다. 앞에서도 다루었듯이, 군집화는 본질적으로 데이터 탐색을 위한 비지도 기법이기 때문에, 가장 적절한 기법은 합리적인 군집을 만들 수 있는 기법이어야 한다. 다음 예제에서 R을 이용한 *k*-평균 군집화를 하는 방법을 보여준다.

예제 11.3

FILE ***CandyBars.*** 도입사례에서 목표는 알리야 윌리엄스가 초코바를 서로 다른 군집으로 구분하게 함으로써 제품의 선택과 진열을 개선하는 것이었다. 여기에서는 4개의 군집을 가정하고 *k*-평균 군집화를 사용하여 분석하고 그 결과를 해석한다.

해답:

R 이용

a. ***CandyBars*** 데이터를 데이터프레임(테이블)으로 가져오고, myData라고 이름을 붙인다. *cluster* 패키지를 설치하고 사용한다. 다음을 입력하라.

```
> install.packages("cluster")
> library(cluster)
```

b. Brand 변수를 분석에서 제외하고, **scale** 함수를 사용하여 다른 변수들을 표준화한다. 새로운 데이터프레임에 myData1이라고 이름을 붙인다. 다음을 입력하라.

```
> myData1 <- scale(myData[ , 2:5])
```

c. **set.seed** 함수를 사용하여 무작위 시작값을 정하고, **pam** 함수를 사용하여 *k*-평균 군집화를 실시한다. 네 개의 군집을 얻기 위해 **pam** 함수에서 옵션 *k*를 4로 정한다. 군집화 결과를 kResult에 저장한다. **summary** 함수를 사용하여 결과를 표시한다. 다음을 입력하라.

```
> set.seed(1)
> kResult <- pam(myData1, k = 4)
> summary(kResult)
```

표 11.7에는 R의 결과가 보기 쉽도록 재배열되어 있다. 군집 2는 비교적 많은 탄수화물(표준화점수 2.0860)과 낮은 지방(표준화점수 −1.9482)을 가진 세 개의 초코바로 구성되어 있다.

표 11.7 R의 군집화 결과값과 표준화 점수

Cluster	Calories	Fat	Protein	Carb
1 (N = 14)	0.8081	0.5993	0.7920	−0.2614
2 (N = 3)	0.1355	−1.9482	−1.8193	2.0860
3 (N = 16)	−0.1547	0.2354	−0.3686	−0.3160
4 (N = 4)	−2.0275	−1.5842	−0.9489	0.1207

d. 군집과 그 구성제품을 시각적으로 표현하려면, plot 함수를 사용한다. 다음을 입력하라.

```
> plot(kResult)
```

R이 만들어내는 군집과 실루엣 도표(그림 11.5)를 볼 수 있다. 그림 11.5(a)에 있는 군집 도표에는 네 가지 변수(칼로리, 지방, 단백질, 그리고 탄수화물)에서 나온 정보를

그림 11.5 예제 11.3을 위한 R의 군집 도표와 실루엣 도표

(a) 군집 도표

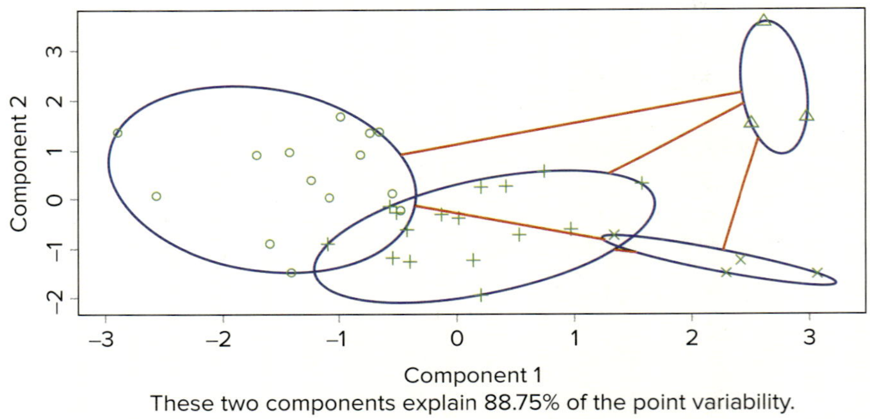

(b) 실루엣 도표

요약해 주는 주성분 분석(PCA)이 함께 사용된다. 4개의 변수를 기반으로 한 4차원의 도표를 그릴 수 없기 때문에, 이차원의 도표에 군집을 표시할 때 두 개의 주성분을 x축과 y축에 표시한다. 8장에서 설명한 대로 이 주성분은 데이터에서 가장 높은 변동성을 설명한다는 것을 기억하라. 이 경우, 처음 두개의 주성분은 88.75%의 변동성을 설명한다. 각각의 파란색 타원은 군집을 나타내며 각 군집의 관측치는 다른 기호를 사용해서 나타낸다.

그림 11.5(b)에 있는 실루엣 도표는 한 군집에 있는 각각의 관측치들이 다른 군집에 있는 관측치들과 얼마나 가까이 있는지 보여준다. 이 그림은 군집의 숫자가 적절한지 시각적으로 보여준다. 각 관측치의 실루엣의 넓이 s_{ij}의 범위는 −1에서 +1이다. +1에 가까울 수록 그 관측치는 자기 군집에 잘 어울리며, 다른 군집에는 속하지 않는다는 것을 나타낸다. 모든 관측치의 실루엣 값이 +1에 가까우면, 그 군집화는 잘된 것이다. 만약 그 점수가 낮거나 음수이면, 군집의 숫자가 너무 많거나 너무 작은 것이다. 그림 11.5(b)에 나와 있는 결과는 적당한 것으로 보이지만 아주 좋지는 않다는 것을 알 수 있다. 군집 2와 4는 잘 구성되어 있는 반면, 군집 1에서 두 개의 관측치 가운데 하나와 군집 3에의 관측치 하나는 실루엣 넓이가 음수이다. 평균 실루엣 넓이는 0.32로 이는 전반적으로 군집화가 합리적으로 되었다는 것을 나타낸다. 다른 설정이 꼭 더 좋은 결과를 가져온다는 보장은 없다.

도입사례 분석결과

알리야 윌리엄스는 자판기 사업을 하는 초보사업가이다. 자판기에서 판매할 초코바를 전략적으로 전시하기 위해, 그녀는 k-평균 군집화를 사용하여 4개의 군집을 만든다. 알리야는 초코바의 그룹에 특징이 있음을 보았다. 예를 들어, Three Musketeers, 100 Grand, Raisinets, York Peppermint Pattie, After Eight Mints, Twizzlers Cherry Nibs는 같은 군집으로 구분되는데, 이들은 모두 낮은 칼로리, 지방, 단백질을 가지고 있다. 또한 Skittles, Starbust, Twizzlers와 같은 과일맛 캔디는 상대적으로 지방과 단백질이 적은 반면 탄수화물이 높은 군집에 속해 있다.

Steve Degenhardt/Shutterstock

나머지 두 개 그룹의 특징은 약간 모호하다. 하지만 알리야는 남은 두 개의 군집 가운데 하나는 Reese's Pieces와 같이 단백질과 칼로리가 높은 초코바를 포함하고 있음을 알고 있다. 마지막으로 남은 군집은 네 가지 영양소가 골고루 섞인 초코바를 포함하고 있다.

시장에서 소비자들의 건강에 대한 관심이 증가하고 있기 때문에, 알리야는 자판기에 처음 두 군집에 있는 초코바와 같이 칼로리와 지방이 낮은 제품의 비중을 늘려야 한다고 느끼고 있다. 이런 초코바는 단것을 먹고는 싶지만 동시에 너무 많은 칼로리와 지방을 섭취하고 싶지 않은 고객을 유치할 수 있을 것이다. 과일맛 캔디는 저지방, 고탄수화물을 원하는 고객을 만족시킬 수 있다. 그녀는 또한 건강관리나 헬스클럽과 같은 곳에 가까이 위치한 자판기에는 눈에 띄는 곳에 더 건강한 초코바를 진열하고, 각각의 제품에 대한 영양학적 정보를 게시하고자 한다.

알리야는 또한 단백질을 조금 더 섭취하려고 하는 고객을 위해 세 번째 군집에 있는 초코바를 더 많이 판매하려고 한다. 마지막으로 제품의 다양성을 유지하기 위해 자판기에 나머지 군집에서 인기가 많은 제품을 종류별로 진열하려고 한다.

연습문제 11.2

22. **FILE** ***Exercise_11.23.*** 첨부된 데이터에 대해 k-평균 군집화를 수행하라.
    a. 모든 변수를 사용하여 분석한다. 변수를 표준화하지 않는다. 군집의 숫자는 3으로 한다. 가장 큰 군집의 크기와 평균거리는 얼마인가?
    b. 앞의 a와 동일한 설정을 사용하고, 변수를 표준화한다. 가장 큰 군집의 크기와 평균거리는 얼마인가?

23. **FILE** ***Exercise_11.24.*** 첨부된 데이터의 두 개의 변수를 가지고 k-평균 군집화를 수행하라. 변수를 표준화한다. k의 값을 2, 3, 4로 바꾸면서 실험을 한다. 각각의 k 값에 대하여 가장 큰 군집의 관측치 숫자와 거리의 값을 비교하라.

24. **FILE** ***Exercise_11.25.*** 첨부된 데이터에 대해 k-평균 군집화를 수행하라.
    a. 변수 x_1, x_2, x_3를 사용하여 분석한다. 변수를 표준화한다. k의 값을 2로 할 때, 가장 큰 군집의 크기와 평균거리는 얼마인가?
    b. k의 값을 3으로 할 때, 가장 작은 군집의 중심값은 얼마인가?

25. **FILE** ***Exercise_11.26.*** 첨부된 데이터에 대해 k-평균 군집화를 수행하라. 변수 x_4, x_5, x_6, x_7을 사용하고, z-점수로 표준화하라.
    a. k의 값을 2로 하고, 군집과 실루엣 도표를 가지고 군집의 멤버십을 표시하라. 평균 실루엣 넓이는 얼마인가?
    b. k의 값을 3으로 하고, 군집과 실루엣 도표를 가지고 군집의 멤버십을 표시하라. 평균 실루엣 넓이는 얼마인가?
    c. k의 값을 4로 하고, 군집과 실루엣 도표를 가지고 군집의 멤버십을 표시하라. 평균 실루엣 넓이는 얼마인가?

26. **FILE** ***Exercise_11.27.*** 첨부된 데이터에 대해 k-평균 군집화를 수행하라. 변수 x_1, x_3, x_5를 사용하고, 변수를 표준화하지 않는다.
    a. 군집의 숫자를 3으로 할 때, 가장 큰 군집의 크기와 중심값은 얼마인가?
    b. 변수를 z-점수로 표준화한 다음 a의 분석을 다시 실시하라. 가장 큰 군집의 크기와 중심값은 얼마인가?

27. **FILE** ***Exercise_11.28.*** 첨부된 데이터의 모든 변수를 가지고 k-평균 군집화를 수행하라. 변수를 표준화하지 않는다.
    a. k의 값을 2로 하고, 군집과 실루엣 도표를 가지고 군집의 멤버십을 표시하라.
    b. k의 값을 3으로 하고, 군집과 실루엣 도표를 가지고 군집의 멤버십을 표시하라.
    c. k의 값을 4로 하고, 군집과 실루엣 도표를 가지고 군집의 멤버십을 표시하라.

28. **FILE** ***Exercise_11.29.*** 첨부된 데이터에 대해 k-평균 군집화를 수행하라.
    a. 변수 x_1, x_3, x_5를 사용하여 분석한다. 변수를 표준화하지 않는다. 군집의 숫자를 4로 할 때, 가장 큰 군집의 크기와 군집 중심의 값은 무엇인가?
    b. 변수를 z-점수로 표준화한 다음 a의 분석을 다시 실시하라. 가장 큰 군집의 크기와 중심값은 얼마인가?

29. **FILE** ***Exercise_11.30.*** 첨부된 데이터의 모든 변수에 대해 k-평균 군집화를 수행하라.
    a. 데이터를 표준화한다. k의 값을 2로 하고, 군집과 실루엣 도표를 가지고 군집의 멤버십을 표시하라. 평균 실루엣 넓이는 얼마인가?
    b. k의 값을 3으로 하고, 군집과 실루엣 도표를 가지고 군집의 멤버십을 표시하라. 평균 실루엣 넓이는 얼마인가?
    c. k의 값을 4로 하고, 군집과 실루엣 도표를 가지고 군집의 멤버십을 표시하라. 평균 실루엣 넓이는 얼마인가?

30. **FILE** ***Iris.*** 영국의 생물학자 로날드 피셔는 아이리스 꽃을 연구하여 꽃잎의 넓이와 길이에 따라 분류하였다. 다음 표에는 피셔가 연구에 사용한 데이터의 일부가 나와 있다.

Sepal length	Sepal width	Petal length	Petal width
5.2	3.5	1.4	0.2
4.9	3.0	1.4	0.2
⋮	⋮	⋮	⋮
5.9	3.0	5.1	1.8

    a. $k = 4$를 사용하여 k-평균 군집화를 수행한다. 가장 큰 군집의 크기 및 그 중심값은 무엇인가?
    b. $k = 3$, $k = 5$일 때를 실험한다. 가장 큰 군집의 크기 및 그 중심값은 무엇인가?

31. **FILE** ***Football_Players.*** 데니스 라우는 열렬한 미식축구 팬이며 모든 대학미식축구를 광적으로 따라다닌다. 현재 시즌에서 그녀는 모든 쿼터 백이 시즌 내내 어떻게 활약했는지 꼼꼼하게 기록하고 있다. 데이스는 이 쿼터 백들에 대해 지역대학의 축구팬 클럽에서 발표할 예정이다. 다음의 표에는 그녀가 기록한 데이터의 일부가 나와 있다. 변수는 선수번호(Player), 완료된 패스(Comp), 패스 시도(Att), 패스 완료율(Pct), 총 야드(Yds), 시도당 평균야드(Avg), 게임당 패스야드(Yds/G), 터치다운(TD), 그리고 가로채기(Int) 등이다.

Player	Comp	Att	...	Int
1	107	166	...	4
2	238	353	...	4
⋮	⋮	⋮	⋮	⋮
43	184	294	...	3

a. 선수번호를 제외한 나머지 변수를 사용하여 k = 3일 때의 k-평균 군집화를 실시한다. 변수를 표준화한다. 가장 큰 군집의 크기와 군집의 중심값은 얼마인가?

b. 150회 이상의 패스를 시도한 쿼터백만을 선택하여 a에서 수행한 군집 분석을 반복한다.

c. 앞의 a와 b의 군집화 결과를 비교분석하라.

32. **FILE** ***Napa.*** 제니퍼 고메즈는 캘리포니아의 나파밸리의 작은 마을로 이사를 하려고 새 집을 물색해 왔다. 그녀의 부동산 중개인은 최근에 거래가 이루어진 방 2개 이상 크기의 집 35개의 목록을 보여 주었다. 제니퍼는 선택의 범위를 좁히기 위해 그 목록을 의미 있는 형태로 분류해 보고 싶어한다. 다음 표에 나와 있는 데이터는 몇 가지 변수를 포함하고 있다. 매매가액(Price, 달러), 침실의 개수(Beds), 욕실의 개수(Baths), 그리고 면적(Sqft)이 그것이다.

Price	Beds	Baths	Sqft
799,000	4	3	2,689
795,680	4	2.5	2,507
⋮	⋮	⋮	⋮
327,900	3	1	1,459

a. 35개의 집에 대해 k-평균 군집화를 수행한다. 이때 k = 3이고 변수는 표준화를 한다. 가장 큰 군집의 크기와 군집의 중심값은 얼마인가?

b. k = 4이고 변수는 표준화하여 군집화를 한다. 가장 큰 군집의 크기와 군집의 중심값은 얼마인가?

33. **FILE** ***Baseball_Players.*** 벤 더비는 프로야구팀을 위해 일하는 고액연봉의 스카우터이다. 그는 매주 적어도 5개에서 6개의 메이저리그 야구경기에 참석한다. 그의 팀을 위해 잠재적인 선수들을 평가하기 위해 가능한 한 많은 녹화경기를 시청한다. 그는 또한 개별 선수들에 대한 상세한 기록을 가지고 있다. 그의 팀은 다음 시즌에 활약할 새로운 타자를 명단에 추가하려고 한다. 다행하게도 벤은 지난 시즌 동안 적어도 100개의 경기를 뛴 144명의 타자에 대한 정보를 가지고 있다. 다음 표에서는 데이터의 일부가 나와 있다. 변수는 선수번호(Player), 경기수(G), 타수(AB), 득점(R), 안타(H), 홈런(HR), 타율(RBI), 타석평균(AVG), 출루율(OBP), 그리고 장타율(SLG) 등이다.

Player	G	AB	...	SLG
1	140	558	...	0.497
2	127	405	...	0.451
⋮	⋮	⋮	⋮	⋮
144	129	471	...	0.516

a. 144명의 선수를 3개의 그룹으로 나누도록 k-평균 군집화를 수행한다. 선수번호를 제외한 모든 변수를 표준화한다. 가장 큰 군집의 크기는 얼마인가? 어떤 군집의 평균 홈런숫자가 가장 높은가?

b. 500회 이상 타석에 나선 선수만을 선택하라(AB ≥ 500). k = 3일때 k-평균 군집화를 한다. 가장 큰 군집의 크기는 얼마인가? 어떤 군집의 평균 홈런숫자가 가장 높은가?

34. **FILE** ***Chicago_CA.*** 산자이 존슨은 공동체에서 교육수준과 소득중위값에 대한 상관관계를 연구하는 논문을 작성하고 있다. 다음 표에는 그가 수집한 시카고시의 77개 지역에 대한 교육성취도와 평균중위소득에 대한 데이터의 일부가 나와 있다. 산자이는 교육성취도에 따라 지역을 군집화하고 각 군집의 평균중위소득을 비교할 계획이다. 각각의 공동체에 대해 25년 이상 거주한 사람과 그 이하(25 혹은 이상), 고등학교 이하의 학력보유자(HS 미만), 고등학교 학력소지자(HS), 대학재학 경험자(SC), 학사학위 이상 보유자(Bachelor), 그리고 중위가계소득(Income)을 측정한다. 다음 표에는 그 데이터의 일부가 나와 있다.

Community Area	25 or Over	Less than HS	...	Income
Albany Park	32541	11347	...	46198
Archer Heights	7327	2669	...	42571
⋮	⋮	⋮	⋮	⋮
Woodlawn	15267	2738	...	27413

a. 산자이는 군집 분석을 위해 데이터를 표준화해야 하는가? 설명하라.

b. 모집단의 교육성취도와 관련된 변수(HS 미만, HS, SC, Bachelor)를 가지고 k-평균 군집화를 사용하여 공동체를 집단으로 구분하라. 군집와 실루엣 도표를 활용하여 세 개의 군집을 나타내라 평균 실루엣 넓이는 얼마인가? 가장 큰 군집의 크기와 군집 중심값은 얼마인가? 공동체의 어떤 군집이 가구별 평균중위소득이 가장 높은가?

35. **FILE** ***Websites.*** 제이크 더피는 대형 전자제품 판매점의 전자상거래 담당자이다. 그는 경쟁 전자상거래 회사에 대해 조사를 하고 있으며, 경쟁자들을 실적에 따라 분류하고 싶어한다. 주요 경쟁사의 전자상거래 운영실적은 다음과 같은 네

가지의 성과척도를 가지고 정리했다. 연간매출액(Revenue, 달러), 성장률(%), 월간 방문객수(Visits), 그리고 전환율(%)이 그것이다. 분류를 하는 데 개인적인 편견을 없애기 위해 경쟁자의 이름을 번호로 대치했다. 정리된 데이터의 일부가 다음의 표에 나와 있다.

Website	Revenue	Growth Rate	Visits	Conversion Rate
1	3276000	13.6	78047136	1.928
2	2485716	9.6	28000000	4
⋮	⋮	⋮	⋮	⋮
32	484720000	23.44	872000	4.72

a. 경쟁자를 5개의 그룹으로 나누기 위해 모든 실적변수를 사용하여 *k*-평균 군집화를 수행한다. 분석을 위하여 데이터를 사전에 표준화 해야 하는가?

b. 군집과 실루엣 도표를 활용하여 군집 멤버십을 표시하라. 평균 실루엣 넓이는 얼마인가? 각각의 군집을 설명하라. 가장 큰 군집의 크기와 군집 중심값은 얼마인가?

36. **FILE** ***Telecom.*** 어느 통신회사에서 전화서비스를 연장하지 않을 가능성이 있는 고객을 찾아내려고 한다. 100명의 고객에게서 다음과 같은 데이터를 수집했다. 고객번호(ID), 나이(Age), 연간소득(Income), 월간사용량(Usage, 분), 가입유지기간(Tenure, 월), 그리고 전화서비스를 해지했는가(Unsubscribe) 등이다. 수집된 데이터의 일부가 다음 표에 나와 있다.

ID	Age	Income	Usage	Tenure	Unsubscribe
1	33	49156	154	43	1
2	35	23538	107	12	1
⋮	⋮	⋮	⋮	⋮	⋮
100	46	44018	192	23	1

a. *k*-평균 군집화를 사용하여 100명의 고객을 연령, 소득, 월간사용량, 그리고 가입유지기간을 기준으로 4개의 군집로 구분하라. 각 군집의 특징을 설명하라.

b. 각 군집에서 전화서비스를 해지한 사람의 비율을 계산하라. 전화서비스를 가장 많이 해지한 군집은 어디인가?

37. **FILE** ***Information_Technology.*** 한 국가의 정보기술 사용량은 경제적, 사회적 발전과 관련이 있다. 비영리 단체에서는 매년 100개 이상의 국가에 대해 정보기술의 사용과 영향을 측정하는 데이터를 수집한다. 다음의 표는 수집된 데이터의 일부를 나타낸다. 국가번호(Country), 하드웨어산업(Hw), 소프트웨어산업(Sw), 통신산업(Tele), 개인별사용량(IU), 기업사용량(BU), 정부사용량(GU), 전자상거래(EB), 전자지불(EP) 등이 그 변수이다. 표에 나와있는 숫자는 각 나라가 각 분야에서 얻은 점수를 말한다. 점수의 범위는 1(가장 낮음)에서 7(가장 높음)이다.

Country	Hw	Sw	. . .	EP
1	4.2	4.6	. . .	3.9
2	4.0	4.3	. . .	2.6
⋮	⋮	⋮	⋮	⋮
139	2.4	3.7	. . .	3.1

a. 개인별사용량, 기업사용량, 정부사용량을 가지고 *k*-평균 군집화를 사용하여 국가들을 세 개의 군집으로 구분하라. 이 경우 데이터를 표준화할 필요가 있는가?

b. 가장 큰 군집의 크기와 그 중심값은 얼마인가? 어떤 군집이 가장 높은 전자상거래의 평균 확산율을 가지고 있는가? 어떤 군집이 가장 높은 전자지불 확산율을 가지고 있는가?

c. 국가번호를 제외한 모든 변수를 사용하여 앞의 a에서와 같이 *k*-평균 군집화를 하라. 가장 큰 군집의 크기와 군집 중심값은 얼마인가?

11.3 연관규칙 분석

LO 11.3

연관규칙 분석을 수행할 수 있어야 한다.

선호도 분석 혹은 시장바구니 분석이라고도 하는 **연관규칙 분석**은 널리 활용되는 비지도학습 데이터 마이닝 기법이다. 이 기법은 본질적으로 함께 발생하는 경향이 있는 사건을 찾아내기 위해 고안되었으며, "무엇과 함께 발생하는가"를 찾아내는 연구이다. 연관규칙 분석의 고전적인 사례에서 기업은 고객이 함께 구매하는 경향이 있는 제품을 찾아내려고 한다. 이런 정보는 매장관리자가 상품을 함께 진열하거나, 교차판매(고객이 보완제품 혹은 서비스를 구매하도록 하는 판매), 또는 상향판매(고객이 고급제품 혹은 서비스를 구매하도록 하는 판매) 등을 위한 홍보캠페인을 개발할 때 유용하다.

전통적인 기업뿐만 아니라 새로운 형태의 기업에서도 영업과 고객서비스를 개선하기 위해 연관규칙 분석을 사용한다. 예를 들어, 웹사이트에서 스마트폰을 구매한 고객은 다른 관련 제품 즉 스마트폰 케이스나 스크린 프로텍터 등과 같은 제품의 구매를 권고받을 가능성이 높다. 영화 스트리밍 서비스에 가입한 고객은 비슷한 선호도를 가진 다른 가입자들의 정보를 기반으로 한 영화목록이나 TV 프로그램을 추천받을 수도 있다. 의료분야에서는 연관규칙 분석은 함께 발생하는 경향이 있는 다른 증상을 바탕으로 의사들이 특정 질병을 진단하는 것을 도울 수 있다.

연관규칙을 이해하는 가장 간단한 방법은 이것을 조건문 If-Then으로 생각하는 것이다. 연관규칙은 데이터의 트랜젝션(또는 레코드) 간의 숨겨진 관계를 발견하는 데 조건문 논리를 적용한다.

연관규칙 분석

연관규칙 분석(association rule analysis)은 서로 다른 아이템 혹은 아이템의 집합 사이의 관계를 나타내는 연속적인 논리 조건문 If-Then으로 이루어져 있다. 이 분석은 데이터의 숨겨진 패턴과 함께 발생하는 사건을 찾아내도록 만들어졌다.

예를 들어, 어느 온라인 판매업체가 고객이 얼마나 자주 스마트워치, LED 전구, 명상에 관한 책 등 서로 관련이 없어 보이는 세 가지 제품을 동시에 구매하는지 알고자 하는 경우를 살펴보자. 최근 거래된 10,000건의 데이터를 바탕으로 그 가운데 1,200건이 스마트워치와 LED 전구를 포함하고 있으며, 이 1,200건 가운데 750건이 명상에 관한 책을 포함한다고 가정해 보자. 이 경우 우리는 거래에 스마트워치와 LED 전구가 포함된 경우 명상에 관련된 책도 구입할 가능성이 있다는 연관규칙을 찾아낼 수 있다. 이 연관규칙은 {smartwatch, LED lightbulb} => {meditation book}으로 표시할 수 있다. 이 정보를 바탕으로 기업은 건강에 관심이 있는 고객은 환경친화적제품(LED 전구)과 신체적 정신적 건강증진 제품(스마트워치와 명상책)을 함께 구매한다는 사실을 발견할 수도 있다.

이 조건문의 if 부분을 조건절 **antecedent**이라고 하고, then 부분을 결론절 **consequence**라고 부른다. 조건절과 결론절은 한 개의 제품 혹은 여러 개의 제품으로 구성될 수 있다. 예를 들어 {스마트워치, LED 전구} => {명상책}의 경우 조건절은 두 개의 제품으로 구성되지만, 그 결론절은 하나의 제품만 있다. 연관규칙 분석에서는 이런 제품 또는 제품의 조합을 **아이템** 혹은 **아이템 집합**이라고 부른다.

조건절과 결론절

조건문 If-Then 논리문장에서 If 부분에 있는 아이템 혹은 아이템 집합을 조건절이라고 한다. 그리고 Then 부분에 있는 아이템 혹은 아이템의 집합을 결론절이라고 한다.

아이템 혹은 아이템 집합 사이의 숨겨진 관계를 찾아내는 데 있어서 한 가지 근본적인 문제는 가능한 조합의 숫자가 많을 때 발생한다. 예를 들어, 앞에서 언급한 세 가지 아이템은 만들 수 있는 12개의 조합을 비교해야 한다. 이런 조합으로는 {스마트워치} => {LED 전등}, {스마트워치} => {명상책}, {스마트워치} => {LED 전구, 명상책} 등을 들 수 있다. 네 개의 아이템으로는 50개의 가능한 조합이 만들어진다. 이처럼 가능한 조합의 숫자는 아이템의 숫자에 대하여 기하급수적으로 증가하며, 다음 공식을 이용하여 그 숫자를 계산할 수 있다.

$$\text{가능한 조합의 개수} = 3^n - 2^{(n+1)} + 1,$$

여기에서 n은 아이템의 개수이다. 100개 정도의 제품을 판매하고 있는 작은 편의점의 경우, 가능한 조합의 개수는 5.15378E+47이다. 대부분의 경우 수천 개 혹은 수만 개의 아이템이 있기 때문에, 아주 많은 계산과 시간이 필요하다.

몇 가지 알고리즘을 활용하여 연관규칙 분석을 보다 효과적으로 수행할 수 있다. 이 모두는 아이템 세트의 빈도에 초점을 맞춘다. 가장 널리 활용되는 방식 가운데 한 가지는 **사전(Apriori) 알고리즘**이다. 사전 알고리즘은 미리 정해진 빈도의 임계치를 초과하는 아이템 세트를 반복적으로 만들어 내도록 설계되어 있다. 여기서 **아이템 또는 아이템 세트의 지지도(support)**란 용어는 아이템 혹은 아이템 세트의 빈도수와 같은 말로 사용된다. 이 사전 알고리즘은 최소 지지도를 정할 수 있도록 함으로써 특정한 아이템이나 아이템 세트가 배제될 수 있도록 만들어 분석을 가능하도록 계산의 난이도를 낮춰 준다. 예를 들어, 10,000 개의 거래에서 스마트워치가 2,000번 포함되어 있다면, 스마트워치의 지지도는 2,000/10,000 = 0.20으로 계산된다. 사전 알고리즘은 미리 정해진 빈도수 아래의 아이템 즉 빈도수가 낮은 아이템을 배제함으로써 수천 개의 아이템과 수백만의 거래빈도를 가진 대규모 데이터를 상대적으로 쉽게 분석할 수 있도록 한다.

사전 알고리즘

사전 알고리즘(apriori algorithm)은 연관규칙 분석의 계산의 부담을 줄이기 위해, 사전에 설정된 빈도 이하의 아이템이나 아이템 집합을 분석에서 제거하는 알고리즘을 말한다.

충분한 데이터가 있다면 이런 조건-반응(If-Then) 연관규칙을 많이 찾아낼 수 있을 것이다. 하지만, 이런 규칙의 효과를 검증할 수 있는 방법이 있어야 한다. 이것이 제품들 간의 연관성을 찾아내는 것의 장점이다. 자주 발생하는 강한 연관성만이 미래에도 일관성 있게 나타날 수 있으며, 이는 재정적 보상을 가져오는 전략으로 이어질 수 있다. **연관규칙의 지지도**는 전체 거래건 수에 조건-반응문에서 언급된 모든 아이템을 포함하는 거래건수의 비율이다. 즉 전체 데이터에서 조건-반응문이 발생할 수 있는 확률을 말한다. 연관규칙의 지지도는 다음 공식으로 구할 수 있다.

$$\text{지지도} = \frac{\text{조건절과 결론절을 포함하는 거래의 수}}{\text{전체 거래의 수}}$$

{스마트워치, LED 전구} => {명상책}의 사례에서, 10,000개의 거래 중 750개가 스마트워치, LED 전구, 명상책을 포함하므로 {스마트워치, LED 전구} => {명상책}의 연관규칙의 지지도는 750/10,000 = 0.75가 된다.

연관규칙의 신뢰도는 주어진 조건절 하에서 결론절을 가져오는 조건부 확률로 해석할 수 있다. 연관규칙의 신뢰도는 다음과 같이 계산된다.

$$\text{신뢰도} = \frac{\text{조건절과 결론절을 포함하는 거래의 수}}{\text{조건절을 포함하는 거래의 수}}$$

{스마트워치, LED 전구} => {명상책}의 사례에서, 스마트워치와 LED 전구는 조건절이 되며, 10,000개의 거래 중 1,200개가 스마트워치, LED 전구를 포함하고 있다. 따라서 {스마트워치, LED 전구} => {명상책}의 연관규칙의 신뢰도는 750/1,200 = 0.625가 된다. 이것은 스마트워치와 LED 전등을 구입한 고객이 명상책을 구입할 조건부 확률이다. 당연히 판매업체는 자주 발생하는 강한 연관성을 의미하는 높은 지지도와 신뢰도를 갖는 연관규칙을 찾고 있다.

하지만, 때때로 단순히 지지도와 신뢰도만으로 연관성의 강도를 결정하는 것은 오해를 가져올 수 있다. 예를 들어, 가게에서 브로콜리와 우유를 최저가 보장으로 판매한다고 가정해 보자. 많은 고객들이 이 두 가지 아이템을 사려고 올 것이다. 다수의 고객이 그 두 가지 아이템을 구매하기 때문에 결론절적으로 {브로콜리} => {우유}의 연관성을 나타내는 지지도와 신뢰도는 매우 높을 것이다. 이 경우 이 두 가지 아이템 사이에 반드시 관계가 있는 것은 아니다. 연관규칙에서 이런 일반적인 함정을 피하기 위해 종종 연관의 강도를 측정하기 위해 **향상도**(lift ratio)를 사용한다. 향상도는 "예상신뢰도"라는 기준과 신뢰도를 비교해서 계산한다. 다음과 같이 계산할 수 있다.

$$\text{향상도} = \frac{\text{신뢰도}}{\text{기대신뢰도}}$$

여기에서

$$\text{기대신뢰도} = \frac{\text{결론절을 포함하는 거래의 수}}{\text{전체 거래의 수}} \text{이다.}$$

{스마트워치, LED 전구} => {명상책}의 사례에서 예상신뢰도는 다른 제품에 관계없이 명상책 구매의 무조건적 확률일 뿐이다. 향상도는 전체적인 무조건적 확률에 대한 연관규칙의 신뢰도를 비교하는 유용한 척도다. 향상도가 1인 경우는 조건절과 결론절 사이의 연관성이 아무 조건이 없는 경우와 동일하다는 것을 의미한다.

강력하고 긍정적인 연관규칙은 전체 확률(예상신뢰도)보다 더 나은 결과(신뢰도)를 보여주어야 하기 때문에, 향상도의 값은 1보다 클 것으로 예상해야 한다. 향상도가 높을수록 조건절과 결론절의 연관성이 강해진다. 반대로 0과 1 사이의 향상도는 부정적인 연관성을 나타낸다. 향상도가 0에 가까울수록 조건절과 결론절의 연관성은 반대가 된다. 명상책을 포함한 거래의 숫자가 1,000개라고 가정하면, 기대신뢰도는 1,000/10,000 = 0.10이 된다. 향상도는 0.625/0.10 = 6.25가 되며 {스마트워치, LED 전등}과 {명상책} 사이에 강력한 긍정적인 연관성이 있다는 것을 암시한다. 실제로 연관규칙 분석에만 사용되는 일반적 접근법은 모든 규칙을 향상도에 따라 내림차순으로 정렬하고, 가장 강력한 연관성에만 주의를 기울이는 것이다.

연관규칙의 평가

연관규칙은 지지도(support), 신뢰도(confidence), 또는 향상도(lift ratio)와 같은 정량적 방법을 사용하여 평가할 수 있다.

연관규칙의 지지도는 다음과 같이 계산한다.

$$\text{지지도} = \frac{\text{조건절과 결론절 모두를 포함하는 거래의 빈도수}}{\text{전체 거래의 빈도수}}$$

지지도가 1인 경우는 연관규칙이 자주 발생하는 것을 의미하기 때문에 지지도가 0인 경우보다 선호된다.

연관규칙의 신뢰도는 다음과 같이 계산한다.

$$\text{신뢰도} = \frac{\text{조건절과 결론절을 모두 포함하는 거래의 빈도수}}{\text{조건절을 포함하는 거래의 빈도수}}$$

신뢰도는 강한 연관성을 나타내기 때문에 1인 경우가 0인 경우보다 선호된다.

연관규칙의 향상도는 다음과 같이 계산한다.

$$\text{향상도} = \frac{\text{신뢰도}}{\text{기대 신뢰도}}$$

$$\text{여기에서 기대신뢰도} = \frac{\text{결론절을 포함하는 거래의 빈도수}}{\text{모든 거래의 빈도수}}$$

향상도는 1보다 크면 강한 양의 관계를 나타낸다. 향상도가 0과 1 사이에 있으면 음의 관계를 나타낸다.

예제 11.4

표 11.8에 있는 10개의 화장품 거래를 생각해 보자. 예를 들어, 첫 번째 거래에는 립스틱, 마스카라, 아이라이너가 포함되어 있으며, 두 번째 거래에는 아이섀도와 마스카라가 포함된다.

표 11.8 화장품 소매거래 내역

Transaction	Items
001	립스틱, 마스카라, 아이라이너
002	아이섀도우, 마스카라
003	프라이머, 컨실러, 립글로스
004	페이스 브러시, 컨실러, 프라이머
005	마스카라, 립스틱, 아이라이너
006	마스카라, 아이라이너, 아이섀도
007	립글로스, 아이라이너, 마스카라
008	마스카라, 아이섀도, 립글로스
009	페이스 브러시, 마스카라, 프라이머, 아이라이너
010	아이라이너, 립스틱, 프라이머

a. 각 화장품의 판매횟수를 요약한 빈도분포를 작성하라. 빈도분포에 따라 연관규칙을 작성하라.

b. 앞에서 개발된 연관규칙의 지지도, 신뢰도, 향상도를 계산하고 분석하라.

해답:

a. 표 11.9는 빈도분포를 보여준다. 이를 활용해 각 제품의 지지도를 계산할 수 있다. 10개의 거래 가운데 7개의 거래에 마스카라가 포함된다(지지도 = 7/10 = 0.7). 다음으로 가장 많이 판매되는 제품은 아이라이너이다(지지도 = 6/10 = 0.6). 따라서 고객들이 얼마나 마스카라와 아이라이너를 함께 구매하는지 알아보는 것이 합리적으로 보인다. 해당 연관규칙은 {마스카라} => {아이라이너}로 정의할 수 있다. 연관규칙의 조건절 {마스카라}와 결론절 {아이라이너}에는 품목이 하나만 있다.

표 11.9 화장품의 빈도분포

lipstick	mascara	eye liner	eye shadow	primer	concealer	lip gloss	face brush
3	7	6	3	4	2	3	2

b. 이 연관규칙의 품질을 평가하기 위해 먼저 연관규칙의 지지도를 계산한다. 마스카라와 아이라이너가 함께 있는 거래의 비율을 찾는다. 10개의 거래 가운데, 마스카라와 아이라이너는 5번 함께 판매되었다.

$$\text{지지도} = \frac{\text{사전조건과 결론절이 함께 있는 거래의 빈도}}{\text{전체 거래빈도}} = \frac{5}{10} = 0.50$$

그 다음 연관규칙의 신뢰도를 계산한다. 여기서는 거래에 마스카라가 포함되어 있을 때 아이라이너가 포함될 가능성을 찾는다. 마스카라가 포함된 7건의 거래 가운데 5건은 마스카라와 아이라이너 모두를 포함하고 있다.

$$\text{신뢰도} = \frac{\text{사전조건과 결론절이 함께 있는 거래의 빈도}}{\text{사전조건이 있는 거래의 빈도}} = \frac{5}{7} = 0.71$$

마지막으로 향상도 비율을 계산하는데, 이것은 먼저 기대신뢰도를 계산한다. 즉 아이라이너가 있는 거래의 확률을 말한다. 10개의 거래 가운데 6건의 거래에서 아이라이너가 발견된다. 따라서 기대신뢰도는

$$\text{기대신뢰도} = \frac{\text{결론절을 포함하는 거래의 빈도}}{\text{전체 거래의 빈도}} = \frac{6}{10} = 0.60$$

향상도는 다음과 같다.

$$\text{향상도} = \frac{\text{신뢰도}}{\text{기대신뢰도}} = \frac{0.71}{0.60} = 1.19$$

따라서 향상도 비율이 1보다 크며, 마스카라와 아이라이너의 구매 사이에 상당히 강

한 양의 관계가 성립함을 알 수 있다. 향상도의 값이 1.19라는 것은 마스카라를 구매한 고객을 아이라이너를 구매한 고객으로 판단하는 것이 그냥 아무 고객이 아이라이너를 구매한 고객이라고 추측하는 것보다 19% 더 좋다는 것을 의미한다.

R을 이용한 연관규칙 분석

소규모의 데이터를 사용하면 조건절과 결론절에 있는 한 가지 아이템의 연관규칙을 수동으로 찾아내고 평가하는 것은 상대적으로 쉽다. 더 많은 데이터에서 여러 가지 아이템 사이의 조건절과 결론절 사이에 복잡한 연관규칙을 찾아내려면 컴퓨터 프로그램이 필요하다. 다음 예제에서 R을 이용하여 연관규칙 분석을 하는 방법이 나와 있다.

참고: R의 연관규칙 분석 알고리즘은 쉼표로 구분된 데이터를 입력으로 사용한다.

예제 11.5

FILE ***Transaction.*** 전자제품 매장의 관리자가 최근 발생한 100건의 거래에 대한 데이터를 수집했다. 키보드, SD 카드, 마우스, USB 드라이브, 그리고 헤드폰 등의 다섯 가지 제품이 판매되었다. 표 11.10에 데이터의 일부가 나와 있다. 예를 들어 거래 1번은 고객이 키보드, 마우스, 그리고 헤드폰을 구매했다는 것을 보여준다. 이런 종류의 데이터는 제품의 “장바구니”라고 불리며, 종종 시장 장바구니분석에 사용된다.

표 11.10 전자제품 매장의 거래내역 샘플

Transaction 1	키보드, 마우스, 헤드폰
Transaction 2	키보드, SD 카드, 마우스
⋮	⋮
Transaction 100	마우스, 헤드폰

매장의 관리자가 제품 사이의 관계를 이해하는 데 도움이 되는 연관규칙 분석을 수행하라. 매장 관리자는 이 정보를 어떻게 활용할 수 있는가?

해답:

R 이용

a. *arules*과 *arulesViz* 패키지를 설치하고 사용한다. 다음을 입력하라.

```
> install.packages("arules")
> install.packages("arulesViz")
> library(arules)
> library(arulesViz)
```

b. **read.transaction** 함수를 사용하여 데이터를 읽고, myData 라는 변수에 저장을 한다. 이 예제에서는 ***Transaction*** 데이터 파일이 C 폴더(또는 C: 드라이브의 루트 디렉터리)에 저장되어 있다고 가정한다. 파일의 위치에 따라 다음을 적절히 수정해야 한

다. *format* 옵션을 "basket"으로 정하고, sep 옵션은 ","를 선택해야 한다. 다음을 입력하라.

```
> myData <- read.transactions("C:/Transaction.csv", format =
"basket", sep = ",")
```

c. **inspect** 함수를 이용하여 처음 다섯 개의 거래를 표시한다. 다음을 입력하라.

```
> inspect(myData[1:5])
```

그림 11.6에 결론절이 나와 있다.

그림 11.6 거래 데이터 샘플

```
items
[1] {headphone,keyboard,mouse}
[2] {keyboard,mouse,SDcard}
[3] {headphone}
[4] {keyboard}
[5] {keyboard,mouse,SDcard,USBdrive}
```

d. **itemFrequency**와 **itemFrequencyPlot** 함수를 사용하여 아이템의 빈도를 확인한다. 다음을 입력하라.

```
> itemFrequency(myData)
> itemFrequencyPlot(myData)
```

그림 11.7은 항목 빈도표와 그림을 보여준다. 결론절적으로 헤드폰은 32%의 거래에

그림 11.7 R을 활용한 항목빈도 테이블과 항목빈도 도표

headphone	keyboard	mouse	SDcard	USBdrive
0.32	0.67	0.49	0.62	0.19

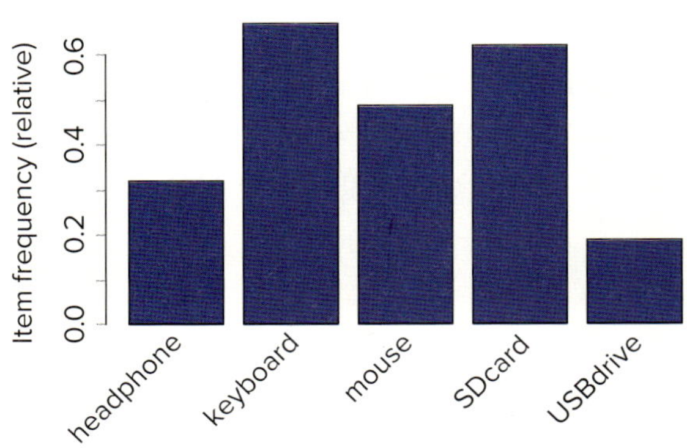

나타났으며(지지도 {헤드폰} = 0.32), USB 드라이브는 단지 19%의 거래에서만 나타났다(지지도 {USB 드라이브} = 0.19).

e. **apriori** 함수를 사용하여 연관규칙 분석을 실시한다. *supp*(지지도)와 *conf*(신뢰도)의 최소값을 각각 0.1과 0.5로 설정한다. 실무자들은 흥미로운 결론절을 찾아내기 위해 다양한 지지도와 신뢰도를 최소값으로 설정하고 실험을 한다. 향상도를 검사하는 것(아래의 f 단계 참조)도 이런 최소값을 설정하는 데 도움을 줄 수 있다. (만약 이 *모수값*을 정하지 않으면 기본적으로 지지도와 신뢰도는 각각 0.1과 0.8로 설정된다) 또한 *minlen* 옵션을 2로 정해서 R이 사전조건 없이 연관규칙을 만들어내는 것을 방지한다. 다음을 입력하라.

```
> rules <- apriori(myData, parameter = list(minlen = 2,
supp=0.1, conf=0.5))
```

f. 향상도에 따라 정렬된 연관규칙을 보기 위해 **sort** 함수를 사용한다. *by*와 *decreasing* 옵션을 사용하여 향상도를 내림차순으로 정렬한다. 다음을 입력하라.

```
> srules <- sort(rules, by = 'lift', decreasing = TRUE)
> inspect(srules)
```

그림 11.8에 그 결론절이 나와 있다.

그림 11.8 R을 이용한 연관규칙

	lhs		rhs	support	confidence	lift	count
[1]	{keyboard}	⇒	{SDcard}	0.55	0.8208955	1.3240250	55
[2]	{SDcard}	⇒	{keyboard}	0.55	0.8870968	1.3240250	55
[3]	{mouse, SDcard}	⇒	{keyboard}	0.23	0.8846154	1.3203215	23
[4]	{keyboard, mouse}	⇒	{SDcard}	0.23	0.7931034	1.2791991	23
[5]	{headphone, keyboard}	⇒	{SDcard}	0.11	0.7857143	1.2672811	11
[6]	{headphone, SDcard}	⇒	{keyboard}	0.11	0.7857143	1.1727079	11
[7]	{mouse}	⇒	{keyboard}	0.29	0.5918367	0.8833384	29
[8]	{USBdrive}	⇒	{keyboard}	0.11	0.5789474	0.8641005	11
[9]	{mouse}	⇒	{SDcard}	0.26	0.5306122	0.8558262	26

g. 데이터가 더 많고, **apriori** 함수가 만들어내는 연관규칙이 많은 경우, 이런 규칙들을 **plot** 함수를 이용하여 시각적으로 확인할 수 있다. 산점도를 사용하면 향상도, 신뢰도, 그리고 지지도가 높은 규칙들을 쉽게 찾아낼 수 있다. 다음을 입력하라.

```
> plot(rules)
```

그림 11.9에는 결론절이 나와 있다. 향상도가 높은 규칙은 보다 진한 색상으로 표시된다. 그림에서 알 수 있듯 두 개의 규칙은 높은 향상도, 신뢰도, 그리고 지지도를 갖고 있다.

그림 11.9 규칙을 위한 R의 산점도

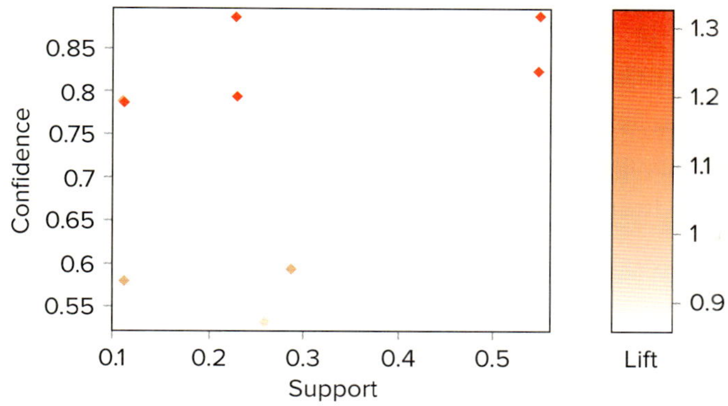

연습문제 11.3

38. **FILE** ***Exercise_11.45.csv.*** 다음과 같은 25개의 거래를 생각해 보자. 데이터 파일을 R의 **readtransactions** 함수를 통해서 읽고, 다음을 실행하라.

Transaction 1	a, i, j, k
Transaction 2	c, g, i, k
⋮	⋮
Transaction 25	a, e, f, j

a. 아이템의 빈도 플롯과 빈도표를 작성하라. 어떤 아이템이 가장 많이 거래되는가?

b. 최소 지지도가 0.25이고 최소 신뢰도가 0.75인 연관규칙을 생성하라. 최우선 규칙의 향상도는 얼마인가?

c. 앞의 b에서 가장 향상도가 큰 규칙의 지지도 비율을 해석하라.

d. 최소 지지도가 0.15이고, 최소 신뢰도가 0.60인 연관규칙을 생성하라. 향상도를 기준으로 정렬하라. 최우선 규칙의 향상도는 얼마인가?

e. 앞의 d에서 가장 향상도가 높은 연관규칙의 신뢰도를 해석하라.

f. 앞의 d에서 만들어진 규칙들로 산점도를 만들고 그 결론 절을 해석하라.

39. **FILE** ***Exercise_11.46.csv.*** 40개의 거래로 이루어진 다음 데이터를 생각해 보자. 데이터 파일을 R의 **readtransactions** 함수를 통해서 읽고, 다음을 실행하라.

Transaction 1	a, d
Transaction 2	a, b
⋮	⋮
Transaction 40	b, d, f

a. 아이템의 빈드 플롯과 빈도표를 작성하라. 어떤 아이템이 가장 적게 거래되는가?

b. 최소 지지도가 0.25이고 최소 신뢰도가 0.50인 연관규칙을 생성하라. 향상도를 기준으로 정렬하라. 최우선 규칙의 향상도는 얼마인가?

c. 최소 지지도가 0.10이고, 최소 신뢰도가 0.50인 연관규칙을 생성하라. 향상도를 기준으로 정렬하라. 최우선 규칙의 향상도는 얼마인가?

40. **FILE** ***Exercise_11.49.csv.*** 100개의 거래로 이루어진 다음 데이터를 생각해 보자. 데이터 파일을 R의 **readtransactions** 함수를 통해서 읽고, 다음을 실행하라.

Transaction 1	a, c, d
Transaction 2	c, e, g
⋮	⋮
Transaction 100	c, d, e, g

a. 아이템의 빈도 플롯과 빈도표를 작성하라. 어떤 아이템이 가장 많이 거래되는가?

b. 최소 지지도가 0.1이고 최소 신뢰도가 0.75인 연관규칙을 생성하라. 향상도를 기준으로 정렬하라. 최우선 규칙의 향상도는 얼마인가?

c. 최소 지지도가 0.25이고, 최소 신뢰도가 0.75인 연관규칙을 생성하라. 향상도를 기준으로 정렬하라. 최우선 규칙의 향상도는 얼마인가?
d. 앞의 c에서 만들어진 규칙들로 산점도를 만들고 그 결론절을 해석하라.

41. **FILE** ***Exercise_11.50.csv.*** 41개의 거래로 이루어진 다음 데이터를 생각해 보자. 데이터 파일을 R의 **readtransactions** 함수를 통해서 읽고, 다음을 실행하라.

Transaction 1	a, b, c, e, f
Transaction 2	a, b, c, d, e
⋮	⋮
Transaction 41	a, b, c, e, f, g

a. 아이템의 빈도 플롯과 빈도표를 작성하라. 어떤 아이템이 가장 적게 거래되는가?
b. 최소 지지도가 0.25이고 최소 신뢰도가 0.7인 연관규칙을 생성하라. 향상도를 기준으로 정렬하라. 최우선 규칙의 향상도는 얼마인가?
c. 앞의 b에서 만들어진 규칙들로 산점도를 만들고 그 결론절을 해석하라.

42. **FILE** ***Movies.csv.*** 온라인 영화 스트리밍 회사에서 고객이 보는 영화의 장르를 알아내기 위한 조사를 실시한다. 88가구가 자발적으로 연구에 참여하여 1주일간 보는 영화의 장르를 회사가 추적하도록 했다. 다음에 그 데이터의 일부가 나와 있다. 데이터 1을 보면 일주일간 그 가정의 가족은 액션, 로맨스, 그리고 드라마 영화를 봤고, 데이터 2의 가족은 같은 기간 동안 액션영화만을 봤다. 데이터 파일을 R의 **readtransactions** 함수를 통해서 읽고, 다음을 실행하라.

Record 1	action, romance, drama
Record 2	action
⋮	⋮
Record 88	romance, drama

a. 아이템 빈도 플롯과 빈도표를 사용하여 데이터를 탐색한다. 어떤 장르의 영화를 가장 많이 보는가?
b. 최소지지도 0.1, 최소신뢰도 0.5인 연관규칙을 생성한다. 만들어진 규칙은 몇개인가?
c. 상승도에 따라 규칙을 정렬한다. 최우선규칙의 상승도는 얼마인가? 이것은 무엇을 뜻하는가?

43. **FILE** ***Beatles_Songs.csv.*** 한 온라인 음악 스트리밍 서비스에서는 가입자들이 비틀즈의 인기곡 가운데 어떤 노래들을 함께 다운로드 받는지 알아내려고 한다. 이를 위해 지난 한 달간 100명의 가입자를 대상으로 다운로드 기록을 수집했다. 다음의 기록은 어떤 노래들을 다운로드했는지 보여준다. 그 데이터의 일부가 다음 표에 나와 있다. 이를 이용하여 연관규칙 분석을 수행한다. 우선 **readtransactions** 함수를 사용해서 데이터를 R로 읽어들여야 한다.

User 1	Yesterday, All You Need Is Love . . . Here Comes the Sun
User 2	Hey Jude, Come Together . . . Here Comes the Sun
⋮	⋮
User 100	Hey Jude, Come Together . . . Here Comes the Sun

a. 아이템 빈도 플롯과 빈도표를 사용하여 데이터를 탐색한다. 가장 많이 다운로드되는 음악은 무엇인가?
b. 최소지지도 0.1, 최소신뢰도 0.5인 연관규칙을 생성한다. 상승도에 따라 정렬하라. 최고규칙을 찾아내고 해석하라.
c. 앞의 b에서 찾아낸 규칙을 비교하도록 산점도를 표시하라. 최소신뢰도 0.75, 지지도 0.10, 상승도 1.2를 갖는 규칙은 몇개인가?

44. **FILE** ***Condition_Symptions.csv.*** 알렌 추는 의과대학 1학년 학생이다. 그는 어떤 증상이 함께 나타나는지 알고 싶어한다. 그는 36명의 환자에 대한 데이터를 바탕으로 첫 번째 항목이 의학적 상태를 나타내고 나머지는 관련된 증상을 표현하는 데이터를 준비했다. 준비된 데이터의 일부가 다음 표에 나와 있다.

Patient 1	Acute Sinusitis, Fever . . . Decreased smell
Patient 2	Alcohol Intoxication, Abnormal gait (walking) . . . Stool leaking (incontinence)
⋮	⋮
Patient 36	West Nile Virus, Chills . . . Confusion, Fever

데이터를 R의 **readtransaction** 함수를 이용하여 먼저 읽어들여야 한다.

a. 최소 지지도를 0.1, 최소 신뢰도를 0.5인 연관규칙을 찾아낸다. 상승도별로 연관규칙을 정렬한다. 상위 3개의 연관규칙의 상승도 비율을 찾아내고, 해석하라.
b. 앞의 a에서 나온 규칙을 비교하는 산점도를 만든다. 최소 신뢰도 0.75, 지지도 0.15, 상승도 1.2를 갖는 규칙은 몇 개인가?

45. **FILE** ***Crime_Analysis.csv.*** 경찰서의 부소장인 토드 벡은 미래에 경찰자원을 보다 효율적으로 배치하기 위해 그 도시의 범죄기록을 분석하기 원하고 있다. 그는 지난 2년

간의 데이터를 수집했다. 데이터는 범죄유형과 발생위치를 보여준다. 이를 이용하여 연관규칙 분석을 수행한다. 먼저 **readtransaction** 함수를 이용하여 데이터를 읽어 들인다.

Record 1	NARCOTICS, STREET
Record 2	ASSAULT, RESIDENCE
⋮	⋮
Record 2,500	NARCOTICS, SIDEWALK

a. 아이템 빈도 플롯과 빈도표를 사용하여 데이터를 탐색한다. 어떤 종류의 범죄가 가장 많이 일어났는가? 범죄가 가장 많이 일어나는 곳은 어디인가?

b. 최소지지도 0.02, 최소신뢰도 0.30인 연관규칙을 생성한다. 몇 개의 규칙이 있는가?

c. 발견된 규칙에 의하면, 백화점에서는 어떤 유형의 범죄가 일어날 가능성이 가장 높은가? 인도(sidewalk)에서는 어떤 유형의 범죄가 가장 많이 일어날 것 같은가? 아파트에서는 어떤 종류의 범죄가 일어날 가능성이 가장 높은가?

46. **FILE** ***Business_Licens.csv.*** 클레어 윌리엄스는 뉴욕시(NYC)에서 일하는 인턴이다. 그녀는 뉴욕시의 어느 지역에서 개업할 가능성이 가장 높은 사업 유형을 알아내는 임무를 맡았다. 70,000개 이상의 NYC 사업체의 사업허가 유형과 위치를 포함하는 데이터 파일을 찾았다. 데이터의 일부가 다음의 표에 나와 있다. 먼저 **readtransaction** 함수를 이용하여 데이터를 R로 읽어 들인다.

License 1	Electronics Store,BROOKLYN
License 2	Home Improvement Sales-person,CORONA
⋮	⋮
License 76,705	Secondhand Dealer - General,NEW YORK

a. 최소지지도 0.01, 최소신뢰도 0.25인 연관규칙을 생성한다. 몇 개의 규칙이 있는가?

b. 연관규칙을 상승도에 따라 정렬한다. 상위규칙의 상승도를 해석하라.

47. **FILE** ***Bank_Accounts.csv.*** 뷰 크루는 대형 은행의 지점장이다. 그는 고객에게 추가적인 금융 서비스를 제공할 수 있도록 고객이 어떤 유형의 계좌를 동시에 보유하는지를 이해하는 데 관심이 있다. 그는 고객과 그들이 가지고 있는 계좌의 목록을 작성했다. 데이터의 일부가 다음의 표에 나와 있다. 이를 이용하여 연관규칙 분석을 수행한다. 먼저 **readtransaction** 함수를 이용하여 데이터를 R로 읽어 들인다.

Customer 1	HELOC,IRA,Checking
Customer 2	Mortgage,CD,Checking,CD
⋮	⋮
Customer 81	Checking,Savings

a. 아이템 빈도 플롯과 빈도표를 사용하여 데이터를 탐색한다. 어떤 유형의 계좌가 가장 많은가?

b. 최소지지도 0.1, 최소신뢰도 50%인 연관규칙을 생성한다. 상승도에 따라 정렬하라. 생성되는 규칙은 몇 개인가? 상위규칙의 상승도를 정리하고 해석하라.

11.4 데이터 분석

이 장의 앞부분에서 설명한 바와 같이, 때때로 데이터를 분석에 적합한 형식으로 변환해야 한다. 빅데이터의 경우 데이터를 수동으로 변환하는 것은 비현실적이다. 이 절에서 나오는 빅데이터에 대한 사례의 결론을 재현하는 실습을 하려면, 범주형 변수를 이항변수로 변환하는 것에 대한 2장을 참조해야 한다.

사례연구

FILE ***Car_Crash.*** 라모나 킴(Ramona Kim)은 샌디에고에서 일하는 캘리포니아 고속도로 순찰대(CHP) 소속 경관이다. 교통사고로 삼촌을 잃은 그녀는 특히 운전자들에게 안전교육을 시키는 데 관심이 많다. 상급자와 의견을 나눈 후, 그녀는 2005년부터 CHP 본부가 지역 및 주정부 기관에서 교통사고 관련정보를 받아서 이를 웹사이트에 공개적으로 이용할 수 있도록 하고 있다는 사실을 알았다. 그녀의 상급자는 사망과 심각한 부상을 초래하는 자동차사고에 초점을 맞추어 그녀가 찾아낸 사실을 동료들과 공유하고 지역사회에서 운전자들에게 자동차 사고에 대한 인식을 높이도록 발표하도록 그녀를 격려했다.

샘플보고서—캘리포니아 샌디에고의 심각한 자동차 사고

John Panella/Alamy Stock Photo

많은 요소들이 자동차 사고의 원인이 된다. 악천후, 난폭운전, 운전방해, 야간시야 부족, 교통법규 미준수 등이 모두 교통사고로 이어질 수 있다. 2013년 캘리포니아에서 자동차 사고로 인한 사망자는 3,000명에 달했다. 거의 하루에 10명꼴로 자동차 관련 사망사고가 발생하는 것이다. 상식적으로 생각하면 안전하게 운전하려면 악천후나, 밤에 운전할 때 조심해야 하고, 음주운전을 하지 않고, 항상 교통법규를 지켜야 한다. 이런 기본적인 안전수칙을 넘어서, 심각한 부상과 사망을 일으키는 자동차 사고를 초래하는 여러 상황에 대해 보다 더 이해하는 것이 중요하다.

관련된 샌디에고 교통사고 데이터는 2013년 1월 1일부터 2013년 2월 28일까지 주통합교통기록 시스템의 데이터베이스에서 추출되었다. 이 기간은 캘리포니아에 장마철이기 때문에, 운전자들은 종종 폭우와 다른 악천후에 운전을 해야 한다. 표 11.11은 같은 기간 샌디에고시에서 발생한 785건의 교통사고 데이터 가운데 일부를 보여주고 있다. 분석을 위한 다섯 가지 변수로는 요일(WEEKEND: 주말이면 1, 아니면 0), 충돌심각도(CRASHSEV: 중상이면 1, 아니면 0), 악천후(WEATHER: 악천후이면 1, 아니면 0), 고속도로사고(HIGHWAY: 고속도로 발생이면 1, 아니면 0), 그리고 주간(LIGHTING: 주간이면 1, 아니면 0) 등이 있다. 예를 들어 첫 번째 사고는 주중에 일어났으며, 심각한 부상 혹은 사망을 가져왔다. 사고발생 시 날씨는 좋았으나 주간은 아니었다. 마지막으로 사고는 고속도로에서 일어나지 않았다.

표 11.11 샌디에고 교통사고 데이터, 2013년 1-2월

Accident	WEEKEND	CRASHSEV	WEATHER	HIGHWAY	LIGHTING
1	0	1	0	0	0
2	1	1	1	0	1
⋮	⋮	⋮	⋮	⋮	⋮
785	1	0	1	0	1

병합군집분석은 거리측정의 방법으로 매칭계수를, 그리고 군집방법으로는 평균연결법을 사용한다. 이 분석에서는 0과 1의 값(예, 주말변수의 경우 = 0, 평일 및 주말 = 1)이 동일한 중요성을 가지기 때문에 거리측정에는 매칭계수가 더 적합하다. 그림 11.10은 교통사고의 원인에 대한 덴드로그램이다.

덴드로그램을 주의 깊게 살펴보면 785개의 데이터를 그림 11.10에서와 같이 4개의 군집으로 분류해야 한다. 각 군집은 서로 다른 관측치의 그룹을 형성한다. 모든 관측치는 어느 한 군집에 배정된다. 각 군집에 대해 보다 잘 이해하기 위해, 각 군집에 속한 변수들의 평균을 구한다. 이 평균은 표 11.12에 나와 있다. 표의 마지막 열에는 각 군집에 속한 관측치의 개수가 표시되어 있다.

그림 11.10 교통사고 데이터의 덴드로그램

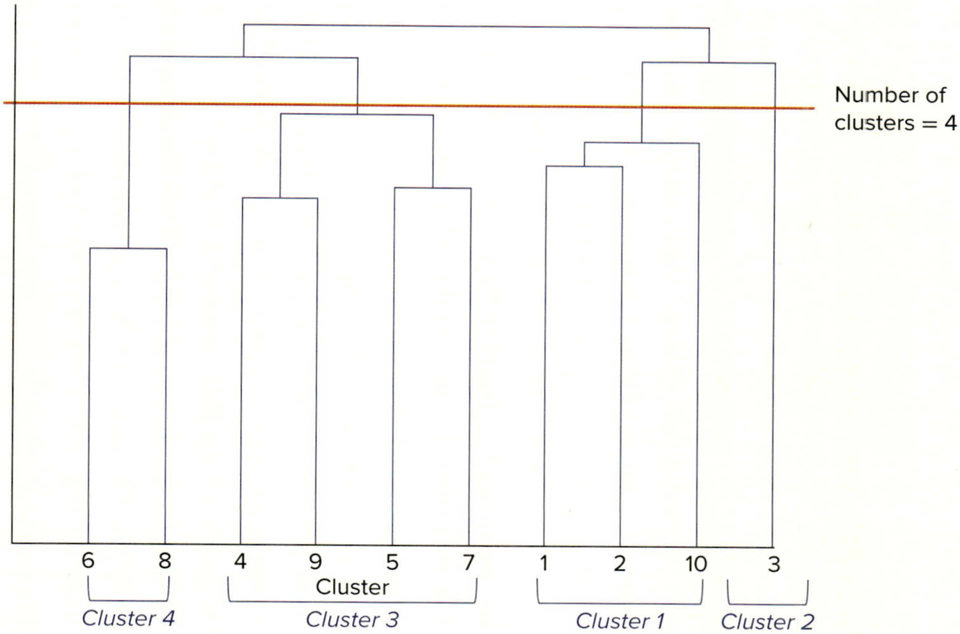

표 11.12 샌디에고 교통사고 군집화 결과

군집	WEEKEND	CRASHSEV	WEATHER	HIGHWAY	LIGHTING	# of Cases
1	0.3207	1.00000	0.0755	0.2076	0.5660	53
2	0.2500	1.00000	1.0000	0.6250	0.0000	8
3	0.1599	0.0000	0.2297	0.2951	0.6003	688
4	1.0000	0.0000	0.3889	1.0000	0.5000	36

이런 결과를 바탕으로, 다음과 같은 관찰결과를 만들 수 있다.

1. 사망 또는 중상을 초래한 모든 사고는 군집 1(53건)과 군집 2(8건)에 속해있다.
2. 군집 1에서 발생한 사망 및 중상 사례의 대부분은 기후조건이 양호할 때 발생했다.
3. 놀랍게도 대부분의 치명적이고 심각한 부상환자는 평일에 발생했으며, 군집 1의 32.1%, 군집 2의 25%만이 주말에 일어났다. 한 주에는 주말보다 주중 일수가 많기 때문에, 자연히 전체 사망 혹은 중상자가 평일에 발생하는 비율이 높을 것이다.
4. 군집 2는 사망 혹은 중상을 초래한 8건의 사례로 구성되었다. 8건 모두 악천후와 일몰 후에 발생했으며, 대부분 고속도로에서 일어났다.
5. 대부분의 사고는 군집 3으로 분류되어 있다. 이 사고들은 기상상태가 좋지 않은 일반도로에서 평일에 발생하는 경향이 있다. 하지만 그들 가운데 사망이나 심각한 부상을 초래한 사고는 없었다.
6. 군집 4의 모든 사고는 고속도로에서 일어났지만, 사망이나 심각한 부상을 초래한 사고는 없었다. 군집 2에 속한 대다수의 사고는 고속도로에서 발생했으며, 사망 혹은 중상을 초래했다. 두 군집 사이의 주요 차이점은 군집 2의 사고는 모두 날씨가 좋은 주말 낮에 일어났다는 것이다. 변수 가운데 어느 것도 자체적으로 사망이나 중상사례의 발생을 가리키는 강력한 지표가 될 수는 없지만, 날씨가 좋지 않은 평일 저녁에 고속도로를 운전하는 것은 사망과 중상을 초래할 수 있는 사고의 가능성을 높이는 것으로 보인다.

군집분석에서 발견한 중요한 사실은 사망과 중상을 일으키는 사고가 날씨가 좋은 평일에 많이 발생한다는 것이다. 아마도, 날씨가 좋을 때에는 운전자들이 속도를 내기 때문에 중상이나 사망으로 이어지는 사고가 발생하는 것으로 보인다. 평일에는 운전자들이 출퇴근을 서두를 수도 있기 때문에 교통사고 위험의 심각성을 증대시킬 수도 있다. 이 연구결과는 샌디에고 지역의 운전자들에게 경각심을 높이는 교육캠페인에 사용할 수도 있다.

사례연구 제안

군집분석은 이 교재에서 제공하는 빅데이터를 이용하여 여러 가지 상황에 적용할 수 있다. 다음과 같은 사례연구들이 제안된다.

보고서 11.1 **FILE** ***Colllege_Admissions.*** 세 개의 대학 가운데 하나만을 선택해 데이터의 일부분을 가져온다. 선택한 범주형변수(예: 성별, 부모의 교육수준)에 따라 대학지원자를 군집으로 분류하고 그룹화한다. 적절한 군집의 수를 정하고, 각 군집의 특성을 찾아내고 그 특성이 어떻게 서로 다른지 설명하라. 참고: 군집분석을 하려면 범주형변수를 이항변수로 변환해야 한다. 범주형변수를 변환하는 절차는 2장을 참조하라.

보고서 11.2 **FILE** ***Colllege_Admissions.*** 세 개의 대학 가운데 하나만을 선택해 데이터의 일부분을 가져온다. 군집분석에서 사용할 숫자형변수와 범주형변수를 선택하라. 적절한 군집의 수를 정하고, 각 군집의 특성을 찾아내고 그 특성이 어떻게 서로 다른지 설명하라.

보고서 11.3 **FILE** ***TechSales_Reps.*** 두 가지 제품군 가운데 한 가지만 취급하는 판매인의 데이터만 가져온다. 선택한 숫자형변수(예: 연령, 급여)를 기준으로 전문영업인을 군집화하라. 적절한 군집의 수를 정하고, 각 군집을 설명하고, 군집의 평균 순추천의향지수(NPS)를 비교하라.

보고서 11.4 **FILE** ***NBA.*** NBA 선수들을 특정시즌(예: 2013~2014)의 경기력 혹은 선수경력전체의 경기력을 바탕으로 군집으로 분류한다. 적절한 군집의 수를 정하고, 군집화의 결과를 보고하라. 숫자형변수와 범주형변수를 결합하여 개인들을 군집화하라.

보고서 11.5 **FILE** ***Longitudinal_Survey.*** 도시지역에 거주했던 개인만을 데이터에서 선택한다. 적절한 군집의 수를 정하고, 군집 간의 차이를 설명하라.

12 시계열 데이터를 이용한 예측

Forecasting with Time Series Data

학습목차_Chapter Contents

학습목표_Learning Objectives

이 장을 학습한 후에,

LO **12.1** 시계열분석 과정을 설명할 수 있어야 한다.
LO **12.2** 평활법을 사용하여 예측을 할 수 있어야 한다.
LO **12.3** 선형회귀분석모형을 사용하여 예측을 할 수 있어야 한다.
LO **12.4** 비선형회귀분석모형을 사용하여 예측을 할 수 있어야 한다.
LO **12.5** 모형선택을 위해 교차검증기법을 사용할 수 있어야 한다.
LO **12.6** 고급평활법을 사용하여 예측을 할 수 있어야 한다.

시간경과에 따라 순차적으로 기록된 변수의 값은 시계열로 간주된다. 시계열분석을 통한 예측은 분석에서 중요하게 사용되며, 모든 비즈니스 영역에서 의사결정을 지원한다. 실제로 모든 비즈니스의 성공은 중요한 변수를 정확하게 예측할 수 있는 능력에 달려있다. 정확한 예측은 비즈니스 계획의 품질을 향상시킬 뿐 아니라, 잠재적인 위험을 발견하고 평가하는 것에도 도움이 된다. 예로 제품판매량, 제품결함, 물가상승률, 사이버공격, 또는 기업의 현금흐름예측 등을 들 수 있다.

이 장에서는 시계열의 추세, 계절, 혹은 무작위 성분에 초점을 맞춘다. 이런 요소 가운데 한 가지 이상을 찾아낼 수 있는 여러 가지 모형이 개발되어 있다. 특별한 추세나 계절변동이 없는 장기적인 패턴으로부터 벗어나는 무작위적인 단기적 변동을 식별할 수 있도록 단순평활기법을 사용할 것이다. 회귀 및 고급평활기법은 시계열에서 추세 및 계절변동이 있을 경우 사용한다. *사전*(*a priori*)에 어떤 모형이 가장 좋은 예측을 할 수 있는지 알기 어렵기 때문에, 표본내부와 표본외부의 기준을 적용하여 선호하는 예측모형을 선정할 것이다.

©icon Stocker/Shutterstock

도입사례_*Introductory Case*

애플의 매출전망

FILE ***Revenue_Apple.*** 2018년 8월 2일, 애플은 4분기 연속 사상 최대매출을 기록했고, 미국기업으로는 처음으로 시가총액 1조 달러를 돌파했다. 이런 폭발적인 성장은 기술산업이 세계 시장경제의 선두로 올라서는 기폭제의 역할을 했다(*월스트리트저널*, 2018년 8월 2일). 애플은 가전제품, 컴퓨터 소프트웨어, 온라인 서비스 등을 설계, 개발, 판매하고 있지만, 아이폰은 지속적으로 회사의 핵심 수익원이 되고 있다.

소규모 투자회사의 분석가인 카덴스 존슨(Cadence Johnson)은 애플의 수익을 분석하여 실적을 평가하고 있다. 그녀는 애플이 최근 새롭게 만든 고가의 아이폰들이 고객의 저항에 부딪힐 수 있음을 알고 있으며, 이는 투자자들 사이에서 아이폰의 수요가 줄어들지도 모른다는 우려를 자아내고 있다는 사실을 알고 있다. 카덴스는 애플의 과거 실적이 미래 실적을 예측하는 데 도움이 되기를 바라고 있다. 그녀는 2010년부터 2018년까지 회계년도에 대한 분기별 데이터를 수집했다. 회계년도는 9월말에 마감되며, 수집된 데이터는 일부 표 12.1에 나와 있다.

표 12.1 애플의 분기별 매출액(백만달러)

Year	Quarter	Revenue
2010	1	15,683
2010	2	13,499
⋮	⋮	⋮
2018	4	62,900

카덴스는 표 12.1의 정보를 사용하여 다음을 수행하려고 한다.

1. 애플 매출액의 추세 및 계절적 요인을 찾을 수 있는 모형을 탐색한다.

2. 2019 회계년도의 애플의 매출액을 예측한다.

이 도입사례에 대한 분석결과는 12.4절의 마지막에 제시되어 있다.

12.1 시계열의 예측과정

LO 12.1

시계열분석 과정을 설명할 수 있어야 한다.

FILE *Revenue_Apple.* 이 장에서는 시계열 데이터에 초점을 맞춘다. 시간의 흐름에 따라 차례로 기록된 변수의 관측치는 시계열로 간주된다. 기간은 연도별, 분기별, 월별, 주별, 일별, 시간별, 혹은 초단위로 표시될 수 있다. 시계열의 예로는 뉴욕 증권거래소(NYSE)에서 5 거래일 연속 거래되는 *시간당* 주식수; 6, 7월 중의 *일일* 대출신청수; 5년 동안 매장의 *월간* 판매량; 지난 30년간 *연간* 성장률 등이 있다.

$y_1, y_2, \cdots, y_T$가 시간 t에서 y의 값을 나타내는 y_t 변수의 T개의 관측치 표본을 나타낸다고 하자. 시계열 데이터의 경우 n 대신 T를 이용하여 표본의 숫자를 나타내고, 첨자를 이용하여 시간을 구분하는 것이 일반적이다. 예를 들어, 대출신청의 경우 5일 동안 일별 대출신청의 수가 100, 94, 98, 110, 102이면 $y_1 = 100, y_2 = 94, \cdots, y_5 = 102$가 된다.

시계열은 추세, 계절, 주기, 그리고 무작위 성분으로 구성된다. **추세**성분은 데이터의 장기적인 상승 혹은 하향이동을 나타낸다. 예를 들어, 제품의 판매액 혹은 기업의 주가는 특정기간 동안 상승(또는 하락)할 수 있다. **계절**성분은 일반적으로 1년간의 반복을 나타낸다. 예를 들어, 매년 연휴기간에는 일반 상품의 판매가 증가하며, 여름에는 여행상품 판매가 증가한다. **주기적** 성분은 파동적 변동이나 경기순환을 나타내며, 종종 경기의 확대와 위축에 의해 발생한다. 계절패턴과 주기패턴은 1년에서 7년 동안 지속되며, 주기의 지속시간은 한 사이클에서 다음 사이클까지 다르다. 또한 시계열의 상승 혹은 하강변동의 크기는 순환패턴과 달리 계절패턴으로 예측이 더 잘 가능하다. **무작위** 성분은 시계열의 설명되지 않은 움직임을 포함하기 때문에 식별하기 어렵다. 예를 들어, 뚜렷한 이유가 없이 매장의 고객이 증가하거나 감소할 수 있다. 이 교재에서 예측을 수행할 때, 시계열의 추세, 계절 및 무작위 성분 분석에 초점을 맞춘다.

시계열

시계열이란 시간의 흐름에 따라 변화하는 변수의 순차적 관측치를 말한다. 이것은 일반적으로 추세, 계절, 주기, 그리고 무작위 성분으로 구성된다.

도입사례에서는 2010년부터 2018년까지 애플의 분기별 매출을 고려했으며, 회계연도는 9월말에 마감된다. 그림 12.1은 연결된 점으로 나타내는 시리즈의 산점도이다. 여기에서 9년간의 각 분기를 1에서 36으로 표시했다.

이 도표에는 애플의 매출에 대한 몇 가지 중요한 특성이 나와 있다. 첫째, 관측기간 동안 지속적으로 상승하고 있지만 점차적으로 평평해지고 있다. 둘째, 계절적인 패턴이 해마다 반복된다. 예를 들어 1분기의 수익은 다른 분기에 비해 지속적으로 더 높다. 애플의 연간계획을 감안할 때, 1분기는 12월로 끝나며 이는 일반적으로 강한 매출을 보이는 연휴기간을 포함한다는 점에 주목할 필요가 있다.

예측방법

예측방법은 크게 양적 또는 질적방법으로 구분된다. **정성적 예측방법(qualitative forecast-**

그림 12.1 애플의 분기별 매출액 산점도(백만달러)

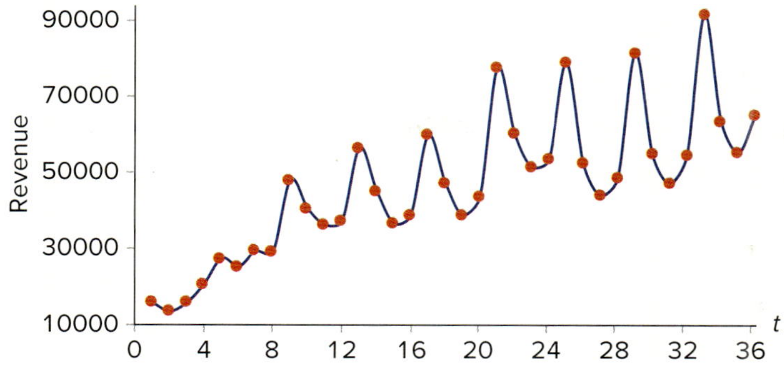

ing)은 경험과 지식을 가지고 있는 예측자의 판단에 기초를 둔다. 반면 **정량적 예측방법(quantitative forecasting)**은 예측하고 싶은 변수의 과거데이터를 모형으로 분석한다.

질적예측은 특히 과거 데이터를 사용할 수 없을 때 유용하다. 예를 들어, 신제품 판매를 계획할 때 질적인 예측을 사용할 수 있다. 마찬가지로, 미래의 결과가 과거의 결과와는 많이 다를 것이고, 따라서 과거의 데이터를 사용할 수 없다고 생각이 들 때 질적예측을 사용할 수 있다. 예를 들어, 시장상황이나 정부정책 등의 중요한 변화는 과거 데이터에 근거한 분석을 쓸모없게 만들 수 있다.

질적예측은 특정한 경우에 아주 매력적이지만, 낙관론이나 지나친 확신과 같은 잘 알려진 편견에 노출되기 쉽다는 이유로 자주 비판을 받는다. 지나치게 낙관적인 관리자의 판단에 근거한 의사결정은 사업에 많은 비용을 들게 할 수 있다. 또한 질적예측은 문서화 하기 어렵고, 그 품질은 전적으로 예측하는 사람의 판단력과 기술에 달려 있다. 유사한 정보를 가지고 있는 두 사람의 질적예측은 전혀 다를 수도 있다.

공식으로 표현된 정량모형은 제품판매, 제품결함, 주택가격, 물가인상률, 주가, 현금흐름 등과 같은 변수의 예측에 광범위하게 사용되어 왔다.

예측방법

예측방법은 질적 혹은 양적방법으로 크게 나누어진다. 질적방법은 예측자의 판단에 근거한 방법인 반면, 양적방법은 과거 데이터에 근거한 구체적 모형을 사용한다.

이 장에서는 과거의 데이터를 활용한 정량적 모형에 초점을 맞춘다. 여기에서 각 모형은 시계열에서 하나 이상의 요소를 찾아내도록 특별히 개발되었다.

모형선택의 기준

예측을 위해 수많은 모형을 사용할 수 있으며, 각각의 모형은 시계열의 특정한 특징을 포착하기에 적합하다. 주어진 데이터의 특성을 파악하면 적절한 모형을 선택하는 것이 쉽다. 하지만 불행히도 이런 확실성은 현실 세계에서는 거의 존재하지 않는다. 여러 모형 중 어떤 것이 가장 좋은 예측을 할 수 있을지 모르기 때문에 여러 가지 모형을 고려하는 것이 일반적이다. 모형의 선택은 예측에서 가장 중요한 단계 가운데 하나이다. 따라서 모형을 소개하기 전에 모형의 선택기준을 먼저 이해하는 것이 중요하다.

우리는 모형의 예측과 평가에 동일한 표본기간의 데이터가 사용되는 표본내 기준(in-sample criteria)를 사용하여 경쟁예측모형을 평가할 수 있다. 표본내 기준은 예측모형이 사용하지 않았던 표본데이터에서 얼마나 잘 예측을 하는지 평가하는 데 도움이 되지는 않는다. 7장부터 10장에서는 표본을 모형을 구축(훈련)하기 위한 훈련데이터와 평가(검증)하기 위한 검증데이터로 나누어 경쟁모형을 평가하도록 교차검증기법을 사용했다. 모형이 훈련데이터에서는 잘 예측하지만, 검증데이터에서는 잘 예측을 하지 못할 때가 있기 때문에 표본외(out-of-sample) 기준이라는 기법을 사용하여 검증데이터에 대한 모형의 성능을 독립적으로 평가한다.

표본내 혹은 표본외 기준 모두 예측오차 $e_t = y_t - \hat{y}_t$을 기준으로 예측을 한다. 여기에서 y_t는 시계열의 값을 나타내고 $\hat{y}_t$은 예측치를 나타낸다. 경쟁예측모형의 비교를 위해, 일반적으로 사용되는 척도는 잘 알고 있는 평균제곱오차(*MSE*), 평균절대편차(*MAD*), 평균절대백분율오차(*MAPE*) 등이 있다. 이 척도들은 8장에서도 논의되었다. 평균절대편차(*MAD*)를 평균절대오차(*MAE*)라고도 언급했다. 선호하는 모형의 *MSE*, *MAD*, 또는 *MAPE*은 가장 낮아야 한다. 특별히 '우선시'되는 모형선택기준이 없기 때문에, 모형선택에는 여러 가지 측정값이 사용된다. *MSE*, *MAD*, *MAPE*의 공식은 아래에 나와 있다.

성과측정

표본내 기준과 표본외 기준은 모두 예측오차 $e_t = y_t - \hat{y}_t$를 기반으로 하며, 여기에서 y_t는 시계열의 값을, $\hat{y}_t$은 예측값을 나타낸다. 평균제곱오차(*MSE*), 평균절대편차(*MAD*) 및 평균절대 백분율오차(*MAPE*)를 계산하기 위해 e_t를 사용하여 다음과 같이 계산한다.

$$MSE = \frac{1}{n}\sum e_t^2,$$

$$MAD = \frac{1}{n}\sum |e_t|,$$

$$MAPE = \frac{1}{n}\left(\sum\left|\frac{e_t}{y_t}\right|\right) \times 100$$

여기에서 n은 계산에 사용되는 관측치의 갯수이다. *MSE*, *MAD*, *MAPE*가 가장 작은 모형을 선택한다. 우선되는 성과측정지표가 없기 때문에 모형 선정에는 여러가지 측정지표가 사용된다.

이미 8장에서 본 것처럼, 어떤 모형도 위에서 제시된 측정치가 모두 우수하지는 않다. 따라서 모형선택의 기준으로 이 측정치들을 활용할 수 있다. *MSE*는 예측오차가 큰 모형에 큰 불이익을 주기 때문에 상대적으로 큰 예측오차가 바람직하지 않은 경우에 선호된다. *MSE*의 제곱근인 *RMSE* 또한 널리 사용된다. *RMSE*가 *MAD*에 비해 크면, 예측에서 오차가 상대적으로 크다는 것을 의미한다. *MAPE*의 매력은 오차를 실제값의 백분율로 표시함으로써 오차의 강도를 파악할 수 있다는 것에 있다.

앞에서 말했듯이, 표본내 기준과 표본외 기준은 두 가지 중요한 질문을 제기한다. 모형은 훈련데이터에서 표본내 예측을 얼마나 잘 하는가? 검증데이터에서 표본외 예측을 얼마나 잘 하는가? 이상적인 경우라면 선택한 모형은 표본내 기준 및 표본외 기준 모두에서 최고의 성과를 보여줄 것이다. 12.2절부터 12.4절까지는 표본내 기준, 12.5절과 12.6절은 표본외 기준에 대해 논의한다.

12.2 단순평활기법

LO 12.2

평활법을 사용하여 예측을 할 수 있어야 한다.

앞에서 언급했듯이, 시계열이란 시간에 따라 배열되는 연속된 관측치이다. 본질적으로 시간의 경과에 따라 수집된 데이터는 모두 어떤 형태의 무작위 변동을 나타낼 가능성이 있다. 예를 들어, 학교 구내서점의 구매시간이나 편의점의 주간판매량은 뚜렷한 이유 없이 무작위로 변화한다. 이 절에서는 알 수 없는 수준의 변화를 보이는 시계열을 다루는 응용 프로그램에 초점을 맞춘다.

시계열에 대한 간단한 그림은 시계열 성분에 대한 통찰력을 제공한다. 데이터의 갑작스런 변화로 나타나는 들쭉날쭉한 모양은 무작위 변동성을 보여준다. 평활기법은 이런 무작위 변동의 영향을 줄일 수 있다. 이 기법은 특별한 패턴 없이 전체적인 구조로부터 무작위로 이탈하는 경우에도 예측을 할 수 있다. 이 기법은 특히 여러 개의 변수를 자주 갱신해야 할 때 유용하다. 예를 들어, 매주 수많은 제품의 재고상황을 갱신해야 하는 관리자를 생각해 보자. 이 경우 모든 제품에 대해 따로따로 복잡한 예측모형을 만들어 사용하는 것은 실용적이지 않다. 여기에서는 이동평균법과 단순지수평활법에 대해 설명한다.

이동평균법

이동평균법은 그 단순성 때문에 시계열 데이터를 처리하는 가장 인기 있는 기법 중 하나이다. 이 기법은 가장 최근의 m개의 관측치에서 평균을 계산해서 사용한다. 예를 들어, 3-기간 이동평균은 가장 최근 세 개 관측치의 평균으로 계산한다. "이동"이라는 말은 새로운 관측치를 사용할 수 있게 되면, 최신 관측치를 포함하고 가장 오래된 관측치를 삭제하는 방법으로 평균을 다시 계산하기 때문에 붙여진 이름이다.

이동평균계산

m-기간의 이동평균은 다음과 같이 계산한다.

$$\text{이동평균} = \frac{m\text{개의 최신 관측치의 총합}}{m}$$

예제 12.1

FILE ***Service_Calls.*** 어느 온라인 소매업체는 다가오는 여름기간을 대비한 직원 채용을 위해 지난 3주(21일) 동안 받은 고객서비스의 통화량을 검토한다. 표 12.2는 시계열 데이터의 일부를 보여 준다.

a. 데이터에 대한 3주기 이동평균을 구하라.
b. 시계열 및 해당 3주기 이동평균을 그림으로 표시하고, 차이에 대해 설명하라.
c. 3주기 이동평균을 이용하여 22일째 고객서비스의 통화횟수를 예측하라.
d. *MSE*, *MAD*, 그리고 *MAPE*를 계산하라.

표 12.2 일간 고객서비스 통화 횟수

Day	Calls
1	309
2	292
3	284
4	294
5	292
⋮	⋮
19	326
20	327
21	309

해답:

a. 교재에서는 반올림된 값이 표시되지만, 실제 계산은 반올림되지 않은 값을 사용한다. 표기의 단순성을 위해 통화횟수는 y_t로 표시하고, 해당이동평균은 $\bar{y}_t$로 표시한다. 원래의 데이터에서 연속되는 세 개의 값을 구성되는 모든 조합에 대해 평균을 계산해서 3주기 이동평균 시리즈를 만든다. 이 3주기 이동평균의 첫 번째 값은 다음과 같이 계산할 수 있다.

$$\bar{y}_2 = \frac{y_1 + y_2 + y_3}{3} = \frac{309 + 292 + 284}{3} = 295$$

이 $\bar{y}_2$는 첫째 날부터 셋째 날의 데이터의 평균값이다. 2일에서 4일까지의 평균은 그 다음 이동평균이 된다.

$$\bar{y}_3 = \frac{y_2 + y_3 + y_4}{3} = \frac{292 + 284 + 294}{3} = 290$$

$\bar{y}_t$의 다른 값들도 비슷하게 계산하며, 표 12.3의 3번째 열에 제시되어 있다. 참고로 3주기 이동평균시리즈의 $\bar{y}_t$는 처음 관측치 한 개와 마지막 관측치 한 개를 잃어버린다. (5주기 이동평균의 경우, 처음에서 두 개, 마지막에서 두 개의 관측치를 잃는다.)

표 12.3 3주기 이동평균, 예측, 오차

Day (1)	y (2)	$\bar{y}$-bar (3)	$\hat{y}$ (4)	$e = y - \hat{y}$ (5)
1	309	—	—	—
2	292	295	—	—
3	284	290	—	—
4	294	290	295	−1
5	292	290.33	290	2
⋮	⋮	⋮	⋮	⋮
19	326	320.67	304	22
20	327	320.67	309	18
21	309	—	320.67	−11.67

b. 그림 12.2에서는 시계열 데이터와 해당하는 3주기 이동평균을 날짜에 따라 표시하였다. 원 시계열 데이터가 들쭉날쭉한 모습을 보이는 것에 주의하라. 이것은 데이터에 중요한 무작위 요소가 있다는 것을 암시한다. 반대로 이동평균 데이터의 경우는 훨씬 더 부드러운 곡선을 보여준다.

그림 12.2 고객통화수와 3주기 이동평균

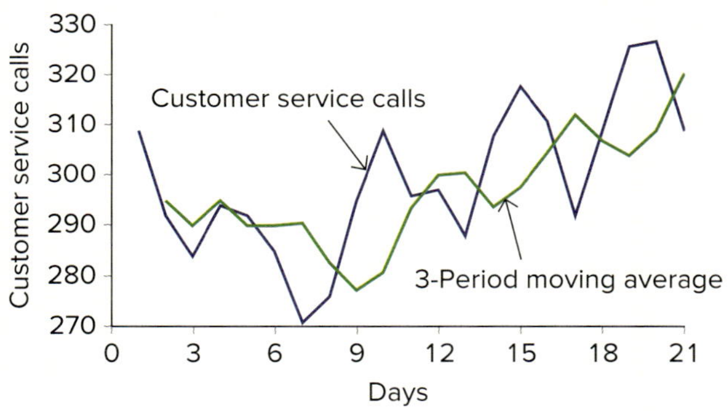

c. 앞에서 언급한 대로, 만약 시계열 데이터가 주로 무작위 변동을 보여준다면, 이동평균법을 사용하여 예측을 할 수 있다. $\bar{y}_2$가 1번째부터 3번째 날짜의 평균을 보여주기 때문에 4번째 주기가 되기까지 가장 최신의 추정치이다. 따라서 $\hat{y}_4 = \bar{y}_2$로 놓는다. 여기에서 $\hat{y}_4$은 기간 4에 대한 표본내 예측치이다. 마찬가지로 $\hat{y}_5 = \bar{y}_3$가 되며, 이는 기간 5에 대한 예측이다. 여기에서 $\hat{y}_3$은 2일에서 4일까지의 평균값이다. 이 예측은 결국, $\hat{y}_t = \frac{y_{t-3} + y_{t-2} + y_{t-1}}{3}$이 되며 이것은 표 12.3의 네 번째 열에 나와 있다. 이 단순한 과정에 따라 22일에 대한 표본외 예측은 다음과 같이 계산된다.

$$\hat{y}_{22} = \bar{y}_{20} = \frac{y_{19} + y_{20} + y_{21}}{3} = \frac{326 + 327 + 309}{3} = 320.67$$

따라서 22일째 고객서비스 통화의 예측건수는 321건이 된다. 이동평균법을 사용할 때 한 가지 잠재적 약점은 모든 미래예측값이 첫 번째 표본외 예측과 동일한 값을 갖는다는 것이다. 즉 23일째 고객서비스 통화예측건수 역시 321건이 된다.

d. *MSE*, *MAD*, *MAPE*를 계산하기 위해 우선 표 12.3의 5번째 열에 있는 예측오차, $e_t = y_t - \hat{y}_t$를 먼저 계산해야 한다.

$$MSE = \frac{1}{n}\sum e_t^2 = \frac{(-1)^2 + (2)^2 + \cdots + (-11.67)^2}{18} = 208.90,$$

$$MAD = \frac{1}{n}\sum |e_t| = \frac{|-1| + |2| + \cdots + |-11.67|}{18} = 11.85,$$

$$MAPE = \frac{1}{n}\left(\sum\left|\frac{e_t}{y_t}\right|\right) \times 100 = \frac{1}{18}\left(\left|\frac{-1}{294}\right| + \left|\frac{2}{292}\right| + \cdots + \left|\frac{-11.67}{309}\right|\right) \times 100 = 3.92$$

이러한 성과측정은 대안모형을 비교할 때 유용하다.

단순지수평활법

이동평균법이 인기가 있기는 하지만, 몇 가지 단점이 있다. 첫째, 시행착오를 거쳐 *MSE*, *MAD*, *MAPE*를 최소화할 수 있는 m을 찾을 수 있지만, 여전히 m 값은 임의로 정해야 한다. 둘째, 모든 m개의 최근관측치에 동일한 가중치를 부여하는 것이 적절치 않을 수 있다. 이동평균법은 최근 모든 관측치를 동일한 비중으로 측정하는 반면, **단순지수평활법**은 관측치가 오래될수록 가중치를 지수적으로 감소시켜 할당한다. 이동평균의 경우에서 처럼, 지수평활도 최근의 관측치를 고려하여 지속적으로 예측을 수정한다.

L_t를 시점 t에서 시계열 데이터의 추정치를 의미하도록 한다. 여기에서 L_t는 다음과 같이 정의된다.

$$L_t = \alpha y_t + \alpha(1-\alpha)y_{t-1} + \alpha(1-\alpha)^2 y_{t-2} + \alpha(1-\alpha)^3 y_{t-3} + \cdots, \text{ where } 0 < \alpha < 1$$

이다. 즉, L_t는 단순히 지수하강 가중치의 가중평균이며, α는 감소속도를 나타낸다. 예를 들어, $\alpha = 0.8$인 경우,

$$L_t = 0.8y_t + 0.16y_{t-1} + 0.032y_{t-2} + 0.0064y_{t-3} + \cdots$$

마찬가지로, $\alpha = 0.2$인 경우,

$$L_t = 0.2y_t + 0.16y_{t-1} + 0.128y_{t-2} + 0.1024y_{t-3} + \cdots$$

이 된다. 감소속도는 $\alpha = 0.8$일 때 $\alpha = 0.2$일 때와 비교하여 더 크다.

대수학(algebra)을 사용하면, 초기 방정식은 다음과 같이 간단하다는 것을 보여줄 수 있다.

$$L_t = \alpha y_t + (1-\alpha)L_{t-1}$$

이것을 사용하여 지수평활공식을 정의한다. L_t가 t 시점에서 가장 최신의 값을 나타내기 때문

에, 이를 사용하여 첫 번째 주기의 예측치 $\hat{y}_{t+1} = L_t$를 계산할 수 있다. 이 방정식은 예측치 $\hat{y}_{t+1} = L_t$가 현재 값 y_t와 이전 예측치 $\hat{y}_t = L_{t-1}$에 따라 달라진다는 것을 보여준다. 다시 말하면, 최신 관측치를 바탕으로 예측치를 지속적으로 수정한다.

단순지수평활시리즈 계산

단순지수평활법은 데이터를 계속해서 수정한다.

$$L_t = \alpha y_t + (1 - \alpha)L_{t-1}$$

여기에서 α는 감소의 속도이며, $\hat{y}_{t+1} = L_t$를 사용해서 예측한다.

이 방법을 사용하기 위해서는 α와 시리즈의 초기값인 L_t를 결정해야 한다. 일반적으로 초기값은 시계열의 첫번째 값 즉 $L_1 = y_1$과 동일하게 설정된다. 관측치가 많은 경우 초기값의 중요성은 감소한다. α의 최적값은 시행착오에 의해 결정한다. 우리는 α의 여러가지 값을 평가하고, 가장 작은 *MSE*, *MAD*, *MAPE* 또는 다른 선택기준값을 주는 α를 선정하면 된다.

예제 12.2

예제 12.1의 ***Service_Calls*** 데이터를 다시 이용한다.

a. $\alpha = 0.20$, $L_1 = y_1$을 사용한 단순지수평활 시리즈를 만든다.
b. 시계열과 이에 대한 지수평활시리즈를 일별로 표시한다. 차이에 대해 설명하라.
c. 지수평활시리즈를 사용하여 22일째 고객서비스 통화량을 예측한다.
d. *MSE*, *MAD*, *MAPE*를 계산한다. 이 값을 예제 12.1의 3주기 이동평균법으로 구한 값과 비교하라.

해답:

여기에서는 반올림값을 표시하지만, 실제 계산은 반올림되지 않은 값을 기반으로 한다.

a. 표 12.4의 3열에는 초기값 $L_1 = y_1 = 309$를 사용하여 L_t의 값을 차례차례 예측한다. $L_t = \alpha y_t + (1 - \alpha)L_t - 1$을 사용하여 $\alpha = 0.2$일 때 레벨을 계속적으로 갱신한다. 예를 들어, 기간 2와 기간 3은 다음과 같이 계산된다.

$$L_2 = 0.20 \times 292 + 0.80 \times 309 = 305.60$$
$$L_3 = 0.20 \times 284 + 0.80 \times 305.60 = 301.28$$

b. 그림 12.3에는 시계열 데이터 원본과 해당 지수평활 시리즈를 날짜별로 표시하고 있다. 앞에서 언급했듯이 원래의 시계열 데이터는 들쭉날쭉한 모양을 가지고 있지만, 지수평활된 시리즈는 대부분 날카로운 곳을 제거하고, 이동평균시리즈와 같이 훨씬 더 부드러운 느낌을 준다.

표 12.4 $\alpha = 0.20$ 일때 지수평활법 시리즈, 예측값, 오차

Day (1)	y (2)	L_t (3)	$\hat{y}$ (4)	$e = y - \hat{y}$ (5)
1	309	309.00	—	—
2	292	305.60	309.00	−17.00
3	284	301.28	305.60	−21.60
⋮	⋮	⋮	⋮	⋮
20	327	310.95	306.93	20.07
21	309	310.56	310.95	−1.95

그림 12.3 고객통화량과 지수평활법 시리즈

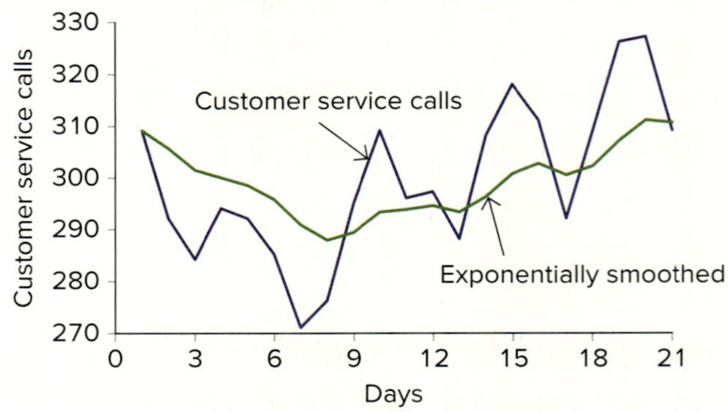

c. $\hat{y}_{t+1} = L_t$를 사용하여 예측한 값은 표 12.4의 네 번째 열에 표시되어 있다. 예를 들어, 기간 2인 경우 $\hat{y}_2 = L_1 = 309$이다. 동일하게 $L_2 = 305.60$ 은 예측치 $\hat{y}_3$이 된다. 따라서 22번째 날짜의 예측값은 다음과 같이 계산된다. $\hat{y}_{22} = L_{21} = 0.20 \times 309 + 0.80 \times 310.95 = 310.56$ 또는 311건의 고객 서비스호출이 예상된다. 이동평균법과 마찬가지로 표본외 예측은 동일한 값을 가진다. 예를 들어 $\hat{y}_{23} = 311$ 고객서비스호출이 된다.

MSE, *MAD*, *MAPE*를 계산하기 위해 표 12.4의 다섯 번째 열에 있는 것처럼 먼저 예측 오차를 계산한다. $e_t = \hat{y}_t - \hat{y}$

$$MSE = \frac{1}{n}\sum e_t^2 = \frac{(-17.00)^2 + (-21.60)^2 + \cdots + (-1.95)^2}{20} = 217.16$$

$$MAD = \frac{1}{n}\sum |e_t| = \frac{|-17.00| + |-21.60| + \cdots + |-1.95|}{20} = 12.91$$

$$MAPE = \frac{1}{n}\left(\sum\left|\frac{e_t}{y_t}\right|\right) \times 100 = \frac{1}{20}\left(\left|\frac{-17.00}{292}\right| + \left|\frac{-21.60}{284}\right| + \cdots + \left|\frac{-1.95}{309}\right|\right) \times 100 = 4.32$$

$\alpha = 0.2$는 특별한 의미가 없다. 이 값은 지수평활기법을 설명하기 위해 사용된 것이다. 앞에서도 언급했듯이 여러 가지 α 값을 평가하고, 그 가운데 가장 작은 *MSE*,

MAD 또는 *MAPE* 값을 만드는 것을 선택하는 것이 일반적이다. α가 선택되는 방식을 설명하기 위해 *MSE*, *MAD* 및 *MAPE*의 값을 0.1에서 0.9 사이의 α를 0.1씩 증가시키며 계산했다. 그 결과는 표 12.5에 요약되어 있다.

여기서, α의 선택은 우리가 모형을 비교하기 위해 *MSE*, *MAD* 또는 *MAPE*를 사용하는지에 따라 달라진다. 이 예제에서는 $\alpha = 0.5$를 선택하는 것이 적절할 수 있다. 이 값은 세 가지 성능 측정값 중 두 가지 값(*MAD* 및 *MAPE*) 중 가장 작은 값으로 연결되기 때문이다. 이 모형($\alpha = 0.5$)은 낮은 *MSE*, *MAD* 및 *MAPE* 값으로 측정되는 이동평균모형보다 성능이 우수하다.

표 12.5 다양한 α 값과 결과로 나타나는 *MSE*, *MAD*, *MAPE*

α	0.1	0.2	0.3	0.4	0.5	0.6	0.7	0.8	0.9
MSE	257.20	217.16	192.44	180.42	175.40	173.61	172.82	171.79	169.97
MAD	13.60	12.91	12.18	11.42	11.10	11.11	11.25	11.41	11.43
MAPE	4.57	4.32	4.07	3.81	3.70	3.70	3.75	3.81	3.82

엑셀을 이용한 이동평균법 및 지수평활법

FILE ***Service_Calls.*** 표 12.3의 이동평균을 사용한다.

A. ***Service_Calls*** 데이터 파일을 연다.

B. 메뉴에서 **데이터(Data) > 데이터 분석(Data Analytics) > 이동 평균법(Moving Average)**를 선택한다. **확인(OK)**을 클릭한다.

C. *입력 범위*에서 Calls를 데이터로 정하고(제목포함), *첫째 행 이름표 사용(Labels in First Row)*을 체크한 다음, *구간(Interval)*에 3을 입력하여 3주기 이동평균을 만든다. 마지막으로 *출력범위(Output Range)*로 D3를 입력하여 표 12.3의 4열에 있는 예측값처럼 복사한다. **확인(OK)**을 클릭한다.

표 12.4의 지수평활 시리즈를 사용한다.

A. ***Service_Calls*** 데이터 파일을 연다.

B. 메뉴에서 **데이터(Data) > 데이터 분석(Data Analytics) > 지수평활법(Exponential Smoothing)**을 선택한다. **확인(OK)**을 클릭한다.

C. *입력 범위*에서 Calls를 데이터로 정하고 (제목포함), *이름표(Labels)* 앞의 박스를 체크한다. *감쇠 인수(Damping Factor)* 옆의 박스를 체크한다. $\alpha = 0.2$인 지수평활 시리즈를 만들려면 *감쇠 인수(Damping Factor)*에 $1 - \alpha = 0.8$을 입력해야 한다. 마지막으로 *출력 범위(Output Range)*로 D2를 입력하여 표 12.4의 4열에 있는 예측값처럼 복사한다. **확인(OK)**을 클릭한다.

참고: 12.6절에서는 간단한 지수평활기법뿐만 아니라 고급지수평활기법을 위해 R을 사용하는 방법을 보여준다.

연습문제 12.2

1. **FILE** ***Convenience_Store.*** 유타주의 솔트레이스 시티의 한 편의점 주인은 휘발유 매출을 제외한 주간 매출액을 표로 작성해 왔다. 첨부된 표는 30주간 매출액을 보여준다.

Week	Sales
1	5387
2	5522
⋮	⋮
30	5206

 a. 3주기 이동평균을 이용하여 31주차의 매출을 예측하라.

 b. $\alpha = 0.3$인 단순지수평활법을 사용하여 31주차의 매출을 예측하라.

 c. *MSE*, *MAD*, *MAPE*를 바탕으로 예측에 더 좋은 기법은 어느 것인가?

2. **FILE** ***Spotify.*** 스포티파이는 전 세계의 음악가들의 노래를 들을 수 있는 음악스트리밍 플랫폼이다. 2018년 2월 29일 뉴욕증권거래소에 상장(IPO)을 신청했다. 다음 표는 2018년 4월 1일부터 2019년 2월 1일까지의 스포티파이의 수정된 주가가 나와 있다.

Date	Stock Price
Apr-18	161.67
May-18	157.71
⋮	⋮
Feb-19	134.71

 a. 3주기 이동평균을 이용하여 스포티파이의 2019년 3월 주가를 예측하라.

 b. $\alpha = 0.2$인 단순지수평활법을 사용하여 스포티파이의 2019년 3월 주가를 예측하라.

 c. *MSE*, *MAD*, *MAPE*를 바탕으로 예측에 더 좋은 기법은 어느 것인가?

3. **FILE** ***FoodTruck.*** 푸드트럭은 미국 캠퍼스에서 흔히 볼 수 있는 광경이 되었다. 그들은 캠퍼스를 오가면서 유행하는 음식을 찾는 수많은 학생들에게 서비스를 제공한다. 푸드트럭의 주인은 캘리포니아의 작은 캠퍼스에서 주중에 구매하는 학생의 숫자에 대한 데이터를 수집한다. 데이터의 일부가 다음 표에 나와 있다.

Week	Students
1	84
2	66
⋮	⋮
40	166

 a. 3주기 이동평균을 이용하여 41주차의 수요를 예측하라.

 b. 5주기 이동평균을 이용하여 41주차의 수요를 예측하라.

 c. *MSE*, *MAD*, *MAPE*를 바탕으로 예측에 더 좋은 기법은 어느 것인가?

4. **FILE** ***Exchange_Rate.*** 미국 달러(USD)와 유로(Euro), 그리고 £(파운드)의 교환율을 생각해 보자. 다음 표에는 2017년 1월부터 2019년 1월까지의 환율의 일부분이 나와 있다.

Date	Euro	Pound
Jan-17	1.0635	1.2367
Feb-17	1.0650	1.2495
⋮	⋮	⋮
Jan-19	1.1414	1.2845

 a. 유로에 대한 3주기, 5주기 이동평균을 구하라. *MSE*, *MAD*, *MAPE*를 기반으로, 선호 모형을 사용하여 2019년 2월 유로화를 예측하라.

 b. 가능한 α 값이 0.2, 0.4, 0.6인 파운드에 대한 단순 지수 평활 시리즈를 계산하라. *MSE*, *MAD* 및 *MAPE*를 기반으로 선호 모형을 사용하여 2019년 2월의 파운드를 예측하라.

5. **FILE** ***Downtown_Cafe.*** 오하이오주 콜럼버스 시내에 있는 최신 유행의 카페 매니저는 매주 고객의 숫자에 대한 데이터를 수집한다. 데이터의 일부가 다음 표에 나와 있다.

Week	Customers
1	944
2	997
⋮	⋮
52	1365

 a. $\alpha = 0.2$의 단순 지수 평활 기법을 사용하여 53주차의 고객수를 예측하라.

 b. $\alpha = 0.4$의 단순 지수 평활 기법을 사용하여 53주차의 고객수를 예측하라.

 c. *MSE*, *MAD*, *MAPE*를 기반으로 예측하기 위해 선호하는 기법은 무엇인가?

6. **FILE** ***Gas_Prices.*** 기름값에 영향을 미치는 요인이 다양하기 때문에 기름값을 예측하기는 어렵다. 뉴잉글랜드(New England)와 서부해안(West Coast)의 22주간 주당 평균 휘발유 가격(갤런당)을 고려해보자.

Date	New England	West Coast
9/3/2018	2.855	3.329
9/10/2018	2.864	3.336
⋮	⋮	⋮
1/28/2019	2.346	2.928

a. 뉴잉글랜드의 기름값에 대한 3주기 및 5주기 이동 평균을 찾아라. *MSE*, *MAD*, *MAPE*를 기준으로 2019년 2월 첫째 주 기름값을 예측하기 위해 선호 모형을 사용한다.

b. 서부해안지역의 기름 가격에 대해 가능한 α 값이 0.2, 0.4, 0.6인 단순 지수평활 시리즈를 찾아라. *MSE*, *MAD*, *MAPE*를 기준으로 2019년 2월 첫째 주 기름값을 예측하기 위해 선호 모형을 사용한다.

12.3 추세 및 계절성을 위한 선형회귀모형

LO 12.3

선형회귀분석모형을 사용하여 예측을 할 수 있어야 한다.

12.2절에서 설명한 평활기법은 시계열을 이용하여 구분할 수 있는 추세 혹은 계절변동 없이 무작위 변동을 나타낼 때 사용된다. 추세와 계절에 따른 변화가 있을 때에는 특별한 모형을 사용해야 한다. 이 절에서는 먼저 시리즈의 장기적인 증가 또는 감소를 나타내는 추세분석에 중점을 둔다. 그 다음 연단위로 반복되는 움직임을 추출하는 계절 더미변수를 추가한다.

선형추세모형

앞 장에서 설명한 회귀기법을 이용하여 **선형추세모형**을 추정한다. y_t는 시간 t에서 반응변수의 값을 의미한다. 여기에서는 t를 1, 2, 3 등과 같이 연속하는 시간에 해당하는 예측변수로 사용한다.

> **선형추세모형**
>
> 선형추세모형은 매 시간마다 일정한 양만큼 증가한다고 예측되는 시계열을 분석하는 데 사용된다. 이것은 $y_t = \beta_0 + \beta_1 t + \varepsilon_t$의 공식으로 표현되며, 여기서 y_t는 시간 t에서의 시계열의 값을 가리킨다. 예측모형은 $\hat{y} = b_0 + b_1 t$로 표현되며, 여기서 b_0, b_1은 계수의 예측값이다.

예제 12.3은 예측을 위한 선형추세모형의 적용을 보여준다.

예제 12.3

FILE ***Organic.*** 지역 유기농 식품매장에서는 건강을 생각하는 소비자들을 위해 여러가지 식품을 취급하고 있다. 이 상점은 대학교육을 받은 밀레니얼 세대들에게 특히 인기가 있는 주방장특선(chef-designed) 식품판매가 꾸준히 증가하고 있다. 판매 계획을 세우기 위해 매장관리자는 지난 1년 동안 주방장특선 식품의 주간판매량에서 필요한 정보를 추출하려고 한다. 다음 표 12.6에 그 가운데 일부가 나와 있다.

표 12.6 유기농 식품점 주간 판매액(달러)

Week	Sales
1	1925
2	2978
⋮	⋮
52	6281

a. 시계열을 시각적으로 검사하여 추세의 존재여부를 확인한다.
b. 주방장특선 제품의 판매를 위한 선형추세모형을 만들고 해석하라.
c. 향후 4주 동안 주방장특선 제품의 판매를 예측하라.

해답

a. 첫 단계로 시계열을 시각적으로 검사하는 것이 좋다. 그림 12.4는 선형추세선이 중첩된 지난 1년간 주방장 특선 식품의 주간판매량에 대한 산점도이다. 이 기간 시리즈가 증가하는 움직임을 보인다.

그림 12.4 주방장특선 식품의 주간판매량 산점도

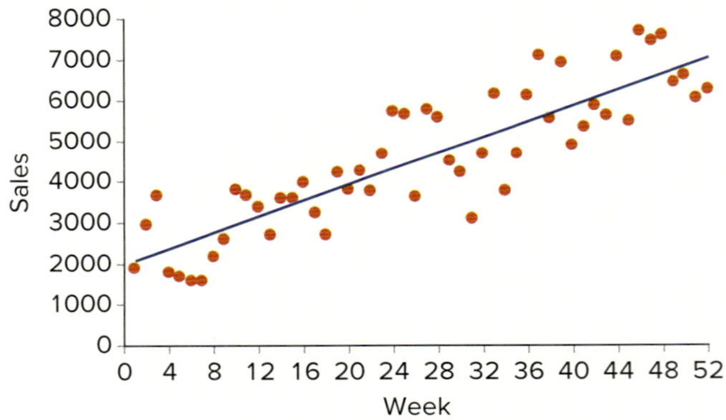

b. 선형추세모형은 매출액 = $\beta_0 + \beta_1$ Week + ε로 특정된다. 추정된 선형추세모형은 $\widehat{\text{Sales}}$ = 1998.2285 + 96.8383 Week이며, 이는 매주 매출이 약 96.84달러 증가함을 의미한다. 추정된 R^2 = 0.7538이며, 이는 표본의 매출변동의 약 75.38%가 표본의 추세선에 의해 설명할 수 있다는 것을 의미한다.

참고: 6장에 있는 선형모형의 추정방법에 대한 R을 참조하라.

c. 다음 주의 매출을 예측하기 위해 Week = 53을 사용하면, $\widehat{\text{판매액}}$ = 1998.2285 + 86.8383*53 = 7,130.66달러이 된다. 마찬가지로 Week = 54, 55 및 56을 사용하여 향후 3주간의 매출을 각각 7,227.49달러, 7,324.33달러, 7,421.17달러로 예측할 수 있다.

추세예측모형은 예제 12.3에서 사용된 모형처럼 시계열의 장기적인 상승 혹은 하강을 추출해 낼 수 있다. 이런 모형은 시계열의 계절적 변동이 없거나, 계절적 변동을 제거한 경우에 적합하다. 즉 계절적 변동의 효과를 제거한 것이다. 이제 추세와 계절적 변동 모두를 반영하는 예측에 대해 알아보자.

계절적 변동을 고려한 선형추세모형

계절 데이터를 가지고, 계절적 변동을 찾아내기 위해 더미변수를 포함한 선형추세모형을 개발한다. 더미변수는 일반적으로 두개의 범주가 있는 범주형변수를 표현하는 데 사용된다는 것을 기억하라. 여기서는 계절을 설명하기 위해 더미변수를 사용한다. 분기별 데이터의 경우 4/4분기를 제외하고, 3개의 분기를 나타내는 3개의 더미변수만 정의하면 된다.

계절 더미변수를 사용한 선형추세모형

분기별 데이터를 바탕으로 계절 더미변수를 이용한 선형추세모형은 다음과 같이 만들 수 있다.

$$y = \beta_0 + \beta_1 d_1 + \beta_2 d_2 + \beta_3 d_3 + \beta_4 t + \varepsilon$$

여기에서 d_1, d_2, d_3는 처음 3 분기를 나타내는 더미변수이다. 예측모형을 바탕으로 한 예측은 다음과 같이 표현된다.

$$1분기(d_1 = 1, d_2 = 0, d_3 = 0): \hat{y} = (b_0 + b_1) + b_4 t$$
$$2분기(d_1 = 0, d_2 = 1, d_3 = 0): \hat{y} = (b_0 + b_2) + b_4 t$$
$$3분기(d_1 = 0, d_2 = 0, d_3 = 1): \hat{y} = (b_0 + b_3) + b_4 t$$
$$4분기(d_1 = 0, d_2 = 0, d_3 = 0): \hat{y} = b_0 + b_4 t$$

여기에서 b_0, b_1, b_2, b_3, b_4는 예측계수이다.

다른 분기를 기준으로 사용할 경우, 위의 예측방정식을 쉽게 수정할 수 있다. 또한 분기별 데이터 모형을 수정하여 월별, 혹은 다른 유형의 계절데이터를 예측하도록 할 수 있다. 예제 12.4에서는 분기별 데이터가 포함된 응용프로그램을 제공한다.

예제 12.4

FILE ***ECommerce.*** 아마존을 선두로 한 전자상거래 업체는 지난 10년간 상당한 성장을 이루었다. 2010년 1분기부터 2019년 1분기까지 미국내 전자상거래 소매판매에 대한 분기별 데이터를 살펴보자. 그중 일부가 표 12.7에 나와 있다.

a. 데이터를 시각적으로 검사하여 추세 및 계절성의 유무를 확인하라.

b. 계절 더미 변수를 사용하여 전자 상거래 소매판매를 추정하기 위한 선형 추세모형을 개발하고 해석하라.

c. 2019년 마지막 3분기의 전자 상거래 소매판매액을 예측하라.

표 12.7 분기별 전자상거래 소매판매액(백만달러)

Year	Quarter	Sales
2010	1	37059
2010	2	38467
⋮	⋮	⋮
2019	1	127265

해답:

분기별 데이터가 주어지면, 먼저 계절더미 변수를 포함한 관련변수를 가지고 선형추세 모형을 구성해야 한다. 표 12.8은 구성된 데이터의 일부로 매출액, 첫 3분기를 의미하는 계절더미 변수 d_1, d_2, d_3 (4분기는 기준점), 그리고 37분기의 데이터를 대표하는 추세변수 t로 구성된다. (잠시 후 결과를 재현하기 위해 R 프로그램을 제시할 예정이다.)

표 12.8 예제 12.4를 구성하는 변수

Year	Quarter	Sales	d_1	d_2	d_3	t
2010	1	37059	1	0	0	1
2010	2	38467	0	1	0	2
2010	3	40075	0	0	1	3
2010	4	54320	0	0	0	4
⋮	⋮	⋮	⋮	⋮	⋮	⋮
2018	4	158548	0	0	0	36
2019	1	127265	1	0	0	37

a. 그림 12.5는 점으로 연결된 분기별 판매액의 산점도이며, 분기별 데이터는 1에서 37까지로 이름이 붙여져 있다. 이 도표는 전자상거래의 소매판매에 대한 몇가지 중요한 특징을 보여준다. 첫째, 매출이 지속적으로 상승하고 있다. 둘째, 계절적 패턴이 반복된다. 예를 들어, 다른 분기와 비교해서 4분기의 매출은 항상 높다. 그래프는 계절성과 추세를 모두 보여주는 모형이다.

그림 12.5 전자상거래 소매판매의 산점도(백만달러)

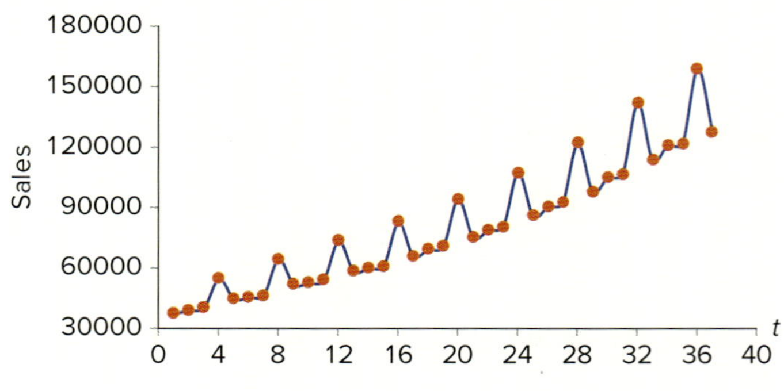

b. 계절 더미변수를 사용해서 만든 선형추세모형은 다음과 같다.

$\widehat{\text{판매예측}} = 46{,}682.6508 - 21{,}611.6437d_1 - 21{,}295.7984d_2 - 22{,}594.1214d_3 + 2{,}649.8786t$

계절 더미변수에 대한 계수는 4분기에 비해 전자상거래의 매출이 나머지 3개의 분기에 각각 약 22,000달러 낮음을 나타낸다. 추세변수에 대한 예측계수는 분기별 예상 매출액은 계절변동에 더해 매분기 약 2,650백만달러 증가한다는 것을 의미한다.

c. 2019년 2분기에는 $d_1 = 0$, $d_2 = 1$, $d_3 = 0$, $t = 38$을 사용하여 $\widehat{\text{예측판매}} = 46{,}682.6508 - 21{,}295.7984 + 2{,}649.8786 \times 38 = 126{,}082$백만달러로 계산했으며, 마찬가지로 $d_1 = 0$, $d_2 = 0$, $d_3 = 1$, $t = 39$를, 4분기에는 $d_1 = 0$, $d_2 = 0$, $d_3 = 0$, $t = 40$을 사용하여 각각 127,434백만달러와 152,678백만달러의 매출을 예측했다.

R을 이용한 계절성이 있는 선형추세모형 추정

FILE ***ECommerce.*** 예제 12.4의 결과를 재현하기 위해 다음 단계를 수행한다.

A. ***ECommerce*** 데이터를 데이터 프레임(테이블)으로 가져오고, myData라고 이름을 붙인다.

B. *forecast* 패키지를 설치하고 사용한다. 다음을 입력하라.

```
> install.packages("forecast")
> library(forecast)
```

C. **ts** 함수를 이용하여 시계열 객체를 만들고, 이를 newData라고 부른다. **ts** 안에는 *시작점*(*start*)과 *종료점*(*end*), 그리고 *빈도*(*frequency*)를 지정하여 한 해의 계절의 수를 표시한다. 다음을 입력하라.

```
> newData <- ts(myData$Sales, start = c(2010,1), end = c(2019,1),
frequency=4)
```

D. **tslm** 함수를 이용하여 모형을 추정하고, **summary** 함수를 이용하여 회귀분석의 결과를 출력한다. 다음을 입력하라.

```
> TSReg <- tslm(newData ~ trend + season)
> summary(TSReg)
```

기본적으로 R은 첫 번째 분기를 기준으로 사용하기 때문에 절편 및 계수의 추정치가 예제 12.4의 결과와 다르다. 그러나 예측은 기준이 되는 더미변수의 선택에 영향을 받지 않는다.

E. *h*가 예측기간을 의미하는 **forecast** 함수를 사용한다. 다음을 입력하라.

```
> forecast(TSReg, h=3)
```

예측을 위한 인과모형에 대한 참고사항

지금까지는 예측을 위해 추세와 계절성을 찾아내는 비인과형 혹은 순수형 시계열모형에 대해 논의를 해왔다. 이러한 모형들은 목표변수를 만들어내는 원인에 대해 어떤 설명도 제공하지 않으며, 단순히 과거의 데이터를 미래에 투사하는 방법을 사용한다. 이와는 달리, 인과형모형은 예측을 위해 목표변수와 예측변수 사이의 관계를 이용하는 표준 회귀모형이다. 예를 들어, 인과모형을 사용하여 기업의 광고예산과 가격전략과 같은 예측변수를 사용하여 제품판매량을 예측할 수 있다. 또한 회귀식의 구조를 통해 인과관계를 시계열 효과와 결합할 수도 있다. 즉, 예측변수에는 k개의 인과변수 $x_1, x_2, \cdots x_k$가 추세변수 t 및 p 계절 동안의 계절성 더미변수 $d_1, d_2, \cdots d_{p-1}$이 포함될 수 있다.

예를 들어, 제품판매량에 대한 예측모형을 개발하기 위한 분기별 데이터를 고려해 보자. 예측변수에는 기업의 광고예산 x, 추세변수 t, 그리고 처음 3분기를 나타내는 계절성 더미변수 d_1, d_2, d_3가 포함된다고 가정하자. 다음과 같이 예측을 위한 회귀모형을 쉽게 만들 수 있다.

$$\hat{y} = b_0 + b_1d_1 + b_2d_2 + b_3d_3 + b_4t + b_5x$$

이 모형은 t, d_1, d_2, d_3 의 미래의 값을 알고 있을 뿐만 아니라, 변수 x의 미래값도 알고 있거나 혹은 예측할 수 있는 경우에만 효과적이다. 미래의 광고예산이 알려져 있지 않으면 제품의 매출을 예측할 수 없다는 것이다. 때때로 예측을 위해 인과변수의 지연된 값(lagged)을 사용할 수도 있다. 제품판매의 예에서 광고예산과 판매 간의 관계는 동시적이지 않을 수 있다. 따라서 우리는 제품판매가 추세항목, 계절 더미변수, 그리고 지난 기간의 광고예산 등과 연결된 모형을 만들 수도 있다. 지연회귀모형에 대한 자세한 설명은 이 교재의 범위를 넘어선다.

연습문제 12.3

7. **FILE** ***Inquiries.*** 모건은행(Morgan Bank)은 고객들에게 새로운 모바일 뱅킹앱을 사용하도록 권장하고 있다. 이것은 사업에 좋겠지만, 동시에 새로운 앱에 대한 많은 문의에 대처해야 한다. 다음의 표에는 지난 30주 동안 은행이 매주 받은 문의수가 나와 있다.

Week	Inquiries
1	286
2	331
⋮	⋮
30	219

선형추세모형을 사용하여 앞으로 2주 동안의 문의수를 예측하라.

8. **FILE** ***Apple_Price.*** 애플은 지난 10년 동안 아주 좋은 성적을 거두었다. 2016년 5월 주가가 90 아래로 떨어진 후, 2017년 5월(SeekingAlpha.com, 2017년 5월 1일)까지 약 146에 이르는 엄청난 반등세를 보였다. 애플 주가의 상승세에서 이익을 보려는 투자자가 2016년 5월 30일부터 2017년 5월 26일까지의 53주 동안 주가를 분석하려고 한다. 데이터의 일부가 다음 표에 나와 있다.

Date	Price
5/30/2016	97.92
6/6/2016	98.83
⋮	⋮
5/26/2017	153.57

a. 선형추세모형을 사용하여 만들고 설명하라(계절성이 없음)

b. 다음 주(54번째 주)의 주가를 예측하라.

9. **FILE** ***Tax_Revenue.*** 콜로라도에서는 2012년 11월부터 의료용 마리화나의 판매가 시작되었지만, 세입청(Department of Revenue)에서는 2014년 2월까지 세금징수실적을 보고하지 않았다. 다음의 표에는 콜로라도의 주회계시스템에 게시된 의료 및 일반용 마리화나 관련 세금 및 수수료 징수액의 월수입 가운데 일부가 나와 있다.

Date	Revenue
Feb-14	3,519,756
Mar-14	4,092,575
⋮	⋮
Oct-18	22,589,679

선형추세모형(계절성 없음)을 사용하여 2018년 11월과 12월의 세수를 예측하라.

10. **FILE** ***Revenue_Lowes.*** 로우(Lowes)는 주택유지보수, 수리, 리모델링 및 장식용 제품을 판매하는 회사이다. 2008년 금융위기 이후 회복기 동안 로우는 꾸준한 수익증가세를 보이고 있다. 다음 표에는 로우가 1월말 회계년도 결산을 기준으로 한 분기별 데이터(백만달러)가 나와 있다.

Year	Quarter	Revenue
2010	1	12,388
2010	2	14,361
⋮	⋮	⋮
2018	3	17,415

a. 계절 더미변수를 사용하여 선형추세모형으로 예측하고 해석하라.

b. 추정된 모형을 사용하여 로우의 2018년 4분기의 매출을 예측하라.

11. **FILE** ***Vacation.*** 휴가지는 계절별로 운영되며, 장소에 따라 기본적으로 할 수 있는 일이 달라진다. 아만다 왕은 오하이오주 신시내티에 있는 여행사의 주인이다. 그녀는 지난 12년 동안 판매한 휴가패키지(Vacation)에 대한 데이터베이스를 만들었다. 다음의 표에는 판매된 휴가패키지에 대한 분기별 매출데이터의 일부가 나와 있다.

Year	Quarter	Vacation
2008	1	500
2008	2	147
⋮	⋮	⋮
2019	4	923

a. 추세를 포함하거나, 포함하지 않은 계절 더미변수를 사용하여 선형추세모형으로 예측하라.

b. 선호모형을 찾아서 2020년 첫 2개 분기에 판매된 휴가패키지의 숫자를 예측하라.

12. **FILE** ***Consumer_Sentiment.*** 다음의 표에는 미시간 대학의 소비자 심리지수(Consumer Sentiment Index)의 일부가 나와 있다. 이 지수는 1966년 100으로 표준화 되었으며, 소비자의 신뢰도(consumer morale)를 나타낸다.

Date	Consumer Sentiment
Jan-10	74.4
Feb-10	73.6
⋮	⋮
Nov-18	97.5

a. 계절 더미변수를 사용하여 선형추세모형으로 예측하고 해석하라.

b. 예측모형을 사용하여 2018년 12월의 소비자 심리지수를 예측하라.

13. **FILE** ***UsedCars.*** 중고차 판매대리점은 보통 매월, 분기별, 연도별 판매할당량이 있다. 결과적으로, 매 기간이 끝날 무렵에 중고차를 사는 것이 그 차를 싸게 살 수 기회가 된다. 지역의 어느 대리점이 2014~2019년 사이에 판매한 중고자동차의 월별 판매데이터의 일부가 다음의 표에 나와 있다.

Date	Cars
Jan-2014	138
Feb-2014	179
⋮	⋮
Dec-2019	195

a. 추세를 포함하거나, 포함하지 않은 계절 더미변수를 사용하여 선형추세모형으로 예측하라.

b. 선호모형을 찾아서 2020년 첫 두달 동안의 중고차 판매량을 예측하라.

12.4 추세 및 계절성을 위한 비선형 회귀분석 모형

12.3절에서 살펴본 선형관계가 적절할 수도 있지만, 비선형 함수가 더 적합한 경우가 많다. 이 절에서는 계절 더미변수를 포함하거나 혹은 포함하지 않은 지수, 2차 및 세제곱 추세모형에 대해 논의한다.

LO 12.4

비선형회귀분석모형을 사용하여 예측을 할 수 있어야 한다.

지수추세모형

선형추세모형은 직선을 사용하여 추세를 찾아내기 때문에, 매 기간마다 추정계수 b_1의 고정된 양 만큼 시리즈의 값이 변한다는 것을 가정한다. **지수추세모형**은 시간의 경과에 따라 이런 계수의 증가가 점점 더 커질 때 유용하다. 일부 변수의 값이 시간에 따라 기하급수적으로 증가하는 것은 드문 일이 아니다. 예를 들어, 최근 몇 년 동안 아마존, 넷플릭스, 스포티파이, 에어비앤비, 페이팔과 같은 기술중심회사들은 선형추세모형이 분명히 잘 안맞는 지수성장을 보여 주었다.

그림 12.6 직선이 추가된 지수추세선의 산점도

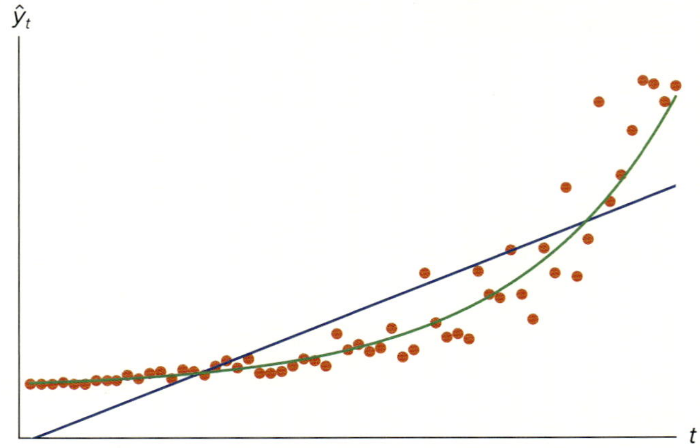

그림 12.6은 선형 및 지수추세선이 중첩된 시계열의 산점도를 보여준다. 두 추세선 모두 플러스 성장을 보여 주지만, 지수추세선(녹색)을 사용하면 시간의 흐름에 따른 값의 증가를 보다 정확히 찾아낼 수 있다. 여기에서 선형추세선(파란색)은 미래의 값을 과소예측한다.

7장에서 지수모형을 $\ln(y_t) = \beta_0 + \beta_1 t + \varepsilon_t$로 표시한 것을 기억하라. 이 모형을 사용하기 위해, 우선 자연로그 $\ln(y_t)$를 이용하여 시리즈를 만든 후 t 시점에서 $\ln(y_t)$의 회귀분석을 실행한다. 지수모형에서 반응변수는 로그값으로 측정되기 때문에 $\hat{y}_t = \exp(b_0 + b_1 t + s_e^2/2)$와 같이 정규식을 사용하여 예측한다. 여기서 s_e는 예측값의 표준오차이다.

지수추세모형

지수추세모형은 매 기간 증가가 예상되는 시계열의 경우에 사용하기 적합하다. $\ln(y_t) = \beta_0 + \beta_1 t + \varepsilon_t$로 구성되며, 여기서 $\ln(y_t)$는 y_t의 자연로그값이다. 추정된 모형은 $\hat{y}_t = \exp(b_0 + b_1 t + s_e^2/2)$가 되며, 여기서 b_0와 b_1은 계수추정치이며, s_e는 예측값의 표준오차이다.

참고: 지수모형에서는 반올림하지 않은 값을 사용하는 것이 좋다. 왜냐하면 지수모형에서는 작은 차이라도 커다란 예측차이를 만들 수 있기 때문이다. 예제 12.5에서는 예측을 위한 선형 및 지수추세모형을 보여준다.

예제 12.5

FILE ***Population_LowInc.*** 세계은행이 집계한 데이터에 따르면 세계인구는 1960년 30억 3,000만 명에서 2017년 75억 3,000만 명으로 증가했다. 이러한 급격한 인구증가는 천연자원의 부족을 심화시킬 수도 있다고 믿고 있는 환경보호론자들의 걱정을 증가시키고 있다. 급속한 인구증가의 대부분은 34개의 저소득 국가에서 발생했으며, 대부분은 아프리카에 위치해 있다. 1960년부터 2017년까지 저소득 국가의 인구데이터 중 일부가 표 12.9에 나와 있다(단위 백만 명).

표 12.9 저소득 국가의 인구

Year	Population
1960	166.5028
1961	170.2108
⋮	⋮
2017	732.4486

a. 선형 및 지수추세예측 모형을 만들고 해석하라.

b. *MSE*, *MAD*, *MAPE*를 사용해 적절한 모형을 선택하라.

c. 저소득 국가의 2018년 인구를 예측하라.

해답:

첫 번째 단계로 데이터를 시각적으로 검사하는 것이 좋다. 그림 12.7은 1960년부터 2017년까지 저소득 국가의 인구산점도이다. 여기서 지난 58년간의 연도별 관측치에 1에서 58까지의 제목을 붙이고, 선형 및 지수추세를 중첩시켜 표현한다.

그림 12.7 추세를 감안한 저소득 국가의 인구증가

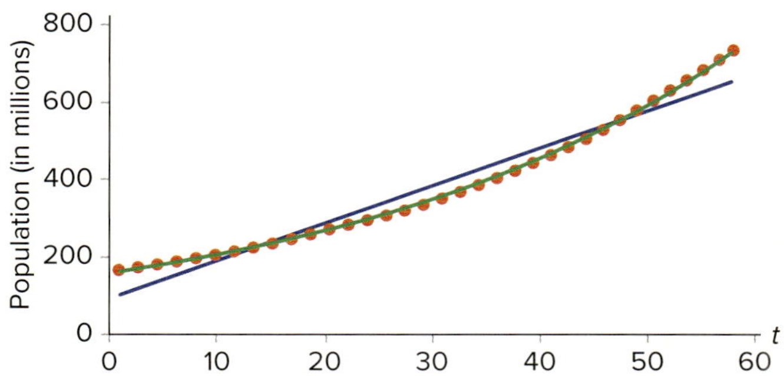

산점도는 저소득 국가의 인구가 기하급수적으로 증가하는 것을 명확히 보여준다.

a. 선형 및 지수추세모형을 만든다. 선형모형은 선호되는 지수모형과 시각적으로 비교하기 위해 사용된다. 지수추세모형을 만들기 위해 먼저 모집단을 자연로그로 변환한다. 표 12.10은 로그변환된 모집단과 예측변수 t의 일부를 보여주며, 1에서 58까지의 번호를 가지고 있다.

표 12.10 예제 12.5를 위한 변수구성

Year	Population	*t*	ln(Population)
1960	166.5028	1	5.1150
1961	170.2108	2	5.1370
⋮	⋮	⋮	⋮
2017	732.4486	58	6.5964

예측추세모형은 y가 인구일 때, 다음과 같다.

선형: $\hat{y}_t = 92.9213 + 9.6799t$

지수: $\hat{y}_t = \exp\left(5.0614 + 0.0264t + \frac{0.0104^2}{2}\right)$

참고: 지수모형 추정에 대한 엑셀 및 R은 7장을 참조하라.

추세모형의 기울기는 저소득 국가의 인구가 매년 평균 약 9.6799백만 명 증가했음을 나타낸다. 지수추세모형의 기울기는 저소득 국가의 인구가 평균적으로 약 2.64% 증가했음을 의미한다. (= 0.0264 × 100) 정확한 증가율은 2.68% (= (exp (0.0234) − 1) × 100)이다.

b. 표 12.11에는 예측치를 반올림하지 않은 값을 사용한 두 가지 모형에 대해 y_t와 $\hat{y}_t$의 일부 내용을 보여준다. 12.2절에서 논의한 것처럼, *MSE*, *MAD*, *MAPE*를 계산하기 위해서 오차 $e_t = y_t - \hat{y}_t$을 사용한다. 이런 성능척도는 예측을 위한 선호모형을 찾는 데 사용된다. 선형 및 지수모형의 *MSE*, *MAD*, *MAPE*의 값은 표 12.11의 마지막 행에 나와 있다.

표 12.11 예제 12.5를 위한 선형 및 지수추세모형 분석결과

t	*y*	$\hat{y}$ (Linear)	$\hat{y}$ (Exponential)
1	166.5028	102.6011	162.0398
2	170.2108	112.2810	166.3719
⋮	⋮	⋮	⋮
58	732.4486	654.3529	729.0290
MSE		1,176.74	12.28
MAD		29.58	2.87
MAPE		9.36	0.82

산점도와 일관되게 지수추세는 선형추세모형보다 *MSE*, *MAD*, *MAPE* 값이 낮기 때문에 저소득 국가의 인구를 설명하는 데 더 적합하다.

c. 2018년($t = 59$)의 경우, 예측치를 반올림하지 않은 값을 사용하여 저소득 국가의 인구를 $\hat{y}_{59} = \exp\left(5.0614 + 0.0264 \times 59 + \frac{0.0104^2}{2}\right) = 748.52$ 백만으로 예측한다.

다항식 추세모형

여러 가지 환경에 따라 시계열의 방향이 뒤집히는 경우도 있다. 곡선을 사용하는 일반적인 다항식 함수는 **2차 추세모형**이다. 2차 회귀모형은 7장에서 처음 소개되었다. 이 2차 추세모형은 시리즈의 방향 변화를 허용하며 다음과 같이 추정된다.

$$y_t = \beta_0 + \beta_1 t + \beta_2 t_2 + \varepsilon_t$$

계수 β_2는 추세가 U자 형인지 뒤집힌 U자 형인지를 결정한다.

그림 12.8 직선이 추가된 2차 추세선의 산점도

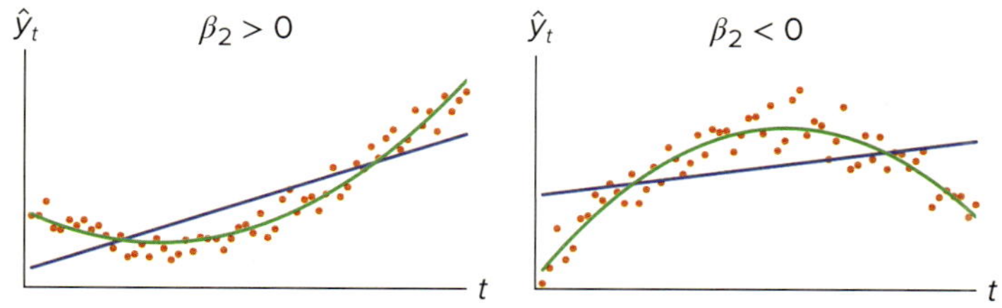

그림 12.8은 중첩된 선형(파란색) 및 2차(녹색) 추세선을 가진 시계열의 산점도를 보여준다. 여기에서 선형추세선은 $\beta_2 > 0$일 때는 미래의 값을 과소예측하고, $\beta_2 <0$일 때는 미래 값을 과다하게 예측한다.

2차 추세모형을 만들기 위해 단순히 t의 제곱인 t^2를 만든다. 그 다음 y를 반응변수로, t와 t^2를 예측변수로 사용하는 다중회귀모형을 만든다. 추정된 모형은 다음과 같은 형태를 띤다.

$$\hat{y}_t = b_0 + b_1 t + b_2 t^2$$

고차원의 다항식 함수도 비슷하게 만들 수 있다. 예를 들어 **4차원 추세모형**은 다음과 같다.

$$y_t = \beta_0 + \beta_1 t + \beta_2 t^2 + \beta_3 t^3 + \varepsilon_t$$

이 4차원 추세모형은 하나의 시리즈에서 두 번의 방향전환을 허용한다. 4차원 추세모형에서는 기본적으로 회귀분석에서 t^2와 t^3라는 두 개의 변수를 추가로 생성한다. Y를 반응변수로 사용하고, t, t^2, t^3를 예측변수로 사용하는 다중회귀모형을 만든다. 추정모형은 다음과 같다.

$$\hat{y}_t = b_0 + b_1 t + b_2 t^2 + b_3 t^3$$

여기에서는 *MSE*, *MAD* 및 *MAPE*를 사용해서 다항식 추세모형을 비교할 수 없다. 다항식의 차원이 증가함에 따라 이런 값이 감소하기 때문이다. 이 문제는 이전 장에서 이미 언급한 예측변수의 숫자가 증가함에 따라 결정계수 R^2의 값이 증가하는 문제와 유사하다. 다항식 추세모형을 비교할 때에는 과도한 추가 변수에 페널티를 부과하는 조정결정계수 R^2를 사용한다.

다항식 추세모형

차수 q를 가진 다항식 추세모형은 다음과 같다.

$$y_t = \beta_0 + \beta_1 t + \beta_2 t^2 + \beta_3 t^3 + \cdots + \beta_q t^q + \varepsilon_t$$

이 모형은 $q = 1, 2, 3$일 때 각각 선형추세모형, 2차 추세모형, 3차 추세모형이 된다. 예측모형은 $\hat{y}_t = b_0 + b_1t + b_2t + b_2t^2 + b_3t^3 + \cdots + b_qt^q$가 된다. 여기에서 $b_0, b_1, \cdots, b_q$는 계수의 추정치이다. 서로 다른 차수를 비교하기 위해 조정결정계수 R^2을 사용한다.

고차원의 다항식을 사용할 때는 과적합에 유의하는 것이 중요하다. 과적합은 추정된 모형이 변수 사이의 실제관계가 아닌 데이터에 존재하는 허구의 관계를 설명할 때 발생한다는 점을 기억하라. 주어진 데이터에 너무 딱 맞게 모형을 만들면, 모형의 예측검정력이 떨어진다. 조정결정계수 R^2는 추가적인 예측변수에 페널티를 부과하지만, 동일한 데이터가 예측과 평가에 모두 사용된다는 점 때문에 여전히 문제를 안고 있다. 12.5절에서는 예측모형을 평가하기 위한 교차검증기법에 대해 논의한다.

계절성을 고려한 비선형 추세모형

12.3절에서는 추세와 계절성을 반영한 선형예측모형을 개발했다. 여기서는 비선형모형을 포함하여 분석을 확장한다. 분기별 데이터, 지수 및 2차 추세모형과 계절 더미변수가 있는 추세모형은 아래의 정의 상자에 요약되어 있다. 이 모형은 월별 혹은 다른 형태의 계절데이터를 사용하여 예측할 수 있도록 쉽게 수정할 수 있다.

계절더미변수를 고려한 지수추세모형

분기 데이터를 다루는 경우, 계절더미변수가 있는 지수추세모형은 다음과 같다.

$$\ln(y) = \beta_0 + \beta_1 d_1 + \beta_2 d_2 + \beta_3 d_3 + \beta_4 t + \varepsilon$$

예측모형을 기반으로 하는 예측값은 다음과 같다.

1분기($d_1 = 1, d_2 = 0, d_3 = 0$): $\hat{y}_t = \exp((b_0 + b_1) + b_4t + s_e^2/2)$
2분기($d_1 = 0, d_2 = 1, d_3 = 0$): $\hat{y}_t = \exp((b_0 + b_2) + b_4t + s_e^2/2)$
3분기($d_1 = 0, d_2 = 0, d_3 = 1$): $\hat{y}_t = \exp((b_0 + b_3) + b_4t + s_e^2/2)$
4분기($d_1 = 0, d_2 = 0, d_3 = 0$): $\hat{y}_t = \exp((b_0 + b_4t + s_e^2/2)$

여기에서 $b_0, b_1, \cdots b_4$는 계수의 추정치이고, s_e는 추정치의 표준편차이다.

지수모형인 경우 자연로그가 아닌 일반단위를 사용하여 $\hat{y}_t$을 계산한다. 또한 *MSE*, *MAD* 및 *MAPE*를 가지고 선형 및 지수모형을 비교할 수 있다.

계절 더미변수를 포함한 2차원 추세모형

분기 데이터를 다루는 경우, 계절더미 변수가 있는 2차 추세 모형은 다음과 같다.

$$y = \beta_0 + \beta_1 d_1 + \beta_2 d_2 + \beta_3 d_3 + \beta_4 t + \beta_5 t^2 + \varepsilon$$

예측모형을 기반으로 하는 예측값은 다음과 같다.

$$1\text{분기}(d_1 = 1, d_2 = 0, d_3 = 0): \hat{y} = (b_0 + b_1) + b_4 t + b_5 t^2$$
$$2\text{분기}(d_1 = 0, d_2 = 1, d_3 = 0): \hat{y} = (b_0 + b_2) + b_4 t + b_5 t^2$$
$$3\text{분기}(d_1 = 0, d_2 = 0, d_3 = 1): \hat{y} = (b_0 + b_3) + b_4 t + b_5 t^2$$
$$4\text{분기}(d_1 = 0, d_2 = 0, d_3 = 0): \hat{y} = b_0 + b_4 t + b_5 t^2$$

여기에서 $b_0, b_1, \cdots b_4$는 계수의 추정치이다.

단순히 선형 및 2차 모형을 비교하기 위해 조정결정계수 R^2를 사용한다. 예제 12.6은 계절 더미변수를 가진 2차 추세모형의 응용을 보여준다.

예제 12.6

FILE ***Revenue_Apple.*** 도입사례의 목표는 2010년부터 2018년까지 애플의 분기별 매출액을 백만달러를 단위로 하여 예측하는 것이다. 표 12.1의 데이터를 이용하여,

a. 애플의 수익을 계절더미변수를 사용하여 선형 및 2차추세모형을 사용하여 예측하라.
b. 선호모형을 결정하여 2019 회계연도 애플의 매출액을 예측한다.

해답:

12.1절에서는 그림 12.1을 사용하여 애플의 매출특성을 보여주었다. 첫째, 시리즈가 지속적으로 증가하지만 관측기간의 끝부분에서는 평평해진다. 이는 2차 추세모형이 적합함을 암시한다. 둘째, 계절적 패턴이 해마다 반복된다. 예를 들어 1분기(9월~12월)의 매출은 다른 분기에 비해 일관되게 더 높게 나타난다.

a. 분기별 데이터가 주어지면, 먼저 계절더미변수를 사용하여 선형 및 2차 추세모형에 필요한 변수를 구성한다. 표 12.12는 매출변수 y; 세 개의 계절더미변수 d_1, d_2, d_3; 추세변수 t; 그리고 t^2의 데이터 일부를 보여준다.

표 12.12 예제 12.6을 위한 변수구성

Year	Quarter	y	d_1	d_2	d_3	t	t^2
2010	1	15,683	1	0	0	1	1
2010	2	13,499	0	1	0	2	4
2010	3	15,700	0	0	1	3	9
2010	4	20,343	0	0	0	4	16
⋮	⋮	⋮	⋮	⋮	⋮	⋮	⋮
2018	3	53,265	0	0	1	35	1225
2018	4	62,900	0	0	0	36	1296

예측된 추세모형은 다음과 같다.

선형: $\hat{y}_t = 13{,}969.3750 + 19{,}757.1382 d_1 + 4{,}047.0181 d_2$
$- 2{,}522.9910 d_3 + 1{,}401.5646 t$; 조정결정계수 $R^2 = 0.8324$

2차: $\hat{y}_t = 4{,}668.5985 + 19{,}757.1382d_1 + 3{,}967.2971d_2 - 2{,}602.7119d_3 + 2{,}876.4020t - 39.8605t^{22}$; 조정결정계수 $R^2 = 0.8824$

계절더미변수에 대한 계수는 1분기에 매출이 약 19,577백만달러 혹은 19.76십억달러로 4분기에 비해 높다는 것을 보여 준다. 4분기와 비교해 보면 2분기는 다소 매출이 늘었고, 3분기는 낮아진다는 분석도 가능하다. 선형모형의 추세변수 t에 있는 양의 계수는 매출의 상승을 나타낸다. 2차모형에서 t는 양의 계수를, t^2에 대한 음의 계수를 가지는 것은 뒤집힌 U 모양을 의미한다. 계절성을 일정하게 유지하는 계수를 고려할 때, 매출액은 $t = 36.08(2{,}876.4020/(2 \times 39.8605))$일 때 최대가 되며, 이는 애플의 매출이 2018년 4분기에 최대값에 도달했다는 것을 의미한다.

b. 계절더미변수가 있는 2차 추세모형은 더 높은 조정결정계수 R^2 값(0.8824 > 0.8324) 때문에 예측에 선호된다. 따라서 2019 회계연도의 매출전망액은 다음과 같다.

$\hat{y}_{2019:01}$ ($d_1 = 1, d_2 = 0, d_3 = 0, t = 37, t^2 = 1{,}369$) = 76,283,63백만달러
$\hat{y}_{2019:02}$ ($d_1 = 0, d_2 = 1, d_3 = 0, t = 38, t^2 = 1{,}444$) = 60,380.65백만달러
$\hat{y}_{2019:03}$ ($d_1 = 0, d_2 = 0, d_3 = 1, t = 39, t^2 = 1{,}521$) = 53,617.79백만달러
$\hat{y}_{2019:04}$ ($d_1 = 0, d_2 = 0, d_3 = 0, t = 40, t^2 = 1{,}600$) = 55,947.93백만달러

분기별 전망에 따르면 2019 회계연도의 총매출액은 246,230백만달러이다.

도입사례 분석결과

애플은 미국 캘리포니아의 쿠퍼티노에 본사를 둔 다국적기업이다. 이동통신 및 미디어기기, 개인용 컴퓨터와 휴대용 음악플레이어 등을 설계, 제조, 판매한다. 또한 다양한 소프트웨어, 스트리밍 서비스, 각종 액세서리, 네트워킹 솔루션, 그리고 제3자의 디지털 컨텐츠와 어플리케이션을 판매한다.

Pavel L Photo and Video/Shutterstock

지난 몇 년 동안 애플의 스마트폰 부분은 애플의 핵심 매출원이었고, 결과적으로 기록적인 수익을 창출해 왔다. 2010년부터 2018년까지 회계연도의 분기별 매출에 대한 산점도에서 몇 가지 중요한 특징을 찾아낼 수 있다. 첫째, 관측기간이 끝날 무렵까지 수익이 고공행진을 하면서 지속적인 상승움직임을 보인다. 둘째, 계절적 패턴이 반복된다. 매해 수익은 1분기(9~12월)에 가장 많고, 2분기(1~3월), 4분기(7~9월), 3분기(4~6월) 순이다.

계절더미변수를 가진 2차 추세예측모형의 계수는 1분기의 수익이 4분기와 비교해서 약 200억 달러 더 많음을 시사한다. 애플의 회계연도를 고려할 때, 1분기는 통상적으로 판매호조가 일어나는 연휴기간을 포함하고 있기 때문에 놀라운 일은 아니다. 추세변수 t가 양의 계수를, t^2가 음의 계수를 가지는 것은 시리즈에 고점이 있다는 것을 의미한다. 실제로 계절성 계수를 일정하게 유지하는 한 2018년 4분기의 수익이 최고치에 달함을 알 수 있다. 이것은 애플이 지금까지는 잘하고 있지만, 어느 정도 포화상태에 이른 중고가 시장에만 제품을 출시하고 있기 때문에 향후 성장세가 불투명할 수 있다는 우려와 일치하는 결과를 보여준다. 2019년 분기별 매출전망은 각각 76.28, 60.38, 53.62, 55.95십억달러이며, 2019 회계연도의 매출액은 총 246십억달러에 달한다.

연습문제 12.4

14. **FILE** ***Whites.*** 인구통계학자들은 2018년 미국 내 절반 이상의 주에서 백인의 출생숫자보다 사망숫자가 더 많다고 보고했다(*뉴욕타임스*, 2018년 6월 20일). 2005년부터 2017년까지 미국의 백인인구(백만 명)를 고려해 보자. 일부 데이터는 다음의 표에 나와 있다.

Year	Whites
2005	215.33
2006	221.33
⋮	⋮
2017	235.51

a. 산점도를 사용하여 선형 및 2차 추세를 탐색한다. 3차 추세는 고려하지 않는다. 데이터를 더 잘 설명하는 추세모형은 어떤 것인가?

b. 두 모형의 조정결정계수 R^2를 비교하여 앞에서의 결정을 확인하라. 선호모형을 사용하여 2018년과 2019년의 백인인구를 예측하라.

15. **FILE** ***TrueCar.*** 투자자들은 항상 과거의 가격을 근거로 미래의 투자를 결정한다. 2014년 5월 16일 온라인 자동차 구매시스템인 트루카가 주식공모를 실시했고, 총 7천만 달러의 자금을 모았다. 높은 수익률을 추구하는 어느 투자자가 2014년 6월부터 2017년 5월까지 트루카의 월간 주가데이터를 분석하고 있다. 일부 데이터가 다음 표에 나와 있다.

Date	Price
Jun-14	14.78
Jul-14	13.57
⋮	⋮
May-17	17.51

a. 선형, 2차, 및 3차 추세모형을 이용하여 예측하라.

b. 선호모형을 결정하여 2017년 6월의 주가를 예측하라.

16. **FILE** ***Miles_Traveled.*** 2016년 미국에서 판매된 자동차 수는 7년 연속 최고치를 경신했다(CNN Money, 2017년 1월 4일). 2010년 1월부터 2016년 12월까지 미국에서 월별 총 주행마일(억마일)을 분석해 보자. 데이터의 일부가 다음 표에 나와 있다.

Date	Miles
Jan-10	2953.305
Feb-10	2946.689
⋮	⋮
Dec-16	3169.501

a. 2차, 및 3차 추세모형을 이용하여 예측하라.

b. 선호모형을 결정하여 2017년 1월의 마일리지를 예측하라.

17. **FILE** ***Café_Sales.*** 새로운 주방장과 독특한 메뉴를 갖춘 카페 베네치아는 엄청난 매출증가를 경험하고 있다. 다음의 데이터는 지난 100일 사이의 카페 베네치아에서 매일 판매된 매출의 일부를 보여준다.

Day	Sales
1	263
2	215
⋮	⋮
100	2020

지수추세모형을 이용하여 101일째의 매출을 예측하라.

18. **FILE** ***Population_Japan.*** 지난 수년간 일본의 인구감소는 전문가들과 국회의원들로 하여금 그 경제적, 사회적 파장을 우려하게 만들었다(*NPR*, 2018년 12월 21일). 1960년부터 2017년까지 일본의 인구데이터를 분석해 보자(단위: 백만명). 데이터의 일부가 다음의 표에 나와 있다.

Year	Population
1960	92.50
1961	94.94
⋮	⋮
2017	126.79

a. 시계열 산점도를 이용하여 적절한 다항추세모형을 선택하고, 이를 만들라.

b. 선호모형을 사용하여 2018년과 2019년 일본의 인구를 예측한다.

19. **FILE** ***Case_Shiller.*** S&P의 케이스-쉴러(Case-Shiller) 주택가격지수는 미국의 주택 재판매 가격지수를 측정한다. 2000년 1월 100으로 시작한 이 지수는 2000년 1월 대비 동일한 주택의 가격의 움직임을 보여준다. 2016년 1월부터 2018년 11월까지의 계절성이 조절된 월간데이터를 분석해 보자. 데이터의 일부가 다음의 표에 나와 있다.

Date	Case Shiller
Jan-16	177.412
Feb-16	177.828
⋮	⋮
Nov-18	206.263

a. 선형 및 지수추세모형으로 예측하고, *MSE*, *MAD*, *MAPE*를 계산하라.

b. 선호모형을 사용하여 2018년 12월 케이스-쉴러 지수를 예측하라.

20. **FILE** ***Expenses.*** 소규모 건설회사의 관리인이 내년도 경비를 예측하려고 하고 있다. 지난 5년간 지출액에 대한 분기별 데이터(1,000달러 단위)를 수집했으며, 그 가운데 일부가 다음의 표에 나와 있다.

Year	Quarter	Expenses
2008	1	96.50
2008	2	54.00
⋮	⋮	⋮
2017	4	22335.30

a. 계절더미변수를 사용한 지수추세모형으로 예측하고 그 결과를 해석하라.

b. 예측모형을 사용하여 2018년 1분기의 비용을 예측하라.

21. **FILE** ***Treasury_Securities.*** 재무부 유가증권은 미국정부가 발행하는 채권이다. 재무부 유가증권에 대한 분기별 데이터의 일부(단위: 백만달러)를 분석해 보자.

Year	Quarter	Securities
2010	1	927527
2010	2	1038881
⋮	⋮	⋮
2018	3	2284572

계절더미변수를 사용한 지수추세모형으로 2018년 4분기를 예측하라.

22. **FILE** ***House_Price.*** 미국서부 인구조사지역은 몬태나, 와이오밍, 콜로라도, 뉴멕시코, 아이다호, 유타, 애리조나, 네바다, 캘리포니아, 오리건, 워싱턴을 포함한다. 2010년 1분기부터 2018년 3분기까지 서부 인구조사지역의 주택 중간값을 분석하자. 이 가운데 일부는 다음의 표에 나와 있다.

Year	Quarter	Price
2010	1	263600
2010	2	264100
⋮	⋮	⋮
2018	3	404300

a. 계절더미변수를 사용한 2차추세모형으로 예측하고 그 결과를 해석하라.

b. 예측모형을 사용하여 2018년 4분기의 서부 인구조사지역의 주택 중간가격을 예측하라.

23. **FILE** ***Vehicle_Miles.*** 미국의 경기는 기업이 생산량을 늘리고, 소비자가 지출을 늘리던 2012년부터 속도를 냈다. 이는 또한 국내여행의 증가로 이어졌다. 2012년 1월부터 2018년 9월까지 미국 내 주행 차량마일리지를 분석해 보자. 그 가운데 일부는 다음 표에 나와 있다.

Date	Vehicle Miles
Jan-12	227527
Feb-12	218196
⋮	⋮
Sep-18	260555

a. 자동차 마일에 대해 계절더미변수를 사용한 선형 및 지수추세모형으로 예측하고 *MSE*, *MAD*, *MAPE*를 계산하라.

b. 선호모형을 사용하여 2018년 마지막 3개월 동안의 자동차 마일리지를 예측하라.

24. **FILE** ***Housing_Starts.*** 주택건설시작(Housing Starts)은 특정한 달에 시작된 새로운 주택건설 프로젝트의 개수이며, 경제성장을 나타내는 대표적 지표이다. 다음의 표에는 1월 11일부터 11월 18일까지 미국내 주택건설시작(단위: 1,000)을 보여주고 있다.

Date	Housing Starts
Jan-11	40.2
Feb-11	35.4
⋮	⋮
Nov-18	95.9

a. 지수 계절추세모형을 이용하여 예측 및 해석을 한다.

b. 예측모형을 사용하여 2018년 12월 주택건설시작을 예측한다.

25. **FILE** ***Weekly_Earnings.*** 주당 소득에 대한 데이터는 각 근로자가 보통 얼마를 버는지 묻는 전국적인 표본조사인 현재인구조사를 통하여 수집된다. 다음의 표는 2010~2017년 미국의 주간 소득(인플레이션에 따라 조정된 수익)에 대한 분기별 데이터의 일부를 포함하고 있다.

Year	Quarter	Earnings
2010	1	347
2010	2	340
⋮	⋮	⋮
2017	4	347

a. 계절더미변수를 포함한 선형 및 2차 추세 모형을 만들어 예측한다.

b. 선호모형을 결정하여 2018년 1분기 수익을 예측하는 데 사용한다.

12.5 데이터 분할 및 모형 선택

LO 12.5

모형선택을 위해 교차검증기법을 사용할 수 있어야 한다.

지금까지는 모형을 구축할 때 사용한 표본을 모형의 성능을 평가할 때도 사용해 왔다. 하지만 이런 예측값은 예측모형이 다루지 않았던 기간의 예측을 얼마나 잘 하는지 측정하는 데는 도움이 되지 않는다.

7장에서 10장까지에서와 같이 예측모형을 평가하기 위해 교차검증기법을 사용할 것이다. 홀드아웃(holdout) 방법을 사용하여 데이터를 모형을 만들기 위한(훈련하기 위한) 훈련데이터와 모형을 평가(검증)하기 위한 검증데이터로 분할한다. 12.1절에서 논의한 것과 같이 표본외 기준은 예측오차 $e_i = y_t - \hat{y}_t$이 된다. y_t와 $\hat{y}$은 각각 검증시점 t에서의 시계열의 값과 예측값을 나타낸다. *MSE*, *MAD*, *MAPE*를 사용하여 검증기간 내에서 가장 선호하는 예측고형을 찾아낸다.

횡단면 데이터와 시계열 데이터에 적용되는 교차검증기법의 차이점을 파악하는 것이 중요하다. 첫째 횡단면 데이터에서 사용되는 무작위분할과는 달리 시계열 데이터에서는 순차분할을 사용한다. 여기에서 시리즈는 각각 훈련과 검증데이터를 나타내는 초기 및 후기 데이터로 분할된다. 모든 예측모형은 시계열의 고유특성을 활용하기 때문에 무작위 분할은 데이터에 불필요한 누락을 만들 수 있다. 검증기간이 전체 표본데이터의 약 20%가 되도록 분할하는 것이 일반적이지만, 이 값은 시리즈의 크기에 따라 달라진다. 때로는 데이터가 충분히 오래 축적되어 있지 않아 정확한 예측과 평가를 하기 어려운 경우가 있을 수 있다. 예를 들어, 관측치가 20개만 있는 경우 80/20의 분할을 하면 훈련용 관측치가 16개, 검증용 관측치가 4개만 남을 수 있다. 여기에는 앞에서 언급한 표본내 기준을 가지고 예측모형을 평가하는 것이 더 좋을 수 있다.

예측을 위한 선호모형을 찾아내기 위해서는 훈련데이터와 검증데이터를 합친 전체 데이터를 사용한다. 여기에는 몇가지 이유가 있다. 첫째 훈련과 검증데이터를 결합함으로써 정확한 예측을 위한 표본이 증가하는 효과가 있다. 둘째, 보다 중요한 이유는 검증더이터에는 가장 최신 데이터가 들어있기 때문에 미래를 예측하는 데 유용하다는 점이다. 그렇게 하지 않으면 오래된 훈련용 데이터를 사용하여 검증기간을 넘어서는 예측을 함으로써 불필요한 오차가 발생한다.

시계열에서의 교차검증

시계열에서의 교차검증은 다음과 같이 실시한다.

A. 데이터를 훈련과 검증데이터를 나타내는 초기 및 후기 기간으로 나눈다.
B. 훈련데이터를 사용하여 적합한 예측모형을 찾고, 검증데이터의 예측오류를 사용하여 *MSE*, *MAD*, *MAPE*를 구한다.

c. 훈련 및 검증데이터를 통합한 전체 데이터를 사용하여 예측선호모형을 다시 찾아낸다.

예제 12.7과 12.8에서는 교차검증을 사용하여 각각 추세와 계절성이 있는 추세에 적합한 모형을 찾아낸다.

예제 12.7

FILE ***Population_LowInc.*** 1960년부터 2017년까지의 저소득 국가의 인구데이터(단위: 백만명)를 다시 사용한다. 이 데이터는 예제 12.5에서 사용했다. 훈련과 검증데이터를 각각 1960년대부터 2000년까지, 그리고 2001년부터 2017년까지로 구성한다.

a. 훈련데이터를 사용하여 선형 및 지수추세모형을 만들고, 예측을 실행한다. 검증데이터에서 *MSE*, *MAD*, *MAPE*를 계산한다.

b. 2018년 저소득 국가의 인구를 예측하기 위한 선호모형을 선택하고, 전체 데이터를 이용하여 다시 추정한다.

해답:

예제 12.5에서와 같이 추세변수 t는 1960년과 2017년 사이의 기간을 나타내며, 1에서 58로 표시된다. 지수추세모형의 경우 먼저 모집단을 자연로그로 변환한다.

a. 훈련데이터를 이용한 예측추세모형(여기서 y는 모집단을 나타냄)은 다음과 같다.

선형: $\hat{y}_t = 133.2689 + 7.3168t$

지수: $\hat{y}_t = \exp\left(5.0711 + 0.0258t + \frac{0.0086^2}{2}\right)$

검증데이터에 대한 *MSE*, *MAD* 및 *MAPE*는 다음과 같다.

표 12.13 예제 12.17에 대한 교차검증

Year	t	y	$\hat{y}$ (Linear)	$\hat{y}$ (Exponential)
2001	42	478.4780	440.5724	470.7753
2002	43	491.7650	447.8892	483.0757
⋮	⋮	⋮	⋮	⋮
2017	58	732.4486	557.6404	711.2759
MSE			11,809.76	276.15
MAD			100.18	16.00
MAPE			16.08	2.62

b. 예제 12.5에 사용된 표본내 기준과 동일하게 지수모형이 *MSE*, *MAD* 및 *MAPE* 값이 더 작기 때문에 선호된다. 예제 12.5에서와 같이 1960년부터 2017년까지 전체 데이

터를 사용하여 지수모형을 다시 예측한다. 2018년($t = 59$)의 경우, 모집단의 예측값은 $\hat{y}_{59} = \exp\left(5.0614 + 0.0264 \times 59 + \frac{0.0104^2}{2}\right) = 748.52$백만 명이 된다.

예제 12.8

FILE ***Revenue_Apple.*** 2010년부터 2018년까지의 애플의 분기별 매출데이터(단위: 백만달러)를 다시 살펴보자. 이 데이터는 도입사례에서도 개괄적으로 설명되었으며 사례 12.6에서도 사용되었다. 훈련 및 검증데이터를 각각 2010년부터 2016년까지, 2017년부터 2018년까지로 구성한다.

a. 훈련데이터를 가지고 계절더미변수를 사용한 선형 및 2차 추세모형을 만들고, 검증데이터로 예측하고 *MSE*, *MAD* 및 *MAPE*를 계산한다.

b. 2019 회계연도 애플의 매출을 예측하기 위해 전체 데이터를 사용하여 선호모형을 결정하고, 이를 이용해 다시 예측한다.

해답:

예제 12.6과 같이, 추세 변수 t는 2000년과 2018년 사이의 분기 기간을 나타내며 1부터 36으로 이름 붙인다. t와 그 제곱 t^2 외에도, 우리는 4분기를 기준으로 처음 세 분기를 나타내는 세 개의 계절더미변수 d_1, d_2, d_3도 계산한다.

a. 훈련데이터를 이용한 예측추세모형(여기서 y는 수익을 나타낸다)은 다음과 같다.

선형: $$\hat{y}_t = 11{,}487.3929 + 17{,}564.8013d_1 + 5{,}057.9152d_2 - 1{,}018.9710d_3 + 1626.0290t$$

2차: $$\hat{y}_t = 1{,}086.5768 + 17{,}564.8013d_1 + 4{,}913.4594d_2 - 1{,}180.4268d_3 + 3{,}720.6378t - 72.2279t^2$$

검증데이터에 대한 *MSE*, *MAD* 및 *MAPE*는 다음과 같다.

표 12.14 예제 12.8에 대한 교차검증

Year	t	y	$\hat{y}$ (Linear)	$\hat{y}$ (Quadratic)
2017:01	29	78,351	76,207	65,806
2017:02	30	52,896	65,326	52,614
⋮	⋮	⋮	⋮	⋮
2018:04	36	62,900	70,024	41,422
MSE			114,191,876	199,075,964
MAD			9,812	11,298
MAPE			17.84	16.79

b. 선형모형은 *MSE*와 *MAD*가 현저하게 작고 *MAPE*만 약간 크기 때문에 2차 모형보

다 선호된다. 2010~2017년 전체 데이터를 사용하여 선형모형을 $\hat{y} = 13{,}969.3750 + 19{,}757.1382d_1 + 4{,}047.0181d_2 - 2{,}522.9910d_3 + 1{,}401.5646t$로 다시 추정한다. 이를 가지고 2019 회계연도를 예측한다.

$$\hat{y}_{2019:01}\ (d_1 = 1, d_2 = 0, d_3 = 0, t = 37) = 85{,}584.40\text{백만달러}$$
$$\hat{y}_{2019:02}\ (d_1 = 0, d_2 = 1, d_3 = 0, t = 38) = 71{,}275.85\text{백만달러}$$
$$\hat{y}_{2019:03}\ (d_1 = 0, d_2 = 0, d_3 = 1, t = 39) = 66{,}107.40\text{백만달러}$$
$$\hat{y}_{2019:04}\ (d_1 = 0, d_2 = 0, d_3 = 0, t = 40) = 70{,}031.96\text{백만달러}$$

분기별 전망에 따르면 2019 회계연도의 총 매출액은 2억 9,9961만 달러이다.

표본외 기준에 근거한 결과는 2차 모형이 선호되었던 예제 12.6에서 사용된 표본내 기준에 근거한 결과와 일치하지 않는다는 점에 유의해야 한다. 그렇다면, 우리는 예측을 위해 어떤 모형을 사용해야 할까? 안타깝게도, 이 질문에 대한 정답은 없다. 본질적으로 예측은 표본외 데이터를 가지고 해야 과적합을 방지할 수 있으며, 예측의 목적에 적합하다. 그러나 이 예제에 있는 36개의 관측치는 작은 표본이며, 이를 다시 훈련과 검증으로 나누어야 한다. 또한 훈련데이터에 포함되어 있지 않은 2017년과 2018년에 매출이 고점에서 정체되는 현상이 발생하므로, 훈련데이터의 추정치와 검증데이터의 *MSE*, *MAD* 및 *MAPE*가 정확하지 않았을 수 있다. 이렇게 상반되는 결과가 나올 때 보다 올바른 선택을 하기 위해 예측자의 경험에 의존한다.

R을 이용한 회귀모형의 교차검증

FILE ***Revenue_Apple.*** 예제 12.8의 결과를 다시 보여주기 위해 다음 단계를 수행한다.

A. ***Revenue_Apple*** 데이터를 데이터프레임(테이블)으로 가져오고 myData라고 이름을 붙인다.

B. *forecast* 패키지를 설치하고 사용한다. 다음을 입력하라.

```
> install.packages("forecast")
> library(forecast)
```

C. **ts** 함수를 사용하여 시계열 객체를 만들고 newData라고 이름을 붙인다. **ts**에는 *시작(start)* 및 *종료(end)* 기간과 *빈도(frequency)*를 지정해서 한 해의 계절 수를 표시한다. 다음을 입력하라.

```
> newData <- ts(myData$Revenue, start = c(2010,1), end = c(2018,4),
frequency=4)
```

D. **window** 함수를 이용하여 시리즈 데이터를 각각 훈련과 검증데이터로 나누고 각각 TData, VData로 이름을 붙인다. 다음을 입력하라.

```
> TData <- window(newData, end = c(2016, 4))
> VData <- window(newData, start = c(2017, 1))
```

E. **tslm** 함수를 이용하여 계절 선형 및 2차 모형을 추정한다. 다음을 입력하라.

```
> Reg1 <- tslm(TData ~ trend + season)
> Reg2 <- tslm(TData ~ trend + I(trend^2) + season)
```

F. **length** 함수를 이용하여 검증 데이터의 크기를 찾아내고, **forecast** 함수를 사용해서 검증 데이터의 *h*개의 예측치를 정한다. **accuracy** 함수를 이용해서 그 성능 측정값을 표시한다. R은 검증데이터를 테스트세트라고 부르며, *MAD*, *MAE*, *MSE*는 계산된 *RMSE*를 제곱하여 계산한다. 다음을 입력하라.

```
> nV <- length(VData)
> fReg1 <-forecast(Reg1, h=nV)
> fReg2 <-forecast(Reg2, h=nV)
> accuracy(fReg1,VData)
> accuracy(fReg2,VData)
```

G. 2019년 애플의 매출액을 예측하기 위해 선호되는 선형모형을 추정하기 위해 훈련과 검증 데이터가 결합된 전체 데이터를 다시 사용한다. 다음을 입력하라.

```
> RegFin <- tslm(newData ~ trend + season)
> forecast(RegFin, h=4)
```

연습문제 12.5

26. **FILE** ***Population_Japan.*** 제공된 데이터 파일에는 1960년부터 2017년까지 일본의 연간 인구 데이터(백만 명)가 포함되어 있다. 교차검증을 위해 훈련과 검증데이터를 각각 1960년부터 2005년까지, 2006년부터 2017년까지로 나눈다.
    a. 훈련데이터를 사용하여 선형, 2차 및 3차 추세모형을 추정하고 검증데이터에 대한 *MSE*, *MAD* 및 *MAPE*를 계산한다.
    b. 선호모형을 선택하고 전체 데이터를 사용하여 2018년 일본의 인구를 재예측한다.

27. **FILE** ***Tax_Revenue.*** 제공된 데이터 파일에는 의료 및 일반용 마리화나의 세금 및 수수료 징수에 대한 57개월간의 데이터가 포함되어 있다. 교차검증을 위해 훈련과 검증데이터를 각각 처음 45개월과 지난 12개월로 구성하도록 한다.
    a. 훈련데이터를 사용하여 선형, 2차 및 3차 추세모형을 추정하고 검증데이터에 대한 *MSE*, *MAD* 및 *MAPE*를 계산한다.
    b. 58개월째의 세수를 예측하기 위해 전체 데이터를 사용하여 선호모형을 결정하고 이를 이용하여 다시 추정한다.

28. **FILE** ***Cafe_Sales.*** 제공된 데이터 파일에는 100일 동안 카페 베네치아에서 판매된 일간매출(달러)이 포함되어 있다. 교차검증을 위해 훈련과 검증데이터를 각각 처음 80일과 최근 20일로 구성하도록 한다.
    a. 훈련데이터를 사용하여 선형 및 지수 추세 모형을 추정하고 검증데이터에 대한 *MSE*, *MAD* 및 *MAPE*를 계산한다.
    b. 전체 데이터를 사용하여 선호모형을 결정하고 이를 이용하여 101일째의 판매액을 다시 추정한다.

29. **FILE** ***Apple_Price.*** 제공된 데이터 파일에는 애플의 주가 데이터가 53주나 들어 있다. 교차검증을 위해 훈련 및 검증데이터를 각각 처음 40주 및 지난 13주로 구성한다.
    a. 훈련데이터를 사용하여 선형 및 지수 추세 모형을 추정하고 검증데이터에 대한 *MSE*, *MAD* 및 *MAPE*를 계산한다.
    b. 전체 데이터를 사용하여 선호모형을 결정하고 이를 이용하여 54주째 애플의 주가를 다시 예측한다.

30. **FILE** ***Expenses.*** 제공된 데이터 파일에는 5년 동안의 비용(단위: 1,000달러)에 대한 분기별 데이터가 들어 있다. 교차검증을 위해, 훈련과 검증데이터를 각각 2008:01부터 2015:04, 2016 01부터 2017:C4까지의 기간으로 구성하도록 한다.
    a. 계절더미변수를 사용하여 선형 및 지수 추세모형을 추정하고 검증데이터에 대한 *MSE*, *MAD* 및 *MAPE*를 계산한다.

b. 선호 모형을 결정하고 전체 데이터를 사용하여 다시 추정하여 2018년 1분기 비용을 예측한다.

31. **FILE** ***House_Price.*** 제공된 데이터 파일에는 서부 센서스 지역의 중간 주택가격에 대한 분기별 데이터가 있다. 교차검증을 위해, 훈련과 검증데이터를 각각 2010:01~2016:04, 2017:01~2018:03의 기간으로 구성하도록 한다.

a. 훈련데이터를 이용하여 계절더미변수를 포함한 선형 및 2차 추세모형을 추정하고 검증데이터에 대한 *MSE*, *MAD* 및 *MAPE*를 계산한다.

b. 2018년 4분기 주택가격을 예측하기 위해 전체 데이터를 사용하여 선호 모형을 결정하고 이를 다시 추정한다.

32. **FILE** ***Vehicle_Miles.*** 제공된 데이터 파일에는 미국에서 여행한 차량 마일리지에 대한 월별 데이터(단위: 백만 마일)가 있다. 교차검증을 위해 훈련과 검증데이터가 각각 1월 12일부터 12월 16일까지, 1월 17일부터 9월 18일까지로 구성되도록 한다.

a. 계절더미변수를 사용하여 선형 및 지수 추세모형을 추정하고 검증데이터에 대한 *MSE*, *MAD* 및 *MAPE*를 계산한다.

b. 선호하는 모형을 결정하고 전체 데이터를 사용하여 2018년 10월 차량 마일리지를 예측한다.

33. **FILE** ***Weekly_Earnings.*** 제공된 데이터 파일에는 미국의 주간 수익(물가상승을 고려한 수익)에 대한 분기별 데이터가 포함되어 있다. 교차검증을 위해 훈련 및 검증데이터를 각각 2010:01~2015:04 및 2016:01~2017:04 기간으로 구성하도록 한다.

a. 훈련데이터를 사용하여 계절더미변수를 사용하여 선형 및 2차 추세 모형을 추정하고 검증데이터에 대한 *MSE*, *MAD* 및 *MAPE*를 계산한다.

b. 선호모형을 결정하고 전체 데이터를 사용하여 다시 추정하여 2018년 1분기 수익을 예측한다.

34. **FILE** ***Housing_Starts.*** 제공된 데이터 파일에는 미국의 주택 건설 시작(단위: 1,000)에 대한 월별 데이터가 포함되어 있다. 교차검증을 위해 훈련 및 검증데이터가 각각 1월 11일부터 12월 16일까지, 1월 17일부터 11월 18일까지로 구성되도록 한다.

a. 계절더미변수를 사용하여 선형 및 지수 추세 모형을 추정하고 검증데이터에 대한 *MSE*, *MAD* 및 *MAPE*를 계산한다.

b. 선호모형을 결정하고 전체 데이터를 사용하여 2018년 12월 주택 개시를 예측한다.

12.6 고급지수평활법

LO 12.6

고급평활법을 사용하여 예측을 할 수 있어야 한다.

12.2절에서는 단순지수평활법을 이용하여 알려지지 않은 무작위변동이 있는 시리즈 y_1, y_2, ···, y_t를 예측했다. 추세 또는 계절성이 없는 경우, 예측을 수정하기 위해 재귀방정식 $L_t = \alpha y_t + (1 - \alpha)L_{t-1}$를 사용했다. 다음 시간 T에서 가장 최신의 값을 사용하여 다음 기간의 $\hat{y}_{T+1} = L_T$를 예측했다. 추세 또는 계절변동이 없기 때문에 예측을 수정할 수 없고, 따라서 s 단계 이후의 예측은 $\hat{y}_{T+s} = L_T$으로도 표현된다.

앞에서 설명한 것과 같이, 평활법은 최근 관측치를 고려하여 예측값을 지속적으로 수정하는 절차이다. 단순지수평활의 경우 예측은 과거 관측치의 가중평균이며, 관측치가 오래될 수록 가중치가 기하급수적으로 감소한다. 감소의 속도를 나타내는 평활지수 α가 분석의 핵심임을 기억하라. α의 값이 클수록 가장 최근의 관측치에 가중치를 주는 것이며, 값이 작을 수록 과거의 관측치에 더 큰 중점을 두는 것이다.

이 절에서는 추세 및 계절성에 따른 변화를 포함하여 분석을 하고, R을 사용하여 분석을 구현한다. 이런 소프트웨어 패키지는 사용자가 제공한 평활화 계수와 컴퓨터가 만든 평활화 계수를 사용할 수 있다. 다만 그 결과는 사용하는 소프웨어 패키지의 서로 다른 버전에서도 차이가 날 수 있다는 점에 유의해야 한다. 이것은 재귀방정식과 최적의 평활화 계수를 얻기 위해 사용되는 성과측정을 위한 초기값에 차이가 있기 때문이다. 표본의 크기가 크면 그 차이는 무시할 수 있다.

홀트 지수평활법

이중지수평활법(double exponential smoothing method)이라고도 하는 홀트 지수평활법은 시계열의 장기적인 상승 혹은 하강이동을 포함한다. 시계열에서 계절적 변동이 보이지 않거나 계절성이 제거되었을 때 사용할 수 있다.

홀트 지수평활법은 두개의 재귀방정식을 사용하여 수준 L과 추세 T에 대한 시리즈를 평활한다(이 방정식에 대한 정의는 이 교재의 범위를 벗어난다). 재귀방정식은 각각의 수준과 추세에 대해 초기값 L_1과 T_1뿐만 아니라 평활계수 α와 β의 값에 따라 달라진다. 평활계수는 감소속도를 나타낸다. 매개변수의 값은 MSE 또는 기타 성과측정값을 최소화하도록 사용자가 제공하거나 컴퓨터가 계산할 수 있다. 컴퓨터가 계산한 값은 선택한 모형이 표본기간에는 잘 맞지만 그 기간을 넘어서면 잘 맞지 않는 경우 과적합되기 쉽다. 직관이나 경험 혹은 교차검증이 사용된다. 일반적으로 사용자가 쓰는 값은 $\alpha = 0.20$, $\beta = 0.15$이다.

> **홀트 지수평활법**
>
> 홀트 지수평활법은 변수 L_t와 추세 T_t가 시간에 따라 적응한다는 점에서 단순 지수평활법의 연장이다. 시계열은 추세를 나타내지만 계절성이 없을 때(또는 계절성이 떨어진 경우) 적합하다.

예제 12.9에서는 R을 사용하여 홀트 지수평활법을 구현한다. 앞에서 설명한 것과 같이 버전에 따라 그 결과가 달라질 수 있다.

예제 12.9

FILE ***Population_LowInc.*** 1960년부터 2017년까지 저소득 국가의 인구 데이터(단위: 백만 명)를 다시 살펴보자. 예제 12.7에서와 같이, 훈련과 검증데이터를 각각 1960년부터 2000년까지, 2001년부터 2017년까지로 구성하도록 한다. 훈련데이터를 사용하여 사용자 제공 매개 변수(예: $\alpha = 0.20$ 및 $\beta = 0.15$)를 가지고 홀트 지수평활모형을 만들고, 검증데이터의 MSE, MAD 및 $MAPE$를 구한다. 선호하는 모형을 결정하고 전체 데이터를 사용하여 2018년 저소득 국가의 인구를 예측한다.

해답:

R 이용

a. ***Population_LowInc*** 데이터를 데이터 프레임(테이블)으로 가져오고 myData라는 이름을 붙인다.

b. *forecast* 패키지를 설치하고 사용한다. 다음을 입력하라.

```
> install.packages("forecast")
> library(forecast)
```

c. **ts** 함수를 사용하여 시계열을 생성하고 이를 newData라고 부른다. **ts** 내에서는 *시작* 및 *종료* 기간과 *빈도*를 지정해서 한 해 동안 계절의 숫자를 표시한다. 다음을 입력하라.

```
> newData <- ts(myData$Population, start = c(1960), end = c(2017),
frequency=1)
```

d. **window** 함수를 이용하여 데이터를 TData와 VData라는 이름이 붙은 훈련 및 검증 데이터로 분할한다. 다음을 입력하라.

```
> TData <- window(newData, end = c(2000))
> VData <- window(newData, start = c(2001))
```

e. 오류, 추세, 계절성을 나타내는 **ets** 함수를 사용한다. **ets**에서는 *모형*에 3글자로 된 문자열을 사용한다. 첫 번째 글자는 오류 유형(A, M 또는 Z), 두 번째 문자는 추세 유형(N, A, M 또는 Z), 세 번째 문자는 계절 유형(N, A, M 또는 Z)을 나타낸다. N은 없음, A는 추가, M은 곱셈, 그리고 Z는 자동을 의미한다. 이 교재에서는 추가를 오류 및 추세에 대해 항상 적용한다. 예를 들어, 홀트 방법의 경우 오차는 A, 추세는 A, 계절성은 N으로 지정한다. **ets** 기능을 사용하면 사용자 제공 평활 파라미터와 컴퓨터 생성 평활 파라미터를 모두 사용할 수 있다. 마지막으로 **summary** 함수를 사용하여 결과를 확인한다. 다음을 입력하라.

```
> HUser <- ets(TData, model = "AAN", alpha=0.2, beta=0.15)
> HCmp <- ets(TData, model = "AAN")
> summary(HUser)
> summary(HCmp)
```

여기에서 HUser와 HCmp는 각각 사용자 제공 평활 매개 변수와 컴퓨터로 생성된 평활 매개 변수를 사용하여 Holt 지수 평활 모형을 구현하는 것을 의미한다. (12.2절에서 설명한 단순 지수평활 모형의 경우 *model* = “ANN”으로 설정한다.)

f. 검증데이터에 있는 데이터의 수를 알기 위해 **length** 함수를 사용한다. 검증데이터를 사용한 예측치를 만들기 위해 **forecast** 함수를 사용한다. 결과의 성능측정을 위해 **accuracy** 함수를 사용한다. 다음을 입력하라.

```
> nV <- length(VData)
> fUser <-forecast(HUser, h=nV)
> fCmp <-forecast(HCmp, h=nV)
> accuracy(fUser,VData)
> accuracy(fCmp,VData)
```

표 12.15에서는 평활 파라미터와 **summary**, **accuracy** 함수로 계산한 *MSE*, *MAD* 및 *MAPE* 값이 나와 있다. R은 검증데이터를 테스트세트로, *MAD*는 *MAE*로 표시한다는 점을 기억하라. *MSE*는 *RMSE*를 제곱하면 계산할 수 있다.

표 12.15 R을 사용한 예제 12.9의 결과

Values	*User-supplied*	*Computer-generated*
α	0.20	0.9999
β	0.15	0.9999
MSE	988.34	801.62
MAD	25.12	22.27
MAPE	3.86	3.40

다시 말해, 컴퓨터 생성 평활 파라미터는 *MSE*, *MAD* 및 *MAPE* 값이 작기 대문에 선호된다.

g. 우리는 훈련과 검증데이터를 결합한 전체 데이터를 사용하여 예측선호모형을 다시 만든다. 다음을 입력하라.

```
> HFinal <- ets(newData, model = "AAN")
> forecast(HFinal, h=1)
```

이것은 일년 후 2018년 인구가 750.08백만이 된다는 예측값이다.

홀트-윈터 지수평활법

이제 홀트 지수평활법에 계절성을 포함시켜 확장하도록 한다. 이 방법을 흔히 홀트-윈터 지수평활법 혹은 삼중지수평활법이라고 한다. 이것은 계절성뿐만 아니라 시계열의 장기적인 상승 혹은 하강움직임을 포함한다.

홀트-윈터 지수평활법은 세 개의 재귀방정식을 사용하여 수준 L, 추세 T, 그리고 계절성 S를 사용하여 시리즈를 평활한다. 재귀방정식은 초기값 L_1, T_1, S_1뿐만 아니라 세 평활모수 α, β, γ에 따라 달라진다. 평활모수의 값은 감소속도를 나타낸다.

홀트-윈터 지수평활법은 시리즈에서 나타나는 계절성의 유형에 따라 추가적인(additive) 또는 결합적인(multiplicative) 구조로 구분된다. 추가적인 방법은 시계열에서 계절변동이 거의 일정할 때 선호되는 반면, 결합적인 방법은 계절변동이 시계열의 크기에 비례하는 경우에 선호된다.

홀트-윈터 지수평활법

홀트-윈터 지수평활법은 계절성 S_t와 수준 L_t, 및 추세 T_t가 시간에 따라 변화한다는 점에서 홀트 지수평활법의 확장이다. 시계열에서 추세와 계절성을 나타낼 때 적합하다.

예제 12.10에서는 컴퓨터로 만든 평활매개변수를 사용한 홀트-윈터 지수평활법을 사용하기 위해 R을 사용한다. 앞에서 설명한 대로 소프트웨어 버전에 따라 결과가 다를 수 있다.

예제 12.10

FILE *Revenue_Apple.* 2010년부터 2018년까지의 애플의 분기별 매출데이터(단위: 백만달러)를 다시 살펴보자. 예제 12.8에서와 같이 훈련과 검증데이터를 각각 2010년부터 2016년까지, 2017년부터 2018년까지로 구성한다. 훈련데이터를 사용하여 추가 및 결합 계절성을 가진 홀트-윈터 평활법로 검증데이터의 *MSE*, *MAD* 및 *MAPE*를 계산한다. 선호하는 모형을 결정하고, 전체 데이터 세트를 사용하여 이를 다시 구현하여 2019 회계년도 Apple의 매출을 예측한다.

해답:

분석방법은 예제 12.9에서 요약된 홀트 지수평활법과 유사하기 때문에, R에 대한 설명은 간략히 한다.

R 이용

a. ***Revenue_Apple*** 데이터를 데이터 프레임(테이블)으로 가져오고 myData라는 이름을 붙인다.

b. 아직 *forecast* 패키지를 설치하지 않았으면 설치하고 사용한다.

c. **ts** 함수를 사용하여 시계열 객체를 만들고, 이를 newData라고 부른다. **ts** 내에서는 *시작* 및 *종료* 기간과 *빈도*를 지정하여 한 해의 계절 수를 표시한다. 다음을 입력하라.

```
> newData <- ts(myData$Revenue, start = c(2010,1), end = c(2018,4),
frequency=4)
```

d. **window** 함수를 이용하여 데이터를 TData와 VData라는 이름이 붙은 훈련 및 검증 데이터로 분할한다. 다음을 입력하라.

```
> TData <- window(newData, end = c(2016, 4))
> VData <- window(newData, start = c(2017, 1))
```

e. **ets** 함수를 사용하여 *model*을 입력한다. 추가적인 계절성을 위해 "AAA"와 결합 계절성을 위해 "AAM"을 사용한다. 또한 *restrict*에 FALSE를 입력하며, 간혹 기본설정값인 TRUE 때문에 오류가 발생하기도 한다. 마지막으로, 결과를 보기 위해 **summary** 함수를 사용한다. 다음을 입력하라.

```
> WAdd <- ets(TData, model = "AAA", restrict = FALSE)
> WMlt <- ets(TData, model = "AAM", restrict = FALSE)
> summary(WAdd)
> summary(WMlt)
```

f. 검증데이터에 있는 데이터의 수를 알기 위해 **length** 함수를 사용한다. **forecast** 함수는 *h*개의 예측치를 검증데이터를 위해 만들어 낸다. 결과의 성능측정을 위해 **accuracy** 함수를 사용한다. 다음을 입력하라.

```
> nV <- length(VData)
> fAdd <-forecast(WAdd, h=nV)
> fMlt <-forecast(WMlt, h=nV)
> accuracy(fAdd,VData)
> accuracy(fMlt,VData)
```

표 12.16에서, 추가 및 결합 계절성에 대한 관련 정보가 나와 있다. R은 검증데이터를 테스트세트로, *MAD*는 *MAE*로 표시한다는 점을 기억하라. *MSE*는 *RMSE*를 제곱하면 계산할 수 있다.

여기에서는 *MSE*, *MAD* 및 *MAPE* 값이 작기 때문에 결합방식이 더 선호된다.

표 12.16 R을 이용한 예제 12.10의 결과

Values	Additive	Multiplicative
α	0.3967	0.9995
β	0.0001	0.0857
γ	0.6033	0.0005
MSE	60,955,870	32,459,808
MAD	6,560	4,589
MAPE	10.02	6.82

g. 훈련 및 검증데이터를 결합한 전체 데이터를 사용하여 2019 회계년도 애플 매출 예측을 위한 선호 모형을 재실행한다. 다음을 입력하라.

```
> WFinal <- ets(newData, model = "AAM", restrict = FALSE)
> forecast(WFinal, h=4)
```

수익 전망치는 1분기 98,643.87백만달러, 2분기 70,144.73백만달러, 3분기 61,848.01백만달러, 4분기 69,723.77백만달러이다. 분기별 전망에 따르면 애플의 2019 회계년도 매출액은 약 300,360백만달러이다.

요약:

MSE, *MAD* 및 *MAPE*는 홀트-윈터모형이 예제 12.8에서 추정된 계절더미변수를 고려한 추세모형보다 좋다는 것을 알 수 있다.

연습문제 12.6

참고: 이 연습문제는 R을 사용하여 해결할 수 있다. R에서 홀트법은 AAA를 사용하고, 홀트-윈터에서는 AAA와 AAM을 각각 추가 및 결합 계절성과 함께 사용한다.

35. **FILE** ***Population_Japan.*** 제공된 데이터 파일에는 1960년부터 2017년까지 일본의 연간 인구 데이터(백만 명)가 포함되어 있다. 교차검증을 위해 훈련과 검증데이터를 각각 1960년부터 2005년까지, 2006년부터 2017년까지로 나눈다.

   a. 훈련데이터를 사용하여 사용자가 제공한 홀트지수평활법(예: $\alpha = 0.20$ 및 $\beta = 0.15$)과 컴퓨터에서 생성된 평활 파라미터를 사용하여 예측을 수행하고, 검증데이터에 대한 *MSE*, *MAD* 및 *MAPE*를 계산한다.

b. 선호모형을 선택하고 전체 데이터세트를 사용하여 2018년 일본의 인구를 재예측한다.

36. **FILE** ***Tax_Revenue.*** 제공된 데이터 파일에는 의료 및 일반용 마리화나의 세금 및 수수료 징수에 대한 57개월간의 데이터가 포함되어 있다. 교차검증을 위해 훈련과 검증데이터를 각각 처음 45개월과 그다음 12개월로 구성하도록 한다.

a. 훈련데이터를 사용하여 홀트지수평활법(예: $\alpha = 0.30$ 및 $\beta = 0.20$)과 컴퓨터에서 생성된 평활 파라미터를 사용하여 예측을 수행하고, 검증데이터에 대한 *MSE*, *MAD* 및 *MAPE*를 계산한다.

b. 58개월째의 세수를 예측하기 위해 전체 데이터를 사용하여 선호모형을 결정하고 이를 이용하여 다시 추정한다.

37. **FILE** ***Cafe_Sales.*** 제공된 데이터 파일에는 100일 동안 카페 베네치아에서 판매된 일간매출(달러)이 포함되어 있다. 교차검증을 위해 훈련과 검증데이터를 각각 처음 80일과 최근 20일로 구성하도록 한다.

a. 훈련데이터를 사용하여 $\alpha = 0.20$ 및 $\alpha = 0.10$, $\alpha = 0.30$ 및 $\beta = 0.20$의 두 가지 사용자 제공 평활 파라미터를 사용하여 홀트 지수평활법을 구현한다. 검증데이터에 대한 *MSE*, *MAD* 및 *MAPE*를 계산한다.

b. 전체 데이터를 사용하여 선호모형을 결정하고 이를 이용하여 101일째의 판매액을 다시 추정한다.

38. **FILE** ***Apple_Price.*** 제공된 데이터 파일에는 애플의 주가 데이터가 53주나 들어 있다. 교차검증을 위해 훈련 및 검증데이터를 각각 처음 40주 및 최근 13주로 구성한다.

a. 훈련데이터를 사용하여 홀트지수평활법(예: $\alpha = 0.20$ 및 $\beta = 0.10$)과 컴퓨터에서 생성된 평활 파라미터를 사용하여 예측을 수행하고, 검증데이터에 대한 *MSE*, *MAD* 및 *MAPE*를 계산한다.

b. 전체 데이터를 사용하여 선호모형을 결정하고 이를 이용하여 54주째 애플의 주가를 다시 예측한다.

39. **FILE** ***Expenses.*** 제공된 데이터 파일에는 5년 동안의 비용(단위: 1,000달러)에 대한 분기별 데이터가 들어 있다. 교차검증을 위해, 훈련과 검증데이터를 각각 2008:01부터 2015:04, 2016:01부터 2017:04까지의 기간으로 구성하도록 한다.

a. 훈련데이터를 사용하여, 추가 및 결합 계절성을 가진 홀트-윈터 지수평활법을 추정하고, 검증데이터에 대한 *MSE*, *MAD* 및 *MAPE*를 계산한다.

b. 선호 모형을 결정하고 전체 데이터를 사용하여 다시 추정하여 2018년 1분기 비용을 예측한다.

40. **FILE** ***House_Price.*** 제공된 데이터 파일에는 서부 센서스 지역의 중간 주택가격에 대한 분기별 데이터가 있다. 교차검증을 위해, 훈련과 검증데이터를 각각 2010:01~2016:04, 2017:01~2018:03의 기간으로 구성하도록 한다.

a. 훈련데이터를 사용하여, 추가 및 결합 계절성을 가진 홀트-윈터 지수평활법을 추정하고, 검증데이터에 대한 *MSE*, *MAD* 및 *MAPE*를 계산한다.

b. 2018년 4분기 주택가격을 예측하기 위해 전체 데이터를 사용하여 선호 모형을 결정하고 이를 다시 추정한다.

41. **FILE** ***Vehicle_Miles***. 제공된 데이터 파일에는 미국에서 여행한 차량 마일리지에 대한 월별 데이터(단위: 백만마일)가 있다. 교차검증을 위해 훈련과 검증데이터가 각각 1월 12일부터 12월 16일까지, 1월 17일부터 9월 18일까지로 구성되도록 한다.

a. 훈련데이터를 사용하여, 추가 및 결합 계절성을 가진 홀트-윈터 지수평활법을 추정하고, 검증데이터에 대한 *MSE*, *MAD* 및 *MAPE*를 계산한다.

b. 선호하는 모형을 결정하고 전체 데이터를 사용하여 2018년 10월 차량 마일리지를 예측한다.

42. **FILE** ***Housing_Starts.*** 제공된 데이터 파일에는 미국의 주택 건설 시작(단위: 1,000)에 대한 월별 데이터가 포함되어 있다. 교차검증을 위해 훈련 및 검증데이터가 각각 1월 11일부터 12월 16일까지, 1월 17일부터 11월 18일까지로 구성되도록 한다.

a. 훈련데이터를 사용하여, 추가 및 결합 계절성을 가진 홀트-윈터 지수평활법을 추정하고, 검증데이터에 대한 *MSE*, *MAD* 및 *MAPE*를 계산한다.

b. 선호모형을 결정하고 전체 데이터를 사용하여 2018년 12월 주택 개시를 예측한다.

12.7 데이터 분석

사례연구

FILE ***Starts.*** 경기선행지표인 증권시장이나 주택시장은 대규모 경기변동에 앞서 미리 변화하는 경우가 있다. 예를 들어 주가가 상승하는 것은 투자자들이 미래의 경제성장에 확신감을 가지고 있다는 것을 의미한다. 또는 건축허가 신청의 감소는 주택시장의 약세를 나타내는 신호이며, 이는 종종 다른 경제부문의 하락을 의미하기도 한다.

2008년 불황이 시작되기 이전 무슨 일이 일어났는가. 2006년 10월초 신규주택에 대한 건축허가 신청은 2005년 10월에 비해 약 28% 감소했다. 분석가들은 경제지표를 이용하여 미래의 추세를 예측하고, 경제가 어디로 향하고 있는지 전망한다. 경제지표가 제공하는 정보는 기업이 비즈니스 전략을 실행하고 수정하는 데 큰 도움을 준다.

푸자 난다(Pooja Nanda)는 시카고에 있는 대형투자회사의 분석가이다. 그녀는 건설분야를 담당하고 있으며, 2019년 6월의 주택경기를 예측하라는 어려운 과제를 맡게 되었다. 그녀는 2016년 1월부터 2019년 5월까지 미국에서 발표된 계절성이 반영된 월별 주택신축데이터에 접근할 수 있게 되었다. 다음 표 12.17에는 그 데이터의 일부가 나와 있다. 푸자는 표본의 정보를 이용하여 2019년 6월 주택신축을 예측하기 위해 가장 적합한 모형을 선정하려고 한다.

feverpitched/123RF

표 12.17 월간주택신축(단위: 1,000)

Date	Housing Starts
Jan-16	1114
Feb-16	1208
⋮	⋮
May-19	1269

샘플보고서— 월간 주택신축 예측

경제전망을 위해 선행경기지표를 자주 사용한다. 주택시장은 경제의 주요 요소이기 때문에 가장 중요한 지표 가운데 하나가 된다. 이 부분이 약해지면, 주택소유자, 건설노동자, 부동산 세금에 의존하는 정부기관에 이르기까지 거의 모든 사람과 부문이 영향을 받는다. 주택시장의 중요성을 감안하여, 이 보고서에서는 과거의 주택신축 데이터를 사용하여 다음 달의 주택신축을 예측하려고 한다.

2016년 1월부터 2019년 5월까지 주택신축에 대한 산점도는 그림 12.9에 나와 있다. 잠시 살펴보면 약간의 상승추세를 포함한 무작위성 변동의 양이 상당히 크다는 것을 알 수 있다. 주택신축 데이터는 계절성을 반영한 연간비율로 나타내기 때문에 계절성에 대한 우려는 없다.

그림 12.9 주택신축에 대한 산점도(단위: 1,000)

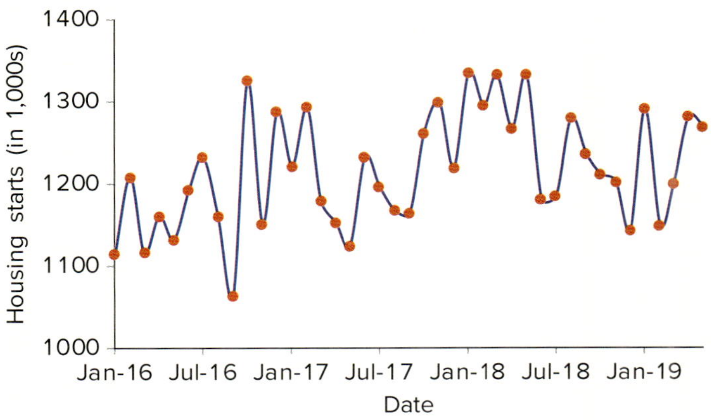

그림 12.9 결과를 바탕으로, 다음 세 가지 추세모형을 사용할 수 있다.

1. 3주기 이동평균모형
2. 여러 가지 감소계수 α를 고려한 단순지수평활모형
3. 단순선형추세모형, $y_t = b_0 + b_1 Time_t + \varepsilon_t$, 여기서 y_t는 주택신축을 의미한다.

모형선택을 위해 평균제곱오차(*MSE*), 평균절대편차(*MAD*), 그리고 평균절대백분율오차(*MAPE*)의 세 가지 척도가 사용된다. 선호되는 모형은 *MSE*, *MAD*, 또는 *MAPE*가 가장 작은 모형이다. 표 12.18에는 각각의 모형에 대한 세 가지 성능측정 값이 나와 있다.

선형추세모형의 *MSE*, *MAD*, *MAPE* 값이 가장 작기 때문에, 표본분석에 가장 적합하다. 따라서 추정된 선형추세모형은 2019년 6월의 주택신축을 다음과 같이 계산한다.

$$\hat{y}_{42} = 1{,}170.2524 + 2.1413 \times 42 = 1{,}260.19$$

표 12.18 경쟁모형에 대한 성능측정값

	3-period Moving Average	Exponential Smoothed ($\alpha = 0.20$)*	Linear Regression Model
MSE	5,069.50	4,798.44	4,091.72
MAD	60.55	57.13	54.24
MAPE	4.96	4.65	4.46

*For the exponential smoothing model, $\alpha = 0.20$ provides the lowest values for *MSE*, *MAD*, and *MAPE*.

주택신축은 경제의 건전성을 결정하는 중요한 역할을 하기 때문에, 항상 엄격하게 관리된다. 미국의 주택시장은 2018년초 정점을 찍고 둔화되기 시작했으나 그 근본은 튼튼하게 보인다. 이 보고서에서는 주택신축에 대한 과거 데이터를 사용하기 위해 단순시계열모형을 이용했다.

사례연구 제안

보고서 12.1 **FILE** ***Fried_Dough.*** 도넛은 축제, 놀이공원, 박람회 등에서 인기 있는 미국 식품이다. 보통 설탕가루를 입히고, 기름에 튀기기 때문에 건강한 음식은 아니지만 맛은 확실히 있다. 호세 산체스(Jose Sanchez)는 매사추세츠주 보스턴에 있는 보스턴시장(Boston Common)에서 작은 노점을 하며, 도넛과 음료수를 팔고 있다. 장사가 잘 되기는 하지만, 불확실한 매출변동을 우려하고 있다. 첨부된 데이터에는 지난 30일 동안 그가 판매한 도넛과 음료수의 숫자가 들어있다. 데이터를 사용하여 다음을 실행하라.

- 이동평균법이나 단순지수법과 같은 예측기법을 사용하여 도넛과 음료수 판매에 대한 시계열 데이터를 평활하라.
- 가장 좋은 방법을 택해 31일째의 도넛과 음료의 판매량을 예측하라.

보고서 12.2 **FILE** ***India_China.*** 유엔 UN의 추산에 따르면 세계 인구의 절반 이상이 7개국에 살고 있다. 중국이 가장 많고 인도가 그 뒤를 따르고 있다. 목록에 있는 다른 다섯 국가는 미국, 인도네시아, 브라질, 파키스탄, 그리고 나이지리아이다. 인도는 생각했던 것보다 빨리 중국을 제치고 세계에서 가장 인구가 많은 나라가 될 것으로 예상된다(*CNN*, 2019년 6월). 세계은행이 집계한 다음 파일에는 1960년부터 2017년까지 인도와 중국에 대한 인구 데이터가 들어 있다(단위: 백만 명). 데이터를 사용하여 다음을 실행하라.

- 추세회귀모형과 홀트지수평활법 등과 같은 예측기법을 사용하여 중국과 인도의 인구변화추세를 찾아내라.
- 가장 좋은 방법을 택해 2018~2019 중국과 인도의 인구를 예측하라.

보고서 12.3 **FILE** ***Revenue_Amazon.*** 아마존은 1997년 5월 15일 상장되었을 때, 기업가치가 단지 438백만달러밖에 안 되었으며 이익을 내지 못하는 회사였다. 그 후 20년 동안 놀라운 성장을 보이며, 2017년에는 기업가치가 460억달러에 달하는 기업이 되었다. 많은 분석가들은 이런 놀라운 성장은 블룸버그 억만

장자 지수(Bloomberg Billionaires Index)에 따르면 현대 최고의 부자라 일컬어지는 제프 베즈스의 역동적인 리더십에 기인했다고 생각한다(*CNBC*, 2018년 7월). 투자자들과 다른 이해관계자가 가지고 있는 중요한 질문은 과연 아마존의 성장이 계속될 것인가이다. 첨부된 파일에는 2010~2018 회계연도의 다마존 매출에 대한 분기별 데이터가 들어 있다. 회계년도는 12월에 마감된다. 데이터를 사용하여 다음을 실행하라.

- 계절더미변수를 가진 추세회귀모형과 홀트-윈터 지수평활모형을 포함한 예측기법을 사용하여 아마존의 수익추세와 계절성을 찾아내라.
- 가장 좋은 방법을 택해 2019 회계연도의 아마존의 매출을 예측한다.

13 처방분석 소개

Introduction to Prescriptive Analytics

학습목차_Chapter Contents

학습목표_Learning Objectives

이 장을 학습한 후에,

- LO **13.1** 확률변수의 값을 생성할 수 있어야 한다.
- LO **13.2** 몬테카를로 시뮬레이션 모형을 개발하고 응용할 수 있어야 한다.
- LO **13.3** 선형계획 모형을 만들 수 있어야 한다.
- LO **13.4** 선형계획 모형을 풀고 그 결과를 해석할 수 있어야 한다.
- LO **13.5** 선형정수계획 모형을 만들고 풀 수 있어야 한다.

이전 장에서는 데이터에서 가치를 추출하기 위한 기술분석 및 예측분석에 중점을 두었다. 데이터를 탐색하기 위해 기술분석을 사용했고, 새로운 데이터를 분류하고 예측하기 위해 예측분석 방법을 구현했다. 이 장에서는 분석모형을 개발하고 활용하여 의사결정을 개선할 수 있는 비즈니스 분석의 세 번째이자 마지막인 처방분석을 소개하고자 한다. 특히 처방분석은 시뮬레이션 및 최적화 알고리즘을 사용하여 여러 대안의 결과를 수치화하여 제시함으로써 의사결정자가 보다 정확한 의사결정을 내리도록 돕는다.

시뮬레이션을 하기 위해서는 확률변수를 사용하여 일상적인 사건에 존재하는 위험과 불확실성을 표시한다. 확률변수의 값을 정하는 방법을 공부한 다음, 많은 실무자와 연구자가 사용하고 있는 몬테카를로(Monte Carlo) 시뮬레이션 기법에 대해 자세히 살펴본다. 마지막으로 선형 및 정수계획 기법을 사용하여 제약조건하에서의 최적화 모형을 개발하는 방법을 보여주려고 한다.

도입사례_Introductory Case

패션테크(FashionTech): 운영 및 고용전략

패션테크는 야외활동을 위한 남녀의류를 취급하는 온라인 의류 소매업체이다. 패션테크의 베스트셀러 품목은 여성용 레드 풀오버 재킷이다. 이 회사의 운영책임자인 애비게일 콴(Abigail Kwan)은 이 제품 생산을 위해 데이터를 활용한 생산 및 인력배치 전략을 세우려고 한다.

풀오버 재킷의 개당 판매가격은 50달러이다. 애비게일은 회사의 데이터 웨어하우스에서 주간 수요량과 생산량에 대한 데이터를 가져온다. 풀오버 재킷의 주간 수요량은 평균 139개 이며, 표준편차는 14.61개의 정규분포를 따른다고 알려져 있다. 생산재료의 비용은 개당 평균 12달러, 표준편차는 1.37달러의 정규분포를 따른다. 각각의 재단사당 주간 생산량은 31에서 41개로 다양하며, 이산균등분포(discrete uniform distribution)를 따른다. 패션테크는 재단사에게 주당 700달러를 지급하며, 풀오버 재킷의 생산에 할당된 간접비용은 주당 약 800달러이다.

풀오버를 생산하는 공정은 부분적으로 자동화되어 있지만, 대부분의 중요한 공정은 숙련된 재단사에 의해 수동으로 진행된다. 애비게일은 풀오버의 수요를 보다 잘 예측하여, 얼마나 많은 재단사가 필요한지 계산하고 싶어 한다. 또한, 생산공정의 자동화율을 높이려 하고 있다. 추가적인 자동화는 일회성 설치비용과 훈련비용을 증가시킬 뿐 아니라, 간접비도 주당 900달러까지 증가시킬 수 있다. 하지만 자동화는 패션테크의 생산량 변동폭을 줄일 수 있도록 해주며, 보다 덜 숙련된 재단사를 주당 550달러의 비용으로 고용할 수 있도록 해줄 것이다. 다른 제조업체의 데이터를 근거로 애비게일은 주당 생산량이 36개에서 41개 사이에서 균일하게 나올 수 있다고 믿는다. 애비게일은 가지고 있는 데이터를 분석하고, 그 결과를 바탕으로 자동화 설비업체에게 설치 및 훈련비용에 관한 제안서를 제출하도록 요구하려고 한다.

애비게일은 위에서 설명한 정보를 사용하여 다음 작업을 수행하려고 한다.

1. 고용수준에 따른 수익을 조사하고, 생산공정의 자동화 수준을 높이기 위한 계획을 평가하기 위해 시뮬레이션 모형을 개발한다.
2. 수요와 생산량의 불확실성을 고려하여 수익의 변동성을 검토한다.

이 도입사례에 대한 분석결과는 13.2절에 제시되어 있다.

13.1 처방분석 개요

처방분석은 의사결정을 개선하기 위해 분석도구를 사용하는 방법이다. 대부분의 경우, 의사결정자는 처방분석 방법을 활용하여 여러 대안 가운데 최적의 안을 선택할 수 있다. 어떤 사람들은 처방분석방법을 비즈니스 의사결정의 개선을 목표로 하는 모든 분석기법을 포괄하는 용어로 간주하기도 한다. 하지만, 대부분의 경우 기술분석, 예측분석, 그리고 처방분석으로 구분하는 것을 선호한다. 처방분석은 의사결정자가 보다 많은 정보에 근거한 결정을 내리는 데 도움을 줄 수 있도록 여러 가지 선택의 결과를 수치화할 수 있는 시뮬레이션과 최적화 알고리즘을 사용한다.

1장에서는 이런 세 가지 유형의 분석기법—기술, 예측, 처방—을 사용하여 데이터에서 가치를 추출하고 더 나은 의사결정을 내릴 수 있다는 것을 보여줬다. 기술분석은 "*무슨 일이 있었는가*"를 보여주기 위해 데이터를 수집하여 정리하고, 표로 만들고 시각화하는 방법이다. 예측분석은 과거의 데이터를 이용하여 "*미래에 일어날 수 있는 일*"을 예측하려는 방법이다. 이곳에서 다루는 처방분석은 시뮬레이션과 최적화 알고리즘을 활용하여 "*어떻게 비즈니스를 해야 하는가*"를 알아보려는 방법이다. 시뮬레이션은 현실에 존재하는 여러가지 비즈니스 상황을 모방하는 기법이며, 최적화는 한정된 용량, 재정자원, 충돌하는 우선순위와 같은 다양한 제약조건하에서 비즈니스 목표달성을 위한 최적의 방법을 찾는 기법이다.

처방분석

의사결정을 개선하기 위해 시뮬레이션이나 최적화와 같은 의사결정 분석도구를 사용하는 분석방법이다. 시뮬레이션은 실제 상황을 모방하여 서로 다른 조건하에서의 결과값을 찾아내려는 시도이며, 이때 제약조건하에서 비즈니스 목표를 달성하기 위한 최선의 방법을 최적화라고 말한다.

13.2절에서는 특별한 형태의 시뮬레이션인 몬테카를로(Monte Carlo) 시뮬레이션에 대해 살펴보고, 13.3과 13.4절에서는 두 가지 최적화 기법인 선형계획법과 정수계획법에 대해 살펴본다.

13.2 몬테카를로 시뮬레이션

실제 비즈니스 환경을 모방하기 위해서 컴퓨터 소프트웨어를 사용하여 관련 변수들 사이의 관계를 시뮬레이션 한다. 컴퓨터를 사용한 시뮬레이션의 유용성은 우리가 변수를 얼마나 잘 선택하고, 그 관계가 실제 세계를 적절하고 정확하게 반영하도록 설정하는가에 달려 있다. 시뮬레이션 모형을 개발한 다음, 특정 변수의 변화가 전체 결과에 어떤 영향을 미치는가를 살펴볼 수 있다.

시뮬레이션은 대안을 탐색하거나 비즈니스 프로세스를 개선하기 위해 여러가지 비즈니스 상황에서 광범위하게 활용되어 왔다. 기업은 개발과 생산과정에 시뮬레이션을 사용하여 다양한 제품의 설계, 생산공정 변경, 또는 공급망의 효율화 등을 실험해 왔다. 금융기관들은 여러 가지 시장상황에 대비하여 서로 다른 투자전략의 성과를 예측하는 데 시뮬레이션을 사용하고 있다. 소매점, 음식점, 항공사, 병원 및 기타 많은 서비스 제공업체들은 시뮬레이션을 활용하여 소비자의 수요변화에 대응한 작업일정계획 및 재고관리 등을 해왔다. 컴퓨터 시뮬레이션은 실제 비즈니스와 운영에 차질을 주지 않고도 여러 가지 변수의 값과 조건 등을 활용하여 신속하게 실험을 할 수 있고, 그 결과를 확인할 수 있게 해준다.

비즈니스 분석에서 컴퓨터 시뮬레이션은 종종 몬테카를로 방법과 동의어로 간주된다. 몬테카를로 방법은 실제 세계에 존재하는 위험과 불확실성을 모형으로 만드는 컴퓨터 알고리즘의 일종이다. 스테니스라 울람(Stanislaw Ulam)과 존 폰 노이만(John von Neumann)이 모나코의 몬테카를로 카지노의 이름을 딴 *몬테카를로 시뮬레이션*을 고안한 것으로 알려져 있다. 이 기술은 제 2차 세계대전 동안 미국 로스 알라모스 국립연구소(Los Alamos National Laboratory)에서 맨하튼 프로젝트에 참여했던 울람과 노이먼이 핵분열을 연구하는 데 사용했다. 이 기법은 확률적 표본추출 기법을 이용하여 발생할 수 있는 모든 결과의 확률을 사용하기 때문에 확률적(probabilistic/stochastic) 시뮬레이션이라고 불린다. 이것은 공식에 의해 결과를 정확하게 추정할 수 있는 결정론적 모형과 반대되는 것이다.

몬테카를로 시뮬레이션

확률적(혹은 통계적) 과정을 모형화하는 수학적 기법으로 현실세계를 재현하여 여러가지 비즈니스 환경의 위험과 불확실성의 효과를 이해하는 데 활용된다.

몬테카를로 시뮬레이션의 확률적 특성을 이해하기 위해 먼저 시뮬레이션이 필요하지 않을 수 있는 결정론적 시나리오부터 생각해 보자. 예를 들어, 만약 우리가 연 2%의 수익을 내는 저축 통장에 1,000달러를 예금한다면, 우리는 분명히 연말에 1,020달러를 받을 것이다. 이 결정론적 사례의 경우, 동일한 시나리오(즉, 동일한 저축 통장에 1,000달러를 투자)를 반복하면 매번 동일한 결과(즉, 우리 은행 계좌에 1,020달러)가 나오며, 결과를 예측하는 시뮬레이션은 필요없다. 하지만 대부분의 경우 실제 상황은 훨씬 더 복잡하다. 주식시장에 동일한 1,000달러의 투자를 하는 것은 높은 위험과 불확실성을 동반한다. 주식시장이 좋은 해에는 수익률은 두 자릿수가 될 수 있는 반면, 시장상황이 좋지 않다면 수익률은 마이너스일 수 있다. 주식투자자는 투자수익률을 확실히 알 수 없지만, 투자 결정을 내려야 한다. 마찬가지로, 소매업체는 각 제품에 대한 정확한 수요를 모르는 상태에서 재고수준을 결정해야 한다. 이러한 모든 경우, 우리는 몬테카를로 시뮬레이션을 사용하여 실제 금융 및 경제상황에 대한 확률적 특성을 감안한 정보를 대입하여 보다 나은 결정을 내릴 수 있다.

여기에서 우리는 주식투자의 평균 수익이나 제품의 평균 수요와 같은 평균 값을 사용하여 주식 투자자나 소매업체의 결정을 내릴 수는 없는지 궁금할 수 있다. 실제 투자수익이나 수요 등은 그들의 평균 값에서 크게 벗어날 수 있는 변동성이 있기 때문에 어렵다. 평균에만 의존하여 의사결정을 내릴 경우, 부정적인 때로는 비극적인 결과를 만들어내는 실제 사례를 찾기는 어렵지 않다. 1994년 캘리포니아 오렌지 카운티 정부는 여러 가지 가능성과 미래 금리의 불확실성 대신, 당시로서는 매우 낮은 금리의 평균가치에 기초한 투자결정을 내렸다. 결과적으로 거의 20억 달러에 이르는 손실을 경험했고, 미국 최초로 파산선고를 받은 가장 큰 지방

자치단체가 되었다(자료: 샘 새비지, *평균의 함정*).

금융시장이 아닌 곳에서도 평균의 함정은 오래 전부터 잘 알려져 있으며, 기록으로 전해진다. 1950년대 미 공군은 4,000 명 이상의 조종사에게서 가슴, 목, 몸통, 둔부, 허벅지, 눈과 귀 사이의 거리 등과 같은 100개 이상의 신체부위에 대한 데이터를 조사하여, 이를 바탕으로 조종실 설계를 개선하는 작업에 착수했다. 이 프로젝트의 주요 목적은 비행사고와 비행기 추락 횟수를 줄이도록 조종석의 설계를 개선하는 것이었다. 하지만, 연구에 참여했던 연구원은 연구 초기에 이미 "평균적인" 조종사에게 맞는 조종석을 만들 수 없다는 것을 파악했다. 평균적인 신장을 가진 조종사는 평균보다 긴 팔이나 더 짧은 몸을 가지고 있을 수 있다. 특정지표가 평균적인 조종사는 다른 신체부위가 특이할 수 있음을 발견했다. 만약 공군이 '평균적인 조종사를 위해 조종실을 만들었다면 그 조종실에는 아무도 들어갈 수 없었을 것이다!' (자료: 길버트 대니얼: *평균적인 인간*)

몬테카를로 시뮬레이션은 일어날 수 있는 모든 경우를 고려하기 위해 평균 값뿐만 아니라, 위험과 불확실성을 포함하는 확률변수를 사용한다. 4장에서 언급한대로 확률변수는 실험결과에 특정한 숫자를 할당하는 함수이다. 이산확률변수는 셀 수 있는 숫자를 사용하며, 연속확률변수는 셀 수 없는 숫자의 구간을 사용한다. 한 수업에서 A를 받는 학생의 수, 특정 월에 파산을 신청하는 기업의 수 등은 이산확률변수이며, 투자수익률이나 개인의 키 등은 셀 수 없는 값과 연관되어 있기 때문에 연속확률변수이다. 다음 절에서는 이산 및 연속형 확률분포를 이용한 몬테카를로 시뮬레이션을 사용하여 위험과 불확실성을 모형으로 만들어 본다.

위험과 불확실성의 모형화

LO 13.1

확률변수의 값을 생성할 수 있어야 한다.

일반적으로 현실세계의 위험과 불확실성은 확률변수로 표현할 수 있다. 몬테카를로 시뮬레이션은 확률변수의 이산 확률분포와 연속 확률분포를 기반으로 한다. 이러한 확률분포는 앞의 4장에서 이미 다루어졌다.

몬테카를로 시뮬레이션에서 가장 많이 사용되는 두 가지 이산확률분포는 이항분포와 포아송(Poission) 분포이다. 4장에서 이항확률변수는 우선 베르누이(Bernoulli)과정의 조건을 만족해야 한다는 것을 살펴보았다. 이항확률변수의 값은 베르누이 과정의 n번째 성공의 횟수를 의미한다. 예를 들어 100명 가운데 은행에서 대출승인을 받을 수 있는 사람의 숫자와 20명 가운데 반품신청을 할 고객의 숫자 등을 들 수 있다.

포아송 분포는 특정한 시간 혹은 공간에서 발생할 수 있는 사건(성공)의 횟수를 모형화하는 데 유용하다. 예를 들어 평일 오전 10시부터 정오까지 사이에 매장에 들어오는 고객의 수, 한 달 동안 신청되는 파산의 횟수, 그리고 50야드의 원단에서 발생되는 결함의 숫자 등이 대표적인 사례이다.

4장에서 다루지 않았던 이산확률분포는 몬테카를로 시뮬레이션에서 중요하게 사용되는 또다른 확률분포이다. 이산균등확률변수는 유한한 숫자들이 동일한 확률로 발생한다. 6면 주사위를 던질 때 나오는 숫자는 이산균등확률변수의 사례이다. 그 확률분포는 대칭(symmetric) 형태이며, 이런 확률분포에서 확률변수의 값을 추출하기 위해서 엑셀이나 R과 같은 소프트웨어를 사용한다.

이산확률분포에서 엑셀과 R을 이용한 확률변수의 값 만들기

예제 13.1에서는 이항확률분포(binomial probability distribution)에서 확률 값을 간들기 위해 엑셀과 R을 사용하는 방법을 보여준다. 그리고 포아송 및 이산균일분포 하에서 사용할 수 있는 과정도 설명한다.

예제 13.1

미국에서는 성인 인구의 약 30%는 4년제 대학학위를 가지고 있다(*미국인구조사*, 2018년 7월 31일). 사례 4.10에서는 이항분포(binomial distribution)를 가지고 확률을 계산했다. 이번에는 비슷한 시나리오를 가지고 미국 인구 가운데서 10명 단위의 집간을 무작위로 추출하여 그 가운데 4년제 대학학위 소지자를 찾아내는 방법을 사용한다. 엑셀과 R을 사용하여 10명으로 구성된 100개의 집단을 무작위로 시뮬레이션한다.

해답:

제 4장에서 보았듯이 이 문제는 베르누이(Bernoulli)과정이며 이항확률분포를 따른다. 이항확률분포의 평균과 표준편차는 각각 $\mu = np$, $\sigma = \sqrt{np(1-p)}$이다. 여기서 n은 실행 횟수를 의미하며, p는 각 실행에서 성공확률을 의미한다. 이 예제에서는 대학학위를 가지고 있을 확률이 30%인 사람 10명을 무작위로 선택한다($n = 10$, $p = 0.30$). 따라서 이항확률분포의 평균과 표준편차는 3(=10*0.30)과 1.4491($= \sqrt{10 \times 0.30 \times (1-0.30)}$)이 된다. 10명씩 100번 선택할 때, 각각의 선택에서 대학학위를 가지고 있을 수 있는 사람의 수는 0에서 10 사이의 임의의 숫자를 취한다. 이 차이는 그 선정과정의 불확실성을 대변한다.

Excel 이용

a. 불확실성을 모형화하기 위해, **RAND**와 **BINOM.INV** 함수를 사용한다. RAND 함수는 0에서 1 사이의 숫자를 임의로 만들어낸다. BINOM.INV(n, p, α) 함수는 누적 이항분포의 값이 α보다 크거나 같은 최소의 값을 찾아준다. 새로운 엑셀 워크북을 열고 A1 셀에 =BINOM.INV(10, 0.30, RAND())를 입력하라. F9 키를 누를 때마다, 엑셀은 새로운 값을 만들어 낼 것이며, 그 결과치가 달라질 것이다. 결과치는 0에서 10사이의 값이 되며, 평균 3을 중심으로 군집화될 것이다.
b. 무작위 선택을 100번 반복하기 위해서는 수식을 복사하여 A2에서부터 A100까지 붙여넣으면 된다. B1 셀에는 =AVERAGE(A1:A100) 함수를 사용하여 100개의 임의 관측치에서 대학학위 소지자의 평균 수를 계산할 수 있다. 예상대로 그 평균값은 약 3이다. B2 셀에서 =STDEV.S(A1:A100) 함수를 이용하여 100개의 무작위 관측치에서 표본표준오차를 구한다. 그 값은 1.4491이어야 한다.

엑셀은 다른 이산확률분포를 사용하여 무작위 표본을 만들어낼 수 있다. 이산균등분포의 경우 a와 b 사이의 숫자를 임의로 추출하기 위해 =RANDBETWEEN(a, b)를 사용한다. 예를 들어 어떤 셀에 =RANDBETWEEN(2, 5)를 입력하면 2, 3, 4, 5 사이의 숫자가 임의로 만들어진다. 포아송 분포의 경우 임의의 관측치를 추출하는 함수는 엑셀에 내장되어 있지 않다.

엑셀에서 내장함수를 사용하여 임의의 관측치를 생성할 때에는 무작위 시작숫자(random seed)를 사용할 수 없다. 따라서 매번 관측치가 다르게 만들어진다. 만들어진 난수(random number)를 저장하기 위해서는 엑셀의 값 붙여넣기 기능을 사용하여 비어 있는 셀(예: C1~C100) 에 그 값만 복사하여 붙여 넣을 수 있다. 앞 장에서 설명한 엑셀의 분석도구(Analysis ToolPak)은 랜덤 시드넘버를 설정할 수 있기 때문에 항상 동일한 결과값을 얻을 수 있다. 엑셀의 분석도구를 사용하면 포아송 확률변수에 대한 무작위 관측치도 만들어 낼 수 있다.

엑셀의 분석도구(Analysis ToolPak) 사용

a. 메뉴에서 **데이터(Data) > 데이터 분석(Data Analysis) > 난수생성(Random Number Generation)** 선택. [**데이터 분석(Data Analysis)** 옵션이 없으면, **분석도구(Analysis Toolpak)**를 추가해야 한다. 메뉴에서 **파일(File) > 옵션(Options) > 추가기능(Add-Ins)**을 선택하고 대화상자 밑에 있는 **이동(Go)** 버튼을 누른다. **분석도구(Analysis Toolpak)**를 선택하고 **확인(OK)** 버튼을 누른다. 옵션을 정확히 선택했다면, **데이터(Data)** 메뉴에서 **데이터 분석(Data Analysis)**이 보일 것이다.]

b. 그림 13.1 참조. 여기에서 *변수의 개수(Number of Variables)*는 1, *난수의 개수(Number of Random Numbers)*는 100이 된다. *분포(Distribution)*는 *이산분포(Binomial)*를 선택하고, *모수(Parameters)*의 *p-value(확률)*는 0.3이다. 그리고 *난수시드(Random Seeds)*는 1로 정한다. A1 셀을 출력범위(Output Range)로 정하고 **확인(OK)** 버튼을 누른다.

그림 13.1 엑셀의 난수생성(Random Number Generation) 대화상자

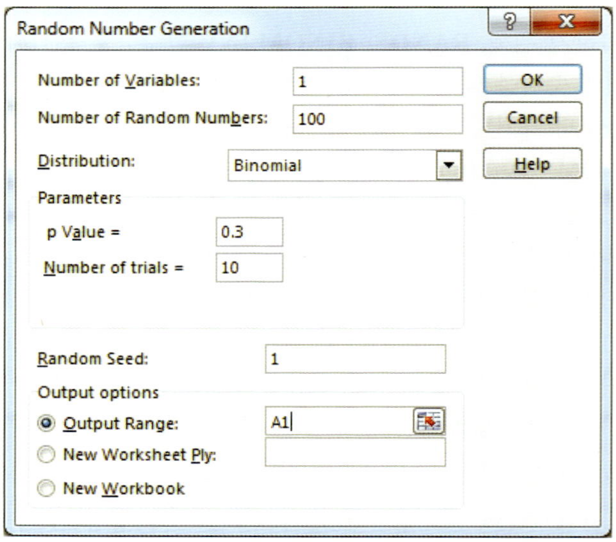

자료: Microsoft Excel

c. 엑셀이 100개의 임의의 숫자를 A1셀에서 A100셀에 표시할 것이다. 만들어진 100개

의 임의의 숫자에 대해, AVERAGE와 STDEV.S 함수를 이용하여 평균과 표준편차 2.95와 1.3734를 구한다. 예상했던 대로 그 값은 이항확률분포의 모집단 평균 3과 표준편차 1.4491과 유사하다.

다른 확률분포를 사용하여 난수를 만들려면 그림 13.1에 나와 있는 *분포(Distribution)* 상자에서 다른 옵션을 선택하고 적절한 모수의 값을 입력하면 된다. 예를 들어, 포아송 분포에서 난수를 만들려면, *분포(Distribution)*에서 포아송을 선택하고, λ 값을 지정한다. 여기에서 λ는 포아송분포의 평균과 분산을 의미한다. 4장에서는 그리스 문자인 μ를 λ 대신 사용했다.

R 이용

a. 출력값의 일관성을 보장하기 위해 **set.seed** 함수를 사용한다. 다음을 입력하라.

```
> set.seed(1)
```

b. **rbinom** 함수를 사용하여 이항확률변수의 난수를 생성한다. rbinom(*numobs*, *n*, *p*) 함수를 입력한다. 여기에서 *numobs*는 R 프로그램에서 *n*번의 시도와 각 시도별 *p*의 성공확률을 가지는 이항과정(binomial process)으로부터 만들어내는 관측치의 숫자이다. 결과물인 임의의 관측치를 output이라고 이름짓고, 그 결과를 표시한다. 다음을 입력하라.

```
> output <- rbinom(100,10,0.3)
> output
```

c. 100개의 임의의 관측치 평균 및 표준편차를 계산하기 위해 **mean**과 **sd** 함수를 이용한다. 다음을 입력하라.

```
> mean(output)
> sd(output)
```

100개의 임의의 관측치 평균과 표준편차는 각각 3.08과 1.3156이다. 예상했던대로 그 값은 이항확률분포의 모집단 평균 3과 표준편차 1.4491과 유사하다.

R 프로그램 역시 다른 확률분포에 대한 난수도 만들 수 있다. 이산균일분포와 포아송분포의 경우 **rbinom** 함수 대신 **sample**과 **rpois** 함수를 사용할 수 있다. 예를 들어, sample(2:5, 100, replace = TRUE)를 입력하면 R은 2에서 5 사이에서 100개의 숫자를 임의로 만들어낸다. (이 경우 동일한 숫자가 나올 수 있으며, 2와 5도 포함된다.) rpois(100, 3)을 입력하면 R 프로그램은 평균값 3을 가지는 포아송 분포에서 100개의 난수를 만들어낸다. **set.seed** 함수를 이용하면 결과물의 일관성을 유지할 수 있다.

지금까지 우리는 이산확률분포에서 확률변수의 값을 만들었다. 이제 연속확률분수어 대한 확률값 시뮬레이션을 살펴보자. 정규분포, 연속균일분포, 그리고 지수분포는 몬테카를로 방법에서 가장 많이 사용되는 확률분포들이다.

3장과 4장에서 다루었듯이, 정규분포는 종 모양이고 평균을 중심으로 대칭으로 되어 있다. 통계작업과 분석모형화에서 가장 광범위하게 사용되는 확률분포이고 관심의 대상이 되는 여러가지 확률변수를 보다 정확하게 표현할 수 있다. 예를 들어, 나무를 심는 계절에 내리는 강우량, 학생들의 시험성적, 그리고 소비자들이 매달 사용하는 휴대폰의 사용량 등을 나타낼 수 있다.

4장에서는 논의되지 않았지만, 중요하게 사용되는 또다른 분포로는 연속균일분포와 지수분포가 포함된다. 연속균일분포는 특정한 범위내에서 일정한 확률로 나타나기 때문에 직사각형 분포라고도 한다. 가전제품의 배달시간, 건물의 엘리베이터 도착시간, 또는 목적지까지의 예정비행시간 등을 예로 들 수 있다. 정규분포 또는 연속균일분포와는 달리, 지수분포는 데이터가 비대칭적이라고 생각할 때 사용할 수 있다.

지수분포는 포아송분포와도 관련 있다. 포아송 확률변수는 주어진 시간 혹은 공간안에서 사건의 발생횟수를 말하지만, 지수확률분포는 발생사건 사이의 경과시간을 나타낸다. 예를 들어, 문자메세지 사이의 시간 혹은 고객구매 사이의 시간 등을 말한다. 지수분포는 가전제품이나 사람의 수명과 같은 수명의 모형화에도 적용된다. 일정한 실패율을 뜻하는 '망각' memoryless 특징이 있음에 주의해야 한다. 예를 들어, 특정한 날짜에 전구가 타버릴 확률은 10시간, 100시간, 혹은 1000시간 그 전구를 사용했는가와 무관하다라고 가정한다. 지수확률분포는 그 평균값의 역수인 모수 λ를 사용하여 표시한다.

연속확률분포에서 엑셀과 R을 이용한 확률변수의 값 만들기

예제 13.2에서는 정규분포를 기반으로 한 확률 관측치를 엑셀과 R을 사용하여 만드는 방법을 보여준다. 또한 연속균일분포와 지수분포의 경우 어떻게 해야 하는지에 대해서도 살펴본다.

예제 13.2

도입사례에서 패션테크에서 판매하는 레드 풀오버 재킷의 재료비 단가는 평균 12달러이며, 표준편차는 1.37달러였다. 무작위로 선정한 100벌의 재킷의 재료비를 계산한다.

해답:

예제 13.1과 유사하게 엑셀과 R을 사용하여 무작위로 선정된 100벌의 재킷의 재료비를 계산할 수 있다. 100개의 값을 근거로 평균 1.37달러, 표준편차 12달러일 것으로 예상할 수 있지만, 개별 재킷의 정확한 단가는 다를 수도 있다.

Excel 이용

a. **RAND**와 **NORM.INV** 함수를 사용한다. 예제 13.1에서와 같이 RAND 함수는 0과 1 사이의 숫자를 임의로 추출한다. NORM.INV(α, μ, σ) 함수는 α보다 크거나 같은 누적정규분포의 값 가운데 가장 작은 값을 계산해 준다. 새로운 엑셀 워크북을 열고 =NORM.INV(RAND(), 12, 1.37)을 A1 셀에 입력한다. F9 키를 누를 때마다, 엑셀은 새로운 값을 계산해 내며, 결과치는 달라질 것이다.

b. 계속적으로 난수를 추출하기 위해 A1 셀의 내용을 복사하여 A2에서 A100 셀로 복

사한다. AVERAGE와 STDEV.S 함수를 이용하여 100개의 임의의 관측치의 평균과 표준편차를 구할 수 있다.

엑셀을 이용하여 다른 연속확률분포에서도 임의의 관측치를 추출해 낼 수 있다. 최소값 a와 최대값 b를 가지는 연속균일분포의 경우 = a + (b − a)*RAND()를 입력하여 a와 b 사이의 임의의 관측치를 생성한다. 지수 λ를 가지는 지수함수의 경우 = (−1/λ)*1-n(1-RAND())를 사용한다. 여기에서 1/λ는 지수분포의 평균이다.

Excel의 Analysis ToolPak 이용

a. 예제 13.1에서와 같이 메뉴에서 **데이터(Data) > 데이터 분석(Data Analysis) > 난수생성(Random Number Generation)** 선택

b. 이 예제에서는 *변수의 개수(Number of Variables)*는 1로 하고, *난수의 개수(Number of Random Numbers)*는 100으로 정한다. *분포(Distribution)*는 *정규분포(Normal)*를 선택하고, *모수(Parameters)*의 *평균(Mean)*은 12, *표준편차(Standard Deviation)*는 1.37로 한다. 결과물의 일관성을 위해 *난수시드(Random Seeds)*는 1로 정한다. A1 셀을 출력범위(Output Range)로 정하고 **확인(OK)** 버튼을 누른다.

c. 100개의 관측치에 AVERAGE와 STDEV.S 함수를 사용하여 계산한 평균과 표준편차는 각각 11.9628과 1.5055이다. 연속균일분포에 대한 난수를 만들어내려면, *분포(Distribution)* 상자에 *일양분포(Uniform)*를 선택하고, 하한값과 상한값을 정해주면 된다. 지수함수의 경우 엑셀의 분석도구에는 없다. 하지만, 연속균일변수 x를 활용해서 지수확률변수 y의 값을 $y = (-1/\lambda)*\ln(1-x)$의 식을 활용하여 시뮬레이션할 수 있다. 여기서 1/λ은 지수분포의 평균이다. 예를 들어 λ이 3인 지수확률변수를 만들기 위해서는 균일분포를 선택하고 하한과 상한값을 [0, 1] 로 정하고 난수의 위치를 A1:A100 셀로 정한다. 셀 B1에 =(−1/3)*ln(1−A1)을 입력하고 그 내용을 복사하여 B2:B100에 붙여넣는다.

R 이용

a. 출력값의 일관성을 보장하기 위해 set.seed(1)을 사용한다. 다음을 입력하라. **rnorm** 함수를 이용하여 정규확률변수에서 임의의 관측치를 추출한다. rnorm(*numobs*, μ, σ)를 입력한다. 여기서 *numobs*는 평균 μ, 표준편차 σ인 정규분포에서 R이 만들어 낼 관측치의 개수를 말한다. 결과물인 임의의 관측치를 output이라고 이름 짓고, 그 결과를 표시한다. 다음을 입력하라.

```
> set.seed(1)
> output <- rnorm(100, 12, 1.37)
> output
```

b. 100개의 임의의 관측치 평균 및 표준편차를 계산하기 위해 **mean**과 **sd** 함수를 이용한다. 다음을 입력하라.

```
> mean(output)
> sd(output)
```

b에서 계산한 100개의 임의의 관측치 평균과 표준편차는 각각 12.1492와 1.2305 이다.

연속균일분포의 경우 runif(100, 20, 21)을 사용하여 20에서 21 사이에서 100개의 임의의 관측치를 추출할 수 있다. 지수분포에서는 $\lambda = 3$인 경우 rexp(100, 3)을 사용한다.

지금까지는 이론적 확률분포를 기반으로 불확실성을 모형화하는 방법을 보여줬다. 실제로는 어떤 분포가 가장 현실에 적합한지 미리 알 수는 없다. 때로는 데이터를 도표화하고, 히스토그램을 이용하여 적당한 이론적 분포를 찾아낼 수 있다. 예를 들어, 히스토그램에서 데이터가 균일하게 표시되는 경우 연속형 균일분포라고 가정할 수 있다. 만약 히스토그램이 가운데를 기준으로 대칭이며, 꼬리부분의 확률이 감소하는 경우 정규분포라고 가정할 수 있다. 공식적으로는 카이스퀘어 적합도 검정과 같은 방법을 사용하여 적절한 이론적 확률분포를 찾아낼 수 있다. 확률분포 적합함수(distribution fitting functions)는 대부분의 소프트웨어에서 찾아볼 수 있다. 이 장에서는 알려져 있는 이론적 분포에 기반을 둔 시뮬레이션 모형을 개발하는 것에 중점을 둔다.

LO 13.2

몬테카를로 시뮬레이션 모형을 개발하고 응용할 수 있어야 한다.

몬테카를로 시뮬레이션 공식의 개발

관련된 모든 확률변수의 확률분포가 알려져 있는 경우, 몬테카를로 시뮬레이션 모형을 쉽게 공식으로 개발할 수 있다. 다음 단계는 관련변수 사이의 관계를 나타내는 정량적 모형을 만드는 것이다. 도입사례에서 애비게일은 여성용 레드 풀오버 재킷을 만들기 위해 필요한 인력의 규모별로 수익을 예측하고자 한다. 확률변수, 상수, 그리고 이익관련 공식은 다음에 나와 있는대로 기본적인 회계원리를 이용하여 만들 수 있다.

$$\text{이익} = \text{수익} - \text{비용} = RQ_s - (F + VQ_p)$$

여기에서, R = 재킷당 판매가격; Q_s = 재킷 판매량; F = 고정 오버헤드 비용; V = 재료비 및 인건비를 포함한 재킷당 변동비용; Q_p = 재킷 생산량

물론 시나리오가 변경되면 공식은 달라질 것이다. 하지만 상황에 상관없이 몬테카를로 방법은 불확실성을 확률변수를 통하여 반영한다. 이러한 공식을 사용하여 시뮬레이션을 반복하면 여러 가지 가능한 결과들을 산출해 볼 수 있다.

시뮬레이션 과정을 여러번 반복하여 평균, 최선의 경우, 최악의 경우, 그리고 결과의 범위 등과 같은 관련 정보를 제공하여 의사결정자가 적절한 대응을 할 수 있도록 도와줄 수 있다. 예를 들어, 도입 사례에서 애비게일은 풀오버 재킷의 수요와 생산량을 비교하여 수익에 어떤 영향이 있는지 확인할 수 있다. 몬테카를로 시뮬레이션은 또한 인력 충원의 수준에 따른 평균 수익이나 최선의 경우, 그리고 최악의 경우 등 다양한 시나리오를 예측해 볼 수 있도록 한다. 보다 중요한 것은 시뮬레이션의 모수(parameter)를 손쉽게 변경해 볼 수 있다는 것이다. 예를 들어 패션테크에 도움이 되도록 적절한 고용수준 혹은 제조공정의 자동화 등에 대한 결과를 시뮬레이션 해 볼 수 있다. 예제 13.3에서 보다 자세히 다룬다.

예제 13.3

도입사례에서 애비게일은 패션테크 매출 1위 제품인 여성용 레드 풀오버 재킷의 수요와 생산정보를 활용하여 분석모형을 개발하려고 한다. 이를 위하여 회사의 데이터베이스에서 표 13.1에 요약되어 있는 것과 같은 수요와 비용관련 정보를 얻는다. 애비게일이 여러가지 인력규모에서 수익을 비교할 수 있도록 몬테카를로 시뮬레이션을 만들고, 이를 바탕으로 생산자동화 수준을 높일 것인가를 결정하려고 한다.

표 13.1 패션테크의 수요와 비용데이터 요약

적요	데이터
주간 수요량	정규분포 $\mu = 139$, $\sigma = 14.61$
재단사별 주간 생산량	균일분포 31과 41단위 사이
재킷당 판매가격	$50
재킷당 재료비용	정규분포 $\mu = \$12$, $\sigma = \$1.37$
재단사당 주급	$700
주간 오버헤드 비용	$800

해답:

앞에서 제시한 이익방정식을 바탕으로 몬테카를로 시뮬레이션을 개발한다. 예제 13.2에서, 레드 풀오버 재킷의 재료비에 대한 값을 무작위로 추출했다. 주간 수요량과 생산량에 대해 같은 방법을 사용하여 무작위 관측치를 추출한다. 재킷의 숫자는 정수여야 하기 때문에, 난수를 추출하여 정수로 변환해야 한다. 재료비는 소숫점 이하 두자리를 사용한다.

Excel 이용

FILE ***Jacket.*** Excel에서 몬테카를로 시뮬레이션을 만드는 방법은 다양하지만, 일관성을 위해 이 예제에 있는 재킷 ***Jacket*** 워크시트를 템플릿으로 사용하는 것을 권한다. 또한 동일한 결과를 얻기 위해 엑셀의 분석도구(Analysis ToolPak)에 있는 난수생성 기능을 이용하고 난수 시드를 1로 설정한다. 시뮬레이션을 100회 반복하고 그 결과를 ***Jacket*** 워크시트에 요약하여 표시한다.

a. *Jacket* 워크시트를 연다. **데이터(Data) > 데이터 분석(Data Analysis) > 난수생성(Random Number Generation)**을 사용하여 100개의 난수를 만들어, L11:L110에는 주간수요, M11:M110에는 생산량, N11:N110에는 재료비용 순으로 채워 넣는다. 그림 13.2는 세 개의 난수를 위한 난수추출옵션을 설정하는 방법을 보여주며, 모든 시뮬레이션에서 시드는 1로 정한다.

b. 주간 수요와 생산율에 대한 난수를 정수로 변환하고, 엑셀의 ROUND 함수를 이용하여 재료비를 소숫점 두자리로 정한다. B11, C11, D11 셀에 각각 공식 =ROUND(L11, 0), =ROUND(M11, 0), =ROUND(N11, 2)를 입력한다. 공식을 복사하여 B12:D110에 붙여 넣는다. 그림 13.3은 만들어진 난수의 일부를 보여준다.

그림 13.2 수요, 생산율, 재료비 계산을 위한 난수 추출

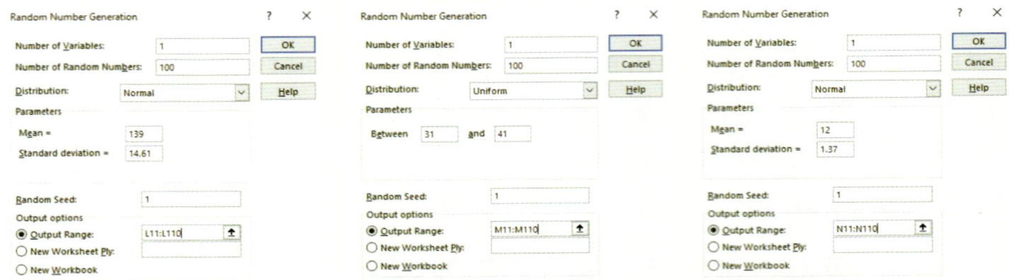

그림 13.3 패션테크를 위한 ***Jacket*** 워크시트의 일부

	A	B	C	D	E	F	G	H	I	J	K	L	M	N
1	**Input parameters:**			**Simulation results:**	Summary of weekly profit at each staffing level									
2	Selling price	$ 50			1	2	3	4	5	6				
3	Overhead cost	$ 800		Average										
4	Tailor's wage	$ 700		Std Dev										
5				Best case										
6				Worst case										
7														
8														
9		Rounded values of random numbers			Weekly profit at each staffing level (1 through 6 tailors)							Random numbers		
10	Simulation number	Demand	Production rate per tailor	Material cost	1	2	3	4	5	6		Demand	Production rate	Material cost
11	1	95	31	7.86								94.8338	31.0125	7.8585
12	2	141	37	12.22								141.3386	36.6359	12.2193
13	3	126	33	10.81								126.3509	32.9330	10.8139

c. 판매가격 $50을 B2셀에 입력하고, 주간 오버헤드 비용 $800과 주별 임금 $700을 B3와 B4에 입력한다. 그림 13.3과 같이 입력값에 제목을 붙인다. 애비게일은 생산공정의 자동화 가능성을 검토한다는 것을 기억하라. 입력변수를 셀에 따로 저장하면 나중에 다른 시나리오를 검토할 때 그 값을 손쉽게 수정해볼 수 있다.

d. 이익은 수익에서 원가를 뺀 값이라는 것을 기억하고, 수익을 계산하려면 판매금액과 재킷의 판매량을 곱해야 한다. 재킷의 판매량은 생산량과 수요량 가운데 작은 값을 사용한다. 엑셀의 MIN 함수를 이용하여 재킷의 판매량을 결정한다. 총비용은 오버헤드 비용과 임금, 그리고 재료비의 합이다. 한사람의 재단사를 고용할 경우 주간 이익은 E11에 다음의 공식을 사용하여 계산한다.

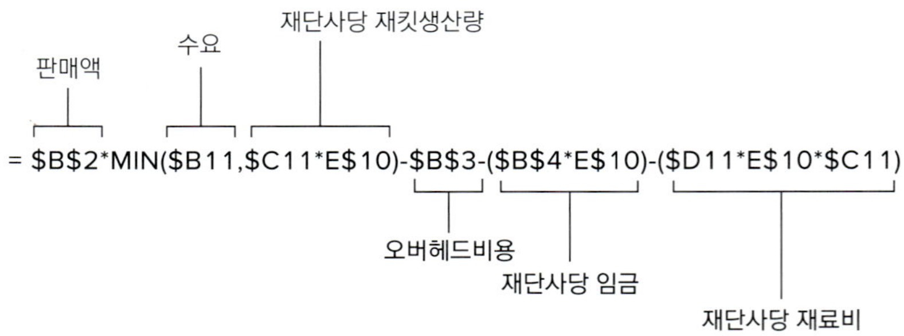

여러 가지 인력규모에 따른 이익을 계산하려면 E11:J110에 공식을 복사하여 붙여 넣는다. 그림 13.4는 이익의 일부를 보여준다.

위 공식에서 $ 표시에 주의해야 한다. $ 표시가 앞에 붙은 행이나 열은 공식이 다른 곳에 복사되더라도 변하지 않는다. 예를 들어 공식에서 $B11은 항상 열 B를 참조

하고, E$10은 10번째 행을 참조하며, $B$2는 공식이 다른 곳에 복사되더라도 언제나 B2 셀을 참조하도록 만든다.

그림 13.4 패션테크 시뮬레이션 결과

	A	B	C	D	E	F	G	H	I	J	K	L	M	N
1	**Input parameters:**			**Simulation results:**	Summary of weekly profit at each staffing level									
2	Selling price	$ 50			1	2	3	4	5	6				
3	Overhead cost	$ 800		Average	-$135.50	$529.00	$1,193.50	$1,560.99	$456.49	-$678.01				
4	Tailor's wage	$ 700		Std Dev	$59.42	$118.84	$178.26	$399.88	$373.44	$290.04				
5				Best case	-$37.94	$724.12	$1,486.18	$2,248.24	$1,726.50	$341.80				
6				Worst case	-$237.92	$324.16	$886.24	$175.36	-$768.30	-$1,711.96				
7														
8														
9		Rounded values of random numbers			Weekly profit at each staffing level (1 through 6 tailors)							Random numbers		
10	Simulation number	Demand	Production rate per tailor	Material cost	1	2	3	4	5	6		Demand	Production rate	Material cost
11	1	95	31	7.86	-193.66	412.68	1019.02	175.36	-768.30	-1711.96		94.8338	31.0125	7.8585
12	2	141	37	12.22	-102.14	595.72	1293.58	1641.44	489.30	-662.84		141.3386	36.6359	12.2193
13	3	126	33	10.81	-206.73	386.54	979.81	1273.08	216.35	-840.38		126.3509	32.9330	10.8139

e. 이제 재킷 ***Jacket*** 워크시트에 있는 *시뮬레이션의 결과*를 바탕으로 각 인력규모에 대한 통계량을 계산한다. 셀 E3에서 E6에 다음의 공식을 각각 입력한다. =AVERAGE(E11:E110), =STDEV.S(E11:E110), =MAX(E11:E110), =MIN(E11:E110). 셀 E3:E6의 공식을 복사해 F3:J6에 붙여 넣는다. 추가적인 통계값은 다른 엑셀 함수를 이용할 수도 있다. 3장을 참조하라. ***Jacket*** 워크시트와 시뮬레이션 결과는 그림 13.4와 비슷해야 한다. 그림 13.5는 세 명 혹은 네 명의 재단사를 고용할 경우 100번의 시뮬레이션을 통해 파악해 본 이익의 산점도(scatterplot)를 보여준다. 그림 13.4와 13.5는 4명의 재단사를 고용할 경우 가장 높은 이익을 얻을 수 있지만, 이익수준의 변동성은 다른 시나리오(더 큰 표준편차로 표시된 더 높은 위험도)보다 훨씬 더 크다는 것을 보여준다. 반대로 세 명의 재단사를 고용할 경우 이익은 두 번째가 되지만, 4명의 재단사를 고용할 경우에 비해 훨씬 낮은 위험도를 가질 수 있음을 보여준다.

그림 13.5 패션테크의 수익분포

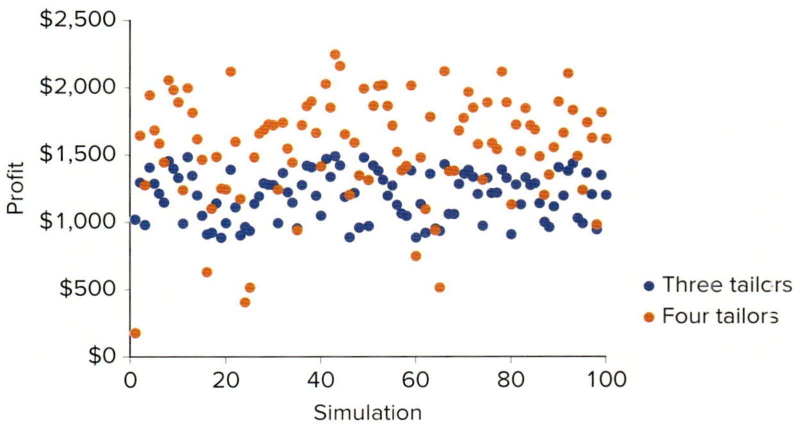

f. 생산공정의 자동화 수준을 증가할 수 있는가 알아보기 위해 B3와 B4셀에 주당 오버헤드 비용과 재단사 임금을 각각 900과 550으로 입력한다. 동시에 셀 M에 새로운 숫

자를 36과 41 사이의 균등분포를 사용하여 무작위로 추출한다. ***Jacket*** 워크시트는 새로운 시나리오에 100번 시뮬레이션을 반복하여 그림 13.6에서와 같이 결과값을 다시 계산한다. 새로운 시나리오에서도 4명의 재단사를 고용하는 것이 가장 수익성이 높은 동시에 위험도도 가장 높음을 알 수 있다. 하지만 3명의 재단사를 고용하는 경우 기대이익은 4명의 재단사를 고용하는 경우와 거의 유사하지만, 위험도는 훨씬 더 낮아짐을 알 수 있다. 추가적인 내용은 도입사례의 분석결과에 더 나와 있다.

그림 13.6 수정된 입력값으로 계산한 시뮬레이션 결과

Simulation results:	Summary of weekly profit at each staffing level					
	1	2	3	4	5	6
Average	$11.59	$923.17	$1,820.26	$1,950.85	$966.94	-$45.48
Std Dev	$19.45	$38.90	$77.49	$448.41	$431.67	$357.94
Best case	$67.04	$1,034.08	$1,918.80	$2,748.24	$2,376.50	$1,141.80
Worst case	-$84.70	$730.60	$1,351.12	$518.16	-$314.80	-$1,147.76

앞에서 말한 것 같이, 다른 종류의 스프레드시트를 사용하여 몬테카를로 시뮬레이션의 결과를 얻을 수 있고, 보다 복잡한 모형을 사용하여 추가적인 정보를 얻을 수도 있다. 예를 들어, 각각의 재단사의 생산력을 독립된 확률변수(예: 6명의 재단사에 대한 6개의 확률변수) 또는 다양한 재킷크기(예: S, M, L)에 대한 수요를 또 다른 확률변수나 시뮬레이션 템플릿을 사용하여 분리해 볼 수도 있다.

R 이용

a. 이 교재의 결과와 같은 값을 얻으려면 **set.seed** 함수를 이용해야 한다. 다음을 입력하라.

```
> set.seed(1)
```

b. 지정된 분포를 사용하여 수요량, 생산량, 재료비용 등에 대한 100개의 임의의 관측치를 생성한다. **round** 함수를 사용하여 주간 수요량과 생산율을 정수로 변환하고, 재료비를 소수점 두 자리를 사용하여 입력한다.

```
> demand <- rnorm(100, 139, 14.61)
> demand <- round(demand, digits = 0)
> productionRate <- sample(31:41, 100, replace = TRUE)
> productionRate<-round(productionRate, digits = 0)
> materialCost <- rnorm(100, 12, 1.37)
> materialCost<-round(materialCost, digits = 2)
```

c. 해당 변수에 단위 가격, 오버헤드 비용, 재단사의 주급정보를 입력한다.

```
> price <- 50
> overheadCost <- 800
> wageCost <- 700
```

d. 이익을 계산하기 위해 profitCalc라는 함수를 만든다.

```
> profitCalc <- function(staffLvl, priceLvl, overhead, wage,
demandLvl, productionLvl, material)
{priceLvl * pmin(demandLvl, productionLvl * staffLvl) - overhead -
(wage * staffLvl) - (productionLvl * staffLvl * material)}
```

함수에서 필요한 모든 인수(staffLvl은 인력규모, priceLvl은 판매가격 등)는 괄호를 사용하여 규정하고, 중괄호 속에서 이익공식을 정의한다({}). 이익은 수익에서 원가를 뺀 것이다. 수익은 판매가격과 재킷의 판매량의 곱이며, 재킷의 판매량은 수요량과 생산량 가운데 더 작은 값이 된다. 판매된 재킷의 수를 알아내기 위해 **pmin** 함수를 사용한다. 총비용은 오버헤드 비용과, 재단사의 임금, 그리고 재료비의 합이다.

e. 앞의 d에서 만든 profitCalc 공식을 사용하여 각각의 인력규모에 따른(예, 한명에서 6명 사이의 재단사) 수요량, 공급량, 그리고 재료비를 **sapply** 함수를 이용하여 계산한다. 그 결과는 profitResults 데이터 프레임에 저장한다.

```
> profitResults <- sapply(1:6, profitCalc, price, overheadCost,
wageCost, demand, productionRate, materialCost)
```

sapply의 첫 번째 인자인 (1:6)는 한 명에서 여섯 명까지를 고용하는 여섯 가지의 시나리오를 의미한다. 두 번째 인자는 d 단계에서 만든 **profitCalc** 함수를 호출하는 것이며, 나머지 인자들은 판매가격, 오버헤드 비용, 임금, 수요량, 판매량, 재료비 등으로 앞에 b와 c 단계에서 차례로 설명된 것들이다. 이런 인자들은 d 단계에서 개발된 함수와 동일한 순서에 따라 나열된다는 것에 유의하라. 만약 3명에서 8명의 인력규모를 비교하려면 R의 내용은 다음과 같이 바뀌어야 한다.

```
profitResults <- sapply(3:8, profitCalc, price, overheadCost,
wageCost, demand, productionRate, materialCost)
```

f. 평균이익을 계산하고 최소이익과 최대이익을 각 인력수준에서 비교해 보려면 **summary** 함수를 이용한다.

```
> summary(profitResults)
```

그림 13.7에서는 3명 혹은 4명의 재단사를 고용할 경우 가장 높은 수익을 얻을 수 있다는 것을 보여준다(각각 평균 1,110.50달러와 1,396.50달러). 하지만 그 수익의 범위는 4명의 재단사를 고용했을 경우임을 알 수 있다.

그림 13.7 요약 통계량

```
       V1                 V2                  V3                  V4                  V5                   V6
Min.   :-410.0   Min.   : -20.08   Min.   : 369.9   Min.   :-416.4   Min.   :-1658.0   Min.   :-2899.66
1st Qu.:-261.6   1st Qu.: 276.77   1st Qu.: 815.2   1st Qu.:1090.9   1st Qu.:  116.2   1st Qu.:-1020.04
Median :-181.9   Median : 436.20   Median :1041.2   Median :1418.6   Median :  551.9   Median : -562.78
Mean   :-160.5   Mean   : 479.01   Mean   :1110.5   Mean   :1396.5   Mean   :  598.0   Mean   : -516.98
3rd Qu.: -69.7   3rd Qu.: 660.60   3rd Qu.:1370.0   3rd Qu.:1678.3   3rd Qu.: 1179.2   3rd Qu.:   83.84
Max.   : 137.9   Max.   :1075.90   Max.   :2013.8   Max.   :2596.3   Max.   : 2281.4   Max.   : 1257.52
```

g. 각각의 고용수준에서 이익에 대한 표준편차를 계산하기 위해 **sd** 함수를 사용한다. 다음 명령어는 3명 혹은 4명의 재단사가 있을 경우의 표준편차를 계산하는 법이다. 다른 고용수준에서의 표준편차도 같은 방법으로 계산할 수 있다.

```
> sd(profitResults[,3])
> sd(profitResults[,4])
```

세 명의 재단사를 고용하는 경우 표준편차는 380.7242이며, 4명의 재단사의 경우에는 507.4703이다. 이는 앞의 f에서 본 것과 같이 4명의 재단사를 고용하는 경우 평균 이익은 가장 높지만 3명의 재단사를 고용할 경우에 비해 더 위험하다는 것과 일치하는 결과임을 알 수 있다.

h. 자동화의 가능성을 평가하기 위해서 오버헤드 비용을 900달러로 변경하고 주당 재단사의 임금을 550달러로 바꾼다. 균등분포를 사용하여 36과 41 사이의 생산량을 무작위로 추출한다.

```
> set.seed(1)
> overheadCost <- 900
> wageCost <- 550
> productionRate <- sample(36:41, 100, replace = TRUE)
> productionRate<-round(productionRate, digits = 0)
```

i. 이익을 계산하기 위해 **sapply** 함수를 사용하고 그 결과를 profitResultsAutomation 데이터 프레임에 저장한다. 요약 통계량을 **summary**와 **sd** 함수를 사용하여 계산한다.

```
> profitResultsAutomation <- sapply(1:6, profitCalc, price,
overheadCost, wageCost, demand, productionRate, materialCost)
> summary(profitResultsAutomation)
> sd(profitResultsAutomation[,3])
> sd(profitResultsAutomation[,4])
```

그림 13.8은 새로운 통계량을 요약해서 보여준다. 3명 혹은 4명의 재단사를 채용한 경우 표준편차는 각각 255.2004와 646.9132이다.

그림 13.8 추가적인 자동화의 통계요약

```
       V1                V2               V3              V4                V5                V6
Min.   :-205.12   Min.   : 489.8   Min.   :1185   Min.   : 242.1   Min.   :-809.9   Min.   :-1861.88
1st Qu.: -31.99   1st Qu.: 836.0   1st Qu.:1704   1st Qu.:1548.1   1st Qu.: 529.1   1st Qu.: -507.67
Median :  14.10   Median : 928.2   Median :1842   Median :2044.5   Median :1021.0   Median :  -21.06
Mean   :  15.34   Mean   : 930.7   Mean   :1842   Mean   :2024.4   Mean   :1059.2   Mean   :   45.06
3rd Qu.:  74.30   3rd Qu.:1048.6   3rd Qu.:2023   3rd Qu.:2590.5   3rd Qu.:1626.7   3rd Qu.:  640.75
Max.   : 228.40   Max.   :1356.8   Max.   :2485   Max.   :3255.2   Max.   :2753.4   Max.   : 1884.08
```

추가적인 내용은 도입사례의 분석결과에 나와 있다.

도입사례 분석결과

애비게일 콴은 패션테크의 매출 1위 상품인 여성용 레드 풀오버 재킷의 수요와 생산정보를 바탕으로 분석모형을 개발하려고 한다. 생산과 수요에 대한 정보는 회사의 데이터베이스에서 얻는다. 몬테카를로 시뮬레이션의 결과를 검토한 후, 애비게일은 일주일에 3명 혹은 4명의 재단사를 고용하는 것이 주당 평균수익을 가장 높일 수 있는 시나리오라고 결정한다. 평균 4명을 고용하면 가장 수익이 높지만 또한 가장 위험이 높기도 하다. 3명의 재단사를 고용하면 평균 주당수익은 약간 낮지만 수익의 변동폭이 좁고 표준편차가 감소하여 덜 위험해진다.

Izf/Shutterstock

애비게일은 시뮬레이션 결과를 토대로 추가적인 자동화의 가능성을 평가했다. 덜 숙련된 재단사를 고용한다면 인건비를 줄일 수 있고, 추가적으로 자동화를 실시하면 생산량의 변동폭도 줄일 수 있다. 이런 잠재적 편익으로 인해 3명의 재단사를 고용하는 것이 4명을 고용할 때의 평균이익에 근접한 이익을 내는 한편 변동성은 훨씬 낮기 때문에 보다 실용적이라고 할 수 있다. 하지만 이 계획은 추가적인 자동화를 위한 일회성 설치비용과 훈련비용이 발생하며, 이는 잠재적인 공급업체들의 제안서(request for proposals, RFP)를 통해 결정된다. 회사의 소유주와의 다음 모임에서 애비게일은 패션테크를 위해 RFP 절차를 시작할 것을 건의하려 한다.

연습문제 13.2

이 절의 연습문제를 풀기 위해 랜덤 시드를 1로 정하고 엑셀의 분석도구(Analysis ToolPak)의 *난수생성*(Random Number Generation) 기능을 이용하라. R에서는 동일한 결과를 가져오기 위해 **set.seed(1)**을 실행하라.

1. 엑셀의 분석도구 또는 R을 이용하여 $p = 0.2$인 이항분포에서 25개의 임의의 관측치를 만들어내는 실험을 5번 수행하라. 25개의 관측치의 평균과 표준편차는 무엇인가? (시드는 1을 사용)
2. 엑셀의 분석도구 또는 R을 이용하여 [23, 37] 사이의 균일분포를 이용하여 50개의 임의관측치를 만들어내는 실험을 수행하라. 시뮬레이션 결과의 범위는 얼마인가? (시드는 1을 사용)
3. 엑셀의 분석도구 또는 R을 이용하여 $\lambda = 2$인 포아송분포에서 200개의 임의의 관측치를 만들면, 그 평균과 표준편차는 무엇인가? (시드는 1을 사용)
4. 엑셀의 분석도구 또는 R을 이용하여 [10, 75] 사이의 연속균일확률변수를 사용하여 120개의 임의관측치를 만들어내라. 평균과 표준편차 그리고 범위는 무엇인가? 얼마나 많은 관측치가 65보다 큰가?
5. 엑셀의 분석도구 또는 R을 이용하여 $\mu = 9.23$이고 $\sigma = 0.87$인 표준정규분포에서 1,000개의 임의의 관측치를 시뮬레이션으로 추출하라. 평균, 표준편차는 무엇인가? 얼마나 많은 관측치가 8보다 작은가?
6. 지역의 식품점 관리자는 고객의 75%가 구매 시 신용카드를 사용할 것이라는 사실을 알고 있다. 엑셀의 분석도구 또는 R을 이용하여, 두 경우 모두 시드는 1, 식품점에서 줄을 서서 기다리는 12명의 고객샘플을 시뮬레이션으로 구하고, 이 시뮬레이션을 500회 반복하라. 시뮬레이션을 근거로 신용카드를 사용하는 평균고객의 숫자를 구한다면 그 범위는 무엇일까?
7. 하루에 미국 인터넷 사용자의 약 85%는 소셜미디어 사이트를 방문한다. 분석도구 또는 R을 이용하여, 두 경우 모두 시드는 1, 10명의 인터넷 사용자를 추출하는 시뮬레이션을 100회 반복하라. 샘플에서 소셜미디어 사이트를 방문하는 사용자의 평균과 표준편차는 무엇인가?
8. 입학이 어려운 4년제 대학에서는 전학생의 25%만이 제때에 졸업을 한다. 분석도구 또는 R을 이용하여, 두 경우 모두 시드는 1, 10명의 전학생 그룹으로 이루어진 시뮬레이션을 400회 반복하라. 제때에 졸업하는 편입생의 평균, 표준편차, 그리고 범위는 무엇인가?
9. 지역 식품점은 매일 오후 5시 30분부터 6시 30분까지 매 5분마다 평균 4명의 고객이 들어오는 것을 파악했다. 분석도구 또는 R을 이용하여, 두 경우 모두 시드는 1, 50일 동안 시뮬레이션을 하고 그 평균과 표준편차를 구하라.
10. 60인치 텔레비전의 월간 수요량은 평균 11대, 표준편차 4.17대의 정규분포를 따른다. 분석도구 또는 R을 이용하여, 두 경우 모두 시드는 1, 300개월 동안의 기간을 시뮬레이션

하고, 텔레비전의 평균판매량과 범위를 구하라.

11. 피터는 25,000달러를 뮤추얼펀드에 투자하기로 계획했다. 연간수익률은 평균 7.4%, 표준편차 2.65%인 정규분포를 따른다. 분석도구 또는 R을 이용하여, 두 경우 모두 시드는 1, 100번 시뮬레이션을 하여 1년 후의 피터의 수익률을 예측하라. 수익률의 평균과 범위는 무엇인가?

12. 매주 토요일 아침 9시부터 10시 사이 동네 커피점에 평균 1.2분마다 한 명씩 고객이 들어온다. 그리고 그 분포는 지수분포이다. 분석도구 또는 R을 이용하여, 두 경우 모두 시드는 1, 고객의 도착시간 간격에 대해 500번의 시뮬레이션을 수행하고 그 평균과 표준편차를 구하라. 시뮬레이션을 1,000번 수행하고 새로운 평균과 표준편차를 구하고 이론적인 값과 비교하라.

13. 스마트폰의 배터리는 정상적으로 사용할 경우 보통 6.5시간 동안 쓸 수 있다. 스마트폰의 배터리 수명은 지수분포를 따른다. 분석도구 또는 R을 이용하여, 두 경우 모두 시드는 1, 50대의 스마트폰 배터리의 수명에 대한 시뮬레이션을 하고 표본평균과 표준편차를 구하라. 시뮬레이션의 횟수를 500번으로 증가시키고, 새로운 평균과 표준편차를 구해서 이론적인 값과 비교하라.

14. 스마트폰 제조업체는 월간 수요가 평균 400대, 표준편차는 26의 정규분포를 따른다고 추정한다. 재료비는 7.00달러에서 8.50달러 사이에서 균등하게 분포하고, 월간 고정비용은 생산율에 상관없이 2,700달러이다. 판매가격은 대당 15달러이다.

a. 분석도구 또는 R을 이용하여, 두 경우 모두 시드는 1, 시뮬레이션을 1,000회 수행하여 예상 월간수익과 표준편차를 구하라. 수요는 정수로 반올림하며, 재료비는 소수점이하 두자리를 사용한다.

b. 기업입장에서 가장 좋은 시나리오와 최악의 수익 시나리오는 무엇인가?

15. 피터는 연간 수익률이 평균 5%, 표준편차가 4.2%에 이르는 정규분포를 가진 뮤추얼펀드에 30,000달러를 투자하고 있다.

a. 분석도구 또는 R을 이용하여, 두 경우 모두 시드는 1, 시뮬레이션을 5,000회 수행하여 일 년 후의 예상 평균수익을 구하라.

b. 잔고가 32,000달러 이상이 될 확률은 얼마인가?

c. 일년 고정수익이 3%인 투자옵션과 비교해 보라.

d. 예상 월간수익과 표준편차를 구하라.

16. 식품점에서 매주 근처 목장에서 12개 달걀 한 상자를 1.99달러에 구입하여 3.89달러에 판매한다. 일주일 이내에 판매되지 않은 달걀은 "매니저 할인" 판매에 들어가거나, 저가매장에 1.25달러에 판매된다. 주말이 되기 전에 달걀이 품절될 경우, 판매손실에 따른 예상비용은 한 상자당 1.75달러이다. 수요분포는 평균 75상자이며, 표준편차는 12.5상자의 정규분포를 따른다. 분석도구 또는 R을 사용하여(시드는 1), 다음 a와 b의 문제를 풀기 위한 500주 동안의 시뮬레이션을 수행하라.

a. 식품점에서 정확히 75상자를 농장으로부터 구매할 경우, 일주간 수요량보다 모자랄 확률과 그 기회비용은 얼마인가?

b. 주당 85상자로 구매량을 늘릴 경우, 팔리지 않은 달걀을 보관하는 비용은 얼마인가?

17. 동네 커피점은 매일 오전 6시 30분에서 7시 30분 사이 출근시간 동안 평균 4명의 고객이 매 5분마다 오는 것을 파악했다. 커피점에 도착하는 고객의 숫자는 포아송 분포를 따른다고 가정하며, 바리스타 한 명당 매 8분마다 2~3명의 고객의 주문을 처리할 수 있다. 이는 균등분포에 따른다. 커피점 주인은 두 명의 바리스타와 함께 커피점을 운영하고 있다. 아침시간에 출근이나 등교를 서두르는 고객은 줄을 서야 하면 돌아선다. 고객이 돌아서게 되면 고객당 기회비용은 4.25달러이다. 고객당 수익은 평균 6.50달러, 표준편차 2.37달러인 정규분포를 따르며, 바리스타는 시간당 20달러를 받는다.

a. 분석도구 또는 R을 사용하여(시드는 1), 몬테카를로 시뮬레이션을 500회 시행하고, 현재의 인력수준에 따른 출퇴근 시간의 평균이익 혹은 손실을 계산하라.

b. 만약 세 번째 바리스타를 고용한다면 수익은 어떻게 변화할 것인가?

18. 피자가게에서 매출액을 늘리기 위해 주문한 지 한 시간 내에 배달되지 않으면 피자를 공짜로 준다는 새로운 마케팅 캠페인을 하려고 한다. 경험적으로 피자가 제시간에 배달될 확률은 $n = 50$, $p = 0.88$의 이항분포를 따른다. 주문액은 평균 35달러, 표준편차 11달러의 정규분포를 따른다.

a. 분석도구 또는 R을 사용하여(시드는 1), 1,000개의 피자 주문을 시뮬레이션하라. 1,000개의 시뮬레이션을 기준으로 평균매출손실은 얼마인가?

b. 손익분기점(break even)을 달성하기 위해서는 마케팅 캠페인은 새로운 주문을 얼마나 만들어 내야 하는가?

19. 어떤 투자자가 3개의 뮤추얼 펀드로 구성된 포트폴리오에 300,000달러를 투자하려고 한다. 펀드의 연간수익률은 보통 단기투자펀드의 경우 2.00%, 표준편차는 0.30%이며, 중기투자펀드는 평균 5.00%, 표준편차는 2.5%, 장기투자펀드는 평균 6.25%, 표준편차는 5.50%의 정규분포를 따른다. 초기 투자배분 계획은 단기투자에 45%, 중기투자에 35%, 장기투자에 20%이다.

a. 분석도구 또는 R을 사용하여(시드는 1), 100번의 시뮬레이션을 하고, 첫해의 평균 종가잔액을 추정하고, 투자의 위험을 평가하라.

b. 투자배분이 단기 30%, 중기 55%, 장기 15%로 변하면, 1년차 평균 종가잔액과 투자의 위험도는 어떻게 변화하는가?

20. 지역 가전제품 매장에서 슈퍼볼이 시작되기 전주에 대형 스크린 TV에 대한 주간수요는 평균 25대, 표준편차 12대인 정규분포를 따른다. 매장은 평균 40대의 TV를 재고로 가지고 있다. 분석도구 또는 R을 사용하여(시드는 1), 500번의 시뮬레이션으로 재고과잉 혹은 재고부족의 가능성을 예측하라.

21. 스마트폰 배터리의 평균수명은 2.3년이며 지수분포를 따른다. 배터리 제조사는 첫해 동안 배터리가 고장나면 무상으로 교환해 주는 품질보증을 실시하려고 한다. 배터리 하나 당 10.85달러의 수익이 나며, 교체비용은 6.35달러이다. 분석도구 또는 R을 사용하여(시드는 1), 100개의 배터리를 판매하는 몬테카를로 시뮬레이션을 수행하라.

    a. 이 품질보증의 총 기대비용은 얼마인가?

    b. 품질보증의 비용을 충당하기 위해 몇 개의 배터리를 더 팔아야 하는가?

22. 놀이공원에 롤러코스터(roller coaster)가 있다. 이 롤러코스터는 한번에 45명의 입장객을 태우고 약 20분간 운영된다. 매 시간마다 놀이공원은 200장의 승차권을 제공하는데, 평균 약 60%의 승객만이 실제로 이용한다. 롤러코스터 승객은 시간당 평균 120명이며, 표준편차는 35명인 정규분포를 따른다. 분석도구 또는 R을 사용하여(시드는 1), 400번의 몬테카를로 시뮬레이션을 수행하라. 롤러코스터를 탈 수 없는 승객의 평균은 얼마인가?

13.3 선형계획법을 이용한 최적화

LO 13.3

선형계획 모형을 만들 수 있어야 한다.

*최적화*란 복잡한 비즈니스 문제에 대한 최적의 해결책을 얻기 위해 목적함수를 최대화 혹은 최소화하는 정량적 방법의 일종이다. 먼저 비즈니스의 목표를 명확히 해야 한다. 예를 들어, 한정된 원료나 자금, 그리고 시간 등과 같은 제약조건하에서 이익의 극대화나 비용의 최소화 등을 목표로 삼을 수 있다. 선형계획법(linear programming, LP)은 최적화 기법의 일종으로 최적화를 하는 가장 단순한 기법 가운데 하나이다. 관련 변수들의 관계가 선형(linear relationship)이라는 단순한 가정을 활용하여 매우 복잡한 최적화 문제를 해결할 수 있다. 선형계획법은 널리 활용되고 있으며, 투자옵션의 결정, 생산제품의 조합결정, 혹은 제품과 패키지의 배송비용 결정 등에서 일반적으로 사용된다.

이 절에서는 분수(fractional value)를 가질 수 있는 최적의 해결책을 찾아내는 선형계획 문제에 대해 살펴본다. 13.4절에서는 최적해가 정수(integer)인 정수선형계획법에 대해 알아본다. 관련 변수 사이의 관계가 비선형인 경우의 최적화 기법은 이 교재의 범위를 벗어난다.

> **최적화와 선형계획법**
>
> 최적화: 자원제약 하에서 복잡한 문제의 최적해를 찾기 위한 수리적 기법들의 집합
>
> 선형계획법(LP): 관련변수들의 선형관계를 가정하고 최적화를 수행하는 간단한 방법

선형계획법의 첫 번째 단계는 문제를 몇 가지 수학공식으로 표현하는 것이다. 공식의 형태는 문제에 따라 다르겠지만, 문제와 상관없이 대부분의 선형계획법은 네 가지 필수요소, 즉 목적함수, 결정변수, 제약조건, 그리고 모수를 필요로 한다.

모든 최적화 문제에서 수학적으로 표현되는 하나의 목표를 **목적함수**라고 한다. 선형계획법에서 목적함수는 직선으로 표시된다. 목적함수의 두 가지 일반적인 유형은 최대화(예: 이

익, 수익, 또는 투자수익 등) 혹은 최소화(예: 제조비용, 프로젝트 완료시간, 혹은 배달완료시간 등) 함수이다.

의사결정변수는 목적함수의 값을 최대화 혹은 최소화하기 위해 의사결정자가 선택해야 하는 여러 가지 선택 혹은 대안을 말한다. 예를 들어 투자자는 잠재적인 투자수익률을 극대화하기 위해 여러 가지 주식이나 채권 가운데 선택을 할 수 있다. 마찬가지로 관리자는 제조비용을 최소화하기 위해 여러 가지 제품원료 가운데 선택을 할 수 있다.

선형계획법의 최적화는 의사결정자가 가지고 있는 여러 가지 **제약조건** 또는 한계를 포함한다. 이런 제약조건은 의사결정자가 사용할 수 있는 제한된 자원을 의미한다. 예를 들어, 퇴직을 위해 적립하는 월정금액, 매월 조달가능한 원자재의 양, 배달트럭 운전자가 일할 수 있는 고정된 시간 등을 말한다.

때때로 제약조건은 과거의 데이터나 인간의 전문성 등에서 오는 지식을 말하기도 한다. 예를 들어, 소매점포의 주인은 현지 시장에서 특정 제품에 대한 수요량에 한계가 있으며, 이에 맞추어 제품의 재고를 유지해야 한다는 것을 경험적으로 알 수 있다. 다른 제약조건들은 선형계획법의 본질에 관한 직관적인 가정에 기반을 두고 있다. 생산자가 생산량을 결정하거나 투자자가 투자금액을 결정할 때, 그 생산량 혹은 투자금액은 음수가 아닌 것으로 가정한다.

마지막으로 **모수**(입력 모수)는 목적함수, 결정변수 혹은 제약조건과 관련되어 있는 숫자들이다. 예를 들어, 미국의 배달트럭 운전자는 24시간 내에 최대 14시간까지만 연속으로 운전할 수 있다. 따라서 14라는 숫자는 작업시간 제약에 따른 모수이다. 다른 최적화 문제의 경우 모수의 값은 과거의 데이터로부터 추출할 수 있다. (예: 제품제조에 필요한 시간과 원료의 양은 지난 달의 제조데이터에서 얻을 수 있다.) 입력모수는 선형계획 문제를 둘러싼 여러가지 외부요인(예, 제조공정의 변화)에 큰 변화가 없는 한 선형계획 문제를 푸는 동안 동일하게 유지되며 변하지 않는다.

선형계획법의 네 가지 구성요소

목적함수: 목적의 수학적 표현으로 일반적으로 수익이나 비용 등의 값을 최대화 혹은 최소화하는 함수

의사결정변수: 의사결정자가 목적함수의 값을 최대화 혹은 최소화할 수 있도록 선택하는 대안

제약조건: 일반적으로 의사결정을 내릴 때의 제약조건. 일반적으로 의사결정자가 가지고 있는 자원의 제약을 통해 나타남

모수: 선형프로그래밍의 수학적 표현에 사용되는 숫자들로 목적함수, 의사결정변수, 그리고 제약조건에서 나타남

선형계획 모형의 구축

예제 13.4와 13.5에서는 여러 가지 제약조건하에서 최대화 함수와 최소화 함수를 만드는 법이 나와있다.

예제 13.4

Gordana Sermek/ Shutterstock

몬테카를로 시뮬레이션을 통해 유용한 결과와 실행에 대한 통찰력을 얻은 후 애비게일 콴은 처방분석을 사용해서 패션테크가 가지고 있는 다른 비즈니스 문제를 풀려고 한다. 매번 겨울시즌이면 내려야 하는 어려운 결정 가운데 하나는 여성용 파카와 겨울용 재킷을 얼마나 생산해야 하는 것인가이다. 두 제품 모두 같은 원자재와 비슷한 재봉기술, 그리고 제조공정을 거친다. 따라서 같은 자원을 놓고 경쟁하는 입장이다. 두 제품의 주요 차이점은 길이이다. 재킷은 보통 짧아서 허리 혹은 허리 바로 아랫부분까지 오는 반면, 파카는 더 길기 때문에 보다 보온력이 좋다. 파카는 길이가 길기 때문에 제조원가가 더 들지만, 판매가격과 개당 이익도 높은 편이다.

재킷과 파카는 길이는 다르지만, 가장 인기가 있는 것은 중간크기의 제품이다. 애비게일은 중형재킷과 파카에 대한 데이터 분석에 초점을 맞추려고 한다. 겨울재킷과 파카의 개당 이익은 각각 9달러와 12.50달러이다. 또한 중간크기의 재킷은 약 8.5피트의 원단을 필요로 하지만, 중간크기의 파카는 약 12.5피트의 원단을 필요로 한다. 재킷과 파카를 단드는데 필요한 기계시간은 각각 1.5시간과 2시간이다. 재단사는 보통 겨울재킷은 약 2시간, 파카는 약 3시간이 생산에 필요하다.

패션테크는 공급업체와 매달 4,000피트의 필수원단 조달계약을 맺고 있다. 두가지 제품을 생산하는 데 할당된 기계시간은 월 650시간이며, 숙련된 재단사가 매월 약 900시간 동안 이들 제품생산에 배정되어 있다. 기록을 살펴보면 패션테크는 매월 150개의 파카나 400개의 재킷 이상을 판매한 적이 없다. 따라서 애비게일은 파카와 재킷의 생산량이 이런 기록을 넘지 않기를 원하고 있다. 이런 정보를 사용하여 애비게일이 선형프로그램 모형을 만들 수 있도록 도움을 제공하라.

해답:

이 분석의 목적은 중형 재킷과 파카를 생산하고 판매해서 이익을 극대화하는 방안을 찾아내는 것이다. 두 가지 의사결정변수는 재킷과 파카의 생산량이다. 선형프로그래밍 모형의 목적함수는 다음과 같이 정의할 수 있다.

$$\text{최대화:} \qquad \text{수익} = 9x_1 + 12.5x_2$$

여기에서 x_1과 x_2는 각각 재킷과 파카의 생산량을 나타낸다. 편의상 생산량과 판매량이 동일하다고 가정한다. 제품당 이익이 각각 9달러과 12.50달러이다. 목적함수의 모수는 목적함수의 계수라고도 불린다.

또한 패션테크는 문제의 설명에서 언급된 다섯 가지 제약조건하에서 생산을 해야 한다. 공급업체로부터 공급받는 원단의 길이, 제한된 기계시간, 제품생산에 배치된 숙련된 재단사의 총시간, 그리고 파카와 재킷의 수요량 등이다. 이런 다섯 가지 제약조건과 그 모수들은 다음과 같이 공식으로 표시할 수 있다.

$$\text{원단:} \quad 8.5x_1 + 12.5x_2 \le 4{,}000$$
$$\text{기계시간:} \quad 1.5x_1 + 2x_2 \le 650$$
$$\text{노동시간:} \quad 2x_1 + 3x_2 \le 900$$
$$\text{재킷의 수요:} \quad x_1 \le 400$$
$$\text{파카의 수요:} \quad x_2 \le 150$$

최대화 선형프로그래밍 모형은 일반적으로 부등호 부호를 가진 제약조건을 최소한 하나 이상 가지고 있다. 이는 의사결정자가 이런 제약조건하에서 운영을 해야 한다는 사실을 반영한다. 다섯 가지 제약조건 이외에도, 겨울 재킷과 파카의 수량은 음수가 아니다. 결과적으로 선형프로그래밍 모형에는 마지막 제약조건이 추가된다.

$$\text{비부정성:} \quad x_1, x_2 \ge 0$$

앞에서 언급한 대로, 선형계획 문제의 또 다른 형태는 목적함수를 최소화하는 것이다. 이 경우, 목적함수는 13.4에 나와 있는 사례와 유사하게 만들어진다. 하지만, 이번에는 그 값을 최소화하는 것이 목적이다. 또한, 최소화 문제의 제약조건은 만족시켜야 할 최소의 값을 의미한다. 예를 들어, 운송회사는 총 배송비용(목적함수)을 최소화시키는 동시에 일정한 숫자의 배달을 지정된 기간 내에 끝마쳐야 한다(예: 각각의 배달트럭 운전자는 최소 하루에 35개의 패키지를 배달해야 한다). 따라서 최소화 선형계획 모형은 적어도 한 가지 이상의 제약조건은 ≥ 부호를 가지고 있다. 예제 13.5에 최소선형계획 문제가 나와 있다.

예제 13.5

예르바 부에나 티(Yerba Buena Tea)는 고품질의 차를 생산하고 판매하는 회사다. 스파이스드 차이(spiced chai)는 젊은 소비자들 사이에서 인기를 끌고 있으며, 예르바 부에나는 두 가지 차이 제품: 스파이스드 차이 분말 믹스와 스파이스드 차이 티 농축액을 판매하고 있다. 기존 생산시설을 운영하는 데 시간당 190달러가 들며, 매 시간 295온스의 분말 믹스와 260온스의 농축액을 생산할 수 있다.

JulijaDmitrijeva/Shutterstock

기존시설은 낡았기 때문에 한 번에 8시간 이상 연속으로 가동할 수 없다. 신규시설을 운영하여 생산하는 데는 시간당 260달러가 들며, 매시간 385온스의 분말 믹스와 375온스의 티 농축액을 생산할 수 있다. 예르바 부에나는 운영시간당 150달러가 소요되는 소규모 생산시설도 보유하고 있다. 이곳에서는 시간당 350온스의 분말 믹스를 생산할 수 있다. 몇몇 커피점에서 총 5,500온스의 차이 분말 믹스와 4,000온스의 티 농축액을 주문했다.

예르바 부에나의 총지배인인 애니카 파텔은 두 제품 모두 재고가 없기 때문에, 최소의 비용으로 주문량을 생산하기 위해 각각의 시설을 얼마나 가동해야 하는지 결정해야 한다. 예르바 부에나의 문제를 해결하기 위해 선형프로그래밍 모형을 작성하라.

해답:

예르바 부에나의 목표는 주문을 만족시키며 동시에 생산비용을 최소화하는 것이다. 목적함수는 3개의 생산설비의 운영에 필요한 총비용을 나타내며 다음 식으로 표현할 수 있다.

$$\text{최소화:} \quad \text{제작비} = 190x_1 + 260x_2 + 150x_3$$

제약조건:

$$\begin{aligned} &\text{분말 믹스 주문량:} && 295x_1 + 385x_2 + 350x_3 \geq 5{,}500 \\ &\text{티 농축액 주문량:} && 260x_1 + 375x_2 \geq 4{,}000 \\ &\text{기존 시설 운영시간:} && x_1 \leq 8 \\ &\text{비부정성:} && x_1, x_2, x_3 \geq 0 \end{aligned}$$

여기서 x_1, x_2, x_3는 각각 세 가지 시설의 운영시간, 즉 결정변수를 나타낸다. 처음 두 제약조건은 차이 분말 믹스와 티 농축액의 주문량을 나타내며, 세 번째 제약조건은 기존 공장의 운영은 8시간을 넘길 수 없다는 것을 나타낸다. 예제 13.4에서와 같이 마지막 세 개의 비부정성 제약조건을 모형에 포함시켰다.

다음 절에서는 선형계획 모형을 해결하는 방법을 보여주고 최적의 해결책을 찾아내어 패션테크의 애비게일 콴이나 예르바 부에나 티의 애니카 파텔 등과 같은 의사결정자를 도와 비즈니스 의사결정을 내리는 방법에 대해 살펴본다.

선형계획 문제의 해결

LO 13.4

선형계획 모형을 풀고 그 결과를 해석할 수 있어야 한다.

이 장에서는 엑셀과 R을 활용하여 선형계획 문제를 해결한다. 먼저 이해를 돕기 위해 두 개의 결정변수로 구성된 선형계획 문제를 그래프를 이용하여 풀어본다. 목적함수의 선형성과 제약조건을 고려해 볼 때, 목적함수와 가능한 해결책을 직선의 그래프로 나타낼 수 있다. 패션테크의 애비게일은 겨울용 자켓과 파카를 얼마나 생산해야 하는지 결정해야 한다. 그 목적함수와 제약조건의 수학적 관계는 직선의 그래프로 나타낼 수 있다. 이 경우 x_1과 x_2는 모든 제약조건을 만족시키면서 이익을 최대화할 수 있는 의사결정변수를 말한다. 예르바 부에나 티의 경우, 의사결정변수 x_1, x_2, x_3는 제약조건하에서 생산비용을 최소화할 수 있는 의사결정변수들이다.

패션테크의 경우를 그래프를 이용하여 살펴보자. 우선 생산시간과 두 가지 수요조건을 표시한다. x_1과 x_2는 각각 재킷과 파카의 생산량이다. 그림 13.9의 주황색선은 생산시간의 제약조건을 의미한다. $1.5x_1 + 2x_2 \leq 650$. [주: x_1은 x_2가 0일 때 최대값 433.33 (= 650/1.5)에 도달하며, x_2는 x_1이 0일 때 최대값 325.00 (= 650/2)에 도달한다.] 이 값들은 생산시간 제약조건을 직선으로 표시하는 좌표들이다. 또한 생산시간 제약조건은 부등호 ≤로 표시되기 때문에,

주황색 선 아래에 있는 영역은 x_1과 x_2가 제약조건을 만족시키는 경우를 의미한다. x_1과 x_2의 수요제약조건을 두 개의 보라색 점으로 표시할 수 있다. 생산시간의 제약과 마찬가지로, 수요의 한계는 $x_1 \leq 400$과 $x_2 \leq 150$으로 표시할 수 있다. 이 영역은 수직점선의 왼쪽부분과 수평점선의 아래쪽 부분으로 x_1과 x_2가 제약조건을 만족시키는 영역을 말한다. x_1과 x_2는 음수가 아니며, 따라서 x_1과 x_2의 제1사분면(first quadrant)만 고려하면 된다. 그림 13.9에서 음영으로 표시된 부분은 생산시간 및 두 가지 수요조건의 제약을 만족시키는 x_1과 x_2의 값을 나타낸다.

그림 13.9 패션테크의 기계시간 제약조건 그래프

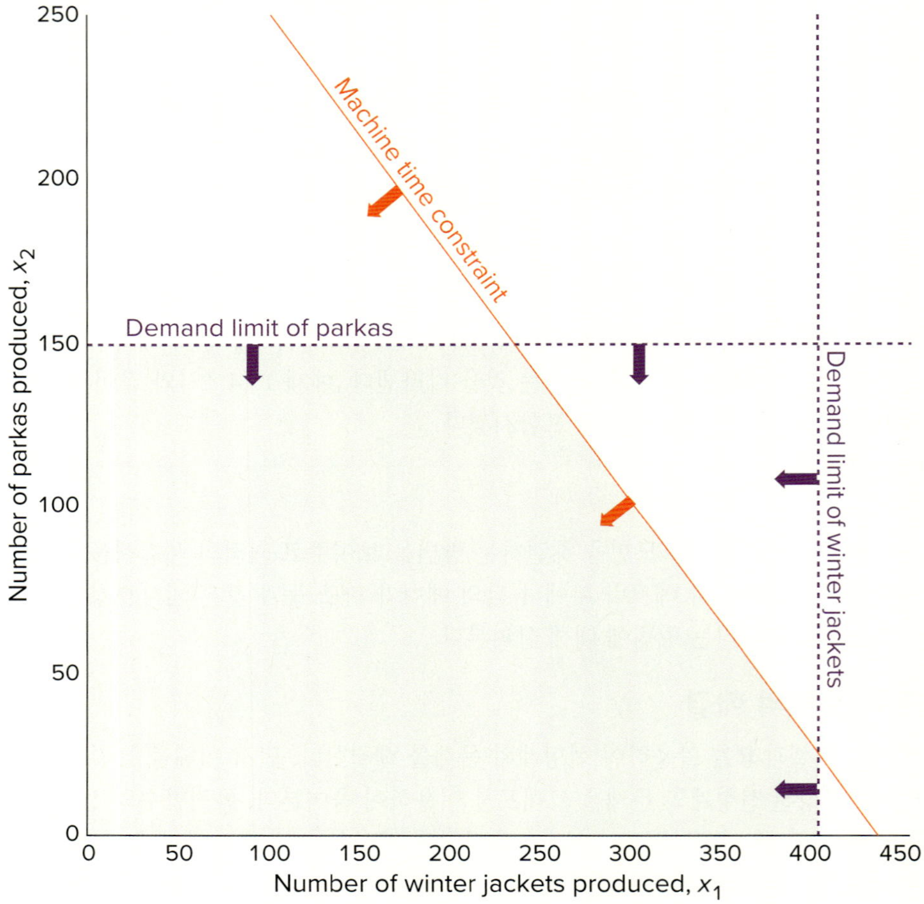

원단과 노동력에 대한 다른 두 가지 제약조건 역시 목적함수처럼 그림으로 표시할 수 있다. 그림 13.10에 있는 선형도표는 다섯 가지의 제약조건 모두를 만족시키는 x_1과 x_2의 값의 영역을 나타낸다. 이 영역은 선형모형의 가능해(feasibility) 영역이다. 아직 어느 곳이 이익을 극대화할 수 있는 곳인지 모르기 때문에, 각각 500달러, 1,500달러, 그리고 2,500달러를 뜻하는 세 개의 검은색 실선을 사용하여 목적함수를 표시한다. 이익을 증가시킬수록 직선은 도표의 오른쪽으로 이동한다. 2,500달러의 이익을 나타내는 선의 경우 일부분은 가능해 영역 바깥으로 나가 있음을 알 수 있다. 가능해 영역 바깥에 있는 x_1과 x_2는 고려하지 않는다. 왜냐하면 이미 최소한 한 가지 이상의 제약조건(예, 파카의 생산량은 150을 넘을 수 없다)을 위반하고

있기 때문이다. 반대로, 가능해 영역 안에 있는 선들은 모든 제약조건을 만족시키는 x_1과 x_2의 조합을 나타내며, 선형프로그래밍 문제의 해답으로 간주될 수 있다.

그림 13.10 패션테크의 선형계획 모형의 그래프

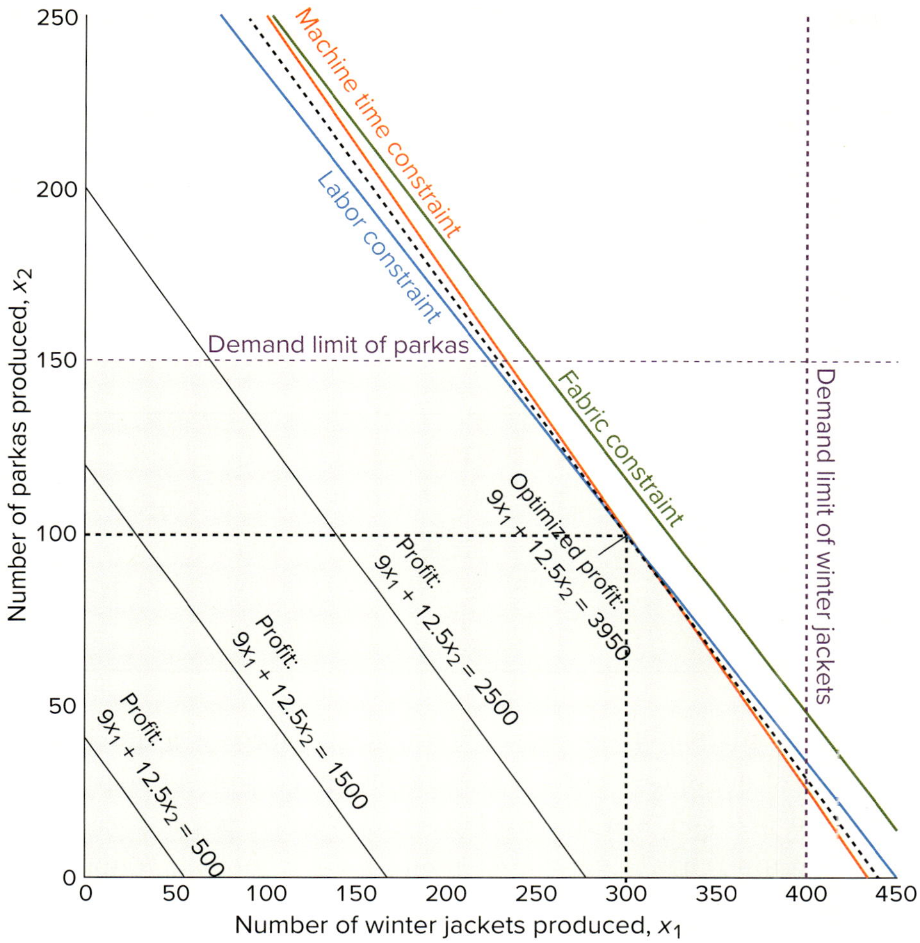

제약조건을 모두 만족시키면서 이익을 극대화하기 위해, 그림에 나와 있는 이익선을 가능해 영역에서 최대한 증가시킨다. 일반적으로 선형프로그래밍 모형의 최적해는 경계선 혹은 가능해 영역의 꼭지점에서 찾을 수 있다. 이 예제에서 이익선을 그림의 오른 쪽으로 계속 이동하면, 최적의 해는 $x_1 = 300$, $x_2 = 100$일 때 얻을 수 있다는 것을 알 수 있다(그림 13.10에서 검은색 점선 참조). 이 최적해에서 최대이익 3,950달러(= 9 × 300 + 12.5 × 100)를 계산해 낼 수 있다.

최적해는 300벌의 겨울재킷과 100벌의 파카이며, 패션테크는 공급받은 4,000피트의 원단 가운데 3,800 (= 8.5 × 300 + 12.5 × 100) 피트만 사용하면 된다. 나머지 200피트의 원단은 "여분(slack)"이라고 부르며, 다른 제품 생산에 사용할 수 있는 초과분이다. 패션테크는 공급업체와의 협상으로 매월 제공받는 원단의 수량을 줄일 수도 있을 것이다. 최소화 문제의 경우 여분이라는 말보다 "초과분(surplus)"이라는 용어를 사용할 수도 있다.

여분 혹은 초과분은 선형프로그래밍에서 **비구속제약**조건(**nonbinding** constraints)이라고 불린다. 비구속제약조건을 한 단위 추가하거나 제거하는 것은 선형프로그래밍의 해답에 영향을 주지는 않는다(즉, 사용가능한 원단의 길이를 4,001피트로 증가시킨다). 하지만 최적값에서 패션테크는 사용가능한 기계시간(650시간)과 노동시간(900시간)을 모두 사용하기에 여분의 자원은 존재하지 않는다. 결과적으로 기계시간과 노동시간은 **구속제약**조건(**binding** constraints)이 되며, 구속제약조건의 증가 혹은 감소는 선형프로그래밍의 해답, 즉 목적함수의 최적값에 영향을 준다.

선형프로그래밍과 관련된 또 다른 중요한 개념은 **잠재가격(shadow price)** 혹은 **이중가격(dual price)**이라고 불리는 제약이다. 다른 모든 조건이 동일할 때, 구속제약조건(binding constrain)이 한 단위 변할 때 목표함수의 최적값에 나타나는 변화의 양을 의미한다. 패션테크의 경우 조건에서 기계시간을 한 시간 감소시킬 때(즉 650에서 649시간으로) 최적 수익은 3,950달러에서 3,946달러로 변하며, 이 경우 기계시간의 그림자 가격은 4달러가 된다. 비구속제약조건을 한단위 변화시키는 것은 목적함수의 최적값에 영향을 미치지 않는다.

선형계획 문제의 제약조건

선형계획 문제에서 제약조건은 목적함수의 최적 값이 변화하는 경우 구속조건으로 간주된다. 최적해에 영향을 주지 않는 제약조건은 비구속조건이 된다.

제약조건의 잠재가격은 구속조건이 한 단위 변할 때 목적함수의 최적값의 변화를 나타낸다.

두 개의 의사결정변수만 있으면 선형프로그래밍 공식을 2차원으로 표시하여 최적의 해답을 찾을 수 있다. 하지만 이 방법은 예르바 부에나 티와 같은 두 개 이상의 의사결정변수가 있는 문제에는 사용할 수 없다. 이때에는 개념적으로 수학적 공식을 활용한 심플렉스(Simplex)라는 방법을 사용하여 문제를 해결할 수도 있다. 일반적으로 두 개의 의사결정변수만 있는 경우라도 컴퓨터 소프트웨어를 이용하여 문제를 푸는 것이 훨씬 편리하다. 예제 13.6과 13.7에서 R을 활용하여 각각 최대화 및 최소화 문제를 풀었다.

예제 13.6

FILE ***Parkas.*** 예제 13.4에서 패션테크의 운영책임자인 애비게일 콴은 이익극대화를 위해 얼마의 겨울재킷과 파카를 생산해야 할지 결정해야 한다. R을 사용하여 주어진 다섯 가지 제약조건하에서 목적함수를 최대화하고 그 결과를 요약해 보자.

해답:

R 이용

패션테크 문제를 해결하기 위해 R에 있는 *lpSolve* 패키지를 사용한다. 다른 선형프로그래밍 소프트웨어와 마찬가지로 *lpSolve* 패키지는 심플렉스(Simplex) 방법을 구현한다.

a. *lpSolve* 패키지를 설치하고 불러들인다.

```
> install.packages("lpSolve")
> library(lpSolve)
```

b. 겨울용 재킷(9달러)과 파카(12.5달러)의 단위당 이익에 대한 목적함수 계수를 입력한다.

```
> lp.objective <- c(9, 12.5)
```

c. **matrix** 명령어를 이용하여 5개의 제약조건의 왼쪽 매개변수를 행렬에 저장한다. 각 제약조건에는 쌍으로 움직이는 두 개의 왼쪽 매개변수가 있다.

```
> lp.constraints <- matrix(c(8.5, 12.5, 1.5, 2, 2, 3, 1, 0, 0, 1),
nrow=5, byrow=TRUE)
```

첫 번째 매개변수인 8.5와 12.5는 한 벌의 겨울재킷과 한 벌의 파카를 생산하는 데 필요한 원단의 양이며, 두 번째 1.5와 2는 한 벌의 겨울재킷과 한 벌의 파카를 만드는 데 필요한 기계시간이다. *lpSolve* 패키지는 제약조건에 없는 결정변수라도 모든 결정변수(이 경우 x_1, x_2)에 대한 계수의 값을 정하는 것이 필요하다. 예를 들어, 재킷에 대한 제약조건($x_1 \leq 400$)의 경우, x_2가 이 제약조건에 나타나 있지 않더라도, 그 계수는 0으로 지정해서 표시해야 한다. 재킷의 제약조건에 대한 x_1과 x_2의 계수 값은 각각 1과 0이다. 마찬가지로 파카($x_2 \leq 100$)의 제약조건은 x_1과 x_2의 계수는 각각 0과 1이 된다. 결과적으로 두 가지 제약조건의 마지막 네 개의 계수는 1, 0, 0, 1이 된다.

d. 5개의 제약조건에 대한 부등호를 정한다.

```
> lp.directions <- c("<=", "<=", "<=", "<=", "<=")
```

e. 사용가능한 원단의 양, 기계시간, 작업시간과 두 가지 제품의 수요제약조건(다섯 가지 제약조건의 오른쪽에 있는 숫자)를 입력한다.

```
> lp.rhs <- c(4000, 650, 900, 400, 150)
```

f. 기본적으로 *lpSolve* 패키지의 모든 의사결정변수는 양수이기 때문에, 별도로 이 제약조건을 지정할 필요는 없다. 제약조건 하에서 목적함수를 최대화하기 위해 **lp** 함수를 사용하며, 그 결과를 lp.output에 저장한다. 최대 이익과 LP 해답을 표시하기 위해 lp.output과 lp.output$solution을 사용한다.

```
> lp.output <- lp("max", lp.objective, lp.constraints,
lp.directions, lp.rhs, compute.sens = TRUE)
> lp.output
> lp.output$solution
```

R은 최대 수익을 3,950달러로 계산하며 패션테크의 LP 해답은 300벌의 겨울재킷과 100벌의 파카를 생산하는 것임을 보여준다.

g. 두 가지 목적함수의 계수(재킷과 파카의 단위당 이익)의 최적범위를 표시한다.

```
> lp.output$sens.coef.from
> lp.output$sens.coef.to
```

겨울용 재킷의 단위당 최적 수익범위는 8.333달러에서 9.375달러이며, 파카의 단위당 최적 수익범위는 12.000달러에서 13.500달러이다. 목적함수의 계수가 이 범위 내에서 움직이는 한 최적 생산량은 재킷 300매, 파카 100매로 동일하다.

h. 제약조건의 잠재가격(*lpSolve* 패키지에서는 이중가격이라고 함)과 가능해 영역을 표시하기 위해 다음을 입력한다.

```
> lp.output$duals
> lp.output$duals.from
> lp.output$duals.to
```

기계시간과 노동이라는 두가지 구속조건의 경우 잠재가격은 각각 4달러와 1.5달러이다. 두 자원의 가능해 영역은 각각 637.50시간에서 666.67시간이고, 875시간에서 916.67시간 사이이다.

예제 13.7

FILE ***Chai.*** 예제 13.5에서 예르바 부에나 티의 총괄 관리자인 애니카 파텔은 세 곳의 생산시설의 가동시간을 결정해야 한다. 스파이스드 차이 분말과 차이 티 농축액의 수요를 만족시키는 동시에 원가를 최소한으로 절감해야 한다. R을 이용하여 네 가지 제약조건하에서 목적함수를 최소화해야 한다. 결과를 요약하라.

해답:

R 이용

많은 단계가 예제 13.6과 동일하기 때문에 간략하게 설명한다.

a. 아직 설치하지 않은 경우 *lpSolve* 패키지를 설치하여 사용한다.

b. 세 가지 목적함수의 계수, 세 가지 제약조건의 계수, ≤와 ≥의 부등호, 그리고 세 가지 제약조건의 오른쪽에 있는 숫자를 지정한다. 차 농축액의 주문수량에 대한 제약조건($260x_1 + 375x_2 \geq 4{,}000$)은 두 개의 결정변수만 가지고 있으며, x_3의 계수는 0으로 지정된다. 마찬가지로 오래된 설비의 작동시간($x_1 \leq 8$)은 결정변수가 하나만 있기 때문에 x_2와 x_3의 계수는 0이 된다. 결과적으로 **matrix** 함수의 마지막 네 가지 파라미터는 0, 1, 0, 0이 된다.

```
> lp.objective <- c(190, 260, 150)
> lp.constraints <- matrix(c(295, 385, 350, 260, 375, 0, 1, 0, 0),
nrow=3, byrow=TRUE)
> lp.directions <- c(">=", ">=", "<=")
> lp.rhs <- c(5500, 4000, 8)
```

c. LP 최소화 문제를 풀기 위해, **lp** 함수의 최소화 옵션을 사용한다.

```
> lp.output <- lp ("min", lp.objective, lp.constraints,
lp.directions, lp.rhs, compute.sens = TRUE)
```

d. LP의 해답과 결과물을 출력하기 위해 다음을 입력한다.

```
> lp.output
> lp.output$solution
> lp.output$sens.coef.from
> lp.output$sens.coef.to
> lp.output$duals
> lp.output$duals.from
> lp.output$duals.to
```

결과 요약

애니카(Anika)는 R을 사용해서 얻을 수 있는 최적해에 따라 기존설비 8시간($x_1 = 8$), 신규설비 5.12시간($x_2 = 5.12$), 그리고 단일목적설비 약 3.34시간($x_3 = 3.34$)을 사용해야 한다. 이렇게 하면 5,500온스의 스파이스드 차이 분말과 4,000 온스의 차이 티 농축액을 생산할 수 있으며, 주문 총량을 맞출 수 있다. 이 최적해의 총생산비용은 3,352.11달러가 되며, 현재의 변수들과 제약조건하에서 최저비용이 된다. 선형계획 모형의 세 가지 제약조건은 모두 충족되며, 남는 부분은 없다. 최적범위 안에서는 기존설비의 운영비가 시간당 192.30달러 이상으로 증가하지 않는 한 8시간 운영을 해야 한다. 이 시설의 운영비용이 절감된다 하더라도 운영시간에 미치는 영향은 없다. 신규시설의 경우, 운영비가 시간당 256.69달러 이하로 절감된다면 애니카는 신규시설을 더 오래 사용해야 한다. 단일목적설비의 운영비의 경우 최적범위는 시간당 121.38달러에서 236.36달러 사이에 있다.

차이분말의 잠재가격은 약 0.43달러이며, 이는 주문량이 1온스 증가하면 총생산원가가 0.43달러 증가한다는 뜻이다. 이 잠재가격은 차이분말의 주문량이 4,331.20온스 이상일 경우에는 동일하다. 티 농축액의 경우 잠재가격은 0.25달러로서 이는 티 농축액의 주문이 1온스 증가하면 총생산원가각 0.25달러 증가한다는 뜻이다. 이 잠재가격은 2,080.00온스와 5,138.44온스 사이의 생산량에서 동일하게 유지된다.

기존설비의 운영시간에 대한 제약조건의 잠재가격은 약 −2.30달러이다. 선형계획 문제의 다른 제약조건과 달리 이 제약조건($x_1 \leq 8$)에는 $\leq$의 부등호가 있는 것을 알 수 있다. 잠재가격이 음수라는 것은 애니카가 기존설비를 한시간 더 운영하면 전체 생산원가를 약 2.30달러 절감할 수 있다는 뜻이다. 이 잠재가격은 기존설비가 15.38시간 이상 운영되지 않는 한 동일하다. 기존설비를 더 정상적인 범위보다 더 오래 가동할지의 여부는 연장운영에 따른 고장위험과 잠재적인 비용절감 효과를 함께 고려해야 한다.

연습문제 13.3

23. 다음 선형계획 문제를 보라.

최대화 $z = 3x_1 + 2x_2$

제약조건

1. $2x_1 + 3x_2 \leq 40$,

2. $3x_1 + x_2 \leq 30$,

3. $x_1, x_2 \geq 0$

x_1, x_2는 결정변수이다. 선형계획 문제를 풀고 다음 질문에 답하라.

a. 최적해 x_1, x_2의 값은 무엇인가? z의 최대값은 무엇인가?

b. 구속조건과 비구속조건을 찾고, 여유값을 계산하라.

c. 각각의 구속조건의 잠재가격과 그 가능해 범위를 계산하라.

d. 목적함수의 두 계수의 최적범위는 얼마인가?

24. 다음 선형계획 문제를 보라.

최대화 $z = 2x_1 + 3x_2$

제약조건

1. $4x_1 + 7x_2 \leq 115$,

2. $3x_1 + 2x_2 \leq 70$,

3. $x_1, x_2 \geq 0$

x_1, x_2는 결정변수이다. 선형계획 문제를 풀고 다음 질문에 답하라.

a. 최적해 x_1, x_2의 값은 무엇인가? z의 최대값은 무엇인가?

b. 구속조건과 비구속조건을 찾고, 여유값을 계산하라.

c. 각각의 구속조건의 잠재가격과 그 가능해 범위를 계산하라.

d. 목적함수의 두 계수의 최적범위는 얼마인가?

25. 다음 선형계획 문제를 보라.

최대화 $z = 9x_1 + 6x_2$

제약조건

1. $5x_1 + 3x_2 \geq 30$,

2. $2x_1 + 5x_2 \geq 33$,

3. $x_1, x_2 \geq 0$

x_1, x_2는 결정변수이다. 선형계획 문제를 풀고 다음 질문에 답하라.

a. 최적해 x_1, x_2의 값은 무엇인가? z의 최대값은 무엇인가?

b. 구속조건과 비구속조건을 찾고, 여유값을 계산하라.

c. 각각의 구속조건의 잠재가격과 그 가능해 범위를 계산하라.

d. 목적함수의 두 계수의 최적범위는 얼마인가?

26. 다음 선형계획 문제를 보라.

최대화 $z = 12x_1 + 10x_2$

제약조건

1. $8x_1 + 6x_2 \geq 70$,

2. $4x_1 + 10x_2 \geq 80$,

3. $x_1, x_2 \geq 0$

x_1, x_2는 결정변수이다. 선형계획 문제를 풀고 다음 질문에 답하라.

a. 최적해 x_1, x_2의 값은 무엇인가? z의 최대값은 무엇인가?

b. 구속조건과 비구속조건을 찾고, 여유값을 계산하라.

c. 각각의 구속조건의 잠재가격과 그 가능해 범위를 계산하라.

d. 목적함수의 두 계수의 최적범위는 얼마인가?

27. 다음 선형계획 문제를 보라.

최대화 $z = 5x_1 + 8x_2 + 6x_3$

제약조건

1. $5x_1 + 10x_2 + 5x_3 \leq 80$,

2. $6x_1 + 9x_2 + 8x_3 \leq 90$,

3. $x_1 \leq 15$,

4. $x_1, x_2, x_3 \geq 0$

x_1, x_2, x_3는 결정변수이다. 선형계획 문제를 풀고 다음 질문에 답하라.

a. 최적해 x_1, x_2, x_3의 값은 무엇인가? z의 최대값은 무엇인가?

b. 구속조건과 비구속조건을 찾고, 여유값을 계산하라.

c. 각각의 구속조건의 잠재가격과 그 가능해 범위를 계산하라.

d. 목적함수의 세 계수의 최적범위는 얼마인가?

28. 다음 선형계획 문제를 보라.

최대화 $z = 7x_1 + 7x_2 + 6x_3$

제약조건

1. $7x_1 + 6x_2 + 4x_3 \geq 50$,

2. $10x_1 + 13x_2 + 14x_3 \geq 150$,

3. $x_1, x_2, x_3 \geq 0$,

x_1, x_2, x_3는 결정변수이다. 선형계획 문제를 풀고 다음 질문에 답하라.

a. 최적해 x_1, x_2, x_3의 값은 무엇인가? z의 최대값은 무엇인가?

b. 구속조건과 비구속조건을 찾고, 여유값을 계산하라.

c. 각각의 구속조건의 잠재가격과 그 가능해 범위를 계산하라.

d. 목적함수의 세 계수의 최적범위는 얼마인가?

29. 빅서 태피 컴퍼니(Big Sur Taffy Company)는 두 가지 사탕을 만든다. 솔트워터 태피와 고급 수제 태피이다. 빅서는 매일 솔트워터와 수제 태피의 생산량을 결정하기 위해 더 많은 양적분석을 하기 원한다. 당밀(molasses)과 꿀, 그리고 버터는 빅서가 만드는 태피의 주원재료이다. 솔트워터 태피 1파운드를 만들기 위해 빅서는 당밀 8컵, 꿀 4컵, 버터 0.7컵을 사용하며, 태피의 판매가격은 파운드당 7.50달러이다. 고급 수제 태피 1파운드는 당밀 6컵, 꿀 6컵, 버터 0.3컵을 사용하며, 태피의 판매가격은 파운드당 9.25달러이다. 태피는 매일 아침 신선하게 만들며, 빅서는 당밀 500컵, 꿀 300컵, 그리고 버터 32컵을 독점 공급업체를 통해 매일 새벽 구매한다.

a. 주어진 제약조건을 가지고 선형계획 모형을 만들고, 그 해답을 구하라. 빅서가 얻을 수 있는 최대 수익은 얼마인가? 매일 몇개의 솔트워터 태피와 수제 태피를 만들어야 하는가?

b. 구속조건과 비구속조건을 찾고, 여유값을 계산하라.

c. 각각의 구속조건의 잠재가격과 그 가능해 범위를 계산하라.

d. 목적함수의 계수의 최적범위는 얼마인가?

30. 프랑스의 샤블리스(Chablis) 지역의 포도농장에서는 샤도네이(chardonnay) 포도를 이용하여 샤도네이 와인과 블랑 드 블랑 샴페인을 만든다. 포도주 1리터를 만들기 위해 농장에서는 샤도네이 포도를 8 kg 정도 사용하여, 와인 제조업체에서는 압착, 혼합, 가공 등을 위해 약 2.5시간을 와인제조공정에 사용한다. 블랑 드 블랑 샴페인 1리터를 생산하기 위해서는 샤도네이 포도 6 kg이 필요하며, 압착, 혼합, 가공에 총 3시간이 필요하다. 포도농장에서 판매하는 샤도네이 와인 1리터는 보통 55달러에 판매되며, 샴페인은 1리터당 45달러에 판매된다. 매주 샤도네이 포도 400 kg과 압착, 혼합, 가공을 위해 150시간을 사용할 수 있다.

a. 주어진 제약조건을 가지고 선형계획 모형을 만들고, 그 해답을 구하라. 포도농장이 샤도네이 와인과 샴페인을 판매하여 얻을 수 있는 최대 수입은 얼마인가? 포도농장은 매주 몇 리터의 와인과 샴페인을 생산해야 하는가?

b. 만약 농장에서 구매할 수 있는 샤도네이 포도의 양이 일주일에 500 kg으로 증가한다면, 얼마나 많은 양의 와인과 샴페인을 만들 수 있는가? 설명하라.

c. 만약 샴페인의 가격이 리터당 30달러로 떨어진다면, 포도주와 샴페인은 각각 얼마나 생산해야 하는가? 답을 얻고 설명하라.

31. 생활용품 제조회사에서 일반형 세제와 농축형 세제의 두 가지 종류의 식기세척제를 생산한다. 회사는 두 곳의 설비를 운영하고 있다. 첫 번째 설비는 시간당 120달러의 운영비가 발생하며, 300온스의 일반형 세제와 220온스의 농축형 세제를 생산할 수 있다. 두 번째 설비의 시간당 운영비는 220달러이며, 시간당 350온스의 일반형 세제와 450온스의 농축형 세제를 생산한다. 회사에서는 총 4,500온스의 일반형 세제와 5,200온스의 농축형 세제의 주문을 받았다.

a. 주어진 제약조건을 가지고 선형계획 모형을 만들고, 그 해답을 구하라. 주문량을 생산하는 동시에 운영비를 최소화하기 위해서는 각각의 설비를 몇 시간씩 운영해야 하는가?

b. 구속조건과 비구속조건을 찾고, 잠재가격과 그 실현가능범위를 계산하라.

c. 두 번째 설비의 시간당 운영비가 200달러가 되는 경우, 각각의 설비를 몇 시간씩 운영해야 하는가? 이 경우 최소 운영비용은 얼마가 되는가?

32. 칼슘과 비타민 D는 뼈의 건강에 가장 필수적인 영양소 가운데 하나이다. 의약품 연구소에 다르면 보통의 성인은 매일 1,000 mg의 칼슘과 600 IU의 비타민 D가 필요하다고 한다. 이 두 가지 영양소는 많은 사람들이 아침식사로 먹는 우유와 시리얼에 들어있다. 우유 한 컵에는 칼슘 270 mg과 비타민 D 124 IU가 들어 있다. 인기 있는 통곡물 시리얼 한컵에는 칼슘 150 mg과 비타민 D 120 IU가 들어 있다. 한 갤런(gallon)의 우유는 약 16컵이며 가격은 4.89달러이다. 인기 있는 시리얼 한 상자는 약 16컵이며 가격은 3.19달러이다. 어른들이 아침식사만으로 이 두 가지 영양분을 섭취하는 것에 의존한다고 가정해 보자. 우유와 시리얼의 구매비용을 최소화하면서도 칼슘과 비타민 D의 일일요구량을 충족시키는 선형방정식 모형을 만들고 답을 구하라. 성인은 하루에 몇 컵의 우유와 시리얼을 먹어야 하는가? 이때 최소비용은 얼마인가?

33. 유명한 초콜릿 장인인 프란체스코 슈뢰더(Francesco Shoroeder)는 세 가지 종류의 초콜릿을 만든다. 트뤼플(artisanal truffles), 수제 초콜릿 너겟, 그리고 고급 초콜릿 바를 생산한다. 최고급 카카오버터, 유제크림, 그리고 꿀을 주재료로 사용한다. 프란체스코는 매일 아침 초콜릿을 만들며 보통 오후 일찍 다 판매가 된다. 1파운드의 트뤼플을 만들기 위해 프란체스코는 카카오버터 1컵, 꿀 1컵, 크림 1½컵을 사용한다. 수제 너겟은 밀크초콜릿이며 1파운드당 ½컵의 카카오버터, 2/3컵의 꿀, 그리고 2/3컵의 크림을 사용한다. 초콜릿 바 1파운드를 만들기 위해서는 1컵의 카카오버터와 ½컵의 꿀, 그리고 ½컵의 크림이 필요하다. 트뤼플, 너겟, 초콜릿 바 1파운드는 각각 35, 25, 20달러에 판매된다. 가까운 상점에서 매일 10파운드의 초콜릿 너겟을 주문하는데, 이것은 프란체스코가 매일 적어도 10파운드의 초콜릿 너겟을 만들어야 한다는 것을 뜻한다. 매일 허뜨기 전에 프란체스코는 카카오버터 50컵, 꿀 50컵, 그리고 우제크림 30컵을 배달받는다.

a. 주어진 제약조건을 가지고 선형계획 모형을 만들고, 그 해답을 구하라. 프란체스코는 매일 아침 초콜릿제품을 얼마나 만들어야 하는가? 하루에 벌 수 있는 최대수입은 얼마인가?

b. 구속조건과 비구속조건을 찾고, 잠재가격과 그 실현가능 범위를 계산하라.

c. 상점에서 초콜릿 너겟의 하루 주문량을 25파운드로 늘린다면, 프란체스코는 각 제품을 얼마나 생산해야 하는가?

34. 케이스인포인트(CaseinPoint)는 인기 있는 스마트폰을 위한 세련된 색상의 초박형 보호케이스 두 종류[대형(Mor), 소형(BEAG)]를 생산하는 스타트업 기업이다. 케이스인포인트는 열가소성 플라스틱 폴리우레탄(TPU)을 사용하여 제품을 생산하고 있다. MÒR 케이스는 대형이지만 대부분 단일 색상을 사용한다. MÒR 케이스의 생산을 위해서는 TPU 30 g을 약 35분 동안 가공해야 한다. BEAG 모델은 더 작지만 디자인이 정교하며 TPU 22 g과 53분의 생산시간이 필요하다. 매 생산주기마다 700 g의 TPU와 1,500분의 생산시간을 사용할 수 있다. MÒR과 BEAG는 각각 9달러, 7.5달러 판매된다.

a. 주어진 제약조건을 가지고 선형계획 모형을 만들고, 그 해답을 구하라. 케이스인포인트는 각각의 생산주기마다 몇개의 MoR과 BEAG 케이스를 생산해야 하는가?

b. 매 생산주기마다 TPU의 양이 1,000 g으로 증가하는 경우, 새로운 선형계획 모형을 만들고 그 해를 구하라.

35. 대부분의 비타민 C 제품은 옥수수에서 얻는 아스코르브산(ascorbic acid)을 가지고 만든다. 소규모 영양보조제 생산회사에서는 두 가지 종류의 비타민 C 보충제를 생산하고 있다. 캡슐형과 씹어먹는 형이다. 비타민 C 캡슐 1 kg을 생산하기 위해서는 옥수수 30 kg, 생산시간 2.3시간, 그리고 포장시간 2시간이 필요하다. 비타민 C 정제 1 kg을 생산하기 위해서는 옥수수 40 kg, 생산시간 4.2시간, 그리고 포장시간 1시간이 필요하다. 매주 2,000 kg의 옥수수를 공급받고 있으며, 생산시간 180시간과 포장시간 110시간을 사용할 수 있다. 비타민 C 캡슐 1 kg은 9.95달러, 씹을 수 있는 정제형 1 kg은 12달러에 판매된다.

a. 두 개의 비타민 제품에서 얻을 수 있는 수익을 최대화하기 위해 주어진 제약조건을 가지고 선형계획 모형을 만들고, 그 해답을 구하라. 매주 몇 개의 비타민 C 캡슐과 정제를 생산해야 하는가? 기업이 얻을 수 있는 최대 수익은 얼마인가?

b. 비타민 C 캡슐과 정제의 킬로그램당 수익이 각각 11.50달러와 16달러로 증가한다면, 기업은 각각의 제품을 얼마나 생산해야 하는가? 그에 따른 총이익은 얼마인가?

36. 어느 목장주에게 약 180파운드의 무게가 나가는 6년 된 조랑말이 있다. 이런 나이와 크기의 조랑말은 하루 약 6.2 Mcal의 흡수성 에너지, 260 g의 단백질, 9,700 IU의 비타민 A가 필요하다. 이큐인헬스(EquineHeath)와 포니에센셜(PonyEssentials)는 두 가지 인기 말사료 브랜드이다. 이큐인헬스는 1회분이 12.00달러이며, 1.8 Mcal, 52 g의 단백질, 그리고 1,800 IU의 비타민 A를 제공한다. 포니에센셜은 1회분이 10.50달러이며, 1.5 Mcal, 58 g의 단백질, 그리고 2,200 IU의 비타민 A를 제공한다. 만약 목장에서 이 두 가지 사료를 혼합하여 사용한다면, 비용을 최소화하기 위해 각각의 제품을 얼마나 사용해야 하는가? 답을 구하고 설명하라.

13.4 정수계획법을 이용한 최적화

LO 13.5

선형정수계획 모형을 만들고 풀 수 있어야 한다.

앞의 13.3절에서 논의된 선형계획법(linear programming, LP)은 결정변수의 값이 분수(fraction)일 때의 최적값을 찾는 데 활용된다. 대부분의 경우 결정변수는 분수의 형태를 취할 수 있다. 예제 3.5에서 예르바 부에나 티는 기존의 시설을 8시간, 새로운 시설을 5.12시간, 그리고 특정한 시설을 3.34시간 운영할 수 있다. 유사하게 포도주 20.5갤런, 초콜렛 15.8파운드와 같이 소량으로 제품을 생산하는 것이 현실적이다.

특정한 경우에는 결정변수는 정수(integer)여야만 한다. 제약회사가 여러 가지 신약개발 프로젝트 가운데 어떤 것에 자금을 투자해야 하는지 결정해야 하는 예산분배문제를 생각해보자. 여기서 결정변수는 기업이 특정 프로젝트에 자금을 투자할 것인가의 여부이다. 기업이 자금을 투자하기로 결정한다면 값이 1이 될 것이고, 그렇지 않다면 그 값은 0이 될 것이다. 선형계획법을 이용하면 0.3과 같은 비현실적인 값이 나올 수도 있다. 이 경우, 정수로 된 값을 찾아내기 위해서 정수계획법(integer programming, IP)을 선형계획법을 대신해서 사용한다.

어떤 경우에는 최적의 분수값을 가장 가까운 정수로 반올림하는 방법으로 선형계획법을 사용할 수도 있다는 것을 알아야 한다. 일반적으로 최적값을 가장 가까운 정수로 반올림하면 그것은 차선의 해결책이 된다. 그러나 목적함수의 계수 값이 상대적으로 작고, 결정변수의 값이 상대적으로 크면, 결정변수를 가장 가까운 정수로 반올림하는 것은 비즈니스 의사결정에 아주 큰 영향을 주지는 않는다.

이 절에서는 정수계획법의 두 가지 문제점에 대해 다룬다. (1) 투자 프로젝트 선정을 위한 예산배분문제 (2) 제품배송을 위한 공급위치선정문제.

예산배분

일반적인 예산배분은 의사결정자가 잠재적인 투자 프로젝트 가운데 하나를 선정하는 것에서 시작한다. 예를 들어 생산공장의 위치선정이나 신약개발 프로젝트 가운데 하나를 선정하는 것을 말한다. 이런 상황에서 개별 프로젝트를 부분적으로 지원하는 것은 적절하지 않다. 생산공장의 45%만 건설하거나 신약을 일부만 개발하는 것은 아무런 실익이 없다. 예제 13.8에서는 정수계획법을 이용하여 투자결정문제를 수식화하고 R을 사용하여 최적의 해답을 찾는 방법을 보여준다.

예제 13.8

FILE ***Biotech.*** 노스스타 바이오텍(North Star Biotech)은 6가지의 신약개발 프로젝트를 진행하고 있다. 각각의 프로젝트는 표 13.2에 나오는 것과 같이 5년간의 현금투자추정치와 예상투자수익률을 보이고 있다. 예를 들어 Drug 1을 개발하려면 첫해에 200만 달러, 2, 3, 4년차에 100만 달러의 현금을 투자해야 하며 5년 차에는 현금투자가 필요하지 않다. 프로젝트가 끝나면 약 1,250만 달러의 수익을 기대하고 있다. Drug 2는 1, 2차 연도에 200만 달러, 3, 4, 5년차에는 각 100만 달러의 현금을 투자해야 하며, 기대수익은 1,350만 달러이다.

각각의 신약개발 프로젝트의 기대수익은 영보다 크지만, 현금투자를 고려할 경우 노스스타는 재정적인 제약으로 인해 6개의 사업 모두 자금을 제공할 수는 없다. 노스스타가 사용할 수 있는 현금은 1년차에 1,000만 달러, 2년차에는 800만 달러, 3년차에는 700만 달러, 4년차에는 500만 달러, 5년차에는 300만 달러이다. 노스스타는 예상수익을

표 13.2 노스스타 바이오텍의 신약개발 프로젝트(단위: 백만달러)

Cash Investment (in $ millions)	Drug 1	Drug 2	Drug 3	Drug 4	Drug 5	Drug 6
Year 1	2	2	1	4	2	4
Year 2	1	2	2	3	0	1
Year 3	1	1	1	2	4	1
Year 4	1	1	2	1	1	1
Year 5	0	1	0	0	0	1
Expected return	12.5	13.5	13	14.5	15	15.5

최대화하기 위해 6가지의 프로젝트 가운데 어디에 투자할 것인지 결정하기 원하며, 이를 위해 정수계획 모형을 개발하려고 한다.

해답:

정수계획 모형

노스스타는 각각의 프로젝트에 투자할 것인지 결정해야 한다. 각각의 결정변수 x_i, $i = 1, 2, ..., 6$는 이진수의 값을 갖는다. 예를 들어, 노스스타가 첫 번째 프로젝트의 투자하는 경우 $x_1 = 1$이 되며, 투자하지 않을 경우 x_1은 0이 된다. c_i는 Drug i의 투자수익으로 정의한다. 예를 들어, Drug 1의 예상수익은 1,250만 달러이다. 모형을 단순화하기 위해 금액은 백만달러를 기준으로 하며, $c_1 = 12.5$로 표시한다. 목적함수는 다음과 같다.

$$\text{최대화:} \qquad \text{기대수익} = \sum_{i=1}^{6} c_i x_i$$

또한 각 프로젝트는 5년 동안 매년 현금투자를 필요로 한다. a_{ij}를 Drug i의 j번째 연도의 필요현금투자액으로 정의한다. 예를 들어, Drug 1에 대한 연간현금투자(백만달러)는 1년차 $a_{11} = 2$, 2년차 $a_{12} = 1$, 3년차 $a_{13} = 1$, 4년차 $a_{14} = 1$, 5년차 $a_{15} = 0$이 된다. 다른 프로젝트의 현금투자도 동일하게 정의된다. 정수계획법의 공식에 대한 제약조건은 다음과 같다.

$$\text{1년차:} \qquad \sum_{i=1}^{6} a_{i1} x_i \le 10$$
$$\text{2년차:} \qquad \sum_{i=1}^{6} a_{i2} x_i \le 8$$
$$\text{3년차:} \qquad \sum_{i=1}^{6} a_{i3} x_i \le 7$$
$$\text{4년차:} \qquad \sum_{i=1}^{6} a_{i4} x_i \le 5$$
$$\text{5년차:} \qquad \sum_{i=1}^{6} a_{i5} x_i \le 3$$

이 제약조건의 오른쪽은 노스스타 바이오텍이 5년간 투자할 수 있는 현금을 의미한다. 마지막으로 결정변수는 이진수라는 것을 정의한다.

$$x_i = 0 \text{ 또는 } 1, \text{ 여기에서 } i = 1, 2, \cdots, 6$$

R 이용

a. 아직 설치하지 않은 경우 *lpSolve* 패키지를 설치하여 사용한다.

b. 앞의 예제와 같이 다섯 개의 목적함수 계수를 지정하고, 제약조건의 파라미터와 부등호 ≤, 그리고 사용가능한 연간현금액을 우측조건으로 지정한다. 다음과 같이 입력하라.

```
> lp.objective <- c(12.5, 13.5, 13, 14.5, 15, 15.5)
> lp.constraints <- matrix(c(2, 2, 1, 4, 2, 4,
                     1, 2, 2, 3, 0, 1,
                     1, 1, 1, 2, 4, 1,
                     1, 1, 2, 1, 1, 1,
                     0, 1, 0, 0, 0, 1),
                     nrow=5, byrow=TRUE)
> lp.directions <- c("<=", "<=", "<=", "<=", "<=")
> lp.rhs <- c(10, 8, 7, 5, 3)
```

c. *max* 옵션과 함께 **lp** 함수를 사용한다. 또한 *all.bin = TRUE*를 추가하여 결정 변수가 이진수임을 지정한다(결정변수가 정수 값을 취할 수 있는 다른 유형의 문제는 *all.int = TRUE* 매개 변수를 대신 사용한다). 다음을 입력하라:

```
> lp.output <- lp("max", lp.objective, lp.constraints,
lp.directions, lp.rhs, all.bin = TRUE)
```

d. lp의 해답과 결과물을 출력하기 위해 다음을 입력한다.

```
> lp.output
> lp.output$solution
```

결과 요약

R의 결과에 따르면 노스스타 바이오텍은 프로젝트 2, 3, 5, 6에 투자해야 하며, 프로젝트 1과 4에는 투자해서는 안된다는 것을 나타낸다. 이 기업은 5년간 연간 9, 5, 7, 5, 2백만 달러의 현금을 투자해야 한다. 이 투자계획에 따르면 1차년도에는 100만달러, 2차년도에는 300만달러, 5차년도에는 100만달러의 초과현금이 발생한다. 최대화 문제의 경우 이는 선형 및 정수계획법의 제약조건에서 여유가 발생하는 것이다. 이 해답을 바탕으로 노스스타 바이오텍은 예상 총수익을 5,700만달러로 최대화할 수 있다.

배송문제

고전적인 배송문제는 소매업체 혹은 고객에게 제품을 배송하는 창고의 위치를 정해야 하는 관리자로부터 시작된다. 관리자의 목표(혹은 목적함수)는 각 소매업체와 개인고객의 수요를 충족시키면서 동시에 전체 배송비용을 최소화하는 것이다. 직관적으로 볼 때, 비송문제는 총공급(모든 창고의 총용량)이 최소한 총수요(주문의 총합) 보다는 많을 때 풀 수 있다.

일반적으로, 배송문제는 1,600병짜리 팰릿(pallet)이나 300개의 2 × 4 나무판자와 같은 아주 많은 양의 제품을 다룬다. 이렇게 많은 양의 제품을 부분적으로 운반한다는 것은 비현실적이며, 선형프로그래밍을 이용해 해답을 구한 다음 반올림하는 것보다 정수계획법을 사용하여 문제를 푸는 것이 좋다. 예제 13.9에서는 정수계획법을 어떻게 만들고 푸는지 단순한 배송문제를 R을 이용하여 최적해를 찾아내어 보여준다.

예제 13.9

FILE ***Rainier.*** 레이니어 스프링워터(Rainier Spring Water)는 두 곳의 창고와 세 곳의 매장을 운영하고 있다. 매주마다 첫 번째 창고에서는 160팰릿의 생수를, 두 번째 창고에서는 155팰릿의 생수를 공급할 수 있다. 레이니어 스프링워터의 매니저는 세 곳의 매장에서 각각 85, 125, 100팰릿의 주문을 매주 받는다. 두 창고의 총용량은 세 곳의 매장에서 주문하는 생수의 총 팰릿의 양보다 많다는 것을 유의하라. 이는 가능해를 찾기 위한 필요조건이다. 팰릿당 운송비는 거리, 교통량, 그리고 도로상황에 따라 창고 및 매장에 따라 서로 다르다. 표 13.3에서와 같이 1번 창고에서 3곳의 매장으로 생수 한 팰릿을 배송하는데 드는 비용은 각각 4.15달러, 5.95달러, 6.25달러이다. 마찬가지로 창고 2에서 3곳의 매장으로 팰릿 한 개를 운송하는 비용은 각각 3.75달러, 4.25달러, 8.25달러이다.

표 13.3 생수 팰릿당 운송비용

	Store 1	Store 2	Store 3
Warehouse 1	$4.15	$5.95	$6.25
Warehouse 2	$3.75	$4.25	$8.25

총 배송비를 최소화하면서 모든 주문을 만족시킬 수 있도록 각 창고에서 각 상점으로 보낼 생수의 총 팰릿 수를 결정하는 정수계획 모형을 개발한다.

해답:

정수계획법

레이니어 스프링워터의 창고에서 출하되는 팰릿 값이 정수가 되도록 모형을 만들어야 한다. 의사결정변수 x_{ij}를 창고 i에서 매장 j로 배송할 팰릿의 수(여기에서 $i = 1, 2$, 그리고 $j = 1, 2, 3$이 된다)로 정의할 때 x_{ij}는 양의 정수가 된다. 팰릿당 운송비 c_{ij}는 창고 i에서 매장 j로 생수 한 팰릿을 운송할 때 드는 비용으로 정의한다. 예를 들어 표 13.3에 나타난 것처럼 c_{11}, c_{12}, c_{13}는 각각 4.15달러, 5.95달러, 6.25달러가 된다. 목적함수는 다음과 같다.

$$\text{최소화:} \qquad \text{총배송비} = \sum_{i=1}^{2} \sum_{j=1}^{3} c_{ij}x_{ij}$$

제약조건은 각 매장의 생수 수요와 두 곳의 창고의 용량이 된다. 다음의 세 가지 제약조건은 각 매장으로 배송되는 총 팰릿의 양이 적어도 주문량보다는 많아야 한다는 것을 보여준다. 또한 등호(=)를 사용하여 매장에 배송된 팰릿의 수가 주문된 양과 정확히 일치해야 함을 나타낼 수도 있다. 그 다음 두 가지 제약조건은 각 창고에서 발송된 팰릿의 수가 각각의 용량을 초과할 수 없음을 나타낸다.

$$\text{매장 1의 수요:} \qquad \sum_{i=1}^{2} x_{i1} \geq 85$$
$$\text{매장 2의 수요:} \qquad \sum_{i=1}^{2} x_{i2} \geq 125$$
$$\text{매장 3의 수요:} \qquad \sum_{i=1}^{2} x_{i3} \geq 100$$
$$\text{창고 1의 공급:} \qquad \sum_{j=1}^{3} x_{1j} \leq 160$$
$$\text{창고 2의 공급:} \qquad \sum_{j=1}^{3} x_{2j} \leq 155$$

이제 문제를 풀기 위해 R을 사용한다.

R 이용

a. 아직 설치하지 않은 경우 *lpSolve* 패키지를 설치하여 사용한다. *lpSolve* 패키지에는 특히 배송문제를 해결하기 위한 **lp.transport** 기능이 포함되어 있다.

b. 팰릿당 배송비(표 13.3 참조)는 **matrix** 함수를 이용하여 unit.costs에 저장한다. 다음을 입력한다.

```
> unit.costs <- matrix(c(4.15, 5.95, 6.25,
                        3.75, 4.25, 8.25),
                        nrow=2, byrow=TRUE)
```

c. 세 가지 수요관련 제약조건의 수량과 부호를 입력한다.

```
> order.signs <- c(">=", ">=", ">=")
> order.amount <- c(85, 125, 100)
```

d. 두 가지 창고관련 제약조건의 수량과 부호를 입력한다.

```
> capacity.signs <- c("<=", "<=")
> capacity.limits <- c(160, 155)
```

e. 위에서 언급한 대로, 배송문제의 최적해결책을 얻기 위해 **lp.transport** 함수를 사용한다. 기본적으로 **lp.transport** 함수는 모든 결정변수를 정수로 가정한다. *Min* 옵션을 선택하여 총배송비용을 최소화하고, 배송비용과 제약조건을 포함시킨다. 다음을 입력한다.

```
> lp.output <- lp.transport(unit.costs, "min", capacity.signs,
capacity.limits, order.signs, order.amount)
```

f. 다음 명령어를 이용하여 배송모형에서 최적배송비용과 최적해를 표시한다.

```
> lp.output
> lp.output$solution
```

결과 요약

R의 결과에 따르면 레이니어 스프링워터의 관리자는 창고 1에서 생수 55팰릿을 매장 1로, 100팰릿을 매장 3으로 배송해야 한다. 창고 2에서는 매장 1로 30팰릿을, 매장 2로 125팰릿을 배송해야 한다. 이 배송계획에 따르면 모든 매장의 수요를 만족시킬 수 있다. 창고 1은 160개 팰릿 가운데 155개를 배송할 수 있으며, 창고 2는 주간 생산량 모두를 배송하게 된다. 창고 1에서 남은 5개의 팰릿은 다른 상점으로 배송할 수도 있다. 최소화 문제이기 때문에 창고 1에서 남은 팰릿은 잉여(surplus)라고 부른다. 이 배송계획에 따라 레이니어 스프링워터의 주당 총 배송비용은 1,497달러가 된다.

연습문제 13.4

37. 다음 정수계획 문제를 풀어보자.

최대화 $z = \sum_{i=1}^{3} c_i x_i,\ i = 1.3$

여기에서, $c_1 = 15,\ c_2 = 13,\ c_3 = 12$

제약조건

제약조건 1 $5x_1 + 3x_2 + 6x_3 \leq 10,$

제약조건 2 $3x_1 + 4x_2 + 2x_3 \leq 8,$

제약조건 3 $3x_1 + 3x_2 + 2x_3 \leq 6,$

제약조건 4 $x_1, x_2, x_3 = 0 \text{ or } 1,$

여기에서 x_1, x_2, x_3은 결정변수를 나타낸다. 정수계획 문제를 풀고 다음에 답하라.

a. 최적해에서 x_1, x_2, x_3의 값은 얼마인가?

b. z의 최대값은 얼마인가?

38. 다음 정수계획 문제를 풀어보자.

최소화 $z = \sum_{i=1}^{2} \sum_{j=1}^{2} c_{ij} x_{ij},\ i = 1,2,\ j = 1,2$

여기에서, $c_{11} = 2,\ c_{12} = 1,\ c_{21} = 1,\ c_{22} = 3.$

제약조건

제약조건 1 $\sum_{i=1}^{2} x_{i1} \geq 50$

제약조건 2 $\sum_{i=1}^{2} x_{i2} \geq 60$

제약조건 3 $\sum_{j=1}^{2} x_{ij} \leq 65$

제약조건 4 $\sum_{j=1}^{2} x_{2j} \leq 45$

제약조건 5 x_{ij} = 양의 정수

여기에서 x_{ij}는 결정변수를 나타낸다. 정수계획 문제를 풀고 다음에 답하라.

a. 최적해에서 x_{ij}의 값은 얼마인가?

b. z의 최소값은 얼마인가?

39. 온라인 의류소매업체에서는 소셜미디어 채널을 통해 정기적으로 마케팅 캠페인을 실시하고 있다. 이 업체에서는 12월 휴가철을 앞두고 4주 동안 페이스북, 인스타그램, 핀터레스트, 트위터 등의 4개의 소셜미디어에 마케팅 캠페인을 할 것인가 검토중이다. 마케팅 예산이 한정되어 있기 때문에 네 가지 캠페인 모두를 실시할 수는 없다. 다음 표에는 주당 비용(1,000달러)과 예상 고객숫자(1,000명)가 캠페인별로 나와 있다.

Marketing Cost	Facebook	Instagram	Pinterest	Twitter	Weekly Budget
Week 1	4.5	3.5	3	4	15
Week 2	5	4	4	3	12
Week 3	4	3	5	3	10
Week 4	4.5	4	5.5	2	12
Consumers Reached	34	28	32	25	

a. 예산을 넘지 않는 범위 내에서 최대의 고객을 모집할 수 있도록 네 가지 마케팅 캠페인을 어떻게 해야 하는지 알기 위한 정수계획 모형을 수립하고, 그 해답을 구하라.

b. 소매업체가 예상고객을 최대화하기 위해서는 어떤 소셜미디어 채널을 사용해야 하는가?

c. 소매업체는 매주 배정된 마케팅 예산을 모두 사용할 수 있는가?

40. 부동산 투자회사인 아카디안 캐피털(Akkadian Capital)은 대학 캠퍼스 내에 다섯 동의 아파트를 보유하고 있다. 이 건물들은 대대적인 개보수가 필요하며, 각각의 개보수 작업은 약 3달의 기간이 소요된다. 아파트를 개보수해서 임대하면 상당한 수익을 얻을 수 있을 것으로 기대된다. 하지만 아카디안 캐피털은 향후 3개월간 쓸 수 있는 예산이 한정되어 있어 5개 건물 모두를 동시에 수리할 수는 없다. 개보수에 필요한 비용과 운영비용을 감안한 연간 기대수익은 다음 표와 같다. 또한 아카디안의 향후 3개월간 예산내역도 포함되어 있다.

Cost (in \$1,000s)	Kirkland Apartment	Hillside Residence	La Jolla Manor	Park Views	Campus Hamlet	Monthly Budget
Month 1	44	25	17	33	20	130
Month 2	32	30	42	51	25	100
Month 3	19	29	26	35	19	85
Income (in \$1,000s)	315	246	240	387	193	

a. 예산을 넘지 않는 범위 내에서 임대수입을 최대화할 수 있는 개보수 결정을 내리도록 정수계획 모형을 수립하고, 그 해답을 구하라. 아카디안이 얻을 수 있는 최대 수입은 얼마인가?

b. 어떤 아파트를 수리해야 하는가? 그 이유는?

c. 아카디안은 배정된 월간 예산을 모두 사용할 수 있는가?

41. 오리건주 포틀랜드에 있는 소규모 양조회사는 두 개의 양조장에서 생맥주를 생산하여 지역내 5개의 매장에 공급하고 있다. 첫 번째 양조장에서는 매주 56배럴의 생맥주를 만들 수 있으며, 두 번째 양조장에서는 매주 72배럴을 만들 수 있다. 배럴당 운송비용과 다섯 개의 식당에서 매주 주문하는 양은 다음 표에 나와 있다.

Delivery Cost	Restaurant 1	Restaurant 2	Restaurant 3	Restaurant 4	Restaurant 5
Brewery 1	\$1.05	\$1.50	\$1.55	\$1.10	\$1.40
Brewery 2	\$1.25	\$1.45	\$1.39	\$1.00	\$1.50
Weekly Order	20	29	31	21	27

a. 각 양조장에서 각각의 식당으로 배송되는 생맥주의 배럴을 결정하기 위한 정수계획 모형을 수립하고 해답을 구하라. 소규모 양조회사에서 발생하는 최저 배송비는 얼마인가?

b. 총 배송비용을 최소화하기 위해 각 양조장에서 5개의 식당으로 몇 배럴씩 배송해야 하는가?

42. 전기자동차 회사는 2곳의 생산공장에서 고용량 리튬이온 배터리를 생산하여 3곳의 자동차 조립공장으로 보내고 있다. 첫 번째 배터리 생산공장은 월간 10,000개의 리튬이온 배터리를 생산할 수 있으며, 두 번째 공장에서는 월 최대 8,000개의 배터리를 생산할 수 있다. 세 곳의 조립공장에서 필요로 하는 배터리의 수요와 배터리당 운송비용은 다음 표에 나와 있다.

Shipment Cost per Battery	Plant 1	Plant 2	Plant 3
Manufacturer 1	$15.67	$12.30	$13.55
Manufacturer 2	$13.75	$13.90	$14.00
Monthly Demand	5,000	6,600	6,400

a. 각각의 제조공장에서 세 곳의 조립공장으로 배송되는 배터리의 수량을 결정하기 위한 정수계획 모형을 수립하고 그 해답을 구하라. 최저 배송비는 얼마인가?

b. 배송비용을 최소화하기 위해 각각의 제조공장에서 각각의 조립공장으로 보내야 하는 배터리의 숫자는 얼마인가?

13.5 데이터 분석

사례연구

유기농 식품에 대한 수요는 수년간 꾸준히 증가해 왔다. 유기농 딸기 재배는 식품 및 농업분야에서 앞으로도 꾸준한 증가가 예상되는 부분 가운데 하나이다. 캘리포니아 해안에 있는 과일농장회사인 에스츄리 오가닉(Estuary Organic)은 인증된 유기농제품을 만든다는 사명을 지키는 동시에 생산비를 절감하기 위해 노력하고 있다.

비용문제를 해결하기 위해 에스츄리 오가닉은 톰 리처드(Tom Richards) 교수를 컨설턴트로 고용하여 회사가 사용하고 있는 여러가지 종류의 유기농 비료를 검토하고자 한다. 그가 해야할 일은 토양에 필요한 세가지 유기농 비료 즉 질소(N), 인산염(P_2O_5), 그리고 칼륨(K_2O)의 배합비율을 찾는 것이다. 그와 동시에 리처드 교수는 인증된 유기농 비료의 비용을 고려할 필요가 있다.

딸기를 파종할 때마다, 농부들은 토양에 알맞은 질소, 인산염, 칼륨의 비율을 맞춰야 한다. 이런 영양소들이 너무 많거나 너무 적으면 식물의 성장과 과일의 생산에 좋지 않다. 질소와 인산염, 그리고 칼륨의 비율을 NPK라고 하는데, 일반적으로 에이커당 최소 NPK는 각각 100파운드, 50파운드, 50파운드이다.

리처드 교수는 또한 현재의 토양 상태와 토질 검사결과를 바탕으로 NPK의 최대치를 각각 125파운드, 55파운드, 55파운드로 결정했다. 현재 이 지역에서, 그리고 에스츄리 오가닉에서 사용하고 있는 비료는 보통 발효된 알팔파(alfalfa)와 콩, 생선액(보통 폴락, 고등어 또는 멸치 등으로 만든), 그리고 동물의 분뇨로 만든 퇴비가 포함되어 있다. 각 요소의 비율과 비용은 표 13.4에 나와 있다.

FamVeld/Shutterstock

표 13.4 유기농 비료, 비용과 영양성분

Organic fertilizers	Cost per 50 lbs	N	P_2O_5	K_2O
Alfalfa meal	$14.00	3.0%	2.0%	2.5%
Soybean meal	23.00	5.0	2.0	1.0
Fish meal	32.00	5.0	3.0	2.0
Animal manure compost	6.50	1.5	1.0	1.0

이 컨설팅의 목적은 에스츄리 오가닉에게 최소의 비용으로 필요한 NPK의 비율을 맞출 수 있는 비료의

구성요소를 추천하는 것이다. 리처드 교수는 관련 정보를 분석한 후 에스츄리 오가닉의 소유주에게 다음과 같은 보고서를 제출했다.

샘플보고서—유기농 딸기 농장

이 보고서는 에스츄리 오가닉 농장에서 제공된 비용과 NPK 정보를 활용하여 토양에서 필요로 하는 NPK의 비율을 제공할 수 있는 최적의 비료 구성요소 조합을 최소의 비용으로 찾을 수 있는 모형을 제시하고 있다. 선형계획 모형을 이용하여 다음과 같은 공식을 개발했다.

$$\text{최소화} \quad \text{비료비용} = 0.28x_1 + 0.46x_2 + 0.64x_3 + 0.13x_4$$

제약조건

질소최소량	$0.030x\ 1 + 0.050x\ 2 + 0.050x\ 3 + 0.015x\ 4 \geq 100$
인산염 최소량	$0.020x\ 1 + 0.020x\ 2 + 0.030x\ 3 + 0.010x\ 4 \geq 50$
칼륨 최소량	$0.025x\ 1 + 0.010x\ 2 + 0.020x\ 3 + 0.010x\ 4 \geq 50$
질소 최대량	$0.030x\ 1 + 0.050x\ 2 + 0.050x\ 3 + 0.015x\ 4 \leq 105$
인산염 최대량	$0.020x\ 1 + 0.020x\ 2 + 0.030x\ 3 + 0.010x\ 4 \leq 55$
칼륨 최대량	$0.025x\ 1 + 0.010x\ 2 + 0.020x\ 3 + 0.010x\ 4 \leq 55$
비음수 조건	$x_1, x_2, x_3, x_4 \geq 0$

네 가지 결정변수, x_1, x_2, x_3, x_4는 각각 비료 혼합물에 포함될 알팔파, 콩, 생선액, 퇴비의 양(파운드)을 나타낸다. 또한 각각의 요소의 비용은 파운드당 환산하여 나타낸다(예를 들어 알팔파는 파운드당 0.28달러, 콩은 0.46달러 등). 파운드당 비용은 목표함수의 계수로 사용된다.

선형프로그래밍 분석을 바탕으로 얻은 결과에 따라 표 13.5에 나온 것처럼 에이커당 유기비료의 혼합량량을 추천한다.

표 13.5 에이커당 비료의 추천배합비율

Organic Fertilizers	Recommended Amount (lbs)	Cost
Alfalfa meal	750	$210.00
Soybean meal	875	$402.50
Fish meal	0	$ 0.00
Animal manure compost	2,250	$292.50
Total cost:		$905.00
Total NPK amount (in lbs): 100-55-50		

최적의 조합은 에이커당 100파운드의 질소, 55파운드의 인산염, 그리고 50파운드의 칼륨을 제공할 수 있다. 비료 혼합물의 기본은 동물퇴비인데, 가장 값싼 재료이지만 네 가지 구성요소 가운데 가장 적은 NPK 값을 가진다. 그 다음 필요한 질소와 칼륨을 확보하기 위해 알팔파와 콩을 추가한다. 네 가지 비료 가운데 가장 비싼 생선액을 사용하지 않기 때문에 에이커당 905달러의 최저비용으로 필요한 비료를 만들 수 있다.

또한 비료의 비용변화에 따른 영향을 분석할 수 있다. 예를 들어 동물 퇴비의 비용이 50파운드당 6.50달러에서 7.00달러로 증가한다면, 비료의 조합을 바꿔야 한다. 가능한 한 가지 방법은 비용을 낮추면서 동시에 NPK 비율을 맞추기 위해서 알팔파와 콩만 사용하는 것이다. 초기 분석에 따르면 1,578.95파운드의 알팔파와 1,052.63파운드의 콩을 사용하면 에이커당 비용은 926.31달러가 될 것이다.

우리가 고려한 또 다른 경우는 알팔파의 비용이 50파운드당 14달러에서 13달러로 하락하는 경우이다(이 경우 퇴비의 비용은 50파운드당 6.50달러로 유지된다). NPK의 균형을 맞추면서 동시에 총비용을 낮추기 위해 더 많은 양의 알팔파를 사용할 수 있다. 구체적으로 이 경우에는 1,750파운드의 알팔파, 875파운드의 콩, 그리고 250파운드의 동물퇴비를 사용하게 되며, 에이커당 총 890달러의 비용이 든다.

사례연구 제안

처방분석기법은 다양한 상황에서 사용할 수 있다. 몬테카를로(Monte Carlo) 시뮬레이션과 선형계획 문제에 관한 다음과 같은 사례연구들이 제안된다.

보고서 13.1. 식품점 관리자는 고객의 지출데이터를 제품범주별로 분석하려고 한다. 제품은 신선조리식품, 육류 및 유제품, 농산품, 냉동식품 등이다. 쇼핑할 때마다 약 30%의 고객은 신선조리식품을 구매하며, 평균 3달러에서 19달러 정도의 비용을 연속균등분포(continuous uniform distribution)에 따라 지출한다. 육류와 유제품의 경우 고객의 70%가 정기적으로 구매하며 그 비용은 평균 21달러, 표준편차는 5.27달러의 정규분포(normal distribution)를 따른다. 고객의 80%는 평균적으로 15달러를 농산품에 지출하고 있으며, 그 표준편차는 2.31달러인 정규분포를 따른다. 65%의 고객은 냉동식품코너에서 적어도 한 가지 이상의 제품을 구입한다. 그 지출금액은 7.25달러에서 28.50달러 사이에 균등분포에 따른다. 평균적으로 약 220명의 고객이 매일 매장에서 구매를 한다. 몬테카를로 시뮬레이션을 사용하여 고객의 지출금액과 일일 수익의 변화를 분석하라.

보고서 13.2. 어느 정유회사에서는 두 개의 정유시설을 통해 경유와 중유를 생산하고 있다. 첫 번째 정유시설에서는 하루 500배럴의 경유와 300배럴의 중유를 생산할 수 있으며, 두 번째 정유시설은 하루 약 600배럴의 경우와 450배럴의 중유를 생산할 수 있다. 각 정유시설의 하루 운영비용은 각각 15,000달러와 20,000달러이다. 이 회사는 하루 총 3,200배럴의 경유와 2,100배럴의 중유를 생산해야 수요를 맞출 수 있다. 주어진 정보를 바탕으로 적절한 생산계획을 수립하라.

보고서 13.3. 사우스베이 캔들(South Bay Candle)은 두 종류의 향초를 만든다. 10인치 원통형과 2인치 장식용 젤형이다. 각 제품에 필요한 원료와 그 비용은 표 13.6에 나와 있다. 각각의 제품별 판매가격은 원통형은 2.15달러, 장식용 젤형은 3.55달러이다. 주어진 데이터를 분석하고 각각의 제품을 얼마나 생산해야 하는지 분석하라.

표 13.6 사우스베이 캔들의 제품정보

		Required Materials for Each Candle Type	
Materials/Resources	**Amount Available**	**Pillar**	**Gel**
Cotton wick (ft.)	12,000	0.580	0.300
Beeswax (lb.)	7,000	0.500	0.325
Essential oils	3,200	0.240	0.130
Manufacturing time (min.)	120,000	5.320	9.460

빅데이터셋: 변수 설명과 데이터 사전

Big Data Sets: Variable Description and Data Dictionary

이 교재의 독특한 특성은 학생들이 수행할 수 있는 많은 응용들과 관련된 빅데이터셋을 선택하여 사용할 수 있다는 것이다. 이러한 데이터셋은 실제 데이터의 매우 단순화되거나 수정된 일부이지만, 여전히 빅데이터의 특성을 유지하고 있다. 이 교재의 장들에서 논의된 개념들에 기초하여 문제를 제시하고, 가능한 해답을 구하며 분석결과를 해석하기 위해 이러한 빅데이터셋을 사용한다. 이 교재에서 사용되는 6개 빅데이터셋을 위한 변수설명과 데이터 사전은 다음과 같다.

데이터 1: Car Crash 데이터

FILE ***Car_Crash.*** 이 데이터는 캘리포니아주에서 발생된 자동차 충돌사고에 대한 데이터를 수집하고 검색하기 위한 수단으로 사용되는 통합교통기록시스템(Statewide Integrated Traffic Records System) 데이터베이스로부터 추출된다(http://www.chp.ca.gov). 이 데이터는 지역기관들과 정부기관들 모두로부터 캘리포니아고속도로순찰대(CHP)로 제공되는 정보에 기초하고 있다. CHP는 실제 충돌사고, 사고당사자, 사고희생자에 대한 데이터를 수집한다. 이 데이터셋은 1년의 기간에 발생한 약 113,000건의 자동차 충돌사고로 구성된 매우 단순화되거나 수정된 표본이다.

표 A.1 데이터를 위한 데이터 사전

변수명	설명 또는 가질 수 있는 값
ID	각 자동차 사고의 수정된 식별번호
County	카운티 이름
City	도시 이름
Weekday	1 – 월요일 2 – 화요일 3 – 수요일 4 – 목요일 5 – 금요일 6 – 토요일 7 – 일요일
Severity	1 – 치명적이거나 심각한 부상 0 – 기타
ViolCat	01 – 음주 또는 약의 영향을 받은 상태에서 운전하거나 자전거 주행 02 – 안전하지 않은 속도 03 – 너무 근접한 뒤따르기 04 – 부적절한 통과

(계속)

표 A.1 (계속)

변수명	설명 또는 가질 수 있는 값
ViolCat	05 – 안전하지 않은 차선 변경 06 – 부적절한 회전 07 – 자동차 우선 통행권 08 – 보행자 우선 통행권 09 – 보행자 위반 10 – 교통 신호와 표지판 11 – 수면상태 운전
ClearWeather	1 – 맑은 날씨 0 – 기타 날씨
Month	1 – 1월 2 – 2월 3 – 3월 4 – 4월 5 – 5월 6 – 6월 7 – 7월 8 – 8월 9 – 9월 10 – 10월 11 – 11월 12 – 12월
CrashType	A – 정면 충돌 B – 측면 접촉 C – 후미 추돌 D – 측면 충돌 E – 물체 충돌 F – 전복 G – 자동차/보행자 충돌
Highway	1 – 고속도로 0 – 기타 도로
Daylight	1 – 낮 시간 0 – 기타 시간

데이터 2: College Admissions 데이터

FILE ***College_Admissions.*** 이 데이터는 북미에 있는 한 4년제 대학의 중요한 입학허가와 등록 정보를 포함하고 있다. 이 데이터는 입학관리부서와 지원자에 의해 이루어지는 입학허가와 등록에 관한 의사결정에 대한 정보를 제공해준다. 입학허가정보에 의하면, 이 대학에 있는 세 개 단과대학에 가을학기 입학허가를 위한 약 18,000명이 지원하였다. 또한 이 데이터는 등록한 지원자의 대학 GPA도 포함하고 있다. 이 데이터는 익명으로 처리된 지원자들로 구성된 매우 단순화되거나 수정된 표본데이터이다.

표 A.2 College Admissions 데이터를 위한 데이터 사전

<table>
<tr><th>변수명</th><th>설명 또는 가질 수 있는 값</th></tr>
<tr><td>Applicant</td><td>각 지원자의 수정된 식별번호</td></tr>
<tr><td>Edu_Parent1</td><td rowspan="2">1 – 고등학교 입학하지 않음
2 – 고등학교 중퇴
3 – 고등학교졸업
4 – 대학 중퇴
6 – 4년제 대학 졸업
7 – 대학원 졸업</td></tr>
<tr><td>Edu_Parent2</td></tr>
<tr><td>Gender</td><td>M – 남성
F – 여성</td></tr>
<tr><td>White</td><td>1 – 백인
0 – 백인이 아님</td></tr>
<tr><td>Asian</td><td>1 – 아시아계인
0 – 아시아계인이 아님</td></tr>
<tr><td>HSGPA</td><td>0과 5의 범위를 가지는 고등학교 GPA</td></tr>
<tr><td>SAT/ACT</td><td>SAT와 ACT 중 더 높은 점수, 영어와 수학의 경우, ACT 점수는 이에 동등한 SAT 점수로 변환된다.</td></tr>
<tr><td>College</td><td>Arts & Letters – 예술과 인문
Business & Economics – 경영과 경제
Math & Science – 수학과 과학</td></tr>
<tr><td>Admitted</td><td>1 – 입학이 허가됨
0 – 입학이 허가되지 않음</td></tr>
<tr><td>Enrolled</td><td>1 – 등록한 지원자
0 – 등록하지 않은 지원자</td></tr>
<tr><td>College_GPA</td><td>등록한 후 4년 동안, 0과 4의 범위를 가지는 대학 GPA, 등록하지 않은 지원자는 공란으로 처리</td></tr>
</table>

데이터 3: House Price 데이터

FILE ***House_Price.*** 재정적으로 어려움을 겪는 대학들이 1학년이 아닌 학생들에게 주택을 제공할 수 없음에 따라 대학타운 부동산 투자는 학생들이 지속적인 임대수요를 제공하기 때문에 매력적이다. 미국의 50개 캠퍼스타운에서 한 해에 판매된 11,000개 주택에 관한 데이터가 Zillow의 데이터베이스로부터 추출되었다(https://www.zillow.com). ***House_Price*** 데이터는 잘못 처리된 것으로 보이는 관측치를 가진 주택과 판매와 관계없는 주택을 제외하고 익명으로 처리된 주택들로 구성된 매우 단순화되고 수정된 표본데이터이다.

표 A.3 House Price 데이터를 위한 데이터 사전

변수명	설명 또는 가질 수 있는 값
Record	각 주택의 익명처리된 식별번호
Sale_amount	주택판매가격(달러)
Sale_date	주택 판매일

(계속)

표 A.3 *(계속)*

변수명	설명 또는 가질 수 있는 값
Beds	침실 수
Baths	욕실 수
Sqft_home	주택크기(ft^2)
Sqft_lot	주택부지크기(ft^2)
Type	다수가족(Multiple Family) 복합거주(Multiple Occupancy) 단일가족(Single Family)
Build_year	주택건축연도
Town	캠퍼스 타운 이름
University	대학이름

데이터 4: Longitudinal Survey 데이터

FILE ***Longitudinal_Survey.*** 미국의 국가종단조사(The National Longitudinal Survey, NLS)는 12,000명의 미국인을 추적한다. 1979년에 시작하여 1994년까지 개인들을 대상으로 매년 조사가 이루어졌다. 1994년 이후에는 조사가 격년으로 수행되었다. 1979년에 처음 조사가 이루어졌을 때, 개인들은 14세부터 21세 범위에 속하였다. 질문은 "경제활동"에 초점이 맞추어져 있으나 "교육성취, 투자훈련, 소득과 자산, 건강상태, 노동현장부상, 보험커버리지, 알코올과 약물 남용, 성적 활동, 결혼과 출산 이력"을 포함한 매우 다양한 주제에 대해서도 이루어진다. 이 데이터는 익명 처리된 응답자들로 구성된 매우 단순화되고 수정된 표본데이터이다.

표 A.4 Longitudinal Survey 데이터를 위한 데이터 사전

변수명	설명 또는 가질 수 있는 값
ID	각 응답자의 수정된 식별번호
Age	1979년 현재 연령
Urban	14세에 응답자가 살았던 곳 1 – 도시 지역 0 – 도시 이외 지역
Mother_ Edu	어머니의 교육연수
Father_ Edu	아버지의 교육연수
Siblings	1979년 현재 형제자매 수
Black	1 – 흑인 0 – 흑인이 아님
Hispanic	1 – 히스패닉 0 – 히스패닉이 아님
White	1 – 백인 0 – 백인이 아님

(계속)

표 A.4 *(계속)*

변수명	설명 또는 가질 수 있는 값
Christian	1979년 현재 1 – 기독교인 0 – 기독교인이 아님
WomenPlace	"여성이 있을 곳은 사무실이나 점포가 아닌 집이다"에 대한 의견 1 – 동의한다. 0 – 동의하지 않는다.
Male	1 – 남성 0 – 여성
FamilySize	1979년 현재 가족크기
Self_Esteem	로젠버그 자존감 척도(Rosenberg Self-Esteem Scale)는 개인의 자신 평가를 측정한다. 종합 점수는 0점과 30점의 범위를 가질 수 있다. 여기서 더 높은 점수는 더 높은 자존감을 나타낸다. 1980년 현재 실제 점수.
Height	1981년 현재 키(인치)
Weight	1981년 현재 체중(파운드)
Outgoing_Kid	6세 때 응답자의 성격 1 – 외향적 0 – 내성적
Outgoing_Adult	성인 때, 응답자의 성격 1 – 외향적 0 – 내성적
HealthPlan	2000년 현재 의료보험/의료케어플랜의 보장을 받는지? 1 – 그렇다 0 – 아니다
Income	2000년 현재 소득
Marital_Status	2000년 현재 결혼상태 0 – 결혼한 적 없음 1 – 결혼 2 – 별거 3 – 이혼 4 – 재혼 5 – 과부 또는 홀아비
Education	2000년 현재 교육연수
WeeksEmployed	2000년 현재 작년에 고용된 주 수
NumberSpouses	2000년 현재 배우자/파트너 수

데이터 5: NBA 데이터

FILE ***NBA.*** 이 교재에서는 2016년에 수집된 전미프로농구협회(NBA) 데이터의 매우 단순화되고 수정된 표본데이터를 사용한다. 이 데이터는 의사결정을 위한 정보를 얻기 위해 선수의 통계와 기타 스포츠 관련 데이터를 사용하는 스포츠 열혈 팬에게 가치가 있다. 이 데이터는 30개 팀과 457명 선수로 구성된 매우 단순화되고 수정된 표본데이터이다. 선수의 통계는 선수경력기간뿐만 아니라 다수의 시즌 동안에 수집된 것이다. ***NBA*** 데이터는 다음과 같은 웹사이트에서 수집되었다.

- http://stats.nba.com/help/glossary/
- http://www.basketball-tips-and-training.com/basketball-statistics.html
- http://www.sportingcharts.com/NBA/dictionary/
- http://espn.go.com/nba/dailyleaders

표 A.5 NBA 데이터를 위한 데이터 사전

변수명	설명 또는 가질 수 있는 값
Player	각 NBA 선수의 고유 식별번호
Name	선수이름
Position	C – 센터 PF – 파워 포워드 SF – 스몰 포워드 PG – 포인트 가드 SG – 슈팅 가드
Age	2015~2016 시즌 현재 선수 연령
Height	2015~2016 시즌 현재 선수 키
Weight	2015~2016 시즌 현재 선수 체중
Salary	2015~2016 시즌 현재 선수 연봉
Season	1999~2000 시즌부터 2015~2016 시즌까지
Postseason	TRUE – 플레이오프 진출 FALSE –정규시즌
Team	2015~2016 시즌 현재 선수 소속 팀
Games_played	출전한 총 경기 수
Games_started	선발선수로 출전한 경기 수
Minutes	경기당 평균 시간(분)
FG_made	득점한 총 필드 골 수
FG_attempted	시도한 총 필드 골 수
FG_percent	필드 골 비율
3P_made	득점한 총 3점골 수
3P_attempted	시도한 총 3점골 수
3P_percent	3점골 비율
FT_made	득점한 자유투 수
FT_attempted	시도한 자유투 수
FT_percent	자유투 득점 비율
Rebounds_off	공격시 미스 슛 후 볼을 잡은 총수
Rebounds_def	방어시 미스 슛 후 볼을 잡은 총수
Assists	필드 골을 성공시킨 다른 선수에게 볼을 패스한 총수
Blocks	상대선수가 슛 하는 것을 막은 총수(카운트 하기 위해 볼이 위로 올라가고 있어야 한다.)
Steals	상대방의 볼을 합법적으로 낚아챈 총수

(계속)

표 A.5 (계속)

변수명	설명 또는 가질 수 있는 값
Fouls	상대방 선수와 불법적으로 신체 접촉을 한 총수
Turnovers	상대방 선수에게 볼의 소유를 넘겨준 총수
Points	경기당 평균 득점

데이터 6: Tech Sales Reps 데이터

FILE ***TechSales_Reps.*** 데이터 분석은 경영자와 조직이 종업원에 관한 의사결정을 하는 데 도움을 줄 수 있다. 지각과 직관에 기초한 개인적인 의사결정을 하는 대신, 경영자는 종업원을 식별하고 고용하며 유지시키기 위한 도움을 받기 위해 데이터를 사용할 수 있다. ***TechSales_Reps*** 데이터는 한 하이테크 회사의 하드웨어와 소프트웨어 그룹에서 일하는 21,990명의 영업사원에 대한 기록을 포함하고 있다. 이 데이터는 각 종업원의 사회인구학적 정보와 교육정보, 연봉, 판매실적, 성격지표를 포함하고 있다. 또한 이 데이터는 각 영업사원에 대한 고객만족의 지표인 순추천의향지수도 포함하고 있다. 이 교재에서 사용되는 ***TechSales_Reps*** 데이터는 매우 단순화되고 수정된 표본데이터이다.

표 A.6 Tech Sales Reps 데이터를 위한 데이터 사전

변수명	설명 또는 가질 수 있는 값
Rep	각 영업사원의 고유 식별번호
Business	두 제품그룹, 즉 가질 수 있는 값이 Hardware와 Software 중 하나
Age	종업원의 실제 연령
Female	1 – 여성 0 – 여성이 아님
Years	종업원의 근무연수
College	종업원이 4년제 학사학위를 가지고 있는지 여부(Yes/No)
Personality	Analysts: 분석가는 개방적이고 의지가 강한 경향이 있다. 독립적으로 일하는 것을 좋아하고, 일반적으로 매우 실용적인 관점을 가지고 문제에 접근한다. Diplomats: 외교관은 사람들에 관심이 있고, 다른 사람들에 대해 상당한 공감 능력을 가지고 있다. Explorers: 탐험가는 어려운 상황에서 신속하고 합리적인 결정을 하는 데 능숙한 경향이 있다. Sentinels: 관리자는 안정성, 질서, 보안성을 좋아하고, 열심히 일하고 꼼꼼한 경향이 있다.
Certificates	종업원이 취득한 관련된 전문자격증 수
Feedback	종업원이 전방위 연간 평가에서 동료와 감독자로부터 받는 평균 피드백 점수. 가능한 점수는 0점(최저)와 4점(최고)의 범위를 가진다.
Salary	종업원의 기본 연봉
NPS	순추천의향지수(NPS)는 고객만족과 충성도의 핵심 지표이다.

Excel 시작하기

Getting Started with Excel

마이크로소프트 엑셀

마이크로소프트 엑셀(Microsoft Excel)은 논란의 여지가 있을 수 있지만 기업 전문가들 간에 가장 널리 사용되는 컴퓨터 애플리케이션 소프트웨어이다. 회계사, 경제학자, 재무분석가, 영업사원, 인적관리담당자, 기타 많은 사람들이 매일의 비즈니스 업무를 위해 Excel 스프레드시트를 사용한다. 종종 이러한 업무에는 데이터 분석을 수행하는 것뿐만 아니라 데이터의 입력, 편집, 서식작성이 포함된다. 부록 B에서는 계산과 데이터 분석을 위해 일반적으로 사용되는 Excel의 수식, 참조, 함수를 요약한다. 또한 기업 문제를 해결하기 위한 간단한 스프레드시트 모형을 만드는 방법을 제시한다.

수식

Excel에서 기본적인 계산을 하기 위해 수식을 사용한다. 셀에 수식을 입력할 때, Excel은 특정한 계산을 수행하고 동일한 셀에 결과를 반환한다. 또한 반올림과 같은 작업을 수행하기 위해 수식을 사용한다. Excel에서 수식은 항상 등호 부호(=)로 시작하고 셀 주소를 포함한다. 셀 주소 또는 셀 참조는 열 이름과 행 번호로 구성된다. 예를 들면, 셀 참조 A1은 열 A와 행 1에 있는 가장 위에서 가장 왼쪽에 있는 셀을 나타낸다. 기본적인 계산은 덧셈(+), 뺄셈(−), 곱셈(*), 나눗셈(/), 거듭제곱(^)을 사용하면서 수행된다. 예를 들면, 빈 셀을 선택하고 셀 A1, B1, C1에 있는 값들을 합하기 위해 수식 =A1+B1+C1을 사용하고 셀 A1에 있는 값을 제곱하기 위해 수식 =A1^2을 사용한다.

상대참조, 절대참조, 혼합참조

세가지 유형의 셀 참조, 즉 상대참조(relative reference), 절대참조(absolute reference), 혼합참조(mixed reference)가 존재한다. 세 가지 셀 참조 유형은 워크시트상의 어느 곳에 복사할 때 서로 다르게 작동한다. 수식 =B1+C1에서 셀 주소는 상대참조이고 이 수식은 다른 셀에 복사될 때 자동적으로 변화한다. 예를 들면, 셀 A1에 수식 =B1+C1을 입력하고 이것을 셀 D4에 복사하면, 셀 D4에서 수식은 =E4+F4가 된다. 달리 말하면, 셀 B1과 셀 C1에 대한 참조는 수식이 워크시트상의 어느 곳에 있느냐에 따라 상대적이다. 열 이름과 행 번호가 변화하도록 하면서 유사한 계산을 반복하기 원할 때 상대참조를 사용한다

절대참조는 수식이 다른 곳에 복사될 때 원래의 셀을 유지할 수 있게 해준다. 열 이름과 행 번호의 앞에 달러 부호($)를 추가하여 절대참조를 설정한다(예를 들면, $B$1). 앞의 예에서 셀 A1에 수식 =$B$1+$C$1을 입력하고 이 공식을 셀 D4에 입력하면, 셀 D4에서 수식은 그대로 =$B$1+$C$1가 된다. 상대참조와는 다르게, 절대참조는 워크시트상의 다른 곳에 복사될 때 변화하지 않는다.

열 이름 또는 행 번호 앞에 달러 부호($)를 추가하는 혼합참조를 사용한다(예를 들면, $B1 또는 B$1). 이것은 특정한 열 이름 또는 행 번호에 대한 참조를 일정하게 유지시켜 준다. 앞의 예에서 셀 A1에 수식 =$B1+$C1을 입력하고 이 수식을 셀 D4에 복사하면, 셀 D4에서 수식은 =$B4+$C4가 된다. 이와 유사하게, 셀 A1에 수식 =B$1+C$1을 입력하고 이 수식을 셀 D4에 복사하면, 셀 D4에서 수식은 =E$1+F$1이 된다.

표 B.1은 동일한 수식을 가지고 상대참조, 절대참조, 혼합참조를 사용할 때 나타나는 서로 다른 결과를 요약한 것이다.

표 B.1 상대참조, 절대참조와 혼합참조

참조	셀 A1의 공식	셀 A1의 공식을 셀 D4에 복사하는 경우
상대	=B1+C1	=E4+F4
절대	=$B$1+$C$1	=$B$1+$C$1
혼합	=$B1+$C1	=$B4+$C4
혼합	=B$1+C$1	=E$1+F$1

함수

Excel의 함수는 사전에 정의된 수식이다. 수식과 마찬가지로, 함수는 항상 등호 부호(=)로 시작하고 괄호 안에 정확한 구문을 작성하여야 한다. 대부분의 함수는 적어도 한 개의 인수를 요구한다. 인수는 Excel이 계산을 수행하기 위해 사용하는 값이다. 예를 들면, COUNT 함수는 수치 값을 포함하고 있는 셀의 수를 세기 위해 사용되고 구문 =COUNT(A1:A10)을 가진다. 여기서 A1:A10은 세어야 하는 셀들의 배열을 나타내는 인수이다. 표 B.2는 Excel에서 가장 기본적인 기술함수들을 요약한 것이다. 표에서 함수의 인수에 있는 배열(array) 표시는 계산에 포함되는 셀 주소의 범위를 나타낸다.

표 B.2 Excel의 기본적인 기술함수

함수와 구문	설명	예
=COUNT(배열)	수치 값을 가지고 배열에 있는 셀의 수를 반환한다.	=COUNT(A1:A10)
=COUNTA(배열)	공란이 아닌 배열에 있는 셀의 수를 반환한다.	=COUNTA(A1:A10)
=COUNTBLANK(배열)	공란으로 배열에 있는 셀의 수를 반환한다.	=COUNTBLANK(A1:A10)
=COUNTIF(배열, 기준)	특정한 선택기준을 충족시키는 배열에 있는 셀의 수를 반환한다.	=COUNTIF(A1:A10, ">10")
=IF(논리적 진술, 진술이 옳을 때 결과, 진술이 허위일 때 결과)	논리적 진술의 결과에 기초한 결과를 반환한다.	=IF(A1="Yes", 1, 0). A1 = "Yes"이면 1을 반환하고, 그렇지 않으면 0을 반환한다. 예제 B.1참조.
=SUM(배열)	배열에 있는 수치들의 합을 반환한다.	=SUM(A1:A10)
=VLOOKUP(검색값, 참조범위, 참조범위에서 결과를 포함하고 있는 열의 위치, 일치옵션)	참조범위에 있는 특정한 열의 정보를 검색한다.	예제 B.1 참조

중요사항: 서로 다른 폰트와 조판 세팅 때문에, 이 교재로부터 수식과 함수를 직접 복사하여 Excel에 붙이면 오류가 발생될 수 있다. 이러한 오류가 발생할 때, 당신은 인용부호와 괄호 같은 특수 문자를 대체하거나 함수에 있는 추가적인 공간을 제거할 필요가 있다.

표 B.3는 Excel의 기본적인 일자와 시간 함수를 요약한 것이다.

표 B.3 Excel의 기본적인 일자와 시간 함수

함수와 구문	설명	예
=DAY(일자값)	인수에 있는 일자값이 주어지면, 1과 31 사이의 수치로 일자를 반환한다.	=DAY("3/15/2019") Excel은 15를 반환한다.
=MONTH(일자값)	인수에 있는 일자값이 주어지면 1과 12 사이의 수치로 월을 반환한다.	=MONTH("3/15/2019") Excel은 3을 반환한다.
=NOW()	현재 일자와 시간을 반환한다. NOW 함수는 어떤 인수도 요구하지 않는다.	=NOW()
=TODAY()	현재 일자를 반환한다. TODAY 함수는 어떤 인수도 요구하지 않는다.	=TODAY()
=WEEKDAY(일자값)	인수에 있는 일자값이 주어지면 1(일요일)과 7(토요일) 사이의 수치로 요일을 반환한다.	=WEEKDAY("3/15/2019") Excel은 2019년 3월 15일은 금요일임을 의미하는 6을 반환한다.
=YEAR(일자값)	인수에 있는 일자값 중 연도를 반환한다.	=YEAR("3/15/2019") Excel은 2019를 반환한다.

표 B.4는 Excel의 기본적인 통계함수를 요약한 것이다. 기타 함수는 이 교재의 관련된 장에서 소개하면서 논의한다.

표 B.4 Excel의 기본적인 통계함수

함수와 구문	설명	예
=AVERAGE(배열)	배열의 산술평균을 반환한다.	=AVERAGE(A1:A10)
=MAX(배열)	배열에서 최대값을 반환한다.	=MAX(A1:A10)
=MEDIAN(배열)	배열의 중앙값을 반환한다.	=MEDIAN(A1:A10)
=MIN(배열)	배열에서 최소값을 반환한다.	=MIN(A1:A10)
=RAND()	0 이상이고 1보다 작은 일양분포를 따르는 임의 값을 반환한다.	=RAND()
=RANDBETWEEN(가장 작은 값, 가장 큰 값)	특정한 가장 작은 값과 가장 큰 값 사이에 있는 일양분포를 따르는 임의 값을 반환한다.	=RANDBETWEEN(1,10) Excel은 1과 10 사이에 있는 일양분포를 따르는 값을 반환한다.
=ROUND(값, 소수점 자리)	특정한 소수점 자리로 수치값을 반올림한다.	=ROUND(2.6589,2) Excel은 2.66을 반환한다.
=STDEV.S(배열)	배열의 표본표준편차를 추정하고 반환한다.	=STDEV.S(A1:A10)

스프레드시트 모형 개발하기

수식, 참조, 함수를 사용할 때 Excel의 구문을 이해하여야 하지만, 잘 구조화된 스프레드시트를 만드는 것은 비판적 사고와 창의성을 요구한다. 일반적으로 기업문제를 해결하고 데이터

분석을 수행하며 통찰력 있는 정보를 획득하기 위한 목표를 가지고 단순화된 현실을 나타내기 위해 스프레드시트 모형을 만든다. 이상적으로 스프레드시트 모형은 사용자가 다른 가정들을 가지고 쉽게 실험할 수 있게 해주고 다른 시나리오들을 평가하고 비교할 수 있게 하며 더 중요하게는 의사결정을 개선시킬 수 있게 해야 한다. 스프레드시트 모형화는 과학이기보다는 예술이고 기술을 연마하는 데 경험이 필요하다. 훌륭한 스프레드시트 모형은 모형 개발자와 모형 사용자 모두에게 모형의 유효성을 개선시키는 지식을 습득할 수 있는 능력을 부여한다.

이 부록에서는 스프레드시트 모형을 개발하기 위한 몇 가지의 일반적인 가이드라인을 제공한다. 학생들에게 스프레드시트 모형화에 관한 추가적인 참고자료를 찾아보고 가능할 때마다 자기 자신의 스프레드시트를 설계해볼 것을 권한다. 스프레드시트 모형을 구축할 때, 다음과 같은 가이드라인을 고려하라.

- 스프레드시트 모형은 정리가 잘 되어야 한다. 유사한 정보는 함께 그룹화되어야 하고 명료하게 이름이 붙여져야 하며 동일한 형식을 사용해야 한다.
- 스프레드시트 모형은 사용자가 개별적인 셀에 저장되어 있고 데이터로부터 분리되어 저장되어 있는 투입 모수에 기초한 서로 다른 시나리오들을 가지고 실험할 수 있어야 한다.
- 수식을 입력할 때 유사한 계산을 요구하는 다른 셀에 복사될 수 있도록 절대참조, 상대참조, 혼합참조의 선택에 주의를 기울여야 한다.
- 차트를 포함한 결과는 명료하게 이름 붙여져야 하며 적정하게 작성되어야 한다. 사용자는 결과를 쉽게 식별하고 이해할 수 있어야 한다.

예제 B.1은 이러한 가이드라인을 준수하는 간단한 스프레드시트 모형을 구축하는 방법을 보여준다. 13장에서 몬테카를로 시뮬레이션과 선형계획분석을 Excel을 이용하여 실행하기 위해 이러한 가이드라인을 따른다.

예제 B.1

FILE ***Consulting.*** 이니에스타 컨설팅 그룹의 매니저인 사라 워싱턴은 비즈니스 컨설턴트 팀을 감독하고 있다. 그녀의 팀원 각각은 그녀의 컨설팅 그룹의 성공에 지극히 중요한 고도로 전문화된 전문성을 가지고 있다. 사라는 그녀의 팀원들의 연봉이 경쟁기업들에 의해 제공되는 연봉과 비교하여 경쟁적인지를 확인하기 위해 그들의 세후 소득을 검토하기 원한다. 이니에스타는 각 종업원에게 의료혜택을 제공하나 각 종업원이 공동부담 보험료(의료보험비용의 일부)를 지불할 것을 요구한다. 연간 공동부담 보험료는 경영진 종업원(1,800달러)과 경영진이 아닌 종업원(1,250달러) 간 다르다. 이니에스타의 의료혜택은 다른 기업들에 의해 제공되는 것보다 훨씬 더 좋지만, 공동부담 보험료는 종업원의 순소득을 감소시킨다. 사라는 그림 B.1에서 보는 것처럼 Excel 스프레드시트에 그녀의 팀원들의 연봉정보와 소득세율을 정리하였다. 그녀는 결과의 정확성을 확인하기 위해 표의 형태로 자신의 정보를 포함시켰다. 사라가 각 팀원의 연봉, 소득세, 공동부담 보험료, 순소득을 분석하는 데 도움을 주기 위한 스프레드시트 모형을 개발하라.

Excel을 이용하여 스프레드시트 모형 개발하기

사라의 스프레드시트는 유사한 정보를 포함하는 각 열을 가지는 표로 5명의 종업원에 관한 정보를 정리하였다. 각 행은 종업원 1명을 나타내는 간단한 모형이다. 모든 열은 명료하게 열 제목이 붙여져 있고 적정하게 작성되어 있다(예를 들면, salary 열의 경우 달러 부호가 있고 소수점 자리 없음). 이에 더하여 의료보험료 분담금과 소득세율 같은 투입 모수가 데이터의 아래에 있는 분리된 셀들에 저장되어 있다. 사라가 서로 다른 시나리오들을 가지고 실험하기 원하면(예를 들면, 경영진이 아닌 종업원의 의료보험료 분담금을 감소시키는 것), 그녀는 단순히 이러한 개별적인 셀들에 있는 값을 변화시킬 수 있다

그림 B.1 종업원의 연봉과 세금 정보

	A	B	C	D	E
1	**Iniesta Consulting Group**				
2					
3	**Employee ID**	**First name**	**Last name**	**Job classification**	**Salary**
4	1001	Kim	Clovis	Management	$ 89,046
5	1023	Florence	Anderson	Non-Management	$ 76,521
6	2544	Jack	Chen	Non-Management	$ 80,250
7	2135	Sarah	Washington	Management	$ 102,735
8	3327	Tim	Liu	Management	$ 98,623
9					
10	**Assumptions:**				
11		Management	Non-management		
12	Co-premium	$1,800	$1,250		
13					
14	Income tax				
15	Salaries	Tax rate			
16	$ 60,000	19%			
17	$ 70,000	22%			
18	$ 80,000	24%			
19	$ 90,000	26%			
20	$ 100,000	27%			

자료: Microsoft Excel

스프레드시트 모형을 위한 관련된 계산을 수행하기 위해 다음과 같은 단계를 따른다.

A. 셀 F3에 열 제목 Co-premium, 셀 G3에 열 제목 Tax amount, 셀 H3에 열 제목 Net earnings, 셀 I3에 열 제목 Net earnings as percent of salary를 입력하라. 처음 5개 열들과 유사하게 열 제목과 이러한 열에 있는 셀들을 작성하라. 계산을 수행하고 분석결과를 나타내기 위해 열 F, G, H, I를 사용한다

B. 셀 F4에 수식 =IF(D4="Management", B$12, C$12)를 입력하라. 종업원이 경영진 수준 직위를 가지고 있는지 평가하기 위해 IF 진술을 사용한다. 만일 옳으면, 공동부담 의료보험료는 1,800달러(셀 B12)이고 그렇지 않으면 공동부담 의료보험료는 1,250달러(셀 C12)이다. 셀 F4의 결과가 1,800.00달러라는 것을 확인하라.

셀 F5부터 셀 F8에 이 수식을 복사하여 붙여 넣어라. 셀 F4에 입력한 수식에서 셀 D4를 위해 (달러 부호가 없는) 상대참조를 사용하고 셀 B12와 셀 C12를 위해 행 번호 앞에 달러부호를 가진 혼합참조를 사용한다. 직종(job classification)은 종업원마다 다르고 이에 따라 셀 D4를 위해 상대참조를 사용한다. IF 함수를 셀 F5부터 셀 F8에 복사할 때, 이 수식의 상대참조는 셀 D4에서 각각 셀 D5부터 셀 D8까지로 변화한다. 셀 B12와 셀 C12

에 있는 경영진 직위와 경영진이 아닌 직위의 공동부담 의료보험료는 모든 종업원에 적용되고 이에 따라 이러한 두 셀의 주소는 열 F에 있는 모든 수식의 경우에 변화하지 않는다는 것을 보장하기 위해 혼합참조를 사용한다. 달리 말하면, 열 F에 있는 모든 수식은 셀 B12와 셀 C12를 참조한다. 현재 사용하는 예제에서 절대참조(예를 들면, $B$12와 $C$12)는 정확한 결과를 제공한다는 것에 주목하는 것이 중요하다. 그러나 IF 진술을 복사하여 붙여 넣을 때 열들을 변화시키지 않기 때문에 이것이 필요하지 않다.

C. 첫 번째 종업원의 세율을 검색하기 위해 셀 G4에 수식 =VLOOKUP(E4,A$16:B$20,2,TRUE)*E4를 입력하라. VLOOKUP 함수는 세 개의 필수 인수와 한 개의 옵션 인수를 포함하고 있다.

 1. 검색값(예를 들면, 이 경우에 셀 E4에 있는 연봉)
 2. 참조범위(열 제목 없이 A16:B20에 있는 연봉과 해당되는 세율의 범위)
 3. 결과를 포함하는 참조범위(표)에 있는 열의 위치(현재 사용하는 예제에서 세율은 참조범위(표)의 두 번째 열에 있다.)
 4. 일치 옵션. 범위 안에 있는 하나의 값을 찾기 원하는지(TRUE) 정확하게 일치하는 값을 구하기 원하는지(FALSE) 여부. 마지막 모수는 선택사항이다. 만일 생략되면, 자동값은 TRUE이다.

 참조표에서, 연봉이 적어도 60,000달러 이상이고 70,000달러보다 적으면, 세율은 19%이다. 연봉이 적어도 70,000달러 이상이고 80,000달러보다 적으면, 세율은 22%이고 등등이다. 연봉이 100,000달러 이상이면, 세율은 27%이다. 참조표의 이러한 기준은 5명의 종업원 모두에 적용될 수 있다. 첫 번째 종업원의 세금은 21,371.04달러(= 24% × $89,046)이라는 것을 확인하라.

 이 수식을 셀 G5부터 셀 G8까지에 복사하여 붙여 넣어라. 셀 A$16부터 셀 B$20까지에 있는 참조표를 위해 혼합참조를 사용하고 있기 때문에 셀 G4를 셀 G5부터 셀 G8까지에 복사할 때 이러한 셀 주소는 변화하지 않는다.

D. 셀 H4에 수식 =E4-G4-F4를 입력하라. 이 공식을 셀 H5부터 셀 H8까지에 복사하여 붙여 넣어라. 이러한 세 개의 셀을 위해 상대참조를 사용하기 때문에, 셀 H4에 있는 공식을 셀 H5부터 셀 H8까지에 복사할 때 이러한 세 개의 셀 주소는 해당되는 행 번호로 변화된다. 예를 들면, 셀 H5와 셀 H8에 있는 수식은 각각 =E5-G5-F5와 =E8-G8-F8로 나타난다. 셀 H4부터 셀 H8의 셀을 하이라이트하고 홈 탭에 있는 셀서식에서 회계 버튼을 눌러서 셀 H4부터 셀 H8의 셀을 회계수치형식으로 작성하라. 첫 번째 종업원의 순소득이 65,874.96달러라는 것을 확인하라.

E. 셀 I4에 수식 =H4/E4을 입력하라. 단계 D와 같은 이유로 상대참조를 사용한다. 홈 탭에 있는 셀서식에서 백분율 버튼을 눌러서 셀 I4의 값을 퍼센트로 작성하라. 셀 I4에 있는 수식을 셀 I5부터 셀 I8까지에 복사하여 붙여 넣어라. 연봉의 퍼센트로 나타낸 첫 번째 종업원의 순소득이 73.98%라는 것을 확인하라.

F. AVERAGE 함수를 사용하여 5명 종업원의 평균 순소득을 계산한다. 셀 I9에 수식 =AVERAGE(I4:I8)을 입력하라. 셀 I9를 퍼센트로 작성하라. 평균 순소득이 73.64%이라는 것을 확인하라. 셀 H9에 이름으로 Average를 입력하라. 당신이 완성한 스프레드시트는 그림 B.2와 유사해야 한다.

그림 B.2 이니에스타 컨설팅 그룹을 위한 스프레드시트 모형

	A	B	C	D	E	F	G	H	I
1	**Iniesta Consulting Group**								
2									
3	**Employee ID**	**First name**	**Last name**	**Job classification**	**Salary**	**Co-premium**	**Tax amount**	**Net earnings**	**Net earnings as percent of salary**
4	1001	Kim	Clovis	Management	$ 89,046	$ 1,800.00	$ 21,371.04	$ 65,874.96	73.98%
5	1023	Florence	Anderson	Non-Management	$ 76,521	$ 1,250.00	$ 16,834.62	$ 58,436.38	76.37%
6	2544	Jack	Chen	Non-Management	$ 80,250	$ 1,250.00	$ 19,260.00	$ 59,740.00	74.44%
7	2135	Sarah	Washington	Management	$ 102,735	$ 1,800.00	$ 27,738.45	$ 73,196.55	71.25%
8	3327	Tim	Liu	Management	$ 98,623	$ 1,800.00	$ 25,641.98	$ 71,181.02	72.17%
9								Average	73.64%
10	**Assumptions:**								
11		Management	Non-management						
12	Co-premium	$1,800	$1,250						
13									
14	Income tax								
15	Salaries	Tax rate							
16	$ 60,000	19%							
17	$ 70,000	22%							
18	$ 80,000	24%							
19	$ 90,000	26%							
20	$ 100,000	27%							

자료: Microsoft Excel

그림 B.2에 있는 스프레드시트 모형에서 사라는 셀 B12와 셀 C12의 값을 변화시킴으로써 다른 공동부담 보험료을 가지고 쉽게 실험을 할 수 있고 열 F부터 열 I까지의 결과는 이러한 열들에 있는 수식을 수정하지 않고 새롭게 바뀐다. 수식들을 다시 작성할 필요가 없기 때문에 사라가 서로 다른 시나리오들을 평가할 때 실수를 할 가능성은 거의 없을 것이다.

더욱이, 행 4에 첫번째 종업원을 위한 수식만 쓰고 이 공식을 행 5부터 행 8까지에 있는 셀들에 복사하기만 하면 된다는 것을 기억하라. 이것은 세심하게 혼합참조와 상대참조를 사용하기 때문에 가능한 일이다. 이와 같이 수식은 유사한 계산을 요구하는 셀들에 동일하게 사용되고 이에 따라 잠재적인 실수와 오류가 거의 발생되지 않는다.

또한 열 A부터 열 E까지에 있는 데이터로부터 분리되어 열 F부터 열 I까지의 계산이 이루어진다. 사라는 열 H에서 각 종업원의 순소득을 쉽게 파악할 수 있다. 결과를 요약하기 위해 AVERAGE 함수를 사용함으로써, 그녀는 평균적으로 그녀의 그룹에 속하는 컨설턴트들의 순소득은 그들 연봉의 약 3/4 (즉, 73.64%)이라고 결론 내릴 수 있다.

R 시작하기

Getting Started with R

R은 무엇인가?

R은 통계패키지의 편리성과 코딩 능력을 결합한 강력한 컴퓨터 언어이다. R은 종종 플랫폼 간 호환될 뿐만 아니라 오픈소스이다 이것은 R을 다운로드하는 데 비용이 없고 Windows, macOS, Linux에서 실행될 수 있다는 것을 의미한다. 이 부록에서 R의 기본적인 특성 일부를 소개하고 교재에서 제시된 많은 연습문제에 대한 해답을 얻고자 할 때 따라야 하는 지시사항을 제공한다

RStudio는 무엇인가?

RStudio는 R을 편리하게 사용할 수 있게 해주는 프로그램이다. R은 독립적인 프로그램 언어와 같이 작동하고 이에 따라 최소의 사용자 인터페이스를 가지고 있다. 독립적인 소프트웨어로서 R은 명령어를 입력하기 위한 프롬프트를 보여준다. 이것을 콘솔(Console)창이라고 부른다. R로부터 필요한 모든 것은 콘솔 명령어를 다른 프로그램과 결합함으로써 수행될 수 있지만, 상황은 빠르게 복잡해질 수 있다. R에서 코딩을 더 쉽게 하기 위해, 통합개발환경(integrated development environment, IDE)을 사용한다. IDE는 한 곳에서 프로그래밍하는 데 필요한 여러 가지 기능과 함께 그래픽 사용자 인터페이스를 제공하는 프로그램이다.[1] 이 교재에서는 R을 사용하는 학생, 전문가, 연구자에게 매우 인기 있는 RStudio라고 부르는 통합개발환경의 오픈소스 버전을 사용한다.

설치하기

R과 RStudio의 설치는 간단하고 당신의 컴퓨터 시스템에 특별한 수정을 요구하지 않는다. 그러나, RStudio는 R과 함께 설치되지 않는다는 것에 주목해야 한다. *따라서 두 개의 소프트웨어를 따로 설치할 필요가 있다.* 또한 교재의 모든 R 코드와 출력결과는 **마이크로소프트 윈도우상**에 설치된 **R version 3.5.3**에 기초한 것이다. 물론 R을 다운로드하기 위해 준비할 때 R의 최신 버전이 존재하더라도, **R version 3.5.3**을 다운로드하기를 제안한다. R의 최신 버전은 일부의 R 패키지들, 특히 이 교재의 후반 장들에서 사용되는 패키지들과 호환되지 않을 수 있다. Windows를 위한 모든 R 버전은 웹사이트: https://cran.r-project.org/bin/windows/base/old/에서 찾을 수 있다. 이 부록의 마지막 부분에서 R 패키지에 대해 논의한다

Windows를 위한 R 설치하기

A. R 웹사이트: https://cran.r-project.org/bin/windows/base/old/를 접속하라.

[1]더 공식적으로 말하면, 이것은 "그래픽 사용자 인터페이스", 즉 GUI라고 부른다. 실제에서 이것은 차트, 그래프, 버튼을 볼 수 있고 사용할 수 있다는 것을 의미한다.

B. *R 3.5.3 (March 2019)*을 선택하라.
C. *Download R 3.5.3 for Windows*을 선택하라.
D. 다운로드 파일 위치를 정하고 더블 클릭하라.
E. 소프트웨어 퍼블리셔를 증명하는 것에 대해 요청받을 때 *Yes*를 선택하고 이어서 당신이 선호하는 언어를 선택하라.
F. R Setup 창에서 지시사항을 따르라.

Mac과 Linux를 위해서는 각각 https://cran.r-project.org/bin/macosx/와 https://cran.r-project.org/bin/linux/에서 지시사항을 따르고 당신의 운영시스템과 버전을 위한 적정한 링크를 선택하라.

RStudio 설치하기

A. RStudio 웹사이트: https://www.rstudio.com/products/rstudio/를 접속하라.
B. *RStudio Desktop*을 선택하고 이어서 *Download RStudio Desktop*을 선택하라.
C. *Installers for Supported Platforms* 섹션으로 스크롤 다운하라. 당신의 운영시스템과 일치하는 링크를 선택하고 이어서 *Open* 또는 *Run을 선택하라.*
D. 소프트웨어 퍼블리셔를 증명하는 것에 대해 요청받을 때, *Yes*를 선택하라.
E. RStudio Setup 창에서 지시사항을 따르라.

인터페이스

이제 설치가 완료되어 있어야 한다. 당신은 모든 윈도우를 닫고 RStudio 아이콘을 더블 클릭한다.

RStudio 인터페이스는 몇 개의 창으로 구성되어 있다. 자동적으로 3개의 창을 볼 수 있다. 이러한 3개의 창은 각각 콘솔(Console)창, 환경(Environment)창, 도움(Help)창이라고 부른다. 또한 당신이 열 때까지 숨겨져있는 소스(Source)창에 대해 간략히 논의한다. 그림 C.1은 처음 RStudio를 열 때 나타나는 것을 보여준다.

- **콘솔창:** 콘솔창은 R과 소통하는 중요한 수단이다. 여기서 >프롬프트에서 명령어를 입력하고 출력결과의 대부분을 보게 된다.
- **환경창:** 환경창에 있는 두 개의 관련된 탭은 Environment와 History이다. 두 탭의 공통적인 특성은 각 탭의 내용을 지우는 빗자루 아이콘이다. Environment 탭은 현재 R 세션에서 이용할 수 있는 데이터, 객체, 변수를 보여준다. History 탭은 현재 R 세션에서 실행된 모든 콘솔 명령어의 리스트를 제공한다.
- **도움창[또는 파일(Files)창]:** 도움창은 5개 탭을 가지고 있다. 이 중 두 탭, 즉 Help와 Plots을 여기서 논의한다.
    - Help 탭은 R 문서(help 파일)를 볼 수 있는 곳이다. 예를 들면, **print** 함수에 대해 알기 위해, Help 탭을 선택하고 이어서 확대경 아이콘 옆에 `print`를 입력한다. (또한 콘솔창에서 질문 부호에 바로 이어서 관심 있는 토픽을 입력하여 R 문서를 볼 수 있다. 주어진 예의 경우, 프롬프트에서 `?print`를 입력한다.)
    - Plots 탭은 모든 그래프와 차트를 볼 수 있는 곳이다. 그래프 또는 차트는 빗자루 아이

그림 C.1 콘솔창, 환경창, 도움창

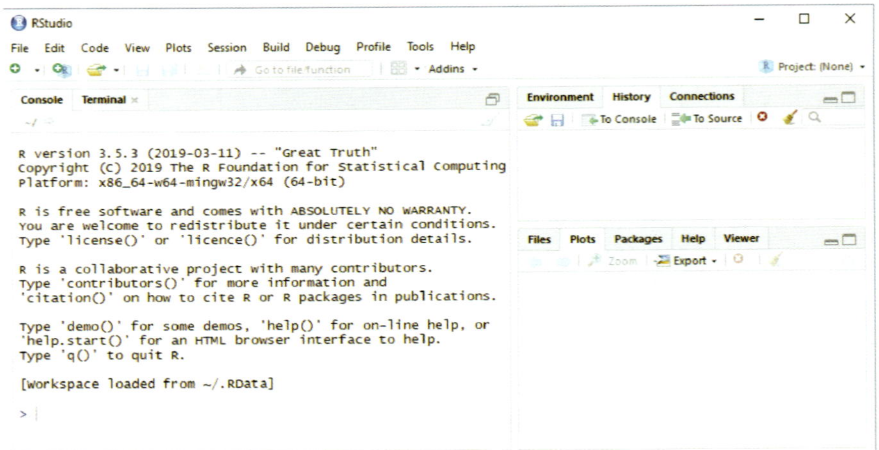

자료: R Studio

콘을 가지고 지울 수 있다.

- **소스창:** R에서 소스창은 자동적으로 숨겨져 있다. 이 곳은 당신 자신의 스크립트를 쓸 수 있는 곳이다. 곧 알게 되겠지만, 이 교재에서 우리가 하는 대부분의 일은 데이터셋을 불러들이고 이어서 콘솔창에 명령어를 입력하여 수행될 수 있다. 다음은 간단한 스크립트를 어떻게 쓰는지를 보여주는 예이다.

  A. 메뉴에서, **File > New File > R Script**을 선택하라.

  B. 새로운 창에서, 다음과 같이 입력하라.

```
print("This is my first script.")
print("This is easy!")
```

File > Save As를 사용하여 스크립트를 저장하라. 입력한 스크립트를 `Script1`이라고 이름 붙여라. 그림 C.2는 소스창에 나타나는 것을 보여준다.

중요사항: 서로 다른 폰트와 조판 세팅 때문에, 이 교재로부터 공식과 함수를 직접 복사하여 R에 붙이는 것은 오류를 발생시킬 수 있다. 이러한 오류가 발생할 때, 인용부호와 괄호 같은 특수 문자를 대체하거나 함수에 있는 빈칸을 제거할 필요가 있다.

그림 C.2 첫 번째 스크립트를 쓴 후의 소스창

자료: R Studio

C. 다시 그림 C.2를 참조하라. 소스창의 메뉴에서 Source 버튼을 클릭하라. 이것은 R에게 스크립트를 읽고 실행할 것을 지시한다. 그림 C.3은 첫 번째 스크립트를 실행한 후에 콘솔창에 나타나는 것을 보여준다.

그림 C.3 첫 번째 스크립트를 실행한 후의 콘솔창

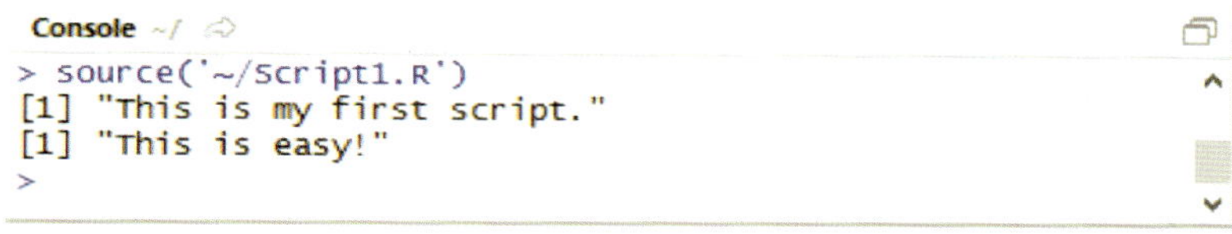

자료: R Studio

R은 나타난 순서에 따라 완성된 진술문을 실행한다. RStudio의 고유한 특징은 스크립트의 특정한 부분을 실행하는 방법이 존재한다는 것이다. 이것은 스크립트의 원하는 부분을 하이라이트하고 소스창의 메뉴에서 Run 버튼을 선택함으로써 이루어진다.

데이터 입력하기와 함수 사용하기

이 교재의 도처에서 우리의 목표는 관련된 결과를 얻기 위한 가장 간단한 방법을 제공하는 것이다. R을 사용한 경험이 많은 사용자들은 우리가 제안하는 것보다 "더 좋은" 접근법이 존재한다고 주장하나 중요한 개념을 배우는 것을 산만하게 만들 수 있다.

Excel과 기타 통계패키지들과 마찬가지로 R은 내장된 많은 공식 또는 함수를 가지고 있다. 이 교재에서 모든 함수이름은 **볼드체**(boldface)로 표시되어 있다. 또한 R은 각 함수에서 그래프의 축에 이름 붙이기, 차트에 색깔 넣기 등등과 같은 다양한 옵션을 제공한다. 함수안에 있는 모든 옵션을 사용하지는 않으나 가장 유용하고 다루기 힘들지 않은 옵션들을 사용한다. 이 교재에서 모든 옵션이름은 *이탤릭체*(italic)로 표시되어 있다.

다음 절에서 설명하는 것처럼 대부분의 경우 데이터 파일을 불러들인다. 그러나 간단한 계산을 수행하기 위해 R을 사용하기 원한다고 하자. −4, 0, 6, 1, −3, −4와 같은 데이터의 평균을 계산하기 원한다고 하자. 이러한 수치들을 R에 입력하기 위해, 수치들을 결합하는 **c**함수를 사용한다. 보다 더 수학적으로 정확하게 말하면, **c**함수는 하나의 벡터를 만들기 위해 수치들을 결합한다. 이 데이터를 Example_1이라고 이름 붙이고 등호 부호에 해당되는 "<-" 표현을 사용한다. 다음과 같이 입력하라.

```
Example_1 <- c(-4, 0, 6, 1, -3, -4)
```

Example_1이 환경창에 열거된다. 프롬프트에서 Example_1을 입력함으로써 콘솔창에서 데이터를 볼 수 있다. 이에 더하여, **View** 함수를 사용하면 데이터는 소스창에 나타난다. (R은 대소문자를 구별한다는 것에 주목하라.) 다음과 같이 입력하라.

```
View(Example_1)
```

다른 일반함수는 3장에서 더 상세하게 논의하는 **mean** 함수이다. 데이터의 평균을 계산하기 위해 다음과 같이 입력하라.

```
> mean(Example_1)
```

그러면 R은 −0.6666667을 반환한다:

데이터 불러들이기와 함수 사용하기

FILE ***Admission.*** 이 교재의 모든 데이터는 Excel 스프레드시트로 저장되어 있다. 모든 관련된 스프레드시트가 Data 폴더에 저장되어 있다고 가정한다. 스프레드시트를 R로 불러올 때, 데이터 구조가 데이터 프레임으로 간주된다. 데이터 프레임은 각 열은 한 변수의 관측치들이 포함되어 있고 각 행은 하나의 관측치를 포함하는 테이블, 즉 이차원 배열 구조이다. 데이터 프레임은 행과 열로 구성된 사각형 모양의 데이터, 즉 데이터 테이블들을 저장하기 위해 사용된다.

2장의 ***Admission*** 데이터를 사용하면서 Excel 파일을 불러오는 방법을 예시해보자. 이 데이터셋은 학생식별번호(Student), 대학의 입학허가결정(Decision = Admit 또는 Deny), 학생의 SAT 점수, 학생이 여성인지 남성인지(Female = yes 또는 no), 학생의 고등학교 GPA (HSGPA)를 포함하고 있다. 표 C.1은 ***Admission*** 데이터의 일부를 보여준다.

표 C.1 Admission 데이터의 일부

Student	Decision	SAT	Female	HSGPA
1	Deny	873	No	2.57
2	Deny	861	Yes	2.65
⋮	⋮	⋮	⋮	⋮
1230	Admit	1410	No	4.28

Admission 데이터를 R로 불러오기 위해, 그림 C.4에서 보는 것처럼 **File > Import Dataset > From Excel**을 선택한다.[2] (데이터를 처음 불러올 때, R이 업데이트를 추가할 것을 요구할 수 있다. 간단하게 관련된 업데이트를 추가하기 위한 단계를 따라하라.)

그림 C.5를 보라. Browse 버튼을 선택하고 Data 폴더에 있는 ***Admission*** 데이터로 가라. ***Admission*** 데이터를 선택하면, Data Preview 대화상자에서 ***Admission*** 데이터를 볼 수 있다. 이 교재에 있는 R 지시사항에서 단순함과 일관성을 위해 모든 데이터 파일을 myData라고 이름 붙인다. 이에 따라 *Import Options* 대화상자에서 Admission을 myData로 대체하라. Import 버튼(그림 C.5의 아래부분을 보라)을 선택하면, 데이터를 성공적으로 불러오게 된다. 이것을 여러 가지 방법으로 확인할 수 있다. 예를 들면, 환경창의 Data 아래에서 myData를 보거나 콘솔창에 `View(myData)`를 입력하면 데이터의 일부가 소스창에 나타난다.

myData에 있는 평균 SAT 점수를 계산하기 원한다고 하자. 데이터 프레임으로부터 한 변수를 선택하기 위해, 데이터 프레임의 이름에 $VariableName을 첨부한다. 다음과 같이 입력하라.

```
> mean(myData$SAT)
```

[2]**File>Import Dataset>From Text(base)** 또는 **File>Import Dataset>From(readr)**을 선택하면 콤마 또는 탭으로 분리되어 있는 텍스트 파일을 불러올 수 있다는 것에 주목하라.

그림 C.4 데이터를 R로 불러오기

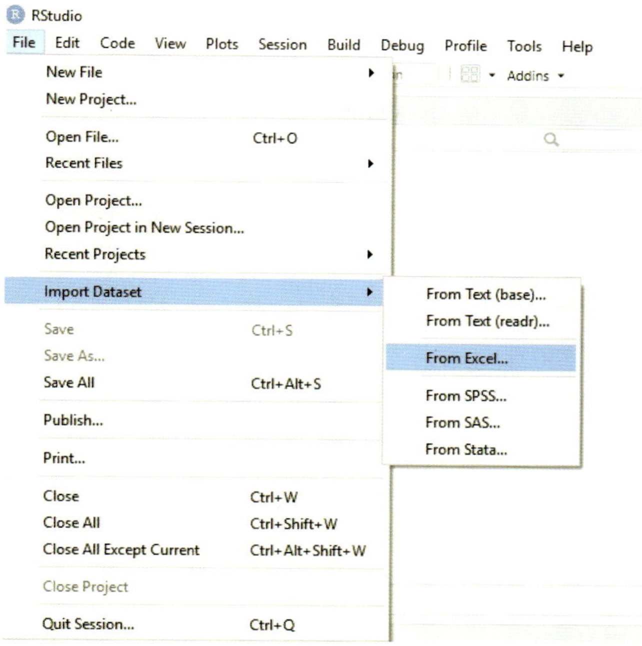

자료: RStudio

그림 C.5 데이터를 불러오기 전에 Admission 데이터 보기

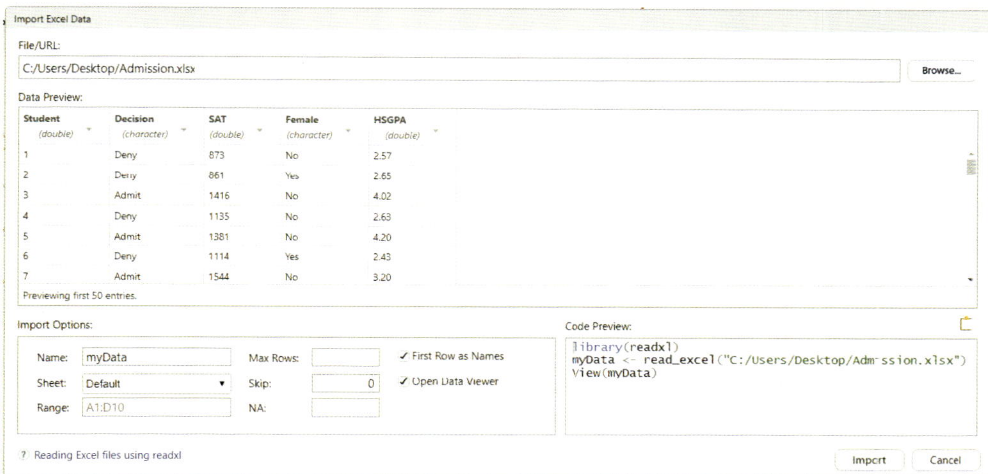

주: 다수의 워크시트를 가진 엑셀파일의 경우, 시트 드롭다운 옵션에서 해당되는 워크시트를 선택하라.

그러면 R은 1197.348을 반환한다.

만일 데이터 프레임에 있는 변수이름이 한 단어 이상이거나 (연도와 같은) 수치이면, 상글 인용부호로 변수이름을 둘러싸야 할 필요가 있다. 예를 들면, 변수이름이 SAT 대신에 SATscore이면, mean(myData$'SAT score')와 같이 입력해야 한다.

3장에서 논의한 다른 함수는 **summary** 함수이다. 이 함수는 데이터 프레임에 있는 모든 변수들의 다양한 요약척도를 제공해준다. summary(myData)를 입력하면, R은 범주형 변수들을 포함하여 myData 데이터 프레임에 있는 모든 변수들의 요약척도를 반환해준다. SAT와 HSGPA의 요약척도만을 구하기 원한다고 하자. 이 경우에 데이터 프레임의 이름 다음에 대괄호를 붙이고 대괄호안에 **c** 함수를 사용하면서 계산에 포함되는 열을 나타낸다. SAT(세 번째 변수)와 HSGPA(다섯 번째 변수)의 요약척도를 구하기 위해, 다음과 같이 입력하라.

```
> summary(myData[,c(3,5)])
```

위의 명령문에서 왼쪽 대괄호 다음에 콤마를 입력한 것에 주목하라. 이것은 계산에서 모든 1,230개 관측치(모든 1,230개 행)를 포함한다는 것을 의미한다. 만일 어떤 이유로 계산에서 처음 100개 관측치만을 포함하기 원하면, summary(myData[1:100,c(3,5)])와 같이 입력해야 한다.

마지막으로 myData 데이터 프레임을 삭제하기 원한다고 하자. **rm** 함수를 사용하면서 다음과 같이 입력하라.

```
> rm(myData)
```

myData가 더 이상 환경창의 *Data* 아래에 나타나지 않는 것을 발견하게 된다.

줄 바꿈에 관한 사항

지금까지 우리가 살펴본 명령문은 상대적으로 짧았다. 그러나 명령문이 길어지고 읽기 어려운 경우들이 존재한다. 이러한 문제를 완화시키기 위해, 하나의 명령문을 몇 개 부분들로 나눌 수 있다. R은 첫 번째 줄 다음 줄들에서 + 부호를 가지고 이전 명령문을 종료한다. 예를 들면, 3장에서 산점도를 논의한다. R의 **plot** 함수를 사용하면서 처음 20개 관측치를 가지고 HSGPA에 대한 SAT의 산점도를 그리기 원한다고 하자. 산점도를 그리는 것에 더하여, *y*-축과 *x*-축에 제목을 추가하기 위해 *ylab*과 *xlab* 옵션을 사용한다. 산점도를 그리기 위한 두 가지 입력방법이 아래에 제시되어 있다. Entry 1은 R에서 한 줄(아래의 명령문이 두줄로 되어 있으나 실제로는 한 줄이다)을 사용한다. Entry 2는 세 줄을 사용한다. 두 가지 입력방법 모두 그림 C.6에서 보는 것과 같은 동일한 산점도를 제공한다.

Entry 1:

```
> plot(myData$SAT[1:20] ~ myData$HSGPA[1:20],
  ylab="SAT Score", xlab="High School GPA")
```

Entry 2:

```
> plot(myData$SAT[1:20] ~ myData$HSGPA[1:20],
  + ylab="SAT Score",
  + xlab="High School GPA")
```

패키지

R을 강력하게 만드는 요소는 기본 버전에 포함되어 있지 않은 많은 패키지들, 즉 객체들의 집

그림 C.6 HSGPA에 대한 SAT의 산점도

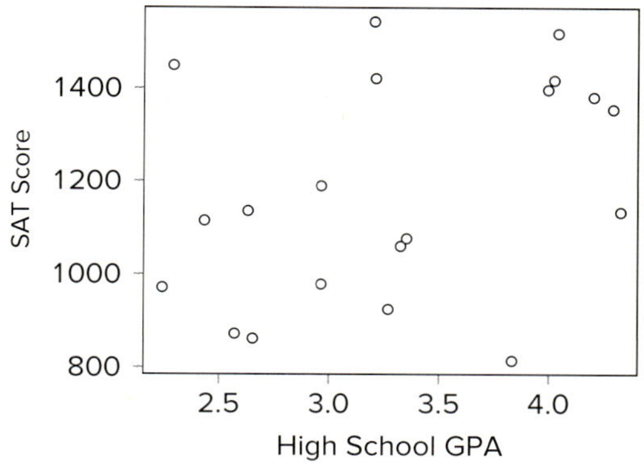

합체들이다. 패키지는 맞춤형 함수와 데이터 구조를 가지고 R이 수행할 수 있는 작업을 크게 확장시킨다. 이 부록의 앞에서 언급한 것처럼, 이러한 패키지들이 **R version 3.5.3**과 결합하여 사용된다. R의 다른 버전을 사용하면 호환성 문제가 발생할 수 있다.

패키지를 사용하기 위해 패키지를 설치하고 불러와야 한다. 이것이 어떻게 수행되는지를 예시하기 위해 **C**lassification **a**nd **Re**gression **T**raining의 약어를 사용하는 *caret* 패키지를 사용하자.

```
> install.packages("caret")
> library(caret)
```

install.packages 함수는 공식적인 R 서버(CRAN)와 연결하여 특정한 패키지들과 이러한 패키지들이 의존하고 있는 패키지들을 다운로드하고 설치한다. 이러한 작업은 사용되는 각 컴퓨터에서 각 패키지에 대해 한 번만 이루어져야 한다. **library** 함수는 설치된 패키지를 불러온다. *caret*, *gains*, *pROC*와 같은 다수의 패키지를 설치하기 원한다고 하자. 각 패키지를 따로 설치하는 대신에 다음과 같은 명령어를 사용할 수 있다.

```
> install.packages(c("caret","gains","pROC"))
```

그러나 각 패키지를 따로 설치하기 위해 **library** 함수를 다음과 같이 사용할 수도 있다.

```
> library(caret)
> library(gains)
> library(pROC)
```

종종 R은 추가적인 패키지를 설치할 것을 요구할 수 있다. 이런 경우에 추가적인 패키지를 다운로드하여 설치하기 위해 여기서 설명한 단계를 따르도록 하라.

각 패키지는 R 세션당 한 번만 불러올 필요가 있다. 패키지를 다운로드하여 불러오면, 이 패키지가 포함하고 있는 명령어에 관한 문서를 앞에서 논의한 help를 사용하면서 R에서 볼 수 있다. 모든 패키지의 문서 파일은 온라인에서 볼 수 있다. 사용할 수 있는 패키지에 대한 모든 정보는 https://cran.r-project.org/web/packages/에서 찾을 수 있다.

통계표

Statistical Tables

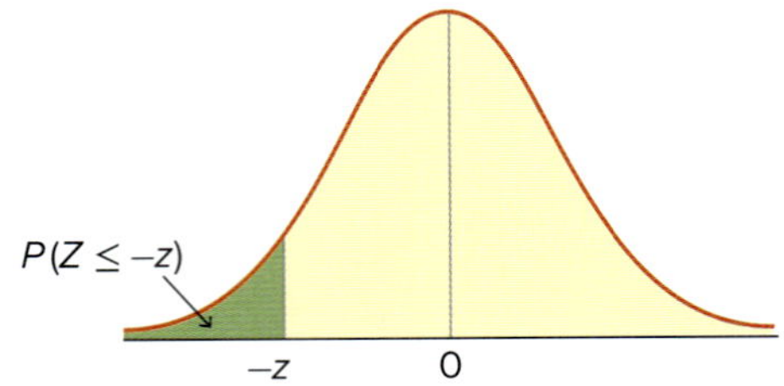

표 D.1 표준정규분포곡선의 면적

표의 값은 누적확률, 즉 $-z$의 왼쪽에 있는 곡선 아래의 면적을 나타낸다.
예를 들면, $P(Z \leq -1.52) = 0.0643$.

z	0.00	0.01	0.02	0.03	0.04	0.05	0.06	0.07	0.08	0.09
−3.9	0.0000	0.0000	0.0000	0.0000	0.0000	0.0000	0.0000	0.0000	0.0000	0.0000
−3.8	0.0001	0.0001	0.0001	0.0001	0.0001	0.0001	0.0001	0.0001	0.0001	0.0001
−3.7	0.0001	0.0001	0.0001	0.0001	0.0001	0.0001	0.0001	0.0001	0.0001	0.0001
−3.6	0.0002	0.0002	0.0001	0.0001	0.0001	0.0001	0.0001	0.0001	0.0001	0.0001
−3.5	0.0002	0.0002	0.0002	0.0002	0.0002	0.0002	0.0002	0.0002	0.0002	0.0002
−3.4	0.0003	0.0003	0.0003	0.0003	0.0003	0.0003	0.0003	0.0003	0.0003	0.0002
−3.3	0.0005	0.0005	0.0005	0.0004	0.0004	0.0004	0.0004	0.0004	0.0004	0.0003
−3.2	0.0007	0.0007	0.0006	0.0006	0.0006	0.0006	0.0006	0.0005	0.0005	0.0005
−3.1	0.0010	0.0009	0.0009	0.0009	0.0008	0.0008	0.0008	0.0008	0.0007	0.0007
−3.0	0.0013	0.0013	0.0013	0.0012	0.0012	0.0011	0.0011	0.0011	0.0010	0.0010
−2.9	0.0019	0.0018	0.0018	0.0017	0.0016	0.0016	0.0015	0.0015	0.0014	0.0014
−2.8	0.0026	0.0025	0.0024	0.0023	0.0023	0.0022	0.0021	0.0021	0.0020	0.0019
−2.7	0.0035	0.0034	0.0033	0.0032	0.0031	0.0030	0.0029	0.0028	0.0027	0.0026
−2.6	0.0047	0.0045	0.0044	0.0043	0.0041	0.0040	0.0039	0.0038	0.0037	0.0036
−2.5	0.0062	0.0060	0.0059	0.0057	0.0055	0.0054	0.0052	0.0051	0.0049	0.0048
−2.4	0.0082	0.0080	0.0078	0.0075	0.0073	0.0071	0.0069	0.0068	0.0066	0.0064
−2.3	0.0107	0.0104	0.0102	0.0099	0.0096	0.0094	0.0091	0.0089	0.0087	0.0084
−2.2	0.0139	0.0136	0.0132	0.0129	0.0125	0.0122	0.0119	0.0116	0.0113	0.0110
−2.1	0.0179	0.0174	0.0170	0.0166	0.0162	0.0158	0.0154	0.0150	0.0146	0.0143
−2.0	0.0228	0.0222	0.0217	0.0212	0.0207	0.0202	0.0197	0.0192	0.0188	0.0183
−1.9	0.0287	0.0281	0.0274	0.0268	0.0262	0.0256	0.0250	0.0244	0.0239	0.0233
−1.8	0.0359	0.0351	0.0344	0.0336	0.0329	0.0322	0.0314	0.0307	0.0301	0.0294
−1.7	0.0446	0.0436	0.0427	0.0418	0.0409	0.0401	0.0392	0.0384	0.0375	0.0367
−1.6	0.0548	0.0537	0.0526	0.0516	0.0505	0.0495	0.0485	0.0475	0.0465	0.0455
−1.5	0.0668	0.0655	0.0643	0.0630	0.0618	0.0606	0.0594	0.0582	0.0571	0.0559
−1.4	0.0808	0.0793	0.0778	0.0764	0.0749	0.0735	0.0721	0.0708	0.0694	0.0681
−1.3	0.0968	0.0951	0.0934	0.0918	0.0901	0.0885	0.0869	0.0853	0.0838	0.0823
−1.2	0.1151	0.1131	0.1112	0.1093	0.1075	0.1056	0.1038	0.1020	0.1003	0.0985
−1.1	0.1357	0.1335	0.1314	0.1292	0.1271	0.1251	0.1230	0.1210	0.1190	0.1170
−1.0	0.1587	0.1562	0.1539	0.1515	0.1492	0.1469	0.1446	0.1423	0.1401	0.1379
−0.9	0.1841	0.1814	0.1788	0.1762	0.1736	0.1711	0.1685	0.1660	0.1635	0.1611
−0.8	0.2119	0.2090	0.2061	0.2033	0.2005	0.1977	0.1949	0.1922	0.1894	0.1867
−0.7	0.2420	0.2389	0.2358	0.2327	0.2296	0.2266	0.2236	0.2206	0.2177	0.2148
−0.6	0.2743	0.2709	0.2676	0.2643	0.2611	0.2578	0.2546	0.2514	0.2483	0.2451
−0.5	0.3085	0.3050	0.3015	0.2981	0.2946	0.2912	0.2877	0.2843	0.2810	0.2776
−0.4	0.3446	0.3409	0.3372	0.3336	0.3300	0.3264	0.3228	0.3192	0.3156	0.3121
−0.3	0.3821	0.3783	0.3745	0.3707	0.3669	0.3632	0.3594	0.3557	0.3520	0.3483
−0.2	0.4207	0.4168	0.4129	0.4090	0.4052	0.4013	0.3974	0.3936	0.3897	0.3859
−0.1	0.4602	0.4562	0.4522	0.4483	0.4443	0.4404	0.4364	0.4325	0.4286	0.4247
−0.0	0.5000	0.4960	0.4920	0.4880	0.4840	0.4801	0.4761	0.4721	0.4681	0.4641

자료: 엑셀(Excel)로 계산된 확률.

표 D.1 (*계속*)

표의 값은 누적확률, 즉 z의 왼쪽에 있는 곡선 아래의 면적을 나타낸다.
예를 들면, $P(Z \leq 1.52) = 0.9357$.

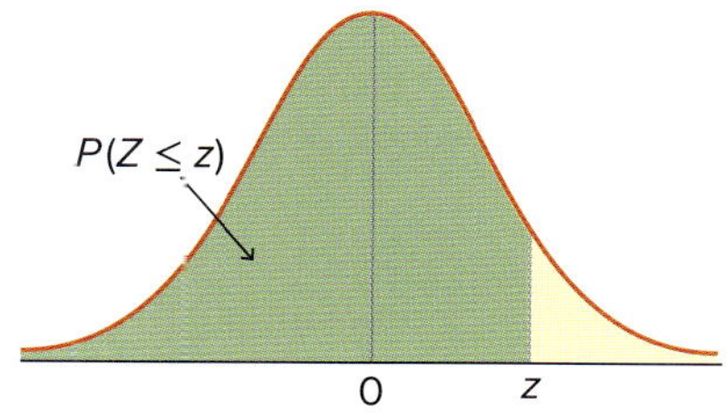

z	0.00	0.01	0.02	0.03	0.04	0.05	0.06	0.07	0.08	0.09
0.0	0.5000	0.5040	0.5080	0.5120	0.5160	0.5199	0.5239	0.5279	0.5319	0.5359
0.1	0.5398	0.5438	0.5478	0.5517	0.5557	0.5596	0.5636	0.5675	0.5714	0.5753
0.2	0.5793	0.5832	0.5871	0.5910	0.5948	0.5987	0.6026	0.6064	0.6103	0.6141
0.3	0.6179	0.6217	0.6255	0.6293	0.6331	0.6368	0.6406	0.6443	0.6480	0.6517
0.4	0.6554	0.6591	0.6628	0.6664	0.6700	0.6736	0.6772	0.6808	0.6844	0.6879
0.5	0.6915	0.6950	0.6985	0.7019	0.7054	0.7088	0.7123	0.7157	0.7190	0.7224
0.6	0.7257	0.7291	0.7324	0.7357	0.7389	0.7422	0.7454	0.7486	0.7517	0.7549
0.7	0.7580	0.7611	0.7642	0.7673	0.7704	0.7734	0.7764	0.7794	0.7823	0.7852
0.8	0.7881	0.7910	0.7939	0.7967	0.7995	0.8023	0.8051	0.8078	0.8106	0.8133
0.9	0.8159	0.8186	0.8212	0.8238	0.8264	0.8289	0.8315	0.8340	0.8365	0.8389
1.0	0.8413	0.8438	0.8461	0.8485	0.8508	0.8531	0.8554	0.8577	0.8599	0.8621
1.1	0.8643	0.8665	0.8686	0.8708	0.8729	0.8749	0.8770	0.8790	0.8810	0.8830
1.2	0.8849	0.8869	0.8888	0.8907	0.8925	0.8944	0.8962	0.8980	0.8997	0.9015
1.3	0.9032	0.9049	0.9066	0.9082	0.9099	0.9115	0.9131	0.9147	0.9162	0.9177
1.4	0.9192	0.9207	0.9222	0.9236	0.9251	0.9265	0.9279	0.9292	0.9306	0.9319
1.5	0.9332	0.9345	0.9357	0.9370	0.9382	0.9394	0.9406	0.9418	0.9429	0.9441
1.6	0.9452	0.9463	0.9474	0.9484	0.9495	0.9505	0.9515	0.9525	0.9535	0.9545
1.7	0.9554	0.9564	0.9573	0.9582	0.9591	0.9599	0.9608	0.9616	0.9625	0.9633
1.8	0.9641	0.9649	0.9656	0.9664	0.9671	0.9678	0.9686	0.9693	0.9699	0.9706
1.9	0.9713	0.9719	0.9726	0.9732	0.9738	0.9744	0.9750	0.9756	0.9761	0.9767
2.0	0.9772	0.9778	0.9783	0.9788	0.9793	0.9798	0.9803	0.9808	0.9812	0.9817
2.1	0.9821	0.9826	0.9830	0.9834	0.9838	0.9842	0.9846	0.9850	0.9854	0.9857
2.2	0.9861	0.9864	0.9868	0.9871	0.9875	0.9878	0.9881	0.9884	0.9887	0.9890
2.3	0.9893	0.9896	0.9898	0.9901	0.9904	0.9906	0.9909	0.9911	0.9913	0.9916
2.4	0.9918	0.9920	0.9922	0.9925	0.9927	0.9929	0.9931	0.9932	0.9934	0.9936
2.5	0.9938	0.9940	0.9941	0.9943	0.9945	0.9946	0.9948	0.9949	0.9951	0.9952
2.6	0.9953	0.9955	0.9956	0.9957	0.9959	0.9960	0.9961	0.9962	0.9963	0.9964
2.7	0.9965	0.9966	0.9967	0.9968	0.9969	0.9970	0.9971	0.9972	0.9973	0.9974
2.8	0.9974	0.9975	0.9976	0.9977	0.9977	0.9978	0.9979	0.9979	0.9980	0.9981
2.9	0.9981	0.9982	0.9982	0.9983	0.9984	0.9984	0.9985	0.9985	0.9986	0.9986
3.0	0.9987	0.9987	0.9987	0.9988	0.9988	0.9989	0.9989	0.9989	0.9990	0.9990
3.1	0.9990	0.9991	0.9991	0.9991	0.9992	0.9992	0.9992	0.9992	0.9993	0.9993
3.2	0.9993	0.9993	0.9994	0.9994	0.9994	0.9994	0.9994	0.9995	0.9995	0.9995
3.3	0.9995	0.9995	0.9995	0.9996	0.9996	0.9996	0.9996	0.9996	0.9996	0.9997
3.4	0.9997	0.9997	0.9997	0.9997	0.9997	0.9997	0.9997	0.9997	0.9997	0.9998
3.5	0.9998	0.9998	0.9998	0.9998	0.9998	0.9998	0.9998	0.9998	0.9998	0.9998
3.6	0.9998	0.9998	0.9999	0.9999	0.9999	0.9999	0.9999	0.9999	0.9999	0.9999
3.7	0.9999	0.9999	0.9999	0.9999	0.9999	0.9999	0.9999	0.9999	0.9999	0.9999
3.8	0.9999	0.9999	0.9999	0.9999	0.9999	0.9999	0.9999	0.9999	0.9999	0.9999
3.9	1.0000	1.0000	1.0000	1.0000	1.0000	1.0000	1.0000	1.0000	1.0000	1.0000

자료: 엑셀(Excel)로 계산된 확률.

표 D.2 스튜던트 t 분포

표의 값은 오른쪽 꼬리 면적이 α이고 자유도 df에 해당되는 $t_{\alpha,df}$의 값이다.
예를 들면, $\alpha = 0.05$이고 $df = 10$인 경우, $P(T_{10} \geq 1.812) = 0.05$.

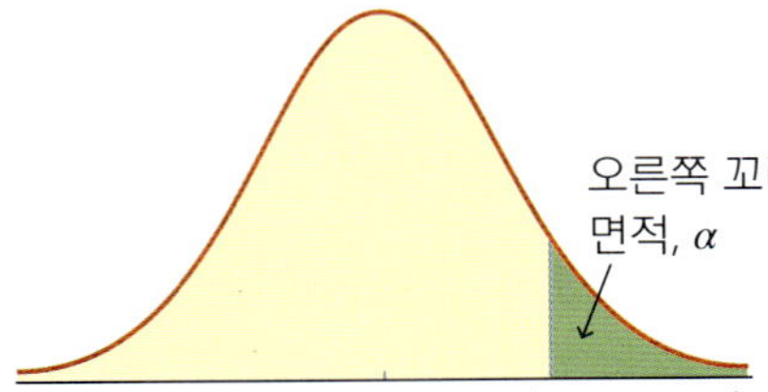

	α					
df	**0.20**	**0.10**	**0.05**	**0.025**	**0.01**	**0.005**
1	1.376	3.078	6.314	12.706	31.821	63.657
2	1.061	1.886	2.920	4.303	6.965	9.925
3	0.978	1.638	2.353	3.182	4.541	5.841
4	0.941	1.533	2.132	2.776	3.747	4.604
5	0.920	1.476	2.015	2.571	3.365	4.032
6	0.906	1.440	1.943	2.447	3.143	3.707
7	0.896	1.415	1.895	2.365	2.998	3.499
8	0.889	1.397	1.860	2.306	2.896	3.355
9	0.883	1.383	1.833	2.262	2.821	3.250
10	0.879	1.372	1.812	2.228	2.764	3.169
11	0.876	1.363	1.796	2.201	2.718	3.106
12	0.873	1.356	1.782	2.179	2.681	3.055
13	0.870	1.350	1.771	2.160	2.650	3.012
14	0.868	1.345	1.761	2.145	2.624	2.977
15	0.866	1.341	1.753	2.131	2.602	2.947
16	0.865	1.337	1.746	2.120	2.583	2.921
17	0.863	1.333	1.740	2.110	2.567	2.898
18	0.862	1.330	1.734	2.101	2.552	2.878
19	0.861	1.328	1.729	2.093	2.539	2.861
20	0.860	1.325	1.725	2.086	2.528	2.845
21	0.859	1.323	1.721	2.080	2.518	2.831
22	0.858	1.321	1.717	2.074	2.508	2.819
23	0.858	1.319	1.714	2.069	2.500	2.807
24	0.857	1.318	1.711	2.064	2.492	2.797
25	0.856	1.316	1.708	2.060	2.485	2.787
26	0.856	1.315	1.706	2.056	2.479	2.779
27	0.855	1.314	1.703	2.052	2.473	2.771
28	0.855	1.313	1.701	2.048	2.467	2.763
29	0.854	1.311	1.699	2.045	2.462	2.756
30	0.854	1.310	1.697	2.042	2.457	2.750

표 D.2 (계속)

	α					
df	0.20	0.10	0.05	0.025	0.01	0.005
31	0.853	1.309	1.696	2.040	2.453	2.744
32	0.853	1.309	1.694	2.037	2.449	2.738
33	0.853	1.308	1.692	2.035	2.445	2.733
34	0.852	1.307	1.691	2.032	2.441	2.728
35	0.852	1.306	1.690	2.030	2.438	2.724
36	0.852	1.306	1.688	2.028	2.434	2.719
37	0.851	1.305	1.687	2.026	2.431	2.715
38	0.851	1.304	1.686	2.024	2.429	2.712
39	0.851	1.304	1.685	2.023	2.426	2.708
40	0.851	1.303	1.684	2.021	2.423	2.704
41	0.850	1.303	1.683	2.020	2.421	2.701
42	0.850	1.302	1.682	2.018	2.418	2.698
43	0.850	1.302	1.681	2.017	2.416	2.695
44	0.850	1.301	1.680	2.015	2.414	2.692
45	0.850	1.301	1.679	2.014	2.412	2.690
46	0.850	1.300	1.679	2.013	2.410	2.687
47	0.849	1.300	1.678	2.012	2.408	2.685
48	0.849	1.299	1.677	2.011	2.407	2.682
49	0.849	1.299	1.677	2.010	2.405	2.680
50	0.849	1.299	1.676	2.009	2.403	2.678
51	0.849	1.298	1.675	2.008	2.402	2.676
52	0.849	1.298	1.675	2.007	2.400	2.674
53	0.848	1.298	1.674	2.006	2.399	2.672
54	0.848	1.297	1.674	2.005	2.397	2.670
55	0.848	1.297	1.673	2.004	2.396	2.668
56	0.848	1.297	1.673	2.003	2.395	2.667
57	0.848	1.297	1.672	2.002	2.394	2.665
58	0.848	1.296	1.672	2.002	2.392	2.663
59	0.848	1.296	1.671	2.001	2.391	2.662
60	0.848	1.296	1.671	2.000	2.390	2.660
80	0.846	1.292	1.664	1.990	2.374	2.639
100	0.845	1.290	1.660	1.984	2.364	2.626
150	0.844	1.287	1.655	1.976	2.351	2.609
200	0.843	1.286	1.653	1.972	2.345	2.601
500	0.842	1.283	1.648	1.965	2.334	2.586
1000	0.842	1.282	1.646	1.962	2.330	2.581
∞	0.842	1.282	1.645	1.960	2.326	2.576

자료: 엑셀(Excel)로 계산된 *t* 값.

부록 E

주요 연습문제 해답

Answers to Selected Exercises

Chapter 1

1.2 35는 추정된 모평균 연령이다. 모든 비디오 게임 플레이어와 접촉하는 것은 불가능할 것이다.

1.4 **a.** 모집단은 최근의 공학학위를 가진 모든 대학의 졸업생들로 구성된다.

b. 아니요, 평균 급여는 시간과 비용을 절약하기 위해 표본에서 계산된 것 같다.

1.6 대답은 데이터가 검색되는 시점에 따라 달라질 것이다. 데이터는 횡단면 데이터이다.

1.8 *뉴욕타임즈*(*The New York Times*)의 첫 페이지에 있는 데이터는 사전에 정의된 행-열 서식을 따르지 않는다는 점에서 구조화되지 않은 것 같다.

1.10 데이터는 검색되는 시점에 따라 달라질 것이다. 데이터는 시계열 데이터이다.

1.12 정형, 횡단면 데이터.

1.20 **a.** 명목

b. 등간

c. 비율

1.24 **a.**

Country	Happiness	GDP
Finland	7.769	45670
Denmark	7.600	57533
Norway	7.544	75295
Iceland	7.494	73060
Netherlands	7.488	48754

b. Country, Happiness, GDP
Finland, 7.769, 45670
Denmark, 7.600, 57533
Norway, 7.544, 75295
Iceland, 7.494, 73060
Netherlands, 7.488, 48754

Chapter 2

2.4 c는 외래키의 옳은 정의이다.

2.6 b, c와 d는 SQL을 바르게 설명한다. a는 NoSQL을 설명한다.

2.12 **a.** 10대 최고 소득자 중 1명이 결혼했고 항상 운동을 한다.

b. 9명이 결혼했고, 때때로 운동을 하며, 매년 11만 달러 이상을 번다.

c. 운동에는 5개, 결혼에는 2개, 소득에는 3개 값이 누락되었다.

d. 281명의 사람들이 결혼했고 134명은 결혼하지 않았다.

e. 69명의 기혼자들은 항상 운동을 하고, 74명의 미혼자들은 절대 운동을 하지 않는다.

2.18 **a.** x_2, x_3, x_4에는 결측치가 없다.

b. 나머지 데이터셋에는 35개의 관측치가 있다. x_3와 x_4에 대한 평균값은 각각 170.6571과 21.2286이다.

2.24 **a.** 변수 x_1, x_3, x_4, x_5에는 모두 하나 이상의 결측치가 있다.

b. 관측치 15, 24, 33, 34, 43, 63, 66, 78 및 95에는 결측치가 있다.

c. 데이터셋에는 9개의 결측치가 있다.

d. x_2의 2개의 결측치가 대체되었다.

e. x_3, x_4, x_5의 결측치를 대체한 후, 새로운 데이터셋의 평균 값은 각각 3.8832, 1260 및 3.1330이다.

f. 데이터셋에 43개의 관측치가 남아 있다.

2.26 **a.** TravelPlan 변수에 결측치가 있다. 모든 다른 변수는 완전하다.

b. 300개의 관측치가 제거되었다.

2.28 **a.** 데이터셋에는 3개의 결측치가 있다. Yards 변수에서 결측치는 관측치 25에 있다. Attempts 변수에서 결측치는 관측치 28에 있고, Interceptions 변수에서 결측치는 관측치 29에 있다. 모든 다른 변수와 관측치는 완전하다.

b. 제거 전략을 사용하여 3개의 관측치를 제거했다.

2.32 **a.** Name 및 Market Cap을 제외한 모든 변수에는 결측치가 있다. Price 변수는 관측치 20, Dividend 변수는 관측치 173, PE 변수는 관측치 38, EPS 변수는 관측치 26, Book Value 변수는 관측치 98, 52 week low 변수는 관측치 26과 154, 52 week high 변수는 관측치 46, EBITDA 변수는 관측치 51이 누락되었다. 데이터셋에는 9개의 결측치가 있다.

b. 8개의 관측치가 제거되었다.

c. 변수 PE, EPS, EBITDA의 결측치는 각각 21.915, 3.255 및 1.845로 대체되었다. Market Cap은 결측치가 없으며, 중앙값이 21.170이다.

2.34 **a.** 관측치 26은 Siblings 변수가 결측치이고, 관측치 13은 Height 변수가 결측치이고, 관측치 47은 Weight 변수가 결측치이고, 관측치 17과 51은 Income 변수가 결측

치이다. 모든 다른 변수는 완전하다. 데이터셋에는 결측치가 5개 있다.

b. 3개의 관측치가 제거되었다.

c. 관측치 13에는 Height 변수에 대한 결측치가 있고 관측치 47에는 Weight 변수에 대한 결측치가 있다. Height에 대한 결측치는 평균값 67.3088로, Weight에 대한 결측치는 평균값 150.8971로 대체되었다. Siblings의 결측치는 중앙값인 2로 대체되고, Income의 결측치는 중앙값인 33,361로 대체되었다. FamilySize에는 결측치가 없으며, 중앙값이 4이다.

2.38 a. 데이터셋에는 41개의 관측치가 있다. 구간화 후에는 5개의 빈 중 4개의 관측치가 8개이고, 나머지 빈에는 9개의 관측치가 있어야 한다.

b. 점수가 431인 관측치 수는 0이다. 222점의 관측치 수는 2이다.

2.40 a. Difference의 평균은 −1.910이다.

b. PercentDifference의 평균은 0.2273이다.

c. Log의 평균은 12.840이다.

2.42 a. Difference in year의 평균은 29.010이다.

b. Month value의 평균은 6이다.

c. 그룹 3의 관측치 수가 가장 많다.

2.46 a. 그룹 4에 할당된 고객 수는 26명이다.

b. 그룹 3에 할당된 고객 수는 21명이다.

c. 그룹 2에 할당된 고객 수는 36명이다.

d. Difference의 평균은 124.70이다.

e. Percent difference의 평균은 0.5642이다.

f. Age of the players의 평균은 28.70세이다.

g. 9월(September)은 가장 빈도가 높은 생월(birth month)이다.

2.50 a. "기타(Other)" 범주에 23개의 관측치가 있다.

b. x_2의 평균 카테고리 점수는 3.6200이다.

c. 3개의 더미변수가 생성되어야 한다.

2.52 a. 15개의 관측치가 3의 범주점수를 갖는다.

b. "기타(Other)" 범주에는 3개의 관측치가 있다.

c. 4개의 더미변수가 생성되어야 한다.

2.54 a. LoanType, PropertyType, Purpose 변수는 자연적으로 순서 있는 범주가 없으므로 명목형 데이터이다.

b. Conventional이 LoanType의 가장 높은 빈도의 범주이다. Multi-family가 PropertyType의 가장 높은 빈도의 범주이다. Refinancing이 Purpose에 가장 높은 빈도의 범주이다.

c. 3개의 더미변수를 생성해야 한다. Conventional은 LoanType의 기준범주가 되어야 한다. Multi-family는 PropertyType의 기준범주가 되어야 한다. Refinancing는 Purpose의 기준범주가 되어야 한다.

2.56 a. 하나의 더미변수를 생성해야 한다.

b. Cell towers의 damage score 평균은 0.7959이다.

Chapter 3

3.2 a. Medium 사이즈 셔츠의 매출 비율은 0.302였다.

b. Large 사이즈 셔츠의 판매 빈도가 가장 높았고, Small 사이즈 셔츠의 판매 빈도가 가장 낮았다.

3.4 a. 빈곤층 이하 인구의 19.3%가 Midwest 지역에 살고 있다.

b. 거의 동일한 다른 세 지역과 비교하여 South가 가장 높은 상대빈도를 갖는다.

3.6 a. 5등급이 빈도가 가장 높다.

b. 등급이 높을수록 빈도가 더 높다.

3.8 a. Not Religious가 가장 흔한 반응이다.

b. 약 35%가 "Not Religious"라고 응답했는데, 이는 Pew Research 조사와 일관성 있다.

3.10 a. 125개 종목의 수익률이 10% 이상 20% 미만이었다.

b. 분포는 대칭이다.

3.14 a. 아니다, 분포가 대칭이 아니다. 그것은 양적 비대칭이다.

b. 이 기간 동안 주가는 50달러에서 250달러 사이였다.

c. 100달러에서 150달러까지의 구간이 상대빈도가 가장 높았고, 약 0.44이다.

3.16 a. 14명의 고객이 700달러에서 1000달러 사이를 지출했다.

b. 52명의 고객이 1,300달러 이하를 지출했고, 48명의 고객이 1,300달러 이상을 지출했다.

3.18 a. 2019년 상반기에 DJIA가 2만 6천이 넘는 날이 44일이었다.

b. 분포는 대칭이 아니며, 음의 비대칭이다.

3.20 그렇지 않다. 수직축 상한값으로 상대적으로 높은 값(500달러)을 사용함으로써 주가 상승이 약화된 것처럼 보인다.

3.22 a. 202명의 고객이 남성이었고, 60명의 고객이 와인을 마셨다.

b. 142/202 = 0.7030, 38/68 = 0.5588.

c. 맥주가 이 바에서 인기 있는 음료이고, 그 다음은 와인, 그리고 청량음료 순이다 남성과 여성 모두 다른 두 옵션보다 맥주를 선택할 가능성이 더 높다.

3.24 a. Shift 1의 부품 5개가 불량이고, Shift 2의 부품 94개가 불량이 아니다.

b. 6/24 = 0.2500, 13/24 = 0.5417, Shift 3에서 생산된 부품은 더 높은 비율로 결함이 있는 것으로 보인다.

c. 아니다, 불량률은 Shift별로 일관되지 않는다.

3.26 a. 120명의 학생들은 경영학 전공이고, 68명의 학생들은 열심히 공부한다.

b. 20/120 = 0.1667, 48/150 = 0.3200. 데이터는 비경

영학 전공자가 더 열심히 공부할 가능성이 높다고 제안하며, 이는 보고서를 지지한다.

c. 경영학과 비경영학 전공 학생들 모두 대다수는 열심히 공부하지 않지만, 비경영학 전공 학생들이 열심히 공부할 가능성이 더 높다.

3.28 비만과 기대수명 사이의 음의 관계.

3.30 A와 B의 수익 사이에는 관계가 없으므로, 두 가지 모두에 투자하면 위험이 다각화된다.

3.32 a. 자동차의 가격과 연령 사이의 음의 관계.

b. 자동차의 가격과 주행거리 사이의 음의 관계.

3.34 두 국가 모두 상승 추세를 보이고 있지만, 중국은 2000년경에 약간 정체되기 시작한다.

3.36 a. 연령은 가격과 음의 상관관계가 있고 주행거리와 양의 상관관계가 있다. 가격은 주행거리와 음의 상관관계가 있다.

b. 7대의 자동차에서 주행거리가 5만 마일보다 크다.

c. 연령과 가격 사이의 음의 관계는 두 주행거리 범주의 자동차에서 일관성이 있다.

3.38 a. 주택에서 강도사건이 511건 있다.

b. 거리에서 절도가 가장 흔한 범죄이고, 그 다음이 보도에서 마약류, 거리에서 자동차 절도 순이다.

3.40 a. HD $\bar{x}$ =79,231; median = 77,349

Lowe's $\bar{x}$ =52,754; median = 50,208

HD의 평균 매출이 더 높았다.

b. HD s^2 =106,175,080; s =10,304

Lowe's s^2 =56,414,506; s =7,511

HD의 산포도가 더 높았다.

3.42 a. mean = 2.3122, median = 2.18

b. Q1 = 2.01; 25%의 주에서 휘발유 가격이 2.01달러 미만이었다.

Q3 = 2.55; 75%의 주에서 휘발유 가격이 2.55달러 미만이었다.

c. s^2 =0.1482, s =0.3849

3.44 a. 월임대료는 정규분포보다 긴 꼬리를 갖는 양의 비대칭이다.

b. 면적은 정규분포보다 긴 꼬리를 갖는 양의 비대칭이다.

3.46 a. 기업 A: $\bar{x}$ =75.39, s^2 =52.02, s =7.21

기업 B: $\bar{x}$ =73.51; s^2 =319.21; s =17.87

b. 이 기간 동안 기업 A의 평균주가가 더 높았다.

c. 기업 B 주가의 산포도가 더 높았다.

3.48 a. 중남미(Latin America) 펀드는 정규분포보다 짧은 꼬리를 갖는 양의 비대칭이다.

b. 캐나다(Canada) 펀드는 정규분포보다 긴 꼬리를 갖는 음의 비대칭이다.

3.50 $\gamma_{\text{Final,Midterm}}$ = 0.5518, 중간 강도의 양의 선형 관계.

3.56 a. 관측치의 약 25%는 200보다 작은 값을 가지며, 관측치의 약 75%는 550보다 작은 값을 갖는다.

b. IQR = 350, Limit: 1.5 × IQR = 525. Q1 − Min 75 < 525 그리고 Max − Q3 =750 > 525. 따라서 분포의 오른쪽에 하나 이상의 이상치가 있다.

c. 중앙값이 사분위범위에서 중심의 왼쪽에 위치하고 오른쪽 수염이 왼쪽 수염보다 길기 때문에 분포가 양의 비대칭으로 보인다.

3.58 a. 점수의 약 68%가 [84, 116] 구간에 있다.

b. 점수의 약 95%가 [68, 132] 구간에 있다. 점수의 약 2.5%가 68 미만이다.

c. 점수의 약 16%가 116보다 크다.

3.60 a. 약 95%의 게임이 2.2시간에서 3.8시간 사이에서 지속될 것이다.

b. 약 16%의 게임이 3.4시간보다 길다.

c. 약 2.5%의 게임이 2.2시간보다 짧다.

3.62 a. 부채(Debt) 변수에 대한 상자그림은 이상치가 없음을 제시한다.

b. $\bar{x}$ = 983.4615, s = 124.6086. 부채(Debt) 변수에 대한 가장 작고 가장 큰 관측치는 각각 763과 1,285이다.

가장 작은 관측치에 대한 z-점수는

z = (763 − 983.4615)/124.6086= −1.7692

가장 큰 관측치의 z-점수는

z = (1,28 − 983.4615)/124.6086 = 2.4199

두 z-점수의 절대값이 모두 3보다 작으므로 부채(Debt) 변수에 이상치가 없다는 결론을 내린다. 이는 이상치가 없는 상자그림과 일관된다.

3.64 a. 기술(Technology) 변수에 대한 상자그림은 분포의 윗부분에 이상치가 있음을 알 수 있다.

b. $\bar{x}_{\text{tech}}$ = 17.6992; s_{tech} = 36.5637. 데이터셋에서 가장 작은 관측치와 가장 큰 관측치는 각각 −51.09와 131.75이다.

가장 작은 관측치에 대한 z-점수는

z = (−51.09 − 17.6992)/36.5637 = −1.8814

가장 큰 관측치의 z-점수는

z = (137.75 − 17.6992)/36.5637 = 3.11924

가장 큰 관측치의 z-점수가 3보다 크므로 Technology 변수에 이상치가 있다고 결론을 내린다. 이는 a 항목에서 이상치를 보여준 상자그림과 일관된다.

c. 에너지(Energy) 변수에 대한 상자그림을 보면 분포의 아래쪽 부분에 이상치가 있음을 알 수 있다.

d. $\bar{x}_{\text{energy}}$ = 10.0314, s_{energy} = 22.9492. 데이터셋에서 가장 작은 관측치와 가장 큰 관측치는 각각 −54.00와 52.02이다.

가장 작은 관측치에 대한 z-점수는

$z = (-54.00 - 10.0314)/22.9492 = -2.4402$

가장 큰 관측치의 z-점수는

$z = (52.02 - 10.0314)/22.9492 = 2.1796$

두 z-점수의 절대값이 모두 3보다 작으므로 에너지(Energy) 변수에 대한 이상치가 없다는 결론을 내린다. 이는 c 항목에서 이상치를 보여준 상자그림과 일관되지 않는다. 상자그림은 Energy가 대칭이 아님을 나타내므로 이 경우 상자그림을 사용하여 이상치를 식별하는 것이 좋다.

e. $\bar{x}_{tech} = 12.3666$, $\bar{x}_{energy} = 11.8100$

Chapter 4

4.2 **a.** 어떠한 제안도 받지 못할 수 있기 때문에 전체포괄적이지 않다.

b. 두 가지 제안을 모두 받을 수 있기 때문에 상호배타적이지 않다.

4.4 사건 A를 "회사가 경보 발령(Firm raising an alarm)," 사건 F를 "사기 거래(Fraudulent Transaction)"라고 하자. 우리는 $P(A) = 0.05$, $P(A|F) = 0.80$와 $P(F) = 0.01$를 알고 있다. $P(A^c \cap F) = 0$, 그러므로 $P(F|A^c) = 0.0021$이다.

4.6 **a.** $P(A) = 0.70$, $P(A^c) = 0.30$, $P(B) = 0.50$

b. 상호배타적 아니다.

c. $A \cap B$

4.10 사건 A를 "i번째 선택된 멤버가 보너스에 찬성한다"로 하자.

a. $P(A_1 \cap A_2) = 0.4286$

b. $P(A_1^c \cap A_2^c) = 0.0952$

4.12 사건 A는 "아시안(Asian)", B는 "흑인(black)", W는 "백인(white)", H는 "히스패닉(Hispanic)", 그리고 T는 "양부모 모두 동거"에 해당된다고 가정하자. 우리는 $P(T|A) = 0.85$, $P(T|W) = 0.78$, $P(T|H) = 0.70$, 그리고 $P(T|B) = 0.38$를 알고 있다.

a. $P(A \cap B) = 0$; 상호배반적이다.

$P(A) + P(B) < 1$; 전체포괄적이지 않다.

b. $P(W^c) = 0.44$

c. $P(W \cap T) = 0.4368$

d. $P(A \cap T^c) = 0.015$

4.14 사건 C가 "자가용 매일 사용(Using own car daily)", 사건 U가 "35세 미만(Under 35)"에 해당된다고 하자. 우리는 $P(C) = 0.62$, $P(C|U) = 0.38$, 그리고 $P(U) = 0.43$를 알고 있다.

a. $P(C \cap U) = 0.1634$

b. $P(U|C) = 0.2635$

4.16 사건 D를 "하락을 경험(Experience a decline)", 사건 N을 "비율이 음수(Ratio is negative)"라고 하자. 우리는 $P(D) = 0.20$, $P(N|D) = 0.70$, 그리고 $P(N|D^c) = 0.15$를 알고 있다. $P(N) = 0.26$, 그러므로 $P(D|N) = 0.54$이다.

4.18 사건 O가 "비만(Obese)", W는 "백인(white)", B는 "흑인(black)", H는 "히스패닉(Hispanic)", 그리고 A는 "아시안(Asian)"에 해당한다고 가정하자. 우리는 $P(O|W) = 0.33$, $P(O|B) = 0.496$, $P(O|H) = 0.43$, $P(O|A) = 0.089$, $P(W) = 0.48$, $P(B) = 0.19$, $P(H) = 0.26$, 그리고 $P(A) = 0.07$를 알고 있다.

a. $P(O) = 0.3707$

b. $P(W|O) = 0.4273$

c. $P(B|O) = 0.2542$

d. $P(A|O) = 0.0168$

4.20 F는 "선수들이 경기에 완전히 적합", S는 "다소 적합", N은 "경기할 수 없음", 그리고 W는 "레이커스가 경기에서 승리"라고 하자. 우리는 $P(F) = 0.40$, $P(S) = 0.30$, $P(N) = 0.30$, $P(W|F) = 0.80$, $P(W|S) = 0.60$, and $P(W|N) = 0.40$ 를 알고 있다.

a. $P(W) = 0.62$

b. $P(F|W) = 0.52$

4.22 사건 R이 "공화당원(Republican)", D는 "민주당원(Democrat)", I는 "무소속(Independent)", S가 "마리화나 합법화 지지(Support marijuana legalization)"에 해당한다고 하자. 우리는 $P(R) = 0.27$, $P(D) = 0.30$, $P(I) = 0.43$, $P(S|R) = 0.41$, $P(S|D) = 0.66$, 그리고 $P(S|I) = 0.63$를 알고 있다.

a. $P(S \cap R) = 0.1107$

b. $P(S \cap D) = 0.1980$

c. $P(S \cap I) = 0.2709$

d. $P(S) = 0.5796$

e. $P(R|S) = 0.1910$

4.26 X를 보증에 사용한 금액, Y를 매장에서 얻은 수익이라고 하자.

$E(X) = \$30$

$E(Y) = \$3{,}600$

4.32 **a.** $P(X < 2) = 0.6517$

b. $P(X < 2) = 0.4580$

4.34 **a.** $E(X) = 905$; $SD(X) = 27.22$

b. $E(X) = 1430$; $SD(X) = 31.95$

4.36 **a.** $P(X > 2) = 0.5276$

b. $P(X > 2) = 0.1362$

4.38 X를 수용가능한 디자인을 보여주는 디자이너의 수라고 하자.

a. $P(X \geq 1) = 0.4375 < 0.50$; 진술은 옳지 않다.

b. $P(X \geq 1) = 0.5781 > 0.50$; 진술이 옳다.

4.40 X를 매니저가 연락하여 클럽회원권을 구매하는 참석자의 수라고 하자.

a. $P(X = 10) = 0.1171$

b. $P(X \leq 10) = 0.8725$

c. $P(X \geq 15) = 0.0016$

4.42 a. $P(X \leq 4) = 0.8153$

b. $P(X \geq 3) = 0.5768$

4.44 a. $\mu_1 = 6$; $P(X = 2) = 0.0446$

b. $\mu_1 = 6$; $P(X \geq 2) = 0.9826$

c. $\mu_{10} = 60$; $P(X = 40) = 0.001$

4.46 a. $\mu_1 = 2$; $P(X > 2) = 0.3233$

b. $\mu_5 = 10$; $P(X = 6) = 0.0631$

c. $\mu_{180} = 360$

4.50 a. $\mu = 304$; $P(X > 320) = 0.1717$

b. $\mu = 2128$; $P(X > 2200) = 0.0586$

4.52 X를 경기에서 얻은 점수라고 하자.

a. $P(85 < X < 125) = 0.9544$

b. $P(X > 125) = 0.0228$; 약 2게임 $(82 \times 0.0228 = 1.87)$

4.54 X를 승용차의 연비(MPG)라고 하자.

a. $P(X \geq 40) = 0.0384$

b. $P(30 \leq X \leq 35) = 0.4952$

c. $x = 33.8 + 2.326(3.5) = 41.94$

4.56 X를 포트폴리오의 수익이라고 하자.

$P(X > 16) = 0.2514 \neq 0.15$; 정규분포가 아니다.

4.62 X를 축구경기 시간이라고 하자.

a. $P(X < 2.5) = 0.1056$

b. $P(X < 2.5) + P(X > 3.5) = 0.2112$

c. $x = 3 - 2.326(0.4) = 2.07$

Chapter 5

5.4 a. $P(\overline{X} \geq 18) = P(Z \geq 1.85) = 0.0322$

b. $P(\overline{X} \geq 17.5) = P(Z \geq 2.03) = 0.0212$

c. 재니스; 모집단을 대표하는 표본이 사용되면, 그녀의 분석결과가 나타날 가능성이 더 크다.

5.6 a. $P(\overline{X} > 25{,}000) = P(Z > -1.04) = 0.8508$

b. $P(\overline{X} > 30{,}000) = P(Z > 0.39) = 0.3483$

5.8 a. $P(X > 1{,}000{,}000) = P(Z > 0.80) = 0.2119$

b. $P(\overline{X} > 1{,}000{,}000) = P(Z > 1.60) = 0.0548$

5.10 a. $P(X < 90) = P(Z < -0.63) = 0.2643$

b. $P(\overline{X} < 90) = P(Z < -1.25) = 0.1056$

c. $(P(X < 90))^4 = (0.2643)^4 = 0.0049$

5.12 a. $E(\overline{P}) = 0.33$과 $se(\overline{P}) = 0.047$;

$np = 33 > 5$과 $n(1 - p) = 67 > 5$이기 때문에 정규분포 근사조건이 충족된다.

b. $P(\overline{P} < 0.30) = P(Z < -0.64) = 0.2611$

c. $P(0.31 \leq \overline{P} \leq 0.35) = P(-0.43 \leq Z \leq 0.43) = 0.3328$

5.14 $n = 50$인 경우, $P(\overline{P} > 0.70) = P(Z > 1.44) = 0.0749$

당신은 표본크기가 더 큰 경우에 $\overline{P}$의 표준편차가 감소되기 때문에 50번 추첨을 선택할 것이다. 추첨한 볼 중 70%이상이 녹색 볼일 확률은 표본크기가 더 작은 경우에 약간 더 높다.

5.16 a. $2.11\frac{9.2}{\sqrt{18}} = 4.58$

b. 12.5 ± 4.58 or $[7.92, 17.08]$

c. 95% 신뢰수준의 오차범위를 감소시키기 위해 표본크기를 증가시켜야 한다.

5.18 a. $2.724\frac{10}{\sqrt{36}} = 4.54$

b. 100 ± 4.54 or $[95.46, 104.54]$

5.20 a. 17.25 ± 7.36 or $[9.89, 24.61]$

b. 모집단은 정규분포를 따른다.

5.24 $1{,}080 \pm 89.30$ or $[990.70, 1{,}169.30]$

1,200이 95%의 신뢰구간 안에 포함되어 있지 않기 때문에 무료로 고급커피와 패스츄리를 제공하는 전략에 대한 경영자의 믿음은 틀린 것으로 나타난다.

5.26 a. 미시경제학: [68.74, 74.91];

거시경제학: [66.16, 74.64]

b. 미시경제학과 거시경제학의 경우 표본표준편차가 서로 다르기 때문에 신뢰구간의 길이가 서로 다르다.

5.28 a. 연구비의 95% 신뢰구간: [231.44, 373.49]

b. 기술이전부서 지속기간의 95% 신뢰구간: [18.40, 22.60]

5.30 a. 0.37 ± 0.011 or $[0.359, 0.381]$

b. 0.37 ± 0.017 or $[0.353, 0.387]$

c. 신뢰수준이 더 높기 때문에 b의 오차범위가 더 크다.

5.32 a. 0.47 ± 0.025 or $[0.445, 0.495]$

b. 0.025

c. 0.038

5.34 a. 0.275 ± 0.037 or $[0.238, 0.312]$

b. 0.30이 신뢰구간 안에 속하기 때문에 타당하지 않다.

5.38 a. 1종 오류; 조립비용을 감소시키지 않을 지라도 새로운 소프트웨어를 구매한다.

b. 2종 오류; 조립비용을 감소시키더라도 새로운 소프트웨어를 구매하지 않는다.

5.40 a. H_0: $\mu \leq 5$; H_A: $\mu > 5$

b. $t_6 = 0.643$; p-값 $= 0.272$. 모집단이 정규분포를 따른다고 가정할 필요가 있다.

c. $0.272 > 0.10$이므로 H_0는 기각되지 않는다. 10%의 유의수준에서 평균 대기시간은 5분보다 짧다.

5.42 H_0: $\mu \leq 6.6$; H_A: $\mu > 6.6$; $t_{35} = 2.7$; p-값 $= 0.0053$. $0.0053 < 0.05$이므로 H_0는 기각된다. 5%의 유의수준에서 서부지역의 주택가격상승이 중서부지역의 주택가격상승보다 크다고 결론 내릴 수 있다.

5.44 a. H_0: $\mu = 50$; H_A: $\mu \neq 50$

b. $t_{49} = -2.324$; p-값 = 0.024

c. 0.024 < 0.05이므로 H_0는 기각된다. 5%의 유의수준에서 평균 mpg가 50과 다르다고 결론내릴 수 있다.

5.46 a. $H_0: \mu \le 65$; $H_A: \mu > 65$

b. $t_{39} = 2.105$; p-값 = 0.021.

c. 0.021 > 0.01이므로 H_0는 기각되지 않는다. 1%의 유의수준에서 평균속도가 제한속도 65 mph보다 높다고 결론 내릴 수 없다.

5.52 $H_0: p \le 0.60$; $H_A: p > 0.60$; $z = 1.04$; p-값 = 0.1492. 0.1492 > 0.01이므로 H_0는 기각되지 않는다. 1%의 유의수준에서 노인들의 60%보다 많이 그들의 삶의 방식을 심각하게 조정한다고 결론 내릴 수 없다.

Chapter 6

6.2 a. Poverty 계수의 부호가 양인 것은 예상한 대로이다. Income의 기울기 계수는 예상한 대로가 아니다.

b. $\widehat{\text{Crime}} = -301.62 + 53.16(20) + 4.95(50) = 1{,}009.08$

6.4 a. 여성 종업원

b. MBA 학위가 없는 여성종업원

c. 아니다.

6.6 a. $\widehat{\text{GPA}} = 0.4256 + 0.0041\text{GRE}$

b. 3.35

6.8 a. Consumption = 2,365.67 + 0.8465 Disposable Income

b. 가처분소득이 1달러 할 때 소비지출은 0.8465달러 증가할 것으로 예측된다

c. $31,992.75

6.12 a. 전기가 냉방을 위해 사용된다고 가정하면, 전기비용은 평균 외부온도가 높은 월에, 월간 작업일수가 많은 월에, 생산량이 많은 월에 더 많아진다고 예상된다,

b. $\widehat{\text{Cost}}$ = 14,039.19 + 92.78 Ave Temp + 446.14 Work Days − 27.00 Tons Produced

c. $28,279.05.

6.14 a. $\widehat{\text{Net Profit}}$ = −0.2091 + 0.0875 Counter Sales + 0.1123 Drivethrough Sales

b. 드라이브 스루 매출액이 추가적 100만 달러 증가할 때, 장내 매출액이 일정한 경우 순이익은 112,300달러 증가할 것으로 예측된다.

c. 순이익은 764,700달러가 될 것으로 예측된다.

6.16 a. $\widehat{\text{Startups}}$ = 0,4190 + 0.0087 Research + 0.0517 Patents − 0.0194 Duration

b. 1.48

c. 모든 다른 것들이 일정한 경우, 연구비가 100만 달러 증가하면 0.0087개의 창업기업이 증가할 것으로 예측된다. 따라서 1개의 창업기업이 증가하기 위해서는 약 1억 1,494만 달러의 연구비가 필요하다. $\left(\frac{10}{0.0087} = \$114.94\right)$

6.18 a. $R^2 = 0.8299$

b. 0.1701

6.22 추정치의 표준오차가 더 작고 조정 R^2가 더 크기 때문에 모형 2가 더 양호한 적합도를 가진다.두 모형은 서로 다른 수의 예측변수들을 가지고 있기 때문에 두 모형을 비교하기 위해 R^2를 사용할 수 없다.

6.24 a. $s_e = 0.2144$.

b. 0.7573; 순이익 변동의 75.73%가 모형에 의해 설명된다.

c. Adjusted $R^2 = 1 - (1 - 0.7573)\left(\frac{100-1}{100-2-1}\right) = 0.7523$

6.32 a. $\widehat{\text{Return}}$ = −12.0243 + 0.1459P/E + 5.4417P/S

b. $H_0: \beta_1 = \beta_2 = 0$, H_A: 적어도 하나의 $\beta_j \ne 0$; $F_{(2,27)} = 2.817$; p-값 = 0.077.; 0.077 < 0.10이므로 H_0는 기각된다. 10%의 유의수준에서, 두 예측변수들은 결합하여 유의하다.

c. $H_0: \beta_1 = 0$; $H_A: \beta_1 \ne 0$; p-값 = 0.738.; 0.738 > 0.10이므로 H_0는 기각되지 않는다. 10%의 유의수준에서, P/E는 Return을 설명하는 데 유의하지 않다.

$H_0: \beta_2 = 0$; $H_A: \beta_2 \ne 0$ p-값 = 0.025.; 0.025 < 0.10이므로 H_0는 기각된다. 10%의 유의수준에서, P/S는 Return을 설명하는 데 유의하다.

6.34 a. $\widehat{\text{Watches}}$ = 35.9090 − 0.0261 Time

b. $H_0: \beta_1 \ge -0.02$; $H_A: \beta_1 < -0.02$; $t_{18} = \frac{-0.0261 - (-0.02)}{0.0022} = -2.773$; p-값 = 0.006.

0.006 < 0.05이므로, H_0는 기각된다. 5%의 유의수준에서 TIME의 추가적인 1초 증가는 0.02개보다 많이 Watches를 감소시킨다.

6.36 a. $\widehat{\text{Cost}}$ = 14,039.1873 − 92.7827 Temp + 446.1406 Days − 27.0033 Tons

b. $H_0: \beta_1 = \beta_2 = \beta_3 = 0$; H_A: 적어도 하나의 $\beta_j \ne 0$; 0.026 < 0.10이므로, H_0는 기각된다.10%의 유의수준에서 예측변수들은 전기비용을 설명하는 데 결합하여 유의하다.

c. 10%의 유의수준에서, 전기비용을 설명하는 데 평균외부온도는 유의하다; 월간 작업일수는 유의하지 않다; 생산량은 유의하지 않다.

6.42 a. $\widehat{\text{Salary}}$ = 62.3383 − 0.9605 BMI + 4.4855 White; 5%의 유의수준에서 BMI는 Salary에 영향을 미친다.

b. 백인 남성의 연봉은 38.01; 백인이 아닌 남성의 연봉은 33.52

6.44 a. $\widehat{\text{Time}}$ = 0.0357 + 0.0079 Machine Parts + 0.6465

Manual Parts

b. 14.1322분

c. 85.30%

d. 5%의 유의수준에서 예측변수들은 결합하여 유의하다. 5%의 유의수준에서 각 예측변수는 개별적으로 유의하다.

6.46 a. $\widehat{\text{Vehicles}}$ = 135.3913 + 23.5056 Garage Bays + 0.5955 Population + 84.5998 Access + 77.4646 Winter

b. 다른 변수들이 일정한 경우, Garage Bays의 수가 1개 증가하면, 월간 수리되는 자동차 대수는 23.5056대 증가하는 것으로 예측된다. 다른 변수들이 일정한 경우, 5마일 반경 내 인구가 1,000명 증가하면, 월간 수리되는 자동차 대수는 0.5955대 증가하는 것으로 예측된다. 다른 변수들이 일정한 경우, 고속도로 접근성이 편리하게 되면, 월간 수리되는 자동차 대수는 84.5998대 증가하는 것으로 예측된다. 다른 변수들이 일정한 경우, 겨울이 되면, 월간 수리되는 자동차 대수는 77.4646대 증가하는 것으로 예측된다.

c. 5%의 유의수준에서 월간 수리되는 자동차 대수를 설명하는 데 예측변수들은 결합하여 유의하다. 5%의 유의수준에서 Access와 Winter는 유의하나 Garage Bays와 Population은 유의하지 않다. 10%의 유의수준에서 Access, Winter, Garage Bays는 유의하나 Population은 유의하지 않다.

d. 0.8739

e. 361.34대

6.48 a. $\widehat{\text{Sales}}$ = 47,095.6859 + 65.0548 GNP + 108765.2580d_1 − 30486.2947d_2 − 48805.0461d_3

b. 2분기: $1,057,485; 4분기: $1,087,972

c. 5%의 유의수준에서 모든 다른 분기들은 4분기와 유의하게 다르다.

d. 5% 유의수준에서 소매매출액이 2분기와 3분기 간에 다르다고 결론 내릴 수 없다.

6.50 Ethnicity 변수를 사용하면서 백인, 흑인, 아시아계인, 라틴계인을 위한 더미변수들을 만들어라.

a. $\widehat{\text{SAT}}$ = 1388.8919 + 201.1447 White − 31.4544 Black + 264.8581 Asian

아시아계 학생: 1654; 라틴계 학생: 1389

b. 5%의 유의수준에서 아시아계 학생의 SAT 점수는 라틴계 학생의 SAT 점수와 다르다.

c. 5%의 유의수준에서 백인 학생의 SAT 점수는 아시아계 학생의 SAT 점수보다 낮다.

6.52 a. 잔차들은 점점 확산된다.

b. 일정한 변동성; 변화하는 변동성 때문에 추정량은 불편추정량이 되나 효율적인 추정량이 아니다. 다른 문제는 t 검정과 F 검정은 타당하지 않다는 것이다. 일반적으로 유의성 검정을 수행하는 데 로버스트 표준오차가 사용된다.

6.54 산점도가 GPA는 낮은 수준의 Hours와 양의 관계를 가지나 높은 수준의 Hours와 음의 관계를 보여주므로 단순선형회귀모형은 적정하지 않다.

6.56 a. Study + Sleep + Leisure = 24이므로 완전한 다중공선성이 존재한다. 제안된 모형은 추정될 수 없다.

b. Sleep 변수를 제외시켜라.

6.58 a. 모든 종업원들이 시간이 흐름에 따라 같은 수준의 성공에 이르는 것이 아니기 때문에 근무연수가 많은 종업원들이 연봉에서 더 큰 변동성을 가질 가능성이 있다.

b. 근무연수에 대하여 잔차를 그려보면 잔차는 점점 확산된다. 이것은 변화하는 변동성의 문제를 확인해준다.

6.60 잔차들이 수평축 주위에서 어떤 패턴을 보여주지 않기 때문에 관측치들이 상관관계를 가지지 않는 것으로 보인다.

6.62 a. $\widehat{\text{Sales}}$ = −1,730.0915 + 302.9945 Temp + 505.5782 Advertising + 202.2232 Discount: 예측변수들은 결합하여 유의하다. 5%의 유의수준에서 Advertising은 유의하나 Temp와 Discount는 유의하지 않다.

b. 상관계수 행렬은 예측변수들 간에 상관계수의 절대값들이 1 가까이 매우 크다는 것을 보여주고 이것은 다중공선성이 존재한다는 것을 제시한다. 예측변수들 중 어느 것도 불필요한 변수가 아니기 때문에 다중공선성에 대해 아무런 조치를 하지 않는 것이 최선이다. Temp와 Discount는 개별적으로 유의하지 않지만 추정된 모형은 높은 설명력을 가진다.

c. 잔차들은 예측변수들에 대해 임의로 흩어져 있는 것을 보인다. 변화하는 병동이 심각하지 않은 것으로 보인다.

Chapter 7

7.8 a. Majority Male = 88.5714 − 8.5714 Female − 6.2185 Minority Male − 18.7815 (Female × Minority Male); 5%의 유의수준에서 예측변수들은 결합하여 유의하고 개별적으로 유의하다.

b. 80% (여성 포함); 55% (여성과 히스패닉 남성 포함)

7.10 a. $\widehat{\text{Usage}}$ = 14.9236 + 0.9808 Income − 42.3267 Rural + 20.4745 College + 49.8701 (Rural × College); 5%의 유의수준에서 예측변수들은 결합하여 유의하고 College를 제외하고 개별적으로 유의하다.

b. 160.64 (Rural); 153.10 (Urban)

7.12 a. $\widehat{\text{Errors}}$ = 37.9305 − 1.2814 Exper − 7.4241 Train

$\widehat{\text{Errors}}$ = 42.7765 − 1.6991 Exper − 23.1111 Train + 0.9785 (Exper × Train)

b. 상호작용 변수를 포함하고 있는 모형은 더 높은 조정 R^2을 가지고 있고 10%의 유의수준에서 상호작용 변수는 유의하기 때문에 선호된다.

c. 12.46(10년); 8.79(20년)

d. 근무연수가 적은 종업원은 근무연수가 많은 종업원보다 훈련프로그램으로부터 연간 수 건수를 감소시키게 되는 더 많은 혜택을 받는다.

7.14 a. $\widehat{\text{Comp}}$ = 2677.1892 + 10.3154 Profit + 1227.6866 Years + 36655.1363 Grad − 0.5227 (Profit × Grad) − 193.1612 (Years × Grad)

b. 5%의 유의수준에서 예측변수들은 결합하여 유의하다.

c. 5%의 유의수준에서 Years와 Grad는 개별적으로 유의하나 상호작용변수는 유의하지 않다.

d. $101,855

7.16 a. College GPA = −6.8195 + .0063 SAT + 1.9401 HSGPA + 1.6688 White − 0.0011 (SAT × HSGPA) − 0.0010 (SAT × White); 5%의 유의수준에서 예측변수들은 두 번째 상호작용변수를 제외하고 개별적으로 유의하다.

b. 백인 학생: 3.23 (SAT = 1200); 3.41 (SAT = 1300); 3.59 (SAT = 1400)

백인이 아닌 학생: 2.81 (SAT = 1200); 3.10 (SAT = 1300); 3.38 (SAT = 1400)

7.18 a. $\widehat{\text{Earnings}}$ = 34169.6282 − 0.7398 Cost − 319.0062 Grad + 219.1327 Debt + 2643.2320 City + 0.0185 (Cost × Grad); Cost의 부분효과는 Grad가 증가하면서 증가하고 Grad의 부분효과는 Cost가 증가하면서 증가한다.

b. $42,666 (Cost = $20,000); $46,398 (Cost = $30,000); $50,130 (Cost = $40,000)

c. $43,706 (Cost = $20,000); $51,148 (Cost = $30,000); $58,589 (Cost = $40,000)

7.26 a. $\widehat{\text{Salary}}$ = exp(9.9310 + 0.0352Age − 0.0004 Agesq-0.0810 Female + 0.0788 NPS + 0.22142/2)

b. 47.91

c. $91,903(남성); $84,750(여성)

7.28 a. $\widehat{\text{Time}}$ = 14.4886 + 0.7502 Parts (선형회귀모형);

$\widehat{\text{Time}}$ = −6.7165 + 0.4476 Parts + 0.0025 Parts^2 (이차식 회귀모형)

b. 이차식 회귀모형이 더 높은 조정 R^2을 가진다.

c. 20.53

7.30 a. $\widehat{\text{Watches}}$ = 32.1839 − 0.0232 TIme + 5.9820 Male

시간이 매 50초 증가할 때, 약 1개의 시계생산량이 감소한다.

$\widehat{\text{Watches}}$ = 25.43(남성), 19.45(여성)

b. $\widehat{\text{Watches}}$ = 117.2733 − 15.5293 ln(Time) + 5.7493 Male

시간이 매 10% 증가할 때, 약 1.55개의 시계생산량이 감소한다.

$\widehat{\text{Watches}}$ = 25.03(남성); 19.28(여성)

c. 더 높은 R^2 (0.6437 > 0.6335)을 가지기 때문에 로그변환 회귀모형이 더 양호한 적합도를 제공한다.

7.32 a. $\widehat{\text{Cost}}$ = 16776.04 + 475.75(23) + 147.78(65) − 271.95(76) = $16,655.57

b. $\widehat{\text{Cost}} = \exp\left(9.7378 + 0.0301(23) + 0.0093(65) - 0.0181(76) + \frac{0.2029^2}{2}\right)$ = $15,912.73

c. 더 높은 R^2 (0.7099 > 0.6935)을 가지기 때문에 지수회귀모형이 더 양호한 적합도를 제공한다.

7.34 a. $\widehat{\text{Savings}}$ = −40.8632 + 0.0041(10,500) = 2.6364

$\widehat{\text{Savings}} = \exp\left(-112.0910 + 12.2033(10{,}500) + \frac{0.2446^2}{2}\right) = 2.5380$

b. 더 높은 R^2 (0.7001 > 0.6497)을 가지기 때문에 선형회귀모형이 더 선호된다.

7.48 a. $\widehat{\text{Crime}} = \frac{\exp(9.0293 - 0.3454x_1 + 1.2729x_2)}{1 + \exp(9.0293 - 0.3454x_1 + 1.2729x_2)}$

b. 10% 유의수준에서 Age는 유의하나 5%의 유의수준에서 Gender는 유의하지 않다.

c. 0.8412(남성); 0.5973(여성)

7.52 a. $\widehat{\text{Pass}}$ = −0.9002 + 0.2981(3.8) + 0.0404(5) = 0.4343

b. $\widehat{\text{Pass}} = \frac{\exp(-6.9321 + 1.4918(3.8) + 0.1948(5))}{1 + \exp(-6.9321 + 1.4918(3.8) + 0.1948(5))}$ = 0.4282

7.54 a. 선형확률모형: $\widehat{\text{Acceptable}}$ = 0.9900 − 0.0037 Age − 0.2019 Religious

로지스틱 회귀모형: $\widehat{\text{Acceptable}}$ =

$$\frac{\exp(2.5028 - 0.0209\text{ Age} - 1.0396\text{ Religious})}{1 + \exp(2.5028 - 0.0209\text{ Age} - 1.0396\text{ Religious})}$$

5%의 유의수준에서 두 예측변수 모두 유의하다.

b. 74%(선형확률모형); 74.5%(로지스틱 회귀모형)

c. 0.6516(종교적인 성인); 0.8410(종교적이지 않은 성인)

7.60 a. 모형 2의 RMSE가 적기 때문에(37.2535 < 37.7394) 모형 2가 선택된다.

b. 모형 2의 RMSE가 적기 때문에(38.5315 < 39.8582) 모형 2가 선택된다.

7.64 a. 모형 2의 RMSE가 적기 때문에 (273.2006 < 305.1602) 모형 2가 선택된다.

b. 모형 1의 평균 RMSE가 적기 때문에 (362.9936 < 365.2085) 모형 1이 선택된다.

7.66 a. 모형 1의 RMSE가 적기 때문에 (7.3696 < 7.8195) 모형 1이 선택된다.

b. 모형 2의 평균 RMSE가 적기 때문에 (6.7026 < 6.9891) 모형 2가이 선택된다.

7.70 **a.** 두 모형의 정확도가 68%로 같다. 따라서 두 모형 중 어느 것을 선택해도 된다.

b. 모형 2의 평균 정확도가 더 높기 때문에 (75% > 74%) 모형 2가 선택된다.

Chapter 8

8.2 **a.** 관측치 1과 2의 유클리드 거리 = 421.0001

b. 관측치 1과 2의 맨해튼 거리 = 421.3300

c. $\bar{x}_1 = 5130.10$; $\bar{x}_2 = 3.1790$; $\bar{x}_3 = 0.2330$;
$s_1 = 2369.6638$; $s_2 = 0.3958$; $s_3 = 0.2211$.
관측치 1과 2의 정규화된 유클리드 거리 = 0.7902

d. x_1 min = 1346, x_2 min = 2.67, x_3 min = 0.01,
$\text{Range}_1 = 7587$, $\text{Range}_2 = 1.16$, $\text{Range}_3 = 0.61$.
관측치 1과 2의 최소-최대 표준화된 유클리드 거리 = 0.269.

8.6 **a.** 관측치 1과 2의 유클리드 거리 = 0.469
관측치 1과 3의 유클리드 거리 = 0.8307
관측치 2와 3의 유클리드 거리 = 1.1705
$\bar{x}_1 = 5.0333$; $\bar{x}_2 = 3.3167$; $\bar{x}_3 = 1.4333$;
$s_1 = 0.4774$; $s_2 = 0.2368$; $s_3 = 0.3114$.
관측치 1과 2의 정규화된 유클리드 거리 = 1.5533
관측치 1과 3의 정규화된 유클리드 거리 = 1.8437
관측치 2와 3의 정규화된 유클리드 거리 = 2.8573

b. 관측치 1과 2의 맨해튼 거리 = 0.8
관측치 1과 3의 맨해튼 거리 = 1.1000
관측치 2와 3의 맨해튼 거리 = 1.5000
x_1 min. = 4.3; x_2 min = 2.9; x_3 min = 0.9;
$\text{Range}_1 = 1.9$; $\text{Range}_2 = 0.8$; $\text{Range}_3 = 1.0$
관측치 1과 2의 최소-최대 표준화된 맨해튼 거리 = 0.7329
관측치 1과 3의 최소-최대 표준화된 맨해튼 거리 = 0.7461
관측치 2와 3의 최소-최대 표준화된 맨해튼 거리 = 1.0789

8.8 **a.** 매칭계수:
관측치 1과 2 = 1/4
관측치 1과 3 = 0/4
관측치 1과 4 = 3/4
관측치 2와 3 = 2/4
관측치 2와 4 = 0/4
관측치 3과 4 = 1/4

b. 가장 많이 유사: 관측치 1과 4는 매칭계수 3/4을 갖고 있다.
가장 덜 유사: 관측치 1과 3, 관측치 2와 4는 매칭계수 0/4을 갖고 있다.

8.12 **a.** 매칭계수:
관측치 1과 2 = 0/3
관측치 1과 3 = 1/3
관측치 1과 4 = 1/3
관측치 1과 5 = 1/3
관측치 2와 3 = 2/3
관측치 2와 4 = 2/3
관측치 2와 5 = 2/3
관측치 3과 4 = 1/3
관측치 3과 5 = 1/3
관측치 4와 5 = 1/3

b. 가장 많이 유사: 차량 2와 3, 2와 4, 2와 5는 매칭계수 2/3를 갖고 있다. 차량 2와 3은 모두 전륜구동이 아닌 세단이며 차량 2와 4는 수동변속기의 전륜구동이 아닌 세단, 차량 2와 5는 수동변속기를 갖고 있는 세단이다.
가장 덜 유사: 차량 1과 2는 매칭계수 0/3을 갖고 있다. 차량 1은 전륜구동으로 자동변속기를 갖고 있는 SUV이나 차량 2는 전륜구동이 아닌 수동변속기를 갖고 있는 세단이다.

8.14 **a.** 매칭계수:
학생 1과 2 = 1/4
학생 1과 3 = 0/4
학생 1과 4 = 1/4
학생 1과 5 = 2/4
학생 2와 3 = 3/4
학생 2와 4 = 2/4
학생 2와 5 = 1/4
학생 3과 4 = 3/4
학생 3과 5 = 2/4
학생 4와 5 = 3/4

b. 가장 많이 유사: 학생 2와 3, 4와 5는 매칭계수 3/4을 갖고 있다. 학생 2와 3은 모두 통계학 부전공이 아닌 학부 남학생이다. 학생 2는 수학 전공이나 학생 3은 수학 전공이 아니다. 학생 4와 5는 모두 수학이나 통계학 부전공이 아닌 여학생이다. 학생 4는 학부생이나 학생 5는 대학원생이다.
가장 덜 유사: 학생 3과 1은 매칭계수 0/4을 갖고 있다. 학생 3은 수학이나 통계학 부전공이 아닌 학부 남학생이고 학생 1은 수학 전공, 통계학 부전공인 대학원 여학생이다.

8.16 **a.** 매칭계수:
관측치 1과 2 = 2/4
관측치 1과 3 = 0/4
관측치 1과 4 = 2/4
관측치 1과 5 = 2/4

관측치 2와 3 = 2/4
관측치 2와 4 = 2/4
관측치 2와 5 = 0/4
관측치 3과 4 = 2/4
관측치 3과 5 = 2/4
관측치 4와 5 = 2/4

b. 자카드 계수:
관측치 1과 2 = 2/4
관측치 1과 3 = 0/4
관측치 1과 4 = 2/4
관측치 1과 5 = 1/3
관측치 2와 3 = 1/3
관측치 2와 4 = 2/4
관측치 2와 5 = 0/4
관측치 3과 4 = 1/3
관측치 3과 5 = 0/3
관측치 4와 5 = 1/3

c. 가장 많이 유사: 쌍별 관측치 1과 2, 1과 4, 2와 4는 각각 매칭계수 2/4, 자카드 계수 2/4를 갖고 있다.
가장 덜 유사: 쌍별 관측치 1과 3, 2와 5는 매칭계수 0, 자카드 계수 0을 갖고 있다.
매칭계수와 자카드 계수 비교: 자카드 계수는 모두 그에 대응하는 매칭계수보다 작거나 같다.

8.18

Actual Class	Predicted Class 1	Predicted Class 0
Class 1	3	2
Class 0	2	3

8.22 오분류율 = 0.02
정확도 = 0.98
민감도 = 0.9820
정밀도 = 0.9750
특이도 = 0.9782

8.24 a. 향상도(1:5) = 0.8571
b. 향상도(1:8) = 1.0714

8.32 a. 컷오프 값 = 0.25

Actual Class	Predicted Class 1	Predicted Class 0
Class 1	18	1
Class 0	45	36

컷오프 값 = 0.5

Actual Class	Predicted Class 1	Predicted Class 0
Class 1	14	5
Class 0	12	69

컷오프 값 = 0.75

Actual Class	Predicted Class 1	Predicted Class 0
Class 1	7	12
Class 0	2	79

b. 컷오프 값 = 0.25
오분류율 = 0.46
정확도 = 0.54
민감도 = 0.9474
정밀도 = 0.2857
특이도 = 0.4444

컷오프 값 = 0.5
오분류율 = 0.17
정확도 = 0.83
민감도 = 0.7368
정밀도 = 0.5385
특이도 = 0.8519

컷오프 값 = 0.75
오분류율 = 0.14
정확도 = 0.86
민감도 = 0.3684
정밀도 = 0.7778
특이도 = 0.9753

c.

누적 향상도 그래프

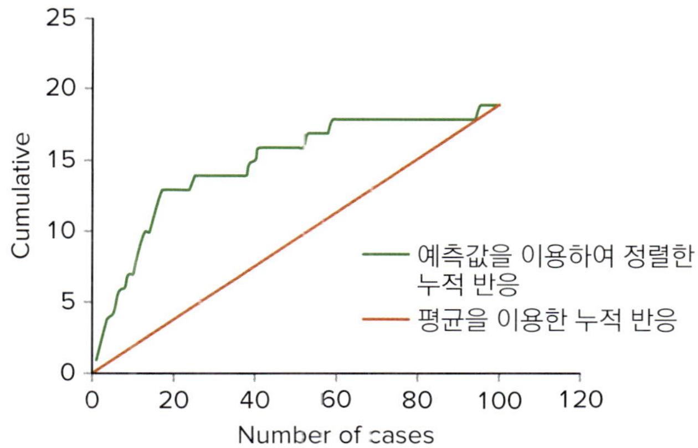

십분위 향상도 그래프

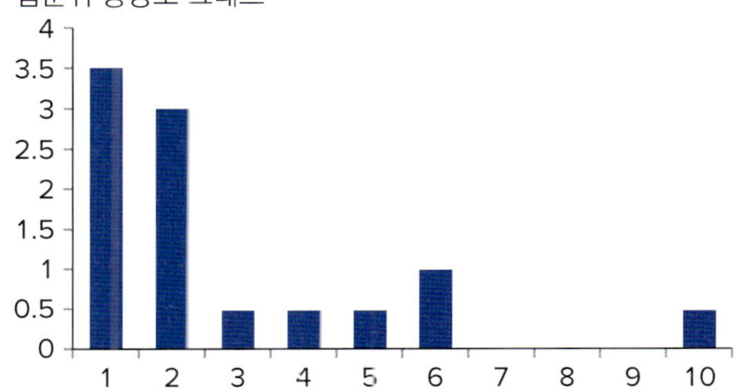

d. 향상도 (1:20) = 3.4211

e. 향상도 (1:50) = 1.6842

8.38 a. $z_{11} = 0.45$, $z_{21} = 0.2684$, $z_{12} = 0.5$, $z_{22} = 0.1132$

b. 첫 번째 관측치의 첫 번째 주성분 점수, $PC_{1,1} = -0.5227$

c. 두 번째 관측치의 두 번째 주성분 점수, $PC_{2,2} = 0.1251$

8.42 a. 원 데이터셋에 9개의 변수가 있다.

b. 세 번째 주성분은 데이터내 13.16%의 분산을 설명한다.

c. 데이터에서 총 분산의 85% 이상을 설명하기 위해서는 3개의 주성분을 유지해야 한다.

Chapter 9

9.2 a. k의 최적값: 4

b. 정확도= 0.5814; 특이도 = 0.6190; 민감도 = 0.5455; 정밀도 = 0.6.

c. 전반적인 예측 정확도가 낮고 AUC 값(0.5411)이 작기 때문에 모형이 효과적이지 않다.

9.4 a. k의 최적값: 6

b. 오분류율: 0.2163

c. 정확도 = 0.75; 특이도 = 0.9375; 민감도 = 0; 정밀도 = 0.

d. 정확도 = 0.6; 특이도 = 0.625; 민감도 = 0.5; 정밀도 = 0.25.

e. 상대적으로 전반적인 예측 정확도가 낮고 AUC 값(0.6406)이 작아 모형이 약간 효과적이다.

9.6 a. k의 최적값: 10

b. 정확도 = 0.9036; 특이도 = 0.9623; 민감도 = 0.3902; 정밀도 = 0.5424; AUC = 0.9118.

c. KNN 분류모형은 목표 클래스 사례를 분류하는 것 보다 비목표 클래스 사례를 분류하는데 더 낫다.

d. 그림은 KNN 분류모형이 기준선 모형 보다 성능이 더 우수하다는 것을 보여준다. 향상도 곡선과 ROC 곡선은 모두 대각선 위에 있다. AUC 값은 0.9118로 효과적인 모형임을 나타낸다.

9.8 a. k의 최적값: 7

b. 정확도 = 0.8298; 특이도 = 0.8421; 민감도 = 0.8214; 정밀도 = 0.8846.

c. AUC = 0.828; 예측 성능 척도 및 그래프는 KNN 분류모형이 데이터 분류에 효과적임을 보여준다.

d. 첫 번째 신규 지원자에 대한 예상 입학 결과: 1(입학)

9.10 a. k의 최적값: 6

b. 정확도 = 0.6814; 특이도 = 0.7681; 민감도 = 0.5455; 정밀도 = 0.6.

c. AUC = 0.7085; 예측 성능 척도 및 그래프는 KNN 분류모형이 데이터 분류에 적당히 효과적임을 보여준다.

d. 첫 번째 신규 소비자에 대한 예상 결과: 0(미응답)

e. 정확도 = 0.6106; 특이도 = 0.4203; 민감도 = 0.9091; 정밀도 = 0.5.

9.12 a. k의 최적값: 9

b. 오분류율: 0.3072

c. 정확도 = 0.6167; 특이도 = 0.6154; 민감도 = 0.6176; 정밀도 = 0.6774.

d. 예. 전체 향상도 곡선이 기준선 위에 있다.

e. 십분위 향상도 그래프의 가장 왼쪽 막대 향상도 값: 1.5

f. AUC = 0.7216

g. 예측 성능 척도 및 그래프는 KNN 분류모형이 데이터 분류에 적당히 효과적임을 보여준다.

9.14 a. k의 최적값: 9

b. 오분류율: 0.2459

c. 정확도 = 0.7042; 특이도 = 0.5862; 민감도 = 0.7857; 정밀도 = 0.7333.

d. 그림은 KNN 분류모형이 기준선 모형보다 성능이 더 우수하다는 것을 보여준다. 향상도 곡선과 ROC 곡선은 모두 대각선 위에 있다. AUC 값은 0.7697이다.

e. 예측 성능 척도 및 그래프는 KNN 분류모형이 데이터 분류에 적당히 효과적임을 보여준다.

9.16 a. k의 최적값: 8; 첫 번째 신규 소비자의 예상 결과: N(태양광 패널 미설치)

b. 오분류율: 0.3818

c. 정확도 = 0.6569; 특이도 = 0.7535; 민감도 = 0.5088; 정밀도 = 0.5737.

d. 그림은 KNN 분류모형이 기준선 모형보다 성능이 더 우수하다는 것을 보여준다. 향상도 곡선과 ROC 곡선은 모두 대각선 위에 있다. AUC 값은 0.7022이다.

e. 예측 성능 척도 및 그래프는 KNN 분류모형이 데이터 분류에 적당히 효과적임을 보여준다.

9.18 a. 정확도 = 0.7674; 특이도 = 0.6; 민감도 = 0.913; 정밀도 = 0.7241.

b. 십분위 향상도 그래프의 가장 왼쪽 막대 향상도 값: 1.17; 이는 목표 클래스에 속할 예측 확률이 가장 높은 검증 사례 중 상위 19%를 선택함으로써 나이브 베이즈 모형은 사례가 무작위로 선택된 것보다 1.17배 많은 목표 클래스 사례를 식별한다는 것을 의미한다.

c. AUC = 0.7196

d. 처음 세 개의 새로운 관측치에 대한 예상 결과: 예, 아니오, 예

9.20 a. 정확도 = 0.5; 특이도 = 0.1; 민감도 = 0.75; 정밀도 = 0.5714.

b. 아니오. 향상도 곡선이 기준선 위에 완전히 놓이지 않

는다.

c. AUC = 0.6188

d. 다섯 개 새로운 관측치의 예상 결과: 1, 1, 1, 0, 1

e. 정확도 = 0.6154; 특이도 = 0.1; 민감도 = 0.9375; 정밀도 = 0.625; 아니오. 향상도 곡선이 기준선 위에 완전히 놓이지 않는다; AUC = 0.6344; x_1과 x_2만을 사용하는 나이브 베이즈 모형이 더 우수한 성능을 나타낸다.

9.22 a. 정확도 = 0.7051; 특이도 = 0.7273; 민감도 = 0.6765; 정밀도 = 0.6571.

b. 예, 전체 향상도 곡선이 기준선 위에 있다.

c. AUC = 0.7871

d. 예측 성능 척도 및 그래프는 나이브 베이즈 분류모형이 데이터 분류에 적당히 효과적임을 보여준다.

9.24 a. 관측치 1: $x_1 = 1, x_2 = 2, x_3 = 1$;
관측치 2: $x_1 = 1, x_2 = 2, x_3 = 1$.

b. 정확도 = 0.6774; 특이도 = 0.8571; 민감도 = 0.3; 정밀도 = 0.5.

c. AUC = 0.4548

d. 정확도 = 0.2903; 특이도 = 0.1429; 민감도 = 0.6; 정밀도 = 0.25.

9.26 a. 관측치 1: $x_1 = 1, x_2 = 1, x_3 = 2$;
관측치 2: $x_1 = 1, x_2 = 1, x_3 = 1$.

b. 정확도 = 0.5797; 특이도 = 1; 민감도 = 0; 정밀도 = NaN.

c. AUC = 0.5384

d. 정확도 = 0.5507; 특이도 = 0.4750; 민감도 = 0.6552; 정밀도 = 0.4750.

9.28 a. 정확도 = 0.7907; 특이도 = 0.5882; 민감도 = 0.9231; 정밀도 = 0.7742.

b. AUC = 0.759

c. 예측 성능 척도 및 그래프는 나이브 베이즈 분류모형이 데이터 분류에 적당히 효과적임을 보여준다.

9.30 a. 정확도 = 69.35%; 특이도 = 0; 민감도 = 1; 정밀도 = 0.6935.

b. 십분위 향상도 그래프의 가장 왼쪽 막대 향상도 값: 1.20. 이는 목표 클래스에 속할 예측 확률이 가장 높은 검증 사례 중 상위 11%를 선택함으로써 나이브 베이즈 모형은 사례가 무작위로 선택된 것보다 1.20배 많은 목표 클래스 사례를 식별한다는 것을 의미한다.

c. AUC = 0.6549

d. 예측 성능 척도 및 그래프는 나이브 베이즈 분류모형이 데이터 분류에 약간 효과적임을 보여준다.

9.32 a. 정확도 = 0.8184; 특이도 = 0.9712; 민감도 = 0.6517; 정밀도 = 0.9541.

b. 십분위 향상도 그래프의 가장 왼쪽 막대 향상도 값: 1.98; AUC = 0.8481.

c. 첫 번째 세 명의 예상 결과: 0(비지원), 0, 1(지원)

9.34 a. 관측치 1: Age = 1, Hours = 2;
관측치 2: Age = 1, Hours = 1.

b. 정확도 = 0.566; 특이도 = 0.28; 민감도 = 0.8214; 정밀도 = 0.5610.

c. AUC = 0.5562

d. 예측 성능 척도 및 그래프는 나이브 베이즈 분류모형이 데이터 분류에 효과적이지 않음을 보여준다.

9.36 a. 정확도 = 0.6835; 특이도 = 0.6944; 민감도 = 0.6744; 정밀도 = 0.725.

b. 예, 전체 향상도 곡선이 기준선 위에 있다.

c. AUC = 0.7565

d. 예측 성능 척도 및 그래프는 나이브 베이즈 분류모형이 데이터 분류에 적당히 효과적임을 보여준다.

9.38 a. 정확도 = 0.7975; 특이도 = 0.5667; 민감도 = 0.9388; 정밀도 = 0.7797.

b. 그림은 나이브 베이즈 분류모형이 기준선 모형보다 성능이 더 우수하다는 것을 보여준다. 향상도 곡선과 ROC 곡선은 모두 대각선 위에 있다.

c. AUC = 0.802

d. 예측 성능 척도 및 그래프는 나이브 베이즈 분류모형이 데이터 분류에 효과적임을 보여준다.

9.40 a. 관측치 1: Age = 2, Education = 2, Hours = 1;
관측치 2: Age = 2, Education = 1, Hours = 1.

b. 정확도 = 0.7864; 특이도 = 0.7556; 민감도 = 0.8103; 정밀도 = 0.8103.

c. AUC = 0.7395

d. 예측 성능 척도 및 그래프는 나이브 베이즈 분류모형이 데이터 분류에 적당히 효과적임을 보여준다.

Chapter 10

10.2 a. Days에 대해 가능한 분할 값: {191, 208.5, 217.5, 229, 249.5, 287.5}

b. Precipitation에 대해 가능한 분할 값: {24.9, 35.55, 38, 40.95, 48.25, 58.2}

10.4 a. 뿌리노드에 대한 지니불순도지수: 0.2888

b. 연령 < 45.5 분할영역에 대한 지니불순도지수: 0.1958

c. 연령 ≥ 45.4 분할영역에 대한 지니불순도지수: 0.3648

d. 분할에 대한 지니불순도지수: 0.2803

e. 이 분할에서 생성된 규칙: 연령이 45.5세 미만이면 당뇨병 진단 확률은 11%이다. 45.5세 이상인 경우 당뇨병 진단 확률은 24%이다.

10.6 a. C

b. B

c. A

10.8 a. 잎 노드 수: 8; 예측변수: x_2; 분할 값: 62

b. cp 값 = 0.0075188; 결정노드 수: 2

c. 아니오

d. 잎 노드 수: 3

e. 정확도 = 0.8235; 민감도 = 1; 특이도 = 0.625; 정밀도 = 0.75

f. 십분위 향상도 그래프의 가장 왼쪽 막대 향상도 값: 1.42. 이는 목표 클래스에 속할 예측 확률이 가장 높은 검증 사례 중 상위 71%를 선택함으로써 이 모형이 사례가 무작위로 선택된 것 보다 1. 42배 많은 목표 클래스 사례를 식별한다는 것을 의미한다.

g. AUC = 0.8125

h. 새로운 관측치의 예측된 반응 값: 1, 1, 0, 1, 1; 첫 번째 관측치의 클래스 1 확률: 0.7604

10.9 a. 잎 노드 수: 6; 예측변수: CreditCard; 분할 값: "예"(고객이 신용카드 부채를 갖고 있는지 여부).

b. cp 값 = 0.0357143; 분할 수: 2.

c. 아니오

d. 잎 노드 수: 3

e. 정확도 = 0.7119; 민감도 = 0.8696; 특이도 = 0.6111; 정밀도 = 0.5882.

f. 이 모형은 적당히 효과적인데 1) 십분위 향상도 그래프의 가장 왼쪽 막대 향상도 값 = 1.51, 2) 향상도 곡선이 대각선 위에 위치, 3) AUC = 0.7506이기 때문이다.

g. 첫 번째 고객의 확률: 0.0714; 두 번째 신규 고객의 확률: 0.2593

10.11 a. 잎 노드 수: 3; 예측변수: Age; 분할 값: 35; 규칙: 나이가 35세 이상이면 교회에 갈 가능성이 더 높다.

b. cp 값 = 0.00233508; 분할 수: 27; 잎 노드 수: 28.

c. 예; 분할 수: 18; cp 값 = 0.00291886.

d. 정확도 = 0.5317; 민감도 = 0.4482; 특이도 = 0.6118; 정밀도 = 0.5256.

e. AUC = 0.5467; 이 모형은 효과적이지 않은데 1) 십분위 향상도 그래프의 가장 왼쪽 막대 향상도 값 = 1.05, 2) 향상도 곡선이 대각선 바로 위에 위치, 3) AUC = 0.5467이기 때문이다.

f. 50%

10.12 a. 잎 노드 수: 14; 규칙: 고객이 44세 이상이고 소득이 15000 미만인 경우 모바일 뱅킹 앱을 다운로드 할 가능성이 높다.

b. cp 값 = 0.0085714; 분할 수: 4.

c. 아니오

d. 정확도 = 0.5503; 민감도 = 0.68; 특이도 = 0.4189; 정밀도 = 0.5426.

e. 십분위 향상도 그래프의 가장 왼쪽 막대 향상도 값: 1.02. 이는 목표 클래스에 속할 예측 확률이 가장 높은 검증 사례 중 상위 30%를 선택함으로써 이 모형이 사례가 무작위로 선택된 것보다 1.02배 많은 목표 클래스 사례를 식별한다는 것을 의미한다.

f. AUC = 0.5359

g. 다운로드할 가능성이 있는 신규 고객 수: 12; 첫 번째 신규고객이 다운로드할 확률: 0.6125.

10.14 a. 예측변수: Income; 분할 값: 64.

b. cp 값 = 0.0122180; 분할 수: 2.

c. 아니오

d. 정확도 = 0.8151; 민감도 = 1; 특이도 = 0.6071; 정밀도 = 0.7412.

e. 이 모형은 효과적인데 1) 십분위 향상도 그래프의 가장 왼쪽 막대 향상도 값 = 1.4, 2) 향상도 곡선이 대각선 위에 위치, 3) AUC = 0.8036 이기 때문이다.

f. 첫 번째 게이머의 확률: 0.7725; 두 번째 게이머의 확률: 0.0714.

10.16 a. x_1에 대해 가능한 분할 값: {179.5, 252, 289}

b. x_2에 대해 가능한 분할 값: {66, 92.5, 105.5}

c. x_3에 대해 가능한 분할 값: {6.25, 9.75, 14.25}

d. $x_1 = 252$ 분할영역의 MSE:

$MSE_{x_1 < 252} = (1/2) \times [(14 - 19)^2 + (24 - 19)^2] = 25$

$MSE_{x_1 \geq 252} = (1/2) \times [(15 - 23.5)^2 + (32 - 23.5)^2] = 72.25$

$MSE_{split(x_1 = 252)} = (2/4) \times 25 + (2/4) \times 72.25 = 48.625$

e. $x_2 = 92.5$ 분할영역의 MSE:

$MSE_{x_2 < 92.5} = (1/2) \times [(14 - 23)^2 + (32 - 23)^2] = 81$

$MSE_{x_2 \geq 92.5} = (1/2) \times [(15 - 19.5)^2 + (24 - 19.5)^2] = 20.25$

$MSE_{split(x_2 = 92.5)} = (2/4) \times 81 + (2/4) \times 20.25 = 50.625$

f. $x_3 = 14.25$ 분할영역의 MSE:

$MSE_{x_3 < 14.25} = (1/3) \times [(15 - 20.3333)^2 + (14 - 20.3333)^2 + (32 - 20.3333)^2] = 68.2222$

$MSE_{x_3 \geq 14.25} = (1/1) \times (24 - 24)^2 = 0$

$MSE_{split(x_3 = 14.25)} = (3/4) \times 68.2222 + (1/4) \times 0 = 51.1667$

g. $x_1 = 252$ 분할이 가장 작은 MSE를 생성하기 때문에 x_1 분할이 가장 좋으며 가장 좋은 분할점은 $x_1 = 252$이다.

10.18 a. $x_1 = 7.5$ 분할이 가장 작은 MSE 생성:

$MSE_{split(x_1 = 4)} = (2/3) \times (1/2) \times [(74 - 49.5)^2 + (25$

$- 49.5)^2] + (1/3) \times (86 - 86)^2 = 400.1667$

b. $x_2 = 22.5$ 분할이 가장 작은 MSE 생성:
$MSE_{split(x_2 = 22.5)} = (1/3) \times (25 - 25)^2 + (2/3) \times (1/2) \times [(86 - 80)^2 + (74 - 80)^2] = 24$

c. $x_3 = 15$ 분할이 가장 작은 MSE 생성:
$MSE_{split(x_3 = 15)} = (2/3) \times (1/2) \times [(74 - 49.5)^2 + (25 - 49.5)^2] + (1/3) \times (86 - 86)^2 = 400.1667$

d. $x_2 = 22.5$ 분할이 가장 작은 MSE를 생성하기 때문에 x_2 분할이 가장 좋으며 가장 좋은 분할점은 22.5이다.

e. 규칙: $x_2 < 22.5$이면, $y = 25$; $x_2 \geq 22.5$이면, $y = 49.5$.

10.20 a. 잎 노드 수: 8

b. 예측변수: x_5; 분할 값: 11; 규칙: $x_5 < 11$이면, $y = 32$; $x_5 \geq 11$이면, $y = 19$.

c. 교차검증 오차가 가장 작은 나무: 21번째 나무;
분할 수: 28.

d. 예; cp 값 = 0.027056.

e. 잎 노드 수: 7

f. ME = −0.0074; RMSE = 5.6235; MAE = 3.9277; MPE = −3.9765; MAPE = 18.8877.

g. 최소 = 13.47; 최대 = 27.25; 평균 = 18.90.

10.24 a. 예측변수: SQFT; 분할 값: 2221; 규칙: SQFT < 2221이면, Price = 970,000; SQFT ≥ 2221이면, Price = 1,700,000.

b. cp 값 = 0.01878; 분할 수: 9.

c. 예; cp 값 = 0.023827.

d. 잎 노드 수: 6

e. ME = −51189.13; RMSE = 467558.6; MAE = 332553; MPE = −34.90362; MAPE = 53.6871; 음의 ME로 과대예측; 이 모형은 예측오차가 크기 때문에 효과적이지 않다.

f. 첫 번째 집의 예측가격: $829,762.6;
두 번째 집의 예측가격: $1,190,534.5.

10.26 a. 예측변수: Generation; 분할 값: 17;
규칙: Generation < 17이고 Price ≥ 12이면, Sales = 7.7; Generation < 17이고 Price < 12이면, Sales = 13; Generation ≥ 17이면, Sales = 18.

b. cp 값 = 0.018209; 최소 검증오차 = 0.27671;
잎 노드 수: 5.

c. 예; cp 값 = 0.019442.

d. 잎 노드 수: 4

e. ME = 0.0523; RMSE = 3.1054; MAE = 2.4323; MPE = −4.4364; MAPE = 17.9348.

f. 예측된 1인당 전기 판매량: 16.6075

10.28 a. 정확도 = 0.7742; 민감도 = 0.5; 특이도 = 0.84.

b. AUC = 0.87

c. 예측값: 1; 클래스 1 확률: 0.56.

10.30 a. 정확도 = 0.8387; 민감도 = 0.5; 특이도 = 0.92.

b. AUC = 0.9

c. 가장 중요한 예측변수: x_4

d. 예측값: 0; 클래스 1 확률: 0.43.

10.32 a. 정확도 = 0.8608; 민감도 = 0.8250; 특이도 = 0.8974.

b. 십분위 향상도 그래프의 가장 왼쪽 막대 향상도 값: 1.98

c. 예측값: 1; 클래스 1 확률: 1.

10.34 a. 정확도 = 0.8291; 민감도 = 0.7864; 특이도 = 0.8750; AUC = 0.8924.

b. 정확도 = 0.8442; 민감도 = 0.8252; 특이도 = 0.8646; AUC = 0.8912; 가장 중요한 예측변수: Hyperlinks.

c. 사례의 53.85%가 스팸으로 예측된다.

10.36 a. 정확도 = 0.7324; 민감도 = 0.7857; 특이도 = 0.6552.

b. 정확도 = 0.7042; 민감도 = 0.8095; 특이도 = 0.5517.

c. 배깅 나무모형이 더 높은 AUC 값(0.7878 vs. 0.757)으로 더 강건한 성능을 보인다.

10.38 a. 정확도 = 0.7186; 민감도 = 0.9402; 특이도 = 0.2172; AUC = 0.5968.

b. 정확도 = 0.7186; 민감도 = 0.9402; 특이도 = 0.2172; AUC = 0.5968; 가장 중요한 예측변수: GPA.

c. 두 모형이 동일한 성능을 보인다.

10.40 a. 정확도 = 0.7215; 민감도 = 0.5806; 특이도 = 0.8125; AUC = 0.7547.

b. 배깅 앙상블 모형이 더 높은 정확도, 특이도, AUC 값으로 더 강건하다.

c. 첫 번째 고객이 여행할 계획이 있을 확률: 0.01; 두 번째 고객이 여행할 계획이 있을 확률: 0.14.

10.42 a. 정확도 = 0.5223; 민감도 = 0.4632; 특이도 = 0.5788; AUC = 0.5382; 가장 중요한 예측변수: Age.

b. 랜덤 포리스트 앙상블 모형이 더 높은 정확도, 민감도, 특이도, AUC 값으로 약간 더 강건하다.

c. 데이터셋의 개인 중 33.33%가 교회에 갈 가능성이 있다.

10.44 a. 정확도 = 0.8428; 민감도 = 0.8571; 특이도 = 0.8267; AUC = 0.9135.

b. 부스팅 앙상블 모형이 더 높은 정확도, 특이도, AUC 값으로 더 강건하다.

c. 첫 번째 게이머가 앱내 구매할 확률: 0.4908;
두 번째 게이머가 앱내 구매할 확률: 0.4199.

Chapter 11

11.2 군집사이의 최소거리가 5일 때, 최대 6개의 군집형성; 군집사이의 최소거리가 3일 때, 최대 10개의 군집형성

11.4 **a.** 최대군집(군집 1)의 관측치는 42; 최대군집(군집 1)에 있는 x_4의 평균값은 141.1191.

b. 최대군집(군집 2)의 관측치는 22; 최대군집(군집 1)에 있는 x_4의 평균값은 157.3636.

c. 최대군집(군집 2)의 관측치는 21; 최대군집(군집 1)에 있는 x_4의 평균값은 158.1905.

11.6 군집사이의 최소거리가 0.8일 때, 최대 3개의 군집형성.

11.8 군집사이의 최소거리가 0.8일 때, 최대 3개의 군집형성. x_5의 평균값은 13.14.

11.10 **a.** 군집사이의 최소거리가 0.8일 때, 최대 5개의 군집형성; 최대군집(군집 1)에 있는 전학생의 수: 12.

b. 군집사이의 최소거리가 0.8일 때, 최대 3개의 군집형성; 최대군집(군집 1)에 있는 학장리스트의 학생 수: 31.

11.12 군집 1: 142명의 선수; 군집 2: 1명의 선수; 군집 3: 1명의 선수.

11.14 **a.** 데이터 표준화가 필요하다. 변수들은 서로 다른 척도로 측정되었다.

b. 31개의 국가로 이루어진 군집 1은 가장 높은 일인당 GNI (19439.6774)를 가지고 있으며, 3개의 국가로 이루어진 군집 3은 두 번째로 높은 일인당 GNI (1106.6667)를 가지고 있고, 4개의 국가로 이루어진 군집 2는 가장 낮은 일인당 GNI (392.5)를 가지고 있다.

11.16 **a.** 군집 1과 비교해 볼 때, 군집 2는 조금 더 나이가 들었으며(평균나이는 41.4706 대 24.5385), 소득이 높고(평균소득 73117.6471 대 28307.6923), 대가족이며(가구원수 3.8824 대 2.0769), 연간 피자구매액이 더 높다(평균소비액 1011.5882 대 290.4615).

b. 군집 1과 비교해 볼 때, 군집 2는 더 많이 결혼했으며(15 대 6) 주택을 소유하고 있다(15 대 0).

11.17 **a.** 가장 큰 군집(군집 1)에 있는 도시의 수: 33.

b. 1월의 평균기온: 33.1455; 4월의 평균기온: 53.1030; 7월의 평균기온: 74.7727; 10월의 평균기온: 56.3939.

11.19 **a.** 데이터 표준화가 필요하다. 변수들은 서로 다른 척도로 측정되었다.

b. 군집사이의 최소거리가 10일 때, 최대 2개의 군집형성.

c. 가장 큰 군집의 공동체 수: 43, 가장 큰 군집(군집 2)의 평균 중위가구소득: 45449.44.

11.21 **a.** 가장 큰 군집(군집 1)의 개인 수: 28.

b. 군집 1: 저체중, 저소득, 군집 2: 비기독교인; 군집 3: 고소득, 군집 4: 비백인, 대가족.

11.23
- $k = 2$일 때 가장 큰 군집(군집 2)의 크기: 27; 가장 큰 군집의 평균거리(군집 1): 0.8629.
- $k = 3$일 때 가장 큰 군집(군집 3)의 크기: 19; 가장 큰 군집의 평균거리(군집 3): 0.5980.
- $k = 4$일 때 가장 큰 군집(군집 3)의 크기: 16; 가장 큰 군집의 평균거리(군집 4): 0.5807.

11.25 **a.** 평균 실루엣 넓이: 0.54

b. 평균 실루엣 넓이: 0.34

c. 평균 실루엣 넓이: 0.33

11.27 **a.** 평균 실루엣 넓이: 0.66

b. 평균 실루엣 넓이: 0.54

c. 평균 실루엣 넓이: 0.58

11.29 **a.** 평균 실루엣 넓이: 0.26

b. 평균 실루엣 넓이: 0.39

c. 평균 실루엣 넓이: 0.46

11.31 **a.** 최대 군집(군집 1)의 크기: 16;
최대 군집의 중심값:
Comp = −1.3499, Att = −1.3296, Pct = −1.1689, Yds = −1.3121, Avg = −0.7293, Yds/G = −0.9251, TD = −1.1840, Int = −0.8474.

b. 최대 군집(군집 3)의 크기: 13;
최대 군집의 중심값:
Comp = 0.3080, Att = 0.3344, Pct = 0.1511, Yds = 0.1018, Avg = −0.3667, Yds/G = −0.6465, TD = 0.2621, Int = 0.6625.

c. 양 자료의 선수에 대한 군집화 구조는 유사함. 첫 번째 군집은 가장 성적이 좋지 않은 쿼터백을 포함. 두 번째 군집은 가장 성적이 좋은 쿼터백을 포함. 세 번째 군집은 중간 성적을 보이는 쿼터백을 포함.

11.33 **a.** 최대 군집(군집 1)의 크기는 63; 가장 많은 홈런을 친 군집은: 군집 1.

b. 최대 군집(군집 2)의 크기는 22; 가장 많은 홈런을 친 군집은: 군집 1.

11.36 **a.** 군집의 특성:
- 군집 1: 상대적으로 젊음, 저소득, 저사용량, 그리고 짧은 유지기간.
- 군집 2: 가장 어림, 저소득, 저사용량, 가장 짧은 유지기간.
- 군집 3: 가장 나이가 많이 든 군집, 최고소득, 최고사용량, 그리고 가장 긴 유지기간.
- 군집 4: 상대적으로 나이가 듦, 상대적 고소득, 상대적 고사용량, 상대적으로 긴 유지기간.

b. 해지고객의 비율: 군집 1(46.15%), 군집 2(93.94%), 군집 3(0%), 군집 4(0%); 해지고객 비율이 가장 높은 군집: 군집 2.

11.39 **a.** 가장 빈도수가 낮은 항목: d

b. 최고규칙의 상승률({e} => {c}): 1.3333

c. 최고규칙의 상승률({c,d} => {e}: 2.6667

11.41 **a.** 가장 빈도수가 낮은 항목: e

b. 최고규칙의 상승률({e} => {c}): 1.4006; 상승률은 아이템 세트 {e}를 가지고 있는 거래 가운데 아이템 세트 {c}

를 동시에 가지고 있는 거래의 비율이 단순히 아이템 {c}를 포함한 거래의 비율보다 40.06% 더 많다는 것을 의미한다.

11.43 **a.** 가장 많이 다운로드 받은 음악은 *Here Comes the Sun*

b. 최고규칙의 상승률({All You Need Is Love, Here Comes the Sun, Yellow Submarine} => {A Day in the Life}): 1.7730; 상승률은 *All You Need Is Love, Here Comes the Sun*, 그리고 *Yellow Submarine*을 다운로드 받은 사람이 *A Day in the Life*을 다운로드 받을 확률이 단순히 *A Day in the Life*를 다운로드 받을 확률보다 77.30% 더 높다는 것을 의미한다.

Chapter 12

12.2 **a.** 127.8867

b. 146.0634

c. 지수평활모형의 *MSE* (551.54 < 649.95), *MAD* (19.94 < 20.40)와 *MAPE* (14.03 < 14.46)가 가장 작기 때문에 선호된다.

12.4 **a.** 3주기 이동평균법의 *MSE* = 0.0009, *MAD* = 0.0244, *MAPE* = 2.0832%; $\hat{y}_{26}$ =1.1386가 가장 작기 때문에 선호된다.

b. α = 0.6 인 모형의 *MSE* = 0.0007, *MAD* = 0.0213, *MAPE* = 1.6115%; $\hat{y}_{26}$ = 1.2819가 가장 작기 때문에 선호된다.

12.8 **a.** $\hat{y}_t = 90.4938 + 1.1124t$; 증가추세

b. $\hat{y}_{54} = 150.56$

12.10 **a.** $\hat{y}_t = 9324.1892 + 1655.6701d_1 + 4094.4722d_2 + 1124.83d_3 + 189.4201t$; 증가추세; 첫 3분기 동안 수익이 지속적으로 마지막 분기보다 높다. 특별히 2분기가 더 높다.

b. $\hat{y}_{2018:04} = 16{,}143.31$

12.12 **a.** $\hat{y}_t = 66.9930 + 1.4226d_1 + 1.7334d_2 + 0.2330d_3 + 0.0549d_4 + 1.3323d_5 + 0.5542d_6 - 2.5573d_7 - 3.6466d_8 - 3.6025d_9 - 3.2695d_{10} - 1.9032d_{11} + 0.3337t$; 증가추세; 고객의 감성은 한 해의 첫 6개월 동안 지속적으로 높다.

b. $\hat{y}_{2018:12} = 103.03$

12.14 **a.** 2차 추세가 데이터에 적합해 보인다.

b. 선형: $\hat{y}_t = 219.31 + 1.437802t$

2차형: $\hat{y}_t = 213.7527 + 3.6607t - 0.1588t^2$

2차 모형의 조정후 상관계수 R^2가 높기 때문에 선호된다 (0.9550 > 0.8349).

$\hat{y}_{2018} = 233.88$; $y_{2019} = 232.94$

12.16 **a.** 2차형: $\hat{y}_t = 2975.811 - 2.3423t + 0.0552t^2$

3차형: $\hat{y}_t = 2953.7899 + 0.6775t - 0.0331t^2 + 0.0007t^3$

b. 3차 모형의 조정흐 상관계수 R^2가 높기 때문에 선호된다 (0.9886 > 0.9741); $\hat{y}_{Jan\text{-}17} = 3{,}197.89$

12.20 **a.** $\hat{y}_t = \exp(4.0278 + 0.4087d_1 + 0.2025d_2 - 0.3273d_3 + 0.1552t + \frac{(0.4481)^2}{2})$

b. $\hat{y}_{2018:1} = 54{,}080.47$; $\hat{y}_{2018:2} = 51{,}387.09$

12.22 **a.** $\hat{y}_t = 241332.1180 - 4024.3036d_1 - 512.1212d_2 - 10589.2436d_3 - 4219.4278t + 27.9857t^2$

b. $\hat{y}_{2018:4} = 429{,}501.04$

12.26 **a.** 선형: $\hat{y}_t = 96.4907 + 0.8013t$

2차형: $\hat{y}_t = 90.0719 + 1.6036t - 0.0171t^2$

3차형: $\hat{y}_t = 90.9063 + 1.4014t - 0.0064t^2 - 0.0002t^3$

b. 2차 추세모형의 *MSE*, *MAD*, *MAPE* 값이 가장 작기 때문에 선호된다; $\hat{y}_{2018} = 90.2568 + 1.5766 \times 59 - 0.0164 \times 59^2 = 126.07$

12.28 **a.** 선형: $\hat{y}_t = 154.4222 + 14.0343t$

지수: $\hat{y}_t = \exp(5.5922 + 0.0211t + \frac{(0.2182)^2}{2})$

b. 지수 추세모형의 *MSE*, *MAD*, *MAPE* 값이 가장 작기 때문에 선호된다; $\hat{y}_{101} = \exp(5.6127 + 0.0204 \times 101 + \frac{(0.2085)^2}{2}) = 2201.59$

12.30 **a.** 선형: $\hat{y}_t = -1983.3665 + 664.5257d_1 + 924.0796d_2 - 671.7664d_3 + 229.3586t$

지수: $\hat{y}_t = \exp(3.9912 + 0.4799d_1 + 0.1781d_2 - 0.4081d_3 + 0.1583t + \frac{(0.4721)^2}{2})$

b. 지수 추세모형의 *MSE*, *MAD*, *MAPE* 값이 가장 작기 때문에 선호된다;

$\hat{y}_{2018:1} = \exp(4.0278 - 0.4087 + 0.1552 \times 41 + \frac{(0.4481)^2}{2}) = 54080.47$

12.32 **a.** 선형: $\hat{y}_t = 238314.5250 - 16013.7660d_1 - 30045.4236d_2 + 9114.5188d_3 + 9731.0611d_4 + 19083.6035d_5 + 17153.7458d_6 + 22072.4882d_7 + 20695.8306d_8 - 959.0271d_9 + 13745.7153d_{10} - 5750.7424d_{11} + 360.2576t$

지수: $\hat{y}_t = \exp(12.3832 - 0.0669d_1 - 0.1291d_2 + 0.0363d_3 + 0.0385d_4 + 0.0742d_5 + 0.0668d_6 + 0.0848d_7 + 0.0801d_8 - 0.0037d_9 + 0.0537d_{10} - 0.0227d_{11} + 0.0014t + \frac{(0.0134)^2}{2})$

b. 지수 추세모형의 *MSE*, *MAD*, *MAPE* 값이 가장 작기 때문에 선호된다;

$\hat{y}_{2018:10} = \exp(12.3884 + 0.0526 + 0.0013 \times 82 +$

$\frac{(0.0124)^2}{2}) = 281{,}707.66$

12.36 컴퓨터에서 산출한 모형이 선호된다.
R: $\hat{y}_{58} = 23{,}354{,}173.31$

12.38 컴퓨터에서 산출한 모형이 선호된다.
R: $\hat{y}_{54} = 154.76$

12.40 결합적(multiplicative) 모형이 선호된다.
R: $\hat{y}_{36} = 428{,}075.17$

12.42 추가적(additive) 모형이 선호된다.
Analytic Solver: $\hat{y}_{96} = 93.06$
R: $\hat{y}_{96} = 90.73$

Chapter 13

13.2 Excel: 시뮬레이션 된 관측치의 범위는 13.8218.
R: 시뮬레이션 된 관측치의 범위는 13.69922.

13.6 Excel: 평균 = 8.9700, 표준편차 = 1.3961, 최대값 = 12, 최소값 = 4
R: 평균 = 8.9980, 표준편차 = 1.4609, 최대값 = 12, 최소값 = 5

13.10 Excel: 평균수요 = 11.0259개, 표준편차 = 4.2025
R: 평균수요 = 11.1400개, 표준편차 = 4.0186

13.16 Excel:
- **a.** 주간수요량을 맞추지 못할 확률은 50.2000%. 평균 기회비용은 매주당 $8.5890.
- **b.** 평균적으로 계란이 너무 많기 때문에 발생하는 비용은 주당 $8.5958.

R:
- **a.** 주간수요량을 맞추지 못할 확률은 46.60%. 평균 기회비용은 매주당 $8.9915.
- **b.** 평균적으로 계란이 너무 많기 때문에 발생하는 비용은 주당 $8.39456.

13.20 Excel: 재고과잉일 확률은 66.20%(500번 시뮬레이션 가운데 331번), 그리고 재고부족일 확률은 33.80%(500번 시뮬레이션 가운데 169번)
R: 재고과잉일 확률은 65.40%(500번 시뮬레이션 가운데 327번), 그리고 재고부족일 확률은 34.60%(500번 시뮬레이션 가운데 173번)

13.22 Excel: 롤러코스터를 타지 못하는 탑승객의 평균은 7.06명.
R: 롤러코스터를 타지 못하는 탑승객의 평균은 7.755명.

13.24
- **a.** 최적해: $x_1 = 20, x_2 = 5, z = 55$
- **b.** 두 제약조건 모두 구속조건이며 여유(slack)는 없다.
- **c.** 제약조건 1: 잠재가격 = 0.3846, 가능해 영역 = 93.3333에서 245.0000
  제약조건 2: 잠재가격 = 0.1538, 가능해 영역 = 32.8571에서 86.2500
- **d.** 최적해 영역: x_1 = 1.7143에서 4.5000, x_2 = 1.3333에서 3.5000

13.26
- **a.** 최적해: $x_1 = 3.9290, x_2 = 6.4286, z = 111.4286$
- **b.** 두 제약조건 모두 구속조건. 잉여(surplus)는 없다.
- **c.** 제약조건 1; 잠재가격 = 1.4286, 가능해 영역 = 48에서 160
  제약조건 2: 잠재가격= 0.14286, 가능해 영역 = 35.0000에서 116.6667
- **d.** 최적해 영역: x_1 = 4.0000 to 13.3333, x_2 = 9 to 30.

13.30
- **a.** 최대수익 = $2,833.3333은 33.3333리터의 샤도네이 포도주와 22.2222리터의 블랑 드 블랑 샴페인을 만들 때 얻어진다.
- **b.** 포도와 제조시간은 모두 구속 제약조건
- **c.** 포도제약조건: 잠재가격 = $5.8333, 가능해 영역 = 300에서 480 kgs
  제조시간 제약조건: 잠재가격 = $3.3333, 가능해 영역 = 125에서 200 hours
- **d.** 최적해 영역: 샤도네이 포도주 = $37.50에서 $60.00, 블랑 드 블랑 샴페인 = $41.25에서 $66.00.

13.32 2.1739컵의 우유와 2.7536컵의 시리얼을 사용하면 하루 칼슘, 비타민 D의 필수섭취량을 $1.2134의 최저비용으로 맞출 수 있다.

13.38
- **a.** $x_{11} = 5, x_{12} = 60, x_{21} = 45, x_{22} = 0$
- **b.** $z = 115$.

13.42
- **a.** 가장 저렴한 운송비용은 $238,000.
- **b.** 제조공장 1에서는 조립공장 2로 6,600개의 배터리를 보내야 하고, 조립공장 3으로는 3,400개의 배터리를 보내야 한다. 제조공장 2에서는 5,000개의 배터리를 조립공장 1로, 3,000개의 배터리를 조립공장 3으로 보내야 한다.

ㄱ

ㄴ

ㄷ

ㄹ

ㅁ

ㅂ

ㅅ

ㅇ

ㅈ

ㅎ

A

B

C

D

E

F

G

H

I

J

K

L

M

N

O

P

Q

R

S

T

U

V

W

X

Z

기타